U0785974

万山特区志

（1991—2011）

万山区地方志编纂委员会 编纂

方志出版社
Publishing House of Local Records

图书在版编目(CIP)数据

万山特区志. 1991-2011年 / 万山区地方志编纂委员会编. —修订本. —北京：方志出版社，2017.7

ISBN 978-7-5144-2474-4

Ⅰ. ①万… Ⅱ. ①万… Ⅲ. ①区(城市)—地方志—铜仁—1991-2011 Ⅳ. ①K297.33

中国版本图书馆CIP数据核字(2017)第181558号

万山特区志(1991—2011)

编　　者：万山区地方志编纂委员会
责任编辑：黄　彦

出 版 人：冀祥德
出 版 者：方志出版社
地址　北京市朝阳区潘家园东里9号(国家方志馆4层)
邮编　100021
网址　http://www.fzph.org
发　　行：方志出版社发行中心
电话　(010) 67110500
经　　销：各地新华书店
印　　刷：深圳市新联美术印刷有限公司

开　　本：889×1194　1/16
印　　张：56.75
字　　数：1450千
版　　次：2017年11月第1版　2017年11月第1次印刷
印　　数：0001—1000册

ISBN 978-7-5144-2474-4　定价：350.00元

·版权所有 翻印必究·

《万山特区志》（1991–2011）
编纂委员会

2015年3月16日

顾　　问　田玉军　李孟辉　吴泽军

主　　任　张吉刚

副 主 任　田　勇　郭　振

委　　员　冯　兵　刘世跃　杨昌海　黄柏云　杨劲松
杨　超　石　健　彭钟权　姚　凯　田必再
袁再和　刘洪长　梁巨云　程小勇　王明前
王　勇　刘祖玉　刘祖辉　刘　静　刘文秀
蒋智贤　吴先树　田必刚　刘　琰　杨　武
张宏智　龙声平　杨顺久　刘　军　王　刚
刘　勇　欧家顺　杨顺伍　谭　军

2017年2月16日（调整）

名誉主任　田玉军

顾　　问　李孟辉　吴泽军

主　　任　张吉刚

副 主 任　李永娟

委　　员　田必再　袁再和　周化林　袁　郡　黄柏云　杨顺宏
徐昌正　杨秀英　刘世跃　刘祖玉　杨顺伍　刘　静
刘文秀　蒋智贤　刘开勇　杨雪花　刘　琰　张宏智

《万山特区志》（1991–2011）
编 辑 部

2015年3月16日

主　　编　田必刚
执行主编　姚茂义
副 主 编　杨厚坤　姚　凯　徐启琴　李祖军
编　　辑　姚茂义　李云昌　鲁政新　黄昌淮
责任编辑　杨　蓉
编　　务　吴天忠　张　健　焦　琳

2017年2月16日（调整）

主　　编　杨雪花
执行主编　姚茂义　田必刚
执行副主编　李云昌
副 主 编　杨厚坤　徐启琴　李祖军
编　　辑　姚茂义　李云昌　鲁政新　黄昌淮
责任编辑　杨　蓉
编　　务　吴天忠　焦　琳　张　健　刘亚军　罗培红
　　　　　丁仙群
校　　对　杨雪花　杨厚坤　田必刚　姚茂义　李云昌
　　　　　鲁政新　黄隆高　杨　蓉

中国共产党中央委员会

铜仁市万山区2008年遭受特大凝冻灾害,这些年来在中央和省的支持下,万山干部群众奋力拼搏,实现了脱困目标,我感到十分欣慰。希望再接再厉,加大工作力度,用好国家扶持政策,加快推动转型可持续发展,不断提高经济社会发展和群众收入水平,为实现与全国同步全面建成小康社会作出积极贡献。

2013年5月4日

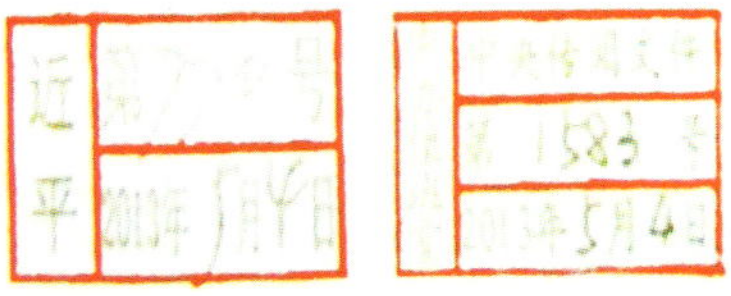

万山特区行政区划图

比例尺 1：150 000

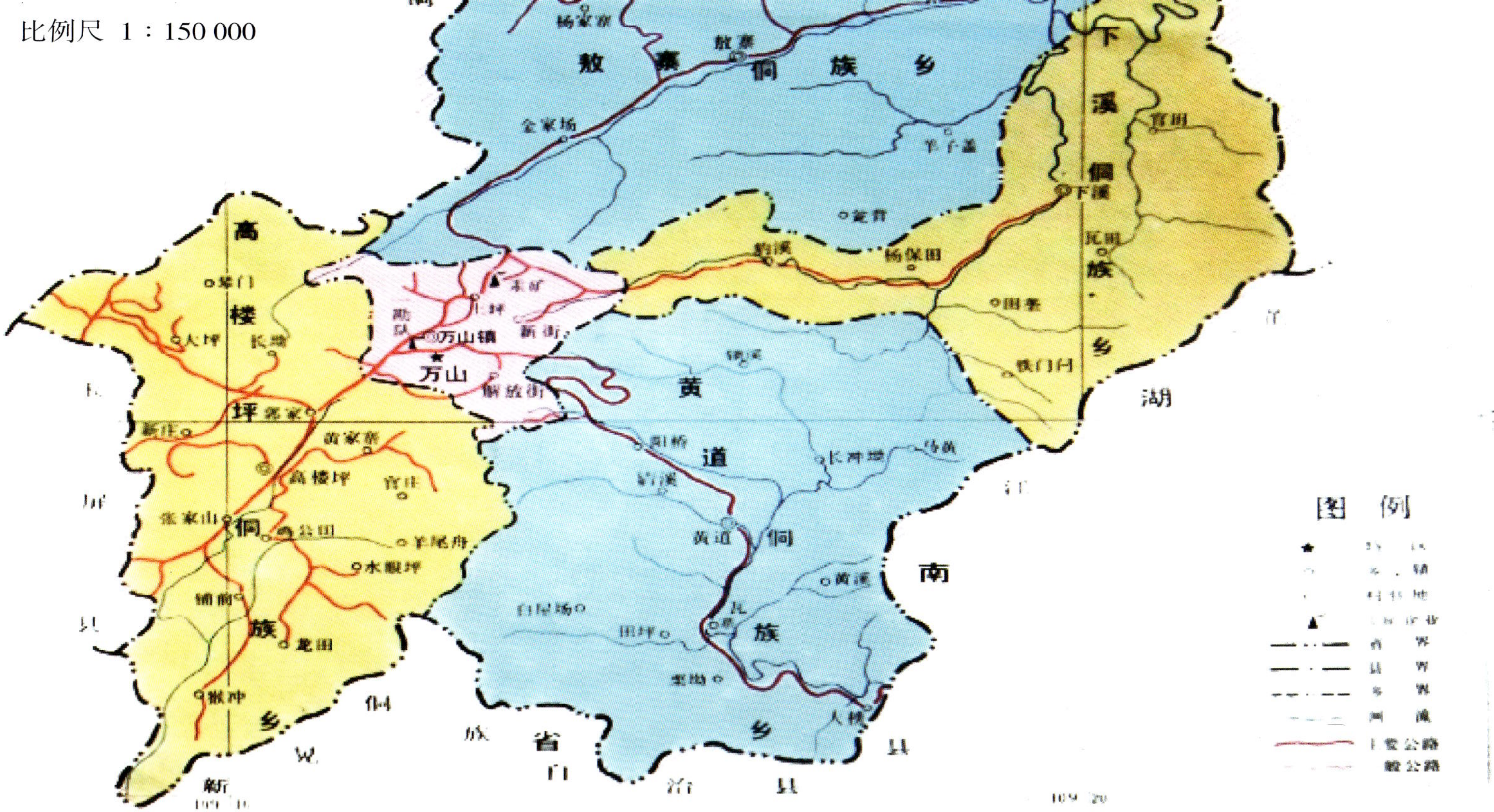

铜仁市万山区行政区划图

内部用图

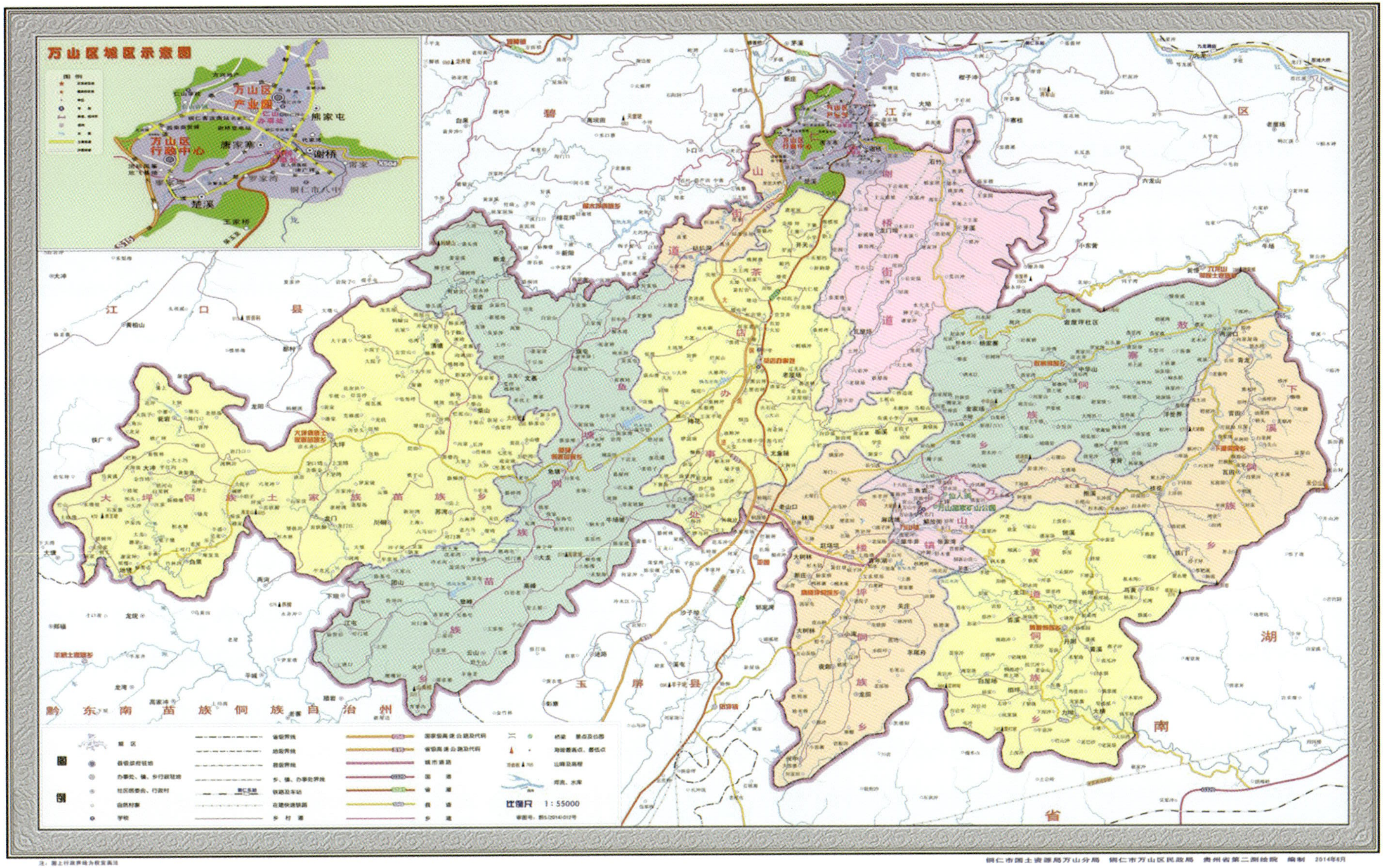

注：图上行政界线为权属界线

铜仁市国土资源局万山分局　铜仁市万山区民政局　贵州省第二测绘院　编制　2014年6月

万山特区交通图

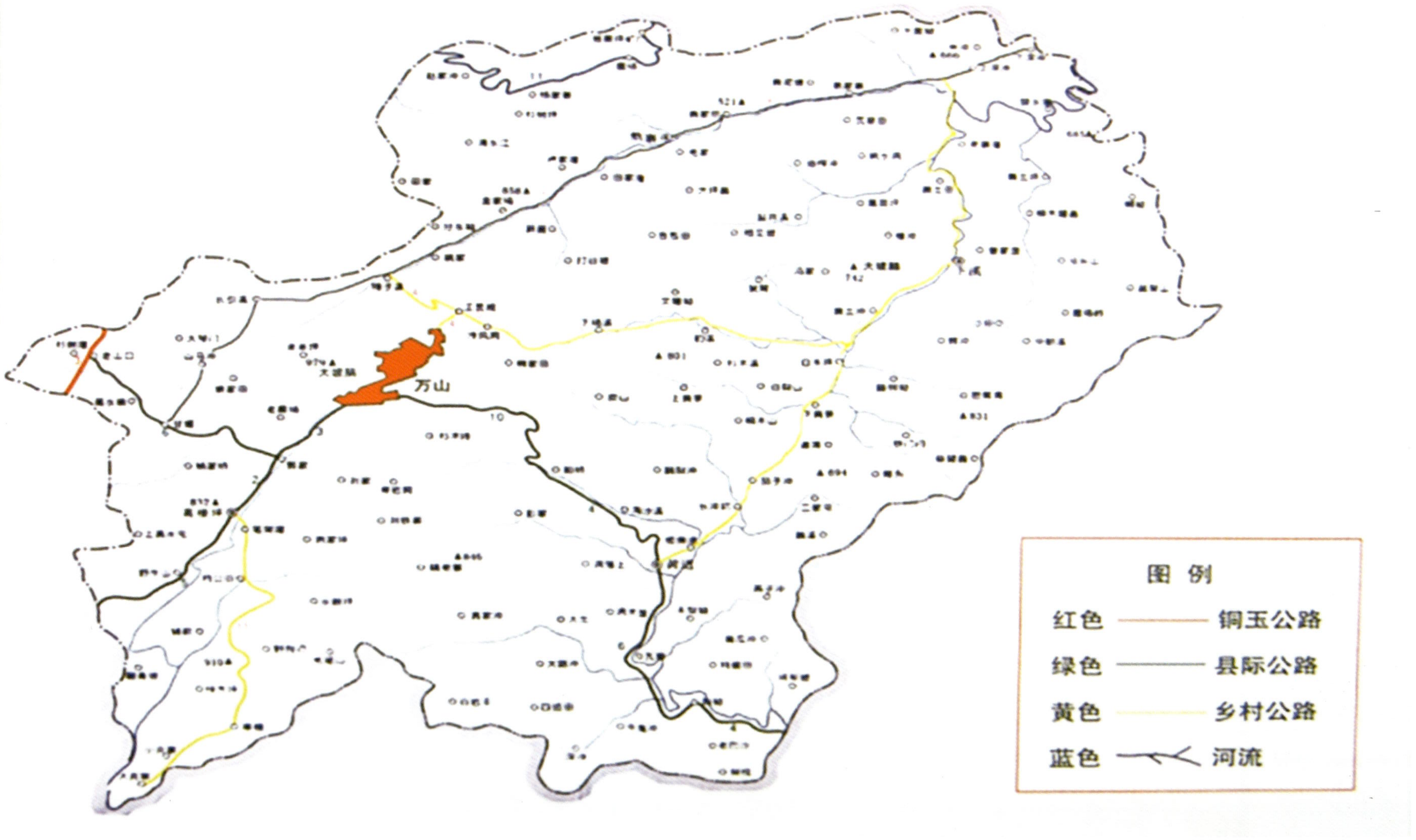

万山 Wan Shan 旅游地图 Jourist map

千年丹都 朱砂古镇
Qian nian dan du zhu sha gu zhen

精品旅游线路推荐

- 铜仁高速南站—仁山公园—国际风筝放飞基地—挞扒洞—彩虹海—木杉河
- 万山经开区高速—朱砂工艺产业园—九丰农业博览园—夜郎谷—滨河公园—朱砂古镇
- 花千谷—梅花湖—挞扒洞—彩虹海—木杉河
- 朱砂古镇—滨河公园—黄家寨—九丰农业博览园—朱砂工艺产业园
- 朱砂工艺产业园—朱砂古镇—中华山—高山葡萄园

购 国红朱砂 生态食品

朱砂大观园
地址：万山区朱砂古镇
电话：0856-4182293
朱砂工艺产业园
地址：万山区万山红大道
电话：18085689668
九丰农业博览园蔬菜
地址：万山区高楼坪乡九丰农业博览园
电话：0856-8121166
刘姐薯片
地址：万山区
电话：13885670092

住

酒店名称	属性	电话	地址
朱砂大酒店	★★★★	0856-3529999	万山谢桥新区梵净山大道
万山红酒店	★★★★	0856-3528888	万山谢桥新区梵净山大道
悬崖酒店	★★★★	0856-3916888	万山区朱砂古镇
万山宾馆	★★★	0856-3461888	万山区万山镇
九丰生态度假酒店	★★★★	0856-3227777	万山区高楼坪乡
九丰生态小木屋	主题别墅	18886341369	万山区高楼坪乡九丰农业博览园

特色美食 吃

万山羊脚	万山区朱砂古镇三角岩社区	13885674952
俄罗斯牛排	万山区朱砂古镇俄罗斯西餐厅	0856-3916888
寿星农家乐	万山区挞扒洞村	13985339176
人民公社食堂	万山区朱砂古镇	0856-3916888
刘东堂农家乐	万山区青年湖村黄家寨	15185881002

娱

- 国际风筝节
  时间：阳历三月
- 朱砂古镇游园
  时间：农历正月初三到十五
- 鼟锣奏新春
  时间：农历正月
- 大坪乡侗族三月三
  时间：农历三月初三

图例

快速铁路	乡、镇级行政中心
省级高速公路 (S15)	旅游景点及景区
城市道路	
省道 (S201)	
县道 (X584)	
河流、水库	

万山区旅游咨询电话 0856-3461331

2008年1月31日，中共中央政治局常委、中央书记处书记习近平（中）到万山特区老山口村慰问雪凝受灾村民唐召维（左）

2008年1月31日，中共中央政治局常委、中央书记处书记习近平（中）在万山老山口110千伏输电线受灾现场慰问抢修工人

1991年3月13日，国务院总理李鹏在北京召开的全国“功勋地质队”表彰大会期间亲切接见中国有色金属工业总公司驻万山一勘队队长屈松棋

1992年，贵州省省长陈士能（中）视察万山特区

2007年7月9日，中共贵州省委书记石宗源（右一）视察万山特区和泰茶业有限公司

2007年7月，中共贵州省委副书记、省长林树森（左三）到万山考察，地委书记杨玉学(左一）、行署专员谌贻琴（左四）、万山特区委书记王开禄（左二）陪同

2011年7月5日，中共贵州省委副书记、省长赵克志（中）视察万山区工业园区建设

2011年11月15日，中共贵州省委书记栗战书（右一）到铜仁市万山区视察经济开发区建设和万山国家矿山公园，并对万山转型作出重要指示

2017年2月16日，中共贵州省委副书记、省委政法委书记谌贻琴（前中）到万山调研

2009年6月15日，贵州省人民政府副省长辛维光（左二）到万山大水溪尾矿库调研

2011年4月27日，国家发改委副主任杜鹰（左二）、省委副书记王晓东（右一）视察万山资源枯竭城市转型工作

2011年9月17日，国家发改委东北司副司长彭会军（右二）莅临万山指导转型工作

2011年5月6日，中共铜仁市委书记廖国勋（左三）调研万山谢桥新区

2012年8月13日，中共铜仁市委书记刘奇凡（中）到万山新区调研

2016年9月27日，中共铜仁市委书记陈昌旭（前左三）到万山区电商生态城调研电子商务工作，区委书记田玉军（前右一）陪同

1996年10月，中共万山特区委书记、政府区长饶正海在万山铝硅综合开发中俄专家技术研讨会上讲话

中共八届代表大会，中共万山特区委书记时晓军（右一），特区委副书记王开禄（中）投票选举新一届领导班子

2011年4月18日，中共万山特区委书记汤志平（中）调研高楼坪乡青年湖村新农村建设情况

2017年2月10日，中共万山区委书记田玉军现场调研重点项目建设工作

2014年5月23日，中共万山特区委副书记、政府区长张吉刚（中）检查矿山公园建设情况

1996年10月，俄国专家在万山特区考察钾矿

日本地质博物馆馆长丰遥秋率领日本近几大学、东京大学、别府大学、日本考古学中心、日本宫内厅的科考工作者，在中国科学院地质与地球物理研究所研究员杨主明博士的陪同下，于2002年12月12～15日对万山矿区进行考察，实地采取朱砂样品，采用硫同位素比值等方法测定确认，日本北九洲沿海一带出土的公元100～200年文物中的辰砂颜料来源于万山。

二十世纪80年代万山城区全景

二十世纪90年代末万山城区全景

原万山特区行政中心所在地——万山镇

二十世纪80年代万山特区党政机关办公所在地外景

万山特区行政大楼（2011年摄）

万山区产业园

原贵州汞矿矿部办公楼（现为万山汞矿工业遗产博物馆）

汞矿苏联专家楼旧址

体育馆

万山红大酒店

万山区人民医院

万山特区宾馆

铜仁市交通学校

铜仁市第八中学

高楼坪乡——七彩村寨大树林

休闲避暑村寨——黄家寨

铜仁至大龙高速公路万山段交汇点

提级改造后的乡级公路

万山特区110千伏变电站

2007年开工建设的青龙电站

小云南水库

河道治理

小水窖

张家湾工业园区

2001年，万山特区第一个招商企业——恒兴铁合金厂

下溪兴隆锰业有限公司

万山银河化工有限责任公司

银泰铝业

万山特区矿产公司

敖寨乡黑木耳产业基地

高楼坪乡大棚蔬菜基地

下溪乡兴隆村柑橘

下溪乡高山刺葡萄

黄道乡龙江村早桃

黄道乡金秋梨

高楼坪乡蜜枣

高楼坪跑山鸡养殖基地

黄道乡珍珠鸡养殖基地

● 谢桥安哥拉长毛兔

● 龙辉生猪养殖

● 下溪乡生态山羊养殖

2009年10月28日，万山国家矿山公园揭碑开园

2017年3月24日，国际风筝节开幕式

建国六十周年“爱国歌曲大家唱”歌咏晚会

庆祝中国共产党成立90周年歌唱诵读大赛

2012年8月18日，铜仁市首届运动会开幕式在万山召开

2015年5月20日，贵州省第七届老年人运动会柔力球交流活动在万山区举行

职工篮球赛

2016年8月26日，多彩贵州精品剧目·歌舞剧《丹砂恋》

● 女子篮球赛

● 健美操比赛

风筝放飞比赛

侗族舞蹈——鼟锣传情

● 舞蹈《图腾》

● 傩戏

竹编工艺

万山民间斗牛

贵州省非物质文化遗产
——高楼坪刘氏宗祠

NATIONAL MINING

朱砂古镇大门

玻璃栈道

悬崖游泳池

影视城

万山九丰山地高效农业博览园

万山九丰农业博览园

仁山文化主题公园

欢乐世界——彩虹海

夜郎谷漂流

佛教圣地——中华山

木杉河湿地公园

长寿湖湿地公园

长寿之村——挞扒洞

矿山公园仙女石

观日亭

长寿村

夜郎谷瀑布

朱砂工艺品展销中心

朱砂3D画

朱砂手镯

朱砂原石吊坠

朱砂原石雕件

朱砂项链

朱砂原石手圈

咸扣肉

蜂蛹

丁丁骨

锅巴王

羊脚脚

序

盛世修志，鉴古察今。中共铜仁市万山区委、万山区人民政府秉持传承历史优良文化传统，发扬万山精神，主持纂修《万山特区志》（1991—2011年）。经纂修人员共同努力，历经两载寒暑，成书问世，是万山区人民政治、经济、精神文化生活中的一件大事，可喜可贺！

万山曾以丹砂发现最早、质量最好、晶体最美、储量最多、产量最高而被誉为“中国汞都”“丹砂王国”。

在殷商时期，万山人开始用爆火法取丹，春秋时期用丹砂冶炼水银；秦汉时期，万山丹砂出口日本；明初朝廷派内侍刘福、关显忠直接领导开采；清光绪年间，英法商人和奥地利人在万山雇佣1300人开办英法水银公司；抗日战争时期，直接纳入国家开采，中华人民共和国成立后，工人在中国共产党领导下，与知识分子紧密结合，大搞技术革新，采用科学技术手段，改变了几千年来万山汞工业生产落后面貌，生产工具逐步实现了电器化、机械化、高炉炼汞，到20世纪60年代，产量达到历史最高峰，1959—1962年间，年产汞超千吨，为国家偿还苏联外债作出了巨大贡献，被周恩来总理亲切地称为“爱国汞”。

万山因汞矿资源而构筑了一个个历史的界碑，她又因历史中的创造而竖立自己一座座精神的丰碑，在革命、建设和改革的各个时期，作出了不可磨灭的重大贡献。

万山经济社会的发展，是以丹砂生产为龙头，牵制着各行各业的发展，一切皆以丹砂生产的兴辍而起伏，到20世纪90年代后，由于长期大规模地开采，万山矿老山空，产量日趋锐减，至2001年10月，贵州汞矿被迫政策性破产关闭，万山财政一时跌入低谷，尽管作过多方探索，但始终在困境中徘徊，的确是“山重水覆疑无路”。2009年3月2日，国务院将万山列入全国第二批资源枯竭型城市后，中共万山特区委、特区人民政府抢抓机遇，提出“产业原地转型，城市异地转型”的发展战略。2013年5月4日，习近平总书记对万山转型发展作出了重要批示，同时得到国家有关部委、贵州省委、省人民政府、省直有关部门的帮扶，使万山获得大量政策支持，于是万山区委、区人民政府狠抓万山基础设施建设、狠抓社会环境治理，筑巢引凤，着力招商引资，规模以上工业在2011年就完成了167472万元，比2009年的100054万元，增长了67.4%；财政收入达到15142万元，比2009年增长了95.4%。经济社会发展日新月异，后劲十足：一是经济实现大突破、大发展，2001—2005年，地方财政收入2796万元，2006—2011年，地方财政收入8256万元，是上一个五年计划的2.9倍；二是城乡面貌日新月异。品质品位大幅提升。在城市异地转型的承接区——谢桥新区于2011年年底先后建成了梵净山大道二期工程。楚溪大道工程、示范性高中建设，规范化医院建设，谢桥廉租房建设等；三是民生民计全面改善，率先在全省实现县乡村100%通油（水泥）路，“五小”水利建设惠及千家万户。

如今的万山在“强工兴区、优农稳区、旅游活区、招商引资、城镇建设、重大项目带动”战略的实施下，各行各业各条战线发生了突飞猛进的变化，新型工业企业商家如雨后春笋般茁壮成长起来。按照“产业原地转型、城市异地转型”的总体部署，牢固树立全党抓经济、全民抓招商、全区抓融资、全力抓作风的发展思路，万山区正发生着一次次崭新的嬗变。

看万山红遍，风景这边独好！万山人民在万山区委、区政府的领导下，同心同德，群策群力，克难攻坚，开拓进取。将会谱写出转型崛起、跨越发展、发奋赶超、同步小康的新篇章。

《万山特区志》（1991—2011年）截稿，适逢撤销铜仁地区和万山特区设立铜仁市万山区的转折历史时期。作为万山改革开放、发展建设的亲历者，见证着全区翻天覆地、日新月异的巨大变化，感受着改革开放的巨大影响力，切身地体会着、享受着改革开放的丰硕成果。我们为亲身经历的一切而感动，为全区的巨大进步而骄傲，为万山人民创造的辉煌业绩而自豪。

编修地方志书是一项艰苦的创造性劳动。《万山特区志》（1991—2011年）得以问世，是全体修志人员甘于淡泊、乐于奉献、殚精竭虑、求实存真、勤勤恳恳、埋头耕耘的结果，是全区各级各部门热情支持、专家学者帮助指导的结果。《万山特区志》（1991—2011年）资料翔实，内容丰富，门类齐全，排列科学，基本上实现了思想性、资料性、科学性的统一，可读性很强，有存史、资治、育人、科研的重大功能，是万山文库镇宅之瑰宝，她将千秋万代地服务于后人。在此谨向孜孜不倦呕心沥血的编辑人员，向关心支持修志工作的专家、领导，向所有为修志工作做出贡献的同志们表示衷心地感谢!

铜仁市万山区人民政府区长

2017年11月17日

凡　例

一、坚持以马克思列宁主义、毛泽东思想、邓小平理论、“三个代表”重要思想和科学发展观为指导，力求思想性、科学性、资料性和实用性相统一，贯彻落实习近平新时代中国特色社会主义思想，坚持辩证唯物主义和历史唯物主义的立场、观点和方法，实事求是地记述万山自然和社会的历史和现状。

二、上限时间为1991年，下限至2011年10月22日撤销万山特区建铜仁市万山区时止。

三、用述、记、志、传、图、表、录等体裁记述，以志为主，横排门类，竖写史实，力求百业不漏，脉络清晰。大事记以编年体为主，重大事件结合记事本末体记述。

四、机构名称第一次出现用全称，括注以下用简称。如：中华人民共和国(以下简称中国)。

五、中华人民共和国成立前简称解放前；中华人民共和国成立后简称解放后。

六、历史上的纪年、地理名称、官府职衔均袭本地历史习惯称谓，不通用者加以诠释。古地名与今地名不同者，注明今地名称谓。历史纪年括注公元纪年。

七、统计数据和计量单位：解放前的统计数据按当时的记载资料使用，不因历史的变更而作增减、更改、换算。解放后的，按统计部门的法定数据，统计部门没有的，按主管部门提供的数据资料核实入志。计量单位名称、符号按国务院1984年颁布的《计量单位命令》规定使用。

八、有关专业术语按行业规定书写；凡作名词、形容词、成语和不定数、历史朝代年号等的数字书写，一律使用中文数字。其余计量、型号、番号、纪年、时间等书写一律用阿拉伯数字。

九、本志资料来源于国家各档案馆、续志资料、各单位提供的文字资料、图书馆和有关典籍、专著、报刊、地方志、墓碑、谱牒、文史、统计、年鉴、行业普查、民间传说、知情人口述等，经考证鉴别入志，概不注明出处。

十、根据“生不立传”的原则，立传人物只载有影响的已故人物。对地方有影响的在世人物作人物简介。获烈士称号者列入烈士英明录，省委、省政府以上单位表彰的先进人物，列入先进模范人物名录。副县级以上干部列入领导干部名录。领导干部名录中，若有犯罪被判刑的予以注明。

十一、因万山在解放前史无志书，又行政体制多变，隶属关系复杂，辖境时大时小，文献资料记载难全，为此，在《万山特区志》中增设了拾遗篇，以填补重大漏失。

目　　录

第一篇　境域　气候

第二篇　资　源

第三篇　工　业

第四篇　农业　林业　水利

第五篇　商　业

第六篇　交通　邮政　电信

第七篇　金融　保险

第八篇　城乡建设与环境保护

第九篇 财政 税务

第十篇 经济管理

第十一篇 政党 群团

第十二篇 政权 政协

第十三篇　综合政务

第十四篇　人事劳动与机构编制

第十五篇　军事　政法

第十六篇 文化 广电 旅游

第十七篇 教育 科技

第十八篇　卫生　体育

第十九篇　民族　宗教　人口

第二十篇 人 物

附 录

拾 遗

概 述

一

万山特区，位于黔东，属云贵高原向湘西丘陵过渡的武陵山区。东南与湖南省芷江、新晃侗族自治县交界，西与玉屏侗族自治县毗邻，北与县级铜仁市（今铜仁市碧江区）接壤。

万山曾以丹砂发现和利用最早，晶体最美，质量最好，储量和产量居亚洲第一、世界第三而被誉为“中国汞都”“丹砂王国”。

万山特区行政建置始于1966年2月22日，国土面积338.4平方千米，总人口6.7万人。2011年1月5日铜仁市谢桥区划入后，行政区域面积增至443.2平方千米，总人口增至8.2万，人口密度为每平方千米185人。2011年10月22日国务院撤销万山特区建立铜仁市万山特区。

万山特区属黔东低山河谷地貌，地势西高东低，中部隆起，以特区政府所在地平均海拔858米的万山镇为中心向四周降低。东、南、北三面山峦起伏、沟壑纵横、河谷深切；西部丘陵相对高差小，地势稍平缓。全特区山地面积占68%，丘陵占21%，河谷盆地占11%，海拔制高点为米贡山峰顶1149米，最低点谢桥石竹河口225米。

境内敖寨河、下溪河、谢桥河、龙洞河、楚溪河、石竹河汇入北面锦江；黄道河、高楼坪河注入南面㵲水，皆属长江水域沅水水系，河网密度每平方千米为0.27米，年径流总量2.22亿立方米，水能开发量2683千瓦。属中亚热带湿润气候，北、东、南三面夏天和初秋较炎热，冬天较暖和；中西部夏热秋凉，冬偶有冰雪之寒。年均气温14摄氏度。年降水量在1200—1400毫米之间，无霜期275—280天。年日照平均1263.7小时，适宜多种农作物和各种生物生长。

二

万山历史悠久，以丹得名，行政体制多变。据民间传说，炎黄时期，濮人冉心红在万山黄道北五里的淘砂溪开始发现和利用丹砂杀菌消毒治病，然世代承袭拣砂（丹）换物度日。西周时，又有梵女为追赶红羊从西羌到万山，教土民凿石取丹，梵女将丹砂献给武王，武王大喜，立封产丹之山为大万寿山，从此万山以丹得名，宋元时简称“大万山”见诸书端，明代以简称“万山”，载入《铜仁府志》。

万山在远古时期属巴黔中，据《史记·西南夷传》记载：楚威王时，使将军庄蹻将兵，循江上，略巴黔中，从此巴黔中归楚，为楚黔中。公元前221年，秦始皇一统天下，将楚黔中地改为秦黔中郡。汉属武陵郡，三国初属蜀，后属吴，晋属荆州武陵郡，南齐属东牂牁郡，梁陈属戌夜郎郡。隋属辰州沅陵郡、唐初属江南道辰州，后属黔中道锦州，在境内置渭阳县于赶场坝，置丹川县于下溪、置丹阳县于黄道。宋属湖北路沅州，元属湖广行省思州安抚司。至元十四年（1277年）建大万山苏葛办（棒）、思勒舍（洞）长官司、黄道野鸡坪、平岳溪等处长官司隶思州，施溪司隶麻阳卫。

元至正二十二年（1362年）思州分为思州、思南两部，大万山苏葛办长官司、思勒洞司属思南、黄道蛮夷长官司、平岳溪长官司隶思州。至正二十五年（1365年）六月初二日（6月21日）思南宣慰司宣慰使田仁智归附朱元璋，大万山苏葛棒（办）、思勒洞长官司属四川行省思南宣慰司。同年七月初七日（1365年7月29日），思州宣慰使田仁厚归附朱元璋，黄道蛮夷长官司属湖广行省思州宣慰司。明洪武五年（1372年）六月十三日（7月13日），施溪司与漾头司合并为施溪漾头长官司，迁治平地寨，大万山苏葛棒、思勒洞合并为大万山军民长官司，迁治詹家屯上二里狮山下，随思南改隶湖广行省。洪武二十五年（1392年），务程、龙敖、平岳溪、都坪峨异溪等长官司并入黄道长官司，迁治武陵坪（今黄道街上）。明永乐十一年（1413年），因思州、思南两宣慰司争夺万山老砂坑不服朝廷调处而械斗不休，被朝廷革除，设立八府，进而建贵州布政司辖之，史称“改土归流”，大万山司属铜仁府，黄道、施溪属思州府。清光绪六年（1880年）八月二十六日，省溪司（江口）吏目署迁大万山，筑城三华里半（1750米）办公，大万山军民长官司自然取消。民国2年（1913年）8月万山置省溪县隶属黔东道（镇远）。民国12年（1923年），废黔东道，省溪县直属贵州省政府。民国24年（1935年）1月，省溪县隶属第九行政督察区（铜仁），民国25年（1936年），第九行政督察区改称第六行政督察区。民国26年（1937年）11月，第六、七两个行政督察区合并成立新的第一行政督察区，专员公署驻镇远，省溪县属第一行政督察区。民国30年（1941年）撤销省溪县，设万山乡和黄道等乡，黄道乡划归玉屏县，万山乡划归铜仁县。

1949年11月16日，万山解放，玉屏县人民政府派政委蔡广书，区长吴海亮等人接管万山，建立玉屏县第六区人民政府（后改称玉屏县第二区或万山区公所）。随着社会主义建设事业发展需要，在20世纪60年代，境内又逐步建有贵州汞矿、冶金地质一队、贵州冶金建设工程公司和第十九井巷工程公司等4个中央企业和省属县级工矿企业。根据“工农结合、城乡结合、有利生产、方便生活”的精神，1966年2月22日，中共中央、国务院批准设立万山特区。5月1日，正式成立万山特区人民委员会，驻万山城解放街。先后从玉屏县划出万山、高楼坪、黄道、下溪公社，从铜仁县划出敖寨、瓮背公社等区域归万山特区管辖。

1972年11月，贵冶第十九井巷公司奉命部分迁往水城，1976年12月13日，贵州省冶金建设工程公司完成万山贵州汞矿地面建筑任务后，迁往水城。1980年上述机构全部撤离万山。1992年年底，有色地质一总队在万山南区钻探施工结束后，全部撤离万山迁往贵阳清镇。

2001年10月18日，贵州汞矿因资源枯竭政策性关闭破产。工人的工作和生活得到国家妥善安排。

2011年10月22日，国务院行文撤销铜仁地区和县级铜仁市、万山特区，设立铜仁市及市辖碧江区、万山区。原属县级铜仁市的茶店镇、大坪乡、鱼塘乡划归万山区，万山区总人口达16万人，辖区面积达842平方千米。在万山数千年历史长河中闪烁着45年光辉的万山特区结束了使命，翻开了历史新篇章。

三

万山特区矿产资源、旅游资源丰富。经国家有色地质一总队和103地质队从20世纪50年代开始至

90年代近40余载勘探，已探明的矿种有汞、钾、锰、钒、钼、铀、铜、锌、铅、硒、磷、重晶石、大理石、陶土、稀土等20余种。其中钾矿资源达10亿吨以上。特别是汞（丹砂）的发现和利用有五千余年的历史，《黔记》载："府东北百四五十里有黄道溪、溪北五里有淘砂溪，土人在此淘砂煎汞。"万历《铜仁府志》在风俗篇中记载："万山专拣砂汞，居人藉为生业。"据万山民间传说：人们还在茹毛饮血，用树叶遮体，用兽皮裹身御寒的渔猎社会时期，生活在境内淘沙溪一带的民族，他们在打渔捞虾的活动中发现了红色的石子，用此石磨水如血，饮之定惊安神，染之永不褪色，涂抹伤口能杀菌消炎拯救人之生命，以为神物，很快传遍万国九州。人们不断牵着狗、牛、羊等来交换。从此，万山人世代承袭，靠拣拾红色石子换物度日。因此石头不仅外表红、里面也是红的、便称之为心红。黄帝知道后，将濮人敬献的"心红"拿去炼九鼎神丹，服后感觉较好，就把第一个发现"心红"的人赐姓冉，名"心红"，曰：冉心红，认为物名"心红"是从水井之中拾得，便将其命名为"丹"。由于冉心红的发现，给万山人带来了好处，万山人对他很尊重，敬称他为宝王菩萨，说他是丹砂王国的创始人，他死后，人们集资请民间雕匠，雕塑他的金身，供奉于大崖（民国时称三星镇）山顶，至1949年11月23日被匪首杨政国烧毁。

解放后，生产力获得解放，工人成了矿山的主人，与知识分子紧密结合，研发采用了一整套的先进探、采、选、冶方法，迅速改变了过去几千年原始落后的生产方式，1950—2000年的50年间生产出朱砂1852.3吨，汞19666.7吨，是万山几千年来生产总量的两倍以上。特别是在1959—1961年国家三年困难时期，万山工人革命加拼命的努力劳作，连续4年，年产汞超千吨，为国家偿还苏联债务立下了汗马功劳。由于长期大规模地开采，使其丹砂矿老山空，被迫关闭，但钾、锰、钒、钼等20余种矿产还相当丰富，有待开采。丹砂矿开采遗迹保存相当完好，2005年，国土资源部首批万山为"中国汞都·贵州万山国家矿山公园"。园区面积105平方千米，矿业遗迹核心景区5平方千米。2011年，国家文物局开始将万山汞矿遗址列为中国世界文化遗产预备员名单。

万山是以喀斯特岩溶地貌为主的秀丽山川，处处奇峰高耸，悬崖壁立，沟谷深切，青山对峙、瀑布高挂、河流逶迤，青山滴翠，芳草如茵，繁花似锦，百鸟争鸣。看遗迹，在48面石壁上有深浅不一、高低宽窄多样的矿硐口498个，硐内层层叠叠，巷道犬牙交错，高矮不一，有的采场宽如大厅，顶上悬石欲坠，且有保安矿柱撑之；有的滴水如注，下有沟渠导之。有的古巷道矮小不到1米，且能躬身行之。将矿洞全部折合为高宽2米的直径算，总长达978千米，如同地下迷宫。矿山公园博物馆里，展示着历朝历代的开矿风云人物，历朝历代使用的工具，历朝历代开矿的方法，各式各样矿石标本……；苏联专家楼是苏联专家在二十世纪五十年代帮助探矿曾工作生活的地方，是斯大林时期中苏友好的见证；老砂坑，原名老崖井，1413年史书上写为"老雅井"，是古代用"火爆法"破石取丹的真实记录。老砂坑之战，是明永乐十一年革去思州、思南两宣慰司，设置八府，建立贵州布政司的导火线，其意义非常深远。

黑窿子，现称黑硐子，是丹砂最富集的地方，是明廷直接派内侍刘福、关显忠领导开采的矿硐，是中国最早出现产业工人的地方，1898—1907年期间，英法水银公司强租未果，便从大泥峭打暗道抢夺矿石，引起了万山人的反英武装暴动。黑硐子于2006年被列为国家文物保护单位。此外还有仙人硐、云南洞都是人工开凿的古老矿硐，都有很多传奇的故事，都有很多奇特的看点，常常令游客流连忘返。2006年被列为国家文物保护单位。

各式各样的古代建筑和现代建筑，文化遗存内涵和外延都十分丰富。如高楼坪的祠堂，由石基脚，合子青砖封固外墙，墙内由木质瓦面构成前台戏楼、中殿、后殿、两院左右建耳房，院中厚石板材铺面、砌街檐，古色古香的各式雕刻，外观墙上的翘檐相当雄伟壮观，游客无不称奇。

自然景观有夜郎谷，老山口森林公园，中华山、米贡山、鳌山般若招提寺等。

夜郎谷，谷深250米，谷宽30米，谷长1500米。由上往下看，似人在九天，云汉低矮，幽谷狭长，流水如镜。由谷底往上看，只见飞鹰断崖，水鸟破烟，一线天空，白云空远，危崖耸立，云飞山动；高崖悬洞，有20多条瀑布，竞相抛珠撒玉，投空而来。此处风光无限，漂流有惊无险。

老山口森林公园，杉松挺拔，枝叶婆娑，林海浩瀚，四季有鸟鸣，月月有花香，人到此处无不心旷神怡。

中华山、米贡山、鳌山般若招提寺，是万山的名山，山势雄伟壮观，唐代就有佛家弟子募集资金在山上初建寺庙，明代已是“殿堂巍峨，梁栋辉煌”，只是后来被火烧毁。因山势雄伟，山上怪石嶙峋，鸟语花香，游客仍接踵而至。传说唐武则天为觅谢产丹之山，曾微服到中华山一游，“中华山”的山名则是她亲自敕封的。鳌山般若招提寺建于唐朝，毁于1958年，但民间还在传颂着山上高僧“脱离丹家到黔东，天作巢穴地作笼。立志决飞聚荆棘，存心定是栖梧桐。时来落得青云路，远去逸马黄道中。出世不同凡鸟伍，抬头仰望向天空”的诗句。唐建米贡山寺院虽然毁于山火，但山上风光和传奇故事仍永久性的留在人间，不少游客仍常去山上“弥勒寺”“大雄宝殿”“诸天阁”“太和殿”“玄武殿”遗迹处凭吊游览。

更有胜者是挞扒洞湿地公园，那里群山环绕，林木蔽日，以每立方米2000到5000个的负氧离子无偿地奉献给游客享用，那里的泉水和河水富含硒、锶微量元素，有利调节生理机能、延年益寿。近年来，游客往来，可谓车水马龙。

四

万山是一个多民族的贵州边沿地区，有着光荣的革命传统。古代多濮人（今仡佬族），巴人（土家族），秦汉时，大量苗民拥入，濮人纷纷退避山野。明清时，朝廷赶苗拓业，大量苗民被屠杀，身强体壮者逃往腊尔山环境险恶地区。汉族占住肥沃平原好的地段，筑城安居。为了种田，便从江西等泽国水乡大量移民而至。形成汉族住城乡、侗族（祖先为越人）住田坝、苗族住在山坡上，仡佬族住在石旮旯的状况。明永乐十三年（1415年），朝廷将万山矿山收归国家所有，朝廷派内侍刘福、关显忠领导开采，招来农民和无业游民作矿丁。于是原逃避山野又具有采矿经验的仡佬族人、红苗人又纷纷回来加入矿丁队伍。由于矿业不兴，于明宣德元年（1426年）交由大万山长官司开采。正统三年（1438年），朝廷以其官多民少，场瘠课重，革除贵州省大万山长官司水银朱砂场局。从此，万山汞矿变为民间开采。于是全国各地失业流民闻讯蜂拥而至，有的受雇于矿业主，有的靠拣野砂度日。清光绪二十五年至光绪三十三年间（1899—1907年），英法水银公司在万山雇矿丁1000人、童工300人，外来民族又有所增加。至民国2年（1913年）8月，万山（省溪县）统计，境内已有汉、侗、苗、土家、回、布依、仡佬、彝、水、满、蒙古、白、纳西、毛南、壮、瑶、羌等16个民族。由于帝国主义、封建主义、官僚资本主义相勾结，对工人的残酷剥削和压迫，激起万山人民的强烈不满。光绪二十六年（1900年）万山民众在张家湾举旗起事，一举收回大硐小硐，准备把英法水银公司赶出去，后因铜仁知府派兵弹压，斗争才稍稍止息。清光绪二十九年（1903年）5月25日，英国外交主事人柏兰在伦敦举行的英法合办贵州水银等矿有限公司第四次会议上说：“昔拳匪乱炽，荒民群聚，欲取文（万）山，厂之所有毁之”。“追忆往事、实为可惧。”在万山人民的强烈反抗下，英法水银公司于清光绪三十四年（1908年）被迫撤离出境。

民国14年（1925年）9月4日，贺龙率刘夔纵队到万山，提出“消除恶患、保护工农”的口号，深得万山人民拥护，是年有热血青年姚元忠、姚元勋、姚元贵、陈年松率130余人参加贺龙的革命军入湘北伐，民国16年（1927年）“八一”南昌起义失败后，转战洪湖。民国20年（1931年）3月在湖北长阳枝拓坪的红军驻地，姚元忠接受贺龙命令，改名姚玉清，回原籍潜入万山德益和汞矿厂，暗中交豪杰、聚勇士、联民众、帮穷苦，于是年8月15日秘密召开进步人士会议组织苏维埃省溪县政府和中国工农红军省溪纵队，为民国23年（1934年）接应红军和民国25年（1936年）牵制敌人、支持红军过境作出了重大贡献。民国25年（1936年）以后，在地下共产党员龚永明（化名陈文星）的领导下，组织万山工人先后举行4次大规模地反帝、反封建、反官僚主义的革命运动。为此苏维埃省溪县政府领导和纵队成员及不少村寨遭到残酷的军事围剿和屠杀。在抗日战争中，省溪纵队先后组织600余勇士奔赴前线，光荣牺牲于上海保卫战和南京保卫战中。解放后，为抗美援朝，保家卫国，万山又有14名健儿壮烈牺牲在朝鲜战场；在南疆保卫战争中，万山又有6名青年牺牲在老山前线。革命前辈的英勇行为一直激励着万山人民敢于斗争、敢于胜利、奋勇前进！

五

改革开放取得伟大胜利。1978年中国共产党的十一届三中全会以后，万山人民在坚持“四项基本原则”的基础上，坚定不移地进行了经济体制改革和政治体制改革。

在农业生产上，于1980年实行了耕地和大型农具下放到户并实行以户为单位的联产承包责任制，生产分配方式是：完成国家的（征购任务），留足集体的（提留），剩下全是农户个人的。为此，农村生产力得到进一步解放，农村经济快速发展，粮食总产由1978年的10829吨上升到1990年的14231吨。1990年以后，农业结构进一步调整，大力推广“三杂”（杂交玉米、杂交水稻、杂交油菜），逐步使用机械耕作，农业适用技术不断推广普及，使亩产量不断飙升，2010年粮食总产达到19347吨，比1990年增长了35.94%。1984年全特区对山林实行“三定”，划定集体山、责任山、自留山，使山林得到有效保护，加之农村沼气池的推广，电器化程度的提高，使森林覆盖率由1990年的17%上升到2011年的49.98%。1990—2011年，生猪存栏由30208头上升到70400头；羊存栏由2386头上升到19000头，水产品产量由57.846吨上升到582吨。全特区农民人均年收入由1990年的406元上升到2011年的3593元；全特区农业生产总值由1990年的1529万元增至2010年的21943万元。

工商企业方面，实行国有民营、自主经营、自负盈亏。贵州汞矿在面临汞金属矿日趋枯竭的情况下，改单纯的朱砂水银生产为多种经营，20世纪90年代开始研制新产品，生产炸药、雷管、鞭炮、电池、水泥、玻璃、氯化镁、造纸等。对二坑、四坑、六坑等3个坑口合并生产经营，把矿冶金化工厂、综合运输公司、银河物资公司、安装公司、建筑公司、劳动服务公司和岩屋坪纸厂等7个2级单位推向市场，脱离矿山母体，实行自主经营。

1987年，全特区在商业、供销、粮食系统推行经营责任制，实行职工工资与商品销售和经济效益挂钩，全面进行市场运作。到1994年已基本发展成为“国有民营”，自主经营，自负盈亏，自我发展，自我约束的社会主义商业体制。

随着工商企业改革的不断深入，各行各业得到搞活和全面发展。1991年全特区有地方国营企业15个，工业产值327万元，集体企业3个，工业总产值294万元，个体和私营企业86户，总产值148万元。

全部工业总产值769万元。2011年，全特区实现了工业总产值18.09亿元，是1991年工业总产值的47.78倍。

社会事业快速发展。在交通方面，1990年境内仅有省道3.5千米，县道42千米，乡道27千米，矿区专用公路44.5千米，路面窄而差，人们形容万山天晴走的扬灰路（灰尘大），下雨走的水泥路（水凼凼多，车过泥水四溅）。2011年，铜大高速公路穿境而过，有铜大高速公路连线（汞都大道）6.57千米，通乡油路60千米，城区主干道“白改黑”3.48千米，农村水泥公路834.39千米，基本实现了村村寨寨都通了公路。同时有专人养护，路面宽、平、整洁。

在通讯方面，1990年，全特区有长途电话线路5路，载波电话终端机4路，均为省内二级有线电话，市话交换机总容量200门，用户交换机容量260门。电话机418部，杆路总长6千米。至2011年，全特区开通使用固定电话8709户，手机用户达7296户，宽带用户2312户。

在电力方面，1990年全特区火力发电881万度，水力发电5.76万度，总共887.76万度，仅供几个大型工业企业单位和特区机关用电。2011年，全特区供电总容量85915千伏安，供电面积842平方千米，总用电户数37000余户，完全满足城镇、工矿企业、事业单位和广大农户的生产和生活用电。2011年全特区供电量33705.15度，实收电费17278.3298万元，上缴税金560万元。

在教育方面，全特区文盲、半文盲人数由1990年的13824人下降到2010年的3926人，减少了9898人；大学专科毕业由1990年的523人增至2010年的1905人，增加了1362人；大学本科毕业由1990年的194人增至2010年的621人；1990年经省人民政府验收，万山基本扫除青壮年文盲，基本普及九年义务教育，“两基”工作基本合格。教育经费由1978年的30.2万元，增至2011年的8538万元，教学条件明显改善。

卫生和计生方面，1990年，全特区有县级医院3个，其中：工矿企业医院2个，乡卫生院4个，有卫技人员270人（中级技术人员142人），其他36人，乡村卫生员42人，新法接生员62人。2011年区（县）直医院医疗机构5个，乡镇卫生院5个，社医卫生服务中心1个，农村卫生室55个，社区卫生服务站3个，民营医疗机构9个，有医疗卫技人员167人，其中执业医师38人，注册护士52人，编制床位148张。1996年，提前4年实现“2000年人人享有卫生保健”目标和达到国家卫生部规定，基本消灭麻风病目标。2011年全特区参加新型农村合作医疗人数达4.8万人，参合率达98.7%。境内计生工作从1990年以来，一直坚持“三为主”（以宣传教育为主、以避孕为主、以经常性工作为主），推行“三结合”（计划生育工作与发展农村经济相结合、计生与帮助农民劳动致富奔小康相结合、计生与建设文明幸福家庭相结合）。1990—2011年间，万山人口自然增长率保持在1.81‰—6.38‰之间，计生工作在铜仁地区占领先地位，年年得到地区和省计划生育委员会的表彰。2010年、2011年中华人民共和国国家人口和计划生育委员会、国家人力资源部和社会保障部表彰万山特区计生局为“全国人口和计划生育系统先进单位。”

在社会保障方面，1986年，为合同制工人建立养老保险，1988年将企业固定职工纳入养老保险社会统筹范围，建立失业保险制度，1999年，扩大到事业单位全体职工。1993年在城镇推行住房制度改革，1998年建立职工住房公积金制度。1999年对职工住房实行存量和增量补贴，并开始对城乡居民实行最低生活保障，纳入最低生活保障的范围逐步扩大，标准逐步提高。2002年1月，取消公费医疗，推行职工医疗保险，是年5月，对原贵州汞矿工伤人员和职业病人实行工伤保险，2005年6月开始试行职工生育保险。一系列社会保障制度的建立，更加体现了党和国家政策的人性化，使社会更加和谐稳定。

机构改革取得显著成效。机构改革后，干部队伍更加“革命化、年轻化、知识化、专业化。1996

年，按照政企分开，精简、效能的原则和切实转变政府职能，理顺工作关系，励行精兵简政，提高工作效率的要求进行机构改革，将一些职能相近、交叉、重叠的部门进行撤并。是年，合并机构9个，改为事业单位6个，转为企业3个。2001年根据省委省政府《关于全省市县乡机构改革的实施意见》，万山特区党委工作机构7个，政府工作机构由原来的24个减为20个，增设议事协调单位1个，行政编制总数由原来的280名精简为211人。

2010年8月党政机构改革，区委工作机构仍设置7个，政府工作机构部门23个，行政编制556名。

1996年推行国家公务员制度、全特区实施和参照试行国家公务员制度管理的特直机关38个，乡镇5个，在编行政人员424人，首批过度为国家公务员387人，此后进入党政机关工作的国家公务员，实行凡进必考。2003年开始，对部分科局长亦实行向社会招考，对新提拔的和招聘的干部实行公示制和试用期制度，使万山特区干部队伍逐步实现"革命化、年轻化、知识化、专业化"目标。2010年，全特区在职机关干部职工共1887人，其中行政人员493人，事业单位1934人。大专以上学历1295人。

20世纪90年代初，万山贵州汞矿资源枯竭，特区财政收入直线下滑，为了摆脱困境，作出狠抓两烟（烤烟、晒烟）生产，明确特区各工作部门与44个村对口联系帮助"两烟"生产工作。经过多年实践，因万山特区气候不适，于1994年不再提倡。1995年10月《中国贵州武陵山区农业综合开发项目》正式立项，1996年10月开始实施，境内山、水、林、路、田得到连片综合治理，基础设施和农业生态条件得到改善，农民逐年稳步增收。2002年，特区党委、政府提出大力发展地方工业，开始实施"强工兴区和招商引资带动"战略，采取"走出去、请进来"和"以商招商"办法，成功引进了省外客商开发万山，至2002年年底已有6家规模以上企业落户万山，实现工业产值11996万元。2005年规模以上企业增至14家，完成产值44148万元。

六

两个转型使万山走向辉煌。2009年3月2日，国务院将万山特区列为第二批资源枯竭型城市，2010年国家发改委、贵州省人民政府相继批准万山转型规划，围绕"产业原地转型，城市异地转型"两个战略，万山的城市中心将从万山镇转移到谢桥街道办事处和茶店街道办事处，同时以万山镇和高楼坪乡为中心建设工业园区。在中央、省地正确领导和大力支持下，两个转型顺利进行。2011年，全特区新建工程8个，建筑面积12.113万公顷，续建工程1个，建筑面积4.73万公顷，其中：新区改造工程7个，建筑面积7.383万公顷。完成基础设施建设投资5671.6万元，其中：新建城市道路4200万元；绿化1197万元；安装路灯90万元；果皮箱13万元，道路硬化171.6万元，为城市异地转型打下了良好基础。工业园区基础设施完成投资27967万元。2009年开始两个转型以后，社会经济以惊人的速度发展，2011年地方生产总值完成91506万元，是1991年5293万元的17.29倍。农、林、牧、渔业总产值2011年完成21943万元，是1991年的5.87倍。规模以上工业2010年完成126869万元，比2009年增长26.8%，2011年完成167472万元，比2010年增长32%。社会固定资产投资2011年完成106498万元，是1991年的243.7倍。地方财政收入2011年为8256万元，是1991年353万元的23.4倍。全特区各族人民在中央、省、市的正确领导、关怀、支持下，在中共铜仁市万山特区委、区人民政府的直接领导下，坚定不移地实施工业强区，旅游活区，城镇化建设项目带动战略，不断实现经济社会发展指标的大突破。当前，社会安定、民族和谐、人民幸福安康，万山人民正在为一个持续、稳定和全面实现小康社会的梦想而克难攻坚，努力奋斗！

大 事 记

1991年

1月29日 万山特区人民政府在转发贵州省人民政府《关于贯彻国务院切实减轻农民负担的通知》的通知中规定：农民每年合理负担总额（含集资等）不得超过上年人均纯收入的4%。

2月25日 中共万山特区委决定，从3月上旬开始，抽调42名国家干部下农村，集中两个月时间，广泛开展社会主义思想教育，重点宣讲社会主义优越性和农村的现行政策，教育广大农民树立爱国家、爱集体的思想。

2月25日 万山镇荣获中共贵州省委、省人民政府表彰为“计划生育先进集体”。

是月 万山特区黄道乡集资22100元，办起第一个乡级敬老院。当年接收孤寡老人12人。

3月 贵州汞矿冷风硐坑口（五坑）由于资源枯竭停产闭坑。

是月 有色地质一队被中国有色工业总公司授予“功勋地质队”称号。队长屈松棋出席中国有色金属工业总公司在北京召开的全国“功勋地质队”表彰大会，受国务院总理李鹏接见。

5月30日 特区党委、政府批转《特区发展晒烟工作紧急会议纪要》的通知，明确各乡镇种植晒烟任务（高楼坪26.6667万公顷，黄道、敖寨、下溪各13.3333万公顷，万山镇3.3334万公顷）。纪要要求必须采取思想教育、经济鼓励、行政干预的措施，保证完成任务。对未完成任务的乡镇要扣发乡镇干部全年奖金的20%。

6月20日 特区党委、政府批转计生委《关于对拾婴、收婴、抱养婴儿试行规定的报告》，规定凡未经批准的拾婴、收婴、抱婴，有关部门不得上户和供应粮食。符合条件的夫妇，要求收养、抱养婴儿的，必须本人提出申请，单位签署意见，经计生委审核批准，并通过公证方可收养或抱养。否则，除在经济上罚款2000元以上外，夫妇在40岁以下的要结扎，是国家职工的要开除公职。

7月9日 特区党委、政府对干部职工“三违”（违法、违章、违纪）建私房进行查处，全特区共清理干部职工建私房51户，总面积2738公顷，其中合法用地7户，违章44户（科局干部3户、一般干部41户），实际处理14户。

7月20日 特区遭受水灾，被毁稻田233.33公顷、土204公顷，受灾农户2000余户。冲垮防洪堤21处1100余米，冲毁水渠30处1400余米，田坎塌方2万余立方米，损毁房屋14栋51间，冲垮公路路基和挡墙13处5000余立方米，直接经济损失20余万元。

9月 省委副书记龙志毅一行到黄道中学视察水灾情况。

是月 贵州有色地质一队被国家地质矿产部、国家计划委员会、人事部、中华全国总工会授予“全国地质勘查功勋地质单位”称号。

10月1日 英国贝尔法斯斯皇家大学地理系教授约翰·帕内尔博士在中国地化所助理研究员耿安松博士及外事办国际项目负责人徐红的陪同下到贵州汞矿考察。

10月12日 特区对全特区乡镇食盐价格进行调整，实行一乡一价，统一调运，由盐务支局对各乡供销社给予食盐运输杂费补贴。敖寨、黄道每吨补贴运杂费10元；下溪乡每吨补贴12元；高楼坪乡实行送货制。调整价格每千克为：高楼坪乡0.69元；敖寨、黄道乡为0.70元；下溪乡为0.72元。

10月17日 特区党委决定，10月25日至11月25日，对机关作风进行全面整顿，整顿的重点和目的是：严肃政治纪律，坚持社会主义信念；加强组织纪律性，提高工作效率；强调劳动纪律，树立勤政为民形象；严格财经纪律，杜绝违反财经制度的现象；清除各种腐败，保持机关清正廉洁。

10月31日 黄道乡大榜农贸市场经特区政府批准，正式开场。首场上市交易人数达2000余人，成交额6.7万元，个体户成交额5.9万元。

12月3日 万山开通卫星接收有限电视节目。

12月6日 全国人大常委会委员杨初桂率领省“双学双比”检查团到万山检查了万山镇、黄道大榜村妇女开展“双学双比”工作情况。

是年 特区成立44个人口分校和7个中心学校，以党校为龙头，以村级人口学校、中心学校为人口基本知识教育基地，定期开展人口与计划生育知识讲座，受教育者达2万多人次，占全特区总人口的30%以上。

是年 贵州汞矿实行厂长负责制，按市场需要调节生产，实行自产自销，自负盈亏的经营机制。

1992年

1月5日 特区党委、政府出台《关于进一步鼓励党政干部、科技人员兴办绿色企业发展农村经济的若干规定》(试行)。规定明确：凡是从事领办、承包开发绿色企业的党政干部、科技人员，在原单位的职务、工资及医疗费用、住房、粮户关系不变，调资晋级、职称评定、子女就业等不受影响。承包项目受益后，承包人可提取纯利润的10—20%作为个人收入。部门联系村或其他行政事业单位兴办的绿色企业受益后，可提取30%用于职工奖励基金，30%用于集体福利，40%用于扩大再生产。

1月7日 凌晨，玉屏县法院民警吴佩仙伙同田坪联防队队员熊志平冒充公安人员驱车至万山，以销水银为名，将万山外贸公司经理王国祥骗至将军岩打死后，又返回万山将王的岳父罗安南杀死于利民商店二楼，抢走人民币3.3万元。4月25日在万山对吴、熊二犯执行枪决。

3月17日 特区党委、政府作出《关于进一步搞好两烟工作的决定》，认为万山气候和土壤条件适于种植“两烟”(烤烟、晒烟)，全特区上下必须统一认识，下大决心，花大力气把“两烟”搞上去，并就“两烟”生产提出34条原则、7条措施和4条具体政策规定。

4月15日 特区党委、政府批转计生委《关于对拾养弃婴人员处理意见的报告》，对1984年元月以后，夫妻双方是少数名族，生育了一孩后，又收养一个婴儿，经有关部门批准的不予罚款；未经批准的，罚款300元，如夫妇一方不是少数民族的，类似上述情况，分别罚款400至600元；已生育二孩又收养一个婴儿，经有关单位同意的罚款800元，未经批准的罚款1200元；生育三孩而又收养的，经批准的罚款1500元，未经批准罚2000元。

4月29日 特区党委、政府为进一步加强与乡村的联系，搞好基层组织建设，促进农村经济发展，使广大群众尽快脱贫致富，决定将原部门联系村改为定点挂钩扶贫，由扶贫单位或部门选派队员到点上工作，每年不得少于3个月。

5月25日 特区党委、政府颁发《关于鼓励横向经济联合和客商投资的优惠办法》。主要内容是：工商注册、银行立户、户口登记、土地转让等优先；三资企业开发的新产品从销售之日起，免征产品税或增值税3—5年；产品出口企业从获利起免征地方税5年，还可申请减征工商统一税；兴办种植、养殖、加工等开发性产业免征地方所得税，并免交工商统一税1—5年，客商的人、财、物、产、供、销依法予以保护；对为企业引进资金的合法中介人，可以按实际引进数额和不同利率及使用年限，给予一次性引进资金总额的1—3%的佣金。

5月25日 特区党委、政府出台《关于城乡集体经济改革实行办法》。主要内容有：对现有集体工业企业以1991年为基数全面实行上交所得税、目标管理费；原有集体企业进行技术改造，新增固定资产超过原固定资产一倍以上的可视为新办企业，可免征所得税3年，减半征收产品税、增值税3年；允许集体工业企业自行决定价格；积极推行股份制；深化经营体制改革，采取承包、租赁、董事会以下的厂长（经理）负责制等；打破所有制界限、城乡界限、地域界限；鼓励支持党政机关、科研机构、全民所有制企业等单位专业技术人员、管理人员以留职停薪、留职留薪或借调等形式去承包、协办、承租和创办集体企业；党政机关在职干部可经批准提前退休到集体企业去工作；党政机关干部个人到集体企业去工作，月收入在1000元以下的免征调节税。

5月26日至27日 万山特区工商业联合会第一届会员代表大会召开，出席大会代表47人。标志着万山特区工商业联合会正式成立。大会依法选举第一届执行委员会委员13名，邹升照（驻会）、徐桂如、陈洪培为副主任委员，曾东升为秘书长（驻会）。

是月 贵州汞矿黑硐子坑口（一坑）因资源枯竭停产。1993年6月撤销黑硐子坑口成立矿山工程公司。

6月27日 特区党委、政府作出《关于开发非耕地资源的决定》。决定指出：特区有10余万亩非耕地资源，有关部门和乡镇应组织农民开发利用，作出长远开发规划，建立规章制度，抓出成效。谁投入谁受益，允许继承和转让。

6月30日 特区党委决定，从7月上旬开始，在农村开展第二期社会主义思想教育。这次社教仍坚持以深化思想教育为主，以增强各类基层组织的活力为重点，以搞好双层经营，发展壮大集体经济为目的，全面落实农村社教的三大任务。

7月3日 敖寨河流域19千米的狭长地，连降210毫米/3小时暴雨，山洪爆发，4.5千米输电线路毁坏，23千米乡级公路被切成6段。

7月30日 经国务院经济贸易办公室、国家计划委员会、国家统计局、财政部、劳动部、人事部审核，批准贵州汞矿为大型二档企业。批准证书号为大型二档第22436号。

9月29日 特区政府批转计生委、卫生局《关于凭准生证接生的报告》，规定对无准生证擅自接收孕妇入院生产的单位和个体乡村接生员予以罚款，对单位罚500元，个人罚100元，并追究当事人的责任。

11月 贵州省林业厅来万山安装防火无限电台，并调试成功，投入使用。

12月 万山经黄道至湖南芷江上坪接320国道公路，全线贯通。全长31千米，是万山唯一直通湖南的一条公路。特区境内23.5千米（1988年6月竣工），该公路建设曾得到王震等老一辈无产阶级革命家的关心和支持。

12月 贵州有色地质一队从万山南区撤出钻机，从而结束了万山汞矿资源的全部勘探工作。地质一队从1956年以来在万山的地质勘探工作中，累计完成岩芯钻深71万余米，掘进坑道9.45万米，填地质图区域800度平方千米，提交地质报告310多份，找到特大型汞矿床1个，大型汞矿床4个，中小型汞矿床24个，累计提交汞金属储量2.9万多吨。此外，还提交了铝、锰、煤、金、铜、锌等17种金属和非金属储量8.91亿吨。

是年 贵州汞矿研制出W—Ⅲ型氯化汞触煤。

1993年

2月 上级批准特区关于根治敖寨河道工程计划。工程按山、水、林、田、路综合治理，总投资340万元，恢复农田73.33公顷，保护农田167.33公顷。

3月10日至12日 中国共产党万山特区第六次代表大会在特区电影院召开。本次大会应出席代表153人（实到会146人），占全特区党员总数的5.65%。大会听取和审议了邓应明代表上届党委及刘元方代表上届纪委所作的工作报告。12日上午，大会采取差额选举办法，选举产生中国共产党万山特区第六届委员会委员24名，候补委员2名，纪委委员10名。同日下午分别举行第一次全委会，选举邓应明、饶正海、刘元方、秦大慧、刘洪贵为常务委员，邓应明为书记，饶正海、刘元方为副书记，刘元方为纪委书记。

3月13日 特区党政联席会议议定：当年财政面临的形势非常严峻，各级各部门领导要统一认识、振奋精神、齐心合力抓好经济工作，努力完成财政税收任务。本年财政预算原则是保吃饭，缓建设；公务费、业务费原则上维持上年基础，不能突破；搞好增收节支，培养税源，严格控制支出，坚持禁止从企业调人到行政事业单位；从1993年起实行各乡镇财政包干的政策。

3月22日至25日 政协万山特区第三届委员会第一次会议在特区法院召开。本届政协委员93名，出席会议75人。刘治全代表上届政协作工作报告。大会选举政协万山特区第三届委员会常务委员11名，刘治全当选为主席，陈湘保、姚琳玉、潘进、邹永宜为副主席，罗锦键为秘书长。

3月23日至28日 万山特区第六届人民代表大会第一次会议在特区电影院召开。出席大会代表114人，占全特区总人口的0.18%。大会听取和审议饶正海作政府工作报告，陈祥和作1992年国民经济和社会发展计划情况及1993年计划草案报告，杨代岩作1992年财政预算执行情况和1993年财政预算草案报告，田兴文作人大工作报告，易俊环作法院工作报告，陈尚庆作检察院工作报告。27日大会选举人大常委会委员8名，刘洪堂为人大常委会主任，李勇祥、冉志敏为副主任；饶正海为政府区长，谢伯诚、杨友昌为副区长；伍承清为法院院长，陈尚庆为检察院检察长。

4月15日 特区党委、政府在高楼坪赶场坝召开烤烟生产现场会，特区党政几大班子领导、特直各部门负责人、乡镇党委书记、乡镇长、各村支部书记、村主任及高楼坪乡烟农500余人参加现场会。

4月22日 以政府区长饶正海为组长，人行、建行、工行、粮食局、财政局、司法局等单位抽人组成21人的考察团赴珠海考察，进出16天。考察回来后，议定：(1) 在珠海市三灶镇设办事处；(2) 鼓励党政事业单位干部留职停薪下海办企业；(3) 对在珠海办轧钢厂和在惠阳办砖厂、石场进行可行性调查论证。

6月 高楼坪侗族乡大坪村老山口林区发生马尾松松毛虫危害，发生面积1000余亩。省、地林业部门高度重视，召开有关会议研究制定灭虫方案，地区林业局拨款1万元购置药械进行人工扑灭，并发动村民进山检虫摘蛹，捉得活体松毛虫子200余斤，逐步控制其大量繁殖扩散。后于1994至1996年连续三年对原发生松毛虫严重的样地、地块进行调查，均未发现松毛虫体蛹。

是月 特区推行党政几大班子联系乡镇 、科局联系村的负责制。从机关选派43名行政干部到43个村挂职担任村支部副书记或副村长，深入村组抓农村工作。

是月 《万山特区志》经贵州人民出版社出版发行，它填补了万山史无方志的空白，并获全国新编地方志三等奖。

8月1日 经铜仁地区行署批准，万山特区中学更名为万山特区民族中学。

9月26日 为贯彻中共中央、国务院关于减轻农民负担的有关精神，特区取消了10个收费项目：（1）土地登记费在农村收取的部分；（2）农村宅基地超占费；（3）农村宅基地使用费；（4）治安联防费在农村收取的部分；（5）农村管理费；（6）村镇规划建设管理费；（7）建设用地规划许可证在农村收取部分；（8）房屋所有权登记费在农村收取部分；（9）乡镇集体和个体的矿管费；（10）农村教育集资。

10月26日 特区党委、政府拟定《关于加快个体私营经济发展的意见》提出：要解放思想、更新观念，把发展个头私营经济纳入国民经济十年规划；放宽个体工商户和私营企业的经营范围和经营方式；放宽从业人员限制，简化审批环节，农民可凭身份证在当地工商管理机关办理营业执照；放宽信贷、税收政策；切实保护好个体私营经济的合法权益。

10月29日 特区党委、政府作出《关于加强党风廉政建设的暂行规定》，主要内容是：凡招工、调资、征兵、职称评定、农转非、毕业生分配、计划生育指标发放等均张榜公布，接受群众监督；对掌管人、财、物及负有审批权的部门和岗位，在内部要实行权力分解；严禁党政机关及工作人员经商办企业；严禁党政机关及工作人员赠送现金和有价证券；严禁部门单位在各种经济活动中项党政机关及工作人员赠送现金和有价证券，在经济交往中所得回扣费、服务费全部上交；罚没收入一律上交同级财政，实行收支两条线；严禁乱收费；副局级以上干部不得安培亲属在同一单位掌管人财物；严禁以营利为目的强行服务；基本建设要公开招标；严禁赌博或嫖娼卖淫进行色情服务；严禁用公告款请客送礼、大吃大喝和参与高消费娱乐活动。

11月15日 党中央、国务院决定从1994年起在在全国实行分税制。分税制改革以1993年为基数年。实行分税制后，中央财政对地方财政的税收返还基数，是按照1993年中央从地方上划的增值税净收入核定的。从1994年开始，将按此基数乘以全国增值税增长率的定比例返还。

11月17日至18日 万山特区第四次妇女代表大会在万山城召开。出席本次大会代表92人。大会听取和审议了上届执行委员会工作报告，选举产生第四届执行委员会委员26人，常务委员9人，张社芬为主席。

12月21日 贵州省副省长刘玉林在地区有关领导陪同下视察贵州汞矿氯碱镁厂。

是年 万山矿产公司成立，位于万山工业园新材料产业区，是集科研、生产、销售为一体的企业法人实体。公司占地52000公顷，拥有固定资产2800万元，有职工128人（高级工程师4人，中级技术员28人），主要生产多元复合氯化汞触媒、精汞、氧化汞、氯化汞、氯化亚汞、硫酸汞等，是国家环保局指定的汞化产品生产企业，年产值2亿元以上，创利1550万元。

1994年

1月1日 特区党委、政府制定《关于1994年两烟生产的政策和措施》。(1）进一步统一思想，把两烟生产当作调整产业结构、大力发展农村商品经济、带领群众奔小康的一件大事来抓。(2）按合同生产，黄烟和晒烟、红烟全额收购，并严禁烟叶外流。(3）实行五调整一打破政策。即：调整布局、调整负担、调整投资环节、调整复制费补助金额、调整分成比例，打破晒烟独家经营体制。(4）严格税收考核，确保财政收入，列入财政包干基数的超出部分，特区和乡镇按三七分成。(5）实行辅导员分片承包责任制，由烟草办公室监督执行。(6）两烟生产实行乡镇党委、政府领导下的集体承包责任制。整个两烟生产在乡镇党委领导下统一进行，抽出一批乡镇干部承包两烟生产。烟草专卖局、供销社、烟草办要抽出人员下点指导面上的工作。同事继续坚持科局联系村制度，特直各科局指派一名干部挂职定时联系，农忙时进行阶段性突击。各科局联系村工作的考核，仍实行阶段性突击与当月工资挂钩，全年考核与年终奖金挂钩相结合的办法。

2月22日至23日 特区党委、人大、政府、政协分别组成检查组对全特区两烟育苗情况进行检查，并根据检查结果与特直联系村部门职工的二月份工资挂钩。

3月21日 经万山特区人民政府批准，高楼坪中学、高楼坪中心完小分别更名为高楼坪民族中学、高楼坪民族中学完小。

是月 根据上级有关规定，特区成立“发展非公有制经济领导小组”。采取放宽政策，先发展，后规范，注重发展长途贩运运输业。

4月22日 以政府区长饶正海为组长、人行、建行、工行、粮食局、财政局、司法局等的单位抽人组成21人的考察团赴珠海考察，进出16天。考察回来后议定：(1）在珠海市三灶镇设办事处；(2）鼓励党政事业单位干部留职停薪下海办企业；(3）对在珠海办轧钢厂和在惠阳办砖厂、石场进行可行性调查论证。

5月10日 特区党委；政府作出《关于实施一九九四年农业科技成果推广年的决定》。决定指出：科学技术是第一生产力，是实现农业持续稳定发展最重要的途径，各级党委、政府、涉农部门要把此项工作作为振兴全特区经济，帮助群众脱贫致富奔小康的意向战略措施实施；杂交水稻、两段育秧、两粒谷、拉绳开厢高产栽培技术，杂交玉米育苗，定向密植移栽高产技术，杂交油菜移栽、合理密植、秋发冬壮、喷施硼肥高产栽培技术，旱地分带轮作多熟高产技术，由农业局、科委、科协组织实施。要求由单项技术推广向综合配套技术推广，由单纯良种推广转向良种良法配套推广，由抓中心低海拔地区向中心地区与边缘山区、低海拔地区与高海拔地区全面推广，由小范围示范转向大规模大范围高产示范推广，由抓土地直接产出一季中产转向抓提高土地综合能力，力争全面丰收持续增长。

6月13日至16日 特区组织65人编成5个组，分别对四乡一镇各村组杂交水稻栽培的5个环节，即：杂交稻、两段秧、两粒谷、6×7寸、拉绳栽以及施肥管理情况进行检查。检查结果与联系村部门职工的6月份工资挂钩。

6月21日 特区党委；政府发注《关于认真开展整顿机关作风的通知》，7月14日召开整顿机关作风动员大会。主要任务是，结合解放思想大讨论，针对机关作风方面存在的突出问题，整顿纪律，强化服务，振奋精神，提高效率，树立为基层服务、为人民服务的思想，端正工作态度，保证政令畅通，改进工作作风，履行服务职能，不断提高机关整体素质和全员工作水平。

6月23日　贵州汞矿研制的“W—Ⅲ型氯化汞触媒”通过了省级鉴定，填补了省内空白。

6月24日　岩屋坪分矿（一分矿）正式闭坑封洞。

6月24日　由贵州汞矿牵头，有铜仁地区工会、地区安委会、地区劳动局、铜仁市政府、万山特区政府及有关部门参加的检查验收组赴岩屋坪分矿，对分矿的闭坑封洞设施进行检查验收。

6月30日　特区党委、政府制定《特区计划生育三为主工作意见》，决定在区内分步实施：第一步1994年在万山镇、贵州汞矿试点，然后指导其他乡实施；第二步1995年在高楼坪、敖寨两乡实施；第三步1996年在黄道、下溪两乡实施。

8月20日　特区党委、政府向地委行署汇报关于贯彻《民族区域自治法》情况时，反映了万山的一些实际困难：万山有少数民族17个，少数民族人口占总人口的59.3%；万山属汞矿区，随着汞资源的日益枯竭，断了地方主要税源，不仅工资无法解决，吃粮、饮水、照明等都无法解决，加之人均耕地少，每年需调入粮食4000吨，差价120余万元，地方财政无力承担；商业购销每况愈下；金融贷款余额高达7789万元，存贷严重不平衡。财政收支逆差达360万元，发展生产无投入，贷款无门路，农业基础差，工业上不去，商业活不了，服务设施跟不上，人才流出不流进，职工队伍不稳定，5000名待业、待岗人员就业无门、生活无着落，社会不安定因素越来越多，要求新增财政补贴500万元。

9月2日　省长陈士能在铜仁行署专业郑荣华陪同下，视察贵州汞矿氯碱镁厂。

9月30日　特区党政联席会议，听取WFP—中国贵州5181项目万山龙江片区工程项目正式评估准备情况汇报。会议认为，今年5月，成功地迎接了WFP—中国贵州5181项目预评估团对万山龙江片区工程项目预评估。为了迎接10月下旬的正式评估，要求以临战姿态，做好正式评估的一切充分准备工作。

是月　万山特区解放思想大讨论从4月20日部署于9月中旬结束，历时5个月。历经深入学习，提高认识、回顾总结，查找差距，制定对策，完善措施、整改建制，促进发展四个阶段。全特区四乡一镇、特区78个科局单位2067人参加了大讨论。

是月　万山特区税务局根据国务院批转国家税务总局工商税制改革实施方案，分设为万山特区国家税务局和万山特区地方税务局。在职人员安排：国税29人，地税15人，原税务局办公楼归国税局，镇所办公用房归地税局。

10月28日　特区党委、政府制发了《推行股份合作制开发非耕地资源的暂行办法》，对非耕地开发，股份合作企业的性质及主要形式，股份合作范围、规模、组织、原则、经营管理、核算分配等作了明确具体的规定。

11月5日　万山特区人民法院档案管理达到县级一级标准，省档案局、省高院颁发了达标合格证。同年11月29日，铜仁地区八县市法院院长和办公室主任参观了特区法院档案管理工作，给与了高度评价。

是月　贵州汞矿与湖南中兴公司（原新晃汞矿）共同入股组建的“新晃银河汞业有限责任公司”，在湖南新晃挂牌营业。公司采取互惠互利原则，采用贵州汞矿“银河”牌商标共同销售两家生产的氯化汞、氯化汞触媒产品。宗旨是发挥汞行业的整体科技优势，增强市场竞争力，增加企业经济效益。

12月中旬　万山特区档案局办公楼及档案馆建成，改善了档案工作条件和档案库存条件。档案大楼总面积625公顷，实际完成投资20.43万元。

12月27日　万山特区工商联合会召开一届五次执委会，选举产生万山特区商会第一届班子成员。吴泽云为商会会长，曾东升、徐桂如、陈洪培为副会长，吴志明为秘书长。28日举行商会成立大会，特区政府领导授牌，地区工商联及特区党委领导到会祝贺。

是月 贵州汞矿岩屋坪分矿因资源枯竭停产闭坑。

是月 黄道侗族乡被省文化厅授予“鼟锣艺术乡”。

是年 贵州汞矿的主要采运点在杉木董、张家湾、冲脚三个工区。三个工区的地下坑道联通，用机械化采掘，装车后，由竖井用卷扬机、提升架，将海拔675米、681米、703米、741米、759米、810米等六个层位的矿石提升到海拔833米的杉木董工区，再用电动车牵引运到300吨/日重浮选厂精选，所选出的颗粒朱砂直接装成朱砂成品，汞精矿送冶炼厂电热蒸馏炉冶炼水银。

1995年

1月20日 特区党委在党委四楼会议室召开全特区第一次非公有制经济表彰大会，表彰先进集体5个，先进个人15名。

4月13日 22时10–40分，万山特区被风暴、雷雨、冰雹袭击，平均风力由7–8级瞬间上升到10–11级，冰雹直径一般40–60毫米，最大的直径达100毫米，大部分农作物遭严重损害。

4月24日 特区党委、政府作出《关于对副局级以上领导干部进行离任审计的暂行规定》，对审计的使用范围、审计程序、处理原则和要求都作了明确规定。

是月 中国人民解放军14集团军40师118团奉命进驻万山执行通信光缆工程施工任务。

是月 特区“二五”普法验收领导小组对全特区四乡一镇、贵州汞矿、特直机关等60多个单位和部门进行普法验收。

5月1日 遵照国务院《关于修改<国务院关于职工工作时间的规定>的决定》，特区各行政事业单位、人民团体，自5月1日起，每周工作5天，星期六、星期日为休息日。

6月2日 特区党委、政府发出关于贯彻实施《中国教育改革和发展纲要》的决定。《决定》对特区近三年教育发展的目标和任务、调整教育结构、提高办学效益、改进德育工作、全面提高教育质量、贯彻执行《教师法》、加强教师队伍建设、增加教育投入、多渠道筹措教育经费、加强党和政府对教育工作的领导等–问题提出了具体的实施方案。

6月29日 下午7时至7月2日下午2时的67个小时内，连降暴雨338.8毫米，仅7月1日12小时内降雨228.7毫米。全特区受灾耕地31450亩，占总耕地的85%，其中成灾23588亩，绝收9435亩，被洪水冲走和山体垮塌淹没粮食30余吨，死亡7人，重伤1人，轻伤102人，大牲畜死亡85头，民房毁坏700余间，其中倒塌98间，53户灾民无家可归。冲毁耕地417.13公顷，防洪堤189处34.9千米，52处人畜饮水工程被毁，毁坏公路146处，冲垮桥涵27处，中断公路83千米，输电线路毁坏59千米，倒塌电杆68根，四乡通讯线路大部分毁坏。直接经济损失2559万元。

6月29日 万山特区邮电局1000门程控电话正式开通投入使用。结束了用摇把电话的历史。

7月20日 副省长张玉芹及省直有关厅局领导一行7人在地委副书记余世良的陪同下，到万山察看灾情。

8月19日 新华社贵阳分社记者王荣香赴万山深入乡镇村和企业，对万山汞污染区域综合政治环保项目进行为期5天的调查采访。

8月25日 特区党委、政府发出《关于清退农转非户、死亡绝户、外迁户和农业户中部分人口转为非农业人口原承包土地的通知》，通知指出：（1）对收回的耕地由村民组进行登记，重新发包。发包应注意以下问题：不准按人口平均分配发包；（2）计划外生育和超计划生育户不得承包；（3）无承包能力户不得承包；（4）被收回土地的农转非户不得承包，也不得借耕种；（5）集体发包土地时，可优先考虑粮田遭洪水毁坏较大，国家建设占地较多以及家庭人口多的农户；（6）承包户除完成公余粮任务外，还要向村民组上交提存。

8月27日至28日 铜仁地区初级卫生保障工作现场会在万山召开。政府分管领导在会上介绍万山初级卫生保障工作和创建甲级村卫生室工作经验，与会人员实地参观了高楼坪乡卫生院和水眼坪、郭家、鸡公田等村卫生室。

11月17日 万山特区公用型汽车站开工建设，1998年10月1日竣工验收，评定为合格工程。汽车站占地面积为5754公顷，其中道路和停车场4000公顷。房屋建筑面积2146公顷。由省运输管理局投资272万元。1998年12月投入使用。

是年 贵州汞矿大龙氯碱镁厂，由于负债多，流动资金短缺，贷款困难，被迫全面停产。该厂1992年7月投产以来共生产烧碱4717.55吨；液氯778.10吨；盐酸2378.99吨；金属镁216.78吨。氯碱镁工程投资7470万元，计划建成年生产能力为烧碱5000吨、液氯4400吨、金属镁1400吨的氯碱镁厂的打算落空。

1996年

1月21日 副省长张玉芹一行10余人，代表省委、省政府赴万山对贵州汞矿特困企业和特困职工进行节前慰问，且深入高楼坪乡敬老院和大坪村慰问五保老人及贫困农户。

1月28日 零时，经国家电信总局批准，万山邮电局1000门程控电话进入全国自动网。

3月21日至23日 世界粮食计划署驻华代表处官员杰恩·解洪义在农业部、省农业厅、粮援项目办专家陪同下，对“5181”项目龙江片区的准备情况进行检查。

4月 根据中共中央，国务院和中央军委《关于县（市、区）人武部收归军队建制的通知》，万山特区人民政府武装部收归军队建制，更名为中国人民解放军万山特区人民武装部。

5月24日 凌晨1时半至20时，特区连降大雨，降水170毫米。7月15日凌晨4时至16日14时，降雨227.5毫米，两次洪灾造成经济损失10728万元。7月2日 特区党委、政府发出《关于特区党政群机构设置的通知》，确定特区党政工作部门由51个调整为29个，其中党委工作部门由10个调整为5个；政府工作部门由41个调整为24个。按照宪法、党章的有关规定设置的机构5个；群团组织8个；核定党政群机关行政编制308名。

10月17日 根据中俄政府间第三届科技列会议定项目—万山特区钾铝硅综合开发，落实铝镁设计研究院股份公司专家吉洪诺夫和皮沃瓦诺夫在省、地有关专家陪同下抵达万山，进行为期10天的万山钾矿资源综合开发考察。

10月24日 由贵州省科委、万山特区政府、贵州汞矿、贵州有色地质一队共同举办的万山钾矿资源考察科研活动在贵州汞矿举行。经中俄专家共30余人考察研讨后，达成了万山钾矿资源完全可以开发利用的共识，并签署了《中俄有关单位关于利用万山含钾碱性铝硅酸盐矿生产钾盐、氧化铝和水泥等产品的技术合作意向性协议书》。专家们建议把开发万山钾矿资源争取纳入国家开发中西部地区的规划，并列为中俄政府间科技合作的重要项目。参加考察研讨的由俄罗斯专家吉洪诺夫博士和皮沃瓦诺夫研究院以及中科院地化所、贵阳铝镁设计院、省化工厅、省有色局、铜仁地区科技局等单位的专家。

11月28日 万山特区农村信用合作联社成立大会在法院会议室举行，这标志着万山农村金融机构从以前的工行代管独立出来，进入新的发展阶段。

11月 万山镇解放街村民万素玉，在万山犀牛井建成助剂化工厂，属民营企业，注册资金2000万元。公司占地7200公顷。有职工35人（高级工程师1人、中级技术员4人）。公司主要生产氯化汞和氯化汞触媒，兼营朱砂。氯化汞、高纯汞等系列产品。

12月27至28日 省卫生厅张蒙力一行8人代表政府对万山麻风病防治工作进行为期两天的考评。考评结果，万山麻风病防治工作及各项指标（患病率为0，发病率为0）均达到卫生部规定的基本消灭麻风病标准。

是年 万山特区实施和参照试行国家公务员制度，全特区38个行政机关和5个乡镇在岗行政人员424人，过渡387人，暂缓过渡28人，不予过渡9人。

是年 万山特区提前四年实现“2000年人人享有卫生保健”目标和达到国家卫生部规定的基本消灭麻风病目标。

是年 国家轻工局长、原贵州省人民政府省长陈世能视察万山矿区。翌年，又一次到万山矿区视察。

1997年

1月1日至15日 万山特区抽调260余名机关干部深入农村一家一户开展农业普查登记工作。

2月 按省计生委要求，地区行署对上年万山计划生育“三为主”工作进行验收，被省政府授予“三为主”达标特区。

2月 中国有色金属总公司批准氯碱镁厂从贵州汞矿分离出去，自成独立法人单位。

4月10日 省政协副主席、省工商联合会（商会）会长程天赋来万山检查指导工商联工作。

6月6日 万山特区“5181”一期水利工程全面竣工。6月7日，联合国世界粮食计划署驻华代表杰恩·解洪义一行检查了万山特区“5181”一期水利工程竣工情况。

8月13日 万山特区与湖南新晃县省界勘定协议签字仪式在万山民族宾馆举行。

11月1日 万山特区与玉屏侗族自治县两县（特区）勘界领导小组在铜仁东方红饭店进行协谈，形成了《万山特区与玉屏侗族自治县行政区域界限协谈纪要》。当月11日，万山、铜仁、玉屏三县（市、特区）勘界领导小组达成《县级行政区域界限三交点协谈纪要》，形成《万山特区人民政府与玉屏侗族自治县人民政府联合勘定的行政区域界限测绘成果资料检查报告》。当月12日，经万山特区与玉屏侗族自治县双方勘界领导小组讨论，制定了《联合勘定万山特区与玉屏侗族自治县行政区域界限实施方案》。

12月26日 特区政府出台计划生育费征收规定：城镇工商户，无生育证生育第一孩的征收500元；既无结婚证又无生育证生育第一孩的征收1000元；无生育证生育二孩的征收5000-10000元；外来流动人口无计划生育证件的，每人每年征收100元；已办理证件长期居住的每人每年征收10元。

是年 广西老板带独山人来接开黄家寨汞矿，开始放了原先工人打的一排炮，卖矿石得钱7.8万元。由于井深垂直达80米，斜井深200多米，未打通风口，里面烟尘难散呛人而停产。

1998年

1月1日 特区党政机关、企事业单位全面实行住房公积金制度，缴交率为职工月标准工资的3%（单位另提3%，个别上管部门缴交率高达10%）。同时，特区住房公积金纳于财政预算。

1月18日 贵州省副省长楼继伟、省工会副主席朱开铭等到贵州汞矿“送温暖”活动。

3月10日至12日 中国共产党万山特区第七次代表大会在电影院召开。出席这次大会代表156人，占全特区党员总数的5.44%，饶正海代表上届党委和杨均成代表上届纪委作工作报告。12日上午，大会采取无记名投票和差额选举办法，选出中国共产党万山特区第七届委员会委员23名、候补委员4名、纪委委员10名。同日下午，分别举行一次全委会，选出饶正海、刘先文、谭克东、杨均成、汤志平、杨频、阳志华为常务委员，饶正海为书记，刘先文、谭克东为副书记，杨均成为纪委书记。

3月15日至18日 政协万山特区第四届委员会第一次会议在法院会议室召开，本届委员93名，实到88名。陈湘保代表上届政协作工作报告。大会选出常务委员9名，张进国为主席，陈湘保、焦建、杨同光、刘亚平为副主席，罗锦建为秘书长。

3月15日至20日 万山特区第七届人民代表大会第一次会议在特区电影院召开。出席本次大会代表134人，占全特区总人口的0.22%。大会听取和审议了饶正海作的政府工作报告，刘本强作的1997年国民经济和发展执行情况及1998年国民经济和社会发展执行情况及1998年国民经济和社会发展计划报告、刘洪堂作的人大常委会工作报告、王亮海作的法院工作报告、肖亚作的检察院工作报告。19日上午大会选举人大常委会委员8名，刘洪堂为人大常委会主任，李勇祥、潘进、杨通来、张社芬为副主任；饶正海为政府区长，杨频、阳运福、刘婕、姚亚宇为副区长；王亮海为法院院长，肖亚为检察院检察长。

3月26日 特区房产事业局成立，为特区政府直属正科级事业单位，与特区住房制度改革领导小组办公室、安居工程建设发展中心，三块牌子，一套人员，合署办公。

4月10日 成立万山特区城乡居民最低生活保障领导小组。6月30日，特区人民政府印发《城乡居民最低生活保障制度暂行办法（试行）》。7月20日特区人民政府批转特区民政局《关于城镇居民“低保”的实施细则》。

7月26日 铜仁地区农校校长王廷华带领地区各县市120余名乡镇领导前来万山参观高楼坪枣子林基地和宏达公司养猪场。

7月28日至29日 贵州省“5181”项目妇幼保健子项目在万山民族宾馆举行启动培训仪式，地区各县项目办及卫生医疗系统领导共56人参加培训。WFP驻京代表处项目官员刘学荣、省卫生厅秦烽先就妇幼保健和微量营养项目作了全面讲授。

是月 为切实贯彻省人民政府《关于全面清查非农业建设用地的通知》文件精神，特区于1997年5月至1998年7月开展了大规模的非农业建设用地大清查工作。实行逐案、逐件、逐村、逐组、逐户“拉网式”的调查、登记、分类造册。共处理土地违法案件18件，其中补办建设用地手续16件，复耕土地2件。

8月 万山特区实施“国家贫困地区义务教育工程”。该工程覆盖全特区所有乡镇中心完小及部分规模较大的村级完小，共17所学校（含初级中学1所）。工程主要内容为：新建、改扩建教学楼或办公楼，完善配套设施；加强“硬件”建设；对实施项目的学校领导、教师进行业务培训，提高“软件”水平。

工程实施历时3年，至2000年底，总投资805.5万元，其中土建（含课桌凳）682.55万元，占总投资的84.8%，图书、仪器和师资培训共112.95万元，占总投资的15.2%。

10月1日 根据贵州省、铜仁地区邮电局有关邮（政）、电（信）分营政策要求，万山特区邮电局的邮政。电信业务分开经营，设立万山特区电信局、万山特区邮政局，两局分别挂牌正式成立。

10月25日至26日 万山特区四个侗族乡举行成立侗族乡10周年庆祝大会（贵州省政府批复为侗族乡时间为984年12月6日，成立时间为1988年10月25日）。

10月 下溪侗族乡瓦田村横路山村民组村民进当地国有林区乱砍滥伐林木98公顷，损坏活立木蓄积量560.8立方米，36户共60人受处罚，其中治安拘留1人，林业行政罚款8000元，赔偿损失1100元，征收育林基金150元，收缴木材13.56立方米。

是月 国务院批准万山特区为对外开放县

是月 国家对人们银行省级分行进行整合，下属机构相应整合，万山人行撤并，财务移交玉屏支行和铜仁中心支行，人员主要分流到玉屏支行和江口支行。

是年 万山特区社会治安综合治理经省综治委检查验收，评为“二五”期间社会治安综合治理模范单位。

是年 万山城区有线电视网实行升级改造，架设光缆4.8千米，新建标准机房50公顷，开通电视节目32套，并开播《万山新闻》。

是年 贵州汞矿对下属冶金化工厂、银河物资公司、综合运输公司、安装公司、矿建公司、劳动服务公司、岩屋坪纸厂等7个辅助单位全部放开、自找工资、自负盈亏。技工学校、职工医院、生活服务公司和幼儿园4个教育单位及后勤单位半开放，保50%的工资，其余自找。

1999年

1月 中共贵州省委、贵州省人民政府授予万山镇“小康镇”称号。

4月 高楼坪侗族乡张家山村、铺前村、鸡公田村、龙田村、猴冲村，万山镇吐坪村，黄道侗族乡黄道村和锁溪村，均首次陆续发生牛、猪、羊“O型蹄疫”。牛发病345头，猪发病86头，羊发病300只。经省、地基数部门确诊后，为防止疫情漫延，特区政府批准，由武警中队派人执行枪杀后挖坑深埋，扑杀牛148头，发病猪羊全部捕杀。特区政府对损失农户给予适当补偿。

4月 万山特区投资100余万元，从铜仁熊家屯接国家电网35千伏专线至万山郭家变电站，6月16日开始运行。

7月 特区工商局与有关部门配合，捣毁土法炼汞5处，拆除土法炼汞炉35座，扣押水银61千克，销毁木桶23个、炼汞铁锅28口，拆除简易工棚5个，罚款6.2万元，教育警告60余人。

8月 万山特区技术监督局上划为省垂直管理，并更名为万山特区质量技术监督局。

8月12日 省长钱运录、副省长刘长贵一行到万山特区视察工作。

是月 万山特区木材公司转产，由伐木工转为营林工。10月，万山特区天然林保护工程正式实施。11月8日，万山特区人民政府颁布《关于关闭万山特区木材交易市场的通告》。从此，特区境内各市场禁止了木材入市交易。

9月 万山特区电信局移动通信业务从该局剥离，另成立万山特区移动通信公司，独立经营。

是月 中国人民建设银行万山特区支行并入中国工商银行万山特区支行，储蓄和存款账目并入工行管理，9名职员由工行重新安置。

10月10日至11日 省委书记刘方仁、副省长顾庆金一行20余人来万山视察，对万山经济发展进行详细调研。

11月26日 制定全特区牲畜屠宰收费标准。猪每头12元，牛每头12元，羊每只8元，狗每只8元。

是月 省人民政府对万山特区“两基”（基本扫除文盲，基本普及九年义务教育）工作进行评估验收，定为基本合格。

下半年 贵州汞矿大龙银河有限责任公司与贵州水泥厂、江口水泥厂三家联营，组成贵州乌江水泥粉磨有限责任公司。注册资金800—1000万元，第一期工程投资500万元，利用贵州汞矿大龙电厂废弃煤灰等作原料，年产水泥10万吨，2000年8月试产成功，符合乌江水泥质量标准。2001年10月，该公司随着贵州汞矿关闭破产而停止了生产。

12月20—27日 贵州省经贸委副主任廖先宏受省委、省政府委托来贵州汞矿调研，就资源走向问题、历史遗留问题。职工生活困难及工资偏低等问题，听取意见，写出调查报告，提交省政府。

是年 贵州省省长钱运录、副省长刘长贵视察万山矿区，听取特区的工作汇报。

是年 中共贵州省省委书记刘方仁，省人民政府副省长顾庆金视察万山矿区。

是年 万山特区停止大中专毕业生分配，国家机关、事业单位所需人员一律实行向社会公开招考录聘用。

是年 万山特区组建鼟锣文化艺术团，使万山文化艺术得到传承和发展。

2000年

2月 万山特区第五次全国人口普查工作全面启动。

3月27日 贵州省有色金属工业管理局局长黄力平等，到贵州汞矿召开一矿（贵州汞矿）、两厂（氯碱镁厂、汽车修配厂）党政工领导班子会议，传达全国兼并矿产领导小组〔2000〕15号文件，规定煤炭、有色38户企业列为国家关闭矿产企业。贵州汞矿列于其中。

3月28日 中央财经领导小组办公室副主任杨凌隆和国家相关部委领导一行17人，在贵州省政府副秘书长张建华的陪同下，在贵州汞矿三楼会议室召开情况汇报会，贵州工矿矿长宋龙顺作了情况汇报（含两厂）。杨凌隆听完汇报后说：“感谢你们讲了真话，讲了实话”。

3月29日 高楼坪侗族乡张家山村黄家村民组因照明线路老化，绝缘体脱落、电流短路引发一场特大火灾。共有17户84人受灾，直接经济损失140余万元。

4月8日 万山特区出台了《关于优化经济环境做好招商引资工作促进经济发展的若干规定》。

4月11日 特区住房分配货币化动员大会召开，万山特区党政机关、企事业单位的住房，自此实行货币化分配。

5月8日 万山特区印发《万山特区发展民营经济暂行办法》。

7月1日 特区检察院根据掌握的事实，立案侦查了万山特区征费稽查所黄某、段某某、张某某合伙贪污案。贪污总金额达10万余元。

7月2日 万山特区在县级领导班子和领导干部中开展“三讲”（讲学习、讲政治、讲正气）教育活动，至9月下旬结束。

7月 黄道侗族乡农民刘洪松、罗二狗伙同下溪侗族乡农民张吉全无证砍伐黄道侗族乡青溪村侗老上百年生古柏木1株，被没收木材4.7立方米，价值14000元，收回非法所得4000元。

9月5日 万山特区财政局贯彻执行教育部、财政部《关于切实做好财政统一发放教师工资的通知》，从2000年10月1日起全面实施财政统一发放教师工资。

9月 万山特区招商引资引进第一家企业—威尼斯恒兴铁合金有限责任公司正式创建。公司座落在高楼坪乡张家山村，拥有固定资产36730万元，职工185人，年产铁合金4万吨，实现产值4亿元。主要生产中低碳锰铁、锰硅合金、金属锰锭等。

10月 高楼坪侗族乡获中华人民共和国教育部“中华扫盲奖”荣誉称号。

10月27日 万山特区残疾人联合会第二次代表大会在万山召开。出席会议代表55人，特邀代表37人。张著贵代表上届理事会作题为《抓机遇、迎挑战、勤工作，为我区残疾人事业的持续发展而奋斗》的工作报告。大会选举石敦富为联合会主席团主席，张著贵、吴泽军为副主席，张著贵为理事会理事长。

11月27日至28日 万山特区第五次妇女代表大会在万山召开。大会听取和审议上届执行委员会工作报告，选举产生第五届妇联执行委员会委员26人，常务委员8人，伍志仙为主席。

11月 1991年以来，断断续续生产了10年的特区冶炼厂，由于资金短缺和市场变化，生产亏损严重，资不抵债，又因设备老化，致使产品、产量、治理受到严重影响，本身无能力进行技术改造，最后依法破产。破产后，除1名正式干部由政府另行安排工作外，其余11名合同制职工采取一次性发给安置费，不再保留国企合同制职工身份，自谋职业。

12月18日 贵州省财政厅规定，2000年固定资产投资方向调节税暂停征收，对各县财政由此减少的收入给予适当补助。

是年 万山特区印发《万山特区发展“一猪两菜”实施办法》，号召特直各部门单位干部到村组养猪种菜。

是年 《万山红》文学季刊创刊，并出版创刊号，特区委宣传部长罗洪信任主编，文联副主席刘泽坤为执行主编。

年末 贵州汞矿资产账面值2449万元，欠国家专业银行贷款本息16327万元，欠电费、税金和物资采购等其他债务18705万元，总负债为35032万元，资产负债率为143%，企业陷入资不抵债的困境。

年底 贵州汞矿累计探明金属储量为31720吨，已开采31000多吨，矿山保有储量仅720吨左右，且多为边角成矿，开采年度大，成本高，安全隐患严重。

2001年

1月 万山特区邮政局邮政储蓄计算机系统正式启用，业务处理实现计算机现代化，全国联网，通存通取。

3月15日 特区党委、政府主要领导到北京分别向胡锦涛副主席和李鹏委员长汇报万山的基本情况。

3月下旬 万山特区开始在全特区开展“三个代表”重要思想学习教育活动，共分三批进行，每批三个月，至2002年1月全部结束。

4月29日 特区委出台了《关于特区人口与计划生育领导小组成员单位及相关部门职责的规定》，实行党政“双线”目标考核，认真落实计划生育“一票否决”制度，把领导干部落实人口与计划生育责任制情况作为衡量政绩的重要内容，任期内将逐年考核。

6月16日 地区计生局批复万山实行计划生育“知情选择”，为进一步夯实村级计划生育网络，增强村级控制能力，全面实现“村为主”奠定基础。

7月6日 省委书记钱运录、省长石秀诗一行到万山视察工作。

7月11日 在省政府工作组、有色金属办、省总工会及地方工会的具体指导下，贵州汞矿第十二届二次职代会经过紧张筹备顺利召开。会期一天，矿长宋龙顺作《提高认识、统一思想、争取政策、退出市场》的工作报告，有色办主任黄力平、省总工会组织部长梁登松分别作了重要讲话。通过分组讨论，就贵州汞矿关闭破产问题全体代表达成了共识，经会议表决，一致同意贵州工矿依法实施政策性关闭破产。9月，经国务院批准，贵州省政府对贵州汞矿实施政策性关闭破产。

10月18日 贵州省政府工作组在贵州汞矿礼堂召开一矿两厂中层以上干部会议。铜仁地区中级人民法院在会上宣读民事裁决书，宣布贵州汞矿（含贵州有色冶金汽车配修厂、大龙氯碱厂）破产，并宣读了留守人员名单和破产清算组人员名单。至此，贵州汞矿（含两厂）正式关闭破产。破产工作至2002年4月结束。

10月 贵州汞矿破产后，由国家筹措资金，负责对采空区居民危房进行搬迁或维修改造；对张家湾至杉木董、官山、三角岩、土坪和冒水垄片区自来水供水管网进行改造；对原矿区老化的供电系统进行改造；对矿区65个公厕进行修缮。还补发了原贵州汞矿拖欠在职职工三个月的工资和长期拖欠职工的独生子女费、医药费、丧葬费。

10月 贵州汞矿破产后，由国家筹措资金对20世纪60年代被精简的241名女工发放生活补助费19.18万元，人均796元，对万山玻璃厂以集体名义招收的350名工人进行经济补偿，共发放补偿费117万元；对原贵州汞矿763名在职和退休人员作了因公致残、汞中毒和矽肺病的复查鉴定。

10月 贵州汞矿关闭破产后，贵州汞矿的清算工作按照中共中央办公厅、国务院办公厅和省政府批准的《贵州汞矿关闭破产实施方案》，对关闭破产前的在岗职工实行“五个一批”的安置政策给予妥善安置，即：社会职能单位移交安置一批；政策提前退休退养安置一批；解除劳动关系，一次性安置一批；资产重组分流安置一批；劳动托管服务中心过渡性安置一批。

11月 贵州汞矿关闭破产后，职工实行提前5年退休（男职工55周岁，女干部50周岁，女工45周岁）政策，其中从事井下、冶炼、高空、特别繁重体力劳动和其他有害健康的特殊工种职工可提前10年（男50周岁，女40周岁）退休。从事井下有毒有害工种，且距离退休年龄5年的全民所有制职工办理退养手续，发给基本生活费，达到提前退休年龄时再办理退休手续，全矿共办理提前退休334人，提前退养436人。

11月 由万山特区人民政府主持开始将原贵州矿区所有采矿坑道用钢筋水泥结构进行封闭，禁止入坑采矿。

11月 原贵州汞矿关闭破产后，其冶炼厂、矿山建筑工程公司分别由副矿长李小康、经理罗锡明牵头进行资产重组；贵州汞矿化工厂由贵州久联集团成建制带资产整体接收，并于2002年全部搬迁到贵阳花溪；贵州汞矿运输公司（大龙部分）由霍智跃牵头进行资产重组。资产重组共安置职工218人。

12月12日 万山特区印发《万山特区职工基本医疗保险实施细则》，全特区干部职工全部参加基本医疗保险。

是月 万山特区机构改革，实行“三定”（定机构、定职能、定编制），实施结果，党委工作机构由8个减为6个，政府工作机构由24个减为20个，设议事协调机构一个，行使部分行政管理职能事业机构6个，人员编制由280名精简为211名。

是年 根据国家粮食局关于取消粮油供应户籍关系通知精神，万山特区范围内，取消市镇居民及农转非居民的粮油供应户籍关系，至此，结束粮油凭证计划供应的历史。

是年 趁国家对农电网改造之机，特区供电局在万山城区兴建了35千伏自动化变电站一座，当年投入运用。年供电量由1990年的300万千万时（度）上升到1亿千瓦时。

2002年

1月28日 贵州汞矿关闭清算组委托贵州拍卖有限公司在贵州汞矿办公大楼召开资产拍卖大会，对汞矿部分设备设施进行公开拍卖。清算组还在贵阳举行部分财产专场拍卖会，原贵州汞矿大龙铁路转运站、大龙银河有限责任公司的土地使用权、房产权、铁路经营权及相关的产权、物资、地面设施和所有者权益等破产资产，经公开拍卖，由贵州红星发展股份有限公司以1000万元全部收购，大龙电厂部分土地使用权和厂房以150万元拍卖成交。

1月 万山城镇职工基本医疗保险正式启动。参加医疗保险单位77个，参保人数2084人，收取医疗保险金132.82万元，到年末支付医疗保险金100.91万元。

3月14日 贵州汞矿清算组向贵州省博物馆捐赠文物资料仪式及新闻发布会在贵阳举行。清算组将有收藏价值的贵州汞矿矿石标本、产品样本及部分具有文物性质的实物资料共150件无偿捐赠给贵州省博物馆。

4月13日 贵州汞矿清算组向铜仁地区中级法院提交终结破产申请，4月16日，中级人民法院裁定、审结贵州汞矿破产程序。资产清算工作结束后，资产清算财务报表、决算报表报铜仁地区中级人民法院同意后，聘请贵州仁信会计事务所作破产审计报告、资产评估报告，报贵州省财政厅批复确认。

4月29日下午 在万山民族宾馆会议室，贵州汞矿矿产清算组和万山特区政府签订了原贵州汞矿所办社会职能和公用服务单位移交协议，省有色办副主任，清算组副组长周华谨和特区政府常务副区长刘捷分别在移交协议上签字。协议共4项，一、共移交贵州汞矿办社会职能职工317人，其中：学校161人，医院70人，公安30人，供电部门30人，供水部门15人，房管11人（含合同工8人）；二、移交固定资产：学校、原值535.6万元，净值328.9万元；医院原值114.6万元，净值83.9万元；流动资产24.4万元；公安部门原值45.8万元，净值28.2万元；供电部门原值321.7万元，净值137.1万元；供水部门原值368.8万元，净值132.2万元；房管部门原值3197.7万元，净值1983.8万元。三、移交补助费，学校1082万元，医院463万元，公安部门202万元，供电部门179.6万元，供水部门80.5万元，房管部门65.7万元。四、移交土地面积：学校56558公顷，医院12883公顷，公安部门2285公顷，供电部门5981公顷，供水部门1436公顷，房管部门398282公顷。

5月 万山特区联合国粮食计划署援助项目《中国贵州武陵山区农业综合开发项目》“5181”工程，于1996年10月正式实施，至2002年5月实施结束，整个工程完成投资2160.68万元（接收援助小麦15424.76吨，折合人民币1835.935万元，省、地、特区匹配324.745万元）。

是月 原贵州汞矿子弟中学、职工子弟小学、张家湾小学、冲脚小学、幼儿园移交给万山特区教育局管理，并分别更名为万山特区第二中学、万山特区第二小学、万山特区张家湾小学、万山特区冲脚小学、万山特区第二幼儿园。

8月10日 特区物价局批复矿区社区服务管理局供电所调整电价的报告、确定每度用电价格如下：居民生活用电0.40元，大工业用电0.44元，普通工业用电0.60元，办公用电0.58元，营业用电0.80元，农村用电0.60元，社区生活水泵用电0.44元。

是月 万山特区邮政局唯一一台邮政ATM自动取款机正式启动，每天24小时不间断对外服务。

11月 工商银行万山特区分理处根据对不良贷款的核销政策，申报工行总行核销贵州汞矿贷款2973.1万元，其中流动资金贷款2908.1万元，核销特定贷款65万元；12月，冲销贷款表内利息1643.44万元。

12月12—15日 日本地质博物馆馆长丰遥秋率领日本近儿大学、东京大学派出的科考工作者在中国科学院地球物理研究所研究员杨主明博士陪同下，一行9人共同考察了万山矿区，随后又到中国其他朱砂产地进行考察，采用硫同位素比值等方法测定，确认日本北九洲沿海一带出土的公元100—200年文物中，其辰砂颜料来源于万山。

是年 万山特区自来水公司使用国债资金287万元，动工兴建老山口新区水厂，2005年12月5日竣工，正式投入供水，供水能力为3000吨/日。

是年 万山红菱汞业有限责任公司成立，是一家民营股份制企业。公司座落于万山转型工业园精细化工产业区，属国家定点汞系列产品生产、加工厂家之一；拥有“红菱”、“银河”两个国际知名商标。公司占地2.5万公顷，注册资金150万元（股金），有资产总额1400万元，员工30人。

是年 万山特区遇上长达半月的地温冷冻气候，两段育秧受到严重影响，3月5日又受到大风冰雹袭击，秧苗冷死打死一大半，绝大多数农户赶种抱秧，造成大田移栽推迟半月以上，到5月秧苗栽插过后，又受到漫长的梅雨气候影响，气温下降导致秧苗枯萎、发黄，不能正常发育生长。6至7月持续高温（平均30℃）30多天，多处溪沟断流，山塘水库干枯，二水田开裂。7月下旬至8月初，突降大雨，气温回落，阴雨连绵不断，稻谷扬花时光不足，不能正常传花授粉。造成稻谷减产3000多吨，受灾农户4000多户。

是年 万山东北部环乡公路竣工通车，公路全长29.2千米，总投资500万元。该路连接敖寨、下溪、黄道三个侗族乡，打通了敖寨、下溪经黄道直通湖南的捷径，为三个乡的经济发展起到了一定的拉动作用。

2003年

1月7日至8日 中国共产党万山特区第八次代表大会在特区电影院召开。出席本次大会代表158名，占全特区党员总数的5.4%。大会听取和审议了时晓军代表上届党委和刘先银代表上届纪委所作的工作报告。8日上午，大会采取无记名投票方式和差额选举办法，选举中国共产党万山特区第八届委员会委员23名，候补委员4名，纪委委员13名。下午分别举行第一次全委会，选出时晓军、王开禄、张进、谭克冬、刘先银、罗洪信、杨胜雄、龙天平、韩向阳为常务委员，时晓军为书记，王开禄、张进、谭克冬、刘先银为副书记，刘先银为纪委书记。

2月21日 下溪侗族乡官田村、瓦田村相继发生森林火灾，过火总面积896.25亩，烧毁活立木蓄积量

115.104立方米，造成直接经济损失11.5万元。

2月 成立万山特区红晶汞业有限公司，董事长吴斌，有固定资产600万元，职工73人，属贵州省含汞废料回收再生基地和汞产品深加工重点企业。

3月20日 晚，万山解放街特区职工宿舍杨序桥家，因睡觉前未关电火箱电源而起火，其妻、儿子、女儿三人因室内充满烟雾而窒息死亡。

3月21日至23日 政协万山特区第五届委员会第一次会议在法院会议室召开。本届委员96名，出席会议89名。焦健代表上届政协作工作报告。大会选举政协万山特区第五届委员会常务委员13名，谭克冬为主席，焦健、周勇、冯世刚为副主席，焦健兼秘书长。

3月22日至25日 万山特区第八届人民代表大会第一次会议在特区电影院召开。出席本次会议代表136名，大会先后听取和审议政府、计划、财政、人大、法院、检察6个工作报告，大会选举刘洪堂为人大常委会主任，田景明、张社芬（女）、罗锦建、何祥猛为副主任，王开禄为政府区长，阳运福、杨同光、王慧英（女）、吴泽军为副区长，李强为法院院长，任玉华为检察院检察长。

是月 万山特区对国有粮食购销企业实行改革，企业职工从120人减为34人，内退13人，一次性安置73人。改制后的购销企业有四个侗族乡粮站、一个直库、一个综合部和一个招待所等7个分支机构。

5月17日 万山特区烟草公司接到群众举报，有伪装火车运输卷烟经黄道进入湖南。次日凌晨5时，该车被万山特区烟草专卖局驻黄道乡临时检查站稽查人员在大榜查获。根据《中华人民共和国烟草专卖法》第三十条、《中华人民共和国烟草专卖法实施条例》第五十五条第二项第一目、第六目的规定，予以全部没收。

5月21日至27日 原贵州汞矿职工为要求解决关闭后的工资待遇问题，先后千余人次到特区政府静坐，27日一些人去铜仁上访，在老山口造成交通堵塞的群体事件。

是月 为防治“非典”将黄道市场关闭，杜绝湖南经营户和其他涉嫌人员进入特区市场。同时加强市场监管，严防利用“非典”时期从事违法违章经营活动。

是月 万山特区教育局投资3.2万元的红外线监控系统建成，加强了对各种招生考试试卷保密的监督。

6月10日 召开万山文艺创作座谈会，充实了文联8个协会主席、副主席，组建“万山红艺术团”。宣传部长罗洪信任团长，文联副主席刘泽坤任常务副团长。

6月 贵州省万山特区金鑫汞业有限公司正式成立，法人、董事长田亚梅。该厂位于万山特区土坪，占地2.5万公顷，有员工102人，其中，残疾职工占60%，下岗职工占40%，主要生产、加工汞系列产品，年产值达9800万元。2011年上缴税金260万元。

7月至8月 特区境内持续1个多月干旱，高温天气达28天，最高温度39℃，最低温度33℃，平均温度36℃，全特区44个村462个村民组11374户34000人受灾。灾情特别严重的有羊尾舟、水眼坪、龙田、黄家寨、深冲、敖寨、铁门、田龙、长坳、白屋场、老街、土坪等13个村。1座水库、36口山塘、200余口水井干涸，50条溪沟断流。

9月3日 根据省物价局《关于开展越权定价行为专项治理的通知》精神和《贵州省定价目录》《贵州省行政事业性收费管理条例》，特区废除了9项越权定价行为。具体是：1.划拨土地管理费；2.私房丈测费；3.农房登记费、农房丈测费；4.原基地改、扩建费；5.废汞触媒排污费；6.土地增值费；7.正常登记发证申请费、房屋产权勘丈费；8.土地出让金费；9.含汞废渣排污费。

9月25日 区委办下发了《万山特区人口与计划生育“一票否决”制实施办法》（试行）的通知，规定：（1）在年度人口与计划生育工作综合考核分值达不到60分的予以“一票否决”，60—70分的（不含70分）的予以“黄牌警告”，70—80分（不含80分）的予以诫勉谈话。（2）突破年度人口计划的乡镇予以“一票否决”。（3）年度末完成目标考核责任状规定内容并挂末的乡镇予以“一票否决”。

10月 老山口至万山二级公路维修改造工程全面竣工投入使用。该公路西接铜—玉高等级公路，东接万山镇解放街，全长8.4千米，路面宽12米，总投资2075万元。

是月 万山特区成立旅游事业局，核定事业编制6人。旅游事业局的建立，标志着万山旅游事业开始纳入特区经济社会发展的重要内容。

是月 由铜仁地区计划局投资12万元修建的全长350米的铺前村涵洞引水工程竣工。工程的实施可新增农田灌溉面积34公顷，新增开垦水田4公顷。

是月 省政府对万山特区进行“两基”复查和“普实”（普及实验教学）评估验收。“两基”定为合格，“普实”定为基本合格。

是年 特区财政安排资金2万元，对20多户两女结扎户启动养老保险。

是年 黄道侗族乡采取政府出一点、街道居民出一点、乡辖站所出一点、特区政府帮一点的“三出一帮”方式，筹措资金8万余元，在黄道街上安装了24盏路灯。这既方便了群众晚上出行，也美化了街道，成为特区4个侗族乡最早实现街道亮丽的小城镇。

是年 万山实施招商引资项目7个，到位资金3020万元，其中实施工业项目6个，到位资金2590万元。当年招商引资企业工业总产值完成9430万元，占全特区工业总产值的58.9%，实现税收734.7万元，占全特区财政总收入的43%。

是年 万山特区实施异地移民搬迁工程，共分三期实施：第一期工程于2001年在黄道、下溪两个侗族乡实施，共搬迁54户240人，总投资336万元，其中国家补助120万元，群众自筹资金216万元；第二期工程于2002年在敖寨、下溪侗族乡实施，共搬迁84户374人，总投资607万元，其中国家补助187万元，群众自筹资金420万元；第三期工程于2003年在黄道、敖寨两个侗族乡实施，共搬迁62户270人，共投资410万元，其中国家补助100万元，群众自筹310万元。

是年 全特区66户民营企业实现产值1.146亿元，实现GDP增加值4623.8万元，年销售的收入1.2亿元，企业盈利面达95%，上缴税金524万元，占地方财政收入的75.88%。

是年 夜郎谷风景区被贵州省政府批准为“省级风景名胜区”。

2004年

1月8日 万山特区个体协会召开第三届一次会议，选举产生了万山特区个协第三届理事会，成立了万山特区私营企业协会，选举产生了万山特区私营企业第一届理事会。

1月13日 经中国银行业监督管理委员会铜仁管理分局批准，中国工商银行贵州省分行万山分理处恢复为中国工商银行万山特区支行。

1月24日 万山特区供电局110KV变电站建成投入运营，该工程建设历时1年多，投入资金1600万元。

2月17日 特区政府出台了《万山特区农村独生子女户、两女结扎户公益金、养老保障金管理办法》，规定凡属农村“两户”的夫妻，男满60周岁，女满55周岁后，每人每月可领取养老保险金40元；凡持有《农村“两户”养老保险保障金领取证》死亡的，一次性发放抚恤费500元，年满60周岁以上死亡的按本人当年领取的标准，多领发一年的养老保障金作安葬费；对未成年独生子女发生重大意外伤残，给予不低于1500元的经济补助；对未成年独生子女患有重大疾病的或死亡的家庭给予不低于1000元的一次性补助；对两女结扎户术后其中死亡一孩的，给予一次性不低于1000元的补助。

4月7日 万山特区举行创建省级文明县城活动启动仪式。政府区长王开禄作动员报告。报告要求：要强化城镇管理，日益改善基础设施，提高城市功能，改善人居环境，美化城镇、绿化街道，创造良好卫生状况和井然有序的交通秩序，努力提高城区居民整体素质和生活质量，提升万山良好形象。

5月18日 万山特区下发了《房屋拆迁管理规定》《经济适用住房实施办法》《集资建房管理暂行办法》《住房资金贷款审批暂行办法》《矿区社区公有住房租金改革暂行办法》。

6月 浙江省温州市平阳县蔡振东根据《万山特区志》《万山水电志》的地情、气象资料，于2002年末、2003年初两次赴万山考察，在万山特区志办的帮助下，决定在下溪乡青龙建水电站。该水电站于2004年6月动工，计划建拦河坝一座，开隧道（3.2m×3m）998米，装机3×800KVA，年发电量500万千瓦时，架设10千伏输电线路8.5千米，2500千伏安变升压路一座，总投资1600万元。2006年下半年生产发电。年实发电1000万千瓦时。

9月1日 万山特区邮政局“夜郎谷”邮资封首次发行。

9月13日 万山特区首次组织鼟锣艺术团参加第六届梵净山旅游节暨资源推介会开幕式文艺演出。

9月16日 贵州铜仁和泰茶叶有限公司正式成立，公司座落在万山老山口。占地面积240亩（16公顷），拥有固定资产11737万元，有在职员工220人，公司年产值6000万元，创税800万元，是贵州省内最大的茶叶综合企业，年加工出口珠茶、眉茶2万吨，年产速叶茶粉500吨、名优茶200吨。

是月 万山特区正式启动全特区第一次经济普查工作，普查内容有工业普查，第三产业普查，基本单位普查。

10月20日 湘黔两省十六县（市、区）政协联谊会在万山召开。

11月12日 省人大副主任刘思培，副省长吴家甫及省、地人大代表来万山视察，到张家湾工业小区了解红晶公司生产情况。

11月 创建万山金盛有限责任公司。公司座落在万山转型工业园锰系铁合金产业区（高楼坪乡张家山），公司占地4万公顷，有职工42人，其中：有高级技术工3人，中级8人。主要生产硅锰合金、金属锰、微碳锰铁、低碳锰铁，年生产铁合金3万吨，实现销售收入3亿元，年利润300万元。2011年上缴税金231万元。

是月 高楼坪侗族乡青年冯某某害怕女友离开自己，通过电话联系将其约出掐死后，再进行奸污，手段残忍，性质恶劣。特区检察院于2004年11月8日以故意杀人罪起诉至法院，冯被判处死刑，于2005年5月10日执行枪决。

12月21日 特区政府常务会议研究行政事业单位人员增加岗位补贴，在职工作人员发放公务通讯费及增加村（居）委会干部报酬问题。议定：（1）从2004年10月1日起执行增加岗位补贴；（2）在职人员公务通讯费用管理货币化，从2005年1月执行；（3）村（居）委会干部报酬，从2005年起每人每月增加50元。

12月24日 特区政府确定将高楼坪侗族乡的大坪、琴门、长坳3个行政村划定为老山口省级森林公园区。定位为休闲、独家、避暑、娱乐、会议为一体的省级森林公园。

12月 万山特区遭受罕见的雪凝灾害，降雪和结冰厚度达25厘米，持续时间两个半月。城区电线杆倾倒折损60余根，部分房屋垮塌，360余户瓦房大面积漏雨，供水、供电受到严重影响，交通通信大部一度中断，上万亩森林成片折断，直接经济损失1720余万元。

是年 因原贵州汞矿档案出现遗失、霉变、长虫、鼠咬等情况，特区档案局积极向省、地档案局反映，省、地档案局领导于同年3次亲临实地调研后，划拨经费50万元用于档案抢救。

2005年

1月 全特区开展保持共产党员先进性教育活动，共分三批进行，每批半年至2006年6月基本结束。

4月5日 香港慈恩基金会有限公司义工周李苑莲来万山特区考察学校建设，为下溪民族中学争取修建教学楼款项16万元。

4月13日 特区政府区长办公会议研究决定：撤销万山特区城市居民最低生活保障办公室，重新组建万山特区城乡社会救助办公室，为特区民政局的股级事业单位，将城乡医疗救助、城乡特困家庭未成年人教育救助、城市居民最低生活保障等工作职能划入城乡社会救助办公室。

4月22日 特区政府区长办公会议决定，在城管大队基础上，组建万山特区城市管理局，建设局的环卫、市政设施和城市园林管理职能划入城市管理局。

4月27日 特区政府下发《万山特区城镇退伍兵转业士官安置办法》和《万山特区殡葬管理办法》。

5月30日 在开展“热爱贵州、唱响贵州、建设贵州”为主题的首届“多彩贵州”歌唱大赛活动中，特区举行选拔赛，彭忠亮创作的《汞都之恋》《湾里的妹子逗人爱》《夜郎情》三首原创歌曲，在选拔赛上演唱。选送歌手刘文洁获“多彩贵州”歌唱大赛铜奖，并获“贵州形象大使”称号。

6月30日 特区结合纪念建党84周年，为前来万山参加铜仁地区首届诗词书画联展暨研讨会的代表，举行“盛夏七月万山红”大型文艺晚会。

7月29日 成立万山特区盆架山锰矿厂，厂址位于下溪瓦田村，矿区面积4000公顷，工业生活场地12公顷。有职工300余人，管理人员45人，中级以上技术人员8人。全矿分三个独立采取，年生产碳酸锰矿石5万余吨。注册资金100万元，拥有固定资产3877万元，无形资产800万元，缴税金200余万元。

7月 万山在全省率先开展推行村党支部书记、村委会主任“一人兼”、村“两委”委员交叉任职和撤并村工作，把全特区4个侗族乡的42个村并未17个村，将万山镇两个村改为居委会。对合并后的各村实行定编、定员、定岗。通过“两推一选”，选举产生了新一届村“两委”班子的村干部67名、委员50名，其中村支部书记（村主任）17名，“一人兼”率达100%，“两委”委员50名，委员交叉任职率为78.46%。

8月 贵州梵净山酒业有限公司正式成立，座落于铜仁市万山特区谢桥新区，经营股份制企业，拥有固定资产6000万元，占地面积1.33公顷，有职工75人，主要生产“梵净山”品牌白酒系列，产品主要销往贵州、四川、湖南、广东、山东、安徽各地。2012年，公司实现产值1.5亿元，实现利税450万元。

8月 万山特区民族中学与万山特区第二中学合并，组建新的万山特区民族中学。

9月 万山特区农村信用合作社恢复挂牌。

10月 中国茶叶国际商会上海茶叶进出口公司，在万山老山口征地5.47公顷，建立贵州和泰茶叶有限责任公司茶叶加工基地。于31日正式举行奠基仪式。到2008年底，已投资1800万元，完成加工厂房建设投入生产，解决了万山100余剩余劳动力的就业问题。

是月 万山特区人民政府为认真贯彻落实中央有关促进农民增收和减轻农民负担政策，经人代会讨论决定，从2005年起，全部免除农业税征收，结束了千百年来的田赋征收历史。从此粮食购销企业全面进入市场运作。为调动农民种粮的积极性，国家还对农民种粮实行直接补贴。

11月10日 特区政府常务会议研究决定：成立万山特区农村合作医疗管理局，为隶属特区卫生局管理的副科级事业单位。

11月12日 万山鼟锣艺术被省人民政府列为“贵州第一批非物质文化遗产代表作名录”。

是年 国土资源部批准贵州汞矿遗址为“国家矿山公园”。

2006年

2月15日 贵州省副省长包克率视察万山特区矿产公司。

3月3日 召开特区经济责任审计领导小组第一次联席会议，确定8项年度经济责任审计任务，将经济责任审计专项经费纳入财政预算。

4月 特区根据党中央、国务院提出关于建设社会主义新农村的战略任务，选择黄道乡临湘村、龙江村和高楼坪乡老山口村、青年湖村、夜郎村作为省、地、特区的试点，按照“生产发展、生活宽裕、乡风文明、村容整洁、管理民主”的建设目标开展新农村建设。

6至7月 对国土局局长任期经济责任情况审计，发现国土局违规减免国有土地出让金收入，造成土地出让金流失106万元等问题。8月，特区纪委书记刘先银在纪委会议室主持召开经济责任审计工作联席会议，议定将国土局违规减免土地出让金的问题提交党委常务会议专题研究后处理。审计结果引起相关部门领导高度重视，责令国土局加强对土地出让金的管理，随后万山特区重新修订了《国有土地出让金管理办法》。该项目被地区审计局评为2006年度优秀审计项目。

7月 对特区信用联社2005年度资产质量状况进行专项审计调查，审计调查发现，该行存贷比例为84.25%，超警戒线9.25%，审计提出严格贷款审核，严格内部风险控制的审计建议。

8月 对特区农村合作医疗基金管理使用情况实施了审计，针对审计发现的基金报销比率偏低，结存资金过大的问题，审计提出及时调整医疗报销方案的建议。

8月16日 代理省长林树森率领省直相关部门负责人在地委书记杨玉学、行署专员谌贻琴的陪同下，亲临万山检查指导工作。在视察和泰茶业有限责任公司和听取听取经济社会发展情况汇报后，对万山特区下步工作作了重要指示。

9月 汞都大道建设全面竣工，该大道总投资255万元，全长1100米，车道宽14米，人行道宽8米，安装路灯80盏，是万山一道亮丽的风景线。

是月 万山特区行政中心建成投入使用，该工程总投资300万元，占地2000公顷，建筑面积4568公顷，高七层，内安装电梯一部。

10月18日 万山特区在体育馆举行万山特区成立40周年庆典大会，国家有关部委及省、地领导应邀出席庆典，行署专员谌贻琴代表地委、行署致辞。特区万余群众观看了成都军区战旗文工团的文艺演出。

是月 万山特区体育馆竣工投入使用。该工程是国家体育总局和贵州省体育局在万山实施的《雪炭计划》项目之一，建筑面积3582公顷，有室内篮球场一个，可容纳2000名观众。

11月8日至10日 中国共产党万山特区第九次代表大会在特区行政中心召开。出席本次大会代表159名，大会听取和审议了王开禄代表上届党委作的工作报告，王贵军代表上届纪委作的纪检工作报告。大会选举第九届委员会委员33名，王开禄、向晖、罗洪信、张承敏、吴泽军、王慧英（女）、王贵军、雷国平、宋强为常务委员，王开禄为书记，向晖为副书记，王贵军为纪委书记。

是月 万山特区青龙水电站竣工投入生产发电，该工程属招商引资项目，于2004年6月动工，总投资1600万元，挖隧洞1300米，筑水坝一座，架设输电线路8.5千米，总装机（800千瓦×3）2400千瓦，年发电量1000万千瓦。该项目的实施填补了万山史无水电站的空白。

是年 万山汞矿遗址被国务院公布为“全国重点文物保护单位”。高楼坪刘家祠堂被省人民政府公布为“省级文物保护单位”。

是年 贵州省林业厅批准老山口为“省级森林公园”。

是年 由万山特区招商引资办引进广西南宁许东迁老板来万山杨家寨村杉树坪投资办重晶石厂，许老板投资200万元，购置铲车1台，洗矿机三套11台，跳汰机1台，运输车辆两台，开采的矿山资源由许老板与村民临时议价，雇请当地村民做小工，男劳力100元1天，女劳力80元1天。年产重晶石平均2万吨，运至防城巷出售美国。

2007年

1月7日至11日 政协万山特区第六届委员会第一次全体会议在特区行政中心召开。本次会议应到委员105名，实到98名。大会听取和审议政协万山特区第五届委员会工作报告和提案办理情况报告，选举阳运福为政协万山特区第六届委员会主席，韩向阳、张社芬（女）、周勇、冯世刚为副主席。

1月8日至11日 万山特区第九届人民代表大会第一次会议召开，参加本次大会代表136名，大会先后听取和审议“一府两院”和计划、财政、人大常委会6个工作报告。选举田景明为人大常委会主任，罗锦建、何祥猛、杨泽武、张林华为副主任，向晖为政府区长，吴泽军、王慧英、刘五星、杨克金为副区长，陈波为法院院长，任玉华为检察院检察长。

4月6日 特区政府召开专题会议，议定由特区审计局负责对全特区各行政事业单位资产清查情况进行审计。4月至7月，特区审计局对全特区74个独立核算的行政事业单位资产进行清查，审计资产总额11067万元，认定盘盈固定资产总额2953万元，盘亏资产167万元，为全特区加强国有资产管理提供了可靠依据。

4月19日至29日 万山矿区社区部分群众因贵州汞矿关闭破产有关遗留问题到铜仁地区行署静坐上访。此事件引起省委、省政府和地委、行署的高度重视。

5月14日至6月30日 对特区农业局农村沼气转型专项资金进行审计，发现特区农业局虚报套取沼气工程资金10.57万元，审计下达决定全部收缴区财政。该项目被地区审计局评为2007年度优秀表彰项目。

6月8日 湘黔两省六县市区书画联展暨研讨会第一次会议在万山特区行政中心召开。

7月9日 省委书记石宗源到万山调研，特区委书记王开禄及人大、政府、政协主要领导陪同视察了和泰茶叶有限责任公司。

10月 万山蓝天固废处置有限公司成立。公司位于万山工业园精细化工产业区，占地2万公顷，拥有固定资产4500万元，职工58人，年处理含汞废物16000吨（包括含汞固体废物1000吨/年）。2011年实现产值6100元，上缴利税300万元。

是年 万山特区开始贯彻《国务院关于促进资源型城市可持续发展的若干意见》，即（国发〔2007〕38号。

2008年

1月8日 因区委书记王开禄调离万山，区长向晖改任书记，万山特区人大常委会决定任命何贵祥为万山特区代理区长，3月14日举行九届人大二次代表大会选举其为区长。

1月12日 万山特区遭受50年以来最严重的一次雪凝灾害，持续时间长达一个月之久。全特区6万多人民群众全部受灾。水电、交通、通信及网络等基础设施严重受损，造成停水1个半月，停电17天，各种生活物资吃紧告急。

1月31日 中共中央政治局常委、书记处书记、国家副主席习近平及省委书记石宗源亲临万山，带来了党中央、国务院及省委、省政府的亲切关怀。同时得到全省人民和广东、深圳、成都军区等省市部队的物资捐助，万山人民深切感受到社会主义大家庭的温暖。

2月9日 万山供电局职工王村、卫生局职工姚本英、刘元辉到北京，参加了中央电视台新闻中心在春节期间推出的由崔永元、张泉灵主持的特别节目——《抗击冰雪情暖中国》的录制。该节目于2月11日晚9点30分在央视新闻频道首播。

2月29日 香港凤凰卫视一行10人千里奔赴万山，拍摄“抗冻救灾重建家园”的专题片。随行的有香港签约演员董洁及香港语言学院学生。

5月12日14时28分 四川汶川发生里氏8.0级大地震，万山特区有明显震感。灾情发生后，万山各族干部群众、共产党员本着一方有难、八方支援的民族美德，纷纷向四川灾区捐款，共捐款50多万元。

5月 万山特区兴隆锰业有限公司成立。公司座落在万山下溪乡，法人代表肖军，公司注册资金1000万元，在职员工400余人，是万山特区重点招商引资企业。该企业是集采、选、冶一条龙生产的联合企业。2011年上缴税金761万元。

5月 创建万山盆架山锰业有限公司。公司位于下溪乡盆架山村，由贵州玉屏大龙锰业有限责任公司和贵州省地质矿产锦江工程公司共同出资组建。公司采矿面积3.9平方千米，资产总额6000万元，有职工180人，主要开采锰矿石，为兴隆锰业提供生产用碳酸锰原矿石。2011年上缴税金1728万元。

7月 万山水稻生长正值灌浆时，大面积遭受了历史上罕见的虫灾（卷叶虫），虽然采取打药扑灭措施，控制了虫灾的快速蔓延，但还是给粮食生产造成一定的损失。

7月 万山特区金鑫汞业公司董事长田亚梅荣获北京“奥运会火炬手”。并参加北京奥运会火炬手传递、贵州站传递。

8月 万山斯普铁合金有限公司由原华泰铁合金有限公司改制而成。公司位于高楼坪乡张家山村，占地1.87万公顷，有职工80人，其中：高级技术员6人、中级技术员13人，拥有固定资产1800万元；年生产铁合金8000吨，工业产值1亿元。2011年销售收入1.5亿元，实现利税200万元。

8月 对2008年初特区抗凝救灾资金和社会捐赠款共计2160万元资金进行专项调查，审计对自来水公司用救灾资金购买水管材料服务受灾群众，但却违规收取780户受灾户收取材料费1.55万元的问题进行了严肃处理，将违规收取的资金全额收缴财政。

10月24日 高楼坪、黄道、敖寨、下溪4个侗族乡分别举行侗族乡成立二十周年庆典。

11月 完成特区计生局局长任期经济责任情况审计，共查出违纪违规资金48.05万元，审计处理收缴财政3.07万元，责成归还挤占挪用资金22.50万元。

是年 万山助剂化工厂改称铜仁市鸿发化工有限公司，法人代表王令，厂址由犀牛井迁至张家湾汞化工园区内，占地10000.5公顷，注册资金1600万元，有员工28人，管理人员4名，销售人员6名，主要生产汞精细产品，年产值1000万元以上，年税金100万元以上。

2009年

3月5日 国务院确定万山特区为全国第二批32个资源枯竭型城市之一。中央财政将给予财力性转移支付支持，促进资源枯竭型城市探索经济转型新路。

4月 刘雄（政府办主任）、黄勇（房产局局长）、段世海（住建局局长）、刘远慧（畜牧局局长）、蒲光厚（安监局局长）、张吉茂（商贸局局长）等人因贪腐被捕。

6月15日 贵州省副省长辛维光率省直有关部门负责人到万山特区大水溪尾矿库施工现场调研治理工作，行署专员李再勇、副专员陈达新陪同调研。大水溪尾矿库是原贵州汞矿修建的尾矿贮存场所，库容量200万立方米，汇水面积4.12平方千米，1985年11月竣工并投入使用，服务年限为20年，至2009年已超过服务年限4年，被省政府列为有重大安全隐患并挂牌督办的尾矿库。在调研中，辛维光强调，一定要保证施工质量，确保汛期前全面完工并投入使用，确保下游人民群众生命财产安全。

9月14日 完成万山特区廉租房水电安装工程招标预算审计，送审金额1513.66万元，审定金额1355.57万元，核减投资158.09万元，核减率10.44%。

10月 中华人民共和国国土资源部批准万山为“中国汞都·贵州万山国家矿山公园”。

10月20日 完成万山特区自来水公司供水改造工程结算审计，送审金额167.07万元，审定金额116.94万元，核减金额50.13万元，核减率30.01%。

10月28日 万山国家矿山公园在原贵州汞矿区（土坪）揭碑开园，园区景点主要有苏联专家楼、博物馆、黑窿子（老砂坑）、仙人洞、云南梯、云南洞等。

11月18日 万山矿产公司董事长吴泽云伴随国家政协主席贾庆林出席在菲律宾召开的世界第十届华商大会。

是年 （发改东北〔2009〕588号）文件，国务院批准万山为全国第二批资源枯竭型城市，万山发展得到层面上的支持。

2010年

4月13日 原中共万山特区委书记向晖受贿40余万元被逮捕。

9月 万山特区进行第三次机构改革，成立万山发展与工业贸易局，负责全特区工业、企业的组织领导。

9月 万山特区第三次机构改革，成立万山发展改革与工业贸易局，负责全特区工业、企业的组织领导。

9月 对区委接待办2006-2009年度财务收支情况进行审计，审计发现该办财务管理混乱，内控制度不全，库存物资短少15.89万元、遗失内部结算票据、物资外借手续不全金额53.25万元等问题。审计依法下达审计处理决定，及时向纪委移送案件线索一起，2名责任人受到纪律处分。该项目被铜仁地区审计局评定为2010年度表彰项目。

10月22日 完成万山特区青少年活动中心结算审计，送审金额398.21万元，审定金额355.70万元，核减投资42.51万元，核减率10.67%。

11月8日 完成谢桥片区廉租房项目预算审计，送审金额9015.87万元，审定金额7493.48万元，核减投资1576.39万元，核减率17.48%。

12月 万山特区书记汤志平指示编纂《万山特区工业志》。

是月 万山特区调整行政村、居委会，将全特区原有的17个行政村调整为34个行政村，12个居委会更名为社区居委会。在2010年12月第八届村（居）“两委”换届选举时实施。

是年 万山海洋农业科技发展有限公司正式成立，公司位于万山转型工业园生态农业产业区，主要从事香菇生产和对香菇进行深加工。公司占地400亩（266680公顷），总投资3800万元，年产香菇及相关产品2000吨，年总收入4480万元，年利润800万元，可解决就业300人。

2011年

1月5日 贵州省人民政府以黔府函〔2011〕3号文件批复，同意铜仁地区将铜仁市谢桥街道办事处（大坳村除外）划归万山特区管辖，2月28日，在谢桥举行交接授牌仪式。此时，万山特区辖1个办事处、1个镇、4个乡，42个行政村、13个社区，493个村（居）民组。国土面积由原来的338平方千米增加到443.2平方千米。人口由原来的6.7万增加到8.2万人。

1月5日 地委委员、地委组织部部长雷甘霖，地纪委副书记、监察局局长陈建萍到万山特区抗雪凝临时服务点、自来水公司、报溪110千伏变电站融冰装置和应急办检查抗雪凝工作。

1月6日 地委副书记、行署专员李再勇到万山特区检查指导抗雪凝工作。

3月 万山隆鑫新材料有限公司开建，属重点招商引资企业，座落在转型工业园新材料产业区。公司占地300亩，总投资2.5亿元。

4月1日 山东寰球德胜集团到万山特区考察钾资源开发利用项目。

4月22日 政府区长张吉刚、政府副区长龙成林与四川天宏实业有限公司签订参加谢桥新区土地整治项目协议。

5月6日上午 谢桥新区建设暨梵净山大道二期开工典礼在谢桥新区举行。谢桥梵净山大道二期工程起于谢桥收费站，终点与杭瑞高速公路（谢桥西）连接，项目全长5.182千米，路基宽40米，红线宽度45米，整个工程由四川天宏集团投资12亿元对谢桥新城区进行土地开发和整治。

5月7日 省慈善总会检查组检查特区慈善工作开展情况；同日省文物局领导检查万山特区文物工作开展情况。

6月20日 政府区长张吉刚到新疆天业集团有限公司进行考察，洽谈汞化工合作相关事宜。

6月 贵州远盛钾业科技有限公司与山东科技大学合作，开始利用氟硅酸循环法对含钾岩石进行低温分解技术研究，12月完成试验，攻克了不溶性含钾岩石难溶解的技术难关，并成功生产出硫酸铵钾矿物复合肥、硫酸钾、吸收白炭黑、转型白炭黑、五水偏硅酸钠、氢氧化铝、偏铝酸钠、聚合硫酸铝、氢氧化铁、氧化铁、煤泥、无硫粉煤等十三种国内外市场需求产品。

6月 贵州梵净山生态农业股份有限公司创立，公司位于铜仁市万山特区谢桥新区，是集畜牧养殖、肉制品加工、饲料加工、兽药生产、中药材种植为一体的现代农牧科技企业。公司注册资金8000万元，占地面积235亩（156674.5公顷），总投资5亿元。公司建成后，可实现年产值14亿元以上，创税收5000万元。

7月5日 贵州省省长赵克志视察万山工业园区，同时审阅《万山工业图志》初稿。

7月6日 政府区长张吉刚与中石油昆仑天然气利用有限公司贵州分公司签订合作协议。

7月18日 在万山特区万山镇张家湾新建年处理5000吨废氯化汞触媒活化再生化工厂，总投资6400万元。项目占地2公顷，总建筑面积12800公顷。

7月28日 在万山特区谢桥区新建旅游用品加工厂，总投资880万元。项目占地10625公顷，总建筑面积11900公顷，其中：综合楼6000公顷，生产用房5900公顷，建设规模为年产500吨营养保健茶。计划于2012年投产。

7月28日 在万山特区谢桥办事处楚溪村新建薯类系列食品深加工厂，总投资800万元，项目占地1.467公顷，建设厂房4000公顷，仓库及管理用房等附属设施5000公顷，建设规模为年产800吨薯类系列食品生产线1条。计划2012年竣工投产。

8月7日 高楼坪侗族乡羊尾洲村个别村民非法进入万山矿硐炸矿柱，造成4死一伤的严重事故。

8月17日 万山特区打击进硐盗矿综合治理领导小组办公室设在特区政法委，由党委常委、政府副区长詹凤华兼任办公室主任，公安局局长王春、政法委副书记韩忠平、政府办常务副主任杨天勇等人兼任副主任，办公室成员有公安局黄文军，检察院罗锋，法院杨昌喜，司法局饶井泉，政法委乌江等人。由杨昌喜负责办公室日常工作。

8月23日 万山特区党委书记汤志平陪同中国工业集团一行考察谢桥投资硬环境。

8月24日 万山特区党委书记汤志平陪同南昌理工学院副院长陈志龙一行考察万山投资环境。

8月 完成万山特区工业园区（老山口至郭家段）电缆改迁工程预算评审，送审金额559.82万元，审定金额360.00万元，核减投资199.82万元，核减率35.69%。

9月17日 国家发改委东北司副司长彭会军、省发改委副主任张杰等到谢桥新区、万山工业园区调研资源枯竭型城市转型工作开展情况。

9月19日 国家城乡建设和土地利用调研组考察万山转型工业园区和谢桥新区。

9月20日 国家联合工作组环境保护调研组考察银星汞业回收有限公司、大水溪尾矿库治理工程、隆鑫公司、和泰公司。

9月21日 重庆伟映集团有限公司陈远光总经理一行到谢桥新区商谈新区体育馆、游泳馆项目建设情况。

9月27日 四川天宏集团董事长刘爱国一行到万山同区长张吉刚商谈解决谢桥新区建设中涉及的有关问题。

10月12日 湖北宜化集团董事长、总经理蒋远华一行到催化剂产业园考察投资环境。

10月13日 省物质储备管理局和省文物局挂帮联系万山特区联席会议在万山召开。

是日 省教育督察组到万山二中检查工作，到谢桥新区实地察看万山示范性高中建设选址情况。

10月15日 省人民政府教育督导室到万山对党政主要领导、县级人民政府履行教育工作职责进行过程督导汇报会暨意见反馈会。

是日 省文物局王红光局长到矿山公园考察文物保护情况。

10月22日 国务院下发《关于同意贵州省撤销铜仁地区设立地级铜仁市的批复》。文件精神是：撤销铜仁地区和县级铜仁市、万山特区，设立地级铜仁市及市辖碧江区、万山特区，以原万山特区和原县级铜仁市的茶店镇、大坪乡、鱼塘乡的行政区域为万山特区的行政区域。

10月至11月 完成万山特区采矿石、冶炼废渣治理及汞渣渗滤水工程一期（一标、二标、三标）结算审计，送审投资1816.09万元，审定金额1467.35万元，核减金额348.73万元，核减率19.16%。

11月1日 万山银河化工有限责任公司开工建设，该公司属政府招商引资项目。座落于万山转型工业园精细化工产业园区。公司总投资5亿元，占地21.333公顷。公司全面建成后，可年产6000吨/低汞催化剂、3000吨/铁系催化剂、1000吨/钴钼催化剂、20吨/结晶银催化剂以及废催化剂回收，可实现年销售收入3.9亿元，年利税9434万元，解决就业800人。

11月4日 贵州省委书记栗战书视察万山工业园区。

11月7日 铜仁地区行署在花果山大会堂召开茶店镇、大坪乡、鱼塘乡行政区域划转工作会。

11月10日 万山在特区行政中心七楼会议室召开茶店镇、鱼塘乡、大坪乡交接工作会，万山行政区四至界限为：东临芷江县，南接新晃县、玉屏县，西与岑巩县接壤，北与铜仁市碧江区、江口县毗邻，辖区面积842平方千米，总人口16万人，辖1个街道办事处、2个镇、6个乡、70个行政村、14个社区居委会，972个村（居）民组。

11月14日—15日 中共贵州省委书记栗战书视察万山转型工作时指出：万山作为资源枯竭型城市，一是要发展新兴工业产业，再一个就是要充分利用这里的工业文化遗产发展以旅游业为主的第三产业，作为转型的一个主导方向。

11月20日 广西朗田生物制药有限公司董事长卢枫一行到万山考察投资环境，并初步商谈在万山建制药厂和戒毒医院相关事宜。

11月25日 地级铜仁市碧江区、万山区授牌仪式在花果山会堂隆重举行。

12月1日 《万山工业图志》出版。

12月9日 政府区长张吉刚到下溪侗族乡调研公路沿线乱建房屋、河床乱倒弃土现象、老百姓诉求情况和三无（无驾驶证、无牌照、无营运执照）车辆整治情况。

12月10日 东太集团董事长姜流一行到谢桥、茶店考察投资环境。

12月20日 万山特区原区长何贵祥因受贿59.5万元犯罪，被判有期徒刑11年。

12月27日 中国汞都·贵州万山国家矿山公园博物馆布展工程结算审计，送审金额915.82万元，审定金额780.03万元，核减金额135.79万元，核减率14.83%。该项目被铜仁地区审计局评定为2011年度优秀审计项目。

第一篇　境域　气候

第一章　境　域

万山特区位于北纬27° 24′ 29″ —27° 43′ 38″ ，东经108° 50′ 10″ —109° 23′ 12″ 。地处贵州东部，湖南怀化市西部。东南与湖南芷江、新晃侗族自治县接壤，西与贵州玉屏、岑巩毗邻，北与铜仁市碧江区交界。特区人民政府驻万山镇，电话区号0856，邮政编码554200，距铜仁市区31千米，距省政府贵阳390千米。2011年10月前辖万山镇、高楼坪侗族乡、黄道侗族乡、下溪侗族乡、敖寨侗族乡和谢桥办事处。下设13个居民委员会42个村民委员会，483个自然村寨，577个村（居）民小组。总人口8.27万人；辖区面积443平方千米。人口密度为每平方千米186.7人。

第一节　行政区划

一、特区（乡）区划变动

1966年1月8日，贵州省人民政府和冶金部提请国务院审批，成立万山矿区人民政府，同年2月22日，中共中央、国务院批准设万山特区。行政区划为玉屏县的高楼坪、黄道、新庄三个公社和铜仁县漾头区的敖寨公社。

1968年9月，贵州省革命委员会行文撤销万山特区。敖寨公社划回铜仁县，高楼坪、黄道、新庄等公社划回玉屏县。

1970年8月，国务院行文恢复万山特区，先后从玉屏县划出万山、高楼坪、黄道、下溪，从铜仁县划出敖寨、瓮背等区域归万山特区管辖。

2011年5月，贵州省政府行文，将铜仁市的谢桥办事处划归万山特区管辖。

2011年10月22日，国务院以国函[2011]131号文件撤销铜仁地区和县级铜仁市、万山特区，设立地级铜仁市及市辖碧江区、万山特区，以原万山特区和原县级铜仁市的茶店镇、大坪乡、鱼塘乡的行政区域为铜仁市万山特区的行政区域，万山特区落下了帷幕。

二、村级区划变动

1991年特区下辖万山镇和高楼坪、黄道、敖寨、下溪4个侗族乡，共43个村民委员会，1993年下溪侗族乡官田村划归官田、青龙两个村。2005年10月，根据上级指示，对44个村撤并为17个村和两个居委会，实行村党支部书记和村委会主任“一肩挑”的试点工作。撤并情况是：

高楼坪侗族乡　由原来的15个村，撤并为6个村，即：将原高楼坪村、张家山村撤并为大树林村；将原铺前、猴冲、龙田等3个村撤并为夜郎村；原羊尾舟、水眼坪、鸡公田等3个村撤并为小湾村；新庄、长坳等2个村撤并为赶场坝村；原大坪、琴门2个村撤并为老山口村；原郭家、黄家寨、关庄等3个村撤并为青年湖村。

黄道侗族乡　由12个村撤并为5个村，即：原黄道、黄溪、瓦寨等3个村撤并为丹阳村；原长坳、马黄、锁溪等3个村撤并为长兴村；原田坪、白屋场2个村撤并为红星村；原青溪、阳桥村撤并为龙江村；原大榜村、力坳村撤并为临湘村。

敖寨侗族乡　由原7个村撤并为3个村，即：原敖寨、金家场、杨家寨等3个村撤并为中华山村；原易家寨、深冲村撤并为两河口村；原瓮背村、羊子盖村撤并为腾龙山村。

下溪侗族乡　由原7个村撤并为3个村，即：原下溪村、青龙村撤并为兴隆村；原报溪、洋保田、铁门、田龙等4个村撤并为桂花村；原瓦田村、官田村撤并为米贡山村。

万山镇　将原老街村更名为老街居民委员会，土坪村更名为新街居民委员会。

2002年10月28日贵州汞矿破产关闭后，其社会职能转入地方，人员分流，设立矿区社区服务管理局，隶属万山特区政府。社区局下设二厂、冲脚、杉木董、张家湾、滑石坡、官山、三角岩、土坪、冒水垄等10个社区居委会。2007年，冒水垄与土坪居委会合并称土坪社区居委会；二厂和冲脚合并称冲脚社区居委会，其余不变。

2008年，特区对各社区居委会进行整合，将岩屋坪社区居委会划到敖寨侗族乡，其余划到万山镇。万山镇境内的三角岩和官山社区居委会合并为三角岩社区居委会；滑石坡和解放街社区居委会合并为解放街社区居委会；张家湾和杉木董社区居委会整合为张家湾社区居委会。致此，万山镇有解放街、张家湾、麻音塘、犀牛井、三角岩、土坪等6个社区居委会；敖寨侗族乡有岩屋坪、敖寨等2个社区居委会；高楼坪侗族乡有高楼坪、老山口等2个居委会；黄道侗族乡有黄道1个社区居委会；下溪侗族乡有下溪社区居委会，全特区共12个社区居委会。同时又根据农民反映行政村范围太大，办事不方便的意见，在2010年又将原来的17个村划为34个村。各乡划分情况如下：

高楼坪侗族乡将原来的6个村划为12个村，即：大树林村划为高楼坪和大树林两个村；将原小湾村划为羊尾舟和小湾两个村；将赶场坝划为新庄和赶场坝两个村；将夜郎村划为龙田、夜郎、兴中等3个村；将青年湖村划为官庄和青年湖等2个村；老山口村改名林海村。

黄道侗族乡将原来的5个村划为10个村，即：原丹阳村划为黄溪和丹阳2个村；将长兴村划为马黄、长坳、锁溪等3个村；将红星村划为白屋场、田坪等2个村；将临湘村划为大榜村和力坳村，保留龙江村。

敖寨侗族乡由原来的3个村划为5个村，即：将中华山村划为杨家寨、中华山2个村；原腾龙山村划为瓮背和羊子盖两个村，保留两河口村。

下溪侗族乡由原来的3个村划为7个村，即：将兴隆村划为青龙和兴隆两个村；将原桂花村改为报溪、铁门和桂花等3个村；将米贡山村改为官田和瓦田村。

2011年1月5日，贵州省人民政府以黔府函〔2011〕3号文件批复，同意铜仁地区将铜仁市谢桥办事处（大坳村除外）划归万山特区管辖。谢桥办事处下辖谢桥、唐家寨、楚溪、挞扒洞、龙门坳、石竹、牙溪、瓦屋坪等8个行政村和谢桥中心社区居委会。

2011年万山特区乡镇、村、自然村区划一览表

表1-1

乡镇名	村(社区名)	自然寨名	村(居)民组(个)
谢桥街道办事处	挞扒洞村	挞扒洞、塔寨、黑冲、苗寨	4
	石竹村	街上、团墥、车田、黄豆田、矮车、高车、黄泥墥、杨家坝、何家塘、坪和屯、军地上、桃家湾、王家园、保家楼、坎溪冲、枣子坪	16
	瓦屋坪村	谭家坪、田家、龙洞、板山、大土坳、具陆冲、陆必冲、狮子岩、张家、老屋场、潮溪、水井湾、土坪、瞿家、陈家、瓦屋坪	16
	谢桥村	河东、凯潮溪、向家、上街、下街、代家湾	8
	龙门坳村	云南坡、坳上、岩湾、小云南、龙洞、埋牛湾、下坝、木弄口、王家、竹山口、韭菜塘、满房、大房、竹二组	14
	牙溪村	荒田冲、黑冲、牙溪、王家、何家铺、塘家坪、梓木溪、长岩、田家坝	9
	唐家寨村	唐家寨、沈家、火焰垱、周家、田坝、网形地、岩山脚、邱家寨	8
	楚溪村	龙生、罗家湾、桐子寨、大院子、大土林、廖家坳、楚溪组、墥上	8
	谢桥社区居委会	谢桥中学、逸夫小学、谢桥街道、七站八所、谢桥社区服务站	4
合计	9		87
万山镇	土坪社区	土坪社区、土坪、大水溪	14
	三角岩社区	三角岩社区、三角岩、大坪、四新塘	11
	张家湾社区	张家湾社区、新建、茬窖洞、龙塘坪、张家湾	11
	解放街社区	解放街社区、东门	12
	麻音塘社区	北门、麻音塘、麻音塘社区	11
	同心社区(犀牛井社区)	冲脚、张家坪、犀牛井社区	21
合计	6		80
高楼坪侗族乡	高楼坪村	老院子、堰上、街上、贾溪龙、白果树、岩屋、徐家、毕家湾	8
	小湾村	菜家坪、上排、中排、下排、权托、水眼坪、小湾、杉木湾、骆子山	11
	洋尾舟村	老院子、寄马冲、吊楼脚、格楼寨、破马冲、黑湾、蔡家	7
	兴中村	猴冲、雷公井、大客寨、小客寨、鹅踏、梓木坪、铜盆塘、大拱桥	8
	大树林村	新屋、杨家、张家山、黄家	4
	关庄村	塘冲湾、田脚、湾头、徐家垅、桐木垅、岩家坪、关庄、刘铁寨	9
	夜郎村	苏家、猫坡、伍家田、辽冲、下院子、羊木桥、坪家坡、铺前、庙湾、胜利坡(犯人坡)、屯坪(11)	11

续表1-1

乡镇名	村(社区名)	自然寨名	村(居)民组（个）
高楼坪侗族乡	龙田村	白竹湾、龙田、店托、野狗托、寒棚、田托、毛笔山、老屋场、新屋场、半坡、桃树托	12
	青年湖村	土地坳、小龙、张家、菜园、陆家(屯)、井湾、文子冲、向家、万山司、郭家、文家屋场、詹家屯、核桃树、背后湾、刘家、黄家寨、姚家、坡脚、鸡关岩、 经家园	20
	赶场坝村	黄舍田、学堂坪、长坳、老屋场、莱阳坪(来羊坪)、赶场坝、塘家田、滚子冲	8
	新庄村	汤家屯、大院子、绿化园、新庄、雷打坡、鸭林寨、滕家、次董上、黄水屯、白虎园、新田、桐木湾、杉木园、山背、大山	15
	林海村	三马冲、洞头、毛笔山、烟头、长引溪、黄家、小琴门、大琴门、杜王坳、老年、青年、吴家、老屋、背后湾、上大坪、甘塘	16
	高楼坪社区居委会	中小学、供销社、医院、粮站、敬老院	8
	老山口社区居委会	老山口、大龙、黑岩湾、菖木塘(故称羌濮堂)、瓦泥田、湾头、下大坪、桐木塘、扬提江	9
合计	14		146
黄道侗族乡	黄溪村	蓬溪、燕子冲、黄溪、黄瓜冲、鸡婆田、禾力坳	8
	丹阳村	新屋场、老院子、板栗湾、孙家园、铺里、街上、黄将冲、茶园、上仓前、上院子、下院子、高寨引、李家湾、老顶沙、桐木龙、抗栏冲	17
	白屋场村	岩路冲、桐油湾、鸭泥冲、细路冲、打谷坪、聂家冲、庙湾、黄岩冲、白屋场、黄土坳、细龙寨、岩龙坳	12
	大榜村	荀楼溪、木家冲、将军坡、黄土坡、大田湾、小龙、三角丘、苏木坳、架枧、老坝沙	17
	力坳村	大坳、大门口、油坊、坟董、下院子、牛崽冲、竹山冲、下深冲、张家、力坳、烂泥	11
	马黄村	蒲家、姚家、从木湾、杨家、老院子、田坝、腊溪、蓑衣塘、大排坡、新屋	10
	长坳村	田坝、对门元、对门坡、茄子冲、下塘边、中塘边、排坡、下黄茶	9
	锁溪村	庙边、老屋场、猴栏、井界、小冲湾、刘家田、中黄茶、井冲、路边、马湾、平茶、细溪、禾力冲	14
黄道侗族乡	龙江村	炮楼坡、坡脚、新屋、大坡老、苗冲、青溪、塘龙、架见冲、洞老上、枫木董、半坡、金星田、板栗坪、河坪、元木湾、达子冲、菜农、杉木湾、白沙井(古称淘沙溪)、电边、大龙、田坝、拓里	23
	田坪村	白岩哪、屯冲、四丘田、从阳湾、大路冲、上寨、老院子、茶树湾	8
	黄道社区居委会	居委会	1
合计	11		125
下溪侗族乡	兴隆村	丹树岭、增家垅、懂上、猴冲口、老寨湾、黄土田、车田、干田饭、草场、野猪冲、六田坪、冲口、河坎上	13
	报溪村	长冲元、下场溪、钟家坡、克(客)仁寨、下报溪、石榴山、杉木溪、彭家冲、文塘坳	9

续表1-1

乡镇名	村(社区名)	自然寨名	村(居)民组(个)
下溪侗族乡	官田村	柳木、庄屋、黄木平、界上、马头山、乔冲、油菜湾、官田、田平	9
	瓦田村	田湾、半坡、瓦田、白果田、烂板桥、麦禾溪、湾里、时家、中溪、张家、横路山、盆架山	12
	桂花村	田龙、白木坪、上洋洞、下洋洞、黄土冲、秧田坡	12
	青龙村	青龙、船冲	3
	铁门村	铁门上、铁门下、牛塘界、草把溪、扬龙、界上、沙子坪	7
	下溪社区居委会	下溪社区居委会	1
合计	8		66
敖寨侗族乡	中华山村	凉水井、敖寨、进山湾、毛家、大坪界、新寨湾、黄土坡、敖家湾、长田坝、观音山、邓家、刘家山、白果树、打谷坡、石榴山、黄木冲、金家(贾)场、竹林苗、苏棚、梅子溪、鸡公洞、务洞冲	22
	两河口村	下深冲、深冲、半冲、石里坳、廖家、老木冲、枧溪、冲口、易家寨、下格寨、上格寨、瓦田、汤家龙组、黄泥塘、石头寨、罗家坪、易家寨、界上溪	18
	洋世界(羊子盖)村	蒿菜坪、洋世界(羊子盖)、油榨冲、舒家坡、桐木坪、盐井溪、湾里、罗家田	8
	瓮背村	上午坡、合包田、相见坡、烧见冲、杨家寨、丰产坝、辽冲、权冲、秧田湾、瓦田、农家坡、湾里、桥冲、老层、鱼塘	15
敖寨侗族乡	杨家寨村	清水江、熊家、田家、榨桑坪、杨家寨、杉树坪、屋场、岩屋坪	8
	岩屋坪社区居委会	岩屋坪社区居委会	1
	敖寨社区居委会	敖寨社区居委会	1
合计	7		73
总计	56		577

注：有的自然村寨划为多个村（民）民组。

第二节　边界勘定

一、湘黔边界线

湖南与贵州交界线长840.28千米，其中万山特区与新晃交界线26千米，与芷江交界线22.3千米。

万山特区与芷江

湖南省芷江侗族自治县与贵州省万山特区于1997年8月联合勘定两县边区行政区域界线，界线全长22.3千米，两县区共同在芷江县上坪乡仲黄坪村与万山特区黄道乡大榜村湖广桥公路坎上两县交界点处埋设青石双面桩界碑1块。1997年8月签订边界勘定协议书，由双方民政局入档永久保存。同时还在湖南芷江大树坳村、贵州万山下溪瓦田村和铜仁市瓦屋乡上坪村交界处埋有三面界碑为433027522201522230。

万山特区与新晃

1997年8月13日，万山特区与新晃签订了联合勘定行政区域界线协议书，边界起点位于黄道侗族乡大榜村与芷江县上坪乡仲黄坪村、新晃县波洲镇小竹溪村的三县交会处；西止高楼坪乡铺前村与玉屏县田坪镇白果村、新晃县方家屯乡小洪溪村的三县交会处。在此埋有433026522223522230号三面界桩。边界全线总长26千米，绘制记载在总参谋部测绘局1977年出版的1：50000，7–49–15–丙，7–49–15–丁共两幅图上。东起点坐标：东经109° 17′ 40″，北纬27° 25′ 32″，小地名：油菜湾山顶；西止点坐标：北纬27° 26′ 54"，东经109° 8′ 46"，小地名：白岩壁隧洞出口处。依次骑跨黄道乡大榜村、力坳村、小田坪村、白屋场村、高楼坪乡羊尾舟村、龙田村、猴冲村、铺前村共两乡八村；新晃县波洲镇小竹溪村、花草溪村、炉冲村，大湾罗乡中段村、向家地村，方家屯乡何家田村、洞坡村、小洪溪村共三乡八村。协议书由双方民政局入档长期保存。

二、省内交界线

万山特区与铜仁市

1997年11月，万山特区曾与铜仁市勘界领导小组达成县级行政区域界线议定书，并在铜仁市六龙山乡甘溪坪村与万山特区敖寨乡杨家寨村（现为中华山村）的交界处埋有22012230001号双面界桩。

根据《省人民政府关于同意将铜仁市谢桥街道行政区域划归万山特区管辖的批复》（黔府函〔2011〕3号）的内容，2011年万山与碧江区划变动，将原属于铜仁市谢桥街道的谢桥、唐家寨、楚溪、龙门坳、石竹、瓦屋坪6个村和谢桥社区居委会划归为万山特区管辖，将谢桥街道大坳村划归铜仁市环北街道管辖，铜仁市、万山特区行政区域界线做相应变动。

万山玉屏与玉屏县

玉屏侗族自治县与万山于1997年11月11日共同勘定行政区域界线，界线总长11.4千米，交界点具体位置在亚鱼乡亚鱼村杨柳冲和万山特区高楼坪乡老山口村铜鼓塘处，在此处埋有三面桩（水泥制）1个，界桩编号22012230001号。行政区域界线呈北向南走向，依次骑跨贵州省玉屏县田坪镇白果村，亚鱼乡的郭家湾村、亚鱼村、瓮袍村；田坪镇岩屋口村、迷路村、彰寨村，万山特区高楼坪乡老山口社区居委会。双方签订的边界勘定协议书由双方民政局入档保存。

第三节　乡镇办事处概况

一、万山镇

万山镇行政区域总面积15.8平方千米。东与下溪相连，西南与高楼坪、黄道毗邻，北接敖寨。辖6个社区居委会，下设81个居民小组，镇人民政府驻犀牛井社区。全镇共16784人，其中城镇常住人口12601人，流动人口4183人，城镇化率97.03%。以侗族、汉族为主，共13820人，占81.85%，有土家族、苗族、回族、布依族、仡佬族、彝族等16个少数民族，共3064人，占18.15%。耕地面积60万平方米，其中农田26万平方米，人均耕地面积35.33平方米。

1. 地理气候及交通区位优势

万山镇位于北纬27° 30′ —27° 32′ ，东经109° 11′ —109° 14′ 之间，以喀斯特岩溶地貌为主，集山、水、林、洞为一体。境内的地层，绝大部分属海相沉积，厚度巨大。地层呈北东、北北东向带状分布，从东到西，依次出露有板溪群、震旦系，局部地方覆盖有第四系。属武陵山系，位于武陵山脉主峰梵净山的东南部，地势四周低垂，西部略缓，中部隆起，自中部向北东南三面倾斜。北东南三面海拔在600米以下，西部海拔700—800米，万山特区政府位于万山镇中部，海拔858米。地处中亚热带中纬度地域，为东南和西南季风所控制，属中亚热带湿润气候，夏无酷暑，冬无严寒，具有明显的季风气候特点，年平均气温13.4摄氏度左右，最热月为7月，平均最高气温24.2摄氏度，最冷月为1月，最低气温-1.8摄氏度。全年无霜期275天左右，年降雨量1300毫米，日照1257小时。年均雾日149天，春温多变，秋凉剧降，伏旱频繁，带有倒春寒、冰雹、秋风、暴雨等灾害性天气发生。境内空气新鲜，爽心悦目。常年主导风向为东北风，其中4至8月为东南风。

万山镇域内现有等外级公路10条，已连通高速公路网络。

2. 自然资源及旅游资源状况

万山镇因海拔较高地表缺水，居民用水主要依靠地下水源，地下水年总储量0.758亿立方米，主要由降雨补给。

生态环境保护良好，林地面积1135.98万平方米，林木覆盖率47%。自然植被有针叶林、阔叶林、竹林、灌丛及灌草丛。野生动物有鱼类、两栖类、鸟类和哺乳类动物繁多。珍稀动物有斑羚（俗称岩羊、野羊）、穿山甲、林麝、水獭、红腹锦鸡、灵猫、豹猫。

矿产资源丰富，主要有汞、钾、锰、重晶石等，是全国最大的汞化工产品生产和销售地，拥有最先进的汞化工生产技术和设备，已开发研制28个汞化工系列产品。已发现矿种20多种，丹砂的发现和利用已有5千余年的历史，以“中国汞都”著称，汞系列产品畅销40多个国家和地区，新探明的钾矿，远景储量达50亿吨。

万山镇得天独厚的气候优势、旖旎奇特的自然景观和厚重的丹砂文化，形成了独特的乡镇旅游资源。亚洲独一无二绵延纵横970千米的丹砂开采洞穴遗址，宛如“地下长城”神秘壮观，为国家矿山公园增色添彩；亭亭玉立的仙女石充满了浪漫的传奇色彩，终日云雾缭绕树木葱茏的云盘山等自然风光恍若置身世外，令人流连忘返。2005年国土资源部批准万山汞文化遗址为贵州万山国家矿山公园，亦是贵州省第一个国家级的矿山公园；“汞矿遗址”的保护和开发工作已纳入国家向世界联合国申报的预备名单。

3. 经济社会发展情况

1991年以来，万山镇党委坚持以中国特色社会主义理论、党的十五大、十六大、十七大会议精神为指导，牢牢把握“抢抓机遇、加快发展”这一富民兴镇的第一要务，克服了贵州汞矿政策性关闭破产后基础设施脆弱、财力极为薄弱、经济总量微弱、工业化水平低、城镇化水平低、城乡居民收入低、失业人员增多、遗留问题多、社会不安定因素多等重重困难，战胜了2008年特大凝冻灾害等一系列自然灾害，迎来了经济持续健康发展、社会进步和谐的良好局面，圆满完成了“九五”“十五”“十一五”规划确定的各项奋斗目标。

（1）工业经济快速发展。1991年到2011年的20年间，万山镇工业生产总值由1500万元增加到6.5亿元，辖区内登记注册企业由15家增加到99家，个体工商户由130家增加到320家。

（2）农业经济稳步提升。2011年农林牧副渔总产值2198万元，比2010年增长14.13%；农业产值由1991年的300万元增加到2011年的2300万元；农民人均纯收入由1991年的1450元增长到2011年的5200

元。农作物播种面积99万平方米，其中粮食作物播种面积91万平方米，总产量392吨。2011年大牲畜年末存栏数170头，生猪年末存栏4100头，羊年末存栏753头，家禽年末存栏14560只，肉类总产量398吨。在种植业方面，实施了“三个万元”工程，并加大了科技培训力度。顺利完成水稻、玉米、蔬菜、豆类、薯类种植任务。

（3）基础设施不断健全。1991—2011年，先后完成城市中心广场、汞都大道、体育馆、万山国家矿山公园博物馆等公益性设施及以行政中心、民政、供电、医院为代表的办公大楼相继建成并投入使用，新建居民小区15个。完成了盘山花苑、农贸市场、采空区搬迁等工程建设，修建保障房4000余套，居民人均住房面积由15平方米增长到现在的30平方米。

（4）民生工作扎实推进。认真抓好廉租住房申请审核上报工作，受理廉租住房申请2170户；逐步建立了相对健全的社会保障体系，抓好低保审核工作，20年来由80户130人提交申请到202户257人提交申请，2011年发放低保金达1518.1万元；城镇职工医疗保险实现全覆盖，新农合参合率达到100%；2011年有3200名城镇居民参加社会养老保险，参保率60%，城镇登记失业率在4%以内；2010年、2011年在全省抽查询问中，群众满意度在96%以上，位列铜仁地区各乡镇第一名，社会环境总体平安和谐。

（5）社会事业全面进步。教育、计生、卫生、民政等工作全面推进，全面贯彻落实义务教育阶段“两免一补”政策，适龄少年儿童入学率达100%。认真开展计划生育优质服务和全程管理服务工作，超额完成上级各项考核指标，严格落实计划生育优惠政策。大力开展医疗救助工作，深入实施新型农村合作医疗制度。关爱弱势群体，建立健全社会救助机制。合理引导就业，多渠道增加群众收入。

二、谢桥街道办事处

谢桥街道办事处位于万山特区东北部，东与铜仁市漾头镇、六龙山乡、万山特区敖寨乡相连，南同铜仁市茶店镇接壤，西与鱼塘乡、河西办事处、桐木坪乡毗邻，北与环北办事处相依，办事处驻谢桥，辖区位于北纬27° 33′ —27° 43′ ，东经109° 5′ —109° 17′ 之间，东西长19千米，南北宽17千米，总面积103.01平方千米。境内海拔最高点（荒田冲后山）873米，最低点（老荀桥石竹河口）225米。

玉（屏）秀（山）省道穿境而过，地理坐标为北纬27° 40′ ，东经109° 10′ ，海拔258米。

地貌以低丘谷地为主，属喀斯特地形脆弱环境。属中亚热带季风性湿润气候区。年平均气温16.1—17.5摄氏度，年降雨量1300—1400毫米，其气候特点是：春温多变、夏季炎热、秋温速降、冬季低温，冬夏较长，春秋较短，四季分明，无霜期长，达300天以上。全年日照时数1200小时，霜期35天左右。全处有谢桥河、龙洞河、楚溪河、石竹河从境内穿过，水资源丰富，属长江流域沅江水系。

谢桥街道办事处地理位置优越，自然环境得天独厚。尤其以挞扒洞村的“长寿村”而驰名。长寿村属典型喀斯特地貌，崇山峻岭间古木参天，郁郁葱葱，村在林中，林在村间；山中大小溶洞千变万化、相连成群，其景到底有多深邃，其神到底有多奇，正等我们去揭秘；山涧处处清泉汩汩，飞瀑时现时隐，画眉竞喉、幽兰飘香；山脚众湖泊水平似镜，碧绿如玉。挞扒洞村冬暖夏凉，民风纯朴，人与自然和谐共处，酷似陶潜神笔下的“桃花源”。

2011年，谢桥街道办事处辖8个行政村、1个社区居委会，共84个村民组。境内居住着汉、回、苗、侗、土家、瑶、畲等七个民族，总户数4795户、15195人，其中农业人口13703人，占总人口的91%，少数民族14960人，占总人口的89%。全处有耕地2954.12万平方米（稻田1381.09万平方米，旱地1573.03万平方米），园地91.77万平方米，林地6481.36万平方米，森林覆盖率42.3%（封山育林面积537.5万平方米），牧草地768.23万平方米，居民点及工矿用地259.8万平方米。2011年，全处实现社会总产值14470万元，其中：农业总产值完成7885万元，工业总产值完成6585万元；农民人均纯收入达到5210元。

2011年，全处共有幼儿园5所，在园幼儿365人。小学5所，教学点1个，在校学生1537人，专任教师83人。小学适龄儿童入学率100%。初中1所，在校学生1221人，专任教师89人，九年义务教育覆盖率达100%。2011年投入教育经费108万元。

2011年，全处共有医疗卫生机构10个，其中卫生院1个，计生服务站1个，村卫生室8个，病床20张，固定资产总值11000万元。专业卫生人员15人，其中，执业医师4人，注册护士6人。医务工作者40人，平均每千人拥有注册护士0.22人。

2011年，全处共有邮政网点3个，投递路线单程总长度85千米。投递点8个，乡村通邮率100%。

随着行政区域划归万山特区管辖，谢桥街道办事处社会经济迎来了新的历史发展机遇。为此，办事处将以党的十七大精神为指导，紧紧围绕特区“十二五”规划，全面贯彻落实科学发展观，抓住万山特区异地转型主要承接区建设机遇，以“承接万山城市经济转型、倾力打造生态园林新城”为城市发展思路，进一步解放思想，创新方法，加大征地拆迁工作力度，推进新区建设；进一步调整经济结构，加强培育壮大支柱产业和特色经济，加快发展以挞扒洞旅游业为龙头的服务业；高度关注和改善民生，统筹解决好谢桥区划调整后群众的就业、社会保障及社会综合管理工作，确保城市转型工作顺利实施，推动全处经济社会又好又快、更好更快发展。

三、高楼坪侗族乡

高楼坪乡位于北纬27° 30′—27° 36′，东经109° 13′—109° 22′，东与黄道侗族乡、万山镇连界，西与玉屏县亚鱼乡毗邻，南与湖南新晃县大湾罗、方家屯乡接壤，北与茶店镇相连。乡政府驻地高楼坪，电话区号0856，邮政编码554200，距万山特区政府5千米。2011年末下辖高楼坪、大树林、夜郎、龙田、兴中、小湾、羊尾舟、青年湖、关庄、赶场坝、新庄、林海等12个村委会和老山口、高楼坪2个居委会151个村民小组，总人口16561人，常住人口12711人，流动人口3850人。总人口中男性8878人，女性7683人，14岁以下3456人，15—64岁11488人，65岁以上1617人。聚居着侗族、回族、土家族等民族，其中以侗族为主，共13768人，占83.1%。2011年人口出生率11.5‰，死亡率4.9‰，人口自然增长率7.8‰，符合政策生育率为96.8%。

辖区东西最大距离10千米，南北最大距离8千米，总面积75.78平方千米，人口密度为每平方千米221人。

辖区属武陵山脉主峰梵净山的东南部。地势起伏不大，缓坡丘陵地形，呈阶梯分布；最高海拔966米，最低海拔400米。地处中低纬度地带，属亚热带季风湿润气候，年平均气温14.1摄氏，年日照数1150—1212小时，年降雨量1370.5毫米，全年无霜期292天。

境内有高楼坪河，系沅江舞水水系，河流总长8千米，流域面积18.9平方千米。

主要自然灾害有旱灾、雪凝、病虫害等。旱灾平均每3年1次，主要发生在6月至9月；雪凝灾害每3年1次，主要发生在12月至1月。

境内储藏有丰富的钾、汞、黏土及丰富的地下水资源。

耕地面积924万平方米，人均56平方米，林地面积4223.3万平方米，2011年农业总产值6287万元，比2010年增长11.3%。

粮食作物以水稻、玉米为主。2011年，粮食总产量7348吨，比2010年增长0.8%，其中水稻4819吨，玉米1122吨，其他1407吨。主要经济作物有花生、油菜，2011年花生产量53吨，油菜产量462吨。

1991—2011年间共完成优质水稻种植666.67万平方米，造林892.53万平方米，其中经济林659.2万平方米。

畜牧业以猪、牛、羊、鸡、鸭、鹅为主，2011年，生猪饲养量25287头，年末存栏15126头，羊饲养量2457头，年末存栏1021头，牛饲养量5727头，年末存栏5412头；家禽饲养量11.76万羽，上市7.9万羽，年末存栏3.9万羽。

2005年开始发展特色产业：其中蜜枣种植达1000万平方米。2011年矮化蜜枣栽植200万平方米，2010年起开始发展中药材种植和油茶种植，2011年种植面积已达400万平方米，蔬菜种植466.67万公平方米。油茶改植共计26.67万平方米，油茶幼苗栽植共计200万平方米，流转土地发展金银花栽植共计73.33万平方米，发展芬葱、西红柿等冷凉蔬菜基地666.67万平方米，生态畜牧业新增养殖小区3个，养殖大户6户。

2011年，农、林、牧、渔总产值达3023万元，其中：林业286万元，农业2247万元，渔业321万元，农、林、牧、渔、服务业271万元。

在商业外贸方面，2011年成功引进隆鑫新材料有限公司投资2亿元、银泰铝业有限公司投资10亿元开工建设，合金物流、桃源红酒业、彩印厂、中石油天然气昆仑充装站等一批具有较强实力的规模企业入驻，规模以上工业企业17家，职工0.6万人，其中销售收入达到亿元的企业7家，工业园区2个。2011年末共有商业网点168个，职工400余人，城乡集市贸易成交额6144万元。

2011年人均年纯收入4199元，比2010年增长35%；财政拨款总收入867.6万元，比2010年增加51.6%。2011年末只有农村信用合作社一家金融机构，国内存款余额3618万元，人均存款储蓄2185元。

社会生活　2011年年末有文化馆（站）1个，建筑面积450平方米；农家书屋4个，建筑面积分别为12平方米，藏书160000册。

地方特色民间艺术有傩戏、鼟锣、龙灯、花灯等。

全乡有小学4所，在校生1167人，专任教师79人，小学适龄儿童入学率100%；初中1所，在校生633人，专任教师39人，初中适龄人口入学率95%，小学升初中升学率100%，九年义务教育覆盖率达100%。年教育经费310万元。

有医疗卫生机构15个，其中，卫生院一个，计生服务站1个，村卫生室13个，病床41张，固定资产总值14万元，专业卫生人员6人，其中执业医师2人，执业助理医师1人，注册护士1人，医务工作者6人，平均每千人拥有执业（助理）医师0.02人，平均每千人拥有注册护士0.04人。2011年完成诊疗3900人次，住院手术107人次，出院病人107人次。年法定报告传染发病率0.08‰；农村安全饮用水普及率53%；农村卫生厕所普及率12.7%；新型农村合作医疗参保人数13967人，参保率96.23%；居民人口平均期望寿命80岁，男性78岁，女性84岁；5岁以下儿童死亡率、婴儿死亡率，新生儿死亡率分别为3.03‰、1.92‰、1.1‰。

2007年7月至2011年年末已开通村村通调播转播台，广播覆盖率60%。有线电视用户1000户，无线电视用户2100户，电视综合覆盖率80%，信号覆盖率达100%以上。

2011年城镇最低生活保障107户168人，支出40.3万元，月人均200元。

农村最低生活保障1426户2210人，支出142.28万元，农村五保集中供养15人，支出7.38万元，农村五保分散供养17人，支出2.652万元；农村医疗救助189人次，共支出43.5万元。民政部门资助参加合作医疗218人次，共支出1.09万元，农村临时救济2000余人次，支出20余万元。

国家抚恤、补助各类优抚对象66人，抚恤事业费支出20.24万元。

有交通客车站2个，年客运总量39万人次，货运总量800万吨。有邮政网点1个，投递路线单程总长度70千米，投递网点3个，乡村通邮率100%。

电信服务网点1个，固定电话用户2200户；移动电话用户3200户，移动电话普及率51%。

建有沼气池1560口，使用沼气炊用和照明的农户503户。小型水电站一座，年发电70万千瓦时，输电线路4.3千米，供电可靠率80%。

境内有夜郎谷，属省级风景名胜区，位于高楼坪坉平与湖南省新晃侗族自治县方家屯之间。全长15千米，景区有“三十里幽谷，三十里画廊，三十里世外桃源”的美誉。水深适宜，清澈见底，有缓有急，是夏、秋漂流最理想之地，2011年接待游客5万人次，收入450万元。

城区市政建设 从2008年以来，城镇基础设施建设及办公设施建设步伐加快，建有乡农民文化体育活动场，改造乡镇供水工程，修建垃圾填埋场各1个，维修省级文物重点保护单位刘家祠堂，进行乡城镇建设规划和网络化办公建设。组织发动老百姓恢复倒塌电杆270根，线路23158米，修建乡属单位办公房屋及社会服务功能场所9000多平方米，修建村级活动室和村级卫生室共17个，2400多平方米。2011年以铜大高速公路修建为契机，高标准规划了老山口、赶场坝工业小区。

乡村道路建设 2008—2011年间，全乡13条通村公路全部硬化，83%的通组公路得以硬化，完成了78%连户路的硬化，乡政府驻地街道道路硬化总长度1.5千米，面积5000平方米，全面改善了老百姓的交通出行条件。

供水 2008年维修山塘水库10余座，水渠12000多米，恢复人饮工程5处，实施安全人饮工程8处3000多人；2011年年末乡区自来水共给点5个，各村自来水共给点89个，铺设干线水管268千米，年生活用水42.7万吨，村民自来水普及率90%，年人均用水21.9吨。

供电 2011年乡区拥有110千伏及以上变电站1座，主变压器2台，高压输电线路4条，总长度94.15千米，用电负荷911.4万千瓦。

2008年以来，先后修建农村沼气600余口；修建天然气（煤气）供（加）气站1个，天然气（煤气）用户12000户。燃气普及率为30%，月天然气（煤气）平均用量426立方米。

四、黄道侗族乡

黄道侗族乡位于北纬27° 25′ — 27° 31′ ，东经109° 13′ — 109° 19′ ，万山特区东部，距万山特区14千米，东南与湖南省芷江、新晃侗族自治县接壤，西北与万山特区高楼坪侗族乡、下溪侗族自治乡毗邻，地处两省三县八乡镇交界地带，是出黔入湘的东大门，素有铜仁地区东大门之称。全乡辖区面积92平方千米，耕地总面积532万平方米，其中田401万平方米，土131万平方米，人均耕地面积0.0004平方米。2010年辖10个行政村，1个居委会，80个村民组。总人口14025人，其中农业人口13652人，非农业人口373人，是一个以侗族为主的多民族聚居之地，少数民族人口占总人口的80%以上。

属喀斯特地貌，山高谷深，地势西高东低，群峰挺拔，山峦重叠。平均海拔450米，

属中亚热带湿润季风气候，最高气温35摄氏度，最低气温-4摄氏度，年均温度16.1摄氏度，年降水量1200-1400毫米，相对湿度80%，日照时数1212小时，无霜期280天以上。

境内耕地主要以坡耕地为主，水田主要分布在龙江灌区，田坪、白屋场、马黄村等小河流两侧，城镇建设用地占2%，林地6400万平方米。

矿产资源主要有磷、锰、钾、铜、铅锌、钒、钼、重晶石等，尚未开采。

水利资源有小型一级水库一座，蓄水量100万立方米，黄道河流全长30千米，河流大部分属雨源型河流，水资源量105.5亿立方米。

旅游资源丰富，特别是鼟锣艺术和傩戏享誉省内外，开发潜力大，曾于2008年荣获全国民间艺术之乡荣誉称号。

全乡森林覆盖率达61%，境内生物多样，主要有零星野猪、小山羊等。全乡主要农作物以水稻、玉米、蔬菜、薯类为主；经济作物有油茶、油菜、花生等。主要树种有杉、松及多种阔叶树种，零星草山1333.3万平方米，宜牧草场中有天然牧草21科，65属，107种。有畜禽品种16个。

共有劳动力6800人，有30%输出到广东、浙江、上海等地打工。

1991年以来，耕作方式由牛耕、锄头，逐渐被小型的耕田机所代替。

境内主产水稻、玉米、薯类等粮食作物和油菜、花生、西瓜等经济作物，主要经济林果有金秋梨、水杏李、美国黑李、水蜜桃、柑橘、板栗等，特色产业主要有刘姐薯片。截至2011年，全乡已累计发展各类经济林333.33万平方米。畜牧养殖业产值占全乡农业总产值的42%以上，是万山特区的畜牧养殖大乡。实现粮食总产量5681吨，人均占有粮食410千克。全乡工农业总产值8872万元。其中：农业总产值6070万元，工业总产值2802万元。农民人均纯收入3955元，财政收入达41.28万元。

五、下溪侗族乡

下溪侗族乡位于万山特区东部，地处北纬27° 30′ —27° 36′ ，东经109° 15′ —109° 22′ ，东与湖南省芷江县新店坪镇、大树坳乡接壤，南与黄道乡相连，西与万山镇毗邻，北与铜仁市瓦屋乡相邻。东西直径长14.75千米，南北直径长12.25千米，年平均气温为16.2摄氏度，年降雨量为1253.6毫米，属中亚热带气候，海拔最高点米贡山为1149.2米，海拔最低点青龙漩水湾为270米。全乡国土面积为65平方千米，总耕地面积为304万平方米，其中田167万平方米，土137万平方米，农民人均占有耕地333.3平方米。1991年全乡农业人口7600人，非农人口400多人，生产总值650万元，第一产值200多万元，第二产值100多万元，第三产值300万元，人均纯收入290元，农民自发开采锰矿和磷矿卖往外地，全乡有7个村，1个居委会，只有官田村和瓦田村通公路。2010年9月下溪乡开展撤并村工作后，全乡由原来的3个行政村、1个居委会，撤分为7个行政村，一个社区居委会。2010年年末全乡总人口为8764人，其中农业人口8396人，占人口总数的94%；全乡少数民族有8712人，主要以侗族为主，少数民族占全乡人口总数的99%；村、居委会全部实现通车、通电、通水、通程控电话。广播电视普及率达90%。九年义务教育普及率达98%，新型农村合作医疗参保率96.8%，生活用燃气、沼气普及率达70%。2011年，全乡工农业总产值达4.8亿元，是1991年的80倍，农民纯收入3766元，是1991年的13倍；2011年全乡已种植高山葡萄52万平方米，金秋梨23.33万平方米，柑橘18万平方米。建有野猪养殖小区1个，生猪养殖小区1个，发展各类养殖大户40余户，农作物总播种面积1024.6万平方米，其中：粮食作物播种面积540.53万平方米，实现全年粮食作物总产量3158吨 。下溪乡属山地、丘陵地带，其立体生态环境强，土壤类型以红黄壤为主，土壤多呈中性和微酸性，土壤有机质含量高，结构好，宜种性广，适合水稻、玉米、小麦、油菜、花生、黄豆、红苕、马铃薯等多种农作物生长。畜牧业以猪、羊、牛、兔为主。绿壳鸡蛋、野猪、“娃娃鱼”等特色养殖业也具有一定规模。具有发展种养业和生态旅游开发的广阔前景。

资源丰富，主要以矿产、水利、森林为主，矿产主要有锰矿和磷矿，其中锰矿已被特区党委、政府定为全特区“四个工业小区”之一予以开发，现已形成集锰矿开采、加工和销售一条龙的锰工业精深开发生产链。水利资源已得到有效开发，由浙江温州客商投资1600万元的青龙水电站已投入生产；以米贡山万亩林场为主的天保工程稳步发展，全乡森林覆盖面积达48%，是周边乡镇森林覆盖保护最好的乡镇之一。

民风淳朴，民族风情浓郁。有表现侗家人豪气万丈并渲染节庆气氛的鼟锣，也有展现古建筑工艺及具智慧的吞口屋。风俗被融进了歌谣，立屋要唱上梁歌，出嫁要唱哭嫁歌，丧事要唱丧堂歌。同时，许多山歌都是即兴之作，见人就唱，见物唱物，见什么唱什么，既切题又动听。侗族的婚丧礼仪是一部流传在礼仪形式上的侗族历史。侗族开亲很讲究“六礼”，即：一桩婚事必须经过纳彩、纳吉、讨庚、请期、过礼、迎亲等六个环节。传统丧葬一般分为初终、开道安葬、复山等三个阶段。在葬礼的全过程中，处处重视吉语恭贺，不仅历史悠久，而且有着浓郁的民族风情。至于各种节庆，如“端午”“七月半”“立夏”“过社”“过年”等等，是这片地区各个民族所共有的。

在锰资源开发方面，乡党委、乡政府依托丰富的锰资源优势，着力改善投资环境，加大招商引资力度，2011年引进湖南科源集团和青岛红星集团来下溪投资生产。湖南科源集团投资2.1亿元的兴隆锰业3万吨电解锰厂第一期建厂工作顺利完成，现已正式投入生产，实现加工增值。红星集团投资200万元的开采基地已顺利投产。锰资源的开发进一步激活了当地经济社会发展，实现了400余名农民工在家门口就业，同时，进一步拉动了当地消费市场和农业产业化、城镇化建设。

六、敖寨侗族乡

位于北纬27° 32′ —109° 37′ ，东经109° 11′ —109° 21′ 。地处万山特区东北部，南与下溪乡、万山镇相邻，西与茶店镇连界，北与碧江区六龙山乡接壤。人民政府驻敖寨街上，距区行政中心15千米。

1966年设立万山特区，敖寨由铜仁县划入万山特区管辖。1968年撤销万山特区，后又划归铜仁县。1970年恢复万山特区，划归万山特区至今。1984年12月，经贵州省人民政府批准建立敖寨侗族乡。

2011年下辖敖寨社区居委会、岩屋坪社区居委会、中华山村委会、两河口村委会、羊子盖村委会、瓮背村委会、杨家寨村委会等2居委5行政村，61个村民小组，总人口9774人，其中农业人口9177人，非农业人口597人。以侗族、苗族、土家族居多，少数民族人口7485人，占总人口的76.6%。

属喀斯特地貌，地势呈西南向东北走向，中部谷宽而长，敖寨河由西南向东北蜿蜒流入辰水锦江。境内海拔制高点是杨家寨村的六马山为1010米，敖寨河各地带平均海拔370米，属中亚热带湿润气候，因地势高低悬差大，故垂直气候明显，在初春时特别突出，有山上雪花山下桃花之异象。全年日照1110.3小时，太阳辐射量80.3千卡/平方厘米。最热月为7月，平均为27.3摄氏度，1月为最冷月，平均气温4.9摄氏度，年降水量1312毫米。

1991—2011年的20年间，各方面发展较快，1994年全乡粮食总产量3029.5吨增加到2011年的14170吨。工农业总产值由723.5万元发展到5583万元，增长了7.7倍；生猪存栏，年稳定在8319—9800头之间，牛存栏，稳定在2421—2880头之间，实现了每年“人均1头猪，户均1头牛”的目标。家禽存栏保持在20000—36424羽之间，年出栏60000—68425羽之间，农民人均纯收入由1991年的500元左右增加到2011年的3627元，增长了7.25倍。小学入学率和毕业率由98%提高到100%。2011年，全乡已有学校8

所，其中：中学1所，教师22人；小学7所，教师61人，学生832人。敖寨中心完小已办成寄宿制小学。全乡有卫生院1所，村级卫生室7所，医护从业人员23人，病床15张，备有X光机和B超机等医疗设施。2011年，全乡新修文化站、水管站，便民利民综合服务中心办公楼已投入使用，对400户危房实施改造，硬化村民组道路13200米。1991年以来，农村低保户人口生活有保障，政府发放低保金逐年增加，1999年全乡发放救助款6000元，2004年，落实城市低保49人，农村低保1672人；2008年，落实城市低保71户144人，农村低保638人，共发放城市低保金11万元。2011年，农村低保政策放宽至1209户1967人，城市低保户放宽至91户167人，共发放低保金195.9万元。同时还发放优抚资金12.5万元，发放救济粮18000千克，救济款15万元。全乡有7690人参加农村合作医疗，国家累计补偿金额166.5万元。兑现家电下乡补助款4.5万元，汽车下乡补助款5.5万元，发放粮食直补64万元，良种补贴10.7万元。

第二章　气　候

第一节　气候特征

万山特区位于贵州省东部，与湖南省接壤，属于中亚热带季风湿润气候。但由于中西部海拔大部在700—800米之间，东部大部在400 — 600米之间，主要气象要素指标存在着较大差异，“十里不同天”“六月（农历）下雨隔田丘”。黄道、下溪、敖寨河谷一带夏有酷暑、冬无严寒，万山镇、高楼坪、岩屋坪等地夏天凉爽、冬无严寒，就是这种气候特点的反映。具有四季分明、冬长夏短、雨量充沛、无霜期长的特点。春季气温回暖晚，夏季时有伏旱，局部有洪涝；秋季降温快；冬季较湿润，多雾寡照。主要气象灾害有凝冻、倒春寒、暴雨、冰雹、大风、旱、秋绵雨、雾、强降温等。

第二节　气候要素

一、气温

万山特区年平均气温13.7℃（周边县市17℃—18 ℃），年极端最高气温34.2℃（2010年8月5日），年极端最低气温-8.0℃（2008年1月27日）。七月为最热月，平均气温24℃；一月为最冷月，其平均气温2.0℃，年温差22℃。其中海拔600米以下的敖寨、下溪、黄道三个侗族乡，年均气温为16℃— 17℃，极端最高气温为37℃—40℃，极端最低气温为-3℃—-6℃。日均温10℃的平均初日在4月中上旬，终日在11月中旬，初终间隔210—230天，年平均积温4300℃— 4500℃。

各乡镇月、年平均温度一览表

表1-2　　单位：℃

月　份	1	2	3	4	5	6	7	8	9	10	11	12	全年
万山镇	2	3.7	7.7	13.8	17.7	21.5	24	23.7	20.1	14.8	10	4.7	13.7
高楼坪	2.5	3.6	8.1	14.1	18.3	22.3	24.9	24.2	20.5	15.5	9.8	5.4	14.0
黄　道	4.6	5.7	10.2	16.2	19.8	24.4	27.0	26.3	22.6	17.6	11.9	7.5	16.2
下　溪	4.8	5.9	10.4	16.4	20.0	24.6	24.2	26.5	22.8	17.8	12.1	7.7	16.4
敖　寨	4.9	6.0	10.5	16.5	20.1	24.7	27.3	26.6	22.6	17.9	12.2	7.8	16.5
谢　桥	5.5						28						16.9

气象学上将气候平均气温＜10℃称为冬季，10℃—22℃为春秋季，>22℃称为夏季，按此划分法特区四季可分为：

春季：从3月下旬开始至6月中旬结束。该季节平均气温开始稳定上升到10摄氏度以上，天气逐渐暖和，但在初春时期，常因冷空气活动频繁，气温回升不稳定，常有倒春寒天气发生，危害早播水稻，冰雹、大风、雷雨等恶性天气也常在该季节出现，由于西南季风多数在此季节开始影响，水源不断增多，降水量不断增大，雨季从4月上中旬开始进入。

夏季：从6月中旬开始至9月上旬结束。夏季是四季中气温最高，积温最多的季节，年极端最高温度也出现在该季节内，此时西南季风和东南季风盛行，初夏多大雨、暴雨和大暴雨天气，盛夏常处于西太平洋副热带高压稳定控制下，常发生持续连晴、高温少雨天气，是造成夏季大旱、特大旱的主要原因。从资料统计看，万山是10年9旱，其中5年左右发生一次大旱。

秋季：从9月上旬开始至11月中旬结束。秋季是一年中最短的一个季节，气温下降到22摄氏度以下，多秋高气爽的天气。但此季是冷暖空气交替时期，若冷暖空气势力相当，常有冷暖空气堆积，形成静止锋，这就是秋绵雨天气。

冬季：从11月中旬开始至次年3月下旬结束。冬季是四季中最长的一个季节，也是一年中气温最低、积温最少的一个季节，降水强度逐渐减弱，阴雨、雾日逐渐增多，这是主要受冬季风影响，气温长时间降到摄氏零度以下，常有大范围、长时间的积雪、凝冻天气发生，最大雪深曾达28厘米，连续凝冻最多日数曾达40余天（2008年），一般3—5日，常给工农业生产、交通运输及群众的日常生活带来较大影响。

万山年内四季时间划分一览表

表1-3

季节 时间	春　季	夏　季	秋　季	冬　季
	3月26日至6月15日	6月16日至9月5日	9月6日至11月10日	11月11日至3月25日
日数	82天	82天	66天	135天

二、降雨量

年平均降水量1109.6毫米，年最多降水1455.7毫米（2006年），年最少降水量1039.8毫米（2011年），年均降雨日数为168天，其中大于10毫米的降水日数为37.5天，大于25毫米的降水日数为12天，大于50毫米的降水日数为2.8天。年均暴雨3次，年最多暴雨7次。2006年5月5日，出现了157.7毫米的特大暴雨。降雨量的季节分配为：春季（3—5月）为412.2毫米，占年总量的30%；夏季（6—8月）为543.3毫米，占年总量的39%：秋季（9—11月）为263.5毫米，占年总量的19%；冬季（12—2月）为159.7毫米，占年总量的12%。多年平均年际降水变率为10%—14%，月际降水变率为40%—60%。在历年降水中90%的年份超过1250毫米。

1991—2011年各月平均降水量

表1-4　　单位：毫米

月份	1	2	3	4	5	6	7	8	9	10	11	12	全年
降水量	54.4	62.8	87.5	133.8	190.99	216.3	196.7	130.3	85.4	107.3	70.8	42.5	1378.7

三、日照

由于万山特区境内山高沟深，阴雨天气多，山上多云雾，对日照影响较大，万山特区成为全国日照低值区之一。历年平均日照时数为1263.7小时，日照率为29%。在一年之中以7—8月的日照时数最多，平均每天达6—6.5小时，占可照时数的45%—50%；1—2月日照时数最少，平均每天只有1.5小时左右，约占可照时数12%—15%。全年逐月的日照时数分布也呈单峰型，日照率最高出现在8月；日照率最低出现在2月。

各乡镇日照情况：万山镇和高楼坪侗族乡地势相对平坦开阔，年均日照数在1150—1264小时之间，日照率为27%—29%，下溪、敖寨、黄道三个乡因深山沟谷、山体遮蔽，年均日照数在1000—1110小时之间，日照率为20—25%。

各乡镇日照时数表

表1-5　　单位：小时

月 份	1	2	3	4	5	6	7	8	9	10	11	12	全年
万山镇	53.9	44.4	60.7	90.7	117.7	114.9	182.9	184.6	140.4	95.4	94.7	83.4	1263.7
高楼坪	54.4	41.0	43.8	73.5	98.9	111.6	182.6	162.4	133.4	91.4	74.5	83.1	1150.6
黄 道	49.5	37.3	42.7	71.7	96.5	110.1	180.1	160.2	130.2	89.2	72.4	75.7	1115.6
下 溪	52.0	39.1	39.0	65.5	88.1	106.2	173.8	154.6	118.9	84.1	66.4	79.5	1064.5
敖 寨	56.4	42.4	41.7	70.0	94.2	106.2	173.8	154.6	127.0	87.0	70.9	86.1	1110.3

各乡镇太阳辐射表

表1-6　　单位：千卡/平方厘米

月 份	1	2	3	4	5	6	7	8	9	10	11	12	全年
万山镇	3.8	3.8	4.7	6.9	8.4	8.8	11.8	10.7	8.5	6.2	4.6	4.5	82.7
高楼坪	3.7	3.7	4.7	6.9	8.4	8.7	11.5	10.4	8.5	6.2	4.6	4.4	81.7
黄 道	3.6	3.5	4.7	6.9	8.3	8.5	11.4	10.4	8.4	6.0	4.5	4.1	80.3
下 溪	3.6	3.7	4.5	6.6	8.0	8.5	11.2	10.1	8.0	5.7	4.3	4.3	78.5
敖 寨	3.8	3.8	4.5	6.6	8.3	8.5	11.2	10.1	8.3	6.0	4.5	4.5	80.3

四、风

万山特区历年平均风速2.1米/秒，风速随季节变化而有所不同，一般在冬、春季节风速较大；风速在一日之间的最小值主要出现在夜间至早晨，而且一般多时为静风；风速的空间和时间分布也不是很明显，大体上呈现南部风速略大于北部。年极大瞬时风速27.9米/秒（2006年）。

万山特区风向具有明显的季节变化，冬季盛行偏北风和东北风，夏季盛行偏南风和西南风，春、秋两季是冬、夏季风的交替过渡季节，风向不如冬、夏季节那样稳定，但仍以偏北风和东北风为最多，就全年来看，以偏北风和东北风为主。

第三节　灾害性气候

万山特区属中亚热带季风湿润气候区，具有热量丰富，雨量充沛，光照适宜，雨热同季等特点。由于各年季风的强弱及进退早晚不尽一致，因此，气象要素在年际间的变化较大，灾害性天气较多，主要有凝冻、倒春寒、暴雨、冰雹、大风、春旱、夏旱、秋绵雨、雾、强降雨、虫灾等。其中以水灾、旱灾、虫灾、凝冻为主。

一、干旱（夏旱、春旱）

夏旱是对万山特区农业生产威胁最为严重的灾害性天气，每年6—8月都有干旱发生，仅不同年份轻重程度和分布地区有所差别。在每年夏季6—8月，受西太平洋副热带高压西进北台影响，出现一种持续时间较长的连晴少雨天气--夏旱天气，这种灾害天气几乎每年都有发生，在民间有“年年都有六月旱，不是大旱是小旱”的说法。

万山特区的旱灾分两种：移位春旱，多在每年3—6月出现，使水稻秧田无水播种，或无水打田插秧；二为伏旱，多在每年的6—8月，正值禾苗生长需水的关键时期。伏旱的持续时间长，气温高，蒸发量大，造成农作物减产或绝收，人畜饮水困难。过去万山是5年一大旱，3年一中旱，两年一小旱，但1991年来这种周期旱情发生了很大的变化，仅2003年7—8月发生了连续1个多月的干旱天气，导致山塘、水井干涸，溪河断流，给农业生产造成损失500多万元。

二、暴雨洪涝

万山特区暴雨多产生于夜间，特别在春秋雨季夜间暴雨特别显著，有80%—100%的暴雨发生在夜间，只有盛夏季节地面受热增温产生热雷雨，白天暴雨占70%—71%。1995年7月1日的特大暴雨，境内东部黄道、下溪、敖寨三个乡严重受灾，冲毁河堤21千米，冲毁耕地805.33万平方米，冲毁公路6处。直接经济损失达200万元。

1996年5月24日和7月3日的特大暴雨，敖寨河堤冲垮防洪堤13千米，冲毁耕地1.53公顷；下溪河冲塌防洪堤1.7千米，冲毁耕地14.3公顷。部分水毁农田至今仍未恢复。

1997年6月14日发生洪灾，敖寨河冲毁防洪堤1.4千米，冲毁耕地0.6万平方米。

2002至2005年间，山洪灾害造成山体滑坡6起，倒塌民房10间，冲毁河堤12千米。

在洪灾发生之时，也伴有雷电灾害，常对电力（变压器）、电信、有线电视及家用电器造成一定的危害。2005年5月11日，高楼坪甘塘一中学生杨某放学回家，途经雷打坡被雷击身亡。

三、倒春寒

万山特区万山镇、高楼坪乡、敖寨乡的岩屋坪是万山特区倒春寒发生风险度最高地区，影响育秧。

四、秋风灾害

万山特区秋风风险度最高的是高楼坪乡，秋风影响谷物扬花孕子。

五、雪灾

万山特区万山镇和高楼坪乡是雪灾相对重灾区。2008年1—2月积雪达287厘米。压垮房屋，影响交通。

六、低温凝冻

万山特区凝冻出现较多，平均每年有26.5天左右，发生在当年12月至翌年2月之间，危害较严重的是“桐油凌”，因形如桐油洒在地上特别滑，人、畜、车辆行驶困难，给生产生活带来不便。凝冻的另一种形式是雾凇，年均约10天，5年左右发生一次破坏性极强的雾凇。2004年冬，境内发生严重雾凇，造成200多平方米森林被毁。

2008年的1月12日—2月16日万山特区出现了长达36天的历史罕见低温冰冻雪凝灾害天气，日平均气温在0摄氏度以下，最低气温达-8.0摄氏度；道路、电线结冰现象严重，平均直径达30厘米，最大直径为80厘米。出现了树木折损、房屋倒塌、家禽冻死、电网瘫痪、水管爆裂、交通受阻、通信中断、工厂停产、生活物资告急等现状，造成直接经济损失2亿余元。

第二篇　资　源

第一章　土地资源

第一节　分布及权属

一、分布

1991年辖区面积338平方千米。其中：高楼坪侗族乡75平方千米，万山镇15平方千米，黄道乡92平方千米，敖寨乡91平方千米，下溪乡65平方千米。

1997年，万山特区各乡镇，开始对土地资源利用变更调查，2000年得出的数据是：辖区面积共338.4平方千米。其中：万山镇15.8平方千米，高楼坪侗族乡75平方千米，黄道乡92平方千米，敖寨乡91.42平方千米，下溪乡64.18平方千米。

2009年开始利用卫星监测，卫星图表显示，2010年万山辖区面积共339.648平方千米。其中：万山镇15.657平方千米，高楼坪侗族乡75.154平方千米，黄道侗族乡89.587平方千米，敖寨侗族乡92.904平方千米，下溪侗族乡66.347平方千米。

二、土地权属

2011年，万山特区国土面积共339.648平方千米，其中：属全民所有的土地35.725平方千米，属劳动群众集体所有的土地336.0755平方千米。其中全民所有制土地的分布情况是：万山镇19.29万公顷，高楼坪侗族乡116.8公顷，黄道侗族乡83.48公顷，敖寨侗族乡92.79公顷，下溪侗族乡44.89公顷。劳动群众集体所有制土地共33607.55公顷，分布情况是：万山镇1546.36公顷，高楼坪侗族乡7398.61公顷，黄道侗族乡8875.17公顷，敖寨侗族乡9197.65公顷，下溪侗族乡6589.76公顷。

第二节　资源利用

1991年10月至1995年4月，根据全国《土地利用现状调查技术规程》和《贵州省土地利用现状调查补充意见和说明》，开展了全特区土地利用调查，结果是：特区土地总面积为33772.02万公顷。各类土地利用现状为：

耕地：总面积3380万平方米，占全特区总面积的10%；

园地：总面积11.08万平方米，占全特区总面积的0.02%；

林地：总面积17876.37万平方米，占全特区总面积的52.6%；

牧草地：总面积9614.09万平方米，占全特区总面积的28.2%；

居民点及工矿用地：总面积890.51万平方米，占总面积的2.6%；

交通用地：总面积76.39万平方米，占全特区总面积的0.23%；

水域：总面积253.59万平方米，占全特区总面积的0.75%；

未利用土地：总面积1863.93万平方米，占全特区总面积的5.5%；

2005年10月，根据《贵州省土地变更调查技术规则》开展了土地利用调查，对各乡镇土地利用情况作出如实变更调查。

2005年10月万山特区及各乡镇土地利用情况一览表

表2-1　　单位:万平方米

内容＼单位	万山特区	万山镇	高楼坪乡	黄道乡	敖寨乡	下溪乡
农用地总计	31745.34	1249.36	6791.25	8457.41	8612.10	6635.22
建设用地总计	1032.43	251.52	316	195.33	163.6	105.59
未利用地总计	994.25	39.92	455.46	250.5	111.07	130.65
耕　地	2380.75	97.17	62.37	798.93	514.37	370.59
灌溉水田	680.88	23.13	334.05	216.52	62.48	44.7
望天田	656.53	11.89	145.93	183.32	193.07	122.31
旱　地	1001.97	1.92	1396.87	398.47	258.47	203.57
菜　地	41.38	36.23	4.02	0.78	0.35	
园　地	134.47	29.09	49.31	31.97	1.92	22.19
果　园	134.3	29.09	49.31	31.97	1.92	22.19
其　他	0.17		0.17			
林　地	18627.67	5239	2756.52	3847.85	642.42	4817
有林地	7287.73	89.97	1116.75	1312.91	3149.28	1621.82
灌木林地	7123.53	454.03	731.19	1060.39	2666.69	2077.89
疏林地	2894.47	28.08	315.84	1311.72	325.76	913.07
未成林地	1303.21	78.47	592.74	162.83	270.87	198.3
迹　地	4.87					4.87
苗　圃	10.87				9.82	1.05

续表2-1

内容＼单位	万山特区	万山镇	高楼坪乡	黄道乡	敖寨乡	下溪乡
牧草地	9005.17	327.04	2863.07	3352.21	1321.06	1141.77
天然草地	9005.17	327.04	2863.07	3352.21	1321.06	1141.77
其他用地	1597.29	36.18	49.87	426.44	352.33	283.67
农村道路	39.71	0.95	22.54	4.14	5.86	6.21
坑塘水面	16.95	0.27	14.21	0.03	2.45	
养殖水面	0.51	0.18	0.3			0.03
农业田利用地	39.76	0.19	7.87	3.48	21.56	6.65
田坎	1500.36	34.59	453.75	418.79	322.45	270.77
居民点工矿	921.68	247.45	252.8	187.29	136.9	97.24
建制镇用地	215.52	262.13	20.05			
农村居民点	5572.87	14.96	171.51	166.08	114.3	90.43
独立工矿	118.87	29.7	47.79	16.81	19.71	5.06
特殊用地	30.01	2.83	13.45	4.39	2.89	1.95
交通运输地	67.81	2.83	23.81	7.52	25.34	8.31
公路用地	67.81	2.83	23.81	7.52	25.34	8.31
水利设施用地	42.95	1.63	39.39	0.52	1.36	0.04
水库水面	42.91	1.63	39.39	0.52	1.36	
水工建筑	0.04					0.04
未利用地	749.37	44.78	444.43	205.09	42.81	12.25
荒草地	690.81	42.95	415.26	178.38	42.5	11.72
裸岩石砾地	58.57	1.83	29.17	26.71	0.31	0.53
河流水面	143.1	1.71	1.08	34.51	30.52	65.55
滩　涂	101.77	1.71	0.2	10.89	37.73	52.85

2011年年末，万山特区土地（不含谢桥街道办事处）变更调整后的总面积为33964.8万平方米，其中耕地4391.12万平方米，林地22485.51万平方米，草地4725.87万平方米，城镇村及工矿用地848.8万平方米，交通运输用地262.5万平方米，水域及水利设施用地259.54万平方米，其他土地885.54万平方米。

（一）耕地数量增减变化情况

2011年年末变更调查耕地占用16.22万平方米。主要原因是：高楼坪乡老山口居委会实施工业项目占地；农村村民申请建住宅占地；2011年实施省重点项目铜仁至大龙高速公路占用耕地。

2011年上图土地开发项目增加耕地205.32万平方米。

（二）建设用地增加变化情况

2011年度变更调查建设用地增加41.71万平方米，其中：城镇及工矿用地占地18.31万平方米，交通运输用地占地23.4万平方米。

（1）2011年新增建设用地44.71万平方米，按现状分类占耕地15.16万平方米，其中：占用水田11.92万平方米，占用旱地3.24万平方米。

（2）2011年度新增建设用地44.71万平方米，按建设项目批准年度分，2011年度批准并建设用地32.33万平方米，未批先建9.38万平方米。按《土地分类（试行）》三级地类分析，新增建设用地用于风景名胜及特殊用地1.65万平方米，公路占地23.40万平方米，住宅用地16.66万平方米。

（三）耕地占补平衡情况

（1）2011年年末变更调查耕地总面积为4391.12万平方米，比2010年年末4202.02万平方米增加189.10万平方米。

（2）对耕地保有量分析：2011年末变更调查耕地和可调整地类总面积总和为4493.82万平方米。

（3）对2011年度占补平衡情况：本年度建设占用耕地15.16万平方米，其占补平衡指标从区土地开发新增耕地面积205.32万平方米来实施占补平衡。

（四）林地数量增减变化情况

在2011年变更过程中，全特区林地面积减少26.59万平方米，其中：有林地减少19.06万平方米，灌木林减少4.88万平方米，其他林地减少2.65万平方米，主要用于工业园区项目及铜大高速公路建设。

2010年年末万山特区国有土地分布利用一览表

表2-2　　单位:万平方米

单位／内容	万山镇	高楼坪乡	黄道乡	敖寨乡	下溪乡	合计
耕　　地	173.85	1945.55	1002.7	766.97	502.26	4391.33
园　　地	4.95	9.7	50.18	9.8	31.31	105.94
林　　地	948.05	3137.73	6151.7	7115.87	5132.25	22485.51
草　　地	223.97	1557.04	1254.1	1031.18	659.49	4725.87
城镇及工矿用地	160.6	317.36	167.5	106.89	96.18	848.8
交通运输用地	11.23	94.71	57.75	56.8	41.99	262.01
水利及水利设施用地	16.16	52.71	75.43	56.7	58.55	259.54
其 他 用 地	25.86	400.61	199.29	146.23	112.62	885.54
合　　计	1565.65	7515.41	8958.85	9290.44	6634.65	33964.80

2010年万山特区全民所有制土地分布利用一览表

表2-3

单位:万平方米

内容＼单位	万山镇	高楼坪乡	黄道乡	敖寨乡	下溪乡	合计
耕地						
园地						
林地		4.5				4.5
草地						
城镇及工矿用地	10.17	48.38	1.35	19.17	0.48	79.55
交通运输用地	8.3	52.67	19.84	30.47	12.89	124.17
水利及水利设施用地	0.82	11.25	62.29	43.15	31.52	149.03
其他用地						
合　　计	19.29	116.8	83.48	44.89	44.89	357.25

2010年年末万山特区集体所有制土地分布利用一览表

表2-4

单位:万平方米

内容＼单位	万山镇	高楼坪乡	黄道乡	敖寨乡	下溪乡	合计
耕　地	173.85	1945.55	1002.7	766.97	502.26	4391.33
园　地	4.93	9.7	50.18	9.8	31.31	105.94
林　地	948.05	3133.23	6151.7	7115.87	5132.25	22481.1
草　地	223.97	1557.04	1254.1	1031.18	659.49	4725.78
城镇及工矿用地	150.43	268.98	166.15	87.72	95.7	768.98
交通运输用	2.93	42.04	37.91	26.33	29.1	138.31
水利及水利设施用地	15.34	41.46	13.14	13.55	27.03	110.52
其他用地	26.86	400.61	199.29	146.23	112.62	885.61
备　注	1546.36	7398.61	8875.17	9197.65	6589.76	33607.55

第二章　水资源

第一节　地表水

一、河流　万山特区地表水是由降水补给的山区水源型河流，年径流总量3.7337亿立方米，河网密度为每平方千米有0.27千米。河流长大于10千米，集水面积20平方千米以上的河流有9条；10千米以下，1千米以上集水面积小于20平方千米的溪沟有37条。主要河流有谢桥河、敖寨河、黄道河、高楼坪河、下溪河。流域面积43.09平方千米，水能资源年开发总量达到0.67万千瓦。按民国铜仁府志载：境内还有温溪、龙洞溪、凯撒溪、木莲溪、横山河（皆汇木杉河），开泰河、绍河、虫腊溪、爆溪（皆源出老山口入铜仁江），瓮背河（出万山，汇至深冲口，入铜仁江）等小溪流。

主要河道特征表

表2-5

水系	汇入河流	河流名称	河流发源地	河流出口处	高程(米)			流域面积（平方公里）	主河道长（公里）	枯水流量（立方米/秒）	年径流量（亿立方米）	河床比降%
					河源	河口	高差					
长江	锦江	下溪	大水溪	长田湾	560	270	290	112	32	0.45	0.84	9.6
		敖寨	唐家田	深冲口	540	320	220	62.4	18.3	0.25	0.47	12
		谢桥	炉山	熊家屯	844	288	556	192.89	41.7	3	1.51	5.8
		小计						367.29	92	3.7	2.82	
	沅水	高楼坪	犀牛井	大客寨	780	400	380	37.6	16	0.13	0.26	23.7
		黄道	大土	大榜	630	380	250	92	26	0.32	0.65	9.6
		小计					630	129.6	42	0.45	0.91	
全特区合计								496.89	134	7.85	3.73	

二、水库　全特区有小（一）型水库1座、小（二）型水库11座、山塘137座。水库集水面积27.72平方千米，总的库容27.1万立方米。山塘137座，总的积水面积41.75公顷，库容126.29万立方米。

万山特区水库、山塘名称一览表

表2-6

工程名称	所在乡镇	规模	集雨面积（平方千米）	总库容（万立方米）	正常蓄水位库容（万立方米³）	兴利库容（万立方米）	水田灌溉面积(亩)		旱地灌溉面积(亩)	
							设计	有效	设计	有效
龙江水库	万山镇	小(1)型	5.3	204	184	167	2250	1500	1680	960
青年湖水库	高楼坪	小(2)型	1.6	75	65.7	64	1200	900	800	600
猫垅水库	高楼坪	小(2)型	0.15	12	8.2	8	300	225	100	75
龙塘水库	高楼坪	小(2)型	0.51	17	15.5	13.6	450	383	100	85
猴冲水库	高楼坪	小(2)型	6.7	28	24	19.5	530	450	132	112
马路岗水库	高楼坪	小(2)型	9	29	25.2	19	534	455	120	102
龙田水库	高楼坪	小(2)型	0.83	22	19	14.5	671	335	130	65
板水岩水库	黄道乡	小(2)型	0.8	17	15.3	14	380	191	120	60
洼水冲水库	高楼坪	小(2)型	0.22	10.4	9.1	8	300	150	68	50
田龙水库	高楼坪	小(2)型	0.32	10	8.6	6.8	341	170	48	34
山塘99处	高楼坪	小(2)型以下	35	68.69	60.55	57.6	6360	4043	2346	1669
山塘5处	黄道乡	小(2)型以下	1.1	0.86	1.57	1.4	182	129	62	45
塘家田水库	高楼坪	小(2)型	1.25	16.7	12.1	11.8	800	680	200	170
东风水库	敖寨乡	小(2)型	1.04	15	12.6	10	315	182	125	100
山塘1处	下溪乡	小(2)型以下	0.3	0.6	0.9	0.8	90	54	0	0
山塘2处	敖寨乡	小(2)型以下	0.25	0.35	0.3	0.3	68	48	0	0
山塘6处	万山镇	小(2)型以下	1	1.79	1.54	1.54	191	147	126	92
山塘24处	谢桥	小(2)型以下	4.1	54	45.9	39	3705	3270	0	0

第二节 地下水

境内地下水年总储量0.758亿立方米，主要由降雨补给。雨水期地下水蕴藏约1.492亿立方米，每平方千米/秒产水约14千克。枯水期地下水蕴藏约0.629亿立方米，每平方千米/秒产水大于5千克。全特区每年地下水向地面补给量约0.6亿立方米，利用率占补给量的73%。

地下水的形成与气候、水系、地质、地貌等条件密切相关。黄道、下溪、敖寨3个侗族乡的部分地方出露的砂页岩与水中二氧化碳不起侵蚀溶解作用，属非岩溶区。面积180平方千米，占全特区总面积54%；万山镇和高楼坪侗族乡及敖寨侗族乡的杨家寨、金家场等地出露的白云岩、石灰岩、白云质灰岩为碳酸盐类岩，易与水中二氧化碳溶解，属岩溶区，面积150平方千米，占全特区总面积45%。

非岩溶区受强烈的风化和水流冲刷，溪沟发育，无较大的地下水出露，成层间水产出，为无压的涓滴形式流出，泉水流量不大；岩溶区、洼地、漏斗呈串珠状出露，地下溶洞比较发育，岩溶发育区地表无河流溪沟，典型出露点有高楼坪侗族乡的龙田、猴冲、铺前、鸡公田等村。有的水流与周围联系极差成为孤立的泉水露头，这类泉水靠大气降雨补给，层间水干旱易断流；有的为裂隙水耐旱持续时间长，如马路岗有两条断层在狗爬坎成锐角斜接，形成地下漏水的通道。龙田冲断层旁侧的平行次级裂隙张开程度不大，充填物胶结好，导水性强，成为埋藏在地下的浅近岩溶裂隙水，流量2千克/秒（1986年3月测）。万山断层出露泉点有14处，水流量为1—2千克/秒，如犀牛井为岩溶多潮泉。民间传说“犀牛在山体内水池中洗澡，打滚时水就漫出井来。”实为岩溶发育不均，管道系统复杂，地下水径流不畅，形成水量补给不足而产生虹吸循环的结果。涌水周期一般不定时，涌水持续时间1—2分钟，涨潮时水量一般为2.5—4千克/秒，流量差为10—20倍。

万山镇和高楼坪侗族乡大部分地方地下水源比较丰富，裂隙发育，多有泉水出流，一般流量为2千克/秒，最大的可达18千克/秒，出露部位一般较高，便于引用和灌溉。但是，万山镇一带经历了600余年的采矿，地下空域较大，地下水位明显下降，许多伏流、泉眼呈季节性干枯。下溪、黄道和敖寨侗族乡大部分地方为砂页岩层间水，一般流量0.5千克/秒，最大可达2千克/秒。

主要泉水名称表

表2-7 （1988年12月调查登记）

地名	泉水所在地	泉水类型	流量（升/秒）	泉水所在地	泉水类型	流量（升/秒）
万山镇	冒水垄	裂隙泉	2	麻音（堰）塘	裂隙泉	1
	大坪	裂隙泉	1	大瓜冲	间层水	1
	上犀牛井	裂隙泉	1	老街中井	裂隙泉	1
	犀牛井	岩溶多潮泉	2.5	西门	裂隙泉	1
	龙塘	裂隙泉	1.5	冲脚	裂隙泉	2
	张家湾	裂隙泉	1	张家坪	裂隙泉	1.5

续表2-9

地名	泉水所在地	泉水类型	流量（升/秒）	泉水所在地	泉水类型	流量（升/秒）
万山镇	夹槽	裂隙泉	1.9	张家坪四坑水泵房	裂隙泉	1.5
	水塘坳	裂隙泉	1	四方井	裂隙泉	1
高楼坪乡	郭家	裂隙泉	1.5	汤家屯	裂隙泉	1.5
	文家屋场	裂隙泉	1	大坪村甘塘	裂隙泉	1
	郭家	裂隙泉	1.5	汤家屯	裂隙泉	1.5
	文家屋场	裂隙泉	1	大坪村甘塘	裂隙泉	1
	高楼坪粮站	裂隙泉	1.5	菖蒲塘Ⅰ	裂隙泉	2
	张家山	裂隙泉	1	菖蒲塘Ⅱ	裂隙泉	1
	龙田毛笔山	层间泉	1.5	大坪	裂隙泉	1.5
	杨木桥	裂隙泉	1.5	琴门	裂隙泉	1.5
	吊井	裂隙泉	1	长坳老屋场	层间泉	1
	新庄雷打坡	裂隙泉	1.5	黄舍田	裂隙泉	1
	黄水屯	裂隙泉	1.5	格老寨	层间泉	2
	山背	裂隙泉	5	羊尾舟	裂隙泉	3
	龙塘	裂隙泉	1.5	水眼坪	裂隙泉	2
	新庄	裂隙泉	1.5	猴冲	裂隙泉	1
	杨家桥	裂隙泉	1	赶场坝	裂隙泉	2
黄道乡	锁溪村炭山	裂隙泉	2	阳桥大土	裂隙泉	5
	清溪村新屋	裂隙泉	2	将军坡	层间原生裂隙水	5
	白屋场聂家冲	层间原生裂隙水	2	黄瓜冲	层间原生裂隙水	3
	白屋场	层间原生裂隙水	2	黄茶	层间泉	2
下溪乡	豹溪下场溪	层间泉	1	屋场岭	层间泉	3
	小龙榨冲	层间泉	2	垒望盖	层间泉	2
	荷包田	层间泉	3	坡脚	层间泉	2
	中朝溪	层间泉	3	烂泥垄沟	层间泉	1
敖寨乡	卢家塆	裂隙泉	2	岩板桥	裂隙泉	3
	苏棚	裂隙泉	2	黄家田	裂隙泉	1.5
	豹子坨	裂隙泉	1	杨家寨红旗湾（岩屋坪）	裂隙泉	3
	黄木冲	裂隙泉	2	敖寨	裂隙泉	2
	打谷坡	裂隙泉	1	邓家	裂隙泉	1
	雾洞冲	裂隙泉	3			

第三章 生物资源

第一节 植 物

一、粮油类

水稻、玉米、红薯、洋芋、小麦、高粱、小米、燕麦、大麦、黄豆、豌豆、绿豆、饭豆、花生、油菜、油茶、油桐、乌柏、荞子等。

二、瓜果类

糖枣、西瓜、香瓜、葡萄、板栗、尖栗、核桃、桃子、李子、杏子、枇杷、蜜橘、柿子、梨子、柚子、蓝梅、地瓜、南瓜、冬瓜、白瓜、丝瓜、苦瓜、葫芦瓜、笋瓜、白菜、青菜、韭菜、芹菜、菠菜、白萝卜、红萝卜、胡萝卜、莲花白、茼蒿、姜、抗葱、分葱、大蒜、茭笋、竹笋、芋头、藠头、茄子、辣椒、番茄、四季豆、豇豆、刀把豆、莴笋、莴苣、空心菜、芫荽、折耳根、广荷等。

三、竹木类

楠竹、桂竹、苦竹、白竹、水竹、山竹、撩箭杆、斑竹、早竹、黄丝竹、桃竹、绵竹、紫竹、杉木、马尾松、柏木、枫树、柳树、樟树、梓木、槐树、麻栎、青杠、椿木、桑木、漆树、棕树、楠木、白杨、梧桐、水杉、银杏、榉木、刺楸、红豆杉、三尖杉、刺槐、皂角、栲木、侧柏、檫木等。其中银杏属国家一级重点保护树种，檫木、三尖杉属省级保护树种。

四、观赏类:

桂花、杜鹃、山茶花、荷花、红叶石楠、杜英、女贞、紫薇、紫荆、苕花、兰花、菊花、牵牛花、指甲花、鸡冠花、胭脂花、仙人掌、栽秧花、辣子花、芭蕉等。

五、药物类

马兰、血藤、夏枯草、野菊花、半边莲、桔梗、鱼腥草、白茅、黄茅、狗尾草、鼠曲草、威灵仙、乌头、野棉花、枸杞、卷柏、海金沙、铁烧箕、凤尾草、黄连、马蹄香、三七、木瓜、川芎、花椒、吴萸、杜仲、四回草、毛芝、虎耳草、杞板归、元宝草、七叶一枝花、车前草、金银花、麦冬、天门冬、马兰丹、何首乌等。

六、经济作物

葵花、烤烟、晒烟、麻、茶等。

第二节　动　物

一、野生动物:

兽类主要有：野猪、野羊、野兔、狐狸、狗獾、黄鼠狼、穿山甲、竹鼠、白猸。

爬行类主要有：眼镜蛇、乌梢蛇、五步蛇、棋盘蛇、金环蛇、银环蛇、竹叶青、菜花蛇、尖吻蝮蛇、龟纹烙铁头。

鸟类主要有：猫头鹰、啄木鸟、杜鹃、红腹锦鸡、布谷鸟、画眉、麻雀、白鹤、野鸡、白鹳、喜鹊、乌鸦、斑鸠等。

鱼类：草鱼、鲤鱼、石灰鱼、鲢鱼、白条鱼、鲫鱼、千年鱼、鳝鱼、泥鳅等。

二、 家用畜禽:

畜类：水牛、黄牛、猪、马、羊、狗、狼狗、猫等。水牛、黄牛等主要用于农业耕作；“二元”、“三元”杂交良种猪远销区内外；还有本地“萝卜”猪，个体较矮小，饲养周期短，皮薄肉厚，且带有糯性，深受消费者喜爱。

禽类：鸡、鸭、鹅、鸽。

其他：兔、蜜蜂。

第四章　矿产资源

万山地区成矿地质条件良好，地下矿藏丰富，已发现的有汞、钼、铀、铜、锌、铅、锰、钒、铁、硒、磷、钾、石英砂、硅石、石灰石、重晶石、大理石、白云岩、陶瓷黏土、石煤、重稀土金属等矿种。截至2011年年底，已不同程度地探明并获得矿产储量的有汞、锰、硒、磷、钾、石英砂等固体矿产20余种，矿床（点）31个，其中具规模的金属矿种8种，矿床18个（含关闭矿床），非金属和建筑材料9种。矿产地21处。金矿属于有望地带。钾矿储量达50亿吨，是有开发前途的矿种。

第一节　有色金属

一、汞矿

万山特区曾经是我国最大的汞和朱砂生产基地，其产品“红菱牌”朱砂和“银河牌”水银，获省优、国优产品奖，出口欧美、俄罗斯、日本等10多个国家。西南汞矿带在大地构造位置上属扬子准地台和华南褶皱带，形成于距今14亿年前的遥远年代，那时地壳下降，南部海水北漫，淹没了扬子陆台，潮来水涌，水漫贵州。由于海中低温的特殊条件，加上地壳的剧烈运动，使汞元素在扬子地台一带聚集。从四川的东南到湖南西部，由广西之北到贵州全境，再至云南蒙自，形成了一条长约700千米、宽100余千米的汞矿带，而万山是扬子准地台和华南褶纵带的结合部，大量的汞元素在这一带碰撞聚集，使万山成为中国各汞矿带最富集地段。几经沧桑，在距今三亿年间，才全部上升成陆地。以后随着人类的出现，自然的演变，社会的分工，历代采矿业的发展，特别是党和政府对勘探和采矿事业的重视，万山发展成为中国汞都，丹砂王国。

万山有8个含丹砂矿层，主要富集于中下寒武统地层的碳酸岩盐中，矿厚0.3—31米，矿石总量约1300万吨，平均品位0.3%左右。汞矿主要分布在万山镇和敖寨侗族乡的岩屋坪、梅子溪及高楼坪侗族乡东南部的龙田冲，整个矿带呈北北东向展布，长约25千米，宽约5千米。已探明储量的有杉木董、尖坡、核桃树、岩屋坪、张家湾、冷风硐、油菜冲、岩山坝、山羊硐、黑硐子、大坪、文家屋场一黄家寨、田坝、白沙溪、猫坡、龙田冲、梓木坪、客寨等矿床和东路平地表粉矿，截至2011年年底已探明汞金属储量4万余吨，保有储量0.5万吨。

二、铜铅锌矿

区内的铜、铅、锌矿为共生矿物，分布在黄茶、将军岩、大塆、田边、仓前、瓦寨、猴栏等地。产于前震旦系的板溪群或（下江群）清水江组的灰绿色板岩、变余砂岩中。受断裂控制，矿石以方铅矿为主，闪锌矿少见。黄铜矿、孔雀石、蓝铜矿次之。局部受断层旁侧破碎带控制，也有以铜矿物为主的、以脉石矿物石英脉为主的多为细脉，脉石中含有少量的重晶石、方解石，呈角砾状充填岩石中。个别矿脉长约100米左右，按点上推测含矿层厚平均0.3—0.8米，铜最高品位为1.9%，最低品位0.88%；铅最高品位0.8%，最低0.038%；锌的最高品位8.8%，最低品位0.17%。资源储量15.61万吨，目前仅见零星开采。

三、铀矿

铀矿分布于下寒武统牛蹄塘组磷矿层中，其上为钒、钼矿、分布范围基本一致，为伴生铀矿。境内除荷包田一个矿点只接近边界品位0.014%外，其余庙塆、苗冲、阳桥、猴栏、钟家坡、敖寨、漫塘溪等7个矿点，均达到工业品位，平均品位含铀0.032%。以8个铀矿点控制的25千米长，推测斜深100米，平均厚度0.388米，矿石体重每立方米2.3吨估算，铀矿远景金属储量约为714吨。但矿体簿，给开采利用带来一定困难。

四、钼矿

钼矿和钒矿共生，钼矿与钒矿在同一矿层内，含量略小于钒矿。已知的庙塆、苗冲、阳桥、猴栏、钟家坡、荷包田、敖寨、漫塘溪等矿点所控制的露头线长约20千米，推深100米，平均厚度约1.13米，品位0.079%，估计远景储量4106吨。没有作过系统的地质详查。

第二节　黑色金属

一、锰矿

分布在下溪侗族乡所属的石竹溪、铁门、蓑衣塘一带。1958年曾露天开采过锰矿。该矿产于震旦系下部细砂岩、泥质页岩中，有三个含矿层，总厚约8—10米。有色地质一总队仅在石竹溪作过矿点检查工作，沿石竹溪锰矿点出露线追索的长度为1500米，可露天开采，属分化淋滤型鸡窝矿，品位一般在25%—40%之间，含铁3.83%，二氧化硅22.04%，锰矿远景储量约2930吨。1968年237队对石竹溪以外锰矿点作过普查工作，1990年下溪侗族乡请怀化冶金局派人作矿点检查，莲花、时家、芭蕉塆等地储量约15万吨，预测其深部矿石约54.8万吨。

二、钒矿

万山特区内钒矿和钼矿共生，层位一致，均赋存在下寒武统牛蹄塘组黑色层中。伴随磷矿产出。有漫塘溪、敖寨、荷包田、钟家坡、阳桥、庙塆等7个矿点。含矿露头线长25千米，厚度约1.2米，含五氧化二钒约0.9%，上述7个点按100米深度推算，远景储量6.18万吨。

第三节　非金属矿

一、磷矿

磷矿由北向南展布，主要分布在罗家坪、敖寨、大坪盖、荷包田、椅子堂、石榴山、文塘坳、彭家冲、下场溪、钟家坡、沙子坪、垒望盖、铜庆塆、炭山、猴栏、阳桥、小田坪直到与湖南省的栏木山相连地带。该矿由西南地质局505队及541队进行了系统的地质勘探工作。磷矿产于下寒武统牛蹄塘组底部，含磷层基本稳定连续，厚度0.2—0.5米，含五氧化二磷15%—30%（多数大于24%），储量900万吨。万山特区对磷矿作过1∶5万比例尺普查，其中荷包田、椅子堂、石榴山等作过1∶5000比例尺地质详查，提交了正规地地质报告，远景储量为96.9万吨。其中1∶5万比例尺普查圈定了地质储量。不足点是平均厚度不及0.4米，不便进行单独洞采利用，磷矿石中还含重稀土金属，其中钒分布普遍。

二、钾矿

钾矿由南至北穿越黄道、敖寨、高楼坪3个侗族乡和万山镇，露头线呈“之”字形弯曲，长60千米，产于中寒武统中、下部岩层中，主要为黑色含钾黏土质粉砂岩，含氧化钾7%—10%，平均厚约37米。其中熊家田至岩前直线长约5.5千米，宽2.5千米。1978年作过1∶5000地质测量，提交矿石储量6亿吨。为沉积成因层状矿床，矿厚36.49米，氧化钾含量平均为8.4%，二氧化硅含量一般为54%—58%，三氧化二铝一般为14%—18%，含铁5%左右，氧化镁一般为2%，氧化钠一般为0.5%。1982—1983年在0排勘探线钻探11孔，扩大了见矿范围，仅露天开采钾矿石达6—10亿吨，远景储量达50亿吨。

三、硒

硒矿伴生在汞矿中，与汞矿一起提交了储量报告，储量为80.89吨。主要有万山的张家湾和龙田冲矿区客寨矿床。其中含硒品位高，储量居万山之首的客寨汞硒矿床，为48.4吨，2011年还尚未开采。

四、石煤

石煤分布于敖寨、黄道、下溪3个侗族乡，矿点有敖寨、下场溪、阳泥垄、猴栏、阳桥、锁溪等6处，产于下寒武统牛蹄塘底部磷矿层之上，一般层位较稳定。据光谱分析：硅大于10%。铝5%，钾3%，钙1%。阳泥龙矿点的石煤化学分析：水分1.72%，灰分为89.07%（主要成分二氧化硅、三氧化铁、三氧化铝等），挥发物4.94%，固定碳9.16%，发热量每千克约1000大卡。石煤露头线长约25千米，平均厚度1.5米，以深度300米推算，储量为2800万吨。无系统工程控制和正式地质报告。

五、石灰岩

石灰岩主要分布于高楼坪侗族乡和万山镇，产于寒武系中，特别是上寒武统，面广量多。整个寒武系中地质储量大于10亿吨，此系找勘汞矿过程中，各地段所作各种比例尺地质测量、钻探工程揭露资料统计，平均化学成分：氧化钙50.3%。三氧化硫0.195%。氧化镁2.36%，三氧化二铁1.08%，二氧化硅3.6%，三氧化二铝1.32%，氧化钾0.5%，氧化钠0.02%，烧失41.55%。境内石灰石多用于烧石灰和取石材之用。

六、白云岩

白云岩广泛出露，有的白云岩为含汞矿层，而万山西部的大片白云岩却不含汞矿，其范围与数量大于石灰岩。化验资料证明，含二氧化镁在20%左右。

七、重晶石

1959年对黄道重晶石脉作过矿点检查，计算远景储量1.4万吨，对其中含有害成分多少，没有作过化验。万山特区范围内其他重晶石矿点，如小田坪附近各处，尚未作过检查。

八、陶瓷黏土

主要分布在下溪侗族乡的石竹溪、瓦田、彭家冲，黄道侗族乡的仓前等地，产于震旦系江口组底部岩之上石粉质粘土质板岩中。据冶金地质一总队化验：含三氧化二铝17.49%—23.76%，二氧化硅63.46%—69.96%，三氧化二铁0.85%—4.18%，氧化镁0.25%—0.61%。推算储量1万吨。

九、石英砂

主要分布于高楼坪侗族乡的大坪村，产于中、上寒武统地层，是含硅质白云岩、硅化白云岩破碎、蚀变、风化淋滤而形成的残、坡积物。据有关部门取样分析，平均品位含二氧化硅91.38%，三氧化二铁1.61%，三氧化二铝3.72%，氧化钙1.12%，氧化镁0.27%，储量为669.5万吨。

此外，还有大理石、硅石、有作磨具的砂石，有制砖作水泥配料的下寒武统杷榔组页岩等非金属矿产资源。

第三篇　工　业

万山特区工业主要是汞工业（朱砂生产、汞的生产）。

万山朱砂（汞）的储量和产量在历史上为中国第一、亚洲之冠，世界第三。相传在新石器时期已为万山濮人在境内淘砂溪发现和利用。在夏代已作为消毒杀菌、染料等珍贵药材与外界交易。在商代已开始用“火爆法”在大崖破石取丹。在西周中期，境内濮人已学会用丹炼澒（汞）防腐。秦汉时，朱砂已销往日本。隋开皇九年（589年），置辰州，万山隶辰州，所产丹砂称辰砂。相传唐垂拱二年（686年），万山产锦州贡半透明鲜红色朱砂置于武则天寝宫，夜里熠熠生辉，企图向武皇后索命的冤魂野鬼望而远遁，武皇后连称：“救我者，光明砂也”。从而万山所产朱砂又名“光明砂”。自古以来，中国历朝历代的统治者和老百姓都将万山产朱砂当成太阳，顶礼膜拜，道家把它当着炼丹神药和镇宅、驱鬼、招财保平安的神奇宝贝应用和收藏。据考证，古代各种高大建筑物不仅用朱砂上色涂漆，而且用大量朱砂奠基、压顶。中草药医生用朱砂制药安神，杀菌、消毒、消炎、治各种疮疡。战国时已用朱砂炼汞来防腐，保存尸体，吴王阖闾墓和秦始皇骊山陵已使用大量的朱砂和水银。19世纪以来，朱砂和出自朱砂的汞已广泛用于航天、航海、国防、化工、电子等各方面。由于朱砂、汞和人类生活、社会经济建设，国防科技息息相关，故万山人千百年来，依靠盛产朱砂这一得天独厚的自然优势，一直以拣拾、采、选、冶炼朱砂为业。在历史上除了民间自由拣、采、冶外，曾出现过豪强霸占，官府争夺，英法帝国主义掠夺，国家经营，官商勾结联办等形态。自中华人民共和国成立后，汞矿回到人民手中，在共产党和人民政府领导下，工人以主人翁的姿态努力工作，艰苦奋斗，不断提高生产技能，更新生产设备，促进采、选、冶技术赶上，甚至超过世界先进水平。特别是在1959—1961年国家经济处于最困难的时候，万山工人辛勤劳动，每年生产朱砂（汞）千余吨。献给国家，为国家偿还外债立下了丰功伟绩。

万山朱砂矿带长27千米，宽1千余米，总储量近5万吨，至2001年已开采3.9万吨。万山朱砂遍布全世界，英国大英博物馆、美国纽约博物馆和斯密森博物馆都有它的身影。1980年6月，万山的“岩屋坪矿区”，采得一枚特大晶体朱砂石：6.54厘米，宽3.5厘米、高3.7厘米，净重237克，合1185克拉，其质地纯正无瑕、颜色鲜红明亮、菱面体形如鱼鳍，晶体完整良好，光芒四射，美丽非常！它的一侧，与一块白色白云石晶簇为基岩，红白相映，五彩缤纷，瑰丽奇特，令人神迷，被誉为世界罕见的“辰砂王”。经过千百年来的开采，现在的万山朱砂石主要用作艺术观赏，其特点是：颗粒较大，形象奇巧，伴有其岩，质地温润；颜色艳丽，白里透红，红白争辉，雍容华贵。

第一章　地质勘探

第一节　勘探队伍

1991年，贵州省有色地质一总队仍在万山南区施工钻探。有色地质一总队实有职工838人，其中，科技人员259人（内有高级职称的7人，中级职称56人，初级职称101人）。职工中有大专文化87人、中专、高中文化129人。1992年年底，万山南区钻探施工结束，根据贵州省人民政府办公厅〔1988〕黔府办函14号文件精神，地质一总队全部撤离万山迁往贵阳清镇。

1992年，103地质勘探队进入万山采空区勘探，作出地质灾害评估；2003年进入万山下溪探测锰矿储量。

第二节　勘探技术

一、地质新理论的运用

万山汞矿明显受到华夏构造体系的控制，不同级别的构造控制不同规模的矿化场。褶皱主要控制矿化范围，断裂为导矿散矿密矿结构，层间构造具有多种控矿作用，剥离构造为中寒武汞矿的重要控矿因素，矿床具多层矿性，围岩为各种带状白云岩，灰岩控制成矿，不透水页岩及含炭质泥质岩起遮挡层的屏蔽作用。各种围岩蚀变与成矿关系密切，尤其是微石英体是找矿、探矿的可靠标志。根据汞矿的成矿规律，将其地质勘探工作划分为普查找矿、矿点评价和矿床勘探三个循序渐进的阶段。在普查阶段采用地质测量、构造分析、指示物研究和构造钻探验证相结合的普查找矿方法；在矿点评价阶段，对露头矿，应沿用露头用轻型山地工程揭露追索矿体延伸范围，并配以稀疏的钻探进行控制，有时还应考虑用部分坑探来控制矿体延展范围，对盲矿，则在已圈定的远景地区或个别见矿钻孔地段，根据成矿控制条件，在其长轴中部最有希望的地方布置剖面钻；在矿床勘探阶段，勘探方法有两种，即勘探网法和勘探线法。勘探网度的选择，一般采用类比法、勘探工程稀控法、探采资料对比法等进行比较后确定，在勘探手段上，一般以坑钻结合为宜。

万山汞矿的成因，多年来一直沿袭低温或远温热液成矿理论。20世纪90年代以来由于层控学说的兴起和推广，经铅硫同位素测试、包体研究、岩相古地理分析和积累的大量地质矿产资料的分析研究，认识万山汞矿属典型的层控类型汞矿床，具有沉积—热液改造的成因方式。在找勘实践中，应用包括层控理论、沉积学理论、地质力学研究、卫片解释等新理论、新技术、新方法。

二、地质勘探方法

在地质勘查过程中，针对不同矿床类型，采用了多种勘探方法和手段，包括地形地质测量，槽、井、坑、钻等轻、重型山地工程，自然重砂测量、化探物探和野外原始编录及综合图件编制，以及各类有关光谱分析、化学分析、岩矿鉴定等样品采集试验等。

（一）地形地质测量和勘探工程测量

地形测量　地形地质图既是布置勘查工作及物化探工作的基础图件，也是提交矿区（床）地质勘查报告的主要图件。一般1：50000和1：10000地形图由国家测绘系统提供，大比例尺（1：5000、1：2000、1：1000）精测地形图由贵州有色局第一勘探队测绘队测制，简测地形图由各分队测量组承担。

地质测量（包括水文地质、工程地质等），是将矿区地层、构造、矿产、水文、工程地质点实地反映在地形图上，最终编制成地形地质图。根据地质条件，结合各种比例尺填图要求，按规范确定其填图单元和观察点的布置原则（点密度），一般采取追索法和穿越法相结合填绘地质图，勘探线剖面测量用仪器定准方位测绘地形，野外实地填绘地质界线，构造线等各种地质现象。

勘探工程测量对于钻、坑、井、槽等工程点，地质观察点等均作定位测量。其中坑、井、槽一般用解析坐标交会。对于个别不宜交会的工程和地质点则视距极坐标法确定。

（二）重砂测量

重砂测量在万山汞矿区普查找矿中普遍使用。一般应用于普查初期阶段，具体于主要区域水系（河流）两岸阶梯碎屑沉积物（沙粒石）以一定间距采样淘沙，鉴定重矿物、圈出区域重砂异常。在此基础上根据异常分布范围，选定地区沿河流两侧小溪向上游取样作较大比例尺的重砂量，进一步圈出异常，通过露头观察和山地工程揭露寻找原生露头。万山汞矿的发现，其自然重砂测量成果起着十分重要的作用。

（三）物探

为了探测含矿断裂之深部延伸和矿体的赋存情况，开展了高密度电阻测量，使用D2D—6多功能直流电法仪和DVK—2高密度电法测量系统配合，装置选择联合剖面装置测量模式（cB）。利用电脑编制 g s 等值参数线图和参数测试成果进行综合解释，取得了较好效果。

（四）化探

以汞、金等内生金属矿产主要勘探对象，利用化探手段开展普查勘探取得了较好效果。以1：50000和1：25000大面积区域分散流扫面，发现区域水系沉积物中成矿元素及伴生元素的地球化学异常，为矿产普查勘探提供了重要依据。以1：5000—1：10000次生晕测量，据元素浓度分布，圈定异常，研究其异常形态，组合特征，强度（浓度）及规模分布，判断矿体的赋存，指导找矿，以及开展壤中汞气测量，原生晕测量，构造地球化学测量，同位素研究等，为找矿勘探均发挥了重要作用。

（五）探矿工程法

在地质测量、物探、化探、重砂测量的基础上，综合运用槽、井、钻、坑等探矿工程勘探矿床（体），直接探测被掩盖下的矿体形态、产状、规模及受构造破坏情况，以及矿石质量、数量和空间分布等。

1. 槽探（含剥土）

在矿区地质勘探初期，用于主干剖面以揭露地层，地层分界线、构造和含矿岩系，地质测量阶段，按不同比例尺要求，于地表系统揭露含矿岩系和矿体形态、产状、控制矿体延长及顶底边界，采集各类样品。同时，对区内地表断裂亦用探槽加以控制。探槽均垂直地层，构造及矿体走向布置施工，一般用于浮土小于3米的地段，深度以揭露基岩0.3—0.5米为准。局部对于汞、金等较复杂的矿床，还适当施工走向槽（沿走向）。

2. 浅井（含小园井）

浅井规格一般为1.2×1.2，用于浮土掩盖厚3米以上，槽探达不到目的时使用，用以揭露和控制矿体、地质界线等。园井主要用于砂矿勘探，其规格视砂层坚固程度而定，一般直径为1.2米—1.5米。浅井均用于矿体产状平缓的地段，对于厚度大或倾斜陡的矿层（体），均按一定间距布置施工，并于深部拉穿脉揭露矿体厚度。

3. 浅坑

在汞、金、铁、铅、锌矿的普查或详查时，常施工浅坑，以揭示地表浮土掩盖较厚地段的矿层（体），为了揭明矿体氧化带与原生带之分界，有时亦采用浅坑。其断面规格一般采用1.8×1.0—1.2（高×宽）。

4. 钻探

为查明深部矿床地质特征，含矿岩系及矿体的变化，深部构造条件，矿体的分布范围，空间形态及厚度、品味变化，控制矿体可采边界，计算矿床各级储量和收集水文、工程地质条件方面的资料，钻探是常用的勘查手段。钻孔的布置视工作阶段不同而异。勘查阶段，根据矿体的形态、产状、厚度的差异，选用勘探线法、勘探网格布孔。其钻孔密度根据矿床复杂程度及所求不同级别储量而定。普查阶段、主要了解矿体深部延伸，不受网度的严格要求，一般布置于最有希望见矿的地段。

对于产状平缓的矿层（体），一般采用直孔。倾斜较陡的矿体则采用斜孔。终孔直径根据地质需要和施工合理而定。贵州省有色局第一勘探队于20世纪60至70年代采用75—90毫米口径合金钻进，后逐步采用小口径金刚石钻进，选用60毫米终孔。在矿心和顶底板5米以内，岩矿心采取率大于70—80%。岩心采取率大于60—70%。钻进过程中系统测量天顶角和方位角及验证孔深。钻孔终孔后，严格按规定封孔。每个钻孔均进行简易水文观测，随工程进度及时填好原始报表和进行地质编录等。

5. 坑探

主要用于深部埋藏的地质特征较复杂的汞等内生金属矿床的勘探。目的在于详细查明矿体的形态、产状、规模及有害有益组分含量变化情况，圈定相对高一级的储量。一般均要详细搜集矿山开采技术条件等相关资料。坑探除了平坑（巷）、斜坑外，尚有天井、盲井等垂直工程，根据矿体产状及矿床地质条件复杂程度和所求不同级别储量要求，按规范确定合理的间距。另外，为指导坑道探矿，有时使用坑内钻（如万山汞矿区张家湾、冷风硐等矿床勘探），曾取得比较好的效果。

坑道随施工进度，及时进行编录和采用，其素描比例尺一般采用1∶50—1∶200。为更详细表示其地质现象，有时采用更大比例尺，图的水平比例尺和垂直比例尺应相一致。

6. 原始编录及综合研究

槽、井、坑素描比例尺，一般采用1∶5—1∶200展开素描，通过认真丈量，仔细观察，如实将地层、构造、矿化（体）等各种地质现象，用专用符号（图例）表示在素描图上。

通常沿长壁及槽底进行，绘制一壁一底展开图。竖井及浅井作四壁素描，图上注明方向。园井素描用一垂直表示正北方向。平坑和斜坑均绘出测量基点，中线桩和零点桩的位置，随工程施工进度，按需要绘制掌子面素描图。钻孔编录随工程施工进程逐日进行，经详细观察，分层描述及时整理成图，终孔后，要采样完毕并送化验分析。利用其成果。及时完善钻孔资料。

根据各工程所获原始资料，及时整理，综合分析研究，编制综合图件、图表，为最终编制地质报告打下坚实基础。

7. 采样、分析、试验、鉴定

岩矿的采、加、化及鉴定工作，贯穿于地质勘探工作的全过程。对于深入认识各种地质现象，总结成矿规律，进行矿产评价和资源开发等具有极其重要的作用。

采样：在开展矿产普查勘探过程中，其采样的种类甚多，主要有岩矿鉴定、化学分析、矿石加工技术试验，岩矿石物理力学性能试验，以及砂矿等采样。其中最多者为化学分析取样，包括刻槽法、剥层法、打块法、攫取法等，以刻槽取样最为普遍。槽、井、坑刻槽取样规格常为10×5厘米和10×3厘米，少数为5×3厘米。样槽布置以沿矿体质量变化最大方向为原则，一般沿着矿体厚度方向连续排样。对于金属含量不均匀地脉状矿体（如金矿），采用剥层法采样，以保证足够样品重量。钻孔岩矿心取样，采用沿岩矿心轴对半采取，一半保留，一半送加工化验。为控制矿体顶底分界，其上下均刻取控制样（非矿样）。岩、矿石物理性质试验取样采用大规格刻槽或拣块。

化验分析：长期以来，以基本分析应用最多，依据其结果固定矿体，划分矿石类型和品级，计算矿产储量，矿产评价等。除此之外，尚有组合分析，全分析，光谱分析，原子荧光光谱分析等。为了研究矿床成因。岩体或矿体形成年代，元素赋存状态等，还进行了矿物包体，稳定同位素，电子探针，物相分析等地采样和送外测试。

鉴定：岩矿鉴定，主要是重砂、岩石及矿物等的鉴定，以镜下鉴定为主，研究其矿石矿物组分、含量、形态、嵌布关系、结构构造等。为了详细研究铝土矿矿石组分和细微矿物的赋存，还专门送样到有关单位进行差热分析，x射线衍射分析等。

（六）钻探新技术推广与应用

1. 在万山汞矿区地质勘探中使用的钻探设备由8种类型发展到25种类型，由11台（套）发展到128台（套）。作业方式由立根式钻机发展到仿苏钻机，由人工加压逐渐发展到自动加压，并逐步实施硬质合金钻进。通过生产实践，不断掌握了万山汞矿区复杂岩层的钻进规律。

2. 全面推广硬质合金钻进，代替过去的铁砂钻进，并合理运用双层动岩心管，摸索出了一套合理的技术操作方法，钻孔合格率由原来的88%提高到95%。

3. 改手把式钻机为转盘式钻机，改苏式200型钻机为坑内150型钻机。在全面推广手轮操作盘和重点试验成功手轮卡盘的基础上，重点试验成功钮管机。从而减轻了劳动强度，为解决部分难采岩矿心的取心问题，又试验成功钢砂双管钻进和局部反循环钻进技术。

4. 改制800型钻机变速箱和小转盘，并加工各种不同类型钻具，改水泵用瓷活塞为铁活塞，研究钻孔护壁堵漏工艺，设计制造减震耐用钻压表，试验使用感光测斜仪等。并不断更新钻机，逐步引进和使用XJ-100型、北京200型、北京-500型、北京-1000型及50型浅井钻等各种型号的新型钻机。

为适应新型钻机的使用和钻探新工艺技术的应用，组织了多批技术工人赴湖南省二三九队、四〇五队等地质队和吉林省六〇六队、一〇七队、一〇二队等地质队学习金刚石小口径钻进技术。

第三节　勘探成果

西南地质局五〇五队在万山工作期间，对万山矿区进行了地质普查和详查，对荷包田磷矿作1：50000

比例尺的地质测量5平方千米，对万山进行1：2000比例尺地质简测12.2平方千米，并坑探567米，手摇钻探567米，初步总结汞矿产出特征及岩性构造，蚀变与矿的关系等规律。

西南地质局五零五队在万山矿区完成工程量一览表

表3-1

工程项目	单位	计划		实际完成	完成计划	
		国家计划	修改计划		国家计划	修改计划
手摇钻探	米		660	556		75.8
坑探	米	1000	610	567	56.7	86.6
浅井	米	300	290	65	21.7	22.4
地质测量 1:2000	立方米	11	11	11.1	100.9	100.9
工程项目	单位	计划		实际完成	完成计划	
		国家计划	修改计划		国家计划	修改计划
地形测量 1:2000	平方千米	5.8	6.8	7.3	125.9	107.4
采样	个	12510	9802	9722	77.7	99.1
清理老窿	米	3000	3000	3108	103.6	103.6
坑道地质素描	米	10000	10000	12099	121	121
坑道测量	米	6000	6000	15280	254.7	254.7
化验	指数	23470		17216	73.4	

二、贵州冶金地质一总队（含前身602队、冶金地质一勘队）

在万山30多年的地质勘探找矿工作中，累计完成岩芯钻深71万米，掘进坑道9.45万米，填地质图区域800多平方千米，提交地质报告和科研报告310多份，找到特大型汞矿床1个，大型汞矿床4个，中小型汞矿床24个，累计提交汞金属储量2.9万多吨。此外，还提交了铝、锰、煤、金、铜、锌等17种金属和非金属储量8.91亿吨，为国家的矿业开发作出了重大贡献。1991年3月被中国有色金属工业总公司评为“功勋地质队”，1991年9月被地质矿产部、国家计划委员会、人事部、中华全国总工会授予“全国地质勘查功勋单位” 荣誉称号。

贵州省有色地质一总队1991至1992年在万山勘探成果一览表

表3-2

报告名称	矿种	工作程度	起止时间	报告时间	资源量(吨)
万山汞矿南区1992年度深部普查工作总结	汞	评价	1992年3月—12月	1992年12月	D十E 3637.70
万山汞矿南区深部普查地质报告(杨木桥矿段)	汞	评价	1972年—1992年	1992年	D十E 880.30
万山汞矿南区深部普查地质报告(猴冲矿段)	汞	评价	1972年—1992年	1992年	E 33.54
万山汞圹南区深部普查地质报告(小客寨矿段)	汞	评价	1977年10月— 1992年 10月	1992年	D十E 3687.62
万山汞矿南区深部普查地质报告(猫坡矿段)	汞	评价	1976年—1980年	1992年	D 240.42
万山汞矿南区深部普查地质报告(龙田冲矿段)	汞	评价	1972年—1980年	1992年	E 49.4
万山汞矿南区深部普查地质报告(梓木坪矿段)	汞	评价	1972年—1992年	1992年	E 484.79

注：1991年前万山特区金属汞储量报告见1993年6月出版的《万山特区志》

三、103地质队勘探成果

1992年12月底，一勘队结束在万山汞矿区汞矿资源的地质勘探工作，并从万山汞矿南区撤出钻机。103队对关闭后的矿区进行了地质灾害评价，确认了危险采空区的范围，并完成了采空区搬迁工程用地(犀牛井片区)的地质灾害评价报告。2003年，103队进入万山下溪乡进行锰矿勘探，完成坑探120米，钻探650米，至2004年12月，提交锰资源333十334资源储量300万吨的报告。

第二章　汞工业

第一节　贵州汞矿机构设置

一、机构设置

1990年4月，有色金属总公司批转贵州汞矿为大（二）型企业、企业名称为中国有色金属工业总公司贵阳公司贵州汞矿。1991年矿职能部门有33个，即：党委办公室、党委组织部、党委宣传部、机关总支办公室、公安科、老干科、武装部、矿工会办公室、矿团委办、居委办公室、矿办公室、总工办、企管办、计划科、监察科、销经部、财务科、供应科、审计科、干部科、劳资科、生调科、安防科、环保科、机动科、全质科、开发办、运输科、国资办、教委办、卫生科、退休办。

生产单位有：杉木董分矿、黑洞子坑口、冷风洞坑口、岩屋坪分矿、冶炼厂、氯碱镁厂（工程指挥部）

辅助生产单位有：大龙电厂、供电所、科研所、万山冶金化工厂、建筑工程公司、第一安装公司、运输公司、地质队、炸药库、劳动服务公司。

文教卫生和其他单位有：矿中、矿小、冲角学校、张家湾学校、岩屋坪学校、幼儿园、职工医院、民警中队。

联营单位有：三都铅锌有色联营公司、榕江锑矿、榕江冶炼厂、万山玻璃制品厂。

20世纪90年代初，万山汞资源经过数千年的开采，已逐步减少，开始不适合大规模的机械化采冶。到了1997年开采的老矿洞已接近枯竭状态。工人工资靠贷款发放，经济形势十分严峻，为了摆脱困境，贵州汞矿在上级支持下采取以下改革措施：1.将原有的机关单位由33个压缩到19个，最后又压缩到12处，一部6室，即：党务处、纪检监察处、群工处、公安处、离退休管理处、企管处、生产计划处、劳动人事处、安全环保处、机动能源处、财务处、教培处、武装部、党委办公室、矿办公室、机关党总支办公室、总工办公室、居委办公室、再就业办公室。2.保留冶金化工厂、综合运输公司、银河物资公司、安装公司、矿建公司、劳动服务公司和岩屋坪纸厂等七个二级单位。3.将大龙机关部分和建筑工程队合并，组建矿山工程公司，万山运输公司与大龙运输公司合并，组建贵州汞矿综合运输公司。4.将汞矿钾肥厂并入科研所，其生产经营、人员和资产由科研所统一安排。5.保留大龙电厂、供电所、生活服务公司、地质队、岩屋坪纸厂。原来的主要生产单位，只剩杉木董分矿还在生产。

文教卫生单位还有：矿中、矿小、冲脚、张家湾等学校，幼儿园、职工医院。路腊退休所。

二、任职人员

（一）贵州汞矿党政领导人名录

1990年1月第五次党代会选举

党委书记：杨桂昇

副书记：袁本才

矿长：王荫椽（由中国有色金属总公司贵阳公司任命）

副矿长：黄成林、李杰、郭菊松、袁承一、邓序鹏（后增屠治鼎、张相帮）

1992年2月由贵阳公司调整任命

党委书记：杨桂昇

副书记：宋龙顺（兼纪委书记）

矿长：黄成林

副矿长：袁本才、屠治鼎、徐泽棣、邓序鹏、周永宜

（1995年9月1日增杨家庆、赵五四、李晓康为副矿长）

1996年3月8日贵阳公司任命

书记：宋龙顺

矿长：杨家庆

副矿长：周永宜、赵五四、李晓康

1997年3月28日由贵阳公司任命

书记：吴庚寅

矿长：宋龙顺

副矿长：周永宜、孙惠民、李晓康

注：以上所谓党代会指中国共产党贵州汞矿党员代表大会。所谓党委书记系指中国共产党贵州汞矿党委书记。

（二）贵州汞矿职能部门党政领导人员一览表

1991—1997年贵州汞矿职能部门党政领导一览表

表3-3

党群				行政							
工作部门	负责人			职能科室	负责人			职能科室	负责人		
党办	白友芳			矿办	黄家柱			财务科	催明久		
工会	朱幼霖	李学勤	何于海	企管办	梁海波			教育科	黄尤强		
组织部		杨锦光		总工室	李朝宝	付绍康	韦德邦	培训科	杨家信		
宣传部		刘守新		人事劳资科	杨贵山	马玉麟		保卫科		王太华	叶振清
武装部		卢才保		计划科		程贤余		基建指挥部	邓序鹏		
政研室	黄开罗			生产调度科		刘永洋	陈根才	销售经理部		张锦林	
机关总支	金圣凡			机械动力科	邹永宜	史长贵		劳动服务公司	梁承恩	赵芳洲	
经打办	孙家琪			能源计控科		王碧勋		落实政策办	王正奎		
团委	文武			地测科	黄成林						
老干科	王永兴			安全防尘科	刘翼俊			审计科	陈炳申	吴通知	
退休办		杨青山	向先鑫	环境保护科	黄鸿飞			全面质量管理科		陈家友	
家委会		胡圣均		行政福利科		朱起厚	周在陈				
				房产燃料科	晏洪起	周立华					

1991—1997年贵州汞矿基层党政领导一览表

表3-4

基层单位	党支部负责人（支书、副支书）		行政（坑长、厂长、队长）			基层单位	党支部负责人（支书、副支书）		行政（所长、经理、校长、院长、队长）		
一坑		黄明学	李天一	周金堂		科研所	陈天发		张建兴		
二坑	谢洪盛	吴庚寅	李显发	屠治鼎	姚本刚	工程建筑公司		吴吉燃	何于海	李明亮	
五坑		陈秀福		田腊苟	邱正清	供销运输	田景义	吴平志	武铁伦	曾忠培	李怀珍
机选厂	张钦泉	李党生	林文广	陈文旌		矿中	曾广槐		张声茂	姚惠玲	
冶炼厂	汤孝章			杨家庆		矿小	田水桥		赵素薇		
一分矿		蔡祖贵		罗锡民	杨再云	技校	杨胜华		何宗恕		
地质队	田建华	鲁政新		张光友	刘仁录	矿医院	杨再裕		徐文长	李汉民	
炸药库	姚元忠					疗养所		周和友		郑朝勋	
大龙电厂	汪银洲		马文彬	程明绪		渣坝	崔德荣	杨胜前		张湘邦	
机修厂		聂熙祥		柳兆坤		民警队		黄式明		姚本华	
供电所		彭谦明	齐兴沧			路腊工区				沈进喜	

1993—2000年贵州汞矿二级机构党组织任职人员一览表

表3-5

姓　名	职　务	单　位	起止时间
黄鸿飞	党总支书记	氯碱镁工程指挥部	1993—1994年
吴庚寅	总支书记兼矿长	杉木董分矿	1993—1994年
鲁政新	总支副书记	杉木董分矿	1993—1994年
鲁政新	总支书记矿长	岩屋坪分矿	1994—1997年
张绍华	总支书记	氯碱镁	1994—1997年
申福顺	直属支部书记	化工厂	1994—1997年

1997—2000年贵州汞矿下属各单位任职人员一览表

表3-6

姓　名	职务	任职单位	备注	姓　名	职务	任职单位
卢振东	矿长	杉木董分矿		熊文新	所长	供电所
吴秀君	矿长	杉木董分矿		刘良平	副所长	供电所
姜　平	矿长	杉木董分矿		张亚雄	副所长	科研所
杨方志	副矿长	杉木董分矿		杨同光	副所长	科研所
陆　伟	副矿长	杉木董分矿		彭永锋	副所长	科研所
刘统玉	厂长	冶炼厂		杨再云	副所长	科研所
邓建新	副厂长	冶炼厂		程明绪	厂长	大龙电厂
耒治斌	副厂长	大龙电厂		周旋平	经理	综合运输公司
陈　明	副厂长	大龙电厂		李德友	副经理	综合运输公司
曹　军	矿长	岩屋坪分矿	1991至1994年	霍智跃	副经理	综合运输公司
鲁政新	矿长	岩屋坪分矿	1994年12月至2001年10月	覃方军	经理	大龙银河有限责任公司
曾建明	副厂长	冶金化工厂		杨惠华	副经理	大龙银河有限责任公司
侯秀莲	经理	劳动服务公司		成文学	副校长	职工子弟中学
张贵金	经理	有色第一安装公司		刘远惠（女）	校长	职工子弟小学
田昌发	经理	有色第一安装公司		李云长	副校长	职工子弟小学
姚福荣	经理	有色第一安装公司		蔡祖贵	校长	技工学校
张贵金	副经理	有色第一安装公司		周桂梅（女）	园长	矿幼儿园

续表3-6

姓　名	职务	任职单位	备注	姓　名	职务	任职单位
肖成玉	副经理	有色第一安装公司		李志斌	副校长	张家湾职工子弟小学
龙建业	经理	劳动服务公司		王美荣	副校长	张家湾职工子弟小学
彭兼明	副经理	生活服务公司		邹思华	副校长	矿冲脚职工子弟小学
罗锡明	经理	矿山建筑工程公司		杨正东	院长	矿职工医院
罗春斌	副经理	矿山建筑工程公司		李　兴	副院长	矿职工医院
陈锦明	副经理	矿山建筑工程公司		杨永忠	副院长	矿职工医院

第二节　采　选　冶

一、采运

1991年前，万山汞矿的采运情况，已载于1993年出版的《万山特区志》一书中。经过数千年的开采，在20世纪90年代初，汞资源渐少，冷风洞坑口于1991年3月闭坑，黑洞子坑口于1993年2月撤销，改建为矿山工程公司，岩屋坪分矿于1994年6月4日关闭停产，只有杉木董、张家湾、冲角三个工区继续开采。三个工区围岩稳定或中等稳定，采取不保留保安矿柱的全面空场法和保留矿柱空场法进行开采，使用双臂双机液压凿岩台车凿岩，炸药爆破，电耙耙矿装车。由于三个矿区矿体相连，洞道相通，矿石装车后，在竖井统一用卷扬机、提升机，将海拔675、681、703、741、759、810米等6个层位的矿石提升到833米的杉木董工区后，再用电机车牵引至300吨/日机选厂，实行采掘、装运、选矿全流程的机械化作业，从1991年到2000年间，共掘进8089.42米，采矿量达570927吨。

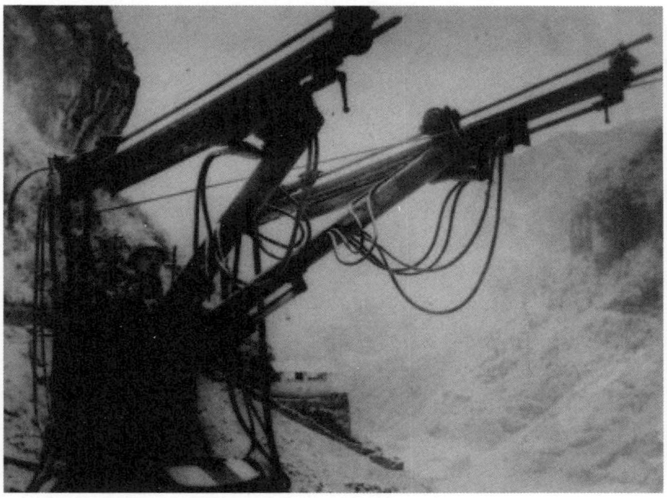

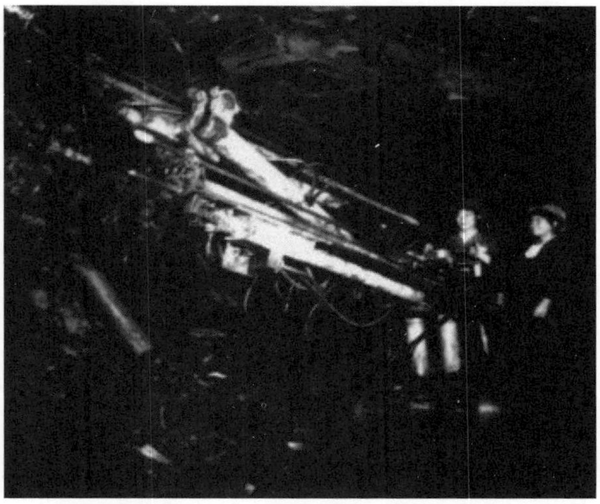

图示:(以上图片均为李杰摄)
第一排左起:1.贵汞两人使用凿岩机凿岩; 2.贵汞井下使用(杉木董)的双轮双臂凿岩台车
第二排左起:3.双机双臂液压凿岩台车 4.五坑凿岩台车女子班作业

1990—2000年万山贵州汞矿探采掘进情况一览表

表3-7

年份	采掘总量（吨）	采矿量（吨）	掘进量（吨）	掘进度（米）	地探（米）	开拓（米）	生探（米）	采准（米）	切割（米）	出矿量（吨）
1990	246465	210122	36343	3547.44	574.2		54.2	1501.84	1417.2	255466
1991	159285	132413	26872	2971.6	466.6	653	29.49	927	122.8	141425
1992	74312	57224	10088	1702.6	238.9		93.5	532.3	837.9	72028
1993	68638	72211		430						
1994		93529		781.07						
1995		56459		675.6						
1996	41656	34523		1011.8						33899
1997	36702	33981	221	418.1						36899
1998	29906	28686	1220	117.35						31531
1999	28876	27975	901	123.3						39510
2000		32126		38						

1990—2000年万山贵州汞矿采矿作业情况一览表

表3-8

年份	采矿品位(%)	出矿品位(%)	回收率(%)	贫化率(%)	万吨掘进量(吨/班)	采矿台数(吨/班)	掘进台数(吨/班)	采矿掌子工效(台/班)	掘进掌子工效(米/班)
1990	0.317	0.192		8	209.59	60.25	1.76	10.79	0.29
1991	0.384	0.224		5.7	246.35	61.77	1.71	11.16	0.28
1992		0.217		5.5		16.68	1.86	12.18	0.37
1993	0.354	0.227		3.8				9.93	0.28
1994	0.297			4.1					
1995	0.26								
1996	0.256			3.33					
1997	0.299	0.207		4.6				11.13	0.3
1998	0.67	0.272		4.86				10.8	0.59
1999	0.276	0.211		6				10.12	0.34
2000	0.255								

二、选矿

1991—2000年间，二、四、六坑生产的矿石都运送至杉木董300吨/日机选厂机选。300吨/日机选厂是中国冶金部批准的设计方案建立起来的。厂址选择在二坑坑口不远处，地质条件良好，实际建设资金430.6万元，长沙有色冶金设计院设计，由贵州汞矿副总工程师陈远心负责技术施工。该工程自1978年5月开始施工至1981年8月17日竣工投产，工艺流程、工艺质量符合设计要求。选厂是采用简单的重选、浮选联合流程，处理原矿石品位为0.277%（二、四、六3个坑口的混合矿石），理论回收率是96.06%，实际回收率为94.12%。经查定，全厂综合（重选——浮选）理论回收率97.2%，其中重选17.12%，浮选80.08%。单纯浮选理论回收率96.62%。此后又将该厂改造为单一的浮选厂，使日处理矿石能力提高到550—600吨。1991年至2000年贵州汞矿一直采用这一先进流程进行机选。

黑洞子、岩屋坪分矿在闭坑前有50吨/日机选厂进行机选。冲脚亦用100吨/日和150吨/日浮选机选，后并入300吨/日机选厂机选。

图示：（以上图片均为李杰所摄）
第一排左起：1.溜槽粗选；2.机选厂重选；3.机选厂浮选
第二排：300吨/日机选厂

贵州汞矿300吨/日机选厂完成指标情况一览表

表3-9

年度	选矿年处理量（吨）	精矿量（吨）	回收率（%）	原矿品位（%）	精矿品位（%）	尾矿品位（%）	磨矿量利用系数吨/立方米台时	磨矿机作业率（%）
1990	141506	1085.33	96.03	0.256	29.32	0.0103	2.79	70.28
1991	113759	1066.65	95.54	0.248	25.27	0.011	2.85	55.94
1992	70280	499.778	95.36	0.21	27.63	0.0103	2.82	59.74
1993	71592	566.591	95.25	0.22	26.423	0.01	2.22	56.19
1994			93.4					
1995			93.86					
1996			92.59					
1997	36890	358.72	94.38	0.207	20.11	0.012	1.57	45.14
1998	31531	360.283	95.44	0.272	22.75	0.015	1.36	40.14
1999	39510	43.924	95.06	0.211	18.27	0.012	1.75	46.93
2000			93.45					

三、冶炼

1990年后，蒸馏炉冶炼占贵州汞矿全部产汞量的80%以上。蒸馏炉炼汞的过程是将机选后的汞精矿置于密封的蒸馏炉中通电加热，使汞精矿迅速脱硫化为汞蒸气进入密不透气的冷凝设备中冷却成液态汞沉淀下来。蒸馏炉处理的原料品位一般为15%—20%的浮选精矿，冶炼回收率达98%—99%。浮选——电热——蒸馏炼汞方法是各种炼汞方法中最好的一种，回收率高、废气、废渣、废水排放量最小。三废污染度（以排放废气汞量计），蒸馏炉与沸腾炉、高炉之间的比例值为1∶4.21∶12.3。苏联国家矿物冶炼与地质勘探经济研究所所长费多尔邱克到万山参观后讲："贵州汞矿的选矿和冶炼技术在世界上是最先进的。"

图示：（以上图片均为李杰所摄）
左起：1.四坑冶炼高楼；2.蒸馏炉；3.沸腾炉

第三节　汞系列产品开发

万山千百年来生产朱砂、水银（汞）在省内外销售或转销国外，使矿山的汞金属储量逐年减少，依靠汞业生产而生存的数万职工和家属不得不为发展前途而担忧。贵州汞矿为矿山人民的发展前途着想，决定一边生产朱砂、水银，一边搞系列产品开发，增强活力，延长矿山寿命，保障矿区社会经济持续发展，于是进行了一系列汞产品的开发研制。

一、钛汞合金

1978年，东北工学院、贵州汞矿、北京有色金属研究总院、华阳灯泡厂等单位联合，在贵州汞矿科研所试生产钛汞合金（又称钛汞齐），是用于日光灯的消气剂原料。钛汞合金粉同锆铝合金粉压结成汞释放消气剂复合带，热稳定性能好，在300摄氏度下基本不分解，释汞量大于48%，游离汞小于0.05%，寿命光参数达到国际标准。不仅用于国内新光源的研制，还销往日本等国。1980年，轻工部投资40万元，帮助贵州汞矿在冶炼厂建立市场钛汞合金车间，每年根据厂方需要生产1吨左右。此项成果于1985年获国家科技进步二等奖。据统计，1991—2000年共生产钛汞齐1.565吨。

二、氯化汞

1984年7月，北京化工厂将氯化汞市场设备和生产工艺转让给贵州汞矿，并在冶炼厂建立氯化汞生产车间，1985年4月投入试生产成功。此项工艺，在石英甑中由氯气和汞蒸气在高温下化合而成氯化汞，质地纯净，可达C、P级（化学纯），作为化工原料，国内需求量较大。贵州汞矿按照订货量和用户要求，

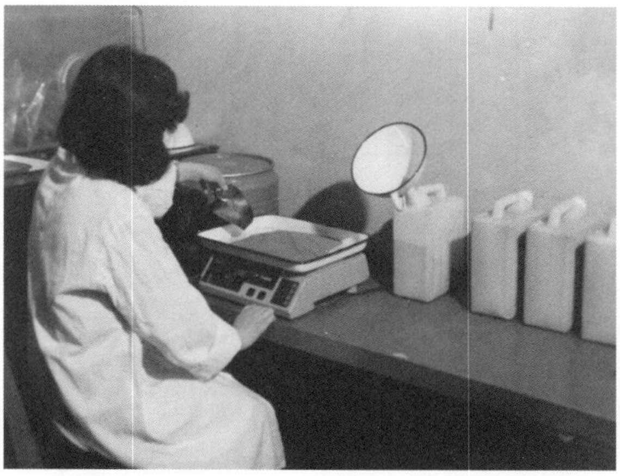

每年组织生产2—3次，年产量10—50吨左右，投入市场。据统计，1991—2000年共生产氯化汞229.994吨。

三、氯化汞触媒

分为W—Ⅰ型、W—Ⅱ型二种，其中W—Ⅰ型氯化汞触媒，于1986年由贵州汞矿利用自产的氯化汞和湖南城步（后改为太原）的活性炭作原料试制成功。采用罗马尼亚的“循环浸渍—密闭干燥”的流程（m、c、c）。产品含氯化汞11%—13%，汞含量小于0.3%，机械强度大于90%，乙炔转化率高（98%—99%），反应稳定。达G/YS6—87标准产品要求，1988年获省优质产品证书。W—Ⅱ型氯化汞触媒是继“W—Ⅰ型”试产后，于1986年由贵州汞矿科研所利用同样原料，以干法初试，1987年中试取得成功。1989年以省经开字（1989）127号和黔化（89）技字第013文正式批准，列为贵州省新产品试制项目。其操作简便，成本较低，质量优于“W—Ⅰ型”，受到用户的好评。1990年8月通过贵州省鉴定，被认为国内首创。1991—2000年，贵州汞矿共生产1376.2吨投放市场。

四、汞齐锌粉和红色氧化汞

1984年贵州汞矿在湖南轻工研究所的配合下，制成了汞齐锌粉（又称锌汞齐）产品。1990年4月，贵州汞矿根据西德、美国的市场需求，利用自产的氯化汞，制取红色氧化汞。以上汞基产品，由于市场尚未开拓，故未投入批量生产。

氯化汞触煤Ⅱ型产品

第四节　主要产品及产量

贵州汞矿的主要产品是汞（水银）和朱砂，所生产的“银河牌”汞两度获国家银质奖，成为国家出口免检产品，“红菱牌”朱砂获贵州省“优质产品证书”。产品畅销40多个国家和地区。改革开放后根据国内外市场对汞系列产品的多方面需求，贵州汞矿组织科研系列产品钛汞齐、氯化汞、氯化汞触媒生产。1992年贵州汞矿大龙氯碱镁厂投入生产，产出金属镁、烧碱、液氯和盐酸，打破了改革开放前汞产品单一的局面，满足了国内外需求，提高了矿山生产的经济效益。

1991—2000年贵州汞矿工业总产值与产品产量统计

表3-10

时间		工业总产值（万元）	产品产量（吨）								
			汞	朱砂	钛汞齐	氯化汞	氯化汞触媒	烧碱	液氯	盐酸	金属镁
八五时期	1991	2930.27	273.92	62.886	0.663	55.475	231				
	1992	1950	143.7	36.495	0.06	45.2	150.95	369.2	187.7	515.79	
	1993	2162.00	152.828	7.5	0.114	17.975	175.425	643.76	397.1	875.45	
	1994	2691	161.38	0.225	0.728	30.225	212.525	1384.67	193.3	674.23	
	1995	2297	88.513	2.5			219.625	2319.92		313.52	216.786
	小计	12030.27	820.341	109.606	1.565	148.875	989.525	4717.55	778.1	2378.99	216.786
九五时期	1996	868.2	39.597			40.965	148.25				
	1997	817.79	62.457	1.225		14.25	137				
	1998	824.2	71.913	1		15.25	66.3				
	1999	789.6	70.037	1.475		10.65	26.125				
	2000		56.437								
	小计	3299.79	300.441	3.7	0	81.115	377.675	0	0	0	0
合计		15330.06	1120.78	113.306	1.565	229.99	1367.2	4717.55	778.1	2378.99	216.786

第五节　经营体制改革

一、转产探索

20世纪80年代末，贵州汞矿鉴于汞资源日趋枯竭的现实，为企业今后的生存需要，寻找新的代替项目。1989年5月在大龙开工建设贵州汞矿氯碱镁厂项目；1992年7月氯碱部分正式投产；1994年7月12日金属镁试产成功，生产出第一批产品。1995年后因市场竞争中的多种原因，加上设备和技术不到位，迫使氯碱镁厂试产不久后就停产。1997年3月，经中国有色金属工业总公司批准，大龙氯碱镁厂从贵州汞矿分离出去，成为独立核算、自主经营的法人单位。

1994年11月，贵州汞矿与湖南新晃汞矿（中兴公司）共同入股组建‘新晃银河汞业经贸有限公司，公司实行互惠互利原则，采用贵州汞矿的“银河牌”汞商标，共同销售两家生产的氯化汞、氧化汞、氯化汞触媒等产品，增强了市场竞争力’增加了企业经济效益。

1999年下半年，贵州汞矿大龙银河有限责任公司与贵州水泥厂、江口水泥厂三家联营，组成贵州乌江水泥粉磨有限责任公司，注册资金800万元—1000万元。第一期工程投资500万元，利用贵州汞矿大龙电厂废弃煤灰年产水泥10万吨。2000年8月工程完工并一次试产成功，产品质量符合乌江牌水泥质量标准。为单位分流搞活和安置下岗职工创造了条件，安置职工70名。同时利用贵州水泥厂旋窑，生产水泥初级产品，通过深加工生产合格水泥，填补了铜仁地区缺少旋窑生产水泥的空白。2001年10月该公司随着贵州汞矿关闭破产停止生产。

1999—2000年，贵州汞矿投入20万元开发200吨/年无汞电池锌粉项目，完成第一阶段试验工作，即微汞（含汞0.15%）电池锌粉的试验研究，析氢量、粒度、有效氢及杂质含量均达到用户要求。在资金困难的情况下，采取安装、试制生产和市场开发同步进行，生产电池锌粉2.5吨。由于产品质量不够稳定，市场开发受到制约。

二、改革经营体制

1997年，贵州汞矿针对汞资源逐步枯竭的状况，力求通过加大改革力度，在上级支持帮助下，争取用三年左右时间摆脱困境，采取了四项措施：1.把汞矿冶金化工厂、综合运输公司、银河物资公司、安装公司、矿建公司、劳动服务公司和岩屋坪纸厂7个二级单位推向市场、脱离矿山母体，实行自主经营，自找70%的工资；2.将贵州汞矿大龙机关和建筑工程队合并，组建矿山建筑工程公司，万山运输公司和大龙运输公司合并，组建贵州汞矿综合运输公司；3.矿机关26个处室压缩合并成16个，人员减少1／3；4.将汞矿钾肥厂并入科研所，其生产经营，人员和资产由科研所统一安排。通过定员定岗，定出富余人员420名。对富余下岗职工允许自谋职业，对找不到新职业的按月发给基本生活费。

1998年，对冶金化工厂、银河物资公司、综合运输公司、安装公司等辅助单位全部放开，自找工资，自负盈亏。技工学校、职工医院、生活服务公司和幼儿园教育和后勤单位半放开，保50%的工资，其余自找。

第六节　贵汞职工

一、职工队伍

1990年贵州汞矿支援贵州有机化工厂，瓮福磷矿、戈塘金矿以及广西苹果铝厂，矿山人员由4781人，降到4700人。有人称赞贵州汞矿是培养和输送人才的基地。但随着职工子弟的成长，又有一大批人员加入了工作队伍，这一增一减，职工人数仍然宏大，人浮于事的现象十分严重。2000年底全矿退休职工3000人，在职1269人，富余人员及无业青年2000人，共6269人。

二、职工队伍构成情况

据1980年人口普查报告，贵州汞矿有大学毕业职工155人，中专、技校、高中毕业职工2363人，1980年全矿科技人员专业技术职称评定，共有437人获得高、中、初级职称。1988年进行职称改革，全矿评出高级职称人员41人，中级职称人员432人，到1990年12月，全矿包括工程技术、医药卫生、教师、经济、统计、会计、档案、新闻等专业职称人员共有640人，约占职工总人数的15%。

1991—2000年贵州汞矿职工人数及组成情况一览表

表3-11

年份	全部职工数		各类人员组成				生产工人（含学徒）
	年末	平均	工人	技术员	管理人员	服务人员	
1991	4700	4724	1959		413	976	1959
1992	4087	4426	1205		385	806	
1993	3825	3931					
1994		3741					
1995	3476	3570					
1996	3127	3359					
1997	2266	2583	646		228	433	
1998	1221	1163					
1999	1314	1331					
2000	1269	1290					

三、职工待遇

1. 工资制度

1988年的工资改革，大中型企业普遍推行工资总额与经济效益挂钩，对暂不具备条件实行工资总额同经济效益挂钩的企业，分两部分实行工资总额包干的管理。即：一部分由成本列支的基本工资部分，实行指导性工资计划指标包干使用，不得突破。其项目包括：标准工资、粮贴、副食品价格补贴、加班工资和按国家规定经批准的标准和范围发放的津贴补贴。另一部分由奖励基金开支的效益开支部分，实行指令性计划指标，根据企业经济效益应提取奖励基金进行具体核定。其项目包括，各种奖金、浮动工资、浮动升级、知识分子补贴、书报费和企业自建的津贴补贴，以及计件超额工资等。从1987年10月起，按国家规定将中小学和幼儿园教师现行的各级工资标准（基础工资、职务工资这和）提高10%，同时提高部分专业技术人员的工资。1989年企业工资改革和工作调整有新的进展，进行推行企业工资挂钩办法，并提高中学生班主任津贴和建立超课时酬金制度，提高护士10%的工资标准。

2. 工资调整

1990年，全民所有制职工人月均工资达到160元（含奖金、津贴、加班工资）。

1991年企业实行工资总额与经济效益挂钩或实行工资总包干管理。由成本列支的基本工资实行指导性工资计划指标包干使用，其项目包括标准工资、粮贴、副食品价格补贴、加班工资和国家规定经批准的标准和范围发放的津补贴；由奖金基金开支的效益工资，根据企业经济效益提取奖励基金进行具体规定，其项目包括各种奖金、浮动工资、浮动升级、知识分子补贴、书报费和企业自定的津补贴。

1992年，贵州汞矿由于产品滞销、积压和三角债的困扰，导致资金极度困难，不仅正常生产资金无法保证，甚至连基本工资的发放也不能维持。经矿党政班子研究决定，暂时停止汞系统生产，并对停产单位和有关部门减发部分工资。贵汞办〔1992〕第158号文件对停产时间和停产后如何计发工资等问题作如下规定：

停产时间：自1992年9月至1993年2月暂定半年。若汞销售情况好转，将提前恢复生产，反之，则延迟停产时间。

停产后工资发放分三种不同类型：第一类是属于保工资的，包括：矿中、矿小、技校、幼儿园、医院、民警队、三都联营公司、氯碱镁厂（试生产阶段）等九个单位；第二类是继续生产或对外开展劳务自己解决工资发放的，包括：冶金化工厂、安装公司、建筑公司、运输公司、万山车队等五个单位；第三类是停产后减发一部分工资的单位和部门，包括杉木董分矿、岩屋坪分矿、黑洞子坑口、冷风硐坑口、冶炼厂、电厂、科研所、党校、劳动服务公司、玻璃厂（指其中全民职工）。路腊退休所、地质队(已在第一批按待岗处理)、矿机关等13个单位。

减发工资的比例；原则上停产减发工资的单位均按30%的比例减发，但对个别单位稍作调整。

矿机关按部室实际工作量的大小，尽可能压缩留岗人员，将多余人员按待业或编余处理。

减发工资的计算方式：扣减后的工资总额=（七月份工资总额-效益工资-井下、高温、冶炼津贴-粮贴、副食、矿山津贴）×70%+粮贴、副食、矿山津贴+部分留岗人员的井下或保健津贴。

有关事项

对扣减单位学校的教职员工和保健站的医务人员，在扣减计算前部分人员的工资停留。

1992年分配采矿工作的国家全日制大、中专毕业生。无论分配在哪个单位或部门，均不得作待岗人员处理。

凡原工资总额中已减了部分人员的工资（编余待岗处理），此部分人员的工资在矿计算中不得重复加减。

冶炼厂在氯化汞Ⅱ型触媒生产时将保留此次部分生产人员的全工资，保留的时间将按生产任务结合原定额计算，余下人员将按30%扣减。

汞矿对各单位按规定测定测算出工资总额后，在停产期间停控相对稳定，实行增人不增资，减人减资。

汞矿对各单位每月按测算的工资总额下发，由各单位自行分配。

汞矿对各单位留岗人员的数额不作规定，由各单位根据实际需要自行安排，矿要求各单位在安排留岗人员时，在突出工作需要前提下，对家庭生活确有困难的职工的安排兼顾考虑，编余、待岗人员的工资和一些津贴的扣减，从1992年九月开始。

这次对停产单位扣减了部分单位工资以及一些单位工资自理后，矿每月还需发放工资近100万元，因此各单位更应该向职工说明，做好进一步扣减工资的思想准备。

汞矿要求停产单位积极组织待岗人员开展劳务活动以增加职工的收入。贵汞劳人字（1993）第37号文件通知，从1993年6月1日起，凡1992年9月30日以前参加工作，1993年9月份的在册职工（含合同制职工）均可按最低调升一级，最高升三级工资的幅度进行升级。升三级半的人数为升级总人数3%—6%；升三级的人数为总人数4%（停产单位按2%），起薪时间：根据汞矿无支付能力的经济状况，暂不造册发放，只将升级表格装入本人人事档案，待矿经济效益好转后再通知造发，在职工调出矿外时，可作介绍，职工离退休时暂不作离退休费基数比例计算。待汞矿经济效益好转后，再予以计发。

贵州汞矿从1994年开始，职工工资由等级工资制转换为岗位技能工资制，国家对企业工资实行宏观调控，对有经济效益、单位有承受能力，每年都可适当安排增资指标，给企业职工晋升工资。

随着汞资源的枯竭，汞产量逐年锐减，汞矿靠贷款发工资，负债越来越多，汞矿积极推进“切块分割、化小搞活”方案的实施，进一步深化企业内部改革，大力开展生产自救。1997年6月9日，汞矿党政联席会议决定：从1997年起矿属各生产单位按经济责任制兑现工资，如：化工厂：

定员47人，年工资控制额114959元。

工资来源：自找。

产量：6—12月炸药100吨，指导性计划，力争120吨。

成本：自控、自负盈亏。

内部调拨价：炸药4300元/吨

导火管1.60元/米

火雷管0.80元/发

导火线0.80元/米

其他

上缴折旧费7718元，上缴利润3万元（有利润时允许单位冲减单位原欠外债，矿批准后视为本年利润）；确保矿生产用品的供给；国有资产保值、增值；承担水、电费职工医疗费，上缴社会养老保险金；有利润时按5:3:2比例使用（即50%作为发展基金，30%作为职工奖金，20%作为职工福利基金）。

3.离、退休、退职待遇

①离休　中华人民共和国成立前参加革命工作，新中国成立后后继续在国家机关、全民所有制企业工作的职工，男年满60周岁，女年满55周岁，女工（普工）年满50周岁，连续工龄满10年，或从事井下、高空、高温、特温、特别繁重体力劳动及其他有害身体健康工种，男年满50周岁，女满45周岁，连续工龄10年的，可享受离休干部的基本政治待遇，生活待遇从优，境内从1982年起，开始办理离休手

续，至1990年年底，离休干部34人。对民国34年（1945年）9月3日以前参加革命工作的，每年增发1—2月本人工资作为生活补贴。离休干部离职休养后，其工资福利和在职干部一样，医药费实报实销，另外还有特许费，护理费等。

②退休　中华人民共和国成立后参加工作的，工作时间和年龄与离休干部同样可享受退休待遇。境内1982年至1990年间共办理退休手续共2723人。企业职工根据企业经济状况发给退休金，每人每月最低保证在35至40元以上。因公致残饮食起居需人扶助的，退休金按本人工资标准90%发给，并视其情况发给一个工人工资作护理费，饮食起居不需人扶助的，退休金按本人工资90%发给，患矽肺病职工退休后，退休金按本人工资90%发给。工残、硅肺病退休职工的退休金低于40元的，按40元发给。对于获得全国劳动英雄、劳动模范及部队军以上授予战斗英雄称号，退休时仍保持其荣誉的，退休金可高于同等退休职工工资的5%—15%，但不得超过本人的标准工资。1985年，对离退休职工，每人每月增发生活补贴费5元。工资改革后，退休人员的退休金，按参加工作年限，分别以其结构工资的95%、85%、80%几种比例按月发给。集体所有制单位，可参照执行，1985年开始实行全员劳动合同制，1986年全面推开，1989年万山所有国营、集体企业及党政机关事业单位后勤服务全部实行劳动合同制，在工资分配上，按照“按劳分配”原则，适当拉开分配距离。退休年龄、退休待遇不变。企业改革过程中，分流下岗人员，达到退休退养条件的，可以提前退休退养，达不到提前退休退养的，可实行一次性补助，与单位解除劳动合同关系。

1989年，其通信费由原来的30元提高到50元，因公致残全丧失劳动能力的由40元提高到60元后，再增加5元离退休费。因不够条件而退职的，所领生活费由25元提高到40元，再增加5元退职生活费。

贵汞劳人字〔1993〕第37号文件通知，从1993年6月1日起，离退休人员的工龄津贴标准由原来的每工作一年0.5元调整为1元，按本人离退休前的实际工作年限和调整后的标准计算原工龄津贴数额，纳入离退休费基数。工龄津贴所提高的部分，待矿经济好转有支付能力时可造册发放。

6.医疗保险

2002年5月，贵州汞矿破产关闭移交地方管理，3038名退休职工正式参加万山特区职工医疗保险，另移交医疗特殊人员29人，其中离休人员28人，革命残废军人1人。

第七节　经营管理

一、生产调度管理

贵州汞矿1991—2001年间，矿部设有总调度室，由生产矿长负责。各分矿、坑口、厂、公司、队亦分别设有调度室，由分矿、坑口、厂、公司、队的副职负责。总调度室是全矿经营活动的最高指挥机关，根据领导指示和市场作业计划及时地将经营指标分解到各基层调度室，各基层调度室根据总调度室的指令，立即组织实施，并将在实施过程中出现的问题和预计可能出现的问题及开展经营活动的情况及时向总部调度室报告，总调度室根据新情况、新变化对经营活动进行及时调整。要求调度室人员不准说假话，不准违抗上级指示和命令。调度工作方法特别强调“五性”，即计划性、预见性、集中性、及时性、灵活性。贵州汞矿为了保证全矿生产经营活动正常运转，制定了《贵州汞矿调度工作条例》，《条例》分总则4条、调度工作任务3条，职责范围16条，调度工作制度11条，调度工作方法1条，共5大项

35条，基本实现了生产调度管理制度化和正常化。

二、产品质量管理

贵州汞矿于1990年制定了产品检验制度，保证了汞产品质量一直超过国家部颁标准。贵州汞矿生产的“红菱牌”朱砂和“银河牌”汞获贵州省人民政府授予的优质产品证书，1991年以来，一直为国家出口免检产品，其纯度为99.999%，曾获得中华人民共和国银质奖章。贵州汞矿产品检验制度规定了产品检验程序、检验员职责，产品取样，物理检验和化学检验，试剂产品检验，产品检验印鉴，质量记录和质量证明文件等6大项，要求检验人员采用科学手段认真负责的对产品进行检验和化验，作出产品是否达标鉴定，不合格产品一律不准出厂。如检验人员不执行检验制度，对产品质量做出了误判、错判，必须追究检验人员责任，视其情节轻重和损失大小给予适当处分。对出厂产品质量证明文件，各有关业务单位和科室人员必须妥善保管，不得遗失和挪作他用，否则应视其后果给予行政处分，直至追究法律责任。

三、产品库存管理

贵州汞矿于1990年制定和颁布了产品管理五大项24条，即：（一）产品入库5条；（二）产品退库4条；（三）产品保管5条；（四）产品出库8条；（五）安全保卫3条。对产品管理的全过程都作了具体而严格的规定，要求对产品的入库、退库、出库、库存保管都要有实物质量数额单据、账册。成品库不仅自身的物账相符，而且要与产品入库单位、出库销售单位、退货单位、财务科等单位的单据数额相符。所有收发产品的单据，证件、账目都必须当日登记，并按月按季装订成册，妥善保管，不得丢失、短少变质、泄密。切实做好防火、防盗、防霉烂变质、防坏人破坏的四防工作，对仓库要严格执行民警值班制度，做好安全保卫工作。保管人员必须做好每月小盘，半年中盘、年底大盘的盘点工作。盘点发现有盈亏情况是，应填写盈亏报表，上报主管科长，如问题较大，需要报主管矿长批准后，才能对库存数额进行调整。

四、产品出库管理

对外销售产品，应由销售经理开具“销售凭证”，注明托收或现款方式；矿内自用、应由自用单位开具有计划依据或以矿长批准的领料单，全质科成品库按照下列程序办理出库手续。

1. 提货：销售经理销售员或购货方的提货人员，执行销售凭证与产品出厂合格证至成品库提货。销售凭证一式六份，即销售经理部自留一份、成品库一份、财务科一份、随货同行一份、购货方一份，税务局一份。产品出厂合格证由销售经理部派人到全质科领取。

2. 成品库保管员，根据销售出具的销售凭证（或自用单位的领料单）及产品出厂例证规定的品种，规格、数量、批号，进行发货。自用产品不需领取出厂合格证。

3. 保管员发货时要对照凭证当面清点。提货人、收货人应在销售凭证上签字或（盖章），方可有效。

4. 销售凭证送成品库后，如因特殊原因需要进行更改或推迟发货时，销售经理部应写清原因，报经主管矿长批准后方可进行。

5. 产品发运后，保管员应在两日内将发运单据，票证送交矿财务科登记，以便办理货款手续。

6. 全质科质检员定期对库存产品进行质量检查。对库存三个月以上的产品，要按月定期检查。

7. 保管员必须执行仓库盘点制度，做到每月小盘，半年中盘、年底大盘。盘点发现有盈亏情况时，应填写盈亏报表，并附情况说明等，上报科长。如问题较大时需报主管矿长批准后，才能对库存数额进行调整。

8. 月终需及时向上级有关部门填报产品产销月报表（即月大于31日、月小于30日下午4时以前报出）。

五、安全保卫

1.严格执行民警值班制度。

2.严格执行案例保卫制度。

3.严格执行矿颁发的（加强成品库治安保卫的有关规定）。

六、汞产品运输销售管理

1990年贵州汞矿根据《国务院关于加强有色金属管理的规定》制定了《贵州汞矿产品销售管理条例（试行）》，《条例》分7章24条，第一章总则；第二章产品销售权限与价格管理；第三章产品销售合同书；第四章产品销售供货管理；第五章系列产品的运输管理；第六章罚则；第七章附则。贵州汞矿1991—2001年间皆按此条例从事运转销售管理，主要内容是：

汞及其汞系列产品多属有毒产品，运输工作由矿运公司承担，运输公司必须按销售经理部的决定，指派专车到指定地点装货，并与仓库保管员对品名、数量、证件等，办理交接手续，持有公安或工商部门产品运输许可证，在装车后24个小时内汽运。在运输途中，严禁产品丢失，尽量缩短中途停留时间。若由铁路运输，必须按铁路部门颁发的“有毒有害物品”运输的有关规定执行，朱砂、汞及系列产品，半成品的销售权属于矿销售经理部。价格决策权属于矿长和矿经营部，矿销售经营设专人负责单项产品的销售业务，具体办理单项产品销售计划、销售合同、提货、发运、及时收回货款及售前售后服务。对根据调拨计划的朱砂、汞及汞系列产品进入市场后，接受工商、税务部门的监督和指导。销售人员要熟悉掌握产品生产流程，产品性能和产品库存情况。销售经理部门每年至少要走访用户两次，经常进行产品市场调研、预测，了解产品用途新动向，及时提供调研报告，每月和每季末及年终都要按规定填报产品销售报表，市场动态分析等资料上报主管部门和归档。对未经矿长批准擅自经营销售矿产品者，对利用工作之便，擅自降价销售者、行贿受贿者、额外增收运输费用者，玩忽职守，在产品装卸、运输过程中造成丢失、损坏和环境污染给矿带来经济损失者，一律由监察科审查，视其情节轻重，给予当事人或主管负责人行政处分直至追究法律责任。1991—2001年间，贵州汞矿实行产品营销额，产品回笼额，与销售人员工资、效益工资、销售费用直接挂钩的承包方式、按月、季、年考核奖惩兑现。

七、财务管理

1991年以后贵州汞矿继续实行内部银行结算制度，具体做法是：借助国家银行调节国民经济运行的形式和基本制度，进行企业内部核算与资金管理，对矿属内部交易活动各个环节之间的解决往来实行监督和控制。内部银行以矿长为领导，以财务科为内部资金结算中心，设立资金流向账户，核定各单位资金定额，核定产品内部价格。矿属内部之间往来和产品劳务引起的款项结算，产品内销，工作奖金发放、费用开支、利税上交，材料、备件调拨，全部纳入内部银行结算。矿属单位在生产经营过程中需要贷款或存款，参照国家银行利率或略高于外部银行利率计息。对利息与罚金作出9点规定，对结算与要求有3项12条规定。

八、审计管理

贵州汞矿1992年7月30日经国务院经济贸易办公室、国家计划委员会、国家统计局、财政部、劳动部、人事部等六部委审核为大型二档企业，根据国务院《关于审计工作的暂行规定》第十条，《审计署关于内部审计工作的若干规定》和《中国有色工业总公司内部审计工作实施办法（试行）》的有关条款，结合贵州实际，制定了贵州汞矿内部审计工作实施细则，由贵州汞矿审计科根据《细则》实施内部审计监督制度，严肃财经纪律，改善经营管理，提高经济效益。

第八节　政策性关闭破产

一、关闭破产的原因

1. 资源枯竭，产量骤减，企业生存困难

贵州汞矿累计探明金属含量为31720吨，到2000年年底已开采31000多吨，矿山保有储量仅为750吨左右，多为边角残矿，开采难度大，先后相继关闭了一坑、五坑、岩屋坪分矿三个坑口。贵州汞矿年产量原为500吨，到2000年仅为60吨。不仅远远维持不了企业生存，若长此下去，还会使企业的负债越来越高。

2. 债务沉重，严重影响企业生存

到2000年末，贵州汞矿总资产账面24493万元，企业欠国家专业银行贷款本息16327万元，欠电费、税金和物资采购等其他债务18705万元，总负债为35032万元，资产负债率为143%，使企业陷入严重的资不抵债境况。

3. 生产条件差，职工生活困难

上世纪90年代后期，贵州汞矿职工富余人员和无业青年增至2000余人，退休职工增至3000余人，企业负担越来越重，发展到在岗职工工资不能按时足额发放，有的单位和职能部门开始用房产作抵押或卖机器设备维持生计。下岗职工基本生活费难以落实，离退休人员养老金平均只有400元左右，且拖欠严重，不能按月足额发放，致使职工生活困难状况非常突出。下岗职工长期从事矿山工作，年龄偏大，技能单一，再就业十分困难。

4. 企业办社会事业的包袱沉重

贵州汞矿原办有1所中学、5所小学、1所幼儿园、1所职工医院和7个保健站，还有相应的卫生防疫和计划生育部门，公安机构和10个片区居民委员会，16处离退休人员服务点，又有供电、供水和房屋管理等配套机构，共有从业人员606人，每年需工资和其他费用600余万元。矿山所开办的这些社会职能事业加重了企业负担，难以面对和参与市场竞争。

5. 矿区的社会不稳定因素逐步突出

由于贵州汞矿多年的经营困难，3000多名退休人员待遇偏低。1998年7月纳入贵州省统筹之后，虽有改善，也不再拖欠，但退休金标准仅为全国有色工业系统同类人员的53%，1993至2001年期间退休人员多次大规模集会和群体越级上访，使万山汞矿区不稳定因素逐步突出，一定程度上干扰了正常工作秩序。

贵州汞矿在经济体制转向市场经济后，由于资源枯竭的客观存在及自身条件所限，虽几经努力仍无法适应经济体制的变化，困难状况日益严重，搞活无望，逐步走入绝境，到了山穷水尽的地步，矿部多数职能科室已名存实亡。矿领导只有求助于上级主管部门，申请走关闭破产之路。鉴于贵州汞矿已在困境中徘徊10余年，再也拖不下去的现状，根据中央十五届四中全会《中共中央关于国有企业改革和发展若干问题的决议》的精神，国家将贵州汞矿列为全国有色金属工业系统关闭破产的45家矿山之一。

二、实施政策性关闭破产的过程

1999年3月，由国家经贸委、国家有色金属工业管理局3名副局级领导任组长、副组长，有省、地、特区各级领导参加的一行20余人的考察组到贵州汞矿作了为期两天的考察。2000年2月3日，国家企业兼并破产领导小组正式下达计划，批准贵州汞矿关闭破产。是年7月3日，国家将贵州汞矿（原为中央企业）关闭破产事宜交由贵州省操作。贵州省委、省政府组织由省经贸局、财政局、劳动和社会保障厅、省总工会、有色行业管理办等9个部门组成的联合调查组到贵州汞矿作了为期10天的实地考察，通过听取汇报、召开座谈会和走访等方式，为政策性关闭破产作调研和前期准备工作。

2001年7月11日，贵州汞矿召开第十二届三次职工代表大会，也是贵州汞矿最后的一次职工代表大会。这次大会将贵州汞矿面临关闭破产的问题正式提交职工代表大会讨论，矿长宋龙顺在会上作《提高认识、统一思想、争取政策、退出市场》的报告，报告中既回顾了贵州汞矿的辉煌过去，也剖析了目前的艰难现状。

过去主要是：万山是一个具有600多年规模开采历史的老矿。洪武元年（1368年），明廷在万山司境内设鳌寨苏葛棒坑朱砂场局（今敖寨的岩屋坪、梅子溪一带）和大崖土黄坑水银朱砂场局（今万山镇境内），国内始有官办水银朱砂场局和专门从事朱砂水银生产的工人。光绪二十五年（1899年），英法商人在万山设立英法水银公司，夺取万山汞矿。10年掠走水银700吨，获利400万银元。光绪三十四年（1908年）英法水银公司撤离万山后，由硐主雇工分散开采。民国元年（1912年）至民国24年（1935年）由五大私营砂厂分散开采。民国25—34年（1936—1945年）为国民政府资源委员会垄断开采；民国35年至民国38年（1946—1949年）为益民股份有限公司开采。解放后，1952年5月国家正式接管以来，先后投入9000多万元资金（含技术发行资金），通过艰苦努力，把一个接管时千疮百孔、破烂不堪、工艺原始、生产落后的旧矿山建成一个设备优良、机械化程度较高，具有国内采矿、选矿、冶炼领先地位，年生产能力超千吨的大型稀有金属矿山。在科技应用、技术改造方面取得科研成果百余项，所研制的电热蒸馏炉在经济效果、能源消耗、三废排放三项指标居国内领先水平。近50年来为国家创利税15亿余元。特别是在国民经济困难时期的1959—1962年的4年间，贵州汞矿以国家利益为重，在生活极为困难、生产条件很差的情况下，全矿职工为国分忧，大干苦干，平均每年生产汞1137吨、朱砂75吨，成为当时全国唯一的稀有金属年产量超千砘的企业，为国家偿还苏联债务，度过困难时期，作出了积极重大的贡献。在50年代末国民经济调整时期，贵州汞矿服从国家利益，在本矿人员饱和的情况下，全矿职工为国分忧，仍无条件接收了一大批省内外下马企业的职工调入，使职工总数增加到6690人的高峰。多年来，输送一大批工程技术人员和业务骨干到贵州铝厂、水城钢铁厂、广西平果铝厂、瓮福磷矿和戈塘金矿等等厂矿企业，为这批国家和省属重点企业的生产发展作出了无私支援。同时调出大批人力、物力到玉屏、松桃、印江、三都、榕江等县，支援地方经济建设。

贵州汞矿曾先后被贵州省人民政府和中国有色金属工业总公司及有色贵阳公司授予“六好企业”“省级先进企业”“出口创汇先进企业”“清洁文明矿山”“思想政治工作优秀企业”“党风廉政优秀单位”“工业学大庆先进单位”等一系列荣誉称号，荣获全国及省部级劳动模范、先进生产（工作）者等等各种荣誉称号百余人次。所生产的“银河牌”汞两度获国家队“银质奖”，系国家出口免检产品，“红菱牌”荣获贵州省《优秀产品证书》。1992年贵州汞矿被国家批准为大型二档企业。

艰难的状况：一是资源枯竭，产量骤减，矿山原探明含量31720吨，已累计开采31000余吨，余下的多为边角残矿，开采难度大，成本高，不安全。二是企业债务沉重，制约着企业，使之陷入资不抵债的困境。三是企业办社会事业包袱不堪重负，无力参与市场竞争。四是生产规模和产量骤减，职工工资无法兑现，造成职工生活非常困难。五是职工住房系80年代初由空心水泥砖和炉渣砖建筑，还有部分是五六十年代的竹木建筑，职工居住条件差，水电设施老化，无力维修。

《报告》在回顾了贵州汞矿辉煌的过去，分析了目前面临的艰难处境后指出：实施政策性关闭破产是党和国家对特困企业的关怀，也是贵州汞矿的唯一选择。

职工代表在讨论中心情十分沉重，也非常矛盾。由于汞矿几千名职工是从五湖四海走到万山来的，经过50来年的艰苦创业，努力工作，为国家洒下了辛劳的汗水，作出了功不可没的贡献。很多职工和干部“献了青春献终生，献了终生献子孙”，两代、三代工作生活在矿山，对矿山有着深厚的感情，有着倦眷不舍的依恋。担心矿山关闭破产后，无依无靠没有着落。矿工对矿山的深厚感情和对关闭破产的担忧令人理解和同情。但与会代表想到贵州汞矿步入困境这十余年，企业包袱越来越重，职工生存条件越来越艰难，给国家造成一定压力，只有实施关闭破产，才是唯一明智的选择。两天会议，在付诸表决时，全体代表经过长时间沉默后，才慢慢举手表示“同意”。至此，贵州汞矿申请关闭破产的报告获得通过并上报。

2001年9月3日，贵州汞矿向贵州省有色金属行业管理办公室提出关闭破产报告，要求省政府派出工作组和清算组进驻贵州汞矿。2001年9月10日，贵州汞矿向铜仁地区中级人民法院提出依法宣告贵州汞矿关闭破产申请，要求依法对贵州汞矿财产进行司法保护。2001年9月12日，分别以贵州省经贸委主任李平、省有色行业办公室主任黄力平为组长的省政府工作组、清算组进驻贵州汞矿，并开展工作。9月20日，全国企业家兼并破产和职工再就业领导小组批准同意汞矿进入破产程序。随即，贵州有色行业管理办公室《关于同意贵州汞矿（含贵州省有色冶金汽修厂、大龙氯碱镁厂）关闭破产申请的批复》批准贵州汞矿实施政策性关闭破产。于当月24日上午，在矿礼堂召开全矿党员大会，黄力平作了关于贵州汞矿实施政策性关闭破产的讲话。次日又在矿部三楼会议室召开贵州汞矿中层以上干部大会，副省长刘长贵、省经贸委主任李平作了贵州汞矿关闭破产动员讲话。2001年10月18日，铜仁地区中级人民法院民事审判庭庭长刘风坤为审判长的一行5人在贵州汞矿办公大楼三楼会议室宣告贵州汞矿破产。至此，贵州汞矿（含两厂）关闭破产正式进入司法程序，并查封了贵州汞矿所有财产及银行存款和保存的历史档案、资料19322卷（袋）。其中文书档案2400卷，人事档案12115袋，会计档案2214卷，技术资料2593卷（照片底片15135张）。这些资料记录了贵州汞矿的光荣历史。几百年的开采历史和978千米地下坑道为建立矿山公园，发展旅游业，奠定了重要的物质文化基础。从2000年11月开始，由万山特区人民政府主持将原贵州汞矿区所有采矿坑道用钢筋水泥结构进行封闭，禁止入坑采矿。

铜仁地区中级人民法院宣告贵州汞矿破产后，贵州汞矿的清算工作按照中共中央办公厅、国务院办公厅和省政府批准的《贵州汞矿关闭破产实施方案》，对关闭破产前的在岗职工实行“五个一批”的安置政策给予妥善安置，具体安置方法是：

1. 社会职能单位移交安置一批。

贵州汞矿所办的社会职能单位，中小学校、幼儿园、医院、公安机构、供水、房管等单位职工成建制带资产移交特区政府管理；供电单位的职工成建制带资产移交铜仁供电局（由万山特区供电局代管）。

2002年4月17日，中共铜仁地委扩大会议专题研究贵州汞矿、大龙氯碱镁厂、贵州冶金汽车修配厂三家关闭破产企业社会职能和公用服务单位移交地方管理工作。4月29日下午，在万山民族宾馆会议室，清算组和万山特区政府签订了原贵州汞矿所办社会职能和公用服务单位移交协议，省有色办副主任、清算组副组长周华谨和特区政府常务副区长刘婕分别在移交协议上签字。（1）共移交原贵州汞矿办社会职能职工317人，其中：学校161人，医院70人，公安局30人，供电部门30人，供水部门15人，房管11人（其中含合同工8人）。（2）移交固定资产，学校：原值535.6万元，净值328.9万元；医院：原值144.6万元，净值83.9万元；供电部门：原值321.7万元，净值137.1万元；供水部门：原值368.8万元，净值132.2万元；房管部门：原值3197.7万元，净值1983.8万元。（3）移交补助费，学校1082万元，医院463万元，公安部门202万元，供电部门179.6万元，供水 部门80.5万元，房管部门65.7万元。（4）移交土地面积，学校56558公顷，医院12883公顷，公安部门2285公顷，供电部门5981公顷，供水部门1436公顷，房管部门398282公顷。

2. 按政策提前退休退养安置一批。

职工实行提前5年退休（男职工55周岁、女干部50周岁、女工45周岁）的政策，其中从事井下、高空，特别繁重体力劳动和其他有害健康的特殊工程职工可提前10年（男50周岁、女40周岁）退休。从事井下有毒有害工程，且距离退休年龄5年的全民所有制职工办理退养手续，发给基本生活费，达到提前退休年龄时再办理退休手续。共办理提前退休344人，提前退养463人。

3. 解除劳动关系一次性安置一批。

不符合提前退休的职工采取与企业解除劳动关系，按每满一年工龄发给一个月本人工资的标准，发给经济补偿金，或在体现工龄差别基础上一次性发给企业所在地上年平均工资3倍的安置费。共有1854人与企业解除了劳动关系，领取一次性安置费（经济补偿金）共6000多万元。

4. 资产重组分流安置一批。

贵州汞矿冶炼厂、矿山建筑工程公司分别由副矿长李小康、罗锡明牵头进行资产重组；贵州汞矿化工厂由贵州省久联集团成建制带资产整体接收，并于2002年全部搬迁到贵阳花溪；贵州汞矿运输公司（大龙部分）由霍智跃牵头进行资产重组。资产重组共安置职工218人。

5. 劳动托管服务中心过渡性安置一批。

对上述四种渠道安置后剩余的47名职工，由托管服务中心管理，按月发给208元基本生活费，由托管服务中心代缴养老保险费和失业保险费，经过5年安排就业岗位或到年龄脱离托管中心。

实行"五个一批"安置后，为维护贵州汞矿职工的合法权益，改善职工生活条件，由国家筹措资金，负责对采空区居民的危房进行搬迁或维修改造。改造张家湾至杉木董、官山、三角岩、土坪和冒水垄片区自来水供水管网络对原矿区老化的供电系统进行改造；对矿区65个公厕进行修缮。还补发了原贵州汞矿所拖欠的在职职工的三个月工资和长期拖欠的职工独生子女费、医药费、丧葬费。对原贵州汞矿20世纪60年代精简女工的身份确认后，为241名受精减女工发放生活补助费19.18万元，对万山玻璃制品厂以集体所有制名义录用的350名工人进行经济补偿，共发放补偿金117万元，对原贵州汞矿763名在职和退休人员作了因工致残、汞中毒和硅肺病进行复查鉴定。至此，贵州汞矿关闭破产后遗留的诸多问题逐渐得到解决。

2002年1月28日，贵州汞矿关闭清算组委托贵州拍卖有限公司在贵州汞矿办公大楼召开资产拍卖大会，对汞矿的部分设备设施进行公开拍卖。清算组还在贵阳举行部分财产专场拍卖会，原贵州汞矿大龙铁路转运站、大龙银河有限责任公司的土地使用权、房产权、铁路经营权及相关的产权、物资、地面设施和所有权益等破产资产，经公开拍卖，由贵州红星发展股份有限公司以1000万元全部收购，大龙电厂部分土地使用权和厂房以150万元拍卖成交。

2002年3月14日贵州汞矿破产清算组向贵州省博物馆捐赠文物资料仪式及新闻发布会在贵阳举行。清算组将有收藏价值的贵州汞矿矿石标本、产品样本及部分具有文物性质的实物资料共150件捐赠给贵州省博物馆收藏。

2002年4月13日，贵州汞矿清算组向铜仁地区人民法院提交终结破产申请，4月16日，铜仁地区人民法院裁定：终结贵州汞矿破产程序。资产清算工作结束后，资产清算财务报表、决算报表报铜仁地区人民法院同意后，聘请贵州仁信会计事务所作破产审计报告、资产评估报告，报贵州省财政厅批复确认。

第三章　民办汞矿及非法采冶

第一节　民办股份制汞矿企业

1988年8月，万山特区高楼坪侗族乡黄家寨村兴办黄家寨股份制汞矿企业，以200元为一股，共80股1.6万元。总投资90.1万元，除1.6万元外，其余由贵州省103地质大队地勘公司投入40万元，向银行贷款46.5万元，村集体投入2万元。由姚廷长、刘洪学、龙永均等人组成矿领导班子，聘请工程师杨渊任技术负责人，全矿有管理人员及工人80人，工人分三个班轮流昼夜施工，开工1年后，巷道施工进尺204米时见矿，朱砂矿石卖给铜仁垢溪人冶炼，2个月收入现金8万余元。此后，矿部决定在黑岩喇建高炉自行冶炼，1989年11月自建高炉点火冶炼成功，至1990年4月共生产水银3吨多，收入19万余元。不久因矿领导姚廷长挪用矿部资金作其他之用，造成无钱支付电费而停电停产3天4夜，矿硐被积水淹没，又加之伤亡了两名职工而被迫停产。在汞矿开办期间，曾先后获得万山特区乡镇企业局给予扶持资金60万元的无偿补助。

1997—1998年，广西河池人接手开办黄家寨汞矿，有股东15人，共集资300万元。从原坑道向文家屋场方向掘进，中途遇到泥消，多次严重塌方，施工无法进行，便改道向青年湖方向掘进，因矿石品位低，经济效益差，资金周转困难而被迫停产。

第二节　农民非法采冶

1980年，万山各人民公社实行土地联产承包到户责任制以后，农民在农闲期间进洞拣砂，人数越来越多，有个别农民不顾国家政策规定和矿山安全，擅自进洞乱挖乱采，而经常出现伤亡事故。

1985年2月12日，敖寨侗族乡杨家寨村和铜仁县老羊坪乡、石竹乡、瓮幔乡农民数十人，非法进入贵州汞矿岩屋坪分矿上硐井下，乱挖滥采，先后炸毁5号、16号、14号保安矿柱，在炸毁14号矿柱后20多个农民争先恐后围在14号矿柱的炸毁处拣砂，就在是日3时50分左右，采场顶棚板因无矿柱支撑而塌落1400多吨矿石，敖寨乡杨光见、吴先玉、吴先启、杨秀文、黄冬菊、吴福英、杨胜才、黄绍东，铜仁县的李代斌、李代炎、李代豪、杨昌义、杨昌发、杨胜军、刘建平、刘来和等16人被当场压死，还有20人负重伤，1人负轻伤。死亡人员中年龄最小的12岁，最大的38岁。

此后，部分农民尚未吸取血的教训，非法进洞打砂，拣矿仍然不断，常出现伤亡事故。有的农民从外地购进含汞废渣和拣来的矿石就地冶炼，全然不顾对自己对他人造成的危害。据万山环保资料记载，1989年6月万山境内取缔土灶炼汞192个，从业400人，土灶89%建于住房内或紧靠住房，8%建于河岸沟边，3%建于荒坡，均无防尘防毒设施，对环境污染严重。1988年特区防疫站对炼汞农民随机抽取80人体检，发现汞中毒3人，汞吸收74人。为保护自然环境和人民身体健康，特区人民政府于6月组织工作队，对炼汞土灶现场勘查，依法取缔。至7月6日，拆除炼汞土灶175个，其余限令年底前全部拆除。

2011年8月7日，高楼坪侗族乡部分农民非法进洞炸矿柱拣砂，又造成4死1伤的严重事故。中共万山特区委、区人民政府采取紧急措施，成立专门机构进行治理。

第四章　地方工业

20世纪90年代初期，万山特区地方工业很少，且规模小，效益也不好。当贵州汞矿资源枯竭，税源日渐匮乏之时，特区才意识到应发展地方工业，致使地方工业起步较晚。“十五” 期间，万山特区乘西部大开发的东风，积极开展招商引资，大力发展非公经济，地方工业企业开始有所发展，地方工业总产值由1991年的1436万元上升到2005年的37319万元。

随着万山特区经济社会的快速发展，地方规模以上工业企业也不断增多，出现了新的经济增长点，为万山特区各方面建设和人民生活的不断改善注入了新的经济活力，并奠定了良好的经济基础，工业总产值持续上升，据统计：2006年为55859万元；2007年为74563万元；2008年为95011万元；2009年为100026万元；2010年为126869万元；2011年为167472万元。

第一节　体　制

一、国有工业

1991年，万山特区国有工业企业只有万山特区冶炼厂、自来水厂、酒厂、酱油厂、打米厂、饲料加工厂。

1991—2011年，万山特区共有国有工业企业13户（见国有工业企业一览表）。因企业规模小，经营设施破旧不堪，加之市场不景气，均处于长期停业状况。职工全部下岗失业，个别企业仅留人看守，靠出租房屋门面维持留守人员的基本生活费，职工各项社会保险费无法按规定缴纳，生活普遍困难。

国有工业企业之一的万山特区冶炼厂于1991年建成投产，计划投资368万元，实际投资421.09万元，超计划14.43%，其中安装工程192.3万元，设备、工具、器具131.1万元，其他建设97.52万元。资金来源为：人行贷款140万元，建行贷款50万元，省财政借款120万元，特区财政借款53.5万元，共计资金363.5万元，缺口资金57.59万元。建有1800伏安电炉两座，具有年产硅铁2400吨或锰铁4800吨的能力，是特区投资最大的地方国有工业企业。1991年8月15日，特区冶炼厂与特区计划经济委员会签订“目标管理合同”，合同规定从1991年5月1日至同年的12月31日，允许亏损10万元，而实际亏损52万元，依据合同约定4名相关负责人共被罚款1700元。到2000年11月，断断续续生产了10年的冶炼厂，由于资金短缺和市场变化，生产经营亏损严重，负债累累，资不抵债；设备严重老化，致使产品、产量、质量受到严重影响，本身又无能力进行技术改造，最后选择依法申请破产。对12名职工，除1名正式干部由政府另行安排工作外，其余11名合同制职工采取一次性发给安置费，不再保留国企合同制职工身份，自谋职业。

万山特区自来水厂是特区地方国营工业中规模较大的。原先从屯坪夜郎谷提水，供水扬程516米，分四级泵站提升，成本高。为实现老山口新区开发战略，解决新区供水问题，2002年动工新建了老山口新区水厂，使用国债资金287万元，供水能力为3000吨/日，于2005年12月5日正式供水投入运行。与原四级泵站一起，基本解决了万山城区生产生活用水的紧张局面。至2005年年底，公司拥有固定资产835.48万元，两处主水源，一处补充水源，七个供水生产泵站，装机容量达479千瓦，生产能力达到7000吨/日，年产值达110万元，共有职工40人。

万山特区酒厂20世纪70年代建立，产品长期积压，1991年，销售不畅，积压了品牌“梦里香”酒30吨，回收资金17万余元，归还银行贷款14万元。同年，特区酒厂实行第二轮承包。1993年后，产量连续下滑，1997年停产。

万山特区酱油厂、万山特区打米厂、万山特区饲料加工厂，由于商业粮食系统改制，先后停止生产。

2010年4月至2011年10月，万山特区共完成改制企业16户，分别为：万山特区电影公司、万山特区农机公司、万山特区乡镇企业购销公司、万山特区酱油厂、万山特区中西药材公司、万山特区燃料公司、万山特区物资供应公司、万山特区银河化工厂、万山特区民族宾馆、万山特区粮油运输公司、万山特区酒厂、万山特区食品公司、万山特区百货公司、万山特区纺织品公司、万山特区饮食服务公司、万山特区五金公司。16户企业房产经过评估，价值共计2985.64万元，改制经费为1617.16万元。改制企业的资产，除万山特区银河化工厂的无形资产及部分机械设备采取公开拍卖方式已拍卖外，其余的资产交由万山特区开源投资公司管理，改制资金由万山特区财政全额拨付。

未改的国有企业还有4户，分别为：万山特区木材公司、万山特区饲料供应公司、万山特区粮油加工厂、万山特区盐业公司，这几家企业实行自主经营，自负盈亏。

万山特区国有工业企业一览表

表3-12

序号	企业名称	企业类型	法人代表	地 址	成立时间
1	万山特区粮油收储有限责任公司	有限责任公司	王道洲	万山镇解放街南路	2009年9月8日
2	万山特区自来水公司	全民所有制	崔建春	高楼坪郭家	1989年10月15日
3	万山特区木材公司	全民所有制	梁化明	万山镇解放街	1989年6月20日
4	贵州万山矿业研究所矿钾肥厂	全民所有制	田昌福		1996年3月19日
5	贵州省万山特区食品公司	全民所有制	付和平	万山特区万山镇土坪	1990年8月10日
6	万山特区粮油加工厂	全民所有制	王贵平	万山镇核桃树	1982年3月14日
7	贵州有色地质一总队电器修配厂	全民所有制分支机构（非法人）	于源芳	万山特区万山镇解放街	1991年2月4日
8	贵州汞矿技工学校校办工厂	全民所有制分支机构（非法人）	杨代林	万山特区万山镇冒水窿	1994年10月8日
9	贵州汞矿杉木董分矿	全民所有制分支机构（非法人）	姜　平	万山特区杉木董	1989年6月23日
10	贵州汞矿岩屋坪分矿	全民所有制分支机构（非法人）	曹　军	万山特区岩屋坪	1992年9月10日
11	贵州省铜仁交通建设工程总公司万山分公司	全民所有制分支机构（非法人）	王　鹏	万山特区万山镇犀牛井	2002年12月18日
12	怀化中房房地产开发公司万山分公司	全民所有制分支机构（非法人）	易新辉	万山特区官山路与解放路交汇处	2009年7月30日
13	铜仁市第一建筑工程公司唐家寨分公司	全民所有制分支机构（非法人）	邓兴平	铜仁市谢桥唐家寨村	2007年7月27日

万山特区1991—2011年地方工业产值及主要工业产品产量一览表

表3-13　　单位：万元　吨

年份	地方工业产值	工业产品产量											
		白酒	商品材料	铁合金	汞触媒	混配饲料	电解锰	中低硫锰铁	硅锰合金	氯化汞触媒	精汞	氯化汞	炸药
1991	1436	196	220	1073	143	2114							
1992	1586	211	270	521	26	2383							
1993	1026	96	600	200	8	1603							
1994	1564	57	200	1320	16	1081							
1995	1608	55	200	3294	70	1197						60	

续表3-13

年份	地方工业产值	工业产品产量											
		白酒	商品材料	铁合金	汞触媒	混配饲料	电解锰	中低硫锰铁	硅锰合金	氯化汞触媒	精汞	氯化汞	炸药
1996	2246	53	100	3371	55	618							
1997	2664		100			585				164	129	74	81
1998	2008	129	100		172	348					203		193
1999	2920	193		202		131				201	228	71	
2000	4395								106	318		112	
2001	6093							4299	150	208	105	51	
2002	11992							7520	5334	285	168	114	
2003	16010						1019	8327	8965	680	244	171	
2004	33284						3005	16266	12522	803	235	372	
2005	37319						3369	13718	17276	1334	335	277	
2006													
2007		829		41649							532		
2008	876761	750		52174	2485		3246	14926	28792		395	480	
2009	1039100	783		60377	3867		9283	9512	38042		719	691	
2010	131711	815		67310	5263		1511333	5912	47310		634	603	
2011	180909	862		36503	6233		20677	13650	22853		524	733	

二、集体企业

1991年，万山集体工业企业仅有特区化工厂和高楼坪酒厂。到了2011年，万山特区共有集体企业27户（见集体企业一览表）。

特区化工厂是特区自来水公司一主多业派生的产物，经特区政府1991年2月9日批准，在老山口原建材厂基础上改建为化工厂，建厂初期明确为国营企业。1993年6月19日经特区政府明确为乡镇集体企业，归特区乡镇企业局管理。1995年5月，该厂产品“汞溴红” 达到英国《B 、P、C标准》，7月，其产品氯化汞、汞溴红荣获“第三届中国乡镇企业出口商品展览会” 金奖。1997年该厂承包给个人经营。

高楼坪酒厂是乡镇集体企业，因经营不善，管理不到位，导致严重亏损，无力偿还到期债务。1993年向特区人民法院提出申请宣告破产还债。据破产还债清算组查明，从1988年到1992年底止，共计亏损25.8万元。经对该厂流动资金和固定资产、产成品进行清理，作价变卖后，收入总额为5.87万元，按照企业破产还债顺序纳入分配，破产费支付1.5万元；该厂没有正式职工不需留工资、补助，临时工的部分金额，已在破产费用支付；税金支付9487元；债权人债务按比例清偿；计3.5万元。分别支付给中国工商银行万山特区支行、高楼坪乡财政所、高楼坪乡乡企办。

万山特区集体企业一览表

表3-14

序号	企业名称	法人代表	企业类型	地址
1	万山特区日杂废旧物资公司	林 珍	集体所有制	万山特区万山镇解放街
2	万山特区供销贸易公司	王绍钦	集体所有制	万山特区万山镇解放街
3	万山银河花炮厂	曾庆和	集体所有制	万山特区万山镇老牛坪
4	万山岩屋坪民族造纸厂	鲁政新	集体所有制	万山特区岩屋坪红旗湾
5	贵州汞矿职工家属综合服务部	王和平	集体所有制	万山特区万山镇土坪
6	贵州省万山特区农资土产公司	杨绍绿	集体所有制	万山特区万山镇解放街
7	万山特区黄道侗族乡供销合作社	肖丽华	集体所有制	万山特区黄道侗族乡街上
8	万山特区敖寨侗族乡供销合作社	张 伶	集体所有制	万山特区敖寨侗族乡街上
9	万山特区下溪侗族乡供销合作社	袁敏捷	集体所有制	下溪街上
10	万山特区郭家综合厂	刘洪海	集体所有制	万山特区高楼坪郭家
11	贵州汞矿金秋开发公司	杨锦光	集体所有制	万山特区万山镇土坪
12	万山特区银河花炮厂地磅房直销点	杨 莉	集体分支机构（非法人）	万山特区万山镇地磅房
13	贵州汞矿职工家属综合服务部地磅房搬运组	姚本英	集体分支机构（非法人）	万山特区万山镇地磅房
14	湖南省新晃县红光建筑工程公司预制构建厂高楼坪分厂	徐元堂	集体分支机构（非法人）	万山特区高楼坪
15	贵州有色地质万山畜电池厂	张炳新	集体分支机构（非法人）	万山特区万山镇
16	万山特区下溪乡兴隆村综合服务社收购门市部	杨吉兴	集体分支机构（非法人）	万山特区下溪乡街上
17	万山特区下溪乡兴隆村综合服务社早晚门市部	姚 玲	集体分支机构（非法人）	万山特区下溪乡街上
18	万山特区下溪乡兴隆村综合服务社副食门市部	龙红英	集体分支机构（非法人）	万山特区下溪乡街上
19	万山特区下溪乡兴隆村综合服务社综合门市部	张应权	集体分支机构（非法人）	万山特区下溪乡街上
20	万山特区黄道供销合作社收购门市部	肖宗清	集体分支机构（非法人）	万山特区黄道街上
21	万山特区黄道供销合作社综合门市部	刘泽浩	集体分支机构（非法人）	万山特区黄道街上

续表3-14

序号	企业名称	法人代表	企业类型	地址
22	万山特区黄道供销合作社日杂副食门市部	李培菊	集体分支机构（非法人）	万山特区黄道街上
23	万山特区下溪乡兴隆村综合服务社日杂门市部	袁敏捷	集体分支机构（非法人）	万山特区下溪街上
24	贵州汞矿职工家属综合服务部地磅房旅社	唐双莲	集体分支机构（非法人）	万山特区万山镇地磅房
25	贵州汞矿职工家属综合服务部土坪缝纫店	尹建明	集体分支机构（非法人）	万山特区万山镇土坪
26	贵州汞矿职工家属综合服务部土坪理发店	徐金风	集体分支机构（非法人）	万山特区万山镇土坪
27	贵州汞矿职工家属综合服务部土坪打粉组	方春信	集体分支机构（非法人）	万山特区万山镇土坪

三、私营企业

在以往经济体制改革的基础上，1991年继续深化经济体制改革，调整和完善所有制结构，大力发展非公有制经济，一些私营工业企业应运而生。2000年后，特区大力开展招商引资工作，先后引进了恒兴铁合金厂、万鑫铁合金厂、华泰铁合金厂、金盛铁合金厂、吉昌锰业、万泰锰业、红菱汞乏业、红晶汞业、龙田汞矿、新星汞矿、青龙电站、屯坪电站、汞化工厂、标砖厂、红砖厂、预制构件厂、砂石厂、食品加工、酿酒、汽車修理、汽車驾驶培训、电器修理、粮油加工、机械修理、饲料混配、矿石工艺品加工、网络连锁服务、网吧、加油站、养殖、水电发电、铁合金冶炼、多种专业合作社等多个私营企业。在此期间，除个别私营企业因资金周转困难，经营乏力，经济效益低下，最终闭门关厂走人外，其他企业经济效益较好，重新成为特区经济的支柱产业。

1991年—2011年，万山特区共有私营企业141户（见私营企业一览表）。

万山特区私营企业一览表

表3-15

序号	企业名称	法定代表人	成立时间	企业类型	地址
1	贵州省万山特区富民山庄科技开发有限公司	谢元炳	2004年10月13日	有限责任公司(自然人投资或控股)	万山特区高楼坪乡琴门村
2	万山特区天元建筑工程有限责任公司	沈忠德	2002年3月13日	有限责任公司(自然人投资或控股)	万山镇官山
3	万山特区浙云小水电开发有限公司	徐小礼	2004年3月10日	有限责任公司(自然人投资或控股)	高楼坪乡夜郎村坪家坡组18号

续表3-15

序号	企业名称	法定代表人	成立时间	企业类型	地　址
4	贵州红菱汞业有限公司	康瑞华	2002年1月15日	有限责任公司(自然人投资或控股)	龙塘坪
5	万山特区网络连锁服务有限公司	徐林亚	2006年8月22日	有限责任公司(自然人投资或控股)	万山特区万山镇粮食局直库
6	万山特区青年湖养殖发展有限公司	杨昌灯	2007年6月8日	有限责任公司(自然人投资或控股)	万山特区青年湖
7	贵州省万山特区汞业实业有限公司	李　珍	1995年1月19日	有限责任公司(自然人投资或控股)	万山镇解放街
8	万山特区金源物资回收有限公司	谭爱玲	2004年12月9日	有限责任公司(自然人投资或控股)	万山特区高楼坪乡大树林村
9	万山特区锦鑫碳素有限责任公司	谢元明	2002年8月25日	有限责任公司(自然人投资或控股)	万山特区万山镇官山路
10	贵州省鑫源矿业有限公司	冯斌青	2007年9月19日	有限责任公司(自然人投资或控股)	贵州省万山特区张家湾工业园区1号
11	贵州省万山特区金鑫汞业有限公司	田亚梅	2002年4月16日	有限责任公司(自然人投资或控股)	万山特区万山镇土坪
12	贵州斯普铁合金有限公司	李运泉	2008年1月14日	有限责任公司(自然人投资或控股)	万山特区高楼坪张家山工业园区
13	贵州铭星建设有限公司	杨通双	2001年4月25日	有限责任公司(自然人投资或控股)	解放街
14	万山特区万吉驾驶员培训有限公司	李树芳	2007年6月28日	有限责任公司(自然人投资或控股)	万山镇
15	贵州红晶汞业有限公司	王　力	2003年2月27日	有限责任公司(自然人投资或控股)	张家湾龙塘坪
16	万山特区坤钰农业科技有限公司	杨秀进	2005年9月12日	有限责任公司(自然人投资或控股)	万山特区下溪乡报溪村长冲园组
17	万山特区龙辉养殖有限公司	杨旭辉	2006年5月19日	有限责任公司(自然人投资或控股)	高楼坪肖家湾
18	贵州万瑞房地产开发有限公司	廖国兵	2007年9月29日	有限责任公司(自然人投资或控股)	万山特区汞都路
19	万山特区众合运输有限公司	杨秀义	2008年6月12日	有限责任公司(自然人投资或控股)	万山特区下溪乡街上
20	万山特区诚鑫贸易有限公司	罗桂琴	2008年12月11日	有限责任公司(自然人投资或控股)	万山特区解放街滑石坡
21	万山特区锦兴矿业有限公司	戴　锋	2009年4月3日	有限责任公司(自然人投资或控股)	解放路

续表3-15

序号	企业名称	法定代表人	成立时间	企业类型	地址
22	万山特区龙达生物高新技术研发有限公司	杨旭辉	2009年4月16日	有限责任公司(自然人投资或控股)	万山经开区一栋
23	万山特区汇鑫运输有限责任公司	张　刚	2009年6月2日	有限责任公司(自然人投资或控股)	万山特区高楼坪乡张家山
24	贵州省万山特区绿野旅游发展有限公司	刘德斌	2009年7月28日	有限责任公司(自然人投资或控股)	万山特区科技局综合楼二单元七号
25	万山特区合利烟花有限公司	杨　莉	2009年8月12日	有限责任公司(自然人投资或控股)	万山特区万山镇十八坑
26	贵州省万山特区丹缘朱砂工艺品有限公司	胡正勇	2009年12月15日	有限责任公司(自然人投资或控股)	万山特区张家湾工业园区
27	万山特区力天危险品经营有限责任公司	詹　立	2010年5月27日	有限责任公司(自然人投资或控股)	万山特区万山镇万山司
28	贵州省鼎翔宇农业开发有限公司	夏　祥	2010年6月9日	有限责任公司(自然人投资或控股)	村高楼坪乡赶场坝
29	万山特区仁长摩托车驾驶培训有限责任公司	罗仁长	2010年10月18日	有限责任公司(自然人投资或控股)	万山特区高楼坪乡粮站
30	万山特区吉昌锰业有限责任公司	梁　华	2003年3月17日	有限责任公司(自然人投资或控股)	万山特区万山镇杉木董
31	万山特区盘山农业发展有限公司	廖国兵	2006年9月1日	有限责任公司(自然人投资或控股)	万山特区万山镇解放街
32	贵州宏安制动器科技有限公司	单全庆	2003年9月18日	有限责任公司(自然人投资或控股)	高楼坪赶场坝工业园区
33	万山特区金盛锰业有限公司	黄俊强	2004年11月15日	有限责任公司(自然人投资或控股)	万山特区张家山工业园区
34	贵州省万山特区特色产业化食品有限公司	刘银香	2008年3月19日	有限责任公司(自然人投资或控股)	万山特区黄道乡长兴村
35	万山特区客运有限责任公司	陈晓慧	2005年3月29日	或控股有限责任公司(自然人投资)	万山特区万山镇犀牛井
36	贵州康华生态农业有限公司	罗康金	2010年11月25日	有限责任公司(自然人投资或控股)	万山特区高楼坪乡夜郎村村委会
37	贵州铜仁和泰茶业有限公司	黄　平	2004年9月15日	有限责任公司(自然人投资或控股)	高楼坪老山口
38	万山特区恒兴铁合金有限责任公司	谭少波	2000年9月5日	有限责任公司(自然人投资或控股)	高楼坪乡张家山村罗家坪
39	贵州远盛钾业科技有限公司	邹锡洪	2011年1月14日	有限责任公司(自然人投资或控股)	万山转型工业园
40	万山特区万泰锰业有限公司	胡志国	2003年5月21日	有限责任公司(自然人投资或控股)	万山特区万山镇土坪

续表3-15

序号	企业名称	法定代表人	成立时间	企业类型	地　址
41	万山特区金阳资源有限责任公司	王　琨	2008年5月13日	有限责任公司（自然人投资或控股）	万山特区黄道乡黄道村黄江冲组
42	万山特区银河汞业开发有限公司	盛丹锋	2007年3月26日	有限责任公司（自然人投资或控股）	万山特区敖寨乡梅子溪
43	万山特区瑞隆资源有限公司	滕德意	2011年1月10日	有限责任公司（自然人投资或控股）	万山特区
44	万山特区凯山锰业有限公司	吴开建	2011年9月27日	有限责任公司（自然人投资或控股）	万山特区高楼坪乡大树林村
45	万山特区方源矿产开发有限公司	王先志	2009年4月1日	有限责任公司（自然人投资或控股）	万山特区岩屋坪
46	万山特区隆新材料有限公司	陈志波	2011年6月2日	有限责任公司（自然人投资或控股）	万山特区高楼坪乡赶场坝工业园区
47	贵州银泰铝业有限公司	王奕新	2011年4月15日	有限责任公司（自然人投资或控股）	万山特区老山口工业园区
48	万山特区永康广告有限公司	姚本康	2011年4月14日	有限责任公司（自然人投资或控股）	万山特区万山镇
49	万山特区顺达汽运修理有限公司	霍智跃	2011年4月7日	有限责任公司（自然人投资或控股）	万山特区万山镇万山司
50	贵州铜仁鑫宏贸易有限公司	戴　旭	2011年7月14日	有限责任公司（自然人投资或控股）	下溪侗族乡官田村
51	万山特区生态特种养殖有限公司	袁再见	2011年6月8日	有限责任公司（自然人投资或控股）	下溪乡
52	万山特区锦仙沙发有限公司	罗水仙	2011年7月18日	有限责任公司（自然人投资或控股）	万山特区解放街
53	贵州万福农业生态综合有限责任公司	林　曦	2011年6月3日	有限责任公司（自然人投资或控股）	万山特区高楼坪
54	贵州铜仁佰祥清洁能源有限公司	彭时刚	2008年2月20日	有限责任公司（自然人投资或控股）	万山特区高楼坪乡老山口
55	贵州万盛物流有限公司	黄志良	2011年6月13日	有限责任公司（自然人投资或控股）	万山特区转型工业园
56	万山特区武陵山圣宝农业有限公司	姜璎玲	2011年6月22日	有限责任公司（自然人投资或控股）	万山特区万山镇
57	万山特区丹源服饰有限公司	黄　毅	2011年6月21日	有限责任公司（自然人投资或控股）	万山特区解放街
58	万山特区鑫华工程开发有限公司	姚登堂	2011年6月22日	有限责任公司（自然人投资或控股）	万山特区老山口村
59	万山特区情义矿产品经营有限公司	杨　光	2011年6月29日	有限责任公司（自然人投资或控股）	万山特区万山镇红卫山

续表3-15

序号	企业名称	法定代表人	成立时间	企业类型	地址
60	贵州星火钾业科技有限公司	薛彦辉	2011年7月21日	有限责任公司(自然人投资或控股)	万山特区转型工业园
61	贵州军臣矿业开发有限公司	刘平春	2011年7月13日	有限责任公司(自然人投资或控股)	万山特区张家湾工业园区
62	万山特区森林狼箱包有限公司	刘中华	2011年7月18日	有限责任公司(自然人投资或控股)	万山特区万山镇土坪
63	铜仁开泰钢结构有限公司	宋成位	2011年8月15日	有限责任公司(自然人投资或控股)	万山特区老山口
64	万山特区维龙生态养殖有限公司	肖维龙	2011年9月14日	有限责任公司(自然人投资或控股)	万山特区黄道乡丹阳村老项沙
65	万山特区四海创富畜牧养殖有限公司	吴成建	2011年9月28日	有限责任公司(自然人投资或控股)	万山特区万山镇张家湾
66	万山特区瑞丰绿色食品有限公司	唐秀平	2008年9月8日	有限责任公司(自然人投资或控股)	万山特区张家湾原特中
67	贵州省万山特区赣黔兄弟金属贸易有限责任公司	黄传胜	2007年10月12日	有限责任公司(自然人投资或控股)	万山特区万山镇张家湾工业园区
68	贵州蓝天固废处置有限公司	吴　斌	2007年10月16日	有限责任公司(自然人投资或控股)	万山镇龙塘坪
69	万山特区红旗矿业开发有限公司	万　钧	2011年7月25日	有限责任公司(自然人投资或控股)	万山特区岩屋坪红旗湾
70	万山特区顺和再生橡胶有限责任公司	李建明	2011年11月28日	有限责任公司(自然人投资或控股)	万山特区张家山工业园区
71	万山特区吴海化工有限公司	张云泽	2011年12月13日	有限责任公司(自然人投资或控股)	万山特区张家湾工业园区
72	铜仁源林农业生态发展有限公司	修昕武	2011年12月30日	有限责任公司(自然人投资或控股)	万山特区解放街
73	贵州和泰茶叶进出口有限公司	黄　政	2006年5月25日	有限责任公司(自然人投资或控股)	贵州省万山特区高楼坪乡老山口
74	万山特区黔东锰业有限责任公司	吴长兵	2007年11月23日	有限责任公司(自然人投资或控股)	万山特区下溪乡街上
75	万山特区永盛养殖有限公司	刘泽斌	2011年11月14日	有限责任公司(自然人投资或控股)	万山特区万山镇冲脚路
76	万山特区梵净山生态牧业有限公司	曾继贤	2004年6月30日	有限责任公司(自然人独资)	万山特区高楼坪侗族乡老山口
77	万山特区新隆农贸市场经营管理有限公司	易方华	2009年8月26日	有限责任公司(自然人独资)	万山特区地磅房

续表3-15

序号	企业名称	法定代表人	成立时间	企业类型	地址
78	贵州省万山特区民旺秸秆煤经营有限公司	张 远	2010年10月11日	有限责任公司(自然人独资)	万山特区张家湾(原六坑小学)
79	贵州省万山特区风云酒业有限公司	易 军	2007年12月20日	有限责任公司(自然人独资)	万山特区解放街
80	贵州省万山特区银河化工有限责任公司	曾云超	2003年4月22日	有限责任公司(非自然人投资或控股)	张家湾工业园区
81	贵州万山兴隆锰业有限公司	肖 军	2008年8月8日	其他有限责任公司	下溪乡兴隆村
82	贵州和泰茶叶科技有限公司	黄 平	2008年11月18日	其他有限责任公司	老山口工业小区
83	万山特区海洋农业科技发展有限公司	胡 洋	2010年7月26日	其他有限责任公司	高楼坪乡
84	万山特区运通危险化学品运输有限公司	姚 莉	2007年8月20日	其他有限责任公司	万山特区高楼坪幺乡赶场坝
85	万山鹏程矿业有限责任公司	张 舰	2005年10月17日	其他有限责任公司	下溪乡铁门村
86	万山特区桃源红酒有限公司	邵浩洋	2011年1月27日	其他有限责任公司	万山特区老山口工业园区
87	贵州天宏城市建设投资有限公司	刘爱国	2011年12月16日	其他有限责任公司	万山特区谢桥梵净山大道熊家屯加油站北侧
88	万山特区盆架山锰业有限公司	廖汉夫	2005年7月29日	其他有限责任公司	万山特区下溪乡
89	铜仁正和矿业有限公司万山分公司	曾明忠	2006年11月8日	有限责任公司分公司(自然人投资或控股)	万山特区敖寨乡中华山村杉树坪
90	铜仁校办产业有限责任公司万山分公司	潘玉成	2005年3月17日	有限责任公司分公司(自然人投资或控股)	万山特区万山镇解放街
91	铜仁丰源物资再生利用有限责任公司万山分公司	万来英	2007年8月13日	有限责任公司分公司(自然人投资或控股)	万山特区老山口武警中队旁边
92	万山特区网络连锁服务有限公司第二分公司	梁汉晟	2008年1月7日	有限责任公司分公司(自然人投资或控股)	万山特区万山镇万山司廉租房A1—14
93	贵州聚龙纳米材料工程开发有限公司万山分公司	严清湖	2009年7月21日	有限责任公司分公司(自然人投资或控股)	万山特区解放街
94	贵州铜仁佰祥清洁能源有限责任公司万山经营部	瞿冬英	2009年7月21日	有限责任公司分公司(自然人投资或控股)	万山特区万山镇张家坪
95	贵州铜仁星云科技有限公司万山分公司	杨碧桃	2007年4月25日	有限责任公司分公司(自然人投资或控股)	万山特区气象局院内
96	贵州玉屏大龙锰业有限责任公司万山分公司	熊加山	2008年5月23日	有限责任公司分公司(自然人投资或控股)	万山特区下溪乡

续表3-15

序号	企业名称	法定代表人	成立时间	企业类型	地址
97	铜仁网络万山特区连锁服务有限公司第一分公司	罗仁成	2008年1月7日	有限责任公司分公司（自然人投资或控股）	万山特区万山镇民政局对面
98	铜仁金鑫建设监理有限责任公司万山分公司	杨　明	2010年5月17日	有限责任公司分公司（自然人投资或控股）	解放街
99	铜仁网络万山特区连锁服务有限公司第三分公司	向　毅	2007年6月28日	有限责任公司分公司（自然人投资或控股）	万山特区万山镇派出所旁
100	万山特区万吉驾驶员培训有限公司万顺驾校	李树芳	2009年7月3日	有限责任公司分公司（自然人独资）	万山镇
101	贵州万山兴隆锰业有限公司危险化学品运输分公司	罗　兴	2009年7月3日	其他有限责任公司分公司	老山口车站
102	万山特区下溪侗族乡加油站	杨添水	2007年8月27日	普通合伙企业	万山特区下溪侗族乡干田畈
103	万山特区新联自力矿粉厂	张新华	2003年8月7日	普通合伙企业	万山特区张家湾村
104	万山特区高楼坪齐鑫砂石场	姚元慧	2011年6月17日	普通合伙企业	万山特区高楼坪乡徐家组
105	万山特区郭家砂石场（普通合伙）	刘洪海	2011630	普通合伙企业	万山特区高楼坪乡青年湖村詹家屯组
106	万山特区下溪乡洋保田顺安达砂石场	袁土生	2011年7月25日	普通合伙企业	下溪乡洋保田村柏木坪1组
107	万山特区汞都下岗职工生猪养殖厂（普通合伙）	陈水军	2011年8月9日	普通合伙企业	万山特区万山镇杉木董
108	万山特区黄道乡同鑫铅降锌多金属选矿厂（有限合伙）	沈剑武	2007年8月13日	有限合伙企业	万山特区黄道乡长兴村厂湾
109	万山饲特区粤贵兴盛汞矿厂	谢俊行	2004年3月10日	个人独资企业	万山特区高楼坪乡猴冲小客寨村
110	万山特区青龙水力发电站	蔡振东	2004年4月16日	个人独资企业	万山特区下溪乡青龙村青龙组
111	万山特区民族工艺美术厂	黄纯阳	1995年3月10日	个人独资企业	万山特区杉木董分矿
112	星空网吧	刘泽保	2008年1月2日	个人独资企业	万山特区黄道乡街上
113	万山特区晋阳偏钒酸铵化工厂	唐贵敏	2007年9月24日	个人独资企业	万山镇张家湾工业园区
114	万山特区永兴再就业建筑材料厂	钟传清	2009年1月20日	个人独资企业	万山特区万山镇冲脚於泥坝

续表3-15

序号	企业名称	法定代表人	成立时间	企业类型	地址
115	万山特区三源物资经营部	陶长征	2003年11月16日	个人独资企业	万山特区万山镇张家湾
116	贵州省铜仁万山特区丹砂王旅游产品开发中心	陈根英	2009年6月4日	个人独资企业	万山特区万山镇麻音塘
117	万山特区高楼坪乡徐元忠砂石场	徐元忠	2010年12月6日	个人独资企业	万山特区高楼坪乡黄家寨
118	万山特区云峰竹木器加工厂	徐成军	2011年7月25日	个人独资企业	万山特区万山镇三角岩社区红卫山仓库
119	贵州省万山特区汞污染控制研究中心	何　华	2011年10月10日	个人独资企业	万山特区科学技术协会办公室
120	万山特区呈兆装饰工程中心	程道森	2008年2月18日	个人独资企业	万山特区张家坪
121	万山特区丹缘朱砂工艺品加工厂	胡正勇	2008年9月28日	个人独资企业	万山特区万山镇解放街路
122	万山特区敖寨乡国云加油站	杨国云	2010年10月22日	个人独资企业	万山特区敖寨乡中华山村
123	贵州青年励业投资发展有限责任公司万山特区敖寨乡青年励业分公司	胡川渝	2006年11月2日	个人独资企业分支机构	万山特区敖寨乡街上
124	万山特区黄道乡临湘村大榜建材农民专业合作社	杨玉付	2010年7月6日	农民专业合作经济组织	万山特区黄道乡临湘村大榜
125	贵州省万山特区德昌绿色产业农民专业合作社	杨德昌	2010年7月6日	农民专业合作经济组织	万山特区高楼坪乡临海村上大坪青年组11号
126	万山特区高楼坪侗族乡均旺农业综合技术农民专业合作社	向明军	2009年5月7日	农民专业合作经济组织	万山特区高楼坪乡青年湖村向家村民组
127	万山特区鑫源大鲵养殖农民专业合作社	吴成开	2010年12月6日	农民专业合作经济组织	万山特区下溪乡米贡山村桥冲组
128	贵州省万山特区雨泉种植养殖农民专业合作社	刘泽斌	2011年3月17日	农民专业合作经济组织	万山特区高楼坪乡青年湖村上寨
129	万山特区浩然种养殖农机农民专业合作社	杨美华	2011年6月2日	农民专业合作经济组织	万山特区高楼坪乡新庄村
130	万山特区龙煌种养加工农民专业合作社	杨旭辉	2011年6月8日	农民专业合作经济组织	高楼坪大树林
131	万山特区龙江绿色葡萄基地农民专业合作社	刘泽柳	2011年6月30日	农民专业合作经济组织	万山特区黄道乡龙江村

续表3-15

序号	企业名称	法定代表人	成立时间	企业类型	地址
132	万山特区下溪乡兄弟生猪养殖农民专业合作社	袁再伍	2011年7月13日	农民专业合作经济组织	万山特区下溪乡桂花村田垅五组
133	贵州省万山特区艺影种植养殖农民专业合作社	吴燕腾	2011年7月25日	农民专业合作经济组织	万山特区高楼坪乡新庄村
134	万山特区瑞丰农副产品综合开发农民专业合作社	唐浩	2011年9月6日	农民专业合作经济组织	万山特区解放街水塘坳原特中内
135	万山特区耕耘农机专业合作社	成朝富	2011年12月30日	农民专业合作经济组织	万山特区林海村委会
136	万山特区林泉大鲵养殖农民专业合作社	吴四花	2010年2月10日	农民专业合作经济组织	万山特区万山镇三角岩村民组
137	万山特区广源养殖种植农民专业合作社	刘德明	2009年12月19日	农民专业合作经济组织	万山特区万山镇土坪村
138	万山特区万祥农经专业合作社	刘强	2011年4月6日	农民专业合作经济组织	万山特区黄道乡田坪村
139	万山特区夜郎农民专业合作社	罗康金	2010年7月6日	农民专业合作经济组织	万山特区高楼坪乡夜郎村屯坪组
140	万山特区高楼坪利民生态养殖农民专业合作社	郭小兵	2010年8月11日	农民专业合作经济组织	万山特区高楼坪鸡公田牛角龙
141	万山特区荣忠食用菌综合开发农民专业合作社	刘荣	2011年6月30日	农民专业合作经济组织	三百吨

第二节　行　业

一、磷矿开采

磷矿由北向南展布，主要分布在罗家坪、敖寨、大坪盖、荷包田、椅子堂、石榴山、文塘坳、彭家冲、下场溪、钟家坡、沙子坪、垒望盖、铜庆湾、炭山、猴栏、阳桥、小田坪直到与湖南省的栏木山相连地带。该矿由西南地质局505队及541队进行了系统的地质勘探工作。磷矿产于下寒武统牛蹄塘组底部，含磷层基本稳定连续，厚度0.2—0.5米，含五氧化二磷15%—30%（多数大于24%），储量900万吨。本区对磷矿作过1：5万比例尺普查，其中荷包田、椅子堂、石榴山等作过1：5000比例尺地质详查，提交了正规地质报告，远景储量为96.9万吨。其中1：5万比例尺普查圈定了地质储量。不足点是平均厚度不及0.4米，不便进行单独洞采利用，磷矿石中还含重稀土金属，其中钒分布普遍。

二、锰矿采冶

分布于下溪、黄道乡的笔马山、石竹溪、铁门、蓑衣塘一带，产于震旦泥灰质变质岩系中，厚度

0.8—2米，品位一般含nCO_3 13%—30%之间，Fe3.83%，$Sjo_2$22%，一勘队、湖南怀化冶金局都在下溪作过锰的普查和矿点检查工作，103地质队在下溪做锰矿的详勘工作，并取得一定的突破，2004年年底，提交333+334资源储量300万吨。

万山特区兴隆锰业有限公司

公司成立于2008年5月，注册资金1000万元，2009年1月，贵州省地质矿产资源开发股份公司参股后，增资3000万元。法人代表肖军。是万山特区重点招商引资的股份制企业。公司拥有自已的矿山—万山特区盆架山锰业有限公司，是一个集采矿、洗矿、冶炼一条龙的联合企业。

公司现有固定资产1.07亿元，主要产能包括米nCO_3矿石25万吨/年、电解金属锰3万吨/年，工程分两期完工，第一期投资1.5亿元已完成，形成了采矿10万吨/年、电解金属锰1.5万吨/年的能力；二期工程投资1亿元，增加米nCO_3矿石产能15万吨/年、电解金属锰产能1.5万吨/年，目前正在施工中。公司占地面积12.465公顷，其中耕地5.652公顷，林地6.813公顷。现有职工660余人（其中工厂360余人，矿山300人），为当地解决就业岗位500余人。公司拥有一批多年从事电解锰业工作的专家和技术人员，重视新技术应用，生产工艺具有较强的技术优势，具有完善的检测体系，推行国际质量管理标准，具有雄厚的技术优势和资金实力。集开采、冶炼、销售一体。

万山特区兴隆锰业有限公司机构设置图

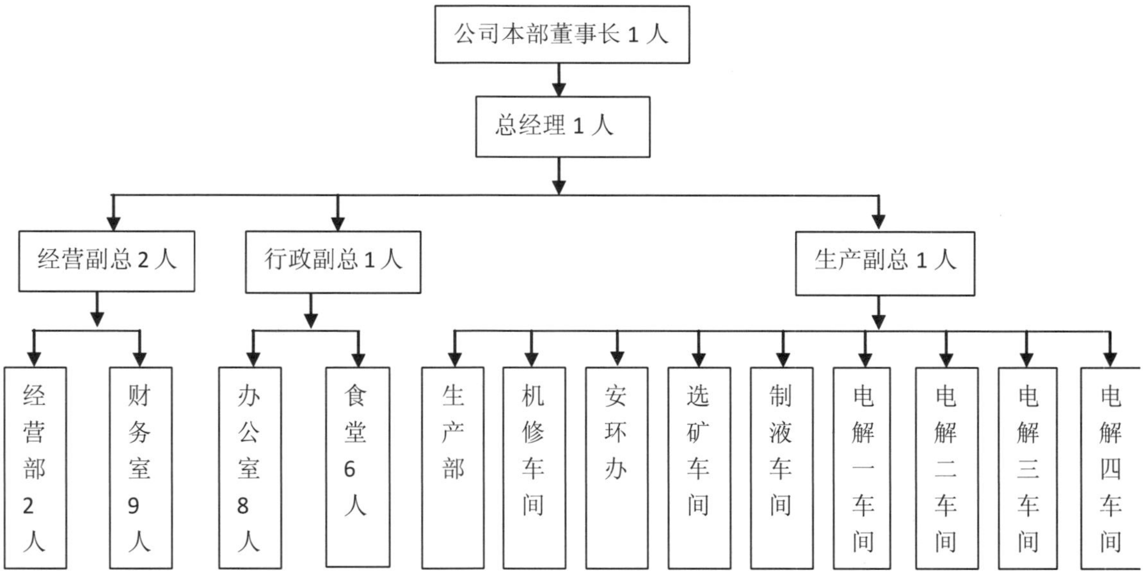

主要设备设施：选矿车间、精矿堆场、烘干制粉车间、锰粉料仓、浆化车间、化合车间、粗压车间、精压车间、电解车间、硫酸罐区、石灰库。辅助设施：化合仓库、电解车间后勤区、木工房、高位合格液池、地磅房、低位中转桶、阳极池、化合桶、浆化桶、硫化池、硫酸罐区、液氨罐区、双氧罐区、液氨事故池、高位水池、循环水池、事故回收池。环保设施有：渗漏液收集池、污水处理池、铬渣收集池、尾矿库、铬水收集池、铬水处理池、铬水处理后清水收集池、阳极渣收集池、选矿破碎水收集池、选矿破碎水高位收集池、环保压滤池、乳化池、渗漏水混合处理池、循环水泵房、渗漏液回收水泵房、铬水处理泵房、循环水处理冷却塔、配电室用水冷却塔、配电室循环用水泵房、磨粉脉冲式吸尘器、矿石烘干脉冲式吸尘器、产品烘干除尘器、选矿破碎循环用水滤渣压滤机。办公生活设施有：办公室职工宿舍、食堂、厕所、生活用锅炉房等。上述设施设备总投入资金9740万元。建筑面积3.2万公顷。

原料来源：锰矿石来自万山特区下溪乡盆架山矿山，硫酸向湖北、株洲、怀化购买，双氧水由怀化洪江供应。

主要产品：电解金属锰。产量：2010年10114吨；2011年13804吨；产值：2010年13848万元；2011年21532万元；2011年前11个月上缴税金756.56万元。销售区域为湖南、广西、浙江、广州等地。运输方式为汽车运输。

公司常年开展职工文娱体育活动，丰富职工业余文化活动，仅2010年就举办了篮球赛、拔河比赛和快乐游园活动。公司资助员工贫困大学生4人，每人每年500—800元，资助困难群众每村1人，金额每人500元，捐献下溪民族中学2万元。

兴隆锰业“三废”处理及达标情况

表3-16

序号	项目名称		设备	基建	验收内容	环保措施	达标情况
1	大气环境	矿石烘干机	H2214米回转烘干机		处理工艺:布袋除尘器;除尘效率≥99%,排气筒高度15米	布袋除尘器	已达到《大气污染物综合排放标准》(GB16297-1996)二级标准
		矿石球磨机	脉冲除尘器、米B2490管磨机		处理工艺:布袋除尘器;除尘效率≥99%,排气筒高度15米	布袋除尘器	
		化合桶	FA45-200废气处理装置		处理工艺:酸雾净化;净化效率≥98%,排气筒高度15米	酸雾净化塔	
		产品烘干箱	钢结构制作42米^2		处理工艺:布袋除尘器;除尘效率≥99%,排气筒高度15米	布袋除尘器	
		生活锅炉	立式横水管单炉排蒸汽锅炉LSGΔ-a4-AIII		处理工艺:脱硫除尘器;除尘效率≥98%,脱硫效率≥70%,烟囱高度20米	脱硫除尘器	已达到《锅炉大气污染物排放标准》(GB13271-2001)Π时段二类区标准
2	水环境	含铬废水处理设施系统	厢式压滤机80平方米一台	钢筋混凝土收集池三个800平方米	硫酸亚铁+石灰处理工艺,处理规模100立方米/日	电解车间含铬废水处理设施	已达《污水综合排放标准》(GB8978-96)一级标准后回用
		渣场渗滤液处理设施站	多级耐腐离心泵DF100-25两台	钢筋混凝土收集池900立方米	以沉淀法为主的处理工艺,处理规模100立方米/时;1300立方米滤液收集池	以沉淀法为主的处理工艺,处理规模100立方米/时,位于硫酸罐下方;同时在渣坝下设置1300立方米围堰	

续表3-16

序号	项目名称		设备	基建	验收内容	环保措施	达标情况
2	水环境	生活污水处理站系统	厢式压滤机200平方米一台、80平方米两台	钢筋混凝土收集池500立方米	二级生化处理工艺，处理规模10立方米/时	生活污水处理站系统	已达《污水综合排放标准》(GB8978-96)一级标准后排放
		事故池	厢式压滤机、耐腐耐磨离心水泵	钢筋混凝土回收凝300立方米	厂区生产废水事故池300立方米(同时也可作为硫酸事故池)，生活污水事故池80立方米，液氨围堰30x14x1.2米,液氨罐区事故池72立方米，硫酸围堰25x16x1.2米	事故池	不外排
		循环水、回用水	300S中开式水泵5台	钢筋混凝土收集池6000立方米	清污分流、分类收集	循环水、回用水	生产废水全部回用不外排
		总排	500T冷却塔循环使用		在线监测流量、米n、Cr6+、NH3-N、COD、pH	总排	
3	声环境	噪音	采用低噪音轴流风机		采取减振、隔声、车间吸声等措施	采取减振、隔声、车间吸声等措施	厂界噪音已达标排放
4	固体废物	Ⅱ类渣场			库区防渗、渣场地面防渗、导流渠、水质监控井、截洪沟	库区防渗、渣场地面防渗、导流渠、水质监控井、截洪沟	已达到《一般工业固体废物贮存、处置场污染控制标准》Ⅱ类渣场
		危废暂存库	专用库房并做好防腐进行存放		铬渣暂存库、硫化渣暂存库	铬渣暂存库、硫化渣暂存库	符合《危险废物贮存污染控制标准》(GB18597-2001)中有关规定和要求
5		绿化和生态恢复措施			厂区绿化系数为36.1%	厂区绿化系数为36.1%	

万泰锰业有限公司组织机构一览表

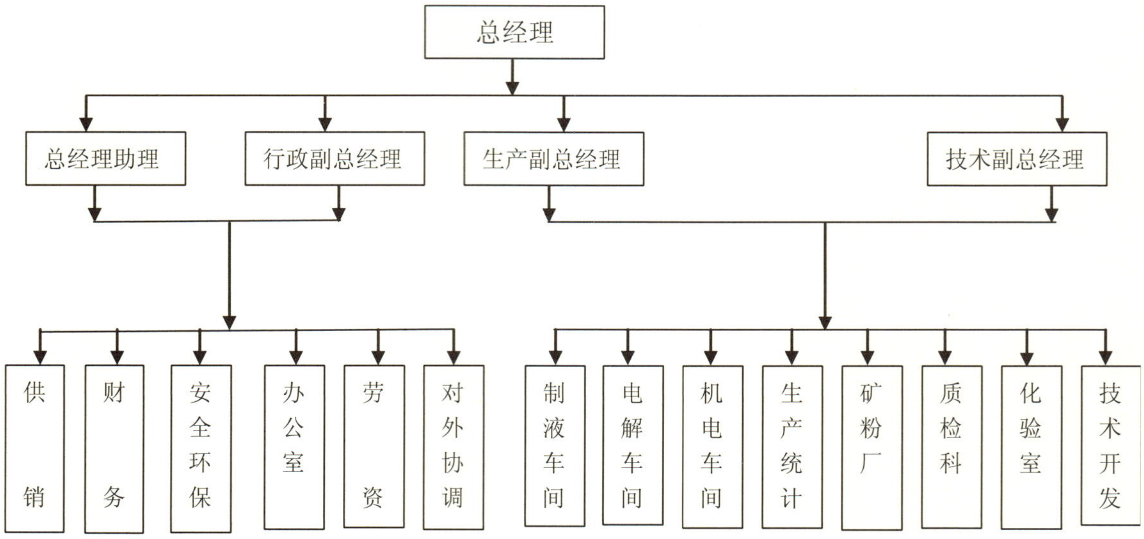

公司拥有年产电解金属锰片13000吨、锰合金10000吨的车间各一座。另有磨粉车间、化合车间、压滤车间、办公楼、职工宿舍等共计建筑面积12100公顷。公司拥有XWZG21511250—伏压滤机二台，HF米—1—150压滤机四台，110千伏变电线路一条，冷却水塔三台，环境保护监控系统一套，XDQW—8D大型球磨机一台，DRB铲车一台，B伏T—5行车三台，伏B—WE抛光机一台，XK390—A9电子地磅一台，6公顷电解槽118个，180公顷化合桶二个，150公顷化合桶五个等设备设施。公司2003年一期工程开工建设，当年建成年电解金属锰片5000吨车间投产，投入资金800万元；二期工程年电解锰8000吨，2009年建成投产，两期工程共投入资金3800万元。经过8年多的建设，完成了整个立项工程建设要求。公司的电解锰生产工艺流程，具有一定的合理性、领先性。

碳酸锰矿石主要来源于湖南芷江、万山下溪等产矿区。硫酸、液氨、二氧化锰等由贸易公司或生产单位供货。生产工艺为化合、粗滤、硫化过程、精滤、电解、水浸、钝化、水浸（漂洗）、烘干、剥离、极板清洗、包装等工序。电解金属锰片是公司的主要产品，广泛应用于钢铁冶炼、有色冶金、电子技术、化学工业、环境保护、电焊条业、航天工业等领域。

万泰锰业有限公司历年产量产值税金统计表

表3-17

年度	产量(吨)	产值(万元)	税金(万元)
2003	1110	1133	46
2004	1863	1902	78
2005	1996	2084	84
2006	2477	2021	59
2007	3393	6337	173

表3-17

年度	产量(吨)	产值(万元)	税金(万元)
2008	1900	3707	101
2009	5734	6609	132
2010	3925	6704	166
2011(9月)	3598	5852	164

公司产品主要销往国内湖南、云南、广西、广东、四川、江西、上海、台湾、江苏、河北、河南、北京、沈阳等省区市，还销往西班牙、加拿大、荷兰、日本、韩国等国家。公司坚持“品质优良、信誉第一”的经营理念，竭诚为用户提供满意的产品和优质服务，在客户中有广泛的美誉度。

公司在建设过程中同时建有处理废水、废渣、废气的环保设施，投入120万元，产生的“三废”得到有效治理，并一次达到省市两级环保部门的验收合格标准。为加强环保工作的领导，巩固环保建设的成果，增加了环保机构人员配备，明确了人员职责。为使企业具有竞争力，保持可持续发展，巩固环境保护成果，公司专门聘请贵州省环境科学研究设计院对生产过程进行清洁生产评估，并按清洁生产标准，投入资金1000万元，对磨粉、压滤、电解槽等进行了技术改进和设备更新、改造，使生产过程对资源的利用更高、更有效、更符合环保的要求，同时也为企业创造了经济和社会效益。

公司从实际出发，构建学习型的企业文化，既强调企业领导者的作用，也关注着企业共同体成员的不可替代性作用，促进两者之间沟通融合，共同发展，和谐共进。企业在资金困难的情况下，挤出了30万元资金对农村建设、办学、扶贫济困等社会公益事业尽微薄之力。2008年四川汶川大地震后，公司和员工踊跃捐款，尽力帮助灾区人民度过困难，体现了公司及员工的爱心和社会责任感。

吉昌锰业有限责任公司

万山特区吉昌锰业有限责任公司系万山特区人民政府直接招商引资的股份制私营企业。2002年10月9日，特区政府与湖南湘潭客商甘广才有意到万山投资兴办规模为年产3000吨电解锰厂进行了磋商。本着“互利互惠，你帮我发展，我帮你发财”的原则和相关招商引资优惠政策，双方就供电、供水、税收、土地、厂房、环保、水资源等相关问题达成一致，形成万府常议〔2002〕11号会议纪要：

（一）厂址选定在原贵州汞矿300吨选矿厂，厂区占地以原建围墙为界。政府负责督促国土局办理好土地使用权出让手续和现有厂房产权转移手续，所需费用由甘广才客商出资10万元包干，不再另加任何费用。客商对厂区土地拥有长期使用权，但不得转让、出租，否则政府有权收回土地使用权。

（二）供电问题。特区政府负责协调供电部门将3.5万伏输电线路架设到厂区围墙，所需资金由政府负责筹措，厂内供电设施由甘广才客商自行负责。

（三）厂房建设所产生的建安营业税采取先征后返的办法，在实际入税后的一个季度内按所缴税款全额返还。

（四）水资源费按每年3000元缴纳；环保费按每年2000元缴纳。上述两项费用从正式投产之日起计收。

（五）对该厂在万山生产期间所产生的增消两税给予优惠。具体按该厂所缴纳增消两税总额的35%的比例年底由财政核算后奖励厂方，若国家取消对特区增消两税高比例返还的优惠政策，则将原政策规定增消两税返还15%给县级财政所得收入全额奖给厂方。此办法不因政府人事变动而受到任何影响。

（六）政府积极协助企业与地区供电局商谈争取电价优惠。若最终地区供电价格低于0.245元/度（含此价），由厂方自行承担；若超出0.245元/千瓦时至0.252元/千瓦时之间的价差则由政府补贴；若下步政策性电价调整，调增部分由政府和企业按3:7的比例分担。

（七）企业所得税三年免征。

（八）办厂所需相关手续在厂方提供有关证件资料后，由特区招商引资局在半月内办理完毕。

2003年3月公司正式成立，注册资金460万元，总投资700万元，法人代表甘广才，2008年12月变更法人代表为梁华。2009年年初有员工70人，其中专业技术人员16人。

公司主要生产锰含量在99.8%以上的电解金属锰。电解金属锰是生产不锈钢、铝锰合金、铁合金、硅产品等不可缺少的原材料，同时是建材、医药行业的原辅材料，应用价值越来越高。产品运销广东、上海、浙江、福建等省、市。

原料锰粉主要由湖南芷江供给、硫酸由湖南怀化凯利工贸有限公司供货。

设备容量共计5000千伏安，其中整流度4500千伏安，动力度500千伏安，单线年生产能力4200吨。经过2年多的建设，全面投入生产，2006年金属锰产量为4037吨；2007年为4113吨；2008年为2813吨；2009年为1842吨；2010年因锰价下跌，供电紧张，生产很不正常，2011年停产。销售收入：2006年、2007年、2008年、2009年分别实现4056万元、6880万元、4100万元、1942.4万元；利润总额：2006年、2007年、2008年、2009年分别实现80万元、110万元、20万元、－184万元。2008年上缴税收61万元、2009年上缴税收78.9万元。2009年金属锰平均销售价格（不含税）比2008年下降5231元/吨，是影响GDP下降的主要原因。

环境污染问题是困扰吉昌锰业发展的主要因素。2006年，黄道侗族乡龙江村、丹阳村村民因吉昌锰业排放的废渣、废水污染农田给农民造成严重损失，多次到黄道乡政府、特区人民政府上访，要求赔偿损失。2007年3月19日特区人民政府工作会议形成的意见（万府专议〔2007〕15号），吉昌锰业公司每年应分别补偿龙江村、丹阳村村民19.2万元、6万元，共计25.2万元。补偿标准原则上三年不变。2007年，省环保局确定吉昌锰业有限责任公司为实施污染自动监控的重点排污单位。公司于2007年12月完成了建设任务，并委托铜仁地区环境监测站对其总排口自动监测仪器进行对比监测分析，其总锰、六价铬浓度与实测结果相对偏差为3.15%和－6.43%，各项指标符合污染源自动监控标准。2008年4月22日，贵州省环境监测总队同意 吉昌锰业污染源自动监控系统通过环保验收，正式投入运行。2011年贵州省环境保护厅下发黔环通〔2011〕33号文件，指出万山特区吉昌锰业有限责任公司污染防治工作不到位，存在渣场环境管理差，环保设施运行管理台账不规范，现场污染物跑冒滴漏现象突出，环境应急能力不足等问题。要求严格按照《电解金属锰企业环境守法导则》，对存在的问题进行全面排查、整治。同年底，因电解锰产品价格严重下滑，加之治理污染的成本较高，吉昌锰业停止了生产。

万山特区凯山锰粉加工厂

其前身为万山凯山锰业有限责任公司。2009年9月27日建立，为招商引资的私营企业，坐落在张家山工业园区，占地总面积4500公顷，宿舍楼和办公楼建筑面积共900公顷，破碎车间和矿粉生产车间占地1300公顷，两个堆矿坪占地2500公顷。并建有厨房、化验室、过磅房、沐浴房、厕所等附属设施。注册资金600万元。2010年年底更名为“万山特区凯山锰粉加工厂”，2011年2月14日经铜仁地区民政局审核批准为福利企业，时有职工70人，其中残疾职工人数为56人，占全厂职工人数的80%。该厂按有关文件精神，兑现了残疾职工相应福利政策，用工及生产条件、环境适合残疾人就业。

凯山锰粉加工厂有破碎车间，主要设备有破碎机（球磨机）、输送带、电磁铁、电源控制台；锰粉加工车间：由擂磨机三台、行车、吸尘器、拖板车及电源控制台。上述两个车间均采用流水线作业。

锰矿石从下溪盆架山锰矿买进，磨成锰粉后销往岑巩县东风锰业公司。年生产锰矿粉3万吨，年产值2000余万元。

三、铁合金冶炼

万山特区冶炼厂

万山特区冶炼厂于1988年7月动工修建，厂址位于高楼坪乡张家山村两岔路口。1990年8月竣工投产，计划投资368万元，实际投资437.2万元，超计划18.8%，实际到位资金363.5万元。主要有1800千伏安电炉2座，3.5万伏2500千伏安降压站一座及供电、供水等配套设施，设计生产能力为年产值1400万元。具有年产硅铁2400吨或锰铁4800吨的能力，时为万山特区政府投资最大的地方国有企业。1990年8月至2000年8月的十年间，共生产铁合金11926吨，产值仅4120万元。其中1990年9月至1993年上半年为特区自己经营时期，只生产碳锰合金1700余吨，实际生产能力只达设计生产规模的30%左右，亏损超过100万元。1993年下半年开始租赁给区外商家，至2000年8月，先后有四届区外投资者生产经营，四届中无一获利，届届亏损，总亏损额900余万元，其中拖欠铜仁地区供电局300余万元电费。

2000年11月，断断续续生产了10年的冶炼厂，由于资金短缺和市场变化，生产经营亏损严重，负债累累，资不抵债（资产总额398.3万元，负债总额502万元，其中：应付款26万元，应付工资2.5万元，应交税金15万元，长期借款458.5万元。长期借款中农业银行132万元，建设银行133万元，省财政120万元，特区财政73.5万元，未弥补亏损103.8万元）（未含应提折旧费差额152.2万元和应付借款利息200余万元）；主要生产设备1800千伏安电炉，属国家明令在2000年淘汰关闭的落后工艺，且已严重老化，致使产品产量、质量受到严重影响，本身又无能力进行技术改造。于2000年11月选择依法申请破产。除1名正式干部由政府另行安排工作外，其余的11名合同制职工采取一次性发给安置费，不再保留国企合同制职工身份，自谋职业。安置费按职工实际工作年限，以每人每年550元的标准一次性计发。对每个合同制职工发放一次性医疗费2000元，另对因公负伤致残的1名职工凭工伤鉴定证书发放工伤补助6000元。

恒兴铁合金有限责任公司

恒兴铁合金有限责任公司为万山特区政府2000年贵阳“8·18”全国乡镇企业东西合作经贸洽谈会上签订的招商引资独资民营企业，由湖南湘潭客商谭少波于2009年9月创建，9月6日举行开工奠基典礼，2001年又收购了关闭斫破产的万山特区冶炼厂。经改建和扩建，已发展为集科研、生产、经营为一体的铁合金联合企业，公司主要的生产设备有HKSSP20-12500千伏安全封闭矿热电炉1台，2吨中频炉1台及配套环保设施。

公司主要产品为锰铁、锰硅合金、金属锰锭等，铁合金年生产能力4万吨，国内市场占有率3.5‰，对国内外钢铁厂生产优质钢材起到了至关重要的作用。宝钢、鞍钢、唐钢、武钢、酒钢、湘钢等大型联合企业都大量使用该公司的产品。

公司总资产34022万元，其中固定资产3245万元，年工业总产值4亿元，占地面积89910公顷，厂房23300公顷，现拥有管理人员及生产工人共205人。公司下设中碳、硅锰、原料三个车间和综合部、财务部、业务部、安环质检部、生产工艺部、设备运行部六个部室。主要生产流程：配料—入炉冶炼—出炉浇注—精整加工。生产设备配套，技术先进，工艺合理，产品质量稳定。

“诚信经营，依法纳税”是公司的经营宗旨，2010年前是万山特区最大的纳税企业，2004年至2011年共计上交税金8100余万元。获得贵州省“重合同、守信用”单位，“省级诚信私营企业”，铜仁地区工业生产“突出贡献企业”“纳税十强企业”等多种奖励。公司还非常重视企业下岗职工和农村剩余劳动力的就业，并按要求签订劳动合同。每年支付当地农民工工资300多万元，在一定程度上拉动了当地消费和就业。

公司始终以科学发展观统领全局，坚持“安全发展”“以人为本”理念，坚持“安全第一，预防为主，综合治理”的方针和“质量第一，用户至上，生产优质产品，提供满意服务”的质量方针，于2001年12月通过IS09001—2000质量体系认证，2009年批准成为符合《铁合金行业准入条件》的生产企业。

公司对环境保护和节能减排工作非常重视，履行社会责任。公司能源管理基本健全；经核实公司没有国家明令淘汰的机电设备在运行；能源消耗主要产品锰硅合金和中低碳锰铁单位冶炼电耗分别为4160.05千瓦时/吨和1001.92千瓦时/吨，已达到国内先进水平；资源消耗主要元素回收率锰硅合金米n≥85%（标准米n≥82%）、中低碳锰铁米n≥82%（标准米n≥80%）、水循环利用率99%以上（标准95%以上），已达到国内先进水平。

公司在创办过程中，始终贯彻科学的可持续发展观，严格按照国家产业政策的要求，依靠科技进步，加强技术改造，推动企业走上规模化道路，使企业进一步做大做强。目前公司已投资向开发新材料项目和矿热电炉余热余压利用工业节约能源项目发展，积极探索适合自身实际、具有独特竞争优势的可持续发展模式。

金盛锰业有限公司

公司位于铜仁市万山特区张家山工业园；占地40000公顷；拥有员工150人，其中具有高级职称的12人，中级职称的26人；公司成立于2004年11月15日，是一家集生产、科研、经贸于一体的铁合金联合企业，下设生产技术质量科、业务科、办公室、财务科。

公司设备精良、技术先进、工艺合理、环境优雅。现拥有固定资产10000万元；主要设备有9000千伏安矿热炉1座，1400千伏安中频炉8台套；年铁合金生产能力10万吨，年产值可达10亿多元。公司长期从事锰系合金、镍系合金、铬系合金、有色合金、特种合金和电解锰产品的生产、加工、仓储、配货及销售，主要生产经营品种有锰硅合金、低碳锰铁、微碳锰铁、金属锰锭、硅铁、钒铁和镍铁等，产品广泛应用于国内各大钢铁厂家，公司已与武钢、莱钢、南钢、湘钢、涟钢、沙钢和韶钢等国内知名钢铁厂家保持多年的合作关系。多年以来，凝聚了一批合金专业技术人才及营销人员，产品质量不断提高，市场份额不断扩大，在国内外拥有稳定的市场网络与客户，综合实力不断增强。2005年6月已通过ISO9001-2000质量体系认证，铁合金除按国家标准冶炼外，还可根据用户的特殊要求组织生产。

万山特区斯普铁合金有限公司

万山特区斯普铁合金有限公司位于高楼坪乡张家山，于2008年8月由原华泰铁合金有限公司改制而成。公司占地面积1.87万公顷，现有职工80人，其中，高级技术人员6人，中级技术人员13人。公司现有固定资产1800万元，拥有HKSSP20-12500千伏安/35矿热电炉1台，铁合金年生产能力8000吨，年工业总产值1亿元，是万山特区十个纳税大户之一。

公司以生产锰合金为主，通过开发市场，拓展销售渠道，狠抓内部管理，实现了公司产、经、销规模化发展。2010年，销售收入达3000多万元，实现利税100万元。目前，公司为了进一步做强做大，已着手淘汰落后产能，加快企业技术改造升级，将现有的6300千伏安工业电炉改造成13200千伏安的工业炉，实现企业的可持续发展。该项目竣工后，年产值可达3亿元以上，利税500万元以上，增加社会就业人员100人以上。

四、电力

（一）火力发电

万山汞矿为适应照明、生产、生活的需要，建立在万山的汞矿厂，先后修建了土坪、四官塘、岩屋坪、路腊、犀牛井、酒店塘、大龙、二坑、麻音塘等火力发电厂（站），这些火力发电厂（站）属汞矿的辅助工程，属贵州汞矿1991年前建、自用、自管。其中原贵州汞矿大龙电厂（火电厂）在1974—1979年进行扩建，新安装3000千瓦汽轮发电机一组，批准投资284.61万元，实际需要284.61万元。1979年完工，该厂累计装机容量达7500千瓦，固定资产总额达1225.07万元，发电量最多年是1980年，有2215.56万千瓦时，最少年是1964年的1602.41万千瓦时。大龙电厂1997年定员81人，年工资总额203326元。2001年10月18日，随贵州汞矿实行政策性关闭破产。

曾先后在贵州汞矿大龙电厂担任过党政领导的有任丰年、宋绍春、龙智明、马文斌、卢华荣、程明绪、来治斌、吴风银、陈明。

（二）水力发电

琴门电站：1969年新庄公社琴门、大坪、新庄3个大队共同在大琴门溪沟中修建，建设资金由3个大队自筹2000元（各向信用社贷款2000元），国家补助1万元。由水电局负责工程设计、安装。3个大队和长坳大队赶场坝生产队抽调劳力施工，共花工6万个，设计装机容量为4x20千瓦，1978年改造为2x40千瓦；修建蓄水上坝一座，蓄水9.5万立方米；沿左岸崖边开凿引水渠长1.5千米，引水流量0.5立方米/秒；水头（落差）40米。工程于1971年竣工。经过调试，发电、输变电系统运转正常，交付给3个大队齐管共用，解决了729户3576人的照明及部分农产品加工用电。

1979年冬，电站管理员成应本处理拦污栅掉入消力池中淹死，自此无人管理。1981年发电机外壳被人砸坏，偷走铜部件，停止发电。

其他微型电站：1973年11月至1974年12月，万山特区水电局选派技术员在敖寨河、下溪河、黄道河分别建起21座水力发电站，全为5千瓦/时，总装机容量105千瓦。所建微型发电机有20台为洪水发电，先后被洪水冲毁，现仅存敖寨乡老木冲一台仍在运行。高楼坪乡琴门村长引溪于1974年建成5千瓦时1台，采用建坝蓄水木制水轮带动发电，1993年停止发电。1990年冬，水电局扶持恢复下溪乡船冲、烂泥坡5千瓦微型发电机各1台，1992年，因无人管理等原因，先后停止运转。

老木冲位于敖寨河下游南库，1971年由深冲大队组织人力施工，在电站上游修国围堰一座，将河水水位提高2米，修引水渠250米，建5千瓦微型发电站1座，供应老木冲、深冲两个生产队（即今老木冲、廖家、深冲、半冲四个村民组）。因枯水期发电量不足，1974年，深冲、半冲停止使用。1982年，廖家另修水电站，不久即被洪水冲毁。电站仅供老木冲村民组30余户使用。在20世纪90年代，农电网改造时，老木冲已联网。枯水季节用网上电，丰水时，用小水电价格更便宜。此电站还兼有加工稻谷、玉米等功能，是目前万山境内唯一的仍在运行的微型水电站。

下溪青龙水电站：2002年，浙江省温州市平阳县蔡振东通过《万山特区志》，了解到万山适合开发小型水电站的信息后，于2002年年末至2003年年初两次赴万山实地考察。在特区地方志办公室的帮助下，最后促成其在下溪乡青龙村旋水湾建小水电站。2004年6月开工建设，整个工程总投资1600万元，开发型引水式，建拦河坝一座，坝高13.8米，设计水头26.32米，开挖隧道（3.2米×3米）998米，装机3×500千瓦，库容量38.2万立方米，水机型号HL820-WJ-60型（湖南邵阳生产），发电机型号SFW500一8/990（湖南邵阳生产），年平均发电量258万千瓦时，架设10千伏输电线路8.5千米，2500千伏安变升压站一座，2006年11月运行发电。

屯坪电站：2003年，浙江省云和县刘新福在高乡铺前村屯坪建小型水电站，工程建拦河坝一座，铺设引水管道700余米，装机600千伏A，总投资650万元，。2006年下半年开始发电。因电站上游集雨面积不足50平方千米，农田较多，用水量大，只有丰雨时期才有水发电，全年满负荷发电时间不足2个月。

（三）农电网改造

农网改造前的1998年，普遍存在10千伏线路低压线路导线截面较小，损坏大，多数使用木电杆，水泥电杆部分有裂纹，挡距大，负荷增长速度过快，线路可靠性较低；10千伏线路供电半径大，电压质量较差；负荷不能实现转供转带，不能通过线路“N一1”校验；低压台区配变容量小，低压线路走向混乱，三相极不平衡，损耗率较大。

自1999年以来，供电区域内经济发展迅速，随着家电下乡政策的落实，农村用电负荷发展较快；万山特区党委、政府招商引资力度加大，到万山投资兴业的外地客商不断增多，用电量急剧增加。原配电网路不能满足用电发展需求。根据省电力局对农电网改造的同意部署和要求，2000年万山特区列为需完成农电网改造任务的县之一，政府成立了“两改”（改造电网、改革农电体制）领导小组，万山特区供电局同时成立农电网改造工程质量监督小组，负责农村电网改造工程的全面指挥管理工作；负责农网改造资金专项管理和农网审计工作；负责改造中的技术和安全管理。

为了理顺农电体制，万山特区供电局拟定了关于《万山特区农村店里体制改革实施方案》。对四乡一镇电管人员进行考核，遵循择优录取的原则，经各乡镇推荐考核并报特区“两改”领导小组审批，取消原各乡镇电管站。2000年6月挂牌成立供电所，人、财、物由万山特区供电局统一管理，分级管理体制顺畅了，工作开展正常。围绕总体规划，按乡镇安排各自施工单位，供电所负责落实协调施工，结合乡情、村情、寨情，部署电网建设工程。2002年3月至12月全特区农电网新建与改造完成情况是：

1. 敖寨侗族乡

（1）10千伏新架原计划5.3千米，实际架设9.43千米，投资28.29万元，超计划4.13千米，超资金12.39万元。

（2）10千伏改造原计划19.3千米，实际架设17.82千米，投资32.076万元。

（3）400伏原计划架设3.5千米，实际架设7.043千米，投资21.129万元，超计划3.543千米，超资金10.629万元。

（4）220伏原计划架设20千米，实际架设29.15千米，投资52.47万元。220伏超计划9.5千米，超资金16.47万元。

（5）新增与改造变压器原计划17台，实际安装17台，投资21.9万元，全乡总投资155.865万元，超资金36.835万元。

2. 下溪侗族乡

（1）10千伏新架原计划11.2千米，实际架设15.2千米，投资45.6万元，超计划4千米，超资金12万元。

（2）10千伏改造原计划14.6千米，实际架设21.37千米，投资38.466万元，超计划6.77千米，超资金12.186万元。

（3）400伏原计划架设6千米，实际架设10.427千米，投资31.281万元，超计划4.427千米，超资金13.281万元。

（4）220伏原计划架设31.5千米，实际架设35.579千米，投资60.0422万元。超计划4.79千米，超资金7.3422万元。

（5）新增与改造变压器原计划21台，实际安装22台，投资27.6万元，超计划1台，超资金1.4万元。全乡总投资206.9892万元，超资金46.2092万元。

3. 黄道侗族乡

（1）10千伏新架原计划15.8千米，实际架设33千米，投资99万元，超计划17.2千米，超资金51.6万元。

（2）10千伏改造原计划15.6千米，实际架设6.943千米，投资12.4974万元。

（3）400伏原计划架设5.5千米，实际架设8.28千米，投资65.7万元。

（4）220伏原计划架设36.5千米，实际架设36.5千米，投资65.5万元。

（5）新增与改造变压器原计划23台，实际安装16台，投资19.4万元。全乡总投资221.4404万元，超资金44.3604万元。

4. 高楼坪侗族乡

（1）10千伏新架原计划11.8千米，实际架设18.19千米，投资54.57万元，超计划6.39千米，超资金19.17万元。

（2）新增与改造变压器原计划30台，实际安装19台，投资25万元。

（3）400伏线路原计划架设10.5千米，实际架设10.4千米，投资31.2万元。

（4）220伏线路原计划架设31.5千米，实际架设25.176千米，投资45.3168万元。

全乡总投资156.0868万元，超资金19.17万元。

5. 万山镇

（1）10千伏新架原计划5.9千米，实际架设1.34千米，投资4.02万元。

（2）400伏线路原计划架设6.5千米，实际架设3.82千米，投资11.46万元。

全镇总投资15.48万元。

截至2002年12月20日止，万山特区农电网改造10千伏一下总投资755.8614万元，超146.5646万元，改造工程已完成90%。此后，又经二、三、四期农网改造，至2010年底止万山特区的农网改造已取得以下成果：

1. 110千伏变电站2座，位于高楼坪乡和万山镇三角岩技校，总容量113000千伏安，输电线路50.7千米。

2. 35千伏变电站3座，分别位于万山镇、敖寨乡和下溪乡，总容量21000千伏安，输电线路63.843千米（公有线路），配电网中压线路30回，其中公用线路29回，专用线1回。

3. 10千伏及以下变电器218台，总容量18015千伏安，输电线路总长度357.42千米，主干线总长度140.48千米，0.4千伏、0.22千伏线路总长度470.47千米，拴上开关41台。

4. 通电乡、镇5个，村42个，村民组482个，安装电表20722户，受益63000人，农村用电普及率

100%。

5. 农网改造中央总投资15016.52万元。其中：一、二期农网中低压改造1783.49万元，二、三、四期农网完善化中低压工程新建与改造2907.71万元；高压项目新建与改造10325.32万元。

2004年，全特区供电量首次突破1亿千瓦时大关。2009年突破2.4亿千瓦时，比1995年的300万千瓦时增加了79倍，固定资产从208万元猛增到2080万元，14年间增加了9倍。2010年全社会用电量达到3.1469亿千瓦时，15年间增长80.7倍。

万山特区电网10千伏主干线均是架空线路，导线截面以150、120、70平方毫米裸导线为主，其中150平方毫米导线有3条，120平方毫米导线有15条，70平方毫米导线有8条，50平方毫米导线有3条。其中主供县城线路8条，县城绝缘化率为18.5%。

（四）电力管理

1986年特区供电站变更为万山特区供电所，仍隶属万山特区水电局，随着万山电力事业的蓬勃发展，1995年5月22日，根据铜仁供电局《关于成立万山特区供电局的批复》，成立万山特区供电局，隶属铜仁供电局代管的国有企业。局下设有办公室、财务室、外线班组、变电运行班组，时有职工30人。2004年4月14日根据铜供办《关于重新组件万山特区供电局的批复》文件，万山矿区供电所与万山特区供电局重新组件新的万山特区供电局，隶属铜仁供电局代管，共有干部职工62人。局下设办公室（人事部）、财务办、生产办、营策办、党群办、城镇供电所、高楼坪供电所、下溪供电所，根据供农电《关于万山供电局乡镇供电所整合方案的批复》文件，将敖寨供电所、黄道供电所、下溪供电所3所合一。2009年9月26日万山特区供电局划归贵州电网公司实行垂直管理，与铜仁供电局脱离隶属关系。局下设办公室（人力资源部）、生技部、财务部、市场部、计规工程部、安监保卫部、监察审计部、党群办、物资供应中心、调通运行所、修试线路所、城镇供电所、高楼坪供电所、下溪供电所，共有职工139人。2010年11月根据贵州电网公司《关于规范县级供电企业名称的通知》，万山特区供电局更名为万山供电局。是时，有在册职工人数122人，其中：正式职工69人，劳务派遣用工39人，非全日制用工14人。全局设办公室、党群办等8个只能管理部门，调度运行所等5个生产经营部门。

1981年，在全特区5个公社成立了5个电管站，由万山特区水电局管理，公社电管站为群众性的管电组织。1988年“两改一同价”（改造电网、改革农电体制、城乡实现同网同价）实施后，为理顺乡镇管电体制，于1999年6月实施撤站建所，撤销了全特区5乡镇的5个电管站，建立了城镇、黄道、下溪、敖寨、高楼坪5个供电所，实现了县、乡农电管理一体化，是时5个供电所有职工26人；2006年2月20日根据供农电《关于万山供电局乡镇供电所整合方案的批复》文件，将敖寨供电所、黄道供电所、下溪供电所3所合一，至2010年3所共有职工40人。

1. 供用电管理：

1990年电费标准为：自来水工程用电每千瓦时0.145元，工业生产用电每千瓦时0.20元，城镇居民用电每千瓦时0.26元，卖给地质一总队每千瓦时0.22元，农村照明和农产品加工用电每千瓦时0.24元。

2007年6月，万山特区供电局全面启动了“95598”客户服务系统，为用户提供了电费查询、故障申告、业扩报装等方面“一条龙”服务，有效弥补了柜台服务的不足，客户足不出户，就能享受到优质快捷的服务。为了让更多的客户了解“95598”热线电话的服务流程，万山特区供电局组织专门力量，采取广播电视、网路、路灯广告、设咨询台、进村入户等多种形式进行宣传。使广大群众看到了万山供电人深化服务的诚心，从而更加配合支持供电工作。排长队等待交费，曾经是一个令人头痛的问题，既耽搁了客户宝贵的时间，又让收费人手忙脚乱，群众对此很有怨言。2008年5月，万山特区供电局及时开通了电子磁卡缴费系统，用户只需持卡到所属缴费点即可办理。同时还在城区设立了2个服务中心，在4个侗族乡政府所在地设立了收费处，极大地方便了群众交费。2009年，实现了办公自动化、财务电动化、营销自动化、调度自动化，为全面提升服务水平奠定了坚实的基础。

2. 生产安全用电管理：

2001年后，特区通过招商引资先后形成了以汞化工、电解锰、铁合金为主的三大支柱产品。各企业安全用电管理由电管班负责，企业从社会上聘请具有用电操作资质的技术工人进行管理和维修。

3. 电力调度管理：

1986年4月，特区从玉屏罗家寨水电站输来的35千伏的输电线路接入郭家变电站，由此分出的至万山城关、土坪自来水取水点、老山口砖厂电力调度均由变电站控制，配电工7人。重大事故由供电所派人处理。各乡村变压器由电管员负责。1995年5月，万山特区供电局成立后，加强了电力调度管理。

4. 电价：

1991年7月28日至8月10日，万山特区物价局根据贵州省电力局、电力厅、物价局《关于迅速在全省范围内开展农电检查的通知》和铜地价检字（1991）09号文件精神，对全特区4个乡17个村的电价进行了全面检查。全特区共有43个村，其中41个村通电，农村用电覆盖面达95.4%。检查存在的主要问题是全特区农电价格偏高。特区电管站从玉屏以每千瓦时0.12元购进，经过中间几个环节后，到达农户家中的价格有的每千瓦时高达1元多，元月高于城镇居民电价，农民对此反映强烈。农电价格偏高的原因有：1.供电部门除了收取正常电价外，另外还收取变损和线损。特区电管站在收取电费时，除按特区物价局（1990）万特价字第19号文件规定，每千瓦时收0.24元和0.01元电力建设资金外，另外接变压器每10千伏加收变损180千瓦时，线损按实际用电的5%收取，这两项费用摊入电价，万山至各乡村的总电表每千瓦时电价分别达0.325元、0.38元、0.405元、高的达0.65元。2.偷电现象严重。如敖寨乡1991年4—6月份购进电9280千瓦时，实际收回4350千瓦时，回收率为46.88%，使本来购价每千瓦时0.325元上升为0.693元。3.多层次的管理形式，层层加价。如下溪乡的官田村，从万山到下溪乡的电价为0.30元，分到官田村的电价为0.35元，从中提取管理费按总电表数的1.5%交给乡政府，村到组的电价为0.755元，其中有40元电管员工资摊入电费，再到就近联合分表电价为0.93元，之后又每户加10元手续费，就近联合分表到农户表电价为1.00元，含每户10元手续费。由于多层次管理，每一层的管理人员都必须取得一定报酬，在国家没有统一支付管理人员工资的情况下，管理人员的工资只好摊入电价，从而使电价增高。4.由于农村电价、电费管理制度不健全，电管员更换频繁，管理人员素质差，致使农电管理不善，电费收支无账目，收取电费无依据、无手续、群众对电价不了解。

特区物价局农电检查组还多次召开用电农户座谈会，他们普遍要求降低电价，减轻农民负担。具体有以下4个方面的意见：1. 要求电管站在规定的电价外，免收变损、线损费用；2. 要求电管站直接管电，愿意按国家规定交纳电费，电管员的工资可由电管站负责开支；3. 目前变电房是露天坝，要求政府、农户各出一部分钱，修个小变电房；4. 要求对电管员加强培训。

1997年，在国家计委统一安排下，调整了电力价格。调整情况是：每千瓦时生活用电由1996年的0.283元（含三金一费，不同）调为0.328元，提高幅度15.9%；营业性用电由0.583元调为0.651元，提高幅度11.7%；普通工业用电由0.343元调为0.38元，提高幅度10.8%；农业排灌用电由0.124元调为0.152元，提高幅度22.6%。

1998年10月10日，为贯彻中共中央、国务院《关于切实做好减轻农民负担工作的决定》和国家发展计划委员会《关于加强农电价管理，制止乱涨价、乱收费行为的通知》，物价局与供电局成立了农村电价调查组，赴四乡一镇全面开展农村电价调查。调查的情况是：到户电价每千瓦时电费为0.5—0.7元的有436户；0.7—0.8元有51户，0.8—1元的871户，1元以上的有7340户；最高的达2元。

至2001年，万山特区部分乡农村电价仍高于0.8元/千瓦时，另一部分乡农村电价降到0.7元/千瓦时以下，与国家和省农村电价“两改一同价”（农村电网改造工程、农电管理体制改革和城乡用电同价）的工作要求仍有很大差距。

农村电网是农村最重要的基础设施之一。为了扩大内需，启动农村市场，解决“三农”问题，党中央、国务院决定实施农村电网与改造工程，这是国家为广大农村群众实施的德政工程、民心工程。

2003年万山特区在农网建设与改造完的片区执行省物价局规定的0.403元/千瓦时电价，减轻了农民负担，刺激了农村用电负荷的增长。

2011年，根据《贵州省物价局关于调整贵州电网上网电价和销售电价的通知》规定，万山特区执行贵州省电网销售电价。

贵州省电网销售电价表

表3-18　　单位:元/千瓦时

用电分类	用电分类					基本电价	
	不满1千伏	1～10千伏	35～110千伏	110～220千伏	220千伏及以上	最大需求（元/千瓦·月）	变压器容量（元/千伏安·月）
一、居民生活用电	0.4556	0.4456	0.4456				
其中:城镇低保户和农村“五保户”家庭生活用电	0.4086						
二、非居民照明用电	0.8584	0.8484	0.8384				
三、商业用电	0.9534	0.9434					
四、非工业、普通工业用电	0.7224	0.7124	0.7024				
其中:中、小化肥生产用电	0.5196	0.5096	0.4996				
五、大工业用电		0.5497	0.5297	0.5147	0.5047	45	30
其中:电炉铁合金、电解烧碱、合成氨、电炉钙镁磷肥、电炉黄磷、电石生产用电		0.5397	0.5197	0.5047	0.4947	45	30
中小化肥生产用电		0.4073	0.3873	0.3723	0.3623	30	20
六、农业生产用电	0.4754	0.4654	0.4554				
其中:农业排灌用电	0.3254	0.3204	0.3154				

注：1. 上表所列价格，除农业生产用电中的农业排灌用电外，均含国家重大水利工程建设基金0.4分钱

2. 上表所列价格，除农业生产用电外，均含大中型水库移民后期扶持资金，其中居民生活用电为0.56

分钱，其他各类用电为0.63分钱

3. 上表所列价格，除居民生活、农业生产用电外，均含可再生能源电价附加0.8分钱和地方水库移民后期扶持资金0.05分钱

4. 上表所列价格，除农业生产用电外，均含城市公用事业附加费，其中居民生活、非居民照明和商业用电为2分钱，大工业、非普工业用电为0.8分钱

5. 未开征城市公共事业附加费的地区，销售电价按上表所列分类用电价格扣减相应的城市公用事业附加费后执行（居民生活、农业生产用电除外），其中非居民照明和商业用电扣减2分钱，大工业、非普工业用电扣减0.8分钱

6. 抗灾救灾用电、中小化肥生产用电，按上表所列相应分类降低2分钱执行

五、建筑材料生产

石料生产

万山镇和高楼坪乡出露地层主要有寒武系石灰岩、白云岩、页岩等，是重要的建筑材料，明代前，民间作建岩屋、碓窝用。1990年以前，石材开采仅限于生产块石，采取人工打炮眼、人工点炮、人工撬岩、人工破岩、人工上车，危险性高，劳动强度大，开采工艺落后，生产率低。1991—2005年，逐步实行机械化，高楼坪乡境内的郭家、火烧桥、坡脚、徐家、万山镇境内的冲脚淤泥塘、黄道乡境内的炸药库岩厂等先后以电力为动力，安装粉碎机生产碎石，满足工业和建筑业的需要。但规模都不大，每家生产能力在5000—8000立方米/年不等。2005年后，实行机械化生产，一条龙作业。用挖掘机挖荒去土、撬松岩、破岩，用凿岩机打炮眼，电雷管引爆炸药炸石，破碎机打砂，皮带输送砂石过筛分级，装载机上车，生产效率显著提高。截止到2011年底，境内岩场仅有5家，除炸药库姚本正岩场、阳雀屯岩场规模较小外，高楼坪的郭家岩厂、徐家岩厂和杨再炳岩厂规模都比较大，具有年生产块石砂石5万立方米的生产能力，挖掘机、装载机、载重汽车、皮带运输、空压机、凿岩机一应俱全，投资规模均在200万元以上。2010年，老山口石材加工厂建立，负责来料加工，将巨石用切割机切开，根据用户的要求，切成石块、石墩、石条等。

砖、瓦、水泥板制造

一、砖的生产

（一）青砖生产

万山青砖生产始于元末明初。烧制青砖所用泥土很讲究，含砂过少过多都不宜，含砂过少的黄泥在制砖坯时“站”不住，易垮掉；含砂过多的黄泥在砖坯晒干过程中会干裂，易破损。原始的制砖工艺是在半径为2米左右的圆形场地上挖出约0.4米深的黄泥土，并将其捣碎，放入一定量的水，一般用一致两头水牯牛蒙上双眼（防止牛转晕），每人牵一头牛在圆形场地内转圈踩泥。一天成泥坯，将泥坯用力砸入木质的砖模型中，多余的泥坯用弓形上的钢丝弦切割再用。撤除模型将砖坯整齐摆放在起垄的平地上，间隔1—2厘米，待晾干后再入窑烧制。

修建砖窑大多选择高3米，进深3米，宽3.5米左右的土台，把内部泥土挖空成圆坛状。偏侧凿有三个孔作烟囱，窑中内壁用夯实的土砖（30×20×10厘米）层层叠放，上一层比下一层向窑内收缩2—3厘米，呈倒楼梯状，一直封到圆顶部，窑顶外部用泥土填平，边缘围成田坎形，俗称窑田。

把干透的砖坯搬入窑中有规律放置，砖坯之间留有一定的空间，以便火苗蹿入其中，受热均匀。用

柴火不间断地煅烧3昼夜后停火，用土砖和泥封住窑口闭窑。从窑顶逐步放入窑田水，与窑内砖坯在高温下起化学反应，就可形成坚固耐用的青砖。质量好坏取决于煅烧时间和放水多少。火力少一成，成品就没有光泽。少三成，就成了“嫩火砖”，现出原来坯土的颜色，日后经风雨浸蚀，立即松散，变回泥土。如果火力多一成，砖面就会有裂纹。多三成，砖形就会缩小而且裂开，弯曲不直，且硬如铁，不适合砌墙。放水少，砖不“转釉”，放水过多，砖成渣。4天后开窑，将烧好的青砖搬出，整齐摆放，便于计数。成品青砖规格为240×115×55毫米。土法烧制青砖工艺一直沿用至20世纪90年代。1995年后，青砖生产全部停止。

（二）红砖生产

20世纪80年代，老山口办有红砖厂，用机械挖土、制砖，生产效率显著提高，年产量300万块。2004年，高楼坪大拱桥红砖厂建成投产，年产量400万块。

红砖的烧制较为简单，不需做封闭的砖窑，只要在平地做一窑口，便于点火，燃烧用煤，将晒干透的砖坯与煤隔层交叉堆放，底层煤燃烧后，火苗向上窜逐渐向上部燃烧。本地人称敞窑。质量好的红砖并非红色，而是猪肝色，这种砖强度大，挠度好，不易破碎，深受用户喜爱。但做红砖需要黄泥土，与耕地保护政策相悖，至2008年，境内红砖生产已停止。

（三）空心水泥砖生产

空心水泥砖又称水泥盒子砖，盒子都是用钢模制成，尺寸为40×20×15厘米，砖内壁2.5厘米。简易的生产装置是在小型振动器上放上钢模，在钢模中加入已搅拌好的混凝土，让其充分振动、摇紧，放到场地脱模即可。较为先进的制砖机在2005年广泛使用，整个制砖过程实行半机械化，人推斗车送砂石入搅拌机，加入水泥和水充分搅拌均匀，人工用铁铲将沙浆送入制砖机中挤压成型，再码放到场地中。水泥盒子砖因标号不是太高，故在高层楼层中不作承重墙，只是在农村用于修建猪舍、牛圈、厕所、灶房等低矮房屋中使用，更多的是企事业单位用于修建围墙，其高度一般均在3米左右。

贵州汞矿在20世纪七、八十年代曾生产高标号的水泥空心砖，用于修建职工宿舍和办公楼。土坪、三角岩、二厂等地居民楼房（多为三层）现仍有大部分在使用。

（四）水泥标砖生产

水泥标砖生产始于2000年，白云岩用破碎机破碎至2厘米以下，形成带细沙的混合砂，作为生产标砖的原材料。因开采和破碎白云岩比开采石灰石成本较低，各砖厂大多使用白云岩。白云岩砂石出自于高楼坪西部各砂石厂。将混合砂倒入搅拌机中，加入一定量的水泥和水，经充分搅拌均匀后，送入制砖机中。水泥沙浆在制砖机中经挤压成型，中型砖盒中有4×5个钢制砖模型，即每次能生产水泥标砖20个。标砖经自然晾晒并由人工定时洒水保养7天后自然保养，直至达到标号，其成型标砖长、宽、高分别为23.5厘米、11.5厘米、5.3厘米。

近十年来，境内标砖生产厂家规模都不大，每家年生产能力均在100万块左右，先后有犀牛井砖厂、炸药库砖厂、郭家油库砖厂、小龙砖厂、冲脚砖厂、黑桃树砖厂、六坑砖厂、高楼坪街上砖厂、肖家湾砖厂、文家屋场砖厂、河边砖厂、白果树砖厂、毕家湾砖厂、赶场坝砖厂、菖木塘砖厂等。水泥标砖价格从2001年的每万块1500元逐渐上升到2011年的2100元。

二、瓦的生产

建造木房，用瓦盖屋面，遮日挡雨，是自古以来直至近代广大农村的首选。选择不含沙质的黏土来制作，掘地60—70厘米，炼泥造瓦。将黏土踩炼成熟泥，堆成厚厚的长方体泥块。用圆桶作模型，桶外作出四条等分界线，成四合分片，上部薄下部略厚，便于作屋面的“阴阳瓦”。用铁线将泥块平拉，割出一定厚度的一片泥，像揭纸张一样，把泥片紧贴在圆桶的外壁旋转木桶上，并适当用力将外壁压紧抹光成型后，放在平整好的场地中，待稍干后，脱去模型，就会裂成四片瓦坯，后将八九成干的瓦坯整齐置放。全干后再进窑烧制。

瓦坯干燥装窑，以便火苗蹿入其中，使整窑瓦尽量受热均匀。先用干柴在窑内炉膛点燃，窑内温度较高时，再加入部分生柴、竹子作燃料，烧制时间长短随窑内瓦坯多少而定，一般烧1—2昼夜即可。停火后，在窑顶按要求放水使瓦片呈蓝黑色光泽，方法与烧青砖相同。瓦窑与砖窑可同用。境内所用青瓦的规格为：宽度为17厘米，长度为19厘米。2011年，境内无青瓦生产，部分农户建房所用青瓦均由湖南新晃、芷江县、贵州玉屏等县购入，价格在每万块2500—2700元之间。

三、水泥板生产

万山特区建筑队于1985年在万山镇麻荫塘首建预制板厂，生产拉模板。1990年停产。

1998年8月，高楼坪马黄垅小型预制板厂建立，占地3000公顷，其中生产场地800公顷。有管理人员和生产工人7人。主要设备有预应力空心制板机、搅拌机、张拉机、切割机、钢筋测力机等，总投资10万元，年产值50万元，2007年1月停产。

老山口预制板厂建于2000年，占地面积1500公顷，其中生产场地1000公顷，常年有管理人员、工人7名。年产值80万元。至今仍在生产。

2005年，冲脚淤泥塘预制板厂建立，占地面积2500多公顷，其中生产场地1000公顷，常年有管理人员、工人共7名。年产值100万元，2009年停产。

张家湾预制板厂于2008年建立，用地1800公顷，年产值40万元。2010年底停办。

场地规范是生产合格预制板的重要前提。首先，将场地平整碾压，用C25混凝土铺就振动夯实，成型厚度为15—20厘米，要求表面平整光滑，保养达到混凝土强度后方能使用。场地长度为60—120米，宽度为12—15米，每一槽板连同间隙为0.6米。事先用车床将角钢的一面按一定距离凿好孔，另一面焊接螺杆埋入场地两端砼中，以便固定钢筋。

高楼坪、冲脚、老山口、张家湾预制板厂均采用60米以上长线台先张法预应力混凝土施工工艺，用冷轧带肋650级钢筋级别配筋，钢筋根数随活荷载级别2—5的增加而增加。生产前，用废柴油或滑石粉水剂抹擦场地，防止板与地面黏结，便于起模。将直径为5毫米的冷轧带肋钢筋的一端固定，另一端用张拉机将钢筋拉直并达到抗拉强度后再固定。把制板机安防在导向板内，砂石、水泥、水按C25混凝土强度等级配比，在搅拌机内均匀搅拌后送入制板机中的料斗内，开机后搅刀旋转送料并生成圆孔，振动器振动夯实，通过反作用力将整机向前推进，不需人为调速。在保证供料及时的情况下，可连续生产直至把一槽板做完。洒水保养至混凝土强度不低于设计强度的75%时，可将预应力主筋剪断（俗称放张），起模。伸出板端的钢筋起模后应板弯贴板端，堆放场地要平整夯实，每垛堆放高度不得多于7块。板的混凝土强度必须达到设计强度的100%方能出厂。

板的标志宽度500毫米，板厚120毫米，板的标志长度2.4米—4.2米，厂家可根据用户需要生产。

六、汞化学工业

（一）万山特区矿产公司

公司始建于1993年，法人代表吴泽云，注册资金666万元，坐落于万山赶场坝工业园区，占地面积

5.3公顷，建筑面积3600公顷。2011年固定资产3800万元，年产值2.2亿元，税收1100万元。是环保部指定的汞产品生产厂家，是集科研、生产、销售为一体的企业法人实体。公司研发实力雄厚，拥有高级工程师1人，工程师2人，技术人员38人，管理人员12人。

公司从创建之初仅能生产二三种产品，2000年后能生产复合氯化汞高汞触媒、氯化汞低汞触媒、氯化汞粉状触媒、氯化汞、硝酸亚汞、碘化汞、氯化氨基汞、氧化汞、朱砂、辰砂（人工复活朱砂）、试剂汞、高纯汞、硫酸汞、硫酸亚汞、硝酸汞、硝酸亚汞16个产品，同时组织科研人员不断开发新产品。年生产能力为多元复合氯化汞触媒2600吨；氯化汞400吨；其他汞产品300多吨。

公司于2003年通过了ISO9001:2000质量体系认证。是铜仁地区和万山特区重点挂牌保护骨干企业。1997—2011年先后被铜仁地区行署评为先进企业，被万山特区人民政府评为先进企业和纳税先进企业；2000—2002年被省委、省政府、省乡镇企业局表彰为发展乡镇企业的先进企业；2006年被评为全省环保先进企业。

公司下设经理室、财务室、办公室、销售部、供应部、氯化汞触媒车间、氯化汞车间、硫酸汞车间、试剂汞车间、氯化铵基汞车间、粉状触媒车间和化工研究室、化验室、质监室。现有员工128人，固定员工42人，临时工86人；公司董事长兼总经理吴泽云，是贵州省第九届政协委员，铜仁地区政协工委委员，万山特区第三、四、五、六届政协常委；贵州省工商联合会汞行业商会会长、铜仁地区商会副会长、万山特区商会副会长、铜仁地区光彩事业协会常务理事。是贵州汞矿政策性关闭后，万山汞工业的第一传承人和汞化工精细产品的开拓者。

主要生产设施设备

为不断满足新产品开发需要，从1997年起，先后添置了反应罐、散热罐、天平、汞瓶、氯气罐、电动机、石英甑、塑料桶、水池、电泵机、封口机、不锈钢水箱、塔节、自动筛、别克、缓冲罐、散热器、厢式货车、PP桶、氯气探测器、空气呼吸器、风机、反应釜等设备。

生产

1. 原料来源　公司生产所需原料主要有汞、氯气、活性炭等。汞主要向陕西汞锑科技有限公司生产厂家和废汞物回收生产厂家收购；氯气主要向贵州省金宏化工有限公司采购；活性炭主要向宁夏太华活性炭厂生产厂家采购。

2. 主要产品生产工艺

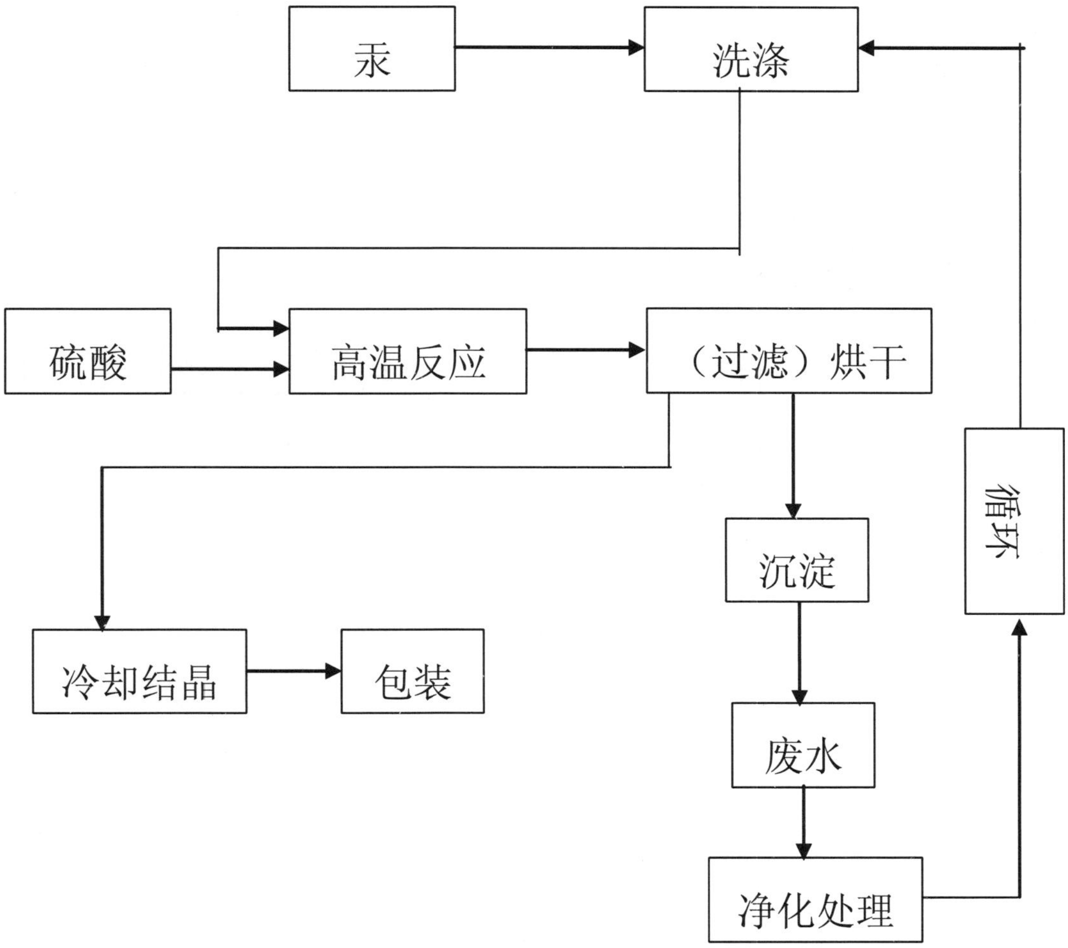

硫酸汞生产工艺流程图

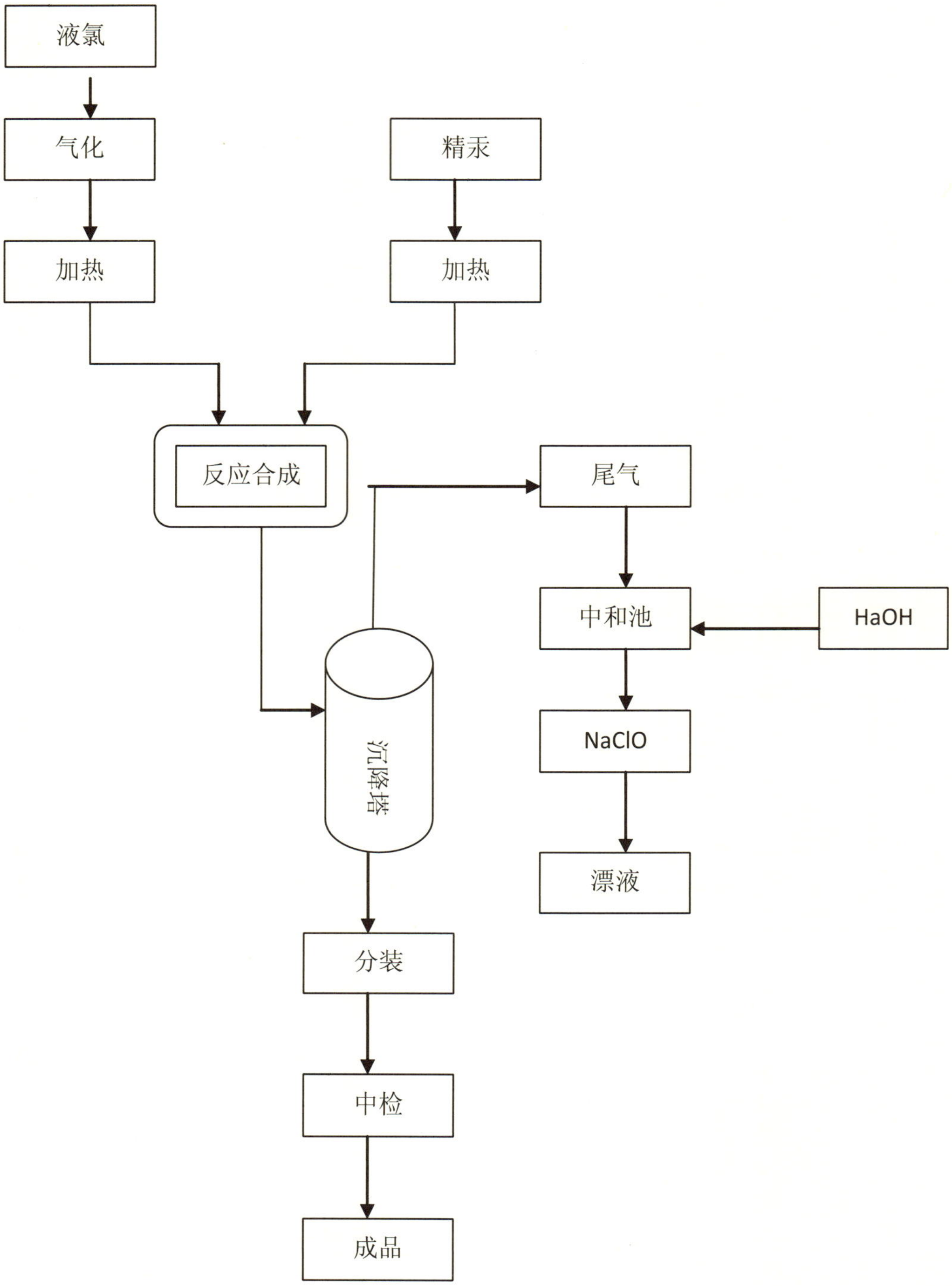

氯化汞生产工艺流程图

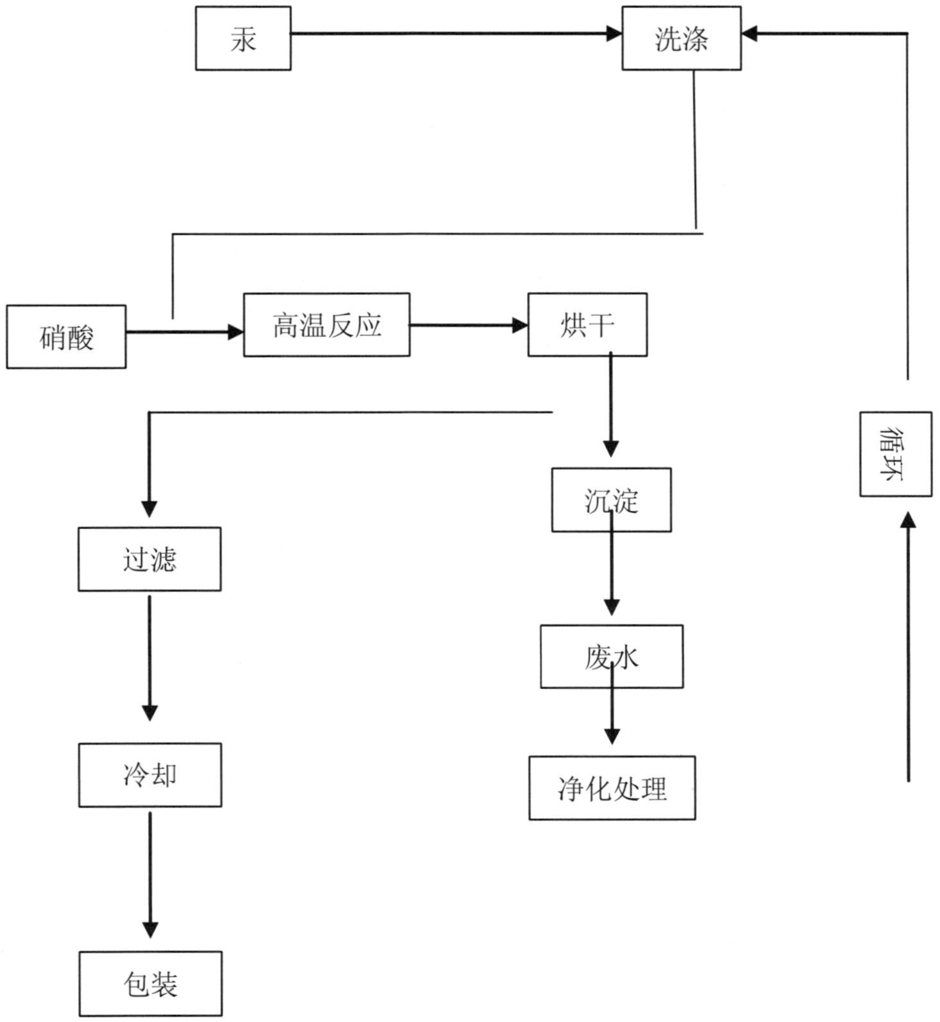

氧化汞生产工艺流程图

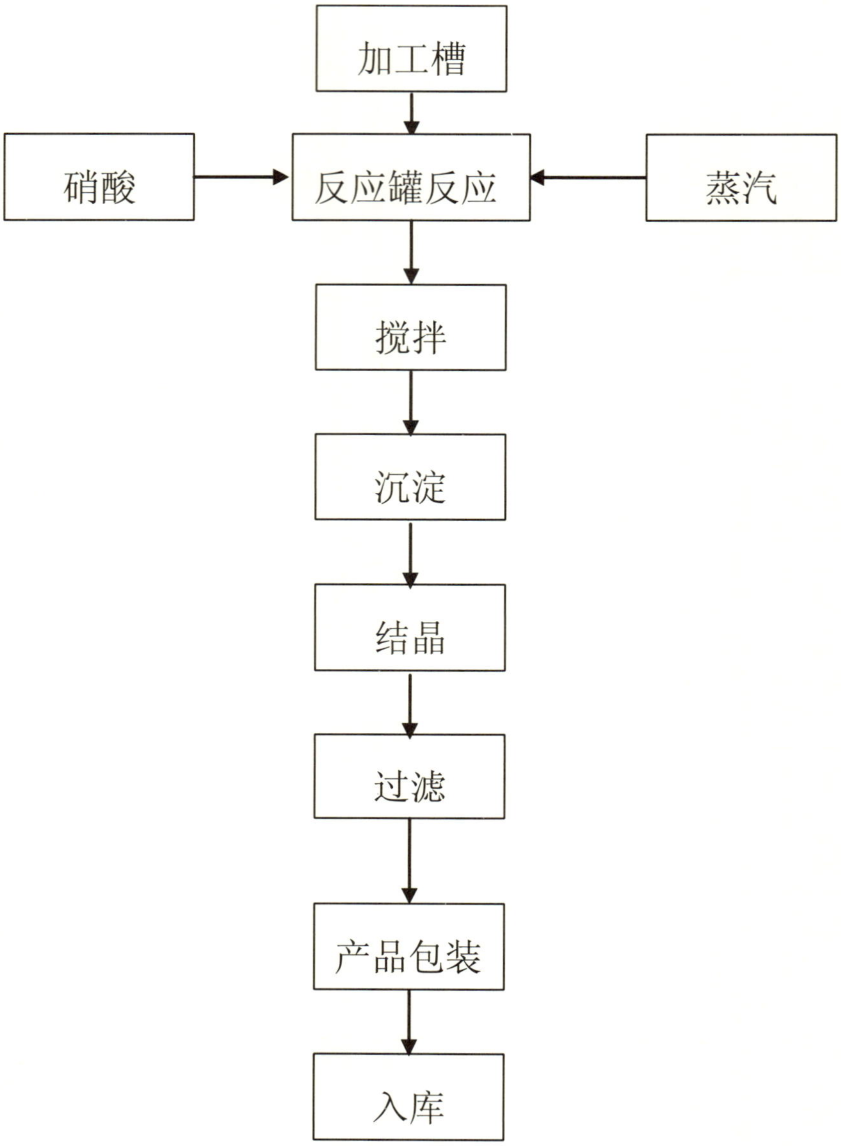

硝酸汞生产工艺流程图

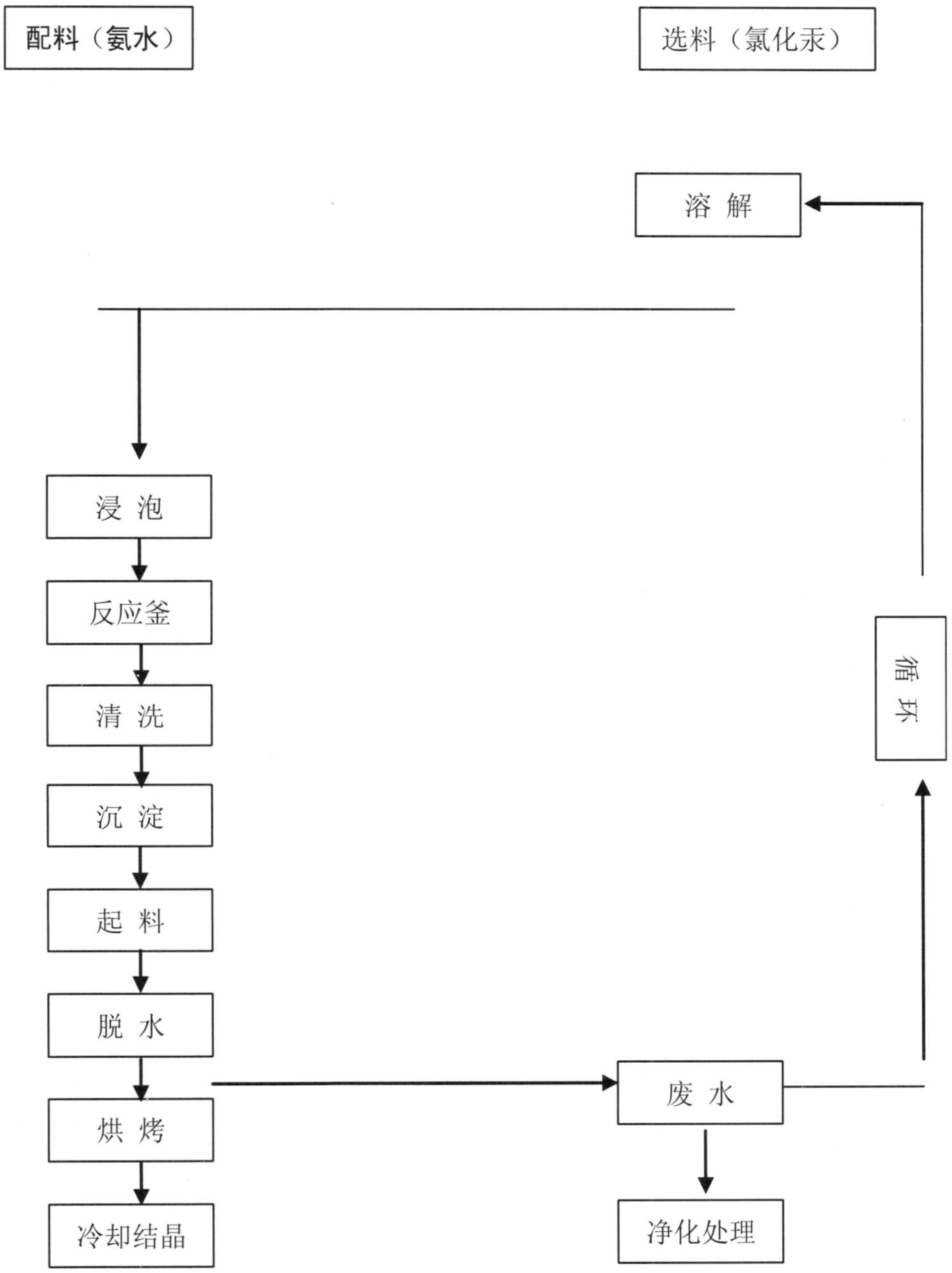

氯化氨基汞生产工艺流程图

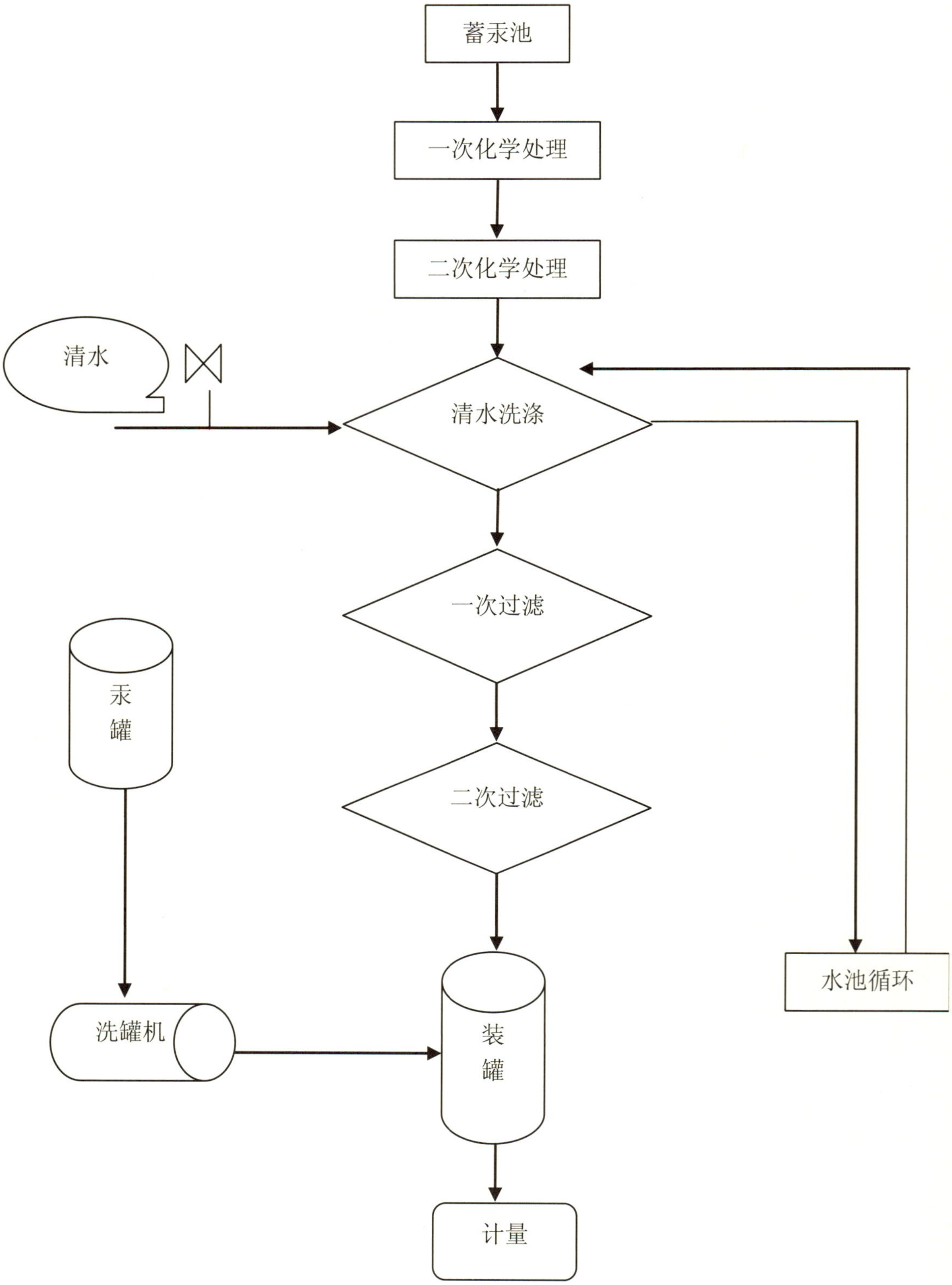

试剂汞加工生产工艺流程图

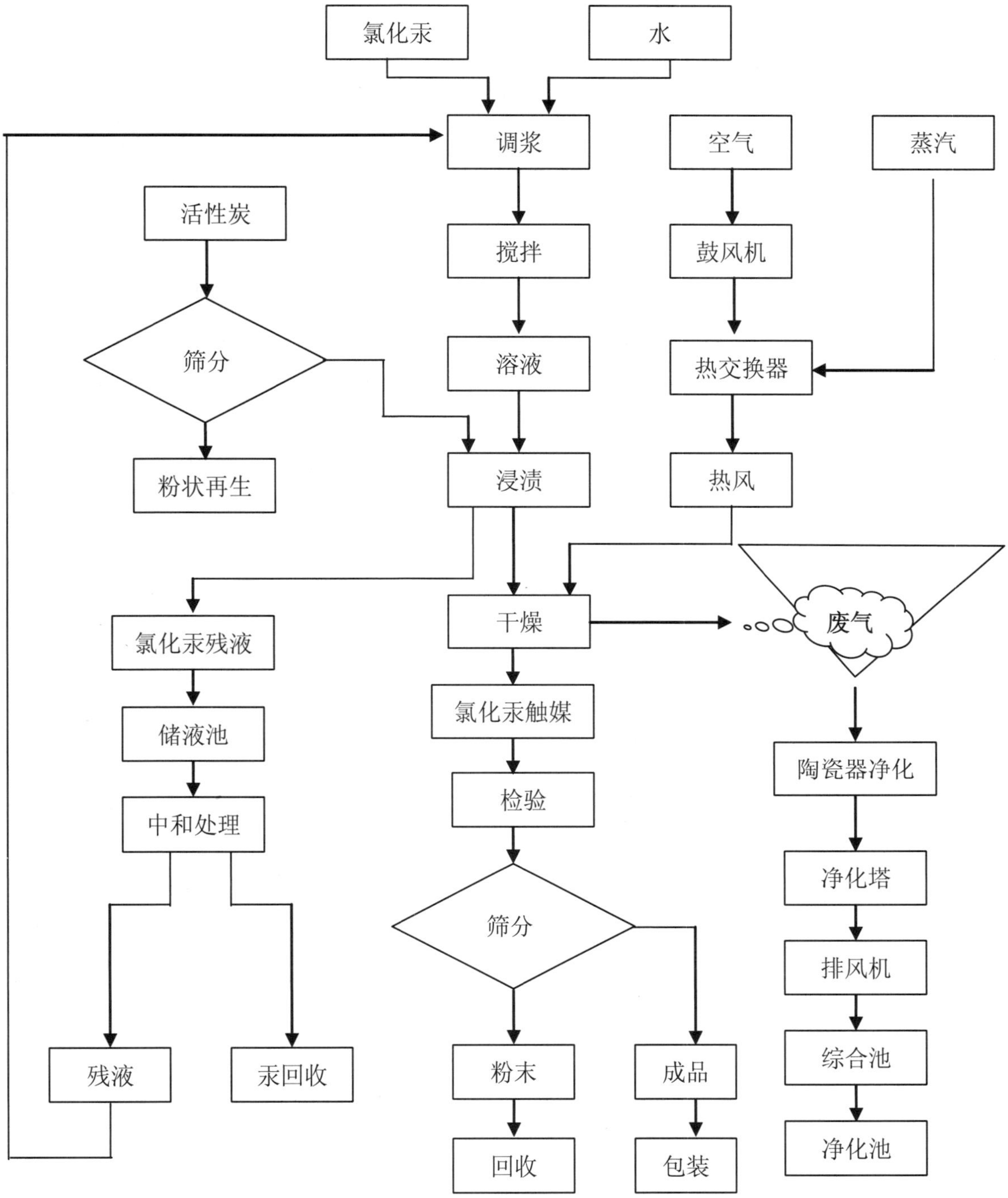

氯化汞触媒生产工艺流程图

主要产品的用途

多元复合氯化汞触媒用于生产聚氯乙烯合成工序的催化剂。

氯化汞用于氯乙烯合成的催化剂、干电池去极化剂、消毒剂、洗片、显影、冲厚剂及制造其他汞盐原料。

氯化亚汞用于甘汞电极，测定钯锆。

汞或高纯汞用于电气仪表工业，制造水银整流、设备、水银真空泵测量、控制仪器。在照明工业中，汞用于制造各种汞灯、日光灯、紫外线灯。医疗温度器。在化学工业中，有着广泛的用途。

硫酸汞与氯化钠同用，从黄铜矿中提炼金和银，中间体，并用作乙烯水化成乙醛的催化剂。

碘化汞（红色）用于制药。

氯化氨基汞主要用于制药。

氧化汞（红色）用于制造汞电池，有机反应催化剂，测定氮，柠檬酸、葡萄糖醛内酮的试剂。

氧化汞（黄色）用于制造有机汞化合物，测定锌和氢氰酸，鉴定甲酸中的乙酸及混合气体中的一氧化碳。

钛汞合金广泛用于各种荧光灯和电子管，以消除液汞对环境的污染。

汞齐锌粉除了用作军事和空间方面电源材料之外，还是卫星电子器具电源的主要基础材料。

万山特区矿产公司1994——2011年主要产品产量统计表

表3-19 单位：千克

年度 \ 产品 产量	汞	朱砂	氯化汞	辰砂	氯化亚汞	多元复合氯化汞高汞触媒	氯化汞低汞触媒	氯化汞粉状触媒	硫酸汞	硫酸亚汞	氯化铵基汞	硝酸汞	硝酸亚汞	氧化汞	高纯汞	精汞	碘化汞	试剂汞
1994	32600	6514	12000															
1995	36400	1200	16022	980														
1996	38700	4350	19857	1610	960													
1997	21000	2300	2120	16691	1204	35568												
1998	31100	6450	12052	4500	1300	28920	9800											
1999	36500	2100	21260	1420	2320	28880	13500	7889										
2000	39800	1204	25400	896	840	42800	6980	14514	250									
2001	42000	2200	32600	1000	580	36400	13159	28880	500	250								
2002	43290	1890	36220	1256	1680	28864	32500	29318	4500	1000	6780							
2003	103615	2250	16000	100	50	149383	6130	350	8345	50	6053	100						
2004	119997	100	38100	100	250	122068	135238	580	10420	100	100	2100	150					
2005	199836	10	18235	10	100	200000	300	83760	5020	19	9350	25	25	234				
2006	214823	100	71210	50	250	240085	515	22000	4728	56	5650	100	50	300				
2007	219279	50	40560	25	53	214000	87305	9340	3185	20	6358	2500	650	100	180			
2008	195149	60	21100	25	100	21000	311327	6230	4375	25	37	250	50	950	450	1517		
2009	28133	80	229840	25	500	219347	68000	61706	1280	37	8960	500	250	525	25	4000	37	
2010	122722	100	45780	50	120	470000	200000	92375	2695	25	12800	200	100	350	10	250	25	100
2011	4600	50	152590	25	50	1300000	285000	53900	150	50	11000	50	25	75	3000	18000	10	10
合计（吨）	1529.544	31.008	810.45	28.76	10.357	3137.315	1169.8	410.84	45.448	1.633	67.038	5.825	1.3	2.534	3.665	23.717	0.072	0.11

万山特区矿产公司1994—2011年产值、上缴税金统计表

表3-20　　单位:万元

年度	产值	税金	年度	产值	税金
1994	300	4.00	2003	2139	61.80
1995	360	5.68	2004	2781	123.18
1996	432	6.95	2005	3615	184.75
1997	518	7.98	2006	4808	292.54
1998	648	8.83	2007	6394	326.53
1999	810	9.77	2008	8504	391.84
2000	1013	23.45	2009	11311	584.82
2001	1266	43.60	2010	15835	866.08
2002	1645	59.99	2011	22169	1125.35

技术改造项目及投入资金

1. 2005年，年产200吨氯化氨基汞生产线扩建技术改造项目（三年）开工，总投资2480万元，其中贷款1500万元，自筹980万元。

2. 2009年，实现1万吨/年粉状复合氯化汞触媒改造项目。改造内容：建生产车间、原料库房、浸渍车间、干燥包装车间、产品库房。生产辅助设施：厂区供排水、供电、污水处理系统、原料、产品及备品备件房、化验室、机电维修。办公和生活设施：办公楼、食堂、厂外工程等。项目总投资4911万元，其中自筹1500万元，贷款3000万元，社会资金411万元。

3. 2011年，实施年产1万吨低汞触媒技改建设项目。通过技术改造，将汞触媒氯化汞含量从10.5%—12.5%降到6%—8%，汞触媒年产量由5000吨增加到10000吨，并扩建厂房，购置和安装相关设备，修建辅助设施。项目实施后，年减少汞消耗350吨，提高废汞触媒的回收再利用，降低汞污染。同年底项目竣工，总投资2000万元。

企业文化及获奖情况

公司有自己的厂歌《汞之魂》，经常参加政府或其他单位组织的各项文娱体育活动。2004年10月参加铜仁地区“德江杯”建设者之歌文艺调演，获得三等奖。平时公司常组织职工开展一些文娱体育活动，丰富职工文化生活。

1994—2004年，是公司起步阶段，也是最困难的阶段，公司主动拿出近40万元捐助乡邻乡亲，为他们买种子、耕牛、化肥、农药，为他们的孩子提供学费，帮助他们改善生活生产条件。2004年后，公司得到稳固发展，回报社会的投入增大了，2005—2011年，投入“光彩事业”100余万元；拿出40余万元无偿支助贫困户搞种植业、养殖业；出资10万元使8名贫困学生圆了大学梦；为改善乡村公路、安装自来水出资30余万元；捐助15万元支持新农村建设；在抗震救灾、抗凝冻等公益事业中先后支助10多万元；至2011年年底共拿出200余万元回报社会，得到了社会的充分肯定。公司每年从利润中抽出10%的资金回报社会已经成了固定的制度。

公司董事长吴泽云1996年12月荣获铜仁地区第三届“科技兴铜三等奖”；1998年获铜仁地区行署“工业生产任务完成突出奖”；同年4月被贵州省政协铜仁地区工委评为“全特区政协工作先进个人”；1999年12月荣获铜仁地区 “科技兴铜三等奖”；2004年荣获“贵州省铜仁地区光彩事业”优秀奖；1998年9月被中共贵州省委、贵州省人民政府评为“第四届乡镇企业先进经理”；1999年荣获中共贵州省委、贵州省人民政府“全省先进经理（厂长）”称号；2010年被评为“贵州省第四届优秀建设者”。

万山特区矿产公司1996年5月被铜仁地区行政公署授予“先进私营企业”；1997年被中共铜仁地委、铜仁地区行署表彰为“发展乡镇企业先进企业”；1999年2月被铜仁地区行政公署表彰为“1998年度工业生产先进企业”；2003年1月获铜仁地区行政公署 “二00二年度工业生产贡献突出奖”；2003年5月被铜仁地区行政公署表彰为“二零零二年度优秀乡镇企业”；2004年4月被中共铜仁地委、铜仁地区行政公署评为“二零零三年度优秀乡镇企业”； 2006年9月被贵州省人民政府授予“全省环境保护先进集体”；2007年2月被铜仁地区行政公署评为“2006年度工业生产突出贡献企业”；2010年4月荣获2009年度地级“守合同、重信用”单位称号；被贵州省人事厅、贵州省乡镇企业局评为“2000年度发展乡镇企业先进企业”；被中共贵州省委、贵州省人民政府评为“二零零二年度发展乡镇企业先进企业”。

（二）万山特区红晶汞业有限公司

万山特区红晶汞业有限公司成立于2003年2月，位于万山特区万山镇张家湾，海拔高830米，占地面积5698公顷，是民营股份制企业。成立之初注册资金135万元，2007年年底扩股至1240万元。企业法定代表人吴斌，任董事长兼总经理，负责主持企业全面工作。厂长彭智明，负责生产和安全工作，总工程师张亚雄，负责技术和科技创新工作。公司于2005年成立工会组织，2007年成立党支部，现有员工36人，其中生产一线工人18人，后勤管理人员18人。在管理人员中，大专以上学历8人，含高级职称1人，中级职称1人，初级职称2人。

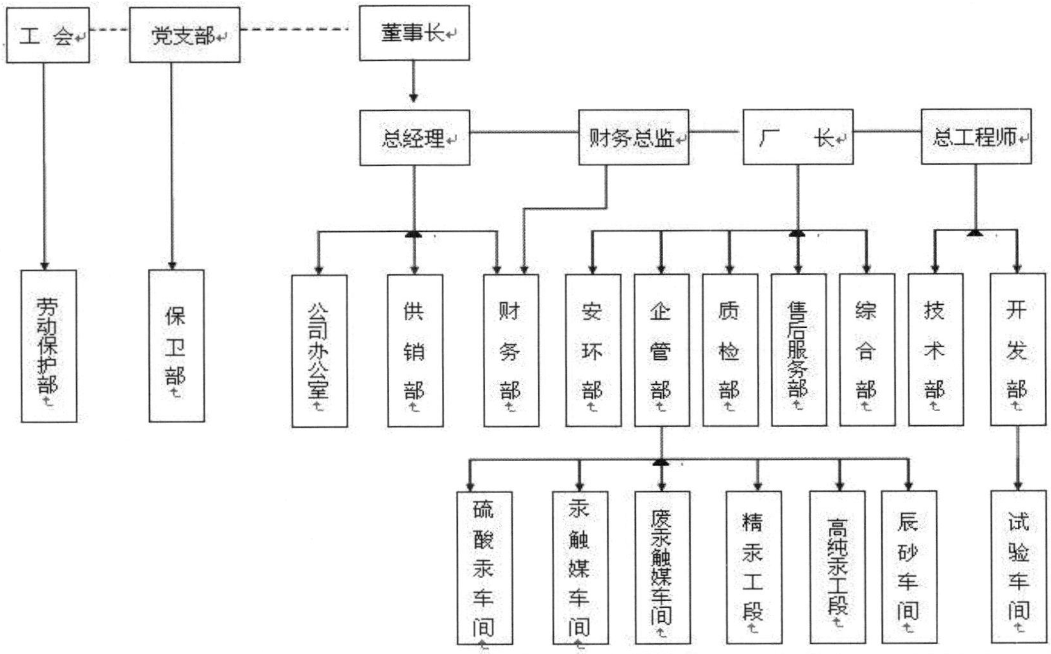

万山特区红晶汞业有限公司组织机构图

截止2011年9月，公司总资产6750万元，建有5000吨/年氯化汞触媒生产线一条、300吨/年纯汞生产线一条、100吨/年硫酸汞生产线一条。共有建筑面积3125公顷。

原料来源：活性炭购自宁夏；粗汞约40%购自陕西，其余来自本地循环经济产汞；氯化钡购自重庆；氯化稀土购自甘肃；硫酸、盐酸、烧碱、氯气等购自附近大龙、铜仁、怀化。

主要产品及用途：氯化汞触媒，主要用于聚氯乙烯（P伏C）行业，乙炔法合成氯乙烯单体（伏C米）的催化剂。高纯汞，主要用于电光源行业，化学试剂和军事工业。汞，主要用于混汞法炼金，汞齐化合金、体温计、电工仪表、温度计、催化剂制造等。硫酸汞主要用于化学工业有机合金1.5—二氨基蒽醌定氮用催化剂，冶金工业从黄铜矿中提取金和银，制药工业分析试剂（水质分析等）。

主要产品工艺流程：

1. 高纯汞工艺流程方框图

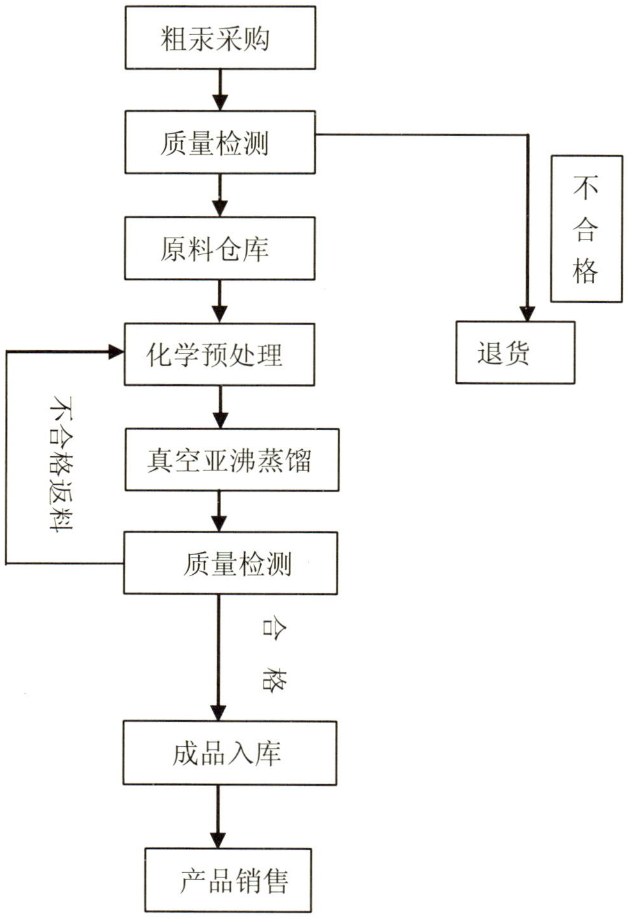

2. 精汞生产工艺流程方框图

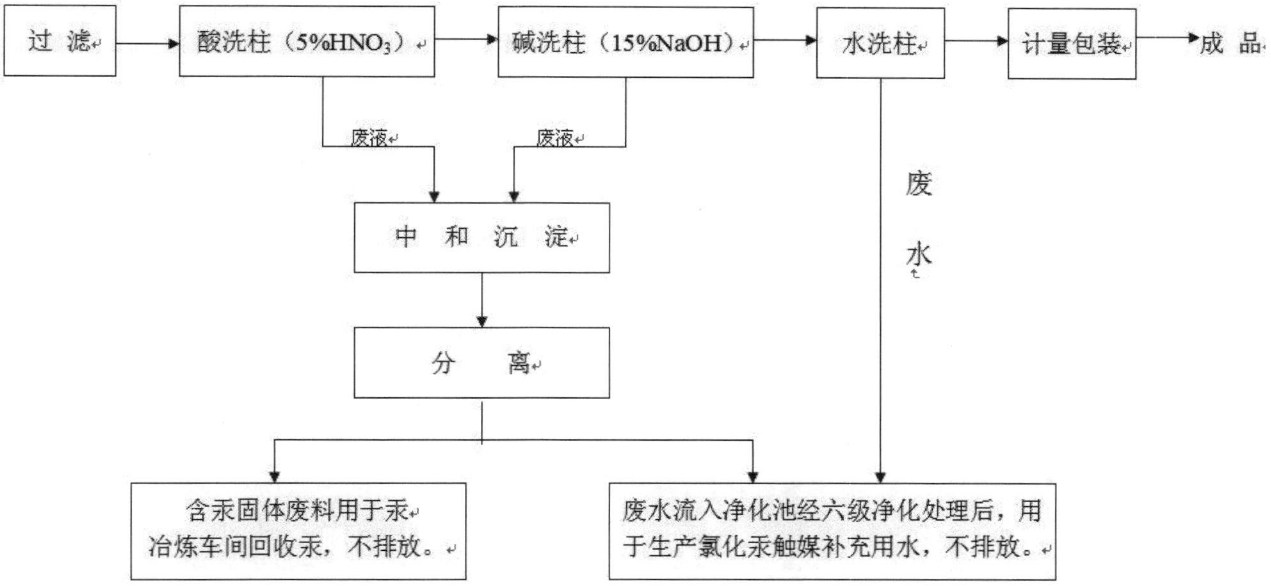

3.“浸渍吸附-电热”法生产氯化汞触媒及尾气综合利用项目工艺流程

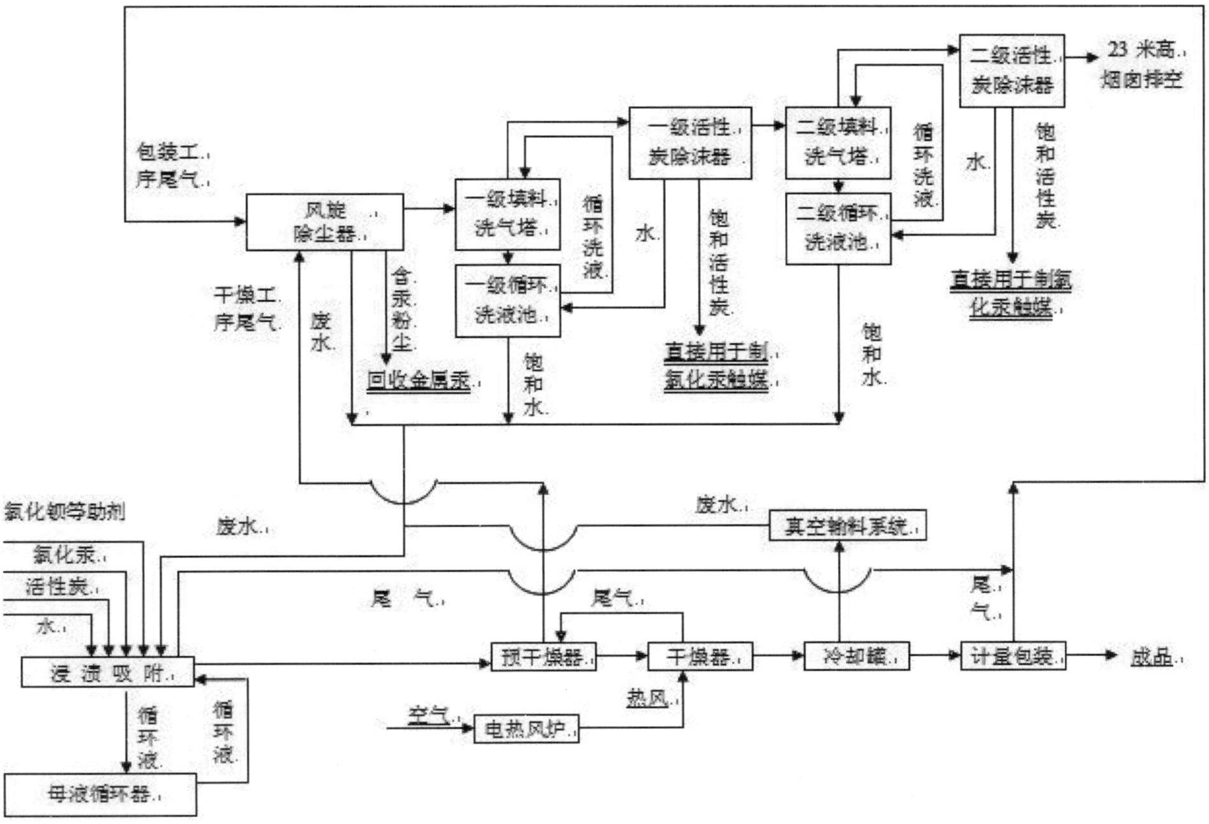

4. 硫酸汞生产工艺流程方框图

“三废”处理及环保达标情况：建厂初期公司工业“三废”排放主要为有用固体废物，来自燃煤锅炉的煤渣和来自火法炼汞炉的炉渣；气体废物，主要有来自燃煤锅炉的燃煤烟气（有害物主要是二氧化硫、一氧化碳、燃煤烟尘、含氮氧化物气体等），来自火法炼汞炉的含汞废气，来自氯化汞触媒生产线的含汞废气、废水。

经6次较大的技改升级后，公司的环保得到了很大改善，现在已实现无固体工业废渣排放；工业废水全部闭路循环使用，零排放；工业废气排放执行GB9078——1996国家标准，排放废气中汞含量不大于0.01米g/N立方米，达标排放。

为了提高产品质量和治理“三废”，先后完成五个省级项目和一个国家级项目的技术创新和技改工作，累计投入资金3000万元。

产品销售及上缴税金：产品销往全国各地及印度、中东地区、东盟各国。产品运输多采用租车发运，部分货物采用公司自备车辆运输、零担托运、物流发送。

红晶汞业有限公司销售收入及上缴税金统计表

表3-21

年度	销售收入（万元）	税金（万元）
2003	835	27
2004	2440	46
2005	5662	150
2006	6486	350
2007	8400	386
2008	6533	161
2009	6663	360
2010	9465	402

企业文化：“以人为本，诚实守信。以质量求生存，以科技求发展。”是万山特区红晶汞业有限公司的企业文化精神。公司党支部引导企业工会建立职工代表大会，并与企业就保护员工合法权利、工资待遇、员工福利等形成集体协商制度。每年由工会组织1—2次棋牌活动，员工可享受每年一次的带薪旅游休假，生日、逢年过节员工都能收到公司的慰问礼品，员工家中的红白事，公司领导都会到家中看望。公司和员工乐于承担社会责任，积极参与社会公益活动和光彩事业，截至2011年11月2日，捐献、赞助的资金累计达30万元。

获奖情况：公司2004—2009年连续六年获贵州省工商行政管理局授予的贵州省守合同、重信用单位称号；2006年获铜仁地区行政公署颁发的“科技进步二等奖”；2006—2007年度“工业生产突出贡献企业”；2005—2006年度获贵州省工商行政管理局和贵州省私营企业协会授予的“省级诚信私营企业”；2007—2008年获贵州省消费者协会授予“诚信单位”；2008年度获贵州省总工会颁发的“贵州省职工经济技术创新优秀奖”。董事长吴斌2008年被中共铜仁地委统战部评为铜仁地区“第二届优秀中国特色社会主义事业建设者”；同年被贵州省经济贸易委员会等单位授予“贵州省第三届创业之星”；2009年被中共铜仁地委、铜仁地区行署评为“铜仁地区十佳非公有制企业家”。总工程师张亚雄1994年被铜仁地区经济委员会、铜仁地区劳动局、贵州省总工会铜仁地区办事处、共青团铜仁地委等单位授予“优秀百名青年岗位能手”；1996年中共铜仁地委、铜仁地区行署授予“科技兴铜三等奖”；2006年铜仁地区行署授予“科技进步二等奖”；2007年、2008年分别获得全国氯碱行业“定华杯”优秀论文二等奖、全国聚氯乙烯行业“银星杯”优秀论文三等奖；2009年被中共铜仁地委、铜仁地区行署确定为“首批地管专家”；2010年，中华人民共和国国务院授予“全国劳动模范”光荣称号。

（三）万山特区红菱汞业有限责任公司

2002年1月15日，国家对原贵州汞矿实施政策性关闭破产时，进行资产、人员重组安置的民营股份制合资企业。公司地处万山镇龙塘坪（原贵州汞矿冶炼厂），占地24733公顷，公司成立时注册资金150万元。企业法定代表康瑞华任董事长，内设董事会、监事会，下设汞精加工车间、氯化汞车间、汞触媒车间、钛汞齐车间及公司办公室、财务部、安全环保科、生产技术部、供销部、质检部、后勤保卫部。公司有管理人员13名，普工（操作人员）20名。

公司有汞精加工生产线、氯化汞生产线、汞触媒生产线、钛汞齐生产线各一条，并分别有配套安全环保设施，厂区建筑面积1万公顷。公司先后投入技改资金1200万元。

公司生产所需原料汞主要从陕西汞锑科技有限公司、铜仁金鑫矿业有限公司、环保部特批进口汞及国内零散汞市场提供；氯气向贵州金宏化工有限公司和湖南洪江恒光化工有限公司购买。

公司主要产品有：“银河牌”汞（水银）、“银河牌”高纯汞、“银河牌”氯化汞（分析纯）、复合氯化汞触媒等。“银河牌”汞广泛用于电气仪表工业，化学试剂、化工和冶金工业及国防、照明上。“银河牌”高纯汞用于荧光灯生产、电工仪表、温度计及其他特殊行业。“银河牌”氯化汞（分析纯）是氯乙烯合成催化剂的主要原料，用作干电池去极剂、消毒剂，洗像、显影、冲厚剂及作为其他汞化工产品原料。复合氯化汞触媒用于乙炔法生产聚氯乙烯工艺中氯乙烯合成工序的催化剂。

汞精加工工艺：

毛（粗）汞输入专用不锈钢桶中，经酸、碱、水洗处理后脱水（废水进入收集池），输入过滤器（桶）内，经过滤处理后检测合格为精汞。废渣回收送入回收公司处置。

氯化汞生产工艺：

精汞经计量器流入反应釜；液氯经缓冲罐（工作压力0.4米PA耐压1.6米PA）、流量计、预热器（常压）输入反应釜（石英甄），与汞蒸气进行放热反应（1200℃）生成氯化汞蒸气（隔热甄房内），负压抽入冷凝塔内，结晶析出氯化汞产品，经计量包装成商品氯化汞；尾气经四级沉降桶沉降后，再经循环泵抽入两级碱中和池中和后，达标排放，中和产生的废渣（氧化汞）回收处理利用，废水经处理后循环使用。

触媒生产工艺：

在溶解池中配制氯化汞溶液，在浸渍池中输入一定量的活性炭，将配制好的氯化汞溶液注入浸渍池中对活性炭进行浸渍，再将浸渍好的活性炭（含氯化汞）滤出（残液循环使用），输入干燥炉内干燥（最高温度不大于150℃），废水经冷凝、碱液中和处理、活性炭吸附后达标排放，筛分计量包装为商品，筛下物为含汞废物（含不合格品）回收处理利用。

钛汞齐生产工艺：

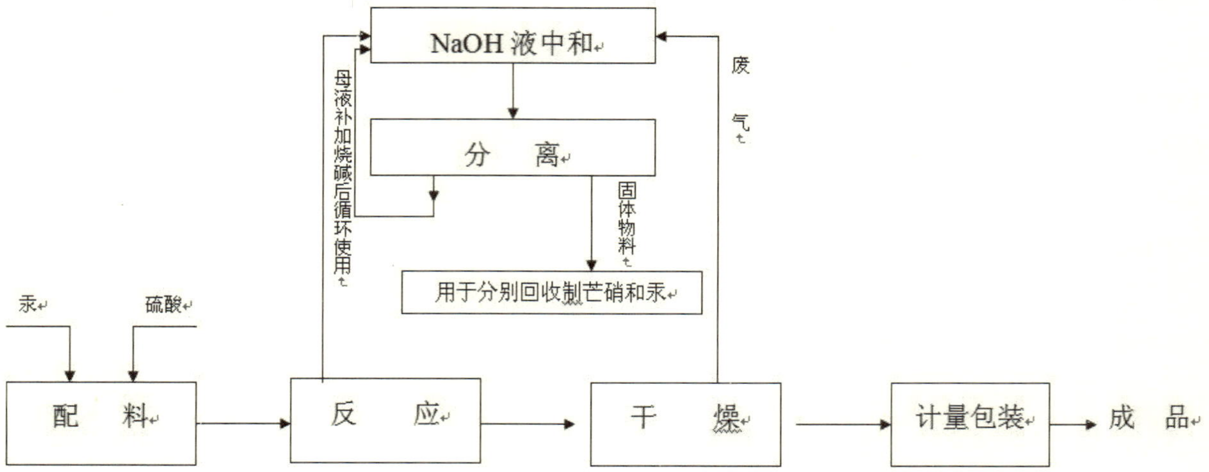

将一定量的高纯汞注入金属反应釜内，再将装有一定量钛粉（纯度不小于99%，粒度-150—360目）的金属托盘放入金属反应釜中，注入一定压力的氩气（无空气）后密封，再将金属反应釜放入电阻合成炉进行一定时间的加热（1000—1200度），使钛粉与汞充分形成合金后，将金属反应釜吊出电阻合成炉自然冷却至常温，缓慢释放金属反应釜中的氩气（该废气经净化处理后达标排放）至常压，取出金属托盘，将托盘内的钛汞合金破碎，除去游离汞（重复利用），振动筛分（-150—+360），经检验合格，产品进行真空包装入库。

主要产品产量：

2008年度精汞38吨，氯化汞310吨，触媒515吨，钛汞齐0.1吨；

2009年度精汞54吨，氯化汞282吨，触媒429吨，钛汞齐0.2吨；

2010年度精汞55吨，氯化汞211吨，触媒497吨，钛汞齐0.1吨。

“三废”处理及环保达标情况：

公司是贵州省首批通过环保部门、安监部门、质监部门达标验收企业。特区纳税先进企业及纳税十强企业，特区安全生产工作先进单位、科技工作先进单位，省级“守合同、重信用”单位，万山特区“平安企业”。已通过IS09001:2000质量体系认证，IS014001：2004环境体系认证，GB/T19022-2003/IS10012-2003测量管理体系认证。

公司生产的精汞销往全国各地；氯化汞销往河北、河南、东北、华东市场；触媒销往云南、新疆；钛汞齐销往广东、北京、上海等省市。运输渠道采取物流汽运。2008年产值3520万元，上缴税金175万元；2009年产值5018万元，上缴税金232万元；2010年产值4888万元，上缴税金236万元。

公司积极组队参加特区、社区组织的文娱体育活动，每年定期组织员工到国内一些景区旅游。自2006年以来，公司的各类捐款、赞助资金共13万余元。公司的“银河牌”商标被评为贵州著名商标，试剂汞被评为贵州省名牌产品。是省级“守合同、重信用”单位。

（四）万山特区鸿发化工有限公司

贵州省铜仁市万山特区鸿发化工有限公司属民营企业，法人代表王令，是集科研、生产、销售为一体的综合现代企业。是汞化工行业中新崛起的重点骨干企业，前身是创办于1996年的万山特区助剂化工厂，曾多次被当地政府授予“十大纳税企业”“先进企业”“诚信企业”“优秀企业”等称号。拥有氯化汞和氯化汞触媒两条生产线，年产值5000万元以上。

2003年，万山特区政府实施汞矿采空区搬迁安置工程后，部分居民搬迁至公司旧址犀牛井附近，使得当地的安全和环境问题显得较为敏感。特区政府本着引导企业规范生产、加强管理、节约资源、环境保护和持续发展原则和要求，公司本着“以人为本”的原则，实行“上档次、上规模、技术水平先进”的异地搬迁技术改造，于2008年正式异地迁入至张家湾汞化工工业园区内，抓住工业大发展的机遇，不断扩大公司规模，注册资金1680万元，改造为股份制企业，现公司占地15亩（10000.5公顷），其中：办公区5亩、生产区10亩。公司设有党支部、办公室、工会、财务部、营销部、采购部、氯化汞生产车间、氯化汞触媒生产车间。

公司主要原材料：汞、活性炭和液氯。通过优化工艺设计，更新设备，人员扩招后，主要产品氯化汞产能可提升至300吨/年，氯化汞触媒产能提升至1500吨/年。现有员工28名，其中：管理人员4名，销售人员6名，特种设备操作人员4人，安全生产专业管理人员2人，生产工人12名。

公司迁入张家湾汞化工工业园区后，公司的发展一年一台阶，2008年产值突破1000万元，2009年产值1200万元，2010年产值1500万元，2011年产值2000万元。每年缴纳税金100余万元。

公司投入1000万元资金进行技术改造、更新设备，其中600多万元投入环保治理尾气项目，生产流程均符合国家“三废”处理标准，产品均达国家质量标准。现拥有固定资产1200万元，周转资金2000万元，主要经营氯化汞和氯化汞触媒的生产销售，同时兼营朱砂、氧化汞、高纯汞等汞系列产品的生产销售。产品销往天津、内蒙古、宁夏、湖南、四川、江西、江苏等地，在全国20多个省、市、自治区都占有一席之地，主要形成了西南、西北、华中、华北、东北等销售区域，部分产品还出口销往国外。

氯化汞的性质：无色斜方晶系结晶或白色粉末。相对密度5.44（25℃），熔点276℃，沸点302℃，溶于热水，也溶于乙醇、乙醚、醋酸、吡啶等有机溶剂；微溶于冷水，难溶于二硫化碳。氯化汞水溶液几乎不离解，遇光或暴露于空气中分解生成氯化亚汞、氯化氢和氧气。氯化汞加水分解，其水溶液呈酸性，遇氢氧化钠生成氯氧化汞黄色沉淀，与氨水作用生成白色氨基氯化汞沉淀，与过量的氨反应生成络合物$[Hg(NH_3)_4]C_{12}$极毒。

氯化汞的用途：是制造氯化亚汞和其他汞盐的原料。用作干电池去极剂，制造聚氯乙烯的催化剂，医药工业用作防腐剂，木材的防腐剂。还用于农药、涂料、制版、冶金和染色的媒染剂；用作分析试剂、有机合成催化剂、防腐和消毒剂；用作氯乙烯合成催化剂等。

氯化汞触媒的性状：黑灰色圆柱状、无味、有毒、不易燃易爆，但易吸潮。

氯化汞触媒构成及机械强度一览表

表3-22

名称	单位	标准
粒度	米米	2.75—6.50≤92%
水分	%	≤0.3
氯化汞含量	%	10.5—12.5
松装密度	g/L	540—640
机械强度	%	≥95%

氯化汞触媒的用途：该产品用于乙炔法生产聚氯乙烯合成工序的催化剂。

公司从最早30万元注册资金的小作坊形式发展为初具规模的中小企业，一直奉行“质量第一、信誉第一、用户第一”企业宗旨，坚持产品质量标准保证和售后服务保证，竭诚为客户服务。

（五）万山蓝天固废处置有限公司

原来名称叫贵州万山特区银星汞业回收有限公司，成立于2007年10月，地处万山镇龙塘坪，占地面积20020公顷，是一家股份制企业，注册资金1000万元。企业法人代表赵应黔，公司下设董事长、总经理。内设机构有办公室、人力资源部、技术部、质检部、财务部、安全环保部、销售部、生产车间。有管理人员13人，技术人员26人，工人58人。主要设备设施有燃气节能蒸馏炉10座、预处理车间一间、原料库一间、直径2米煤气炉一台，办公大楼一座，面积1200公顷，化验中心面积1000公顷。2012年6月，公司更名为蓝天固废处置有限公司，法人代表吴斌，固定资产4500万元，2011年实现产值6100万元，上缴利税300万元。

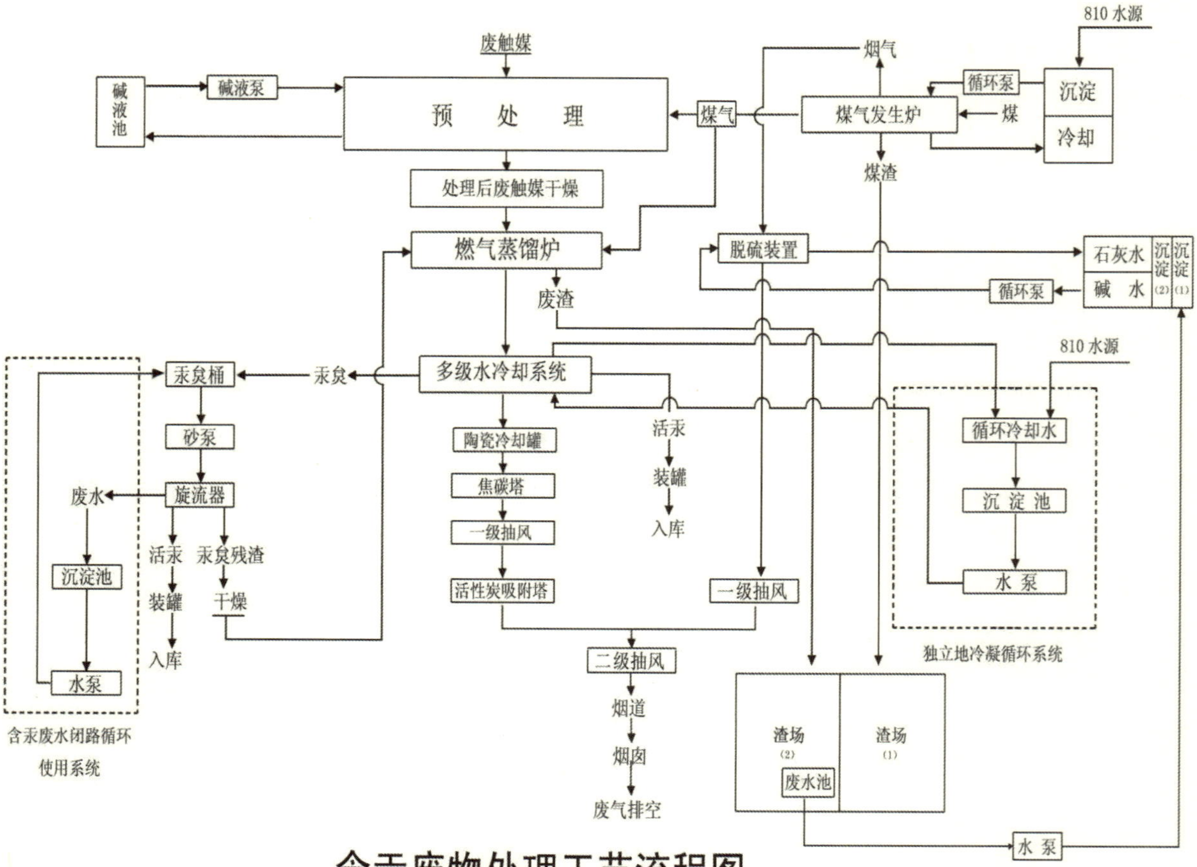

含汞废物处理工艺流程图

公司为含汞废物料回收处置企业，获得环保部颁发的危险废物经营许可证，是国内具有资质的含汞废触媒处置单位，拥有年处置含汞废触媒1.6万吨的生产能力。该公司大力发展汞循环经济，走回收—生产—再回收—再生产的闭路大循环模式，采用的“燃气节能蒸馏炉”属于世界先进技术。原料来源于全国各P伏C厂家。主要产品为汞（Hg）。

回收后的含汞氯化汞废触媒经与石灰加热处理后进入转化间转化为氯化汞，进入钢蒸罐中经700℃左右8—9小时蒸馏，冷却后凝成汞成品，计量后出售。

2011年度实现销售额2000万元，上缴税金200万元。从建厂之初至2010年，基础设施、安全环保等建设共投入资金3000余万元。同年，安全生产评估达标，获安全生产许可证。生产过程中产生的废气为公司的重点回收项目，设有多级吸附回收系统，达标后排放。生产的汞就近销售，使用具有资质的危险化学品运输车定向运输。2011年获铜仁地区“安全生产企业”荣誉称号，2010年、2011年均获铜仁地区“重合同、守信用企业”。2011年获万山特区纳税十强企业。公司立足于科技兴业，生产工艺节能环保。同时积极履行社会责任，热心社会公益事业，2008—2011年，在新农村建设、四川汶川地震捐助、文化体育事业、捐资助学等方面，共捐助人民币61万元，有力地支持了地方社会事业的发展，提升了社会对该公司的认同感，塑造了良好的社会公众形象。

（六）万山特区化工厂

万山特区化工厂是万山特区自来水厂一主多业派生的产物，经特区政府1991年2月9日批准成立，在老山口原建材厂基础上改建为化工厂，建厂初期明确为国有企业。1992年6月19日万山特区政府明确为乡镇集体企业，归万山特区乡镇企业局领导。该厂占地面积6500公顷，房产面积3000公顷，主要经营汞化工系列产品。1995年5月，该厂产品“汞溴红”达到英国《B、P、C标准》，7月，其产品氯化汞、汞溴红荣获“第三届中国乡镇企业出口商品展览会”金奖，供应不求。1996年，因化工厂脱离自来水厂领导，生产经营江河之下。1997年承包给个人经营。2002年3月，在租赁承包国营万山特区化工厂的基础上成立民营性质的万山特区银河化工有限责任公司。公司拥有固定资产506万元，职工32人。主要产品有精汞、高纯汞、氯化汞、氧化汞、汞触媒，还可应客户需要生产部分硫酸汞、硫酸亚汞、硝酸汞、硝酸亚汞、氯化氨基汞、乙酸汞、氯化亚汞、碘化汞等产品。具有年生产汞触媒1200吨、氯化汞600吨、氧化汞40吨、汞溴红40吨的能力。2002年3月环保设施已通过省、地环保局、国家环保总局验收合格，是国家环保总局汞系列产品定点加工企业。

由于银河化工有限责任公司是租赁性质，企业经营者放不开手脚，不利于企业的发展，造成资源浪费，尽管银行给予贷款和地区有关部门给予资金扶持，但始终未走出低谷。职工工资低且不稳定，企业与职工关系紧张，改革势在必行。

根据《万山特区人民政府办公室关于印发万山特区国有企业改革工作方案的通知》，经2011年3月4日万山特区化工厂全体干部职工会议讨论达成一致意见，同意按文件精神实行改制，并通过了《万山特区化工厂改制方案及职工安置方案》。经2011年12月13日特区政府常务会议同意实施。改制基准日为2011年6月30日，经铜仁嘉禾房地产评估有限公司评估，审计认定，万山特区化工厂实有资产共777.38万元，其中：土地使用权326.21万元（土地面积19385.88公顷）；房屋及建筑物、机器设备、车辆、无形资产等共计451.17万元。企业无债权债务。

化工厂改制安置职工18人，其中实行一次性安置的职工有9人，通过现金补偿的形式进行安置，企业与职工签订《解除劳动合同协议书》，在领取一次性安置费用后即与企业解除劳动关系，不再保留国有企业职工身份，完成职工身份的置换，与企业解除劳动关系的人员，继续保留养老保险关系，由本人按规定到社保局缴纳保险费，待达到法定退休年龄后享受养老保险待遇。距法定退休年龄五年以内（含五年）的职工有2人，实行内部退养，由主管局逐月发给生活费，退养期间需缴纳社会保险金的个人部分由其自行到社保局缴纳，待达到退休年龄时办理退休手续，享受养老保险待遇。内退、退休人员高龄补贴按十年预留，由主管局对符合领取条件人员实行逐月发放。一次性安置标准按2964.00/工龄年，工龄不足半年按半年，超过半年按一年计算。内退人员生活费650元/月。内退医保费12600元/人，高龄补贴20元/

月（含退休人员）。凡领取一次性安置费的，不再享受失业保险待遇。企业产权制度改制各项费用总计4049249.90元。改制资金后续资金（含内退职工生活费及社会保险费、遗属补贴、抚恤金、退休职工高龄补贴等），由企业主管部门从“万山特区国有企业改制资金专户”支付，如遇今后国家调整相关发放标准，而专户资金支付能力不足时，由财政据实拨付。

（七）万山特区金鑫汞业有限责任公司

贵州省铜仁地区万山特区金鑫汞业有限公司成立于2004年4月16日，公司成立时名称为贵州省万山特区金鑫工贸有限公司，公司位于万山特区万山镇土坪，前身是原贵州汞矿科研所，生产的氯化汞和氯化汞触媒系原贵州汞矿科研所研发并在国内推广使用的优质产品。因万山汞资源枯竭，2002年国家对原贵州汞矿实行了政策性关闭，金鑫汞业有限公司为股份制公司，共有股东4人，田亚梅任董事长。2005年9月经贵州省民政厅正式批准为社会福利企业，是铜仁地区主要福利企业之一。2008年，由于经营不善和金融危机的影响，公司面临倒闭。

2009年3月，万山特区被国务院列为第二批资源枯竭城市，给公司带来了前所未有的发展机遇，充分利用原贵州汞矿科研所下岗职工的技术力量和市场份额，通过资源整合，改扩建生产设备设施，加大资金投入，成功实现转型。

2011年年底，公司拥有固定资产1200多万元，流动资金1100多万元，占地面积2万多公顷，在职员工125人，大中专毕业生12人。公司以“帮扶、济困、救残”为宗旨，解决残疾人就业110人，占员工总数的88%。

公司是集汞产品加工、编织袋加工、养殖于一体的综合性企业，下设办公室、财务部、生产技术部、供应销售部、质检部和氯化汞车间、氯化汞触媒车间、编织袋车间、种猪场等部门。产品以低汞触媒为主、兼营氯化汞、精汞、高纯汞等汞系列产品、编织袋生产加工和种猪、商品猪养殖。年生产能力为氯化汞400吨，氯化低汞触媒1500吨、氯化高汞触媒500吨，编织袋500万条、生猪2万头。年产值9000万元。

2008年，为进一步巩固原有市场，扩大市场份额，加大市场开发力度。公司公开面向社会招聘了10名市场营销、财务管理等具有本科、大专学历毕业生，充实企业管理和营销人员队伍。

公司已与新疆天业集团、河北唐山三友氯碱厂等国内大型聚氯乙烯企业建立了牢固的业务关系和人际关系，产品顺利畅销国内市场。公司聘请原贵州汞矿副矿长李小康、冶炼工程师蒋太和为技术顾问，对衍生产品进行研发和技术攻关，攻克生产上的技术难题，产品质量完全符合客户所需要求。对所销产品进行全方位售后服务，解决客户在产品使用过程中遇到的一切疑难问题，做到了销售和售后服务有机结合，产品在国内市场树立了良好的口碑，增强了公司竞争软实力。

汞产品加工主要原料包括汞、活性炭，其中汞从陕西旬阳汞锑科技有限公司采购，活性炭从宁夏洁宇活性炭厂采购。成品主要销于新疆天业集团、宁夏西部聚氯乙烯厂、唐山氯碱集团、辽宁方大锦化集团、宜宾天原集团、山东青岛海晶集团、内蒙古亿利集团等多家化工企业，占公司销售量的70%。

公司认真贯彻省政府“生态立省、环境立省、工业强省、做强做大贵州”的精神，全面推进企业发展，积极响应国家环保部门，氯碱协会倡议推广使用低汞触媒产品的号召；加大环保设施的投入力度，改进生产工艺，大力发展循环经济，实现了由高汞触媒向低汞环保型触媒生产方式的转变。

金鑫汞业有限公司生产销售一览表

表3-23　　单位：吨、万元

年度	氯化汞产量	触媒产量	销售收入	销售税金	返还税金	实缴税金	职工人数
2002	18.24		71.30	24.36			31
2003	27.00		254.97	43.35			31
2004	13.00		191.21	32.51		16.62	31
2005	34.82	54.54	618.21	105.09	47.61	51.53	33
2006	199.19	282.82	3439.58	461.28	429.43	419.68	33
2007	236.51	354.69	3985.98	677.62	515.99	490.07	35
2008	50.88	154.56	909.73	154.65	93.62	79.57	48
2009	99.54	119.30	1102.79	187.48	77.88	86.49	48
2010	53.97	388.15	1038.02	176.46	113.65	120.24	12
2011	100.53	771.05	4491.77	763.60	240.92	433.19	12
合计	833.68	2521.11	16103.56	2626.40	1519.10	1697.39	

（八）铜仁渝铜矿业开发有限责任公司

铜仁渝铜矿业开发有限责任公司成立于2004年8月。法人代表吴泽云。公司所属岩院子汞矿位于万山特区茶店镇垢溪村，距万山特区政府所在地7千米，距茶店镇10千米。通村油路从矿区通过，国家电网已通至矿区，交通运输和生产条件为矿山的开发利用奠定了较好的基础。

公司于2004年10月首次取得铜仁地区国土资源局颁发的“采矿许可证”。许可事项为：开采矿种：汞矿；开采方式：地下开采；生产规模3万吨/年；矿区面积：0.1941平方千米，开采深度：+600–200米标高。

由于市场价格原因和流动资金紧张，在矿井掘进600余米以后，公司决定暂停掘进活动。施工队伍随之撤离，矿山处于全面停工状态。

2011年3月，为发展地方经济，建设万山汞化工基地，公司决定恢复矿山建设。2012年4月，铜仁市国土资源局下文同意岩院子汞矿办理延续采矿权，并于同年6月30日，颁发“采矿许可证”，许可内容与原采矿许可证书相同。公司按照国家有关规定，办理重新开工的各项手续。

公司董事长兼总经理由铜仁市商会副会长、省工商业联合会汞行业商会会长吴泽云担任。

岩院子汞矿建立了适应矿山管理的组织机构和完整的规章制度。矿长李崇毅，副矿长黄贵和，总工程师张光友。矿部下设生产技术科、安全科、行政科、供销科等职能科室。矿山专业施工队技术力量雄厚，工种配备齐全，装备优良，安全管理严格周全。

全矿共有员工60余人。矿级班子成员均为大学学历，工程师2人，技术员3人，专职安全员5人。

（九）铜仁金海矿业公司田坝汞矿

铜仁金海矿业公司田坝汞矿位于铜仁市万山特区茶店镇垢溪村，于2007年12月创建。公司经济类型为有限责任公司，开采方式为地下开采，主要开采矿种为汞矿。

公司矿区位于茶店镇东约15千米外的垢溪村，与万山特区敖寨乡毗邻。矿区有正在修建的柏油公路直通，与万麻公路交接于苏棚，与玉铜公路交接于茶店，距湘黔铁路大龙站约60千米，距铜仁市约30千米，交通便利。矿山中心地理坐标：北纬27° 33′ 45″ —27° 33′ 49″ ，东经109° 11′ 15″ —109° 11′ 05″ ，矿山生产规模1万吨/年，开采面积0.1781平方千米。矿山现有职工40人，其中主要负责人1人，工程师2人，安全管理人员2人，特种作业人员6人，从业人员主要来自附近的村民。

（十）铜仁市鸿发含汞产品处置有限公司

公司成立于2001年1月。法人代表王忠厚。公司经原环保总局刘国华处长为首的多名环保专家亲临现场选址，决定在原扒山汞矿区的旧冶炼厂建厂。总面积33800公顷。位于距铜仁市18千米的茶店镇，厂址处于一山凹里。四周无人文景观和住宅，是一个远离居民区的相对密闭的生产环境。所处位置是北纬27° 35′ 34″ ，东经109° 08′ 31″ ，气候属于中亚热带季风湿润气候区。年平均气温为16℃，1月平均气温为4.1℃，7月平均气温29℃，年平均降水量为1100毫米—1200毫米，年平均相对湿度为82%。

多年来，公司先后投入1680万元进行含汞产品处理处置技改。2006年一期工程废汞触媒年处理能力达5400吨。2009年省环保局批准二期工程废汞触媒年处理3600吨试产成功，之后废汞触媒年处理能力达9000吨，为目前国家批准的年处理处置能力较大的专业企业。

公司生产技术经济指标处于国内较先进地位，冶炼金属回收率达98%以上；废渣有专用渣场堆存—填埋；废气多级净化后达标排放；废水闭路循环零排放。被省环评专家评定为传统先进型工艺。与国内同类企业相比，有其独特创新之处。

1. 高效预处理工艺设施。对传统转化炉进行设计改造，率先使用先进转化炉设施，彻底取缔原始的人工土法转化法，实现了机械化预处理。节能60%，处理量提高了2—3倍，减轻了劳动强度，卫生条件和预处理产品质量都有较大提升。

2. 自主创新蒸馏法回收设备。公司经过多年自主创新，独创多管蒸馏炉。与同类企业蒸馏炉相比，处理量较大，耐腐蚀性增强，受热面积增大，建炉费用低，能耗小，炉龄一般达一年以上。

3. 采用独创的冷凝器。充分利用汞蒸气冷凝过程及汞珠结晶过程，沉降、聚合原理，采用变径冷凝设施，使单质态汞（俗称活汞）产出率高，从而使冶炼金属回收率较高。

4. 最先改进废氯化汞触媒转化剂。传统废氯化汞触媒转化剂采用价格较高的碱金属氢氧化物或碳酸盐，转化效果较差。经多次试验，改用碱土金属氧化物，价格低，转化效果好，现在得到普遍推广。

（十一）万山银河化工有限责任公司

贵州省万山银河化工有限责任公司（以下简称公司）是全国500强企业湖北宜化集团下属子公司，是全国汞产品定点生产企业。公司地处贵州省东部，位于全国最大的汞产品集散地—铜仁市万山特区万山镇张家湾。公司西接玉屏自治县，北连铜仁市，东南与湖南省芷江、新晃两县接壤，距G60大龙站出入口30千米，距铜仁凤凰机场50千米，交通十分便利。公司现拥有氯化汞400吨/年、氯化汞触媒6000吨/年生产能力。

公司始终坚持“科技创新、绿色环保”的发展理念，采用先进环保的生产工艺，实行清洁生产。其生产工艺均处于目前国内同类工艺先进水平，从而很好地保证了产品质量，做到了安全环保生产，公司已通过ISO9001国际质量认证。

公司始终坚持“质量第一、顾客至上”的经营理念，生产的“红菱”牌氯化汞、“皇通”牌汞触媒在市场中享有盛誉，现拥有国内70余家聚氯乙烯生产企业客户，占有国内氯化汞触媒市场份额近30%。企业在聚氯乙烯行业和氯化汞触媒生产行业中享有很高的地位和声誉。

公司始终坚持“以人为本、和谐发展”的人文理念，勇于承担社会责任，注重社会效益，积极回报社会，以打造绿色环保及可持续发展的现代化催化剂产业园为己任。公司先后荣获“守合同重信用单位”“诚信单位”“纳税十强企业”“安全生产先进单位”等荣誉称号。

（十二）万山昊海化工有限公司

万山昊海化工有限公司位于万山转型工业园精细化工产业区，是区委、区政府2011年重点招商引资企业之一。公司总投资2亿元，占地面积50亩，主要生产氯化汞和羟丙基甲基纤维。

公司分两期建设，其中一期投资8000万元，计划2013年3月建成；二期投资12000万元，计划2014年12月建成。全部建成投产后，公司预计可年处置汞饱和树脂8000吨、实现再生新汞触媒1500吨，生产羟丙基甲纤维素3000吨；可实现年产值2.6亿元，实现利税800万元，可解决社会就业300人。

七、一般加工业

（一）粮油加工

打米机　1990年，全特区有打米机208台；2000年后，家庭用电动小型打米机开始进入普通百姓家，每个村民组有2—5台，足不出寨就能加工稻谷。2005年，万山特区全部免征农业税，粮食购销企业全面进入市场运作，日产30吨的大米加工厂停止加工。同年3月，万山特区中心粮站及大米加工厂近万公顷的土地拍卖给铜仁万瑞房地产开发公司。

1991年，高楼坪乡粮站首次安装了3台90型立式汽压榨油机，一部电动碾槽。减轻了工人劳动强度，提高了出油率。农村的油料机械加工始于党的十一届三中全会之后，由于实行了“对内搞活”的政策，各乡政府所在地均建有小型机械榨油作坊，满足农户榨油需求。到2011年底，犀牛井、高楼坪（2户）、黄道、下溪等地均有榨油厂。

（二）食品生产

1993年5月，万山特区财政局、轻纺工业局、体制改革委员会对万山特区酒厂第二轮承包的经济指标进行了全面审计，合同指标二年累计实现产值121万元，实际完成186.8万元，超指标54.38%；合同指标二年累计实现销售收入90万元，实际完成了70.44万元，尚欠21.73%;合同指标二年累计完成销售税金6.5万元，实际完成8.41万元，超指标29.38%；白酒二年生产指标累计140吨，实际完成121.7吨，尚差13.07%；酒曲二年生产累计指标65吨，实际完成115.06吨，超指标77.02%。1993年后，受市场销路不畅、资金短缺、设备老化等因素影响，产量连续下滑，1997年停产。

1984年7月，万山特区乡镇企业局所属的高楼坪酒厂建立（现高楼坪敬老院处），生产异型乳白瓶装“省溪窖”酒在铜仁地区酒类审优会上，经贵州省评酒委员会鉴定、质量良好，获乡镇企业酒类产品第二名。到1992年12月30日，欠银行到期贷款本金15.31万元，欠乡财政所的贷款分文未还，共计亏损25.8万元。1993年向万山特区法院申请破产还债，据破产还债清算组对该厂流动资金、固定资产、产成品进行清理，作价变卖后，收入金额5.87万元。债权人债务按比例清偿，分别支付给中国工商银行万山特区支行、高楼坪乡财政所、高楼坪乡乡企办。

甜酒生产万山特区人喜爱用粮食酿制甜酒。把粮食（主要是糯大米、高粱、大麦、小麦等）用木甑蒸熟后，放到簸箕中均匀摊开，让其冷却至30℃左右时，加入甜酒曲拌匀后，即装入一铁锅中，在灶上的大铁锅中铺好稻草，作为保温之用，将小铁锅放置于稻草中，上用布帕覆盖。如气温较低，在布帕上还要加盖稻草，再用簸箕反扣，最后把锅盖压在簸箕上，灶孔中塞满稻草，以保持发酵所需温度。夏天，三天后取出食用，春冬季节需五天，家庭酿制甜酒一般用粮为10—20千克，多为自家食用。2005年后，有人看准了商机，常年做甜酒出售，2011年，市场价为10元/千克。

酒曲生产：酒曲分为甜酒曲和烧酒曲。烧酒曲的种类有多种，如“六二根霉菌麸曲”、“Q303根霉菌曲”等，它们都属于真菌的一类。菌体都由许多丝状细胞组成，有些分支的顶端为球形，表面有许多孢子，它们都能使蒸煮熟的粮食发酵淀粉糖化。

酵母菌种的制作：酵母是用琼脂（即海生的石花菜）放入三角瓶内蒸煮熔化，取出倒入试管里，斜放冷却后，用药匙将试管里的酵母菌种钩出轻轻放入玻璃试管内凝固的琼脂表面，放入恒温箱内用酒精加热，使其温度保持在37℃左右。当琼脂培养基表面呈现圆形或卵状态时，即可投入生产酵母水。用1∶5或1∶6的米与水放入锅内煮成非常稀的稀饭，取出降温。将小麦发芽至3厘米左右并在太阳光下晒干或烤干切细，放入稀饭中搅拌均匀，静置至稀饭表面水清，稀饭里的米粒基本上化成了水，用透水的袋子将其过滤，就得了糖芽水。将糖芽水放入锅中煮沸，取出冷却后装入三角瓶，用药匙将酵母菌种钩入三角瓶内，搅和均匀，放入保温箱，用酒精等加热升温，当温度达到37℃时，三角瓶内由许多气泡不断上升，就得到酵母水。把酵母水均匀地洒在蒸熟的麸皮表面，把它搅和均匀后放进酵房进行发酵，使发酵房的温度保持在36℃—37℃，当闻到一股清香的甜酒味时，说明酵母水发酵成功，就得到酵母曲种，即“六二根霉麸曲”二级种子。

三级“六二根霉”甜酒麸曲制作的主要程序：在麦麸里洒适量的水，搅拌均匀、打细，再用粗筛把杂质筛出，然后用撮箕撮到大型木甑中将其蒸熟取出，放在洗干净消毒的地面摊开降温，将“六二根霉麸曲“二级种子均匀撒在麸皮表面，用铁铲搅和均匀，放入发酵房中保温一段时间，当可见整个麸皮内外长满球状形霉菌拉丝，即成块状，立即拿出发酵房，用粉碎机打细放入烤房加热将其烤干后，包装出厂，向市场出售。

烧酒曲的制作：烧酒曲是由甜酒曲和酵母按比例配制而成。根据季节、气温的不同，配置比例也不同。出酒率低，说明酵母配制得太少；出酒率高但有苦味，说明酵母掺和比例过高。

1990—2011年，特区境内仅有高楼坪桐木湾姚米花生产酒曲销售，年产量3000千克左右。

（三）面条加工

1991—2011年，农村用电普及，电源稳定，城郊和农村使用小型电动机为动力拌合面粉、压面皮、生产面条，年均生产面条60万千克。

（四）红薯加工

2003年长坳村成立特色产业化食品有限公司，由七人入股组建，经营一年后，因合伙人经营理念不同而解散。2004年，对门园组刘银香创办了红薯加工厂，注册商标“刘姐薯片”。生产旺季聘请5名村民加工，薯片香、脆、甜，无任何添加剂，纯绿色产品，深受消费者喜爱。产品畅销区内各乡镇及周边县市，是万山独有的土特产品。

生产流程及产品产量：

大众化的薯片生产流程是：将红薯表面清洗干净→去皮→蒸熟→捣碎→搅拌→压片→晒干→油炸→成品。“刘姐薯片”的工艺流程是：选料（250克以上湘薯19号红心苕、其他品种一概不用）→清洗→去皮→切片→浸泡→漂汤→渗干→油炸（棕榈油）→滲油→成品→检验→包装→出厂。“刘姐薯片”加工厂有年加工红薯10万千克的能力，干薯片产量2.5万千克，批发价16元—20元/千克，年创产值20万元—25万元，年利润8万元—10万元。

（五）自来水生产供应

老山口水厂

1999年，为了改善万山人民生活条件，提高人们生活质量，促进社会经济发展，省计委对万山特区自来水改扩建工程可行性研究报告进行了批复，在改造、完善原屯坪3000吨/日生产能力的基础上，扩建3000吨/日生产能力，并铺设老山口新区、改造万山老城区配水管网，形成6000吨/日生产规模。

2000年9月12日，老山口供水工程琴门水源经铜仁地区卫生防疫站化验检测，检测项目为感官、化学、毒理。检测结果如下：色度＜5；浑浊度＜1；肉眼现物，无；嗅和味，无；pH值，7.40；总硬度（CaCO3，毫克/升），212.32;氨氮（N，毫克/升），0.04；耗氧量（KMn04，毫克/升），2.24;氟化物（F，毫克/升）＜0.1；铅（Pb，毫克/升）＜0.07；砷（As，毫克/升）＜0.1；铬（Cr，毫克/升）＜0.004；镉（Cd，毫克/升）＜0.01；汞（Hg，毫克/升）＜0.0002。其化验指标与国家生活饮用水标准比较完全达国家标准可以饮用。

水流量通过多次观测，其流量达150立方米/小时，没有浑水，四季水量变化不大，完全可以满足老山口新区的一切用水，并可作为万山城区的主要供水水源。新建老山口水厂，总投资930万元。老山口取水点分设两级泵站，一级泵站从取水点到山上的蓄水池，二级泵站从蓄水池到达郭家三级泵站，全长7千米，至2005年12月5日建成投入运营。至此，万山城区拥有两处主水源和一处补充水源，7个供水泵站，总生产能力为7000吨/日，城镇供水率达99%，完全能够满足未来10年万山经济社会发展的用水需求。

贵州汞矿关闭破产后的供水管理

2002年4月29日，贵州汞矿（含两厂）破产清算组与万山特区人民政府签订《关于原贵州汞矿供水管理移交地方管理协议书》，明确自2002年5月1日起，将原贵州汞矿供水管理的全部固定资产1321913.02元和在册职工15人，成建制移交给万山特区人民政府管理，根据国家关闭破产有关政策和经省政府批准的贵州汞矿关闭破产实施方案，省破产清算组将移交设施补助费（按五年计算）865061.35元，一次性付给万山特区人民政府，由万山特区水厂在财政监督下使用；考虑到原贵州汞矿地磅房以上的各单位片区供水设施老化，需要更新；同时对地方水厂原有管路进行改造和设备更换给予支持，经测算并协商，原贵州汞矿供水单位管理职能、人员及固定资产移交的同时，由省清算组一次性的解决上述片区（含周边村民组）水管网改造费用230万元，一次性拨付给万山特区人民政府，专款专用，供水到户。

原贵州汞矿供水单位移交后，职工的人事关系、社会保险关系及职工档案、单位的固定资产由万山特区人民政府指定其相关的职能部门分别负责办理接转手续。

协议一经签订，双方必须认真办理各项交接手续，划拨款项，款到位，由万山特区供水厂负责组织施工。水管网的改造于2002年7月底前完成。

移交后供水管网工程改造，由万山特区企业承担并负责组织协调实施。

管网改造工程完成，经验收合格，水进片区各家各户后的水价应该全特区统一。

移交后的供水管理，特区企业需要设点，原贵州汞矿土坪片区供水管理的办公房屋（两间）、设施和电话，交万山特区供水企业管理。

为了落实上述协议要求，经万山特区政府同意，自来水公司投入53万元资金即对矿区1万余米的供水管网进行改造；投入57万元资金改建十八坑水厂，并新建400立方米清水池一座，相应的水处理设施一套，形成1000吨/日的生产能力。

供水管网改造

2006年9月在郭家三级泵站新建500立方米水池一座；在城区四级泵站建1000立方米水池一座；在老山口琴门水库建旋流沉砂池一座。2008年9月竣工投入使用，总投资264.8万元。

2008年初全特区遭受历史罕见的特大雪凝灾害，供水主管全部凝冻，整个城区供水瘫痪一个月，万山特区人民政府紧急调集消防车、洒水车等运输工具送水，仅能勉强维持城镇居民生活用水，工业用水无法顾及，给工业生产造成严重影响。为改变这种状况，国家投入390万元，全特区供水管网得到了改造，其中恢复重建供水管网DN300长5173米，2011年2月竣工投入使用。

2009年8月，贵州省发展和改革委员会对《万山特区供水恢复改造工程初步设计报告》进行了批复，总投资为1466万元。2010年6月下达第一批中央预算投资计划500万元，新建郭家片区1000立方米高位水池一座，铺设廉租房A、B、D区的供水管网7000余米，以及铺前一级泵站水源远程控制改造、老山口取水加压泵站和郭家各增加一台水泵的安装。2011年6月下达贫困县及严重缺水县城供水设施建设中央预算内投资计划400万元，改造老山口供水管网及取水泵站水泵远程控制和站房、水源的监控管理设施，新增铺前消毒设备一台。2011年底，第一批500万元工程投资建成并投入使用，第二批400万元的工程投资正在实施过程中。

水质监测

2011年，2月、4月、6月、8月、10月、12月分别对夜郎谷、十八坑、琴门水库三处饮用水源水质监测情况如下表所示：

2011年万山特区夜郎谷饮用水源保护区地下水水质监测一览表

表3-24　　单位：毫克/升（除pH外）

项　目	2月10日	2月11日	4月12日	4月13日	《地下水质量标准》（GB/T14848-93）Ⅲ类
pH	7.61	7.63	7.5	7.52	6.5～8.5
总硬度	229	299	225	225	≤450
硫酸盐	33.8	33.1	29.3	30	≤250
氯化物	4.47	4.44	4.49	4.66	≤250
铁	0.03L	0.03L	0.03L	0.03L	≤0.3
锰	0.01L	0.01L	0.01L	0.01L	≤0.1
铜	0.001L	0.001L	0.001L	0.001L	≤1.0
锌	0.05L	0.05L	0.05L	0.05L	≤1.0
挥发酚	0.001L	0.001L	0.001L	0.001L	≤0.002
阴离子表面活性剂	0.05L	0.05L	0.05L	0.05L	≤0.3
COD	1.6	1.6	1.1	1.1	≤3.0
硝酸盐	0.79	0.8	0.84	0.84	≤20

续表3-24

项　目	2月10日	2月11日	4月12日	4月13日	《地下水质量标准》(GB/T14848-93)Ⅲ类
亚硝酸盐	0.003L	0.003L	0.003L	0.003L	≤0.02
氨氮	0.01L	0.01L	0.19	0.02	≤0.2
氟化物	0.08	0.08	0.1	0.1	≤1.0
氰化物	0.002L	0.002L	0.002L	0.002L	≤0.05
汞	0.00005L	0.00005L	0.00005L	0.00005L	≤0.001
砷	0.001L	0.001L	0.001L	0.001L	≤0.05
硒	0.0004L	0.0004L	0.0004L	0.0004L	≤0.01
镉	0.001L	0.001L	0.001L	0.001L	≤0.01
六价铬	0.004L	0.004L	0.004L	0.004L	≤0.05
铅	0.01L	0.01L	0.01L	0.01L	≤0.05

注:带“L”的数据表示检测值低于方法检出限,报出数据为方法最低检出限,下同

2011年万山特区夜郎谷饮用水源保护区地下水水质监测一览表

表3-25　　单位:毫克/升(除pH外)

项　目	6月7日	6月8日	8月3日	8月4日	《地下水质量标准》(GB/T14848-93)Ⅲ类
pH	7.49	7.52	7.23	7.26	6.5～8.5
总硬度	224	225	251	251	≤450
硫酸盐	26.8	28.3	25.7	26.2	≤250
氯化物	11.6	11.7	7.01	7.05	≤250
铁	0.03L	0.03L	0.03L	0.03L	≤0.3
锰	0.01L	0.01L	0.01L	0.01L	≤0.1
铜	0.001L	0.001L	0.001L	0.001L	≤1.0
锌	0.05L	0.05L	0.05L	0.05L	≤1.0
挥发酚	0.001L	0.001L	0.001L	0.001L	≤0.002
阴离子表面活性剂	0.05L	0.05L	0.05L	0.05L	≤0.3
COD	1.0	1.0	1.0	1.1	≤3.0
硝酸盐	1.30	1.31	0.80	0.81	≤20
亚硝酸盐	0.003L	0.003L	0.003L	0.003L	≤0.02
氨氮	0.01L	0.01L	0.02	0.01L	≤0.2

续表3-25

项目	6月7日	6月8日	8月3日	8月4日	《地下水质量标准》(GB/T14848-93)Ⅲ类
氟化物	0.08	0.08	0.180	0.180	≤1.0
氰化物	0.002L	0.002L	0.002L	0.002L	≤0.05
汞	0.00001L	0.00001L	0.00001L	0.00001L	≤0.001
砷	0.001L	0.001L	0.007L	0.007L	≤0.05
硒	0.0004L	0.0004L	0.0005L	0.0005L	≤0.01
镉	0.001L	0.001L	0.001L	0.001L	≤0.01
六价铬	0.004L	0.004L	0.004L	0.004L	≤0.05
铅	0.01L	0.01L	0.01L	0.01L	≤0.05
总大肠菌群(个/L)	3500	3500	3500	3500	3

2011年万山特区夜郎谷饮用水源保护区地下水水质监测一览表

表3-26　　单位：毫克/升(除pH外)

项目	10月9日	10月10日	12月5日	12月6日	《地下水质量标准》(GB/T14848-93)Ⅲ类
pH	7.42	7.40	7.36	7.32	6.5～8.5
总硬度	269	269	275	276	≤450
硫酸盐	41.6	33.9	35.0	34.9	≤250
氯化物	6.86	7.03	6.79	6.93	≤250
铁	0.03L	0.03L	0.03L	0.03L	≤0.3
锰	0.01L	0.01L	0.01L	0.01L	≤0.1
铜	0.001L	0.001L	0.001L	0.001L	≤1.0
锌	0.05L	0.05L	0.05L	0.05L	≤1.0
挥发酚	0.001L	0.001L	0.001L	0.001L	≤0.002
阴离子表面活性剂	0.05L	0.05L	0.05L	0.05L	≤0.3
COD	0.9	1.0	1.0	1.0	≤3.0
硝酸盐	1.21	1.21	0.85	0.82	≤20
亚硝酸盐	0.003L	0.003L	0.003L	0.003L	≤0.02
氨氮	0.01L	0.01L	0.04	0.04	≤0.2
氟化物	0.08	0.09	0.08	0.08	≤1.0

续表3-26

项　目	10月9日	10月10日	12月5日	12月6日	《地下水质量标准》(GB/T14848-93)Ⅲ类
氰化物	0.002L	0.002L	0.002L	0.002L	≤0.05
汞	0.00001L	0.00001L	0.00001L	0.00001L	≤0.001
砷	0.001L	0.001L	0.001L	0.001L	≤0.05
硒	0.0004L	0.0004L	0.0004L	0.0004L	≤0.01
镉	0.001L	0.001L	0.001L	0.001L	≤0.01
六价铬	0.004L	0.004L	0.004L	0.004L	≤0.05
铅	0.01L	0.01L	0.01L	0.01L	≤0.05

2011年万山特区十八坑饮用水源保护区地下水水质监测一览表

表3-27　　单位:毫克/升(除pH外)

项　目	2月10日	2月11日	4月12日	4月13日	《地下水质量标准》(GB/T14848-93)Ⅲ类
pH	7.54	7.54	7.49	7.46	6.5～8.5
总硬度	254	254	251	251	≤450
硫酸盐	65.90	65.40	56.0	55.90	≤250
氯化物	8.39	8.35	9.01	9.11	≤250
铁	0.03L	0.03L	0.03L	0.03L	≤0.3
锰	0.01L	0.01L	0.01L	0.01L	≤0.1
铜	0.001L	0.001L	0.001L	0.001L	≤1.0
锌	0.05L	0.05L	0.05L	0.05L	≤1.0
挥发酚	0.001L	0.001L	0.001L	0.001L	≤0.002
阴离子表面活性剂	0.05L	0.05L	0.05L	0.05L	≤0.3
COD	1.6	1.6	1.1	1.2	≤3.0
硝酸盐	3.10	3.04	3.53	3.42	≤20
亚硝酸盐	0.003	0.003	0.003L	0.003L	≤0.02
氨氮	0.01L	0.01L	0.39	1.07	≤0.2
氟化物	0.04	0.06	0.09	0.09	≤1.0
氰化物	0.002L	0.002L	0.002L	0.002L	≤0.05
汞	0.00005L	0.00005L	0.00005L	0.00005L	≤0.001

续表3-27

项 目	2月10日	2月11日	4月12日	4月13日	《地下水质量标准》(GB/T14848-93)Ⅲ类
砷	0.001L	0.001L	0.001L	0.001L	≤0.05
硒	0.0004L	0.0004L	0.0004L	0.0004L	≤0.01
镉	0.001L	0.001L	0.001L	0.001L	≤0.01
六价铬	0.004L	0.004L	0.004L	0.004L	≤0.05
铅	0.01L	0.01L	0.01L	0.01L	≤0.05

2011年万山特区十八坑饮用水源保护区地下水水质监测一览表

表3-28　　单位：毫克/升（除pH外）

项 目	6月7日	6月8日	8月3日	8月4日	《地下水质量标准》(GB/T14848-93)Ⅲ类
pH	7.28	7.30	7.30	7.28	6.5～8.5
总硬度	262	263	225	226	≤450
硫酸盐	102.0	102.0	56.5	56.4	≤250
氯化物	20.60	20.60	9.09	9.14	≤250
铁	0.03L	0.03L	0.03L	0.03L	≤0.3
锰	0.01L	0.01L	0.01L	0.01L	≤0.1
铜	0.001L	0.001L	0.001L	0.001L	≤1.0
锌	0.05L	0.05L	0.05L	0.05L	≤1.0
挥发酚	0.001L	0.001L	0.001L	0.001L	≤0.002
阴离子表面活性剂	0.05L	0.05L	0.05L	0.05L	≤0.3
COD	1.0	1.0	0.9	0.9	≤3.0
硝酸盐	8.16	8.24	3.36	3.41	≤20
亚硝酸盐	0.003L	0.003L	0.003L	0.003L	≤0.02
氨氮	0.01L	0.01L	0.01L	0.01L	≤0.2
氟化物	0.16	0.14	0.09	0.09	≤1.0
氰化物	0.002L	0.002L	0.002L	0.002L	≤0.05
汞	0.00005L	0.00005L	0.00001L	0.00001L	≤0.001
砷	0.001L	0.001L	0.001L	0.001L	≤0.05
硒	0.0004L	0.0004L	0.0004L	0.0004L	≤0.01

续表3-28

项　目	6月7日	6月8日	8月3日	8月4日	《地下水质量标准》(GB/T14848-93)Ⅲ类
镉	0.001L	0.001L	0.001L	0.001L	≤0.01
六价铬	0.004L	0.004L	0.004L	0.004L	≤0.05
铅	0.01L	0.01L	0.01L	0.01L	≤0.05
总大肠菌群(个/L)	3500	3500	2800	2800	3

2011年万山特区十八坑饮用水源保护区地下水水质监测一览表

表3-29　　单位:毫克/升(除pH外)

项　目	10月9日	10月10日	12月5日	12月6日	《地下水质量标准》(GB/T14848-93)Ⅲ类
pH	7.38	7.34	7.19	7.20	6.5～8.5
总硬度	256	256	238	238	≤450
硫酸盐	73.7	73.8	60.7	60.9	≤250
氯化物	1.40	1.40	1.08	1.07	≤250
铁	0.03L	0.03L	0.03L	0.03L	≤0.3
锰	0.01L	0.01L	0.01L	0.01L	≤0.1
铜	0.001L	0.001L	0.001L	0.001L	≤1.0
锌	0.05L	0.05L	0.05L	0.05L	≤1.0
挥发酚	0.001L	0.001L	0.001L	0.001L	≤0.002
阴离子表面活性剂	0.05L	0.05L	0.05L	0.05L	≤0.3
COD	0.9	0.9	1.2	1.1	≤3.0
硝酸盐	5.23	5.23	3.63	3.73	≤20
亚硝酸盐	0.003L	0.003L	0.003L	0.003L	≤0.02
氨氮	0.01L	0.01L	0.05	0.04	≤0.2
氟化物	0.12	0.12	0.02L	0.02L	≤1.0
氰化物	0.002L	0.002L	0.002L	0.002L	≤0.05
汞	0.00001L	0.00001L	0.00001L	0.00001L	≤0.001
砷	0.001L	0.001L	0.001L	0.001L	≤0.05
硒	0.0004L	0.0004L	0.0004L	0.0004L	≤0.01
镉	0.001L	0.001L	0.001L	0.001L	≤0.01

续表3-29

项 目	10月9日	10月10日	12月5日	12月6日	《地下水质量标准》(GB/T14848-93)Ⅲ类
六价铬	0.004L	0.004L	0.004L	0.004L	≤0.05
铅	0.01L	0.01L	0.01L	0.01L	≤0.05

2011年万山特区琴门水库饮用水源保护区地表水水质监测一览表

表3-30　　单位:毫克/升(除pH外)

项 目	2月10日	2月11日	4月12日	4月13日	《地下水质量标准》(GB/T14848-93)Ⅲ类
水温(℃)	1.0	1.0	15.0	16.0	/
pH	7.64	7.67	7.48	7.50	6～9
COD	1.7	1.6	1.1	1.0	≤3.0
DO	10.4	10.1	10.2	10.2	≥5
BOD5	0.5L	0.5L	0.5L	0.5L	≤4
总磷	0.05	0.06	0.02	0.05	≤0.2
总氮	0.55	0.55	0.78	0.74	≤1.0
氨氮	0.01L	0.01L	0.21	0.13	≤1.0
铜	0.001L	0.001L	0.001L	0.001L	≤1.0
铅	0.01L	0.01L	0.01L	0.01L	≤0.05
锌	0.05L	0.05L	0.05L	0.05L	≤1.0
氟化物	0.06	0.04	0.02L	0.02L	≤1.0
硒	0.0004L	0.0004L	0.0004L	0.0004L	≤0.01
砷	0.001L	0.001L	0.001L	0.001L	≤0.05
汞	0.00005L	0.00005L	0.00005L	0.00005L	≤0.0001
镉	0.001L	0.001L	0.001L	0.001L	≤0.005
六价铬	0.004L	0.004L	0.004L	0.004L	≤0.05
氰化物	0.002L	0.002L	0.002L	0.002L	≤0.2
挥发酚	0.001L	0.001L	0.001L	0.001L	≤0.005
石油类	0.02	0.02	0.01	0.01	≤0.05
阴离子表面活性剂	0.05L	0.05L	0.05L	0.05L	≤0.2
硫化物	0.005L	0.005L	0.005L	0.005L	≤0.2

续表3-30

项 目	2月10日	2月11日	4月12日	4月13日	《地下水质量标准》(GB/T14848-93)Ⅲ类
硫酸盐	12.80	12.90	9.5	11.9	250
氯化物	2.23	2.30	2.26	2.14	250
硝酸盐	0.46	0.46	0.68	0.73	10
铁	0.03L	0.03L	0.03L	0.03L	0.3
锰	0.01L	0.01L	0.01L	0.01L	0.1

2011年万山特区琴门水库饮用水源保护区地表水水质监测一览表

表3-31　　单位:毫克/升(除pH外)

项 目	6月7日	6月8日	8月3日	8月4日	《地下水质量标准》(GB/T14848-93)Ⅲ类
水温(℃)	17.0	16.0	18.0	19.0	/
pH	7.54	7.51	7.34	7.28	6~9
COD	0.9	0.9	1.1	1.1	≤3.0
DO	8.3	8.2	8.2	8.1	≥5
BOD5	0.5L	0.5L	0.5L	0.5L	≤4
总磷	0.01L	0.01L	0.02	0.02	≤0.2
总氮	1.48	1.45	0.33	0.33	≤1.0
氨氮	0.33	0.33	0.14	0.14	≤1.0
铜	0.001L	0.001L	0.001L	0.001L	≤1.0
铅	0.01L	0.01L	0.01L	0.01L	≤0.05
锌	0.05L	0.05L	0.05L	0.05L	≤1.0
氟化物	0.11	0.10	0.09	0.08	≤1.0
硒	0.0004L	0.0004L	0.0004L	0.0004L	≤0.01
砷	0.001L	0.001L	0.001L	0.001L	≤0.05
汞	0.00005L	0.00005L	0.00005L	0.00005L	≤0.0001
镉	0.001L	0.001L	0.001L	0.001L	≤0.005
六价铬	0.004L	0.004L	0.004L	0.004L	≤0.05
氰化物	0.002L	0.002L	0.002L	0.002L	≤0.2
挥发酚	0.001L	0.001L	0.001L	0.001L	≤0.005

续表3-31

项 目	6月7日	6月8日	8月3日	8月4日	《地下水质量标准》(GB/T14848-93)Ⅲ类
石油类	0.01	0.01	0.01	0.01	≤0.05
阴离子表面活性剂	0.05L	0.05L	0.05L	0.05L	≤0.2
硫化物	0.005L	0.005L	0.005L	0.005L	≤0.2
硫酸盐	13.9	13.9	8.3	8.1	250
氯化物	6.77	6.85	2.86	2.77	250
硝酸盐	0.84	0.83	0.27	0.24	10
铁	0.03L	0.03L	0.03L	0.03L	0.3
锰	0.01L	0.01L	0.01L	0.01L	0.1

2011年万山特区琴门水库饮用水源保护区地表水水质监测情况一览表

表3-32　　单位：毫克/升（除pH外）

项 目	10月9日	10月10日	12月5日	12月6日	《地下水质量标准》(GB/T14848-93)Ⅲ类
水温(℃)	18.0	19.0	12.0	12.0	/
pH	7.30	7.35	7.54	7.56	6～9
COD	1.0	1.0	1.1	1.1	≤3.0
DO	8.3	8.2	13.0	12.8	≥5
BOD5	0.5L	0.5L	0.5L	0.5L	≤4
总磷	0.05	0.04	0.02	0.01L	≤0.2
总氮	0.67	0.65	0.38	0.39	≤1.0
氨氮	0.02	0.02	0.05	0.05	≤1.0
铜	0.001L	0.001L	0.001L	0.001L	≤1.0
铅	0.01L	0.01L	0.01L	0.01L	≤0.05
锌	0.05L	0.05L	0.05L	0.05L	≤1.0
氟化物	0.08	0.09	0.06	0.07	≤1.0
硒	0.0004L	0.0004L	0.0004L	0.0004L	≤0.01
砷	0.001L	0.001L	0.001L	0.001L	≤0.05
汞	0.00005L	0.00005L	0.00005L	0.00005L	≤0.0001
镉	0.001L	0.001L	0.001L	0.001L	≤0.005

续表3-32

项　目	10月9日	10月10日	12月5日	12月6日	《地下水质量标准》(GB/T14848-93)Ⅲ类
六价铬	0.004L	0.004L	0.004L	0.004L	≤0.05
氰化物	0.002L	0.002L	0.002L	0.002L	≤0.2
挥发酚	0.001L	0.001L	0.001L	0.001L	≤0.005
石油类	0.01	0.01	0.01	0.01	≤0.05
阴离子表面活性剂	0.05L	0.05L	0.05L	0.05L	≤0.2
硫化物	0.005L	0.005L	0.005L	0.005L	≤0.2
硫酸盐	16.2	16.2	8.9	13.3	250
氯化物	4.21	4.57	2.77	2.69	250
硝酸盐	0.48	0.51	0.35	0.38	10
铁	0.03L	0.03L	0.03L	0.03L	0.3
锰	0.01L	0.01L	0.01L	0.01L	0.1

农村供水

各乡集镇供水

高楼坪乡机关、学校和高楼坪村9个村民组地势相对较高，泉水位置较低，2004年，由万山特区水利局投资，将凉化田、白鹤田的井水用20千瓦的水泵提升至堰上坡顶，输水管径120毫米，长380米，并修建了380立方米的蓄水池，由蓄水池分出输水管送往乡政府、乡中学、中心完小和街上、岩屋、白果树、徐家、老院子、贾记垅、毕家湾、堰上等自然村落；在伍家田取水点安装的提灌泵站电动机15千瓦，供应小湾村5个村民组、夜郎村2个村民组。以上两处供水点覆盖农村居民480户，总受益人数4500人，总投资180万元，2005年4月竣工正式投入使用。水费收取：农村按每吨1.5元，机关、学校按每吨2.0元。

老山口取水点泵站建成后，自来水厂水源充足。老山口至郭家、屯坪至高楼坪至郭家公路沿线村寨都用上了自来水。其中老山口至土地坳有202户，屯坪—张家山—高楼坪221户，陆家、张家、文家屋场片区139户，总受益2800人。水费按每吨2.8元收取，另收取污水处理费0.8元/吨。

2004年，为了解决敖寨乡机关、乡中学、乡中心完小、乡医院及周边农村用水问题，由国家投资，在距乡政府所在地2.5千米的正冲湾猪槽洞引泉水，用直径5厘米的塑料管作主管道，引入100立方米的蓄水池。由此分出的输水管自流进入各家各户，解决了160余户（含中学、中心完小）、2300余人的生活用水问题，用水不交水费。

黄道集镇供水共经历了四个阶段

1. 2001年，从青溪炮楼坡用直径50毫米的塑料管引泉水入黄道街上，全长5.5千米，解决乡政府刘家祠堂所属各站、所及周边村民的人饮问题。服务人口800人。经过几年的运行，管道损毁严重，部分堵塞，供水能力逐渐减弱，加之黄道实施小城镇建设和生态移民，人口骤增，供水需求矛盾日益突出。2. 2007年，经乡政府工作人员和万山特区水利局技术人员的共同努力，确定在黄道河一级支流长坳小河的观音山处为取水点，分二级提水，每级各安装32千瓦电动机二台，(其中每级一台作备用)，共128千瓦。每级建有蓄水池各一个，均为50立方米，建沉沙池一个10立方米。从二级泵站将水送至第三座蓄水池（孙家园后山），蓄水池为150立方米，输水主管道直径70毫米。由此分出管道输往各单位、乡民族中学、乡民族中心完小及黄道街上各家各户，覆盖人口6000余人。2009年8月竣工，总投资101万元，由万山特区水利局出资修建。3.由于二期工程为提灌式供水，运行成本高。遇天旱时供水无保障；遇洪水时水质差，不能作为饮用水。2010年年底，在龙江水库上游的夹槽寻找到一处水源。用直径为120毫米的水管接至黄道街上，全长8千米，2011年11月投入使用，覆盖阳桥村、仓前和老院子等村民组、丹阳村、乡政府机关和中学、中心完小、受益人口达8000人。万山特区水务局共投入160万元。4.因新星汞矿恢复生产，原夹槽水源收到污染，不能饮用。又在大坪坑洞内寻找到一处清洁水源，在阳桥修建了300立方米的蓄水池，连通原输水管道至150立方米水池，再分出管道进入各机关单位及各村民组。

下溪乡于1986年首次从医院后面的井水湾引泉水至乡政府机关各单位和中学、中心完小。引水主管为铁管，长1.5千米，上级投入1万元，群众投工投劳。年底建成使用，覆盖人口1000余人。因铁管埋入地下极易腐蚀，使用7年后，主管多处锈蚀漏水，维修难度很大。1994年，实施改建，取水点仍在井水湾。用直径32毫米塑料管替代原铁管，发动乡政府机关干部和中学生投工投劳，万山特区水利局投资1.5万元，于年底建成通水。井水湾泉水在冬季干旱时水量很小，仅乡政府所属的站、所，中学和中心完小约1000人的供水都不能保证，只能另寻水源。在距乡政府1600米的猴冲沟，探得以优质水源，特区水利局投入15万元，用直径50毫米的塑料管接出，使下溪街上各住户、乡机关、中小学校及猴冲口村民组的1500人都用上了自来水。至2006年下半年，原塑料输水管道碎化，时发生管道破裂现象，不能正常供水，乡政府积极向相关部门反映，争取改建。同年8月动工，仍用猴冲沟水源，改用直径75毫米胶管，输水管道全长1910米，投入资金40万元，投工投劳折合资金40万元。另投入资金5.5万元专供乡养老院和中心完小用水，专线长1.5千米。2007年1月改建竣工供水，覆盖乡政府机关、中小学校、下溪街上、董上、猴冲口，受益人口3000余人。

人畜饮水工程

1998—2005年期间，万山特区水利局为全特区各人畜饮水困难的集镇和村寨分期分批地改造水井、修建自来水工程，国家共补助资金406万元，群众自筹资金55万元，共修建人畜饮水池287口，总容水量为3983立方米，架设自来水管546千米，为28900多居民和24900头牲畜解决了饮水困难，使农村村民用上清洁的自来水。2006—2011年安水泵397千瓦，变压器110千伏安，总投资1184万元，蓄水池294口，蓄水3690立方米，31331人受益。

万山特区农村饮水工程表

表3-33

乡镇名称	村寨名称	水池（方/口）	饮水人数（人）	饮水牲畜（头）	投资合计（万元）	国家补助（万元）	自筹资金（万元）	管道长度（千米）	建成时间
万山镇	三角岩	19/2	193	139	3.66	2.9	0.76	2.54	1999年
	张家坪	20/2	162	100	1.4	1.24	0.16	2.4	2001年
	狮子岩	12/3	82	50	0.93	0.88	0.05	2.6	2001年
高楼坪乡	万山司	47/4	441	427	5.79	4.15	1.64	4.98	1998年
	猴　冲	42/2	390	377	4.89	3.67	1.22	5.53	1998年
	大树林	47/2	440	426	5.62	4.14	1.48	8.45	1998年
	下大坪	81/2	616	596	7.42	5.6	1.82	8.14	1998年
	上大坪	74/2	674	652	8.12	6	2.12	6.47	1998年
	背后湾	69/2	525	508	6.6	4.94	1.66	6.95	1998年
	滚子冲	55/2	515	498	6.5	4.76	1.74	7.3	1998年
	菖木塘	83/2	677	487	7.85	5.9	1.95	8.92	1999年
	甘　塘	22/2	227	163	3.01	2	1.01	2.99	1999年
	岩　屋	19/2	189	137	3.55	2.6	0.95	2.99	1999年
	张家山	23/2	234	168	3.03	2	1.03	3.08	1999年
	屯　坪	21/2	211	152	4.89	4.16	0.73	3.78	1999年
	关　庄	28/2	391	282	5.58	4.2	1.38	5.15	1999年
	郭　家	23/2	233	168	3.24	2	1.24	3.07	1999年
	雷打坡	20/2	120	100	1.71	1.52	0.19	3.8	2001年
	桃树坨	28/3	127	110	1.6	1.46	0.14	2.1	2001年
	小客寨	48/2	453	438	6.06	4.26	1.8	6.61	1998年
	寒　棚	31/2	307	256	4.02	2.9	1.12	3.89	1998年
	毕家湾	64/2	649	467	5.8	3.9	1.9	8.56	1999年
	贾溪龙	31/2	150	120	1.6	1.44	0.16	3	2001年
	向　家	30/3	220	200	1.82	1.56	0.26	3.3	2001年
	元家龙	50/3	152	120	1.57	1.41	0.16	2.5	2001年
	雷公井	29/3	280	250	2.29	2.1	0.19	4	2003年
	小垅向家	40/3	130	100	1.9	1.71	0.19	3.2	2003年

续表3-33

乡镇名称	村寨名称	水池（方/口）	饮水人数（人）	饮水牲畜（头）	投资合计（万元）	国家补助（万元）	自筹资金（万元）	管道长度（千米）	建成时间
高楼坪乡	伍家田	28/4	210	180	3.03	2.8	0.23	3.2	2003年
	龙　田	30/2	160	140	2.53	2.37	0.16	4.4	2002年
	新　屋	26/3	90	100	2.15	2.04	0.11	3.23	2002年
	野狗坨	55/3	135	200	3.25	2.98	0.27	9.87	2002年
	铜盆塘	55/4	180	220	2.07	2.03	0.24	4.3	2003年
	来羊坪	34/2	255	275	3.66	3.46	0.2	4.56	2004年
	黄家寨上寨	29/2	97	104	2.56	2.5	0.06	1.35	2004年
	塘家田	24/2	127	137	1.5	1.36	0.14	2.72	2004年
	蔡家坪	16/2	104	112	0.95	0.89	0.06	1.06	2004年
	集镇供水	295.6/5	1772	1185	42.3	42.3	0	22.69	2005年
	鹅　塔	42.5/2	70	76	2.4	2.31	0.09	2.43	2005年
	小客寨	34/2	240	258	4.37	4.1	0.27	5.8	2005年
	大客寨	27.2/2	150	161	4.47	4.3	0.17	5.7	2005年
	靛　坨	26.4/2	89	95	2.7	2.62	0.08	1.96	2004年
	水眼坪	696/2	289	311	5.44	5.08	0.36	6.27	2004年
	小琴门	50/3	147	158	3.4	3.25	0.15	3.37	2004年
	硐　头	24/2	111	120	3.49	3.37	0.12	2.86	2004年
	落山冲	5/3	10	11	0.44	0.43	0.01	0.28	2005年
	大　龙	26/2	93	110	2.78	2.68	0.1	1.7	2005年
	吴　家	34.2/2	118	127	3.31	3.21	0.1	3.2	2005年
	坪家坡	33.8/2	110	107	1.85	1.72	0.13	3.5	2005年
	新　庄	84.6/2	675	715	14.8	14.22	0.58	13.6	2005年
	文家屋场	26/2	120	110	6.3	6.18	0.12	5	2001年
	郭　家	18/2	110	80	3.9	3.8	0.1	4.6	2001年
黄道乡	黄瓜冲	53/2	550	385	6.9	5.16	1.74	6.62	1998年
	锁　溪	16/2	90	65	2.4	2	0.4	3.25	2001年
	排　坡	24/3	117	100	2.03	1.93	0.1	4.2	2003年
	黄土坳	29/2	50	40	0.93	0.87	0.06	1.5	2003年
	小田坪上寨	29/2	130	110	3.08	2.92	0.16	5.3	2003年

续表3-33

乡镇名称	村寨名称	水池（方/口）	饮水人数（人）	饮水牲畜（头）	投资合计（万元）	国家补助（万元）	自筹资金（万元）	管道长度（千米）	建成时间
黄道乡	细路冲	24/2	100	90	1.42	1.32	0.1	3.5	2003年
	聂家冲	29/2	90	70	1.85	1.73	0.12	3.5	2003年
	瓦　寨	29/2	180	150	3.02	2.78	0.24	3.9	2003年
	长坳田坝	24/2	120	110	2.5	2.3	0.2	5.3	2003年
	长坳下深冲	23/2	80	50	0.96	0.86	0.1	1.7	2003年
	青　溪	8/2	42	30	0.57	0.52	0.05	1.3	2003年
	板栗湾	36/2	120	150	3.45	3.25	0.2	5.85	2003年
	新屋场	30/2	98	100	2.96	2.82	0.14	4.85	2003年
	下锁溪	23/2	110	110	2.9	2.76	0.14	3.8	2003年
	中塘边	25/2	130	150	1.57	1.48	0.09	2.9	2003年
	蓑衣塘	16/2	76	82	2.21	2.13	0.08	3.8	2004年
	黄道老院子	44/2	226	243	2.71	2.46	0.25	5.5	2004年
	细龙寨	18/2	82	88	1.85	1.79	0.06	4.6	2004年
	力　坳	18.2/2	101	109	2.27	2.17	0.1	4.1	2005年
	庙湾黄岩冲	14.6/2	90	97	1.73	1.65	0.08	2.8	2005年
	大　榜	16.4/2	96	104	1.66	1.56	0.1	2.2	2005年
	小田坪大路冲	33/3	216	232	5.3	5.05	0.25	7.4	2005年
	阳　桥	74/3	463	499	6.7	6.17	0.53	6.3	2005年
	蚂蟥老院子	19.1/2	84	90	1.9	1.4	0.5	3.6	2005年
	燕子冲	24.4/2	86	93	2	1.91	0.09	2.9	2005年
	鸡婆田	33.8/2	129	139	4.93	4.77	0.16	3.5	2005年
	新屋场	26.5/2	182	197	4.3	4.09	0.21	5.4	2005年
	集镇供水	95/2	850	140	15.6	15.28	0.32	13.5	2001年
	猴　栏	40/2	220	180	4.3	4.2	0.1	5.4	2001年
敖寨乡	凉水井	23/2	235	169	2.83	2	0.83	3.1	1999年
	新寨湾	56/2	569	412	6.67	5.07	1.6	7.5	1999年
	黄土坡	85/2	867	624	9.77	7.52	2.25	8.43	1999年
	卢家湾	47/2	475	342	5.52	4.1	1.42	6.26	1999年
	合包田	22/2	150	130	1.84	1.69	0.15	4.5	2001年

续表3-33

乡镇名称	村寨名称	水池（方/口）	饮水人数（人）	饮水牲畜（头）	投资合计（万元）	国家补助（万元）	自筹资金（万元）	管道长度（千米）	建成时间
敖寨乡	敖家湾	23/2	160	140	2.07	1.91	0.16	3.7	2003年
	大坪盖	23/2	120	100	1.64	1.64	0	3.2	2003年
	清水江	23/2	240	200	2	1.8	0.2	3.7	2003年
	苏家坡	43/4	138	160	2.84	2.71	0.13	6.1	2002年
	盐井溪	10/1	35	50	0.89	0.84	0.05	2.5	2002年
	屋　场	24/2	110	120	2.25	2.11	0.14	4.4	2002年
	洋世界	38/3	120	150	2.67	2.53	0.14	5	2002年
	刘家山	22/2	92	99	2.14	2.04	0.1	2.4	2004年
	黄木冲	14/2	67	72	1.74	1.66	0.08	2.4	2004年
	杨家寨	50/2	354	319	4	4	0	4.9	2004年
	新寨湾	36/3	234	252	3.71	3.52	0.19	5.1	2005年
	油榨冲	31/2	126	136	5.11	5	0.11	6.6	2005年
	黄土坡	36.3/5	205	221	4.82	4.58	0.24	6.6	2005年
	石头寨	26.6//2	192	198	3.18	2.99	0.19	3.7	2005年
	罗家坪	20.2/2	151	154	2.78	2.63	0.15	4.4	2005年
	金家场	35.4/2	258	269	3.04	2.77	0.27	4	2005年
	苏　棚	15.6/2	89	87	2.14	2.04	0.1	2.3	2005年
下溪乡	六田坪	69/3	644	623	7.82	5.69	1.86	7.52	1998年
	干田畈	20/2	205	147	2.71	1.83	0.88	3.7	1999年
	草　场	16/2	107	88	1.75	1.24	0.51	3.84	1999年
	街　上	71/2	724	521	8.87	7	1.87	9.6	1999年
	曾家垅	40/3	408	294	5.03	3.63	1.4	5.38	1999年
	车　田	15/2	151	108	2.77	2	0.77	3.98	1999年
	白木坪	32/2	201	200	1.58	1.5	0.08	2.8	2001年
	秧田坡	24/2	160	130	0.81	0.71	0.1	1.7	2001年
	张　家	24/2	162	130	0.9	0.82	0.08	1.8	2001年
	半　坡	35/2	180	150	2.35	2.23	0.12	4	2003年
	杉木溪	27/3	127	150	2.37	2.22	0.15	4.7	2002年
	烂泥垅	30/2	232	300	2.21	2.21	0	4.2	2002年

续表3-33

乡镇名称	村寨名称	水池（方/口）	饮水人数（人）	饮水牲畜（头）	投资合计（万元）	国家补助（万元）	自筹资金（万元）	管道长度（千米）	建成时间
下溪乡	下报溪	35/2	187	202	3.66	3.51	0.15	5.6	2004年
	下场溪	20/3	120	130	2.04	1.91	0.13	3.3	2004年
	铁　门	75/10	379	408	4.78	4.78	0	5	2004年
	时　家	20/2	120	130	2.66	2.57	0.09	3.8	2005年
	克仁寨	25.3/2	168	181	3.55	3.36	0.19	5	2005年
	船　冲	27/7	167	180	3.28	3.15	0.13	3.7	2005年

农村饮水安全工程万山特区2006—2011年度农村饮水安全工程实施统计表

表3-34

年度	序号	实施地点	水泵（千瓦）	变压器（千伏安）	总投资（万元）	管材（千米）	水池		受益人口（人）
							口	蓄水（立方米）	
	总计		397.00	110.00	1184.28	508.03	294.00	3690.66	31331.00
2006	合计		27	0	207.88	124.0	73	837.06	8835.00
	1	高楼坪乡赶场坝村老屋场	7.5		6.11	2.8	2	21.00	124
	2	下溪乡米贡山村田湾贾家			7.64	6.0	3	35.64	170
	3	黄道乡丹阳村刘家田			3.37	1.3	4	21.28	426
	4	黄道乡临湘村上深冲			5.13	3.7	2	20.64	304
	5	下溪乡米贡山村柳木界上			3.74	2.4	2	20.64	298
	6	敖寨乡两河口村冲口			3.09	2.0	2	10.64	550
	7	黄道乡龙江村达子冲			3.04	2.0	2	10.64	280
	8	黄道乡龙江村架梁冲			3.00	2.2	2	10.64	157
	9	黄道乡红星村片区			8.11	3.6	2	54.20	361
	10	黄道乡长兴村枞木湾			3.79	2.4	2	20.64	150
	11	黄道乡龙江村和平组			2.99	1.7	1	20.00	435
	12	黄道乡长兴村坪茶			5.05	4.8	2	10.64	144
	13	高楼坪乡寨棚			4.38	3.1	2	24.20	190
	14	高楼坪乡大树林村野牛山	5		10.28	6.1	4	45.64	350
	15	下溪乡米公山村瓦田			7.93	5.5	3	21.28	191
	16	下溪乡兴隆村老寨湾			4.06	2.6	2	15.64	132

续表3-34

年度	序号	实施地点	水泵（千瓦）	变压器（千伏安）	总投资（万元）	管材（千米）	水池		受益人口（人）
							口	蓄水（立方米）	
2006	17	敖寨乡腾龙山村相见坡			5.60	3.6	2	15.64	134
	18	高楼坪乡夜郎村铺前			5.36	3.3	3	19.84	160
	19	黄道乡长兴村陈冲			6.64	4.6	2	15.64	185
	20	黄道乡长兴村井界	3.5		7.19	4.9	4	26.64	160
	21	下溪乡桂花村长冲园			5.34	4.0	3	21.28	279
	22	黄道乡上黄茶片区			10.52	7.5	2	43.50	371
	23	万山镇大坪			2.60	1.3	2	9.17	241
	24	敖寨乡腾龙山村桐木坪			5.03	4.0	3	12.67	261
	25	下溪乡米贡山村瓦田片区			16.98	13.4	3	43.75	191
	26	下溪乡兴隆村黄土田			3.07	1.8	2	14.81	90
	27	黄道乡临湘村竹山冲			4.77	4.2	2	16.22	399
	28	下溪乡兴隆村黄土冲			5.89	4.7	2	30.50	156
	29	敖寨乡腾龙山村蒿菜坪			6.41	5.5	2	19.84	321
	30	敖寨乡集镇			33.37	6.4	2	124.20	1245
	31	高楼坪乡赶场坝村汤家屯	11		7.40	2.6	2	60.00	380
2007	合计		122	0	121.79	94.8	51	557.20	5273.00
	1	黄道乡长兴村中黄茶	7.5		5.64	5.7	4	28.00	200
	2	黄道乡丹阳村蓬溪	7.5		5.66	6.0	2	16.00	300
	3	黄道乡龙江村塘龙	7.5		4.14	3.2	3	23.20	257
	4	黄道乡龙江村杉木湾	7.5		3.65	3.4	2	16.00	160
	5	黄道乡长兴村细溪	7.5		4.22	3.0	2	25.00	250
	6	黄道乡临湘村油枋	11		3.65	3.2	2	23.20	267
	7	黄道乡丹阳村黄瓜冲	7.5		4.76	1.4	2	16.00	270
	8	敖寨乡中华山村石榴山			3.04	2.5	2	23.20	263
	9	敖寨乡两河口村枧溪			3.92	3.6	2	18.20	210
	10	高楼坪乡青年湖村田脚			3.20	3.2	2	11.00	187
	11	高楼坪乡老山口居委会菖木塘			7.57	4.9	3	12.80	187
	12	高楼坪乡小湾村羊尾洲	11		13.41	6.3	3	76.00	385

续表3-34

年度	序号	实施地点	水泵（千瓦）	变压器（千伏安）	总投资（万元）	管材（千米）	水池		受益人口（人）
							口	蓄水（立方米）	
2007	13	高楼坪乡夜郎村猴冲			4.48	3.8	4	22.00	148
	14	高楼坪乡林海村上大坪	11		13.53	5.7	2	56.00	403
	15	下溪乡桂花村羊子洞			5.16	4.4	4	26.40	160
	16	下溪乡兴隆村烂泥垅			6.37	6.8	2	18.20	250
	17	下溪乡米贡山村黄木坪			4.05	3.1	2	23.20	160
	18	下溪乡米贡山村柳木塘			6.34	6.3	2	33.20	370
	19	下溪乡米贡山村庄屋			6.56	6.2	2	23.20	360
	20	下溪乡米贡山村田坪	11		6.65	6.7	2	33.20	246
	21	下溪乡桂花村钟家坡	11		5.79	5.4	2	33.20	240
2008	合计		90.5		149.19	82.2	61	694.60	3622.00
	1	高楼坪乡青年湖村塘冲湾	15		10.20	4.5	3	66.00	240
	2	高楼坪赶场坝村六花园	7.5		8.25	5.7	5	48.40	190
	3	高楼坪乡夜郎村猫坡组	11		7.40	5.4	3	42.00	198
	4	敖寨乡腾龙山村连家冲			4.62	3.0	5	25.20	238
	5	敖寨乡中华山村朱林苗			4.58	3.3	2	24.20	118
	6	敖寨乡中华山村岩屋坪	5.5		20.96	8.9	6	69.00	162
	7	敖寨乡两河口村深冲			7.25	4.4	4	35.20	135
	8	高楼坪乡老山口	15		18.34	5.8	4	116.00	700
	9	敖寨乡两河口村上客寨			5.11	3.6	6	25.00	89
	10	黄道乡长兴村道清	3		7.29	2.7	4	36.20	170
	11	黄道乡临湘村苟楼溪			6.05	5.1	2	33.20	301
	12	高楼坪乡大树林村张家山	7.5		7.75	3.2	2	39.00	170
	13	高楼坪乡夜郎村毛笔山	11		6.89	2.3	3	24.00	130
	14	高楼坪乡夜郎村梓木坪			10.30	8.3	3	34.20	239
	15	高楼坪乡青年湖村岩家坪	15		9.02	3.8	2	26.00	120
	16	下溪乡兴隆村单树岭			4.88	3.6	3	18.00	120
	17	下溪乡桂花村彭家冲			3.21	2.2	2	11.00	150

续表3-34

年度	序号	实施地点	水泵（千瓦）	变压器（千伏安）	总投资（万元）	管材（千米）	水池		受益人口（人）
							口	蓄水（立方米）	
2008	18	下溪乡米贡山村麦禾溪			7.09	6.4	2	22.00	152
2009	合计		60		92.14	19.4	18	271.40	394.00
	1	高楼坪乡青年湖片区	60		66.56	8.3	2	180.00	
	2	敖寨乡腾龙山村舒家坡			8.89	3.7	4	39.00	124
	3	黄道乡临湘村苏木			5.76	2.6	4	16.00	110
	4	下溪乡桂花村文塘坳、坳田			10.93	4.8	8	36.40	160
2010	合计		79.00	50.00	191.74	104.13	59.00	624.40	4747.00
	1	高楼坪集镇	29.5	30	38.62	0.8	3	120.00	1853
	2	高楼坪乡青年湖村坡脚			9.62	11.2	1	20.00	260
	3	敖寨乡两河口村老木冲			4.16	3.1	2	32.00	
	4	高楼坪乡小湾村寄马冲	30		13.75	3.0	3	38.00	90
	5	高楼坪乡赶场坝村汤家屯	11	20	14.48	5.0	0	0.00	320
	6	高楼坪乡赶场坝村长坳	3		13.02	3.6	2	90.00	156
	7	敖寨乡两河口村廖家			7.07	6.4	2	32.00	150
	8	黄道长兴村马黄田坝			4.74	3.3	2	32.00	95
	9	敖寨乡中华山村榨双坪组			5.31	4.4	2	22.00	185
	10	敖寨乡中华山村观音山组			4.91	3.8	4	22.00	106
	11	敖寨乡中华山村邓家组			6.83	4.7	2	24.20	163
	12	敖寨乡中华山村白果树组			8.63	7.6	3	32.00	145
	13	下溪乡桂花村横湾组			4.18	3.8	7	22.00	170
	14	敖寨乡腾龙山村蒿菜坪组			2.73	2.2	3	13.00	120
	15	敖寨乡腾龙山村洋世界组			9.27	9.0	5	24.00	140
	16	敖寨乡两河口村易家寨组			4.87	6.7	2	2.00	85
	17	黄道乡红星村小田坪组			1.95	2.5	0	0.00	80
	18	黄道乡龙江村斋庙岭组			2.94	2.5	2	11.00	72
	19	下溪乡桂花村杉木溪组			5.81	4.8	6	33.00	60

续表3-34

年度	序号	实施地点	水泵（千瓦）	变压器（千伏安）	总投资（万元）	管材（千米）	水池		受益人口（人）
							口	蓄水（立方米）	
2010	20	下溪乡米贡山村麦禾溪组			3.42	4.3	0	0.00	152
	21	黄道乡丹阳村瓦寨组			7.70	4.3	0	0.00	120
	22	万山镇老街村新屋组			4.14	2.3	3	26.20	65
	23	敖寨乡中华山村糯湾组	5.5		8.11	2.3	3	18.00	60
	24	高楼坪乡林海村洞头组			5.48	2.6	2	11.00	100
2011	合计		18.5	60	421.54	83.5	32	706	8460
	1	谢桥处何家铺组			9.07	3.16	2	47.00	180
	2	谢桥办事处唐家寨邱家寨组			49.97	9.19	3	141.00	992
	3	谢桥办事处牙溪村			35.01	13.2	6	94.00	695
	4	高楼坪乡大树林村	18.5	30	56.27	3.1	1	112.00	1117
	5	黄道乡龙江片区及黄道集镇第二水源			211.56	32.0	4	184.00	4500
	6	高楼坪乡小湾村黑湾组		30	18.20	4.5	3	53.00	258
	7	高楼坪乡夜郎村鹅踏组			12.40	5.7			90
	8	下溪乡兴隆村草场组			6.50	5.2	2	15.50	126
	9	敖寨乡中华山村毛家、坪头组			8.00	3.1	3	25.00	146
	10	敖寨乡中华山村城墙岩组			8.17	3.1	4	22.00	76
	11	下溪乡米贡山村官田完小			0.72	0.11	1	1.00	137
	12	下溪乡米贡山村田龙完小			1.57	1.0	2	4.50	33
	13	敖寨乡中华山村金家场完小			4.10	0.21	1	7.00	110

水价

万山特区自来水公司下属的抽水泵站建成后，多次请示万山特区物价局确定自来水收费价格。万山特区政府研究、并征求贵州汞矿、地质勘探一总队分管领导的意见，确定特区、汞矿、地质一队三大用水单位各派一人、物价局牵头到抽水单位现场核实成本。因从屯坪龙嘴沟抽泉水到万山城镇及坑口，长15千米，共四级站提水，需电3千瓦才能抽取一吨水，提水成本为每吨0.66元，供水成本为每吨0.815元。考虑到用户的经济承受能力和生产企业少亏损的原则，万山特区物价局以万特价（1988）字第21号文件，确定水费价格标准：1.人民生活用水每吨为0.60元；2.工业生产及基本建设用水每吨1.00元。

1990年5月，万山特区物价局下发万特价字（1990）第012号《关于整顿水价的通知》，对水价作适当调整，1.人民生活用水维护原定价每吨0.60元；2.工业生产用水，由每吨1.00元调整为0.80元；3.农灌用水，每吨定为0.60元。

1991年6月，电价每千瓦时上涨0.04元，加上0.013元的电力建设基金费，特区物价局同意万山特区自来水公司征收自来水基本建设资金每吨0.05元。

1996年8月，万山特区物价局以万特价字〔1996〕10号文“下发关于调整水价的通知”：1.居民生活用水调整为每吨2元；2.生产经营等其他用水调整为每吨2.4元，并每吨加收0.1元的建设基金。

2007年1月，铜仁地区物价局下达《关于万山特区城镇供水价格的批复》

（一）各类供水价格是：

1. 市政、园林、消防用水价格为每吨3.5元；

2. 居民生活用水价格（含学校、幼儿园、部队营房、福利院、医院）为每吨3.30元；

3. 工业用水价格（含行政事业单位用水）为每吨4.50元；

4. 经营服务用水价格（含建筑工程用水）为每吨5.20元；

5. 特种行业用水价格（桑拿、洗脚、美容美发、歌厅、舞厅）为每吨8.00元。

（二）各类用水，按水表抄表计量，每吨征收污水处理费0.20元。收费收入纳入同级财政专户管理，专项用于特区城镇污水处理工程建设和营运管理支出，不得挪用他用。

（三）从万山特区城镇供水价格的特殊性出发，特区财政应对供水价格的补贴。在财政补贴条件下，水价在以上价格标准内可以适当下浮，价格的出台时间、措施以及对弱势群体的优惠办法，报特区政府批准后行文明确。要认真做好新价格执行前的宣传解释工作，确保新价格的平稳实施。新价格执行后，应按规定开展成本监审工作，强调供水企业切实抓好经营管理，努力降低成本，减员增效。

万山特区人民政府于2007年下发文件，对供水价格进行补贴，具体办法是，城镇居民生活用水每吨实交2.80元，财政每吨补贴0.5元，另加收污水处理费每吨0.8元。万山特区自来水公司得到万山特区政府城镇居民用水补贴情况是：2006年31.45万元；2007年30万元；2008年61.8万元；2009年44万元；2010年61.5万元；2011年101万元。

2009年7月30日，铜仁地区物价局下发了《关于调整万山特区污水处理收费标准的通知》。调整后的收费标准为0.80元/立方米，按实际涌水量随自来水费一并收取。为减轻调价对弱势群体生活的影响，对五保户〔内容包括保吃、保穿、保医、保住、保葬（孤儿为保教）〕、二三无人员（二无人员即无亲无戚、无依无靠；三无人员即无劳动能力、无生活来源、无法定赡养人）、抚恤人员（根据我国《军人抚恤优待条例》规定，中国人民解放军现役军人、服现役或者退出现役的残疾军人以及复员军人、退伍军人、烈士遗属、因公牺牲军人遗属、病故军人遗属、现役军人家属统称为优抚对象，按规定享受抚恤优待。另外，因公牺牲的民兵民工、革命工作人员和人民群众因维护社会治安同犯罪分子进行斗争而致伤亡的也属于优抚对象）、“六三”女工（贵州汞矿1963年未收回原在生活困难时期下放的女职工）及低保人员（指生活居于贫困线以下，享受国家最低生活保障补助的家庭）按0.40元/立方米征收。凭有关部门发放的有效证件缴纳污水处理费。

（六）竹木加工

区内竹类有楠竹、苦竹、白竹、水竹、山竹、斑竹、早竹、黄绦竹、紫竹、撩箭杆等。据1995年调查统计，全特区有竹林地366.3公顷，尤以敖寨侗族乡最多，达245.5公顷，占总数的67%，其次是高楼坪侗族乡103公顷，下溪侗族乡15.4公顷，黄道侗族乡2.4公顷。在长期的生产生活中，劳动人民编织了众多的、实用性很强的竹制产品。出现了一批手艺精湛的篾匠，高楼坪堰上的花背篼，伍家田的簸箕等竹编产品，手工精细，畅销区内外。

农具类

晒席、箩筐、皮箩筐、小箩筐、打谷撮箕、粪撮箕、小撮箕、猪菜背篼、砂背篓、筛灰蓝、竹木枧、银笼背篼、抬岩杠等。

生活用品

大、中、小型簸箕、隔筛、糠筛、蒸笼、花背篼、洗锅扫、凉席、凉床、竹椅、滑杆、竹扫帚、篓子、笆篓、竹箱、扁担、菜篮子、鸡笼、鸭笼、猪笼等。

木材加工：境内历史上森林茂密，树木种类繁多。据1995年调查统计，用材林尚有25科57种，杉木、水杉、马尾松、柏木、香樟、擦木、香椿、银杏等优良树种为数众多，为木材加工业提供了广泛的木材资源。

建材加工：

主要是圆木加工和木枋板加工。20世纪70年代以前，机关、厂矿、农村新建木质结构房屋需大量圆木和木枋木板，一幢占地约100公顷的木房，仅框架就需木料15立方米，加上门框、寸枋、木板、地楼枕等需木材10立方米，历年的圆木和木枋、木板加工数量较多，但无统计资料。做建材加工的手艺人分为解匠和木匠。解匠是两人将圆木用钢锯锯开，20世纪80年代后，逐步使用机械，根据要求改成木枋、木板或其他特殊尺寸木条等。建房木匠，专门为他人修建房屋，根据业主要求建屋，如“三柱三”“四柱三”“五柱三”“五柱五”最大的为“五柱七”。“柱”为落地者，承担重量；“瓜”为悬木，木头不落地，“柱” 和“瓜”倚穿排连接，构成排扇，排扇与排扇之间地脚枋、楼枕、檩子、前后照面枋的榫头，挂闩固定。中柱高度的尾数当地人讲究一个“8”，其谐音为“发”，意为代代发达。故采用市制的1丈5尺8寸、1丈6尺8寸、1丈7尺8寸、1丈8尺8寸、1丈9尺8寸等“吉祥”数字。此类木匠的设计者称为“掌墨师傅”，下有徒弟1—2人，专做粗活、重活。装板壁、榨地楼均由木匠完成。

成品加工：

主要生产家具（农具），如：木床、衣木柜、碗柜、梳妆台、睡柜、八仙桌、八仙椅、高板凳、矮板凳、条桌、戽桶、犁、粑、仓、风箱、木马、磨架、椅子、火盆架、水桶、粪桶、脚盆、脸盆、锅盖、甑子、黄桶、戽水桶、棺材等。

八、企业管理

20世纪90年代，为适应社会主义市场经济的发展，按照建立社会主义市场经济体制的要求，政府对各种经济成分的企业实行宏观管理和指导，规范企业行为规则；指导企业的管理、扭亏和组织协调，以及减轻企业负担工作；指导非公有制经济发展，处理非公有制经济案件投诉；组织和指导企业技术创新、技术引进、技术改造，组织和指导资源节约和综合利用；注重工业环境保护和环保产业的发展，进一步简政放权，扩大企业的自主权。

贯彻执行国有企业改革的方针政策，研究提出国有企业转让资产、股权、经营权以及相关的兼并、承包、租赁等工作的有关政策并实施监督。贯彻执行乡镇企业发展的有关法律、法规和方针政策。制定加强企业思想政治工作规划，指导搞好企业思想在政治工作和廉政建设工作。

2002年后，特区规模以上企业达10余家，且大多数为高能耗企业，由于受电力供应紧张的影响，开工严重不足。为了缓解供电的压力，特区发展改革与经济贸易局每年数次赴省会贵阳协调解决企业供电受限问题，力争已投产的高能耗企业开足马力满负荷生产。认真督促高能耗企业进行技术改造，改进工艺，切实加大对烟尘、废水和废渣的治理力度；千方百计增加对企业的投入，在用好乡镇企业发展基金的基础上，积极为重点企业争取经贸系统的技改资金；定期或不定期召开生产调度会，研究、分析和解决企业在运行中存在的各种困难和问题。如：理顺了红菱汞业公司、银河化工公司和银河鞭炮厂的管理体制，使其尽快恢复了生产；积极协助全特区汞产品经营户搞好汞产品经营许可证的申报和增加进口汞配额等工作；积极邪祖恒兴铁合金有限责任公司、矿产公司通过了ISO质量认证，协助恒兴铁合金有限责任公司申报并获得了自营进出口权；切实减轻企业负担联席会议协调领导小组，建立了减轻企业负担举报制度、收费项目登记管理制度、重大案件回访制度和通报制度。对涉及企业负担的收费项目进行认真清理整顿，切实贯彻落实《乡镇企业负担监督管理办法》。仅2004年，共查处各类案件8件，涉案金额3.11万元，清退返还企业2.31万元。

坚持企业安全工作常抓不懈，特别是加强危险化学品企业、烟花爆竹企业的安全生产。对危险化学品生产企业和烟花爆竹企业强化安全生产目标管理，签订安全生产责任状，明确工作职责，制定应急预案，落实应急措施，严格操作规程。深入开展“安全生产月”和“安全生产周”的宣传活动，开展节日安全大检查，查隐患、堵苗头，把安全事故消灭在萌芽状态。15年来，由于加强了企业安全生产管理工作，没有发生特重大安全事故。

2005年，特区调整了国企改革领导小组，制定出《万山特区国有工业企业改制工作意见（试行）》，规范了改制的程序、资产评估、处置和职工安置，落实了改制经费。政府从银河化工厂租赁费中拨款9.1万元，补交了原化工厂下岗职工欠缴的养老金；拨款4.4万元，补交了原特区冶炼厂关闭破产时欠缴的职工养老金。对集体企业轻机厂和轻工供销公司（国营）企业实行改制。

九、工业园区建设

（一） 建设规划

2001年，贵州汞矿因资源枯竭实行了政策性关闭，万山特区经济更加困难，处于最低谷时期。为摆脱经济困境，振兴万山特区地方工业的发展，特区党委、政府根据万山的实际情况，从长计议，制定了加快发展地方工业的长远规划，将万山镇张家湾划为汞系列产品生产加工的工业园区；将高楼坪乡张家山划为锰系列产品生产加工的工业园区；将老山口划为转型工业的工业园区。万山特区地方工业的发展站在新的起跑线上，又开始了新的征程。

（二）建设现状

根据制定的长远规划，截至2011年年底，在张家湾汞系列产品生产加工工业园区，先后有：

贵州红晶汞业有限公司，贵州蓝天固废处置有限公司，贵州省万山银河化工有限责任公司，昊海化工有限公司，贵州红菱汞业有限公司，万山鸿发化工有限公司。（各公司建设现状见前面第四篇第二章第六节。）

在张家山锰系列产品生产加工工业园区，先后有4家，分别是：

万山恒兴铁合金有限责任公司 2000年9月创建，法人代表谭少波。公司拥有固定资产36730万元，有职工205人，其中，高级技术人员10人，中级技术人员20人，年产铁合金4万吨，实现产值4亿元，主要生产中低碳铁锰、锰硅合金、金属锰锭等。2011年上交税金168万元。

万山金盛锰业有限公司　2004年11月成立，法人代表黄俊强。是一家集生产、经贸于一体的铁合金民营企业，占地4万公顷，有职工128人，其中高级技术人员5名，中级技术人员16名，2005年，公司产品通过IS0900I一2000质量体系认证。2007年7月，收购原万山特区万鑫铁合金有限责任公司，拥有6300千伏安矿热炉一座，1600千伏安中频炉1套，2008年5月新增建1400千伏安中频炉2套。公司主要生产原料为锰矿石、电解金属锰、焦炭、硅石等，主要产品有硅锰合金、金属锰、微碳锰铁等；产品销售给武钢、湘钢、莱芜钢厂、广钢、济南钢厂等各钢铁公司。2008一2010年，曾连续三年获得万山特区贡献奖。

万山凯山锰业有限公司　2007年12月创建，注册资产总计560万元，法人代表吴开建。企业有锰粉生产线3条，职工60人，主要经营锰矿石收购、生产、销售、金属锰购销，年可生产锰粉40000吨。2010年以购销锰矿石、加工锰粉销售为主，锰矿石销售1500万元，锰粉加工销售1200万元，共实现主营业务收入（产值）2700万元，已交各类税费180万元，其中增值税166万元。公司的宗旨是“诚信经营，质量第一。

贵州斯普铁合金有限公司　2008年8月成立，法人代表许以超。由原华泰铁合金有限公司改制而成。公司占地面积1.87万公顷，有职工65人，其中，高级技术人员8人，中级技术人员25人。公司有固定资产3980万元，拥有HKSSP20一12500千伏安/35矿热电炉1台，铁合金年生产能力1.5万吨，年工业总产值1.5亿元，是万山特区十大纳税户之一。

2011年，在张家山工业园区，通过招商引资，引进顺和再生橡胶有限公司，公司占地1.3333万公顷，总投资8500万元。

在老山口转型工业园区，先后有4家，分别是：

贵州和泰茶业有限责任公司　2004年成立，注册资金1500万元，占地面积8公顷，法人代表黄平。有员工73人，资产11737万元。下属企业与合资公司有：贵州和泰茶叶进出口公司、贵州林泰国际贸易有限公司、贵州茶力多食品销售有限公司、贵州和泰春茶叶科技有限公司、贵州湄潭天泰茶业有限公司、贵州西部茶城股份有限公司、广州金黔茶食品有限公司、贵州泰和科技有限公司、以及分布在贵州省内四个地市州的3333.35万公顷高品质茶园和32个茶叶初制加工厂。公司在万山特区、遵义湄潭建成大型茶叶精、深加工厂两座，占地面积16公顷，生产厂房面积4万余公顷，已形成年加工出口绿茶2万吨，速溶茶粉500吨，名优茶200吨的生产能力。企业秉承“自强不息、厚德载物” 的核心价值观，以发展贵州生态茶产业，打造中国茶产业民族品牌为己任，致力于发展成为贵州省最大的集茶叶种植加工科研销售出口为一体的茶叶综合型企业集团。公司生产的主要产品有精制珠茶、名优茶以及速溶茶，其中精制珠茶品牌有“天坛”“万年青”和“和泰之春” 品牌此外有3505、9372、9373、9374、9375等规格品种，名优茶有梵净龙毫、梵净翠峰、翠芽、毛峰等绿茶品牌，速溶茶有绿茶、茉莉花、铁观音、普洱等品种。

贵州银泰铝业有限公司　2011年成立，是铜仁市委、市政府从浙江州市引进的重点招商引资企业，也是万山承接中东部地区产业梯度转移的示范性工程。公司注册资金6000万元（项目总投资10亿元），法人代表王奕新。项目占地面积16万公顷，拟新建铸轧车间、铝带铝箔车间、涂层车间、仓库、办公楼和宿舍楼等建筑物9.5万公顷，可解决就业700人。

贵州万盛物流有限公司　成立于2011年，注册资金1000万元，项目总投资1亿元，占地面积8万公顷。企业建有大型仓库、露天堆场、停车场、商务办公经营区及配套大型吊装设备和酒店、公租房等，企业主要利用现代信息和网络技术及其管理方式，开展锰系合金、镍钼合金、铝合金、电解锰、矿产品（危险品除外）、钢材、建材的购销、仓储、装卸、包装、配送、代办运输、质押和进出口贸易和煤炭的购销等业务，年设计理货能力30万吨。

贵州远盛钾业科技有限公司 成立于2011年，注册资金2000万元，占地面积26.666公顷。企业致力于不溶性含钾页岩生产可溶性钾盐的综合开发利用，是一家专业从事不溶性含钾页岩综合利用技术研究、工装设备制造及人才培养为一体的民营科技型企业。

第四篇　农业　林业　水利

万山特区1991—2005年期间，农、林、牧和水利各业是解放后发展较快的时期之一。2006年到2011年，发展速度更快。一是中共中央每年都发出以三农为主题的《一号文件》支持农业，给予农业发展强大的政策支持；二是加大农业投入，加强农业基础设施建设，农业生产条件得到进一步改善；三是推广杂交良种、水稻生态旱育秧、玉米肥球育苗、测土配方施肥和治病综合防治等农业实用技术，增加科技含量，使粮食产量不断提高，粮食品质逐步改善；四是通过实施长江中下游地区天然林保护工程，实施封山育林、植树造林、退耕还林（草），森林覆盖率逐年提高，生态环境得到逐步改善；五是大力发展畜牧业，推广良种良法，实现了快速发展；六是调整农业产业结构，实行多种经营，扶贫开发，农民收入逐年增加。

第一章　农业管理

第一节　农业区划

1991年，在特区农业区划委员会编制的《万山特区综合农业区划》基础上，再次对全特区自然条件、自然资源、农村经济状况、农业发展潜力作进一步的调查分析，于1997年对农业产业区域作了进一步调整。

东部低山峡谷林、畜、果、粮、油区

东部包括黄道、下溪、敖寨三个侗族乡，共27个行政村（撤并以前的村）。土地面积247.1平方千米，占特区总土地面积的73%，其中耕地1306公顷，占特区耕地总面积的53.8%，耕地中田和土分别为811.07公顷和494.9公顷；林地面积10033公顷，占特区林地总面积的79%；牧草地5873公顷，占特区牧草地总面积的61.1%；水域地271公顷，占特区水域面积的71.3%；尚未利用的土地5820公顷，占特区尚未利用土地面积的88.6%。区内人口3.07万，占特区总人口的50.1%，其中农业人口2.97万，占特区农业总人口的64.4%，人口密度为124人/平方千米。

基本特点：(1)山地多，地面起伏大，河谷深切，地形破碎。本区位于贵州高原东沿与湘西丘陵过渡的斜坡面上。相对高差879.2米，一般海拔300—600米之间。本区山地面积最大，为22320公顷，占本片区土地面积的90%，占特区境内山地面积的三分之二。河谷坝地面积为2480公顷，占本片区土地面积的10%，占特区坝地总面积的65.5%。整个自然环境的特点：土地较崎岖，非岩溶地貌，多低山峡谷。若土地资源利用不当，很易造成水土流失。(2)热量较丰富，降水充沛，农业灾害天气较频繁，易遭干旱和暴雨灾害的危害。以敖寨为例，海拔平均550米，年均温16.5度，一月均温4.9摄氏度，七月均温27.3摄氏度。日均温稳定在10摄氏度左右的初日为4月11日，终日为11月17日，持续天数220天，积温4814.3摄氏度，无霜期300天，年日照时数1350小时，年降水量平均在1190—1300毫米之间。农事活动比中、西部区早10—15天。(3)耕地数量较少，但林地和非耕地面积大，发展林、牧、果业前景广阔，农业人口人均拥有耕地467公顷，比西部区少40.2%。林地和非耕地资源占的比重大，片区内林地、牧草地和未利用土地共21727公顷，占特区相同地类面积的76.6%，农业人口人均拥有7333公顷，为人均耕地的14.7倍。(4)河溪多，水量足，开发利用程度低。本片区除3条主要河流外，小支流多达62条，平水年径流总量为1.8亿立方米，枯水年为1.5亿立方米，分别占特区径流总量的75.6%和74.1%；水能理论蕴藏量1.2亿千瓦，占特区理论蕴藏总量的81.1%，可开发的为5200千瓦，占蕴藏量的43.3%。(5)采矿业有一定优势。片区内已探明的矿种有磷、锰、重晶石、钒、铜、钼、锌、陶瓷黏土和石煤等，为乡村采矿业提供了资源条件。(6)交通不便。片区内公路质量均未达到国家等级标准，路况差，制约着农业和农村经济发展。

发展方向与主要措施：(1)自然资源和自然条件的组合，较突出地表现为垂直方向上的多样性和多宜性。河谷盆地适宜稻谷、薯类、油菜、果蔬等作物生长；山地宜林、宜牧土地广阔，是用材林、油桐、竹类、鲜果林、牧草、药材等的宜生场所。发展方向是：发挥主体农业优势，建立良性循环的山地农业生产系统，改善生产条件，实现粮食自给；抓好以油菜为主的经济作物生产；大力发展林业、畜牧业和果品业，建立各具特色的商品生产基地；引导乡镇向农产品加工、多门类多方向发展。(2)改善生产条件，促进粮油生产稳步提高；大力植树造林，恢复生态平衡，发展林产品商品生产；猪、牛、羊养殖并举，努力提高出栏率和商品率；因地制宜，大力发展乡镇企业，抓好集镇建设，改善交通条件，促进农产品流通。

中部低山山原菜、猪、禽、乡镇企业区

中部包括万山城区及万山镇2个行政村，共15个村民组，土地总面积15.51平方千米，占特区土地总面积的4.85%。土地面积中，耕地77万公顷，占特区耕地总面积的2.6%，占本片区地总面积的4%，其中田28万公顷，土49万公顷；林地333万公顷，占特区林地总面积的4.2%，占本片区土地面积的21.45%，牧草地和未利用土地584万公顷，占特区同类土地面积的3.6%，占本片区土地面积的87.6%；水域面积6公顷，占特区水域的2%，占本片区土地面积的0.4%。总人口16138人，占特区总人口数的26.4%，其中农业人口2417人，占本片区的15%。农业人口人均拥有耕地333公顷，人口密度为1040人/平方千米。

基本特点：(1)地面起伏较缓，坝地少，气候温凉，降水充沛，蓄水、调水能力低，灾害性天气频繁。相对高差50米，平均海拔多在800—900米之间。山地间坝地少，耕地多分布于缓坡地带，田少土多。夏无酷暑，冬有严寒，年均温13.4度，大于或等于10度的年积温3500—4000度，稳定超过10度的初

日，一般为4月26日，终日为10月28日，初终间隔186天，无霜期260天，热量条件低于东部和西部两片区。年降水量在1370—1400毫米，但因地处㵲水、锦江两流域的分水岭上，加上历史上长期地下采矿，造成地下水位下降，又缺乏水利设施，蓄水和调水能力低。除倒春寒、夏旱、秋雨低温灾害性天气外，还有凝冻、大雾等灾害。凝冻出现的始期为11月下旬和12月初，到次年3月中旬结束，以1—2月出现最多，持续时间2—3天，最长达21天，对工农业生产、交通、人民生活造成较大影响。雾集中出现于春、冬两季，浓雾常给农作物造成严重损害。（2）矿产资源丰富。片区是老矿区，汞的大规模开采时代已过去，但尾矿和小矿点资源仍然丰富。此外，片区内含钾岩矿储量达3亿吨（全特区为10亿吨）。这些资源为农村采矿业提供了基础。（3）片区是县城所在地，地理环境条件优越，是特区政治、经济、文化、交通的中心，人口密度大、农业人口比重小，市场面宽，为一、二、三产业发展奠定了基础，为农业和农村经济发展提供了较好条件。

发展方向与主要措施（1）发展方向是，充分利用发展农业和农村经济的有利条件，依托科技，面向城镇，建立商品生产基地，培植主导产业，发展以菜、猪、禽、果、渔为主的城郊农业；发展农产品加工业、建筑业、建材业和以商业饮食服务业为主的乡镇企业；加快城镇化建设步伐，促进农村经济全面发展。（2）主要措施是，建立蔬菜、生猪、禽、果商品生产基地，形成区域化布局、专业化生产、集约化经营、提高经济效益，增加农民收入；充分利用优越的地理环境，发展第二、第三产业，如建筑建材业、交通运输业、商业、各类加工业、饮食服务业、各类修理业、旅游业等，还宜发展采矿业和矿石加工业；合理规划，搞好城镇化建设，发展农村商品生产，转移农村剩余劳动力。

西部低山丘稻、油、猪、渔、果、禽、农田防护区

西部范围包括整个高楼坪侗族乡，共15个行政村151个村民组。土地面积为75.78平方千米，占特区土地总面积的22.45%。土地总面积中，耕地1046公顷，占特区耕地总面积的43.1%，其中田700公顷，土346公顷；林地2161公顷，占特区林地总面积的17%；牧草地23.8公顷，占特区牧草地总面积的35.2%；水域342公顷，占特区水域总面积的26.8%。总人口14410人，占特区总人口数的23.5%，其中，农业人口14032人，占本片区人口总数的97.4%；农业人口人均拥有耕地733.37平方米，人口密度为190人/平方千米。

基本特点：（1）地面起伏平缓，土层深厚，田土较多，但耕地土质普遍缺磷。平均海拔750米，地势开阔，山多圆形平顶，相对高差50—100米。属碳酸盐类岩浅切割低山丘陵及缓起伏地面区，低山台地与河谷坝子相间，深蚀洼地分布广，土层深厚。耕地中田占66.9%，土占33.1%，是特区粮、油生产的主产区。（2）发展粮、油生产的气候条件较好，降水充沛，但灾害性天气频繁。年均温度14度，最热月（七月）气温24—25度，极低温-8度，极高温33.7度。大于或等于10度的年积温为4000一4500度。稳定超过10度的初日一般为4月22日，最迟4月28日，终日为11月2日，最早为10月27日，初日与终日之间相隔195—200天，最少190天，无霜期280天。年降水量为1350—1370毫米，年相对湿度多在81%以上。一般4月进入雨季，5月雨量相对集中，4—6月降水约占全年的40.87%。7—9月，降水约占全年的24.5%，其余6个月降水约占全年的34.68%。片区全年日照时数1150小时，太阳总辐射值82.7千卡/平方厘米。气候条件完全满足水稻、玉米、红薯、小麦、油菜等粮油作物的生长所需。主要农业灾害性天气有倒春寒、夏旱、冰雹和秋季低温等。（3）水量较充足，水利设施有一定基础，但工程配套不足，未能充分发挥效益。片区内年均径流量为0.26亿立方米，占特区径流总量的11.7%。水能蕴藏量为2900千

瓦，可开发量为1800千瓦，尚未开发利用。（4）矿产资源种类多，可发展采矿业与矿产品加工业。已探明的矿产资源有石灰石、白云石、石英砂、含甲页岩、汞等5种。石灰石、白云岩遍布境内；石英砂富含于老山口上寒武系白云岩地层中，二氧化硅平均含量91.38%；含钾页岩产于中、下寒武系地层中，由黄家寨、关庄、水眼坪、龙田等地插入湖南新晃县境，储量7亿吨以上，氧化钾平均含量达8.4%，属富钾水云母矿石类型，可露天开采；汞矿分布于文家屋场、黄家寨、猫坡、龙田等地，属小型矿床。（5）地理条件好交通较方便。铜仁—玉屏公路、万山—老山口公路均通过万山辖区，各村皆有简易公路，为农村经济发展创造了有利条件。（6）农村生活用柴短缺。因不产煤，农村生产生活用柴全靠草木等物质能源。乱砍滥伐山林严重，森林资源锐减，可供薪柴资源有限。

发展方向与主要措施：（1）发展方向是，走集约化经营道路，抓好水稻、油菜、猪、渔、果、鸭商品生产基地建设；积极开发沼气资源，大力营造薪炭林；发展以农产品加工、矿产开采加工和建筑建材业为主的乡镇企业；封山育林，营造农田防护林，改善生态环境。（2）主要措施是，建立规模商品生产基地，实行区域布局、专业化生产、集约经营，走产、加、销一条龙生产，贸、工、农一体化发展的农业产业化之路；提高水利化程度，针对水利工程不完善，渠道渗透，渠系不配套，管理混乱，灌溉效益不高的现状，争取短期内完善水利工程的续建配套，根除渠道渗透，提高灌溉效益。（3）改造中、低产田土。本片区内冷、烂、锈水田所占比重大，需先抓中产田土改造，再以中产带低产，然后以建立高产稳产的基本农田为中心，实行农艺、生物、工程措施三结合，对中低产田土进行根治。（4）大力推广先进实用技术，提高农业科技含量。扩大优良品种推广面积和与之配套的先进实用技术，实行良种良法。（5）扩大森林面积，保护生态环境，大力营造农田防护林。（6）多途径开发农村能源。推广节柴灶，营造速生薪炭林，积极开发沼气资源；（7）发展以加工业为主的乡镇企业。基于生物、矿产资源丰富，交通方便，选择重点，大力发展并逐步形成以农产品加工、采矿、冶炼和建筑建材业为主的支柱产业。

第二节　扶贫开发

由于历史、自然等原因，导致贫困面大、贫困人口多、贫困程度深，万山特区经济社会发展相对滞后。扶贫成为了中共万山特区委和人民政府长期而重要的工作。扶贫分为以下几个阶段进行：

1. 1986—1993年间，扶贫工作的主要特征是实现了由救济式扶贫向开发式扶贫的重大转变。此间的主要任务是大力发展粮食生产、稳定解决农民的温饱问题；使用国家扶贫资金，发展多种经营，狠抓支柱产业建设，为各级财政和农民增收提供经济来源。万山特区坚持以落实国家区域扶贫优惠政策为动力，以增加农民收入、减少农村贫困人口为中心，以专项扶贫贴息贷款为支撑，以实施扶贫项目为载体，以扶持区域创办经济实体和发展适应当地资源优势的商品经济为突破口，努力改革传统的救济式扶贫，全面落实开发式扶贫方针，强势推进农业农村经济快速发展。1993年，万山特区的扶贫开发基本实现开发式扶贫的战略意图，经济社会实现了跨越发展，农村贫困人口实现了大幅度减少，初步具备了全面解决温饱的基础条件。

2. "八七"　扶贫攻坚阶段（1994—2000年）。1994年中央颁布实施《国家八七扶贫攻坚计划》后，万山特区凭着决战决胜扶贫攻坚的信念和决心、苦干实干的精神，变被动为主动出击，把中央的扶贫方针、政策与本区实际相结合，以扶贫开发统揽农村工作全局，按照"整体推进，突出重点，集中力量打歼灭战”的工作思路，科学制定实施规划，切实加强组织领导，广泛动员社会力量，不断强化攻坚责任，努力加大扶贫投入，积极开展“部门帮穷村、干部结穷亲”和组团帮扶等活动，大力推进扶贫攻坚。在此阶段，除继续推广运用良种良法发展粮食生产、调整产业结构、促进贫困群众增收致富外，主要实施了以坡改梯、道路交通、教育卫生、水利电力、通信等为主的基础设施建设。通过七年的奋战，万山特区广大农村的生产生活条件得到极大改善，人民生活水平明显提高，基本实现了党中央、国务院提出的“到20世纪末基本解决农村贫困人口温饱问题”的扶贫攻坚总体目标。治理水土流失面积70.5公顷，人均保灌面积从193公顷增至247公顷；全部解决了44个村用电，35个村通公路的问题；有1.75万人和0.89万头大牲畜解决了饮水困难问题；新增32个村通程控电话，18个村通电视；贫困人口从2.15万降至1.96万；有10个贫困村基本解决温饱、7个村实现稳定温饱、1个村进入小康村行列。

3. 新阶段扶贫开发阶段（2001一2010）。2001年，贵州汞矿因汞资源枯竭实施政策性关闭破产。万山特区迅速调整思路，不等不靠，积极抢抓《中国农村扶贫开发纲要（2001—2010）》的颁布实施机遇，按照“政府主导、社会参与、自力更生、开发扶贫”的方针，立足于增强自我发展能力，把扶贫开发作为全特区最大的民生工程，坚持以科学发展观为指导，以解决贫困人口温饱为中心，以有劳动能力的贫困人口为主要对象，以一类贫困乡、村为工作重点，紧紧围绕改善贫困地区基本生产生活条件、拓宽农民基本增收门路、提高劳动者基本素质，坚持“整体推进、突出重点、分类指导、分步实施”，创造性地实施矿区居民移民搬迁、整村推进、产业化扶贫和农村劳动力转移培训，群策群力落实新阶段扶贫开发一系列方针政策。

2001—2010年的10年间，万山特区的扶贫开发工作在大力实施“优农稳区、工业强区、旅游活区”“招商引资带动、城镇经济带动、大项目带动”和“构建两带两区产业体系、实现六个新跨越”（基础设施建设新跨越、新型工业发展新跨越、现代农业发展新跨越、新型城市建设新跨越、文化旅游发展新跨越、生态文明建设新跨越）经济发展战略大背景下，已进入相对广泛的大扶贫领域，工作力度最大、贫困地区受益最广、贫困人口受惠最多、扶贫成效最显著。2010年，全特区完成生产总值72183万元，是2000年的4.1倍；农民人均年纯收入2928.5元；城镇居民人均可支配收入11000元；三次产业结构从2000年的30.5：47：22.5调整到2010年的17：51：32；纳入新阶段扶贫开发重点工作的4个贫困乡全面得到扶持，44个贫困村实施了“整村推进”。按1196元贫困标准计算，农村贫困人口已从2000年的2.15万人减少到0.82万人，全特区17385人纳入低保。矿区社区3246人通过采空区搬迁、廉租住房等多种形式搬迁入住新房。

第三节 生态建设

一、水土流失治理

万山特区共有水土流失面积141.4平方千米，占全特区总面积的41.71%，年平均侵蚀模数3720吨/平方千米，其中：轻度流失131.95平方千米，占总面积的38.99%，中度流失9.19平方千米，占总面积的2.72%，无明显流失的197.26平方千米，占总面积的58.29%。

2003年，万山特区成立了万山特区水土保持执法监督站和万山特区水土保持生态环境监督中队，制定了万山特区水土保持方案、水土保持监督检查制度、水土保持防治费征收制度、水土保持预防监督机构及人员管理制度、开发建设项目水土保持设施竣工验收制度、水土保持流失情况社会公告制度、开发建设项目水土保持方案编制资格管理制度、水土保持方案审批制度、水土保持规范化管理制度等12项制度。

高楼坪河小流域综合治理于2001年在高楼坪河小流域实施。生物措施：完成水土保持林200公顷，经果林40公顷，封山育林556.7公顷。工程措施：新建蓄水池4口，修建排灌渠2千米，修林间道路1千米。工程总投资101.61万元，其中：国家补助48万元，特区财政配套24万元，群众投劳折资29.61万元。

冲脚小流域综合治理于2002年在万山镇冲脚小流域实施。生物措施：营造水土保持林338公顷，经果林135公顷，封山育林727公顷。工程措施：保土耕作200公顷，新建挡渣墙120米，坡土改梯土20公顷，修建蓄水池10口，总容积300立方米，开凿拦山沟6条，总长2千米，修建排水沟4条，总长1千米，建沉沙池10口，总容积150立方米，修耕作便道5条，总长1千米。工程总投资144万元，其中：国家补助资金100万元、地级配套资金15万元、特区财政配套29万元。

黄道河小流域综合治理该工程2003年在黄道河小流域实施。生物措施：营造经果林397.46公顷，水土保持林1637.79公顷，封山育林3694.82公顷。工程措施：坡土改梯土51.07公顷，保土耕作867.41公顷，修建塘堰3座，拦沙坝1座，修建蓄水池87口，排灌水渠23.16千米，沉沙池87口，田间便道18.64千米。工程总投资652万元，其中：国家补助资金447万元，地区和特区共配套资金205万元。

猫龙坡小流域综合治理位于高楼坪乡猫龙坡，于2005年2月25日开工，是年5月竣工。流域面积16.33公顷，水土流失面积9.58平方千米，治理面积8.60平方千米。工程涉及4个行政村共11个村民组，总人口5432人。生物措施：栽植柏木、马尾松80公顷和糖枣5107公顷，封山育林521.76公顷，保土耕作47.2公顷。工程措施：修建蓄水池8口，总容积320立方米，修建沉沙池9口，总容积20.25立方米，修建拦山沟2.6千米和林间便道1.2千米。工程总投资86万元，其中：国家补助资金60万元，地方群众投劳折资26万元。2006年，此项工作结束。

二、退耕还林

退耕还林（还草）工程，是党中央、国务院实施西部大开发的一项重大举措，是控制水土流失，减轻风沙和洪水自然灾害，改善生态环境的有效措施，是调整农村产业结构，增加农民收入，促进地方经济发展的有效途径，是实施西部大开发战略的根本切入点。为了搞好退耕还林工作，特区和乡镇两级政府成立了退耕还林领导小组（退耕还林办公室），专门负责退耕还林工作，严格按照《退耕还林条例》有序稳步推进。退耕还林工作于2001年开始启动，先在黄道、下溪两个侗族乡试点。截至2005年，累计完成退耕还林2573.33公顷，宜林荒山荒地造林3666.66公顷，封山育林333.33公顷，并经省地林业主管部门核查验收，均达到造林技术标准。根据国家退耕还林政策规定，向农民兑现粮食补助折价款和现金补助3012万元，宜林荒山荒地造林种苗补助款493万元，两项合计兑现补助3505万元，按现有农业人口46282人计算，人均近750元。2006年，退耕还林结束。

万山特区各年度退耕还林造林补助兑现情况统计表

表4-1单位: 公顷、万元

年 度	退耕还林	荒山造林	封山育林	补助粮折现金	补助现金	种苗费
2002	3333.3	1333.3		315	30	175
2003	1333.3	1333.3		766.5	70	200
2004	200	666.7		832.2	76	65
2005	40	333.3	333.3	845.34	77.2	53
合 计	2573.3	4666.6	333.3	2759.04	253.2	493

注：2002年数含2001年试点时退耕和荒山造林面积，国家兑现粮食补助。2003至2005年国家将粮食折算成现金（含运费）给予补助，补助标准为：每亩（666.67平方米）补助粮食（稻谷）150千克，每千克粮食折现金1.40元，每千克粮食加运费0.06元

万山特区各乡镇退耕还林造林完成情况统计表

表4-2 单位:公顷

地 名	2002年	2003年	2004年	2005年	合 计
黄道侗族乡	328.57	233.18	150.45	40	712.2
下溪侗族乡	329.96	398.67	6.31		734.95
敖寨侗族乡	136.85	266.13	6.44		409.42
万 山 镇	53.12	66.67	25.06		144.85
高楼坪侗族乡	131.81	316.61	11.67		505.09
合 计	980.32	1326.25	199.94	40	2506.52

三、“坡改梯” 为主的基本农田建设

万山特区境内由于群山汇聚、山高坡陡、故耕地构成特点是坡地多、旱地少，平地少，水田少，且水田还存在部分冷、烂、锈等渍害田，旱耕地存在黏、瘦和土壤流失，严重制约农业生产发产。1996年10月至2002年5月期间，联合国粮食计划署在万山龙江片区实施《WFPCHA5181》项目，开展基本农田建设和农业生态建设。

坡土改梯土 在高楼坪乡的小客寨、大坪、琴门、龙田、新庄、张家山、长坳、铺前，在黄道乡的苟楼溪、清溪大龙，下溪乡的官田、瓦田，敖寨乡的敖寨、易家寨等地，共14个工程点进行坡土改梯土工程。完成254.72公顷。共挖填土方62.37万立方米，干砌石埂1.548万立方米，保护耕层38.21万立方米，修筑田间道路86条24.3千米，修建排水沟76条28.5千米，修建水池764口2298立方米。

旱地改水田 在黄道乡的板栗湾、新屋场、瓦寨坑背、白屋场学背、青溪大龙，高楼坪乡的龙田寒棚、高楼坪尖坡、长坳赶场坝、琴门毛笔山、新庄李家湾、大坪甘塘，敖寨乡的杨家寨田家，共15个工

程点，完成旱地改水田303.3公顷。共修建倒虹管287米，灌溉沟115条5.08千米。2006年，此项工作结束。

第四节　土壤改良

万山特区低产田土面积大，主要体现在水田中的超深层烂泥田、冷浸田、锈水田，旱地中的薄蚀土、黏瘦土和坡改梯产生的死土，是农作物低产的症结之一。农业部门根据山区特点，对低产田土采用工程措施进行根本性改良的同时，还配合生物措施和农艺措施，实行改形与改质相结合、改良与利用相结合的综合治理办法，积极推广秸秆还田、配方施肥、沼肥综合利用等技术对土壤进行改良，收到了明显效果。

半旱式耕作是对水田中的冷浸田、锈水田、超深烂泥田，实行深建排水沟，将田内冷水、锈水或田底层内的冷浸水排出田外，使水田旱化，达到一年两熟目标，提高土地利用效益，从根本上改善生态环境和土壤理化状态。在高楼坪乡的大坪、菖木塘、铺前、雷打坡、郭家村张家、小垅、瓦泥田，下溪侗族乡的曾家垅，共8个工程点，完成渍害田改造549.9公顷。修建块石浆砌排洪、排渍沟30条9.6千米，修建砼灌溉沟8条1.527千米，人行便桥91座，消力池4个，人畜饮水井58处。

秸秆还田　可改土肥田，保水抗旱，节本省工，是一项简单易行的增产措施，可增加有机肥料，提高肥力。在推广聚土耕作技术的同时，发动农民推广玉米、小麦、油菜、马铃薯等农作物茎秆直接压埋还田，每年应用面积在0.2万公顷—0.3161万公顷，七年共推广应用16.8万公顷，增加有机肥料约3.78万吨，共种植绿肥2253公顷，增施有机机肥料3.38万吨。

平衡配套终施肥　利用第二次土壤普查成果，针对本区土壤严重缺磷，普遍缺氮，局部缺钾的状况，推广以增加土壤磷为中心的配方施肥，定向调节土壤磷素水平，协调氮、磷、钾三要素的平衡，并配以锌、硼、锰、钙、镁等微量元素。2005—2008年，实施平衡配套施肥面积0.8333公顷，微肥施用面积0.2133万公顷。

测土配方施肥　从2009年开始，万山实施测土配方施肥项目，以往品种单一、数量不合理、方式存旧的施肥习惯，造成了作物的贪青、病虫害加重、抗逆性减弱、肥料利用率低的不良结果。推广应用当前最先进的测土配方施肥技术，对改变施肥方面的缺陷起到了重要作用。测土配方施肥技术根据土壤测试结果、农作物需肥规律、耕地供肥能力和各种肥料效益，合理确定各种肥料的施用量，并加工成各种作物的专用配方肥，做到平衡施肥、缺素补素，以平衡土壤养分状况，改善土壤条件，满足农作物需求，确保农业生产优质、高效目标的实现。2009—2011年，测土配方施肥技术推广面积1.0333万公顷，其中：水稻0.6万公顷、玉米0.1333万公顷、油菜0.1万公顷、马铃薯0.1万公顷。兴办测土配方施肥县级区6个，面积0.04万公顷（其中：水稻2个，0.0133万公顷，玉米67公顷），兴办测土配方施肥村级示范点20个，面积133公顷（其中：水稻5个，33.33公顷，玉米5个、1.6666万公顷，马铃薯5个、33.33公顷，油菜5个、33.33公顷）。按照“政府主导、部门主推、多方参与、合力推进”　的原则，从2011年起将测土配方施肥工作重心转向生产指导，坚持增产施肥、经济施肥和环保施肥，加快测土配方施肥成果转化和应用，不断提高科学施肥水平。

第五节　农业技术

一、农作物种植技术

水稻类：生态旱育秧技术、推广两段育秧技术、水稻抛秧技术、水稻规范化栽培技术。

玉米类：玉米肥球育苗技术、玉米营养块育苗技术、玉米定向错位移栽技术、玉米隔行去雄人工授粉技术。

油菜类：油菜育苗移栽技术、油菜免耕栽培技术和油菜施硼技术。

蔬菜类：蔬菜温床育苗移栽技术、蔬菜嫁接育苗技术、蔬菜大棚栽培技术、冷凉蔬菜栽培技术和“双孢菇”栽培技术。

果树类：果树栽培技术、果树整形修剪技术、果树嫁接技术和果树套袋技术。

施肥类：测土配方施肥技术、化肥深施技术、沼肥（沼液、沼渣）综合利用技术和微肥施用技术。

综合类：农作物规范化栽培技术、农作物病虫害防治技术、农作物地膜覆盖栽培技术和农作物包衣种子推广技术。

水稻生态旱育秧水稻生态旱育秧技术操作规程包括分厢、施肥、碎土、浇水、拌种、播种、盖种、覆膜（无纺布）八个环节。

1. 规格开厢。及时翻犁，按长8米、宽1.3米、厢高0.13米、厢沟宽0.5米划线起厢。

2. 土壤培肥。在开好的厢面上，亩施入优质农家肥200千克和2千克过磷酸钙培肥地力。

3. 精心碎土。在施肥后5—7天内，利用晴天进行碎土，做到厢面平整，无杂草粗泥。

4. 浇水撒细土。播种前先浇足水，使床土水分处于饱和状态，然后用筛好堆制的细土150千克撒在厢面上，做到厢面均匀一致。

5. 浸种拌种。在选种、晒种的基础上，温水浸泡36—48小时后捞出沥干5—10分钟，将种衣剂旱育保姆比种子按1∶3的比例倒入圆底容器内来回搅拌，与稻种充分混合形成包衣种。

6. 把拌好的种子均匀播于床面上，用木板将包衣种子轻压入土，用过筛的细土覆盖0.5—1厘米，以不见种子为宜。

7. 覆盖无纺布。覆盖之前，必须对拱架进行加工，用2.2米长的竹条（或6.5公厘钢筋）在每边85厘米处弯曲成110—120°的夹角呈等腰三角形，然后用9米长的细竹条于弯处绑扎固定即可，盖上无纺布，四周用泥土压实。

水稻两段育秧

1. 温室育苗物资准备，按稻田面积计算种子用量温室面积每亩需0.8公顷（大棚育苗每亩需面积8.7公顷），育苗盘5—10张。

2. 育苗时间安排

晒种：3月7—10日。浸种：3月10—15日。播种：3月15—20日。棚内播植：4月10—15日。大田移栽5月10—20日。

3. 育苗、移栽程序

温室播种　温室内要求保持温度25度左右，温室选择背风向阳的地方，钉木架，斜坡阶梯式上、中、下三层，便于采光和室内管理，保证每亩0.8公顷的面积，每层能摆3一5张盘。每公顷用3%育苗青15—20毫升加水2.5—3千克浇匀消毒。每盘播种150克芽种，要求播撒均匀。当苗芽长至1叶1芯时，即可移栽到准备好的秧田中去。

4.秧田管理

施肥壮苗 亩施肥问题36千克，其中：尿素14千克，磷酸二铵10千克，硫酸钾12千克。待秧苗长至25厘米左右，再移栽到大田中去。

此项技术的关键在于育苗，可争取积温250—300度，增加身龄20—25天。但在育秧过程中要加强温室的温度和水分的管理，培育壮苗，防止大棚内移栽后大缓苗。品种选择，以本地区的活动积温为前提，能安全成熟、分蘖力度、偏大穗、成熟期比当地栽植品种多1片叶的优良品种。在种田管理方面严格管理，应用山井水综合增温技术。

玉米肥球育苗 玉米肥球地膜育苗，省工省时，出苗齐，根系发达，移栽后无明显返青期，育苗质量高。

1.选地配肥 选排水良好，背风向阳、土质肥沃松散，有机质含量高的菜园地，清除土内杂草异物，按栽种玉米的面积计算，每亩作为7—8米，宽1.5米，开沟深0.3米，整平并浅松土层5一10厘米。晾晒至表土现白，用过磷酸钙10—12千克、草木灰8—10千克，先用人畜粪1担搅匀，发酵1夜，再加腐熟人粪尿4—5担搅匀泼施于厢土内。无需翻动，以免破坏厢土的团粒结构。若遇雨天，盖膜防中刷。

2.起土整厢 泼施粪肥1—2天后，待土壤吸水均匀，即用于捏成团，若自然落地能散时，起厢土5厘米厚置于厢旁，注意起土不可太厚，因下层有机质含量低，团粒结构差，每亩起土500—750千克即可，再将厢面整平，肥球捏成约0.1千克重球状块，中间用于指钻1.5厘米深的小孔，均排放于厢内，厢边留空隙约10厘米，以便盖膜。

3.催芽播种 用浓度为0.1—0.5%、温度为50—55度的高锰酸钾溶液将玉米种浸泡3—4小时，滤去水分，用温室或青草堆成芽粒点播于肥球孔底，一球一粒。将灰过滤（也径0.5—1厘米）后填充肥球间空隙并覆土1—2厘米厚，泼施清粪水2—3担，厢面每隔0.5米插一根据竹弓，竹弓上盖膜保温。

4.苗床管理 防畜、禽、鼠危害，高温天气膜棚两端揭开降温，1叶1蕊时施洒清粪水提苗；移栽前2—3天揭晾膜炼苗，并用1：100碳铵清粪水泼施："送嫁"肥。

二、良种推广

种子生产 1991—1999年，在黄道乡建立具有一定规模的水稻良种繁育基地，实行集中生产，统一管理，使播种、施肥、田间管理、收获、储运都置于严格监控之下，种子质量得到有效保证。特区农业科研部门、种子部门先后选育和引进大批良种，为农业生产品种更新提供了物质基础。2000年，特区不再培育水稻良种，一时种子奇缺，一些地方农户自行繁育亲本，自产自销，种子质量下降。一些人在经济利益驱使下，在外乱引乱调，以次充好，质劣价高，未经试验示范便推广，给农业生产造成过一定损失。

种子经营管理 农作物种子由特区种子部门组织生产调运，直接销售，以确保种子质量。政府为强化种子经营管理，完善经营服务，准确提供种子销售情况，降低成本，提高效益，统一制定了《农作物种子生产档案表》《农作物种子经营档案表》《种子销售明细表》《种子质量信誉卡》《农作物种子经营登记证》使种子生产、经营便加规范有序。

根据《中华人民共和国种子法》和《贵州省农作物种子管理条例》的有关规定，特区种子管理站负责种子的“三证”　管理，加强种子市场的日常监察工作，结合一年一度的打假保春耕活动，运用广播、电视、报刊、宣传車、标语和法律咨询等多种形式进行宣传，整顿种子市场。2005—2011年，农业行政执法大队检查农资市场656场次，检查经营户4236户次，立案查处各类案件34起，结案33起，收缴假冒伪劣农资2617.75千克，确保了农资市场规范化，维护了农民的利益，保障了农业生产安全。

三、植物保护

病虫害防治　万山农作物病虫害主要有稻瘟病、马铃薯晚疫病、稻包虫、稻飞虱、稻螟虫等，玉米螟虫等，病虫害防治坚持以“预防为主、综合防治”　的植保方针，植保站准确测报，预报准确率达93.4%。农业主管部门不断提高测报手段，坚持定点调查与大田普查相结合，测报与试验研究相结合，预报与防治相结合的方法，预测预报水平逐年提高，

1998年是农作物病虫害倍偏重发生年，其中水稻纹枯病、玉米纹枯病发生危害程度超过历史最高年。测报人员为确保农业丰收，深入田间调查，掌握发生危害的规律。全特区各测报站共发布病虫害情报22期；2003年夏秋两季发生鼠害和病虫害，一是进行大面积灭鼠，二是投入资金1万元对发生病虫害的500公顷经济作物实施药剂防治。由于措施具体得力，防治及时，当年农业生产仍获丰收。2005年农作物病虫害发生面积达370公顷。特区调进农药3吨，各种植保机械16台，实施综合防治600公顷，有效控制了病虫害的漫延。

2005—2011年共发放情报63期，还通过网络平台发送病虫信息24期，其预测发生时期准确率达95%，发生量预报准确率为93%以上，成立了机防队4个，对病虫害防控及示范起到了积极作用，每年病虫害综合防治面积达8000公顷以上，使农作物病虫害得到有效防治。

化学除草　自水稻旱育秧技术推广之后，由于秧田生态环境的改变，秧田草害亦发生变化，杂草种类由沼生或水生变为旱生，且密度增大，故稻田化学除草便成为一项重要课题被提上议事日程。

为了了解稻田杂草种类，探究其生长规律，便于对症下药，特区植保站于1992年对稻田及其旱育秧田杂草进行了一次详查，查明了旱育秧田有杂草14科，30余种，每公顷有杂草12—1368株，是水育秧田的3—5倍，对此进行了药剂除草的试验研究。在摸清杂草种类及其生长规律，掌握大量试验研究数据的基础上，本着“安全、经济、高效”的原则，根据不同杂草种群，制定防除的配方，由点到面进行推广。1993年化学除草面积300公顷，1999年增至1000公顷，2005年扩大为1666公顷。全特区每年实施稻田除草面积1700公顷左右。化学除草技术，逐步推广到了玉米、小麦、马铃薯、蔬菜、果园等旱地农作物，亦收到了良好的效果，每年推广旱地除草面积1200公顷左右。

第二章　种植业

“民以食为天”。　特区逐年增加农业投入，改善生产条件，改革耕作制度，调整种植结构，实施科技兴农，推广新品种、新技术，粮油产量逐年提高。2004年粮食总产量达到17814吨，油料产量达到869

吨，粮油生产的发展，使全特区农民的温饱问题得到初步解决。

万山特区的粮食生产在“稳定面积、提高单产、改善品质、增加效益”的前提下，大力实施粮食增产工程、超级稻示范工程等项目，兴办各类示范点，确保了粮食总产稳中有升。2011年粮食作物播种面积3504公顷，总产量达到12973吨，油料作物播种面积735公顷，总产量达1091吨，粮油生产的快速发展，使全特区农民的温饱问题得到完全解决，逐步迈向小康。

第一节　粮食作物生产

一、水稻生产

据2005年统计，全特区水田面积为1533公顷。2011年统计为1539公顷。水稻是万山特区的主要粮食作物。1997年水稻播种面积为1659公顷，其中杂交良种稻达到1480公顷，占播种总面积的89%。2005年水稻播种面积为1754公顷，其中水稻杂交良种稻达到1730公顷，占播种面积的98.6%。由于水稻杂交良种播种面积扩大，再加上配套栽培技术的推广，水稻产量大幅提高，全特区水稻总产量达到11858吨，平均亩产472.6千克。在2005一2011年期间，不断引进杂交水稻Ⅱ优明86、准两优527、金优527、Q优6号、D优527和Y两优5845等超级稻品种，2011年杂交稻种植面积为1680公顷，其中优质稻面积为1665公顷，优质稻普及率99.1%，当年水稻总产量9047吨。

二、玉米生产

万山适宜玉米种植，各地的旱耕地主要以种植玉米为主，其播种面积633公顷，占秋粮总面积的20.1%，产量1620吨，占粮食总产量的13.1%，播种面积和产量仅次于水稻。2005年，在万山特区组织实施“粮增工程”，2009年实施了“测土配方施肥项目”，2010年实施了“玉米高产创建项目”。2005一2011年相继引进了临奥一号、登海3号、雅玉28、辽单121和尊玉3号等新种，大面积推广玉米地膜覆盖栽培技术、测土配方施肥技术等多项新技术的推广普及，极大地提高了玉米生产水平。2001年虽然实施退耕还林工程，玉米种植面积逐年减少，然而由于杂交玉米良种和多项新技术的推广普及，产量反而逐年增加。

三、小麦生产

万山种植小麦的历史悠久，是主要的粮食作物之一。由于小麦宜冬少雨，相对湿度较少，忌雨水多湿度大，古有“麦怕连夜雨”之说，故种植小麦在地域分布上有一定差异。2004年小麦种植面积为71公顷，总产量126吨。2011年小麦种植面积为59公顷，总产量63吨，单产71千克/亩。由于种植的品种落后，种植管理技术粗放，提高单产缓慢，加上玉米种植品种优良，管理技术到位，产量高，且与小麦争地争农时，故区内多数农户逐渐放弃种植小麦，而选种玉米划算，致使小麦种植面积逐年减少。

主要的小麦品种有“大豆黄”“川麦8号”“绵阳22号”“川麦26号”“绵农4号”等，其中“绵阳22号”以其抗病、优质、早熟和高产的优点深受农民欢迎。

四、薯类作物的生产

薯类作物，即马铃薯和红薯，因其生长不择土质，高山平地皆宜种植，用途广，又可与玉米等高秆作物间作套种，充分利用地力，实现一年多熟，因而受到农民普遍喜爱而广泛种植。区内薯作物种植面积、产量均占全年粮食作物种三分之一，是发展牲畜养殖业的饲料之一，在农业生产中占重要地位。利用薯类作物进行提取淀粉、制糖、酿酒、制薯片等深加工，并结合生猪养殖综合进行开发，可实现薯类作物产品大幅度升值。

马铃薯，俗称洋芋，营养成分丰富，用途广泛，蒸煮炒炸皆可，既可提取淀粉制粉丝，也可加工成薯片，还可作养猪的精饲料。马铃薯成熟期短，每年春秋两熟，因其茎秆矮适于与高秆作物间作套种。1999年推广脱毒马铃薯播种面积200公顷，2005年马铃薯播种面积154公顷、总产285吨，2011年增加到825公顷、总产1854吨。

红薯，俗称红苕，是高产粮食作物，一般亩产量1500千克左右，高产地块每亩可达2000—3000千克。红薯含淀粉、粗蛋白、多种维生素和微量元素，营养丰富，不管是生熟或蒸煮炒炸皆可食用，其产量高，用途广，主要用于养猪、酿酒，在粮食作物中占重要地位，年种植面积667公顷左右，2005年红薯播种面积678公顷、总产2390吨，2011年红薯播种面积633公顷、总产1481吨。

五、大豆生产

大豆含蛋白质和脂肪，可加工成数十种美味副食品，既是人体蛋白的主要来源，也是油料作物之一。大豆根瘤菌有固定空气中自由氮、增肥土壤的功能，在农业生产中占有重要地位。一般采取间作、套作方式，如：蔬菜—玉米—大豆或红薯—玉米—大豆，这样可改善土壤，增强肥效，一年多熟，提高土地利用率。区内生产大豆单独种植的较少。2005年种植面积为257公顷，亩产量76千克，总产量293吨，为历史最高水平；2011年种植面积为287公顷，单产量82千克/亩（1230千克/公顷），总产量354吨。

六、杂粮生产

区内杂粮种类繁多，主要有蚕豆、豌豆、绿豆、芸豆、饭豆等杂豆，还有高粱、粟谷、荞子、大麦、燕麦、啤麦、黍子等。由于品种传统落后，种植面积小，产量低，故称之为小杂粮。但小杂粮的经济价值和营养价值俱佳，作补助主粮调剂口味，加工副食糕点，提取淀粉制作粉丝，是人们生活中不可缺少的美食。小杂粮种不择地，有种即有收，常年种植蚕豆、豌豆为较多，其次数高梁。

万山特区（1991—2011年）粮食作物产量统计表

表4-3　　单位:吨

年度	粮食总产量		其中				
	绝对数	本年为上年的%	水稻	豆类	小麦	薯类	玉米
1991	12363	86.87	8613	248	642	1761	1099
1992	12523	101.29	9267	275	420	1780	781
1993	11486	91.72	8465	247	540	1475	759

表4-3

年度	粮食总产量		其中				
	绝对数	本年为上年的%	水稻	豆类	小麦	薯类	玉米
1994	15455	134.56	11524	307	789	1595	1240
1995	14992	97.00	11236	328	749	1470	1208
1996	15402	102.76	10981	335	586	2025	1475
1997	16529	107.32	11571	200	600	1900	1400
1998	16610	100.16	11800	290	500	2300	1500
1999	16804	101.50	11867	287	547	2571	1327
2000	17387	103.47	12158	320	657	2703	1408
2001	17593	101.19	12098	262	396	3062	1065
2002	16602	94.37	10782	286	344	3165	1855
2003	17284	104.11	13018	153	205	2593	1315
2004	17814	103.07	13138	177	126	2438	1865
2005	17724	99.5	12434	302	139	2675	2098
2006	18484	104.3	13003	374	136	2771	2169
2007	18894	102.2	13121	361	128	2880	2375
2008	19875	105.2	13916	434	60	3053	2392
2009	19859	99.9	13967	817	71	3063	2388
2010	19347	97.4	13586	448	65	2825	2409
2011	12973	67.1	9047	496	63	3335	1620

第二节　经济作物生产

区内种植的经济作物主要有油菜、花生、水果、药材等。

油菜是主要的油料作物，食用菜籽油约占食用油总量的45%左右。随着社会经济的发展和人民生活水平的提高，菜籽油的社会需求量在不断增加。20世纪90年代，特区农业部门根据党委和政府的部署提出：油菜生产适度扩大面积，依靠科学技术主攻提高单产，增加总产量的指导思想，大力推广和普及良种，推广育苗移栽、秋发高产栽培、测土配方施肥等增产技术，油菜生产稳步发展。2005年，全特区播种617公顷，1324.15千克/公顷（亩产89千克），总产量817吨；2011年，全特区播种面积673公顷，单产1485.9千克/公顷（99千克/亩），总产量1000吨，种植面积和产量均有较大增长。万山地处高寒山区，种植油菜易受冰冻危害，故各年菜子产量不够稳定。

油菜栽培品种，20世纪90年代主要以“秦油2号”为主，2005—2011年转向以“油研系列”“黔油系列”为主。根据农业技术部门多年经验总结，得出了“播种立足早，管理重冬前”的经验，适时早播，促进早管理。以油菜生产期内所需活动积温为依据，确定不同海拔高度地带的适时播种期，适时早播，缓解农作物两熟矛盾。油菜施肥有“冬施一道肥，犹如盖床被”之经验。油菜育苗移栽即可保证苗全苗壮，还可增加有效积温，提高单产，常年推广育苗移栽达到油菜播种面积的92%以上。

花生在万山种植量较少，一些农户种植的花生仅供自食，略有剩余则上市交易。2011年播种面积62公顷，单产1467.7千克/公顷（98千克/亩），总产91吨。

水果，有90多种，且面积广，产量较多的数枣子、葡萄、橘、桔、橙、桃、李、梨、柿子等。

枣子主要产于高楼坪乡境内，有其皮薄肉厚、香甜脆嫩的优点。据史料记载，万山枣子生产已有千余年历史，农民种枣积累了丰富经验。1990年，特区党委、政府决定扩大枣园面积，提高质量，把枣子生产向规模化、产业化推进，给予资金、物资和技术支持，推广良种，建立集中连片的密植丰产园，实施无公害枣园计划和创名牌战略，取得明显成效。1998年，枣园实施修剪，改土培肥和病虫害防治133.33公顷，低产园改造3.33公顷，以生态农业模式建枣园示范样板6.667公顷，以沼液、沼渣为肥料，枣园覆膜或覆草，并安装喷灌设施。从2000年起，实施配方施肥、规范栽培、低产园改造等技术推广，改造低产园53.3公顷，无公害枣园33.3公顷；到了2011年，全特区已发展枣子基地218.6667公顷，其中丰产枣园123.3公顷，单产16500千克/公顷（1100千克/亩），总产达2035吨。配套实施沼肥综合利用、测土配方施肥、病虫害综合防治、枣园覆草和科学修剪等技术为提高枣子产量和质量奠定了基础。

柑橘类有南丰蜜桔、椪柑；橙类角有先锋橙、锦橙、脐橙、朋娜脐橙；柚类有无核柚、大叶柚、丝线柚等；梨子有金水二号、玉冠、明月；桃子有太露、上海水密、十久保、李子有玉皇李、桐子李、砂糖李、鸡心李等。

果园管理分春秋两季进行，春季除草清沟，追施农家肥或化肥与农家肥混施；秋季除草、修剪、追肥，防治病虫害。20世纪90年代实行新建果园与低产果园改造并重的方针，加强肥培管理，提高整体增产能力。新建果园提倡早管，移栽果苗成活即可追肥，肥培及时，使果苗生长健壮，次年修剪定杆。低产果园改造，主要措施有三：一修剪，二高接换头，三肥培管理，每年完成改造10.667公顷。1997年果园修剪施肥20公顷，低产园改造66.667公顷。在水果生产具有一定规模后，农技部门推广有机肥料，施用生物农药，实施沼—猪—果栽培模式，建设储藏保鲜设施，实现经济效益和生态效益的统一。

万山境内药材种类繁多，分布面广。据资源调查统计，全特区药用植物有168科，845属，2088种。90年代全特区药材种植0.667公顷，2004年全特区药材种植发展到3.667公顷，产值11万元。主要有杜仲、天麻、党参等。其他野生药材也十分丰富，很多品种可在山间能采到。

高山葡萄是一种野生的刺葡萄品种，原产于南方雪峰山区，湖南省芷江县大树坳乡葡萄研究所选育，在高温、湿、低光照生态环境下驯化选育而成的，是适合万山特区广泛栽培的本土品种。由于生长旺盛、抗病性和抗逆性强、品质高、产量高、效益好等特点，高山葡萄不但鲜食品质好，而且是酿制高档葡萄酒的首选材料。2004年引进该品种在万山特区下溪乡、黄道乡栽培，到2011年，全特区已发展高山葡萄种植基地213公顷，平均单产60000千克/公顷，每公顷产值达18万元，总产值达3834万元，通过8年来的发展，栽培技术已成熟，销售市场体系已建立，高山葡萄逐渐成为万山特区的主导产业之一。

第三节　蔬菜生产

改革开放后，随着城镇化建设进程的深入，城镇人口急剧增长，人们的生活观念逐步改善，对蔬菜的需求量也逐步加大，为满足城乡人民生活对蔬菜的需求，各级政府积极调整产业结构，鼓励农民发展蔬菜生产，并根据境内地形、气候立体分布的特点，建立多层次蔬菜生产基地，推行产业化经营，蔬菜生产成为种植业发展较快的产业。万山特区临铜仁主城区，交通条件改善、四通八达，蔬菜产业由自给自足逐步发展为商品蔬菜走进城市，在黄道乡的锁溪、阳桥、青溪、黄道和万山镇的大水溪、张家坪、杉木董、土坪及下溪乡的抱溪等地形成了一些蔬菜专业种植户，蔬菜产业形成了基地化、专业化、规模化。

蔬菜生产欲求较高经济效益，需讲究“早”和“反”两字，即早播早熟早上市和反季节蔬菜。区内成垂直分布的气候特征，为菜农种早蔬菜和反季节蔬菜提供了天然条件，利用万山夏季气候凉爽这一独特气候资源，组织农民发展高山冷凉蔬菜和反季节蔬菜，取得良好成果。2004年，全特区高山反季蔬菜种植面积达到33.334公顷，为高山地区调整种植结构和培植新的增长点开辟了一条新途径；2005年全特区蔬菜种植357公顷，总产量14329吨，到2011年蔬菜基地面积300公顷，发展蔬菜种植大户67户166.667公顷，蔬菜商品率达种植面积的32.3%，蔬菜种植面积增至720公顷，总产量达16464吨。蔬菜大棚从无到有达到了795个，14.31万公顷。

蔬菜种植品种：农业部门组织技术干部对全特区农作物品种资源进行全面普查，蔬菜品种有白菜类、根菜类、芥菜类、甘蓝类、葱蒜类、茄果类、薯芋类、水生类、绿叶菜类、瓜类、豆类、多年生菜类、食用菌类、野生菜类等适宜不同地域的蔬菜300余种。野生菜类中的香椿、薇菜、香菌，则是餐桌上的上品佳肴。“生菜”　生长期短，产量高，叶肉脆嫩，清香可口；大荚菜豌豆，荚长10—12厘米，产量高，亩产可达400千克，因其荚肉肥厚，脆嫩可口，深得人们喜爱。还有大白菜门“丰抗70号”“鲁白6号”“春大将”“四季王”“青杂5号”，小白菜“上海青”，萝卜“白玉春”“春白玉”，胡萝卜“益农5寸人参”，辣椒“早杂”“湘研”和“汴辣”系列，番茄“早魁”“上海903”“906”“908”，四季豆“西宁架王”“泰国架王”，黄瓜“津研”系列，花菜“神农特大”“超级白玉”“雪山”“甘蓝”津丰1号、芹菜“美国西芹”、莴笋“精正二号”、魔芋有“万源花魔芋”“金沙江白魔芋”和日本“赤诚大芋”等各类品种百余个。经过试验示范种植，大部分蔬菜新品种在万山安家落户，成为常年种植品种，其中还有许多用于高山反季节蔬菜品种，效果亦佳。2005年蔬菜优良品种播种面积达66.6667公顷，占蔬菜种植面积的22%。

蔬菜栽培管理：农民种菜素有精耕细作习惯，菜地小垄高厢，土细田平，间作套种，一年多熟。栽培管理精于种粮，勤锄勤管，多次肥培，田无杂草，防治病虫害，菜无枯叶。2005年末，区内建塑料大棚9个，覆盖菜地约0.33公顷。为有效利用耕地，提高土地利用效率，特区农业局进行多熟制粮菜间作套种试验研究。从多次试验中选出三种模式供大田推广：（1）菜、菜模式：番茄—苦瓜—白菜—大蒜；（2）菜、粮模式：马铃薯（或小麦）—魔芋—玉米；（3）菜、经模式：柑桔—魔芋（或耐阴菜）—越冬菜。这些间作套种模式为低山有经验的农民所采用，其效益高出单作的数倍。

特色蔬菜的生产：生姜、大蒜、芹菜是极富地方特色的菜中精品，既有菜用功能，也有药用功效。

生姜在各乡镇均有生产，尤以黄道侗族乡所产的生姜为最优；薇菜，属蕨类紫萁科多年生草本植物，民间称为“猫儿蕨”“芏茎苔”，全特区各地均有分布，多为野生，20世纪90年代中期开始人工种植试验。

1991—2011年经济作物及蔬菜播种面积产量统计表

表4-4　　单位:公顷、吨

年度	经济作物				蔬菜播种	
	油菜		花生			
	播种面积	产量	播种面积	产量	播种面积	产量
1991	901	1169	78	96	301	
1992	877	964	77	99	354	
1993	729	572	62	65	354	
1994	729	739	72	83	323	
1995	834	752	92	112	416	
1996	657	605	126	91	479	
1997	581	685	89	108	475	
1998	468	510	152	213	409	
1999	493	724	193	257	411	
2000	603	807	197	285	502	
2001	453	622	206	291	492	
2002	505	662	153	207	495	
2003	379	579	87	121	344	
2004	446	761	66	95	354	
2005	617	817	55	90	357	14329
2006	604	838	63	108	368	14714
2007	643	925	75	129	387	15450
2008	503	689	66	112	397	15136
2009	537	785	75	120	409	14301
2010	673	1000	62	91	377	13660
2011	551	789	59	94	720	16464

第三章　养殖业

第一节　畜牧业

2005—2011年间，万山特区畜牧水产养殖业因2008年特大低温雪凝灾害，受到影响严重，整体水平呈下滑趋势，多数指标为负增长。但通过中央、省、市等各级部门的关心与支持及万山特区畜牧干部、群众奋力拼搏，万山特区畜牧水产养殖业得到迅速恢复，主要畜禽水产品基本满足区内供给。

一、家畜养殖

1991—2011年间，特区家畜养殖业逐年递增，发展势良好。1994年出栏生猪28184头，年末存栏猪31676头，其中能繁母猪1821头，猪肉产量2128吨；2005年出栏生猪41138头，猪肉产量3133吨，年末存栏46933头，其中能繁母猪4622头。2005年与1994年相比，出栏肉猪总数、猪肉产量、年末猪存栏总数、能繁母猪总数分别增长了45.96%、47.72%、48.17%、236.61%。2011年出栏生猪32858头，猪肉产量3212吨，年末存栏49766头，其中能繁母猪4814头；1994年出售和自宰肉用牛710头，牛肉产量78吨，年末大牲畜（牛、马）存栏11053头；2005年出售和自宰肉用牛1439头，牛肉产量154吨，年末大牲畜（牛、马）13578头；出售和自宰肉用牛头数、牛肉产量、年末大牲畜存栏数分别比1994年增长了102.68%、97.44%、22.84%。2011年出售和自宰肉用牛679头，牛肉产量80吨，年末大牲畜存栏10606头；1994年出售和自宰羊2305只，羊肉产量35吨，年末羊存栏3150只；2005年出售和自宰羊4803只，羊肉产量72吨，年末羊存栏11571只，出售和自宰羊只数、羊肉产量、年末羊存栏数分别比1994年增长了108.37%、105.71%、265.62%。2011年出售和自宰羊1672只，羊肉产量33吨，年末羊存栏数5363只。

2005年万山特区政府还启动了优质肉猪基地建设项目，该项目总投资233万元，其中省级财政投资70万元，地区级配套资金70万元，特区财政投资93万元，分别与高楼坪乡长坳、水眼坪，万山镇土坪，下溪乡瓦田，敖寨乡杨家寨、易家寨，黄道乡黄道、田坪、大榜、青溪等10个村共48个村民组中养殖积极性高，且相对集中、具有一定养殖基础的农户签订了发展协议，落实622户，于2005年8月组织实施。项目实施内组建两个规模种猪场，饲养二元母猪1213头，出栏优质猪61.62万头创产值6053.6万元，项目覆盖15个村85个村民组，受益农户达1.5万人，基本完成项目设计的各项任务指标。

二、家禽养殖

1991—2011年期间，全特区家禽养殖保持稳步增长态势。

1994年出售和自宰肉用家禽75600羽，禽肉产量69吨，禽蛋产量74吨，年末家禽存栏62321羽。2005年出售和自宰肉用家禽223209羽，禽肉产量302吨，禽蛋产量132吨，年末家禽存栏123308羽。分别比1994年增长195.25%、337.68%、78.38%、97.86%。

2004年万山特区实施优质家禽养殖基地建设项目，该项目总投资54.3万元，其中省级扶持资金21.64万元，地级扶持资金21.54万元，特区财政投资11.12万元，按照项目设计资金全部到位。项目通过两年的实施，发展和带动肉鹅养殖户2000户，共出栏肉鹅20.17万羽，创产值806.8万元，新增收入191.61万元，户均增长958元，上缴税金26.23万元。建起了一个规模为0.2万只的种鹅养殖场，完成人工种草（养鹅）面积53.3公顷，培训养殖农户308人，改建成鹅舍2400公顷。实现了水土资源综合利用，达到农户增收、财政增税的目标，促进了农村产业结构的调整。2011年出售和自宰肉用家禽137280羽，禽肉总产量254吨，禽蛋总产量78吨，年末家禽存栏83725羽。

三、畜禽良种引进

1998年引进优良猪品种“长白”“大约克、”“杜洛克”　三个品种，生产“二元母猪”　“三元仔猪”大量推广养殖。1998年，特区畜牧局还引进“黑白花奶牛”冻精，在高楼坪乡设立“牛改冻精站”，开展黄牛品种改良工作。1999年引进“波尔山羊”1只。2000至2001年间引进“南江黄羊”17只，其中公羊2只。2003年引进“金堂黑山羊”98只，其中公羊4只；是年还引进“利木赞黄牛冻精”100粒，在下溪乡推广黄牛品种改良工作。

四、畜牧企业简介

万山特区龙辉养殖有限责任公司

公司成立于2004年10月，经招商落户于高楼坪乡政府右侧1千米处的肖家湾，占地8公顷，是一家集良种繁育供种、环保、保健、高效种猪专用饲料研发生产、养殖技术推广为一体的科技型现代农业企业，是贵州省农业产业化重点龙头企业。公司紧紧围绕打造生态畜牧业战略，采取“公司+基地+养殖户”的模式，推行“五统一”养殖模式，即统一进行猪品种改良、统一组织饲料供应、统一组织技术服务、统一免疫、统一组织生猪回收。公司恪守“一切为了养殖户”的服务理念服务于三农，取得较好的效益。

公司总资产3000万元，其中固定资产1600万元。建有住房及办公用房1000平方米，圈舍9800公顷；现有种猪2000头，年产种猪1万头；建饲料生产线一条，年产饲料8000吨；有职工28人，技术人员12人。主要生产“龙辉牌”杜洛克、长白、大约克种猪及二元母猪，种猪性能优良，双肌臀丰满，繁殖性能好。公司实行封闭式管理，闭路电视监控，采用微生物法、钙磷平衡法、氨基酸平衡法、维生素平衡法、微量元素平衡法研制出环保、保健、高效的种猪专用饲料。

公司获得2009年度贵州省科技进步奖和通过IS09001认证，2010年被评为全国第九届创业之星企业，2010年被评为贵州省级生猪标准化示范场和贵州省级扶贫龙头企业，2010年被评为全国生猪百强企业，2011年被评为省级生猪活畜储备基地，2011年被评为国家级生猪标准化示范场，贵州省无公害农产品产地。公司注册资金150万元，已建成标准化猪舍16栋9800公顷，管理用房920公顷、饲料加工房800公顷、仓库300公顷、兽医室60公顷、隔离室70公顷、配置仪器设备32台（套）。年提供优质肉猪30000头，公司依托于武陵山区生态资源成长，服务于武陵山区脱贫致富奔小康，致力于武陵山区生态畜牧产业链延伸和完善而不断发展壮大起来的一家综合性民营企业。

公司董事长兼经理杨旭辉，系广东省汕头市人，1964年3月出生，汉族。贵州省民主建国会会员，贵州省广东商会常务理事。

万山特区畜牧开发有限责任公司

公司的前身是1999年成立的万山特区宏达公司，其经理是原特区乡镇企业局干部任光平，2000年转给特区扶贫办公室经营，负责人是特区农业办公室退休干部李刚。2005年后设立万山特区畜牧业开发有限责任公司，负责人田亚梅。公司位于万山镇土坪，占地10000公顷。获贵州省畜牧局种畜禽生产经营许可。年存栏母猪近200头，年出产二元母猪6000头以上，生产三元杂交仔猪2000头以上。还建立生猪养殖基地2个，带动区内1000农户发展生猪养殖。

第二节　疫病防治

一、检疫

特区农牧科技局按照国家有关规定，实施产地检疫、屠宰检疫、运输检疫和市场检疫。产地检疫是为出栏的活畜禽进行检疫；屠宰检疫是对畜禽宰前、宰后进行检疫；运输检疫是对运出、运进县境的畜禽及其制品进行检疫；市场检疫是对参与集市交易的活畜禽进行检疫。对检疫出的不合格畜禽及其产品禁止交易和运输，发现重大病种时，按国家规定及时上报。

1991—2011年万山特区畜禽防疫、检疫、治疗工作统计表

表4-5

内容 年度	猪（头）			牛（头）			羊（只）			禽（羽）		
	防疫	检疫	治疗	防疫	检疫	治疗	防疫	检疫	治疗	防疫	检疫	治疗
1991	65524	1050	3337	8900	783	405				18214		
1992	61380	1276	1981	8574	985	48						
1993	59489	1755	1667	9908	1154	229				45000	7000	
1994	58669	8553	966	8334	1633	71		3058		78000		
1995	65578	9318	857	9680	1719	68						
1996	65712	8910	763	9870	912	56						
1997	64545	9137	1183	10043	1000	96		81		26500		
1998	90221	18822	16674	13638	1240	53				19672		
1999	98473	5020	4326	29915	560	1854	4817	36	384	13950	64000	2000
2000	181331	22751	5064	28596	2250	127	3514	512	450	34000	108650	5000
2001	108220	14149	5064	22276	169	127	6557		450	8970	25400	5000
2002	189947	9700	1509	40939	1080	79	12444		507	112200	125600	2000
2003	146416	3518	850	19977	2800	58	14506		1000	258820	161894	1500
2004	173127	15481	1219	44171	1548	50	19635			128500		

续表5-5

年度＼内容	猪(头)			牛(头)			羊(只)			禽(羽)		
	防疫	检疫	治疗	防疫	检疫	治疗	防疫	检疫	治疗	防疫	检疫	治疗
2005	212547	30215	2173	31509	988	72	16526	181	96	201967	81000	2000
2006	89608	40153	130731	14032	3682	15445	16672	4365	21528	347150	39524	115299
2007	96490	38764	141821	14451	3091	16084	15795	6047	20744	372152	46512	124103
2008	71011	46731	96929	10936	2937	11486	8736	6338	10591	220152	29819	70972
2009	73623	51183	101771	11577	3785	12129	9674	6923	11715	236209	41100	76198
2010	77870	48372	108674	11812	5177	12415	10212	5679	12396	240223	28120	78001
2011	77647	63517	107219	10206	2184	10817	6498	5481	8003	216818	31745	70819

二、病疫防控

（一）疫病防治

坚持“预防为主，综合防控”的方针，加强饲养管理和预防接种，保持畜禽圈舍卫生，定期消毒和驱虫灭鼠，及时隔离病畜禽。做好标本兼治。

畜牧养殖管理部门坚持每年组织干部和乡村兽医，实行“春防”“秋防”与常年防疫相结合的畜禽疾病预防工作。春防、秋防分别于每年3—4月和9—10月进行，届时由畜牧干部组织各乡村兽医60人，进行全特区突击预防。每次要求在30—40天内完成防疫任务，实行疫苗防疫注射造册登记，由养殖户签字。注射疫苗主要是：猪瘟、猪丹毒、猪肺疫、仔猪副伤寒、口蹄疫、牛出败、炭疽病、鸡新城病、禽霍乱等。常年防疫，是对补栏畜禽或新生畜禽适时进行防疫注射，制定防疫制度、卫生制度、消毒制度、驱虫剂制度、免疫程序等。防疫方法有肌肉注射、皮下注射、口服等。

（二）政府疫病控制

1993年9月，高楼坪乡大坪村上大坪组再次发生牛炭疽病，牛发病4头，死亡4头，感染13人。两次均得特区和地区畜牧局及时组织力量扑灭和救治，控制了疫情。1999年4月，高楼坪乡的张家山、鸡公田村、铺前村、龙田村、猴冲村，黄道乡黄道村和锁溪村，万山镇土坪村均首次发生牛、猪、羊O型口蹄疫。据统计，牛发病345头，猪发病86头，羊发病300只。经省、地技术部门对病畜确诊后，特区政府批准，由武警中队派员执行扑杀挖坑深埋。其中扑杀牛148头，病猪病羊全部捕杀。据查，这次疫情是因为高楼坪乡猴冲村村民刘某某从湖南新晃购进一头带病黄牛，在当地放牧后，先引发张家山村的疫情，后迅速将疫情传到其他村。特区政府采取全部捕杀疫畜的办法消灭疫情，对捕杀疫畜受损失的养殖户适当补偿，标准是：大水牛每头600元，大黄牛每头400元，小牛每头200元。杨家村民组村民不愿将病牛捕杀，将牛赶到后山隔离起来，用土办法治疗，收到很好的效果，所有病牛全部治愈。

第三节 渔 业

20世纪八九十年代，万山特区的渔业养殖，在缺少天然水面的情况下，利用水库、山塘、池塘、稻田发展渔业养殖。区内各乡镇渔业养殖均有分布，形成规模的较少。

21世纪初，境内渔业有所发展，养殖品种主要有：鲤鱼、草鱼、鲢鱼、叉尾鮰、云斑鮰。2005年水产品产量296吨，2011年水产品产量392吨，水产品产量每年都在增长，每年产量均在400吨以下，难于满足区内人民消费需求，每逢赶场天都是外地商贩运进一些水产品来供应市场。高楼坪乡猴冲村村民刘远贵在大拱桥建设了万山特区鱼苗场，养殖水面面积7亩，建有大小鱼池7口，年产鲤鱼苗500万尾，年培育规格鱼种15万尾，年产值7万元，固定资产20万元。

第四节 畜牧科技

2005—2007年，特区实施优质禽（鹅）基地建设项目，在敖寨乡、黄道乡推广优质肉鹅20000羽，通过基地的建设，改善区肉鹅品种和品质，实现肉鹅杂交品种在我区逐渐兴起。

2006—2009年，在全特区推广生猪优良品种，期间共向5个乡镇推广“二元母猪”5028头，改善了我区生猪养殖品种，使生猪的生产性能有所提高。2011年我区实施《绿壳蛋鸡生态规模养殖综合技术》，获铜仁市科学技术进步三等奖，通过课题实施应用后绿壳蛋鸡产蛋率达85.8%、孵化出雏率达93%、育雏成活率达95%，分别提高1.2%、4.18%、5.13%，实现产值331.61万元，新增产值16.69万元，户均增收1.5万元，应用后效果明显。

第四章 农业机械

第一节 农机装备

万山特区拥有的农业机械，就其功能可分为耕作机械、收割机械、运输机械、排灌机械、植保机械、加工机械。由于是山区，高低不平，普遍使用畜力耕作，有极少数农户使用微型耕作机、联合收割机。全特区仅有微型耕作机104台，联合收割机4台（其中全喂入式两台，半喂入式两台），部分农户为了减轻劳动强度，在收割稻谷时使用脱粒机，有脱粒机486台；农用运输机械有：大中小拖拉机、农用载重汽车，主要用于农用物资和工程建设物资运输；排灌机械有：抽水机、电动潜水泵等；植保机械有：手摇喷雾器、喷粉器；加工机械有：打米机、磨粉机、磨浆机、饲料粉碎机、榨油机、压面机、轧花机等。这些农业机械均为农户个人所拥有。

全特区各村组农户根据需要，均备置有小型植保机械和排灌机械。农户碾米和食品磨浆、饲料加工等全部使用打米机、磨浆机、饲料粉碎机、切菜机等，小型农机进入千家万户。全特区历史沿用下来的碾坊、磨坊已于1990年前全部废除。

根据农机部门资料统计：1991—1995年，拥有各种农用车437台；1996—2000年，拥有各种农用车486台；2001—2005年，拥有各种农用车1191台；2006—2011年，拥有各种农用车690台。

说明：2006—2011年万山特区各种农用车台数减少的原因是小盘拖、手拖和三轮农用车等

第二节　农机管理

万山特区农机监理站人员编制3人，其中站长1名，为股级财政全额拨款事业单位，具有独立执法主体资格。主要职责是负责对全特区农用汽车、拖拉机（含变型拖拉机、运输型拖拉机）入户登记，办理拖拉机驾驶证的申请、考试和发证，驾驶人员的安全教育及源头管理，2004年5月1日前负责农用车和拖拉机在乡村道路上的安全监督检查。

根据农机部门资料统计：1991—1995年，万山特区农机驾驶员拥有H、K、C、L、J驾照人员1252名；1996—2000年，农机驾驶员拥有H、K、C、L、J驾照人员1718名；2001—2005年，农机驾驶员拥有H、K、C、L、J驾照人员2328名；2006—2011年，农机驾驶员拥有J驾照人员856名。

说明：根据上级有关规定，自2006年起，万山特区停止办理农机驾驶员H、K、C、L驾照　。

第五章　林　业

一、自然植被

进入21世纪以后，境内自然植被较以前有很大改善。一是因为贵州汞矿生产规模逐步缩小，矿渣、废水排放日趋减少，对环境的污染逐步减轻和汞矿矿渣的治理；二是得益于西部大开发的退耕还林（还草）工程、天然林保护工程、石漠化治理等林业生态重点工程的实施，控制了水土流失，减轻了各类自然灾害，极大地改善了生态环境；三是农村居民生活发生重大变化，使用液化气、蜂窝煤、无烟煤、用电的农户逐渐增多，从而减少对薪炭林的砍伐，自然植被得到了恢复和保护，至2011年，自然植被达到17064.32万公顷，占土地总面积的50.2%。自然植被以针阔混交林为主。境内漫山遍野郁郁葱葱，一派生机盎然景象。

二、人造植被

1991—2011年共退耕还林还草2573万公顷，人工造林7678万公顷，苗圃地2.32万公顷，人造植被达10253万公顷，占全特区土地总面积33964.8万公顷的30.2%。退耕还林多以纯林为主：有杉木、马尾松、柏木、板栗、核桃、桃子、李子、油茶等。

第一节　林业资源

2000年森林资源调查结果是：万山特区国土面积33840公顷，其中：林业用地20030公顷，非林业用地13809公顷，林地面积11175公顷，森林覆盖率33%。在林业用地中：疏林地240公顷，灌木林地1522公顷，未成林造林地40公顷，无林地7050公顷，分别占林业用地的1.2%、7.6%、35.2%、35.2%。在有林地面积中，重点公益林8601公顷，一般公益林1546公顷，商品林1028公顷，其中：用材林333公顷，薪炭林202公顷，经果林494公顷。全特区活立木蓄量为21万立方米。在非林业用地中，农用地12828公顷，占非林业用地的92.9%。而在农用地中，坡度在0—25度的有9059公顷，占农用地的70.6%；坡度在26—35度的有354.6公顷，占农用地的27.7%；坡度在36度以上的有222公顷，占农用地的1.7%。其他8857公顷，占非林业用地的6.4%，水域95.5公顷，占非林业用地的0.7%。

据2011年贵州省铜仁市万山特区林地保护利用规划（2010—2020）森林资源调查显示，万山特区国土总面积44181公顷，其中林地面积28142.7公顷，占国土总面积的63.7%；非林地面积16038.27公顷，占国土总面积的36.3%。全特区森林面积21953.32公顷（有林地20954.65公顷十国家特别规定灌木林998.67公顷），森林覆盖率48.87%。由于受2008年冬季凝冻灾害的严重破坏，林木受损比较严重，且2008—2009年进行凝冻灾害木清理，虽然近几年进行了造林绿化，仍处在幼林或未成林造林阶段，森林面积增加了，但森林蓄积未有所增加，目前，全特区森林蓄积基本在2006年（“二调”）的蓄积的基础上略有增长。现存植被多为天然次生植被和人工植被，主要植被类型以针叶林、针阔混交林、常绿阔叶林、落叶阔叶林、灌丛、灌草丛、村寨风景林、人工果木林及农田植被等为主。代表性常绿树种有甜槠栲、石栎、木荷、木莲等，在混交林中有落叶树种水青冈、枫香、槭树、杨树和板栗等。常绿林的次生林为杉木林、马尾松林、松杉混交林、油茶林，以及次生的灌丛草坡或石灰岩藤刺灌木丛。乔木树种主要有马尾松、杉木、柏木、桃、李、梨、杨树、青冈、枫木等，灌木树种主要有杜鹃、白栎、胡枝子、悬钩等。

2011年，万山特区有林业用地28142.7公顷，其中：有林地20594.65公顷，疏林地197.37公顷，灌木林地3815.44公顷（其中国家特别规定灌木林998.67公顷），苗圃地2.32公顷，未成林造林地2518.5公顷，无立木林地607.48公顷，宜林地407公顷。实施天然林保护工程和退耕还林工程，使原来遭破坏严重的森林得到恢复，做到森林面积、活立木蓄积量、森林覆盖率三方面同步增长。

2000年万山特区各乡镇森林资源分布表

表4-6　　单位：公顷

名　称	合 计	重点公益林	一般公益林	用材林	薪炭林	经果林
高楼坪乡	1991	1268	270	65	73	316
黄道乡	2702	1930	583		40	149
下溪乡	1757	1268	230	169	89	
敖寨乡	4598	4007	463	99		29

续表4-6

名 称	合 计	重点公益林	一般公益林	用材林	薪炭林	经果林
万山镇	127	127				
合 计	11175	8600	1546	333	202	494

第二节 营 林

发展林业生产，对扩大森林资源，增加林木蓄积量，提高森林覆盖率，改善生态环境，促进国民经济发展，提高人民生活水平，都起到举足轻重的作用。林业作为国民经济的重要组成部分，既是一项基础产业，又是一项关系生态环境建设的公益事业，肩负着优化生态环境和促进经济发展的双重使命。随着天然林资源保护、退耕还林、巩固退耕还林成果、石漠化治理等林业工程相继实施，万山特区林业生产发生了巨大的变化，给万山人民带来极大福惠，为万山林业的发展注入了巨大的推动力。到2011年，万山特区有林地面积达到20594.65公顷，国家特别规定灌木林998.67公顷，森林覆盖率达到48.87%。

林业用地调查情况

万山特区土地总面积44181公顷，林业用地合计28142.73公顷；有林地小计20594.65公顷（乔木林20542.03公顷，竹林52.63公顷）；疏林地197.37公顷；灌木林地3815.44公顷（国家特别规定灌木林998.67公顷，其他灌木林2816.77公顷）；未成林地2518.46公顷；苗圃地2.32公顷；无立木林地607.48公顷；宜林地407公顷；非林地16038.27公顷。各乡镇的分布情况是：

万山镇：土地总面积1460公顷，林业用地合计1130.56公顷；有林地小计463.2公顷；灌木林地333.38公顷；未成林地289.17公顷；无立木林地18.48公顷；宜林地26.33公顷；非林地329.44公顷。

高楼坪乡：土地总面积7390公顷，林业用地合计3681.64公顷；有林地小计2391.78（乔木林2386.58公顷，竹林5.2公顷）；疏林地18.62公顷；灌木林地218.77公顷（国家特别规定灌木林57.7公顷，其他灌木林191.07公顷）；未成林地868.79公顷；苗圃地2.32公顷；无立木林地118.02公顷；宜林地63.34公顷；非林地3708.36公顷。

黄道乡：土地总面积9199公顷，林业用地合计6070.42公顷；有林地小计4140.78公顷（乔木林4128.87公顷，竹林11.91公顷）；疏林地78.1公顷；灌木林地582.39公顷（国家特别规定灌木林139.32公顷，其他灌木林443.07公顷）；未成林地701.94公顷；无立木林地334.47公顷；宜林地232.74公顷；非林地3128.58公顷。

敖寨乡：土地总面积9151公顷，林业用地合计6810.88公顷；有林地4835.05公顷（乔木林4809.21公顷，竹林25.84公顷）；灌木林地1545.08公顷（国家特别规定灌木林301.59公顷，其他灌木林1243.49公顷）；未成林地365.12公顷；无立木林地11.857公顷；宜林地53.76公顷；非林地2340.12公顷。

下溪乡：土地总面积6640公顷，林业用地合计5164.95公顷；有林地4022.34公顷（乔木林4016.12公顷，竹林6.22公顷）；疏林地99.68公顷；灌木林地741.36公顷（国家特别规定灌木林385.94公顷，其他灌木林355.42公顷）；未成林地216.07公顷；无立木林地54.67公顷；宜林地30.83公顷；非林地1475.05公顷。

谢桥办事处：土地总面积10341公顷，林业用地合计5284.28公顷；有林地4741.5公顷（乔木林4738.04公顷，竹林3.46公顷）；疏林地0.97公顷；灌木林地394.46公顷（国家特别规定灌木林114.12公顷，其他灌木林280.34公顷）；未成林地77.37公顷；无立木林地69.98公顷；非林地5056.72公顷。

育苗

种苗乃植树造林的物质基础。有计划地培育大量合格优质苗木，对区内植树造林起到关键性作用。在20世纪90年代初，万山特区苗圃场有计划地培育一些松.杉.泡桐等苗木，供应区直机关干部植树节义务植树，其他树苗由外地调入。1997年，聘请湖南麻阳林技人员刘先成.浙江林技人员章志涛在黄道侗族乡小田坪建设苗木基地。两人先后育苗2.667公顷，培育各种经果林苗木20万株。还先后从省外引进官溪柚.金秋梨.美国黑李等优良经果林品种，试种成功，均已挂果。1999年—2000年两年中，原特区木材公司在黄道乡大榜村租用田地50亩培育苗木，生产各种苗木100万株。2000年—2003年期间，黄道侗族乡小田坪农民刘元恩一户，每年育苗3333.4公顷—6666.7公顷，培育出杨树.杉树.柏树及经果林等苗木40万株。2003年引进湖南溆浦县育苗企业在高楼坪侗族乡大坪村创办枣子育苗基地2.667公顷，培育糖枣.大枣苗木共30万株，为加快建设1333公顷枣子基地提供了优质合格苗木。

林木种苗是林业发展的重要基础。长期以来林木种苗事业为保障林产品供给.推动生态建设等发挥了重要作用。万山特区有计划地培育大量合格优质苗木，对植树造林起到关键性作用。2006—2011年共培育各类苗木1654万株，其中：2006年129万株；2007年376.5万株；2008年150万株；2009年563万株；2010年179.5万株；2011年256万株。

封山育林

封山育林是培育森林资源必不可少的重要组成部分，只要有母树或幼树生长的山头地块，封禁三至五年则可见到成效，不需花费很多的劳动力和经费，可以收到事半功倍的效果。1999年启动天然林保护工程后，截至2005年，累计封山育林0.4667万公顷，天然林工程公益林建设累计投资416.2万元，管护经费累计投资192.34万元，使区内森林资源得到有效保护。

1999—2005年天然林保护工程公益林建设管护投资表

表4-7

年 度	封山育林(公顷)	人工促进封山(公顷)	建设金费(万元)	管护金费(万元)
1999	2000		117	4.2
2000	400		33.6	28.4
2001	800		67.2	29.8
2002	266	133	30.4	38.94
2003	267	134	50	27
2004	267		29	32
2005	333		29	32
合 计	4333	267	416.2	192.34

2006—2011年万山特区天然林保护工程完成情况及投资表

表4-8　　单位：公顷、万元

年度	公益林建设				森林管护		总投资
	人工造林	封山育林	合计	投资	面积	投资	
2006		200	200	21	12733	26.7	47.7
2007		200	200	21	12733	28.3	49.3
2008					12733	28.3	28.3
2009					12733	28.3	28.3
2010		333	333	35	12733	28.5	63.5
2011	200	333	533	155	20295	20.2	175.2
合计	200	1066	1266	232	83960	160.3	392.3

植树造林

20世纪90年代初期，主要是动员特直机关干部植树造林，多半流于形式，成活率极低。可以说是年年栽树不见树。1996年10月，5181项目万山龙江片区林业造林工程正式实施，到2001年6月结束。项目实施涉及到高楼坪、黄道、下溪、敖寨等四个侗族乡的大榜、小田坪、洋保田、羊尾舟等22个行政村。经过检查验收，五年累计完成植树造林1088公顷，其中：经果林200公顷，用材林569公顷，薪炭林319公顷，加上其他年份造林600公顷，新增森林面积1688公顷，新增森林覆盖率5.07%。

2006—2011年是万山特区植树造林的高峰期，2006年继续实施天然林资源保护.退耕还林，2008年又相继启动巩固退耕还林成果和石漠化治理等生态林业重点工程。这些生态林业重点工程的实施，使万山特区植树造林的面积显著增加，造林质量明显提高。2006—2011年完成造林4011公顷，其中：2006年373公顷；2007年480公顷；2008年408公顷；2009年658公顷；2010年1133公顷；2011年959公顷。

天然林保护

天然林保护是保护天然林不被破坏，维持林分的结构与生产力，使其资源得以发展。对天然林与可以恢复天然林的地段进行科学经营，使现有天然林具有更完善的生态结构，生态环境得到改善，生产力与生物多样性得以提高，使迹地得以天然更新或按适地适树原则建立较好的人天混群落。万山特区实施了天然林保护一期工程，在实施一期的基础上增加二期保护工程。2006—2011年万山特区已实施天然林保护工程公益林建设1958公顷，聘请护林员43人对现有林地（20594.65公顷）进行保护。

第三节　森林保护

为了加强森林资源保护，万山特区聘请护林员43人，其中专职护林员12人。兼职护林员31人。护林员对辖区山林经常巡查并做好巡查记录，确保林区安全。各乡镇分别成立20人以上的义务消防队，负责森林保护工作。

森林防火实行各级人民政府领导负责制，各级林业主管部门对森林防火工作负有重要责任，执行“预防为主.积极消灭”的方针。预防和扑救森林火灾。保护森林资源是每个公民应尽的义务。万山特区内的森林防火戒严期为当年10月1日至翌年5月1日，在防火戒严期内，严禁野外用火，在林区内严格执行“十不准”“六负责”制度。十不准是：一不准烧荒开恳和烧山造林；二不准烧灰积肥；三不准烧田埂.土边杂草；四不准烧牧场；五不准乱丢烟头。火柴梗等引火物品；六不准烧火煮.烧食物及林副产品；七不准打火把；八不准烧火取暖；九不准燃烧烟花爆竹。燃烧香纸蜡烛；十不准烧山驱兽和明火狩猎。六负责是：多人失火为首者负责；集体失火领导者负责；学生失火校长负责；小孩失火家长负责；个人失火个人负责；痴呆弱智者失火，监护人负责。每年的森林防火季节，各级人民政府和林业行政主管部门深入到各乡镇、村、组。学校宣传《森林防火条例》和森林防火“十不准”。“六负责”制度，使广大民众从思想意识上注重护林防火。为了林业法制宣传，提高全民爱林护林意识及法制观念，利用乡镇赶场天出动宣传车反复播放《森林防火条例》《万山特区森林防火通告》《退耕还林条例》，书写张贴大幅标语，在主要林区路口建立固定的永久性管护牌，发放宣传资料，政府通告等林业法律法规及森林防火挂历1万份，张贴政府通告0.23万份和《中华人民共和国森林法》等林业法律法规2万份，受教育群众6.8万人次。还制定了森林巡查制度，对全特区森林火灾多发地区和重点林区、重点部门实行巡查，发现问起和隐患及时排除。

为了加强森林资源保护，全特区聘请护林员43人，其中专职护林员12人，兼职护林员31人。具体安排在：高楼坪乡专职护林员2人，兼职护林员5人；万山镇专职护林员5人，兼职护林员3人；敖寨乡专职护林员1人，兼职护林员6人；下溪乡专职护林员2人，兼职护林员9人；黄道乡专职护林员2人，兼职护林员8人。各乡镇分别成立了20人以上的义务消防队，负责森林防火工作。护林员对辖区山林经常巡查并做好巡查记录，确保林区安全。

区内每年均有不同程度森林火灾发生。据统计，1991— 2011年20年间共发生森林火灾165起，烧毁森林面积38.66公顷，损失活立木蓄积量1800立方米。森林病虫害是森林的天敌之一。1993年，高楼坪乡大坪村老山口区域发生66.6公顷马尾松毛虫虫害，引起省.地林业主管部门的高度重视，召开专门会议，制定灭虫方案。地区林业局拨款1万元购置药品和器械进行人工防治。发动村民进山捡虫摘蛹，捡到活体松毛虫100千克，逐步控制扩散与繁殖。经1994—1996年连续三年对发生松毛虫严重的样地地块进行越冬调查，未发现松毛虫体蛹。

森林植物检疫检验，是森林保护工作的重要组成部分。随着林业六大工程相继启动建设，省、地之间种苗、花卉、木材及其他林副产品调运量增加，给林木病虫害传播创造了有利条件。因此，为了防治林木病虫害不相互传播，按照国务院颁发的《植物检疫条例》和省政府规定的《贵州省植物检疫办法》精神，单设检疫检验机构，配备专职检疫干部3人，对进出的苗木、花卉、木材及竹木制品和林副产品实行检疫检验。1991—2011年，检疫检验林木种子0.75万千克，检疫检验各种苗木500万株，检疫检验木材5000立方米，检疫检验其他林副产品11000件（套）。

案件查处是林业部门护林的重要工作。少数受眼前利益驱动的人，无视林业政策和法律法规，偷砍盗伐林木和买卖青山伐木事件时有发生。1991—2011年，区内共发生乱砍滥伐案件108起，没收违章木材1334.62立方米。

第四节　木材经营

万山特区木材公司是唯一一家经营木材的企业，有职工19人（在岗职工15人，退休职工4人）。1991年后，公司不再进行收购和砍伐木材，靠以前生产库存的木材出售维持公司基本开支。1999年10月，国家在万山特区启动天然林保护建设工程，是年11月8日，万山特区人民政府颁布了《关于关闭万山特区木材交易市场的通告》，木材公司停止了经营业务。根据国家林业行政部门关于做好木材公司职工安置工作有关政策，原木材公司职工转聘到乡镇任护林员，砍树人变成了护林人。

2004年12月27日至2005年2月21日期间，万山特区各乡镇遭受特大冰雪凝冻灾害，大面积林木折断、倒伏。据调查统计：受灾森林面积11.3万亩，活立木蓄积量约4300立方米。为降低林区人民群众的损失，省、地林业行政部门重视，争取到天然林保护区商品材砍伐指标1205立方米，分配到受灾林区，由受灾户加工造材，经林业主管部门检尺，办理木材运输证件进行销售。2005年砍伐凝冻毁损木材1100立方米，销售木材1000.5立方米。

2008年1月万山特区各乡镇遭受特大冰雪凝冻灾害，大面积林木折断、倒伏。据调查统计：受灾森林面积4067公顷，活立木蓄积量约12.2万立方米。为降低林业灾害对万山特区人民群众的损失，省、地林业行政主管部门重视，争取到天然林保护区商品材砍伐指标分配到受灾林区，由受灾户加工造材，经林业主管部门检尺，办理木材运输证件进行销售。

到2011年万山特区共有经营木材加工企业49户，对企业实行年审制度。严格按有关林业法律法规进行管理。

第五节　林政管理

治理林业经济环境，保护森林资源稳健增长，促使森林资源做到可持续利用，是林政管理工作的主要任务。根据《中华人民共和国森林法》规定，天然林采伐严格执行限额制度，凭证采伐。禁止利用天然林生产商品材，严格控制森林资源消耗。万山特区所有乡镇均有天然林保护工程区，采伐木材必须申请办理采伐许可证，按许可证规定内容进行采伐。禁止在天然林区生产商品材、买卖青山和砍伐天然林木烧木炭。

《中华人民共和国森林法》《中华人民共和国种子法》《中华人民共和国森林法实施条例》《森林防火条例》《野生动植物保护条例》等一系列林业法律法规，是保护森林植被、森林资源和野生动植物资源，制止乱砍滥伐、乱捕乱猎、乱采滥挖野生动植物资源的有力法律武器。林政部门根据各个时期的护林重点，积极做好林政法律法规的宣传。主要做法是，加强法制宣传，提高全民爱林护林意识及法制意识。在森林资源管护方面，坚持“宣传教育为主，处罚打击为辅”，把宣传教育工作深入到各乡镇、村、组，走村串寨，深入农户，增强林农爱林护林意识。把国家的林政法制和政策.各种森林防火通告和退耕还林条例等宣传到千家万户，做到家喻户晓，共同遵守。每年出动宣传车到万山特区范围内宣讲林政法规，散发林业法律法规资料。

据2000年8月万山特区第四次森林资源调查显示，全特区森林活立木蓄积量为21万立方米，有林地面积11175公顷，较1985年森林资源调查数12.26万立方米6927公顷，分别增加了41.6%和62.0%。实施天然林保护工程和退耕还林工程，使原来遭破坏严重的森林得到恢复，做到森林面积、活立木蓄积量、森林覆盖率三方面同步增长。

林政部门是林业系统的执法单位，主要对那些违章砍伐和运输.违法经营加工和纵火毁林的单位和个人实行依法查处。1991—2005年期间，林政部门配合林业公安派出所与各乡镇林业站共查处各类林业案件458起，其中：滥伐林木案53起，山林火灾案128起。行政拘留5人，没收违法经营的木材485立方米，被罚款401人。

特区四乡一镇均有国家天然林保护工程区。为加大对天然林资源的保护力度，根据《森林法》规定，天然林采伐严格执行“凭证.限额”制度，禁止利用天然林生产商品材，严格控制森林资源消耗，规范农民自用材的管理，严禁以任何理由和方式破坏森林资源。对破坏森林的违法案件当事人，林政部门将依照《森林法》第三十九条规定，没收木材或变卖所得，并处以林木价值三倍以上，十倍以下罚款。

森林资源开发

根据特区人民政府“旅游活区”发展战略，以及老山口丰富的旅游资源和独特的地理条件。气候条件，别具特色的森林风光，具备发展森林旅游业的条件，决定建设老山口省级森林公园。在特区各有关部门的配合和铜仁地区林业局全力支持下，编制组调查人员深入林区实地调查，走访村民，辛勤工作，反复论证。2005年11月4日在贵阳召开贵州省森林公园评审专家召开评审会，对万山老山口森林公园申报省级森林公园可行性研究报告进行评审。一致认为：研究报告编制依据充分，整体结构基本符合国家林业标准。公园森林资源比较丰富，有一定特色，具备建立省级森林公园的基本条件。

老山口森林公园规划总面积为2593公顷，分为四个区：浏览区，面积252.28公顷；游乐区，面积20公顷；管理接待服务区，面积8.64公顷；生态保护区，面积2312.08公顷。公园的性质定为：以优良的生态环境和优美的森林景观资源为基础，以独特的森林植物景观和夏季凉爽为特点，建成以生态旅游、休闲度假、避暑、会务、生态体验为主要功能的城郊型综合性森林公园。

森林群落中蕴藏着极为丰富的自然资源，包括名目繁多的野生木本与草本植物、野生动物与微生物以及各种矿产资源。万山特区以老山口森林公园作为森林旅游，大力培育经果林、木本油料林、木本药材林以及竹木加工业等的发展。2011年万山特区林业生产总值达到五千万元。

第六章　水　　利

第一节　水利建设

一、蓄水

万山特区境内原有小（一）型水库1座：龙江水库；小（二）型水库7座：青年水库、猴冲水库、马路岗水库、龙田水库、塘家田水库、猫垅水库、龙塘水库；蓄水山塘119座（高楼坪乡99座、黄道乡7座、万山镇6座、敖寨乡6座、下溪乡1座）。1991—2005年，没有新建蓄水工程，只是先后对原有水库系列设施根据具体情况进行更新或改造、维修。

龙江水库　是一座以灌溉为主，兼防洪功能的小（一）型水库。龙江水库工程于1976年8月动工，于1985年12月完工，1986年5月正式蓄水交付使用。水库集雨面积7.2平方千米，工程大坝枢纽为粘土斜墙坝，坝高35米，坝长120米，坝顶宽7米，坝顶高层580.3米，防浪墙高层581.13米，正常蓄水水位574.53米，总库容241.6立方米。2002年1月经上级审批，下拨资金16.49万元对原溢洪道进行改造，增建溢洪道尾端68米，底宽9米，墙高分别渐变型。同时利用下拨资金12.6万元新建农渠1.5千米，新建支渠2.85千米。通过改造，新增灌溉面积4.446公顷。

青年湖水库　位于万山特区高楼坪侗族乡张家村，青年湖水库坝址建在张家小河，张家小河属舞水左岸二级支流，一级支流为高楼坪河，青年湖水库始建于20世纪50年代。水库总库容水77.3万立方米，兴利库容32.8万立方米，死库容31.2万立方米，工程规模为小（2）型。该水库灌溉张家村等村民组，设计灌溉面积166公顷。因运行时间较长，年久失修，漏水严重，导致灌溉效益低。经向上级汇报反映，青年水库于1992年通过立项，被列入世界粮食计划署对华粮援5181项目工程，工程改造分五年实施完毕。工程总投资107万元，完成大坝枢纽加高加固1米，改造防渗干渠3.89千米，改造防渗支渠6.06千米，修建引洪渠2.68千米，改造文家屋场倒虹管210米。

猴冲水库　位于万山特区高楼坪乡境内，距万山城区6千米，距高楼坪乡3千米，有通村公路从水库旁边经过，通过开挖进场路到达库区，交通条件一般。地理位置为北纬27°24′29″—27°37′22″，东经109°7′17″—109°23′12″。猴冲水库为均质土坝，坝长62米，最大坝高19.5米，坝顶宽3.8米，坝顶高程738米，设计洪水位737.30米，校核洪水位737.59米，总库容为30.2万立方米。兴利库容为19.8万立方米，猴冲水库是一座以灌溉为主，结合防洪、养殖等综合效益为一体的小Ⅱ型水利工程。1987年3月发现左坝肩漏水，主要受断层破碎带影响，水库岸F1断层走向北东一南西，为张性断面，与F1.F2成钝角相交的一组断层F2走向北西一南东。工程防渗处理从左坝后坝肩开挖补漏，通过堵漏后断层在靠地表处未见露形成隐伏漏水，水是通过断面下F1再流向F2绕过左坝肩流出地面，断层漏水距离左坝肩5米，不会影响灌溉。猴冲水库于1998年被列为“WPS5181项目”青年水库灌区的一个子项目，大规模改造维修工程于1999年3月7日开工，总投资59.9万元，同年6月正式完工，历时3个月。完成改造大坝枢组1座，干渠改造1条长8.28千米，新建农渠15千米，并在坝上浆砌“猴冲水库”四个大字。

塘家田水库　位于贵州省万山特区高楼坪乡长坳村，水库是一座以灌溉为主的小（二）型工程。地理位置北纬27° 31′ 45″，东经109° 12′ 29″，大坝为均质土坝，现状总库容16.7万立方米，兴利库容11.8万立方米，死库容3.1万立方米，最大坝高23.0米。该工程于1956年动工兴建，1966年竣工交付使用。分别于1979年、2001年两次进行维修。1979年冬，因大坝迎水面坡比为1：1.5，背水面坡比1：1，坝高23米，且溢洪道断面偏小，难以抵御洪水灾害。经国家拨款2万元对大坝及溢洪道进行改造，确保了大坝安全。2001年冬，获国际粮援资金16万元修复大坝1处，干渠防渗5.462千米，新建倒虹管1座长1000米。工程于2002年3月正式完工并投入使用。

龙塘水库　位于万山特区高楼坪侗族乡新庄村境内，是一座以灌溉为主的小（2）型水库，修建于上世纪五十年代，总库容18.4万立方米，兴利库容12.9万立方米，死库容1.5万立方米，工程规模为小（2）型，水库下游有成片的成田，土质肥沃，该地地表河流甚少，干旱缺水十分严重，该水库灌溉高楼坪新庄村等村民组，设计灌溉面积450亩。利用国际粮援5181项目资金36.28万元，于2000年11月16日开工，2001年4月30日竣工，改造大坝1座，新建溢洪道1条，新修排水沟1条长120米，渠道防渗维修1条长6千米，农渠防渗1.2千米。

猫垅水库　位于舞水流域二级支流杨底江水系上，坝址地理位置坐标为北纬27° 31′ 20″，东经109° 15′ 00″。其枢纽位于贵州省东北部万山特区高楼坪乡，距万山特区政府5千米，位于万山至铜仁公路右侧，距库区500米。水库正常蓄水位733米，相应正常库容10.47万立方米，死水位725.50米，相应死库容4.30万立方米，水库无水文观测资料。猫垅水库灌溉面积25.33公顷，保护下游人口956人，是一座以灌溉为主，结合防洪、养殖等综合效益的小（Ⅱ）型水利工程。2001年利用世界粮援5181项目资金18.7万元进行整修。整修大坝1座，渠道防渗2千米；2003年，因猫垅水库坝体及卧管漏水，是年冬季，利用冬修面上工程经费2.4万元，对坝体及卧管进行维修补漏，保证了正常灌溉运行。

马路岗水库　位于万山特区高楼坪乡夜郎村，东经109° 12′，北纬27° 29′，是一座以灌溉为主，兼防洪功能的小（二）型水库。水库工程于1980年冬季动工，1982年11月完工，集雨面积9平方千米，坝体为浆砌石拱坝，坝高19米，坝长76米，坝顶宽6米，总库容29万立方米，有效库容19万立方米，调洪库容8.8万立方米，死库容0.03万立方米。干渠长2.65千米，灌溉面积43公顷。2001年冬利用国家投资7.3万元改造农渠1千米；2005年冬国家投资3.2万元，对大坝进行防渗补漏处理，2006年春节竣工。

龙田水库　位于万山特区高楼坪侗族乡龙田村境内，坝址河段属长江流域沅江水系舞阳河的三级支流，一级支流为高楼坪河，二级支流为雷公河。该水库是以农业灌溉为主的综合利用小（2）型水库。水库大坝坝顶高程为790.71米，水库正常蓄水位789.30米，设计洪水位790.63米，校核洪水位971.30米，死水位777.50米，总库容19.2万立方米，兴利库容12.8万立方米，死库容1.2万立方米。1990年经上级审批拨款2.3万元，对左坝肩漏水点进行补新建放水卧管，同时堵塞旧放水管；2005年冬，利用水库除险项目资金3.2万元，对龙田水库大坝，溢洪道清淤，对防浪墙及大坝进行修整。

贾溪龙水库　位于万山特区高楼坪侗族乡贾溪龙村南附近，坐标：北纬：27° 29′ 06.97″，东经109° 11′ 14.6″，是一座以灌溉为主的小（2）型水库。水库总库容11.9万立方米，兴利库容8.3万立方米，死库容1.6万立方米，工程规模为小（2）型，水库下游有成片的农田，土质肥沃，该地地表河流甚少，干旱缺水十分严重，该水库灌溉贾溪龙等村民组，设计灌溉面积26.667公顷。

洼水冲水库　位于万山特区高楼坪侗族乡新庄村境内，是一座以人畜饮水和灌溉为主的小（2）型水库，坝址河段属长江流域沅江水系舞阳河的四级支流绿坪河距万山特区27千米，距高楼坪乡9千米。洼水冲水库1962年开工修建，1964年竣工并投入运行，总库容为10.1万立方米，兴利库容为8.3立方米。设计灌溉面积27公顷，实际灌溉面积13.33公顷。

板水岩水库　位于黄道乡大路冲村，该水库距黄道乡政府所在地22千米，地理位置北纬27° 10′，东经109° 16′，板水岩水库位于黄道乡黄道河的上游，坝高15米，总库容15.9×104立方米，正常库容13.8×104立方米，兴利库容7.3×104立方米，死库容6.5×104立方米，属小（2）型蓄水工程，本水库以灌溉为主，同时兼以人饮。该水库设计灌溉面积33.3公顷，保证灌溉面积20公顷，解决水库周边4个村民组134户502人的饮水问题。

东风水库　东风水库坝址位于万山特区敖寨乡杨家寨村，北纬27° 35′ 48″，东经109° 13′ 49″，坝址以上集雨面积为1.04平方千米，平均径流量71.66万立方米，平均流量0.023立方米/秒。东风水库总库容10.7万立方米，兴利库容5.87万立方米，死库容1.69万立方米，该水库是以农业灌溉为主，养殖为辅的综合利用小（2）型水库。

小（三）型山塘　2000年前是按谁受益谁管理的原则进行管理。2000年后，国家对小（三）型山塘工程实行“抓大放小”政策，将管理权采取拍卖或承包的方式，共拍卖塘32口，其余的按承包合同进行承包。管理者可自行取得的水费收入或水产收入用于管理费用的开销。

万山特区蓄水工程统计表

表4-9

序号	工程名称	所在乡镇	规模	集雨面积（平方千米）	总库容（万立方米）	正常蓄水位库容（万立方米）	兴利库容（万立方米）	水田灌溉面积（公顷）	旱地灌溉面积（公顷）
1	龙江水库	万山镇	小(1)型	5.3	204	184	167	100	64
2	青年湖水库	高楼坪	小(2)型	1.6	75	65.7	64	60	40
3	猫垅水库	高楼坪	小(2)型	0.15	12	8.2	8	15	5
4	猴冲水库	高楼坪	小(2)型	6.7	28	24	19.5	30	7.46
5	马路岗水库	高楼坪	小(2)型	9	29	25.2	19	30.3	6.8
6	龙田水库	高楼坪	小(2)型	0.83	22	19	14.5	22.3	4.3
7	板水岩水库	黄道乡	小(2)型	0.8	17	15.3	14	12.7	4
8	洼水冲水库	高楼坪	小(2)型	0.22	10.4	9.1	8	10	3.3
9	田龙水库	高楼坪	小(2)型	0.32	10	8.6	6.8	11.3	2.27
10	山塘99处	高楼坪	小(2)型以下	35	68.69	60.55	57.6	269.5	111.27
11	山塘5处	黄道乡	小(2)型以下	1.1	0.86	1.57	1.4	86	3
12	塘家田水库	高楼坪	小(2)型	1.25	16.7	12.1	11.8	45.3	11.33
13	东风水库	敖寨乡	小(2)型	1.04	15	12.6	10	12.1	6.67

续表4-9

序号	工程名称	所在乡镇	规模	集雨面积（平方千米）	总库容（万立方米）	正常蓄水位库容（万立方米）	兴利库容（万立方米）	水田灌溉面积(公顷）	旱地灌溉面积（公顷）
14	山塘1处	下溪乡	小(2)型以下	0.3	0.6	0.9	0.8	4.5	0
15	山塘2处	敖寨乡	小(2)型以下	0.25	0.35	0.3	0.3	3.2	0
16	山塘6处	万山镇	小(2)型以下	1	1.79	1.54	1.5	9.8	6.13
合计	113			64.86	511.39	448.66	404.2	643.9	275.6

二、引水

特区境内共有大小引水渠堰39处，年引水量1143万立方米，实际灌溉面积448.93公顷，其中：高楼坪乡8处，实际灌溉面积176公顷；万山镇1处，实际灌溉面积3.333公顷；黄道乡8处，实际灌溉面积50公顷；敖寨乡18处，实际灌溉面积161.87公顷；下溪乡4处，保证灌溉面积57.73公顷。

2005年万山特区主要引水渠堰概况表

表4-10

乡村名称	引水河流名　称	引水渠长（米）	引水流量（立方米/秒）	灌溉面积（公顷）	备注
敖寨乡中寨园干渠	敖寨河	2000	0.037	17.69	设堰
敖寨乡苏棚干渠	敖寨河	1600	0.065	18.29	设堰
敖寨乡长田坝干渠	敖寨河	1800	0.051	24.54	设堰
敖寨乡围竿坝干渠	敖寨河	1000	0.03	14.52	设堰
敖寨乡丫鹊坝干渠	敖寨河	900	0.032	15.27	设堰
敖寨乡易家寨干渠	敖寨河	2200	0.053	25.49	设堰
敖寨乡钻板田干渠	敖寨河	500	0.06	3.33	土渠
敖寨乡廖家	敖寨河	200	0.06	3	土渠
敖寨乡黄泥塘	敖寨河	100	0.06	5.33	土渠
敖寨乡石头寨	敖寨河	50	0.065	2.67	土渠围堰
敖寨乡罗家坪	敖寨河	400	0.06	3.3	土渠
敖寨乡凉水井	敖寨河	20	0.06	3.67	土渠
敖寨乡夜学坝	敖赛河	15	0.06	3	土渠
敖寨乡邓家	敖寨河	100	0.2	6.67	土渠
敖寨乡刘家山	敖寨河	200	0.06	4	土渠

续表4-10

乡村名称	引水河流名称	引水渠长（米）	引水流量（立方米/秒）	灌溉面积（公顷）	备注
敖赛乡卢家湾	梅子溪	2000	0.01	4.67	设堰
敖寨乡金家场	梅子溪	2000	0.01	3.13	设堰
敖寨乡梅子溪	梅子溪	2000	0.01	4.67	设堰
高楼坪乡黄舍田	新庄小溪	2000	0.06	3.3	设堰
高楼坪乡新庄	新庄小溪	2000	0.06	5.3	设堰
高楼坪乡雷打坡	新庄小溪	2000	0.056	2.67	设堰
高楼坪乡绿化园	新庄小溪	2000	0.056	2.67	设堰
高楼坪乡寄马冲	寄马冲一道堰	1500	0.06	2	设堰
高楼坪乡寄马冲	寄马冲一道堰	1700	0.06	2	设堰
高楼坪乡猴冲中堰	马路岗河	1500	0.056	4	设堰
高楼坪乡鸡公田小湾	鸡公田河	1000	0.056	3.3	设堰
下溪乡洋保田	下溪河	250	0.06	16	土渠围堰
下溪乡六田坪	下溪河		0.06	2	土渠围堰
下溪乡田龙	田龙小溪	300	0.06	6.6	土渠围堰
下溪乡铁门	铁门小溪	2006	0.06	0.8	土渠
黄道乡清溪	清溪小溪	2500	0.06	36.67	土渠
黄道乡锁溪	锁溪小溪	6000	0.06	45.33	土渠
黄道乡长坳	长坳小溪	4000	0.06	40	土渠围堰
黄道乡白屋场	白屋场小溪	5000	0.06	39.3	土渠围堰
黄道乡小田坪	小田坪小溪	4000	0.06	56	土渠围堰
黄道乡黄道	黄道河	4500	0.06	63.3	土渠围堰
黄道乡瓦寨	黄道河	147	0.05	3.6	土渠围堰
黄道乡大榜	黄道河	150	0.04	2.67	土渠

万山特区引水工程统计表

表4-11

序号	工程名称	所在乡镇	引水规模（立方米/秒）	水田灌溉面积(公顷)
1	贺家堰水渠	高楼坪乡	0.02	2.3
2	岩英圹水渠	高楼坪乡	0.01	1.81
3	胜利坡水渠	高楼坪乡	0.02	1.9
4	屯坪水渠	高楼坪乡	0.01	1.21
5	羊木桥水渠	高楼坪乡	0.01	1.53
6	岩前水渠	黄道乡	0.03	3.25
7	老院子水渠	黄道乡	0.01	1.95
8	新屋坝上水渠	黄道乡	0.02	2.36
9	祠堂坝水渠	黄道乡	0.01	2.1
10	大桥边水渠	黄道乡	0.01	1.35
11	下深冲水渠	黄道乡	0.02	1.35
12	苟楼溪水渠	黄道乡	0.01	1.15
13	三角水渠	黄道乡	0.02	2.87
14	冲口水渠	黄道乡	0.01	1.75
15	高楼坪微型水渠(21处)	高楼坪乡	小于0.01	14.66
16	黄道乡微型水渠(15处)	黄道乡	小于0.01	12.5
17	老寨湾引水渠	敖寨乡	0.02	2.39
18	敖寨微型水渠(10处)	敖寨乡	小于0.01	7.62
合计	61			64.9

三、提水

特区对稻田位置高，水源位置较低，不能自流灌溉的稻田采用提水的方式进行灌溉。需提水灌溉的村寨主要有：高楼坪乡的黄家寨、张家山，黄道乡的大榜村。据90年代初统计，全特区有电动提水设备装机容量52.5千瓦，机动功率30马力，提水量为0.065立方米/秒，实际灌溉面积33.3公顷。由于设备年久失修，加上水利渠系工程逐年完善配套，原有的提水灌溉设备已报废。但为了防止稻田打田缺水和禾苗生长期间偶遇旱灾，很多农户均自备小型电动泵或汽油泵抽水抗旱。

万山特区提水工程统计表

表4-12

序号	工程名称	所在乡镇	装机（千瓦）	实灌水田灌面（公顷）	实灌旱地灌面（公顷）
1	水眼坪提水站	高楼坪乡	18.5	3.3	1.9
2	大树林黄家提水站	高楼坪乡	18.5	2	1.1
3	大树林杨家提水站	高楼坪乡	30	2.3	1.2
4	菖木塘提水站	高楼坪乡	18.5	2.9	1

四、人畜饮水工程

1998—2005年期间，特区水利局为全特区人畜饮水困难的集镇和村寨分期分批地改造水井，修建自来水工程，国家共补助资金406万元，群众自筹资金55万元，修建人畜饮水池287口，总容水量为3983立方米，架设自来水管546千米，为28900名居民和24900头牲畜解决了饮水困难，使农村村民用上清洁的自来水。

万山特区农村饮水工程表

表4-13

乡镇名称	村寨名称	水池（立方米/口）	饮水人数（人）	饮水牲畜（头）	投资合计（万元）	国家补助（万元）	自筹资金（万元）	管道长度（千米）	建成时间（年）
万山镇	三角岩	19/2	193	139	3.66	2.9	0.76	2.54	1999
	张家坪	20/2	162	100	1.4	1.24	0.16	2.4	2001
	狮子岩	12/3	82	50	0.93	0.88	0.05	2.6	2001
高楼坪乡	万山司	47/4	441	427	5.79	4.15	1.64	4.98	1998
	猴 冲	42/2	390	377	4.89	3.67	1.22	5.53	1998
	大树林	47/2	440	426	5.62	4.14	1.48	8.45	1998
	下大坪	81/2	616	596	7.42	5.6	1.82	8。14	1998
	上大坪	74/2	674	652	8.12	6	2.12	6.47	1998
	背后湾	69/2	525	508	6.6	4.94	1.66	6.95	1998
	滚子冲	55/2	515	498	6.5	4.76	1.74	7.3	1999
	菖木塘	83/2	677	487	7.85	5.9	1.95	8.92	1999
	甘 塘	22/2	227	163	3.01	2	1.01	2.99	1999
	岩 屋	19/2	189	137	3.55	2.6	0.95	2.99	1999

续表4-13

乡镇名称	村寨名称	水池(立方米/口)	饮水人数(人)	饮水牲畜(头)	投资合计(万元)	国家补助(万元)	自筹资金(万元)	管道长度(千米)	建成时间(年)
高楼坪乡	张家山	23/2	234	168	3.03	2	1.03	3.08	1999
	屯 坪	21/2	211	152	4.89	4.16	0.73	3.78	1999
	关 庄	28/2	391	282	5.58	4.2	1.38	5.15	1999
	郭 家	23/2	233	168	3.24	2	1.24	3.07	2001
	雷打坡	20/2	120	100	1.71	1.52	0.19	3.8	2001
	桃树坨	28/3	127	110	1.6	1.48	0.14	2.1	1998
	小客寨	48/2	453	438	6.06	4.26	1.8	6.61	1998
	寒 棚	31/2	307	256	4.02	2.9	1.12	3.89	1999
	毕家湾	64/2	649	467	5.8	3.9	1.9	8.56	2001
	贾溪龙	31/2	150	120	1.6	1.44	0.16	3	2001
	向 家	30/3	220	200	1.82	1.56	0.26	3.3	2001
	元家龙	50/3	152	120	1.57	1.41	0.16	2.5	2003
	雷公井	29/3	280	250	2.29	2.1	0.19	4	2003
	小 垅 向 家	40/3	130	100	3.03	1.71	019	3.2	2003
	伍家田	28/4	210	180	2.53	2.8	0.23	3.2	2003
	龙 田	30/2	160	140	2.15	2.27	0.16	4.4	2002
	新 屋	26/3	90	100	3.25	2.04	0.11	3.23	2002
	野狗沱	55/3	135	200	2.07	2.98	0.27	3.87	2002
	铜盆塘	55/4	180	220	3.66	2.03	0.24	4.3	2003
	来羊评	34/2	255	275	2.56	3.46	0.2	4.56	2004
	黄家寨 上 寨	29/2	97	104	1.5	2.5	0.06	1.35	2004
	塘家田	24/2	127	137	0.95	1.36	0.14	2.72	2004
	蔡家坪	16/2	104	112	42.3	0.89	0.06	1.06	2004
	鹅 塔	42.5/2	70	76	2.4	2.31	0.09	2.43	2005
	小客寨	34/2	240	258	4.37	4.1	0.27	5.8	2005
	大客寨	27.2/2	150	161	4.47	4.3	0.17	5.7	2005
	靛 坨	26.4/2	89	95	2.7	2.62	0.08	1.96	2005

续表4-13

乡镇名称	村寨名称	水池（立方米/口）	饮水人数（人）	饮水牲畜（头）	投资合计（万元）	国家补助（万元）	自筹资金（万元）	管道长度（千米）	建成时间（年）
高楼坪乡	水眼坪	696/2	289	311	5.44	5.08	0.36	6.27	2004
	小琴门	50/3	147	158	3.4	3.25	0.15	3.37	2004
	硐 头	24/2	111	120	3.49	3.37	0.12	2.86	2005
	落山冲	5/3	10	11	0.44	0.43	0.01	0.28	2005
	大 龙	26/2	93	110	2.28	2.68	0.1	1.7	2005
	吴 家	34.2/2	118	127	3.31	3.21	0.1	3.2	2005
	坪家坡	33.8/2	110	107	1.85	1.72	0.13	3.5	2005
	新 庄	84.6/2	675	725	14.8	14.22	0.58	13.6	2005
	文家屋场	26/2	120	110	6.3	6.18	0.12	5	2001
	郭 家	18/2	110	80	3.9	3.8	0.1	4.6	2001
	集镇供水	295.6/5	1772	1185	42.3	42.3	0	22.69	2005
黄道乡	黄瓜中	53/2	550	385	6.9	5.16	1.74	6.62	1998
	锁 溪	16/2	90	65	2.4	2	0.4	3.25	2001
	排 坡	24/3	117	100	2.03	1.93	0.1	4.2	2003
	黄土坳	29/2	50	40	0.93	0.87	0.06	1.5	2003
	小田坪上 寨	29/2	130	110	3.08	2.92	0.16	5.3	2003
	细路冲	24/2	100	90	1.42	1.32	0.1	3.5	2003
	聂家冲	29/2	90	70	1.85	1.73	0.12	3.5	2003
	瓦 寨	29/2	180	150	3.02	2.78	0.24	3.9	2003
	长坳田坝	24/2	120	110	2.5	2.3	0.2	5.3	2003
	长 坳	23/2	80	50	0.96	0.86	0.1	1.7	2003
	清 溪	8/2	42	30	0.57	0.52	0.05	1.3	2003
	板栗湾	36/2	120	150	3.45	3.25	0.2	5.85	2002
	新屋场	30/2	98	100	2.96	2.82	0.14	4.85	2002
	下锁溪	23/2	110	110	2.9	2.76	0.14 0.09	3.8	
	中塘边	25/2	130	150	1.57	1.48		2.9	2002 2003
	蓑衣塘	16/2	76	82	2.21	2.13	0.08	3.8	2004

续表4--13

乡镇名称	村寨名称	水池（立方米/口）	饮水人数（人）	饮水牲畜（头）	投资合计（万元）	国家补助（万元）	自筹资金（万元）	管道长度（千米）	建成时间（年）
黄道乡	老院子	44/2	226	243	2.71	2.46	0.25	5.5	2004
	细龙寨	18/2	82	88	1.85	1.79	0.06	4.6	2004
	力 坳	18.2/2	101	109	2.27	2.17	0.1	4.1	2005
	大 榜	16。4/2	96	104	1.66	1.56	0.08	2.2	2005
	阳 桥	74/3	463	499	6.7	6.17	0.53	6.3	2005
	燕子冲	24.2/2	86	93	2	1.4	00.09	2.9	2005
	鸡婆田	33.8/2	129	139	4.93	1.91	0.16	3.5	2005
	新屋场	26.5/22	182	197	4.3	4.77	0.21	5.4	2005
	猴 栏	40/2	220	180	4.3	4.09	0.1	5.4	2005
	庙 湾 黄岩冲	14.6/2	90	97	1.73	1.65	0.08	2.8	2005
	小田坪 大路冲	33/3	216	232	5.3	5.05	0.25	7.4	2005
	蚂 蟥 老院子	19.1/2	84	90	1.9	1.4	0.5	3.6	2005
	集镇供水	95/2	850	140	15.6	15.28	0.32	13.5	2001
敖寨乡	凉水井	23/2	235	169	2.83	2	0.83	3.1	1999
	新寨湾	56/2	569	412	6.67	5.07	1.6	7.5	1999
	黄土坡	85/2	867	624	9.77	7.52	2.25	8.43	1999
	卢家湾	47/2	475	342	5.52	4.1	1.42	6.26	1999
	合包田	22/2	150	130	1.84	1.69	0.15	4.5	2001
	敖家湾	23/2	160	140	2.07	1.91	0.16	3.7	2003
	大坪盖	23/2	120	100	1.64	1.64	0	3.2	2003
	清水江	23/2	240	200	2	1.8	0.2	3.7	2002
	苏家坡	43/4	138	160	2.84	2.71	0.13	6.1	2002
	盐井溪	10/1	35	50	0.89	0.84	0.05	2.5	2002
	屋 场	24/2	110	120	2.25	2.11	0.14	4.4	2002
	洋世界	38/3	120	150	2.67	2.53	0.14	5	2004
	刘家山	22/2	92	99	2.14	2.04	0.1	2.4	2004
	黄木冲	14/2	67	72	1.74	1.66	0.08	2.4	2004

续表4-13

乡镇名称	村寨名称	水池（立方米/口）	饮水人数（人）	饮水牲畜(头)	投资合计（万元）	国家补助（万元）	自筹资金（万元）	管道长度（千米）	建成时间(年)
敖寨乡	杨家寨	50/2	354	319	4	4	0	4.9	2005
	新寨湾	36/3	234	252	3.71	3.52	0.19	5.1	2005
	油榨冲	31/2	126	136	5.11	5	0.11	6.6	2005
	黄土坡	36.3/5	205	221	4.82	4.58	0.24	6.6	2005
	石头寨	26.6/2	192	198	3.18	2.99	0.19	3.7	2005
	罗家坪	20.2/2	151	154	2.78	2.63	0.15	4.4	2005
	金家场	35.4/2	258	269	3.04	2.77	0.27	4	2005
	苏 棚	15.6/2	89	87	2.14	2.04	0.1	2.3	2005
下溪乡	六田坪	69/3	644	623	7.82	5.69	1.86	7.52	2005
	干田畈	20/2	205	147	2.71	1.83	0.88	3.7	1999
	草 场	16/2	107	88	1.75	1.24	0.51	3.84	1999
	街 上	71/2	724	521	8.87	7	1.87	9.6	1999
	曾家垅	40/3	408	294	5.03	3.63	1.4	5.38	1999
	车 田	15/2	151	108	2.77	2	0.77	3.98	1999
	白木坪	32/2	201	200	1.58	1.5	0.08	2.8	2001
	秧田坡	24/2	160	130	0.81	0.71	0.1	1.7	2001
	张 家	24/2	162	130	0.9	0.82	0.08	1.8	2001
	半 坡	35/2	180	150	2.35	2.23	0.12	4	2003
	杉木溪	27/2	127	150	2.37	2.22	0.15	4.7	2002
	烂泥垅	30/2	232	300	2.21	2.21	0	4.2	2002
	下报溪	35/2	187	202	3.66	3.51	0.15	5.6	2004
	下场溪	20/2	120	130	2.04	1.91	0.13	3.3	2004
	铁 门	75/2	379	408	4.78	4.78	0	5	2004
	时 家	20/2	120	130	2.66	2.57	0.09	3.8	2005
	克仁寨	25.3/2	168	181	3.55	3.36	0.19	5	2005
	船 冲	27/2	167	180	3.28	3.15	0.13	3.7	2005

第二节　抗旱防汛

一、抗旱

特区境内的旱灾有两种：一种是春旱，多在3—5月期间出现，使秧田无水播种或无水打田插秧；另一种是夏旱，也叫伏旱，多在6—8月出现，使生长期间的水稻因缺水而影响孕穗。出穗和籽粒灌浆。旱灾以夏旱危害最大，持续时间长，致使农作物损失严重，人畜饮水困难。

凡遇旱灾，特区政府全力组织农民抗旱，农业、水利等部门大力支持农村抗旱。1990年，特区水利电力局先后在高楼坪乡。下溪乡成立流动抗旱服务队。水利电力局无偿分配的成套抗旱汽油水泵350B5台（套），柴油水泵165F/80一15（3HP）3台（套），分别分配给高楼坪乡汽油水泵4台（套），柴油水放3台（套），下溪乡汽油水泵1台（套），将抗旱服务队交给当地乡政府管理，技术业务由特区水电局管理。

二、防汛

1990年，铜仁地区水利电力局防汛办公室为万山特区配备超短波电台，为特区防汛抗旱指挥部培训了使用电台的专职人员。每逢汛期，特区水利局组织人员昼夜值班，电台、电话、手机随时待命，将上级防汛指挥部的指示和收到气象部门的异常天气预警，及时传达到特区各乡镇。对每年汛期前一个月，全面检查境内所有水库、山塘蓄水和河流畅通安全度汛情况，发现险情，立即作出抢险措施，有紧急情况则鸣锣为号，将群众撤离到安全地带。

万山特区境内雨量较集中的夏季和初秋季节，特区防汛抗旱部门将每年5一9月定为防汛期。境内高处为汞矿区遗址，历史上汞矿开采所堆放的矿渣和砂石满山遍野，加上万山山高坡陡的地形，每逢大雨或暴雨来临时山洪暴发，冲走泥石和矿渣，使低处河流河床提升而冲决河堤，沙石冲毁田园。1995年7月3日，万山特区境内发生特大洪灾，敖寨河冲塌防洪堤13千米，冲毁耕地1.33公顷，下溪河冲塌防堤1.7千米，冲毁耕地14.3公顷；1997年6月14日发生洪灾，敖寨河冲塌河堤1.4千米，冲毁耕地0.6公顷；2002—2005年，山洪灾害造成山体滑坡6处，倒塌民房10间，冲毁河堤10千米，造成多处公路塌陷，致使交通中断。

第三节　水政管理

一、水政执法

随着《中华人民共和国水法》《中华人民共和国河道管理条例》《中华人民共和国防洪法》和《中华人民共和国水土保持法》的相继颁布实施，对规范水事活动，调整与水有关的经济社会关系有了新的法律准绳。

水利部门每年3月22日“世界水日”和3月22—28日“中国水周”期间，结合特区具体情况，开展纪念活动，由水政大队牵头组成宣传组，出动执法宣传车面向基层干部群众。厂矿企业，宣讲水政法律法规，利用区内各集镇赶场天设立咨询点，张贴挂图.发放各种资料，接受群众水事咨询。通过宣传活动，增强了社会各界对水的法制观念和水忧患意识，对依法治水，强化水政执法，加强水资源统一管理，实施可持续发展战略，起到了积极的推动作用。

二、水费征收与管理

为了合理利用和保护水利工程，保障和发展农业生产，实行以水养水，发展水利事业。特区根据《贵州省水资源费征收管理办法》《铜仁地区水资源费征收管理暂行办法》及《万山特区人民政府关于征收水资源费的规定》之精神，完善了取水许可证制度，严格建设项目审批程序。全面开展取水许可证预申请制度、水质水量监测建档管理、计量设施安装、取水许可证年审验、审批取水水域等工作，用水单位和用户全部办理了取水许可手续，按期交纳水资源费。

水费计收办法按贵州省人民政府颁发的《贵州省水利工程供水收费和使用管理办法》铜仁地区行署《关于农用水费以粮计收非农用水费收费标准的报告》和行署办公室《关于转发地区粮食局、水电局收取水费的通知》，每年每亩按21元收取，由粮食部门征收公余粮时以粮代收；2000年，根据贵州省物价局、贵州省水利厅规定，蓄水工程供水每年每亩收取40—50元，引水工程供水每年每亩收取30—40元，不再由粮食部门搭车收取水费，而实行各受益乡、村收取后上交特区财政。所征收的水费按以水养水的办法，返还乡村用于水利建设维修。

第五篇　商　业

1990年后，国有商业系统的体制改革继续深化，私营商业发展较快，市场繁荣，物资丰富，社会消费品购售更加兴旺。2005年社会商品零售总额达到5901万元，比1990年社会商品零售总额2850.75万元增长了107%。2011年社会商品零售额达到14318万元（划转后为29439万元）。

第一章　体制　行业

第一节　概　况

一、国有商业

由于经营机制的转换，实行“国有民营”，多数企业已真正成为自主经营、自负盈亏、自我发展、自我约束的经济实体。除盐业公司尚未实行“国有民营”外，百货公司、五金公司、纺织品公司、食品公司、服务公司、酱油厂以及理发社、照相馆等单位都已实行“国有民营”。

二、烟草专卖公司

1984年糖烟酒公司经营的卷烟业务划出，成立万山特区烟草公司，归口万山特区烟草局管理。原由农业、商业等部门管理的烤烟收购业务和由供销部门经营的晒烟收购业务，以及原烟酒公司经营的卷烟购销业务，全部由万山特区烟草专卖局专营。

三、石油公司

由于体制改革，从2001年起，石油公司职工先后全部买断工龄，与公司脱离劳动关系。2005年石油公司被撤销，并入铜仁地区石油公司，在万山设加油站。

四、物资局（物资供销公司）

主要经营钢材、水泥、炸药、玻璃、轴承、汽车、摩托车等国家计划供应物资，按计划从省内外物资部门调进计划供应。1994年国家物资市场放开，参与市场竞争，取消计划管理，因经营管理不善，1995年停业。1996年机构改革改为物资供销公司，实行企业管理。至2005年，有退休职工6人，11名在职职工先后下岗自谋职业。

五、农机公司

经营农业机械和农机零配件。2000年开始实行承包经营，2003年停业。2005年有在册职工6名，其中退休1人，5名自谋职业。

六、煤建公司

经营生活用煤，年均销售2000吨左右，1999年停止营业。2005年有退休职工2人，下岗2人，5名自谋职业。

七、药材公司

有职工15人，其中退休职工3人，在岗职工12人，经营中、西药材和医用器械，负责全特区药械供应。药材品市场放开参与市场竞争后，经营状况逐步下滑，至2005年，由于经营管理不善，基本停业。

八、私营商业

随着商业体制改革的深入，1990年后万山特区私营工商业发展很快，成了境内商业的主力。1991年有证私营商业899户，2005年有证私营商业达1088户，是1991年的1.2倍，注册资金为1700万元，是1991年的6.83倍，销售总额4200万元，上缴税额212. 2万元，是1994年的3.17倍。2006—2011年，万山特区私营工商户注册户共1718户，注册资金为4102.68万元。

第二节　行　业

一、食品

万山特区境内的食品工商业主要有生猪、菜牛和禽类屠宰与销售，各种肉类卤制品加工与销售。豆制品制作与销售、还有粉条、米粉、面条加工与销售，酿酒、糖食糕点和薯类制品加工与销售，以个体经营为主，经营分散，规模有限，难于满足境内消费需求，部分食品需从境外调入供应市场。

二、家用电器

家用电器原由百货公司和供销社、五金公司等商业部门兼营。随着家用电器工业的快速发展，电器品种不断增多，价廉物美，经济实用，城乡实用电器普及率逐年上升，需求也逐年上升。万山特区境内的家用电器商业由原来的公司兼营逐渐发展成个体专营家电超市，同时，也带动了家电维修行业的发展。

三、五金化工

五金交电商品的经营，1991—1996年期间，主要由特区五金公司经营，但也有少数个体商户经营。

1997年后，国营商业实行承包经营，五金交电商品随着城乡建设发展，经营逐步个体化，经营商户日渐增多。1991年，五金、化工、交电专营户有12户，2005年发展到34户。商品种类也有所增加，20世纪90年代初，主要销售圆钉、蚂蟥钉、圆铁丝、木螺丝、插销、合页、风钩、锯条、刨刃、扳手、夹钳、钢丝钳、螺丝刀、油漆等，到2006——2011年、商品增加了扎丝、圆钢条、螺纹钢条、胶管、塑料管、管钳、墙漆、水龙头、各种电线、插座、开关、乳胶、防盗门和各种锁具等等。

四、服装　针织品

万山特区境内的服装针织商品市场繁荣，成衣商品以其色泽、规格、款式多样，购买选择余地大，所以很少有人买布料制作服装。20世纪90年代后，境内衣料布匹销售逐步退出市场，服装裁剪制作业（裁缝店）大部分随之歇业。据工商行政管理部门资料统计，2005年末，境内服装针织商品经营户达到300户。2006—2011年，境内服装针织商品经营户达到650户

五、日用生活品

万山的日用生活品经营，多为综合性经营。有毛线、毛毯、毛巾、线袜、棉毛内衣、床单等针棉织物商品；有鞋类、洗衣粉、肥皂、香皂、牙膏、火柴、打火机、干电池、手电筒、保暖瓶、搪瓷盆、钟表、灯泡（管）等百货类商品；还有办公纸、笔墨、钢笔、铁笔、刻写蜡纸、作业本、篮球、乒乓球、相机、胶卷等文化体育商品，多为城乡固定门面经营，也有少数流动商摊经营。到2005年年末，有经营商350户。2006—2011年，有经营商550户。

六、餐饮业

万山的餐饮业主要分为酒楼、餐馆和流动饮食摊三类。酒楼主要经营承揽各种会议、活动和民间红白喜事的酒席；餐馆主要经营早点、快餐，如米粉、面条、包子、馒头、米饭、炒菜、盒饭等，也有部分餐馆对外承包酒席；流动饮食摊点主要是城乡集市的赶场天，经营者在街道旁或农贸市场内临时设摊经营饮食，为赶场民众消费服务，经营的主要是油炸粑、包子、馒头、面条、油条、豆浆、米粉、米豆腐、肉汤锅，也有米饭、炒菜、盒饭和散装白酒等。万山特区注册的餐饮业，1991年为73户，2005年为95户。2011年为118户。

七、石油　煤炭

油类主要有汽油、柴油、煤油、各种机械润滑油、变压器油，主要由特区石油公司经营，五金公司和供销部门有时也经营煤油。

万山的无烟块煤、烟煤、蜂窝煤，都是由个体经营户经营。万山寒冬期较长，尤为无烟块块煤用于居（村）民室内取暖（包括烧开水、做饭、烘烤衣服等）的需要，销路也很好，到2005年年末，万山特区境内有8家经营煤炭生意。

八、液化气

20世纪90年代初，万山开始有一家经营液化气，销量不大。随着民众环境保护意识的增强，逐步认识燃煤对环境的危害，1997年后，石油液化气逐步取代了家庭生活使用的蜂窝煤，液化气的销量逐步增

大。到2005—2011年，万山城区有两家经营液化气生意，不分节假日，随叫随到，送气到户、满足用户的需求。

九、服务行业

万山特区的服务行业主要有旅店、美容美发、打字复印、娱乐、广告、照相等。1991年有从事服务业的旅店3家，美容美发业10家，打字复印业1家，娱乐业7家，广告业1家，照相业4家。到2011年年末，有旅店7家，美容美发23家，打字复印5家，娱乐业11家，广告业4家，照相业4家。

第三节　集市贸易

一、商业网点

万山特区解放街（原称为老街）既是交通要道又是市贸中心，每逢三、八设为赶场天。以下溪、黄道、高楼坪、敖寨、深冲、岩屋坪等农村集市为辐射点，形成赶场日期交错合理的特区商业网络主构架。城区街道不仅遍布商业门面，还有矿区的二厂（万山司）、张家湾、三角岩、杉木董、冒水窿、土坪、官山等地遍布私营商业门面，销售生活日用品和副食品等；赶场日在二厂、冒水窿、张家湾、三角岩设集贸分市场，方便居民购买蔬菜、水果、肉食、禽蛋和粮食。农村公路沿线和各村寨路口设有代销点经销副食、百货商品等。

随着公路交通事业的发展，万山与周边的芷江、新晃、田坪、铜仁等地商品流通便捷，周边县市当天采摘的蔬果商品可以进入万山市场交易。周边地区与万山商品贸易往来十分密切。

二、集贸市场

万山中心农贸市场　占地9280公顷，市场亭棚摊位800个，每逢农历三八日赶场，赶场人数约8000左右。主要销售粮食、蔬菜、水果、肉类、水产、禽蛋、生猪、农资、服装、百货、五金等。交易额在30万元，每场平均可销售大米约2400千克，猪肉约3000千克。

下溪农贸市场　位于下溪乡政府驻地。农历四九日为赶场天。每场赶场人数约3000人左右，除本乡农民外，还有特区境内各乡农民及瓦屋、瓮慢、新店坪等外地客商。主要交易商品为农资土产、百货家电、猪肉、牲畜、蔬果、柴炭、副食品和餐饮、加工、修理等服务业。每平场交易额约5万元以上，市场繁荣，交易兴隆，是特区境内赶场人数最多的农村集市。占有其独特的地理位置优势。

黄道农贸市场　位于黄道侗族乡政府驻地。原每逢农历二七日赶场。1994年10月1日改为农历五十日赶场。每场赶场人数约2000人，除该乡农民外，还有来自特区各乡镇及湖南的新店坪、上坪、波洲等客商大量进入该市场进行交易。交易的主要商品有农资、土特产、副食品、百货、五金家电、猪肉、牲畜；还有理发、餐饮、加工、修理等服务业。每场交易额约4万元左右。

高楼坪农贸市场　位于高楼坪侗族乡政府驻地。每逢农历五十日赶场。每场赶场人数1000人以上，主要是本乡农民及新晃、田坪、茶店、亚鱼等外地客商。交易商品主要有农副产品、农用物资、服装、百货、副食、猪肉、蔬果和餐饮、理发、加工、修理等服务业。每场交易额2万元左右。

敖寨农贸市场　位于敖寨侗族乡政府驻地。每逢农历二七日为赶场天。参与交易的主要是该乡农民及少量万山客商共约300人左右。主要交易商品为农资、土产、蔬果、猪肉、生猪、柴炭、百货、家电、生活日用品和餐饮、理发、修理等服务业。每场交易额1万元左右，为农村小型集市。

深冲农贸市场 位于敖寨侗族乡两河口村民委员会驻地。农历一六日赶场。每场赶场人数约300人左右。在此参与市场商品交易的主要为两河口村农民及敖寨、下溪、万山、黄道的客户，由于此地处在与铜仁市交界处，交通便捷，还有铜仁市的瓮慢、瓦屋和六龙山的农民到此进行商品物资交易。2000年前，主要有大量木材、薪炭在此交易。2001年后，主要交易的商品是猪肉、禽蛋、生活日用品、农用物资、服装、五金百货、蔬果等，也还有少量的薪炭上市。每场的交易额约有2万元左右，为县际邻边山乡小型农贸市场。

岩屋坪农贸市场 位于敖寨侗乡境内，原贵州汞矿岩屋坪分矿遗址。每逢农历五十日赶场。2001年贵州汞矿关闭前，由于矿山职工家属人口众多，市场交易十分繁荣。岩屋坪分矿因资源枯竭关闭后，一些职工及家属先后移居万山等地，失去了昔日之赶场十分热闹的场面，而还显得有些萧条冷落。赶场的只有矿山附近的部分农民和铜仁市的石竹、鸭溪、六龙山、瓮慢等处的村民。每场赶场的人数不过150人左右，交易的主要商品是农用物资、猪肉、禽蛋、水果、蔬菜、生活日用品、服装、百货等类，也有理发、修理、餐饮等服务业。每场交易额1万元左右，为一个县际邻边山乡小型农贸市场（在人们流传中岩屋坪赶场称之为“强盗场”，其原因是在矿山生产期间方便上早班的职工买蔬菜等生活物品，赶场时间约两小时左右）。

第四节　商品购销

一、商品购进

1. 畜产品收购 万山特区1991—1992年对生猪收购实行合同订购和议购，共收购生猪474头，毛重55400千克，菜牛1349头，收购总值66万元；调入生猪201头，总值10万元。1993年起停止了肉食禽蛋的国家收购，全部转为市场运作，农户的生猪、禽蛋产品随行就市自产自销或个体商贩自由收购贩运，极大地活跃了畜产品购销市场。

2. 轻工业产品购进 1990年后，随着商品流通体制改革，万山特区国营商业推行自主经营，自负盈亏的“国有民营”方式，绝大部分商业已个体化，除烟卷、食盐、石油实行相关部门专营，固定由上级部门进货外，其他商品如纺织品、针织品、百货、文化用品、五金交电、建材、化工产品、副食品、农用物资，煤炭，机电产品等均可自由选择进货渠道。大部分商品从铜仁、怀化、贵阳等地购进。

二、商品销售

万山的商品销售主渠道是以万山城区中心农贸市场和街道各商业批发、零售门面为中心，加上下溪、黄道、高楼坪、敖寨、深冲、岩屋坪等农村集贸市场及区内各村寨经销店。

1. 农用物资的销售 粮食作物和蔬菜所需种子由特区种子公司经销，也有部分个体商贩销售，但都需由经销商承担种子质量保险责任。农药、农用塑膜和化肥，原来由农资公司经营，1990年后个体商贩逐步参与经营，部分商贩为农民送化肥上门销售。竹、木、铁制等中小农具，由制造者上市自产自销，或由商贩按农事季节进行贩运入市销售。

2. 日用轻工业品销售　1990年后，随着成衣加工业的蓬勃发展，款式新颖，价格实惠的各式成衣在万山销路看好，故棉布销售逐步萎缩。到2005年，市面上衣料布匹花色品种增多。针织百货商品极为丰富，任消费者选购。五金交电产品由个体经销，万山城区有家电超市4家，经营电视机、音响设备、洗衣机、电冰箱等家用电器。随着城乡建设加快，建筑材料由私营商户经营，钢材、水泥、砂石、玻璃、门窗、瓷砖、砖块、木板、木枋、铝型材、油漆、塑料制品、机动车零部件均满足供应；汽油、煤油、润滑油由石油公司专营，保障供给；煤炭有多家商户经营，基本能满足生产生活用煤需要。

3. 副食品销售　食盐由盐业公司专卖，为方便群众，在各地固定有证商户按国家规定价格向大众敞开销售。香烟由万山特区烟草专卖公司，按国家规定价格批发，由城乡各地的有证经营商户销售，敞开供应。糖食糕点和瓶装、散装酒自由销售，价格随行就市。畜禽水产品等肉食品，由生产者自销，或由商贩运销。猪肉价格，1991年每千克3—4元，1998年每千克6—8元，2005年每千克8—10元。蔬菜由菜农自由上市交易。万山蔬菜产量少，商贩从邻省湖南芷江、新店坪、新晃贩入大量蔬菜，保证市场蔬菜供应。万山地处高寒地带。仅产蜜枣和少量金秋梨、西瓜、桃、李，市场供给的大量西瓜、甜瓜、柑、橘、柚，从湖南芷江、怀化、新晃等地贩入，苹果、梨、甘蔗、哈密瓜等水果则通过其他省份贩入。

4. 中西药材的销售　由万山中西药材公司经营，中西药材及医疗器械均由铜仁地区医药公司调入万山。1995年后，万山城区先后出现了“益众堂”药材超市、鸿远大药房、汞都大药房、民生大药房等私营医药经销店。为了满足当地民众看病取药，药店均为执业医师开办。至2005年年底，区内有16家个体户经营药材药品生意。

万山特区1991—2011年社会商品零售总额统计表

表5-1　　单位:万元

年度	社会消费品零售总额	本年为上年的(%)	其中			特区及特区以下
			国有经济	集体经济	私营和个体经济	
1991	3089	108.3	838	353	710	889
1992	3242	105.0	922	416	674	982
1993	3403	104.9	739	284	927	979
1994	2751.7	81	9547.4	179.2	714.4	655.6
1995	2873	100.8	856	104	814	856
1996	3818	132.9	725	192	1858	1440
1997	3872	141	788	102	1909	1028
1998	3583	92.4	585	287	1950	3583
1999	3733	104.19				3733
2000	3838	102.81				3838
2001	4014	104.59				4014
2002	4406	109.77				4406

续表5-1

年度	社会消费品零售总额	本年为上年的（%）	其中			特区及特区以下
			国有经济	集体经济	私营和个体经济	
2003	4670	105.99				4670
2004	5590	119.70				5590
2005	5910	105.6				5910
2006	6542	110.69				6542
2007	7626	116.56				7672
2008	9647	126.50				9647
2009	11193	116.02				11193
2010	12121	108.29				12121
2011	14318	118.12				14318

注：表内数据来自万山特区统计部门，其中三项从1999—2011年未作统计

第二章　供销合作事业

万山特区供销合作联社是区政府管理的全民供销合作社的联合组织，属科级，财政全额拨款事业单位，有事业编制5名，设主任1名，副主任1名，内设办公室、财务股。下辖基层供销社、公司等集体企业6个。2011年在册职工106人，其中离退休人员47人；企业总资产1880万元，2005—2011年在为农业生产农民生活服务中，实现农资农产品及农村日用品销售1627.7万元。为“三农”提供优质服务，始终是供销合作社的办社宗旨。

第一节　农业生产资料

农业生产资料保障供应与服务，是供销合作社的传统经营业务，供销合作社在社会主义市场经济中始终牢记“市场开放、责任不放”的工作使命，充分发挥农资商品供应的主渠道，以农为本、强化服务，保质保量满足农业生产需求。

一、农具

农具主要包括：铁制农具有铧口、钉耙（水耙、山耙、搭耙）、锄头（挖锄、薅锄、铲锄、秧锄）、农用刀（柴刀、镰刀、菜刀、蔑刀、烟刀、伐镰）、斧子、锯皮、铧口嘴等；竹制农具有晒席、罗筐、斗

笠、撮箕、背篼；木制农具有戽桶、风箱、粪桶（瓢）、扁担、锄把、抬杠等；棕制农具蓑衣、牛牵绳、箩筐绳等。这些农具实行议价购销，由供销社、手工业者和个体商贩参与市场调节，2005年以后基本由手工业者和个体商贩经营。

二、化肥

供销合作社供应的化肥主要有硫酸铵、硝酸铵、尿素、碳酸铵等氮肥，过磷酸钙、钙镁磷肥和复合肥，钾肥、叶面肥供应量较少。1991—2005年，供销售化肥1.34万吨，其中氮肥0.88万吨，磷肥0.46万吨。2006—2011年，共供应化肥0.29万吨，其中氮肥0.13万吨，复合肥0.15万吨。

三、农药

种植农作物，每年都会有不同程度的虫害。供销合作社根据虫灾情况，十分重视化学农药及药械的供应工作。供应的农药品种有甲胺磷、除草剂，杀螟净、杀虫威、害虫敌、妙杀、叶马、北方狼等30种。甲胺磷因残留时间长等原因被禁用。1991—2005年共销售各种农药48.5吨，农药器械1988件。2006—2011年供应各类农药15.27吨。使区内农业生产农作物病虫害得到及时有效地防治。

供销社每年根据虫灾信息，积极、及时地采购适销有效的农药和药械供应农民。1991年至2005年期间，供销合作社供应化学农药395吨，农药械（喷雾器、喷粉器）5073件，为农作物有效防治病虫害服务。由于农药（械）供应及时，种类齐全，特区境内虽每年有不同程度的虫害，但都能得到及时防治。

四、农用塑料制品

随着农业科学技术的不断发展，水稻两段育秧、玉米育苗移植、食用菌大棚温室栽培、反季节大棚温室蔬菜等技术的推广普及、农膜、地膜用量大幅增加。为满足农民实施科学种田的需要，每年销售供应农用塑料薄膜在10吨左右。2006—2011年供应农用薄膜318.66吨。

2005—2011年万山特区供销合作社农业生产资料供应统计表

表5-2

年度	主要品种					
	化肥(吨)				农药（千克）	农膜（千克）
	总量	氮肥	磷肥	复合肥		
2005	244	78	20	146	3280	2356
2006	400	150		250	1050	2800
2007	301	160	10	131	1795	3350
2008	333	148		185	2625	2460
2009	360	190		170	1900	6300
2010	537	262		275	2120	4600
2011	690	330		360	2500	10000

第二节　土产日杂

供销合作社为社会群众供应日常生活所需各种物资。根据社会发展的各个阶段，供销合作社除食盐、食糖、白酒、卷烟、日用陶瓷制品外，其他土产日杂商品购销种类有：铁锅、土纸、铁炉子、小五金等。1998年后，供销合作社的店铺、门面大部分承包给内部职工或租赁给个体户经营，所经营的范围不仅限于土产日杂类商品。

1991—2011年万山特区供销合作社生活资料供应统计表

表5-3

年度	主要品种						
	棉花（百千克）	日用陶器（百件）	食盐（百千克）	食糖（百千克）	白酒（百千克）	卷烟（百条）	棉布（百米）
1991		391	1791	244	209	96	
1992		390	1707	242	200	90	
1993		370	507	114	107	80	
1994		306	500	81	95	60	
1995	8.4	12.29	25.8	2.55	16.75	2.8	17.51
1996		8.57	165.02	3.61	17.43	3.36	6.03
1997		2.01	5	0.5	0.6	0.96	0.1
1998			15	0.5	0.2	0.6	0.2
1999		9.7	21	0.6	0.4	0.7	0.3

2000—2011年万山特区供销合作社主要商品销售统计表

表5-4

年度	化学肥料类（吨）	化学农药类（千克）	农用薄膜类（吨）	烟花爆竹类（万元）	食盐（千克）	铁锅（口）
2000	450	950	3	4	21000	300
2001	470	960	3	6	22000	310
2002	485	940	2	5	21500	280
2003	490	940	2	5	22000	270
2004	291	609	1.6	6	55000	275
2005	244	175	1.6	18	32700	145

表5-4

年度	化学肥料类（吨）	化学农药类（千克）	农用薄膜类（吨）	烟花爆竹类（万元）	食盐（千克）	铁锅（口）
2006	400	700	3	16	25500	135
2007	301	2000	8	20	21500	
2008	333	8000	2	20	20000	
2009	360	190	6	32.6		
2010	537	2120	4.6	35.5		
2011	690	6500	13	40		

第三节　农副产品收购与废旧物资回收

万山农副产品十分丰富，主要有经济作物、肉食禽蛋、干鲜瓜果、竹木及竹木制品、中药材等。供销合作社收购的农副产品只有花生和晒烟。1991—1994年收购花生63吨，晒烟186吨。1995年供销合作社放弃了对农副产品的收购，农村农副产品由农户自产自销或个体商贩收购和贩运。

废旧物资回收，一是节约了资源，二是保护了环境，是利国利民的好事。万山属工矿区，废旧金属较多。供销合作社的下属日杂废旧物资公司回收的废旧物资中，大量是废旧金属。1991年至1993年收购废钢铁91.55吨，杂铜0.96吨，铝铅锡锌0.58吨，废塑胶0.26吨。1994年日杂废旧物资公司停止了废旧物资回收，由个体户回收，回收的废旧物资种类有废金属、旧家电、废塑胶、废纸废书、酒瓶等。他们对所收购的废旧物资进行分类处理后，分别送钢铁厂、塑胶厂、纸厂、酒厂进行再生产。

第三章　粮油贸易

第一节　粮油收购

一、粮食收购

1991年为粮食合同定购，全特区定购任务为1500吨，按田亩数分别落实到各农户，粮食部门与农户签订粮食定购合同书。1991年5月开始改粮食合同定购为国家粮食定购，全特区定购贸易粮1500吨，一定两年不变。原则上实行“增产不增购，减产不减征”。1995年，根据省政府通知，粮食部门政策性业务与商业性经营分开，按照“统一领导，两线运行，明确责任，分别核算，稳定市场，搞活经济”的原则，深化粮食企业改革。

2004年特区人民代表大会上的政府工作报告指出，为认真落实中央有关促进农民增收和减轻农民负担的政策，从2004年起，三年内逐步取消农业税（免征公粮），当年实际减2%。但在2005年跟全省同步，全部免征农业税，提前一年结束了征收农业税的历史。从此，粮食购销企业全面进入市场运作。国家为了进一步调动农民种粮积极性，对农民种田还实行直接补贴。

1991—2011年粮食购、留情况表

表5-5 单位:吨

年份	国家征收	留粮总数	人均(千克)
1991	985	14378	340
1992	840	11188	266
1993	750	11233	263
1994	895	14560	339
1995	720	14272	330
1996	650	4752	338
1997	689	15840	358
1998	680	15875	360
1999	896	15908	364
2000	875	16512	360
2001	820	16773	363
2002	275	16327	352
2003	103	17181	364
2004	/	17814	373
2005	/	17724	369

注:2006年后,全部进入市场机制

二、油料收购

1991年，国家收购油菜籽按40%的统购价、60%的超购价结算付款，不再按过去定购的油菜籽统购基数计算超购价。收购菜籽每50千克74元，完成收购任务后，每50千克实付82.4元，当年全特区收购油菜子942吨，比1990年增长18%，创历史最高水平。

随着惠农政策不断出台，社会主义市场经济的不断发展和完善，油菜籽市场的多渠道经营，允许商业企业和个体商业户自由收购，粮食部门菜子收购逐年减少，到2001年停止收购，油菜籽购销全部进入市场机制。

1991—2011年油菜籽购、留情况表

表5-6　　单位:吨

年度	收购	购占产的比例(%)	农民留存
1991	986	84.3	183
1992	812	81.4	185
1993	456	78.1	128
1994	287	38.8	452
1995	158	21	594
1996	64	10.6	541
1997	76	11.1	609
1998	54	10.6	456
1999	211	29.1	513
2000	88	88	719
2001	—	—	622
2002	—	—	662
2003	—	—	597
2004	—	—	716
2005	—	—	817

注:2006年后,油菜子全部进入市场机制

第二节　粮油销售

一、粮食销售

1991年调整粮食统销价格，中等大米每50千克由13.8元提高到25元；菜油每50千克由74元提高到208元，其他粮油统销价格相应提高。粮油提价后，国家职工每人每月享受粮油价格补贴5元。1992年中等大米每50千克由25元提高到38元，面粉、玉米等粮食相应提高价格，提价后国家职工每人每月享受粮价补贴6元。1994年9月粮油销售实行最高限价：大米为每50千克48元，同年10月又调整为大米每50千克92元，菜油每50千克520元。原居民凭证供应的品种、定量、价格不变。1996年4月调整城镇居民人口粮食供应价格，大米每50千克由92元调为125元，调增率为35%，月供应标准每人每月7.5千元克。同年7月又调整城镇居民凭供应的粮食供应价格，大米每50千克由125元调为138元，特二面粉调到每50千克130元。2001年5月在全国范围内取消市镇居民及农转非居民的粮油供应户籍关系。

万山特区1991—2011年粮食销售情况表

表5-7 单位:吨

年度	非农业	农业
1991	2102	510
1992	1850	420
1993	1020	380
1994	450	280
1995	240	250
1996	50	1230
1997	—	3088
1998	—	2980
1999	9	1518
2000	15	1310
2001	17	1247
2002	301	1123
2003	—	4035
2004	118	5313
2005	10	500

注:2006年后,粮食销售全部进入市场机制

二、油脂供应

粮油实行统购统销期间，对城镇非农业人口每人每月供应250克，部队（民警）每人每月500克。2001年5月1日，停止食油的凭证计划供应。

三、粮油议购议销

粮油议购议销是在保证完成征购任务，安排好社员口粮、种子、饲料等前提下进行的。粮油议价公司粮食议价销售一律按高于议购价格15%的差价核定出售。1991至1996年议价购进粮食4840吨，议价销售粮食3470吨。菜油也是实行议价购进、中价销售，中价低于议价高于统销价。1996年7月1日，撤销万山特区粮油贸易公司，停止粮油购销业务。

第四章 烟草盐业

第一节 烟草专卖

一、卷烟销售管理

卷烟销售 1991年根据《中华人民共和国烟草专卖法》，烟草专卖实行持证经营，当年有持证经营户232户，从业人数255人。销售卷烟1545大箱，销售金额227.4万元，缴交税金0.8万元。2004年对卷烟零售户控制在总人口的3.5%以内，至2005年有卷烟零售户240户，从业人员299人，销售卷烟1492大箱，销售金额1311万元，上交税金46.7万元。

1991—2011年卷烟销售情况一览表

表5-8 单位:大箱万元

年度	购进量	成本价	销售量	销售金额	销售毛利	税金	库存量	库存金额	固定资产
1991	1692	221.0	1545	227.4	-1.3	0.8	147	21.4	12.2
1992	2823	548.0	3716	545.2	24.3	8.8	107	13.2	12.4
1993	2231	410.6	1849	435.3	17.9	9.4	382	52.4	13.4
1994	1974	432.6	1782	451.2	15.3	0.6	192	21.5	40.3
1995	1946	335.4	1787	360.0	23.6	0.5	159	30.5	47.4
1996	2625	686.9	2486	775.3	74.7	5.5	139	62.2	48.2
1997	2810	962.0	2640	1028.0	59.0	5.0	170	84.0	48.0
1998	2668	1061.0	2424	1068.0	43.0	7.1	216	90.0	50.0
1999	1752	737.0	1629	766.0	29.0	18.0	252	129.0	50.0
2000	1270	423.0	1259	465.0	32.6	4.8	299	98.0	39.0
2001	1296	504.0	1336	559.0	54.0	9.1	251	113.0	38.3
2002	1245	641.0	1307	728.0	125.0	75.7	156	147.0	61.2
2003	1436	793.0	1417	896.0	121.6	26.7	176	116.0	77.4
2004	1349	922.0	1413	1094.0	179.0	42.2	106	137.0	72.2
2005	1536	1071.0	1492	1131.0	214.0	46.7	146	141.0	71.2
2006			1500	1468	248				

续表5-8

年度	购进量	成本价	销售量	销售金额	销售毛利	税金	库存量	库存金额	固定资产
2007			1620	1833	349.16				
2008			1720	2113	426.47				
2009			1850	2612	558.68				
2010			1950	2833	630.44				
2011			1970	3607	817.44				

注:每大箱为5件,每件50条

销售管理 根据《中华人民共和国烟草专卖法》和《中华人民共和国烟草专卖法实施条例》的规定，凡经营卷烟、雪茄烟零售业务和经营烟丝产销业务的单位或个人，都必须向当地烟草专卖局申请领取营业执照，接受当地烟草专卖局和工商行政管理部门的管理。未领取烟草专卖许可证的单位和个人，不得经营卷烟，否则予以取缔。严格执行一价制，坚持挂牌销售，保护合法经营者的权利，打击假、冒、伪劣卷烟和乱渠道进货，坚持路查和市场整顿，净化卷烟市场和促进卷烟销售，较好地实现了效益最大化与成本最低化的工作目标。为了规范卷烟市场，特区烟草专卖稽查人员利用区内各集市赶场天，奔赴集市，认真查处假、冒、劣卷烟，杜绝假、冒、伪、劣卷烟流入市场，打击非法进货渠道，确保净化卷烟市场。

烟草专卖执法人员对查出的境内烟草市场的违法案件进行执法处理。2002年3月15日在万山召开销毁“假、非、私、超”卷烟现场会，集中销毁“梅花灯”牌卷烟300条、“天平”牌卷烟50条、“吉运”牌卷烟100条、“小三峡”牌卷烟50条、“白沙”牌卷烟60条、“云烟”牌卷烟50条、“畅”牌卷烟40条、“独秀”牌卷烟50条、精品“遵义”牌卷烟30条，共计730条；2003年3月15日，集中销毁12个品种的假、私、非卷烟3422条，是年8至10月期间，收回有违法经营行为的烟草专卖许可证13个，取消了卷烟零售经营资格13户，重点帮教并停业整顿1户，查处卷烟无证经营的17户，收缴非法渠道购进的卷烟88条；2004年3月13日，公开销毁假、冒、伪、劣卷烟11022.5条，其中有精“白沙”1032条、盖“芙蓉”1120条、红“黄果树”1218条、佳品“黄果树”1320条、“独秀”123条、“畅”1281.7条、“红梅”1240条、“云烟”1251条、白皮烟1330.8条、各种零散杂牌卷烟1107条。是年6月22日，依法没收刘某某无证伪装运输“银象”牌卷烟1143条。是年9月22日，依法没收李某某无证伪装运输“红河”牌1050条。2005年1月22日，依法没收马某某无证伪装运输复烤烟叶3250千克。是年3月，与有关部门共同进行为期10天的联合查，出动执法人员145人次，检查卷烟零售户184户，查出无证经营1户，查出假冒商标卷烟34散包。公开销毁的假、冒、伪、劣卷烟有：精“白沙”260条、盖“芙蓉”197条、红“黄果树”496条、“银象”1143条、白皮烟640条、盖“白沙”45条、盖“遵义”122条，共计2973条。是年参加市场清理整顿共出动629人次，检查经营户2600户次，收回有违法卷烟经营行为的零售许可证19户(个)。

1991年至2005年对违法经营户共罚款8万元，均悉数上缴特区财政。

二、烟叶生产与收购

20世纪90年代初，烤烟和晒烟种植面积不多，大多数农户所种草烟仅供自吸。1993年3月，万山特区六届人大一次会议上的政府工作报告中明确提出：狠抓“两烟”（烤烟、晒烟）生产这根支柱，努力实现产量和质量上台阶。发展“两烟”生产是富民富区的一项重大措施，也是摆脱目前经济困境的重要途径。其指导思想是增加种植面积，注重科技，猛攻质量，提高单产，增加效益，重点在提高质量和效益上狠下功夫，增强产品竞争力，实现良种化、区域化、规范化生产。要求抓好各个环节的技术普及，做到良种面积、假植育苗、打顶抹叉、单厢起垄、双层施肥等实现100%。为了抓好“两烟”生产，特区党委、政府多次召开“两烟”生产专题会议，明确特区各部、办、委、局与四乡一镇各行政村对口联系“两烟”生产，跟村下组到户指导落实“两烟”生产中的育苗、移栽、管理、烘烤等技术环节。当年特区在高楼坪乡赶场坝公路旁建起了12亩烤烟生产示范基地，还从石阡聘请6名种烟技术员指导烤烟生产，全特区上下掀起了大种“两烟”的高潮。1993年，全特区共收购烤烟3633担（每担为50千克），其中上等烟占3.87%，远远低于铜仁地区上等烟占收购总量14.51%的比例，中等烟占64.7%，略高于铜仁地区中等烟占收购总量63.82%的比例；上、中等烟比铜仁地区低10个百分点。收购值为55.5万元，均价为每千克3元，上缴税金15万元。

1994年1月1日，特区下发了《关于1994年两烟生产的政策和措施》，总的要求是：坚决干，不求多，务求好。力争完成种植面积56.66公顷，产量达101.25万千克，产值340万元，“两烟”税收105.4万元。调整扶持费补助标准，实行交售烤烟每市斤中一、中二、上一等级的给扶持费0.5元；中三、上二等级的给扶持费0.4元；交售晒烟每市斤一二级给扶持费0.3元，三、四级给0.2元，五、六级给0.1元的政策。每新建烘房一座由特区烟办补助80元。对各科局联系村工作干部的考核实行阶段性突击与当月工资挂钩，全年考核与年终奖金挂钩。

因万山气候条件不同，农民种烟及烘烤技术不过关等原因，致使上等烟叶比例低，农民投入高，收入低。加上个别收购人员压级压价，农民种烟积极性受到严重影响。1991至1994年共收购晒烟18万千克，创利税20余万元。1994至1997年，万山烤烟产量直线下滑。1994年只收购烤烟520.2担，占年初计划的2.4%；1995年收购40.4担，1996年收购13.4担，1997年收购12.6担。

1998年，由于全国烟叶市场产大于销，供过于求，烟叶产品严重积压，铜仁地区调整了烤烟生产布局，不再对万山特区下达“两烟”生产的计划指标。

第二节　盐业专卖

一、食盐购销

食盐是人民群众生活必需品，全部由盐业公司专营。为了人民群众的身体健康，防止甲状腺肿大疾病，食盐销售逐步实行塑料袋装和加碘精制，保证食盐清洁卫生，减少碘挥发溶化。

据统计，1991—2011年，万山特区共购进食盐6621吨，销售食盐6127吨，年平均销售食盐306.35吨，年末平均库存174.35吨，常年库存量能保证供应正常销售量6个月以上。

1991—2011年食盐购、销、库存数量统计表

表5-9　　单位:吨

年度	全年购进数	全年销售数	年终库存数
1991	252	220	179
1992	412	412	138
1993	394	304	128
1994	489	187	220
1995	309	279	250
1996	250	320	198
1997	334	306	153
1998	314	295	72
1999	256	256	72
2000	404	337	175
2001	314	359	130
2002	314	286	168
2003	316	298	185
2004	340	247	266
2005	215	289	192
2006	206	268	158
2007	214	242	134
2008	333	239	228
2009	183	270	141
2010	315	356	100
2011	457	357	200
合计	6621	6127	3487

二、盐政稽查

食盐购销历来实行指令性计划管理，规定经营单位、进货渠道、购销价格、食盐质量及卫生规格。1997年7月21日，贵州省第八届人民代表大会常委会第29次会议通过并颁布了《贵州省食盐管理条例》，万山特区盐业专卖部门根据《贵州省食盐管理条例》，对盐业专卖过程的各个环节进行管理，按照铜仁地区盐业公司下达的购进计划，万山特区盐业公司从玉屏县大龙转运站购进食盐，购进和销售的食盐完全符合国家精制、卫生、加碘和塑料袋装的统一质量标准。食盐批发销售实行许可证制度，没有食盐零售

许可证或没有向当地工商行政管理部门办理注册登记手续的，不得销售食盐。特区盐业公司批发食盐的单位是供销合作社。供销社推行“承包经营制”后，为了合理布局食盐销售网点，方便群众，保障食盐的市场供应，决定批发给个体工商户销售。到2005年年底，办有食盐零售许可证的经营个体户已发展到160户，其中城镇52户，乡村108户。为使食盐零售经营户进货方便，盐业公司还在各乡镇分别设立一个食盐代批点，由盐业公司努将食盐运到各代批点，再由代批点批发给辖区内的各合法食盐经营户销售。

2006—2011年，万山特区盐业部门认真贯彻执行国家盐业专卖法规，万山盐务支局和盐业公司的执法人员进入全特区城乡盐业市场稽查，重点检查食盐购进渠道、质量标准、销售价格。禁止销售非精制加碘和非袋装食盐；禁止任何擅自加价销售和降价销售；禁止无证销售。对违反盐业专卖法规的经营行为坚决予以取缔和处罚。

第六篇　交通　邮政　电信

万山特区境内仅有公路交通。从1991年起，公路交通条件逐年改善。2000年后，全特区范围内掀起兴修环乡公路、通村（组）公路和老路改造升级的大修公路热潮，形成了县际、乡际、村际间的公路交通网络，促进了全特区城乡建设和社会经济的发展与进步。邮政服务安全快捷，邮政储蓄和汇兑业务逐年上升，电信通信网络信号覆盖全特区所有乡村，程控电话、移动电话进入寻常百姓家庭。

第一章　交　通

第一节　交通状况

万山特区境内无空运、水运，也无铁路运输，公路运输是主要的交通运输形式，发展较快。至2011年年末，已拥有下列公路：

铜仁至大龙高速公路万山段：全长约26千米，总投资20.8亿元，于2009年12月开工建设，2011年10月建成通车营运。

一、省道　铜玉（铜仁至玉屏）高等级公路（万山段），全长2.5千米。

二、县道　老万（老山口至万山）三级公路，全长8.4千米。

将郭（将军岩至郭家）三级公路，全长6.5千米。

万湖（万山至湖广桥）四级公路，全长23.5千米。

万麻（万山至湖南麻阳）四级公路，全长32千米。

谢岩（铜仁谢桥至岩屋坪）四级公路（万山段），全长10.7千米。

三、乡道　王下（王灵官至下溪）等外级公路，全长17千米。

万梅（万山至梅子溪）等外级公路，全长7.6千米。

高客（高楼坪至客寨）四级公路，全长11.4千米。

黄深（黄道至深冲）四级公路，全长26.2千米。

四、村（组）道　全特区境内有通村（组）公路30条，敖寨、高楼坪、黄道三个乡实现所有村组通公路，下溪乡各村通公路，85%的村民组通公路。

万山特区境内以县道和乡道为主干线，加上通村（组）公路，形成了一个较为完整的公路交通网络。省道铜玉公路是万山通往铜仁、玉屏的主要通道，万湖公路直达湖南芷江、怀化，万麻公路经铜仁市瓦屋乡、漾头镇可达湖南麻阳，通过将郭公路经玉屏县田坪直达湖南新晃，出境公路四通八达。万湖线、万麻线、王下线和将郭线，加上环乡公路黄深线和老万线在万山、黄道、下溪、敖寨、高楼坪各乡之间、村与组之间纵横交错，使各乡与特区政府之间、乡与乡之间、村与村之间互相联通。农用物资和建筑材料通过公路运输，促进了乡村的农业生产和乡村建设的发展；农产品、林产品顺利运销，增加了农民收益，大大地方便了农民出行。

第二节　公路建设

万山特区人民政府把交通的发展放在经济建设的首要位置，即“要致富、先修路”。采取国家投入，行业、部门扶持，群众集资和投工投劳相结合的形式兴修公路，公路建设成就显著。

县乡公路建设

1991—2005年共投入资金4850.2万元，改造和新修县乡公路7条127千米。其中新建3条69.6千米，改造4条57.4千米。

万山特区县（乡）道新（改）建基本情况表

表6-1

<table>
<tr><th rowspan="2">线路名称</th><th rowspan="2">起</th><th rowspan="2">讫</th><th rowspan="2">全长（千米）</th><th rowspan="2">经过主要乡镇及村落</th><th colspan="3">结　构</th><th rowspan="2">总投资（万元）</th><th rowspan="2">备 注</th></tr>
<tr><th>路面宽（米）</th><th>路面宽（米）</th><th>面层</th></tr>
<tr><td>高客线</td><td>高楼坪</td><td>大客寨</td><td>11.4</td><td>鸡公田
蔡家坪
龙田
寒棚</td><td>4.5</td><td>3.5</td><td>泥结碎石</td><td>84.7</td><td>1996年新建</td></tr>
<tr><td>万深线</td><td>万山</td><td>深冲</td><td>19</td><td>金家场
敖寨
易家寨</td><td>4.5</td><td>3.5</td><td>泥结碎石</td><td>90.5</td><td>1997年改造</td></tr>
<tr><td>万湖线</td><td>万山</td><td>湖广桥</td><td>23.5</td><td>阳桥
黄道
大榜</td><td>7</td><td>6.5</td><td>沥青</td><td rowspan="3">共投资2075</td><td>2001年改造</td></tr>
<tr><td>老万线</td><td>老山口</td><td>万山</td><td>8.4</td><td>甘塘
赶场坝
郭家</td><td>12</td><td>8.5</td><td>沥青</td><td>2003年改造</td></tr>
<tr><td>将郭线</td><td>将军岩</td><td>郭家</td><td>6.5</td><td>高楼坪
张家山</td><td>9</td><td>7.5</td><td>沥青</td><td>2003年改造</td></tr>
</table>

续表6-1

线路名称	起	讫	全长（千米）	经过主要乡镇及村落	结构			总投资（万元）	备注
					路面宽（米）	路面宽（米）	面层		
黄深线	黄道	深冲	26.2	长坳 洋保田 下溪	4.5	3.5	泥结碎石	500	2000年至2002年新建
万麻线	甘塘	龙塘	32	上大坪 梅子溪 金家场 敖寨 易家寨 深冲	7.5	6.5	沥青	2100	2004年新建改建

村组公路建设

万山特区党委、政府高度重视农村公路建设，使农村公路交通条件得到了极大改善。

1991至2001年，村组公路主要由村民自发集资投劳，联系村科局给予一定支持，新建和改造了一些村组公路。从2002年起，国家为了改变村组公路状况，对改造和新修村组公路，每千米按2万元—3万元的标准给予补助。2002至2005年共投入资金448.4万元，新建和改造村组公路21条，尤其是2010年6月，万山特区高楼坪侗族乡被列为全省23个农村公路“建管养运”一体化建设试点乡镇之一后，万山农村公路发展在质和量上都有了大幅度提升。截至2011年年底，全特区农村公路共计1035.241千米，列入管养里程841.683千米，其中：县级公路沥青路面113.88千米，泥路23.761千米；乡级公路沥青或水泥路面72.349千米，泥路20.586千米；村级公路沥青或水泥路面125.79千米，泥路485.317千米。区内失养公路52条，里程为193.558千米。

1. 赵报（赵溪口至报溪）等外级简易公路　新建，起于敖寨乡的赵溪口黄深线23千米+100米处，经林家冲、洋世界、盐井溪、桐木坪、相见坡、瓮背、讫于报溪。接王下线8千米+500米处，全长14.5千米。2003年11月开工，2004年5月竣工。特区政府负责拆迁费，总投资47.5万元。

2. 洋田（洋保田至田龙）等外级简易公路　新建，起于王下线的15千米+300米处，经秧田坡桥、漾塘、田龙，讫于中朝溪，全长4千米。2002年11月开工，2004年11月竣工。占地由村自行调整，特区政府补助5万元，总投资17万元。

3. 黄清（黄道至清溪）四级公路　新建，起于万湖线13千米+700米处，经清溪、岩前、彭家，讫于肖家，全长4.5千米。2003年2月开工，当年11月竣工。国家按3万元/千米投入，岩前石拱桥特区政府另投入2.4万元，总投资15.9万元，占地由村自行调剂。

4. 新蓑（新屋场至蓑衣塘）四级公路　新建，起于黄深线1千米+600米处，经马黄、讫于蓑衣塘。全长7.5千米。2002年11月开工，2003年11月竣工。马黄1号桥、2号桥由特区农办共投资12万元，总投资34.5万元。

5. 冲上（冲脚至上大坪）四级公路　新建，起于老万线7千米+800米处，经滚子冲、塘家田、吴家，讫于上大坪万麻线0千米+850米处，全长10.3千米。支线（一）起于滚子冲，经老屋场、长坳、黄舍田、讫于赶场坝，接老万线的3千米+700米处，长2.5千米；支线（二）起于塘家田至来羊坪，长1千米。2004年4月开工，2005年4月竣工。占地由村调剂，总投资23.5万元。

6. 洋铁（洋保田至铁门）四级公路　扩建，起于王下线的15千米+300米处，经洋保田、秧田坡桥、铁门桥、铁门、讫于杨泥垅，全长8.5千米。2004年10月开工，2005年4月竣工，占地由村调剂，总投资14万元。

7. 猴栏至锁溪四级公路　扩建，起于万湖线5千米+700米处，讫于锁溪，全长4.5千米。2004年9月开工，2005年4月竣工，总投资9万元。

8. 孙家园至大榜四级公路　新建，起于黄深线0千米+750米处，经蓬溪、黄溪、黄瓜冲、鸡婆田、荀楼溪、讫于大榜万湖线22千米+100米处，全长8.5千米。2004年10月开工，现在建，计划投资17万元。

9. 下溪至懒坳四级公路　新建，起于下溪街上，经柳木塘、官田、桥冲、讫于懒坳，全长7.5千米。2004年4月开工，2005年11月竣工，总投资15万元。

10. 深冲至青龙四级公路　新建，起于黄深线25千米+800米处，经长田、船冲、青龙桥、讫于烂泥龙，全长6.5千米。2004年4月开工，2005年12月竣工。公路投资13万元，青龙桥投资22万元，总投资37万元。

11. 力坳至深冲（黄道乡属）四级公路　新建，起于万湖线18千米+500米处，经上深冲、下深冲、讫于与湖南省属波州交界处，全长7千米。2004年4月开工，2005年12月竣工。总投资14万元。

12. 张家山至坉坪三级公路　新建，为夜郎谷省级风景名胜区旅游公路。起于将郭线7千米+500米处，经大拱桥、铺前、坪家坡、讫于坉坪，全长2.5千米。2002年4月开工，2003年10月竣工。共投资70万元（含征地费和拆迁费）。

13. 赶场坝至高楼坪公路　维修，经鸭林寨、新庄、讫于赶场坝，接老万线3千米+500处，全长4千米。投资4万元，于2005年10月开工。

14. 岩屋至高楼坪小学四级公路　起于将郭线9千米+500米处，经黄家寨、刘铁寨、关庄、岩家坪、毕家湾、讫于高楼坪小学高客线0千米+400处，全长8千米。计划投资8万元。

15. 小湾至格老寨四级公路　维修，起于高客线2千米+700米处，经寄马冲、羊尾舟、讫于格老寨，全长6千米。2005年9月开工，当年12月竣工，投资10万元。

16. 杨木桥至小客寨四级公路　维修，起于张家山至坉坪线0千米+800米处，经铺前、马路岗、雷公井、梓木坪、铜盆塘、猴冲，讫于小客寨，接高客线10千米+800米处，全长8千米；支线起于铺前，经马路岗、讫于猫坡，长1.5千米。2005年6月开工，当年12月竣工，投资16万元。

17. 张上坳至岩路冲等外级公路　新建，起于万湖线的16千米+150米处，经小田坪、鸭泥冲、细龙寨、白屋场、讫于岩路冲，全长12千米。2002年3月开工，2002年10月竣工，投资40万元。

18. 敖寨至油榨冲四级公路　新建，起于万麻线15千米+500米处，经近山湾、毛家、凉亭界、冲头、讫于油榨冲，长6.5千米；支线（一）：起于凉亭界，经大坪界、讫于钟家界，长2千米；支线（二）：起于冲头，经三岔湾，讫于舒家坡，长2千米。2004年11月开工，次年4月竣工。由农民群众集资投入36万元。

19. 深冲至瓮慢（铜仁市属）四级公路　新建，起于万麻线22千米+400米处，经半冲，讫于铜仁市六龙山乡属瓮慢，全长8.5千米。2005年5月开工，同年12月竣工。由开发钒矿的老板投资。支线：半冲至石榴坳简易公路，长1千米，当地农民自建。

20.相见坡至荷包田简易公路 新建，起于赵报线8千米+100米处，讫于荷包田，全长4.5千米。投资10万元，2004年10月开工，同年12月竣工。

21.瓮背至船冲简易公路 新建，经辽冲，讫于船冲，全长4.5千米。2003年3月开工，同年10月竣工。投资10万元。

公路桥梁

1998—2005年期间，全特区投资269.5万元，兴建公路桥梁25座。

1998—2005年万山特区修建公路桥梁一览表

表6-2

桥 名	结 构	型式	净 跨（米）	全 长（米）	桥 高（米）	桥 宽（米）	建设时间（年）	投资额（万元）
白果树桥	毛石拱	实腹	25/1	39	7	5	1998	8
下溪桥	粗料石拱	实腹	30/1	45.1	8	6.5	1999	42
黄道桥	粗料石拱	实腹	10/1	20	4.5	8.5	2000	8
新屋场桥	粗料石拱	实腹	13/1	6.5	5.6	6.5	2000	7
老院子桥	粗料石拱	实腹	10/1	20	4.5	5.5	2002	5
长坳桥	粗料石拱	实腹	10/1	20	5.5	6	2000	6
锁溪桥	粗料石 拱	实腹	30/1	45.1	8	6	2000	42
深冲桥	毛石拱	实腹	6/1	14	4	8	2001	4
孙家园桥	粗料石拱	实腹	25/1	39	7	5.5	2002	10
大拱桥	粗料石拱	实腹	20/1	33	8	8	2003	14
马黄1号桥	粗料石拱	实腹	12/1	23	4.5	5.5	2003	6
马黄2号桥	粗料石拱	实腹	10/1	20	4.5	5.5	2004	5
洋保田桥	粗料石拱	实腹	18/1	30	5.5	5.5	2003	14
秧田坡桥	粗料石拱	实腹	15/1	28	5	5.5	2004	10
铁门桥	毛石拱	实腹	10/1	20	4.5	5.5	2005	6
老寨湾桥	毛石拱	实腹	28/1	42	6.2	5.5	2005	16
青龙桥	粗料石拱	实腹	28/1	42	6.2	6	2005	22
下场溪桥	毛石拱	实腹	12/1	22	4.5	6.5	2004	4
小田坪桥	粗料石拱	实腹	16/1	28	4.5	5.5	2004	12
卢家湾桥	粗料石拱	实腹	10/1	20	4.5	7	2005	9

续表6-2

桥 名	结 构	型式	净 跨（米）	全 长（米）	桥 高（米）	桥 宽（米）	建设时间（年）	投资额（万元）
岩屋桥	毛石拱	实腹	5/1	12	3	6	2005	3.5
白屋场桥	钢筋混凝土	实腹	4.5/1	12	2.5	4.5	2002	4
羊子盖桥	毛石拱	实腹	5/1	12	3.5	6.5	2002	3
柳木塘桥	毛石拱	实腹	10/1	20	4.5	5.5	2003	4.5
龙塘桥	毛石拱	实腹	15.5/	25.5	5.5	5.5	2002	4.5

第三节　运　输

一、客运

主要有省际、县际、乡际三种线路。1991年有大巴、中巴、微型等客运车辆13辆，其中国营两辆，联营7辆，个体4辆，到2005年全部转化为个体，共有各类客运车辆33辆，的士18辆。主要线路有万山至贵阳、怀化、新晃、玉屏、铜仁及万山至黄道、下溪、敖寨，在春运前后为了满足农民工外出或回乡，还不定期开广州东莞的直通班车。客运由1991年的24.54万人增加到2005年的28.9万人。万山城区的客运，原由两轮摩疒托车运营，1998年始有三轮车营运，车辆数量逐年增加，至2005年底，全特区有三轮摩托客运车246辆，两轮摩托车1128辆。城区客运范围是解放街、三角岩、土坪、张家湾、杉木董、四坑（冲脚）、二厂（万山司），还有高楼坪、老山口。各乡政府驻地与村寨间亦有部分三轮或两轮摩托进行短途客运。

2005年万山客运车辆投入营运情况表

表6-3

起站	讫 站	客车(辆)	备　　注
万山	贵阳	1(大巴)	逐日往返一班
	怀化	2(中巴)	逐日两班
	铜仁	11(中巴)的士	全天营运(2005年年末的士停运)
	新晃	1(中巴)	逐日往返一班
	玉屏	6(中巴)	全天营运(2005年的士停运)
	敖寨	6(中巴)	全天营运
	黄道	2(中巴)	另有微型车2辆,全天营运
	下溪	4(中巴)	全天营运

2005年—2011年，万山特区共有1个客运站（万山特区公用型汽车站），1个客运企业。

2005年，万山特区客运站每天发送班次为30班次，全年共发送10950班次；每天运力为500人次，全年共182500人次；2006年，万山特区客运站每天发送班次为34班次，全年共发送12410班次；每天运力为600人次，全年共219000人次；2007年，万山特区客运站每天发送班次为38班次，全年共发送13870班次；每天运力为680人次，全年共248200人次；2008年，万山特区客运站每天发送班次为43班次，全年共发送15695班次；每天运力为750人次，全年共273750人次；2009年，万山特区客运站每天发送班次为44班次，全年共发送16060班次；每天运力为760人次，全年共277400人次；2010年，万山特区客运站每天发送班次为45班次，全年共发送16425班次；每天运力为800人次，全年共292000人次；2011年，万山特区客运站每天发送班次为47班次，全年共发送17155班次；每天运力为820人次，全年共299300人次。

万山特区客运站每天（除遇到特殊情况外）正常分别发车的时间为早上6：30分（夏天）和7：00分（冬天）；收车时间为17：40分（冬天）和18：10分（夏天，末班车）。

2008年，万山特区客运站实行了电脑售票。2008年，万山特区客运站营业收入为260万元；2009年，万山特区客运站营业收入为262万元；2010年，万山特区客运站营业收入为268万元；2011年，万山特区客运站营业收入为270万元。

万山特区社会客运量统计表（2005—2011年）

表6-4

年份	合　计		交通系统		非交通系统	
	客运量(人)	客运周转量(人千米)	客运量(人)	客运周转量(人千米)	客运量(人)	客运周转量(人千米)
2005	30万	80万	30万	80万		
2006	32万	81万	32万	81万		
2007	36万	89万	36万	89万		
2008	47万	118万	47万	118万		
2009	38万	122万	38万	122万		
2010	50万	127万	50万	127万		
2011	53万	130万	53万	130万		

二、货运

1991年全特区有货运车辆105辆，其中国营88辆（主要是贵州汞矿和特区粮食局货运车队），个体17辆，到2005年全属个体运输，共有运输车辆83辆。货运量由1991年的9.89万吨增加到2005年的17.7万吨。城区内的短途货运由马车和货运三轮摩托车营运，货运三轮摩托车有83辆，马车逐渐被取缔。

2005—2011年期间，万山特区共有三家货运企业。

2005年，万山特区有货运车辆110辆，向外运输货物600万吨；2006年，万山特区有货运车辆141

辆，向外运输货物700万吨；2007年，万山特区有货运车辆450辆，向外运输货物1600万吨；2008年，万山特区有货运车辆710辆，向外运输货物2100万吨；

2009年，万山特区有货运车辆600辆，向外运输货物1800万吨；2010年，万山特区有货运车辆620辆，向外运输货物1900万吨；2011年，万山特区有货运车辆780辆，向外运输货物2400万吨。2006—2011年期间分别有2吨以下、2—4吨、4—8吨、8吨以上吨位的货车，但都以2吨以下小吨位货车为主。

万山特区货运量统计表（2005—2011年）

表6-5

年份	合　计		交通系统		非交通系统	
	货运量(吨)	货运周转量(万吨千米)	货运量(吨)	货运周转量(万吨千米)	货运量(吨)	货运周转量(万吨千米)
2005	20	600	20	600		
2006	90	700	90	700		
2007	348	1600	348	1600		
2008	451	2100	451	2100		
2009	437	1800	437	1800		
2010	343	1900	343	1900		
2011	416	2400	416	2400		

第四节　路政管理

一、公路养护

1.养护组织

万山特区养护组织成立于1979年3月13日，称为万山特区工交局群养工区，第一批工作人员是从特区磷肥厂抽调的职工，共计2名。1980年1月1日，万山特区因无1里养护里程，地区不再拨付工区人员工资而撤销万山特区群养工区。根据公路发展的需要，1989年5月再建万山特区工交局养护工区。

2.管理部门及人员编制

养护管理主导部门为万山特区公路管理所。2005年万山特区工交局养护工区共有5名群养工人，一名负责人。2006年9月25日万山特区编制机构委员会将万山特区公路管理所机构升格为副科级，核定领导职数2名，其中所长1名，副所长1名（股级）。

3.养护工作及人员情况

（1）2005年，万山特区管养里程共计6条88.8千米，其中县道3条40.7千米，乡道3条48.1千米。截至2011年年底，万山特区管养里程共计146条847.846千米，其中县公路5条137.641千米，乡道13条92.935千米，村道128条612.270千米。

（2）2005年万山特区公路管理所在册职工9人，养护工37人，2011年在册职工13人，养护工121人。

（3）2011年11月7日，万山特区撤销特区改为万山特区，茶店镇、大坪乡、鱼塘乡、谢桥办事处划转至万山特区管辖。同时划转乡镇通村公路由万山特区公路管理所管养。

4.养护资金

2005年至2007年年底，养护经费由地区公路处拨付养护经费20万元/年，2008年机构改革后，由特区财政拨付小修保养经费60万元/年，2011年增加到120万元。

二、公路绿化

特区政府和交通部门，利用每年植树节动员社会各界力量在公路两旁植树，其中万山城区公路、将郭公路（将军岩至郭家）、老万公路（老山口至万山）、万湖公路（万山至湖广桥）的行道树已成绿荫道，谢岩公路（铜仁谢桥至岩屋坪）万山段10.7千米长已于2000年栽种了行道树，且长势良好。尚有万麻公路（万山至湖南麻阳）万山段、王下公路（王灵观至下溪）、黄深公路（黄道至深冲）以及各通村（组）还未栽种行道树。

2005—2011年县道老山口至湖广桥（32.76千米）、谢桥至岩屋坪（12千米）、将军岩至郭家（6.363千米）沿线已进行绿化；乡道高楼坪至客寨（11.211千米）已绿化。

三、养路费征收

依照国家有关法规，由万山特区公路养路费征收稽查所向机动车辆征收养路费。1991至2005年共征收各类车辆养路费1047.2万元。

2000年，特区政府撤销养路费征收站，2006—2011年未征收养路费。养护资金2005—2008年由地区公路处拨付，2008—2011年由特区政府拨付。

四、路政管理

万山特区路政中队成立于1991年1月，其主要职能是依法对辖区内管养公路行使管理权。（1）负责管理和保护公路的路产路权，严格执行《中华人民共和国公路法》和《贵州省路政管理条例》，依法制止、查处各秧种违法利用、侵占、污染、毁坏和破坏路产的行为。（2）负责公路两旁建筑红线范围内（县道5米、乡道3米以滴水线为界）修建永久性建筑物和临时性建筑物的审批工作。（3）管理和保护公路标志、标线、行道树等公路附属设施，审理从地面、公路上空或地下穿（跨）越公路的其他设施的建筑事宜。（4）维护公路养护、施工作业现场的正常秩序，对利用、占用公路和超限、超载运输车辆通过公路进行审批，对实施情况进行监督检查。

1.管理人员

2005—2011年，特区路政主管部门为万山特区交通局。

期间路政大队由张春锋（特区公路管理所所长）兼路政大队长，路政管理人员共计3人。路政管理人员工资按照自身事业单位岗位职级由特区政府财政发放。

2.管理范围及政策

路政管理包括路产路权的维护，路障的排除。

（1）公路及其附属设施（包含两旁已划定土地），都是国家财产。任何单位或个人不得侵占或破坏，人人都有保护责任。

（2）路基宽度，干线12米、县、乡道为6.5米，内弯加宽1至3米。其留地：国道、省道为公路两侧边沟外（挖方地段为坡顶截水沟外，填方地段为填方坡脚外）各2米；县道公路两侧各1米；乡道公路1米；村道公路1米。在此范围内凡被侵占的，应该限期予以拆除，恢复公路原样，其费用由占路者负责。如逾期不拆除者，由公路部门按有关规定处以罚款，或强行拆除，直至法律处理。

（3）禁止在公路用地内建造砖瓦窑、石灰窑、横挖水沟，搭棚建基，摆摊设店、堆放杂物等。违者必须自行清除，恢复原样。情节严重者除追究责任外，并处以20—200元罚款。如造成工程损失，按照实际赔偿。在公路用地内设置电缆、管道，必须在距离里面0.5米以下深度。

（4）一般不准在公路界内架设电话、电力设施和广播线杆。如确实需要，先征得公路管理部门同意后，按跨越公路的最低垂直高度6米安装线路。过去安装不合标准的，由安装单位重新调整。

（5）禁止履带机车，带有高花胎机动车在公路上行驶。违者，除按每公顷160元赔补偿外，并按照履带、高花胎行程的全部齿印数，以每个齿印数处以5元罚金。

（6）不准在桥梁、渡口上下游100米内挖沙、取土，违者按照每立方米80元赔偿。损坏地名牌、里程桩、标志牌、栏码石等，每块罚款120元。

（7）改造和养路所需的土、石、沙场，可在沿线荒山开采，不准收山价费。正常养路所需土、石、沙场，可在沿线空地内开采，任何单位或个人不得干涉。基建所需在路旁开采石料的，应征得公路管理部门的同意，并交一定的押金，在指定的地点开采。否则，没收工具或罚款，直至法律处理。

（8）禁止乱砍滥伐行道树和随意修枝剔丫。违者，除追回原物外，损一栽十，一年后由养路人验收。赔款标准：树干直径20厘米以下100元一棵；树干直径20-30厘米300元一棵；树干直径30—40厘米500元一棵；树干直径40厘米以上，以500元为基数，每增加10厘米增加100元。

3.公路留地和界桩管理

公路是国计民生的重要设施，担负着繁重的运输任务。为保证公路运输畅通无阻和人民生命财产的安全，必须切实加强公路留地和公路界桩的管理。

4.排除路障

主要针对辖区内公路路面乱堆乱放进行治理、清除；公路两侧乱搭乱建清除，核定标准县道：距离公路15米；乡道：距离公路10米；村道：距离公路5米。

5.制止在公路土乱设卡滥罚款滥收费。

严格执行国家有关政策规定，路政执法人员执法必须着路政执法服装，罚款必须按照国家有关罚款政策执行，任何单位或个人不得擅自罚款，随意罚款。

五、运政管理

运政管理主要是对汽车站、客运车辆、客运线路的管理。

1991年万山没有汽车站，旅客乘车地点在粮食局车队停车场。1998年10月万山特区公用型汽车站竣工投入使用。该汽车站由贵州省运输管理局投资272万元建成，占地面积为5754公顷，其中道路和停车场4000公顷，房屋建筑面积2146公顷，各项功能齐全。

汽车站是特区交通局直属企业单位，实行自主经营、自负盈亏。该站现有在册职工9人（原铜仁运输公司万山汽车站），其中已退休1人，在岗人员中有站长、副站长各1人，站务员6人，靠收取车辆进站发车费发工资。由于万山营运车辆较少，实际收费标准偏低，收入不足以发放在册人员的工资，故实际在岗4人，对不在岗的另外4人，仅发养老保险金。

车站的管理主要是依照国家关于交通安全的法律法规，对进出站客车每班发车前进行安全例检，对社会旅客查堵违禁品进站上车和发车登记工作，为社会客流安全营运提供服务。

1.人员核定情况

车站共9个编制。2005年实有6人，2006——2009年实有7人，2010—2011年实有9人。

2.管理范围及政策

（1）管理范围：主要负责管理道路旅客运输，道路货物（危货）运输，车站管理，机动车驾驶培训学校，机动车维修企业。（2）政策：依据道路运输管理相关政策。

3.资金来源是自收自支，无财政拨款。

第二章　邮　政

第一节　邮　路

邮路：邮件运输的路线，邮路和邮局共同组成的邮政网路，完成各类邮件的传递业务。

1990年，万山的委办汽车邮路改为自办汽车邮路，由铜仁经万山至玉屏，再由玉屏到万山返回铜仁，单程全长82千米，逐日班，属省内二级邮路。万山二干邮路一条，即：铜玉线。县乡邮路四条：即万黄邮路（万山一黄道），万高邮路（万山一高楼坪），万敖邮路（万山一敖寨），万下邮路（万山一下溪）。万山境内邮路6条，单程64.5千米。其中：万山邮局至三脚岩3千米，万山城区内投递线路4条，一段为特区政府所在地所有行政机关及企事业单位，二段为土坪（原贵州汞矿机关、医院），三段是犀牛井（原有色地质一队）、麻音塘、官山至三角岩，四段是张家湾（原贵州汞矿冶炼厂）至杉木董（二坑、六坑）、冲脚（四坑）。万山至高楼坪邮电所单程4.5千米，其投递线路有高楼坪至龙田、羊尾舟、老山口、新庄、猴冲、官庄等地；万山至黄道邮电所，单程15千米，其投递线路有黄道至白屋场、大榜、黄溪、马黄、青溪等地；万山至敖寨邮电所，单程15千米，其投递线路有敖寨至深冲、洋世界、金家场等地；敖寨至岩屋坪邮电所，单程8千米，其投递线路有岩屋坪（原贵州汞矿岩屋坪分矿）及杨家寨；万山至下溪邮电所，单程19千米，其投递线路有下溪至铁门、官田、瓦田、报溪等地。这些邮路邮件由汽车或摩托车运送，投递线路大部分为自行车或摩托车投递，极少数交通条件差的实行步班投递。

第二节　邮件管理

一、邮件

1991—2011年，万山邮政局按国家邮政局统一规定，邮件按内件性质分为函件和包件。函件包括信函、明信片、邮简、印刷品、盲人读物、邮送广告等，包件包括包裹和直递包裹。邮件按传递时限分为普通邮件、特快专递邮件。邮件按处理手续分为平常邮件和给据邮件。给据邮件按邮局所负赔偿责任，分为保价邮件和非保价邮件。函件按寄递区域分为本埠函件和外埠函件。

二、范围

1991—2011年，万山邮政局按国家邮政局的规定，下列邮件准予交寄：

函件：书面通信、各种公文、合同、各类单据、报表（空白报表除外）、票据、有价证券（如未使用的邮票，带邮资的封、片、卡等）、各类事务性通知、各类稿件、各类证件以及其他适于邮寄的物品和文字载体，只要符合规定的重量、尺寸限度和封装规格，寄件人愿意按信函资费标准交付邮费的也可作信函交寄。

明信片：明信片是一种露封交寄的具有通信性质的卡片式邮件，县以上邮政企业，经省邮政局批准，可以印制、发行带有“中国邮政”字样的明信片，其他单位印制的明信片，不得带有“中国邮政”字样（包括外文）。国家邮政局印制、发行的明信片可以印邮票图案，表示邮费。回音卡也是明信片的一种。

邮简：邮简是信封和信纸连在一起，折叠后将各边封合，形成信封状，按信函交寄的一种函件业务。

印刷品：除规定按信函寄递的以外的各种书籍、报纸、期刊、教材、目录及各种印刷的图文资料等可按印刷品寄递。盲人读物：盲人所用的凸出点痕的书籍、刊物、信函和文件都可以作盲人读物寄递，但不包括盲人使用的特种纸张。

邮送广告：由邮政部门按广告客户要求投递至指定区域指定用户群、无具体名址、经广告主管部门认定符合规定的印刷广告及广告宣传品。

义务兵免费邮件：以现役义务兵从部队发寄私人通信内容的（主要指寄给其家里的家信和寄给其亲友的私人信件，但不包括给各单位的非私人通信内容的信件、如稿件、订购单、评选票、知识竞赛答卷、函授作业、课本及试卷等）每件重量不超过20克利的国内平常信函或明信片为限。

超过上述规定范围以及交寄其他种类邮件，都必须按规定纳付邮费寄递。

包件：除国家法律法规规定禁止寄递的物品以外，凡适于寄递的物品，均可按包件寄递。

特快专递邮件：符合函件和包件准寄范围的邮件，均可作特快专递邮件交寄。

三、邮件标准

各类邮件的重量和尺寸限度，由国家邮政局规定，在全国统一执行。具体规格见《国内邮件重量、尺寸限度表》；各类邮件的包装除有特别规定外，应当按照《各类邮件封装规格表》的规定办理。

四、禁寄和限寄物品

1991—2011年，万山邮政局按国家邮政局的规定，禁止寄递下列性质的物品：国家法律法规禁止流通或者寄递的物品：反动报刊、书籍、宣传品和淫秽物品；爆炸性、易燃性、腐蚀性、放射性、毒性等危险物品；妨害公共卫生的物品；各种活的动物；各种货币；包装不妥，可能危害人身安全、污染或者损毁其它邮件、设备的物品。前款物品，符合特准交寄规定并确保安全的可以收寄。

对遇有物品性质不能识别的，应请寄件人提交相关部门出具的确非危险物品或妨碍公共卫生物品的鉴定证明后再收寄。

违反规定寄递禁寄物品，按照下列规定处理：

各种危险物品：收寄局发现的不给予收寄；经转局发现的应停止转发；投递局发现的不给予投递。对危险品要另放一地，加以隔离。寄递危险物品情节严重的，应当同公安部门联系处理；不属于这种情况的对其中容易发生灾害的危险物品，应就地销毁，需消除污染的应报请卫生防疫等部门处理，其所需费用由寄件人承担。对其他危险物品，可通知寄件人限期领回。有关处理情况，应当备文报告主管省局，并抄送收寄局的主管省局。至于邮件内所装其他非危险物品，应当整理重封。随验单发寄给通知收件人到局领取；金银：发现后通知当地中国人民银行处理；妨害公共卫生的物品、容易腐烂的物品和不适于寄递的怕震易损物品：应视情况通知寄件人限期领回，或者就地销毁、抛弃。武器、警具、反动报刊、书籍、宣传品、淫秽物品和毒品等，通知公安部门处理；活的动物：暂予扣留，通知寄件人限期领回，或者根据具体情况作其他适当处理，处理费用由寄件人负担；本国货币：收寄局发现时，通知寄件人限期领回，无法通知寄件人或在其他局发现时，将夹寄的现钞改作汇款汇交收件人，汇费等从夹寄款中扣除，在汇款通知附言栏批注“违章夹钞，改为汇款，汇费已扣除，邮件另寄”字样，相关邮件随验单发往投递局，通知收件人到局领取，验单上应写明有关情况，汇款收据粘贴在验单底页存查。包装不妥，可能危害人身安全、污染或损毁其他邮件、设备的物品：在收寄局发现时，通知寄件人限期领回。在寄递过程中发现的应根据具体情况进行妥善处理，并随验单发往投递局通知收件人到局领取。经转局发现违章寄递的限寄物品，应当报告主管人员妥为研究，有关处理情况作出记录，并向收寄局缮发验单，如有必要应抄副份寄投递局。

五、邮资凭证和邮政业务资费

1991—2011年，万山邮政局按国家邮政局的规定，邮资凭证作为邮件纳费标志，包括邮票、印在邮资信封、邮资明信片、邮资邮简上的邮票图案，邮资机打印的邮资符志（以下简秤“邮资机符志”）。国内特快专递邮件资费采用交付现金和总付邮费两种形式。邮件上加盖带有“EMS”字样的特快专递邮件收寄日戳，以示交纳邮费。

邮资凭证应当按规定的日期出售、停售或者停用。已停售但未停用的邮票仍然有效。已经售出的邮资凭证不得兑换现金。

出售邮资凭证，邮局不另给发票，但用户购买邮票需要报销时，邮局可出具邮政业务专用收据，写明购票数目（款额大写），加盖日戳，事后不给予补办。

邮政业务的基本资费是指国内平常信函、明信片的资费；非基本资费是指基本资费以外的邮政业务资费。各类邮件资费应对外公布，现行资费见下表《国内邮件资费简表》。

除特准免费寄递的邮件外，交寄各类邮件必须按照国内邮件资费表的规定付足邮费。特准免费寄递的邮件：烈士遗物、义务兵免费信件、按平常函件寄递的盲人读物。但按挂号或保价交寄时，应分别收取挂号费和保价费、邮政公事。

各类邮件的邮费，一般应在邮件封面粘贴邮票或加盖（贴）邮资机符志交付。邮资信封、邮资邮简、明信片交寄时可不另贴邮票，但邮票图案的面值不足应付邮费时，应加贴邮票补足。

邮票要贴在邮件封面或规定位置，不要重叠粘贴，也不要粘贴在信封两面。如果重叠粘贴，被遮盖的邮票不作为交付邮费，相关邮件作欠资邮件处理。

下列邮件，可按有关规定另行处理：

经省局核定的具有自检能力的邮政局、所收寄的包裹和保价信函，可由邮局收取现金，用加盖“国内包裹邮费办收”、“保价信函邮费已收”戳记的方式表示邮费已付；按“收件人总付费”传递处理办法邮寄的邮件，寄件人交寄时呆不交付邮费，由邮局向收件人收取。

下列邮票（或图案）贴在邮件人，视为无效：

经国家邮政主管部门公告停止使用的邮票；已经盖销或划销的邮票；污染、残缺、退色呀变色，难以辨别真伪的邮票；在邮票表面涂抹胶水、浆糊、粘贴透明胶带或剪贴拼补、伪造的邮票；外国邮票及港、澳、台邮票；邮资邮简、邮资信封和邮资明信片上剪下来的邮票图案；畸形邮票（如倒印、折痕、漏齿、复齿），以上使用不符合规定的邮资凭证的，邮局不给予发寄，通知寄件人限期撤回，并处以应付邮资十倍的罚款，所罚款上缴国库。无法通知寄件人的或逾期不办理撤回手续，保管期满作为无着邮件处理。

在处理邮件过程中严禁剥取邮件和包裹详情单上所贴的邮票，对脱落的邮票也不准私藏，应定期交主管部门处理。

给据邮件漏贴邮票、少收资费、贴废票等，经转局发现的应缮发“验单”通知收寄局查实处理，邮件随验单副份发投递局照常投递；投递局发现的也应验知收寄局查究处理，邮件照常投递，必要时可向收件人索回原封皮存查。收寄局收到验单后应追究原因，并由责任人补足邮资，如收寄人员作弊，应予查处。

六、邮政收寄方式

邮件收寄的方式主要有以下四种：窗口收寄、筒箱收寄、上门收寄、流动服务收寄。

信筒、信箱用于收寄平常信件，按信筒、信箱上标明的时间按时开取信件。挂号函件一律到窗口交寄，办理下列手续：（1）验看封面书写、封装规格、尺寸、重量等是否符合规格；（2）秤重计费，核验邮票是否贴足，并予盖销；（3）在邮件封面右上角粘贴“国内挂号函件条形码标签”。

交寄保价信函应当使用邮局使用的“保价信封”，并填写保价信函内件清单一式四份。保价信函交寄不可封口，邮局收寄时会同寄件人办理点验内件再封固。收寄保价信函除办理与挂号函件相同一手续外，还需办理：（1）验看是否使用保价信封，核对内件清单上所填保价总金额是否大写；（2）会同寄件人按清单核点内件，注意内件是否符合规定；（3）将信函秤重，秤至克为止，不足1克的按1克计算；（4）在信封上批注邮件号码和重量，加盖“保价信函邮费已收”戳记。

包裹的交寄，应填写“国内包裹详情单”，并具价值。收寄时应办理：（1）认真验视内件；（2）查核包裹封面书写与详情单填写是否一致，验看包裹包装、尺寸、重量是否符合规定，寄件人在声明栏是否进行批注；（3）在“包裹条形码标签”指定位置上加盖日戳；（4）秤重计算邮费，填写在详情单内，加盖日戳。

实行全国邮政编码制度后，铜仁地区境内，万山与玉屏、松桃、铜仁、江口、石阡、印江七县（市、特区）划属玉屏邮区。万山特区境内的邮政编码是：万山镇及所辖的万山城区的解放街路、区府路、滑石坡路、张家湾路、汞都路、环城路均为“554200”；官山路、辰砂路、三角岩路、土坪路均为“554201”；高楼坪侗族乡及其所辖各村为“554202”；敖寨侗族乡及其所辖各村为“554203”；下溪侗族乡及其所辖各村为“554204”；黄道侗族乡及其所辖各村为“554205”。未使用国家标准信封和未填写邮政编码的信函不予收寄。

七、邮件分拣封发

邮件分拣封发工作，是邮件传递过程中的重要环节，各局必须严格执行统一规定的邮件传递频次和时限，必须严格执行统一确定的邮件直封和经转关系；必须严格执行统一制度的邮件处理规格标准；认真执行交接验收、勾桃核对、平衡合拢三项基本制度。

邮件分拣封发以邮区中心局为基本分拣单元，在全国设置若干个邮区中心局，担负邮件的分发和经转任务。邮区中心局分为三级（以下简称中心局）。其设置应根据所处的地理位置、交通条件和邮件业务量及整体布局的需要，由各省局提出方案，国家邮政局确定。

邮件分拣封发作业应根据邮件传递频次、时限规定合理的调配劳动组织和作业流程，具体规定各类邮件出、进、转口作业处理的班次。应根据邮运班次、运邮工具到开时刻和上级核定的本部门作业处理的具体时限，划分邮运各工序岗位的分段作业处理时限，并绘制《邮件分拣封发综合作业计划图表》，指示和协调各项作业正常有效地进行。

邮件直封与经转各中心区应按下列规定和标准分别建立封发关系：

直封标准：平常函件满130件，挂号满30件，包裹满5件。

信函封发：一、二级中心局建立直封关系；一、二级中心局对三级中心局达到直封标准的建立直封关系，达不到直封标准的封至寄达局所在省路向合适的一、二级中心局经转；三级中心局对达到直封标准的各级中心局建立直封关系，达不到直封标准的封至发寄局就近路向合适的一、二级中心局经转。

挂号信函：一、二级中心局之间建立直封关系；一、二组中心局对三级中心局建立直封关系，达到直封标准的直封直发，达不到直封标准的封至寄达局所在省路合格的一、二级中心局经转；三级中心局出口挂号信函一律封至发寄局就近路向合适的一、二级中心局经转。

印刷品封发：一、二级中心局之间建立直封关系；一、二级中心局对三级中心局达到直封标准的建立直封关系，达不到直封标准的封至寄达局所在省路向合适的一、二级中心局经转；三级中心局出口印刷口一律封至发寄局就近路向合适的一、二级中心局经转。

包裹封发：省会一、二级中心局对各级中心局建立直封关系；非省会二级中心句局对一、二组中心局建立直封关系；对三级中心局达到直封标准的建立直封关系，达不到直封标准的封至寄达局所省合适的一、二级中心局经转；三级中心局对达到直封标准的各级中心局建立直封关系；达不到直封标准的封至发寄局就所路向合格的一、二组中心局经转。

特快专递邮件：邮区中心局之间建立直封。邮区中心局与其经转范围内的开办局（县、市局）之间建立直封；非邮区中心局的地（市）局出口特快专递如封给其所在的邮区中心局经转影响时限的，经省局同意，可直封寄达邮区中心局；邻省开办局之间有直达邮路的可以建立直封。

上述封发关系均指省际间封发，省内各类邮件的封发关系，由各省局根据实际情况自行确定。

邮件的分拣封发处理：万山邮件分拣与封发关系从2008年后全部实行全程电子化操作，实行直封与经转相结合。

邮件投递：万山邮政局仍采用之前的投递方式即：按址投递、局内投交及电话预投。

八、邮件运输

万山特区邮政局遵循统一调度，严密组织，综合利用各种运输工具和运输能力，实施邮件运输。实行县乡邮路运输，优化了县乡邮件运输流程，将之前四条县乡邮路优化为一条环乡邮路，还聘请了社会代办人员将当日进口各类邮件全部运送到各乡镇支局（所），改变了之前各乡镇投递人员自行到区局领取邮件情况，极大地提高了邮件的传递时限。

邮件的发运次序一览表

表6-6

<table>
<tr><th colspan="2">邮件总秤</th><th>发运次序</th><th>邮件类别</th><th>比照左列邮件类别发运的邮件</th></tr>
<tr><td rowspan="7">普通邮件</td><td rowspan="3">轻件</td><td>1</td><td>特快专递</td><td></td></tr>
<tr><td>2</td><td>信　函</td><td>国内信函、国际保价、小包、机要文件</td></tr>
<tr><td>3</td><td>报　纸</td><td>零售报刊、特快空袋、国际印刷品</td></tr>
<tr><td rowspan="4">重件</td><td>4</td><td>期　刊</td><td>国际印刷品</td></tr>
<tr><td>5</td><td>包　裹</td><td>国际包裹</td></tr>
<tr><td>6</td><td>印刷品</td><td></td></tr>
<tr><td>7</td><td>公　物</td><td>信盒、空袋、报皮纸</td></tr>
</table>

第三节　邮政业务

邮政业务包括邮件（函件、包裹）收寄、投递，邮政汇兑、储蓄、报刊发行等。

一、邮政汇兑与储蓄

邮政汇兑是邮政部门的一项重要业务，接受国家金融行政部门的管理，只存不贷，存款分定期、活期两种，与国家金融机构的利息相同。1991—1998年存款余额由62万元上升到1062.74万元，1999至2004年存款余额由1365万元上升到3611万元，2005年成余额5000万元。邮政汇兑业务于2004年9月4日实现统一版本上线，2006年5月实现与邮政储蓄互联互通。从此除保持地址汇款外，新开办了账户汇款；现金到账户，账户到现金，账户到账户的汇款业务品种；邮政汇兑与邮政储蓄两网互通后还开发实时汇款(密码汇款)。

2006—2011年收汇情况一览表

表6-7

年 份	收汇(笔)	收汇金额(万元)	兑付(笔)	兑付金额(万元)
2006	5832	1109	7308	798

续表6-7

年 份	收汇(笔)	收汇金额(万元)	兑付(笔)	兑付金额(万元)
2007	7669	1234	7232	752
2008	8113	1521	7170	702
2009	9565	1601	6677	674
2010	10958	1694	5993	584
2011	10620	2134	4837	595

万山特区邮政储蓄于1986年12月恢复开办。邮政储蓄营业室的业务，于2000年改手工操作为微机操作，结束了繁琐的手工操作流程，提高了工作效率，方便了客户。2001年1月实现全国联网，与全国31个省（市、区）2468个县市的通存通兑。2002年7月，汇兑业务也改手工为微机操作。是年8月，ATM自动取款机绿卡网建成投入使用，覆盖全省82个地、州、市县以上城市及548个乡镇的邮储网点，与134台ATM自动取款机全部联网，实现了与全国的联网。万山邮政储蓄有四个营业网点，分别是：解放街邮政储（1986年12月开业）、省溪邮政储蓄（2006年元月开业）、三角岩邮政储蓄（1986年12月、下溪邮政储蓄（2006年6月开业），四个网点共有工作人员16人。2004年9月实现全国统一版本上线，邮政储蓄实现通存通取功能。2009年更新了一台ATM机，2011年增加了两台ATM机，ATM机总数达3台，分别是解放街2台，下溪1台。

中间业务：截止2011年12月31日，万山特区邮政局开办了代销保险、代销基金、代缴话费（电信、联通、移动）三种中间业务。

二、报刊发行

万山特区邮政局每年第四季度的首月开始下年的报刊杂志征订工作。局内组织专门工作人员深入乡镇党政机关和学校、企事业单位、社会团体、工矿企业、群众团体、社会公众，宣传报刊杂志征订目录，开展征订工作。在报刊征订过程中，特区党委宣传部门加强指导，对党刊党报和上级政府机关报的订阅作具体的要求。

1991—2011年报刊杂志发行量一览表

表6-8 单位:份

年 度	报刊杂志期发数	年 度	报刊杂志期发数
1991	611004	2002	206037
1992	728362	2003	192399
1993	810332	2004	412033
1994	832245	2005	243213
1995	623416	2006	320000
1996	511322	2007	360000

续表6-8

年 度	报刊杂志期发数	年 度	报刊杂志期发数
1997	426223	2008	420000
1998	233321	2009	550000
1999	360556	2010	680000
2000	367432	2011	820000
2001	223396		

从表中显示出,万山特区报刊杂志发行量平均每年以20%的速度增长。

三、投递

万山特区邮政局的邮件投递，分乡邮投递和市内投递，乡邮投递员4人，市内投递员3人。各投递段道均实现两轮摩托车投递。乡邮投递包括县乡邮件投递和乡村邮件投递，黄道乡、敖寨乡、高楼坪乡、下溪乡基本实现村村通邮。市内投递分为三个投递段道，一段（邮政局—区政府—张家湾—农职中）、二段（中心广场—气象局—体育馆—二厂）、三段（电信公司—土坪）。

第三章　通　信

中国电信万山分公司基本情况：1999年移动脱离电信后称谓万山特区电信局。为适应新的市场需求，2002年中国电信股份有限公司成立后称谓：中国电信股份有限公司铜仁万山分公司。万山分公司始终坚持“用户至上、用心服务”的服务理念，秉承全面创新，求真务实，以人为本，共创价值的核心价值观，主要经营基础电信业务（宽带业务、手机业务）、增值电信业务以及与通信及信息业务相关的系统集成、技术开发、技术培训、技术咨询、信息咨询，广告业务等。

第一节　通信设施

一、通信线路

1991年万山特区有长途电话线路5路，载波电话终端机4部，总容量14路（实占5路），为省内二级有线电路。市话交换点1处，市话交换机容量200门（实占160门）；用户交换机容量260门，中继线5对，用户线300对（实占160对）。杆路总长6千米，明线长3对千米，电缆线总长5及长千米，电缆芯线长115对千米。四乡一镇有农话交换点6处，农话交换机总容量260门（实占54门），杆路总长52千米，明线总长83对千米，中继电路9路。贵州汞矿有电话交换点8处，交换机8部，总容量420门。有色地质一队有交换点1处，交换机1部，总容量100门。

为不断满足广大人民群众的通信需求，2005一2011年通信建设又上了新台阶，先后架设了万山至黄道大榜、万山至高楼坪猴冲、万山至敖寨深冲、万山至下溪官田，累计架设长度120多千米，可为1.8万户提供有效通信服务。

二、通信光缆

国家重点通信建设项目福（州）、杭（州）、贵（阳）、成（都）光缆干线过境万山，经过解放军某部官兵与干线沿途人民群众的共同艰苦努力，于1995年6月建成。万山特区电信局安装千门HJD04型数字程控交换机一台，开通程控电话，结束了万山手摇电话的历史。1997年3月又开始扩容程控电话1000门，扩容机线路1000线，是年6月完成扩容建设任务并成功投入运行。

2005—2011年，先后架设了万山至黄道小田坪、万山至下溪瓦田、万山至高楼坪羊尾舟、万山至敖寨深冲，累计架设长度180多千米，为2.4万户用户提供通信需求。

三、移动基站

1996年，继程控传输电信开通之后，无线寻呼网络、分级交换网络也同时建成。是年，无线寻呼用户发展到30户。

是年7月开通了“大哥大”，发展“大哥大”30台。根据上级有关文件精神，克服经济困难，举债经营，贷款50万元建成900兆移动电话直放站，于是年7月3日模拟移动电话正式投入使用。从此，进一步增强了万山通信传输网络保证了信息传输及时畅通。

1997年9月，万山移动通信拥有第一部移动电话一模拟蜂窝移动电话。是年，万山移动电话用户已发展到150户。2000年，建立了万山红卫山移动基站，覆盖红卫山和三角岩；2001年，先后建立了老山口基站、高楼坪基站、下溪1号基站、敖寨基站、黄道1号基站，分别覆盖了老山口、高楼坪、下溪、敖寨、黄道等地；2002年建立了万山县城1号基站，覆盖了万山县城；2004年建立了黄道乡锁溪基站，覆盖了锁溪及其周边地域；2005年建立了万山六坑基站、高楼坪乡关庄基站、高楼坪小客寨基站、下溪瓦田基站，分别覆盖了万山六坑及矿区化社区、高楼坪乡关庄及周边各村、高楼坪小客寨及周边地域、下溪瓦田村及周边地域。按规划，将在2006年建立万山城2号基站、黄道乡白屋场基站、黄道2号基站、黄道乡力坳基站、高楼坪乡琴门基站、高楼坪乡硅铁厂基站、万山县城3号基站。

2001年7月，中国联通公司在万山开通了第一个130基站后，2002年在红卫山电视台顶建立了联通基站，覆盖万山城区；2003年先后建成敖寨联通基站、黄道联通基站、高楼坪联通基站；2004年又建立了下溪联通基站。截至2004年9月13日，联通网络在万山开通5个基站，实现了全特区133网络乡乡通。

2005—2011年，相继建设了万山城区、黄道乡区域、下溪乡区域、高楼坪乡区域、敖寨乡区域移动基站，区域覆盖率90%以上，边远的岩屋坪也建立了移动、联通接收塔。

第二节　固定电话

1991年万山有固定电话1348部。其中：市话418部，接入邮电局交换机160部，接入用户交换机258部；农话58部，接入邮电局38部，接入用户交换机20部；贵州汞矿总机接分机800部，有色地质一队总机接分机72部。这些固定电话绝大多数为行政机关及企事业单位办公电话，极少数个体工商户安装住宅电话。至1995年程控电话开通前，因贵州汞矿几个坑口相继闭坑，加上有色地质一队搬迁贵阳清镇，固定电话用户逐年减少。1995年7月程控电话开通后，结束了几十年使用磁石（摇把子）电话的历程，也是通信行业发展史的一个重要里程碑。万山特区首次安装程控电话516部，其中特区政府为机关正科级以上领导干部安装住宅电话，1996年各乡光缆先后拉通，相继开通程控电话，从1997—1999年，每年新增装机用户1000户以上，到2000年实安装固定电话用户达3500户。2000—2005年城镇居民家庭及少数有条件的农户也装上了程控电话，没有光缆过境的村寨农户装无绳电话，装机用户平均每年递增680户。至2005年年末，全特区有住宅电话6500户，单位办公电话800部，微机宽带上网350户。

万山电信始终坚持“客户需求第一，客户感知优先”的经营理念，立足本职、诚信经营，截止2011年12月，共拥有固定电话用户8800户，固定电话网络覆盖了万山城区、城郊、城乡结合部以及黄道乡、下溪乡、敖寨乡、高楼坪乡。

第三节　移动电话

中国移动通信集团贵州有限公司万山特区分公司，1999年8月从电信分营成立，2005年贵州移动在境外（香港）上市，并正式挂牌为中国移动通信集团贵州有限公司万山分公司，办公地址在万山特区汞都大道。有员工33人，平均年龄30岁，本科以上文化程度占90%。公司设市场销售部、综合部、维护部、建设部、政企客户部。

中国移动通信集团贵州有限公司万山分公司1997—2011年业务发展情况一览表

表6-9

年　度	用户(户)	营业收入（万元）
1997	23	5
1998	159	32
1999	248	58
2000	1200	110
2001	1890	156
2002	2156	187
2003	2879	200
2004	3768	246
2005	4000	270
2006	8875	369
2007	11850	672
2008	16880	936

续表6-9

年　度	用户(户)	营业收入（万元）
2009	23130	1164
2010	25270	1320
2011	29720	1728

第四节　电　报

1991年万山特区邮电局配有55型电传机3部，4路播报机1部。主要收发传递天气、水情、公益、政务、新闻、普通汇款、公电8类电报，特别业务有特急、加急、邮送3种。在铜仁地区内还开办礼仪电报业务和用户电报业务。

电报传递顺序和时限要求，是根据不同的服务对象和业务性质，区分业务类别和交发时间的先后来确定电报的传递顺序和时间。一等天气电报，局内发投时限为8分钟，全程最大时限30分钟；二等水情、公益、政务、业务、公务等特急电报，局内发报时限20分钟，投递时限40分钟，全程最大时限90分钟；三等公益、政务、新闻、普通业务、公务、汇款等加急电报，局内发报时限60分钟，投递时限120分钟。全程最大时限240分钟；四等公益、政务、新闻、普通业务、公务、汇款电报，局内发报时限90分钟，投递时限180分钟，全程最大时限360分钟。

1991年收发各类电报897份，随着党政机关机要明传电报、传真业务的发展及微机联网，电信局电报业务逐年减少，至2005年全年收发电报仅45份。2006年以后，电报业务逐步退出电信市场。

第七篇　金融　保险

第一章　金　融

万山特区1991年金融机构有中国人民银行万山特区支行、中国工商银行万山特区支行、中国人民建设银行万山特区支行和四乡一镇信用合作社。1996年11月，经中国人民银行贵州省分行批准，万山特区各乡镇信用合作社与工商银行万山特区支行脱离隶属关系，建立万山特区农村信用合作联社。1998年6月撤销中国人民银行万山特区支行，并入玉屏县支行，同时经中国人民银行贵州分行批准，撤销万山特区农村信用合作联社，改为万山农村信用合作社，并连同原万山特区信用合作联社所管辖的高楼坪、黄道、敖寨、下溪信用社归并到玉屏县农村信用合作联社管理。1999年9月撤销中国人民建设银行万山特区支行，并入中国工商银行万山特区支行。2005年9月万山农村信用合作社恢复为万山特区农村信用合作联社。

第一节　金融机构

中国工商银行万山特区支行

一、概况

中国工商银行万山特区支行位于万山镇解放街南路83号。1996年11月，经贵州省分行批准，万山将特区各乡镇信用合作社与工商银行万山特区支行脱离隶属关系，建立万山特区农村信用合作联社。1999年9月撤销中国人民建设银行万山特区支行并入中国工商银行万山特区支行，至此形成工商银行万山特区支行（2005—2011）的整体格局。

作为中国最大的商业银行的分支机构，中国工商银行万山特区支行秉承服务、创新、稳健的核心价值观为公司客户与个人客户提供人民币公众存款、贷款、国内结算、票据贴现、代理发行、兑付、承销政府债券等多元、专业的金融服务。2005年，中国工商银行完成了股作份制改造，正式更名为“中国工商银行股份有限公司”。中国工商银行万山特区支行更名为中国工商银行股份有限公司万山特区支行，从专业流程、分销渠道、服务模式和产品种类等方面系统地改进和提升了服务。

2005—2011年，万山支行全体员工在贵州省分行、铜仁分行的领导下围绕国家稳增长、促发展、调结构、惠民生的一系列政策措施，时刻保持业务发展与区域经济建设发展一个路子的指导思想，紧紧围绕区域发展要求，从网点设置、服务方式、资源配置及服务民生等方面与时俱进，勇于创新和担当，积极服务于地方经济社会发展。2011年，中国工商银行股份有限公司万山特区支行内设机构有办公室、营业部。在职职工24人（其中领导3人）。

二、工作措施

中国工商银行万山特区支行作为万山特区唯一的国有商业银行，在经费紧张，人手不足的情况下，克服重重困难，努力做好资源枯竭城市转型承接工作，助力地方经济发展。

中国工商银行万山特区支行立足城乡服务三农，增加涉农贷款投放力度，做好社保工资发放及养老金承接工作，增设自助机具、调整网点布局，努力提高农村金融服务覆盖面。同时，以地方经济发展为导向，主动对接，细分市场，大力支持依托当地新建产业园区招商引资而来的小微企业，主动推出商品融资、供应链融资、订单融资等产品。此外，万山支行加强普惠金融宣传服务工作，在营业网点设置金融消费、金融产品宣传栏，在LED显示屏播放金融服务相关游走字幕，及时向客户宣传讲解金融知识，提升消费者自身对资金财产安全的保护意识和能力。

2006—2011年中国银行万山支行存款、贷款财务效益情况一览表

表7-1　　单位:万元

年度	存款总量	其中储蓄存款	比上年(+、-)	贷款总额	当年发放	当年回收	比上年(+、-)
2006	19101	8960	1105	901	405	480	85
2007	20497	8490	1396	983	610	450	205
2008	23579	9168	3082	1693	1293	993	420
2009	31083	10229	7504	2187	1487	700	494
2010	41073	11548	9990	1242	542	945	945
2011	54495	13735	13422	3648	3106	850	2406

万山特区农村信用合作社

2005年以前万山特区的农村信用合作社（简称农村信用社）是以各乡（镇）为单位建立农村信用社，由各乡（镇）农村社员集资入股组建农村合作金融组织，实行单独核算，自负盈亏，在省信用联社和特区政府的双重领导和管理下，开展金融业务活动，吸收存款，发放贷款，为农民、农村、农业（即“三农”）服务。

根据国务院关于农村信用社体制改革继续深入发展的要求，2004年11月24日万山特区政府成立农村信用联社筹建工作领导小组，组织筹建《万山特区农村信用合作联社》。2004年12月22日特区政府同意组建万山特区农村信用联社，上报省政府农村信用社改革试点工作领导小组审批，同时报送省银监局、省信用联社等部门备案。

2005年4月18日贵州省银监局批复同意筹建万山特区农村信用合作联社，2005年7月20日经省联社批准万山特区农村信用联社正式成立。召开首届社员大会，选举经营领导班子，制定联社章程、劳动人事、财会信贷等14种经营管理规章制度，报告经省银监局2005年9月21日批复，正式挂牌开业，同时报经铜仁地区银监分局2005年10月30日批复，终止原来四乡一镇五个农村信用社的法人资格，变更高楼坪、黄道、敖寨、下溪信用社为联社的分支机构，实行统一法人，集中核算，决定设置联社营业部共计5个营业网点，对外开办存款、贷款等金融业务。

根据需要，2007年9月7日，省联社决定成立万山特区农村信用联社工作组，代行万山信用联社领导班子职责，负责主持万山联社的全面工作。

为了发展业务，适应社会需要，万山信用联社工作组2008年4月22日拟在万山镇地磅房新增营业网点，经报省联社同意建立万山特区农村信用合作联社汞都信用社，并报经铜仁银监局2008年5月9日批复，同意万山联社汞都信用社挂牌开业。

2010年3月26日省信用联社决定变更万山特区信用联社经营管理领导班子人选，负责万山联社日常工作，终止万山联社工作组活动。

2010年万山特区行政区域变更，谢桥新区划转万山特区管辖。为了适应新区发展的需要，2011年8月31日万山联社拟在万山特区谢桥街道行政区域设置营业网点，报经铜仁银监分局2011年11月17日批复，同意万山特区农村信用合作联社新城分社开业。

2005—2011年万山特区农村信用社机构名称一览表

表7-2

序号	机构全称	住所地	经济性质	核算方式	变更时间
1	万山特区农村信用合作社	万山镇解放街	集体	独立核算	2004—2005.7.20
2	万山特区农村信用合作社高楼坪分社	高楼坪街上		非独立核算	2004—2005.10.30
3	万山特区黄道乡农村信用合作社	黄道乡街上	集体	独立核算	2004—2005.10.30
4	万山特区敖寨乡农村信用合作社	敖寨乡街上	集体	独立核算	2004—2005.10.30
5	万山特区下溪乡农村信用合作社	下溪乡街上	集体	独立核算	2004—2005.10.30

表7-3

统一法人后机构名称

序号	机构全称	住所地	经济性质	核算方式	主要职能	金融许可证编码	营业类型和执照编号	组织机构代码	变更时间
1	万山特区农村信用合作联社	万山镇解放街8号	国有股份制	统一法人独立核算	企业管理	E0011S352220001	企业法人营业执照 5222301200037	21526045-9	2015.7.20-2011
1-1	万山特区农村信用合作联社营业部	万山镇解放街8号			对外营业				2015.7.20-2011
2	万山特区农村信用合作联社高楼坪信用社	万山特区高楼坪街上	国有股份制	非单独核算	对外营业	E0011U352220002	营业执照 5222301900146（1-1）	21526050-4	2005.10.30-2011
3	万山特区农村信用合作联社高楼坪信用社	万山特区黄道乡街上	国有股份制	非单独核算	对外营业	E0011U352220003	营业执照 5222301900147（1-1）	21526052-0	2005.10.30-2011
4	万山特区农村信用合作联社黄道乡信用社		国有股份制	非单独核算	对外营业	E0011U352220001	营业执照 5222301900149（1-1）	21526059-8	2005.10.30-2011
5	万山特区农村信用合作联社下溪乡信用社		国有股份制	非单独核算	对外营业	E0011U352220004	营业执照 5222301900146（1-1）	21526051-2	2005.10.30-2011
6	万山特区农村信用合作联社汞都信用社		国有股份制	非单独核算	对外营业	E0011U352220005	营业执照 5222301900146（1-1）	67540324-6	2008.5.9-2011
7	万山特区农村信用合作联社新城分社		国有股份制	非单独核算	对外营业	E0011U352220006	营业执照 5222301900146（1-1）	58725882-7	2011.11.17-2011
1-2	联社办公室				综合服务				2005.7.20-2011
1-3	联社信贷业务部			内设科室	信贷管理				2005.7.20-2011
1-4	联社财务信息部				财会管理				2005.7.20-2011
1-5	联社稽核审计部				稽核监督				2005.7.20-2011
1-6	联社安全保卫部				管理安全防范				2005.7.20-2011
1-7	联社风险管理部				信贷风险管理				2005.7.20-2011

存款、贷款、财务效益

2005—2011年万山特区信用联社存款、贷款业务状况一览表

表7-4　　单位:万元

年度	存款总数	其中储蓄存款	比上年(+.-)	贷款总额	当年发放	当年收回	比上年(+.-)
2005	7176.47	4803.87	2002.99	6046.47	6286.68	4178.05	2108.63
2006	9291.39	5632.90	2114.92	8938.92	7972.47	5080.02	2892.45
2007	11346.97	7246.73	2055.58	8697.92	6070.35	6311.36	-241
2008	14124.27	8095.03	2777.30	10722.96	8615.14	6590.10	2025.04
2009	19851.11	10335.17	5726.84	15794.59	14799.83	9728.21	6184.69
2010	25831.10	15767.30	5979.99	23542.87	16699.65	8951.37	1899.82
2011	41870.47	20899.28	16039.37	32678.82	19359.06	10223.10	9135.95

2005—2011年万山特区信用联社财务效益状况一览表

表7-5　　单位:万元

年度	业务收入	业务(含费用)支出	当年损益	准备金状态(呆账损失、拨备、拆旧)		资本金状态(股金、公积金等)		上缴税金
				当年提留	累计	当年集资或提留	累计	
2005	474.8	474.52	0.29	11.81	63.97	50	799.43	
2006	675.67	648.87	26.80	23.85	105.97	167.42	895.64	
2007	902.22	846.36	52.86	65.37	291.51	165.92	945.76	
2008	1161.74	1091.70	70.04	154.84	528.90	341.73	1130.35	
2009	1568.53	1458.49	110.04	348.65	894.37	702.77	1623.45	
2010	2620.78	2467.51	153.27	795.00	1420.03	882.74	2198.31	
2011	3274.37	3038.90	235.47	822	2161.50	550.42	2280.88	

第二节　金融管理

为建立健全金融管理，根据《银行业金融机构案防工作办法》等有关制度，中国工商银行万山特区支行相应制订了案件防范工作责任制。

一、案件防范工作实行“行长是案防工作第一责任人，分管副行长各负其责，内控及专业部门的负责人对本专业领域的案防工作承担管理责任，行成“全员履职” 的工作机制。

二、传达学习上级行的内控案防制度规定，并切实贯彻执行。

三、本行各专业条线案件风险排查工作的管理责任，负责本行各专业条线业务、产品及部门员工行为的管理与风险排查，至少每季度组织一次案件风险排查或将案件风险排查内容纳入日常业务检查中。

四、至少对本行规章制度执行情况进行一次检查，详细记载检查次数、部位、内容以及发现的违规行为，按照有关规定提出处理意见。

五、或接报案件和案件风险事件后，内部案件和案件风险事件应向上级监察部门和上级内控部门报告；外部案件和案件风险事件应向上级安全保卫部门和上级内控合规部门报告。

六、防范工作责任以《案件防范工作责任书》的形式进行分解落实。

规章制度建设随着农村信用社深入改革发展，为适应经营业务工作的需要，创建联社的时候，制订了联社章程，完善制度管理，自统一法人以来，规章制度不断改进、深入细化，废旧树新。开展经营活动，运用规章制度，约束从业行为，促进金融企业自身稳健发展。万山特区农村信用联社诞生初期制定规章制度14项，后期活动中不断变更修正，立新废旧，到2011年年末建立了30多项规章制度。

万山特区信用联社突发事件应急处置方案

为确保我社资金和员工的安全，根据所处地理环境及可能发生的遭抢、盗、骗、火、挤兑、滋事等情况，制订相应的应急处置方案：

一、当发生歹徒持枪（械、爆炸物）实施抢劫时，临柜人员判明情况后，一面用言语与歹徒周旋，趁机按下110报警按钮，拉响现场报警器，其他人员密切配合，共同对敌。

二、当发生诈骗、冒领案件时，临柜人员发现并确认嫌疑人作案，应立即用暗语告诉其他工作人员，并与嫌疑人拉话拖延时间，等待援助人员共同抓获嫌疑人。

三、每天营业终结后，必须将现金及重要凭证等入箱进库保管，锁好防盗门、窗。用110报警系统进行设防监控，通知保安进行防守，防止外盗和坏人破坏。

四、如发生火灾时，要迅速判明火情，同时启用消防设施进行灭火，火势太大，要立即拨打火警电话119求救。

五、如当天或近两三天营业期间，有超过正常数量的客户前来提取大额现金或将大批资金转往他行的现象，则应视为发生挤兑事件，遇到这种情况时，当班人员应按有关规定进行操作，以挫败挤兑行为，稳定金融秩序。

六、营业期间，当发生有人在营业厅借机生事，无理取闹，损毁社声誉，扰乱正常营业秩序的现象，工作人员必须冷静并认真采取相应措施进行制止。

在存款与储蓄方面，1991—2000年，万山特区处于经济困难时期，城乡人民收入除维持基本生活支出外，没有多少余额。2001年开始逐步走出困境，城乡人民收入逐年提高，各金融单位储蓄存款逐年上升，年末存款余额突破亿元，2005年存款余额突破5亿元，2011年上升到8个亿。

第三节　信贷与结算

贷款

金融单位的信贷业务，1991—2005年期间主要由工商银行和信用社两个单位经营。工商银行主要经营工商业流动资金贷款、商业流动资金贷款、技改贷款及个人其他贷款；信用社主要经营农业承包户贷款、农村经济户工商贷款及其他贷款。1991—1998年期间，建设银行主要经营基建投资的拨款和基建信贷业务。

贷款质量

由于贵州汞矿资源枯竭，为支持其转产，万山工商银行于1987年开始向贵州汞矿投放技改贷款，主要投向是组建贵州汞矿大龙氯碱镁厂。到1994年共向贵州汞矿大龙氯碱镁厂发放技改贷款4109万元，后因大龙氯碱镁厂在贵州汞矿关闭破产时与贵州汞矿分离，中国工商银行将大龙氯碱镁厂的技改贷款全部划到玉屏工商银行。此时，万山工商银行对所有工商银企业的流动资金贷款均是年复一年地借新还旧，大部分工商企业无偿还贷款的能力，形成不良贷款，不良率达90%以上。从1999年起万山工商银行的贷款只收不贷。根据国家对不良贷款的核销政策，2002年11月申报工商银行总行核销贵州汞矿贷款2973.1万元，其中流动资金贷款2908.1万元，特定贷款65万元，是年12月冲销贷款表内利息1643.44万元。

信用社系统在1991—2005年期间信贷业务逐年上升，贷款回收业务基本正常，贷款回收率达83.9%。2006—2011年，贷款回收业务基本正常，贷款回收率达95%。

第四节　债券发行与兑现

万山特区保值国债债券由工商银行万山特区支行代理发行，主要是国营或私营工矿、工商企业单位认购，每年都能如数完成国家分配的发行任务，并能按期兑现。

中国工商银行万山特区支行1991—2011年债券发行兑付表

表7-6　　单位:万元

年度	发行	兑付	年度	发行	兑付
1991	20	10	2002	50	40
1992	35	20	2003	80	35
1993	40	21	2004	20	40
1994	45	43	2005	10	40
1995	50	34	2006	20	60
1996	50	42	2007	30	50
1997	60	19	2008	20	40
1998	50	52	2009	20	20
1999	50	48	2010	0	0
2000	60	56	2011	0	0
2001	40	50	总计	750	720

第二章　保　险

中国人民保险公司万山特区支公司，属国营体制。根据国务院及国家保险业监督管理委员会的有关规定，中国人民保险公司万山支公司于1996年6月实行分业经营，分别成立了万山特区中保人寿保险公司和万山特区中保财产保险公司两家专业保险公司。1991—2011年，共出单2万余笔，保险费收入2500万余元，累计支付赔款2000余万元。

第一节　保险种类

1991年至1996年，保险公司业务混合经营期间，保险业务种类有：各种财产保险、机动车辆保险、家庭财产保险、责任保险、团体意外伤害保险、农村房屋保险、人寿保险、简易人身保险、子女婚嫁保险、养老保险等30余种；1996年保险公司业务分业经营后，人保公司的保险业务有：简易人身保险、子女婚嫁保险、长期健康保险、普通寿险、一年期短期保险等130多个险种；财保公司的保险业务有：财产保险、家庭财产保险、机动车辆保险、责任保险、信用保险、雇主责任保险、团体意外保险、建安保险、学生意外保险等。

第二节　保险收入与理赔

1991—1996年期间，保险公司业务混合经营的档案资料存于财保公司，财保公司于2002年2月遭火灾，原公司营业档案毁失，经业内人士回忆，人寿保险公司1995年收入保费140余万元，1996年1月至6月收入保费80余万元，之后每年以20万的速度递增。人保公司2001年收入保费188万元，2002年收入保费204万元，2003年收入保费220万元，2004年收入保费240万元，2005年收入保费252万元。财产保险公司的保费收入，因万山地域小、人口少和地方经济条件差等多方面因素的制约，历年保费收入在60万元左右，直到2011年突破120万元的保费收入。

2008年初，万山发生特大凝冻灾害，财保公司为万山特区电力局一次性理赔56万元，为烟草公司商品损失理赔2万元，当年理赔各种灾害事故损失总计100多万元，为企业、业主的灾后重建和恢复生产发挥了保险作用，也为地方经济发展，社会稳定，减轻灾后重建对政府的压力发挥积极作用。

第八篇　城乡建设与环境保护

进入21世纪，随着万山特区境内交通条件的改善，人民生活水平的逐步提高，城乡建设出现日新月异的变化。万山城区街道、供水、供电维修改造，城镇化功能逐步完善。特区政府及各机关单位兴建一批办公大楼，干部职工集资建房，采空区一二期移民搬迁工程相继竣工，城镇面貌焕然一新。黄道、下溪、敖寨、高楼坪四个侗族乡政府驻地全面进行乡镇建设，初具规模，社会主义新农村建设初显成效，城乡居民居住条件空前改善。国家每年投入大量资金对原贵州汞矿长期开采遗留下来的环境污染进行治理，生态环境质量得以逐步提高。

第一章　城镇建设

第一节　城镇规划

在20世纪90年代万山特区政府曾经编制了一个《万山特区城镇建设总体规划》，所确定的城镇性质、发展方向等都较为符合实际。1997年，特区党委、政府提出开发老山口新区，利用山东青岛异地移民搬迁扶贫资金800余万元，在老山口征地，平整土地修建了部分房屋。同时编修了《老山口新区总体规划》，拟将老山口新区建成万山特区政治、经济、文化中心。随后有武警中队、消防大队、看守所移驻老山口。进入21世纪后，随着万山特区社会经济发展变化，特别是贵州汞矿的关闭破产，原所作的总体规划已不适应城镇建设和经济发展的需要。根据省地有关部门的要求，结合特区现状，万山特区人民政府决定对原总体规划进行修编。修编完成的万山特区城镇建设第二轮总体规划，于2004年通过省政府审批。

新的万山城镇建设总体规划，范围确定为万山镇和高楼坪乡的部分行政辖区，城区规划面积为24.28平方千米（由万山镇至老山口公路沿线）。城市性质定位为全特区政治、经济、文化中心，以发展加工业、商贸业和休闲旅游业为主的园林小城市。规划期限共19年（近期2002—2005年，远期2006—2020年）。城市人口规模，近期1.75万人，远期3万人。

一、规划指导思想　在逐步建立和完善社会主义市场经济体制的前提下，紧紧抓住中国加入WTO和国家对西部投资倾斜的机遇，以西部大开发战略实施为契机，以发展为主题，以结构调整为主线，以改革开放和科技创新为动力，建立合理的城镇体系，培育重点城镇，全面推动城镇建设进程。正确处理新区与旧城的关系，促进其协调发展，努力把万山建设成为结构和空间布局合理、职能分工基本明确、基础设施配套的休闲旅游城镇。

二、规划原则 社会、经济、环境三个效益统一提高，遵循可持续发展；合理用地，节约用水；布局合理，功能完善、设施配套；坚持近、远期协调发展，确保城市建设及发展具有连续性。

三、规划区域（包括城区和近郊区以及城市行政区域内因城市建设和发展需要实行规划控制的区域） 根据当时特区党委、政府的安排意见，拟将原高楼坪乡所辖的琴门、郭家、大坪、长坳四个村划归万山镇管辖，以利于老山口新区纳入万山城镇区划范围，扩展万山镇空间；拟将万山特区党委、政府驻地由万山迁至老山口新区。同时，根据万山特区实际，既考虑到城区周边环境的控制及基础设施项目的建设，又考虑到规划管理的便利和可操作性，总体规划拟将万山镇和高楼坪乡的部分辖地划为城市区规划范围，并对近期和远期的发展目标、发展战略、旅游发展、城区道路交通、供水、供电、绿化系统目标、城区景观作了全面规划。

由于万山城镇建设第二轮规划，涉及特区党委、政府驻地迁址和划拨高楼坪乡辖四个村归万山镇的内容未获上级批准，致使第二轮规划中的部分内容暂不实施。根据万山特区当时的财力拮据状况，实施老山口新区建设的规划缺乏经济条件支持，暂被搁置，仍以建设、改造和发展万山老城区为重点。

为此，特区确定将贵州汞矿关闭破产后的千余户采空区移民搬迁工程放在老城区的张家坪，征地三百余亩，修建采空区移民搬迁住房1000余套。随后又有司法局、疾控中心、公安局、农业局、林业局、畜牧局、药监局、交警大队、国税局、人武部、移动公司在张家坪修建了办公楼。在城镇建设确定以老城区为重点，先后在麻音塘修建休闲广场、体育馆，在张家坪修建汞都大道，在解放街修建中心广场。特区政府、财政局、经贸局、法院、检察院、民政局、信用社、供电局、万山镇派出所都重新修建了办公大楼，干部职工、城镇居民也纷纷集资合作建房，开发商在盘山花苑、地磅房（老车站）开发房地产。城镇建设速度较快，城区面貌焕然一新。但因没有老城区建设详细规划，在建设过程中随意性太大，所建房屋比较零乱分散，形不成城区中心。

1991—2005万山特区100万元以上单项建房工程概况

表8-1

序号	工程名称	设计单位	承建单位	工程规模（平方米）	竣工年份	工程总投资(万元)
1	万山特区政府行政中心	铜仁市建筑设计院	中建四局安装公司	4200	2006年11月	250
2	万山特区检察院刑侦大楼	铜仁市建筑设计院	贵州建工集团三建司	1880	2004年8月	153
3	万山特区公用型汽车站	万山特区建筑设计室	万山特区建筑公司	2800	1995年6月	180
4	万山特区室内体育馆	铜仁市建筑设计院	铜仁市第一建筑公司	3226	2006年10月	114
5	万山特区民政局综合楼	铜仁市建筑设计院	铜仁地区建筑公司	3606	2006年2月	163
6	万山特区公安局办公大楼	铜仁市建筑设计院	铜仁地区二建公司	2955	2006年12月	159
7	万山特区经贸办公大楼	铜仁市建筑设计院	贵州建工集团六建司	2645	2006年3月	128

续表8-1

序号	工程名称	设计单位	承建单位	工程规模（平方米）	竣工年份	工程总投资(万元)
8	万山特区民族中学教学楼	铜仁市建筑设计院	贵州建工集团一建司	3840	2006年12月	200
9	万山特区犀牛井移迁一二期工程	铜仁市建筑设计院	多家中标建筑公司	68000	2006年6月	2860
10	万山特区省溪综合大楼	铜仁市建筑设计院	贵阳昱都建筑公司	2700	2004年8月	128
11	万山特区寄宿中学学生宿舍	铜仁市建筑设计院	铜仁地区建筑公司	5223	2006年5月	213
12	万山镇派出所综合大楼	铜仁市建筑设计院	铜仁地区二建公司	3220	2006年8月	110
13	万山特区人民法院审判庭	铜仁市建筑设计院	铜仁市市政公司	2814	2006年12月	156
14	万山特区盘山花苑综合楼	铜仁市建筑设计院	万山特区天元建筑公司	5200	2006年12月	158
15	万山特区信用社综合楼	铜仁市建筑设计院	铜仁地区建筑公司	2860	2005年5月	148
16	万山特区民族宾馆	铜仁市建筑设计院	万山特区建筑公司	3280	1992年8月	138

第二节　城区房屋建设与管理

一、集资合作建房

(一)集资建房　特区集资建房起步于1996年，到1997年年底，仅有4个单位集资建房，建筑面积2850平方米，41套，户均69.5平方米。1997年前后，万山特区县级行政体制不稳定，随后原贵州汞矿又因资源枯竭而关门破产，大部分干部职工没有经济条件集资建房，条件非常差。特区党委、政府为了改善广大干部职工的居住环境条件，在经济有较大发展的基础上，经请示省人民政府批准同意，特许万山特区干部职工可以集资建房至2005年年底。

根据《万山特区集资建房管理暂行办法》等文件规定，集资建房由单位组织干部职工出资修建，经建设、国土部门规划许可办理用地手续后，由房产局审核，特区城镇规划委员会同意后方可修建。集资建房一般以招投标方式选择施工单位，验收按有关政策规定执行。集资建房用地原则上由集资建房单位提供空地，减半缴交房屋拆迁管理费和市政公共设施配套费；减半收取质检费、建设项目开工许可证费和经有关部门批准的其他行政事业性收费。集资建房土地收益金按30元/平方米收取，未交土地收益金的，不发放房地产市场准入证，不得上市交易。集资建房款必须进入经济适用住房建设中心专户，按进度拨付。2004年启动集资建房至2006年年底，集资建房338户，5.2万平方米。

(二)合作建房　合作建房一并纳入职工集资建房管理范畴，严格审批。到2006年，城镇386户合资建房37幢，建筑面积50870平方米。

二、经济适用住房

（一）集资合作房 根据省、市住房制度改革的有关规定，集资合作建房纳入经济适用住房管理。2004年启动集资合作建房至2006年年底，集资合作建房724户，10.287万平方米。

（二）采空区搬迁安置房 根据铜仁地区住房制度改革领导小组同意将采空区搬迁安置房纳入经济适用住房管理。

1. 基本情况 矿区社区采空区搬迁安置工程是贵州汞矿2001年10月关闭破产终结后，由万山特区人民政府具体实施的一项民心工程和维稳工程。经贵州省103地质一队界定矿区社区共有采空区搬迁安置户903户，其中：大龙社区管理局从中转出氯碱镁厂职工在万山采空区居住的26户。加上工程建设中涉及回迁户46户，整个采空区实际搬迁安置户923户。2003年8月开工建设，2011年6月竣工。

2. 资金运行情况 各种渠道筹集资金5800万元。其中：上级补助资金2492.5万元，政府共投入资金3307.5万元。

（三）万山司经济适用住房 2005年6月，在万山司开工新建了20套1310平方米经济适用住房，2007年10月竣工，政府投入资金69.02万元。

（四）张家湾经济适用住房 2006年8月，在张家湾开工新建了20套1876平方米经济适用住房，2008年8月竣工，政府投入资金119.91万元。

（五）观音塘经济适用住房 2007年10月，在观音塘开工新建了109套10081平方米经济适用住房，2009年10月竣工，政府投入资金754.6万元。

（六）万山司至郭家经济适用住房 在万山司至郭家片区新建廉租住房中，配建了276套经济适用住房，政府投入资金3058万元。

三、廉租住房

（一）基本情况 万山新建廉租住房项目两个，共计4080套204000平方米，其中：2008年1002套50100平方米，2009年3078套153900平方米。2008年1002套与2009年一期1510套，共计2512套125600平方米，选址于万山司至郭家片区建设，2009年1月开工建设，2011年6月竣工。政府投入资金2亿元（含上级补助资金8792万元。因资源枯竭型城市异地转型的需要，2009年二期1568套78400平方米，选址于谢桥新区建设。2011年8月开工建设，政府投入资金1.2亿元（含上级补助资金5488万元）。

（二）资金运行情况 各种渠道筹集资金3.2亿元。其中：上级补助资金14280万元，投入资金3.2亿，政府投入资金1.772亿元。

四、商品房开发建设

（一）房地产开发企业

1. 万山特区泰航房地产开发有限责任公司 建于2001年4月，股份合作，由特区供销合作联社干部职工发起组建，隶属于万山特区房产事业局。无业绩。

2. 铜仁市昱都房地产开发有限公司 2000年进入万山开发，是第一家进入万山开发房地产的公司。投资230万元修建省溪综合楼，建筑面积4280平方米，其中住房20套，2254平方米，商业用房17间，2026平方米。

3. 铜仁房地产开发总公司万山分公司　2004年建立，投资4200万元开发盘山花苑，占地2万平方米，建筑面积5万平方米。

（二）房地产开发项目

1. 昱都花苑位于农贸市场西南侧，与中心粮站一街之隔，开发之前为万山镇老街村办公楼和商业用房所在地。由昱都房地产开发公司开发，2000年3月，经特区建设局批准动工，2002年竣工，占地面积1230平方米，投资230万元建新楼两幢，建设面积4280平方米，其中:商业用房17间，2026平方米；商品住宅20套，2254平方米。

2. 盘山花苑位于中心粮站、地磅房一带，是万山的黄金地段。开发前有特区中心粮站、饲料加工厂、粮食局运输公司、疾控中心、卫生监督所、妇幼保健站、老街村新办公楼、铁器社等单位坐落此地，间有少数农户。由铜仁房地产开发总公司万山分公司负责开发，建设总投资4200万元，占地面积2万平方米，建设总面积5万平方米，其中，商业用房11278平方米，办公用房4131平方米，商品住宅34591平方米。2006年开工建设，2011年8月竣工。

第三节　建筑管理

一、建筑队伍管理

1991年，贵州汞矿建筑公司为建筑三级企业，冶金第一安装公司为安装三级企业，各有职工300余人；万山特区建筑工程公司、特区城乡建筑公司为建筑四级企业，各有职工30余人；高楼坪侗族乡建筑公司为乡镇企业。随着建筑市场的迅猛发展，万山特区建筑工程公司、特区城乡建筑工程公司和高楼坪侗族乡建筑公司，在行业竞争的强烈冲击下，因队伍技术力量、施工设备和管理不善等原因，逐步衰退，至1995年，导致歇业破产。

随着万山城乡建设的需要，万山特区又新组建两支建筑施工队伍。一支是万山特区铭星建筑有限责任公司，成立于1995年7月，民营性质。2005年，注册资金600万元，固定资产500万元，流动资金160万元，施工设备齐全，有各类工程技术和管理人员57人，从业人员260人。其中，工程师10人，助理工程师47人，三级项目经理15人。另一支是万山特区天元建筑有限责任公司，成立于2002年3月，民营企业。2005年注册资金650万元，共有固定资产900万元，流动资金280万元，法人代表沈忠德。公司具有各类工程技术和经营管理人员68人，从业人员320人。其中，工程师12人，助理工程师56人（含建筑师4人），三级项目经理3人，二级项目经理18人，拥有施工机械设备138台。铭星公司和天元公司均属民营三级建筑企业，经营范围：可承建房14层以下，跨度24米以下高度30米以下的构筑物和建筑面积6万平方米以下的住宅小区或建筑群体的施工。万山城乡建设工程大部分由这两个公司承建。但由于万山特区城乡建设项目逐渐增多，又加之实行工程建设项目招投标制，故仍有部分建设项目由外省外县施工队伍承建。

二、工程设计与施工管理

（一）工程设计数量及面积　特区建筑设计室1991年有专业设计人员4人，设计等级为丁级。实行单独核算，企业管理，自收自支。主要承担城乡居民私房的建筑设计，并在等级范围内承担部分特区本地公建项目的建筑设计。

1995—2011年，万山建筑设计室设计数量及面积如下：

1. 万山特区职工住宅楼：50栋111000平方米；2. 采空区搬迁安置工程：6栋11720平方米；3. 经济适用住房及廉租房建设：2栋3800平方米；4. 房地产开发建设项目：10栋30000平方米；5. 业务办公用房：6栋10300平方米左右；6. 教学楼：20栋24000平方米左右；7. 农村村级活动室建设：20栋24000平方米左右。

（二）建筑工程招标、投标管理 根据《中华人民共和国招投标法》及《贵州省招投标管理实施办法》的规定，在建设行政部门监督下，由建设单位委托招投标代理机构办理招投标事宜。由中标的建筑企业承建招标的建筑工程。

（三）建筑工程施工许可管理 万山特区境内的各类房屋建筑及其附属设施的建造、装修装饰和与其配套的线路、管道、设备的安装，以及城镇市政基础设施工程施工，建设单位在开工前应当依照有关规定，向特区人民政府建设行政主管部门申请领取《施工许可证》。必须申请领取《施工许可证》的建筑工程在未取得施工许可前，一律不得开工。

（四）建筑工程施工现场管理 万山特区人民政府建设行政主管部门负责辖区内建设工程施工现场的管理工作。建设工程开工前，建设单位或发包单位应当指定施工现场总代表人。施工单位应指定项经理，分别将总代表人和项目经理的姓名及授权事项书面通知对方，同时报规定的发证部门备案。建设工程实行总包和分包的，由总包单位负责施工现场的统一管理，监督检查分包单位的施工现场活动。由总包单位负责编制施工组织设计或分阶段施工组织设计。分包单位在总包单位的总体部署下，负责编制分包工程的施工组织设计。施工组织设计按照施工单位的隶属关系及工程的性质、规模、技术繁简程度实行分级审批。

（五）建筑安全生产监督管理 凡从事房屋建筑、土木工程、设备安装、管线铺设等施工和构（配）件生产活动的单位及个人，都必须接受建设行政主管部门及其授权的建筑安全生产监督机构的行业监督管理，并依法接受国家安全监督。根据“管生产必须管安全”的原则，贯彻“预防为主”的方针。工地高空作业实行围栏网防护，施工人员必须穿工作服戴安全帽，施工工地配备专职安全员，完善安全生产规章制度，控制人身伤亡事故的发生。

（六）建筑工程质量管理 建设工程的新造、扩建、改建等有关活动必须实施建设工程质量监督管理，建设单位、勘察单位、设计单位、施工单位、工程监理单位共同为建设工程质量负责。必须严格执行基本建设程序，坚持先勘察、后设计、再施工的原则。建设单位依法对工程建设项目的勘察、设计、监理以及与工程有关的重要设备、材料的采购进行招标。建设工程发包单位不得迫使承包方以低于成本价格竞标，不得任意压缩合理工期。建设单位不得明示或暗示设计、施工单位违反工程建设强制性标准，降低建设工程质量。施工图设计文件未经审查批准的不得使用。

（七）建筑工程竣工验收管理 新建、扩建、改建各类房屋建筑工程和市政基础设施工程必须实行竣工验收备案管理。备案机关收到建设单位报送的竣工验收备案文件后，若验收文件齐全，应当在工程验收备案表上签署文件收讫。工程竣工验收备案表一式两份，建设单位与备案机关各执一份归档保存。

第四节　房产管理

一、房屋拆迁与安置

2001年5月特区政府研究制定了《万山特区城镇房屋拆迁补偿及安置标准（试行）》。2004年制定了《万山特区拆迁管理暂行办法》。2005年制定了《万山特区城镇房屋拆迁补偿安置资金监督办法》。2009年制定了《万山特区城镇房屋拆迁货币补偿及安置办法》、《万山特区城镇房屋拆迁管理实施细则》。

房屋拆迁补偿标准，实行产权调换，货币化买断，按照新建商品房同等地段市场平均价为基价经评估结合成新、结构给予补偿。住宅房屋（含不临街的生产经营房）：

一类地段市场平均价，砖混结构房屋450元/平方米，砖木结构房屋300元/平方米，木质结构房屋200元/平方米，其它结构房屋80元/平方米。

二类地段市场平均价，砖混结构房屋420元/平方米，砖木结构房屋270元/平方米，木质结构房屋180元/平方米，其它结构房屋70元/平方米。

三类地段市场平均价，砖混结构房屋380元/平方米，砖木结构房屋230元/平方米，木质结构房屋160元/平方米，其它结构房屋60元/平方米。

以上生产经营房作货币化买断不作任何安置的，可在原房屋评估补偿标准的基础上增加5%的补偿费。

临街门面房屋：一类地段，砖混结构房屋1200元/平方米。二类地段，砖混结构房屋1000元/平方米。三类地段，砖混结构房屋800元/平方米。

上述地段划分，按《万山特区城市土地均质地域范围》划分的等级执行。

2009年起，房屋拆迁补偿标准，实行产权调换，货币化买断，不按地段和房屋成新给予补偿。住宅房屋：

钢筋砼框架结构房屋620元/平方米，砖混结构房屋500元/平方米，砖木结构房屋430元/平方米，木质结构房屋280元/平方米，简易结构房屋100元/平方米。

2005年，修建文化广场拆迁8户，拆迁总面积1921.9平方米，支付补偿金8万元。

2006年，修建体育广场、盘山花苑开发拆迁50户，拆迁总面积4615.8平方米，支付补偿金395万元。

2007年，修建汞都大道、中心花园拆迁393户，拆迁总面积33708.3平方米，支付补偿金784万元。

2008年，修建汞都大道延伸项目拆迁17户，拆迁总面积8402平方米，支付补偿金822万元。

2009年至2010年，修建万山司至郭家片区廉租房拆迁88户，拆迁总面积12794平方米，支付补偿金223万元。

2011年，修建谢桥新区规划范围内拆迁129户，拆迁总面积35000.71平方米，支付补偿金3002万元。

二、房产登记与发证

1991年，特区城镇房屋权属登记2770幢，建筑总面积50.61万平方米。其中砖混结构406幢，面积13.12万平方米，占总面积65.3%；木质结构318幢，2.14万平方米，占4.2%；其他结构155幢，2.32万平方米，占4.5%。

1998年11月，特区开展职工住房普查，至1999年3月结束，普查特区城镇单位103个（不含贵州汞矿、有色一总队），普查城镇各类房屋总面积13.68万平方米。其中住房面积74297平方米，办公用房16700平方米，商业房17400平方米，校舍房6700平方米，厂房檐230平方米，仓库12500平方米。验证、换房产证631个，建筑面积10.84万平方米。

2006年12月，特区城镇共登记房产证2800个，建筑面积18.2万平方米。其中公房证2300个，面积13.99万平方米；商品住房证76个，0.342万平方米；集资住房证31个，0.403万平方米；合资住房证27个，0.351万平方米；经济适用住房证366个，4.54万平方米。

2011年10月，登记房产证4174个，建筑面积41.916万平方米，其中：公房证2332个，面积17.4万平方米，商品房证325个，面积2.732万平方米，集资住房证781个，面积12.603万平方米，合资住房证31个，面积0.821万平方米，经济适用住房证674个，面积8.36万平方米。

第二章　城市管理

第一节　城市基础设施

一、街道改造与建设

1991年，万山城区有街道19条，总长19.23千米，平均宽度6米，总面积11.54万平方米，道路密度每平方千米2.11千米，以解放街和新街为主。

2002年，投资160万元，对城区主要街道解放街大道进行改造，全长1680米，宽12米，总面积20160平方米。2005年7月开工建设汞都大道犀牛井段，长800米，宽22米，双向四车道，人车分流。2006年10月竣工。同时对滑石坡路，从冲脚经核桃树、杉木董到张家湾的环城路进行维修改造。2008年，万山城区主要道路有7条，总长12560米，面积10.7万平方米。2011年，投入资金1000万元，对解放街和汞都大道实施了“白改黑”工程，改造城市道路6千米。

2011年万山城区主要道路一览表

表8-2

道　路	迄　　止	长度(米)	宽度(米)	路面结构
土坪路	冒水垅—土坪—三角岩	1200	8	柏油
三角岩路	冒水垅—技校—三角岩	1200	8	柏油
官山路	三角岩—官山—地磅房	2000	8	柏油
解放街路	地磅房—张家湾	1680	12	柏油
汞都大道	地磅房—四坑	1880	18	柏油

续表8-2

道　路	迄　止	长度(米)	宽度(米)	路面结构
滑石坡路	犀牛井—电信局	800	7	柏油
环城路	冲脚—张家湾	3800	7	沙石

二、城镇排水

万山城镇因地形复杂，切割严重，居民居住分散、零乱，城镇所处位置居高临下，原汞矿生产产生的乱石遍布，废水四溢，建筑物无正规的排水设施，原城区仅有简陋的排水明沟6.5千米，暗沟1.2千米。随着城区街道和道路的改建，对部分排水道进行了改造，现有规范性排水明沟1.6千米，排水暗沟6千米。

三、城镇绿化

1991年，城镇绿化地有23611平方米。2005年，在城区投资5万元，新植香樟树410棵。2006—2011年，投入资金2000万元，新增中心广场绿化面积600平方米，麻音塘休闲广场面积600平方米，金鳞大道绿化面积8000平方米，梵净山大道绿化面积7000平方米，政府广场绿化面积1000平方米。2011年共有城镇绿化地40811平方米。

四、公共服务设施建设

2003年，特区政府投资为解放街安装了城区主、次干道的路灯，后又相继扩大路灯的安装范围，万山城区包括原贵州汞矿居民区的所有街道，共安装路灯200余盏。

2004年，特区政府投资160多万元，将以前垃圾成堆的臭水塘加以综合治理和利用，建成麻音塘休闲娱乐小区。占地面积8000多平方米，其中水面面积5000平方米，为市民提供了环境优美的休闲娱乐场所。在麻音塘休闲小区兴建水冲式厕所一座，并先后对市区12座公厕进行了修缮。

五、城镇供水

为保障城区用水，2002年在原有基础上投入230万元对城区供水管道全面进行清理维修；2003年投资38.4万元对接管原汞矿十八坑取水点进行全面改造和修建消毒池；2005年投资48万元对当年初特大凝冻灾害所损坏的供水设施进行维修；2005年12月5日，用国债资金投资287万元兴修老三口水厂投入运行，生产能力3000吨/日。至此，万山城区自来水拥有2处主水源和1处补充水源，7个供水生产泵站，装机容量达479千瓦，总生产能力7000吨/日，城镇供水普及率达98.5%。完全能满足万山未来15年经济社会发展的需要。

六、城镇供电

1991年至1999年年初，万山城镇是由玉屏县罗家寨电站经田坪镇至郭家变电站供电。因玉屏电力对万山工农业生产和居民生活用电不能正常保障，后于1999年4月，投资100余万元，从铜仁熊家屯接国家电网35千伏专线至万山郭家变电站，当年5月投入运行。至此，结束万山特区无专线供电的历史。2001

年趁国家对农电网改造之良机，特区供电局在万山城区建起了35千伏自动化变电站一座，当年投入运行，从而保障了万山城乡生产生活的正常供电。年供电量由1990年的300万千瓦时（度）上升至2011年的1亿多千瓦时。

七、城镇亮化

为了保障城区居民夜间行走安全，特区政府投入巨资，在城区主、次干道及居民居住小区都安装了路灯，至2011年底，在城区主、次干道及居民居住小区共安装路灯400多盏，使万山城区夜间更加明亮。

第二节　城市卫生

1991年3月成立了万山特区城建管理监察大队（正股级），负责市容秩序管理工作，隶属当时的万山特区城乡建设环境保护局管理，编制3名。1998年3月，将万山特区城建管理监察大队更名为万山特区城建监察大队，升格副科级事业单位，编制8名。2005年4月，整合万山特区城建监察大队和城区环卫队为基础组建了万山特区城市管理局副科级事业单位，属特区建设局管理的副科级事业单位，编制18名。下设办公室、城镇管理所、环卫所、园林所、市政所，具体承担市容秩序、环境卫生、市政公共设施管理及市区绿化规划工程的实施与管护职责。

2007年，万山矿区社区服务管理局管理的48名环卫工人划入万山特区城市管局管理，环卫保洁区域拓展为万山特区整个城区，环卫工人增加至118人，垃圾清运车增加为4台，新增洒水车1台、吸污车1台、环卫督察车1台，在城区主干道边设环保果皮箱110个，全城区垃圾中转池125个，垃圾箱180个。一线环卫工人每天负责对城区6条街道（总长19.23千米，平均宽8米，计153.84万平方米）进行清扫保洁工作，对万山城区130个公厕中的65个公厕（其中水冲式2个）实行定员负责清扫保洁。垃圾每天早晚各清运一次，做到日产日清，统一到原贵州汞矿炸药库旁垃圾处理场填埋处理。

2011年铜仁地区撤地建市，撤销万山特区建铜仁市万山特区并将原县级铜仁市管辖的谢桥办事处、茶店镇、大坪乡、鱼塘乡行政区域划入万山管理，同时，随着万山特区“城市异地转型”发展战略的深入推进，城市管理的范围拓展至谢桥新区，环卫工人增加至258人，新增摆臂式垃圾车1台，洒水车1台，环卫工人全天保洁，对万山城区主次干道、广场、公园进行清扫保洁。

第三章　乡村建设

第一节　小城镇建设

万山特区所属的高楼坪、黄道、敖寨和下溪四个侗族乡驻地小城镇建设，从1990年以后，逐步按规划进行。特别是从2000年起到2011年年底，实施农村异地移民搬迁和小城镇建设工程以来，加快了各乡政府驻地的建设步伐，乡镇小城镇面貌发生了较大的变化。

一、高楼坪　是高楼坪侗族乡人民政府驻地，位于万山城西南6千米处，田万公路（玉屏县田坪镇至万山）穿境而过，有常住人口2500人。

1990年前，高楼坪民房多为解放前建造的木质瓦房，公房也只是砖木结构平房或少数二层楼房，街道长180米，宽6.5米。乡政府从1991年开始，逐步按规划进行建设，将原砖木结构平瓦房和平木房改建成4层办公大楼，乡属各单位也分别建2—4层办公楼和教学楼；2011年投资1531万元完成了高楼坪侗族乡70户第二批异地移民搬迁建房等新区建设工程；以高楼坪村为中心，青年湖和老山口为重点的城镇发展格局基本形成，投资1800余万元硬化乡村公路60.5千米；投资300多万元，对老山口至青年湖房屋立面进行改造，硬化村级道路、连户路10000米，街道2条，长度增至650米，宽15米。街道两旁排列商业门面，经营百货、农资、五金、日杂、餐饮、副食、理发、洗浴、农机维修、家电修理、粮油加工、旅店酒楼、音像娱乐等。启动农民文化娱乐场建设2个。

高楼坪乡政府驻地的小城镇基础设施基本完备。水电设施完善，有移动、联通、电信通信基站各一座，有线电视普及率100%。房屋建设数2000至2011年期间发展最快，集镇房屋面积达10多万平方米，人均居住面积48平方米，平均楼层为3.3层。乡政府大院和街道有固定环卫工人每天早晚各打扫一次，整个集镇整洁靓丽。

二、黄道　是黄道侗族乡人民政府驻地，也是万山特区境内较大的一个农村集贸市场，万湖公路（万山至湖南芷江）穿境而过。有常住人口1500余人，集镇内有黄道乡党委、政府及乡级机关单位22个。

1990年前，黄道仅乡政府有一幢三层砖木结构楼房，中小学各有一幢二层砖木结构楼房外，其余公房全为砖木结构平房，居民住房全是木质瓦屋。1990年后，黄道的街道和集贸市场建设逐步展开。2000年9月投资45万元扩建成260个摊位的亭棚市场，结束了黄道以马路为市的历史。2002年还投资80万元建成黄道乡政府2418.7平方米办公大楼和215平方米乡机关食堂。是年，还修建了计划生育办公楼。同年万山特区人民政府在境内部分乡政府驻地开展异地移民搬迁和小城镇建设，在黄道实施第一期工程，投资207万元（国家补助75万元、自筹132万元），建房4620平方米，使33户150人移居黄道，使黄道集镇规模逐渐扩大。2003年投资8万元安装街道路灯24盏，2004年投资17万元硬化黄道主街道185米，使黄道街道从1990年前的180米增加到2005年的400多米，整齐宽敞的街道展现在乡政府门前和移民新居之间。2005年实施第二期工程，投资272.31万元，使41户180人移居黄道。2011年，抢抓国家实施“西部大开发”和武陵山区开发的有利机遇，完成了中心完小宿舍楼、食堂等附属设施、计生服务站、农业服务中心办公楼建设，中心卫生院顺利通过验收并投入使用；实施了集镇二期供水工程，切实解决集镇及周边群众3000余人用水难问题，硬化村级公路7千米，硬化联户道路10千米；完成了493户农村危房改造工程，发放农村危房改造补助金250余万元。

1990年后，黄道的小城镇基础设施建设日臻完善，普及了有线电视，自来水使用率达90%。1998年开通了程控电话，建有移动、联通和电信通信基站各1座，手机通信信号质量好。建有文化阅览室和农民文化书屋；有初级中学和完全中心小学各1所，在校学生800人左右；有乡医院1所，病床5张；有敬老院1所，旅店3家，床位86个，餐饮店10家。专职环卫工4人，垃圾池3处，街道绿化200多米。公路交通四通八达，北经黄深公路与区内各乡联通，南经万湖公路直达湖南波洲、芷江，北与万山城紧紧相连。一个繁荣向上、功能基本齐全的小城镇已初具规模。

三、敖寨　是敖寨侗族乡人民政府驻地，也是该乡农村集贸市场之一。位于万山城东北15千米万麻公路（万山至湖南省麻阳）线上，六龙山南麓。有常住人口135户430人。

敖寨的房屋建设，1990年前较落后，乡政府及其所属机关的公房大部分是木质瓦房，只有少量砖木结构平房，民用住房全是木质瓦房。从1991年开始，乡政府及其所属机关单位根据规划，先后陆续改扩建公房，先是敖寨法庭修建了二层砖混结构办公室，乡政府于2000年在原址扩建三层砖混结构办公大楼892平方米，修建了乡政府机关食堂。敖寨中学和中心小学分别在原址改扩建为二层和三层教学楼，有教学用房3238平方米；街上老居民将木质瓦房改扩建成三至四层砖混楼房。从2002年起，根据万山特区人民政府的决定，投资346.69万元（国家补助96.69万元，自筹250万元），在敖寨先后实施了一二期易地移民搬迁工程，修建砖混结构楼房面积11900多平方米，使50户218人移民入住敖寨。

1996年3月开通程控电话，建有移动和联通两个通信基站，通信效果良好。集镇有初级中学、中心小学各1所，2005年在校学生1079人；有卫生院1所，病床5张。街上有餐饮旅店3家，固定经商门面12个，有移动通信营业点和邮政代办点各1家，木材加工厂2家，从业总人数31人。公路交通便捷，东可经铜仁市漾头镇出湖南麻阳，西可经万山或老山口去玉屏，南可经下溪、黄道环乡公路达湖南芷江，北可经岩谢公路（岩屋坪至谢桥）到铜仁。车站和加油站已竣工投入使用。

2004年因修筑万麻公路，撤除了原有的电影院，使街道扩宽成10.5米，加长为560米，房屋整齐林立两旁。随着经济社会的向前发展，进一步加强基础设施建设，改善和完善基础服务功能。2011年，文化站、水管站、便民利民综合服务中心办公楼投入使用。完成400户实施危房改造工程；硬化村民组道路13200米，惠及3000余名群众，修建3座石拱桥，惠及群众2300余名。街道全部硬化，共安装路灯23盏，修建花池316平方米，街道两旁全部修有排水沟，有专职清洁工打扫街巷，街道整洁卫生，人居环境优良。

四、下溪 是下溪侗族乡人民政府驻地，位于万山城东19千米的黄深公路（黄道至深冲）线上，是万山特区境内最大的一个农村集贸市场。有常住人口1200人。

1990年前，下溪的房屋建设较落后，仅乡政府建有砖木结构办公楼1幢`民用住房全是解放前和解放初所修建木质瓦房。从2001年起，在下溪集镇先后实施特区政府安排的第一二期异地移民搬迁工程，投资527万元（其中国家补助168万元，自筹359万元），按照统一规划、统一设计、统一施工、统一管理和验收的建设方案，征用耕地24亩，新建移民新村住房11000平方米，使76户336人移居下溪集镇，街道两旁的居民先后将木质瓦房改建成砖混结构楼房。2005年年末，人均住房30平方米，各单位人均办公用房12平方米。

2011年，全乡按照抓项目、促发展发展思路，全力推进基础设施建设，改善农村发展条件。完成4个自然村寨人畜饮水工程，新修灌溉水渠4100余米、小水窖60口，确保群众饮水安全。下大公路（下溪至大树坳）、黄深公路下溪段提级改造工程正在实施。着力实施好一事一议惠民项目，硬化联户道路7.7千米，硬化联寨路1.7千米。城镇建设速度加快，大龙72户地质灾害集中搬迁工程主体已全面完工，新街背后80户危房改造集中搬迁工程正在建设中。街道扩建后宽10米，长达1500米，有坐商门面40家，亭棚市场1600平方米，321个流动摊位，有固定餐饮店4家，床位50多个。

下溪交通可由环乡公路（下溪—深冲—敖寨—高楼坪—万山—黄道—下溪）通达各乡，东可通铜仁的瓦屋乡和漾头镇出湖南麻阳，南可直达湖南新店坪，西可由王下公路直达万山。1991年建成广播电视站，1997年安装了有线电视。1998年开通了程控电话，2003年先后建设移动公司和联通公司通信基站，2004年互联网开通，有了经营性网吧。2005生投资兴建了自来水工程，90%的居民用上了自来水。

第二节　村寨建设

村寨建设除黄道、下溪、敖寨三个侗族乡部分农村居住自然条件很差且又边远的农户实施移民搬迁，政府给予一定补助，统一规划到乡政府所在地建房外，其他农户建房由于受地基限制的原因，特区没有作出统一规划。但近二十年来，一是各村委会先后盖起了办公楼，配有必要的办公设施，办公条件得到相应改善。二是由于实施通村通组道路建设和农电网改造、改水、改厕、建沼气池，农村生产生活条件有了明显改善，结合开展新农村建设，农村富余劳动力外出务工收入在维持基本生活支出后主要用于改建或新建住房。改建或新建住房全部为砖混结构，大多数沿公路而建。据高楼坪乡统计，1991年—2011年农村改扩建或新建住房户占全乡总户数的85%，新建住房面积户均在200平方米以上，造价在10万元。高楼坪乡的郭家、向家、赶场坝、新庄、大坪、黄家寨、刘铁寨、羊尾舟、水眼坪、张家山、铺前等，黄道乡的大榜、田坪、仓前、阳桥等，敖寨乡的深冲、敖寨、金家场和下溪乡的报溪、洋保田等公路沿线都修了不少新住房。郭家、向家和黄道的瓦寨等地还搞了道路硬化，瓦房集中连片的村寨在新农村建设中统一将屋脊、屋檐用白水泥调浆粉成白色线条，看起来比较美观，具有古朴的农家村寨景色。有的农户房前屋后栽上花草果树，环境优美，空气新鲜。

随着农村农民收入的不断增加和新农村建设的不断深入开展，加上国家对农村困难户建房给予适当补助的政策，农民建房的积极性更高，农村农户建房还在接连不断，农民的居住条件正在得到明显改观。

第四章　环境保护

第一节　环境状况

万山特区环境保护局的环境监测站负责对矿区的环境进行监测。2005年对全特区空气、饮用水、地表水、声环境进行了质量监测，全特区环境空气质量达到国家《环境空气质量标准》（GB3095－1996）二级标准，达标天数占全年的100%。空气中二氧化硫（S02）日均浓度平均值为0.059克/立方米，二氧化氮（NO2）日均浓度值0.606克/立方米，总悬浮颗粒物（TSP）日均浓度平均值为0.043克/立方米，汞（Hg）日均浓度平均值为0.0001克/立方米。城区饮用水源点有3个，一是从高楼坪乡铺前村坉坪的饮用水源，二是十八坑饮用水源，三是琴门村饮用水源。经铜仁地区环境监测站于2005年8月19日至21日对坉坪和十八坑饮用水源采样，对水质项目的化验全面分析，分析的18个项目：水温（oc）、pH、溶解氧（Do）、化学需氧量（coDMn）、五日生化需氧量（BOD5）、氨氮、铜、锌、氟化物、挥发酚、砷、汞、镉、铬（Gr+6）、氰化物、总磷、总氮、锰。从化验分析结果看：万山特区饮用水源水质均达到《地下水水质标准》Ⅲ类水质标准，符合饮水标准。境内地表水主要有高楼坪河、下溪河、敖寨河、黄道河四条河流。经铜仁地区环境监测站2005年11月4日至5日对特区境内四条河流进行采样分析，分析了15个项目：PH、化学需氧量（CODMn）、氨氮、总磷、氟化物、铜、铅、锌、汞、铬（Gr+6）、砷、镉、锰、挥发酚、氰化物。从分析结果看：四条河流中，除下溪河监测断面氨氮、锰存在超标现象外，其余河水断面的水质达到《地表水环境质量标准》×GB3838一2002〉Ⅲ类水质标准。区域环境噪声平均等效声级为54.3dB（A），根据《声环境质量评价方法技术规定》，环境噪声等级为较好。城区噪声源构成为：交通噪声占14.9%，工业噪声占7.9%，施工噪声占5.0%，生活噪声占69.3%，其他噪声占3.0%。道路交通干线噪声，解放街路段平均等效声级为66.3dB（A），未超过国家标准70dB（A）。整个区域环境噪声等级为“好”。

万山特区境内矿产资源较为丰富，有汞矿、锰矿、铅锌矿等几十种，由于矿山的开采和产品的加工产生大量的固体废物需要占地堆放，加上固体废物的综合利用水平低和过去的渣场建设达不到环保要求，因此，给生态环境带来严重影响，也给水环境造成一定的污染。

万山特区工业发展较快，但环境污染严重，一是包括历史欠账和汞化工企业造成的污染，有“涉汞”企业11家，其中汞开采企业3家，含汞材料专业回收企业1家，商贸经营企业1家，汞化工生产及含汞材料回收处置企业6家，分布在万山镇和高楼坪乡。二是涉锰行业污染，3家电解锰企业均属重点污染单位；电解锰行业分布在万山镇和下溪乡，日产生工业固体废渣约150吨，日产生废水24.5吨，主要污染物是冲洗电解板废水、酸性电解水、含铬废水和废渣。三是铁合金行业污染，重点污染因子是二氧化硫和烟尘问题，2家铁合金企业修建完善了烟尘治理设施，排放的污染物经监测达到了国家规定的排放标准，基本实现稳定达标排放。生活燃煤污染的影响；随着城市化的迅速提高，个人拥有汽车量也在加大，汽车尾气对环境的影响等，这些污染因素使环境空气受到不同程度的影响。

在对各类污染环境治理方面加大了治理力度，2006年一2011年，敖寨河、高楼坪河水质总体达到《地表水环境质量标准》Ⅱ类，下溪河、黄道河达到《地表水环境质量标准》Ⅲ类，城市集中式饮用水源地水质达标率≥100%（城考标准），城区日空气质量满足二级标准天数的比例80%，其他乡政府所在地城镇满足二级标准的个数达到80%，区域环境噪声平均值≤58分贝，道路交通噪声平均值≤70分贝。

饮用水源保护成绩显著，制定了《万山特区饮用水源环境保护管理办法》和《万山特区饮用水源环境保护规划》。划定了饮用水源保护区，高楼坪第一饮用水源点于2008年获省政府批复，设立了界碑、界桩、公告牌和防护牌。在饮用水源保护区内禁止各种开发建设活动。严格控制饮用水水源区的城镇生活及工农业污染物排放。

第二节 “三废”治理

1991年前，贵州汞矿为治理汞矿长期采冶产生的尾矿对周边农田的污染危害，先后在四坑、五坑、冲脚、大水溪、梅子溪、岩屋坪等地修建尾矿沉淀池秳拦渣坝，对废水进行沉淀后排放，以减少汞的污染。大型拦渣坝有冲脚尾矿库、大水溪尾矿库和岩屋坪尾矿库。

冲脚尾矿坝：1971年建成，容积6万立方米。经测验，沉淀后排放的水含汞浓度为0.0733克。比国家规定工业“三废”排放标准高1.5倍。1985年，该坝已蓄满尾矿而停用。

大水溪尾矿坝：1982年11月动工，1985年12月竣工。总投资451万元，容积200万立方米，1986年投入使用。至1988年，河水含汞浓度0.00063毫克，低于国家规定地面水含汞浓度不得大于0.001毫克、工业废水排放0.005毫克的标准。在大水溪河上游河中，已有成群鱼虾和其他水生植物生长繁殖，被危害农田已逐步恢复耕作，该坝可为矿山服务20年。

五坑（冷风洞）沉淀池：1998年建成，总投资40万元，容积4万立方米，主要对五坑废渣渗透液进行沉淀后再排放。

梅子溪拦渣坝：1998年建成，总投资10万元，容积2万立方米，主要对梅子溪汞矿尾矿渣进行拦截。

岩屋坪尾矿坝：岩屋坪尾矿坝位于敖寨侗族乡与碧江区六龙山侗族乡交界处——龙田，距万山行政中心35千米，1965年建库，设计库容50万立方米，主要拦截贵州汞矿岩屋坪分矿冶炼高炉所产生的灰渣和尾矿。

2004年《贵州省万山特区矿山采矿废石、冶炼废碴治理及汞渣渗滤废水治理工程》申报成功。总投资2970万元，主要工程内容为：建拦碴坝7座，拦碴墙8道，拦（挡）渣量148.33万立方米；拦砂坝1座，拦砂量54.3万立方米；汞碴渗滤废水处理工程4处，废水处理量27.576万立方米。到2005年年底，一期工程到位资金2400万元，已实施拦渣坝3座。

尾矿库闭库治理工程：

万山汞矿开采及冶炼水银有几千年的历史，在开采掘进过程中产生的大量岩石、矿石经冶炼后产生废矿渣、选矿产生的尾矿等大量堆集。一遇山洪暴发，堆集物顺流而下造成下流河床增高，污染物进入农田，使农作物绝收或减产。20世纪70—80年代，贵州汞矿为减少次生灾害的发生先后修建大水溪、冲脚、大坪坑等尾矿库，至2010年，各尾矿库均已达到或超过使用年限，成为危库、险库。给下游人民群众财产和生命造成严重威胁。

根据《财政部、国家安全监管总局关于印发中央下发地方政策性关闭破产有色金属矿山企业尾矿库治理安全工程项目和补助资金管理暂行办法》要求，特区委，特区政府高度重视，多次召开专题会议部署尾矿库相关工作，明确了责任部门和项目部门编制经费。万山特区尾矿库管理中心与中国水电顾问集团贵阳勘测设计研究院签订了冲脚、大水溪等5座尾矿库地质勘察报告及地形测绘合同，于2009年10月4日全面完成了合同内容工作；与贵州省劳动保护科学技术研究院签订了冲脚、大水溪等5座尾矿库安全评价合同，于2009年10月20日经省安监局评审备案；与中国水电顾问集团贵阳勘测设计研究院签订冲脚、大水溪等5座尾矿库设计及治理方案（含闭库施工图）合同，于2009年10月13日经省安监局组织专家评审，同月21日同意专家意见并下达批复文件。同意与贵州省达成环保科技服务有限公司签订了编制冲脚、大水溪、岩屋坪等6座尾矿库闭库治理环境影响报告表的合同，2009年11月11日委托贵州省环境工程评估中心对环境影响报告表进行技术评估，同月14日贵州省环保厅下达批复同意该项目建设。

万山特区尾矿库管理中心经过1年零2个月的努力，在省、地区、特区相关部门和领导的大力支持、协调指导下，2010年9月30日省财政厅、省安监局联合下达了《关于下达中央下放我省政策性关闭破产有色金属矿山企业尾矿库治理安全工程补助资金的通知》文件，划拨资金1.3767亿元到特区财政。治理工程为以下六处：

（一）冲脚二号尾矿库闭库治理工程

冲脚二号尾矿库是1971年为解决冲脚50吨/日选厂尾矿排放而设置的小型简易尾矿库，由于规模小，未做任何水文、地质的调查工作，也未做正规的系统的设计，坝基建立在废石堆上。

1979年7月冲脚150吨/日选厂投产后，以原3倍的尾矿量排入。为了安全起见，采取了重建溢洪井、提高尾矿自堆坝等措施，尚能勉强维持排放尾矿。1981年10月杉木董300吨/日选厂投产，而与该厂相适应的大水溪尾矿库尚未建成，贵州汞矿决定将其尾矿在两年内排入冲脚尾矿库堆存。冲脚二号尾矿库以平均每天500余吨的尾矿量排入。到1983年年底，尾矿库坝高已达17.5米，堆存尾矿67万吨，而大水溪尾矿库在1985年后期才能投入使用，冲脚二号尾矿库还将继续加尾矿23万余吨，为了维持生产，坝体又增高6米，延伸原有溢洪井措施，按照《冲脚尾矿坝补充说明》及有关图纸要求施工。

冲脚二号尾矿库已远远超过了原设想的堆存标高，坝体一再加高，溢洪井多次延伸，在没有总体设计和系统施工的情况下，给坝体安全带来不少隐患，加之坝基地质情况不明，堆坝物料性质也未测定，坝表体植被差，以及家属常常在坝体附近掘取尾矿砂作建筑材料等安全因素，不仅严重威胁着下游方向200吨/日矿的生产、生活设施和千余名职工家属的生命财产安全，而且威胁着下游高坪乡大片农田和众多群众的生命财产安全。

贵州汞矿鉴于上述情况，于1984年1月向中国有色金属工业总公司贵阳公司报告，请求贵阳公司委托专业设计单位对冲脚二号尾矿库作出明确的技术鉴定，作出长远的总体设计和规划。直到2002年贵州汞矿因资源枯竭实施政策性关闭破产时，冲脚二号尾矿库的安全隐患仍未消除。经鉴定为四等库、危库。

万山特区冲脚二号尾矿库闭库治理工程监理议标价为17万元，中标单位为重庆建新建设工程监理咨询有限责任公司贵州分公司；工程施工中标价为829.881万元，中标单位为四川华夏军安建设有限公司。

冲脚二号尾矿库闭库治理工程主要工程量表

表8-3

编号	项目名称	单位	数量	备注
一	尾矿坝坝体整治			
1	机械覆盖层开挖	立方米	9062.00	
二	排洪系统治理			
1	人工覆盖层槽挖	立方米	15831.59	
2	混凝土	立方米	4.08	C10垫层
			129.49	C25
3	钢筋	吨	0.709	一级钢筋
			1.810	二级钢筋
4	浆砌石	立方米	8004.90	M7.5
5	抹面	平方米	9743.53	M10水泥砂浆
6	止水	平方米	789.00	二麻二毡
三	库区整治			
1	场地平整	平方米	60922.44	
2	矿渣或土石回填	立方米	33309.06	
3	PE复合土工膜	平方米	60922.44	两布一膜厚0.5毫米
4	植被层	立方米	30461.22	加肥黏土厚50厘米

续表8-3

编号	项目名称	单位	数量	备注
5	草籽	平方米	60922.44	
6	喷混凝土	平方米	2370.00	C20,厚10厘米
7	管理用房	平方米	64.26	砌体结构坡屋顶
8	道路路面	平方米	178602	混凝土路面、宽、4m
9	路肩	立方米	223.25	M7.5浆砌石,50X50cm
10	路肩抹面	平方米	446.51	M10水泥砂浆
11	钻孔	米	105.00	¢100毫米
12	埋管	米	105.00	¢89毫米多孔钢管壁厚5毫米

注:1.由于现场地形地质条件复杂,实际施工发生的工程量与本工程量表可能存在一定误差,工程量变化需以设计文件(含施工图、设计变更及现场洽商等)为依据

2.临时设施包括临时交通、水电、导流、施工营地灯,由施工单位根据自行编制的施工组织方案确定。

2011年11月开工建设，至年底完成总体工程的15%，其中坝体整治完成100%，土方20000立方米，沟渠开挖完成40%。

（二）大水溪尾矿库闭库治理工程

贵州汞矿为治理一坑、六坑、二坑生产排放的废渣、废水，经贵州省冶金局以贵冶基（1982）第881号文批准同意，大水溪尾矿库工程于1982年12月正式开工建设，1985年12月竣工投入使用，总投资451万元，为三心双曲率浆砌石拦坝，坝脚厚14米，顶厚4米，弧长165米，坝高60.25米，有效库容200万立方米，汇水面积4.125平方千米，用工30余万个工日，设计服务年限20年。该尾矿库具有面积宽、容量大，自净作用好。经测定尾矿库的溢流水，水质符合国家排放标准，接近地表水标准。2006年11月已到服务年限，属重大危险源。经鉴定为4等库，险库。

2009年11月经贵州省环境工程评估中心对环境影响进行技术评估，下达了评估意见，同年12月13日贵州省环保厅批复同意该项目建设。2011年2月15日开标，中标单位为贵州省水利机械化实业总公司，中标价为4092.5741万元。同日对工程监理招标，中标单位为贵州黔水工程监理有限责任公司，中标价为77.9450万元。

大水溪尾矿库闭库治理工程主要工程量表

表8-4

编号	项目名称	单位	数量	备注
一	尾矿坝坝体整治			
1	覆盖层槽挖	立方米	789.00	
2	石方槽挖	立方米	88.00	
3	毛石混凝土	立方米	1233.00	C15
4	钻孔	米	3955.00	76

续表8-4

编号	项目名称	单位	数量	备　　注
5	灌浆	米	3955.00	
6	钢管	米	403.00	¢76、厚4毫米
7	插筋	根	134.00	¢251二4.5米
二	排洪系统治理			
（一）	库内			
1	覆盖层人工开挖	立方米	17165.00	1—5号堆体
2	覆盖层机械开挖	立方米	3807.72	
3	浆砌石	立方米	3807.72	M7.5
4	抹面	平方米	9311.00	M10，厚3厘米
5	混凝土	立方米	1951.45	C10垫层
			17998.78	C20沟体
6	钢筋	吨	109.377	一级钢筋
			267.537	二级钢筋
7	止水条带	米	1165.00	膨胀止水X15毫米
		平方米	800	三麻二毡
（二）	河道			
1	浆砌石	立方米	24955.63	M7.5 包含基础超深部分
2	抹面	平方米	5521.00	M10，厚3厘米
3	栏杆	米	2240.00	钢筋混凝土
4	双壁波纹管	米	1250.00	PvcU，包括抱箍
5	止水	平方米	2250	三麻二毡
三	库区整治			
1	场地平整	平方米	137159.00	均厚50厘米
2	堆体开挖	立方米	390539.00	1—5号堆体
3	库区回填		390539.00	
4	PE复合土工膜	平方米	168508.00	两布一膜、厚0.5毫米
5	EM4三位土工网垫	平方米	31349.00	厚14毫米，①—⑥区
6	植被层	平方米	137159.00	加肥粘土厚50厘米，①—⑥区
			31349.00	加肥粘土厚20厘米，1—5号堆体

续表8-4

编号	项目名称	单位	数量	备　　注
6	植被层	平方米	137159.00	加肥粘土厚50厘米，①—⑥区
			31349.00	加肥粘土厚20厘米，1—5号堆体
7	草籽	平方米	168508.00	草籽种类由业主选定
8	下游进库道路	米	110.00	混凝土路面、宽4.5米，包括清坡、错車道、排水沟、护拦、路基路面等
9	上游临时道路	米	2411.00	厂区至4号堆体底部，不包括库内。泥结石路面、宽4米，包括清坡、错车道、排水沟、护栏、路基路面等
10	锚杆	根	19.00	Φ28L二9厘米
11	矿渣槽挖及回填	立方米	2100.00	中孔
12	碎石	立方米	20.00	中孔
13	块石	立方米	40.00	中孔
14	盲管	米	300.00	中孔，Φ100塑料盲材
15	视准线观测墩	个	1.00	
16	表面位移观测墩	个	3.00	
17	钻孔	米	150.00	Φ100厘米
18	埋管	米	150.00	Φ89米多孔钢管、壁厚5毫米

工程内容含尾矿坝帷幕灌浆防渗、尾矿坝中孔修复、库区排洪系统、库内尾矿渣的削坡防护、危岩体处理、下游河道整治等36项。其中尾矿坝体整治共7项，主要内容有覆盖层槽挖789立方米、砌c15毛石混凝土1233立方米、钻孔（Φ76）并灌浆3955米；库内工程7项，主要内容有覆盖层人工槽挖17165立方米、覆盖层机械槽挖42378.8立方米、浆砌石（M7.5）3807平方米、抹面（M10，厚3厘米）9311平方米、混凝土19950立方米、钢筋376.9吨；河道整治工程5项，主要有浆砌石（M7.5）24995.6立方米、抹面5521平方米、修建钢筋混凝土栏杆2240米等；库区整治工程17项，其中场地平整137159平方米、1—5号堆体开挖与回填390539立方米、PE复合土工膜168508平方米、EM4三维土工网垫31349平方米、植被层168508平方米、种草籽168508平方米、库内道路修建3511米。

2011年4月开工建设，至年底，帷幕灌浆已完工；5个堆体开挖、场地平整已完工；进库道路已完成；排洪系统沟渠机械开挖已完工；排洪沟渠完成混凝土浇筑1200米；河道治理主体工程已完工；完成总体工程的70%。

（三）冲脚一号尾矿库闭库治理工程

冲脚一号尾矿库修建于1958年，为浆砌石坝体，主要是堆放原贵州汞矿四坑生产的尾矿，沉淀废水。坝高8米，坝宽30米，库容量10万立方米，总投资10万元。50年间未进行加固整修。经鉴定为5等库，危库。

2009年12月13日，贵州省环保厅批复同意冲脚一号尾矿库闭库施工建设。2011年7月7日开标，中标单位为四川广安金达建筑有限公司，中标价为907.5932万元；工程监理实行议标，达华工程管理（集团）有限公司为监理单位，监理服务费20万元。

冲脚一号尾矿库闭库治理工程主要工程量表

表8-5

编号	项目名称	单位	数量	备注
一	尾矿坝坝体整治			
1	拆除	立方米	10.00	浆砌石
二	排洪系统治理			
1	人工覆盖层槽挖	立方米	25597.85	
2	人工石方槽挖	立方米	3656.84	
3	混凝土	立方米	6.12	C10垫层
			96.78	C25
4	钢筋	吨	0.754	一级钢筋
			1.962	二级钢筋
5	浆砌石	立方米	13768.30	M7.5
6	抹面	平方米	16459.85	M10水泥砂浆
7	止水	平方米	1369.16	三麻二毡
三	库区整治			
1	场地平整	平方米	32546.01	
2	矿渣或土石回填	立方米	5602.24	
3	矿渣开挖	立方米	20671.39	
4	PE复合土工膜	平方米	32546.01	两布一膜、厚0.5厘米
5	三维植被土工网垫	平方米	15044.07	EM4
6	植被层	立方米	16330.32	加肥粘土厚50厘米
			2951.50	加肥粘土厚20厘米
7	草籽	平方米	47590.08	
8	浆砌石	立方米	379.08	M7.5
9	勾缝	平方米	199.11	M10水泥砂浆
10	钻孔	米	60.00	¢100毫米
11	埋管	米	60.00	¢89毫米多孔钢管、壁厚5毫米

2011年8月开工建设。至2011年底，场地平整、排洪系统、覆盖层已完工，因一分区设计变更，完成设计变更工程量的50%，占总工程量的8%，完成总体工程的92%。

（四）冷风洞尾矿库闭库治理工程

冷风洞尾矿库由原贵州汞矿修建于1982年，用于存放原贵州汞矿五坑两座冶炼高炉所产生的灰渣（主要成分为熟石灰）。坝高10米，坝宽50米，库容量5万立方米，总投资8万元。因未修建石灰水沉淀设施，雨水透过石灰层形成碱性水污染农田，pH值最高达13。造成依靠大水溪小河灌溉的农田部分绝收或减产。

据档案资料显示，1979年至1990年的12年间，原贵州汞矿赔偿下溪公社（1984年改为下溪侗族乡）抱溪大队钟家坡、下场溪、克仁寨、石榴山、下抱溪，以及洋保田大队的柏木坪、黄土冲、秧田坡等生产队稻谷317663.85千克，稻谷价按当年国家中等价计算（1979年为11.50/50千克、1990年为24元/50千克），共计支付108005.71元。2009年10月，贵州省环保厅下达批复文件同意冷风洞尾矿库治理项目建设。2011年4月14日开标，中标单位为四川三一工程建设有限公司，中标价为797.204164万元，工程监理中标单位是贵州致信建设工程监理咨询有限责任公司，中标价为18.9万元。

冷风洞尾矿库闭库治理工程主要工程量表

表8-6

编号	项 目 名 称	单位	数 量	备　　注
一	尾矿坝体整治			
1	栏杆	米	246.00	钢筋混凝土
二	排洪系统治理			
1	人工覆盖层槽挖	立方米	13024.00	
2	人工石方槽挖	立方米	8682.93	
3	浆砌石	立方米	11289.81	M7.5
4	抹面	平方米	13980.54	M10水泥砂浆
5	止水	平方米	1128.98	三麻二毡
6	截水沟修复	米	100.00	4号堆体、估计值
三	库区整治			
1	场地平整	平方米	27714.88	2、3号堆体
2	矿渣或土石回填	立方米	47628.25	1号堆体、1、2号分区
3	矿渣开挖	立方米	25920.37	1号堆体、1、2号分区
4	PE复合土工膜	平方米	15405.43	两布一膜、厚0.5毫米，1、2号分区
5	三维植被土工 网垫	平方米	31897.43	EM4型，1、2、3号堆体

续表8-6

编号	项 目 名 称	单位	数 量	备 注
6	植被层	立方米	9793.99	加肥粘土厚50厘米
7	草籽	平方米	47302.86	
8	钻孔	米	70.00	Φ100厘米
9	埋管	米	70.00	Φ90毫米多HDPE管、壁厚5毫米

尾矿库治理工程于2011年5月开工建设，至年底，各项主体工程已全部完工，完成主体工程的98%，尚有2%的扫尾工作。

（五）大坪坑尾矿库闭库治理工程

大坪坑尾矿库始建于1962年，用于拦截存放原贵州汞矿二坑4座冶炼高炉所产生的灰渣及尾矿，为浆砌石坝体，坝高18米，坝宽45米，总库容200万立方米，总投资10万元。经50年使用未维修，鉴定为4等库，危库。2009年10月省安监局组织专家通过了中国水电顾问集团贵阳勘测设计院的闭库设计及治理方案、闭库设计院的闭库设计及治埋方案、闭库设计图的评审。同月21日下达批复文件，同意实施。2011年4月22日开标，中标单位为黔西南布依族苗族自治州建筑安装工程总公司，中标价为1468.29万元；工程监理中标单位为贵州智龙水利监理有限公司，中标价为32万元。

大坪坑尾矿库闭库治理工程主要工程量表

表8-7

编号	项 目 名 称	单位	数 量	备 注
一	坝体及挡渣茴墙整治			
1	栏杆	米	242	
二	库区整治			
1	场地平整	平方米	71268.24	
2	下游库区矿渣清理	立方米	70000.00	
3	堆体开挖	立方米	29357.25	2、3、4号堆体
4	库区矿渣或土石回填	立方米	53156.00	2、3、4号堆体及1、2区
5	PE复合土工膜	平方米	57303.45	两布一膜厚0.5毫米
6	EM4三维土工网垫	平方米	31349.53	厚14毫米 1—5号堆体
7	植被层	立方米	6029.00 12474.00	加肥粘土厚50厘米 加肥粘土厚20厘米
8	草籽	平方米	78149	
9	管理用房	平方米	64.26	砌体结构、坡屋顶

续表8-7

编号	项 目 名 称	单位	数　量	备　　注
10	进库道路	米	2700	泥结石路面,宽度平均4.0米
11	浆砌石	立方米	3177.00	M7.5
12	挡墙基槽开挖	立方米	850.00	
13	浆砌石护拦抹面	平方米	630.28	M10水泥砂浆,厚3厘米
14	挡墙勾缝	平方米	2125.80	
15	钻孔	米	70	Φ100毫米
16	埋管	米	70	Φ90毫米多孔HDPE管、壁厚5毫米
三	排洪系统整治			
1	人工矿渣或覆盖层槽挖	立方米	31786.85	
2	人工石方槽挖	立方米	2000.00	
3	浆砌石(排洪沟)	立方米	21587.89	M7.5
4	抹面(排洪沟)	平方米	16795.56	M10水泥砂浆
5	C10混凝土垫层	立方米	38.84	
6	C20混凝土	立方米	107.80	排水沟、排洪洞
7	C25混凝土	立方米	93.64	消能池
8	1:2防水砂浆抹面	米	225.58	消能池内壁
9	钢筋	吨	12.58	
10	锚杆	根	30.00 30.00	Φ25L二9米 Φ20L二3米
11	膨胀止水条	米	40.00	膨胀止水 20×15毫米
12	毛石混凝土回填	立方米	68.89	消能池基础

工程于2011年5月开工建设，截至年底，完成总体工程的90%。其中场地平整完工；进库道路已修通；排洪系统竣工；覆盖层完成80%；因3号堆体工程量增加，已完成设计变更工程量的50%，占总工程量的5%。

（六）岩屋坪尾矿库闭库治理工程

岩屋坪尾矿库位于敖寨侗族乡与碧江区六龙山侗族乡交界处，距万山行政中心35千米。1965年建库，设计库容50万立方米，用于拦截原贵州汞矿岩屋坪分矿冶炼高炉所产生的灰渣和尾矿。库区为三面环山峡谷，尾矿坝体为浆砌石坝，坝底厚6米，坝顶厚1.2米，坝长30米，最大坝高15米，库尾至坝体1.2千米，库尾至坝底落差150米，库容尾矿200万立方米，至2011年年底已满库。库区尾矿45年来受洪水冲刷，大量尾渣向坝体移动。经鉴定为4等库、危库。

2010年12月15日发布岩屋坪尾矿库治理工程招标公示，2011年2月23日开标，中标单位为万山特区天元建筑工程有限公司（法人代表沈忠德），中标价为1490.91万元。工程监理招标因投标人未足三家，根据《贵州省人民政府令》的相关规定，经区长办公会议研究决定由公开招投变更为议标，昆明建设监理咨询公司贵州分公司为中标单位，监理服务费33万元。

岩屋坪尾矿库治理工程主要工程量表

表8-8

编号	项目名称	单位	数量	备注
一	尾矿坝坝体整治			
1	栏杆	米	82	钢筋混凝土
二	排洪层人工槽挖			
1	覆盖层人工槽挖	立方米	6480.00	②区
2	覆盖层机械槽挖	立方米	18447.00	①③④区
3	石方槽挖	立方米	4166.00	③④区
4	混凝土	立方米	1054.78 8173.90 62.64	C10垫层 C20沟体 C25消力池
5	钢筋	吨	60.927 153.040	一级钢筋 二级钢筋
6	插筋	根	388.00 388.00	¢20L二3米 ¢25L二6米
7	止水	米 平方米	1165.00 600	膨胀止水20×15毫米 三麻二袋
8	栏杆	米	160	钢筋混凝土
三	库区整治			
1	场地平整	平方米	39010.00	均厚50厘米， ①②区
2	库区壕沟回填	立方米	15000.00	②③区
3	PE复合土工膜	平方米	39010.00	两布一膜、 厚0.5毫米，①③④区
4	EM4三维土工网垫	平方米	76040.00	厚14毫米②区
5	植被层	平方米	39010.00 38020.00	加肥粘土厚50厘米，①③④区 加肥粘土厚20厘米，②区

续表8-8

编号	项 目 名 称	单位	数　量	备　　注
6	植被层	平方米	77030.00	草籽种类由业主选定
7	管理用房	平方米	64.26	砌体结构、坡屋顶
8	永久道路	米	26.00	混凝土路面，宽5米
9	临时道路	米	350.00	乡村公路至原挡渣坝段，不包括库内。泥结石路面、宽3.5米。包括情坡等
10	视准线观测墩	个	2.00	
11	表面位移观测墩	个	5.00	
12	钻孔	米	120.00	¢100毫米
13	埋管	米	120.00	¢89毫米多孔钢管、壁厚5毫米

尾矿库治理工程于2011年4月开工建设，至年底，完成总体工程量的92%，其中场地平整已完工；进库道路已完工；排洪系统已竣工；覆盖层完成20%。

污水处理厂建设

从2005年起贵州汞矿采空区搬迁房建设在犀牛井一张家坪分三个标段实施，建房923套；随后又在万山司和郭家启动城镇居民廉租住房建设工程，至2011年底，建廉租住房2512套。以上两项工程均处于高楼坪河的上游，原贵州汞矿二厂、四坑、犀牛井的居民生活污水的排放，给河流造成了一定程度的污染。据检测，污水主要指标COD平均浓度为101.83升；氨氮平均浓度为每升2.6升。

2009年4月，贵州省发展和改革委员会下发了“关于万山特区污水处理工程初步设计的批复”。

一、同意新建3000吨/日污水处理厂1座；敷设污水收集输送PE双壁波纹管10910米及相应附件并和中途加压泵房，其中：D300管一407米、D400管一4229米、D500管一2602米。

二、同意污水处理厂厂址选择于万山特区高楼坪乡万山司，工程占地0.6088公倾。

三、同意设计推荐的以一体化氧化沟为核心的预处理一一生化处理一消毒的污水处理及污泥处理工艺和主要设备选型，处理后污水排放应达到国家《城镇污水处理厂污物排放标准》（GB18918一2002）一级B标准，排入高楼坪河。

批复概算总投资为1590万元，其中固定资产投资为1580万元，铺底流动资金10万元。

工程于2009年9月4日开工。污水处理工艺流程是：进水在线监测→进水井→粗格栅→污水提升泵站→细格栅→中式沉砂池→ 一体化氧化沟→投药消毒间→排放口。

2010年6月30日竣工。施工队伍是贵州建工集团第四建筑工程公司和贵州省建设物质有限公司。实际总投资2198万元，超概算608万元，资金来源为国家投入。经处理后污水主要指标：COD平均浓度为21.88升；氨氮平均浓度为每升0.31升。

2006一2011年，环境基础设施建设步伐加快，一是投资2000多万元，建成万山特区污水处理厂，日处理污水能力3000吨。二是投资1780.09万元，新建万山特区生活垃圾卫生填埋场工程，每年可以处理生活垃圾10.95万吨。

2006年—2011年，污染防治坚持“全面推进、重点突破”的原则，加大了重点区域流域和重点行业环境综合整治。一是申报的汞渣及汞渣渗滤废水综合治理一期工程已实现，项目投资2870万元。工程内容为新建挡渣坝7座、新建挡渣墙8道、新建拦沙坝1座和汞渣渗沥废水处理工程4座以及截洪沟、排水管等配套设施。完成对五坑、四坑、大坪坑等地炉渣堆的修坡、挂网钢筋、锚杆、锚喷砼工程、四坑污水处理工程。二是积极开展重点区域的综合治理，大力实施生态环境“三区”保护战略，实施退耕还林还草等林业生态重点工程的抚育管护和补植补造工作，在采矿废弃区生态环境脆弱地方大力开展封山育林工作，逐步恢复冶炼废弃区、采矿废弃区生态环境，取得了良好的环境效益。三是涉汞企业在各级环保部门的大力监管下，不断加强技术改造，企业也投入资金完善污染防治设施，环保基础设施得到进一步改善，各项规章制度健全，污染防治设施切实发挥作用，汞化工企业尾气处理、废水循环水池基本运行正常。涉汞企业“三废”基本实现达标排放。含汞废物回收处置企业利用活性炭自燃进行回收处置，减少用煤量，从而减少二氧化硫和烟尘排放。四是铁合金行业废水循环使用不外排，经洗涤后95%以上的废渣全部进行综合利用，即销售给水泥厂用作原料，没有形成二次污染。工业用水全部实行闭路循环使用，除尘设施投入运行，烟气除尘效率达90%以上。五是电解锰企业按要求投入资金进行了整改，修建完善了相关治理设施，修建拦渣坝和渗滤液收集池，维修了拦山沟；建立了污染设施运行台账；对厂区进行了硬化、绿化，新建了厂区大门和花池，对现有环保设施进行了检修。清理了阳级渣库。对酸雾吸收塔进行了维修。对含锰废水处理压滤机进行检修，安装了在线监测设施。六是推进农村环境整治，积极申报省级生态示范乡，2008年敖寨侗族乡和黄道侗族乡通过实施生态恢复和环境综合整治，生态环境得到改善，环境质量明显好转，现已形成独有的自然生态环境资源优势，社会经济发展、区域生态环境保护、农村生态环境保护等方面接近或超过相关标准，为此，向省环保厅申报了省级生态示范乡，得到了省环保厅批准，实现了生态示范乡零的突破。

2010—2011年，企业累计投入2000万元完善污染防治设施。环保基础设施得到进一步完善，设施正常运行，没有超过处理负荷，生产废水经处理后循环使用，做到零排放；大气污染物排放得到有效处理，电解锰企业安装了在线监控设施，污染治理取得明显效果。

编制《万山特区汞污染防治和汞循环经济发展规划》，在省、地环保局的协帮助下，呈报国家环保部将其纳入了国家《重金属污染综合防治“十二五”规划》。《规划》经国务院国函〔2011〕13号文件批复，将万山特区列入全国“重点区域综合防治”“重点区域”“重点防控企业”规划之内，万山镇、下溪乡、黄道乡列入重点区域整治，矿产公司等七家汞化工企业列入了重点企业名录，涉及规划项目19个；污染源综合治理项目13个，资金3.618亿元，基础能力建设项目5个，解决历史遗留污染问题试点项目1个4亿元。

第三节　环境管理

一、环境保护执法宣传

从1990年起，每年开展“六·五”世界环境日宣传活动，大力宣传党和国家有关环境保护的法律法规和方针政策，以及万山特区境内的环境保护工作情况。

2000年，特区人民政府与铜仁地区行署签订了2000至2002年环境目标责任书。从2002年起，国家环保总局坚持每年对万山特区红菱汞业公司、矿产公司、红晶汞业公司进行检查。2003年，特区人民政府与铜仁行署续签了2003至2005年环境目标责任书。从2003年起，万山特区开展环境影响评价，对特区内新建、改建、扩建工程对境内有影响的项目依法进行评估，并每年开展整治违法排污企业，保障群众健康的环保专项行动。通过多年环保宣传与执法，制止了企业随意排污行为，完全取缔了境内的“土灶炼汞”。

环境能力建设不断加强。随着环境保护工作的开展，环保系统能力建设得到加强。建设重点污染源在线监测系统，对重点污染源进行排污浓度和总量实时监测。加强环境执法队伍素质建设，开通“12369”环境举报电话。

依法打击环境违法行为，开展环保专项行动，对辖区内排污企业进行了全面检查，2006一2011年共出动执法人员589人次，累计检查了企业263家，下发环境监察限期改正通知书35份。

开展重金属污染企业专项整治工作，对涉重金属污染的汞化工行业、铅锌浮选、汞矿开采、电解锰行业进行检查，重点检查企业涉重金属的主要类别、产生的状态、污染物排放的状态、是否位于饮用水源保护区、纳入重点名单以及存在的环境安全隐患，累计排查企业168家。

严厉打击和查处土法炼汞活动，2006—2011年查处土法炼汞点23处，捣毁土法炼汞炉灶113口，妥善处理了从黔东南州岑巩县转移到万山的含汞危险废物，有效防止了土法炼汞的发生。

利用世界环境日开展形式多样的宣传活动，通过开展各类创建活动，提高了广大人民群众的环境保护意识。积极开展创建绿色学校活动，推动绿色文明生活方式，倡导可持续消费，推广环境标志产品和绿色食品。定期向社会公布环境质量和环境污染信息。建立完善环境保护公众参与机制，实行环境违法行为有奖举报制度，由社会公众监督企业偷排行为、超标排污行为、建设项目违反“三同时”制度、老污染源违反限期治理制度、环保设施建而不用和取缔关停企业擅自恢复生产等环境违法行为。建立企业环境诚信档案，实行企业环境行为信息公开制度，定期将环境友好企业名单或环境不良行为为企业名单向社会公布。2006年至2011年共发放宣传资料20000余份。

二、环境保护规费征收

1991—2005年对有“三废”排放的企业单位征收排污费。15年间，征收排污费208万元。这些费用一部分上交主管部门，一部分返还企业用于排污治理技术改造。

2006一2011年，万山特区环保局按照国务院《排污费征收管理条例》有关规定，对万山特区内124家企业累计征收了排污费，金额为212.9052万元。

第九篇　财政　税务

万山特区是一个为矿山生产服务的服务型县级建制，没有自己的地方工业，全赖国营矿山企业税收维持财政收支。由于汞矿资源逐步枯竭，贵州汞矿经济效益锐减，无法纳税，特区财政在1990年后近10年期间，财政状况特别拮据。特区工商银行在1994年对国有企业技改资金的贷款不良率达90%以上，损失严重。1998年后，特区党委、政府为摆脱困境，实施招商引资，大力发展地方工业，开辟了新的税源，财政收入开始逐年增长，特区财政拮据状况开始得以缓解。加上农业税制改革和2005年开始免征农业税，减轻了农民的负担，调动了农民种粮的积极性，城乡居民存款逐年增加，金融信贷保险得到相应发展。2006—2011年，是万山特区经济转型并执行“十一五”经济规划时期，也是万山特区经历了因贵州汞矿政策性关闭而导致的经济全面下滑，财政收入急剧锐减的一个阵痛期之后，经济转型稳中向好全面崛起的一个重要时期，特区财政局紧扣特区委、特区政府制定的“农业稳区、旅游活区、商业兴区、工业强区”发展主题，积极推进财政体制改革，大力争取上级部门对万山的资金政策扶持，圆满完成各项经济发展指标，为万山两个转型奠定了坚实的财力基础，极大地提升了万山特区的财政保障能力。

第一章　财　政

第一节　财政体制改革

1978—1984年实行“划分收支、分级包干”的财政管理体制，即在巩固中央统一计划，确保中央必不可少的前提下，明确划分各级财政的权力和责任，做到权责结合，各行其职，各尽其责，充分发挥中央和地方两个方面的积极性，共同承担平衡国家财政收支的责任。1980年2月1日，国务院发出《关于实行划分收支、分级包干的财政管理体制的通知》，本着“统筹安排，全面照顾，不留缺口，收支平衡”的原则，安排包干收支任务。具体计算办法，以1979年决算收支数，扣除各项专款为基数，收大于支者，超出部分按包干比例上交，支大于收者由地区固定补助其差额。分配比例或补助差额原则上五年不变。1980年万山特区一定五年的包干基数收入234万元，其上解102万元，预算开支132万元。1978—1983年对四社一镇收支由特区财政统一编制预决算，实行“统收统支”的管理形式。1984年随着乡政府的建立，特区各乡镇实行“定收定支，收支包干，结余留用，超支不补，一年一定，超收部分按五五分成”的管理办法，特区和乡镇“分灶吃饭”。

1985—1993年实行“划分税种，核定收支，分级包干”的管理体制。特区从1985年起，根据第二步利改税发生的变化，改为“划分税种，核定收支，分级包干，一定五年不变”的管理体制。乡镇继续实行“分灶吃饭”，到1992年“超支不补”改为“短收抵支”。

1994年，根据国务院实行分税制的精神，全面实行“分税制”，遵照事权与财权相统一的原则，按税种划分财政收入，以确保各级政府财政分配关系的一种财政管理体制。即按税种划分中央和地方的财政收入。把收入数额较大，增长稳定，宏观调节功能较强的税种划作中央税；税源较为分散，适于地方政府征收的税种划作地方税。同时国家还设置中央、地方共享税，“共享税源，分率计征”和“统一征收、按率分享”两种形式。实行“分税制”增强中央集中财力便于中央实施宏观经济调节，便于中央对地方转移支付补助，实施地方之间经济平衡。具体办法：（1）按照国务院和省政府对地区计算财政收入基数的办法进行套算。（2）省从特区上划和返还的税收基数，地区和特区财政按比例分摊；（3）中央和省对上划税收增收返还数，按省向地区的返还办法返还特区。（4）中央、省、地、特区共享收入有：增值税中央75%，省10%，地县15%（地属企业、事业15%人地级库，特区所属企业人县级库），资源税（土地使用税、土地增值税、国有土地出让收入）省分享50%，地区分享20%，特区30%。从2003年1月1日起，土地增值税由原省、特区各分享50%改为特区固定收入，入县级库；土地使用税改为30%缴省级库，70%入县级库；土地使用收入改为10%缴省库，90%入特区库，其中新增建设用地、土地有偿使用收入维持中央、省、特区30%、35%、35%的比例缴库。

特区财政预算收入：营业税（不包括已列作中央、省、地固定收入部分）、个人所得税、固定资产投资方向调节税、城市维护建设税、房产税、车船税、印花税、屠宰税、农牧业税、契税、遗产税、县级企业所得税（包括上缴利润）、教育费附加。预算支出主要承担特区政府机关运转、经济、事业发展的支出，包括特区自筹的基本建设投资，技改投资和新产品试制经费，支农支出，城市维护和建设、文化、教育、卫生、科学技术等各项事业经费和行政管理、公检法司支出及应承担的价格补贴和其他支出。

在实行“分税制”后，1999年，特区政府印发《万山特区乡镇财政管理体制实施方案》，基本原则是划分收支范围，核定收支基数，递增上解或递减补贴，产收或超支自负，自求平衡。乡镇收入范围为：农业税、耕地占用税、农业特产税；其他收入（罚没收入、行政事业性收费、教育费附加等）。支出范围，除教育，公安由其主管部门负责外，行政、事业管理费，农村村级干部、离任村级干部、老党员、卫生员、兽医等补贴，公费医疗经费按有关规定执行。

乡镇财政收入基数以1998年下达的收入计划数为基数，其中农业税在1998年收入计划基数上增加44%，地方税增加10%；财政支出基数以1999年核定的实际支出数为基数，递增上解数以1999年上解基数按收（大于或小于）支数额定，2000年、2001年上解数额按已核定的1999年地方税县级收入，农业特产税、耕地占用税收入基数基础上逐年递增，年递增率为：万山镇8%，高楼坪、黄道、敖寨、下溪4个乡为12%。

2006—2011年，根据上级有关文件精神，积极推进财政体制改革，从改进预算管理制度、深化税收制度改革两个方面重点推进，着力构建优化资源配置、维护市场统一、促进社会公平、实现国家长治久安的可持续的现代财政制度。

一、强化税收征管

1. 找准万山特区税收征管中较为突出的问题：（1）管理粗放，管理观念、方式、方法与形势发展脱节。（2）税收收入计划和任务基层征管部门无法落实。（3）税收政策难以保证落实到位。（4）税收漏管户少量出现。（5）发票管理薄弱。（6）偷税现象依然严重。

2. 扎实开展税收征管改革工作

结合万山特区各方面的实际情况，从以下几个方面进行了强化：一是加大财税征管宣传力度，充分发挥职能作用，抽调业务精通、能力突出的人员，深入企业一线，协助企业搞好税收规范化管理，支持企业做大做强。充分利用广播电视等新闻媒体开展好税收政策宣传，形成了加大税收征管力度的浓厚氛围，努力使依法纳税成为每个企业、每个公民自觉的行动和应尽的义务。充分运用《税收征管法》，严厉打击偷税、漏税、逃税等违法行动，加大欠税清缴力度，确保了依法征收，应收尽收，确保了集中行动扎实有效进行。二是支持企业做大做强。建立了资源信息共享制度。主动和商务、工商等相关部门联系沟通，进一步摸清全特区工商企业底数，协助企业规范运作，帮助企业健全台账，切实做到心中有数、一户不漏，全部纳入税收征管范围。结合企业资产总量、用电量、用煤量、用气量、用水量等指标搞好综合分析，科学确定征管额度，做到各个行业、各种类型企业一视同仁，一个标准征收。三是探索委托乡镇征收辖区内微小企业税收体制，严防税收“跑、冒、漏、滴”。对乡镇实行税收奖励政策，鼓励广大企业经营者、个体工商业户守法经营，照章纳税，多做贡献。对在规定月份纳税多、贡献大、管理科学规范的企业经营者予以大张旗鼓地表彰奖励，切实在全特区上下形成了守法经营、纳税光荣的浓厚氛围。

二、完善预算体制改革

1. 找准预算体制存在问题

改进预算管理制度，强化预算约束、规范政府行为、实现有效监督，加快建立全面规范、公开透明的现代预算制度是新一轮财税改革的重点。预算管理体制改革的现状是预算法规与经济发展不相适应，法律规范不健全，相关领域和法律法规配套改革相对滞后，相关的预算法规一直未能加强完善，很多预算编制的时间、细化程度、公开程度都无法可依；预算编制制度不完善，预算编制内容不够科学。预算编制缺乏完整性，部门预算编制无标准，实施存在部门预算改革与现有预算分配权的矛盾；预算审批和执行方面存在的问题；预算监督不严，走形式的现象。这些不仅影响了预算的严肃性，更主要的是妨碍了各部门和单位严格执行预算，妨碍了更好地提高资金使用效益。

2. 开展预算管理体制改革工作

结合万山特区各方面的实际情况，重点从以下几点改革内容开展工作：

（1）强化预算管理。切实提高预算编制准确性，严格按照新出台的部门预算编制三个方面的管理办法，对非税收入细化到收费性质、收费项目，基本支出实行分类分档、定额定员管理，项目支出实行“零基预算”，在确保收支平衡的基础上将所有收支项目全部纳入部门预算编制范围。切实维护预算执行的严肃性，按照“有预算不超支、无预算不列支”的总体要求，严格预算执行，不得随意突破，不得随意追加。

（2）强化财务管理。不断提高财政资金使用效益。积极倡导勤俭节约的良好风尚，继续压缩经常性开支，加强对预算约束、非税超收、“三公”经费控制、津补贴发放、政府性项目投资、债务监控、国资处置、政府采购等经济活动行为的规范化管理。大力推行民主理财，加大第三方监督力度，提高财务运行透明度。落实会计从业准入和年度考核考评制度，不断提高会计人员从业水平。

（3）强化财政监督。严格控制债务规模，坚决查处举债发放津补贴、奖金等福利的违纪违规行为。把预算资金追加多的单位和专项资金流量大的项目列为重点监督对象。对屡次违反财经纪律、存在重大违纪违法行为的单位按照一定三年的原则实施重点督察。开展财政支出绩效监督试点，将监督检查结果作为纠正预算执行偏误、安排来年部门预算、实施行政问责的重要依据。进一步前移财政监督关口，实施了层层关口控制和全过程监控，确保财政资金安全。

（4）改进年度预算控制方式。为建立跨年度预算平衡机制，建立定位清晰、分工明确的政府预算体系，清理规范重点支出挂钩机制，建立财政资金整合与统筹使用机制，建立预算绩效管理新机制，建立政府性债务管理体系，实施全面规范的预算公开制度。特区财政部门在做好区级财政总预算和总决算信息公开，保证公开信息的真实性、准确性、完整性和及时性的同时，做好预决算信息公开后的说明解释工作，负责指导下属单位预决算信息公开工作。逐步细化政府预决算公开内容，细化部门预决算公开内容，加大“三公经费”公开力度，要求所有财政拨款安排的“三公经费”都要公开。

三、打造高效、快捷安全的财政支付平台

以制度建设规范财政工作行为，从而进一步带动财政体制改革平稳推进，借助网络平台，深化办公技术化革新，促使财政工作迈入方便、高效、快捷的轨道。2011年1月在特区全面推行国库集中支付，恢复了预算单位会计核算权，退回原会计局保管的所有会计档案，将预算单位资金统一划转到国库单一账户体系内管理。为预算单位统一设置账务，按行政事业、基建会计制度等分别设置了相关的账务。大力提倡公务卡消费，规范公务消费，坚决杜绝了公务消费多报、虚报现象，极大地节约了行政成本，提高了资金使用绩效。

第二节　财政收支

一、地方财政收入

万山特区（1991—2011年期间）财政收入：

收入种类：有流转税类、工商所得税类、财产行为税类、城镇土地使用税类、特别目的税类、农牧业税、国有资产经营收益、行政性收入、罚没收入、专项收入、其他收入等及上级政府补助。

1991—1995年：财政状况非常困难，收不抵支，地方财政收入1865.57万元，其中：1991年收入373.88万元；1992年收入351.58万元；1993年收入435.97万元；1994年收入323.64万元；1995年收入380.5万元。

1996—2000年：地方财政收入2796万元，其中，1996年收入478.8万元；1997年收入475.5万元；1998年收入534万元；1999年收入610万元；2000年收入697.7万元；

2001—2005年：地方财政收入5289.61万元；其中：2001年收入777.5万元；2002年收入849万元；2003年收入983万元；2004年收入1166.11万元；2005年收入1514万元。

2006—2011年：地方财政收入2.5489亿元；其中：2006年收入2366万元；2007年收入3002.1万元；

2008年收入2892.7万元；2009年收入3636.2万元；2010年收入5336万元； 2011年全特区财政总收入完成8256万元

二、上级奖补收入

指上级政府部门专项拨款和政策性规定的固定性补贴等款项。1991年上级政府补助630万元；1992年上级政府补助406.8万元；1993年上级补助417.1万元；1994年上级政府补助604.5万元；1995年上级补助531.4万元；1996年补助815.3万元；1997年上级补助903万元；1998年上级补助1247万元；1999年上级补助2347万元；随着社会发展步代加快，深化改革开放，上级对地方补助逐年增加。每年补助上千万元，2000年上级补助1873万元；2001年上级补助3017万元；2002年上级补助3454万元；2003年上级补助5123万元；2004年上级补助5113万元；2005年上级补助8581万元；2006年上级补助11682万元；2007年上级补助14542万元；2008年上级补助25734万元；2009年上级补助31242万元；2010年上级补助64463万元；2011年上级补助63234万元。

三、流转税类收入：

1991—1995年收入636万元；1996—2000年收入584.5万元；2001—2005年收入1960万元；“十五”比“八五”增加1324万元；“十五”比“九五”增加1375.5万元。“九五”比“八五”减少51.5万元。（因增值税、营业税划为独立税）。流转税共收入3180.5万元。

1. 所得税类收入：

1991—1995年，所得税收入71.6万元；1996—2000年，收入167.2万元；2001—2005年，收入159万元。共收入397.8万元。

2. 财产行为税类：

1991—1995年，收入112.1万元；1996—2000年，收入192.9万元；2001—2005年，收入117万元。共收入422万元。

3. 城镇土地使用税

1991—1995年，收入57.7万元；1996—2000年，收入23.4万元；2001—2005年，收入22万元。共收入103. 1万元。

4. 特别目的 税类

1991—1995年，收入87.7万元；1996—2000年，收入91.6万元；2001—2005年，收入421万元。共收入600.3万元

5. 农业四税收入：

1991—1995年，收入355.17万元；1996—2000年，收入783.9万元；2001—2005年，收入531.61万元。共收入1670.68万元。

6. 国有资产经营收益：（1991—1993年）征收14.6万元；（1994—1997年停征）；（1998—2005年复征），收入180万元；共计收入194.6万元。

7. 行政性收入，1991—2005年计收入360.1万元。

8. 罚没收入：1991—2005年计收入783.6万元。

9. 专项收入（1991—2005年）计收入418.3万元，平均每年收入27.8866万元。

10. 国家预算调节基金，1991年收入1.7万元；1992年收入1.6万元；1993年收入0.7万元。共计收入4万元。

11. 社会保险基金：1991年收入24.8万元；1992年收入35.1万元；1993年收32.9万元；1994年收入54.9万元。四年共收入147.7万元。

12. 其他工商税：共收入47.4万元（其中，1991年收18.3万元、1992年收12.1万元；1993年收入17万元）。

13. 其他收入：共计1621.1万元，其中，“八五”期间收入198.1万元；“九五”期间收入504万元；“十五”期间收入919万元。

万山特区2006—2011年财政收入统计表

表9-1　　单位:万元

项　　目	2006年	2007年	2008年	2009年	2010年	2011年
国内增值税	307.2	388.9	524.1	621.3	728	969
营业税	322.1	344.6	443.9	759.9	860	1430
企业所得税	16.6	125.4	163.6	127.8	223	329
个人所得税	36.4	63.4	88.9	174.2	188	198
资源税	1.6	5.5	39.4	75.5	108	235
城市维护建设税	209	262.5	128.2	163	182	271
房产税	16.1	17.4	40.2	19.8	33	35
印花税	35.9	48.4	51.9	50.7	123	120
城镇土地使用税	7	10.4	49.2	35.4	39	55
土地增值税	2	2.2	62	3.1	1	1
车船使用和牌照税	1.1	1.1	0.9	31	97	24
耕地占用税	34.6	21.7	45.3	246	290	746
契税	6.7	12.5	12.3	12.3	9	106
非税收入小计	1369.7	1697.8	1298.6	1316.3	2455	3737
专项收入	182.3	125.5	157.6	184.2	201	263
行政事业性收费收入	117.7	278	130	168.8	421	449
其他		254.9				
罚没收入	131	102.1	105.5	164.3	120	113
一般罚没收入小计		100.4				
缉毒罚没收入		1.7				
国有资本经营收入	44.8	705.4	692.4	362.6	1302	1297

续表9-1

项　　目	2006年	2007年	2008年	2009年	2010年	2011年
国有资源(资产)有偿使用收入	34.2	69.6	105.5	71.5	134	652
其他收入	859.7	417.2	107.6	364.9	277	963
政府性基金收入合计	96.8	203.7	223.1	1362.9	1775	1225.9
地方财政收入	3366	3002.1	2892.7	3636.2	5336	8256
其中:国税收入	307	493.6	551.8	674.9	770	1192
地税收入	801	879	1084	1811.6	2291	3558
财政收入	1258	1629.5	1256.9	1149.7	2275	3506
全区财政总收入	4326	5604.6	6446.3	7750.8	10357	15142
其中:国税系统收入	2138	2904.3	3576.7	1274	5042	7008
地税系统收入	909	1051.8	1512.8	4301.1	3010	4602
财政系统收入	1279	1648.5	1356.8	1175.7	2305	3532
增值税(100%)	2047	2564.4	3454.7	4093.2		
消费税	0.2	0.3	0.3	9.6		

五、财政支出

1. 经济建设费支出：1991—1995年，特区人民政府投入基本建设城市维护资金132.5万元；1996—2000年，特区人民政府投入基本建设经费414.2万元；2001—2005年，特区人民政府建设资金1304万元。共计投入30720.万元。

2. 社会文教费支出：万山特区人民政府把发展文化教育事业摆在首位，投入大量资金，数额逐年增加。1991—1995年，教育支出1658.7万元，(含同期卫生医疗费支出)，1996—2000年，特区政府对万山特区中小学教育经费由特区财政预算内支付847.9万元；其中：1996年全特区投入教育经费244.9万元；1997年投入287万元；1998年投入344万元；1999年投入449万元；2000年投入489万元；由于教育事业的不断发展，修建校舍，改修危房，提高教师队伍的工资福利待遇，特区财政加大对教育事业费的投入。2001—2005年，投入教育事业费达5171万元。党和政府高度重视教育事业的发展，投入教育事业经费逐年增加。其中：2001年特区财政投入679万元；2002年投入788万元；2003年投入846万元；2004年投入1303万元；2005年财政投入达1555万元。

3. 行政管理费支出：包括国家机关、党派和人民团体经费，含个人部分工资、补助工资、职工福利、离退休金，公用部分含公务费、设备购置费、修缮费、行政业务费、干部训练费和其他费用。1991—1995年，全特区行政管理费支1131.2万元，年均226.24万元。1996—2000年，行政管理费支出2269万元：其中：1996年行政管理费用支出315.2万元，1997年行政管理费支出403.8万元，1998年行政管理费支出475万元，1999年行政管理费支出567万元，2000年行政管理费支出508万元，2001—2005年，行政管理费支出6285万元；其中：2001年行政管理费支出689万元，2002年行政管理费支出674万

元，2003年行政管理费支出1180万元，2004年行政管理费支出1434万元，2005年行政费支出2312万元，

4. 国防费用支出：1991—2005年国防费共支出130.6万元 。其中：1991—1995年，支出10万元；1996—2000年，支出8.9万元； 2001—2005年，支出307万元。

5. 其他支出（含特区财政预算外支出）：

（1）财政对农、林、水、气支援农村生产及不发达地区支出经费7653.6万元，其中：（1991—1995年，支出635.9万元。1996—2000年，支出1908.7万元；2001—2005年，5109万元；

（2）特区财政对公检法司武警支出2695.1万元。其中： 1991—1995年，321.6万元； 1996—2000年，支出542.5万元； 2001—2005年支出1831万元。

（3）特区财政对抚恤、社会保障福利支出4037.3万元。其中：1991—1995年，支出277.6万元；1996—2000年，支出482.7万元；2001—2005年，支出3277万元。

（4）特区财政对工业、商业、交通部门费用支出1083.1万元；其中：1991—1995年，支出：130.7万元；1996—2000年）支出226.4万元；2001—2005年，支出798万元。

（5）特区财政对文、体、广播、科技、其他部门事业费支出2825.2万元。其中： 1991—1995年，支出136.3万元；1996—2000年，支出277.9万元； 2001—2005年，支出2411万元。

（6）特区财政专项支出382.4万元。其中：1991—1995年，支出20.8万元；1996—2000年，支出60.4万元； 2001—2005年，支出301万元。

（7）特区财政其他支出8078.3万元。其中：1991—2005年，支出504.5万元；1996—2000年，支出2074.5万元； 2001—2005年，支出5517万元。

6. 特区上解支出210万元。其中：1991—2005年，支出84.5万元；1996—2000年，支出12万元；2001—2005年，支出51万元。

7. 特区医疗卫生费支出2290.3万元。其中： 1991—2005年支出数因财政局统计在同期教育费支出中；1996—2000年支出555.3万元；2001—2005年支出1735万元。

2006—2011年，特区财政支出的名目比2005年前有些不同，其他支出的部类名秤要多些，主要的有：

（1）一般预算支出合计：其中：2006年支出14446.9万元；2007年支出16965万元；2008年支出29196.5万元；2009年支出41013万元；2010年支出69843万元；2011年支出74142万元。共计支出245606.4万元。

（2）一般公共服务：其中：2006年支出3579.9万元；2007年支出4187.7万元；2008年支出5058.5万元；2009年支出6686万元；2010年支出5316万元；2011年支出7743万元。共计支出32571.1万元。

（3）国防费：其中：2006年支出0.9万元；2007年支出67.1万元；2008年支出102.3万元；2009年支出132万元；2010年支出334万元；2011年支出376万元。共计支出1012.3万元。

（4）公共安全费：其中：2006年支出722.9万元；2007年支出1060.2万元；2008年支出1295.3万元；2009年支出2153万元；2010年支出2418万元；2011年支出3089万元。共计支出10738.4万元。

（5）教育费：其中：2006年支出2136.5万元；2007年支出3618.5万元；2008年支出4433.1万元；2009年支4556出万元；2010年支出4686万元；2011年支出8641万元。共计支出28071.1万元。

（6）科学技术费：其中：2006年支出41.3万元；2007年支出141.1万元；2008年支出60.2万元；2009年支出65万元；2010年支出67万元；2011年支出44万元。共计支出418.6万元。

（7）文化体育与传媒：其中：2006年支出459万元；2007年支出761万元；2008年支出253.7万元；

2009年支出446万元；2010年支出454万元；2011年支出761万元。共计支出3134.7万元。

（8）社会保障和就业：其中：2006年支出1842.6万元；2007年支出2498万元；2008年支出3325.4万元；2009年支出8345万元；2010年支出18138万元；2011年支出8411万元。共计支出42560万元。

（9）医疗卫生费：其中：2006年支出1073.7万元；2007年支出936.8万元；2008年支出1709.7万元；2009年支出4879万元；2010年支出2247万元；2011年支出5240万元。共计支出16086.2万元。

（10）环境保护费：其中：2006年支出134.4万元；2007年支出188.9万元；2008年支出925.1万元；2009年支出1907万元；2010年支出2738万元；2011年支出3782万元。共计支出9675.4万元。

（11）城乡社区事务费：其中：2006年支出1140.3万元；2007年支出1392.5万元；2008年支出4422.3万元；2009年支出2969万元；2010年支出15092万元；2011年支出6230万元。共计支出31246.1万元。

（12）农林水事务费：其中：2006年支出1287.7万元；2007年支出2422.4万元；2008年支出2573.1万元；2009年支出5460万元；2010年支出6322万元；2011年支出11439万元。共计支出29504.2万元。

（13）扶贫费：其中：2006年支出325.9万元；2007年支出502.9万元；共计支出828.8万元。

（14）农业综合开发费：其中：2007年支出8万元。

（15）交通运输费：其中：2007年支出41.8万元；2008年支出262.2万元；2009年支出163万元；2010年支出164万元；2011年支出1722万元。共计支出2353万元。

（16）工业商业金融等事务费：其中：2006年支出132.9万元；2007年支出312.4万元；2008年支出409.9万元。共计支出855.2万元。

（17）其他支出：其中：2006年支出1451.1万元；2007年支出591.6万元；2008年支出4365.7万元；2009年支出2670万元；2010年支出2733万元；2011年支出1693万元。共计支出13504.4万元。

（18）住房改革费支出：其中：2006年支出111万元；2007年支出133.2万元；共计支出244.2万元。

（19）政府性基金支出合计：其中：2006年支出60.3万元；2007年支出136.5万元；2008年支出466.9万元；2009年支出1573.1万元；2010年支出2147万元；2011年支出12514万元。16897.8万元。

（20）采掘电力信息等事务费：2009年支出481万元。

（21）粮油物资储备管理等事务费：2009年支出500万元。

（22）国债还本付息支出：其中：2009年支出1万元；2011年支出2148万元；共计支出2149万元。

（23）商业服务业等事务费：2010年支出639万元。

（24）保障性住房支出：2011年支出6432万元。

2006—2011年期间（财政支出执行情况统计表）

表9-2　　　　单位：万元

项　　目	2006年	2007	2008年	2009年	2010年	2011年	合计
一般预算支出合计	14446.9	16965	29196.5	41013	69843	74142	245606.4
一般公共服务	3579.9	4187.7	5058.5	6686	5316	7743	32571.1
国防	0.9	67.1	102.3	132	334	376	1012.3
公共安全	722.9	1060.2	1295.3	2153	2418	3089	10738.4
教育	2136.5	3618.5	4433.1	4556	4686	8641	28071.1

续表9-2

项 目	2006年	2007	2008年	2009年	2010年	2011年	合计
科学技术	41.3	141.1	60.2	65	67	44	418.6
文化体育与传媒	459	761	253.7	346	454	761	3034.7
社会保障和就业	1842.6	2498	3325.4	8345	18138	8411	42560
医疗卫生	1073.7	936.8	1709.7	4879	2247	5240	16086.2
环境保护	134.4	188.9	925.1	1907	2738	3782	9675.4
城乡社区事务	1140.3	1392.5	4422.3	2969	15092	6230	31246.1
农林水事务	1287.7	2422.4	2573.1	5460	6322	11439	29504.2
扶贫	325.9	502.9					828.8
农业综合开发		8					8
交通运输		41.8	262.2	163	164	1722	2353
工业商业金融等事务	132.9	312.4	409.9				855.2
其他支出	1451.1	591.6	4365.7	2670	2733	1693	13504.4
其中:住房改革支出	111	133.2					244..2
政府性基金支出合计	60.3	136.5	466.9	1573.1	2147	12514	16897.8
采掘电力信息等事务				481			481
粮油物资储备管理等事务				500			500
国债还本付息支出				1		2148	2149
商业服务业等事务					639		639
保障性住房支出						6432	6432

万山特区1991—2011年(几个时期)财政支出统计表

表9-3　　单位:万元

项 目	1991—1995年	1996—2000年	2001—2005年	2006—2011年	合计
经济建设	132.5	414.2	1304	32571.4	34422.1
教育费	1658.7(含医疗费)	1847.9	5171	28071.1	36748.7
行政费	1731.2	2269	6285	4383.8	14669
国防费	327.7			1003.3	1331
公共安全费	10738.4				10738.4
社会保障和就业费				42560	42560
医疗卫生费		555.3	1735	16086.2	18376.5

2006——2011年万山特区财政收支情况一览表

表9-4 单位:万元

时间 经济指标	2006	2007	2008	2009	2010	2011
财政总收入	4326	5605	6446	7751	10357	15142
地方财政收入	2366	3002	2893	3636	5336	8256
上级补助	11682	14542	25734	31242	64463	63234
地方财政总支出	14470	16965	29197	41013	69843	74142

第三节　财政管理

一、综合职能管理

财政管理，是国家参与社会产品分配和再分配，以及财政资金的筹集、分配使用所进行的活动，主要范围有：预算管理、国家信用管理、国有资产管理、财务管理、会计管理、财政监督管理等。其管理的办法是根据国民经济不同时期的发展特点，采取科学灵活的管理办法。万山特区财政局是特区政府财政主管部门，管理全特区财政收支，执行财政政策，实施财政监督，加强对国有资产和会计管理，参与政府对全特区国民经济发展进行财政宏观调控综合职能管理。

1.贯彻执行国家财政预算、决算、税收、财务会计及其他有关的政策、法规和法令，指导全特区的财政和财务工作，结合特区实际，制定全特区有关财务会计等方面的实施意见及规章制度，并监督执行。

2.根据特区国民经济和社会发展规划，制定特区财政中、长期发展计划和编制年度预算收支草案。执行特区人民代表大会批准的财政预算，组织和监督各乡（镇）对预算的执行，对全特区的财力综合平衡，编制全特区的财政决算，运用财政、税收手段和财政政策，宏观调控全特区国民经济的发展和国民收入的分配。

3.指导地方国营企业搞好内部成本核算和财政管理，按照财务管理制度和《会计制度》以及有关政策，负责审查全特区行政、事业单位的财政收支计划的执行。

4.管好用好各项资金，继续清理催收财政支农周转资金，对财政小额扶贫贷款的拨付和管理，以及世行贷款的拨付和归还催收工作。

5.贯彻实施国家的农业四税（农业税、农业特产税、耕地占用税、契税）政策，对财政支农资金进行监督跟踪。

6.对全特区行政、事业单位经费预算、税收、财务会计、会计资料、国有资本金基础管理等事项进行管理和检查；审查管理全特区行政事业性收费项目、罚没收入和其他应缴财政的收入归库工作，全特区预算资金及国债的兑换工作；对全特区社会集团购买力的管理和专项控购商品的审批工作。

7.根据上级规定范围，制定财务开支标准，对乡（镇）财政工作进行管理，会同有关部门组织实施全特区会计专业资格考试；对破产关闭企业的财产进行清理。

8.认真实施和不断完善政府采购制度，对全特区行政事业单位所需购置的办公物品和各种设备，建筑工程包工不包料的设备和材料，实行统一招标采购，逐步扩大采购范围，加大政府采购力度。据万山特区政府采购中心2005年执行情况报告，采购中心为全特区60个单位提供采购服务，实际执行采购资金406.06万元，节约资金48.73万元，资金节约率为10.7%。

二、行政事业单位财政管理

1.严格财务收支预算 1991年以来，对各行政、事业单位实行预算收支管理，坚持定额控制，只准结余，不准超支的原则和“一支笔”批准财务开支的办法，严禁突击花钱。1992年，对各乡镇实行“定收定支、收支包干、短收抵支、超收分成”的管理办法。

2.规范收费　制止乱收费、乱罚款、乱摊派现象。对经批准的行政事业性收费单位，必须到当地物价部门办理收费许可证，做到持证收费，否则视为乱收费。对收取的经费纳入预算管理，专户储存。一律取消未经国务院或财政部、国家计委（物价局）以及省政府授权的省物价、财政部门批准，自行设立的收费和罚款项目、范围和标准。对虽经省财政、物价部门批准，但未按规定范围和标准收费的也应立即停止执行。各种行政事业收费必须使用省财政厅监制的票据，由各收费单位持物价局办理的收费许可证到财政局购买收费票据，用完后持票据存根联交财政局审核无误，资金交财政专户储存后，再发售给新票据。

3.控制社会集团购买力　社会集团购买力，是指社会集团用公款在市场上购买集体消费的非生产性商品的资金。各机关、团体、学校、部队、企业事业单位均属控制对象。国家根据不同时期国民经济发展情况，规定专项控制购买的商品和资金数额。

中央先后于1993年和2002年多次对专控商品的品种、金额、标准及省、地、县各级审批的商品范围做了规定，根据国民经济发展状况，逐次对专控商品的品种、金额、标准进行调整，编制专控商品目录。2002年前，国家级审批的专控商品有：大小轿车、空调器、沙发（床）、地毯、摩托车、录音机、录像机、多用机、照相机、放像机、彩电、电冰箱、洗衣机、大型或高级乐器、家具、尼绒制品、纯毛毯等。2002年，国家规定控制购品标准：轿车，地厅级单位排气量为2.2以内，价格25万元内；县级单位，排气量2.0以内，价格20万元以内；科局级单位，排气量2.0内价格，15万元内；贫困或以奖代补县排气量2.0，价格15万元内；企业单位参照上述标准办理。上级控办部门每年下达给万山控购金额为200万元。

2005—2011年，财政管理工作主要是加强制度建设。一是健全机构设置制度。充实财政人员编制，调整并规范财政职能先后请求万山特区人民政府批准了《万山特区人民政府办公室关于印发万山特区财政局职能内设机构和人员编制规定的通知》，万山特区机构编制委员会关于印发《万山特区国库集中支付局机构编制方案的通知》、万山山特区机构编制委员会关于印发《关于成立万山特区非税收入管理局的通知》、万山山特区机构编制委员会关于印发《关于成立万山特区基层财政管理局职能配置、内设机构和人员编制规定的通知》等。二是加强各项管理制度的执行。2006—2011年，信息化管理方，印发了《万山特区财政局计算机网络管理制度；政府采购方面 《万山特区政府采购管理办公室工作职责》《万山特区政府采购违规处罚暂行办法》；非税收入方面有《万山特区非税收入收缴管理实施办法》，还有《万山特区预算外资金管理条例》；国有资产管理方面有《万山特区行政事业单位国有资产使用管理办法》；涉农、基本建设方面有 《万山特区涉农补贴资金发放管理办法》《基本建设资金管理办法》《农业建设项目管理办法》；部门资金管理方面有 《万山特区财政局、万山特区教育局关于教育经费使用管理办法的通知》

《万山特区财政局、万山特区教育局关于农村中小学预算编制管理暂行办法的通知》《万山特区贫困资金管理办法》；一事一议方面有《一事一议财政奖补工作部门职责制度》《一事一议奖补项目物资采购、管理制度》《一事一议项目财政奖补资金监督管理制度》；财务管理方面有《预算单位财务人员岗位职责》《万山特区党政机关事业单位工作人员差旅费管理暂行办法》《万山特区会议经费暂行管理办法》《万山特区财政资金管理暂行办法》；账户管理方面有《万山特区财政局社会保障基金财政专户管理规定》《万山特区财政局财政专户管理暂行办法》；财政专项资金管理方面有《万山特区财政专项资金管理办法》《万山特区财政资金审批制度》；国库管理方面有《万山特区财政国库管理制度改革资金支付暂行办法》《万山特区财政局关于明确财政直接支付和财政授权支付支出项目的通知》；绩效考评制度方面有《预算绩效管理工作考核办法》。

同时加强小金库检查。“小金库”是滋生腐败的土壤。为了彻底消除小金库的危害，财政局在抓好常规小金库检查治理工作以外，2009—2011年还开展小金库专项治理工作，主要从强化非税收入的征管与入库工作着手，取消单位过度账户，建立“零余额”账户，按预算项目申报计划，按时间进度拨付资金，从源头上防止预算单位“串项花钱”，建立健全财政资金运行全过程的监督管理机制，做到哪里有财政资金哪里就有监管。此次专项治理共查出“小金库”4个，违纪金额累计达24.4万元，收缴国库2.23万元，彻底清理完全特区的小金库，消除了小金库的危害。

三、预算外资金管理

1993年万山特区财政局根据中央《关于对行政性收费罚没收入实行预算管理的规定》，对特区所属各执罚执收部门的收费和罚没收入，必须全部上缴国家财政，纳入财政预算管理。决不允许将收费、罚没收入作为职工奖金福利，严禁搞任何形式的提留分成，杜绝坐收坐支行为。

2006—2011年，根据上级文件精神，对万山特区预算外资金实行两种办法管理：一是对万山特区预算外资金实行收支两条线管理。二是为加强并规预算外资金管理，根据国务院《关于加强预算外资金管理的决定》、财政部《关于印发预算外资金管理实施办法的通知》的精神，拟制定了《万山特区预算外资金行收支两条线管理暂行办法》，极大地推动了万山特区预算外资金的管理，使预算外资金管理迈入了安全、规范、透明有效的轨道。

2006——2011年，为了使预算外资金纳入财政预算管理，采取的管理措施是：（1）实行“财务收支两条线”管理。在坚持资金所有权、资金性质和来源不变是原则下，实行“财政专户储存，计划管理，财政审批，银行监督”。（2）遵照国务院《关于加强预算外资金管理的通知》，对各行政事业单位的“小金库”进行清理。部分单位巧立名目乱收费、划预算内收入为预算外收入等现象得到有效遏制。

第四节　资产管理

1990—2011年，按照国家有关规定，摸清国有资产家底，将应归国家所有的资产纳入国有资产管理轨道。国家机关及其所属事业单位占有、使用的资产及行政机关、人民团体中由国家拨款等形成的资产，界定为国有资产。国有资产由财政局国有资产管理股具体管理。

一、国有资产的产权界定：

1.代表国家投资的部门和机构以货币、实物和所有权属于国家的土地使用权、知识产权等向企业投资形成的国家资本金；

2.全民所有制企业运用国家资本金及在经营中借入的资本金形成的税后利润；

3.经国家批准留给企业作为增加投资的部分；

4.以及税后利润中提取的盈余公积金、公益金和分配利益等；

5.由全民所有制企业事业单位担保；

6.完全用国内外借入资金投资创办的或完全由其他单位借款创办的全民所有制企业；

7.其收入积累的净资产；

8.全民所有制企业接受馈赠形成的资产；

9.全民所有制企业从⾄利中提取的职工福利基金、奖励基金实行后用公益金构建的集体福利设施；

10. 相应增加的所有权益；

11. 全民所有制企业中党、团、工会等组织占用企业的财产“不含交纳的组织费和企业拨付的活动经费”。

二、集体资产管理

1.全民所有制单位用国有资产在非全民所有制单位独资创办的集体企业中的投资，以及按照投资份额应取得的资产收益留给集体企业发展生产的资本金和权益；

2.集体企业依据国家规定享受税前还贷形成的资产，其中属于国家应收的税款部分；

3.集体企业依据国家规定享受减免税形成的资产，其中列为“国家扶贫基金”等投资性的减免部分。

三、国有资产管理措施

万山特区财政局根据国家国有资产管理局、财政部《行政单位国有资产管理办法》，对全特区国有资产进行管理。

1.对行政事业单位国有资产，建立健全各项规章制度，明确产权关系，实行产权管理，保障国有资产的安全和完整，推动资产的合理配置、节约和有效使用。坚持所有权和使用权分离的原则，实行国家统一所有，政府分级监督，单位占有使用的管理体制。

2.对国有企业的资产，组织清产核资、产权登记、资产评估、资产核定，摸清国有资产的实有存量。对国有资产保值增值状况进行监督检查，对违法违规行为给予行政处罚。

至2005年年末，万山特区行政事业单位国有资产总量为9447.2万元，资产总计11761.6万元。行政单位固定资产1618.1万元，事业单位固定资产3083万元。固定资产在用原值4656.8万元，闲置固定资产原值44.4万元。房屋建筑原值2328.9万元，其中：办公用房1857.9万元，职工宿舍302.2万元，特殊业务用房5万元，附属用房和其他用房163.8万元。专用设备原值662.1万元，一般设备原值1217.3万元，其中：小轿车921.7万元，其他车辆122.4万元。房屋建筑面积92645公顷，其中：办公用房72257公顷，职工宿舍11051公顷，特殊业务用房100公顷，附属用房及其他用房9237公顷。

2005—2011年，万山特区财政局国资股充分发挥自身的职能作用，认真履职，不断完善各种管理制度与办法，使之更加适应不断发展的国有资产管理工作的需要，2005年1月1—-2006年6月30日的国有资产，根据国家国有资产管理局国资事发《行政事业单位国有资产处置管理实施办法》和万特财国字[1995]05号文件的管理制度与办法进行管理；2006年7月1日—2011年12月30日期间的国有资产，根据《中华人民共和国财政部（2006年5月30日第35号和36号令），行政、事业单位国有资产管理暂行办法》的管理制度与方法进行管理（此办法2006年7月1日起实施）。开展普查登记备案工作，认真抓好备案处置工作，2005年1月1日—2011年12月30日，备案处置144件。其中：划转处置45件，原账面价值合计：40664987.70元；变价处置49件，原账面价值合计：4439007.22元，收回残值合计：1535558.50元；报废处置50件，原账面价值合计：7028687.40元，收回残值合计：51670.00元。2011年年底统计，万山特区国有资产总额为304045399.77元。其中：通用设备：1324237.46元；专用设备：27347595.05元；：29619734.76元；仪电子产品器仪表：1243792.53元；文艺体育设备：1541670.00元；图书：2328578.17元；家用家具：15639265.58元。

第五节　会计管理

2002年前，为加强对各行政事业单位的财务监督管理，财政局对全特区各行政事业单位实行会计委派制。2003年1月，经特区政府批准成立会计局（副局级单位），全特区各行政事业单位不设置会计，只设出纳员，会计业务由会计局会计核算中心代管。会计局实行“四统一”，即统一账户管理、统一会计核算、统一资金结算、统一档案管理。通过“四统一”强化管理后，清理注销了特区直属行政事业单位银行账户62个，保留专项资金账户9个，划转账户存款余额545.6万元，逐步规范了财政支出，效果明显。对各乡（镇）所属行政事业单位的银行账户进行清理，撤销各类存折户头78个，开设支票户头36个，彻底改变了乡（镇）所属各行政事业单位以往多户头、多处开户、资金尚未全部纳入财政管理的混乱局面。

特区各行政事业单位在执行收费时，必须使用贵州省统一印制的行政事业性收费收据。支出时必须用税务印章发票，否则视为白发票，不予报销。各行政事业单位的财务收支实行月报账制度。财政局为行政事业单位设置一定数额的业务周转基金，每月月底由单位出纳员持业务收支单据到会计局进行审核报销结账，划转业务活动周转基金。按照“四统一”原则，各单位原始单据和记账凭证在报销结算时，移交给会计局统一存档，做到月清年清。

凡从事会计工作人员必须持证上岗。对不具备会计资格的人员，必须进行会计专业知识培训，参加会计资格考试。为了提高会计人员业务知识水平，建设一支 高素质的会计队伍，支持鼓励持证会计人员参加全国性会计师职称等级考试。

2006—2011年，严格依照《会计法》的有关规定加强会计管理工作，严格执行会计的申报、考试、考核程序，规范会计的从业行为，行政事业单位在执行收付费时，必须使用贵州省同意印制的行政事业性收费发票收据，凡从事会计工作人员必须持证上岗。加大对不具备会计资格证的人员，须进行会计专业知识培训，参加会计资格考试。为提高会计人员业务知识水平和工作能力，打造业务素质过硬会计队伍，积极鼓励会计从业人员参加全国性的会计师执业考试和等级考试。强化会计继续教育力度，采用网上培训，网上考试的方式不断提高会计适应新形势发展的需要。

第六节　国库集中支付改革

万山特区国库集中支付改革工作是从2008年开始准备，2010年正式启动，先选取13家单位进行试点，2011年在全特区行政事业单位全面铺开，按照省、市的要求，在全特区国库集中支付改革的基础上，将全特区所有预算单位（含乡镇、街道办事处）纳入国库集中支付一体化平台系统改革，在全特区范围内，达到全覆盖。主要做法将原会计集中核算向国库集中支付全面转轨，恢复预算单位会计机构、将核算权退回原单位，取消预算单位实有资金账户，将所有财政性资金全部纳入国库单一账户体系进行管理。针对教育经费的管理，在财政局管的基础上成立“教育经费管理核算中心”统一管理学校教育经费。通过国库集中支付改革，将“会计集中核算”向“国库集中支付”彻底转轨，理清了财政与预算单位的关系，降低了财政部门工作风险，相对减轻了财政人员工作量，增强了预算部门的工作责任心。

第二章　税　务

第一节　税务征管体制改革

万山特区从1983年开始对国营企业实行第一步利改税。实施办法是有利润的国营企业普遍征所得税。小型国有企业按八级超额累进税率征所得税，税后利润由企业自主分配，大型国有企业按55%的税率征所得税。是年，实行利改税15个单（万山特区预算内）共实现利润17.68万元，上缴所得税11.13万元，剩余6.55万元，为企业自主掌握，增强了企业活力。1984年4月1日起，根据国务院决定、在全国范围内推行第二步利改税，国营企业上缴国家的利润改为按产品税、增值税、所得税、调节税等11个税种向国家交利，由税利并存逐步过渡完全的以税代利，税后利润归企业自已掌握。1985年执行结果，全特区国营企业共实现利润净增额31.93万元，比上年增长229.5%。从1983年到1985年，特区预算内国营企业甾利由37%上升为68%，所得税负担由63%下降为32%。实施利改税，理顺国家与企业的分配关系，把企业推向自主经营，照章纳税，自负盈亏的轨道。

1993年12月25日，为了适应分税制财政管理体制的需要，国务院发布了《国务院批转国家税务总局工商税制改革实施方案的通知》。方案除对原有的工商税制进行全面改革外，还提出了必须推进税收征管制度的改革。

1994年9月下旬，万山特区税务局分设为“万山特区国家税务局” 和“万山特区地方税务局”；万山特区税务局分设后，四乡镇税务所归国税局管理。2001年6月全部撤销地方税务局在4乡1镇设地税务所，由财政所长兼任地税所长，2001年12月撤销4乡1镇地税务所，设万山中心税务所，高楼坪中心税务所。

特区国家税务局征管税种有：增值税、消费税、中央企业所得税、地方银行和非银行金融企业所得税、中央税的滞补罚没收入、个人所得税中的储蓄存款利息所得税、车辆购置税、2002年1月1日起，新登记注册的企事业单位的企业所得税。

特区地方税务局征管的税种有：营业税、地方企业所得税、城镇土地使用税、城市维护建设税、房产税、车船使用税、印花税、资源税、土地增值税、教育费附加、固定资产投资方向调节税（2000年1月停征）、屠宰税（2002年5月取消）。

进入21世纪后，伴随全球信息化浪潮的涌现，万山特区的税收征管迈入新的发展阶段，税收征管发生了两个显著变化。一是实施科技加管理，积极利用现代信息技术手段促进税收征管。“以金税三期工程”为代表的信息化建设实现了突破性进展，提高了税收征管的质量和效率；同时，强调发挥人的主观能动性，实现管理与科技双轮驱动。二是实施科学化、精细化管理，切实提高税收征管水平。按照执法规范、征收率高、成本降低、社会满意的目标要求，积极探索和掌握征管工作规律，明确职责分工，优化业务流程，完善岗责体系，加强协调配合，提高管理效能。万山地税通过逐一梳理税收征管的薄弱环节，实施纳税评估等一系列针对性强、行之有效的改革措施，进一步改变了粗放式管理状况。

2010年12月起，将外商投资企业和外国企业纳入城市维护建设税的纳税人；2011年起，按照全国人大常委会通过车船税法和国务院修改资源税暂行条例执行。

第二节　国　税

一、国税税种与税率

（一）工商税

1991—1992年，先后开征的工商税有五大种类：流转税类、所得税类、财产行为税类、资源税类、特别目的税类。各税类包括的税种、税率，随着国家税制改革，进行过调整和变动。

为了适应分税制财政管理体制的需要，国务院于1993年12月25日发布了《国务院批转国家税务总局工商税制改革实施的通知》，提出进行税收征管制度改革，其中包括组建中央和地方两套税务机构。万山特区税务局于1994年9月分设为万山特区国家税务局和万山特区地方税务局。两套税务机构经过几年磨合，逐渐理顺各自征管范围，至2011年未变。

（二）增值税

1.纳税人出口货物，税率为零，但国务院另有规定的除外。

2.纳税人销售或进口下列货物：粮食、食用植物油、自来水、暖气、冷气、热水、煤气、石油液化气、天然气、沼气、居民用煤炭制品、图书、报纸、杂志、饲料、化肥、农药、机械、农膜及国务院规定的其他货物税率为13%。

3.纳税人提供加工、修理修配劳务，税率为17%。

增值税的起征点：销售货物为5000元，销售应税劳务为3000元，按次纳税的起征点为200元。

（三）消费税

1.酒及酒精：粮食白酒25%，薯类白酒15%，其他酒10%，酒精5%。

2.鞭炮焰火的税率为15%。

（四）企业所得税

企业所得税税率为33%。对年应纳所得税额在3万元（含3万元）以下的企业，暂减按18%的税率征收所得税；对年应纳所得税额在10万元（含10万元）以下至3万元的企业暂减按27%的税率征收所得税。

（五）个人所得税

个人存款利息所得，税率为20%。

（六）车辆购置税

车辆购置税的税率为买价数的10%。

属于地方税务局征管的税率：

（七）营业税

征收范围：交通运输业、建筑业、金融保险业、邮电通信业、文化体育业、娱乐业、服务业、转让无形资产、销售不动产按3%和5%—20%标准计征。营业税的起征点：按期纳税的起征点为月营业额1000元，按次纳税的起征点为每次（日）营业额100元。

（八）个人所得税

1.工资薪金所得，按超过国家规定基准数数额，按其5%、10%、15%、20%、25%、30%、35%、40%、45%9个标准计征。

2.个体工商户的生产、经营所得和对企事业单位的承包经营、承租经营所得（个体工商户的生产、经营所得和对企事业的承包经营、承租经营所得适用），按其5%、10%、20%、30%、35%标准计征。

在实际工作中，为了便于计算，经过测算，求出一个比例（即附征率）按个体工商户营业额的多少依一定的附征率计算个人所得税。按2%、4%、5%、10% 四个附征标准计征。

3.稿酬所得，税率为20%，并按应纳税额减征30%。

4. 劳务报酬所得，税率为20%，对劳务报酬所得一次收入偏高的，可以实行加成征收。

5. 特许权使用费所得，利息、股息、红利所得，财产租赁所得，财产转让所得，偶然所得和其他所得，税率为20%。

（九）城镇土地使用税

万山特区城镇土地使用税税率表

表9-5

序号	地　　段	税率(元／平方米)
1	农贸市场	2
2	电影院以上至特区种子公司;麻音塘至石油公司加油站地段	3
3	老年大学至滑石坡地段	1.5
4	三角岩至土坪——冒水垄地段	1.2
5	电影院、张家湾、龙塘坪、杉木董、四坑、万山司、犀牛井地段; 种子公司(不含)至红卫山地段。	1
6	以上没有列举的应税区域	0.1

（十）城市维护建设税

纳税人所在地在县城（镇）的，税率为5%；纳税人不在县城（镇）的，税率为1%。

（十一）房产税

依照原值－次减除30%后的余值计算纳税率为1.2%，依照房产租金计算纳税的，税率12%。

（十二）车船使用税

车船使用税税额表

表9-6

项目	计算标准	年应纳税额	备　　注
客车	10座以下	120元	10座以上，每增加座以内的，增加税额元；客货两用车按乘人汽车标准执行。
	11—20座	160元	
货车	半吨以下	18元	半吨以上，不足吨的按吨计算；吨以上每增吨增加税额元。
	1吨	36元	
摩托车	三轮	40元	农用三轮车比照三轮摩托车标准执行。
	二轮	30元	

（十三）印花税

印花税税目税率表

表9-7

序 号	税　目	税　　率	纳税义务人
1	购销合同	按购销金额万分三贴花	立合同人
2	加工、承揽合同	按加工或承揽收入万分之五贴花	立合同人
3	建设工程勘察设计合同	按收取费用万分之五贴花	立合同人
4	建筑安装工程承包合同	按承包金额万分之三贴花	立合同人
5	财产租赁合同	按租赁金额千分之一贴花	立合同人
6	货物运输合同	按运输费用万分之一贴花	立合同人
7	仓库保管合同	按仓库保管费用千分之一贴花	立合同人
8	借款合同	按借款金额万分之零点五贴花	立合同人
9	财产保险合同	按保险收入千分之一贴花	立合同人
10	技术合同	按所载金额万分之三贴花	立合同人
11	产权转移书据	按所载金额万分之五贴花	立据人
12	营业账簿	记载资金的账簿，按固定资产原值与自有流动资金总额的万分之五贴花。其他账簿按件贴花五元。	立账簿人
13	权利许可证照	按件贴花五元	领受人

（十四）资源税

资源税税率表

表9-8

品　　名	税　　率
磷矿石	3元／吨
重晶石	3元／吨
锰矿石	2元／吨
房屋建筑用砂石	按建筑面积0.6元／平方米
公路建筑用砂石	按公路面积0.1元／平方米
外装饰用砂石	按装饰面积0.1元／平方米
堡坎用砂石	2元／立方米
混凝土用砂石	2元／立方米
水库大坝用砂石	2元／立方米

（十五）土地增值税

实行四级超率累进税率

1.增值额未超过扣除项目金额50%的部分，税率为30%；

2.增值额超过扣除项目金额50%，未超过扣除项目金额100%的部分，税率为40%：

3.增值额超过扣除项目金额100%，未超过扣除项目金额200%的部分，税率为50%：

4.增值额超过扣除项目金额200%的部分，税率为60%。

（十六）农业税

1989年铜仁地区财政局下达给万山特区公粮“一定五年不变”任务为620吨（贸易粮），分配到各乡（镇）任务、基本情况统计如下表：

1989年“一定五年”公粮任务基本情况统计表

表9-9

项目数据 单位	纳税单位 （个）	农业户数 （户）	农业人口 （人）	计税土地面积 （万亩）	常年产量（贸易粮） （吨）	平均税率 （%）	公粮（贸易粮） （吨）
高楼坪乡	15	2970	13334	1.54	3199	7.3	232
黄道乡	12	2835	12057	0.95	2093	7.4	155
敖寨乡	7	1897	8778	0.85	1765	7.8	138
下溪乡	7	1754	7651	0.50	1038	7.6	79
万山鎮	2	531	2169	0.08	166	9.6	16
合计	43	9986	43989	3.92	8141	7.6	620

1991年以来，各级政府、各级财政部门，为解决农民温饱，在减轻农民负担制止向农民乱收费、乱摊派、乱罚款的同时，还特别注重对农村的社会减免和灾欠减免。在减免时坚持轻灾少减、特重灾全免的原则，特区政府在1991—2004年期间，社会减免金额达24.74万元，灾欠减免金额149.99万元。

1993年铜仁地区财政局下达万山特区当年农业税“一定五年任务”，公粮折稻谷177万千克，折款46.2万元，农业税减免指标折稻谷330吨，折款10万元。

1997年，根据中共中央、国务院关于切实减轻农民负担的决定，铜仁地区财政局下达给万山特区农业税收“一定五年”任务，公粮折稻谷1720吨，折款127.5万元。

2001年，万山特区开展了农村税费改革试点工作。2003年，省政府决定对缴纳农业税实物的农民实行直接补贴，按农业税实缴粮食数量每千克补助0.1元。2004年，贵州省财政厅发布《关于降低农业税税率，取消除烟叶外的农业特产税和对农户直接补贴的通知》。2004年1月1日起，特区农业税税率降一个百分点，由7%降为6%，附加税率不变。调整后，农业税及附加税率由8.4%降为7.2%。除烟叶外，不再征收农业特产税。对农户的直接补贴，以降低一个百分点后的农业税实物量为补贴的计算依据，每千克补贴0.1元，分两次兑现给农户，第一次在春播前，每千克直补0.06元；第二次在农民秋收后交纳农业税（实物）时，每千克再补0.04元。

根据《中共中央、国务院关于促进农民增加收入若干政策的意见》《国务院关于做好2004年深化农村税费改革试点工作的通知》及中央经济工作会议和全国财政工作会议精神，根据中央文件精神，经省委、省人民政府研究决定（从2005年1月1日起，全省统一对从事农业生产、有农业收入的单位和个人免征农业税）。

万山特区同全省各县一起，从2005年1月1日起，统一对本特区从事农业生产、有农业收入的单位和个人免征农业税。

（十七）其他税

1.契税　1991至1997年9月按原《契税暂行条例》征收契税。1997年10月1日，中央人民政府、国务院发布新的《契税暂行条例》及《条例细则》规定契税的纳税范围是：（1）国有土地使用权出让；（2）土地使用权出让，包括出售、赠与和交换；（3）房屋买卖；（4）房屋赠与；（5）房屋交换。契税的税率为成交价的3%—5%。

2.固定资产投资方向调节税　1991年开征，同时停征建筑税。基本建设项目按投资总额的0%、5%、15%、30%计征；技术改造项目，按投资总额的0%、10%、计征，后于2000年1月停征。

3.屠宰税　是按屠宰牲畜头数（猪3元/头；牛2元/头；羊0.4元/只）计征。为了减轻农民负担，万山特区于2003年起对农免征此税。

4.教育费附加　是按单位和个人缴纳的个人增值税、消费税、营业税税额的4%征收。

（十八）基金

国家能源交通重点建设基金、国家预算调节基金，这两项基金，俗称“两金”。国家能源交通重点建设基金，是按国营企事业单位、机关团体的预算外资金收入的15%计征；国家预算调节基金是按凡有预算外，收入的国有企业、机关团体、部队及地方政府，按当年预算外收入的10%计征；集体单位、私营企业、个体工商户，按当年缴纳所得税后利润的10%计征。1993年12月停止对上述“两金”的征收。

2005—2011年，根据国家税务部门的有关税收制度，按其征税对象可分为下列四个类别（除关税外，万山特区均有涉及）。

一是货物和劳务税。包括增值税、消费税、车辆购置税、营业税和关税5种税。

1. 增值税。出口货物税率为0；农业产品、粮食副食品、食用植物油、自来水、暖气（热气、热水和冷气）、煤气、石油液化气、天然气、沼气、居民用煤炭制品、图书（报刊、音像制品和电子出版物）、饲料、化肥、农药、农业机械、农用塑料薄膜、食用盐的税率为13%；原油、加工及修理修配劳务、有形动产租赁的税率为17%；交通运输和邮政业的税率为11%；现代服务业（除有形动产租赁服务）为6%。

2. 消费税。（1）卷烟。甲类卷烟：从价部分税率为56%，从量部分为0.003元/支，乙类卷烟：从价部分税率为36%，从量部分为0.003元/支，卷烟批发税率为5%，雪茄烟税率为36%，烟丝的税率为30%。（2）酒和酒精。白酒：从价部分税率为20%，从量部分为1元/千克，黄酒每吨240元，啤酒：甲类啤酒每吨250元，乙类啤酒每吨220元，酒精税率为5%，其他酒税率为10%。（3）化妆品。税率为30%。（4）贵重首饰、珠宝玉石。金银首饰、铂金首饰、钻石和钻石首饰的税率为5%，其他贵重首饰、珠宝的税率为10%。（5）鞭炮、焰火的税率为15%。（6）成品油。汽油：无铅汽油的税率为1元/升，含铅汽油1.4元/升。柴油的税率为0.8元/升。石脑油、溶剂油、润滑剂的税率为1元/升。（7）汽车轮胎的税率为3%。（8）摩托车：排气量在250毫升以下的，税率为3%，超过250毫升的，税率为10%。（9）小汽车。税率根据排气量确定，为1%—40%不等。（10）高尔夫球和球具。税率为10%。（11）高档手表。税率为20%。（12）游艇。税率为10%。（13）一次性木制筷子。税率为5%。（14）实木地板。税率为5%。

3. 车辆购置税。一般情况下（免税的车辆除外），税率为10%。

4. 营业税。营业税一共设有8个税目，一律采用比例税率。其中：建筑业、文化体育业的税率为3%，金融业、服务业、无形资产转让、销售不动产的税率为5%。娱乐业的税率为5—20%。

二是所得税。包括企业所得税和个人所得税。

1. 企业所得税，适用税率为25%，符合规定条件的企业，可以减按20%或者15%的税率缴纳企业所得税。

2. 个人所得税。个人月收入超过3500元的部分，实行累进所得税制。扣除后，不超过1500元的部分，税率为3%；超过1500元至4500元的部分，税率为10%；超过4500元至9000元的部分，税率为20%。最高税率可达45%。

三是财产税。包括房产税、城镇土地税、耕地占用税、契税、资源税、车船税和船舶吨税。（标红的部分，为地税部分）

四是其他税收。包括印花税、城市维护建设税和烟叶税。

二、国税收入

因万山特区税务局于1994年分设为国家和地方两个税务局，故1991至1993年期间由万山特区税务局征管的税收入库数、1994—2005年期间按万山特区国家税务局、地方税务局各自征管的税收入库数分三部分统计。

万山特区国家税务局征收部分：

1991年征收各税430.82万元，1992年由于贵州汞矿几个坑口相继闭坑，工商税大减，全年征税降到165.1万元，1993年389.64万元。

1991—1993年各税收入库统计表

表9-10　　　　单位:万元

年度	入库数合计	其中				
		工商税	国有企业所得税	能源交通建设基金	预算调节基金	其他收入
1991	430.82	402.30	8.25	10.91	4.72	4.64
1992	165.10	145.05	5.36	6.75	4.29	3.65
1993	389.64	373.53	1.12	4.65	3.06	7.28
合计	985.56	920.88	14.73	22.31	12.07	15.57

1991—1993年各征收单位工商税入库统计表

表9-11　　　　单位:万元

年度	入库数合计	万山镇税务所	高楼坪税务所	黄道税务所	下溪税务所	敖寨税务所	税务局
1991	402.30	35.96	21.65	2.51	7.09	10.82	324.27
1992	145.05	31.50	13.68	4.53	4.12	4.18	86.41
1993	373.53	59.35	38.36	6.32	5.47	5.43	258.60
合计	920.88	126.80	73.69	13.36	16.68	20.43	669.28

万山特区税务局1991—1993年工商各税种征收数统计表

表9-12　　　　单位:万元

年度税种	1991	1992	1993	合计
产品税	19.73	31.73	60.93	112.39
增值税	208.49	114.60	169.23	492.32
营业税	98.31	106.29	95.83	300.43
土地使用税	38.70	28.29	11.32	78.31
房产税	17.36	10.32	14.95	42.63
集体企业所得税	1.64	4.49	0.97	7.10
个体工商户所得税	0.52	0.01		0.53
个人收入调节税	0.55	0.72	0.82	2.25
车船使用税	1.59	1.17	1.12	3.88
印花税	0.95	0.51	0.19	1.65
建筑税	3.20			3.20

续表9-12

年度税种	1991	1992	1993	合　计
投资调节税	12.38	3.97	5.52	21.87
奖金税	0.23	3.56	0.44	4.23
城建税	14.97	8.75	10.44	34.16
工资调节税	0.49	0.08	0.88	1.45
屠宰税	1.88	1.73	0.89	4.50
				1110.90

万山特区国家税务局征收部分

1994年国税征税237万元，到2001年253万元。2002年，由于实施招商引资和发展非公有制经济，地方工业有所发展，增值税实现520万元，占全年国税总数的94%。到2005年，征税实现2537万元，其中，增值税2412万元，占全年国税总数的95%。2011年，征税实现716.82万元，其中，增值税646.26万元，占全年国税总数的110.9%。

1994—2011年各税收入库统计表

表9-13　　单位：万元

税种入库数 年度	合 计	增值税	消费税	个人所得税	企业 所得税	营业税	购车税
1994	237.5595	237.1835	0.3760				
1995	293.0003	259.8762	0.7948		0.4848		
1996	223.1616	221.7698	0.3918		1.0000		
1997	225.6773	220.8230	0.0922		1.2117	3.2417	
1998	239.4628	222.0542	0.2459		0.5000	16.6627	
1999	174.7894	156.3095		0.0511		18.4288	
2000	197.6964	174.4272		14.2274		9.0418	
2001	253.8509	222.2434		28.4160		3.1915	
2002	555.3957	520.3251	0.3840	33.7727		0.2536	
2003	859.3577	822.1150	0.8663	34.6561	1.4767	0.2536	
2004	1759.5924	1707.6723	0.6818	38.9801	12.2297	0.0285	
2005	2537.3281	2412.6891	0.2880	41.8983	57.5385		2.1719
2006	2103.0900	2047.4536	0.2880	52.6603			19.4350
2007	2931.6433	2592.4656	0.2880	57.3523			14.1366

续表9-13

税种入库数 年度	合 计	增值税	消费税	个人所得税	企业 所得税	营业税	购车税
2008	3614.8786	3493.7369	0.2880	37.5889			19.8423
2009	4322.0309	4142.0217	9.5976	16.6060			20.7875
2010	5147.4053	4854.2722	1734.622	6.1340			30.4333
2011	7168.2751	6462.6130	3014.122	1.8653			
合计	25288078.8872	23593460.7488	1722260.0017			51.1022	106.8066

注:1995年征收城建税19.9439万元,屠宰税2.9749万元,能交基金1万元,预算调节基金0.6025万元,滞纳罚金6.8639万元,其他0.4593万元;1997年征收滞纳罚金0.3087万元;2005年征收車辆购置税24.8364万元

1994—2005年分区税款入库统计表

表9-14　　单位:万元

片区库数 年度	万山镇	高楼坪	黄 道	下 溪	敖 寨	区 属	稽查局	税务局	合 计
1994	27.2527	2.8444	3.1516	2.6743	2.0178	197.8187			237.5595
1995	50.9146	12.7971	3.6737	6.3491	3.9924	215.2734			293.0003
1996	72.7455	26.6324	7.4959	3.0062	2.9060	110.3756			223.1616
1997	60.1628	24.4113	4.0786	4.0692	4.1933	128.7621			225.6773
1998	65.0041	21.0696	4.6213	4.0491	4.0111	141.6076			239.4628
1999	56.5873	6.9708	1.9210	1.2642	2.8067	974.704	7.7690		174.7894
2000	70.4648	8.1443	2.3990	2.0269	2.8999	110.6639	1.0976		197.6964
2001	73.2506	3.5966	2.9987	2.5219	1.9857	157.6813	11.8161		253.8509
2002	71.9638	4.0678	2.1166	2.0508	2.0982	459.6763	13.4222		555.3957
2003	37.8582	1.2795	2.0181	1.3255	1.9263	819.4833	1.4768		859.3677
2004	94.2368	1.02811.	1.8833	1.3837	1.8510	1648.5766	10.6329		1759.5924
2005						2273.6079	5.0993	258.6209	2537.3281

注:从2006年起,万山特区各乡镇国税分区已取消

第三节　地　税

一、地税税种与税率

1.营业税：在中华人民共和国境内提供营业税条例规定的劳务、转让无形资产或者销售不动产的单位和个人，为营业税的纳税人，应当依照条例缴纳营业税。

2. 城市维护建设税：是国家对缴纳增值税、消费税、营业税的单位和个人就其实际缴纳的税额为计税依据而征收的一种税。市区的适用税率为7%县城、建制镇的适用税率为5%其他地区的适用税率为1%。

3. 教育费附加：是对缴纳增值税、消费税、营业税的单位和个人，就其实际缴纳的税额为计算依据征收的一种附加费。教育费附加对缴纳增值税、消费税、营业税的单位和个人征收，以其实际缴纳的增值税、消费税和营业税为计征依据，分别与增值税、消费税、营业税同时缴纳。

教育费附加的计费依据是纳税人实际缴纳增值税、消费税、营业税的税额附加率3%。

4. 个人所得税：是以个人（自然人）取得的各项应税所得为征税对象所征收的税种。在中国境内有住所，或者无住所而在境内居住满一年的个人，从中国境内和境外取得的所得，都应缴纳个人所得税。在中国境内有住所，或者无住所而在境内居住满一年，从中国境内和境外取得的所得的个人；在中国境内无住所又不居住或者无住所而在境内居住不满一年，从中国境内取得的所得的个人，均为个人所得税的纳税义务人。

万山特区地税税种与税率一览表

表9-15

税种	交通运输业	建筑业	金融保险业	邮电通信业	文化体育业	娱乐业	服务业	转让无形资产	销售不动产
税率	3%	3%	5%	3%	3%	5--20%	5%	5%	5%

根据《中华人民共和国个人所得税法》第二条规定，下列各项个人所得，应纳个人所得税：

（1）工资、薪金所得；

（2）个体工商户的生产、经营所得；

（3）对企事业单位的承包经营、承租经营所得；

（4）劳务报酬所得；

（5）稿酬所得；

（6）特许权使用费所得；

（7）利息、股息、红利所得；

（8）财产租赁所得；

（9）财产转让所得；

（10）偶然所得；

（11）经国务院财政部门确定征税的其他所得。

工资、薪金所得，适用九级超额累进税率，税率为百分之三至百分之四十五。

个人取得的工资、薪金所得，是指个人因任职或者受雇而取得的工资、薪金、奖金、年终加薪、劳动分红、津贴、补贴以及与任职或受雇有关的其他所得。

率工资、薪金所得项目税率表（七级超额累进税）

表9-16

级数	应纳税所得额	税率
1	不超过1500元	3%
2	超过1500—4500元	10%
3	超过4500—9000元	20%
4	超过9000—35000元	25%
5	超过35000—55000元	30%
6	超过55000—80000元	35%
7	超过80000元	45%

个体工商户的生产、经营所得和对企事业单位的承包经营、承租经营所得，适用百分之五至百分之三十五的超额累进税率。

个体工商户经营所得和对企事业单位的承包经营所得税率表

表9-17

级数	全年应纳税所得额	税率(%)
1	不超过15000元的	5
2	超过15000—30000元的部分	10
3	超过30000—60000元的部分	20
4	超过60000—100000元的部分	30
5	超100000元的部分	35

稿酬所得，适用比例税率，税率为20%，并按应纳税额减征30%。

劳务报酬所得，适用比例税率，税率为20%。对劳务报酬所得一次收入畸高的，可以实行加成征收，具体办法由国务院规定。

劳务报酬所得税率表

表9-18

应纳税所得额	税率
不超过20000元	20%
超过20000—50000元	30%
超过50000元	40%

劳务报酬所得以每次取得为一次，属于一次性收入的，以取得该项收入为一次；属于同一项目连续性收入的，以一个月内取得的收入为一次。按次缴纳个人所得税。劳务报酬所得每次收入不超过4000元的，减除费用800元；4000元以上的，减除20%的费用，其余额为应纳税所得额。

特许权使用费所得，利息、股息、红利所得，财产租赁所得，财产转让所得，偶然所得和其他所得，适用比例税率，税率为20%。

财产转让所得，以转让财产的收入额减除财产原值和合理费用后的余额，为应纳税所得额。

企业所得税：

在中华人民共和国境内，企业和其他取得收入的组织（以下统秤企业）为企业所得税的纳税人，依照本法的规定缴纳企业所得税。

企业所得税的税率为25%。非居民企业在中国境内未设立机构、场所的，或者虽设立机构、场所但取得的所得与其所设机构、场所没有实际联系的，应当就其来源于中国境内的所得缴纳企业所得税。适用税率为20%。

房产税：

房产税是对在城市、县城、建制镇和工矿区范围内拥有房屋产权的国内单位和个人征收的一种财产税。

所有房屋产权的国内单位和个人征收税率表

表9-19

按房产原值	一次性扣除30%的余值后	年税率1.2%
按房产出租	租金收入	年税率12%
按估值	税务机关评估	年税率1.2%

土地使用税：

土地使用税是对在城市、县镇、建制镇和工矿区范围内使用土地的单位和个人，按照实际占用面积征收的一种税。

五级土地8元；六级土地6元；七级土地4元，八级土地2元。

印花税：

印花税是对经济活动和经济交往中书立、领受的凭证征收的一种税。印花税的征税对象是印花税暂行条例所列举的各种凭证，由凭证的书立、领受人缴纳，是一种兼有行为性质的凭证税。

印花税税率表

表9-20

税目	范围	税率	纳税义务人	说明
购销合同	包括供应、预购、采购、购销结合及协作、调剂、补偿、易货等合同	按购销金额万分之三贴花	立合同人	
加工承揽合同	包括加工、定作、修缮、修理、印刷、广告、测绘、测试等合同	按加工或承揽收入万分之五贴花	立合同人	

续表9-20

税目	范围	税率	纳税义务人	说明
建设工程勘察设计合同	包括勘察、设计合同	按收取费用万分之五贴花	立合同人	
建筑安装工程承包合同	包括建筑、安装工程承包合同	按承包金额万分之三贴花	立合同人	
财产租赁合同	包括租赁房屋、船舶、飞机、机动车辆、机械、器具、设备等合同	按租赁金额千分之一贴花。税额不足一元的按一元贴花	立合同人	
货物运输合同	包括民用航空、铁路运输、海上运输、内河运输、公路运输和联运合同	按运输费用万分之五贴花	立合同人	单据作为合合同使用的,按合同贴花
仓储保管合同	包括仓储、保管合同	按仓储保管合同费用千分之一帖花	立合同人	仓单或栈单作为合同使用的,按合同贴花
借款合同	银行及其他金融组织和借款人(不包括银行同业拆借)所签订的借款合同	按借款金额万分之零点 五贴花	立合同人	单据作为合同使用的,按合同贴花
	包括财产、责任、保证、信用等保险合同	按保险费收入千分之一贴花	立合同人	单据作为合合同使用的,按合同贴花
	包括技术开发、转让、咨询、服务等合同	按所载金额万分之三贴花	立合同人	
	包括财产所有权和版权、商标专用权、专利权、专有技术使用权等转移书据	按所载金额万分之五贴花	立据人	
	生产经营用帐册	记载资金的帐簿,按固定资产原值与自有流动资金总额万分之五贴花(1、生产经营单位执行“两则”后,其“记载资金的账簿”的印花税计税依据改为“实收资本”与“资本公积”两项的合计金额。2、企业执行“两则”启用新账簿后,其“实收资本”和“资本公积”两项的合计金额大于原已贴花资金的,就增加的部分补贴印花)。其他帐簿按件贴花五元	立帐簿人	
权利许可证照	包括政府部门发给的房屋产权证、工商营业执照、商标注册证、专利证、土地使用证	按件贴花五元	领受人	

文化事业建设费：费率3%

凡在贵州省行政区域内依照《中华人民共和国营业税暂行条例》的规定缴纳娱乐业、广告业营业税的单位和个人，为文化事业建设费的缴纳义务人。

车船税：

是对在我国境内依法应当到公安、交通、农业、海业、军事等车船管理部门办理登记的车辆、船舶，根据其种类，按照规定的计税单位和年税额标准计算征收的一种财产税。

车船税税目税额表

表9-21

税目		计税单位	每年税额	备注
载客汽车	大型客车	每辆	600元	包括:电车
	中型客车	每辆	500元	
载货汽车		整备质量每吨	60元	挂车整备质量每吨30元
专项作业车轮式专用机械车		按自重每吨	60元	不包括拖拉机
摩托车		每辆	36元	
船舶	净吨位小于或者等于200吨	每吨	3元	拖船和非机动驳船分别按船舶税额的5%计算
	净吨位201吨至2000吨	每吨	4元	
	净吨位2001吨至10000吨	每吨	5元	
	净吨位10001吨及其以上	每吨	6元	

注:车辆自重尾数在0.5吨以下(含0.5吨)的,按照0.5吨计算;超过0.5吨的,按照1吨计算。船舶净吨位尾数在0.5吨以下(含0.5吨)的不予计算,超过0.5吨的按照1吨计算。1吨以下的小型车船,一律按照1吨计算

土地增值税税率表

表9-22

档次	级 距	税率	速算扣除系数	税额计算公式	说 明
1	增值额未超过扣除项目金额50%的部分	30%	0%	增值额30%	扣除项目指取得土地使用权所支付的金额；开发土地的成本、费用;新建房及配套设施的成本、费用或旧房及建筑物的评估价格;与转让房地产有关的税金；财政部规定的其他扣除项目。
2	增值额超过扣除项目金额50%,未超过100%的部分	40%	5%	增值额 40%-扣除项目金额5%	
3	增值额超过扣除项目金额100%,未超过200%的部分	50%	15%	增值额50%-扣除项目金额15%	
4	增值额超过扣除项目金额200%的部分	60%	35%	增值额60%-扣除项目金额35%	

二、税收任务

万山特区（区）地方税务局2005—2011年地方税收完成情况汇总表

表9-23　　单位:元

年 度	计划任务	实绩完成	占年计划%	比上年增\减	增减%
2005	5955000	6504231	109.22	1476977	29.38
2006	7405000	9100684	123	2596453	39.91
2007	1010000	10505995	104.02	1405311	15.44
2008	12000000	15125254	126.04	4619259	43.97
2009	17500000	23007509	131.47	7882255	52.11
2010	34600000	46000172	132.94	15899381	52.82
2011	26500000	30100791	113.59	7093282	38.83

1994—2005年度分征收单位入库统计表

表9-24　　单位:万元

征收单位年度	万山镇	高楼坪	黄道	下溪	敖寨	征收分局	合计
1994	14.1	0.5	0.3	0.3	0.3	142.0	157.5
1995	37.1	3.8	1.9	1.3	1.3	136.3	176.3
1996	37.7	7.1	2.9	1.6	2.1	119.2	170.6
1997	40.9	11.4	2.7	3.5	3.1	164.5	226.1
1998	52.1	14.8	4.5	4.6	4.6	84.7	165.3
1999	50.9	18.6	7.1	6.1	9.4	159.7	251.8
2000	48.6	13.6	9.2	5.6	17.5	205.7	297.2
2001	55.1	15.0	19.0	12.0	17.3	196.7	315.1
2002	80.0	41.4	25.8	10.5	17.5	176.6	351.8
2003	60.0	26.4	33.3	9.5	24.3	220.8	374.3
2004	6401	12.9	37.0	22.6	25.5	340.7	502.7
2005	80.0	36.0	18.0	30.1	16.1	470.2	650.4

注:从2006年起,万山特区分乡镇征税取消

第四节　税务管理

一、国税税务管理

1. 制度管理。一是健全税收法制。特区国税局不断加强法制建设，1991—2011年间，开展了税务行政审批项目清理，将原有的200多项审批项目缩减为88项。二是管理制度。2010年起，特区税务局大力开展"便民办税春风行动"活动，不断精简办税流程，大幅减少表单填写，全面提升税务干部服务素质。

2. 税收计划与预测。

特区国税务局以组织税收收入为中心，不断加强税收预测和组织入库力度。税源管理科负责税源调查和数据核实，信息中心负责相关数据的提取和存储，收入核算科负责分析税源和税收的发展趋势，为组织收入工作提出明确目标，促进税务管理，增强预见性，减少盲目性，调动税务机关和全体税务干部的积极性。

3. 征收管理。

主要包括税收宣传、征收、管理、检查等。特区国税局在每年的"税收宣传活动月"（4月份）和法制宣传日（12月1日），都开展了税法宣传活动，通过发放宣传资料、设置咨询台、举办"纳税人学堂"、走进企业进行辅导等措施，大力提升纳税人的法治意识，促进纳税遵从；通过实地调研与测算，特区国税局出台了《汞行业税收管理办法》《锰行业税收管理办法》《砂石行业税收管理办法》等专门管理办法，加强了重点行业的管理力度，提升了管理效果。

4. 机构和干部管理。

2010年，特区国税局的办税窗口由原来的一个增加到两个，即在原有特区国税局大厅的基础上，增加了特区政务中心窗口。干部职数也从原来的26人增加到30人，通过 "技能比武""人才库建设" 和 "一帮一""一带一"，培养和造就一支政治、业务素质高的税务干部队伍，为税务管理提供了强力的组织和人才保证。

特区国税局以组织税收收入为中心，不断加强税收预测和组织入库力度。税源管理科负责税源调查和数据核实，信息中心负责相关数据的提取和存储，收入核算科负责分析税源和税收的发展趋势，为组织收入工作提出明确目标，促进税务管理，增强预见性，

5. 加强自觉纳税宣传

主要包括税收宣传、征收、管理、检查等。特区国税局在每年的"税收宣传活动月"（4月份）和法制宣传日（12月1日），都开展了税法宣传活动，通过发放宣传资料、设置咨询台、举办"纳税人学堂"、走进企业进行辅导等措施，大力提升纳税人的法治意识，促进纳税遵从；通过实地调研与测算，特区国税局出台了《汞行业税收管理办法》《锰行业税收管理办法》《砂石行业税收管理办法》等专门管理办法，加强了重点行业的管理力度，提升了管理效果。

二、地税税务管理

1. 征收管理

税收征管是指国家税务征收机关依据税法、征管法等有关法律、法规的规定，对税款征收过程进行

的组织、管理、检查等一系列工作的总称。广义的税收征管包括各税种的征收管理，主要是管理服务、征收监控、税务稽查、税收法制和税务执行五个方面，具体可理解为两大方面：一是税收行政执法，包括纳税人税务登记管理、申报纳税管理、减免缓税管理、稽查管理、行政处罚、行政复议等管理。二是税收内部管理，即长期以来形成的以宏观经济管理需要出发而运用税收计划、税收会计、税务统计、税收票证等进行的内部管理活动。

税收征管是整个税收管理活动的中心环节，是实现税收管理目标，将潜在的税源变为现实的税收收入的实现手段，也是贯彻国家产业政策，指导、监督纳税人正确履行纳税义务，发挥税收作用的重要措施的基础性工作。

税收征管的法律依据主要是《中华人民共和国税收征收管理法》和《中华人民共和国税收征收管理法实施细则》。

税收征收管理的内容主要有：

（1）开展税法宣传，贯彻税收法令；

（2）掌握税源变化，加强税源管理；

（3）组织税务登记、纳税申报等；

（4）进行纳税指导、管理，组织税款入库；

（5）税收证照管理；

2. 税源调查

2005—2011年，地方税收始终保持高速增长，从全特区产业结构看，第三产业所提供的税收占主导地位，虽然其对GDP的贡献率不大，但对地方税收的贡献率达到了53%。建筑业对地方税收贡献最大，其对GDP的贡献率仅为6.4%，但其对地方税收的贡献率高达16%。其次，从各经济类型提供的税收来看，内资企业中的房地产开发、市政建设、交通、水利工程项目等股份制企业、合伙企业是特区地方税收的主要承担者，从税种入库情况看，建安营业税、企业所得税、资源税，耕地占用税、契税等几大税种其提供的地方税收比重在92%以上。由于本特区工业企业不景气，优势产业汞、锰、铁合金近几年价格倒挂，全面停产，地方税收收入主要依靠土地拍卖、房地产开发和项目拉动。

3. 减免税管理

减税免税管理是根据国家一定时期的政治、经济、社会政策的要求对生产经营活动中的某些特殊情况所给予的减轻或免除税收负担管理工作的总称。减税是对应征税款减少征收一部分，免税是对应征税款全部予以免征，税法规定的税收负担水平，是根据经济发展的一般水平和社会平均负担能力统一确定的。由于全国经济发展不平衡，生产经营过程中的特殊情况，国家政策上的某些需要，以及某些纳税人受客观因素的影响，存在一定的特殊性或差别性，这就要求在统一税收法规的基础上，有一种与特殊性或差别性相适应的灵活措施来补充和完善税收法规，把税法的原则性，严肃性同必要的灵活性结合起来，按照因地制宜，因事制宜的原则，更好的贯彻执行税收政策，促进国民经济稳定。持续、协调发展。国家对生产经营中的某些特殊情况给予减税或免税，将本应征收的税款有条件的让渡给纳税人，从局部和短期来看，国家少收了税款；但按照国家的经济社会发展战略和产业政策的要求，在税收政策上对某些特殊情况给予一定的必要的激励和扶持，有利于照顾到纳税人的负担水平，利于产品产业结构的调整、促进生产发展，培养经济税源，为今后国家取得更多的税收收入创造条件，从全局和长远来看，是十分必要的。

减免税种类，在中国税收征管实践中，税收减免有多种情况，归纳起来主要有三种：

一是法定减免，在税收实体法规中列举的减、免税。在每一个税种的基本法规中，一般都列有减免税条款，这些减、免税条款所规定的原则和范围，具有普遍性和稳定性。如《中华人民共和国进出口关税条例》第五章专门列出关税的减免范围，如国际组织，外国政府无偿赠送的物品可以免税等。《中华人民共和国增值税暂行条例》明确规定：农业生产者销售的自产农业产品，免疫药品和用具，古旧图书等的生产和销售免征增值税；利用废渣、废液、废气生产的产品，增值税可以定期减免。中国现行营业税、农业税和所得税税法中的起征点，免征额的规定也属于法定减免范围。

二是特案减免。专案规定的减税、免税。特案减免有两种情况：一是在各税种的基本法规确定以后，随着政治经济情况的发展变化所作的新的减、免税。二是某些不能或不宜在各税种的基本法规中一一列举，而需采用专案规定的形式。这两种专案规定的减免，通常由国务院或国务院批准授权由财政部或国家税务总局、海关总署作出。特案减免又可分为无期限和有期限两种。对有期限的减免，期满后即应照章恢复征税。国务院规定，向国务院确定的中国境内非营利的社会团体和国家机关的捐赠，不超过年应纳税所得额3%的，经县以上税务机关批准，可以免征企业所得税。这些社会团体和国家机关是指：中国青少年发展基金会、希望工程基金会、宋庆龄基金会、老区促进会、减灾委员会、中国红十字会。中国残疾人联合会、全国老年基金会。民政部门批准成立的其他非营利组织以及国家机关。

三是临时减免税，为照顾纳税人生产、生活以及其他特殊困难而临时批准给予的减免税。如因生产经营条件发生意外变化，纳税人依法缴税确有困难的，按照税收管理权限的规定审批给予减免税。它通常是定期的减、免税或者是一次性的减免税。但有时临时性减、免税又作为特案减免税处理。

减税免税内容，根据我国现行税法规定，减、免税主要包括三方面内容：

一是鼓励生产性减免。国家为了尽快提高生产技术水平，促进产品更新换代，对列入国家试制计划的新产品，给于定期减免增值税。为鼓励企业充分利用废渣、废液、废气和其他废弃物品生产的产品和实现的利润，给予一定期限的免征增值税、所得税的照顾。对科研单位和大专院校服务于各行业的技术成果转让、技术培训、技术咨询、技术服务、技术承包取得的技术性服务收入，暂免征收企业所得税。

二是社会保障性减免。国家为了扶持社会福利事业，组织残疾人员就业，照顾其生产经营的实际困难，对新办的社会福利生产单位，凡安排盲、聋、政人占生产人员总数35%以上的，免征所得税。超过10%不足35%的，减半征收所得税，照顾老革命根据地，少数民族地区、边境地区、贫困地区经济比较落后的实际情况，对纳税确有困难的，给予减税或免税。我国某些税种有起征点和免征额的规定，目的是在保证维护纳税人基本生活水平的基础上履行纳税义务，如果按规定纳税仍有困难的，还可给予减免照顾。

三是自然灾害性减免。纳税人遇有风、火、水、旱、雹、地震等自然灾害，得不到保险赔款，纳税有困难的，经过税务机关核实批准后，可以给予定期的或一次性减免税照顾，中国幅员广阔，农（牧）业生产受自然条件的影响很大，每年都会发生一定范围和程度不同的自然灾害，我国农业税条例规定，凡因水、旱、风、雹或其他自然灾害使农业生产受到损失时，可以根据“轻灾少减，重灾多减，特灾全免”的原则，给予减免税照顾。

第十篇　经济管理

由于建立万山特区的初衷是为贵州汞矿服务的，主要发展服务型经济，贯彻执行“工农结合、城乡结合、有利生产、方便生活”的方针。“八五”期间，随着贵州汞矿矿产资源逐渐枯竭，产量骤减，万山特区经济坠入低谷。地方税收收入连年下降，收支矛盾日渐突出。地方仅有大米加工厂、面粉、油料及副食品加工厂、酒厂等，且规模小，产量低。“九五”时期，是培育新的经济增长时期。由于国家实施西部大开发战略，在农业、交通、林业、水利、教育、卫生等方面加大了对西部的投资力度，万山特区实行招商引资，引资工作逐步取得实质性进展，经济开始复苏。“十五”和“十一五”期间，大力实施“强工兴区、优农稳区、旅游活区和招商引资、城镇建设、项目带动”战略，社会各项事业得到较快发展，国民经济出现了稳定发展的好势头。

特别是2009年，两个转型后，万山经济社会发展迅速。2011年，生产总值达91506万元，是1991年5293万元的17.29倍，是2000年11312万元的8.09倍。社会固定资产投资，2011年达106498万元，是1991年437万元的243.7倍，是2000年4449万元的23.94倍。财政总收入，2011年达15142万元，是1991年353万元的42.9倍，是2000年667万元的22.7倍。社会商品零售总额，2011年达70000万元，是1991年3088万元的22.67倍，是2000年的3838万元的18.24倍。农民人均纯收入，2011年达3593万元，是1991年的501元的7.17倍，是2000年1165元的3.08倍，是2005年1482元的2.42倍。

第一章　经济综述

万山特区所辖行政区域小，人口少，经济总量少是万山的一个弱势。1991年以后，随着贵州汞矿资源逐渐枯竭，产量骤减，特区财政收入也随之减少。地方工业企业规模小，且大多数不景气，经济呈现下滑，财政开始发生拮据，职工工资不能保证按月及时发放，机关公用事业经费非常紧张。1991年地方财政收入为353万元，1994年降至274万元，1995年仅为356万元，5年间仅增加3万元。1995年全特区生产总值8152万元，按可比价计算（下同），比1990年下降0.12%，年均递减0.02%，其中第二产业增加值为1765万元，年均递减5.7%，是特区自成立以来经济最为困难的时期。特区党委、政府于1993年、

1994年广泛发动农民大种“两烟”（烤烟和晒烟），拟以“两烟”税收增加地方财政收入，摆脱经济困难状况，但由于万山的气候条件不宜种“两烟”，影响产量和质量，收效甚微。

“九五”期间（1996—2000年），是培育新的经济增长时期。由于实施“5181”国际粮援项目，在交通、农业、林业、水利等工程完成总投资2160.7万元，其中外资1835.9万元，内资324.8万元，基础设施得到较大改善，农业综合生产能力显著提高。1996年，被列为省级财政特困县享受“以奖代补”政策，特区经济开始复苏。1998—2000年，全特区实施了“国家贫困地区义务教育工程”，改扩建项目学校17所，总投资805.5万元，教育的硬件设施得到较大改善。2000年招商引资工作取得实效，一批民营企业开始涌现，特区投资较大、效益最差的冶炼厂拍卖给湖南湘潭客商。当年全特区生产总值实现1.13亿元，按可比价计算（下同），增长15.7%，年均增长3%。其中第一产业增长33.7%，年均增长6%；第二产业略有下降。第三产业增长38%，年均递增6.6%。

“十五”期间（2001—2005年），万山特区大力实施“强工兴区、优农稳区、旅游活区”和“招商引资、城镇建设、大项目带动”战略，以交通、电信、电力、教育、城镇基础设施、水利设施等建设为重点，不断加大投资力度，成为全特区有史以来基础设施建设投入力度较大的时期。五年累计完成全社会固定资产投资3.17亿元，比“九五”时期翻了一番，年均增长16.7%。以恒兴铁合金厂为代表的一批非公有制企业蓬勃兴起，经济效益明显提高。初步形成了以资源为依托的铁合金、电解锰、汞化工三大工业支柱。地方财政收入由2000年的667万元增加到2005年的1518万元，年均增长17.9%，五年累计实现财政总收入1.05亿元，是“九五”时期2.75倍。第三产业增势强劲，2005年，全特区第三产业增加值完成7781万元，比“九五”末翻了一番，年均增速达到16.4%。招商引资成效明显，五年累计签约项目19个，累计到位资金1.2亿元，年均增长38.1%。

随着农村富余劳动力外出务工，农民的收入结构发生重大变化，收入显著增长，人均纯收入由“九五”期末的1165元增加到2005年的1482元，农村面貌发生根本性改变。

“十一五”期间（2006—2010年），虽然在2008年遭受了严重的雪凝灾害，造成直接经济损失2亿余元，在干部队伍中，特区党政领导一把手和部分科局长贪污受贿，造成恶劣影响和一定经济损失外，在党中央和省、地委及各级政府的领导下，特区大多数党政领导干部、职工是清正廉洁、奉公执法的，始终坚持四项基本原则和全心全意为人民服务宗旨，始终坚持以科学发展观为指导、以经济建设为中心，沉着应对经济危机，成功战胜雪凝灾害，排除一切不利因素，特别是2009年，特区委和区人民政府编制和实施“城市异地转型，产业原地转型”战略后，国家建设资金投入加大，招商引资力度强劲，使特区经济社会得到快速发展。全特区生产总值由2005年的2.89亿元，发展到2010年的7.2亿元，年均增长29.8%，五年翻了2.49番；固定资产由2005年的9612万元增加到2010年的4.1亿元，年均增长65.29%；五年翻了4.27倍；地方财政收入由2005年的1518万元，增加到2010年的5336万元，年均增长50.3%，五年翻了3.52倍；农民人均纯收入由2005年的1482元，增长到2010年的2929元，年均增长19.53%。2011年各方面发展更快，地区生产总值达到91506万元，比2010年增长了27.1%；地方财政收入达到8256万元，比2010年增长54.72%；固定资产投资2011年达到106498万元，比2010年增长159.75%；农民人均纯收入3593元，比2010年增长了22.67%。经济形势比以往任何时候都好，为“十二五”计划开了个好头。

第一节　经济结构

产业结构

“八五”期间（1991—1995年），农业基础差，抵御自然灾害的能力脆弱，粮食综合生产水平低，供需平衡难度大，部分农民生活较困难；地方工业不发达，规模小，缺乏支柱产业。国有企业技术改造资金相当缺乏，生产经营困难，经济效益不高，亏损面大，非国有经济比重小，财政困难较大，收支矛盾突出。地区生产总值年均下降1.13%，其中第一产业仅增长0.43%；第二产业下降4.72%；第三产业增长2.95%。“八五”期末的1995年，全特区生产总值8152万元，按可比价计算（下同），比1990年下降0.12%，年均递减0.02%；其中第一产业增加值3791万元，年均增长0.1%；第二产业增加值1765万元，年均递减5.7%；第三产业增加值2596万元，年均增长8.9%。“八五”期末一二三产业增加值占GDP的比重为46.5：21.7：31.8。

“九五”期间（1996—2000年），经济管理较粗放，经济运行的效益和质量不高，经济结构不合理，矛盾很突出；农业基础设施落后的状况仍没有根本改变，生产力水平低下，农村贫困面大；国有企业改革解困仍较缓慢，生产经营困难；地方无支柱产业，综合经济实力弱，财政收支矛盾仍较突出。全特区生产总值从1995年的8152万元增加到2000年的1.3亿元，按可比价格计算（下同），增长15.7%，年均增长3.0%，其中第一产业增加值由1995年的3791万元增加到2000年的5154万元，增长33.7%，年均增长6.0%；第二产业增加值由1995年的1765万元增加到2000年的2173万元，增长21.16%，年均增长4.2%；第三产业增加值由1995年的2596万元增加到2000年的3985万元，增长38.0%，年均递增6.6%。“九五”期末一二三产业增加值占GDP的比重分别为45.6：19.2：35.3。

“十五”期间（2001—2005年），进行产业结构调整，实施了“强工兴区”战略，形成了以铁合金、汞化工、电解锰为主的三个支柱产业。工业经济得到较快发展，先后引进了万山特区恒兴铁合金厂、吉昌锰业、万泰锰业、银河汞业、红菱汞业、万鑫铁合金、华泰铁合金等十家企业，形成了以汞化工和黑色金属冶炼行业为主的规模和工业企业聚集区，成为改革开放以来经济发展形势较好的时期。生产总值从2000年的1.13亿元增加到2005年的2.89亿元，按可比价计算（下同），增长115.5%，年均增长16.6%，比“九五”时期增幅高12.5个百分点。“十五”时期，各年生产总值的增速均达到2位数增长，分别为11.0%，13.5%，10.1%，25.3%和18%。其中第一产业增加值由2000年的5154万元增加到2005年的6760万元，年均增长1.96%；第二产业增加值由2000年的2173万元增加到2005年的14499万元，年均增长39.1%；第三产业增加值由2000年的3985万元增加到2005年的7656万元，增长13.2%。一、二、三产业增加值占GDP的比重分别调整到2005年22.5：50.4：27.1。

“十一五”期间（2006—2010年），三产结构调整的发展趋势是：第一产业在三产中的比重逐年缩小，第二产业在逐年扩大，第三产业在平稳中发展。第二产业比第一产业和第二产业的总和都要大，在三产结构中占主导地位。2006年，一、二、三产业的比为36：57：7；2007年，第一、二、三产业的比为21.9：51.8：26.3；2008年，一、二、三产业的比为20.1：55.1：24.8；2009年，一、二、三产业的比为17.4：58.4：24.2；2010年的一、二、三产业的比为17.1：52.2：30.7；2011年一、二、三产业的比是14.9：57.3：27.8。在工业内部：轻工业比重小，重工业比重大。轻、重工业的比是：2007年是

3.2：96.8；2008年是5：95；2009年是7.3：92.7；2010年是5.2：94.8；2011年是4.1：95.9。在农、林、牧、渔业中，农业所占比重大，牧业其次，林业再其次，渔业比重最小。农、林、牧、渔在各年度所占比重是：2007年为52.9：1.9：42.4：1.9；2008年为51.9：1.7：39.9：1.8；2009年为50.7：43：7.4：2.2；2010年为51.8：4.4：35.5：2.9；2011年为48.2：5.5：37.9：3.2。

产品结构

1991年，万山特区地方工业在原只有“梦里香”酒、建筑用红砖、硅铁、混合饲料、钢球等产品的基础上新增汞触煤、氯化汞、辰砂、碳素锰铁等产品。由于工业基础脆弱，资金、电力严重不足，市场疲软，缺乏人才和技术，管理方式落后，适应市场经济的能力弱等因素，规模小，产品质量低，形不成支柱产业。1992年后，经市场冲击，建材厂、混合饲料厂、钢球厂、硅铁厂、酒厂先后竭业关闭。1997年，一、二、三产业的比重分别为59.18：14.55：26.27，第二产业比重过低，不协调是特区产业结构和经济结构比较突出的矛盾。

1998年，对国有企业采用兼并、挂靠、出售给集体或私人租赁和承包经营、外资嫁接、委托经营以及在防止国有资产流失的前提下，推行国有民营或股份制等多种形式进行改制和改组。对资不抵债，难以搞活的企业，予以实施破产。2000年，投资最大、效益最差、资不抵债的特区冶炼厂依法破产后，拍卖给湖南湘潭客商，更名为恒兴铁合金有限责任公司，主要产品为中、低碳锰铁和锰硅合金等。产品广泛应用于炼钢、铸造等工业，是生产优质钢材必不可少的加入材料，畅销国内大型钢铁联合企业，还出口法国、日本、荷兰、伊拉克等国家。至2005年年底，又有红晶汞业、红菱汞业、金盛锰业、万泰锰业、银河汞业等落户万山，形成了以铁合金、汞化工、电解锰为主的三个支柱产业。在原贵州汞矿政策性破产关闭后，汞化工行业仍成为全国最大的汞产品加工及综合回收基地之一。其主要产品有氯化汞、高纯汞、朱砂、辰砂、硫酸汞、钛汞齐、汞触煤、电解金属锰片、锰制品、阴极板阳极板、锰硅合金、微碳锰铁、高中低碳锰铁、硅铁、镍硅铁、镍铜、中低碳铬铁等。

2006—2011年间，境内工业产品主要是白酒、铁合金、催化剂、汞。年产白酒在750—862吨之间；年产铁合金在36503—67310吨之间；年产催化剂在2987—6233吨之间；年产汞在395—719吨之间。农产品主要是稻谷、小麦、玉米。2007—2011年间，境内年产稻谷在9047—13967吨（2009）之间；年产小麦在60—128吨之间；年产玉米1620—2409吨之间。经济作物主要有油菜籽和花生。2007—2011年间，境内年产油菜籽689—1000吨之间，花生在91—129吨之间。2006年以来，走“工业强区”之路，建设用地不断占用耕地，故粮食产量在逐年减少，2007年为19875吨，2009年为19859吨，2010年为19347吨，2011年为12973吨。畜牧产品主要有牛、羊、猪肉，以猪肉为主，2006—2011年间年产肉类产品在2832—4583吨之间。水产品主要是鱼类，以草鱼、鲤鱼等为主，2007—2011年间，年产342—392吨之间。

所有制结构

1991—2000年期间，特区所有制结构不合理，是制约经济快速发展的重要因素，非公有制经济在国民生产总值中所占份额十分低下，仅占10%—20%。国有企业均为小企业且经济效益普遍不好，负债率高、亏损面大、亏损额也大、二产比重过低。1998年以后，特区国有企业改革的重点是放活小企业，把大力发展非公有制经济和集体经济作为调整、完善所有制结构的战略重点。1998年，特区自来水厂与特区化工厂分离，特区自来水厂仍保留国有企业身份，特区化工厂实行承包方式经营。特区硅铁厂于2000年破产，拍卖。特区酒厂于1997年关闭。2000—2005年，一批非公有制工业企业开始落户万山，如招商引资企业——恒兴铁合金有限责任公司、由下岗职工集资入股成立的红晶汞业有限公司，2001年10月对贵州汞矿实施政策性关闭时，进行的资产、人员重新安置组建的红菱汞业有限责任公司，招商引资企业至金盛有限责任公司，以及新星汞矿、青龙水电站、屯坪水电站（由于水量及资金原因未投入生产）、龙辉养殖有限责任公司，和泰茶叶有限责任公司等企业。所有制结构发生重大变化。

2006年以后，改革开放向纵深发展，招商引资已成重中之重，所有结构变动很大，特别是2009年，城市异地转型、工业原地转型以后，非公有制经济在万山特区已占主导地位。按登记注册类型分，全特区规模以上企业2010年全特区有18个，总产值126870.5万元；2011年有19个，总产值达167471.7万元，比2010年增加32%。其中：国有企业2个，2010年总产值15841.6万元，2011年16299.6万元，比2010年增长2.9%。集体企业2010年1家，总产值9760.6万元；2011年仍然1家，总产值20512.7万元，比2010年增长110.2%。股份合作制企业：2010年1家，总产值3375.7万元，比2009年增长131.1%。有限责任公司：2010年9家，总产值99807.6万元；2011年10家，总产值3375.7万元，比2010年增长25.3%。私营企业（其他经济类型）2011年出现5户，总产值2180.6万元。2011年国有经济总产值16299.6万元，只占各种经济成分的6.75%；其他非公有制经济的总合为151172.1万元，占92.25%。

第二节　经济发展情况

特区生产总值

1995年，全特区生产总值8152万元，按可比价计算（下同），比1990年下降0.12%，年均递减0.02%；2000年，全特区生产总值达到1.13亿元，比1995年增长38.76%，；2005年，全特区生产总值增加到2.8915亿元，比2000年增长115.61%。2011年区内有规模以上工业生产总值达16.7472亿元，其中：国有工业产值1.63亿元；非国有工业达15.1172亿元。

1991—2011年几个时期万山特区生产总值一览表

表10-1　　单位:万元

产业 / 期间数据	第一产业	第二产业	第三产业
“八五”期间	17224	8214	6932
“九五”期间	22508	7453	12075
“十五”期间	29274	39182	28414
“十一五”期间	46781	134684	66329
2011年	13595	52486	25425

社会固定资产投资

“八五”期间，五年累计完成全社会固定资产投资2347万元，比“七五”期间减少1142万元，年均完成469万元，比“七五”时期下降32.7%。“九五”期间，五年累计完成全社会固定资产投资1.06亿元，比“八五”时期增长3.5倍，年均增长35.1%，年均完成全社会固定资产投资2120万元。“十五”期间，以交通、电信、电力、城镇基础设施、水利设施等方面为重点的基础设施建设取得突破性进展。五年累计完成全社会固定资产投资3.17亿元，比“九五”时期增长1.99倍，年均增长16.1%，年均完成投资6334万元。“十一五”期间，五年累计完成全社会固定资产投资10.66亿元，是“十五”期间的3.36倍，比“十五”增长7.49亿元。2011年，万山特区固定资产投资达到16498万元，是2010年的2.74倍。

1991—2011年主要经济指标完成情况一览表

表10-2　　单位:万元、吨、元

项目 年份	地区生产总值	工业总产值	农林牧渔业总产值	地方财政收入	财政总收入	财政总支出	全社会固定资产投资	粮食总产量	农民人均纯收入
1991	5293	3786	3623	353	1004	695	473	15363	501
1992	5234	3075	3917	317	758	759	486	12028	492
1993	5235	2955	4581	426	858	859	506	11983	532
1994	7462	4823	6289	274	935	1026	422	15455	699
1995	8152	4477	6869	356	912	1227	460	14992	976
1996	7864	3310	7249	419	1294	1132	278	15402	1070
1997	8893	3371	8063	459	1378	1593	946	16529	1160
1998	9181	2741	7965	506	1781	1979	2423	16555	1131
1999	8978	3657	7604	577	2957	2943	2502	16804	1150
2000	11312	4395	8762	667	2571	3096	4449	17387	1165
2001	12886	6073	8742	742	3795	4493	3844	17593	1173
2002	15055	11992	9026	823	4303	4868	6225	16602	1217
2003	17582	16837	11066	935	6088	5963	5928	17284	1266
2004	24007	37319	10679	1135	6279	7540	6019	17814	1370
2005	28915	46578	11670	1518	10199	11236	9612	17724	1482
2006	35818	57000	7056	2366	1279	14470	10800	18484	1609
2007	38796	74563	14843	3002	5605	16965	12000	18894	1819
2008	46008	95011	17263	2893	6446	29197	14600	19875	2141
2009	53989	100026	17537	3636	7751	41013	30400	19859	2473
2010	72183	126869	19386	5336	10357	69843	38800	19347	2929

续表10-2

项目 年份	地区生产总值	工业总产值	农林牧渔业总产值	地方财政收入	财政总收入	财政总支出	全社会固定资产投资	粮食总产量	农民人均纯收入
2011	91506	167472	21943	8256	15142	72858	106498	12973	3593

注:上表2006年以后的工业产值只统计规模以上工业产值

非公有制经济

1991年，全特区有私营工商户899户，注册资金249万元，产业人员1248人。

1995年，特区为营造开放搞活的经济环境，推动和鼓励民营经济的发展，制定了“五不限”政策，即不限发展速度，不限经营规模，不限经营范围，不限经营方式，不限雇工人数。鼓励民营经济人士放心、大胆、放手发展。同时实行“五给”政策，即政治上给地位，政策上给优惠，发展上给支持，经营上给指导，服务上给方便。实行“两简一补”，即简化办证程序，简化审批环节，先上车后补票。

“九五”和“十五”期间，特区先后制定了《关于优化经济环境，做好招商引资工作，促进特区经济发展的若干规定》《万山特区关于发展民营经济的暂行办法》《万山特区老山口招商引资优惠政策》《关于发展非公有制经济中对违纪行为处理的暂行规定》，在用地、税费、服务保障、合法权益保障等方面给予民营经济优惠政策。政府在引资开发，促进民营经济发展方面，基本做到“三到位”，即一是政策到位，在用地、税费征收、用人、子女入学、就业、就医六个方面实施政策优惠；二是服务到位，对引资开发的企业搞好洽谈跟踪服务、建立一站式服务、生产经营期全方位服务的“三个服务”，并争取“四个主动”，即：主动对项目进行考察，主动配合业主办好手续，主动上门服务和特事特办；三是减负到位，为此推行三个制度，即党政领导联系企业制度，收费负担卡制度，收费制度。2002年对外来投资和规模较大的本区企业，实行“挂牌保护”，如恒兴铁合金厂、乐天山庄、特区矿产公司等。这些新出台的政策和措施，对推动民营经济的发展，发挥了重大作用，在农村出现了联片开发水果、育苗、中药材、养殖、种植等专业村，如黄道大榜柑橘专业村、小田坪金秋梨专业村、高楼坪猴冲蜜枣专业村、下溪彭家山林业苗圃专业村、瓦田和猴冲中药材专业村，敖寨易家寨、深冲山羊养殖专业村等。涌现出了养殖鸡、鸭、鱼、羊、牛、猪和花卉种植的一批专业户，成为农村产业结构调整的亮点，也是农村非公有制经济发展的一个重要标志。专业村和专业户的大量涌现，加快了农民脱贫致富奔小康的进程，2005年非公有制经济生产总值达2.06亿元，上缴税费3500万元，占财政总收入的93.3%。比“九五”期末的2000年增长了9.8倍。

“十一五”期间，非公有制经济发展更快，到“十一五”期末的2010年仅规模以上的非公企业生产总值达到11.1029亿元，是2005年的5.35倍。至2011年，规模以上的非公企业生产总值达15.1172亿元，比2010年增长36.12%。上缴国家税费，仅规模以上非公企业就达到7775.4万元，占地方财政收入8256万元的94%。

第二章 计划管理

第一节 计划管理改革

1991年以来，随着经济体制改革的进一步深入，社会主义市场经济体制初步建立，传统计划经济管理模式逐步被市场经济管理模式所取代，行政干预经济管理逐步转化，指令性计划大量减少，流通领域的国家计划分配被市场调节所代替。经济综合管理职能发生了重大变化，计划管理部门从过去分钱管物的微观管理，转向着重研究市场经济发展规律、经济结构形势、最佳资源配置等宏观调控和综合平衡的轨道。直接服务于经济建设成为工作重心。

上世纪90年代初，计划经济管理部门的主要职责是：编制特区年度、中长期经济、社会发展计划和规划；定期检查国民经济计划执行情况；根据上级分配的招工、物质等指标结合特区情况统筹安排；对上级下达的基本建设指标进行协调管理，并根据人、财、物力情况对基本建设指标进行审批和上报；运用价格、税收、信贷等经济杠杆进行综合平衡，做好统筹、协调、服务、监督工作；对大中专毕业生分配进行横向协调。

到“九五”时期，为适应社会主义市场经济的发展，按照建立社会主义市场经济体制的要求，加强宏观调控职能，弱化微观经济管理职能，简化生产、建设、流通、分配和社会事业等各个领域，各种类型的计划指标管理；进一步简政放权，扩大企业的自主权。管理全特区国民经济和社会发展、工业生产、商品流通、企业技术进步、企业管理、企业改革和企业思想政治工作。研究并提出全特区国民经济和社会发展的战略目标，组织编制全特区国民经济和社会发展的长期规划、中期计划和年度计划，以及专项发展规划；搞好宏观经济的预测、监测和分析研究，综合协调运用好各种杠杆作用，并通过法规和政策协调、信息指导、咨询服务等途径，保证规划、计划的实施；加强对固定资产投资项目的管理，审批由特区管理的基本建设、技术改造项目；审查转报和下达上级业务部门审批的基本建设、技术改造项目；对特区重点建设项目实施宏观管理，监督检查重点项目的实施情况，协调解决重点项目在建设过程中出现的问题；组织协调好全特区以工代赈的规划、计划和实施工作；组织执行全特区工业生产、商品流通年度计划；协调运用经济调节手段、经济技术法规和行政职能，调控全特区宏观经济运行活动。

2001年工作重心为拟定国民经济和社会发展战略、中长期规划和年度发展计划，研究提出总量平衡、发展速度和结构调整的目标任务及区域经济调节的政策措施建议。汇总和分析全特区国民经济和社会发展情况，进行宏观经济的预测、预警；参与组织重要经济政策措施的贯彻实施；研究实施西部大开发战略方针政策，制定实施西部大开发的战略设想和具体规划；提出全特区社会固定资产投资总量和资金投向及相关政策措施建议，规划重大项目和生产布局；编制全特区固定资产投资计划并组织实施；按程序和管理权限负责基本建设项目和重大技术改造项目立项、可行性研究报告和初步设计的审批和上报；统筹协调全特区招商引资和经济协作工作，参与招商引资和经济协作重点项目的评估、推介、洽谈和协调工作；编制重点项目计划，实行重点建设项目的宏观管理；对建设项目招投标及投资中介市场进行监督、管理；组织、协调全特区以工代赈的规划、计划和项目实施工作；指导非公有制经济发展，协调处理非公有制经济案件投诉；贯彻执行国有企业改革的方针政策，研究提出国营企业转让资产、股权、经营权以及相关的兼并、承包、租赁等工作的有关政策并实施监督；研究和指导流通体制改革，培育和完善市场体系。

2004年，根据政府机构改革实施意见，发展计划与经济贸易局更名为发展改革与经济贸易局。进一步转变职能，实施投资宏观管理，减少行政审批和对经济活动的直接行政干预，对企业使用非政府投资实行登记、备案制。具体工作是：拟定并组织实施全特区国民经济和社会发展战略、中长期规划和年度计划，以及基础产业、支柱产业、高技术产业专项发展计划，衔接、平衡各主要行业的规划；提出国民经济发展和优化重大经济结构的目标和政策；提出运用各种经济手段和政策的建议；研究分析区内外经济形势和发展情况，进行全特区宏观经济的预测、预警；参加组织重要经济政策措施的贯彻实施；做好社会总需求和总供给等重要经济总量的平衡和重大比例关系的协调，贯彻可持续发展战略；研究经济体制改革和对外开放的重大问题，组织拟定综合性经济体制改革方案，协助制定有关专项体制改革方案；提出全社会固定资产投资总规模和资金投向及相关政策措施建议，规划重大项目和生产布局；引导民间资金用于固定资产投资的方向；研究分析区域经济和城镇化发展情况，提出区域经济协调发展和实施西部大开发战略的规划，组织编制区域经济发展规划；组织、协调做好全特区以工代赈规划、计划和实施工作，参与协调扶贫开发；组织和指导企业技术创新、技术引进、技术改造，研究、拟定企业改革和发展政策、措施和办法；对企业改革进行指导和监督，推进现代企业制度的建立。研究和指导流通体制改革，培育和完善市场体系，指导组织企业开拓市场。承担减轻企业负担工作和整顿市场经济秩序工作；负责企业资源节约和综合利用，组织协调工业环境保护和环境保护产业的发展。贯彻执行乡镇企业发展的有关法律、法规和方针政策，研究提出特区乡镇企业发展战略、中长期规划、年度发展计划并组织实施；承担招商引资及对外经济技术协作的指导和协调工作；承担商业、物资的行政管理职能。

“十一五”时期（2006—2010年），经济管理体制改革的内容主要是协调经济体制改革规划、方案制订和实施中的衔接配套工作，参与有关部门制订专项改革实施方案；研究和推进特区国有、集体资产管理体制改革。承担各项改革实施进展情况的综合，提出对策、建议。负责指导和协调各部门、各行业推进现代产权制度建设，深化企业改革，转换经营机制。负责股份有限公司设立、股本变更及增资扩股等事项的论证、初审工作，提出审核意见，按规定报批。负责非上市股份有限公司的股权登记、转让等事项的规范监管工作。负责产权交易的规范监管工作，协助办理产权交割。推进资本市场建设，协调指导企业上市工作。承担经济鉴证类社会中介机构的协调指导。组织开展有关经济体制改革的宣传培训工作，搞好经济体制改革有关政策的咨询服务。组织实施国家产业政策，研究提出万山特区工业产业的发展战略、布局和目标，衔接平衡行业规划和政策。组织编制工业、交通、能源、高技术等产业的中长期发展规划和年度计划，以及关系国计民生重要产品的专项发展规划。规划重大工业项目布局，申报、审批重大工业建设项目的核准或备案，协调解决重大项目建设中的问题。编制全特区固定资产投资中长期规划和年度计划。组织协调全特区以工代赈的规划、计划和实施工作；组织解决全特区工业生产、商品流通年度计划；协调运营经济调节手段、经济技术法规和行政职能，调控全特区宏观经济运行。

2009年，特区招商局部分职能划入特区发展改革局。实施进一步转变政府职能，深化投资体制改革，减少微观管理事物和具体审批事项，进一步确立企业的投资主体地位，更好地发挥市场机制对经济活动的调节作用。进一步加强对经济和社会发展的总体指导和综合协调，抓好区域经济调节。拟订并组织实施国民经济和社会发展战略、中长期规划、年度计划；搞好国民经济综合平衡，维护经济安全；加强经济运行监测，协调解决经济运行中的重大问题；加强投资管理。调控全社会投资总规模；做好价格总水平的调控；加强宏观经济和社会发展的预测预警和信息引导，增强扩大开放条件下经济协调发展的能力；促进区域协调发展，推动缩小地区发展差距；推进参与国内区域合作；指导推进和综合协调经济体制改革，统筹综合性经济体制改革，协调推进专项经济体制改革。将特区发展和改革局的能源行业管理有关职责划给能源局。具体包括：拟订能源发展战略、规划和政策，提出相关体制改革建议；实施对煤炭、电力等能源的管理；提出发展新能源和能源行业节能的政策措施；开展能源合作。将原省经济贸易委员会承担的节约能源综合协调和原省环境保护局承担的污染减排综合协调职责划入特区发展和改革局。负责节能减排的综合协调和全社会公共节能工作。承担拟订应对气候变化对策研究、规划和政策的职责。

第二节　计划编制

一、年度计划

每年的年度计划从上一年的10月开始编制，经广泛征求各方面的意见，反复修改后，提交政府常务会议讨论，形成初稿后，在当年3月召开的特区人民代表大会上通过后正式实施。第二年向特区人民代表大会报告上年国民经济和社会发展计划执行情况。

二、五年计划

第八个五年计划（1991—1995年）

1990年11月制定的《万山特区国民经济和社会发展第八个五年计划及十年规划》，以党的十三大提出的在20世纪末实现具有中国特色的社会主义四个现代化的宏伟目标，深入进行治理经济环境，整顿经济秩序，坚持以社会主义经济建设为中心，坚持四项基本原则；以本世纪末国民生产总值再翻一番，人民生活达到小康水平为目标；遵循“实事求是，量力而行，注重实效，稳定前进”的原则编制而成。

“八五”时期，汞矿矿产资源逐渐枯竭，全特区经济呈现下滑。1995年全特区生产总值8152万元，按可比价算（下同），比1990年下降0.2%，年均递减0.02%，其中第一产业增加值3791万元，年均增长0.1%；第二产业增加值1765万元，年均递减5.7%；第三产业增加值2596万元，年均增长8.9%。

工业：由于汞矿矿产资源枯竭，工业生产从原来的矿产开采逐步转向汞系列产品的开发和深加工、以及铁合金冶炼业。五年累计生产朱砂109吨，比“七五”时期增长19.8%；五年累计生产汞955吨，比“七五”时期减少58.7%。“八五”时期末的1995年实现工业总产值4477万元（含贵州汞矿），比1990年减少25.9%，其中地方工业产值2022万元，比1990年增长33.0%。

农业：五年累计生产粮食6.98万吨，年均生产粮食13964吨，比“七五”时期增长37.5%；五年累计生产油菜籽4341吨，年均生产848吨，比“七五”时期增长36.1%；五年累计实现肉类产量11049吨，年均2210吨，比“七五”时期增长11.4%。1995年实际实现农林牧渔业总产值4031万元，比1990年增长12.8%，年均增长2.6%。

固定资产投资：五年累计完成全社会固定资产投资2347万元，比“七五”时期减少1142万元，年均完成469万元，比“七五”时期下降32.7%。

财政贸易：五年累计实现地方财政收入1726万元，比“七五”时期增加415万元，年均实现地方财政收入345万元，年均递增1.0%。五年累计财政支出4214万元，比“七五”时期增加1563万元，年均财政支出843万元，年均递增11.0%。五年累计实现社会消费品零售总额14918万元，比“七五”时期增加362万元，年均为2984万元，年均递增1.8%。

第九个五年计划（1996—2000年）

在听取各方面意见的基础上，1995年11月编制了《万山特区国民经济和社会发展第九个五年计划及到2010年发展规划》。其经济社会发展的指导思想是：坚持以邓小平建设中国特色的社会主义理论和党的基本路线为指导，深入贯彻党中央“抓住机遇、深化改革、扩大开放、促进发展、保持稳定”的基本方针；正确处理改革、发展和稳定的关系；坚持“三个有利于”的根本标准；加快建立和完善社会主义市场经济体制的进程；创造条件加快变资源优势为经济优势的步伐；解放思想，实事求是，振奋精神，真抓实干，狠抓落实，促进万山经济持续、快速、健康发展和社会全面进步。

经济社会发展的总体思路是：全面深化改革，逐步建立社会主义市场经济体制；继续加强基础设施建设，进一步改善投资环境；切实加强农业的基础地位，大力发展商品农业；狠抓乡镇企业的发展，促进农村经济全面振兴；切实加强工业，优化资源配置，狠抓优势资源开发，培育和建立支柱产业；大力发展非公有经济，培植新的经济增长点；加强乡域经济建设，推动全特区经济振兴；加强精神文明建设和民主法制建设，促进经济社会协调发展。力争“九五”时期的经济发展水平达到或超过铜仁地区的平均水平，经济增长的质量和效益明显提高。

经济社会发展的主要目标是：到2000年，国民生产总值计划达到1亿元，年均递增11.13%。其中第一产业增长5.64%，第二产业增长15.39%，第三产业增长12.95%；农业总产值达到5000万元，年均增长4.97%，工业总产值达到4000万元，年均增长14.78%；乡镇企业总产值达到8000万元，年均增长15.45%；粮食总产量达到18000吨，年均增长3.95%；财政收入达到1000万元，年均增长12.7%；农民人均年纯收入达到1000元，年均增长9%；人口自然增长率控制在10‰以内，全特区总人口不超过6.5万人。

“九五”时期，为全特区培育新的经济增长时期，全特区生产总值从1995年的8152万元增加到2000年的1.13亿元，按可比价格计算（不同），增长15.7%，年均增长3.0%，其中，第一产业增加值由1995年的3791万元增加到2000年的5154万元，增长33.7%，年均增长6.0%；第二产业增加值由1995年的1765万元到2000年的2173万元，下降27.7%，年均递减6.3%；第三产业增加值由1995年的2596万元增加到2000年的3985万元，增长38.0%，年均递增6.6%。

工业：五年累计生产汞触煤908吨，比“八五”时期增加338吨，年均递增11.9%；累计生产氯化汞300吨，比“八五”时期增加227吨，年均递增35.0%；累计生产汞765吨，比“八五”时期减少190吨；累计生产铁合金7010吨，比“八五”时期增加2767吨。2000年实现工业总产值4395万元，比1995年增长4.5%，年均递增0.9%，其中，地方工业实现产值3713万元，比1995年增长104.5%，年均递增15.4%。

农业：五年累计生产粮食总产量8.27万吨，比“八五”时期增加1.29万吨，年均生产粮食1.65万吨，年均递增3.0%；累计生产油菜籽3331吨，比“八五”时期减少910吨，年均生产油菜籽666吨；累计实现肉类总产量1.17万吨，比“八五”时期增加614吨，年均肉类总产量2333吨，年均递增1.9%。2000年实现农林牧渔业总产值8762万元，比1995年增长27.1%，年均增长4.9%。

固定资产投资：五年累计完成全社会固定资产投资1.06亿元，比“八五”时期增长3.5倍，年均增长

35.1%，年平均完成全社会固定资产投资2120万元。

财政贸易：五年累计实现财政总收入3754万，比“八五”时期增加1082万元，年均增长4.9%，其中，地方财政收入累计完成2628万元，比“八五”时期增加900万元，年均递增13.3%；累计财政支出10691万元比“八五”时期增加6477万元，年均递增24.6%。五年累计实现社会消费品零售总额18085万元，比“八五”时期增加3167万元，年均递增6.0%。

第十个五年计划（2001—2005年）

2001年2月制定的《万山特区国民经济和社会发展第十个五年计划》，其指导思想是：高举邓小平理论伟大旗帜，以党的十五大和十五届五中全会精神为指导，坚持党的基本路线和基本纲领，坚持“三个有利于”的根本标准，全力以赴实施西部大开发战略，把发展作为主题，把结构调整作为主线，把改革开放和科技进步作为动力，把提高人民生活水平作为根本出发点，坚持两个文明一起抓，正确处理改革、发展、稳定的关系，促进经济加快发展和社会全面进步。

总体思路是：抢抓历史机遇，全面深化改革，加强两个基础（农业、基础设施），实施三大战略（科技兴区、开放带动、可持续发展），调整三大结构（产业、所有制、区域经济），开发三大资源（生物、矿产、旅游），促进两个文明协调发展，加快富民兴旺步伐。

“十五”计划的主要指标是：到2005年年末，国内生产总值计划完成14750万元（当年价），年均增长9.5%（可比价、下同）；地方财政收入计划突破1000万元大关，年均增长9.86%；工业总产值计划完成10858万元，年均增长18%；农业总产值计划完成10407万元，年均增长3.75%；乡镇企业总产值计划完成20000万元；年均增长9.7%；非公有经济销售总值计划完成8717万元；年均增长15%:全社会固定资产投资计划完成6000万元，年均增长11.65%；农民人均年纯收入计划达到1500元，年均增长4.63%；粮食总产量计划达到18000吨，年均增长1.15%；社会商品零售总额计划达到5679万元，年均增长8%；人口自然增长率计划为8.04‰，“十五”期末人口不超过69520人。

“十五”时期，全特区国民经济步入新一轮经济增长周期的上升阶段，成为改革开放以来发展形势最好的时期，生产总值从2000年的1.13亿元增加到2005年的2.89亿元，按可比价格计算（下同），增长115.5%，年均增长16.6%，比“九五”时期增幅高12.5个百分点，各年生产总值的增速均达到2位数增长，分别为11.0%，13.5%，10.1%，25.3%和18.0%，其中，第一产业增加值由2000年的5154万元增加到2005年的6760万元，年均增长1.96%；第二产业增加值由2000年的2173万元增加到2005年的14499万元，年均增长39.1%；第三产业增加值由2000年的3985万元增加到2005年的7656万元，年均增长13.2%。

工业：工业经济已成为拉动全特区经济增长的主要动力。全特区立足资源，面向市场，加快推进资源优势向经济优势转化，在培育和发展具有万山特色的优势产业方面取得重大进展，促进了产业经构的优化升级，加快了工业经济的发展。“十五”时期各年实现工业总产值分别是6093万元、11992万元、16837万元、37319万元、46578万元。五年累计完成汞触煤、氯化汞、汞产量分别为3181吨、815吨和1124吨，分别比“九五”时期增长250.3%、171.7%、46.9%。五年累计生产中低碳锰铁、硅铁、电解金属锰产量分别为4.74万吨、4.49万吨、0.74万吨。2005年实现全部工业增加值13072万元，比2000年增长6.23倍，年均递增48.5%。

农业：在稳定粮食生产的同时，农业向增强畜牧业、优化种植业的方向推进，五年累计生产粮食总产量8.7万吨，比“九五”时期增加4340吨，平均年生产粮食1.74万吨，年均增长0.4%；累计生产油菜籽3459吨，比“九五”时期增加128吨，年均增长0.2%；累计实现肉类总产量1.54万吨，比“九五”时期增加3741吨，年均增长8.8%。2005年实现农林牧渔业增加值6760万元，年均增长1.96%。其中，畜牧业增加值由2000年的1015万元，增加到2005年的1786万元，年均增长7.7%，占农林牧渔业增加值的比重由2000年的19.7%上升到2005年26.4%，对农林牧渔业增长的贡献率由44.5%上升到77.3%，成为农林牧渔业增长的主导力量。

固定资产投资：基础设施建设取得突破性进展，以交通、邮电通信、电力、城镇基础设施、水利设施等方面为重点投资力度不断加大，成为特区有史以来基础设施建设投入强度最大的时期，五年累计完成全社会固定资产投资3.17亿元，比“九五”时期增长1.99倍，年均增长16.7%，年均完成投资6334万元。

财政贸易：2005年财政总收入3752万元，比2000年增长3.4倍，年平均增长34.3%，五年累计实现财政总收入1.05亿元，是“九五”时期的2.75倍；地方财政收入由2000年的667万元，增加到2005年的1518万元，年平均增长17.9%，五年累计实现地方财政收入5153万元，是“九五”时期的1.96倍；2005年财政支出11030万元，比2000年增长2.56倍，年平均增长28.9%，五年累计财政支出3.4亿元，是“九五”时期的3.18倍。2005年完成社会消费品零售总额5901万元，比2000年增长53.8%，“十五”时期年平均增长8.98%。

在“十五”期末，编制了《2006—2015年经济社会发展规划》，计划通过10年发展，GDP在2000年的基础上再翻一番；形成完善的社会主义市场体制；人口控制在71117人以内，人民生活普遍达到小康，部分向更富裕的方向发展，人民安居乐业，富民兴旺目标初步实现。

第十一个五年规划（2006—2010年）

“十一五”期间，全特区经济和社会发展的主要目标是：经济社会保持持续快速健康协调发展，到2010年，全特区生产总值比2000年实现翻两番以上，城乡居民收入水平和生活质量明显提高，由解决温饱迈向总体接近小康水平；单位生产总值能源消耗比“十五”期末降低20%；结构调整取得新突破，特色优势产业不断发展壮大；以交通、水利、城镇建设和生态建设为重点的基础设施进一步改善；工程性缺水治理取得实效；对内对外开放取得新进展；各项体制改革有序推进；各项社会事业全面发展；不断增加就业岗位，社会保障覆盖面进一步扩大；民主法制建设和精神文明建设有新进展；社会治安和安全生产状况进一步好转，社会稳定；社会主义新农村建设积极推进，构建社会主义和谐社会取得新进步。

2006—2010年，生产总值年均增长12%，2010年生产总值达到5.5亿元；财政总收入年均增长13%以上，达到7000万元，其中地方财政收入年均增长10%以上，达到2500万元；全社会固定资产投资年均增长10%左右；城镇新增就业1800人，城镇登记失业率控制在5%以内；价格总体水平基本平稳。

“十一五”规划主要指标执行情况。全特区生产总值（GDP）由2005年的2.87亿元预计增加到2010年的7.6亿元，年均增长15.6%；人均生产总值由2005年的4322元预计增加到2010年的14393元（折合2107美元），年均增长27.2%；财政总收入和地方财政收入分别由2005年的3752万元、1518万元增加到2010年1.0357亿元和5336万元，年均分别增长22.5%、28.59%；社会消费品零售总额由2005年的5901万元增加到2010年的1.3亿元，年均增长15.5%；年末金融机构各项存、贷款余额分别由2005年的2.38亿元、0.7亿元增加到2010年的8.04亿元和2.74亿元，年均分别增长27.6%、31.2%。

2011年，因行政区域调整，将原万山特区和原县级铜仁市的茶店镇、鱼塘乡、大坪乡的行政区域作为万山特区的行政区域，辖区面积由原来的338平方千米扩大到842平方千米，总人口由原来的6.57万人增加到16.05万人，故2011年数据与2010年的数据没有可比性。2011年完成地区生产总值91506万元，其中，一产完成13595万元，二产完成52486万元，三产完成25425万元；工、农业总值分别完成21943万元、18.09亿元；财政总收入完成15142万元，其中地方财政收入8256万元；社会消费零售总额完成14318万元；粮食总产量完成12973吨；全社会固定资产完成112515万元；城镇居民可支配收入完成13846元，农民人均纯收入完成3593元；人口自然增长率5.89‰，因原县级铜仁市茶店镇、鱼塘乡、大坪乡的指标转入，导致指标小幅上升。

第三节　项目报批管理与实施

1990年6月5日，省人民政府下发了《关于固定资产投资项目审批权限的通知》明确规定5万元以上，50万元以下的项目，由县级计委审批。20世纪90年代，基本建设遵循“控制总量、调整结构、整顿秩序、提高 效益”的方针，投资计划按照先安排续建项目，再安排国家政策允许的新开工项目的原则，上报投资计划。对下达投资计划的项目，在实施过程中严格按国家的有关规定进行检查和监督。检查项目是否专款专用，是否办理了纳（免）税、投资许可证等手续。对计划外建设项目严格进行清理，使计划外项目及时补办投资计划手续和补缴投资方向调节税。对在建设中因特殊原因造成超投资、超规模的项目，积极协助建设单位向上级反映，争取追加资金和投资计划。

2004年根据《国务院关于投资体制改革的决定》，对企业不使用政府投资建设的项目，一律不再实行审批制，区别不同情况实行核准制和备案制。原企业投资项目审批的有关规定停止执行。实行备案管理的基本建设投资项目，不再审批项目建议书、可行性研究报告、初步设计和开工报告。按照分级管理的原则，投资在1000万元以下的由县级发展改革部门进行备案。企业投资项目核准机关为省人民政府投资主管部门和市（州、地）人民政府投资主管部门管理。

2006年，根据国务院关于投资体制改革的决定精神，审批制项目从投资管理角度分为：项目建议书、可行性研究报告和初步设计三个阶段，原则上不再审批开工报告。

核准制同原来实行的审批制的区别在于：一是从过去项目建议书、项目可行性研究报告和初步设计的审批三道程序，简化为核准项目申请报告一道核准程序。二是只对项目外部投资事项核准，如产业政策、土地利用、环境保护等，而对企业内部经营、盈利等不进行干涉。三是对企业不使用政府资金，投资不在国家和省制定的《政府核准的投资项目目录》之中的项目，全部实行备案制。

2010年，根据《省人民政府办公厅关于转发省发展改革委加快推进全省固定资产投资和重大项目建设有关工作制度的通知》精神，按照分级管理的原则，切实规范和简化建设项目前期工作程序，加快推进项目实施。对于审批制项目由政府投资主管部门（各级发展改革、经济信息或经济贸易部门）审批项目建议书。对于投资额度不大、技术单一的项目，可将项目建议书和可行性研究报告合并审批，即审批可行性研究报告（代项目建议书）；对列入国家和省相关规划的项目视为立项，不再审批项目建议书。同时要求项目建设相关手续办理一次告知制度。

第三章　统　计

第一节　统计报表编制与报送制度

统计报表是按照国家有关法规的规定，自上而下地统一布置，以一定的原始记录为依据，按照统一的表式、统一的指标项目、统一的报送时间和报送程序，自下而上地逐级定期提供基本统计资料的一种调查方式。统计报表按主管系统和报表内容不同可分为国家统计报表、部门统计报表和地区统计报表。国家统计报表是用来反映全国性的经济与社会基本情况的统计报表，部门统计报表主要是指为适应本部门业务管理的需要而制定的专业统计报表，地区统计报表主要是为适应地区特点而补充制定的地区性统计报表。按报送周期长短的不同，统计报表可分为日报、旬报、月报、季报、半年和年报，每遇重大普查，报送制度另有明确规定。按报表的报送方式不同，分为书面方式和电信方式（包括电话、传真等），随着信息科技的发展，逐步发展为U盘、硬盘和电子传输以及网上直报等报送方式。

第二节　普查　调查

一、普查

第四次人口普查　从1989年8月10日起到1990年12月底结束。按照《第四次全国人口普查办法》，将全特区3个县级单位（特区、贵州汞矿、地质一队）、四乡一镇43个行政村459个村民组分成49个普查区193个调查小组，组织了350人的普查队伍，筹措经费3.25万元。截至1990年7月1日零时。全特区有家庭户15840户，集体户64户，总人口为64048人，同第三次普查数63366人相比，8年间共增加682人，增长1.08%，年均增长率0.13%。在总人口中，少数民族44724人，占总人口的69.8%。1989—1990年6月30日一年半时间内人口出生率、死亡率、自然增长率分别为19.22‰、7.74‰、11.8‰。

第五次人口普查　从1999年4月7日起到2000年12月30日结束。按照要求，先期开展了户口整顿工作和普查试点工作。抽调普查指导员70人、普查员240人，对辖区内四个侗族乡一个镇44个村482个村民小组和15个居委会145个居民小组进行人口谱查。截至2000年11月1日零时，在普查标准时点登记的总人口为54674人（包括外来人口不包括外出人口），与1990年7月1日零时的“四谱”人口64048人相比，年平均下降1.5%，呈负增长。主要原因是贵州有色地质一队整体外迁至清镇和贵州汞矿矿老山空，矿源枯竭，汞矿职工及家属相继外迁，导致区内人口减少。2000年全特区人口出生率、死亡率、人口自然增长率分别为15.18‰、7.34‰、7.84‰。

第六次人口普查　为全面掌握全国人口的基本情况，研究制定人口政策和经济社会发展规划提供依据，为社会公众提供人口统计信息服务。从2002年12月起到2009年11月结束。按照《第六次全国人口普查方案》要求。抽调普查指导员100余人、普查员500余人，对辖区内4乡1镇32个村480个村民小组和14个居委会142个村民小组进行人口普查。截至2010年12月31日24时，在普查标准时点登记的总人口为75146人（包括外来人口，不包括外出人口），常住人口47072人。2010年全特区人口出生率、死亡率、人口自然增长率分别为15.6‰、8.7‰、7.1‰。

第一次基本单位普查　从1996年6月起至1997年6月。

基本单位普查的范围为特区境内除农户和个体经济以外所有法人单位和产业活动单位，包括各类企业法人、事业单位法人、机关法人、社会团体法人和基层群众自治组织以及从事农业、工业、建筑业、交通运输业、批发零售贸易业、餐饮业、服务业等社会经济活动的产业活动单位。共有近100人参与本次普查工作。普查结果：法人单位252个，产业活动单位211个。按国民经济分类：国有经济法人单位146个（含机关、事业单位），集体经济法人单位39个，私营和股份制经济法人4个，其他经济法人63个。

第二次基本单位普查　2001年9月至2001年12月，从特区工商局、地税局、民政局、质监局、商会、人事局等单位抽调10名责任心强、文化素质高的干部到普查办公室工作，指导全特区第二次基本单位普查工作。培训普查员100余人。普查结果为法人单位218个，比2000年年报数增加34个，法人单位所属的产业活动单位251个（含法人单位本部30个），有证个体工商户822户。有法人单位中按类型分：企业法人85个，事业法人56个，机关法人71个，社团法人10个，其他法人59个。

第一次全国农业普查　从1996年6月30日起到1997年11月17日。共抽调87名农普指导员和普查员开展工作。普查情况：全特区农户10953户，从业人员30179人，其中农业人员24649人，占从业人员的81.68%，非农业5530人，占18.32%；非农住户经营单位4个，其中国有、集体、私营、个体各1个；非农乡镇企业31个，其中乡（镇）办10个，村办4个，联户办10个，户办7个。

第二次全国农业普查　为了查清农业、农村和农民的发展变化情况，掌握中国农业生产、农田水利和农村基础设施建设、农村劳动力转移等方面的基本信息，为研究确定国民经济发展战略和规划，为制定各项经济社会政策提供依据。从2006年6月起到2008年8月结束。普查标准时间为2006年12月31日，时期资料为2006年度。普查对象为特区境内的农村住户、城镇农业生产经营户、农业生产经营单位、村委会和乡镇人民政府。共抽调470名普查指导员和普查员开展工作。普查情况共调查5个乡级行政单位，其中4乡1镇；49个村级组织，44个村；共计10974个住户，其中在农村居住1年以上的家庭户10462户：共有农业生产经营户10185户，农业生产经营单位31个。全特区共有农业从业人员17628人，农业技术人员123人。

第一次经济普查　为了全面掌握第二产业、第三产业的发展规模、结构和效益等情况，建立健全基本单位名录库及数据系统，为研究制定国民经济和社会发展规划，提高决策和管理水平奠定基础，于2004年进行了第一次经济普查。普查时点为2004年12月31日，时期资料为2004年度，普查对象是在境内从事第二产业、第三产业的全部法人单位、产业活动单位和个体经营户，普查主要内容包括单位基本属性、就业人员、财务状况、生产经营情况、生产能力、原材料和能源消耗、科技活动情况等。

普查结果，全特区共有从事第二三产业的法人单位277个，其中，企业法人76个，机关、事业法人单位132个，社会团体法人单位6个，其他法人单位63个；产业活动单位371个，其中，第二产业53个，第三产业318个；个体经营户1377个，其中，第二产业112户，第三产业1265户。全特区第二三产业的就业人员5774人，其中，第二产业的就业人员1679人，第三产业的就业人员4095人，在就业人员中，单位就业人员3848人，个体经营人员192人。

第二次经济普查　为了全面掌握第二产业、第三产业的发展规模、结构和效益等情况，建立健全基本单位名录库及其数据系统，为研究制定国民经济和社会发展规划，提高决策和管理水平奠定基础。从2008年6月起到2010年8月结束。普查标准时间为92天，时期资料为2008年度，普查对象境内从事第二产业、第三产业的全部法人单位、产业活动单位和个体经营户，普查主要内容包括单位基本属性、就业人员、财务状况、生产经营情况、生产能力、原材料和能源消耗、科技活动情况等。普查结果，全特区共有从事第二、三产业的法人单位410个。其中，企业法人单位122个，机关、事业法人单位254个，社会团体法人单位7个，其他法人单位27个；个体经营户1488户。全特区第二、三产业的就业人员7092人，其中，单位就业人员4909人，个体经营人员2183人。

二、抽样调查

农村经济住户调查 以全特区为总体的农村住户经济抽样调查，旨在全面系统地调查了解农民家庭收支情况，按照住户经济条件好、中、差进行抽选。每个点抽选10户农村住户作为调查对象进行记账式调查。每个调查点聘请了一名有一定文化程度和业务能力的农民为辅助调查员，负责督促、检查、指导调查户按时登记账本；按月收集调查户的账本编辑代码交统计局汇总。调查内容包括家庭基本情况、生产生活的收支情况、实物的消耗、农产品销售、商品的购买、居住条件、物品拥有量、粮食收支、现金收支等。通过农村住户的生产、生活现状和发展状况的调查，为研究和制定农村经济发展政策提供详实的统计资料。

农产品抽样调查 以乡镇为总体的农作物产量抽样调查，是每年必须开展常规性抽样调查工作之一。在调查点对水稻、玉米、小麦、油菜等农作物种植的丘块，逐丘、逐块地进行临田估产，根据估产资料按照要调查的农作物分别抽取田块作为样木，实测实割样本的单位面积产量，从而推算总体单位面积产量。全省采用统一农作物产量抽样调查方法，统一采取抽农户调查，人均产量推算。调查内容为当年收获的全部粮食作物和经济作物，抽选村民组调查点不得少于村民组总数的10％。全特区建有农产量抽样调查点51个，每个调查点抽选了具有代表性的5户农户，全特区计255户，每年进行夏秋两季农作物预产、实产的调查。

规模以下工业抽样调查 2001年，根据《铜仁地区行政公署办公室批转地区统计局（关于开展规模以下工业抽样调查工作报告的通知）》的精神进行抽样调查，调查目的：主要是为了全面、准确的反映全特区工业发展情况，为政府提供宏观调控和决策依据，同时解决规模以下工业产值数据的来源。调查范围：全年工业产品销售收入400万元以下非国有工业企业和工业生产单位。调查内容：第一，对全年工业产品销售收入100—400万元工业企业，半年进行一次全面调查；第二，对全年工业产品销售收入100万元以下工业企业（单位），以村（居）委会为群体，实行整群体抽样调查，半年进行一次调查。

根据方案要求，对部分村（居）委会的规模以下工业产值进行清理，建立抽样调查框架，由地区统计局在抽样调查框架资料上进行抽取调查单位。对本单位组织调查，调查原始资料交地区统计局，在调查资料评估的基础上，推算出规模以下工业单位数、工业产值、从业人员等相关资料。

1%人口抽样调查 国务院决定在2005年进行全国1%人口抽样调查，调查的标准时点为11月1日零时。特区从5月23日启动工作，安排经费2万元，抽选了43人担任调查指导员和调查员，抽中5个乡镇25个调查小区（国家点7个，省级点18个），以村、居委会为单位进行抽取，在抽中村、居委会中再选100人常住户口作为调查小区，3个补充调查小区，共涉及调查户804户，调查登记人口3081人。25个调查小区中常住人口2221人，其中男1186人，女1035人；少数民族1899人，汉族322人；当年出生24人，死亡19人；0—14岁513人，15—64岁1395人，65岁以上313人；15岁以上不识字的433人，小学文化763人，初中文化570人，高中文化203人，大专文化53人，大学文化10人；人均住房面积17.6公顷；外来人口114人，其中省内94人，省外20人；外出人口775人，其中外出省外578人，外出省内197人。根据1%人口抽样调查，2005年年末全特区总人口6.7万人，出生率10.37‰，死亡率为7.23‰，自然增长率为1.8‰，城镇化率28.27%。

第三节　统计服务

统计是国家实行科学决策和科学管理的一项重要基础工作，统计的目的就是为各级党政领导机关认识国情，认识区情，决定政策，制定计划提供重要依据。同时，统计部门还要向社会公众提供尽可能丰富的统计成果，以满足社会各界对统计信息的要求。随着改革开放和社会经济的发展，统计服务的对象从党政领导机关扩展到社会公众。因此，统计资料的提供和公布必须适应形势的变化，采取灵活的方式，通过不同的渠道，充分利用可以公开的资料满足社会公众的需要。除每年定期向区委、政府和相关部门发布《铜仁市万山特区国民经济和社会发展统计公报》外，还以《统计信息》等方式按月发布居民经济运行情况，同时还不定期编辑全特区经济社会发展、经济体制改革和人民群众关心的热点、难点问题的统计分析、调研报告。为加大对全特区经济为主体和社会公众的服务力度，每年精心编制了较详细的《领导于部手册》分发到各级领导干部和相关部门，提高统计服务质量；为开展好统计信息咨询服务，逐步建立了统计资料平台，建立了《万山特区统计资料信息数据库》，规模较大的社会经济调查、普查，均编印了详细的资料。

第四章　物价管理

第一节　物价政策

1991年以来，物价改革的原则是：进一步适当减少国家定价范围，逐步调整政府定价和政府指导价品种目录，逐步取消生产资料“双轨制”，扩大市场调节的部分，进一步放活、放开市场商品价格。按照商品资源的紧缺程度和垄断状况，调整重要的生产资料价格，适当提高粮食订购价格，对供求大体平衡的一般加工产品，供求弹性比较大的商品和耐用品以及生活必需品逐步放开价格，实行市场调节。促进商品生产和商品流通，培育公开、公平、公正的竞争市场，活跃了城乡经济。在价格体系上，大幅度提高了农产品收购价格，调整电子产品、工业消费品、工农业生产资料、交通运输价格和各项服务性收费标准。

1992至1994年，物价工作的方针是：“巩固发展治理整顿成果，继续保持物价基本稳定，积极稳妥推进价格改革，加强和改进价格调控，为搞好国有大中型企业和发展农村经济，促进国民经济持续、稳定、协调发展作出更大贡献”。一是深化价格改革努力；二是保持物价稳定。1995继续贯彻各项抑制通货膨胀的宏观调控政策，积极推进以健全和完善价格调控机制为重点的价格改革，确保物价涨幅明显低于上年，促进国民经济持续、快速、健康发展和社会全面进步。1996年围绕抑制通货膨涨这个宏观的首要任务，以建立健全价格调控机制为重点，整顿价格秩序，适度疏导价格矛盾，确保物价涨幅进一步降低，促进经济持续、稳定、健康发展。

1998年5月1日，《中华人民共和国价格法》正式颁布实施，物价工作进入了法制化轨道，依法治价，依法行政的物价职能机构已经形成，物价工作在促进经济良性发展和社会进步方面发挥着重要作用。1999年后，认真贯彻了《中共中央关于做好减轻农民负担工作的决定》、国家发展计划委员会关于《加强农村电价管理、制止乱加价、乱收费的通知》、贵州省物价局《关于开展农资价格和涉农收费检查的通知》。物价工作以“清费、治乱、减负”为中心，重点抓调控措施的落实，促进调控成果巩固；抓民心工程建设，促进社会稳定和经济的发展；抓价格秩序整顿，促进价格行为规范等。

2006年至2009年物价工作要求是：坚持依法行政，认真贯彻落实《价格法》、《贵州省价格条例》，继续改善和治理经济环境，大力构建“和谐万山”，重点抓好“保稳定、促生产、增活力、扩消费、安民生、强后劲”等工作，着力解决民生价格问题，整顿规范市场价格秩序，努力确保价格总水平基本稳定。

2010年物价工作的重点是：积极稳妥地推进价格改革，切实改进价格监管，保持价格总水平基本稳定，更加注重综合运用多种手段调控价格，更加注重运用价格杠杆促进经济结构调整，更加注重保障和改善民生，更加注重对市场价格的引导和规范。

2011年物价工作是坚持“立足当前、着眼长远、综合施策、重点治理、保障民生、稳定预期”的原则，围绕“促生产、畅流通、增储备、建机制、保民生”，把稳定价格总水平作为首要任务。

第二节　价格管理

保持物价稳定是物价工作的一贯方针。1991年，物价工作坚持以“既要稳定物价，又要振兴经济”的指导思想，总体按照放得开、管得好的要求开展价格管理，积极整顿和规范市场价格秩序，打击商业价格欺诈，努力构建价格诚信体系。从过去重专项检查轻市场价格监管，重政府定价、政府指导价管理，轻放开价格监管，逐步转向专项价格收费检查与市场价格行为监管并重，查处价格违法行为与推进经营者价格诚信建设并举，始终以维护广大人民群众的根本利益为出发点，认真贯彻落实科学发展观，促进特区经济平稳较快发展，保持价格总水平基本稳定，努力创造和谐的价格环境。确立物价工作方针，控制物价水平，调整价格结构，加强价格管理，深化价格改革，促进经济振兴。特区开展了物价检查整顿工作，保持了市场物价的基本稳定。

价格管理是对人民群众日常生活用品、涉农物资、学校收费、客运收费、水价、电价、农民负担等实施价格管理。同时也对区内所有行政事业性单位以及从事国家定价的经营性服务收费单位开展收费年审工作。

由于《行政许可法》的颁布实施，规范了大部分行政事业性收费行为，行政事业性收费较往年有所减少。经营性收费总额上升幅度大，主要是移动、电信、联通、邮政等行业拓宽了业务。随着社会主义市场经济的不断完善和体制的转换，经营性收费项目逐渐增多。为此开展了一年一度的收费年审及换发证工作，核实了各部门各个收费项目及标准，严格执行最新标准，坚决取缔对已取消的收费项目进行再次收费。

1993年9月，对全特区行政事业性收费进行了清理，报政府核定取消了十个收费项目：即土地登记费在农村收取的部分、农村宅基地超占费、农村宅基地使用费、治安联防费在农村收取的部分、农机管理费、城镇规划建设管理费、建设用地规划许可证在农村收取部分、房屋所有权登记费在农村收取部分、乡镇集体及个体的矿管费和农村教育集资。1995年1月，核定了种子公司双杂种子价格，核定杂交水稻种子价格为17.6元/千克，杂交玉米种子价格为8元/千克。

2001年，对教育、医疗、涉农收费、农资价格、石油、交通运输、电力等开展专项整治。2003年遵循客观、公正、科学、合理的原则和有关价格评估规定，对特区的涉案物价格进行鉴定认证，共评估涉案物88件，价值89万元，鉴定标的有朱砂、摩托车、耕牛、手机等。设置12358举报电话，受理价格举报投诉案件和有关价格咨询41起，做到事事有落实，件件有回音。维护了市场公平竞争秩序。

2003年9月，特区政府根据省物价局《关于开展越权定价行为专项治理的通知》精神，开展越权定价行为的清理工作。废除了9项越权定价行为：①划拨土地管理费；②私房丈测费；③农房登记费、农房丈测费；④原基地改、扩建费；⑤废汞废渣排污费；⑥土地增值费；⑦正常登记发证申请表费、房屋产权证费、房屋产权勘丈费；⑧土地出让金手续费，⑨废汞触媒排污费。同时废止特区物价局收取的临时用地管理费、民政局收取的婚姻登记状况证明书工体费手续费、广电局收取的有线电视初装费3项越权定价行为。

2004年4月，政府批复尿素零售价格为70元/40千克；5月，核定民用石油液化气（13千克重）最高限价为63元/瓶。5月20日，特区统一规定了电价标准，各类电价分别为：城乡居民生活用电0.403元/千瓦时，农业排灌用电0.31元/千瓦时，自来水抽水用电0.392元/千瓦时，非居民用电0.576元/千瓦时，普通工业用电0.52元/千瓦时、营业性用电0.896元/千瓦时。7月12日，特区物价局批复特区邮政局包裹直投费收费标准:乡镇5千克以下每件收费2元，5千克至10千克每件收费4元，10千克以上每件收费5元；城郊（老马车房、水塘坳、上犀牛井以外）5千克至10千克每件收2元，10千克以上每件收3元；城内免费直投。物价总水平基本稳定。

2005年1月15日，特区物价局核定春运最高限价：普通大、中小型客车每客万山—贵阳100元、万山—怀化24元、万山—铜仁8元、万山—玉屏13元、万山—新晃8元、万山—敖寨6元、万山—下溪7元、万山—黄道4元、万山—高楼坪3元；的士万山—铜仁12元，学生按原价执行，革命伤残军人凭《抚恤证》购买半票。1月20日，特区物价局根据《贵州省物价局、财政厅关于公布取消160项收费项目和降低部分收费标准的通知》，取消了特区有关部门收费项目32项。其中，环保部门1项：环境污染治理证书年审换证费；广电部门5项：有线电视设计安装资格审查费、有线电视系统工程验收合格证费、有线电视管理费、共用天线资格审查费、卫星电视节目接收管理费；食品药品监督管理部门1项：个体售药管理费；人事部门7项：经济员资格审查费、经济员报名考务费、单位或个人委托单位保存人事档案费、个人委托保管人事关系档案费、人才交流费、出国政审费、工资基金管理手册工本费；公安部门10项：户口迁入手续工杂费、驾驶证年检费、重大特大交通事故处理费、爆炸物品储存许可证工本费、爆炸物品使用许可证工本费、爆炸物品储存证工本费、爆炸物品运输证工本费、爆破员作业证工本费、爆炸物品（含烟花爆竹）安全许可证工本费、爆炸物品（含烟花爆竹）销售许可证工本费。国土资源部门1项：建设用地批准证书工本费。烟草专卖部门项：烟草专卖许可证（含生产、批发、零售、临时）收费。中国人民银行1项：贷款卡收费。文化部门1项：演出许可证费。林业部门2项：木材运输证工本费、林材采伐许可证工本费；计划生育部门1项：流动人口婚育证明工本费。卫生部门1项：民办医疗机构管理费。审验特区行政事业性收费部门30个，单位78个，《收费许可证》正本86个，副本106个，年审收费总额908.28万元，年审收费项目201项，标准316个，换发《收费许可证》正本86个，副本102个，注销《收费许可证》4个，取消收费项目37个，降低涉农收费标准8个。审验全特区经营性收费单位20个，《收费许可证》正本20个，副本20个，年审收费总额4792.7万元。年审收费项目50个，标准137个，取消收费项目3个，换发《收费许可证》17个，注销《收费许可证》3个。

2006年评估涉案物40件，非涉案物6件，价值40.9万元，鉴定标的有朱砂、变压器、柴油机、电动机、装载机、电缆线、摩托车、手机、木材、房屋损失等，全年完成车损评估6件。

2007年对涉案物价格、自动化办公用品招标价格、国有资产处置、木材拍卖价格进行认证，评估涉案物价格18件，价值10.69万元；自动化办公用品招标价格认证5次，价值140万元；国有资产处置价格认证5次，价值68万元；参加木材拍卖4次，价值2万元；价格鉴定标的汞、锰矿、钻石铂金手饰、复印机、电脑、打印机、空调、汽车、摩托车、电缆线、手饰等。

2008年对涉案物价格、自动化办公用品招标价格、国有资产处置、木材拍卖价格进行认证，评估涉案物价格31件，价值30.57万元；参加特区政府采购办自动化办公用品招标价格认证53次，价值956万余元；国有资产处置3次，价值6万元；车损5件，价值2.6万元；木材拍卖4次，价值6.97万元，鉴定标的有汞、电脑、打印机、空调、变压器、摩托车、电缆线、手机、电动机、电炊具、木材、房屋等。

2009年接受公安机关涉案物鉴定22件，价值23.57万元，参加特区政府采购办自动化办公用品招标价格认证4次，价值61万元；国有资产处置13次，价值23万元；鉴定标的有电脑、摩托车、手机等物品。

2010年受理了32件刑事涉案物评估，总价值31.44万元，其中电脑14台，手机13部，蓄电池44个，电视机7台，照相机3部，汽车2辆，摩托车7辆、厂房、电磁炉、摄像机、测速仪、工艺品、金器、铜线各一件；参与特区林业局木材拍卖3次，价值62万元；参与政府采购95次，采购资金668.6万元，节约资金79.48万元；参与国有资产处置9期，金额73.5万元，回收残值8.4万元。

2011年办理涉案物品格鉴证34件，其中：刑事案件33件，标的额22.98万元，经济案件1件，标的额560万元，为公、检、法、司、行政事业单位提供价格依据。参与政府采购20余次，计划采购资金1427万元，通过招标实际使用1250万元，为政府节约资金177万元。

第三节　物价检查与专项整治

一、专项检查

1. 教育收费方面：2003年春季与特区有关单位13人组成三个检查组，检查了33所中小学，均有不同程度的违规收费行为，处理17所中小学，实施经济制裁6.28万元，其中清退4.3万元，没收违法所得1.98万元。秋季与地区、特区有关单位12人，组成3个检查组，抽查了3所中小学收费情况。对四乡一镇中学和中心完小进行重点检查，所查学校均有不同程度的违规收费行为，查出近两年多收书本费83.37万元，违规收取试卷费6.7万元。实施经济制裁4.35万元，其中清退1.2万元，没收违法所得3万元。

自2004年秋季开始在特区实行了“一费制”收费办法，认真落实了公办高中“三限”政策，加强了学校收费监督检查，规范了学校收费行为。

2005年，协助教育部门创建“规范收费示范县”。

2006年特区教育收费严格贯彻执行“一费制”收费办法和西部地区农村学校学生免除学杂费政策，为检查政策落实情况，由物价局、教育局、监察局、纠风办、财政局、审计局五个部门组成，抽调相关人员8人进行检查。检查工作从3月22日开始，于3月27日结束，历时4天。检查结果表明，2006年春农村义务教育阶段公办中小学免交杂费的政策落实情况良好，但也发现个别学校存在以下收费问题：一是没有全部免除应该免除学杂费学生的学杂费，黄道全乡小学向546名应免学杂费的学生收取杂费，共计金额14972元；二是代收费没有严格执行“多退少补”原则；三是存在收取教辅资料费等问题。对存在问题进行当场规范，并进行事后督查落实，要求学校严格执行“一费制”收费标准和免除农村义务教育阶段学生学杂费政策，强化规范收费，并严格收费公示，健全管理制度，一旦出现问题，将进行严肃处理。

2007年继续规范特区教育收费行为，严格执行“一费制”收费标准和西部地区农村学校学生免除学杂费政策，在相关部门的配合下，出动20余人分组进行检查。重点检查全特区四乡中学、中心完小和城区学校，共计18所，村级小学10所。两年来，通过加强宣传、加大检查力度各校做到严格执行“一费制”收费标准和免除农村义务教育阶段学生免收学杂费政策。

2008年加强教育收费监管，义务教育实现零收费。核定了特区民族中学高中部、特区职校收费标准，严格执行九年制义务教育政策，自2008年春季开始全特区义务教育实现零收费。

2009年为落实国家义务教育政策，切实减轻学生家长的负担，维护教育收费政策的严肃性，局领导亲自深入乡镇学校调研，开展了教育收费检查，春季检查了5所中学，8所小学，23个班级，通过检查，未发现乱收费行为，把国家“两免一补”政策落到实处。

2010年春秋季开展教育收费常规检查，检查学校14所，设立咨询台2次，接待学生及家长咨询860人次。义务教育阶段学校没有发现违规收费行为，但农村学前收费偏高。中等职业教育收费按标准执行，按照“贵州省中等职业学校2009年秋季学期至2010年春季学期免学杂费工作实施方案”兑现了优惠政策，减免学费29.4万元。

2011年2月下旬，物价局牵头与万山特区纪律纠风办、财政局对特区各中小学校春季教育收费价格进行了检查，检查中小学校10个，收费项目10项，出动车辆10次、人员8人，通过检查，特区义务教育阶段没有乱收费行为，财政下拨的生均公用经费足额到位，各中小学校没有挪作他用。

2. 医疗收费检查：按照省地专项检查工作安排，2003年开展了全特区医疗收费和药品价格检查工作，检查医疗卫生单位11个，查出违规收费25.6万元，实施处罚5.35万元。规范了医疗收费和药品价格行为，农民看病吃药负担有所减轻。

2006年医疗收费和药品价格检查贯彻国家发改委《关于开展全国医疗服务和药品价格重点检查的通知》，按照地区物价局年初工作安排，对四乡卫生院医疗服务收费和药品价格进行了检查，查出四乡卫生院违规收费11925.20元，实施处罚6000元。查出特区医院经违规收费10.50万余元，收缴违法所得10.50万元。由于特区突发狂犬伤人事件，物价局与特区纪委联合加强了对疾控中心狂犬疫苗和人用狂犬免疫球蛋白等价格管理和有关收费检查，由纪委进行了处理。

2007年医疗收费和药品价格检查配合地区物价检查所检查了特区人民医院，查出药品价格和医疗服务违规金额33万元，万山特区民爆公司违规金额13万元，均由地区物价检查所作了处理。

2008年加大医疗监管，医疗收费价格将逐步规范。根据地区监察局、纠风办、物价局《关于开展全特区医疗机构药品、医疗服务价格专项整治的通知》精神，为加大对特区医疗行业乱收费、乱加价行为的监督检查，解决人民群众“看病难、看病贵”的民生问题，配合特区监察、纠风等部门开展全特区范围内开展对医疗机构药品价格和医疗服务价格的专项整治活动。从8月18日开始，三部门抽调人员8人，分三组对特区医院、各乡卫生院、各村卫生室，特区疾病预防控制中心、特区卫生监督所、特区妇保站、特区计生站、各乡镇计生指导站、特区各医保定点诊所及药店、农村新型合作医疗定点单位等的医疗卫生服务和药品价格情况进行专项检查，此次检查重点在规范收费行为。

2010年8至10月份，会同纠风办、卫生局开展了两次医疗收费和药品价格检查，对调整和新增项目收费执行情况，药品价格情况及收费公示情况进行认真检查，检查机构5个10次，要求制作和规范收费公示牌5家，规范网上采购4家乡卫生院。

2011年8月开展了医药卫生服务价格大检查，此次检查共检查医疗单位5个，药品价格1148个，医疗收费项目82项，收费标准198个，经检查药品价格没有超过规定的进销差率，但有违规收费行为，查出超标收费5项，自立收费项目9项，违纪金额1.68万元，并作了相应处理。

3. 涉农涉企收费检查：2004年至2006年根据省物价局关于转发《国家发展改革委员会关于在全国开展农业生产资料价格和涉农收费专项检查的通知》的通知精神，检查了全特区四乡一镇化肥专卖点、农资及种子价格，对所有超限价化肥价格进行一一纠正。尿素价格上涨幅度很大，由2003年的68元/包涨至78元/包，涨价幅度为14.7%，最高价达到85元/包。对无证销售化肥、假冒伪劣种子、地膜等农资物品进行了严肃处理。坚持每年对区内10家挂牌保护企业跟踪服务两次。

4. 2006年涉农收费检查，根据《国家发展改革委关于开展化肥价格和涉农收费专项检查的通知》和省、地有关通知要求，开展“价格服务进万家活动”与社会主义新农村建设结合起来，深入村镇，从搞好服务入手及时将国家、省、地政策宣传到基层、农村、工厂，做到边了解情况边宣传政策，边检查边服务，公示涉农收费项目，发放《价格法律法规汇编》，使涉农违规收费没有生存土壤。

5. 2008年加大涉企、涉农收费监管，杜绝“三乱”现象。8月4日至8月8日，联合纠风办走访了万山13家规模以上企业，了解部门、单位向企业乱收费、乱罚款、乱摊派情况，大部分企业对万山的投资环境比较满意。3月核定了特区尿素价格，开展了化肥、种子、农药等农资价格专项检查，编印《万山特区收费一本通》5000册，免费发放给各单位、各乡镇、企业、居委会及村民小组4000余册。同时，利用赶集日向群众宣传、赠阅。增强了广大群众抵制乱收费、乱罚款、乱摊派的意识，提高自我保护能力，做到交费明白、收费清楚。

6. 2009年开展了涉农价格和收费专项整治工作。按照省、地有关会议和文件精神，于是年3月开展了为期半个月的涉农价格专项检查，对全特区四乡一镇农资经营户销售的种子、化肥、农药、农用柴油、农膜等价格执行情况进行了检查，未发现乱收费、乱涨价行为。按照省物价局《关于转发<国家发改委关于开展全国涉企收费专项检查的通知>的通知》和铜仁地区物价局《关于开展涉企收费专项检查工作实施方案的通知》要求，制定了《关于开展涉企收费专项检查工作的实施方案》，明确由分管领导督办，为地方企业发展保驾护航。

7. 2010年涉农涉企收费检查：按照特区委、政府的工作部署，7至10月份对涉企收费项目的所有行政事业收费单位及其下属单位的收费情况进行了全面检查。重点检查质量技术监督、检验检疫、房产、工商、环保、气象、公安（消防）等部门，走访了辖区内11家重点企业，了解相关部门到企业的收费情况，未发现乱摊派、乱罚款、乱收费行为。配合纪委监察局、政府法制办、司法局及政务中心集中清理了行政审批、非行政审批及公众服务项目，取消涉企收费项目8项、不适应特区经济社会发展的收费项目

2项。开展了“价格服务进万家”活动，向单位、企业、社区及群众发放价格法律法规和价费宣传资料3000余份，开展价费咨询活动1次，接待咨询800人次。

2011年4—6月对特区行政事业性收费进行了清理检查，共检查行政事业性收费单位47个，收费项目604项，收费标准856个，取消收费项目146项，降低标准21项，减轻了企业和社会负担。7月开展了涉企收费专项检查，共检查涉企收费单位5个，涉企收费项目36项，涉企收费标准64项，通过检查，未发现各职能部门向企业乱收费、乱罚款、乱摊派和无偿占用人、财、物等行为。

二、常规检查

万山特区从2005年起，每年度开展收费年审及换发证工作：核实各部门各个收费项目及标准，严格执行最新收费标准，依据《行政许可法》规范行政事业性收费和经营性收费，行政事业性收费项目从2005年起至2011年止保留收费项目逐渐减少，政府职能从收费服务向无偿服务转变。

2006年应审验上年度全特区行政事业性收费部门30个，单位78个，《收费许可证》正本86个，副本106个，实审验行政事业性收费部门30个，单位78个，《收费许可证》正本86个，副本106个，年审率达100%，年审收费总额1325.53万元，其中：行政性收费总额309.825万元，事业性收费总额1015.71万元，年审收费项目201个，标准316个，换证18个，办新证2个，注销《收费许可证》4个，取消收费项目8个，降低收费标准2个；全特区应审验经营性收费单位20个，《收费许可证》正本20个，副本20个，已审验经营性收费单位20个，《收费许可证》正本20个，副本20个，审验率达100%，年审收费总额5537.2万元，其中：省定标准5364.2万元，地区制定标准141万元，省制定标准30万元。年审收费项目50个，标准137个，办新证3个，注销《收费许可证》1个。

2007年审验上年度全特区行政事业性收费单位60个，其中：国家机关15个，事业单位45个。年审行政事业性收费单位60个，年审率达100%；有行政事业性收费许可证129个，其中：正本60个，副本69个；年审收费总额1124.85万元；①按收费对象统计，涉企收费347.24万元，其它收费777.58万元；②按收费性质统计，行政性收费274.18万元，事业性收费850.67万元；③按管理权限统计，中项中标收费104.39万元，中项省标收费383.41万元，各项资格收费637.05万元；④按收费类别统计，行政管理类收费197.58万元，其中：证件类收费62.50万元；资源补偿类收费184.68万元，鉴定收费48.56万元，考试类收费35.28万元，培训收费5.70万元，其他收费653.05万元。更换收费许可证20个，办新证2个，注销收费许可证12个，取消收费项目16项，降低收费标准2个。

2008年审验上年度全特区行政事业性收费单位61个，年审《收费许可证》122个，年审率达100%，年审收费总额1534.99万元。核发《收费许可证》122个，审核收费项目82项，取消收费项目66项，降低收费标准3项。全特区2008年度共申请收费项目1375项，其中：国家计委制定标准225项，省级物价部门制定标准746项，地区物价部门制定标准404项，换发《许可证》175个，新办《许可证》8个。

2009年审验上年度全特区行政事业性收费单位50个，年审《收费许可证》100个，其中：正本50个，副本50个，年审率达100%，年审收费总额956.85万元。按收费对象统计，涉企收费514.86万元，其他收费441.99万元；按收费性质统计，行政性收费447.45万元，事业性收费509.40万元；按管理权限统计，中项中标收费65.12万元，中项省标收费509.14万元，省项省标收费382.59万元；按收费类别统计，行政管理类收费94.59万元，其中：证件类收费8.86万元；资源补偿类收费420万元，鉴定收费32 .28万元，考试类收费11.67万元，培训收费0.95万元，其它收费397.66万元，审核收费520项。认真执行《财

政部 国家发展改革委关于公布取消和停止征收100项行政事业性收费项目的通知》，涉及特区的收费项目取消40项，降低收费标准15项。

2010年审验上年度50个行政事业性收费单位，审验金额869.05万元，各收费单位都能按物价部门核定的项目、标准收费，没有发现违规收费的现象，在审验的基础上，对收费单位的收费项目认真进行排查，对于不符合规定的项目，给予取消和清理，按规定吊销《收费许可证》3个，注销《收费许可证》正、副本各3个。

2011年审验上年度行政事业性收费单位47个，年审《收费许可证》94个，其中：正本47个，副本94个，年审率达100%，年审收费总额698.33万元。注销《收费许可证》6个，其中：正本3个，副本3个，换发《收费许可证》96个，其中：正本48个，副本48个；年审经营性收费单位14个，年审《经营服务性收费许可证》30个，其中：正本14个，副本16个，年审率达100%，年审金额9018.98万元。换发《经营服务性收费许可证》32个，其中：正本14个，副本18个。

第五章 工商行政管理

第一节 集贸市场建设

1. 市场概况

万山特区有城乡集贸市场9处，其中建有遮阳挡雨顶棚6处5220公顷，马路市场3处，配有服务设施（案板、摊位）7处582公顷。

2. 市场建设

1991年投入市场维修费780元，市场管理房屋建设维修费6398.90元。1992年中共贵州省委明确规定："兴建生产资料、生产要素有形市场或日用消费品市场，实行谁投资准受益的办法，收取场租费或摊位费、服务设施费。"1992年投入5533.54元用于维修黄道和下溪农贸市场，1995年维修万山农贸市场3000元，1996年投资800元维修黄道农贸市场倒塌顶棚。1997年维修万山农贸市场水泥柱投入700元，1998年投资1.6万元改建下溪农贸市场和维修敖寨农贸市场。2002年9月30日铜仁地区工商局同意将闲置的下溪、敖寨、黄道、高搂坪、三角岩市场管理房屋变卖处理，其收入全部纳入财务管理，用于基本建设。当年底，出售敖寨、三角岩、高楼坪等处房屋收回资金55600元。

万山特区城乡集贸市场重新丈量情况一览表

表10-3

市场名称	棚顶市场(平方米)	马路市场(平方米)	服务设施(平方米)	合计(平方米)
三角岩	160	340	70	570
二厂		800		800

续表10-3

市场名称	棚顶市场(平方米)	马路市场(平方米)	服务设施(平方米)	合计(平方米)
万山	4000	5000	160	9160
深冲	180	420		600
岩屋坪	80	1520	16	1616
敖寨		400	80	480
黄道	600	900	60	1560
高楼坪	600	200	16	816
下溪	200	1000	180	1380
合计	5820	10580	582	16982

2005年万山特区各市场基本情况登记表

表10-4　　单位：万元

市场名称	习惯场期（农历）	赶场人数	座商（万元）	流动商摊个数						交额（万元）	备注
				肉类	布匹	粮食	日杂百货	蔬菜	工业品		
万山	三八	9000	280	40	6	25	60	70	120	10	含三角岩
下溪	四九	5000	40	20	3		10	5	30	4	
黄道	五十	4000	40	15	4		10	10	40	4	
高楼坪	五十	1000	40	6	2		5	10	10	2	
深冲	一六	200	15	4	2		10	10	10	1	
敖寨	二七	150	20	4	2		8	10	10	1	
岩屋坪	五十	100	8	3	2		6	10	10	0.8	

第二节　集贸市场管理

1. 市场监管

1991年以来，市场监管主要是对工商户经营活动实行监管。对废旧钢材、旧矿车、汞矿石、重晶石等外运实行准运证制度；对钢材、机动车辆交易实行验证制度；对煤炭、石油、水泥等实行验证管理；对农业生产资料实行售前验证制度，对农资公司、供销合作社经营的化肥、农药、农膜进行定期或不定期检查。

1991—2005年查处各类违章违法经营案件1779起，给予罚款20.9万元，取缔无照经营和非法经营311户，责令补办手续183户。对查出的假冒伪劣变质商品（假烟、假酒、假药、变质饮料食品）予以销毁，非法经营商品（非法出版物光碟、书刊等）予以没收，黑网吧予以查封。

1991年，查处一般违法案件518件，立案10件，结案9件，罚款2.9万元，取缔无照经营54户，要求补办营业执照50户。没收变质饮料、罐头、酒1883瓶，食品120千克，变质商品2558件，查处手续不完备的文化音像经营户12户，非法出版物120张（合），销毁伪劣药品57种。1994年，查处一般违法案518件，取缔无照经营54户，补办营业执照29户，罚款4200元。没收变质饮料1800瓶，食品120千克，商品255件（包），不标准木杆秤97把。

1996年，查处伪劣猪饲料1000千克，胶水40瓶，变质饮料68瓶，假冒畜用保长素100包，没收非法出版物400册，价质3万余元。全年查处经济违法案41件，罚款6500元，其中化肥16吨，废旧钢铁28吨。

1998—1999年，执行特区政府《关于清理、整顿粮食市场的通告》，对特区粮食局擅自提高大米销售价进行查处，没收粮食11吨。

2003年5月，为加强市场监管，严防利用“非典”名义从事非法经营活动，暂时将黄道市场关闭，杜绝湖南的经营户和其他涉嫌人员流入特区市场。

2005年，加大清查“毒鼠强”鼠药力度，散发宣传资料1800余份，向群众宣传“毒鼠强”对人畜的严重危害性。

2006年，与物价、质监、卫生、公安、文广等部门组成联合检查组，对辖区内的各类市场、食品超市、个体等食品经营户进行了食品安全专项检查。出动执法人员96人次，检查经营户960户次，检查各类（商品）食品10大类100多个品种，“三无”食品1200包，“三无”劣质饮料52件及其它30多个品种，价值3.6万元，取缔无照食品加工户5户，查处无证加工月饼1户，罚款800元。

2007年，对辖区内的食品经营户等进行了食品安全专项检查，与食品经营户签订了食品安全责任状514份，要求建立健全“两帐、两票、一卡、一书”制度。检查中，出动执法人员328人次，检查经营户440户，检查各类（商品）食品30大类310多个品种，价值33945元，取缔无照食品加工户15户。

2008年，一是在雪凝期间，紧紧围绕群众关注的粮、肉、蔬菜、煤、液化气等重点物品开展多次专项检查，对哄抬物价、非法牟取暴利等违法违规行为进行严厉查处，依法处理高价销售蜡烛的3名不法商贩。二是在重大节假日及奥运会期间，出动执法人员45人次，查获不合格月饼127.5公斤，取缔无照食品流动摊贩10户，责令限期补办工商营业执照12户。三是开展4次副食品检测，印发识别注水肉类小窍门宣传资料1000余份，解答群众咨询10余起。四是在发生三聚氢铵婴幼儿奶粉事件后，工商局实行二十四小时值班制，启动了食品安全紧急预案，前后共出动执法人员80人次，对三鹿婴幼儿奶粉全部下架封存，对伊利、蒙牛、圣元、优博等奶制品进行了逐一对照检查。五是签订食品安全责任状514份，两个“100%”成果得到继续巩固，共出动执法人员328人次，共检查食品经营户440户次，检查各类（商品）食品30大类310多个品种，价值33945元，收缴各类无QS标记食品1400袋，价值1.1万元。

2009年，一是开展注水肉、蔬菜农药残留、豆制品、面制品等含二氧化硫、甲醛、吊白块、亚硝酸盐、双氧水含量的抽样检测。二是完成食品经营户索证索票、建台帐达85%。创建6户食品经营户食品示范店，制作了8户食品经营公示牌、八项制度公示牌。

2010年，工商局认真抓好《食品安全法》及其实施条例和相关规章制度的学习和落实，与食品经营户签订了食品安全责任状274份，建立了食品经营户监管档案，食品经营户索证索票、台帐建立达到90%以上，辖区已建食品示范店7户，实现了“一乡一个示范店”的目标。通过集中开展专项检查与日常检查相结合，全年共出动执法人员275人次，检查经营户352户次，检查各类（商品）食品30大类100多个品种，取缔无照食品流动摊贩45户，限期补办工商营业执照37户，查获啤酒、饮料、麻辣等“问题”食品10万余元。同时充分利用食品快速检测技术手段对食品、蔬菜、豆制品进行现场检测，对辖区内的桶装饮用水及食用油销售点抽样送地区检测中心检测，销毁了1户不合格的食用油。

2011年，依据《食品安全法》开展食品安全和食品添加剂专项整治，与食品经营户层层签订了食品安全责任状，建立了食品经营户监管档案，台帐建立达到90%以上，对豆制品、米粉及肉类等75个商品批次进行了快速抽检。开展专项行动共检查食品经营户352户（次），检查各类食品100多个品种，查缴各类超期变质、假冒伪劣过期饮料、啤酒、小食品100余件。

2. 红盾护农

2006年，围绕“三农”问题，深入开展红盾护农行动，大力培育和发展农村经纪人，积极开展订单农业，为农民消费者发放有关农业生产资料方面的宣传资料2000多份，同时，与各农资经营户签订了责任状，农资产品质量承诺书等。

2007年，一是主要采取开展农资市场专项检查、规范经营者经营行为、采用有线广播、宣传车、张贴宣传标语形式和创办红盾护农宣传专栏等方式进行有效监管，讲解有关农业生产资料和消费者合法权益等方面的知识，发放宣传资料1000多份，张贴标语8幅，开展农资市场专项整治4次，出动执法人员44人次，检查农资经营户120户次，取缔无照经营11户，对全特区的36户农资经营户建立了进销货台帐、“两账一卡一书制度”等制度，并签订120份承诺书和责任状。与质量技术监督局配合查获质量不合格复合肥2吨，为农民挽回经济损失近4千余元，维护了农民群众的切身利益。二是为切实保证农民工的合法权益，结合特区实际，加大对拖欠农民工工资的用人单位的检查力度，出动执法人员8人次，检查建筑等行业17家，涉及农民工187余人，接待群众来信来访9次，来访21件，受理民工投诉案件11件，为农民工追回拖欠工资3万余元。三是根据中央一号文件精神，积极落实服务“三农”优惠政策，雪凝期间免收鲜活农产品市场管理费3000余元，对初次申办个体工商户的农民、农民专业合作社、乡村旅游景点个体户免收登记费。四是实施品牌商标战略，提高农产品附加值，办理农副产品商标注册1件，申报1户地理商标，促进农民树立商标品牌意识。

2008年，重点做好“保春耕、保夏播、保秋种”农资打假行动，对所有农资经营户采取建立进销货台帐、发票、质量信誉卡、质量责任书等措施。进一步加大对坑农、害农案件的查处力度，出动执法人员25人次，检查农资经营单位44户次，取缔无照农资经营1户，查处违法经营案件1件（无照经营化肥），暂扣假冒水稻种子30公斤，封存农达牌农药20瓶，对涉嫌销售不合格化肥的5家经营户下发暂停销售书，为农民挽回经济损失近2千余元，维护了农民群众的切身利益。

2009年，检查农资经营单位183户次，取缔无照农资经营3户，暂扣不合格杂交水稻种子65千克，不合格农药水稻死复康9包、水稻起死回生8包。查处无照经营化肥案件3件，罚款600元。辖区的48户农资经营户全部落实了“两帐两票、一书一卡”制度，对9个化肥品种进行抽样送检。

2010年，在百年未遇的大旱灾面前，从“保发展、保民生、保稳定”的高度出发，扎实有效组织开展抗旱救灾工作，一是工商局辖区内农资经营户的涉农商户全部落实了“两帐两票一书一卡制度”、“种子备样备查制度”和“诚信责任制度”等，签订农资经营责任状和产品质量承诺书33份及产品质量信誉卡33张，为追根溯源提供了依据。二是在辖区开展以种子、化肥、农药、农机及配件的重点物质检查。查获假稻谷种子25千克，对已销售的种子发布召回退款公告。下架未备案登记的湘优66稻谷种子30包，查处无照经营种子一案，罚款500元。三是 对销售水泵、水带（管）、抽水机等抗旱物质的经营户进行拉网式检查，检查万山城区农机具经营户12户，督促指导建立台帐6户。取缔无照农资经营户2户。

2011年，到高楼坪夜郎村枣子基地和蔬菜基地种植的农户宣传《合同法》、《担保法》，服务农村经济发展。同时，执法人员深入辖区内的农资经营户开展清查行动，出动执法人员34人次，检查农资经营单位183户次，没有发现“奥施特”不合格化肥和假冒不合格兽药。

第三节　工商企业个体商户管理

一、工商企业管理

工商机关依法对工商企业申请户的申请材料进行审查，凡条件符合的在5日内办理工商营业执照。

每年3月1日至6月30日之间对企业年检，经审查符合规定的，在营业执照副本上加盖年检戳记，并发还营业执照副本。1991年工商企业登记263户注册资金7267万元，从业人数8088人。其中私营企业25户，注册资金608万元。到2005年工商企业登记181户，注册资金12457万元，从业人员8073人。其中私营企业61户，注册资金5136万元，私营企业占33.7%，注册资金占41.2%。2011年，工商企业登记168户，注册资金31565万元，私营企业78户，830人，注册资金26043万元。

二、个体工商管理

1.登记发证

工商行政管理所负责受理从事个体工商户经营的申请、查验有关证明、准予填写申请登记表后，将有关文件报送工商行政管理局审查。工商行政管理局在受理申请之日起30日内作出审查决定，准予登记的，发给营业执照；不予登记的书面通知本人。

1991年个体工商登记899户，注册资金249万元，从业人数1248人。1996年登记1313户，注册资金429万元，从业人数1740人。2005年登记1088户，注册资金1700万元，从业人数1304人。2011年登记1979户，注册资金6092万元，从业人员2511人。

2.专项检查

2006年，打击非法拼（组）装报废汽车行为和开展对高致病性禽流感的防控工作，制定了防控高致病性禽流感应急预案，成立了应急机构。

2007年，召开猪肉市场专项整治会议和启动猪肉市场监管应急预案，由工商局牵头，与特区畜牧局、公安局、交警队、公路局等部门分成三组，在主要交通路口成立了生猪和猪肉疫情监控检查站，实行24小时蹲点值守，对外来牲畜运输车辆采取“堵、查、防”方式，进行登记备案，堵载劝返，严格封锁境外生猪和猪肉流入万山特区市场，是年共发现5车生猪运输车辆，被要求返回原地。

2008年，一是打击非法拼（组）装报废汽车行为，检查机动车电瓶液经营户12户。二是开展废旧物资回收市场检查专项行动，与特区公安局联合行文制定了打击“三电”专项行动方案，对辖区的8户废旧收购点进行了专项检查，有力的打击了窃取“三电”设施的违法犯罪行为。三是认真贯彻落实“限塑令”宣传，督促各大超市、商场宣传张贴《商品零售场所塑料购物袋有偿使用管理办法》，对商家开展相关法律法规培训。四是开展了电火箱、电热取暖器、家具、油漆、五金、服装、童鞋童车等专项检查，把好了以上产品质量关，维护了消费者利益。

2009年，开展安全生产大检查，检查非煤矿山15户、烟花爆竹31户、歌舞厅、游戏厅7户、建筑单位11户、学校4家，前置审批手续齐全，证照齐全，无安全事故隐患，只对一些安全小设施进行了整改。

2006——2011年市场主体发展情况表

表10-5

年度		2006	2007	2008	2009	2010	2011
企业	总数(个)	142	142	86	130	112	168
	注册资金(万元)	9599	9874	13374	16844	14108	31565
	其中,私营企业(个)	73	81	71	68	81	78
	注册资金(万元)	5435.9	7060	10967	9140	11460	26043
	从业人员(人)	258	616	756	-	830	830
个体工商户	总数(户)	986	1188	1339	1598	638	1979
	注册资金(万元)	2152.36	2640.11	2683.85	2954.6		6092.15
	从业人员(人)	990	1202	1389	1722	821	2511
农民专业合作社	户数	0	0	1	4	7	20
	注册资金(万元)			16.7	280	342.7	3420
	从业人员(人)			5	-	30	162

第四节　合同　商标　广告管理

一、合同

1. 审查合同

办理各类经济合同，首先承包方到工商行政管理局购买相关的经济合同示范文本，按要求填写好后，送工商行政管理局执法股审查是否符合《合同法》的要求，是否有争执的问题，审查完毕后交一份合同给工商局备案。企业承包方到工商局购买经济合同，首要条件是必须持有合法资格的工商营业执照（授权委托书），以及相关的建筑、桥梁、公路等资质证明。

1991—2005年共办理合同签证301件，合同金额6586.69万元，受理合同案件670起，涉案金额186万元。

2006年，加强合同监管，打击合同欺诈行为，集中开展了对药品、医疗、房地产、保健食品等广告进行了专项整治。2007年，继续抓好开展“守合同、重信用”活动的宣传，办理“守合同、重信用”复核单位8户，新增申报单位5户，检查合同24份合同金额1200余万元。2008年，新增地级“守合同、重信用”单位2户，复核13户（其中省级3户，地级10户）。检查建筑合同18份、工矿合同12份、房地产合同文本59份，总金额1240万元，对部分公司归档不规范进行了现场纠正。2009年，加强企业信用监管，推进企业信用体系建设，规范履约守信企业公示制度。特区共有“守合同、重信用”企业18户，其中省级3户、地级13户、今年新增2户。检查建设、工矿合同7份，合同金额420余万元。开展动产抵押登记2户，为企业融资120万元。

2. 合同监管

2006年，加强合同监管，打击合同欺诈行为，集中开展了对药品、医疗、房地产、保健食品等广告进行了专项整治。2007年，继续抓好开展“守合同、重信用”活动的宣传，办理“守合同、重信用”复核单位8户，新增申报单位5户，检查合同24份合同金额1200余万元。2008年，新增地级“守合同、重信用”单位2户，复核13户（其中省级3户，地级10户）。检查建筑合同18份、工矿合同12份、房地产合同文本59份，总金额1240万元，对部分公司归档不规范进行了现场纠正。2009年，加强企业信用监管，推进企业信用体系建设，规范履约守信企业公示制度。特区共有“守合同、重信用”企业18户，其中省级3户、地级13户、今年新增2户。检查建设、工矿合同7份，合同金额420余万元。开展动产抵押登记2户，为企业融资120万元。

二、商标管理

商标管理的内容：一是注册商标；二是查处侵权商标。

注册商标首先是由企业或个体户到工商行政管理局写出申请，提出申请，提交注册商标的文字、图案、样式稿，填写注册商标的受理申请书，文字、图案、表格送省工商行政管理注册商标处审批、备案。1991—2005年共受理商标注册122件，查处侵权商标案34件，2006—2011年受理商标注册34件。2007年，积极引导红菱汞业有限责任公司“银河”牌注册商标参评2007年度贵州著名商标认定评选工作。开展保护注册商标专用权利行动，检查经营户450户，商品市场30个次。2008年，一是根据上级关于保护奥林匹克标志专有权的工作布署，工商局与特区文化局对城区副食店、药店、手机店、企业、文化用品商铺等72户各类经营主体进行了专项检查，营造了良好的奥运知识产权保护氛围。二是以保护知名商标为重点，加大对仿冒、“傍名牌”搭便车等违法行为的查处力度，查处假冒“脑白金”侵权商标商品6盒。三是红菱汞业有限公司“银河牌”商标被评为2007—2010年度贵州省著名商标。2009年，重点开展以打击傍名牌、商标侵权以及未经商标权所有人授权许可从事专卖店、特约经销等经营行为的专项行动。对辖区的“意尔康”、“蜘蛛王”、“老爷车”、“特步”等品牌专卖店进行了资格认定，未发现商标侵权现象。同时加强对特区贵州省著名商标“银河”实施保护，未发现在同类商品上使用该商标。2009年办理2件农副产品商标注册，新申报4家地理商标注册。2010年，一是以辖区内的电脑耗材、汽车配件、食品、家俱、服装、皮鞋为重点，加大对驰（著）名商标的保护力度，积极开展打劣扶优工作。对“中华牌”铅笔、老爷车、意尔康等品牌商标情况进行了专项检查，未有发现商标侵权行为。在4·26开展第十个“知识产权日”宣传活动，发放科普宣传资料1000余份，接待咨询人数500余人次。二是根据地局2010年商标广告工作要点和具体要求，全年受理酒类产品商标申报1起，对“银河牌”商标进行续展。

三、广告管理

广告管理内容主要是：一、依法办理广告经营许可户；二、撤除违法广告；三是查处违法广告经营户。

广告经营单位将广告的文字、图案交工商局审查是否符合要求，同时提交工商营业执照复印件、法人身份证、广告经营许可证。经审查合格，方可进行广告。1991至2005年共受理广告经营申请27次，查处非法广告271次。2006—2010年共办理广告经营户3户，检查97户次，查处4户次，罚款共1500元，撤除违法广告160幅，收缴违法报刊纸张247张，书刊广告100余条，收缴违法医药品广告5000份，违法印刷品广告13000余份。

第五节　打击制销伪劣产品专项执法

1993年4月22日，消费者协会成立“工商咨询服务部”，实行有偿服务，为企业、个体户办照、办证、广告宣传、订经济合同、起草文件、办理手续等，1994年6月4日撤销。1994年，在农贸市场利用广播宣传《反不正当竞争法》《消费者权益保护法》达20余次，印发宣传资料2000余份：1999年是“安全消费年”，为了进一步方便广大消费者投诉举报，严厉打击制售假冒伪劣商品行为，开通丁举报服务电话：3522315。

2001年开展了以“绿色消费”为主题的活动，帮助消费者提高识别能力，发放了《如何认定制售假冒伪劣商品》《产品质量法》《烟草专卖法》《种子管理条例》等资料共1500多份。2002年开展“科学消费”活动：2003午开展以“营造放心消费环境”为主题的“3・15”国际消费者权益日宣传咨询活动。2004年以“诚信、维权”为主题活动，对全特区城乡360户经营摊店的12大类100余个品 种进行了全面检查。接受群众咨询1000余人次，2005年的“3・15”宣传咨询服务活动主题是“健康维权”，工商会同质监、卫生、物价、烟草、农业等8个部门开展宣传咨询活动。咨询人数达5000人次发放各类宣传资料10000多份，查处销毁价值16万元的各类假冒伪劣商品。1991—2005年接待消费者咨询投诉2025人次，受理投诉案件434件，处理结案430件。结案率为99%，为消费者挽回损失21.19万元。2006年以后，万山特区市场不断有伪劣产品出现，严重损害消费者利益，万山特区工商管理局为保护消费者利益，每年都开展了“制止欺诈月”专项行动，打击不法商业欺诈行为。2006—2011年期间，检查个体商户480户，查获非法印刷品广告18200余份；查获各类伪劣商品76个品种，价值13000余元；查获商业欺诈案1起，罚款900元；取缔商品推销商户1户，没收全部有奖卡片；查获非法销售彩票摊点1处，没收刮刮奖奖票1000余张；查处非法有奖销售1起，缴获奖票500余张；查处金银首饰欺诈案1起。同时健全“经济户口”管理制度，严把市场准入关，及时掌握行业、企业经营动向，保护知名商标，防止假冒。2006—2011年间，销售假冒商品价值18.5万元，为消费者挽回经济损失14.2万元。消费者协会印发宣传资料20000余份，咨询2000人，受理案件76件，调解75件，建立了消费者投诉站24个。

第六章　审　计

第一节　财政金融审计

一、财政预算执行情况审计

1995年1月1日，《中华人民共和国审计法》正式实施，规定地、县每年对本级财政预算执行情况进行审计，本级财政预算执行审计纳入了法制轨道。1995年10月和1996年3月，审计局先后两次对万山特区财政1995年度预算执行情况进行了试审，对12个影响财政收支较大的部门和企业进行专项审计和审计调查。针对审计揭示的问题，就如何搞好财税管理，加强财源建设等向政府提出了10条切实可行的建议，多数审计建议得到政府采纳，在1996年政府有关财政经济工作中得到体现。审计，促使政府进一步加强对财政收支的监督与管理。

1997至1999年，围绕服务地方财源建设这一思路，以强化审计监督和参谋作用发挥为切入点，揭露和反映预算执行过程中亟待解决和改进的一些问题，提出加强财源建设的审计建议，绝大部分被政府和财政部门采纳。在1997年的审计工作中，查出一起财政局职工利用职务之便涂改发票，贪污公款2000元的案件，责任人受到政纪处分。1999年针对审计发现的财政周转金突出的现象的问题，编发审计信息，被省、地审计机关采用，引起特区有关领导的高度重视。此后几年，财政部门加大对周转金清理回收力度，确保财政资金的安全有效管理。

2000—2005年，以规范预算收支管理和财政分配秩序，促进提高财政资金使用效益为目的，以关注本级预算支出不规范、不合法、不真实的问题为重点，进一步发挥审计在推动财政管理法制化、规范化过程中的作用。如实揭露财政部门执行预算追加审批制度不严，预算不够细化；“暂存”和“暂付”款往来金额大；税收工作清缴力度不够，存在漏征漏缴问题；一些预算部门存在财务管理较为混乱，内控制度执行不严，公务接待费开支过大，挤占挪用专项资金和负债消费等问题。

针对存在的问题，提出规范预算管理、加强财源建设、加强会计集中核算和政府集中采购、强化税收征管等合理化意见和建议，使财政审计真正起到了为领导宏观决策服务，为经济建设服务的作用。特别是2004年的财政审计，引起财政部门的高度重视。此后财政局会同审计局等部门相继出台《万山特区各部门财务管理暂行办法》、《万山特区政府采购中心集中采购办法》等办法，会计核算中心加强对各单位财务核算的管理，严格审核把关，有效规范各单位财务管理，提高财政资金使用效益。

2006—2011年，除每年完成本级财政审计（含地税、金库）审计外，还延伸审计国土、安监、林业、环保、接待办等部门预算执行情况，查出违纪违规资金101万元，审计下达决定上缴财政资金39万元。审计对财政部门超预算追加拨款、虚列收入和支出，预算执行部门违规收费、挤占挪用专项资金等问题进行依法处理，提出有针对性审计建议。2006年以来，万山特区审计局依照《审计法》每年代特区政府向特区人大常委会作本级预算执行情况审计工作报告，得到与会委员的高度评价和肯定。

二、乡级财政决算审计

1991—2005年，先后16次对四乡一镇乡级财政决算情况进行审计，每个乡镇平均达3次，平均5年审计一次。审计总金额1136.14万元，查出违纪违规金额138.86万元，收缴财政3.52万元。

1993年4月，对敖寨乡1992年财政财务收支进行审计，审计总金额为34.52万元，查出违纪违规金额2.07万元，审计责成乡政府自行整改及调账，收缴财政资金0.08万元。

1996年5月，对下溪乡1995年度财政决算情况进行审计，审计总金额64.71万元，查出违纪违规资金10.72万元，审计责成乡政府自行整改，收缴财政资金0.26万元。针对该乡财政和所属单位财务管理比较薄弱的状况，编发“乡级财务管理状况不容忽视”的信息，同时对乡计生站坐支计生费等问题进行严肃处理，引起各级领导的高度重视。

2000年11—12月，对黄道乡1999年度财政决算情况进行审计，审计总金额65.04万元，查出违纪违规资金8.96万元，审计责成自行整改，收缴财政资金0.32万元。

2003年5—7月，对高楼坪乡2002年度财政决算情况进行审计，审计总金额127.55万元，查出违纪违规资金34.43万元，责成乡政府自行整改，收缴财政资金0.23万元。审计查实乡属单位预算外收入6万元未纳入财政专户管理，乡政府国有资产处置收入2万元未按规定解缴财政而直接坐支，乡广播电视站违反规定发放加班费0.61万元，往来款项长期挂账达25万元等问题。审计对相关单位及责任人处以0.23万元罚款。

2004年8月，对万山镇政府2003年度财政决算情况进行审计，审计总金额89.77万元，审计查出违纪违规资金15.52万元，审计责成镇政府自行整改，收缴财政资金0.45万元。通过细查深究，查实了镇政府截留专项工程资金6.2万元，设立账外账并挪作他用、挤占挪用专项资金、财政所违规列支费用等问题，审计责令镇政府及时归还了被侵占挪用的资金。

三、金融审计

1991—1999年先后7次对特区工商银行、建设银行、保险公司等单位财务收支情况和资产、负债、损益情况进行审计。审计总金额8830.24万元，查出违规违纪金额31.52万元，收缴违规金额0.8万元。

1991年7月，对特区工商银行和建设银行1990年度财务收支情况进行审计，审计总金额965.18万元，查出违纪违规金额4.3万元，收缴金额0.05万元。

1992年3—6月，对特区保险公司、建设银行1991年度财务收支情况进行审计，审计金额551.24万元，查出违纪违规金额0.44万元，收缴金额0.07万元。

1995年5—6月，对特区建设银行1994年度资产、负债、损益情况进行审计。审计总金额483.82万元，查出违纪违规金额21.45万元，处理上缴财政0.51万元。1998年4月，对特区财产保险公司1997年度资产、负债、损益情况进行审计，审计总额53.58万元，查出违纪违规金额3.35万元，审计责成其调账处理。1999年5月至7月，对特区工商银行1998年度资产、负债、损益情况进行审计，审计总额6776.15万元，查出违纪违规金额1.98万元，处理收缴财政金额0.17万元。

第二节　专项资金与外资审计

一、专项资金审计

1991年以后，对待业养老保险资金、水利资金、以工代赈专项资金、农林特产税、计划生育事业费、抗洪捐赠款物、国土资金、水保工程资金、坡改梯资金、救灾资金、退耕还林专项资金、易地扶贫资金、万湖（万山至湖广桥）油路改造资金、住房公积金、防“非典”资金、低保资金、沼气工程资金等38项专项资金进行审计，审计金额2266万元，查出违纪违规资金370万元，收缴财政10.9万元。

1993年，对特区环保局1992年度排污费管理情况和水利专项资金2个项目审计。环保局排污费审计查实该单位存在着收入不入账，擅自挪用排污费购买金融债券等违纪行为。审计局收缴违纪金额0.9万元。发现地区环保局监测站对特区化工厂、硅铁厂监测过程中，违规收取两厂各种费用且不入账，审计依法向地区监察局和环保局提出了审计建议，要求核实，引起了上级部门高度重视，迅速组成调查小组对上述问题进行核实处理，特区环保局1名责任人受到政纪处分。

1996年，对房改资金进行了审计，审计发现特区房改资金使用无计划，委托贷款效益欠佳（逾期未收回的达100万元），审计责成房改局及时清收贷款，确保资金安全有效运作。

1999年，对水利资金和计生经费管理使用情况进行审计，查出违纪违规资金39万元，其中处理应归还渠道资金10万元，应交财政4万元。水利资金审计查出滥发钱物等问题；计生经费查出违纪违规资金5.91万元，查实计生局私设“小金库”3万元和乡计生股自行坐支计生费、遗失票据等问题，审计对“小金库”资金进行全额没收，处理收缴财政资金3.7万元。

2000年，对1998—1999年国土资金、小田坪水保工程资金和农办坡改梯工程造价3个项目进行审计，查出违纪违规资金156万元，审计处理应收缴财政4万元，处理应追还侵占挪用资金57万元。国土资金以检查土地出让金的收取、分配和使用为重点，揭示特区国土局存在违规超标准收费、拖欠应缴财政预算资金和违规使用不合规票据收费等问题，查出违纪资金2.3万元，审计收缴财政0.4万元；小田坪水土保持工程资金审计，客观、公正地评价了工程资金的使用效益，促进资金的合理使用。

2003年，主要对住房公积金、坡改梯工程资金、防“非典”资金、水保资金、低保专项资金5个项目进行审计，审计资金总额800万元，查出违纪违规金额81万元，其中应归还原渠道资金11万元，应交财政4万元，应自行纠正金额44万元，审计查处“小金库”1个。审计发现的主要问题有：住房公积金在运作上不够完善，保值增值不够，作用有待发挥；坡改梯资金账务处理差错较多，工程后期管护力度不够；水利局水保资金使用效益较差，经果林存活率低，损失比较严重。审计就此问题编发了一篇《审计要情》，引起了党、政领导的高度重视，党委书记亲自批示，责成相关部门对这一问题进行深入调查。城镇低保资金审计发现民政局违规收取退伍军人安置费、私设“小金库”4万元等问题，审计共收缴财政3.5万元，有两名责任人受到经济处罚。此次审计还向纪委提供案件线索一起，纪委根据审计发现的问题和群众举报，查实万山镇居委会经办人李某某克扣低保户低保金2万元的严重违法事实，李某某受到法律制裁。

2005年对农办坡改梯资金、水利专项资金两个项目进行审计，查出违纪违规资金3万元，审计处理收缴财政0.5万元。坡改梯资金审计发现特区农办未能严格按照上级批复的项目实施方案组织实施，项目调整较大，往来款项长期不清理；水利局存在违规收取水保方案许可证费、年检费等1.2万元，部分工程验收结算不及时等问题，审计对违规收取的费用0.5万元予以收缴。

2006—2011年，对农村低保资金、农村危房改造、农村沼气资金、扶贫资金、抗震抗旱救灾资金、中小学校舍安全资金、石漠化治理等共计26项专项资金进行审计。审计资金总额4.93亿元，查处违规和管理不规范资金175万元，收缴财政资金11万元。审计对专项资金政策宣传不到位、管理把关不严格、工程进度缓慢、挤占挪用资金等问题进行查纠，提出审计建议，促进了专项资金规范使用和各项惠民政策落实。

2006—2008年，连续三年对农村合作医疗基金进行专项审计。针对特区农村合作医疗管理局未登记收入明细账、对定点医疗机构监督缺乏有效监督手段、对特区境外看病患者报销比例偏低、未建立参合对象台账信息等问题，提出切实可行的审计建议，进一步促进农村合作医疗资金规范管理。

2007年，对社会保险基金、农村沼气专项资金使用情况进行审计。查出违纪违规资金105.81万元。审计下达决定，要求特区社会保险事业局将挤占挪用的基本医疗保险基金和失业基金95.23万元归还原渠道。对特区农业局虚报套取沼气工程资金10.57万元全部收缴区财政。农村沼气专项资金审计项目被地区审计局评为2007年度表彰项目。

2008年，完成2006—2007年度扶贫资金管理使用情况审计，查出特区职校虚报套取农村劳动力转移培训经费共计7.07万元，审计下达处理决定，责成职校将虚报套取资金归还原渠道。该项目被铜仁地区审计局评为2008年度表彰项目。

2010年，根据铜仁地区审计局统一安排，完成了松桃县新型农村合作医疗基金专项审计。查出松桃县民政局个别机构弄虚作假虚报冒领医疗救助资金，以及县合医局挤占挪用专项资金等问题，审计向松桃县纪委移送案件线索一起。

2011年，对地方政府性债务、扶贫资金进行专项审计，审计发现万山特区医院向银行贷款632.05万元，拟用于医疗设备采购问题长达一年多未得到落实造成该笔资金闲置、万山特区农牧科技局转让生猪良种场转让欠款52.5万元未及时清收，对此审计提出可行性建议，促进问题的及时解决。

二、外资审计

随着国家对西部地区扶贫开发工作的开展，特区自1995年开始相继争取到农村卫生人力开发项目、疾病预防项目、农业综合开发项目、结核病预防项目4个世界银行贷款项目和1个联合国援助项目、世界粮援项目。万山特区审计局按照上级审计机关部署，对项目资金实行每年跟踪审计，按照“如实披露、提高质量、维护审计权威”的要求，以提高外资利用质量，降低政府偿债风险，促进有关部门履行外资管理职责为目标，如实揭露外资运用管理中存在的突出问题。1995年至2005年，实施完成29项审计，其中：国外贷款项目23个，国外援款项目6个，对外出具审计报告17份，审计项目概算投资总额39096万元，其中外资23766万元，查出违纪违规资金192万元，审计处理收缴财政2万元。

农村卫生人力项目审计（审计代号：2539-CHN）

农村卫生人力项目于1994年开始启动，项目投资总额44.16万元，计划用6年实施完毕。自1995年开始，连续5年对这些项目运作管理情况进行了审计。2001年，该项目顺利关闭，到位项目资金77.36万元，支出76.89万元，主要开展了卫生人力培训、改建乡卫生院等工作。

疾病预防项目审计（项目代号：2794-CHN）

疾病预防项目于1996年启动实施，项目投资总额31.44万元，计划用5年实施完毕。自1997年开始，按照上级有关要求，连续5年对项目运作管理情况进行了审计。2002年，该项目顺利关闭，到位项目资金17.63万元，支出16.94万元，主要开展了疾病预防培训、医疗设备购置等工作。

国际农发基金贷款项目审计（项目代号：483-CHN）

国际农发基金贷款项目于2001年启动实施，项目计划投资总额1110万元，截至2005年年底，到位资金222.5万元，已全部用于发放农村种植、养殖贷款。自2002年起，审计每年对该项目资金管理使用情况进行跟踪检查，重点审计了资金到位和实施效果情况。审计发现，农发基金贷款项目投放效益不够明显，贷款催收力度不够，到期贷款回收困难。2004年，针对这些问题编发《我区农发基金贷款管理亟待加强》审计信息，被地区行署和省、地审计机关同时采用，引起有关部门高度重视。2005年，对资产负债和项目管理费用的调查，项目工程进度跟进和贷款协定执行、发放、回收使用情况的审计，发现仍然存在其项目资金贷款回收率低的问题，需加强催款力度，积极催款减少到期贷款的损失和沉淀。2006年，重点抽查了部分乡镇贷款台账，发现部分乡镇不按时上交已收回的贷款及利息、滞留贷款本金等问题。2007年，对各乡镇账务进行清理。审计中发现，特区483项目办用基金贷款暂借给特区恒兴铁合金厂用于扩大再生产300万元未归还。

结核病预防项目审计（项目代码：7107-CHN）

结核病预防项目于2003年开始启动，项目计划投资总额27.12万元，计划用7年实施完毕。2004年，审计发现特区结核病预防项目未签订转货协议，不能提款报账，影响了项目的实施进度。2005年，重点对结核病控制项目资金到位和实施效果，以及项目设备采购和提款报账情况进行了审计，审计发现特区结核病预防项目提款报账不及时，未建立有效的结核病经费筹措机制，经费渠道来源单一，实施效果不够明显等问题。2006年，对结核病控制项目2005年度财务收支情况进行审计，重点关注上级拨入专款到账和使用情况，免费药品发放和服用情况，对结核病项目由于防治经费短缺、项目配套资金落实难，从而影响工作开展的问题提出审计建议，得到较好落实，此后，特区政府逐年加大对该项目的投入。

第三节　行政事业单位与经济责任审计

一、行政事业单位审计

1991年至2005年对行政事业单位实行定期审计。先后对万山特区公安局、林业局、教育局、人事局、老山口新区管委会、有线电视站、政府办、纪委、检察院、郭家小学、国土局、党委办、质监局、工商局、采空区项目部、运管所工程等单位审计项目，查出违规违纪金额243.83万元，收缴财政6.35万元。

1991年，对全特区10个行政事业单位实行定期审计，重点检查各单位内部控制制度的执行情况，及时纠正了一些单位存在的制度不健全、会计核算不合规、会计监督职能未到位和会计、出纳由一人担任等问题。

1995年，对计生局、畜牧局、教育局等7部门的财务收支情况进行审计，查出违纪金额18.13万元，收缴财政金额0.97万元。查实计生局坐支计划生育管理费10.66万元，畜牧局转移资金0.3万元，教育局财务处理混乱等问题。

2000年，根据特区政府指示，对老山口新区管委会、广播有线电视站、政府办财务收支情况进行审计，查出违纪违规资金4.78万元，审计处理收缴财政0.3万元。老山口新区管委会财务核算不规范、工程管理方面存在的执行施工合同不严肃和部分工程未签订承包合同，以及部分工程未执行招投标制度等问题。在对有线电视站1997年至1999年度财务收支审计中，发现有线电视站存在着库存材料管理混乱、生活招待费开支过大，每年达2万元的问题。政府领导根据审计报告中反映的招待费开支过大的问题，督促该单位主管部门认真核实，加强整改，取得了良好的社会效益。

2003年，对公安局和国土局财务收支情况进行审计，查出违纪违规资金168.63万元，审计收缴财政1.57万元。审计对公安局内设各科室进行了全面审计，延伸审计两个派出所，如实揭露公安局直接坐收坐支预算外收入9.3万元，乱发补贴6.9万元，以及虚开罚没收据、遗失票据等问题。审计对此作出严肃处理，处罚金0.69万元，提出了加强财务管理的整改建议。审计发现国土局在征用土地上未严格执行国家有关规定，少收土地出让金问题突出，金额高达140万元，造成了国有资产流失。审计针对土地出让金征收存在的问题，编发了一期《审计要情》，引起了特区党委、政府领导高度重视，责成相关部门对该问题进行深入调查。

2005年，对特区工商局、采空区项目部、运管所工程大楼3个部门财务收支情况进行审计，查出违纪违规资金10万元，审计处理收缴财政0.9万元。审计查实工商局私设“小金库”、搭车收费等问题，违规资金共计6万元，审计处理收缴财政0.9万元；采空区项目部存在无依据发放工作人员补贴4万元等问题，已责令整改。

2007年，对特区委组织部、宣传部、房产局、建设局4个部门财务收支情况进行审计，查出违规资金190万元。审计发现：特区房产局挤占挪用专项资金51.67万元；特区建设局挤占挪用专项资金7.32万元，以私人名义私存私放资金0.2万元。审计下达处理决定，责令特区房产局、特区建设局将挤占挪用资金归还原渠道，将私存私放资金全额收缴财政。

2007年，组织对全特区74个独立核算的行政事业单位资产进行清查，依法出具资产清查审计报告75份（含1份汇总审计报告），审计资产总额11，067万元，认定盘盈固定资产总额2953万元，盘亏资产167万元，为全特区加强国有资产管理提供了可靠依据。

2010年9月，对接待办2006-2009年度财务收支情况进行审计，发现接待办财务管理混乱，内控制度不全，库存物资短少15.89万元、遗失内部结算票据、物资外借手续不全金额53.25万元等问题。审计依法下达审计处理决定，及时向纪委移送案件线索一起，2名责任人受到纪律处分。该项目被铜仁地区审计局评定为2010年度优秀项目。

2010年，对特区社管局和残联2个行政事业单位财政财务收支情况进行了审计，查出违规资金1.17万元。查实特区残联挤占专项资金1.17万元，审计下达决定责令归还原渠道。

二、经济责任审计

1999年5月，《县级以下党政领导干部任期经济责任审计暂行规定》文件出台，2002年5月，万山特区经济责任审计工作正式启动，成立了由纪检、监察、组织、人事和审计五部门任成员的经济责任联席会议领导小组，制定出台了相关工作制度，形成职责明确、配合协调、运转高效、整体联动的工作运行机制，审计覆盖面逐年扩大，审计对象涵盖了特区党政部门和乡镇部门，已基本形成任前、任中、离任全方位的审计监督制度。2002—2005年，对30名领导干部实施了审计，其中：党政领导部门负责人26

人，乡镇长4人，查出违纪违规资金863万元，其中：领导直接责任382万元，主管责任481万元，审计收缴财政资金18万元，有7人受到经济处罚，向纪检监察等部门移送案件线索3起，3人受到党纪政纪处分。审计后，组织人事部门利用审计结果及其他考察情况，对8人予以提任，12人平调，3人免职。

2002年11月中旬，受组织部委托，万山特区审计局首次开展经济责任审计工作，相继对政府办、人事局、农办、水利局、特区医院6个部门的6名负责人经济责任情况进行审计，查出违纪违规资金168万元，其中：领导直接责任4万元，主管责任164万元。建议给予党政纪律处分1人，审计处理收缴财政资金1.46万元。在对特区医院的审计中，查实该院出纳员侵占公款1.46万元的严重违纪事实，审计将该问题移交人事局处理，出纳员受到行政处分，组织部门和特区医院根据审计结果，及时对领导班子和财务人员进行调整。

2003年6月，围绕特区科局干部调整的需要，受组织部紧急委托，对特区计生、卫生、民宗、文广、交通、房产局、特区医院7个部门的“一把手”进行了离任审计。查出违纪违规资金38万元，其中：领导直接责任11万元，主管责任27万元，审计处理收缴财政资金2万元。审计查实计生局私设“小金库”1.3万元和一工作人员侵占公款5500元的严重违纪问题，审计及时将问题移交纪委处理，该名出纳员受到了党纪处分，被调整了工作。

2004年，受特区人大和组织部委托，积极稳妥地推进经济责任审计，对特区教育局、水利局、计经局、残联、敖寨乡、黄道乡、下溪乡7个单位的7名主要负责人进行了审计。查出违纪违规资金128万元，其中：领导直接责任47万元，主管责任81万元。审计处理收缴财政资金8万元，追还侵占挪用资金11万元，有5人受到经济处罚，向纪检监察部门移送案件1起。残联理事长审计发现主要负责人财经法纪观念淡薄，未能履行经济责任，造成单位财务管理较为混乱，挤占挪用康复贷款等问题突出，审计处理收缴财政1.2万元，两名责任人受到经济处罚。同时发现审计对象还有隐瞒残贷收入等问题，及时移交给特区纪委处理。经纪委深入调查，查实其索贿受贿、侵占公款等违纪事实，其受到党纪处分。敖寨乡乡长经济责任审计查出财政所财务管理比较混乱，虚列支出、违规出借公款、隐瞒截留税款、大量开支手续签报不合规等问题。审计共处理收缴财政资金0.7万元。审计结论下达后，乡政府会同特区财政局对乡财政所存在的问题迅速进行整改，及时调整财会人员工作岗位，对出纳员私自出借的公款从其工资中逐月扣还，为国家挽回了4万余元的经济损失。教育局和水利局分别将收取的门面出租等收入2.8万元、水利工程设计费收入2.7万元私存私放，用于职工福利开支，水利局挤占挪用专项资金用于管理费开支等。审计共对水利、教育2个单位处理收缴财政资金4.6万元，追还被侵占挪用资金11万元，2个部门的责任人受到经济处罚。

2005年，为配合医院、学校机构整合工作的开展，对特区一医、二医、一中、二中、民政局、建设局、文广局、总工会、畜牧局、高楼坪乡共10个单位的主要负责人任期经济责任情况进行审计，查出违纪违规资金529万元，其中：领导直接责任320万元，主管责任209万元，审计处理收缴财政资金7万元。审计结果得到组织部门利用，有4人提任，2人调离。在对原一医、二医2个单位审计中，发现均存在发放职工各种奖金、补贴名目繁多、金额过大问题，2003—2005年4月发放178万元，年人均近万元，二医违规集资，漏缴个人所得税等问题突出；畜牧局财务管理混乱，虚列支出、私设“小金库”、违规收费、挤占挪用专项资金等问题突出，违纪违规金额达34万元；民政局挤占抚恤金事业费等10万元用于弥补办公费不足，生活招待费开支过大；高楼坪乡和文广局未严格执行“收支两条线”规定，坐支预算内和预算外资金25万元。

2006—2011年，对全特区23个党政机关27名主要负责人任期经济责任情况实施了审计，查出违规资金111万元，管理不规范资金1050万元。其中：领导直接责任59万元，主管责任1102万元，审计收缴财政33万元。

2006年，对特区教育局、人事局、国土局、农业办公室、高楼坪乡、敖寨乡6个单位主要负责人进行审计，查出违规资金53万元，管理不规范资金524万元。审计查出：教育局扩大范围发放监考、改卷等各种补助11万元、工程完工后未列固定资产账共计金额192.56万元，人事局扩大范围收取招考经费和教务费1.1万元，国土局违规减免国有土地出让金收入106万元，高楼坪乡预算外资金9万元未纳入财政专户管理、白条抵库票据79张金额达8.4万元，公款私存1.96万元，农业办公室挤占挪用扶贫资金37.39万元，扶贫资金项目管理费超支14.12万元和敖寨乡政府公车运行费用过大等问题，审计分别下达了处理决定，责令相关部门进行整改。国土局审计结果引起区政府领导高度重视，万山特区重新修订了《国有土地出让金管理办法》，因审计成效明显，该项目被地区审计局评为2006年度优秀项目。2007年，对特区卫生局局长、卫生监督所所长经济责任情况进行审计，查出违规和管理不规范金额131万元。审计发现卫生局直接在账外列支金额0.67万元，办公大楼67.38万元未入固定资产账务处理；卫生监督所违规收取卫生制度费、培训费、卫生审查费等2.4万元。审计对违规资金全部予以收缴财政。2008年，对特区计生局、疾控中心、黄道乡3个党政机关主要负责人任期经济责任情况进行审计。共查出违规和管理不规范资金100万元，查出“小金库”2个，审计收缴财政资金3.37万元，责成归还挤占挪用资金22万元，责成自行调账和整改资金87万元。审计查出特区计生局和团委分别将扣发职工的工资2.97万元和相关部门拨给的艾滋病防治宣传经费0.82万元长期摆账外列支，构成了事实上的“小金库”，审计对违纪资金共计3.79万元全部予以收缴。对高楼坪乡计生办和黄道乡计生办共计挤占挪用押金款17万余元问题，责成及时归还原渠道。2009年，对招商局、统计局2个部门主要负责人和下溪乡政府党政负责人任期经济责任审计。查出违规资金和管理不规范资金37万元，查出“小金库”1个，审计处理收缴财政资金2.83万元，责成归还挤占挪用资金1.22万元，责成自行调账和整改资金32.13万元。审计查出下溪乡政府将2个锰矿企业赞助经费直接摆账外列支，审计下达决定对于账外资金余额2.83万元没收上缴财政。2010年，万山特区进行机构整合，特区审计局对原粮食局、原畜牧局、万山镇政府3个部门主要负责人任期经济责任情况审计，共查出违规资金和管理不规范资金151万元，审计处理收缴财政2.15万元，责成归还挪用资金4.11万元，责成自行调账和整改资金141万元。审计查出原畜牧局1名经办人员虚报套取良种补贴款4.11万元，审计依法予以全部收缴，将案件线索移送区纪委进行查处。2011年，完成民族宗教事务局、交通运输局2个部门主要负责人和敖寨乡、高楼坪乡2个乡镇党政主要领导人任期经济责任审计。查出违规资金24万元，管理不规范资金141万元。审计发现敖寨乡部分罚没收入、社会抚养费及应缴财政专户款等7.78万元收入未上缴国库；高楼坪乡个别站所、村委会存在截留挪用专项资金、虚列支出和重复列支问题，违规资金共计8.4万元；交通局实施的黄道至下溪通村公路、官庄—羊尾舟—青年湖通村油路多计工程款25.51万元问题。审计已依法责令相关单位整改。

第四节　企业与固定资产投资审计

一、企业审计

1991—2005年先后对物资公司、副食品公司、五金公司、食品公司、车队、饮食服务公司、酒厂、百货公司、酱油厂、燃料公司、石油公司、饲料公司、药材公司、邮电局、粮食局下属6个粮店、冶炼厂、磷锰矿厂、烟草公司、化工厂、盐业公司、供水系统审计34项次，审计总金额2783.9万元，查出违纪违规金额463.6万元，收缴财政13.36万元。

1991年，对特区物资公司、副食品公司、五金公司、食品公司、车队、饮食服务公司、酒厂、百货公司8户国有企业1988—1990年承包经营情况进行了终结审计，对酱油厂、燃料公司经营情况进行了期中审计。审计总金额932万元，审计增加利润5.31万元，减少利润17.1万元，审计查出违纪金额53.8万元，应收缴财政金额3.01万元。1992年，先后审计了石油公司、饲料公司、药材公司和邮电局4户企业，审计总金额248.9万元，查出违纪金额12.3万元，应收缴金额5.3万元。审计发现几个企业的效益普遍不佳，药材公司因为经营者财政纪律观念淡薄，违纪违规问题突出，与前任承包人相比，不到三年的时间单位就减少毛利润17万元。

1993年5月5日至8月10日，根据上级审计机关统一部署，对特区粮食平价企业四行业1993年度财务收支及新增财务挂账情况进行了审计和审计调查。此次审计历时100天，投入了全部审计力量，审计了粮食局及下属6个独立核算单位，全面摸清了粮食企业亏损挂账情况，审计总金额1603万元，查实了粮食局虚列费用10万元，虚列支出8万元转入“小金库”用于购买汽车，漏缴税金等违纪违规问题，查出违纪违规资金33万元，审计处理收缴财政4.45万元。是年，对特区冶炼厂基建和磷锰矿厂基建及生产经营情况进行审计，审计全面查清了企业的生产经营状况，分析产生亏损的原因。鉴于磷锰矿亏损严重的情况，向政府提交了专题报告，建议撤销磷锰矿厂。1994年1月12日，特区政府决定撤销特区磷锰矿厂。该项目由于反响大，在地区优秀项目评选活动中获铜仁地区首届优秀审计项目奖。

1994年，对烟草公司、物资公司、饲料公司、化工厂进行了审计。在对烟草公司审计中，查出违纪违规金额12.5万元，揭露了企业少提“两金”隐瞒收入等问题。全面摸清了其他几户企业的生产经营情况，提出有针对性的建议，为加快企业改革提供重要的决策依据。1995年，围绕促进特区财政增收这一重点，对酱油厂、化工厂两个企业进行审计。针对化工厂存在的问题，审计对症下药，帮助企业理顺工作思路，强化内部管理，当年化工厂取得了显著效益，向国家缴纳税金40万元，成为除贵州汞矿外唯一的纳税大户。1996年，对粮油加工厂和饲料公司两户企业1995年度资产、负债、损益情况进行了审计，发现两个企业都不同程度地存在内控制度不健全，财务核算不规范，存在潜亏的问题。1998年4月—5月，对当时群众反映强烈，内部矛盾突出的特区化工总公司1989年7月至1998年4月长达10年的账务进行了审计，全面摸清了企业资产家底情况，查实了财务管理混乱、漏缴税金、盈亏不实等问题。公司已名存实亡，累计亏损额326万元，已到了资不抵债的地步。依据审计结论，政府迅速对公司进行了优化组合，重新任命了新的负责人，有效避免了国有资产的流失。

2001年，对盐业公司和供电局2个企业2000年资产、负债及损益情况实施了审计，按照“一审、二帮、三促进”的原则，帮助企业挖掘潜力，开源节流，查错防弊，查出违纪违规资金6万元，审计处理收缴财政0.6万元，查实了盐业公司收盐产区“促销奖”2.5万元不入账、库存物资账实不符、财务核算差错较多等问题。盐业公司全面接受了审计建议，大力清收企业欠款，积极压缩经费开支，扩大销售，全面完成了上级下达的食盐营销任务，取得了较好的经济效益。2005年，对特区供水系统2004年度财务收支情况进行了审计，查出违纪违规资金346万元，查实了自来水公司会计信息失真、虚增资产和虚减所有者权益，公款私存等问题，审计责令企业调整账务金额345万元。2007年，对贵州省新华书店万山特区支店2006年度财务收支情况进行审计。审计发现万山特区支店违规支付应由职工个人支付的保险金和失业金0.24万元，已责成万山特区新华书店支店自行收回入账。在对万山支店支付特区相关学校书本订购折扣费延伸调查时，发现有5所学校未及时入账问题，审计已责令特区教育局自行清理整改。

二、固定资产投资审计

1995年，对档案馆竣工决算情况进行了审计，项目计划投资19.8万元，实际完成投资20.4万元，因增加水电安装等突破概算0.63万元。审计结果表明，该工程资金使用合规，工程决算真实，无违纪违规问题发生。2000年，对新汽车站工程竣工决算进行了审计，项目投资金额272万元，实际完成投资总额272万元。审计发现该工程土建部分存在多计工程量和多计价款问题，审计核减工程款2.04万元。2005年，万山审计局按照《贵州省国家建设项目审计办法》的有关规定，积极探索固定资产投资审计新路子，迈出了实质性步伐，主要对特区检察院技术侦察大楼和特区二完小教学楼2个工程项目竣工决算情况进行审计。审计发现检察院技术侦察大楼工程存在多计和少计价款问题，审计核减工程款0.7万元，为国家节约了工程投资。特区二完小计划投资34.2万元，实际完成投资48.56万元，审计查出工程超概算14万元，以及多计和少计工程价款问题，核减工程款1.14万元。

2008年7月14日，万山特区固定资产投资审计中心成立，属万山特区审计局所属副科级事业单位，核定事业编制3名。主要负责万山特区范围内国家建设项目备案登记、工程造价决算审计。2009年12月20日，万山特区审计局、财政局、监察局联合出台《关于<万山特区政府投资项目和专项资金审计管理暂行办法>的贯彻意见》，规定区内投资总额在30万元以上的政府投资项目必须经审计后，方可办理工程结算。2010年12月23日，万山特区固定资产投资审计中心更名为万山特区固定资产投资审计评审中心，将属于财政局的预算评审职能划入审计机关，核定事业编制6名。万山特区审计局陆续通过招考、引进等方式，配备了4名专业技术审计人才。特区委、政府上述一系列政策措施的出台，为投资审计工作深入开展奠定基础。至此，万山特区已形成重大政府投资项目开工前预算评审、实施过程中跟踪审计，以及工程竣工后结（决）算审计的全方位监督格局，为政府节约了大量建设资金，有效堵塞项目建设管理中的漏洞。2009—2011年，完成政府投资建设项目110个，送审金额6.72亿元，审定金额5.74亿元，核减工程投资0.98亿元。

成效比较突出的预算项目有：

2009年9月，完成万山特区廉租房水电安装工程招标预算审计，送审金额1513.66万元，审定金额1355.57万元，核减投资158.09万元，核减率10.44%。2010年，完成谢桥片区廉租房项目预算审计，送审金额9015.87万元，审定金额7439.48万元，核减投资1576.39万元，核减率17.48%。2011年，完成原贵州汞矿岩屋坪、大水溪、冷风洞、大坪坑、冲脚一号、冲脚二号共6个尾矿库闭库治理工程预算审计，送审金额10627.31万元，审定金额9812.19万元，核减金额815.12万元，核减率7.67%。2011年8月，完成万山特区工业园区（老山口至郭家段）电缆改迁工程预算评审，送审金额559.82万元，审定金额360.00万元，核减投资199.82万元，核减率35.69%。

比较突出的结算项目有：

2009年10月，万山特区自来水公司供水改造工程结算审计，送审金额167.07万元，审定金额116.94万元，核减金额50.13万元，核减率30.01%。2010年，完成万山特区青少年活动中心结算审计，送审金额398.21万元，审定金额355.70万元，核减投资42.51万元，核减率10.67%。2011年完成万山汞矿国家矿山公园博物馆布展工程结算审计，送审金额915.82万元，审定金额780.03万元，核减金额135.79万元，核减率14.83%。该项目被铜仁地区审计局评定为2011年度优秀项目。是年10月—11月，完成万山特区采矿石、治炼废渣治理及汞渣渗滤水工程一期（一标、二标、三标）结算审计，送审金额1816.09万元，审定金额1467.35万元，核减金额348.73万元，核减率19.16%。

第五节 审计调查

1994年，完成金融部门兴办经济实体审计调查、特直各有关单位生活招待费及其他费用结算情况审计，以及特区银行存贷款及企业资金结算情况，审计调查3个项目，向上级提交调查报告3篇，引起特区党政领导的关注。

1995年7—8月，为充分发挥预算外资金对财政的辅助作用，遵照政府指示，对部分行政事业单位1994年度预算外资金管理使用情况进行审计调查。调查18个部门（单位），调查结果表明存在着两大最突出的问题：一是特区财政举步维艰，不仅无法满足各部门必需的办公经费，甚至连职工工资都难以发放；二是少数有预算外资金收入的单位逃避财政监督，巧立名目私设“小钱柜”，吃喝浪费和乱发钱物现象普遍。审计部门向政府提交专题报告，提出四条建议，引起了政府领导高度重视。

1998年9—10月，对特区公安局、工商局、民政局、土管局等10个行政单位1997年度行政性收费及使用情况进行专项审计调查，调查收费收入总额61.94万元。调查表明，特区不少单位未从特区财力处于困难时期着想，缺乏为政府分忧解难意识，存在逃避财政监督，截留挪用应缴预算收入，坐收坐支预算外资金，经费控制不严，使用效益不佳等问题，已得到整改。2001年，对地税局税收征管进行专项调查，审计调查金额320万元，调查发现地税局在税收征管上存在漏征等问题，已得到整改。2004年，完成了万山特区近两年来建筑领域拖欠工程款及民工工资情况调查和县乡财政状况审计调查2个项目，调查8个到位，调查资金总额1758万元，调查发现问题金额19万元。县乡财政状况调查揭示了特区财政收支矛盾突出、经济结构单一的问题。调查了解到特区拖欠工程款和民工工资问题比较突出，清理工作难度较大，力度有待加强，尤其是教育系统拖欠问题比较突出。在2001至2003年完工的15个项目中，就有9个工厂存在因资金未落实到位、工程超概算、结算不及时办理等原因造成拖欠工程款和民工工资问题，调查报告提交后，相关单位积极筹措资金清欠款项，使审计反映的问题得到较好解决。截至2004年年底，教育系统存在拖欠情况的9个工程项目已有8个全部清欠完毕。

2005年3—4月，对2001—2004年义务教育经费管理使用情况和5181项目“预付工程款”情况进行专项调查，审计共调查7个单位，调查资金总额3985万元，发现问题金额22万元。义务教育经费调查发现，特区财政经费困难情况下，仍保持教育经费投入33.58%的平均增长幅度，高于财政经常性收入平均增长幅度4.77个百分点，使基本教育经费得到保障，办学条件得到进一步完善。审计发现教育系统部分工程项目未按计划施工，工程超概算、延期问题比较突出。5181“预付工程款”情况调查，全面摸清了各专业工程款长期未报账情况，为5181项目办及时办理结算提供了可靠依据。

2006年7月，对特区信用联社2005年度资产质量状况进行专项审计调查，审计调查发现，截至2005年年底，各项贷款余额6046万元，各项存款余额7176万元，存贷比例为84.25%，超警戒线9.25%，审计提出严格按照相关法律审核贷款，严格内部风险控制的审计建议。2008年8月，对2008年初特区抗凝救灾资金和社会捐赠款共计2160.26万元资金进行专项调查，审计对自来水公司用救灾资金购买水管材料服务受灾群众，但却违规收取780户受灾户收取材料费1.55万元的问题进行了严肃处理，将违规收取的资金全额收缴财政。对特区民政局、发改局滞留资金，高楼坪乡、下溪乡和敖寨乡救灾款物发放不及时问题提出审计建议，责令及时整改落实。2009年，对特区政府利用国际金融组织贷款和外国政府贷款所发生的外债，特区水利局组织实施的2006—2008年度万山特区农村饮水安全工程资金和万山新增投资项目管理资金共3个项目进行专项审计调查，调查资金总额44729万元，发现问题金额433万元。调查发现：特区政府性外债中农业综合开发项目实施缓慢、小额贷款回收难度较大；特区水利局部分饮水工程实施进度较慢，后续管理缺乏力度，工程实施效果较差；特区新增中央投资项目实施情况总体较好，投资计划下达及时，资金拨付及时，但已完工的工程决算办理不及时，少数工程项目进度较为缓慢。审计针对发现的问题提出了合理化建议。2010年，组织对特区贯彻落实中央扩大内需促进经济平稳较快发展政策措施实施情况进行专项审计调查，调查资金总额21.286万元。对于廉租房地方配套资金4052万元未及时到位，村村通广播电视通信工程设备返修率高和部分项目实施慢问题提出了整改建议。

第六节　社会审计和内部审计

一、社会审计

随着社会发展的需要，国家审计制度已由过去单一的国家审计发展为国家审计、内部审计和民间审计三位一体的审计监督体系。社会审计机构是审计事务所，负责对国家机关、企业事业单位、国家金融组织等部门财政财务收支情况依法进行监督，受托开展审计查证和咨询服务等业务。

1992年12月28日，铜仁地区审计事务所万山分所正式成立，特区政府拨给开办费500元，从万山镇政府划拨一间10公顷的办公室作为事务所办公用房。1993年积极拓展业务，业务收入逾万元，拥有价值2万元的三间办公用房，审计人员3人。1994年6月，成立具有独立法人的万山特区审计事务所。1996年5月，因规模小，万山特区审计事务所撤并为铜仁地区审计事务所万山分所。1998年6月，因达不到执业条件，万山事务分所被省审计厅撤销。

1993年1月，特区国有企业第二轮经营承包期满，铜仁地区审计事务所万山分所受特区审计局委托，先后对特区供销社下属5个公司、自来水公司等8户企业实施终结审计，客观公正地评价了企业的经营状况，指出存在的问题。同年5至8月，对特区粮食局1988至1992年粮食企业经营亏损财务挂账情况进行审计和审计调查。基本弄清企业经营亏损及上级拨补和财务挂账的基本情况，提出减少和消化挂账的6条措施和建议，受到政府好评。同年11月，对特区投入最多、影响最大、效益最差的特区冶炼厂基建工程及生产经营情况进行审计，为企业改革提供可靠依据。1993—1998年6月，接收121家单位委托，承办审计查证、验资、咨询等业务164项，实现收入9万元。

二、内部审计

国家审计署在《关于内部审计工作的规定》中指出，政府部门、全民所有制企业事业单位实行内部审计制度，以加强企业内部管理和监督，维护财经法规，改善经营管理，提高经济效益。至1993年底，特区有7个行政事业单位、企业、金融机构设立内部审计机构，配备专兼职内审人员10人，负责监督本系统财务管理工作。1996年，受特区内企业上划垂直管理和金融机构撤并的影响，内审机构逐步减少，到1998年年底仅有4个单位设有内审机构，配有专兼职内审人员6人。1993—1996年的四年间，内审单位开展财务收支和经济责任等审计事项87项，纠正违规金额434万元。1997—2011年，未有开展此项工作。

第七章　质量技术监督

第一节　队伍建设

一、内设机构

1999年1月，原万山特区技术监督局被撤销归并为万山特区工商行政管理局技术监督股；1999年4月，技术监督股从万山特区工商行政管理局分离成立万山特区技术监督局，为正科级单位。1999年8月，万山特区技术监督局上划由省垂直管理并更名为万山特区质量技术监督局。内设机构有办公室、业务股，直属万山特区质量技术监督检测所（正股级事业单位）。2006年5月，成立万山特区汞产品检测中心（区副科级事业单位），与万山特区质量技术监督检测所合署办公。2011年12月，贵州省编制委员会办公室批准，铜仁市万山特区质量技术监督局内设办公室、业务股，直属铜仁市万山特区质量技术监督局稽查队（副科级事业单位），直属铜仁市万山特区质量技术监督检测所（正股级事业单位），另有1个区直副科级事业单位（万山特区汞产品检测中心，与铜仁市万山特区质量技术监督检测所合署办公）。

二、培训工作

2008年11月，组织全特区白酒、糕点、米粉、面条、薯片等食品加工小作坊业主召开培训会，24家食品小作坊参加了培训。会议学习了《全省白酒生产行业专项整顿方案》和《面条等五类食品专项整顿实施方案》。2010年4月，为深入开展小作坊基本条件改造，解决小作坊“脏、乱、差”现象，质监局组织辖区小作坊业主开展了基本条件改造培训，46家食品小作坊参加了培训。2010年5月，组织建材产品生产企业负责人召开建筑材料产品质量提升工作暨培训会议，共23家建材生产企业参加，邀请了铜仁地区质量技术监督检测所副所长、高级工程师、地区建材质量专家泽仁娜措参会作重要指导。学习了质量法规、混凝土普通砖、预应力混凝土空心板技术标准、计量法律法规、综合管理等业务知识。地区建材质量专家泽仁娜措认真仔细地讲解了混凝土普通砖、预应力混凝土空心板技术标准等，既注重知识的系统性，又注重突出重点和难点，紧密结合万山建材生产企业的实际，如何运用管理控制质量，向科学管理要效益。2011年5月，为保证产品质量安全，维护广大人民群众的切身利益，根据铜仁地区质监局《关于彻底清理、查处无生产许可证生产企业的督办函》文件要求。召开了生产许可证无证查处工作培训会议，万山氯化汞、眼镜店、刹车片纳入生产许可证管理的13家企业参加了培训会议。是年5月，举办了开展食品生产加工业“打击非法添加和滥用食品添加剂”法律法规培训会。全特区48家食品生产加工业参加培训，会议主要宣讲了《食品添加剂新品种管理办法》《47种食品非法添加物名单》《食品中易滥用的食品添加剂名单》、《关于严厉打击食品非法添加行为严格规范食品添加剂生产经营使用的公告》。是年5月，举办了推进诚信计量培训会，全特区医疗、商店、石油、餐饮、眼镜店12家单位参加了培训。

第二节　计量监督管理与检定

1991年，全面贯彻实施《中华人民共和国计量法》和《计量法实施细则》，搞好市场计量监督管理，全年开展各种检查65次，没收不合格计量器具407台（件），其中木杆秤301支，案秤1台，竹木直尺61把，市制量提35套，罚款963.70元。特区石油公司售油计量不准，量大油少，克扣用户，被处罚款800元。同年开展计量器具的周期检定工作，对全特区四乡一镇的台（案）秤和血压计进行了周期检定，共检定台（案）秤152台（件）占应检总数的98.5%，木杆秤检定783支，血压计检定36只，占应检总数的100%。对不合格计量器具予以没收。同年，在贵州汞矿计控科的支持下，对特区冶炼厂30吨地中衡进行了首次检定。

1992年进行计量检查24次，没收不合格的计量器具528台（件），其中木杆秤448支，竹木直尺54把，市制量提26套，罚款250元。1993年，检定台案秤162台（件），占应检总数的98.5%，木杆秤检定763支。1994年，对商贸计量器具加强监督管理，严厉打击违法违纪行为，全年对计量器检查2次，没收不合格的计量器具720件，其中木杆秤53支，直尺15把，市制量提4套。1996年对全特区计量器进行了整顿，对314台（件）各种计量器具进行了周期性检定，受检率达96.7%。收捡率达98%，同时还对医疗卫生、环境监测、安全防护、供水、供电等部门的各式计量进行了普检或抽检。1997年，对全特区计量器具300台进行了周期检定，合格率为98%，同时建立了计量器具监督管理档案。

2000—2004年，查处不标准杆秤154把，全部予以没收，涉及金额4.1万元；查获短斤少两水泥8吨；抽查各种规格型号的计量器具500余台（杆），合格率为71%；对铁合金企业的计量器具进行强制检定，合格率为100%。2005年，为保证消费者的合法权益不受侵害，保证“两节”（元旦、春节）的市场秩序，进行了为期一周的计量器具专项整治，查获不合标准杆秤40余把进行了集中销毁。2007年，万山特区质量技术监督检测所经省局计量处按照JJF1069—2007《法定计量检定机构考核规范》考核合格获得中华人民共和国法定计量检定机构计量授权证书（黔）法计〔2007〕051号（压力表、衡器、天平、净含量定量包装）四个建筑标项目；检定计量器具117台件（其中：压力表25台，电子天平11台，分析天平6台，衡器75台（其中木杆秤56支）），合格率为91%。2008年，检定计量器具179台件（其中：压力表32块、电子天平15台、分析天平9台、衡器123台（其中木杆秤66把）），合格率为93%；开展食盐、薯片、啤酒定量包装产品抽样检测，抽样送检3批次，合格率为97%。2009年，检定计量器具191台件（其中：压力表45块、电子天平21台、分析天平15台、衡器110台（其中木杆秤84把），合格率为98%；与集贸市场、眼镜制配场所、医疗、餐饮、加油站等单位签订《诚信计量承诺书》，签订率为100%，向社会公开承诺遵守《诚信计量行为规范》自觉接受社会各界监督；深入开展了“关注民生、计量惠民”专项行动工作（开展了公平计量进集贸市场1家、医疗卫生单位6家、计量进眼镜制配店1家、准确计量进餐饮4家、准确计量进加油站2家、服务计量进社区10个，免费检定计量器具金额551元。计量器具受检率为100%。免费为社区居民量血压50人次、接受咨询服务200多人，发放宣传资料500多份），荣获地区质监系统“质量和安全年”、“关注民生 计量惠民”活动先进单位；帮助特区自来水公司水表检定，计量认证进行申报并通过验收；开展了纯净水、食品加工生产、啤酒等定量包装产品专项检查，合格率达100%。

2010年，检定计量器具117台件（其中：天平12台、电子平台秤6台、电子秤6台、台秤2台、压力表33块、地中衡6台，免费检定计量器具52台（件）），合格率为99%。没收不合格木杆秤7件。2011年，检定计量器具272台件（其中：汽车衡8台、天平9台、电子秤26台、电子平台秤8台、度盘秤15台、台秤5台、邮政秤4台、压力表37块。免费检定计量器具160台（件、把），其中木杆秤113把、度盘秤15台，台秤3台、电子计价秤15台、压力表14块），合格率为98%。

第三节　质量监督管理

1991年5月7日，遵照国务院颁发的《中华人民共和国产品质量认证管理条例》。对特区农资公司、种子公司购进的种子、化肥、农药、农膜进行验证，验证种子三种，三批次12.25吨，农药4批次计11.5吨，农膜2批次计12吨，化肥10批次695吨。检验合格率为84%，对检验不合格的依法进行了没收销毁处理。

1992年7月6日，国务院发布《关于严厉打击生产和经销伪劣商品违法行为的通知》。1993年2月22日，国家颁布了《产品质量法》，标志着产品质量的监督管理已进入法制化轨道。同年9月29日，贵州省人大常委会颁布了《贵州省产品质量监督条例》。万山特区质量技术监督局采取各种形式贯彻执行《产品质量法》，举办各类人员培训班2期，培训人员48人，开展对种子、化肥、农药、农膜四种重要生产资料的报验。为了阻断假冒伪劣商品的流通渠道，加强对商品源头管理，引导经销单位严格执行进货验收制度，质量技术监督局发出了《关于执行商品售前报验准销制度》的通知，规定凡经销可能危及人体健康、人身财产安全、影响国计民生的重要工业品等商品的单位和个人，在货到前5日内持进货发票、商品合格证、认证书等有关部门手续到质量技术监督局申请报验，货到后及时通知质监局进行检验验收，合格后签发准售证，方可上市销售。对不执行报验的，将按有关法律法规查处。当年，主动上门报验的特区农资公司、种子公司购进的种子、化肥、农药、农膜进行验证，验证种子三种，三批次计13.75吨；农药4批次计12.5吨，农膜2批次计72吨，化肥10批次计705吨。合格率为94%，比1992年提高10个百分点。

1994年利用《产品质量法》颁布纪念日、消费者权益日和世界标准化日，开展产品质量检查和技术咨询，发放商品投诉卡，举办伪劣商品实物展，举办各类学习班3期134人次，印制产品质量法规资料1200份，办简报4期。对解放街、土坪片区的国营商店、生产厂家53个单位开展打击假冒伪劣产品活动，制定无伪劣商品厂家达标条件及奖惩办法。实行“三员”（进货员、验货员、销售员、）把关制度，杜绝“三无”（无生产厂名、无生产厂址、无生产时间）商品进入市场。抽查了13舯2416件商品，合格率87%。推荐百货公司门市部、石油公司银河花炮厂、汞矿商业服务部为地区级“消费者信得过”单位。1995年，实行售前报验制度，帮助企业严把进货和销售商品质量关在乡镇供销社、种子公司设立六个质监站，现场受理商品质量证件和报验申请。全年共报验杂交水稻种子1吨，农药4吨，化肥200吨，饲料120吨。上述商品经检验合格后由局长签发合格证，准予销售。1996年组识检查46次，受检查企业、商店、个体工商户78户，收缴伪劣商品总价值2.1万元，查处伪劣化肥2起。1997年，组织质量监督检查20次，出动人员60人次，检查企业、商店和个体工商户30户，查处万元以上案件2起，收缴伪劣商品价值0.3万余元。为保护农民群众的利益，防止坑农、害农的事件发生，组织执法人员对销售的化肥、农药、种子、农膜进行检查，经查未报验而擅自销售化肥60吨、农膜50千克，按规定给予处罚。对粮油、食品、饮料、白酒等主要商品进行了检查，查处过期变质的食品饮料价值0.2万元。1999年2月9日，国务院下发《关于批转国家质量技术监督管理体制改革方案的通知》，决定全国质量技术监督体系执行省以下垂直管理。2000年，对181台（件）计量器具实行强制检定，覆盖商贸、医疗、安全、环保领域的12大项47个（种），实施定期监督检验。检查了6家企业的12批次产品，综合合格率46.3%；对矿泉水、啤酒、白酒、面粉、食用油、电线等8种产（商）品实施了质量监督抽查，综合合格率为47.5%。对产品抽查不合格的企业帮助整改，举办了一期不合格产品厂长（经理）培训班。

2001年，查获假冒伪劣平坝窖酒4件，五星啤酒104瓶，烟花爆竹12万响，水泥8吨，农药34瓶，化肥2吨，累计金额2.6万余元。2002年12月27日，对贵州汽车城有限公司吉正元销售的两辆假冒三厢夏利车（规格TJJ10uA，价格4.2万元/辆，共计8.4万元）进行依法没收处理。2003年，查获不合格消毒液15件，无生产批号及生产日期过氧乙酸140组，三无口罩1400个，价值0.5万余元。2005年，查获“三无”月饼200余千克，依法予以没收销毁；对生产不合格建材产品进行了查处，处罚金0.2万元；查处销售国家明令淘汰产品85标准电线500米，处罚金0.15万元。2006年，巡查获证企业3家，抽查样品5批次，合格率为100%。抽查生产企业27家的产品47批次，产品合格率为87%。其中：化工企业6家，样品14个，合格率为100%；建材企业9家，样品18批次，合格率为78%；白酒企业4家，样品6批次，合格率为100%；月饼加工企业8家，样品9批次，合格率为100%。2007年，检查销售白酒经营户4家，查获假“剑南春”白酒8瓶；查处无生产许可证加工酱油作坊2家，没收酱油525千克；巡查获工业产品生产许可证企业2家。组织万山特区红菱汞业有限责任公司生产的银河牌试剂汞申报获得2007年贵州省名牌产品。抽查产品44批次，产品合格率为80%。其中：汞系列产品13批次，产品合格率为100%。混凝土普通砖7批次，产品合格率为40%。烧结砖1批次，产品合格率为0。普通白酒8批次，产品合格率为75%（含2个复检样品）。预应力空心板6批次，产品合格率为100%。月饼6批次，产品合格率为100%。钢材8批次，产品合格率为75%。饮用水1批次，产品合格率为100%。2008年，开展絮用纤维制品监督检查。出动执法人员18人次，检查棉被、棉垫、枕芯、床单、被套、枕套等产品各483套（1件），经抽样送检，被套、枕套产品被判定为不合格产品，对不合格产品责令企业作必要技术处理；政府采购验收货物25批次，涉及金额240余万元。抽查白酒、大米，共7批次，合格率为100%；检查普通混凝土砖生产企业4家，抽查产品7批次，产品合格率为100%；检查预制板生产企业2家，抽查产品8批次，产品合格率为75%；检查钢材销售门市部3家，抽查产品5批次，产品合格率为80%；检查建筑工地3个，抽查产品3批次（其中：槽钢1批次、角钢1批次、电缆1批次）、产品合格率为100%；检查絮棉产品6批次、产品合格率67%。2009年，加强了食品企业证后监管工作和无证查处工作，完成了两家食品企业生产许可证的年审，食品生产企业获证率为100%；开展对辖区纳入工业产品生产许可证管理的4家企业4个单元的产品实施了产品质量全过程监管，对其生产的4个品种7批次产品进行了质量监督抽查，产品检验合格率为100%。省级定期监督检验产品13批次，合格率为100%。其中：预应力混凝土空心板9批次、合格率为100%，汽车制动片产品2批次、合格率为100%，眼镜产品1批次、合格率为100%，混凝土普通砖产品1批次、合格率为100%；辖区23家企业（含商业单位、建筑工地）9类产品监督抽查产品39批次，合格率为70%。其中：普通混凝土砖7批次、合格率为71%，建筑用砂3批次、合格率为100%，礼炮和高空炮2批次、合格率为0，试剂汞5批次、合格率为100%，氯化汞5批次、合格率为100%，氯化汞触媒3批次、合格率为100%；抽查商业销售柴油产品1批次、合格率为100%，钢筋3批次、合格率为0；抽查3个建筑施工工地钢筋10批次，合格率为50%；抽查食品加工小作坊糕点、白酒、米粉、面条等食品31批次，不合格9批次，综合合格率为71%（其中省局定检10个批次，合格率90%）。2010年，与辖区4家食品生产企业签订了食品安全责任书，进一步明确了企业的责任。每季度对企业进行巡查，督促获证企业持续满足保证食品质量安全的必备条件；与46家食品生产小作坊签订食品安全责任状、质量安全承诺书，100%建立了质量管理制度；政府采购验收32次，涉及金额2000余万元，其中：检查重点建设工地8个，抽查产品10余批次，涉及塑钢型材、阻燃穿线管、钢材等产品，产品检验合格率为33.3%。对5起销售和使用不符合强制性标准的产品和未经强制性产品认证的行为进行立案调查，对不合格的5批次产品责令销售商进行更换或者退货处理；召开了质量提升会议，邀请专家对如何运用管理控制质量，向科学管理要效益进行了讲解。通过召开会议，得到企业的支持和欢迎。抽检食品58批次，合格率为90%。其中：白酒3批次、糕点2批次、茶叶1批次为不合格产品；监督抽检（含定期监督检验）工业产品22批次，对纳入监管的食品小作坊100%签订承诺书、100%建立档案；政府采购验收货物32批次，涉及金额310余万元。2011年，按照中央文件明确的原铜仁市的谢桥街道办事处、茶店镇、大坪乡、鱼塘乡的行政区域划为万山特区的行政区域。区域的划转，万山食品加工业在原区域46家的基础上新增食品加工业有81家，比划转前增到176%；对辖区8家食品生产企业100%开展了落实企业主体责任的巡查及回访工作；对辖区5家食品生产企业、15家使用食品添加剂的小作坊生产使用的原料及添加剂进行了监督检查，没有发现采购或使用含有邻苯二甲酸脂类物质和台湾问题企业生产含有“起云剂”的原辅料及食品添加剂；对纳入监管的食品小作坊100%签订承诺书、100%建立档案；政府采购验收货物32批次，涉及金额310余万元。

第四节　依法打击假冒伪劣产品

2006年，农资专项打假。出动执法人员18人次车辆8台次，检查销售点13户，化肥100余吨；建材市场专项整治。出动执法人员40余人次，车辆20台次，检查混凝土普通砖厂5家，抽样5批次，产品合格率为40%，建筑土地2家，建材经营门市部2家，抽查钢筋混凝土用热轧带肋钢筋4批次，产品合格率100%。2007年，农资专项打假。出动执法人员17人，车辆8台（次），检查农资经营门市部9户，复混肥19吨，尿素8吨，过磷酸钙11吨，未发现异常情况；建材市场专项整治。出动执法人员22人，车辆12台（次），检查普通混凝土砖生产企业5家，抽查产品5批次，产品合格率为0。检查预制板生产企业1家，抽查产品3批次，产品合格率为100%。检查钢材销售门市部1家，抽查产品4批次，产品合格率为0。检查建筑工地5个，抽查产品钢筋12批次、预制板1批次，产品合格率为0。2008年，汇同工商、药监、物价、烟草、文广、农业部门对食品、农资、日常用品的专项检查，出动执法人员50人次，车辆12台次，查获假冒卷烟233条、白酒12瓶、种子67包、散装种子47千克、过期变质和无“QS”标志的各类食品5000余包（瓶）、盗版光碟6000余张、书刊200余册，严厉打击了制销假冒伪劣产品违法行为；检查农资经营户13家销售的尿素20吨、磷肥、复混肥36吨，车辆流动销售的农资4车磷肥、复混肥18吨。接举报，端掉一个销售伪劣复混肥窝点，没收劣质复混肥18袋。电力电线电缆、耐张线夹、PE管材等重点产品专项检查。出动执法人员10人次，检查电线电缆4吨、耐张线夹376套，PE管材1290米，经抽样检验，产品质量总体水平良好。2009年，絮用纤维制品质量监督检查。出动执法人员10人次，立案1起，结案1起，打掉一个销售“黑心棉”团伙，有力地震慑了违法人员，维护和净化了特区絮棉市场秩序；建材市场专项整治。抽查生产、销售建材产品11批次，建筑施工工地钢筋产品10批次，对不合格产品进行了整改，将相关情况报各建设部门，杜绝不合格原材料流进廉租住房及重点工程建设；农资打假。出动执法人员16人次，车辆7台/次，检查农资经营户14家，销售的尿素22吨、磷肥、复混肥36吨，针对检查情况对部分产品的质量进行了抽样送检，对产品检验为不符合国家强制性标准的复混肥产品，将案件线索移送至铜仁地区质量技术监督局稽查分局依法处理。家电打假下乡行动：查获未经强制性认证电视机16台，立案2起，结案2起，端掉了一个销售假冒伪劣家电的窝点；办理行政处罚案件13起，结案12起，结案率为92.3%，无行政诉讼和行政复议案件。

2010年，食品、农资、棉絮、建材、装饰材料等专项打假，出动执法人员158人次，检查农资经营店18个次，种植基地1个，复混肥190吨，尿素100吨，过磷酸钙55吨，碾米机19台，微耕机8台，免费抽查化肥样品2个（产品检验为合格产品），监督抽查20批次钢材产品，办理行政处罚案件11起，结案率为100%。

2011年，开展了铜大高速公路万山段、大水溪尾矿库闭库工程、岩屋坪尾矿库治理工程等重点工程在建项目中使用的钢材产品专项检查，抽查钢材产品11批次、砂石产品1批次、水泥产品1批次，产品检验合格率为46%，不合格产品主要是钢材产品。质监局对施工单位使用不合格建材产品的行为进行行政警告，对违法经营的单位进行立案调查。“摩托车下乡”专项检查：检查摩托车销售店5家7个品牌18种型号，查处违法的摩托车产品3台，货值金额1.6万余元。移送工商部门1起。农资打假：检查农资销售门面8家，仓库1个，涉及复合肥等农资产品110吨，抽检1批次，合格率为100%。检查种子产品定量包装107袋，合格率为100%。茅台酒专项打假：重点检查了万山城区的国酒茅台专卖店、政府接待办、商场、超市等经营单位，现场抽取各规格贵州茅台酒产品7个批次25瓶，经鉴定，真贵州茅台酒19瓶，占抽查总数的76%。查获假冒茅台酒6瓶，涉案货值金额7000余元，对假冒茅台酒进行了立案查处；建材产品专项检查。检查建材生产企业17家，抽查预应力混凝土空心板、混凝土普通砖等产品37批次，合格32批次，产品检验合格率为86.4%。抽查砂（碎）石、钢筋、水泥等生产原料5批次，合格5批次，产品检验合格率为100%。絮棉制品专项整治。重点对民政、学校等大批量采购的絮棉制品进行了专项检查，抽检絮棉制品4批次，合格2批次，合格率为50%。立案调查了1起存在质量问题的梳棉胎产品货值12000元。是年，监督抽检食品样品142个批次，合格129批次，不合格13批次，综合合格率为90.8%；定期监督抽查工业产品生产企业37家71批次产品，合格60批次，合格率为84.5%。

第五节　组织机构代码

建立企业、事业单位和社会团体统一代码标志制度，是国家发挥监督管理体系整体效能、强化管理的一项改革，为政府各部门加强行政管理，监督各企业、事业单位和社会团体的社会经济行为提供有效的技术手段，为实现计算机自动化管理和信息交换提供技术保证，为完善国家监督管理体系，发挥整体效能建立技术基础。1993年7月20日，根据《贵州省人民政府办公厅关于在全省实施（全国企业、事业单位和社会团体统一代码标识制度）的通知》，于1994年1月1日起实施统一代码标志制度，于1994年4月1日起在全省银行和非金融机构的账户管理中实施查验全国统一代码证书。办理代码必须到省代码办统一办理。税收、计划、统计、国有资产登记、财政拨款、知识产权登记、社会保障等工作都将逐步强制推行应用统一代码标志，有关业务活动将规定查验代码证书。“统一代码标识制度”就是给每个机关、企事业单位和社会团体颁发一个全国范围内唯一的、始终不变的法定代码标识，通过政府部门在业务工作中强制应用建立企业事业单位和社会团体一切社会、经济活动的档案，实现管理的社会化和现代化。1997年4月2日，《贵州省人民政府办公厅关于进一步强化统一代码标识制度的通知》，要求提高认识，加强领导，加快建立企事业单位和社会团体统一代码制度步伐；采取必要的行政措施和手段，强化代码标识推广应用的力度，加快代码信息系统的建设。

2001年实行全省代码数据库统一联网后，办证工作由各市县（特区）质量技术监督局代码办办理，方便了企业事业单位和社会团体代码办证。2005年新办证18户，到期换证40户。2006年，办理组织机构代码60户，其中：新办证16户、年检13户、到期换证31户；开展对辖区代码数据的清理工作，质监局荣获全省组织机构代码数据清理先进集体。2007年，办理组织机构代码48户，其中：新办证20户，换证15户，年检13户。2008年，办理组织机构代码46户，其中：新办证18户，换证12户，年检16户。2009年，办理组织机构代码122户，其中：新办证21户、年检60户、变更36户、挂失（补证）1户、注销3户、迁入（换证）1户，扫描率为100%。2010年，办理组织机构代码98户，其中：新办证10户、年检54户、换证32户、迁入1户、废置1户，扫描率为100%。2011年，办理组织机构代码249户，其中：新办证88户、换证91户、年检55户、废置7户、恢复3户、迁入4户，补办1户，代码纸质档案扫描率为100%。

第六节　标准化监督管理

《中华人民共和国标准化法》颁布后，使工业企业的标准化工作有了法律依据。根据标准规定：各级标准化行政部门负责管理本行政区域内的标准化工作。《标准化法》出台后，一是利用有线广播宣传，宣传面覆盖特区四乡一镇；二是利用赶场日，向广大群众宣传和接受群众咨询；三是利用到企业检查之机向企业主管领导及有关管理人员宣传标准化工作的重要性；四是举办培训班宣传标准化和标准化管理的基础知识。1992年，组织食品生产企业参加地区举办的《食品标准通用标准》培训。1994年，引导企业建立标准体系，建立企业产品标准备案制度，加强对食知标签的管理。1995年，贯彻IS0900系列标准，先后组织62名生产企业技术人员参加省、地培训学习，指导企业的42种产品采用国家标准或国外先进标准，覆盖率达到95.4%。特区化工厂生产的氯化汞、汞溴红产品按照企业标准生产，获地区产品鉴定验收证书，荣获中国第三批乡镇企业产品出口“金杯奖”，被特区授予“产品质量信得过”单位。对8个企业45批产品进行抽查，合格率达80%。1997年，根据上级严禁无标生产的指导精神，对全特区生产企业进行全面清理检查，受理企业产品标准备案5个，全特区执行标准企业21个，基本消灭元标准生产。

2000年，开展消灭无标准生产工作。由于特区企业生产基本上是粗放型的，都存在高投入、高消耗、低产出、低质量、低效益、低效率的现象，加上其他原因致使工业生产处于极不景气状况。为了扭转生产经营的窘境，促进工业生产的发展，振兴经济，必须规范化、标准化的提高产品质量，由小农自然经济生产模式向现代市场经济转变。为此，对企业逐个摸底调查，建立企业档案。在调查的9家企业中，虽都执行了标准登记，但有4家无标准文本，无法按标准生产。质监局专程派人到贵阳等地为企业查询标准资料，帮助企业制定标准4个，修订企业标准1个，企业产品执行标准等级13个，因产品变动或产品标准过期重新登记的各1个。2002年年底，登记产品标准13个，建立企业档案9家，标准化覆盖率达到100%，产品合格率上升到95.8%。通过消灭无标生产工作的开展，企业的经济效益明显提高。如矿产公司在“消无”前年产值仅250万元，“消无”后增加到550万元。2003年，加强了对强制性标准的宣传贯彻，对涉及人身财产安全、人体健康的国家强制性标准产品进行了定期和不定期的监督检查，对“消无”工作实行动态管理，加大了工作力度，办理了标准登记5个。2005年，随着市场经济的发展，特区内企业数逐年增加，为了全面漠清企业生产情况，以及执行标准的有效性，对企业现行使用执行标准情况进行复审清理，对不符合现行有效标准的及时要求更换有效标准。前几年时间里，混凝土普通砖、普通白酒等标准的有关数据指标在变动，生产企业应及时了解和更换新标准，做到准确无误地无标建标，有标达标，不断提高产品质量。至年底，对全特区企业重新整理建档23家，产品执行标准登记35个，其中使用国家标准15个，行业标准16个，地方标准4个。当年对生产企业是否能按照标准生产和产品是否达标情况进行了监督检查和指导，检查生产企业15家，抽取4个标砖、4个白酒、2个汞产品、6个预应力空心板样品进行送检。根据检测报告，对达不到标准的企业，查找原因，进行指导及时整改；对不整改者和产品质量有严重问题的予以查处，查处生产不合格产品企业3家。

根据国家有关标准化法规及地方企业产品标准，1991—2005年，特区制定了企业产品标准，其生产企业及标号是：

万山特区湘安厂，金属硅：CB288—91；万山特区助剂化工厂，氯化汞触煤：（Ⅱ Ⅲ）YS／T31—92；贵汞福利煤厂，峰窝煤：Q／TW602—95；万山特区酒厂，烧酒曲：Q／WJ01—95；万山特区汞业有限责任公司，盖碗茶：Q／铜万TW01—98；万山特区翘翘保健茶，三泡台保健茶：Q／TW0109—1998；万山特区建材厂，混凝土普通砖：NY／T671—2003；万山特区银河花炮厂，礼花弹：GBI9594—2004；万山特区酒厂，普通白酒：DB52／468—2004。

2006年，开展标准登记清理工作，经清理万山生产企业产品执行标准登记21家35个产品，其中：无机化工企业6家，产品总数16个，执行国家标准1个、行业标准3个；有色金属企业5家，产品总数5个，执行国家标准2个；建材企业4家，产品总数4个，执行国家标准1个、行业标准1个；轻工业（烟花爆竹）企业1家，产品总数2个，执行国家标准2个；食品企业7家，产品总数7个，执行国家标准2个、地方标准1个；汽车（摩擦材料）企业1家，产品总数1个，执行国家标准1个；产品标准登记覆盖率为100%。2007年，生产企业产品执行标准登记22家36个产品，其中：无机化工企业6家，产品总数16

个，执行国家标准1个、行业标准3个；有色金属企业5家，产品总数5个，执行国家标准2个；建材企业4家，产品总数4个，执行国家标准1个、行业标准1个；轻工业（烟花爆竹）企业1家，产品总数2个，执行国家标准2个；食品企业8家，产品总数8个，执行国家标准2个、地方标准1个，企业标准1个；汽车（摩擦材料）企业1家，产品总数1个，执行国家标准1个；产品标准登记覆盖率为100%；开展对辖区经销的肥料是否执行GB18382《肥料标志内容和要求》、GB15063《复混肥料》的情况进行了监督检查，经查没有不执行GB18382、GB15063的肥料。2008年，生产企业产品执行标准登记23家37个产品，其中：无机化工企业6家，产品总数16个，执行国家标准1个、行业标准3个；有色金属企业5家，产品总数5个，执行国家标准2个；建材企业4家，产品总数4个，执行国家标准1个、行业标准1个；轻工业（烟花炮竹）企业1家，产品总数2个，执行国家标准2个；食品企业9家，产品总数9个，执行国家标准2个、地方标准1个，企业标准2个；汽车（摩擦材料）企业1家，产品总数1个，执行国家标准1个；产品标准登记覆盖率为100%。2009年，开展对特区标准化工作的动态管理，对无效标准及时进行清理，对清理后的标准按有效标准及时给予登记管理。生产企业产品执行标准登记27家40个产品，其中：无机化工企业6家，产品总数16个，执行国家标准1个、行业标准3个；有色金属企业5家，产品总数5个，执行国家标准2个；建材企业4家，产品总数4个，执行国家标准1个、行业标准1个；轻工业（烟花爆竹）企业1家，产品总数2个，执行国家标准2个；食品企业12家，产品总数12个，执行国家标准4个、地方标准5个，企业标准3个；汽车（摩擦材料）企业1家，产品总数1个，执行国家标准1个；产品标准登记覆盖率为100%。2010年，登记企业产品标准59个、到期换证3个；在万山特区召开《汞》国家强制性标准二次草案讨论联席会。万山特区质监局、贵州省工商业联合会汞行业商会、万山特区矿产公司、万山特区银星汞业有限公司、万山特区红晶汞业有限公司等标准起草单位及参与标准起草的相关企业及相关专家参加了会议。会上专家和企业提出的相关意见进一步全面、系统的完善汞产品的国家标准，为特区传统优势汞产业发展提供了强有力的技术支持，12月该标准已通过国家标准委的审定，这是特区首次参与国家标准的修订工作。2011年，GB913《汞》国家标准修订，GB913《汞》国家标准修订的技术指标检验检测全部由万山特区汞产品检测中心完成，这标志着万山特区在全国汞行业中占据着制高点和绝对话语权。《贵州省质监局、贵州省农业委员会关于下达第三批省级农业标准化示范项目的通知》文件，确定了万山特区枣子种植标准化示范区为第三批省级农业标准化示范项目，万山特区农业标准化项目建设实现“零”的突破。开展对辖区已登记的标准进行全面清理，经清理共登记66家企业（含小作坊）67个产品，其中：无机化工企业数6家，产品总数16个，执行国家标准1个、行业标准3个；有色金属企业数5家，产品总数8个，执行国家标准2个、行业标准1个；建材企业数21家，产品总数21个，执行国家标准2个、行业标准1个；轻工业（烟花爆竹）企业数1家，产品总数2个，执行国家标准2个；食品企业数19家，产品总数19个，执行国家标准5个、地方标准2个，企业标准3个；汽车（摩擦材料）企业数1家，产品总数1个，执行国家标准1个；产品标准登记覆盖率为100%。

第七节 特种设备安全监察

2006年，对5家规模化工生产企业下达了安全指令书，强制封存了4件不合格特种设备、强制撤除了一家不合格设备，当年5家规模性化工生产企业全部更换了合格设备，确保无安全事故发生。2007年，与特种设备使用单位签订特种设备安全责任状15份，检查特种设备使用单位18家设备32台（件），气瓶152个，发出安全监察指令书5份，提出安全整改建议3条，有效地监督了企业的安全生产行为；配合铜仁地区锅检所检验起重机13台、锅炉9台、压力容器13台、电梯1台，确保了设备安全运行。监督安装单位安装起重机7台、锅炉2台、压力容器1台，使特种设备安装环节得到有效的规范。2008年，检查特种设备使用企业22家、瓶装气体销售门市部6家，检查起重机械50台，锅炉23台，压力容器30台，各类气瓶560个，发出《特种设备安全监察指令书》9份，安全建议22条；对万山特区金盛有限责任公司、万山特区万泰锰业有限责任公司未经许可，分别擅自安装3吨和5吨起重机械重大安全违法行为，依法进行了处理。2009年，与辖区内特种设备使用单位签订特种设备安全责任书24份，与辖区重点监控单位签订特种设备安全承诺书9份；对辖区特种设备使用单位进行了全面检查，出动检查人员70余人次，车辆35台（次），检查设备75台次，提出整改意见24条，发出监察意见通知书7份，查处违反特种设备安全法规的一般行政案件2起，结案2起，案件办结率为100%；配合特种设备检验机构对本辖区使用的特种设备进行监督检验，检验特种设备47台、合格率为100%，其中：检验锅炉12台、压力容器18台、起重机械13台、电梯1台、压力管道150米。

2010年，与辖区内特种设备使用单位签订特种设备安全责任书26份、重点监控单位签订特种设备安全承诺书9份；特种设备安全监察。出动检查人员120余人次，检查设备145台次，提出整改意见24条，发出监察意见通知书8份，查处违反特种设备安全法规案件2起，结案2起；开展冶金用起重机械隐患整治工作。辖区冶金用起重机械使用单位3家，冶金用起重机械7台，整改率为100%；配合特种设备检验机构对本区域使用的特种设备进行监督检验，检验特种设备61台，检验合格率为100%，其中：锅炉9台、压力容器14台、起重机械34台、电梯2台、压力管道140米，有效地保障了设备安全运行；开展特种设备“安全生产年”活动和质量提升活动。通过活动的开展，特区重点监控设备监管率和严重隐患治理率达到100%，特种设备使用登记率、检验合格率、持证上岗率实现100%，努力完成了地区行署和上级安排部署的特种设备安全各项工作目标任务，特种设备事故起数和死亡人数控制在特区安委会和地区质监局下达的特种设备安全生产控制指标之内。2011年，原铜仁市的谢桥街道办事处、茶店镇、大坪乡、鱼塘乡的行政区域划为万山特区的行政区域后，特种设备在原使用单位45家（特种设备93台件、工业压力管道使用单位2家工业压力管道140米）、市场流通气瓶10000支、老山口二甲醚充装站气瓶基数5000支）的基础上新增使用单位48家（特种设备117台件、工业压力管道使用单位2家，工业压力管道3295米、谢桥液化气充装站有气瓶35000支、其他乡镇市场流通气瓶20000支、各类气瓶合计55000支），特种设备使用单位增长到93家，增长率为107%。特种设备210台件，增长率为126%；与24家特种设备使用企业签订特种设备安全责任状24份，签订率100%。与辖区列入特种设备重点监控名单的12家企业使用的特种设备签订了《特种设备重点监控单位安全管理承诺书》，签订率为100%；检查特种设备使用单位153家次，检查特种设备432台（次）（其中：锅炉94台（次）、压力容器120台（次）、起重机械200台（次）、电梯18台），检查石油液化气钢瓶1861只、压力管道1545米，发现78项安全隐患，发出安全监察指令书20份，立案调查2起，结案2起，严厉打击了安全生产违法行为，确保无安全事故发生。

第八章　投资管理

第一节　机构与职能

铜仁撤地建市前设万山特区商务粮食局，2011年4月3日，万山特区政府机构改革组建万山特区投资促进局，2011年12月撤地建市更名为铜仁市万山特区投资促进局（正科级事业）单位。编制15人，党组书记1名，局长1——副局长3名。内设股室：办公室、综合业务科、项目信息科、投资合作科、产业促进科、外联宣传科、考评协调科、利用外资和招商引资项目中心：陈爱娣。实有在职干部职工15人。临聘人员2人，共计17人。职能是：承担政府投资促进，招商引资，参与区域经济合作，督促检查招商项目等公共事务管理。

第二节　招商引资

自2009年两个转型以来，万山特区立足“黔东生态园林新城、贵州工业重镇、全国资源枯竭城市示范区的战略发展思想，党委、政府、人大、政协主要领导带头抓招商引资，2010年引进到位资金99233.825万元，其中：一产7536.115万元，二产61538万元，三产25803.04万元，旅游、文化、水利开发及中药材项目资金4356.67万元。2011年到位资金162493万元，其中：一产20606万元，比2010年增长173.43%；二产116461万元，比2010年增长89.25%；三产到位资金21806万元，比2010年下降18.33%；旅游文化、水利开发及中药材项目到位资金3620万元，比2010年同期下降20.35%。

第三节　服务管理

项目代办中心按照“热情、真诚、高效”服务宗旨，2011年共为外来投资者提供政策咨询100余人次，办理项目审批17件、核准登记17件、注册发证17件。

按照“意向项目不签约不放松，签约项目不进资不放松，进资项目不开工不放松，开工项目不投产不放松”的原则，从项目签订，到客商入住实行领导挂牌督办，利用领导挂牌协调小组为客商解决项目落地，做好项目跟踪、协调服务工作，积极协调区各部门及时解决招商引资企业在开工建设和生产经营中遇到的各种困难，及时为企业排忧解难，加快落地项目建设速度。特区在广州、重庆、杭州、青岛四个招商分局各派驻一名工作人员。

第九章　国土资源管理

第一节　地籍管理

地籍管理的内容有：土地利用现状调查、土地利用现状更新调查、地籍调查、城镇变更地籍调查、土地利用动态遥感监测、土地登记、变更土地登记、土地权属争议的处理、土地统计、城镇土地定级、农村集体土地流转管理。

一、地籍调查

1991年10月至1995年4月，根据全国《土地利用现状调查技术规程》和《贵州省土地利用现状调查补充意见》，开展了全特区土地利用调查。万山特区土地总面积33772.02万公顷。2005年10月，根据《贵州省土地变更技术规则》开展土地利用调查，土地总面积仍然为33772.02万公顷。其具体分布利用情况（见本志第二篇土地资源第二节土地利用）。

二、土地登记

土地登记是按照国家土地管理局《关于扩大土地登记发证试点和开展城镇国有土地使用权申报工作的通知》精神，由土地使用者向土地管理部门申请，提供证明材料，经审查合格和政府批准，办理注册登记和发放土地证的工作。

随着地籍调查的开展，特区从1989年初开始，由土地管理局成立了土地使用权申报工作领导小组，建立申报站，负责整个土地登记工作。凡达到权属合法、面积准确、界址清楚要求的，经特区人民政府批准，予以登记，发给土地证。

初始登记完成后，根据1994年贵州省土地管理局贯彻国家土地管理局《关于变更土地登记若干规定》精神，凡取得土地使用权的单位和个人，在土地使用或用途发生变化或出卖交换、赠与、转让、分割、继承地面附着物以及单位兼并合并、矿涉及土地使用权变更的，均应办理变更登记。1998—2005年万山特区国有土地使用权变更登记累计发证189本，抵押9本，转让60本。2004年全面完成特区44个行政村的集体土地所有权登记发证工作，发证47本。

三、城镇土地分等定级管理

土地分等定级是在土地利用现状调查分类的基础上，根据土地的自然生态和社会经济条件，进一步划分各类土地的质量等级的工作，对各类土地划定的等级简称均值地域。通过分等定级，为合理确定土地负担，制定土地利用规划和土地开发利用提供科学依据。

基准地价是城镇国有土地使用权出让、转让的科学依据。特区于1998年在均值地域划分的基础上，通过讨论方案，收集资料，对特区不同级别地段上的私房交易，商品房销售，有租赁关系的商店、门面房进行调查。还参考收集了工商、税务、金融、物价、房管、拆迁等部门的有关资料，进行综合测算评估，从而完成了特区商业、工业、住宅三类用地的基准地价测算，经地区国土资源局验收，同时特区人民政府批准发布了土地级别和基准地价。

2006年，万山特区人民政府，为进一步强化土地资源管理，防止国有资产流失，全面、科学、合理地使用土地，国土资源局等相关单位对城区基准地价及建制镇的基准地价认真进行评估，评估方案已经省、地验收。

万山特区基准地价及范围表

表10-6　　（单位:元／公顷）

级别	级别范围	商业用地	住宅用地	工业用地
一级	以解放街为中心:教育局以上至老车站至种子公司;老汽车站至新汽年站;电信局至爱卫会	990.00	500.00	
二级	教育局以下至医院至煤建公司、物资局:三角岩农贸市场;新车站至四坑学校:犀牛井至老乡企局至爱卫会。	390.00	290.0	170.00
三级	张家湾至炸药库:张家湾至二坑至竖井;种子公司至官山至十八坑;土坪至冒水垅至三角岩住宅区;四坑学校至二厂	250.00	200.00	115.00

2010年，根据《中华人民共和国土地管理法》、《中华人民共和国城市房地产管理法》等有关规定，万山特区开展了特区城区新一轮基准地价更新，老山口工业区及各乡所在地基准地价评估工作。更新评估成果已通过上级主管部门验收，经2010年7月特区政府常务会议审议通过，自发文之日起实施，原2006年12月公布的万山特区基准地价及相关成果终止使用。

万山特区城区土地级别分布范围表

表10-7

土地级别	主要宗地及街道名秤
Ⅰ级	以解放街为中心,汞都大道从加油站—万山宾馆;官山路从福得利超市—万山体育馆;滑石坡路至特区审计局职工宿舍;客车站(芭蕉湾)至特区中心广场;区府路至特区粮食局
Ⅱ级	汞都大道从犀牛井居委会—加油站以南;万山宾馆以西—佳诚汽修厂;滑石坡路从特审计局职工宿舍以西—滑石坡路与汞都大道交汇处;特区人事劳动和社会保障局以南—特区中等专业职业学校;官山路从特区体育馆以北—特区中学—土坪路与三角岩路交汇处;区府路从特区粮食局以东—万山镇小学—张家湾居委会
Ⅲ级	定级范围内除Ⅰ【Ⅰ级以外的部分,主要区域及道路:汞都大道部分路段、环城路、三角岩路、土坪路】

万山特区城区基准地价表

表10-8　　单位:元/公顷

均质地域基准地价	Ⅰ级	Ⅱ级	Ⅲ级
商服用地	1050.00	450.00	280.00
住宅用地	510.00	300.00	220.00
工矿仓储用地		220.00	160.00

老山口工业区基准地价表

表10-9　　单位:元/公顷

用　　途	单　　价
商服用地	290.00
住宅用地	200.00
工矿仓储用地	145.00

各乡基准地价表

表10-10　　单位:元/公顷

类　别 用　途		一类乡镇	二类乡镇
商服用地	当街地价	360.00	320.00
	背街地价	280.00	240.00
住宅用地		280.00	260.00
工矿仓储用地		140.00	120.00

注:当街基准地价是指临乡主街路段的临街宗地商服用地的基准地价,其余商服用地基准地价为背街基准地价

1. 万山特区城区基准地价:

商服用地:一级1050.00元/公顷;二级450元/公顷;三级280元/公顷

住宅用地:一级510元/公顷;二级300元/公顷;三级220元/公顷

工矿仓储用地:二级220元/公顷;三级160元/公顷。

2. 老山口工业区基准地价表:

商服用地:290元/公顷;

住宅用地:200元/公顷;

工矿仓储用地:145元/公顷。

3. 各乡基准地价:

商服用地：当街地价一类乡镇360元／公顷；二类乡镇320元／公顷；

背街地价：一类乡镇280元／公顷；二类乡镇240元／公顷。

住宅用地：一类乡镇280元／公顷；二类乡镇260元／公顷。

工矿仓储用地：一类乡镇140元／公顷；二类乡镇120元／公顷。

四、土地办证

1. 2004年年底，特区国有土地使用权初始登记应发国有土地使用证533本，已发国有土地使证533本，占应发证数100%；集体土地所有权初始登记应发集体土地所有权证47本，已发集体土地所有权证47本，占应发证数的100%；集体土地使用权初始登记应发证18121本，已发集体使用证33本，占应发证数的0.19%。

2. 办理证书

2008—2011年，集体建设用地及宅基地登记发证共192宗。分别是：2008年28宗；2009年57宗；2010年24宗；2011年50宗。办理国有建设用地登记发证1212宗。分别是：2008年356宗，2009年427宗，2010年191宗，2011年238宗。

第二节　土地征收与征用管理

1991—2005年特区共征用土地68.8993万公顷，其中水田22.0191万公顷，旱地19.8914万公顷；建设用地2.515万公顷；荒地23.0344万公顷；林地1.4394万公顷。2006—2011年，特区共征用土地134.211万公顷（耕地54.2232万公顷）作为各种建设用地。

1999年1月1日，实施新的《土地管理法》。2000年9月2日贵州省颁布了《贵州省土地管理条例》。《条例》对征用土地补偿费用作了新的规定，提高了征地补偿费标准。《条例》规定：征用稻田、菜地、（鱼塘、藕塘）的土地补偿费标准，为该耕地年产值的8至10倍；征用旱地的补偿费标准为该土地年产值的6—8倍；征用其他土地的补偿标准，为征用旱地年产值的2至4倍。安置补助费，每一个需要安置的农业人口的安置补助标准，为该耕地被征用前3年平均产值的4—6倍，征用其他土地的安置补助费，为征用耕地安置补偿费的一半。被征用土地上有青苗的，按当季作物的实际产量补偿。同时，还按照《条例》的有关规定，农民的承包地被征面积核减农业税、粮食定购任务和该耕地承担的其他费用。

根据新《土地管理法》和《贵州省土地管理条例》的规定，特区政府所在地万山镇的土地利用总体规划和农用地转用报省人民政府审批。其余四乡的报地区行署审批。农用地转用涉及占用基本农田的报国务院批准。征用土地的审批权只有国务院和省人民政府两级，省级批准权限由原来的66.67万公顷改为35万公顷，其他土地由原来的133.33万公顷改为70万公顷。

一、国家建设用地管理

1994年3月，遵照省人民政府有关加强地产市场管理的精神，铜仁地区行署下发了《关于加强地产市场管理的通知》。《通知》规定："凡是以行政划拨方式取得的土地使用权，未办理出让手续就进行转让、出租、抵押的，必须依照国务院的规定，主动到县以上土地管理部门申报登记，签订出让合同，补交出让金，再办理过户手续。逾期不登记、不办理手续的，要予以处罚”。根据“根据土地使用权出让必须依法由政府垄断，实行统一规划、统一征地、统一开发、统一出让、统一管理”的规定，特区开展了土地隐形市场清理整顿。通过清理，摸清了特区内土地非法交易的底数。发生非法交易的土地18宗765.53公顷，交易金额达2.9036万元。对非法交易的土地全部进行了处理，补交出让金0.48116万元。1997年，万山特区国土局举办了建设用地管理人员培训班，认真学习了征用土地的法律、法规和征用土地报批程序管理，为进一步加强建设用地管理打下了基础。当年建立了建设用地管理目标责任制。针对建设用地管理工作的特点，土地管理部门从审批型转变为服务管理型，做到提前介入，热情服务，实行批前处理、批中管理、批后管理的全程管理制度。批前管理做到“五到位”，既建设用地立项论证咨询到位；审查项目定址踏勘到位；控制设计用地规模，初步设计审查到位；征地服务到位；现场为公会审到位。批中管理做到“二到位”，既专业技术水平、政策水平到位；批后管理做到跟踪服务到位，动态监察到位。从而减少审批中的盲目性。

1999年，是新《土地管理法》颁布实施的第一年。按照《土地管理法》规定的在建设用地审批程序，是严格执行了“用途管制”制度，全面推进建设用地走内涵挖潜的路子，实现土地利用从粗放型到节约型的转变。本着节约用地，不占或少占耕地的原则，合理安排用地，凡闲置土地达二年的，一律收回土地使用权。城镇建设尽可能走旧城改造的路子，对非生产性建设用地从严控制。

2001年，在建设用地管理中，一是根据《贵州省土地管理条例》有关规定，加强了对国有存量土地的管理；二是集中全力抓好重点项目用地的征地工作，特区只有玉铜高等公路一个项目，总征地面积8.6123万公顷；三是开展了城镇国有土地使用权出让和转让的调查工作。

2002年，根据中共中央、国务院关于国企改革精神，特区政府下发了《关于国有企业土地资产处置的意见》。:《意见》对国有资产处置方式、处置程序以及企业处置土地资产用于减债、脱困的优惠政策依法做了规定。其主要规定有：（1）以行政划拨方式获得的土地使用权，依法破产和撤销的企业，土地由政府收回后，土地出让所得优先安置该破产企业职工和支付离退休人员养老保险金，剩余部分作破产财产处理。（2）对特困企业行政划拨现用于非房地产开发的土地处置，按国家应收取出让金的20%或全额返还给该企业用于安置职工、偿还债务和发展生产。（3）利用划拨土地进行房地产开发的，国家全额收取土地出让金。如属困难企业，视其困难情况，由土地行政主管部门工商企业主管部门提出适当减免的具体方案报有批准权的人民政府批准，但最高不能超过40%。对个别安置职工确有困难的企业，超过最高限额减免出让资金的，由土地行政主管部门商企业主管部门提出方案报有批准权的人民政府批准。按照以上规定，当年处置国有企业土地资产2宗，面积4.39276万公顷，收取出让金4万元，都属于改制企业土地资产处置。2003—2005年，在加强国家建设用地管理中，认真开展了新征建设用地批后核查工作，从2003年10月开始，至2005年10月底结束。在工作中认真按照国土资源部《征用土地公告办法》严格执行“两公告——登记”（征用土地公告、征地补偿安置方案在被征地村组进行公告和土地所有权变更登记）

二、乡（镇）村集体建设用地管理

1987—1998年，国家《土地管理法》和《贵州省实施（中华人民共和国土地管理法）条例》颁布后，省、地对农村集体建设用地审批程序及有关问题均作出了明确规定：（1）凡乡（镇）村集体建设用地原则上按国家建设征、拨用的程序和要求办理；（2）乡（镇）村集体建设用地必须符合村镇规划；

（3）乡（镇）村集体公共设施、公益事业建设使用土地，凭县以上计划部门或主管部门的文件，提出用地申请；（4）乡（镇）村集体企业、事业单位，因停办搬迁等原因需要转让土地的，须向县以上土地管理部门办理土地转让手续，不得自行处理。

三、城乡居民用地管理

1991—1998年，农村居民建房用地，在符合用地条件的前提下，按规定的占地限额，由建房户申请，按照村组规划，拟定建房标准，提交村委会或村民大会讨论通过，并签署意见，由乡级人民政府审批，报县土地管理部门备案。使用耕地的，由乡人民政府审核，报县人民政府批准。农村居民建房户在依法缴纳耕地占用税后，由土地管理员根据批准的数量、地点划拨土地。竣工后进行验收，符合要求的发给《土地使用证》。农村居民建房标准为：城市郊区、坝子地区，5人以上户不超过130公顷，4人以下户不得超过120公顷；丘陵地区，5人以上户不得超过170公顷，4人以下户不得超过140公顷；山区、牧区，5人以上户不得超过200公顷，4人以下户不得超过170公顷。

1999年1月1日，新的《土地管理法》实施后，农村居民建房占用未利用的土地由万山特区人民政府审批，实行农用转用的，按省人民政府授权的审批权限，万山镇的逐级上报省人民政府审批，其余四乡的报行署审批。凡城市郊区、坝子地区，每户不得超过130公顷；丘陵地区，每户不得超过170公顷；山区、牧区每户不得超过200公顷。在乡（镇）土地利用总体规划确定的村镇规划范围内，愿意让出原属田、土及可以复耕的宅基地。迁到荒山或荒地上建房的，可在规定限额用地的基础上上增60至80公顷宅基地面积。全特区各乡、镇国土管理部门在办理农村建设地审批中，切实实行“四公开、四到场、一监督”（及建房用地指标公开。建设用地审批程序公开。建设用地条件及申请名单公开，建房用地审批结果公开；定点到场，画线到场，砌基到场，竣工到场；并公开接受群众监督），加强了对农村建设用地的管理。

2008—2010年城镇建设征用土地共103.3749万公顷；其中：征用耕地面积55.1785万公顷；其他48.1964万公顷。

2011年各种建设征用土地：134.211万公顷（占耕地54.2232万公顷）。分别是：

（1）工业用地35.5568万公顷，（其中耕地27.0234万公顷）。（2）政府用地22.3488万公顷，（其中耕地6.6044万公顷）。（3）四乡用地5万公顷，（其中耕地2万公顷）。（4）城镇建设用地71.3074万公顷，（其中耕地18.5954万公顷）

四、经济转型、外商投资企业用地管理

特区外商投资企业用地全部是工矿用地。建设征用土地的原则是：即应根据建设项目的实际需要，保证建设项目所必需的土地，又要维护被征地集体、农民的合法权益，在采取货币安置为主的基础上，积极开辟城镇安置、就业安置、城市低保安置等多途径安置渠道，确保失地农民生活水平不降低，并有所提高。可以利用荒地的，不得占用耕地；可以利用劣地的。不得占用好地。管理情况是：凡兴建厂矿必须征用土地的，严格执行用地报批手续，不准先用后报或用而不报；坚持节约用地的原则，反对宽占窄用等浪费土地的做法；充分利用原贵州汞矿的闲置土地或闲置厂房安排外商投资企业作为新建厂房用地；严格执行国家供地政策，按规定出让方式供地，签订出让合同，限制使用土地的年限。

（一）2009年，廉租住房用地46.06033万公顷。其中：2009年廉租住房用地 13.10723万公顷；2010

年廉租住房用地25.0465万公顷；2011年廉租住房用地7.9066万公顷。（二）中低价位、中小套型普通商品住房用地，9.3333万公顷。（三）2011年公路用地13.6538万公顷。

第三节　耕地保护

一、基本农田保护

基本农田划定及调整补划

实行基本农田保护制度，是根据《土地管理法》、国务院《基本农田保护条例》、《贵州省基本农田保护条例》等法律、法规要求，以保护耕地为目的，对耕地实行特殊保护的一项规则。万山特区基本农田于1997至1998年划定，共2804万公顷，基本农田保护率为86%。从2000年8月至2001年6月，开展基本农田保护地划定工作，特区共调整划定基本农田面积2850.14万公顷，划定保护地块2053块，保护率为86.8%。2004年开展基本农田大检查，核准特区1998年至2003年，基本农田面积减少538.6万公顷，其中：非农建设占用13.44万公顷，生态退耕525.16万公顷。为确保基本农田数量不减少，质量不降低，特区除小于25度的生态退耕面积307.57万公顷以及农业结构调整而耕作层未被破坏的基本农田面积26.89万公顷不作补划外，对非农建设占用、农业结构调整耕作层破坏的基本农田进行补划。在2004年基本农田保护检查中。共补划基本农田面积36.14万公顷。

二、基本农田保护措施

（一）建立基本农田保护管理体系

层层签订保护责任状。1998年基本农田划定后，特区与乡（镇）、乡与村共签订责任书531份。2001年，特区乡（镇）村三级签订责任书531份。2004年特区在原签订的责任书基础上，进一步完善了责任书的内容，重新签订了乡（镇）与村委会、村委会与村民组、村民组与农户之间的责任书，使责任书全部签订到农户和地块。据统计，乡（镇）与村委会签订责任书49份，村委会与村民组签订责任书482份，村民组与农户签订责任书12191份。做好基本农田标志牌、界桩的埋设工作。1998年，特区建立保护标志牌3块，埋设界桩22个，并经省国土厅检查验收全部合格。2004年通过基本农田保护大检查，特区共恢复、更新界桩100根，并在公路沿线设立固定性永久宣传保护标志牌6块。2006年以后，特别是2009年两个转型发展速度加快，建设用地较多，土地使用变化大。2011年12月底，全特区耕地数量增减变化情况是：

1. 耕地减少去向

（1）2011年末变更调查耕地占用16.22万公顷。主要原因是：特区在高楼坪乡老山口居委会实施工业项目占地；（2）农村村民申请建住宅占地；（3）2011年特区实施省重点项目铜仁至大龙高速公路占用耕地。

2. 耕地占补平衡情况

（1）2011年年末变更调查耕地总面积为4391.12万公顷，比2010年末4202.02万公顷增加189.10万公顷。（2）对耕地保有量的分析：2011年末，变更调查耕地总和可调整地类总面积总和为4493.82万公顷。（3）对2011年度占补平衡情况：2011年度建设占用耕地15.16万公顷，其占补平衡指标从特区土地开发新增耕地面积205.32万公顷实施占补平衡。

3. 林地数量增减变化情况

在建设变更过程中，特区林地面积减少26.59万公顷，其中：有林地减少19.06万公顷、灌木林减少4.88万公顷、其它林地减少2.65万公顷，是因为工业园区项目及铜大高速公路建设占用。

（二）建立基本农田保护制度

建立长效机制，是为基本农田保护工作提供保障的一项重要措施。针对基本农田保护的薄弱环节和存在的突出问题，在基本农田划定、保护、占用审批、质量建设动态监测。监督检查和档案管理等方面建立和完善了各项规章制度。《基本农田听证公告制度》规定：凡国家重点占用基本农田的、因修改土地利用总体规划而调整基本农田的，均须听证。涉及占用、调整基本农田的由特区国土资源局主持听证会。对经批准占用、调整基本农田的应进行公告。

《基本农田后备资源管理及补划台账制度》，其内容包括四个方面，即：基本农田后备资源来源；符合基本农田条件的耕地申报入库程序；基本农田后备资源的使用范围；基本农田后备资源使用报批程序。该程序规定：①属自然灾毁、地质灾害动迁造成基本农田减少的由特区人民政府提出补划基本农田申请，属非农业建设项目需占用基本农田的，由建设单位提出补划基本农田申请。②特区国土资源局、农业局对补划基本农田申请审查后逐级上报至地区行署，由地区行署批准。③特区各乡（镇）必须保证辖区内基本农田面积不减少，保护率不降低，凡是本行政辖区内基本农田保护面积和保护率达不到指标，并且基本农田后备资源不足的，暂不审批该乡（镇）的建设项目用地。

《基本农田质量及环境监测制度》，根据《中华人民共和国环境保护法》、《农业环境监测条例》制定了12条具体规定，明确各乡（镇）农推站负责本辖区基本农田质量跟踪管理及环境监测。还明确了监测的内容、范围，实行责任追究。

《基本农田保护动态巡查制度》共8条规定，规定特区、乡（镇）两级都要定期和不定期的对基本农田保护实行动态巡回监测，建立健全特区、乡（镇）、村、组四级保护管理网络。通过动态巡查和管理，坚决制止非法占用和破坏基本农田的行为。

《高标准基本农田建设制度》共12条规定。其内容包括：高标准农田建设范围、规划设计方案、建设资金的筹措、施工安全操作规程、高标准基本农田建成后的验收、建成后的高标准基本农田按国家农业生产经营的规范要求等。

《农业结构调整规划审查制度》《退耕还林规划审查制度》《基本农田资料管理及备案制度》。

高标准基本农田示范点建设

全特区高标准基本农田示范点建设从2004年开始，根据地区国土资源局、农业局联合下发的《铜仁地区高标准基本农田建设试行标准》，制定了高标准基本农田建设实施方案，并多方筹集资金进行高标准基本农田的建设。据统计：2004年全特区投入资金16万元，建成高标准基本农田120亩。

制止和查处未经批准违法占用基本农田的行为：

2004年，特区及乡（镇）在对基本农田进行全面普查的基础上，对违法占用基本农田的行为进行了认真清理排查，查出1998年至2003年，全特区未经批准占用基本农田项目17个，涉及基本农田面积13.4399万公顷。对17个违法占用基本农田项目进行了立案查处。如万山镇引进湖南省冷水江市客商段某某到万山镇办红砖厂，未经批准违法占用基本农田0.7236.4万公顷。根据有关规定：限万山镇红砖厂1个月内自行拆除砖厂，对破坏的耕地进行治理，并恢复原耕种条件；对非法占用0.7236.4万公顷土地，处以每公顷5元的罚款，计罚人民币3.6182万元。

2008年起，国家建设用地执行土地征收报批供应管理。

（1）建设用地报批情况：2008年度土地农用地转用获批1个批次，面积12.4654万公顷；2009年度土地农用地转用获批1个批次，面积37.6124万公顷；2010年度土地农用地转用获批4个批次，面积41.4684万公顷；2011年度土地农用地转用获批13个批次，面积200.5011万公顷，包含单独选址1个批次，铜仁市鱼塘110KV输变电工程0.51万公顷。

（2）建设用地供应情况：2009年土地供应19宗地，供应面积26.214万公顷，其中出让3宗地、出让面积8万公顷、出让价款4601万元，划拨16宗地、划拨面积13.107万公顷；2010年土地供应5宗地，供应面积81.0465万公顷，其中出让4宗地、出让面积56万公顷、出让价款33166.14万元，划拨1宗地、划拨面积25.0465万公顷。2011年土地供应12宗地，供应面积53.4746万公顷，其中出让10宗地、出让面积45.5688万公顷、出让价款6182.62万元，划拨2宗地、划拨面积7.9066万公顷。

三、土地开发复垦整理

在节约土地、保护耕地的同时，加强了土地开发，以弥补每年建设占去的大量耕地，实现耕地占补平衡。1997年，中共中央、国务院下发了《关于进一步加强土地管理切实保护耕地的通知》，明确提出各级政府必须严格控制耕地总量，并努力提高耕地质量。根据这一精神，结合万山特区土地后备资源的实际情况，制定了土地整理、复垦、开发规定。1998年，国家颁布了新的《土地管理法》。《土地管理法》第四章第三十条规定："国家实行占用耕地补偿制度。非农业建设经批准占用耕地的，按照'占多少，垦多少'的原则，由占用耕地的单位负责开垦与所占耕地的数量和质量相当的耕地：没有条件开垦或者开垦的耕地不符合要求的，应当按照省、自治区、直辖市的规定缴纳耕地开垦费，专款用于开垦新的耕地。"特区从2000年对土地开发实行计划管理。2005年，为合理利用有限的土地后备资源，协调各行业间的用地矛盾，促进万山国民经济持续稳定协调发展，实现特区的占补平衡，特编制《万山特区土地开发整理规划》(2001—2011年)。根据土地利用结构和存在的问题及特区所处的地理位置、地形地貌，按照因地制宜的原则，根据坡耕地调查，变更调查资料和各乡镇具有代表性的典型样区的基本情况，确定其因子及权重。特区的土地开发整理主要有耕地整理、居民点整理、土地开发、土地复垦四种类型，其潜力分析如下：

1.特区可通过对山、水、田、路、渠及中低产田、冷锈、烂泥田的综合治理，可提高土地利用率和产出率，再对大于1米的田埂整理，及将对小于25度的坡地改为梯土，经分析测算得全特区待整理耕地后备资源面积为2038.91万公顷，可净增耕地113.04万公顷。

2.农村居民整理　通过对零散居民点的缩并、搬迁、经分析测算出特区待整理面积524.66万公顷，可净增耕地223.81万公顷。

3.土地开发　经分析测算待开发成耕地的未利用地358.11万公顷，通过改善农业基础设施并进行土地平整后可净增耕地307.11万公顷。

4.土地复垦　经分析测算得出特区待复垦面积140.63万公顷，可净增耕地118.22万公顷，主要是对工矿废弃地和自然灾害损坏等土地进行复垦。在规划期内土地开发整理新增耕地潜力为762.18万公顷。

万山特区2011年以前验收项目汇总表

表10-11　　单位：万公顷、万元

年度	项目名称	实施单位	验收单位	验收日期	验收文号	实际建设总规模	实际新增耕地面积	实际总投资
2000年土地开发项目	万山特区高楼坪乡土地开发项目	万山特区国土资源	铜仁地区国土资源局、农业局	2000-11-17	铜市国土资垦验字[2000]20号	3.55	3．55	10.10
2001年土地开发项目	万山特区黄道乡田坪村土地开发项目	万山特区国土资源	铜仁地区国土资源局、农业局	2001—1l-21	铜市国土资垦验字[2001]113号	5．49	5.49	10.20
2007年土地整理项目	黄道乡临乡村省级新农村土地开发整理项目	万山特区国土资源局	铜仁地区国土资源局	2009－2－20	铜地国土资垦验字[2009]14号	16.1232	0.41	24.00
2008年土地整理项目	黄道乡红星村土地整理项目	万山特区国土资源局	铜仁地区国土资源局、财政局	2010－10－8	铜地国土资发[2010]152号	41.35	0.94	145.28
2008年土地开发项目	高楼坪乡赶场坝村新庄汤加屯土地开发项目	万山特区国土资源局	铜仁地区国土资源局、农业局	2009-4-23	铜市国土资垦验字[2009]13号	2.83	2.58	5.70
	高楼坪乡夜郎构胜利坡土地开发项目	万山特区国土资源局	铜仁地区国土资源局、农业局	2009-4-23	铜市国土资垦验字[2009)13号	6.73	6.23	17.30
	敖寨乡中华山村竹林庙土地开发项目	万山特区国土资源局	铜仁地区国土资源局、农业局	2010－9-28	铜市国土资垦验字[2012]10号	21.60	20.30	81.51
	高楼坪乡赶场坝滚子冲土地开发项目	万山特区国土资源局	铜仁地区国土资源局、农业局	2010-9-28	铜市国工资垦验字[2010)10号	40.80	38.76	155.26
2008年土地开发项目	高楼坪乡赶场坝村土地开发项目	万山特区国土资源局	铜仁地区国土资源局、农业局	2010-9-28	铜市国土资垦验 字[2010]10号	98.39	61.42	280.00
	高楼坪乡林海村大琴门土地开发项目	万山特区国土资源局	铜仁地区国土资源局、农业局	2010-9-28	铜市国土资垦验字[2010]10号	109.43	102．88	423.08
2009年土地开发项目	高楼坪乡青年湖村土地开发项目	万山特区国土资源局	铜仁地区国土资源局、农业局	2010-9-28	铜市国土资垦验字[2010]10号	15.41	15.12	58.22

续表10-11

年度	项目名称	实施单位	验收单位	验收日期	验收文号	实际建设总规模	实际新增耕地面积	实际总投资
2009年土地开发项目	高楼坪乡小湾杓水眼坪土地开发项目	万山特区国土资源局	铜仁地区国土资源局、农业局	2010-9-28	铜市国土资垦验字[2010]10号	44.27	36.78	110.00
	高楼坪乡夜郎村(胜利坡农场)土地开发项目	万山特区国土资源局	铜仁地区国土资源局、农业局	2010-9—28	铜市国土资垦验字[2010]10号	10.00	8.95	44.00
	黄道乡长兴刘禾梨冲土地开发项目	万山特区国土资源局	铜仁地区国土资源局、农业局	2010-9-28	铜市国土资垦验字[2010]10号	68.85	62.S9	303.00
	万山特区下溪乡米贡山村井湾土地开发项目	万山特区国土资源局	铜仁地区国土资源局、农业局	2010-9-28	铜市国土资垦验字[2010]10号	27.13	26. 90	112.56

四、土地监察

1991—1992年，在土地执法监察中，一是查处干部职工“三违”（违法、违章、违纪）建私房的歪风。共查处干部职工“三违”建私房8户，共拆除违章建筑364.89公顷，没收建筑物217公顷，上缴罚款2485元，上交租金568.7元，补交税费982元。二是对城乡居民违法占地建砖瓦窑进行了清查，无违法占地建砖瓦窑案件发生。1994年，继续开展土地执法大检查。当年共立案查处违法占地案件5宗，结案5宗，总面积578.2公顷，收取罚没款1445元。1996年，共清理查处违法占地6宗，面积0.088万公顷。复耕0.088万公顷。

1997年，遵照《中共中央国务院关于进一步加强土地管理切实保护耕地的通知》精神和《省人民政府关于全面清查非农业建设用地的通知》要求，于1997年5月至1998年7月在全特区范围内开展了大规模的非农业建设用地大清查工作。由国土、监察、计划、农办、宣传、法院、财政、建设等部门组成非农业建设用地清查领导小组，制定了《万山特区非农业建设用地清查工作方案》，采取查阅建设用地资料与实地调查相结合，实行逐案、逐件、逐村、逐组、逐户“拉网式”的调查、登记、分类造册。乡（镇）做到了清查一户，登记一户，处理兑现一户，不留死角。经过一年多清查，已清理查处1991年1月至1998年4月各类违法用地18宗（个人建房），面积0.38万公顷。处理结果，令其补办建设用地手续16宗，复耕土地2宗，面积0.024万公顷。

1999年，是实施新的《土地管理法》的第一年，土地执法检查紧紧围绕“依法行政、合理用地”这一主题，规范执法秩序，及时有效地制止土地违法行为。查处各类土地违法案件2件（责令复耕），占地面积0.025万公顷（其中耕地面积0.017万公顷）。2000年按照省国土厅和地区行署的统一部署，特区开展了对砖瓦窑用地、农村宅基地清查；国有土地批租、转租的清理；（1）砖瓦窑用地清查，全特区无砖瓦窑；（2）国有土地批租清理，共清查出1997年5月15日至2000年6月30日，单位和个人批租国有土地5

宗，面积102公顷，收缴出让金额3735元；（3）农村宅基地清查，共查出1997年4月至2000年12月，农村违法占地建房9户，占地798公顷，9户违法占地建房户受到处罚。

2003年，根据全国进一步治理整顿土地市场秩序电视电话会议精神，以及国土资源部、省人民政府治理整顿土地市场秩序工作方案，进一步开展了治理整顿土地市场秩序工作。对1999年1月1日新《土地管理法》实施以后所有建设用地项目进行了清理，重点清理检查了各级领导干部及国土资源部门违反法律规定，擅自划拨土地，随意减免土地出让金，低价出让、出租土地，导致国有土地资产流失，非法转让和炒卖土地的各种违法违规行为。通过查实存在各类违法用地37宗，涉及面积7365.75公顷。其中：购买房屋或其他地上不动产而致使土地使用权非法转让25宗，涉及面积4535.96公顷（其中立案查处1宗，面积321.4公顷）；擅自改变土地用途12宗，涉及面积2829.79公顷。按“事实清楚、证据确凿、面积准确、处理恰当、手续完备”的20字方针进行处理。此项工作地区验收组验收为合格。

2004年，通过认真清理检查，发现开工建设的在建项目使用土地共5宗，用地面积1.912万公顷。合法使用土地3宗，用地面积0.44万公顷，均为建设用地；违法使用土地2宗，用地面积15万公顷。其中1宗为上年遗留问题，已依法立案查处，罚款8.567万元，另一宗移送地区国土资源局立案查处。

2005年，特区在土地市场秩序清理整顿工作中，查实存在各类违法用地23宗，涉及面积0.50197万公顷，其中：购买房屋或其他地上不动产而致使土地使用权非法转让12宗，涉及面积0.2640万公顷；擅自改变土地用途8宗，涉及面积0.1760万公顷；未批先用3宗，涉及面积0.6197万公顷，均已立案查处。

2006年—2010年5年期间，，特区在土地市场秩序清理整顿工作中，共查处各类违法占用土地10015公顷。其中：2006年为1781公顷，2007年1851公顷，2008年2005公顷，2009年2125公顷，2010年2253公顷。

卫片执法检查

为有效遏制违法用地、违法勘察开采矿产资源行为，进一步规范土地、矿产资源管理秩序，促进保护耕地和节约集约利用土地，促进合理开发利用矿产资源，国土资源部决定在全国统一从2009年度开始，开展土地、矿产卫片执法检查工作。

2011年5月24日根据有关规定，万山特区政府成立以区政府分管领导为组长、政府办副主任、国土局局长为副组长，相关成员单位及乡镇主要负责人为成员的 万山特区2010年度土地卫片执法检查工作领导小组，领导小组下设办公室在特区国土资源局，彭健局长兼任办公室主任，同时制定了《万山特区2010年度土地卫片执法检查工作实施方案》，明确责任，认真开展土地矿产卫片执法工作。

在卫片执法中，对国土资源部下发的135个卫片监测疑似图斑、涉及面积103.4733万公顷的用地情况进行核实，其中万山镇1个图斑，用地0.3933万公顷；谢桥办事处79个图斑，用地64.2533万公顷；高楼坪乡38个图斑，用地29.66万公顷；下溪乡5个图斑，用地0.547万公顷；敖寨乡9个图斑，用地7.827万公顷；黄道乡3个图斑，用地0.793万公顷。经过两个月的外业调查和内业核实，摸清所有图斑真实情况，对涉及的46个过程图斑的谢桥办事处省级重点项目铜大高速公路37.067万公顷的用地进行了查处，要补办相关用地手续并处罚罚款。2011年，万山特区土地矿产卫片执法检查工作通过了省国土资源厅的检查验收。

第十一篇　政党　群团

1990—2011年间，中共万山特区委先后召开了五次代表大会，中国共产党万山特区第五次代表大会以来，特区党委坚定不移地贯彻执行建设有中国特色社会主义理论和党的路线、方针、政策，坚持改革开放，坚持科学发展观，坚持物质文明建设、精神文明建设和政治文明建设一起抓。认真组织和领导全特区干部群众发扬艰苦奋斗、自力更生的创业精神，排难而进，奋力拼搏。全特区政治经济、科教文化、卫生等各项事业得到稳步发展，人民群众的科技文化素质和法制观念、道德水准明显提高。通过"三讲"教育和"三个代表"重要思想理论学习，深入开展党风廉政建设和反腐斗争，选拔一批年轻干部走上各级领导岗位，实行新老交替，党的组织建设、思想建设和作风建设得到进一步加强。各级群团组织充分发挥自身的职能作用，为构建社会主义和谐社会作出了积极努力和应有的贡献。

第一章　中国共产党万山特区组织

第一节　历届党代表大会

1990—2011年间，中共万山特区委召开了第五次到第九次共五次代表大会（简称党代会），选举产生了5届委员会。

第五次代表大会

中国共产党万山特区第五次代表大会于1990年5月26—29日在万山特区电影院召开。本次大会代表176人，占全特区党员总数的2941名党员的5.98%。其中干部代表101人，占代表总数的57.3%，农民代表52人，占代表总数的29.5%；工人代表10人，占代表总数的5.6%；少数民族代表107人，占代表总数的60.8%，妇女代表22人，占代表总数的12.5%；1949年10月1日前入党的2人，占1.1%，1949年10月1日后至1966年"文化大革命"前入党的44人，占25%，"文化大革命"期间入党的56人，占31.8%，1976年10月以后入党的74人，占42.1%；大专以上文化21人，占11.9%，中专、高中45人，占25.6%，初中以下110人，占62.5%。参加大会代表162人，特区副县级以上离退休干部和科局党员领导干部60人列席大会。

本次大会，李凝坤代表上届党委作《加强党的领导，搞好党的建设，为促进我区经济、政治、社会的稳定和发展而奋斗》的工作报告；刘元方代表上届纪委作纪律检查工作报告。大会分组对两个《报告》进行充分讨论，并作出批准两个《报告》的决议。《决议》指出今后的任务是：坚定不移地贯彻党的基本路线，坚持以经济建设为中心，继续抓好治理整顿，深化改革，调动各方面的积极因素，振奋精神，克服困难，艰苦奋斗，努力实现全特区政治、经济、社会的进一步发展。

28日，大会采取无记名投票方式和直接差额选举办法，选举产生中共万山特区第五届委员会委员23名，纪律检查委员会委员10名。本届委员会召开全委会两次。

第六次代表大会

中国共产党万山特区第六次代表大会于1993年3月10—12日在特区电影院召开。本次大会应到代表153人（实到146人），占全特区党员总数2706名党员的5.65%，其中干部代表64人，占代表总数的41.8%，农民代表43人，占代表总数的29.4%，工人代表10人，占代表总数的6.35%；少数民族113人，占代表总数的78.9%，妇女代表21人，占13.7%；大专以上30人，占19.6%，中专高中49人，占32%，初中及其以下74人，占48.3%；新中国成立前入党的1人，1949年10月1日至“文化大革命”前入党的23人，“文化大革命”期间入党的49人，文革后入党的80人。特区党政机关副县级以上离退休老干部、老红军及科局党员领导干部77人列席大会。

大会的主要任务是：全面贯彻党的十四大精神，总结中共万山特区第五次代表大会以来的工作，部署下一届党委的主要工作，动员全特区党员和各族人民，进一步解放思想，团结奋斗，真抓实干，为万山政治、经济、社会的全面进步而努力奋斗。主要议程是讨论审议第五届委员会和纪律检查委员会工作报告，选举产生中共万山特区第六届委员会和纪律检查委员会。

10日上午，邓应明代表上届党委作题为《解放思想，真抓实干，为加快万山政治、经济、社会的全面进步而努力奋斗》的工作报告，刘元方代表上届纪委作纪检工作报告。两个报告，经大会讨论，一致认为《报告》对上届党委工作情况及基本经验的总结是全面的，实事求是的。提出今后五年工作的指导思想、基本任务和奋斗目标，既符合党的十四大精神，也符合万山实际，充分体现了全特区共产党员和各族人民的统一意志和共同愿望。《决议》号召全特区各级党组织和广大人民，要坚定不移地坚持党的基本路线，坚定不移地以经济建设为中心，坚定不移地为人民办实事， 充分调动一切积极因素，高举建设有中国特色的伟大旗帜，为加快万山经济、政治和社会的全面进步而奋勇前进。

12日上午，大会采取无记名投票方式和差额选举办法，选举中共万山特区第六届委员会委员24人，候补委员2人，纪委委员10人。本届委员会任期由三年改为五年，共召开7次全委会。

第七次代表大会

中国共产党万山特区第七次代表大会于1998年3月10—12日在特区电影院召开。出席这次大会代表156名，占全特区党员总数2865名的5.44%，农民代表44名，占代表总数的28.2%，工人及其他代表56名，占代表总数的35.9%，少数民族111名，占代表总数71.2%，妇女代表23名，占代表总数的15%，大专以上文化46名，占代表总数的29.5%，50岁以下的代表119名，占代表总数的76.3%。特区党政机关副县级以上离退休老干部和科局级党员领导共46名列席了大会。

10日上午，饶正海代表上届党委作题为《坚持邓小平理论，贯彻十五大精神，把万山的改革开放和建设事业全面推向21世纪》的工作报告，杨钧成代表上届纪委做纪律检查工作报告。两个《报告》经过大会民主讨论，一致认为，上届党委工作报告，展望了21世纪，提出了当前和今后五年要解决的主要矛盾和奋斗目标以及采取的政策措施，是符合万山实际的，是积极而稳妥的，通过全特区干部群众的艰苦努力，是完全可以实现的，大会决定批准两个《报告》，并号召全特区各级党组织和全体共产党员，认真学习邓小平理论，以党的十五大精神为指针，更加紧密地团结在以江泽民为核心的党中央周围，以饱满的政治热情，积极带领全特区各族人民锐意改革、开拓进取、奋力拼搏、扎实工作，把万山的改革开放和建设事业全面推向21世纪。

12日上午，大会采取无记名投票方式和差额选举办法，选举产生第七届委员会委员23名，候补委员2名，纪律检查委员会委员10名。本届委员会产生后召开过7次全委会。

第八次代表大会

中国共产党万山特区第八次代表大会于2003年1月7—8日在特区电影院召开。出席这次大会代表158人。其中各级领导干部95人，占代表总数61.12%，各类专业技术人员29名，占18.35%；各条战线先进模范个人32名，占20.25%；解放军、武警代表2人，占1.27%；妇女26人，占16.45%，少数民族110名，占69.6%.

7日上午，时晓军代表上届党委作题为《与时俱进谋发展、排难而上谱新篇，为全面建设小康社会宏伟目标而努力奋斗》的工作报告，刘先银代表上届纪委作纪检工作报告。两个《报告》经过民主讨论，做出批准两个《报告》的决议。大会号召全特区广大党员和各族人民，在特区党委的领导下，万众一心，奋发图强，实事求是，与时俱进，开拓创新，为早日实现小康社会目标而努力奋斗。

8日上午，大会采取无记名投票和差额选举办法，选举产生中共万山特区第八届委员会委员23名，候补委员4名，纪检委员13名。本次代表大会选举产生的委员至2005年12月止，共召开七次全委会。2004年7月特区党委作出试行党代会常任制以后，于2005年3月8日召开了一次代表大会。即八届二次代表大会，大会听取和审议了区委、纪委两个工作报告，并作出通过两个报告的决议。

第九次代表大会

中国共产党万山特区第九次代表大会于2006年11月8—9日在万山特区行政中心召开。应出席大会的党员代表159名，实到156名。

2006年11月9日上午，王开禄代表第八届委员会对大会作工作报告，王贵军代表上一届纪委作纪律检查工作报告。两个《报告》经过民主讨论，作出批准两个《报告》的决议。大会号召全特区广大党员同志一定要紧密团结在以胡锦涛为总书记的党中央周围，高举邓小平理论和“三个代表”重要思想伟大旗帜，认真贯彻落实科学发展观，把握发展规律，更新发展观念，不断提高构建和谐社会的能力，坚持以人为本，万众一心，狠抓实干，努力创造无愧于时代，无愧于人民的伟大业绩，为开创万山美好的明天而不懈奋斗！

大会采取无记名投票方式和差额预选、等额正式选举的办法，选举产生了中国共产党万山特区第九届委员会委员33名，候补委员6名，纪律检查委员会委员15名。王开禄、王贵军、王慧英（女）、田景明、任玉华、向晖、向国珍（女）、刘雄、刘水平、刘昌龙、阳运福、杨再司、杨克金、杨泽武、杨德胜、肖丽琴（女）、肖德明、吴泽军、吴庚寅、何祥猛、汪政洋、宋强、张社芬（女）、张承敏、陈黎

(女)、罗西武、罗洪信、罗锦建、娄玲(女)、梁巨云、韩向阳、雷国平33名同志为中国共产党万山特区第九届委员会委员，刘洪长、蒲召国、李贵斌、肖荣、邵宗凤(女)、张伶俐(女)6名同志为中国共产党万山特区第九届委员会候补委员。王贵军、刘开著、刘远会、刘洪长、杨劲松、杨顺昌、杨政森、吴锋、张静(女)、邵宗凤(女)、郑小英(女)、夏珍(女)、黄义强、黄黎波、韩再军15名同志为中国共产党万山特区第九届纪律检查委员会委员。

各届委员会名录

中共万山特区第五届委员会领导人名录

1990年5月—1993年3月

表11-1

职务	姓名	性别	民族	籍贯	任职起止时间	备注
书记	李凝坤	男	苗	湖南靖县	1990年5月—1992年12月	
	邓应明	男	土家	贵州印江	1992年12月—1993年3月	
副书记	许伟忠	男	汉	河南偃师	1990年5月—1992年12月	
	李长英	女	汉	四川富顺	1990年5月—1993年3月	
	焦健	男	汉	河南洛阳	1990年5月—1993年3月	
	张志久	男	汉	湖南衡阳	1990年5月—1992年1月	省下派挂职
	居荣	男	汉		1992年3月—1993年3月	省下派挂职
	饶正海	男	侗	贵州石阡	1992年12月—1993年3月	
常委	刘元芳	男	侗	贵州万山	1990年5月—1993年3月	
	谢伯诚	男	汉	湖南怀化	1990年5月—1993年3月	
	王贵东	男	汉	山东聊城	1990年5月—1992年9月	
	杨代猷	男	侗	贵州玉屏	1990年5月—1993年3月	
	秦大慧	男	侗	贵州松桃	1992年4月—1993年3月	

中共万山特区第六届委员会领导人名录

(1993年3月—1998年3月)

表11-2

职务	姓名	性别	民族	籍贯	任职起止时间	备注
书记	邓应明	男	土家	贵州印江	1993年3月—1997年9月	
	饶正海	男	侗	贵州石阡	1997年9月—1998年3月	
副书记	饶正海	男	侗	贵州印江	1993年3月—1997年9月	
	刘元芳	男	侗	贵州万山	1993年3月—1997年11月	
	居荣	男	汉		1993年3月—1994年2月	省下派挂职

续表11-2

职务	姓　名	性别	民族	籍　贯	任职起止时间	备注
副书记	文筑华	男	汉		1994年3月—1996年1月	省下派挂职
	秦大慧	男	侗	贵州松桃	1994年7月—1997年11月	
	谭克冬	男	汉	贵州万山	1997年11月—1998年3月	
	刘先文	男	侗	贵州玉屏	1997年12月—1998年3月	
常委	秦大慧	男	侗	贵州松桃	1993年3月—1994年7月	
	刘洪贵	男	侗	贵州铜仁	1993年3月—1996年7月	
	顾明杰	男	土	贵州印江	1994年7月—1996年10月	
	杨均成	男	侗	贵州松桃	1995年6月—1998年3月	
	张进国	男	侗	贵州玉屏	1995年6月—1998年3月	
	李正伦	男		贵州石阡	1996年7月—1997年3月	
	杨　频	男	汉	贵州松桃	1997年9月—1998年3月	
	汤志平	男	汉	江西广丰	1997年9月—1998年3月	

中共万山特区第七届委员会领导人名录

（1998年3月—2003年1月）

表11-3

职务	姓　名	性别	民族	籍　贯	任职起止时间	备注
书记	铙正海	男	侗	贵州石汗	1998年3月—2002年12月	
	时晓军	男	汉	山东单县	2002年12月—2003年1月	
副书记	刘先文	男	侗	贵州玉屏	1998年3月—2001年1月	
	谭克冬	男	汉	湖南隆回	1998年3月—2003年1月	
	王开禄	男	汉	贵州余庆	2002年2月—2003年1月	
	张进国	男	侗	贵州玉屏	2002年12月—2003年1月	
常委	杨均成	男	侗	贵州松桃	1998年3月—2002年7月	
	汤志平	男	汉	江西广丰	1998年3月—2001年3月	
	罗洪信	男	侗	贵州万山	2001年3月—2003年1月	
	杨　频	男	汉	贵州松桃	1998年3月—2001年12月	
	阳志华	男	苗		1998年3月—2001年8月	
	安天堂	男		贵州思南	2001年3月—2001年12月	
	杨胜雄	男	侗	贵州松桃	2001年12月—2003年1月	
	龙天平	男	汉		2001年8月—2003年1月	

中共万山特区第八届委员会领导人名录

（2003年1月—2005年12月）

表11-4

职务	姓　名	性别	民族	籍贯	任职起止时间	备注
书记	时晓军	男	汉	山东单县	2003年1月—2005年12月	
副书记	王开禄	男	汉	贵州余庆	2003年1月—2005年12月	
	张　进	男		贵州思南	2003年1月—2005年12月	
	谭克冬	男	汉	湖南隆回	2003年1月—2005年10月	
	刘先银	男	侗	贵州玉屏	2003年1月—2005年12月	
常委	罗洪信	男	侗	贵州万山	2003年1月—2005年12月	
	杨胜雄	男	汉	贵州松桃	2003年1月—2005年5月	
	龙天平	男	汉		2003年1月—2004年1月	
	韩向阳	男	汉		2003年1月—2005年12月	
	杨世强	男	汉	四川威远	2003年11月—2005年11月	省下派挂职
	向　晖	男			2003年12月—2005年12月	
	张承敏	男	汉		2004年1月—2005年12月	
	胡　华	男	汉	贵州石阡	2005年2月—2005年12月	
	周贤龙	男	汉	贵州沿河	2005年5月—2005年12月	

中共万山特区第九届委员会领导人名录

（2006年11月—2011年10月）

表11-5

职务	姓　名	性别	民族	籍　贯	任职起止时间	备注
书　记	王开禄	男	汉	贵州余庆	2006年11月—2007年7月	
	向　晖	男	土家	重庆市	2007年07月—2010年4月	
	汤志平	男	汉	江西广丰	2010年04月—2011年10月	
副书记	向　晖	男	土家		2006年11月—2007年7月	
	王贵勇	男			2007年4月—2009年3月(挂职)	
	何贵祥	男			2007年4月—2010年2月	
	李　欧	男			2009年	
	黄隆武	男			2010年6月—2011年6月(挂职)	
	张吉刚	男			2010年5月—2011年10月	

续表11-5

职务	姓　名	性别	民族	籍　贯	任职起止时间	备注
常委	罗洪信	男	侗	万山	2006年11月—2011年10月	
	张承敏	男			2006年11月—	
	吴泽军	男			2006年11月	
	王慧英	男			2006年11月—2011年10月	
	王贵军	男			2006年11月—	
	雷国平	男			2006年11月—	
	宋　强	男			2006年11月—	
	皮烈进	男			2007年7月—	
	王进伟	男			2010年6月—2011年10月	

第二节　全委会

五届全委会

五届一次全委会　中共万山特区第五届委员会第一次会议于1990年5月29日召开。到会委员23人，会议以无记名投票方式和差额选举办法，选举李凝坤、许伟忠、焦健、李长英（女）、谢伯成、刘元方、王贵东、杨代猷8位为中共万山特区第五届委员会常务委员，李凝坤为书记，许伟忠、焦健、李长英（女）为副书记，刘元方为纪委书记。1992年12月区委书记李凝坤、副书记许伟忠调离万山，地委任命邓应明为书记饶正海为副书记。

五届二次全委会　中共万山特区第五届委员会第二次会议于1993年3月8日在特区党委会议室召开。党委委员、候补委员出席会议，纪委委员列席参加。会议听取关于召开中共万山特区第六次代表大会筹备组筹备工作情况汇报，讨论并通过中共万山特区第五届委员会工作报告，《报告》回顾本届委员会为加强党的建设，认真贯彻落实党的十三大报告和邓小平视察南方重要讲话精神，先后制发了《党建工作目标管理责任制和考评办法》，做出了《整顿机关工作作风的决定》，提出《切实加强党的基层组织建设的意见》。开展以党支部为核心的村级组织配套建设，选拔一批党性强、作风正，能带领群众致富的优秀党员进入村级领导班子。

六届全委会

六届一次全委会　1993年3月12日下午，中共万山特区第六届委员会第一次会议在特区党委四楼会议室召开。应到委员24人实到23人。会议采取无记名投票方式和差额选举办法，选举邓应明、饶正海、刘元方、秦大慧、刘洪贵5人为中共万山特区第六届委员会常务委员，邓应明为书记，饶正海为副书记，刘元方为副书记兼纪委书记

六届二次全委会　中共万山特区第六届委员会第二次会议于1993年9月22日晚在特区党委会议室召

开。全体委员及候补委员出席会议，纪委委员列席参加。主要议程是：推选出席中共贵州省第七次代表大会代表预备人员，会议按所分代表构成条件，一致同意推选邓应明、黄成林、吴庚寅3人出席贵州省第七次代表大会代表候选人。9月24日召开党员代表大会进行正式选举，邓应明、黄成林2人当选为出席中共贵州省七次代表大会代表。

六届三次全委会 1995年2月15日，中共万山特区第六届委员会第三次会议在特区党委会议室召开。全体委员及候补委员出席会议，纪委委员及几大班子副职以上党员领导干部列席会议。主要议题是讨论通过万山特区1995年工作要点，邓应明书记就如何完成当年任务作了重要讲话。

六届四次全委会 中共万山特区第六届委员会第四次全委扩大会议于1996年12月13日在特区党委四楼会议室召开。党委委员、候补委员出席会议，纪委委员、科局党员领导干部及副县级以上离退休老干部列席会议。主要议程是听取邓应明作关于《万山特区加强社会主义精神文明建设具体实施意见》起草的说明，并讨论通过这个《实施意见》。

六届五次全委会 1997年5月19日晚在万山特区政府大会议室召开中共万山特区第六届委员会第五次会议。党委委员、候补委员出席会议，几大班子党员领导干部，贵州汞矿及乡镇党委书记列席参加。会议议题是选举出席中共贵州省党代表会议代表，会议讨论决定代表候选人2名，进行差额选举，李刚当选为出席贵州省党代表会议代表。

1997年9月邓应明、刘元方、秦大慧调离万山，地委任命饶正海为书记，谭克冬、刘先文为副书记。

六届六次全委会 中共万山特区第六届委员会第六次会议于1998年1月6日在特区党委会议室举行，党委委员、候补委员出席会议，纪委委员列席会议。会议听取饶正海作《关于召开中共万山第七次代表大会的决议》的说明，讨论通过了这个《决议》。

六届七次全委会 1998年3月9日，中共万山特区第六届委员会第七次会议在特区党委会议室召开。党委委员、候补委员出席会议，纪委委员列席。主要议程是听取党委副书记刘先文作关于召开中共万山特区第七次代表大会筹备情况的汇报，讨论通过中共万山特区第六届委员会工作报告。《报告》对党的建设工作进行回顾和总结。一是加强社会主义精神文明建设狠抓社会治安综合治理工作中遵循俩个文明同步发展的原则认真贯彻党的14届五中全会精神开展解放思想大讨论并以提高全特区人民思想道德水准唯一目的开展共同理想和共同信念教育引导干部群众建立正确的世界观、人生观、价值观；二是坚持完善人民代表大会制度，保证人民代表大会及其常委会依法履行国家权力机关的职能，加强执法监督，坚持和完善共产党领导的多党合作和政治协商制度，推进人民政协政治协商，民主监督，参政议政的规范化、制度化，协调指导行政机关、审判机关、检察机关依照法律规定行使自己的职权；三是严格按照党的14届五中全会精神，坚持党要管党，从严治党的方针，把党的思想建设、组织建设、作风建设放在突出的位置，加强领导班子建设，大胆提拔任用了一批作风优秀年轻干部；四是以农村基层组织建设为重点以“五个好”为目标，组织及实施“六个一”工程，使农村以党支部为核心的基层组织在贯彻执行党在农村的方针、政策以及带领农民脱贫致富奔小康方面的作用日益增强，凝聚力、战斗力明显提高。

七届全委会

七届一次全委会 中共万山特区第七届委员会第一次会议于1998年3月12日下午在政府会议室召开，党委委员、候补委员出席会议。会议采取无记名投票方式和差额选举办法选举饶正海、刘先文、谭克冬、杨均成、汤志平、杨频、阳志华7人为中共万山特区第七届委员会常务委员，饶正海为书记，刘先文、谭克冬为副书记，杨均成为纪委书记。

七届二次全委会　1998年6月25日中共万山特区第七届委员会第二次会议扩大会议在党委会议室召开。党委委员、候补委员、纪委委员共21人出席会议，议题是讨论确定推荐出席中共贵州省第八次代表大会代表，会议采取无记名投票方式对候选人预备人选进行表决，饶正海、张进国、马成文3人为出席中共贵州省第八次代表大会候选人预备人选，并决定1998年7月3日在特区法院召开党代表会议进行投票选举。

7月30日，召开一次党代表会议，应到代表95名，实到88名。会议首先就关于推荐提名出席中共贵州省第八次代表大会代表候选人预备人选产生过程做情况说明，然后采取无记名投票方式和差额选举办法，选举饶正海、张进国为出席中共贵州省第八次代表大会代表。

七届三次全委会　2000年7月19日，中共万山特区七届三次全委扩大会在特区法院会议室召开，特区单位委员、候补委员、几大班子领导、特直各部门负责人、乡镇党委书记、乡镇长、分管计生工作的副乡镇长、计生股长参加会议。主要议题是传达贯彻落实省委第八届五次全会精神和《中共贵州省关于加强人口与计划生育工作，严格控制人口过快增长的决定》(原会议通知记为二次)。

七届四次全委会　中共万山特区七届五次全委扩大会议于2002年5月28日召开，会议主要任务是传达贯彻贵州省第九次党代会精神，特区党委书记饶正海在扩大会议上讲了话（会议扩大到哪一级人员参会和会议议程未有资料，全会次数书记讲话标题记为第四次)。

七届六次全委会　2002年12月2日中共万山特区七届六次全委会在特区党委四楼会议室召开，特区党委委员、候补委员出席会议。会议内容是研究决定中共万山特区第八次党代表大会的召开时间和大会议程。

七届七次全委会　2002年12月17日，中共万山特区七届七次全委扩大会议召开，主要任务是部署全面贯彻党的十六大精神和全特区当前各项工作。党委书记时晓军和副书记王开禄在会上作了重要讲话。

八届全委会

八届一次全委会　2003年1月8日晚，中共万山特区第八届委员会第一次会议在党委四楼会议室召开。到会委员23人，会议采取无记名投票方式和差额选举办法，选举时晓军、王开禄、谭克冬、张进、刘先银、罗洪信、杨胜雄、龙天平、韩向阳9人为中共万山特区第八届委员会常务委员，时晓军为书记，王开禄、谭克冬、张进国、刘先银为副书记，刘先银兼任纪委书记。

八届二次全委会　2003年6月6日，中共万山特区第八届委员会第二次全委扩大会在党委四楼会议室召开，全体委员及候补委员、纪委委员、特直各部门主要负责人参加会议。会议主要议程是传达贯彻中纪委、铜仁地委关于纪律检查的通知精神，通报全特区维护社会稳定工作和春耕生产工作情况，时晓军代表特区委讲话。

八届三次全委会　2003年7月30日至31日，中共万山特区八届三次全委扩大会议在特区法院会议室召开，全体委员、候补委员、纪委委员、党政几大班子有关领导、各乡镇党委书记、特直个部门有关负责人（党组书记）参加会议。会议审议通过了《关于进一步加强党风廉政建设和反腐败工作的决定》和《关于加快农业产业结构调整大力培育主导产业的决定》。党委书记时晓军就关于如何贯彻实施好两个《决定》做了重要讲话。

八届四次全委会　2004年7月15日中共万山特区八届四次全委扩大会议在特区党委四楼会议室召

开，全体委员、候补委员、纪委委员、党政几大班子领导、各乡镇党委书记、特直各部门负责人参加会议。主要讨论通过中共万山特区委员会《关于任免部分科级领导干部事情全委会投票表决制度的意见》和《中共万山特区委员会关于试行党代表常任制的意见后。

八届五次全委会 2004年10月13日下午至14日上午，中共万山特区第八届委员会第五次全委扩大会议在特区法院会议室召开，全体委员、候补委员、纪委委员、党政班子领导、各乡镇书记、特直各部门主要负责人、参加大会。大会传达贯彻党的十六届四中全会精神和中共贵州省委第九届五次全委会及地委扩大会议精神。时晓军代表特区党委安排部署今后五至六年的工作，提出了努力实现“六个突破”的工作思路，即：努力在以铁合金为主的冶金产业的深度开发上取得突破；努力在以汞化工、硫酸钾为主的化工产业上取得突破；努力在以锰资源开发和深加工上取得突破；努力在以二元母猪，三元仔猪和枣子为主的农业产业化经营上取得突破；努力在以夜郎谷风景名胜区、鼟锣文化为龙头产业的旅游业开发上取得突破；努力在以万山镇为重点的城镇建设上取得突破。

八届六次全委会 2004年12月8日，中共万山特区八届六次全委扩大会议在法院会议室召开，特区党委委员、候补委员、纪委委员、党政几大班子领导、各乡镇党委书记、各部门、团体主要负责人参会。会议传达省委第九届六次全会、省委党风廉政建设电视电话会议及地委扩大会议精神，王开禄代表特区党委就贯彻省、地会议精神讲话。

八届七次全委会 2005年8月4日至五日，中共万山特区第八届委员会第七次全会（扩大）会在特区电影院召开。全体委员、候补委员、纪委委员、四大班子领导、乡镇党委书记、特直各部门副科以上领导干部参加会议。时晓军代表特区党委就深入贯彻落实省委九届七次全委扩大会议精神作了讲话。

九届全委会

九届一次全委会 中共万山特区第九届委员会第一次会议于2006年10月11日召开，党委委员、候补委员出席会议。大会采取无记名投票方式和差额选举的办法，选举王开禄、向晖、罗洪信、张承敏、吴泽军、王慧英、王贵军、雷国平、宋强9人为中共万山特区第九届委员会常务委员，王开禄为书记，向晖为副书记，王贵军兼任纪委书记。

九届二次全委会 2008年1月1日。中共万山特区第九届委员会第二次会议，在行政中心七楼一会议室召开。全体委员及候补委员、纪委委员、特直各部门主要负责人参会。会议传达贯彻党的十七大精神作了重要讲话。

九届三次全委会 2009年1月8日，中共万山特区第九届委员会第三次会议，在党委行政中心七楼一会议室召开。全体委员及候补委员、纪委委员、特直各部门主要负责人参会。会议主要通过了《深入学习实践科学发展观推动万山经济社会发展新跨越的决议》，大会号召全特区广大党员同志一定要以科学发展观为指导，同心同德、锐意进取、扎实工作，始终发扬力争上游、顽强拼搏、敢为人先的进取精神，大力推进全特区经济社会又好又快发展，创造新业绩，谱写新篇章，向新中国成立60周年献礼。

九届四次全委会 中共万山特区第九届委员会第四次会议，于2010年1月28日，在党委行政中心七楼一会议室召开。全体委员及候补委员、纪委委员、特直各部门主要负责人参会。向晖同志代表特区委向大会作了《振奋精神、统一思想、负重拼搏为加快全面转型步伐而努力奋斗》的工作报告。

九届五次全委会 2011年1月12—14日，中共万山特区第九届委员会第五次会议，在行政中心七楼一会议室召开。全体委员及候补委员、纪委委员、特直各部门主要负责人参会。会议主要听取和审议了区委工作报告、纪委工作报告和关于指定国民经济和社会发展第十二个五年规划的建议，同时听取区委书记2010年度抓党建工作述职报告会和干部选拔任用工作报告，并进行评议。

第三节　区委工作机构

1991年特区党委工作机构有党委办公室、纪委、组织部、宣传部、统战部、农村工作部、政法委员会、政策研究室、党史研究室（史志合一）、党校、老干局、保密局、机要室、信访办。1996年机构改革，政策研究室、机要室、保密局、信访办归并党委办，老干局归口组织部，农村工作部与农经委合并为农业办，工作机构由14个精简为8个。2001年机构调整编制委员会办公室单独设置，列为党委工作部门。

一、党委办公室

系党委的综合办事机构，2001年明确行政编制17个，事业编制9个，内设秘书科、信息科、督察科、政策研究室和行政科，信访局（2004年划属政府办）、机要局、保密局三个副科级机构挂靠党委办。2003年增设接待办。2005年实有在编行政人员16人，其中书记副书记2人，主任副主任2人，秘书1人，机要局4人，保密局1人；在编事业人员6人，其中驾驶员4人，后勤管理1人，工人1人。2011年12月，区委办实有行政人员，事业人员7人。

二、纪律检查委员会（与监察局合署）

是党的纪律检查和行政监察机关。有行政编制10人，内设办公室、案件审理室、案件检查室、信访室、党风廉政建设室。1993年6月与监察局合署后，增设执法监察室、宣传教育研究室，案件检查室更名纪检检查室。1996年机构改革时明确编制15人，其中事业编制1人，增设监察综合室。2001年机构改革，明确 行政编制16个，事业编制2个。内设办公室、监察中和室、宣教研究室、党风廉政建设室、执法监察室、纪检监察室、案件审理室、信访室（监察局举报中心）、纠正部和行业不正之风。2005年实在编17人，其中事业3人。2010年12月，纪委内设机构有：办公室（干部室）、监察综合室、宣传教育研究室（简秤宣教室）、党风廉政建设室（简秤党风廉政室）、执法监察室、纪检监察室、案件审理室、信访室、纠正部门和行业不正之风室（简秤纠风室）等9个。核定行政编制14名，其中：书记1人，副书记2人，监察局局长1人（由副书记1人兼任）、监察局副局长2名（其中：非中共党员副局长1名），主任9名，机关后勤服务人员事业编制2名。2011年，实有人员24名。

三、组织部

系主管组织、干部工作的职能部门。1991年有编制9人，其中事业编制1人。1996年机构改革，组织员办公室并归组织部，明确编制10人，内设办公室、干部股、组织股、组织员办公室。2001年机构调整，代管组织员办公室，归口管理特区直属机关党委，划入管理离休干部和副县以上退休干部工作。明确行政编制11名，事业编制1人。内设办公室、干部室、组织室、干部监督室、知识分子工作办公室。机关岗位职能不变，编制在组织部编制内，离退休干部工作室为副科级内设科室，单列事业编制2人。

2005年实在编11人，其中事业2人。2006年，离退休干部工作室划出，成立中共万山特区离退休干部工作局。核定行政编制11名，工勤事业编制1名，事业编制3名，实有人员17名。

四、宣传部

系特区党委的舆论宣传管理职能机构。编制6人，内设办公室、国防教育办、精神文明办、宣传教育通讯股。2001年机构改革明确国防教育职能划归政府，代管精神文明和文学艺术界联合会，行政编制5个（含精神文明办1个）后勤事业编制1个，文联事业编制2个。内设办公室、宣传教育通讯股。2005年实在编7人，其中事业1人。2006年，增设万山特区发展文化旅游产业办公室，为宣传部内设科局级事业单位，编制3人。同年又增设对外宣传办公室（副科级事业单位），编制3名。2007年，将发展文化旅游产业办公室明确为股级事业单位，核定事业编制2名。2009年3月，万山特区文学艺术界联合会列入参照《中华人民共和国公务员法》管理范围。

五、统战部

是特区党委主管统一战线和党委、政府主管台湾工作的职能部门。1991年有行政编制2个，事业编制有1个。2003年增加事业编制1个。2005年又增加1个参公管理事业编制。2005年实在编4人，其中事业1人。2007年3月增加行政编制2名。

六、政法委员会

与社会治安综合治理办公室实行两块牌子，一套人员合署办公。其主要职能是监督、协调政法部门依法行使职权和管理社会治安综合治理工作。1991年有行政编制3人，1996年机构改革编制不变，内设办公室、执法监察室，2001年明确编制4人，其中事业编制1人。至2005年实有在编4人。2010年，内设社会治安综合治理科，维护社会稳定科、执法监督科、国家安全科等四科。2011年有行政编制9人，实有7人，其中：工勤编制1人。

七、党史研究室

与地方志办公室实行一套人员，两块牌子。系党委党史研究工作部门。明确参公事业编制5人，至2005年实有在编3人。2010年8月，地方志办公室划出与档案局整合。同年12月，党史研究室内设业务股，核定事业编制4名，其中：主任1名，副主任1名，股长1名，机关后勤服务人员1人，列入参照试行国家公务员制度范围，纳入财政全额预算管理。

八、党校

系特区党委干部理论学习培训教育基地。核定事业编制10人。1991年在编3人， 2001年机构改革减编制4个，内设行政办公室、教务办公室。2005年年底有教师5人，职员1人。2010年核定事业编制7人。2011年，实有在编7人，其中管理人员4人，专业技术人员2人，工勤人员1人。

九、编制委员会办公室

主管行政编制、机构设置和机构改革工作。1993年明确为局级机构，属政府工作部门，挂靠人事劳动局。1996年机构改革，改属党委工作部门，定编2人。2000年11月成立事业单位登记管理局，为编委办管理的副科级机构，单列编制3人。2001年编委办从人事劳动局分离出来单独设置，与事业单位登记管理局合署办公，实行两块牌子一套人员，定编5人，其中参公事业编制3人。2005年在编3人，其中行政2人，事业1人。2011年3月，增加综合股，配股长1人，是年6月，增设政务和公益服务管理中心，为编委办所属副科级事业单位，核定事业编制5名。是年12月，有行政编制5名、事业编制5名，工勤编制1名。实有人员6名。

十、老干局

1991年有行政编制3人，后勤事业编制1人。1996年机构改革更名为离退休干部工作局，规格为正科级。2002年12月划属组织部为副科级内设部门，核定行政编制2名。2006年3月，组建离退局，为中共万山特区委直属正科级事业单位，同时挂特区老龄工作委员会办公室牌子，实行“两块牌子、一套人员”的管理体制，受党委、政府双重领导。2009年，从特区委的直属正科级事业单位调整为特区委部门管理机构，2010年将老龄工作职能划归民政局。2006年，离退局内设办公室和老龄股、核定事业编制4名。2007年核定行政编制4名，核销事业编制4名。2011年实有工作人员7名。

第四节　基层党委　党组

一、基层党委

1991年万山特区有四乡一镇和特直机关、特区人武部七个地方基层单位。1992年6月建立公安局党委，1996年4月人武部收归军队建制，党的隶属关系改属铜仁军分区党委领导。2002年贵州汞矿关闭，建立矿区社区管理局党委，2011年1月5日谢桥街道党工委划归万山特区，至2011年有9个地方基层党委。

中共万山镇委员会　1990年5月至2011年共召开五次代表大会，选举产生中共万山镇第七届至第十一届委员会。内设纪检、办公室、政法综治办、人武部、团委、妇联六个组织机构。下辖张家湾、麻音塘、犀牛井、三角岩、土坪、老街、新街等社区居委会党支部，至2011年底共有党员650名。

中共高楼坪侗族乡委会　1990年4月至2011年共召开五次代表大会，选举产生中共高楼坪侗族乡第七至第十一届委员会。内设纪检、办公室、政法综治办、人武部、团委、妇联。下辖高楼坪、林海、关庄、羊尾舟、小湾、龙田、兴中、夜郎、大树林、青年湖、赶场坝、新庄12个村党支部，和产业协会支部1个，社区党支部2个、机关党支部8个、企业党支部5个，计28个党支部，至2011年年底有党员605名。

中共黄道侗族乡委员会　1990年4月至2011年共召开了5次代表大会，选举产生中共黄道侗族乡第七届至第十一届委员会，内设纪检、办公室、政法综治、人武部、团委、妇联六个组织机构。下辖丹阳、龙江、锁溪、长坳、马黄、黄溪、田坪、白屋场、力坳、大榜10个村党支部和黄道社区居委会及乡机关、教育等3个党支部，至2011年共有党员401名。

中共敖寨侗族乡委员会　1990年4月至2011年共召开了五次代表大会，选举产生中共敖寨侗族乡第七届至第十一届委员会。内设办公室、纪检、政法综治、人武部、团委、妇联机构组织。下辖中华山、杨家寨、两河口、瓮背、洋世界5个村党支部，和敖寨社区、岩屋坪社区、乡机关、中学、中心完小、派出所等党支部，全乡共11个党支部至2011年底止，共有党员362名。

中共下溪侗族乡委员会 1990年4月至2011年共召开五次代表大会，选举产生中共下溪侗族乡第七届至第十一届委员会。内设纪检、办公室、政法综治、人武部、团委、妇联。下辖兴隆、报溪、官田、瓦田、桂花、青龙、铁门、下溪社会居委会等8个党支部，268名中共党员。

中共万山特区直属机关委员会 1991—2011年共召开四次代表大会，1991年有行政编制三人，2001年机构改革，划归组织部。2003年，万山特区直属机关党委更名为万山特区直属机关工作委员会，2011年11月更名为万山特区直属机关工作委员会（简称机关工委），辖机关党委1个，党总支2个，党支部62个，共有党员884名。

中共万山特区人民武装部委员会 1991—1996年4月，人武部为地方建制，1996年4月收编为军队建制，党的关系隶属铜仁军分区和地方党委双重领导，万山特区党委书记兼人武部党委第一书记，人武部政委或部长任书记或副书记。至2011年年底，万山特区党委书记先后有李凝坤、邓应明、饶正海、时晓军、王开禄、向辉、汤志平任人武部第一书记。人武部政委杨代猷、李正伦、阳志华、龙天平、张承敏、皮烈进、王进委先后任书记，下辖一个支部委员会。

中共万山特区公安局委员会 1992年6月建立，辖公安局办公室、刑侦队、万山镇派出所三个党支部。至2005年年底辖8个党支部（含四乡一镇派出所、土坪派出所）党支部，有党员79名。2011年辖12党支部，有党员116名。

中共万山矿区社区服务管理局委员会 2001年12月，建立矿区社区管理局，建立中共万山特区矿区社区管理局委员会，2008年6月，撤销中共万山矿区社区服务管理局党委，于是年8月成立党组。先后有吴庚寅、杨再洪任书记。下辖10个支部委员会。2008年7月撤销所属8个社区支部委员会，划归敖寨乡和万山镇管辖。

中共谢桥街道工作委员会 于2011年2月28日随谢桥街道办事处行政区域划转万山特区，为中共万山特区委派出机构，人员组成由中共万山特区委任命产生。2011年，谢桥街道工委下辖党支部21个，党员576名。

二、党组

1991年万山特区有人大、政府、政协、法院、检察院、公安局、人民银行、烟草局八个党组。1992年设立教育局党组，同年6月撤销公安局党组建立公安局党委。1996年7月农业办、经贸局、工商局、国土局、广播电视局设立党组。自此以后，先后在民宗局、财政局、卫生局、水利局、民政局、计生局、房产事业局、林业局设立党组。此后，随着经济社会改革发展的需要，对某些单位又进行整合，党组的设立，也有一些变化。至2011年底，万山特直机关建有29个党组。

特直机关党组一览表（1991—2011年）

表11-6

机关党组名称	时　间	机关党组名秤	时　间
人大常委会	1991—2011年	文体广电旅游(新闻出版)	2010年8月—2011年12月

表11-6

机关党组名称	时　间	机关党组名秤	时　间
区人民政府	1991—2011年	司法局	2003年5月—2011年12月
政协	1991—2011年	水务局	2011年5月—2011年12月
法院	1991—2011年	水利局	—2010年8月撤
检察院	1991—2011年	民宗局	2003年6月—2007年3月
政府办	1991—2011年	交通局	2003年6月—2011年12月
发改局	2011年5月—2011年12月	卫生局	2003年6月—2010年8月
发展计划与经济贸易局	2011年5月—2011年12月	食品药品监督局	2005年6月—2010年8月
发展改革工业贸易局	2010年8月—2011年5月	卫生和食品药品监督局	2010年8月—2011年12月
粮食局	2003年5月—2010年8月	建设局	2005年6月—2009年10月
财政局	2003年5月—2011年12月	房产局	2005年8月—2010年8月
教育局	2002年3月—2011年12月	住房和城乡规划建设局	2010年8月—2011年12月
人社局	1991年1月—2011年12月	工贸局	2011年5月—2011年12月
人口和计生局	2003年—2011年12月	安监局	2010年9月—2011年12月
林业局	2005年5月—2011年	投资促进局	2011年6月—2011年10月
民政局	2003年5月—2011年	国税局	—2011年12月
矿区社区管理局	2008年8月—2011年	地税局	—2011年12月
农牧科技局	2010年8月—2011年	工商局	—2011年12月
农业局(农办)	1992年—2008年8月	国土局	1996年7月—2011年12月
文体广电(新闻出版版权局)	2003年6月—2010年8月	总工会	2010年10月—2011年12月
旅游局	2007年1月—2009年3月	工商联	2006年7月—2011年12月

第二章　区委工作

第一节　区委重大举措

1991年以来，中共万山特区党委高举邓小平理论、“三个代表”重要思想和科学发展观的旗帜，坚持党的基本路线，坚持“党要管党，从严治党”的方针，认真抓了党的思想建设，组织建设，党风廉政建设，大胆培养和选拔了一批优秀干部走上领导岗位，为逐步实现全特区干部队伍的革命化、年轻化、知识化、专业化作出了卓越贡献。始终以经济建设为中心，带领全特区各族人民，真抓实干，不断推进改革开放向纵深发展。

1990年5月26日，特区党委在特区第五次党代表大会报告中提出要坚定不移地贯彻党的基本路线，坚持以经济建设为中心，继续抓好治理整顿，深化各项改革，调动各方面的积极因素，振奋精神，克服困难，艰苦奋斗，努力实现特区政治、经济、社会的进一步稳定和发展。在经济建设上按照调整结构，提高效益，把改革和发展紧密结合起来，集中精力抓好农业，下大力气抓好地方工业，以求真务实的作风，努力发展有地方特色的特区经济随后相继做出了《整顿机关工作作风的决定》和《切实加强党的基层组织建设的意见》，开展了机关作风整顿和以党支部为核心的村级组织配套建设。

1992年3月17日，特区党委为调整农业产业结构，寻求新的经济增长点，做出了《关于进一步搞好两烟（烤烟、晒烟）工作的决定》。后又出台了《关于鼓励横向经济联合和客商投资优惠办法》《关于加快特区个体经营经济发展的意见》。同年6月27日又作出《关于开发非耕地资源的决定》。1995年10月，特区积极争取申报的《中国贵州武陵山区农业综合开发项目》（即联合国粮食计划署5181粮食援助项目），经过评估，获准正式立项，为万山提高农业生产综合能力，改变贫困落后面貌发挥了重要作用。

1996年12月13日，特区党委第六届四次全委扩大会议，讨论通过了万山特区加强社会主义精神文明建设具体实施意见，在全特区开展了解放思想大讨论，并以提高全特区人民思想道德水平为目的，开展共同理想和共同信念教育，引导干部群众建立正确的世界观、人生观、价值观。

1997年特区党委、政府作出开发老山口新区的决定，拟将老山口新区规划定位为全特区政治、经济、文化中心，建成以发展加工业、商贸业和休闲旅游业为主的园林城市，先后制发了《关于开发老山口新区的若干规定》和《关于老山口新区招商引资优惠政策通知》。2000年又制发了《关于优化经济环境，做好招商引资工作，促进特区经济发展若干规定》，有效促进了全特区非公有制经济发展。2002年根据铜仁地委提出的实施“优农稳区、强工兴区、旅游活区”和“招商引资、城镇建设”大项目带动战略，在加大招商引资力度，引来客商投资办厂发展地方工业，开展旅游景区景点、人文景观评估调研申报工作，狠抓城镇基础设施建设，积极向上争取项目方面，取得了显著成效，万山由此开始逐步走出困境。当年实现工农业总产值2.1亿元，其中农业总产值9026万元，工业总产值1.2亿元。

2004年10月13日，特区党委八届五次全委扩大会，提出要努力实现“六个突破”的工作思路，努力在以铁合金为主的冶金产业的深度开发上取得突破；努力在以汞化工、硫酸钾为主的化工产业上取得突破；努力在以锰资源开发和深加工上取得突破；努力在以二元母猪、三元仔猪和枣子为主的农业产业化经营上取得突破；努力在以夜郎谷风景名胜区、鼟锣文化为龙头的旅游业开发上取得突破；努力在以万山镇为重点的城镇建设上取得突破。至2005年万山，全特区实现地区生产总值2.89亿元，工业总产值4.658亿元，农业总产值1.67亿元，财政总收入1.01亿元，其中地方财政收入1514万元，粮食总产量17724吨，农民年人均纯收入1482元。

2009年1月8日，中共万山特区委通过了《深入学习实践科学发展观推动万山经济社会发展新跨越的决议》，号召全特区广大党员一定要以科学发展观为指导，同心同德、锐意进取、扎实工作、始终发扬力争上游、顽强拼搏、敢为人先的进取精神，大力推进全特区经济社会又好又快发展，创造新业绩，谱写新篇章，向新中国成立60周年献礼。

2009年3月，中共万山特区委、区人民政府编制了《资源枯竭性城市贵州省万山特区转型规划》，分别于2010年6月、9月通过国家发改委和省政府批复。转型规划确定了万山特型的总体定位和奋斗目标，按照“产业原地转型、城市异地转型”的模式，围绕建设成黔东园林新城、贵州工业重镇，全国资源枯竭型城市转型示范区的定位，中共万山特区委不断转变政府职能，深化经济体制改革，调整产业结构，转变经济发展方式，着力招商引资，优先发展工业，壮大特色农业，稳步发展旅游业，加强基础设施建设，完善城乡服务功能，促进社会事业全面发展。2009年开始把招商引资作为推进“两个转型的第一抓手，2010—2011年间，实现签约项目58个，总投资104.8亿元，到位资金21.9亿元。2006年和2011年的各项经济指标比较是：生产总值由3.6亿元增长到9.15亿元；社会固定资产由10761万元增长到112515万元；社会消费品零售总额由6542万元增长到14318万元；农民人均纯收入由1609元增长到3593万元。全社会固定资产投资由2006年的10761万元增加到112515万元；社会消费品零售总额由2006年的6542万元增加到14318万元。

第二节　组织建设

一、党的基层组织建设

1991年全特区有基层党委9个（包括贵州汞矿、有色地质一队），总支11个，支部190个，党组8个。党员2977名（含预备党员80名），其中妇女党员417名，少数民族党员1522名；35岁以下416人，36—60岁2043人，60岁以上539人；大专以上文化231人，初中、高中、中专文化1187人，小学文化1413人，文盲146人。1991年至2005年期间为了改善党员队伍年龄、文化结构，注重在生产工作第一线年轻人中和知识分子队伍中发展党员。1991年以来在党校举办机关、企事业单位入党积极分子培训班8期，培训入党积极分子347人。15年来共发展党员1249名。至2005年年底全特区有基层单位（不包含人武部党委），总支6个，支部126个，党组25个。党3072名，其中妇女党员550名，少数民族党员2257名；36岁以下525人，36—60岁1415人，60岁以上1132人；大专及其以上文化663人，中学文化674人，小学文化1735人。2011年年底全特区有基层党委9个，党总支7个，党组29个，党支部147个，党员6151人，其中：男性5023人，女性1128人；汉族1003人，少数民族5148人；25岁以下党员1254人；大专以上学历的党员1608人，中专学历的516人，高中文化594人，小学和初中文化3433人；在职职工中有党员1674人，乡镇企业劳动者中有党员23人，农牧渔业劳动者有党员3250人，离退休干部中有党员913人，其他单位有党员334人。

二、农村基层组织建设

1991—1993年以开展“双带”（党员带头致富和带领群众致富）为重点，加强农村基层组织建设，采取部门联系村制度，选派40多名干部驻村开展帮扶工作，组织农村党员开展“双带”活动，700余名具有“双带”能力的党员，通过帮资金、帮物资、帮技术、帮劳力等形式帮带群众800余户2500余人，有500余户1600群众脱了贫，有的致了富。1994年至1996年已实现“六个一”工程（即配成一个好的领导班子、选好一个好党支部书记、培养锻炼一只好队伍、找准一条发展经济的好路子、建立健全一套好的管理制度、建好一个党员活动室为重点，积极开展创建五个好村、小康村和双千村活动。对铁门、马黄等21个后进村进行集中整顿调准一批村干部，配齐了村支两委班子和团支部、妇代会、民兵、治保调解、科普协会等村级配套组织。建立相关制度，理清发展思路，为实现五个好、小康村、双迁村目标，千方百计发展农村经济。通过一段时间努力，全特区有15个村达到五个好村，七个村被地委授予“小康村”、“双千村”。1997年至2011年以“三级联创”（创建“五个好”村、“六个好”乡镇，“农村基层组织建设先进特区”）为主要内容，围绕农业丰收、农民增收、农村稳定三大目标，抽派650人的工作队驻村开展党建扶贫。认真抓了基层党政干部队伍建设、民主法制建设和村务公开民主管理三项工作，争取各项资金756万元，帮助农村建村办公室、道路、人畜饮水等公益事业。建农村党员现代远程教育站点16个，农村中小学现代远程教育站点31个。1991—2011年，以三级党校（区、乡、村）为基地，举办村支部书记、村委会主任培训班14期，培训村干部823人次；党员培训班452期，培训党员16，000余人次；入党积极分子培训班400期，培训积极分子3572人次，发展农村党员500名，团员2178名。

三、干部队伍和干部培训

1991年全特区党政机关及其事业单位有干部1170人，其中妇女干部323人，少数民族755人；分布在行政机关529人，事业单位532人，企业109人；大专及其以上文化248人，中专高中657人，初中及其以下265；30岁及其以下470人，31—45岁443人，45岁以上267人；县级领导干部22人，科级166人；党员448人。1997年以来，特区单位特别注重干部队伍文化素质和执政能力建设，制定了干部教育培训规划，先后推荐选举152名干部参加省地党校本科函授学历培训，271名参加特区党校专科函授学历培训。有79名干部到北大、清华、同济等省外大专院校学习培训，77名参加地委党校短期培训，89人到沿海等发达地区学习考察，3名干部到北京、天津、铜仁地区挂职学习，64名年轻干部到村挂职锻炼。特区党校举办科级干部培训班八期，其中非党科局干部两期培训干部347人次，其中非党干部99人次。干部的文化素质得到进一步提高，执政能力得到进一步增强。2005年全特区有副科以上干部258人，其中妇女干部39人，少数民族204人；大专及其以上文化223人，中专高中及其以下35人；35岁及其以下15人，在16—45岁144人，46—55岁54人，55岁以上5人。在这些干部中党员234人，县级领导干部31人，科级229人。2011年全特区有副科以上干部499人，其中妇女干部89人，少数民族413人，大专以上471人。中专及其以下282人；35岁及其以下82人；36—45岁220人；46—55岁168人；56岁及其以上29人；在干部中党员321人；县级干部33人，科级干部466人。

四、知识分子工作

知识分子管理是组织工作的一项重要内容。1996年特区单位里召开知识分子迎春茶话座谈会等形式了解知识分子工作生活情况，制定下发了《关于加强科技人才队伍建设的意见》，建立县级领导干部联系知识分子工作制度，定期到联系点了解知识分子的工作情况。1997年对全特区高、中级专业技术人员进行统计，建立《高中级专业技术人才库》和《专业技术骨干人才库》。1998年下发《关于选拔万山特区有突出贡献专业技术拔尖人才的实施意见》，评选出5名有突出贡献的专业技术人才予以表彰。1999年通过层层推荐建立了《学科带头人花名册》，在第15个教师节座谈会上对12名优秀教师和8名优秀班主任给予表彰，同时对第一二届12名特区命名的优秀拔尖人才进行健康体检。2000年对1998年毕业的14名大中专毕业生通过考试择优录取到相关单位就业，2003年对1992—2002年毕业未就业的93名师范类大中专毕业生实行聘用教师岗位，解决了全特区中小学教师短缺的供求矛盾。2004年引进省内外大学毕业生15人到基层就业。2006年来向省、地推荐表彰知识分子38名，被评为省级劳动模范1人，省级优秀教师1人，群众英才1人。同时对特区评出的10名“科技兴万”奖获得者进行了表彰、尊重知识、尊重人才的氛围已逐步形成。

五、老干部管理

1991年全特区由离休干部31名（其中副地级市二人，县级21人，科级8人），异地安置10人。县级退休干部四人。离退休干部管理以离退休干部所在单位为主，特区离退休管理工作，主要负责贯彻执行中央、省、地和特区关于离退休干部工作方针、政策，会同离退休干部所在单位督促、检查离退休干部的政治生活待遇落实情况。按照有关规定和标准解决离退休干部离退休费、红军保健费、生活补贴、交通费、特需费、电话费、一次性生活补贴、边远地区津贴、用车、护理费、高龄补贴、菜篮子津贴、烤火费、福利费、洗理费、书包费、医药费、丧葬费、遗属生活困难补助费、一次性抚恤金费、无工作遗孀医药费困难补助20余种待遇。在落实退休干部政治生活待遇的同时，组织参加一些公益活动，参观特区经济建设工程项目，了解特区经济社会发展情况。1990年组织20名退休干部到湖南芷江参观抗日纪念馆。2000年组织30名离退休干部到铜仁参观玉铜高等级公路建设、铜仁市镇建设、大兴机场和黑湾河风景区。2004年组织9名退休干部到遵义、贵阳参观遵义会议会址红军烈士陵园、息烽集中营、甲秀楼和城市建设。使他们即重温革命历史，又感受改革开放以来发生的巨大变化。

第三节　老龄工作

万山特区委员会离退休干部工作局，根据万特机编〔2006〕4号文件明确事业编制4人，局长1人，副局长1人，正、副主任各1人。机关后勤服务人员事业编制2人。

1999—2006年隶属于万山特区委员会组织部，2006年3月根据万山特区党委常委会议纪要和党政机关“三定”工作实施意见精神，组建万山特区委离退休干部工作局，为特区党委的直属正科级事业单位，加挂万山特区老龄工作委员会办公室，实行两块牌子－套人员的管理体制，接受特区党委、政府的双重领导。

1991年全特区有离休干部31名（其中副地级（市）2人，县级21人，科级8人）易地安置10人。县级退休干部4人。离退休干部管理以离退休干部所在单位为主，特区离休干部管理工作，主要是贯彻执行中央、省、地和特区关于离退休干部工作方针、政策，会同离退休干部所在单位督促、检查离退休干部的政治生活待遇落实情况。按照有关规定和标准解决离退休干部离退休费、红军保健费、生活补贴、交通费、特需费、电话费、一次性生活补贴、边远地区津贴、用车、护理费、高龄补贴、菜篮子津贴、烤火费、福利费、洗理费、书包费、医药费（实报实销）、丧葬费、遗属生活困难补助费、一次性抚恤金费、无工作遗孀医药费困难补助20余种经费待遇。在落实退休干部政治生活待遇的同时，组织参加一些公益活动，参观特区经济建设工程项目，了解特区经济社会发展情况。1999年组织20名离退休干部到湖南芷江参观抗日胜利纪念馆。2000年组织30名离退休干部到铜仁参观玉铜高等级公路建设、铜仁市城镇建设、大兴机场和黑湾河风景区。2004年组织9名离休干部到遵义、贵阳参观遵义会议会址红军烈士陵园、息烽集中营、甲秀楼和城市建设、使他们重温革命历史，又感受改革开放以来发生的巨大变化。每年春节期间，区委、政府邀请全特区离休干部和副县级以上退休干部参加春节团拜会。区委政府领导分组对特区居住在铜仁、玉屏、大龙、万山等地的离退休干部和副县级以上退休干部、老干部遗孀进行逐一走访慰问，为他们送慰问金、慰问品。

在庆祝建党90周年之际，走访慰问离休干部、副县级以上退休干部52人次，发放慰问金1.2万元。每年为离休干部和副县级以上退休干部人手订阅一份《铜仁日报》和老年杂志。区委、区政府坚持重要会议和重大节日活动，邀请老同志参加。如党代会、人代会、政协会议、经济工作会等。

2011年4月28日，区委离退局组织了20余名居住万山的离休干部和副县级以上退休干部在特区人民医院进行健康体检。9月15日，区委领导班子召开民主生活会，专题召开离退休老干部参加并征求老干部的意见。10月26日上午，在老干部活动中心二楼会议室，召开老干部座谈会，组织部长郑敏向老干部通报特区及各乡镇换届工作情况，并介绍了特区第十次党代会会议概况，认真倾听了老干部的意见和建议。11月3日，特区委离退局，组织了近20余名离休干部和副县级以上退休干部赴江口县参观考察。

第四节　思想教育

一、"三讲教育"

根据中央《关于在县级以上党政领导班子、领导干部中深入开展以"讲学习、讲政治、讲正气"为主要内容的党性党风教育的意见》文件精神和江泽民"三个代表"重要思想要求，特区党委于2000年就全特区县级领导班子和班子成员的"三讲"教育活动进行安排部署。基本要求是：以中央"三讲"教育意和江泽民总书记"三个代表"重要思想为指导，认真学习马克思列宁主义、毛泽东思想、邓小平理论和党的十五大精神，紧密联系领导班子和领导干部的思想工作实际，以整风的精神找准、抓住、解决好领导班子、领导干部在党性党风方面存在的突出问题，进一步加强领导班子和领导干部的思想政治建设，提高领导班子的领导干部解决自身问题的能力。通过"三讲"教育达到提高领导班子和领导干部政治素质，加强党性修养，端正思想作风，增强在改造客观世界的同时改造主观世界的自觉性的目标，使领导班子的领导干部坚定对马克思主义的信仰和对建设有中国特色社会主义，最终实现共产主义的信念；坚决全面贯彻执行党的路线、方针、政策和中央、省、地的重大决策；牢固树立全心全意为人民服务的思想；严格遵守民主集中制的各项规定；坚持解放思想，实事求是的科学态度的创新精神；树立求真务实、真抓实干、依靠群众、商量办事的好作风。参加"三讲"教育活动对象有特区党委、人大、政府、政协、纪委、组织部、宣传部、公安局、检察院、法院的领导班子成员共43人。具体时间是2000年7月下旬至9月下旬。整个活动分四个阶段进行：

第一阶段为学习提高阶段：主要学习中央"三讲"教育意见和江泽民总书记关于"三个代表"重要思想，通读中央规定的必读篇目。学习采取集中与分散相结合，阅读原著与专题讨论相结合，个人自学与交流心得体会相结合，学理论与学习先进人物事迹相结合。要求围绕"讲政治"这个核心，开展好五个专题教育：一是切实加强理想信念教育，树立正确的世界观、人生观、价值观；二是切实加强政治立场和政治观念教育，不断增强政治敏锐性和政治鉴别力；三是切实加强民主集中制教育，自觉维护和加强领导班子团结；四是切实加强党的宗旨教育，牢固树立全心全意为人民服务的思想；五是切实加强党的优良传统教育，保持和发扬求真务实、言行一致和艰苦奋斗的优良作风。要求领导干部都要做好读书笔记和写出学习心得体会。同时通过发放《征求意见表》、召开座谈会、个别谈话等形式征求有关部门同志的意见。

第二阶段是听取意见进行自我剖析：在第一阶段征求意见的基础上，将征求到的意见反馈给领导班子或班子成员个人，领导班子和班子成员个人根据征求到的意见，集中查摆找准领导班子在党性党风方面存在的突出问题，形成班子剖析材料之后，再进行个人剖析。个人剖析材料要坚持“自己找、群众提、上级点、互相帮”的办法，按照“三个代表”重要思想的要求，着重查摆、抓住、解决自1992年以来影响领导班子发挥整体合力，影响党群干群关系的问题，廉洁自律方面的问题。从世界观、人生观、价值观的深处进剖析。剖析存在的突出问题的表现、原因分析，明确今后努力方向。然后召开民主评议大会进行民主评议和民主测评。

第三阶段交流思想、开展批评：一是在班子内部以及领导干部与下级之间开展谈心活动。领导班子成员之间谈心，主要是沟通思想，各自多作自我批评，消除误会，取得谅解，取得共识，增进党内团结；班子成员与下级谈心，主要是了解情况，征求意见。二是召开民主生活会，开展积极健康的思想斗争，班子成员对待批评意见，本着“有则改之，无则加勉”的态度，对符合事实的意见进行检查反思。对与事实有出入的意见，可作必要的说明。互相批评坚持“惩前毖后，治病救人”方针，不捕风捉影，不主观臆断，不搞无线上纲。开展批评后进行民主测评和民主推荐，并将结果呈报上级。

第四阶段是认真整改、巩固成果：针对查摆出来的问题，集中进行分析研究，制定具体整改方案，健全和完善相关制度，巩固学习成果。班子成员要针对自己存在的问题，提出整改意见，明确今后的努力方向，并积极付诸行动，以增强群众的信任感。

通过“三讲”教育活动，领导干部普遍受到了一次深刻的马克思主义、毛泽东思想、邓小平理论教育，贯彻执行党的基本理论、基本路线的坚定性和自觉性有新的增强；在查摆剖析党性党风存在的突出问题时，“讲学习、讲政治、讲正气”的自觉性有新的提高；在开展批评与自我批评过程中，党的优良传统得到进一步恢复和发扬；整改过程中，在转变工作作风、改进工作方法方面有了新的起色；以“三讲”教育为动力，进一步增强了工作的责任心和主动性，推动各项工作取得新的成绩。

二、保持党的先进性教育

2005年1月，特区党委根据《中共中央在全党开展以实践“三个代表”重要思想为主要内容的保持党的先进性教育活动的意见》，就全特区开展保持共产党的先进性教育活动做了总的安排部署。总的要求是以邓小平理论和“三个代表”重要思想为指导，树立和落实科学发展观，坚持立党为公，执政为民，党要管党，从严治党的方针，紧密联系改革与发展稳定工作实际和党员队伍现状，以学习实践“三个代表”重要思想为主要内容，引导广大党员学习贯彻党章，坚定理想信念，坚持党的宗旨，增强党的观念，发扬优良传统，认真解决全特区党员和党组织思想、作风、工作方面存在的突出问题，促进影响改革发展稳定、涉及切实利益的实际问题的解决，不断增强党员队伍和党组织的创造力、凝聚力、战斗力、为实现全面建设小康社会和富民兴万的宏伟目标提供坚强的政治保证和组织保证。

具体方法是：从2005年1月开始，分三批进行，每批半年时间，到2006年6月基本结束，对象是全体党员。第一批为特区党政机关及部分企事业单位党员，共52个基层党组织635名党员，从2005年1月开始到2005年6月结束；第二批为城镇基层党组织和乡镇机关，共50个基层党组织1047名党员，从2005年7月开始至2005年12月结束；第三批为农村和部分党政机关党员（因其他原因未能参加第一二批教育的党员），包括党组织关系在乡镇村的企事业单位党员，共33个基层党组织1319名党员，从2006年1月开始至2006年6月结束。每批按学习动员、分析评议、整改提高三个阶段进行。学习阶段组织党员学习

《保持共产党先进性教育读本》和中央、省、地领导关于先进性教育的重要讲话，重点学习《党章》，采取个人自学和集中专题辅导形式，开展学习讨论，并作读书笔记和撰写心得体会。分析评议是在学习的基础上开展征求意见，与党内外同志谈心，沟通思想，增进了解团结。每个党员根据征求到的意见，对照《党章》规定的党员义务和党员领导干部条件，从世界观、人生观、价值观上查找问题，剖析思想根源，撰写党性分析材料，在组织生活会上进行对照检查，开展批评与自我批评，进行相互评议。然后召开支委会，根据评议情况，对每个党员作出评议意见。整改提高阶段是根据征求到的意见和自我剖析及民主评议中找出的问题进行整改，并将整改情况公布于众，自觉接受群众监督。通过开展保持共产党员先进性教育活动，党员的理想信念更加坚定，工作作风明显好转，党组织的凝聚力、战斗力得到明显增强。

三、思想道德教育

20世纪90年代初，万山在深入持续开展讲文明、讲礼貌讲卫生，讲秩序，讲道德.心灵美、语言美、行为美、环境美，热爱祖国、热爱人民、热爱社会主义的“五讲、四美、三热爱”教育活动中，把《爱国主义教育实施纲要》列入文明建设的重要内容贯彻学习，教育广大人民群众继承和发扬爱国主义传统，自力更生，艰苦创业，为振兴万山经济而努力奋斗。1996年党的十四届六中全会通过的《中共中央关于加强社会主义精神文明建设若干重要问题的决议》下发后.特区及时组织全体干部贯彻学习，并进行精神文明建设理论考试。同时决定开展“5431”文明创建活动，评选出50个文明单位，40户文明个体户，300个文明个人，100户“五好”文明家庭。在文明创建过程中，送戏下乡84场，放电影42场，送书下乡500余册，组织医疗队下乡义诊8次，播放科教片51场，发放科教资料2000余份。1998年以抓好16至60岁公民的社会公民知识教育，以学习《万山特区社会公民知识教育手册》为主，开展创建文明卫生县城、文明乡镇、文明行业、文明机关和“讲文明树新风”“创文明学校做文明师生”活动。1999年以爱祖国、爱人民、爱劳动、爱科学、爱社会主义和有理想、有道德、有文化、有纪律为重点，开展“学习孔繁森爱我中华，学习曹克明爱我纪检”的思想道德教育。2000年遵照中央文明办指示开始实施“西部开发助学程”，到2005年有6名大学生和3名高中“宏志班”学生得到上级资助，39名贫困生得到特区科局结对资助。

第五节　宣传工作

一、政治理论学习

开展政治理论学习是加强党的思想建设的重要途径。20世纪90年代，政治理论学习的主要内容是邓小平视察南方重要讲话、建设有中国特色社会主义理论、党的十四大、十五大报告。1992年8月4日至6日，宣传、组织、纪委、党校联会举办四乡一镇负责人、特直机关科局领导和理论辅导员参加的学习邓小平视察南方重要讲话和党建理论培训班。同年12月8日至10日又联合举办了学习党的十四大报告理论辅导员培训班，特直机关科局级干部和理论辅导员参加了培训，随后学习十四大报告全面铺开。1995年11月14—15日，举办《邓小平建设有中国特色社会主义理论学习纲要》培训班，并在机关建立责任区理论学习辅导制度，同年11月26日在全特区范围内组织学习党的十四届五中全会精神。1996年1月2日举行学习“建设有中国特色社会主义理论”知识竞赛，同年10月组织全特区党员干部学习党的十四届六中全会精神，11月组织全特区在职干部以《邓小平建设有中国特色社会主义理论学习纲要》和《学习邓小平同志的发展理论》辅导材料为主要内容的政治理论学习考试。2001—2005年这一期间主要学习党的十六大报告和“三个代表”重要思想理论。2002年对党的十六大报告进行巡回宣讲，2003年全特区举起学习“三个代表”重要思想高潮，为副科以上领导干部订阅《“三个代表”重要思想党习纲要》辅导材料，邀请地委宣讲团到万山宣讲“三个代表”重要思想理论，举办学习“三个代表”重要思想知识竞赛，组织全特区干部参加学习“三个代表”重要思想理论考试，参考率达98%。

2007年10月24日，全特区各级各部门组织干部集中收看党的十七大报告，同年11月10日，邀请地委讲师团赴万山宣讲党的十七大报告精神，12月区委宣讲团分赴各乡镇、学校、企业、社区宣讲十七大报告精神21场次。2008年开展学习党的十七大报告精神征文活动，收集心得体会280余篇，举办学习党的十七大报告精神知识竞赛，全特区学校、机关干部积极参与，全年区委中心组以党的“三个代表”重要思想、党的十七大报告等为主要内容开展学习8次，有效提升了领导干部的理论水平和执政能力。

2009年全特区掀起学习科学发展观热潮，特区财政划拨了科学发展观教育活动专项经费30万元，成立学习实践科学发展观活动办公室，抽调10名工作人员办公，发放《人民日报》《经济日报》上刊登的“《科学发展观学习读本》连载”500余份，扩大了党员群众知晓率。2008年4月至2009年2月，特区、乡镇、村三级党组织围绕党员群众关心的热点难点问题，就万山经济社会科学发展存在的差距，开门纳谏，通过设立意见箱、开通热线电话、手机短信、电子邮件，广泛征求社会各界特别是普通党员群众的意见和建议625条。11个县级领导干部带领相关人员，深入各基层，采取走访、发放调查问卷、召开座谈会等形式，对推进节能减排和可持续发展、积极稳妥推进政治体制改革，促进万山经济社会又好又快发展、完善体现科学发展观和正确政绩观要求的干部考核评价体系等11个事关全特区经济社会科学发展重大调研课题，进行了深入调研，撰写了调研报告，为特区委决策提供了有益的借鉴和参考。70余个基层党组织召开了以“学习和实践科学发展观”为主题的党员领导干部民主生活会，深入学习了党的十六大以来中央关于科学发展观的一系列重要论述，实事求是对照科学发展观的要求查找问题、民主测评、剖析典型案例，深刻分析产生问题的原因，全面总结经验教训，认真开展批评与自我批评，进一步明确了今后努力方向。2009年10月20日，特区宣讲团在万山镇召开第三批深入学习科学发展观活动宣讲大会，万山镇机关党委全体党员、各社区支部党员及全镇领导干部职工共计100余人到会学习。2009年万山特区学习宣传贯彻落实十七届四中全会精神，依托远教阵地，制作了5个学精神、讲贯彻、抓落实的学习辅导课件，刻录DVD光盘190余张；运用领导访谈、专家解读、学习交流等形式，共组织集中学习达100余场次，参学党员干部群众3500余人次，组织座谈讨论会20余场，下村寨收集的意见、建议190余条，发放宣传资料500余份。

2010年深入学习实践科学发展观，开展学习实践科学发展观征文，收集征文410篇，邀请地委讲师团到万山开展科学发展观讲座，组织全特区干部参加以学习实践科学发展观、党的十七届四中全会精神为主要内容的理论考试，全特区参考率达98%以上。2010年11月2日，特区委中心组开展第七次集中学习，学习贯彻党的十七届五中全会精神和省委十届十次全体（扩大）会议精神，特区委中心组成员、特区人大、政府、政协副县级领导干部，各乡镇党政主要负责人，特区委各部、办、委、局负责人，特区国家机关各部门党政负责人，各人民团体主要负责人共131人参加。全年特区委中心组集中学习7次。

2011年重点学习了党的十七届五中全会《决定》、省委十届十次、十一次全会《意见》精神、胡锦涛总书记系列重要讲话精神和深入学习贯彻科学发展观，全特区领导干部研读《邓小平文选》《江泽民文选》，深入学习贯彻人大、政协、统战等工作相关知识和党的建设有关理论文献。特区委全年开展中心组集中学习9次。同年7月27日，邀请地委宣传部、地区社科联专家到万山开展社科理论下基层报告会。同年7—10月特区开展了“社科理论下基层”暨“惠民政策宣讲进村（居）”活动，共发放各种书籍、宣传品、宣传单10000余份，举办专题讲座（报告会）8场，1万人次接触了社会科学方面的知识。9月13日，特区委组织全特区领导干部共116人，深入学习胡锦涛“七一”重要讲话精神，邀请地委党校专家作《学习胡锦涛“七一”重要讲话精神万山特区报告会》。12月，组织全特区在职干部理论考试，参考率达98%以上。

二、宣传教育

1991—2005年，宣传教育工作在以宣传贯彻党的路线、方针、政策的前提下，以贯彻执行团结、稳定、鼓励的宣传方针为主，突出经济建设这个中心，加大改革开放宣传分量，努力为两个文明建设服务，以“代表先进文化前进方向”为主题，以科学的理论武装人，以正确的舆论引导人，以崇高的情操塑造人，以优秀的作品鼓舞人为宣传工作指导方针，为全面建设小康社会，开创富民兴万事业的奋斗目标和战略部署，提供强大的精神动力和舆论支持。1992年4月10日组织开展特区在职干部学习《中共党史学习纲要》知识考试活动，特区所属76个单位的干部参加考试。同年5月21日组织召开有特区党政领导和业余文化、文艺工作者20余人参加的纪念毛泽东在《延安文艺座谈会上的讲话》发表50周年座谈会。1995年4月14日，组织全特区党员干部学习孔繁森先进事迹。同年9月13日，成立时事政策法律宣讲组，深入机关、乡镇、村、学校宣讲时事政治和法律知识。1995年10月，组织全特区400余人参加铜仁地区举办的《纪念抗日战争和世界反法西斯战争胜利50周年》知识竞赛，带着电影队下乡进村放映爱国主义教育影片44场次，观众达两万多人。1996年1月，宣传部门联合教育、工会、文化等部门组织全特区参加全国“迎接香港回归祖国”读书教育活动，1997年4月20日，举办“庆祝香港回归祖国”演讲赛，以歌颂党、歌颂祖国、歌颂人民军队、歌颂家乡为主题，赞美身边的新人新事和先进典型人物事迹。9月7日组织收看电视剧《民办教师》专题片，开展向全国“五一”劳动奖章劳动模范获得者田沛发学习活动。1998年先后开展“富民兴万”系列宣传“爱党爱国建家乡、自强自立奔小康”农村电影展播、“辉煌开放，贺祖国新貌”演讲赛、“改革颂”巡回演讲、“辉煌颂”文艺晚会和“开放杯”篮球赛等活动。1999年开展“光辉的50年”读书教育、“五个一工程”作品评奖、“卫生与秩序”主题创建、敬老女儿金榜奖、老有所为奉献奖、重视老龄工作功勋奖评选表彰、“新时代杯”“祖国颂”中青年歌手卡拉OK大奖赛、实施“千乡万村书库工程”等活动。2000年组织开展思想政治工作调研，总结宣传两个文明建设中涌现出来的先进典型，开展“西部大开发、万山怎么干”思想大讨论。2002年实施送科技、文化、卫生、法律、爱心五下乡，组建“万山艺术团”于国庆前后赴乡村及居民点巡回演出。2003年新闻工作围绕中心服务大局，宣传全特区改革开放以来各行各业取得的新成就、新经验，全体新闻工作者撰写903篇新闻稿件、文艺作品、理论调研文章在中央、省、地刊物上发表。2004年为提升“汞都”万山知名度，提高对外宣传质量，邀请省、地报社主编、记者到万山进行新闻写作、对外宣传方面的系统培训，多角度、多层面拍摄特区各条战线上的建设者投身“富民兴万”事业的风采，举行“中国特色社会主义建设者之歌”文艺晚会和“湘黔边区汞化工杯”民族篮球邀请赛。2005年6月30日举行“盛夏七月万山红”大型文艺晚会和以“热爱贵州、唱响贵州、建设贵州”为主题的“多彩贵州”歌唱大赛，加大了宣传万山的力度，特别是举行的睦邻友好周边乡镇民族“优农杯”篮球运动会，11支球队聚集了广西、成都、重庆、湖南及在铜仁支教的外国老师等优秀运动员参加赛，“汞都”万山的知名度得到进一步提高。

2006—2011年，在新闻外宣工作方面，一是围绕中心。精心策划。围绕特区委、特区政府的新思路和新举措，及时回顾·十一五”展望“十二五”等重大主题的宣传报道力案或宣传报道提示，使全特区各通讯员和《万山视窗》、电视台两大媒休明确报道重点，取得了良好的宣传效果　二是抓好阵地.扩大宣传。坚持高标准、高质量，精心策划并办好《铜仁日报·万山新闻》专版24期，刊发新闻稿件257篇，共计18万字。在确保特区委、特区政府重大主题宣传的同时，集中推出各乡镇（办事处）及特直各部门的亮点工作，特别是对深度报道的挖掘和采写取得了较好的宣传效果。全面展示特区近期工作取得的成效和巨大变化。重点策划“庆祝建党90周年”大型活动，积极与中央、省、地各媒体联系来万山宣传推介，进一步提升了万山的知名度和美誉度。一年来，全特区共组织通讯员向各级新闻媒体投送新闻稿件1200余篇。被各电视台、电台采用电视、广播两台共采用稿件204条（其中，中央电视台采用1条，省电视台采用10条，省广播电台用稿50条，市广播电台用稿98条，市电视台用稿45条），新华网12条，《万山视窗》采用稿件1600余条和万山电视台刊播1700余篇（条），稿件质量和数量较往年均有所上升。

在开展社会宣传活动方面，一是精心组织开展春节系列活动。由特区委宣传部主办，特区文体广电旅游局承办的“万山特区2011年‘加快转型、喜迎十二五’春节游园活动”在区体育馆开展，千余群众参加了活动。二是特区“六进村（居）”服务队走进青年湖村。特区“六进村（居）”服务队走进青年湖村开展了一次大型的以“话惠民、感党恩”为主题的农村思想建设“六进村（居）”集中宣传服务活动。三是举办“依法禁毒、构建和谐”知识竞赛。特区委宣传部、特区禁毒办联合举办了“依法禁毒，构建和谐”禁毒知识竞赛。来自特区党政机关、乡镇（办事处）、企事业单位的18支代表队参加比赛。四是举办铜仁地区二届十次老年书画联展。6月13日，在特区体育馆举行铜仁地区二届十次老年书画联展，参加联展的有来自湖南凤凰、新晃、芷江、怀化鹤城区和铜仁各县市共150余人。五是精心组织“多彩贵州歌唱大赛”选拔赛。6月18日，由特区委宣传部主办、特区文化体育广播电视旅游局具体承办的“2011多彩贵州歌唱大赛万1lI特区选拔赛”，此次活动还选送了黄道侗族乡原生态节目《情妹送郎五件宝》和〈光明颂》两个侗乡原生态节目。六是走访慰问暖民心。结合开展“四帮四促 ”和“百名干部下基层”等活动，宣传部组织支部全体党员深入到大榜村，与该村支部党员一起过组织生活，走访慰问老党员、困难党员，详细了解其生产生活状况及存在的困难，并为该村送去了各类报刊杂志和农牧科技资料。七是举办“唱红歌、诵经典、赞家乡”大赛。为庆祝中国共产党成立90周年，“七一”期间特区委宣传部向全特区各行各业推荐了红色经典书籍10部，红色经典电影24场，红色经典文章32篇，红色经典歌曲240首，赞美家乡歌曲、诗文15首。八是集中开展普法宣传教育培训。9月19日，联合特区委组织部、特区普法依法治理领导小组联合为全特区干部职工进行了为期一天的普法专题培训会。九是湘黔边“诗联”在万山举行迎国庆采风联谊会。9月26日，湘黔两省诗词楹联学会来万山参观国家矿山公园、仙女石、黑洞子，并举行联谊诗会，共交流了76篇诗词，其中23篇为即兴诗词。十是开展打击进硐盗矿宣传活动。联合司法、工商、环保等部门组成打击进硐盗矿宣传组，利用流动宣传车反复播报关于打击进硐盗矿的政府通告、设立咨询台、面对面宣传、发放宣传册、签订责任状等形式让广大群众详细的了解进硐盗矿的违法性质、土法炼汞的环境危害以及特区委、特区政府对打击进硐盗矿违法行为的坚决态度和坚强决心。同时还联合政法等10余部门利用赶场日在万山镇开展大型宣传活动。累计发放打击进硐盗矿宣传手册2000余册，宣传资料3000余份，签订责任书300余份。十一是组织开展农村思想政治建设“六进村（居）”活动。制定下发六进村（居）活动工作方案，成立领导小组，划拨20万元工作经费，围绕“六进村（居）”内容，有序开展“八个一”服务活动。及时召开工作推进会，举办惠民政策宣讲员培训班，建立信息联络员。

第六节　文明创建

一、精神文明建设

2001年中共中央下发了《关于印发（公民道德建设实施纲要）的通知》，特区按照《通知》精神，在特直机关、企事业单位开展“爱国主义、集体主义”，“家庭美德、社会公德、职业道德”和“人生观、价值观、世界观”教育，在农村推行“治脏变净、治穷变富、治愚变智”和“改水改厕、改灶、改路、改圈”，提倡文明健康的生活方式。2003年在深入贯彻《公民道德建设实施纲要》过程中，开展“改陋习树新风”，创建文明单位、卫生街道，争做和睦家庭，巾帼标兵、忠诚卫士、时代公仆活动。举行“四有新人”青少年演讲比赛，邀请“红绿灯情怀”交通法规赴万山宣讲演出，举办“爱我铜仁、爱我万山”诗歌征文和诗歌比赛。2004年以创建文明卫生城市为主题，狠抓环境治理、维护城镇秩序、活跃城镇文化和“四在农家”（富在农家、学在农家、乐在农家、美在农家）示范点工作。通过一系列的精神文明创建活动，城乡广大干部群众的思想道德素质得到明显提高，城乡环境卫生及治安秩序得到明显好转。1999—2005年，受地区表彰的文明单位17个，文明乡镇1个，文明村2个，红旗文明单位4个，十星级文明户4户，文明先进个人8个；特区表彰的文明单位5个，文明乡镇2个，文明村寨5个，文明先进个人20个。

二、创建文明卫生县城

2004年4月7日，创建省级文明县城活动启动仪式在万山解放街举行，特区政府区长王开禄作动员报告。报告指出，创建省级文明卫生县城，要坚持以人为本，充分运用教育、行政、经济、法律、道德、舆论等多种手段，全民动员，广泛参与，强化城镇管理，着力改善人居环境和城市品位，努力提高城区居民整体素质和生活质量。日益完善基础设施，完善城市功能，美化城镇环境，绿化街道，创造良好卫生状况和井然有序交通秩序，提升万山形象。一是完善配套设施，规范7个临时停车场，分别改建和新修3个公厕，配置主干道垃圾箱70个，清理和修砌排水沟300米，增设和更换路灯130盏，制作永久性文明卫生宣传广告牌15块，挂永久性文明卫生示范路责任牌9块。二是加强创建文明卫生执法监督力度，设置文明监督岗24个，检查卫生与秩序11次。通过评分，被通报单位15个，处罚6个；查处乱扔乱倒垃圾50起，清理占道经营25户，规范建房7户，拆除破烂雨棚和临街附属物18处，查处各类交通违章行为20起，暂扣各类机动车辆35台次，强制办牌办证48人次。三是把提高市民素质、改善人居环境和提高生活质量作为创建工作的出发点和落脚点，大力宣传创建文明卫生城市活动的意义，增强市民参与创建活动的自觉性，乱扔、乱吐、乱写、乱贴、乱倒、乱挂等不文明现象得到有效遏制，保护环境，尊重环卫工人的辛勤劳动，遵章守纪逐步成为市民的自觉行为。

2005年，自创建省级文明县城活动启动以来，针对文明县城活动工作的开展，环境卫生工作日益加大，为确保环境卫生实现常态化管理，由万山特区住建局城管监察大队（2005年更名为城管局，为住建局二级局）加大对区域内乱扔、乱吐、乱写、乱贴、乱画、乱倒、乱排、乱挂等不文明行为进行整治及监督。

2006年，万山特区委、政府启动对创建省级卫生县城行列申报工作，成立以特区委书记为组长的创卫工作领导小组，办公室下设协调组、督查组、资料组、现场组、后勤组、宣传组6个创建工作组，齐抓共管，强化落实。在创建工作中，主要以加强万山特区的基础设施建设、行业卫生管理、整治市容市貌、开展健康教育为依托，采取模拟检查、过错追究、营造氛围、强化监督等措施，把创建工作落到实处，力争在2009年顺利实现"省级卫生县城"目标。同时，还成立了万山特区"整脏治乱"专项行动领导小组办公室，简称"整治办"，强化落实《2006—2010年铜仁地区实施"整脏治乱"深入开展文明卫生城镇创建活动行动纲要》提出的"一年重点治理，两年取得实效，三年强化基础，四年规范管理，五年大见成效"的总体部署和新要求。

2007年，为贯彻落实《中共中央关于卫生改革与发展的决定》《国务院关于加强爱国卫生工作的决定》以及《省委、省政府关于加强公共卫生工作的意见》，根据中央、省、区对创卫工作的要求，特区爱国卫生运动委员会制定了《万山特区爱国卫生"十一五"规划》（2006—2010年）、《万山特区爱卫工作要点》（2006—2008年），切实加大对爱国卫生管理、卫生基础设施、健康教育、环境卫生、城镇卫生、环境保护、公共场所及饮水卫生、食品卫生、除害防病、单位及居民区卫生等工作力度，特区投资400余万元用于城镇基础设施和公共设施建设，同时启动实施了2个小区绿化、亮化工程，修建民族体育馆及广场、计生服务站等一些建设项目基本完工，进一步提升了城乡硬件配套设施，优化了村（居）民的悠闲生活环境。根据地委、行署对创卫工作新要求，把创卫办公室设到特区卫生局，由特区委办公室主任任创卫办主任，并从各相关职能部门抽调18名工作人员充实到创卫办具体负责创卫办的日常工作，与特区整治办合署办公。

2008年7月，根据省、区《关于进一步加快卫生事业发展的决定》文件精神，重点学习了李克强副总理在全国爱国卫生运动委员会全体会议上的讲话精神及地委副书记、行署专员廖国勋在全特区卫生工作大会上的讲话精神，切实做好新时期爱国卫生运动工作的各项指标。特区创卫办以"整脏治乱"专项行动及"满意在万山"主题活动为契机，积极开展好万山特区"创建省级卫生县城"活动，大力开展城乡爱国卫生运动月活动，继续深化创建省级卫生县城活动各项测评指标。积极开展"四在农家""六进村"活动，加强农村基础设施建设，大力开展农村改厕工程项目实施，大力修建农村人饮安全工程53处，新建蓄水池113口，解决2925户1.83万农村人口的饮水安全问题，完成了万下油路、万湖油路工程建设，修建下溪、黄道客车站主体工程，逐步改善农村环境卫生。特区有两个行政村被评为地级卫生村寨，并通过了复查验收挂牌。

2009年4月，特区委、政府在迎接省级卫生县城验收的同时启动实施了"公民道德建设工程—满意在万山"主题活动，由特区委书记任组长，副书记任常务副组长，宣传部长、纪委书记、政府分管区长、人大、政协联系领导任副组长，办公室设在特区委宣传部，与创建省级卫生县城及"整脏治乱"工作同时进行、同署办公。5月，省爱卫会对特区创建省级卫生县城工作进行初审，发现与创卫工作要求仍然存在较大差距，特区委、政府于2009年8月11日研究决定向地区爱卫办提出暂缓验收创卫县城，争取在今后几年加大城镇基础设施建设投入力度，提高规划建设水平，完善城市功能，达到创卫要求。

2010年，把"整脏治乱"工作列入2010年特区委、政府要办的十件实事之一，主要以规范城市秩序为主，完善城市基础设施和城市功能为辅，此项工作由特区委宣传部统筹，城管局具体负责，组建了万山特区综合执法队，严查重复出现的“牛皮癣”问题，结合“满意在万山”专题活动及万山门户网开设的“不满意问题征集活动”专栏，对群众生活中存在的不文明行为进行曝光，加大“五脏”“五乱”“五臭”及不文明行为的治理力度，共同加强创卫工作力度，提升群众满意度指数。

2011年，经铜仁地区要求，从2月28日起把谢桥办事处划转区的管辖权由铜仁市正式移交万山特区。特区委、政府把谢桥纳入创卫工作区域范畴，通过对谢桥办事处各村（居）摸底调查，把谢桥办事处谢桥村及高楼坪乡大树林村黄家组两个村寨纳入申报卫生村寨的创卫工作事宜。为切实加大环境卫生工作的治理力度，下发了《万山特区“整脏治乱”专项行动纲要（2011—2015）》，在未来五年根据特区委、政府的工作要求，做好“整脏治乱”专项整治行动工作，为万山创建卫生城市打好工作基础。

第七节　纪检监察

一、党风廉政建设与反腐败工作

1991—2011年，纪检监察部门以抓党风党纪教育和完善各项廉政制度开展党风廉政建设。组织党员干部开展学理论、讲政治、讲正气和党规、党纪教育，学习贯彻《党内监督条例》《纪律处分条例》《建立健全教育、制度、监督并重的惩治和预防腐败体系实施纲要》。在机关、乡镇巡回放映《党规党法》《党的基本知识系列片》《钱惑》《硝烟散后》《勤劳致富的带头人》等电教片94场，播放《厦门远华特大走私案》、《被钱和色推向深渊的市长》《绝路》《慕绥新腐败案》《胡长清案件警示录》《责任的呼唤》《竞选县长》等警示教育片214场次，播放传统教育片《突破乌江》《南征北战》《地下尖兵》《白色起义》等76场次，编排《红包》反腐倡廉节目巡回乡镇演出5场次，受教育党员干部3万人次。建立和完善党风廉政建设各项制度。1999年制定《万山特区党风廉政建设责任制实施办法》，各级党组织层层签订《党风廉政责任制》。2004年将党风廉政建设各项任务分解为33项落实到22个职能部门，“一把手”为责任任务牵头人并组织实施。是年还制定的万山特区楼堂馆所建设管理办法，2000年出台《万山特区领导干部离任移交公务规定》和《关于严肃查处违纪驾车肇事干部的紧急通知》。2003年先后建立《万山特区行政许可过错责任追究制度》《行政机关及其公务员行政问责暂行规定》《建设工程项目报告制度》《关于优化经济发展的决定》《党风廉政教育工作联席会议制度》《关于加强国家机关工作人员违纪、违法犯罪案件办理情况信息沟通工作的规定》《政务公开责任追究制度》。2004年建立《党风廉政建设制度》《信访处理制度》、《巡视制度》《领导干部见面谈话制度》《回复组织函询制度》《工程建设招标制度》。2005年作出《关于加强公车管理的规定》《民主生活会制度》。建立党风廉政建设责任制。2005年实行《党风廉政建设责任制一票否决制度》。四是严肃党纪政纪，加强执法检查进行专项清理整治，严肃查处违反党纪政纪的案件。全面抓好党风廉政工作。一是反腐倡廉工作坚持预防为主，廉政文化警钟长鸣。2006年举办了“廉政颂”文艺晚会，举行了“学党章、知荣辱”演讲比赛，并在媒体开设了“学习党章谈体会”、“廉政之声”专栏；是年出台了《万山特区党风廉政建设责任制工作报告制度》《关于严禁干部职工违规操办酒席的通知》《万山特区党内监督制度》《万山特区关于建立健全教育、制度、监督并重的惩治和预防腐败体系建议实施意见》。是年认真落实《党内监督条例（试行）》，切实加强党内监督工作，将“四大纪律、八项要求”、“七个不允许”列为民主生活会自查内容。2007年全特区65个单位、56个党支部、1152

名机关领导干部参与了为期5个月的“思想作风、学风、工作作风、领导作风、生活作风”机关整顿活动。是年出台了《万山特区关于加强农村基层党风廉政建设的意见》；还举办了“清风颂”文艺晚会、“喜庆党的十七大反腐倡廉大型成果展”、“加强作风建设，促进廉洁从政”之声抢答赛。

2008年在刊物《万山红》、万山特区电视台开辟了“反腐倡廉专栏”，在“扬正气，促和谐”的廉政公益广告创作评选活动中，特区参选的《剪除腐败》《失望的母亲》《建设美好的家园》取得了全地区的一、二等奖；是年大力开展“纪念建国60周年”廉政文化建设系列活动。二是转作风真抓实干，讲效益建章立制。2008年出台了《派驻机构统一管理实施方案（试行）》《各乡镇纪委、派驻机构考核管理办法》。是年围绕特区党委、政府的重大决策、重大部署及“十件实事”提出督查要求14条，党员干部坚决拥护和支持党中央处理“3.14”事件处理的决策，并在汶川地震期间积极踊跃捐款捐物，交纳特殊党费。2009年出台了《万山特区招投标活动监督管理的意见》《农村党风廉政建设的实施意见》；2010年出台了《万山特区纪委监察局机关内部事物管理规定》；2011年出台了《万山特区党员干部勤政廉政警示提醒制度（试行）》《万山特区党政机关、事业单位公务用车配备使用管理办法（试行）》《万山特区作风效能建设和发展环境建设问责办法（试行）》《关于进一步提高执行力和落实力推进工作提速增效的意见》。三是落实党风廉政建设责任制，提高干部拒腐防变能力。2010年按照“谁主管、谁负责”的原则，将全特区反腐倡廉任务分解为45项，防腐倡廉工作29次，区委书记亲自部署工作20余次，批示重大问题17次，督办事项3件。

二、执法检查与专项整治

1991—2011年，对一些行政机关“三乱”（乱摊派、乱收费、乱罚款）、中小学收费、公路售卡、预算外资金管理、减轻农民负担、工程项目招投标、专项资金使用等进行执法检查与专项清理整治。1993年特区纪委、监察局下发了《关于清理各种行政事业收费和罚没款的通知》，会同财政、物价集中清理，查出不合理收费项目28项予以取消。1994年查出特区19个行政机关自主收费项目40个，收费金额12.3万元，重点查处乱收费单位12个，公路设卡7处（予以撤除），职称评定违规收费6700元。1995年查出城管乱收费1475元，邮政违规收费一万元，全部收缴上交财政。1998年请理党政机关、财政拨款事业单位公款安装住宅电话165门、移动电话14部、BP机27个。全部办理过户手续，收取过户费17.378万元。1999年为减轻农民负担，取消乡政府收取的农村用电管理费项目，同时采取相应措施将农村电价由1.8元/千瓦时降至1元/千瓦时，取消农村精神文明建设费，为农民减负2.4万元。2001年做出禁止平摊农业特产税、屠宰税；禁止一切要农民出钱出物出力的升级活动；禁止强行“以资代劳”；禁止村招待下乡干部，取消村组招待费；禁止用非法手段向农民收款收物。是年为了有效遏制部门的三乱收费，对全特区国有企业、私营企业推行收费登记卡制度，并实行挂牌保护，在一定程度上起了保驾护航的作用。是年还在12个行政村推行“涉农收费”公式挂牌制度，将涉农收费标准、依据、范围进行公开。2003年开展两次涉农负担检查，清理涉农负担收费项目33项，农村电价实行城乡同网同价，年均减轻农民用电负担160万元。在整治三乱过程中对中小学收费进行了六次检查，查出违规收费项目11项之多，违规收费金额78万余元，责令退给学生11.8万余元，上缴财政16万元，取消“两基”收费，为学生家长减负8万元。2004年为从源头上预防和治理教育部收费，特区在财力并不宽裕的情况下，将学校教育经费纳入财政预算管理，实行全特区中小学义务教育一费制办法，推行教育收费公示制度、学生交费明白卡制、民主监督制、教育经费收支两条线管理制、财务公开制度、月报跟宗制、收费检查制、责任追究制。同时对部门预算外资金，国债资金及坡改梯、退耕还林、天然林保护、水土流失防治、交通建设等项目资金的管理使用进行执法检查。此外还对科局领导干部通信工具配置、医药购置、审批项目进行清理，对窗口行业进行民主评议，对投资软环境进行专项整治。2003年对医药购销进行清理，查出假冒伪劣药品149种，涉案价值1.7万余元，立案查处6件，行政罚款3800元；擅自提高药品价格，涉及金额13万元，取缔非法个体诊所五家，确定无证经营1户。1999—2005年先后在税务、邮政、电信、卫生系统、工商、城建（供水）、城管、民政、教育系统、移动、环保、交通、文化广播电视等单位开展民主评议行风工作。采取召开座谈会、走访社会各界人士、发放社会问卷调查表、挂意见箱等形式，收集被评部门的意见和建议。被评部门对群众反映的热点、难点问题，明确整改责任，落实整改措施，切实加以整改。2004年检查、物价、编办、司法、政府办五家联合对43个部门上报的345项审批项目进行全部清理，其中审批64项，审核88项，核准89项，许可72项，备案32项。取消行政审批3项，改为部门备案3项，取消项目收费2项，降低收费标准1项。建立行政审批跟踪检查制度，对保留的行政审批项目进行跟踪检查。2004年6月至9月，集中开展投资软环境专项整治活动，按照宣传发动、查找问题、集中整改三个阶段进行。各部门召开动员大会80次、座谈会92次、明察暗访访68次、走访调查157人，发调查问卷3250份，收到各种意见和建议283条，近60家单位推出便民利商服务承诺给予优质、高效、便捷的办事制度。在整治过程中解决客商、群众反映的突出问题事件，立案3件，召开现场清退会1次，清退各类违规收费1.4万元，为客商追回欠款2.3万元，查出各单位白条签单20万元，个别单位领导干部借用公款21万元。

2005—2011年，着力突出监督重点、完善监督机制、改进服务方法，加大查处力度，深入开展各项专项监督检查，确保中央、省、地及特区重大决策部署落到实处。一是加强对重点项目实施的监督检查。对谢桥新区建设、工业园区建设、尾矿库闭库治理等重点工程项目和农村危房改造、“一事一议”、特区10件实事等民生工程开展专项督查7次，下发《监察建议书》2份，提出建议37条。二是深化工程建设领域突出问题专项治理。对国土资源项目19个、交通运输项目7个、水利项目10个、市政工程项目3个、房地产开项目3个，以及其他新开工、新立项项目11个实施情况进行专项治理。对全特区43个扩大内需项目实施情况进行了2次专项检查。加强对在建、续建、未验收投产项目的动态监管，排查整改21个问题，并查处招投标信访举报3件次。三是加强对重要政策措施落实的监督检查。加强市场价格调政策措施落实监督，会同发改、工商、盐业、质监等部门对稳定食盐价格市进行监督检查，有效抑制了食盐价格上涨趋势。加强对燃油市场的整顿，下发《监察建议》1份。加强房地产调控政策措施落实监督，会同住建、审计、财政等部门加强对4080套廉租住房、204套采空区安置房、2361广农村危房改造等工程建设进度、政策落实、工程质量、分配管理和资金安全等方面的监督检查，未发现相关违纪违规行为。加强资源节约和环境保护政策措施落实监督，开展了2次环境污染专项整治行动，依法关闭排污企业1家，跟踪督促1家企业拆除2条非法生产线，确保了我区今年节能减排任务如期完成。加强规范和节约用地政策措施落实监督，认真开展“二项清理”工作，对土地㈩让、征收情况进行清理，全特区自2008—2010年单宗200公顷用地33宗，其中挂牌出让土地16宗，面积61.18公顷，欠缴土地2宗，价款489.17万元。对探矿权、采矿权招标拍卖挂牌执行情况进行清理，全特区设置探矿权和采矿权26家。加强安全生产责任事故追究监督。督促并参与5次安全生产责任制执行情况监督检查，参与3起安全生产事故的调查处理，未发现事故背后存在腐败问题。

三、违纪案件查处

1991—2011年共查处各类违反党纪、政绩人员312人次。其中：县级干部1人，科局级干部58人次，一般干部及工人211人次，农民27人。开除党籍18人，撤销党内职务5人，留党察看18人，党内严重警告51人次，党内警告22人次，党内通报15人次。行政开除公职13人，开除留用2人，行政撤职7人、免职2人，降职27人，解聘、辞退、除名7人，记大过14人，记过34人次，警告48人次，延长见习期1人，免予处分2人。

1992年3月，万山特区粮食局副局长和业务股负责人、财会股长，从湖南湘阴购桐油，有两人接收他人贿赂2300元，故对装车桐油没有逐桶检查。拉回大龙粮油转站检查时，发现有112桶19.254吨桐油是假的，造成经济损失15.434万元（挽回44737元）。1993年12月监察局做出给予两人行政记大过处分，一个开出留用一年处分。2002年，万山特区教育局副局长，违反贵州省普通高校高考报名有关规定，擅自接受湖南籍11名限报考生到万山报考。考完试后，11名湖南籍考生中有10名分数较高，怕在查阅考生成绩时被发现，就在铜仁用复印的方式把10名考生的考分数改少后复印交特区教育局。造成八名考生录取重点大学和三名考生录取省外大学后被取消的严重后果。2002年11月监察局作出撤销其副局长职务和纪委给予开除党籍的处分。2002—2003年6月，解放街居委会主任，利用发放低保金的职务之便，私制雕刻81个低保对象私章，冒领58名低保对象低保金11520元，克扣低保金7500元，共计贪污低保金22050元。2014年10月纪委对其作出开除党籍处分，并送司法机关判处有期徒刑两年。万山特区林业局局长，在1998—2002年期间先后弄虚作假，套取上级林业资金，与单位副职、会计、出纳等人私分，分得19168元，用公款7200元为自己配手机两部，其行为在社会上造成极坏影响，纪委决定给予留党察看一年处分。残联理事长在1998—2003年期间，利用发放康复扶贫贷款，三次收受他人贿赂7300元，重复报账侵吞财物价值4064元，挪用康复项目款96300元，用于生活招待61400元，买微型车一台34900元。2003年卖微型车得现金8000元，未交财会做账，直接坐支，影响极坏。2005年9月，纪委给予其党内严重警告处分。

2006—2011年间严肃党纪政纪，治病救人。2006年立案8件，涉及违纪人员10人，其中正科级1人，一般干部9人，分别处以党内警告3人，行政警告处分1人，诫勉谈话2人，其他处分5人，为国家挽回经济损失2万元；2007年立案8件，8名普通干部，受党内警告处分4人，党内严重警告1人，开除党籍处分1人，被人民法院依法判处违纪人员2人，涉案金额共计9万元；2008年党政纪违纪案件11件，审结11件12人，其中科局级1人，一般干部8人，其他人员2人，受党政纪处分1人，党内警告4人，政纪处分10人，挽回经济损失14万余元。是年在查处现金的违纪违规行为及贪污案件中，2名干警受党政纪处分，1名副科级干部被诫勉谈话，1名干部被开除党籍。2009年立案9件9人，涉及科级干部1人，一般干部6人，农村党员1人，分别处以党内警告3人，党内严重警告2人，开除党籍1人，受政纪处分3件3人，行政记过2人，行政撤职1人，为国家挽回经济损失29.557万元.回访受党纪处分6人次，恢复党员权利1人。

2010年受党纪处分7人，涉及科级干部4人，一般干部1人，其他人员2人，党内警告2人，党内严重警告3人，开除党籍2人，政纪处分5人，涉及科级干部4人，一般干部1人，分别处以行政警告1人，行政记大过1人，行政开除3人，直接挽回经济损失70余万元；2011年受党政纪处分11人（双重处分7人），科级党员干部6人，一般干部5人，其中受党纪处分11人，分别予以开除党籍3人，留党察看1人，党内严重警告5人，党内警告2人。政纪处分7人，其中开除公职3人，行政撤职1人，行政降级3人，共计挽回经济损失1628.582万元。2011年根据省委巡视组意见，督促人社部门及时处理了3起用人不当问题。

第八节　统一战线

统战工作

1991—2011年，统战部门一是组织统战干部和统战对象学习贯彻党对统战和对台工作的路线、方针、政策。1992年组织非党干部、私营企业员、政协委员。知名人士学习党政十四大报告和邓小平视察南方重要讲话。1993年召开4次非公有制经济代表人士座谈会，学习江泽民同志在全国统战工作会议上的讲话。1997年组织28名各界人士学习党的“十五大”精神，并参加“十五大”精神理论知识竞赛。1999年组织统战工作者学习李瑞环、王兆国在全国统战部长会议上的讲话，购买30本《邓小平新时期统一战线理论学习纲要》供党政领导和统战干部学习。2001年3月举办有508人参加的新时期统战知识竞赛，“七一”纪念月召开各界人士座谈会，畅谈和回顾中国共产党领导下的多党合作的光荣历史和取得的丰功伟绩。2005年组织统战干部学习《反分裂国家法》，在全特区开展“喜看万山发展，翘盼祖国统一”征文活动。二是建立党政领导联系党外干部和民营经济代表人士制度。在人大、政协换届选举期间，积极推荐党外干部进入各级领导班子。至2005年，全特区有副县级在职非党干部2人，正副科级非党领导干部24任，党外人大代表50人，党外政协委员59人。三是组织非公有制经济人士参与社会募捐救助活动。1998年非公有制经济人士为社会救灾和“希望工程”捐资1.3万元。2001年7名企业老板捐资帮助4名贫困学生完成高中学业。四是“三胞两属”、非党知识分子和宗教工作进行摸底调查。2005年统计全特区有台胞76人，台属169人，侨胞36人，侨属61人，港澳同胞7人；非党知识分子176人，其中高级职秤16人，中级职秤160人，信教群众3700余人，其中伊斯兰教52人，基督教4人，信奉宗寺庙场所17处。

港澳台海外统战

2006—2011年间，进一步加强与台胞台属感情联络，利用春节、中秋等节日走访慰问12次，走访台侨属400余人次，发放大米、油等慰问物资，涉及金额达1.2万元。协助台属企业万山特区金鑫汞业公司在玉屏农业银行办理贷款事宜，解决了该企业200万元贷款资金。2006年，特区委统战部争取台湾台塑集团捐资40万元修建明德项目小学，即冲脚完全小学。

对台宣传

1991—2011年，共接待台胞76人次。在对台宣传方面，一是充分利用两岸往来，采起走访、广播、座谈等各种形式面对的向台属、台胞宣传党的“一国两制、和平统一”政策，宣传国家的法律法规，对赴万探亲台胞向其宣传祖国的变化、家乡的概貌，引领参观家乡经济社会发展，欢迎回来与亲人团聚，鼓励支持到家乡投资办厂。二是每年召开两次台属、侨属及各界人士座谈，通报党政工作情况，畅谈特区发展大好形势，宣传特区政府对“三胞两属”的优惠政策。三是征订《中国台湾问题干部读本》《台湾同胞投资保护法》《台湾工作通讯》和《两岸关系》等资料和编写简报、办墙报向区内台属宣传党的对台政策。四是帮助“三胞两属”调解民事纠纷和解决具体困难。1991年以来帮助台属协调贷款5000元。通过一些对台政策的宣传，感动了台胞刘九成回大陆探亲时向高楼坪乡政府捐赠两万元建设文化站，以表示为家乡献一份爱心。2008年，按照上级有关部门的要求，认真制作了《汞都之恋》MTV歌碟，用于中台办涉台宣传。2009年，由特区统战部、台办、红十字会、慈善总会等部门联合牵头在万山特区行政中心开展向“莫拉克”台风受灾台湾同胞集中募捐活动。

经济统战

2006—2011年，开展非公经济代表人士思想政治教育工作，会同工商联举办了一期有40余人参加的非公经济企业管理人员培训班，选派了4名非公人士到中央统战部培训基地实地学习，举办万山特区“金鑫杯”统战理论知识竞赛抽奖活动。积极引导非公有制经济代表人士回馈社会，参与光彩事业。引导非公经济代表人士捐资助学，捐款共计4.46万元。开展走访慰问贫困户，发放慰问金1.8万元。向四川地震灾区开展献爱心活动，共向灾区捐款10万余元。开展非公有制经济领域调研工作，深入各大企业开展企业创新成果、非公代表人士思想政治、企业发展现状等主题调研，共计走访企业200余家，形成调研报告5篇。

2006年6月8日，贵州省工商业联合会汞行业商会第一届第一次会员大会在万山特区召开。该商会是铜仁地区第一家省级商会组织。2009年12月7日，贵州省工商业联合会万山特区汞行业商会在万山特区统战部会议室召开了换届大会。会上，全体会员代表对《贵州省工商联汞行业商会》会长、副会长的任期年限，换届期限进行讨论修订，议定由原来的3年改为5年一届，并一致通过。2009年9月11日，特区委统战部及工商联（商会）在特区委统战部会议室组织召开工商联四届三次常委（扩大）会议。

2011年，召开“光彩事业”暨“春晖行动”推进座谈会。会议由统战部、工商联和团委共同承办。通过与有关客商对接和洽谈，引进项目2个，资金18.8亿元。召开万山特区工商业联合会（商会）第五届会员代表大会，会议通过了《万山特区工商业联合会（商会）第五届会员代表大会选举办法》，选举产生了万山特区工商联（商会）第五届执行委员会委员39名，常委19名、秘书长1人、副会长12人、会长1人。会议表彰奖励了吴斌、沈忠德等15名万山特区第二届“优秀中国特色社会主义事业建设者”。

党外代表人士队伍建设

2006—2011年，万山特区党外政协委员85名，选拔党外市政协委员11人。2007年，开展第一次统战大讨论活动，与会人员紧紧围绕树什么样的干部队伍、建什么样的党外干部之家而开展热烈的讨论。乡科级换届安排党外干部实职11人，其中局长2人、副乡长、副镇长5人、副局长4人。调整充实后全特区党外干部42人，其中副县级5人、正科级10人、副科级27人。组织召开特区党外人士代表座谈会5次，参加会议60人次。举办全特区党外科级领导干部培训班6期，参加培训234人次。选派到地委党校学习4人。

民族宗教

2006—2011年，特区委统战部协同民宗、国安等部门对奥运会期间宗教领域进行了深入的排查。多次深入黄道乡四方坡、黄茅坪普陀灵山等寺庙点，认真开展“崇尚科学、反对邪教”为主题的排查宣传活动。组织召开四部门（统战、民宗、国安、宣传）联席会议，会议就深入开展特区藏传佛教排查工作专题研究。组织召开万山特区民族宗教工作座谈会4次。配合民宗部门开展宗教情况调查3次，加强宗教界人士和信教群众政治理论学习，举办培训班2次，参加培训33人次。与有关部门配合，多次深入民族村调研，为高楼坪侗族乡关庄村维修水井3口、维修村活动室3间、添置办公桌椅3套、硬化3个村民组联户路和3千米的村级公路等。

第九节　政法工作

1991—2011年，以贯彻落实中央、省、地政法工作会议精神为契机，以维护社会稳定为目标，按照特区党委关于政法工作的部署，积极开展严打政治斗争和社会治安综合治理，支持和监督政法各部门依法行使职权，互相制约，密切配合监督政法各部门依法行使职权，互相制约，密切配合，研究协调有争议的重大疑难案件，推动大案要案查处工作，促进社会安定团结。

维护社会稳定

1999年维护社会稳定领导小组办公室建立以来，按照特区党委关于维护社会稳定工作的总体部署，深入调查研究，及时搜集影响社会稳定的相关信息，定期进行分析预测，对敏感期和重大节日期间以及本地可能发生的重大事件或群体事件，向特区党委、政府提出超前性和预警性的工作建议，协调和督促有关部门采取相应措施，把问题解决在萌芽状态。近几年来，在农村因土地、坟山和征地、公路占地纠纷引发的群体争斗事件15起，解决的士车驾驶员集体上访要求解决营运线路问题1起，搜集到邪教“法轮功”散发反动传单信息3条，百余人以上农民集体进硐采矿信息两条，贵州汞矿因关闭破产引发一些退休、下岗、买断工龄职工及移交地方的社会服务职能部门职工同工不同酬问题集体上访静坐事件17起。对于这些影响社会稳定的因素，特区党委、政府针对事件性质分别采取不同措施予以处理。对非法进硐采矿和邪教“法轮功”散发反动传单问题进行严肃处理；对因土地纠纷引发的群体争斗和汞矿职工集体上访问题，动员机关干部和相关部门，亲临现场，深入社区作耐心细致的劝解、调解和疏散工作，及时帮助解决一些特区职权范围内能够解决的问题，有效防止了事态的扩大，使每次群体事件都得以解决于萌芽状态。维护了万山的社会稳定和安定团结的政治局面。

社会治安综合治理

万山特区社会治安综合治理按照中央综治委的统一安排部署。1991—2005年先后制定了三个五年规划，《规划》对社会治安综合治理内容、目标和措施提出了县体要求。按照“谁主管谁负责”和“条块结合、以块为主、属地管理”的原则，管好自己的人，看好自己的门。把“打击、防范、教育、管理、建设、改造”六个方面有机结合起来，积极组织协调各方面的力量，形成综合治理合力，从根本上保障社会稳定，维护社会治安秩序，有效预防和减少违法犯罪。经常搜集区情动态，进行治安形势分析，适时开展专项整治。

1991年5月26日开展第一个社会治安综合治理宣传月活动，特区党政机关、企事业单位干部职工学生千余人上街游行宣传综治工作，特区党委与各单位、单位与单位职工层层签订社会治安综合治理责任状，把综合治理工作纳入单位部门年度考核，初步形成社会治安齐抓共管的良好氛围。与此同时，建立见义勇为基金奖励制度和试行错案追究制，根据社会治安综合治理达标标准定期进行达标检查。1993年特区经省、地检查，评为达标单位。特区对各部门、单位检查，59个单位和部门为达标单位，10个部门为达标先进单位，两个未达标单位被挂黄牌警告。1994年陈家国等6同志分别表彰为见义勇为先进个人。1998年特区综治工作经省检查验收，评为社会治安综合治理模范单位；特区综治委授予万山镇、高楼坪乡、黄道乡“平安工程”红旗单位，表彰遵纪守法模范100户。2001年评选综治工作先进村3个，先进个人4人，受到地区综治委表彰。2005年受地区综治委表彰先进单位7个，先进个人7人；特区表彰先进单位12个，先进个人13人。

政法部门以服从、服务于经济发展为主题，以排查化解不稳定因素为主线，按照“什么问题突出就整治什么问题”的原则，适时开展专项治理行动。先后开展“打击非法进硐采矿”、“整治厂矿企业及周边治安秩序”、“整治校园及周边治安秩序”、保“三电”、反盗枪、打击毒品违法犯罪等10余次专项整治行动，贵州汞矿因资源枯竭关闭后，采取了封硐措施。2005年后，汞价上涨，高额利润诱使部分违法人员铤而走险。千方百计潜入硐内，炸毁保安矿柱，严重危及采空区群众的生命财产安全。从2006年12月起，在全特区范围内开展6次为期三个月、四个月的打击非法进硐采矿综合治理专项行动。共出动警力2735人次，出动车辆985台次，张贴政府通告4700余份，印发宣传手册3000余份，书写永久性标语152幅，投入资金30余万元。共抓获非法进硐采矿人员563人，收缴作案工具750余件，查获炸药50余千克，毛砂（矿）2500余千克。封堵硐口52个（次）。严格执行“两个一律”，即进硐采矿的一律判刑；涉及国家工作人员的一律开除工作。进硐采矿的严峻局面得到有效遏制。

2006年，特区政法委认真贯彻落实中央、国务院、省委、省政府、地委及行署关于加强信访、社会治安综合治理、维护社会稳定工作的一系列重要批示精神和决策部署，认真落实政法工作各乡措施，不断创新工作机制，畅通信访渠道、强化综合治理，开展专项行动，严厉打击各种违法犯罪活动。着力解决群众合理诉求，有效地将各类不稳定因素消除在萌芽状态，保证了经济建设的顺利进行，促进了社会和谐，维护了社会稳定。是年，摧毁“门徒会”窝点2个，收缴邪教宣传品26册、宣传资料241页，《圣经》4本、邪教书籍30本。对排查出的44名“门徒会”练习人员全部落实了帮教措施。

为全面推进社会治安“打、防、控”一体化建设，创造“居住在万山、创业在万山、发展在万山、平安在万山”的良好环境，确保实现经济社会全面、协调、可持续发展和人民群众安居乐业。2006年12月，特区党委、政府出台了《关于建设“平安万山”的实施意见》。特区综治委加大宣传力度，积极营造浓厚的平安创建工作氛围。各乡镇、各部门明确一名分管领导和一名通讯员负责本部门的创平安宣传报道工作；招募了100名“平安万山”志愿者。分别利用电视台、报刊、张贴永久性标语、巡逻车广播、通讯短信进行宣传，充分运用“综治宣传日”、“禁毒宣传月”等活动引导群众知法、懂法、守法。开展“平安校园”活动，将“平安万山”建设宣传纳入教育教学活动之中。“平安万山”活动开展以来，各单位开始宣传板报110期，悬挂标语104条，制作宣传板块17块、张贴永久性标语400余幅、张贴四项警示条规5000份、发放《新农村常用法律知识读本》5000余本、“平安万山”宣传手册5000份，在省、地、特区报刊上发表文章100余条、开通“平安万山”电话、手机彩铃4000余部，发送平安建设短信3万余条。以区委书记任组长的“平安万山”建设工作领导小组，每年召开会议安排部署创安工作，签订“平安万山”建设责任书，出台了《万山特区社会治安综合治理一票否决警示制度》。定期召开治安形势分析会、四委部（组织部、宣传部、统战部、政法委）联席会议集体“会诊”综治难题。共召开区委常委会议、政府常务会议、书记（区长）办公会议专题研究“平安万山”建设相关工作20余次。投入“平安建设”专项资金100余万元。

按照社会治安社会化、群众化的工作思路，共设立群众党员治安看护岗24个，落实岗位34人；建有专职治安巡逻队1支30人；兼职治安巡逻队22支，治安协管员52人；群众楼院看护组织31个124人；招聘40名返乡农民工安排到乡镇及相关部门从事治安、协管工作。采取以会代训、召开专题培训班等形式，对基层村（居）干部、人民调解员、治保主任、治安巡逻员进行调解、普法、平安建设等相关知识的培训。共举办培训班10次，培训人员478人次。加强对各乡镇综治委规范化建设。成立了以乡（镇）长任中心主任、综治办、派出所、司法所、人武部、计生办、民政办等单位人员组成的综治工作中心，形成合办对不稳定因素进行排查、化解，维护一方平安。在厂矿企业建立了6个综治工作站，强化了厂群纠纷的调处力度。

针对机动车盗窃、入室盗窃、进硐采矿案件较多的现状，构建打防控一体化治安防控体系，形成“人防、物防、技防”相结合的工作网络。实施警务前移，在全特区设置14个警务室，严格执行“一巡两驻”工作；组建巡特大队，在城区和关闭的采矿区实行24小时巡逻；将土坪派出所和解放街派出所整合为城区中心派出所，整合警力资源，发挥更大作用；建立交警、巡警、派出所民警“三警”巡防机制，防控各类案件的发生；组建由公安民警、交警、武警组成的快速应急分队，加强重点目标、重点部门的保卫，增强巡防的机动性。在四乡和城区要道设立治安守控卡点和治安岗亭，全特区设立14处“110”报警点，最大限度地缩短报警、出警时间，提高快速反应能力。筹资50多万元建成了城市报警与监控系统，在机关大院、主要街道、交通要道路口、集贸市场等地分别安装了监控探头，纳入监控视线。依靠该系统已破获10余起重大盗窃案件，为创建“平安万山”提供了强有力的科技支撑。至2011年，创建“平安乡镇”5个、平安村17个、平安单位70个、平安学校33所、平安企业14个、平安医院1个、平安景区1个、平安家庭17050户、平安商场18个。达到创建省级平安特区标准。

积极预防和化解矛盾纠纷。整合了信访、综治、维稳工作人、财、物资源，落实综合治理管理、教育、防范、打击措施。按照“谁主管谁负责”和“属地管理”原则，有效地将矛盾、纠纷化解于萌芽状态，维护了社会稳定。2007—2009年，共排查各类矛盾纠纷331起，调处成功323起。

着力解决影响社会稳定的信访突出问题。以开展“书记大接访”活动为契机，变群众上访为干部下访、约访、开门接访，及时化解了大量的信访难题。原贵州汞矿工伤人员劳动能力复查鉴定是信访疑难老案。这批人因没有进行鉴定，无法享受相应补贴，思想波动较大，曾为此到省、地上访。

2007上半年，矿区社区部分人员因原贵州汞矿关闭破产后的遗留问题，出现大规模上访、静坐事件。针对矿区社区维稳工作的复杂性和艰巨性，共召开区委常委会议、常委扩大会议、书记办公会议、全特区副科级以上领导干部会议23次，专题研究维护矿区社区稳定工作的对策和措施，作为当前和今后一个时期政治任务中的头等大事抓好落实，坚决贯彻“稳定压倒一切”的方针，尽最大努力把不安定因素消除在萌芽状态。成立八个联系矿区社区工作组及时传送特区会议精神，宣传有关政策和法律法规；深入居民群众中做耐心细致的思想工作，召开座谈会，了解思想动态，做好解释工作，打消参与集体上访的念头；认真听取群众诉求，累计走访居民8700人次，收集群众各类问题218条。工作组能解决的及时解决，不能解决的，认真梳理，及时上报特区委、政府研究。政法部门按照“可散不可聚、可解不可集、事梳不可堵”的原则，完善处理群体性事件预案，加强情报信息收集和安全保卫工作，依法从严从重从快打击蓄意制造事端的幕后操纵者，遏制骨干人员加大串联，企图煽动不明真相居民再次进行大规模上访、静坐的趋势。

2008年初特大雪灾凝冻期间，开展了保“三电”专项行动。严厉打击盗窃、哄抢、破坏电力、电信、广电设施的各种违法犯罪。公安干警经过3个月艰苦奋战，辗转黔东南、铜仁、湖南怀化等地，行程1300余千米，成功侦破了横跨湘黔两省特大盗窃、破坏“三电”设施系列案件，破案60余起，收缴大量作案工具，依法查封犯罪所得20余万元。公安部在《全国“三电”专项斗争简报》上进行了刊发，受到公安部领导的表扬。11名犯罪分子分别被判处1—19年不等的有期徒刑。

2008年7月，在财力紧张的情况下，筹备了15万余元为343名工伤人员进行劳动能力复查、鉴定，杜绝了非正常上访事件的发生；同年12月，政法部门广僻信息渠道，加强信息研判，成功化解了极少数一次性安置人员串联社区居民策划到特区静坐上访事件。

2009年9—10月底，为解决下溪乡锰矿开发过程中引发的各类社会矛盾，特区委制定了《下溪乡社会治安综合治理试点工作方案》，成立了以党委常委、政府常务副区长为组长的整治工作领导小组，下设5个工作小组派驻下溪乡，分别以乡干部机关作风，引导和解决群众诉求、指导企业安全生产、政治道路交通秩序和社会治安秩序为着力点，以“保增长、保民生、保稳定”的根本要求和“村企共建、互利双赢”为基本原则，进村入户与群众开展法制疏导教育，讲事实，摆道理，晓之以理，明之以法。群众的守法意识、合理反映问题的意识、支持发展的意识得到明显提高。坚持教育打击并重，对扰乱企业生产秩序、妨碍交通秩序的9名违法人员分别处以行政拘留、罚款、治安警告的处罚，对违法犯罪人员予以提请批准逮捕或移送起诉，办理刑事案件4起，打击处理17人，排查化解矛盾纠纷8起，社会治安环境明显好转。此次下溪乡为期2个月的社会综合治理试点整治工作，探索了社会管理新途径，为解决社会矛盾积累了成功经验。

扎实有效地开展“平安和谐工区”建设，严厉打击“三强”（强拉强运、强买强卖、强揽工程）违法犯罪行为。从2010年10月起在高楼坪乡开展了为期半年的“三强”专项整治行动。在工业园区建立了特区首个“工区警务室”，安排民警24小时值守，随时可进入施工现场了解处置问题。组建了由乡派出所、工程指挥部、村委会联合治安巡逻队伍，构建防范网络，确保施工环境安全。特区政法委、维稳办专门制作“三强”整治光碟，触动宣传车进行巡回宣传，先后发放各类宣传手册1.4万余册，张贴通告65份，标语40条，横幅28幅，宣传18次。与当地群众召开“谈心会”、“见面会”10余次，针对群众代表提出的进厂务工、挖机施工、车辆运输、土地补征、青苗费补偿、损坏公路、炮损屋漏等影响群众生产生活等突出问题，驻乡工作组织极回应群众合理诉求，积极协调帮助解决，切实维护了群众利益。及时化解调处各类矛盾纠纷42起，制止群体性阻工事件8起。2011年，办理涉及重点工程项目工区各类案件15起，打击处理违法犯罪人员16人，其中刑事拘留4人，行政治安处罚12人。严厉打击“三强”违法犯罪专项整治行动取得明显效果，确保了重大工程项目的顺利实施。

2011年，综治委对万山二中及逸夫小学门口农用车和摩托车非法载客情况开展整治。向车主和学生家长发放非法载客危害宣传资料400余份，开展联合检查4次，对登记的23名非法载客车主进行了宣传教育，对不听劝诫的予以处罚。对万山镇三轮车超载学生上学、放学交通安全隐患集中整治。印制1500份《致客运三轮“学生车”车主及学生家长的公开信》，制作宣传横幅8幅，安置永久性固定宣传标牌4个。排查到经常超载学生营运的车辆7台，经批评教育，7台三轮车车主在会上作出公开承诺，保证今后不再包车超载学生。

打击毒品犯罪是一项长期工作。六年来，采取堵源截流，加强跨区域合作，“打零包”等措施，破毒品案件80余起，缴获毒品海洛因317.5克，另35个零包，报送劳动教养50余人，强制戒毒15人。2011年

5月，特区综治委、禁毒委下发了关于对高楼坪乡小湾村贩毒现象集中整治的通知，禁毒大队、高楼坪乡先后开展摸底调查6次，出动120人次，发放宣传资料360余册，对贩毒人员建立了台账，坚决予以打击。使毒品违法犯罪活动得到遏制。采取“禁毒、艾滋病共同管理”新模式，投入60万元建成艾滋病患者关爱中心，累计入住10人。

积极开展反邪教工作，强化各中小学的反邪教警示教育，完善区内涉邪人员管理台账，登记在册率达100%。开展防邪反邪宣传教育，发放各类宣传资料2万余份。健全和完善应对邪教组织“法轮功”突发性事件工作预案和应急处理机制。

加强对娱乐场所的整治，促进文化市场的健康发展。先后组织开展20余次集中“扫黄打非”行动，检查经营性网吧108家（次）、歌舞娱乐场所48家（次）。收缴非法经营电子游戏机48台，整治违规网吧18家，销毁非法出版物及非法音像制品6800余张、册。

特区政法各部门紧扣深入学习实践科学发展观活动，狠抓队伍建设，不断提高整治业务素质。政法委以“实践科学发展，创建平安万山”，公安局以“建设上台阶，服务上水平”、检察院以“建设科学发展，强化法律监督，维护公平正义，促进社会和谐”、法院以“秉承司法公正，注重社会效果，为特区经济又快又好发展提供良好服务”、司法局以“司法行政服务汞矿科学发展”为主题。政法部门采取有的放矢落实措施，破解难题，狠抓班子队伍建设，凝聚队伍合力，确保政治可靠，业务过硬，实现案结事了、息诉罢访、稳控到位三大目标。2011年，社会治安综合治理工作经省综治委测评，群众安全感指数达96.67%，名列铜仁地区第一，全省排名靠前。

第十节　党校教育

中共万山特区委党校系特区党委干部理论学习培训教育基地。核定事业编制10人。1991年在编3人，2001年机构改革核减编制4个，内设行政办公室、教务办公室。2005年底有教师5人，职员1人。

2011年11月，铜仁撤地建市，更名为中国共产党铜仁市万山特区委员会党校。学校内设办公室、教务办，总编制7名，实有人员7人。管理人员5人（参公编制4人，工勤1人），其中领导1人，即常务副校长1人。专兼职教师2人（高级教师1人、教师1人）。

一、干部培训

根据《中国共产党党校工作条例》和中央、省、地干部培训工作要求，学校始终把教育培训工作作为主要工作，集中全校人力、物力、财力确保培训任务的圆满完成。

为了改善党员队伍年龄、文化结构，并使入党积极分子们能够掌握党的基本知识，坚定理想信念，解决思想上入党问题，21年来党校共举办入党积极分子培训班13期，培训入党积极分子634人次。其中：1992年9月16—22日，以党的基本路线、党纪党风、反和平演变等为主要内容，开展非党积极分子培训班一期，培训人数52。1995年11月6—10日，对已向所在党支部写有书面入党申请书，并经过党支部的培养、考察，确定在1995至1996年终发展的对象，开展入党积极分子培训班一期，培训人数46人。1997年11月10—14日，对已向所在党支部写有书面入党申请书，并经过党支部的培养、考察，确定在1997—1998年终发展的对象，开展入党积极分子培训班一期，培训人数38人。1998年11月10—14日，为保证新发展党员的质量，保持党组织的先进性和纯洁性，提高战斗力，开展入党积极分子培训班一期，培训人数45人。2000年7月12—16日，以党的性质、指导思想、入党的条件等课程为主要内容，开展入党积极分子培训班一期，培训人数57人。2002年7月20—27日，开展入党积极分子培训班一期，培训人数67人。2005年9月12—16日，为切实保证和发展党员的质量，开展入党积极分子培训班一期，培训人数53人。2006年7月25—28日，开展入党积极分子培训班一期，培训人数36人。2008年5月28—29日，以党的十七大精神、入党基本知识讲座等为主要内容，开展入党积极分子培训班一期，培训人数38人。2009年6月3—5日，以党的十七大文件报告、新《党章》、党的基本理论、基本路线、基本知识等课程为主要内容，开展入党积极分子培训班一期，培训人数26人。2009年6月30日，为加强对少数民族（预备）党员的教育、培训，推动机关党建工作再上新的台阶，举办少数民族党员培训班暨预备党员“七一”入党宣誓大会一期，培训人数38人。2010年6月23—24日，为进一步抓好党员思想理念，勤政廉政和党性教育，开展特直机关第一期党员宗旨教育培训班，培训人数84人。2011年4月26—28日，开展入党积极分子培训班一期，培训人数52人。

1990—2011年，为提高在基层工作第一线村干部工作能力，加深理论认识，增强党性、提高农业科技水平、提高领导素质和决策水平、开阔眼界，更新观念。举办村（居）支部书记、村委会主任等培训班14期，培训村干部823人次。其中：1992年2月22—28日，以党的基本路线、党纪党风、反和平演变等课程为主要内容，开展农村支书培训班一期，培训人数48人。1994年，为提高特区农村支部书记及妇干素质，以适应新形势下农村经济发展的需要，1月11—15日开展农村支部书记（党员妇干）培训班一期，培训人数55人；11月20—25日开展村主任培训班一期，培训人数63人。1998年10月20—23日，为进一步提高农村党支部书记的理论政策水平，以党员干部要讲政治讲学习讲正气、借助山区优势培植特区财源、依靠科技进步致富千家万户、植树造林技术、怎样当好农村支部书记等课程为主要内容，开展特区村支部书记培训班一期，培训人数36人。1999年10月25—29日，为进一步提高农村党支部书记的政策理论水平，以适应发展的需要，以邓小平理论和党性教育、加强农村精神文明建设、依法治村、人口形式、加强基层组织建设等课程为主要内容，开展村支部书记培训班一期，培训人数39人。2001年8月25—29日，为提高村干部对 “三个代表”重要思想的认识，开展村支部书记培训班一期，培训人数39人。2002年7月8—18日，为村干部党性观念得到进一步增强，开展村支部书记和村委会主任培训班一期，培训人数88人。2003年8月18—22日，为提高农村党支部书记的理论政策水平、以适应发展的需要，开展村支部书记培训班一期，培训人数43人。2005年11月20—23日，万山撤并村工作全面结束，为启动新建村的各项工作，提高新任村干部的管理执政能力，为第三批先进性教育活动的开展打下坚实基础，开展全特区村干部培训班一期，培训人数67人。2007年5月14—20日，为提高全特区村干部的政治理论水平，切实了解和掌握中央、省、地、特区关于实施党的基层组织先进性建设工程、建设社会主义和谐社会和新农村建设路线，以新农村建设、旅游活区战略、计生法规、以法治村等课程为主要内容，开展了一期全特区农村支部书记培训班，培训人数53人。2008年6月23—25日，以新党章学习、党的基层组织建设、村民自治、社会主义新农村建设、反邪教警示教育、民族宗教政策、如何抓好村级计生工作等为主要内容，举办全特区农村支部书记培训班一期，培训人数58人。2009年4月22—24日，以贯彻落实科学发展观、大学生村官如何履职、党的基层组织建设、农村合作医疗建设、和谐社区建设及村民自治、平安建设、计生知识、农村社区党风廉政建设、现代农业产业化、村级集体经济管理等课程为主要内容，开展全特区村（居）党支部书记主任暨大学生“干部”培训班一期，培训人数72人。2010年7

月13—15日，为进一步加强特区机关基层组织建设，打造一支守信念讲奉献有本领重品行的党员干部队伍，以构建和谐新农村讲座、农业产业结构调整、法律法规、计生知识、生态畜牧业知识、民事纠纷调解、怎样当好村干部、党风廉政教育知识等课程为主要内容，举办全特区村（居）党组书记、主任暨大学生“干部”培训班一期，培训人数69人。2011年7月4—8日，为进一步加强区机关基层组织建设，打造一支守信念讲奉献有本领重品行的党员干部队伍，举办特区村（居）党组织书记、主任暨大学生（村）官培训班一期，培训人数93人。

1991—2011年，为使各级机关领导干部思想政治觉悟和理论素质得到不断提高，党性观念得到不断增强，切实提高全特区各级干部的综合素质，开展副科级干部、党外干部、妇女干部和各类干部培训班22期，培训人数1195人次。其中：1992年，以《基本国情与基本路线教育》、党的基本路线、党纪党风、反和平演变、江泽民“七·一”讲话、邓小平重要讲话、党史党建、马克思主义哲学、马克思主义政治经济学、中共党史学习纲要等课程为主要内容，3月18—25日、10月8—13日开展科局级培训班二期，培训人数158人；7月28—9月28日开展局级领导干部学习班一期，培训人数57人；8月5—10日开展企业干部培训班一期，培训人数76人；12月10—12日开展科局长培训班一期，培训人数50人。1999年10月25—29日为深入贯彻落实十五大精神全面提高乡镇领导干部的素质，以当前的经济形势和经济工作、邓小平理论的核心、加强党风廉政建设、如何抓好乡镇企业发展工作、搞好农村精神文明建设、农村基层组织建设工作等课程为内容，开展乡镇领导干部培训一期，培训人数38人。2000年9月11—15日，为深入提高公务员干部的理论素质，以十六届五中全会精神、公务员法、计生工作等为主，开展公务员科级知识骨干培训班一期，培训人数40人。2005年9月20—21日，以党的十六大、统一战线理论政策、统战理论知识、艾滋病预防知识等课程为主，开展党外科级领导干部培训班一期，培训人数32人；10月12—14日，为加强和改进党的基层组织建设，做好党的基层工作，提高党的执政能力，切实把握党的基本路线和各项方针政策落实实处，举办特直机关组织委员培训班一期，培训人数62人。2006年9月26—30日，为深入学习贯彻三个代表重要思想，切实提高全特区妇女干部的综合素质，以新农村建设、妇女权益保障法、牢固树立以八荣八耻为主要内容的社会主义荣辱观、人口和计生知识等课程为主，开展全特区妇女干部培训班，培训人数37人。2007年10月10—12日，以省委十次党代会精神、胡锦涛总书记6.25讲话重要精神、计划生育政策法规、廉政教育、《物权法》等课程为主要内容，开展万山特区党外干部培训班一期，参加本次培训班的学员为全特区党外科级领导干部及部分优秀股级党外干部共39人；11月28—29日，以党的十七大精神辅导、社会主义新农村建设、妇女权益保障法、如何提高妇女干部素质、加强作风建设促进领导干部廉洁自律等为主要内容，开展全特区妇女干部培训班一期，培训人数42人。2008年10月13—14日，以党的十七大精神、贯彻落实科学发展观、勤政廉政知识、区情分析、妇女保健知识等知识培训为主要内容，开展全特区妇女干部培训班一期，培训人数41人。2009年4月22—23日，以党的十七大四中全会精神、关于万山特区全面转型的思考、公务礼仪、如何发展乡村旅游等课程为主，开展万山特区妇女干部培训班一期，培训人数59人。2010年4月19—23日、6月14—18日、9月6—10日、11月15—19日，为充分利用清华大学教学资源，进一步提高特区乡（科）级领导干部的能力和素质，党校举办了四期乡（科）级领导干部清华大学领导能力提升远程教育培训班，培训人数254人；10月28-29日，为加强万山特区党外干部队伍建设，开展党外科技领导干部培训班一期，培训人数32人；11月11-12日，为切实提高全特区妇女干部的综合素质，开展全特区妇女干部培训班一期，培训人数60人。2011年11月16—17日，为加强区干部队伍建设，提高年轻干部政治理论水平，开展特区后备干部培训班一期，培训人数47人；12月26日，为进一步提高万山特区妇女干部、党外干部的思想政治素质，提高履职能力，开展全特区妇女干部暨党外干部培训班一期，培训人数71人。

二、理论教育

按照中央、省市《决定》的精神，万山党校一班人，统一思想，提高认识，把提高党员干部的理论素质作为提升万山整体社会形象的一件大事来抓，21年来开展各类理论教育培训11期，培训人数552人次。其中：1991年12月10—12日，为达到了提高领导骨干的理论素质目的，举办了《中共党史学习纲要》骨干培训班，培训班开设了《中国共产党的创立》《在大革命的洪流中》《掀起土地革命的风暴》《社会主义制度的确立》等课程，培训人数31人。1995年6月27—7月3日，为促进各级党校，人口理论教学工作的开展，举办了全特区党校人口理论课教师培训班，培训人数38人。1998年10月20—22日，为了深入贯彻落实党的十五大精神，进一步推动全特区政治理论学习，全面提高各级领导干部的素质，真正做到讲学习、讲政治、讲正气，以邓小平理论、新时期保密工作的特点、继续深入开展反腐败斗争、新时期的政协和统战工作等课程为主要内容，举办全特区科局（乡）级领导干部理论培训班一期，培训人数53人。2002年6月17—19日，为掀起全特区广大干部职工学习WTO和依法行政的知识学习热潮，举办特区理论骨干WTO基本知识和依法行政知识培训班一期，培训人数52人。2003年11月24—26日，为深入贯彻落实《中共中央关于在全党兴起学习贯彻“三个代表”新高潮的通知》和党的十六届三中全会精神，切实提高领导干部理论水平和执政能力，举办特区副科级领导干部读书班一期，培训人数51人；7月21—25、8月4—8日，举办正科级领导干部读书班2期，培训人数114人次。2004年10月25—11月8日，举办特区副科级领导干部读书班一期，培训人数49人。2006年8月9—11日，为提高机关党组织的战斗堡垒作用和党务干部的整体素质，进一步巩固和发展先进性教育成果，建立健全机关党组织先进性建设长效机制，开展特直机关支部书记党务知识培训班一期，培训人数42人。2009年9月22日，为了认真贯彻《中国共产党巡视工作条例（试行）》等四个反腐倡廉法规和文件的实施方案要求，特举行一期反腐倡廉法规辅导学习班，邀请特区纪委、机关工委有关领导进行学习辅导，培训人数59人。2011年9月23日，为进一步加强特区机关基层组织建设，打造一支守信念讲奉献有本领重品行的党员干部队伍，举办特直机关基层党组织书记能力提升培训班一期，培训人数63人。

三、教学科研

围绕区情加强理论调研是提高党校教育培训质量的基础。2000——2011年以来党校教师紧紧围绕万山特区经济社会发展战略，深入实际，调查研究，撰写一些有价值调研的文章。2000年的《万山推进农业产业化的思考》；2001年的《对搞好万山联合党支部工作的思考》；2002年的《反腐败斗争的长期性探析》；2003年的《浅谈加强对“三个代表”重要思想的认识》《略论公务员队伍的心理和谐建设》；2004年的《中国共产党反腐倡廉的历史经验》《以科学发展观为指导构建社会和谐是党的理论的一个重大创新》《以“三心”为要求做好新时期党校的保密工作几点体会》；2005年的《农村循环经济是山区新农村建设的最佳路径选择》《试论中小企业在国民经济中的地位与作用》《论和谐社会的现实要求》；2006年的《党员先进性的深刻内涵》《紧扣“四无”目标扎实推进社区禁毒工作》；2007年的《有浅谈如何加强和改进流动党员管理工作》《大力开发人才资源推动万山经济社会又好又快发展》《浅析万山特区社会主义新农村建设面临的挑战及应对措施》；2008年的《关于县级党校改革与发展的调研报告》《论和谐社会的现实要求》《浅论德治和法治治理腐败的重要性》《中国共产党反腐倡廉的历史经验》；2009年的《加强基层组织建设构建和谐新农村》《欠发达地区农村党员分类教育管理实践与探索》《提高执政党的执政能力需把握好四个着力点》；2010年的《坚定不移走建设有中国特色社会主义道路》《坚持科学发展观推进人才资源转化为现实生产力》《浅析贵州实现小康目标的途径》；2011年的《农村循环经济是山区新农村建设的最佳路径选择》《试论中小企业在国民经济中的地位与作用》《保住生态优势建设生态文明》等调研文章30余篇，其中《提高执政党的执政能力需把握好四个着力点》《农村循环经济是山区新农村建设的最佳路径选择》2篇在省级刊物发表，《万山推进农业产业化的思考》《对搞好万山联合党支部工作的思考》《欠发达地区农村党员分类教育管理实践与探索》《浅谈如何加强和改进流动党员管理工作》《大力开发人才资源推动万山经济社会又好又快发展》《加强基层组织建设构建和谐新农村》6篇在地级刊物上得到了发表。

第三章　群团组织

第一节　工　会

1991—2011年，工会工作不断创新发展，紧紧围绕改革发展稳定的大局，破解职工关心的难点、热点问题，积极和富有创造性地开展工作，在服务大局、服务职工、促进社会和谐稳定方面成效显著。

一、组织机构

万山特区总工会是中共万山特区委和铜仁地区工会领导下的特区各级工会组织的领导机构。1991年有事业编制6名；1996年机构改革后有行政编制4名；2001年改为行政编制3名，机关后勤服务事业编制1名，2005年实际在编4人，2006年实际在编5人；2011年6月下设正股级事业单位万山特区总工会困难职工帮扶中心，增加事业管理编制2名，2011年12月实际在编6人。

1991年有基层工会（含车间工会）79个，在册登记职工7652人，工会会员6545人，工会会员占职工总数83%。自此以后，由于汞矿资源枯竭，有色地质一队迁离万山，贵州汞矿职工陆续调离万山，职工总数逐年减少，到2005年基层工会只有78个，在册登记职工3767人，工会会员3173人，工会会员占职工总数84.23%。随着经济社会发展，万山陆续引进企业和建立新的企业，到2011年年底有工会组织149个（其中非公企业工会组织45个，42个非公企业签订了工资集体协商合同，覆盖企业职工2887人），工会会员8165人。

二、代表大会

1991年2月1—2日，万山特区总工会第四次代表大会在特区职工俱乐部召开，大会应到代表106名，实到87名，占应到代表总数的82%，列席代表11名。代表中有工会干部和积极分子81人，妇女38人，知识分子30人，少数民族46人，中共党员46人，共青团员9人。大会由杨胜球作代表资格审查报告，张林生致开幕词，特区党委副书记焦健到会致词，张林生作题为《坚定信心、振奋精神、团结奋斗。为促进我区两个文明建设，努力把经济搞上去作出新贡献》的工作报告，田茂才作财务工作报告，甘再林作经费审查报告。大会选举邓晋刚等18人为万山特区总工会第四届执行委员会委员，田茂才等6人为常务委员，张林生为主席；选举产生了总工会第三届经费审查委员会，甘再林为主任，彭美连为副主任；选举产生了女工委员会，郭玉华为主任，罗水平为副主任。会议通过了第三届委员会工作报告的决议、关于财务工作报告的决议和关于经费审查报告的决议。自此以后，总工会没有召开过代表大会。

1991年5月9日，特区总工会召开四届二次全委会，增选马成文为总工会副主席；1998年3月马成文调离总工会，特区党委任命杨光达为副主席；2001年10月，张林生退休，特区党委任命黄钊为主席；2007年4月黄钊和杨光达改非，特区党委任命罗绍军为总工会主席，陈守荣为总工会副主席；2010年10月特区党委任命人大常委会副主任杨泽武兼任主席，罗绍军为党组书记、副主席，陈守荣为特区总工会副主席；2011年8月陈守荣调离总工会，特区党委任命杨华兰为特区总工会副主席。

三、工会工作

劳动竞赛　1991年组织开展以“质量、品种、效益年”为主要内容的“四化”立功竞赛活动，把双增双节，提合理化建议与发明创造紧密结合起来，围绕上质量、增品种、创效益，在提高工作效率和经济效益上使内劲、下功夫。贵州汞矿开发系列产品氯化汞、汞触煤、钛汞齐、氯碱镁。有色地质一队在获得地质矿产部、国家计委、人事部、全国总工会授予全国地质勘查“功勋单位”称号的同时，开展“优质孔、小指标”竞赛，采纳合理化建议6条，节约资金8400余元。其他行业以提高产品质量开展“技能比武”，优质服务月、服务明星、人人提建议、个个献良策等劳动竞赛活动，激发了广大职工生产（工作）的热情和积极性，经济效益得到明显提高。1992年“双增双节”运动以节能降耗为主要内容开展竞赛，贵州汞矿冶炼厂、氯碱镁厂、电厂、化工厂开展节资降耗双百元活动，杉木董分矿发动职工修补安全帽、工作服、水鞋等劳保用品，减少生产成本。1994年贵州汞矿开展创建“文明班组”活动，从6个方面进行考核评比；冶炼厂开展班组比质量、比产量、比安全、比出勤的四比活动；1988年贵州汞矿在建功立业活动中，表彰先进个人101人，先进班组27个，先进集体12个，立功受奖集体5个，先进个人2人；1999年劳动技能竞赛以促进企业扭亏增盈为目标，发动广大职工积极投入“三节”“五技”的建功立业活动，开展“五比一讲”（比思想、比质量、比任务、比降耗、比安全、讲效益），有力推动了困难矿山的经济建设；2002年，围绕国企改革和发展目标开展“经济技术创新工程”的劳动竞赛，特区自来水公司提出调整一二三级泵站变压器的建议，每月降低电耗4000千瓦时，节约电费2000余元。2003—2011年间，每年特区总工会围绕万山发展大局，结合职工技能实际，结合企业劳动技能竞赛，组织职工群众开展大型的劳动技能竞赛，选出、上报一批技能过硬、务实能干的劳动、生产好手，通过优中选优，一些优秀职工获得了省级、市级表彰。

职工教育　1992年贵州汞矿一坑、五坑、一分矿坑口先后关闭，1994年实施“切块分流、划小核算、分灶吃饭、自负盈亏”的企业改革，工业生产直线下降，职工工资不能足额按时发放，部分职工及家属发生生活困难，部分退休职工相邀集体上访。在这一时期，各级工会组织狠抓职工思想政治工作，一是先后主持职工学习邓小平视察南方重要讲话、党的十四大、十五大精神和“三个代表”重要思想，宣传贯彻《工会法》《企业法》及有关法律的规定，深入开展建设有中国特色社会主义理论教育和党的基本路线教育。二是对青年职工进行爱国主义教育、集体主义教育和社会主义教育，引导他们树立正确的世界观、人生观、价值观，鼓励在岗职工发扬艰苦创业、艰苦奋斗、爱岗敬业和无私奉献的精神，同心协力，克服困难，搞好生产。帮助下岗分流人员认识下岗分流是企业改革的必然趋势，服从下岗分流是为国分忧、为矿解难的具体表现，鼓励他们要自尊、自重、自爱、自强不息，多学本领外出打工创业。三是深入离退休职工及特困职工家庭访贫问苦，给予救济和困难帮助。同时教育离退休职工要用60年代困难时期的艰苦朴素、艰苦创业、克服困难、共渡难关的精神克服战胜当前的困难，从讲政治的高度，遵守国家法律法令，顾全大局，理解政府有难处，理解矿山的困难，共同维护矿山安全团结的政治面貌，为万山经济建设创造一个良好的社会环境。每年各基层工会围绕各自的生产需要和人才培养需要开展职工教育工作，特区总工会也围绕大局和发展需要每年开展职工教育活动，旨在宣传党的理论、思想、政策等精神，提高职工的思想道德素质。

厂务公开　厂务公开是加强职代会制度建设的重要内容，是保证职工参与民主决策、民主管理、民主监督，共同推进企事业改革和发展的一种有效途径。1999年，特区成立厂务公开领导小组，由总工会牵头，各有关部门密切配合，推行企事业单位厂务、校务、院务公开，到2004年底国有企业（除停产的）基本实行了厂务公开，所有的学校、医院实行了校务、院务公开，特区自来水公司被授予市级厂务公开先进单位，特区银河化工厂被授予省级厂务公开先进单位。2005年以后厂务公开便是一项常规性工作，与企业生产紧密结合起来，同时开展。

职工之家　1991年，特区总工会下发了《关于开展先进“职工之家”达标活动的通知》，先后有粮食局工会、工商银行工会、广播电视局工会、高楼坪乡教育工会达标，其中粮食局工会、工商银行工会被地区总工会授予先进“职工之家”，广播电视局工会被省总工会授予“模范职工之家”。到到1992年，全特区建成“职工之家”的基层工会有16个，车间工会49个，县级“先进职工之家”5个，地级“先进职工之家”2个，省级模范职工之家1个；2004年5月，烟草局工会被省总工会授予“模范职工小家”；2005年6月特区总工会对各基层工会创建“职工之家”活动进行了验收，矿区社区管理局工会、医院工会、自来水公司工会荣获地区“先进职工之家”称号，杉木董社区工会获地区“先进职工之家称号”，高楼坪民族中学工会被特区总工会授予“模范职工之家”。2006—2011年间在企事业单位开展“职工之家”创建活动，每年均向省总工会或市总工会上报1家“模范职工之家”。

维权帮扶工作　随着职工队伍结构和就业形式的快速变化，万山特区总工会按照主动、依法、科学维权的新要求，不断完善机制，创新工作载体，营造和谐稳定的劳动关系。一是通过企业工会，在企业加强民主管理和监督工作，完善了厂务公开制度，保护职工群众的知情权、参与权。二是参与12个国有企业的改制过程，依法较好地维护了职工的合法权益。三是组织和开展“情系职工大维权”和“安全生产大督查”活动，维护职工的生命财产安全。四是开展信访接待工作，落实好工会维稳“四个第一人”职责，维护职工年群众权益，维护社会和谐稳定。

按照特区委、政府和上级工会的工作部署，万山特区总工会每年都开展以帮扶困难职工群众为主体的困难职工帮扶活动、“金秋助学”活动和职工技能培训，努力为困难职工办实事、办好事、解难事。1992年对矿区及特直企业职工的生活困难情况进行了调查摸底，建立困难职工登记卡册，实行困难补助。当年总工会挤出资金2000元慰问汞矿特困职工41户，自此以后特区政府、汞矿及各级工会组织每年国庆、元旦和春节都要开展困难职工帮扶和“送温暖”活动，到2005年共慰问困难职工之家庭24950户次，发放慰问补助金193.80万元。特区总工会从2000年开始开展计生帮扶、大病帮扶、助学活动；2004年5月根据省总工会实施“进万家门、知万家情、解万家难、暖万家心”为主题的“送温暖”工程，特区总工会在各机关事业单位开展了“百万职工五月温暖行动”资金募集活动，募集捐款5.18万元，上缴捐款4万元，余下的留作教育基金。就2011年走访慰问和救助困难职工和困难劳模共813户（次），发放困难帮扶金共计26.32万元，救助困难大学生28人，发放助学金4.3万元，培训或帮助职工（农民工）实现就业、再就业519人。截至2011年，万山特区总工会共建立困难职工档案6413户。

再就业培训　1999年对下岗职工进行技能培训，举办厨师、美容美发、电脑、装潢、书法培训班，培训下岗职工124名，落实再就业118名。2004年举办电脑培训班培训下岗职工120名，帮助下岗职工实现再就业261人。2005—2010年间每年组织一批职工（青年职工、女职工、下岗人员）参加省、市总工会的劳动技能培训。2011年在兴隆锰业、万福生态农业有限公司、万顺生态农业有限公司等10多家企业开展职工（农民工）素质提升（普法）培训800余人。

文娱活动　特区总工会、工矿工会利用职工俱乐部和文化中心开展文体活动，1991年贵州汞矿工会组织队伍参加省有色系统职工文艺会演，参演节目分别获得两个二等奖两个三等奖。特区总工会与文化局、民委联合组织参加铜仁地区文艺汇演，获得两个优秀节目奖、两个优秀演员奖。1997年7月，庆香港回归，特区总工会、贵州汞矿工会分别举行了盛大的文艺活动，特区离退休老同志组织腰鼓队、秧歌队到各乡巡回演出，老工人组织龙灯队在春节期间到矿区巡回舞龙灯、跳采茶。通过这些形式多样的文娱活动，丰富职工文化生活，陶冶职工思想情操。每年的元旦、春节、“三八”“五一”“八一”“十一”等节日，工会与团委、体委、妇联等相关部门联合开展一些群众性体育竞赛活动，竞赛项目主要有球类（篮球、乒乓球、羽毛球、门球）、棋类（象棋、围棋、桥牌、扑克牌）、田径、越野跑、钓鱼等，竞赛次数较多的是篮球，参加人数较多的是长跑。

劳模评选工作　万山特区总工会根据上级工会关于开展5年一届的全国、省“五一”劳模推荐评选活动的要求，通过认真组织、摸底调查和评选推荐，1993年1月贵州汞矿张强华被中国有色金属工业总公司授予劳动模范称号；1993年9月万山特区中学刘洪蝉被国家教育部、人事部授予全国优秀教师称号；1995年9月万山特区中学余代华被教育部、人事部授予全国优秀教师称号；1995年12月贵州汞矿吴宗全被贵州省委、省政府授予劳动模范称号；1997年7月，万山特区公安局杨光权被公安部授予1996年度全国优秀人民警察称号；2000年5月，万山特区自来水公司杨政普被贵州省委、省政府授予劳动模范称号；2000年5月，万山特区计生局肖老告被贵州省委、省政府授予先进工作者称号；2000年5月万山特区公安局卢爱萍被贵州省委、省政府授予先进工作者；2005年5月万山特区高楼坪侗族乡杨胜花被贵州省委、省政府授予劳动模范称号；2010年4月万山特区红晶汞业有限公司总工张亚雄获全国劳动模范荣誉称号；2010年5月贵州省万山特区矿产公司吴英莉获贵州省劳动模范荣誉称号；2011年5月贵州康华生态农业有限公司总经理罗康金获“全国五一劳动奖章”荣誉称号。

第二节　共青团　少先队

共青团万山特区委是万山先进青年的群众组织，是特区党委、政府联系青年的桥梁和纽带。1991年以来，万山特区一直没有召开过共青团代表大会。特区党委先后任命韩向阳、杨劲松、刘昌龙、张伶莉、杨慧、石健为团委副书记或书记主持团委工作。2001年机构改革后，核定共青团万山特区委行政编制2人，其中书记或副书记1人，机关后勤服务事业编制1人。1991年有万山镇、高楼坪乡、黄道乡、敖寨乡、下溪乡、特直机关、贵州汞矿、有色地质一队、特区中学9个基层团委，8个团总支，164个团支部，2942名团员。1995年依托党建带团建，重点加强村级团组织建设。1999—2005年团员发展到4850名。其中女团员1313人，基层团委14个，团支部67个。1991—2011年共有团员14850名。

一、青年工作

实施青年星火带头人培训计划。在青年星火带头人培训计划实施前，1991年8月成立共青团业余军校，开展军事培训两期，培训团员60人。1994年制定青年星火带头人培训计划，计划从1994年起到1997年，每年培训农村青年1200人。1994年8月，特区团委组队参加地区"青年星火带头人"农村实用科技知识竞赛获三等奖。1998年敖寨乡团委在金家场村举办"农村青年星火带头人"绿证培训班。2001年在特区党校举办全特区"青年星火带头人"培训班，参加培训青年200余人。

开展"青年文明号"建设。1991——2011年，在粮食、交通、金融、石油、邮政、消防、通讯等系统，开展创建"青年文明号"活动。1995年8月万山特区土坪粮店被团中央命名为"青年文明号"单位。1998年5月，特区团委与金融系统创建领导小组联合命名授予人行、工行解放街储蓄所、工行营业部"青年文明号"。2002年由特区团委、万山镇、文明办联合组织开展创建"青年文明一条街"游行活动。截止2011年全特区共25家单位成功申报"青年文明号"。

实施"希望工程" 1998年万山特区"希望工程"正式启动，成立了领导小组，对成员单位进行理论培训，随后开展劝募筹集资金救助孤儿、贫困学生活动。2002年特区团委联系自办企业的残疾女青年毛灵敏结对救助敖寨中心完小两名孤儿和万山镇小学两名贫困学生直到小学毕业。2003年特区团委、宣传部、文明办联合下发《爱心助学工程试点工作实施意见》，筹集资金4339元，资助39名贫困学生。2004年筹集资金5000多元，资助51名贫困学生。1999年，特区团委刘昌龙被授予贵州省"希望工程贡献奖"，刘先文、娄玲、龙永德被授予地区"希望工程贡献奖"，特区团委劝募站被授予特区"希望工程攻坚奖"，机关团委劝募分站被授予特区"希望工程攻坚奖"。潘进等13名同志被授予特区"希望工程贡献奖"和"希望工程爱心奖"。

2009年，募集资金达47万元，帮助92名山区贫困孩子圆了大学梦，举办了2期希望小学教师培训班。截至2011年，累计争取希望工程项目10个，资金346万元，其中：希望小学8所，爱心食堂2所，乡镇覆盖率达77.8%，地方政府配套资金777万余元。

青年志愿者学雷锋活动。1994年3月5日，特区团委组织机关青年、学生、武警战士700余人，开展"学雷锋、树新风"活动，到城区街道、农贸市场、汽车站等处扫地、清除垃圾、整理环境卫生。2000年3月17日，组织机关、学校及乡镇部分团员青年100余人到青年湖义务植树造林，绿化湖区环境。2002年3月5日，一些青年志愿者到敬老院慰问孤寡老人。2003年在实施青年志愿者助残和为老年服务金暉行动中，广泛开展"雷锋精神进万家、服务社会见雷锋"活动，吴克柱等8名青年志愿者表现突出，被评为优秀志愿者，受到特区团委表彰。2004年3月5日，特区团委组织200余名青年志愿者响应上级提出 以"保护母亲河、创卫生文明城市"为主题，开展对万山民族宾馆麻音塘周围进行一次彻底清除白色垃圾活动。2005年在"青年志愿者学雷锋"活动中，特区团委对舒叶等7名优秀青年志愿者予以表彰。2007年3月11日，特区团委与妇联、工会组成志愿服务团队，到土坪社区看望慰问孤寡老人。2009年3月5日，特区团委与教育局、学校举办"学习雷锋·好榜样"演讲比赛。2010年，左艳等11名青年志愿者在"传承雷锋精神关爱空巢老人"活动中表现突出，受到特区团委表彰。

举行各种纪念活动。特区团委在每年的"五四""九一八""一二九"等纪念日都举行系列纪念活动。1994年5月4日，召开全特区纪念“五·四”青年节暨表彰优秀团员、团干、优秀少先队员、辅导员大会。1995年5月4日，组织机关62名青年团员赴芷江凯旋门接受爱国主义教育，并与芷江县团委联欢。1999年5月4日，团委与宣传部联合在特区法院会议室举行“五·四”运动八十周年纪念大会，特区党委书记到会作了重要讲话。2001年5月4日，为纪念“五·四”运动八十二周年，团委组织开展以“党在我心中”为主体的文娱、体育知识竞赛活动。2003年5月4日在纪念“五·四”之际，特区团委对8名优秀青年志愿者、13名优秀团员、9名优秀团干进行表彰；12月8日，为纪念“一二·九”爱国学生运动68周年，在民族宾馆举行“青春杯”卡拉OK歌手大奖赛。2004年5月4日，特区团委与教育、文化广播联合举办纪念“五·四”运动八十五周年文艺汇演。高楼坪民族中学短歌剧《刘三姐》获一等奖。2005年9月18日，团委与人武部、妇联、万山镇联合举行以“勿忘国耻、强我国防”为主题的纪念“九·一八”万人签字活动。2006年12月9日，为纪念“一二·九”运动71周年，全特区600余名新团员在团旗下举行了入团宣誓，并对优秀团支部、优秀团员进行了表彰。2008年9月1日，团委与宣传部、教育局、妇联等在全特区开展了“祖国好·家乡美”主题实践“六个一”活动（即唱一首红歌献给党；写一篇文章歌颂祖国；写一封信感谢父母；为班级做一件实事；为他人做一件好事；为自己写一句励志名言）。2011年12月4日，特区团委与公、检、法、司等10余家单位以全国法制宣传日为契机，利用赶集日在万山镇开展了“青少年法制教育”集中宣传。

二、少先队工作

少先队工作主要以“星星火炬代代相传”为主题，在全特区各小学开展“校园拒绝邪教”签名，“争做文明小使者，倡导现代文明新风尚”，创建“无毒学校”“文明校园、文明班级、文明师生”活动。2001年在实施“中国少年雏鹰行动中”，把“手拉手”互助不断引向深入，组织开展向贫困学生献爱心、送戏下乡等活动。为培养少年儿童的科技想象力和创新实践能力，建立少年儿童兴趣小组课外科技活动室，开展“争当科技小能手”“少年儿童手抄报”活动，激发少年儿童学科学爱科学的兴趣。同时设立“少年儿童维权信箱”，为少年儿童解答疑难问题，切实维护少年儿童的各项合法权益；6月1日，团委与妇联联合表彰优秀少先队员10名，优秀少先队辅导员1名，优秀保育员两名，乖娃娃8名。2002年4月4日，万山镇小学在特区烈士陵园开展“不忘英雄壮举，缅怀革命烈士，继承前辈遗志”的扫墓行动，万湖公路沿线小学在万湖公路开展“红领巾爱路护路”活动，暑假期间团委组织部分少先队员参加少年军事夏令营，接受军事训练和国防知识教育。2003年6月1日，团委、妇联、教育局分别到四乡一镇小学进行节日慰问；同年万山镇二小五（1）中队被评为全省“优秀少先队中队”，镇小严莉老师被评为地区“十佳少先队辅导员”，冲脚小学杨欣被评为“十佳少先队员”。2004年5月31日，团委、宣传部、教育局、关工委、妇联、文广局联合举办“我做文明小公民”演讲比赛，镇小郭琰获小学组冠军。同时团委组织镇小、二小举行“同一片蓝天下、手拉手共同成长”活动，城镇儿童与进城务工子女结对188对。2005年在开展“中国少年雏鹰行动”中举办体验教育夏令营和“新世纪我能行”教育，对提高少先队员综合素质取得一定成效，敖寨中心完小少先队被评为全省“红旗大队”，特区二小“雷锋中队”及镇小五（1）中队被评为全省“少先队特色大队”。2007年万山镇完全小学盛莉被评为全省“优秀少先队辅导员”，冲脚小学四（1）中队、下溪中心完小五（1）中队被评为全省“优秀少先队集体”。2010年茶店中心完全小学吴蕊同学被评为“贵州省优秀少先队员”。2011年万山镇小“洪峰中队”在全国“星星火炬杯”少先队活动课说课展示课中获得三等奖。

第三节　妇女联合会

一、代表大会

万山特区第四次妇女代表大会于1993年11月17—18日在万山召开。出席本次大会代表92人，其中：妇女专职干部8人；农民代表47人；工人代表5人；专业户能手4人；党员32人；五好家庭代表5人。大会听取和审议了张社芬代表第三届执行委员会作题为《解放思想，开拓进取，为万山振兴展示女性风采》的工作报告。大会选举产生万山特区妇女联合会第四届执行委员会委员26人，常务委员9人，张社芬为主席。

万山特区第五次妇女代表大会于2000年11月27—28日在特区法院会议室召开。出席大会代表100人，伍志仙代表上一届执行委员会作题为《团结动员全特区广大妇女为实现富民兴万宏伟目标而努力奋斗》的报告。大会选举产生万山特区第五届妇女联合会执行委员：伍志仙、陈红梅、罗水平、廖明慧、张剑松、张秀芬、方德英、马丽英、罗彩兰等9人为常务委员，伍志仙为主席。

中国共产党万山特区委员会特干任〔2005〕10号文件，陈黎试用期满合格，经2005年5月25日特区党委常委会议讨论决定：陈黎任命为万山特区第六届妇女联合会主席。任职时间从2004年3月算起。

二、组织建设

万山特区妇联依照《中华人民共和国妇女联合会章程》，代表妇女参加国家和社会事业的民主管理、民主监督，促进妇女参政议政，维护妇女儿童的合法权益。1991年特区妇联在编工作人员3人。2001年12月机构改革，明确行政编制2人，其中主席或副主席1名，机关后勤服务事业编制1名，在编3人。2011年年底，全特区女性人口31921人，有四乡一镇妇联组织5个，特直机关妇（工）委会27个，村、社区妇代会84个。副科级以上妇女干部34人，其中副县级以上2人，党代会、人代会、政协，均有一定比例的妇女代表或政协委员参加会议，充分发挥妇女参政议政的作用。

三、妇联工作

（一）维护妇女儿童合法权益

1991年以来，妇联组织为维护妇女儿童合法权益，先后制定了1993—2000年《万山特区妇女发展规划》及《万山特区儿童发展纲要》，2002年制定了《万山特区2001—2010年妇女儿童发展规划》。积极协同人大、政协对维护妇女儿童合法权益贯彻落实情况进行督查，重视解决下岗女工再就业、家庭暴力和失学辍学儿童复学等问题。在实施“春蕾计划”过程中，先后帮助14名因贫困失学辍学女童重返校园。配合公安机关开展打击拐卖妇女儿童的犯罪活动，解救了被拐卖妇女儿童49人，查处多起严重侵犯妇女儿童合法权益案件。建立妇女帮教、妇女禁赌禁毒协会等群众组织，积极开展妇女教育和禁赌禁毒宣传活动，为维护社会稳定和促进家庭和睦发挥了重要作用。2006—2011年间，充分发挥维权机制，万山特区妇女儿童联席会议制度，开通了万山特区妇女维权热线1238，在各乡镇建立了基层妇女儿童维权服务站，利用法律援助中心等渠道，为广大妇女儿童提供多形式的维权服务。6年来，接待妇女来信来访162

起，受理162起。其中婚姻家庭类102件，人身权益类31件，法律援助29件，使妇女和儿童的合法权益得到有效保护。

（二）三大主体活动

一是围绕提高妇女实用技术能力和文化知识，深入开展“双学双比” 活动。1995年以来举办农村各种实用技术培训班96期，培训妇女13000余人次，其中，1857名妇女掌握了一至两门实用技术，723人妇女获得“绿色证书”，105人妇女获得农民技术员职秤。1998年举办了扫盲培训班和文化提高班，发放资料1200余份，培训妇女580人，其中脱盲221人。

二是实施“巾帼扶贫”行动，建立扶贫联系点35个，联系250户。采取提供信息、争取项目、协调资金等形式帮助贫困农户发展生产，利用5181世界粮食援助项目为农村妇女提供贷款4.6万元，帮助农户发展经果林98.1824万公顷。培训下岗失业妇女682人，帮助再就业妇女469人。2005年组织145人，农村贫困妇女分两批到铜仁职院参加农民贫困妇女劳动力转移就业培训，受培训妇女获得结业证后，分别被输送到北京、上海、广东、江浙等地打工就业。2006—2011年间，又先后举办各类科级培训班45期，培训4531人次，其中妇女3922人次，有90%以上妇女掌握了两门以上的实用技术。

三是广泛开展“五好文明家庭”创建活动。1995—2005年，全特区共评出“五好文明家庭”326户，“三八红旗手”364名，“双学双比” 女能手103人，优秀妇女干部17名， “三八红旗”集体4个，“巾帼建功”文明示范15个，“巾帼标兵”19人。受地区表彰32人，受省妇联表彰8人。2006—2011年在全特区妇女中，又产生“双学双比”女能手45名，“三八”红旗手35名，“女能手”73名，“五好家庭”46名，“巾帼标兵”20名。

四、献爱心送温暖

2000年，妇联开展“送温暖献爱心”活动，募集捐款2000多元，购买一些生活用品及食品，送到高楼坪、敖寨、下溪三个乡敬老院，慰问鳏寡孤独老人。2002年11月组织老年大学文艺队及科技卫生技术人员42人，组成“心连心”慰问团，深入到乡镇福利院巡回演出6场。2003年开展“改陋习，树新风”活动、以宣传“母亲健康快车”为主题意义的活动、组织医务人员到乡镇开展义诊活动、发放宣传资料2000余份，义诊农村妇女342人。2005年11月邀请省妇幼保健站的专家到万山，对18—59岁的女性进行乳腺疾病普查，受查妇女1000余人。2006—2011年，特区妇联在各乡镇先后举办了农村妇女适用技术培训班、农村劳动力转移阳垅工程（妇女）培训班52场次，围绕种植、养殖、妇女卫生保健、妇女权益保障法、家庭教育等培训妇女5863人次，发放各种资料3万余份，帮助农村妇女提高综合素质和创业发展能力，更好地投身新农村建设。

儿童工作，特区妇联以“三八”维权周、综治宣传月、“6・26”“9・29”“12・1”“12・4”等节日为契机，组织相关部门，利用乡镇赶集日，开展以构建和谐、创建平安为目的的“维权”、“禁毒”“预防艾滋病”、“整脏治乱”、“节能减排”等大型宣传活动，通过发放环保手提袋、宣传手册、有奖答题、现场咨询、举办培训班等多种形式，大力宣传男女平等基本政策、《家庭暴力维权》《毒品危害知识》《人口与计划生育法》《妇女权益保障法》《艾滋病预防基本知识手册》《妇女儿童权益保障法》《未成年人保护法》等各类法律法规知识、发放各种资料5万余份，接受咨询的群众达3万多人次。特区妇联与特区关工委、教育局紧紧围绕社会主义荣辱观的基本要求，以开办家长学校为平台，以提高儿童的思想道德水平为目标，以“知荣辱、树新风、促进和谐”为主题，到各中、小学举办了家长学校培训班78期，开展了社会主义荣辱观教育报告会19期，为儿童的健康成长创造了良好的社会氛围。利用春节、“三八”、中秋等节日机会，在全特区范围内开展慰问老妇干、贫困妇女、留守儿童献爱心活动。期间，共慰问老妇干146人次，贫困妇女139人次，留守（流动）、残疾儿童3325人次，送去慰问品及慰问金共计24.5万元，有132名爱心家长与贫困儿童结对帮扶，在各乡村皆建有农民留守家属综合服务体系和儿童留守服务站。

第四节　科学技术协会

组织机构

内设办公室。行政编制3名，其中，主席1名，副主席1名，办公室主任1名，参照国家公务员编制。2004年8月，万山特区试行机构改革，万山特区科学技术协会与万山特区科学技术局合署办公，实行一个机构两块牌子。2010年11月万山特区科学技术协会独立办公。

一、代表大会

万山特区科学技术协会第二次代表大会于1991年7月18—19日在特区法院会议室召开。出席大会代表83人。大会听取胡显忠代表第一届委员会作题为《深化科学改革，搞好科技兴农，为加快特区科学技术事业发展的步伐而奋斗》的工作报告。大会选举万山特区科学技术协会第二届委员会委员17名，常务委员11名，胡显忠为主席。至2005年没有召开过代表大会。1993年6月调马琛生任科协副主席；1998年3月调刘平（小）任副主席：2001年11月调安尊辉任主席；2002年7月班子调整，调刘平（大）任主席；张军任副主席。2007年9月调王世俊任副主席；2010年8月至2010年11月调陈红梅为副主席；2010年11月至2011年12月任命陈红梅为主席。

二、科学技术工作

万山特区科学技术协会，系组织全特区科技工作者开展学术交流，普及科技知识，反映科技工作者意见和要求，维护其合法权益的群众组织。

1991年有万山镇、高楼坪、黄道、下溪、敖寨和贵州汞矿、有色地质一队7个基层科协组织，同时建有教育、医学、林学、水电、气象、畜牧水产、土木建筑工程和养兔9个学会，还有青少年科普辅导员协会、集邮协会和养猪研究会。各种协会、学会、研究会会员432人。1996年开展农村基层组织建设时，在44个行政村建立科普小组。为增强万山农民科技致富能力。2006年邀请省、地专家到万山进行技术指导服务、指导科技工作。2007年，邀请省“九三学社”专家到万山为全特区医务工作人员讲学。2009年先后举办了《枣树栽培管理及病虫害防治技术》《生猪育肥技术》《枣树育苗管理技术》等培训班，组织返乡农民工进行再就业技术培训。2010年邀请贵州大学化工学院、农学院、生命科学院及省科技厅的资深专家一行10人来万山特区对含钾岩石分布、贮量进行考察，采集样品进行化验分析，为万山含钾岩石综合开发利用做好前期调研工作，提供技术支撑和科学依据。邀请民革省委和贵州大学农学院专家前来万山特区开展智力支边扶贫活动，向125户果农传授果树管理及病虫害防治技术。2011年组织黄道乡高山葡萄产业协会前往湖南芷江县大树坳乡思乐村半坡田组学习高山葡萄栽培技术。为了充分发挥区内现有科普协会的作用，开展全民科学普及工作，增强全特区人民科学素质水平。2005年利用科普橱窗举办科普图片展览12次，展出图片200多幅；大型图片展2次，展出图片380多幅。2006年利用科普橱窗12次，展出科普片200余幅，参观人数20000多人次。播放科普影视节目5场，观众达8000多人次；2008年、2009

年先后播放科普影视节目共12场，观看群众受到科技致富教育；在2010年、2011年分别在高楼坪乡青年湖村、老山口居委会、黄家寨等处修建科普宣传栏，书写宣传科普知识的大型标语条幅。

充分发挥原有各类协会的积极作用，在2005年新成立万山特区养猪产业协会；2007年成立了高楼坪乡蜜枣产业协会；2008年成立万山特区农村沼气后续服务协会。

万山特区科协积极争取省、地上级科协的支持，2008年推荐罗康金为:“农村科普带头人”，获财政部科普惠农兴村机构批准，为“农村科普带头人”；2009年推荐万山特区养猪产业协会申报中国科协，财政部“科普惠农兴村计划”，该项目在中国科协立项并获得项目经费20万元；2010年申报中国科协、财政部科普惠农兴村计划项目2项，立项1项，申报贵州省科协技术扶贫项目1项。

2005年完成修建万山特区科技综合大楼建设前期筹备工作，2006年正式开工，工程面积621公顷，单价850元/公顷，工程总造价为52.785万元，2007年工程完工。

组织万山特区青少年积极参加省、地科协举办的青少年科技创新大赛：

2007年组织全特区青少年参加铜仁地区青少年科技创新大赛。

2009年万山科协和万山教育局等单位组织学校青少年参加铜仁地区举办的第三届全特区青少年科技创新大赛，并有2件作品获奖。敖寨乡中心完小青年教师刘元良、蒲阳帝制作的“导体绝缘体演示板”参加贵州省第25届青少年科技创新大赛，并荣获二等奖。

2011年举办万山特区首届“青少年科技创新大赛”，全特区23所中小学学生参入，共征集参赛作品133项，评选出一等奖4项，二等奖8项，三等奖12项，优秀奖14项，鼓励奖35项；评选出优秀科技辅导员3名，优秀组织单位2个，对获奖个人和单位进行表彰，并选送优秀作品参加铜仁地区青少年科技创新大赛。对全特区科技战线上的先进个人和先进集体进行表彰。对在科技工作中作出突出贡献的20名学会会员、4个先进集体进行了表彰和奖励。在2011年召开全特区科协暨“科技普及进村”工作会议，对荣获“全国科普惠农兴村计划”、农村科技带头人刘金友进行表彰。

第五节　文学艺术界联合会

万山特区文学艺术界联合会是中国共产党领导下的人民团体，是党和政府联系万山特区文艺家和广大文艺工作者的桥梁和纽带，是万山特区各文学艺术家协会、各文艺社团的联合组织。2001年12月，党政机关机构改革方案明确万山特区文学艺术界联合会由特区委宣传部代管。

一、组织机构

1989年核定行政编制3人，1996年机构改革，核定为事业机构定编1人，2001年12月明确文联由宣传部代管与之合署办公，仍为正科级建制，核定事业编制2人，其中主席或副主席1名。2009年3月，列入参照《中华人民共和国公务员法》管理范围。

万山特区文学艺术界联合会代表大会于1988年10月19日召开，第一次代表大会，选举杨通林为文联主席。自此以后至2005年一直没有召开过代表大会，文联领导由特区党委任命。1995年8月调韩向阳任文学艺术界联合会主席，1998年调罗明任主席，1999年4月由宣传部长罗洪信兼任主席，2002年1月任命刘泽坤为副主席，2003年调田必刚任主席。万山特区文学艺术界联合会第二次代表大会于2007年9月28

日召开，大会选举刘泽坤为文学艺术界联合会主席，刘远会、吴华、吴克拄为副主席。

二、文联工作

万山特区文学艺术界联合会成立时，建立了文学协会、音乐舞蹈协会、摄影协会、美术书法协会。1995年6月成立新闻工作协会，2003年6月在组建“万山红艺术团”时对文学艺术协会进行调整。调整后的协会有：作家协会、书画协会、音乐协会、摄影协会、诗词楹联协会、民间文艺协会、戏剧曲艺协会。

文联成立后，编辑整理了《丹砂》、《民间故事集成万山卷》。2001年文学刊物《万山红》创刊，2009年诗歌年刊《汞都风》创刊。2002年话剧小品《好事巧说》获湘鄂黔渝边区小品大赛三等奖，摄影作品《春到山寨》获地区首届文艺奖三等奖。2004年6人次书画作品获全国“群星奖”贵州首届行草书优秀奖。区文学、摄影协会几年来共在全国、省、地级以上报纸杂志发表各类体裁文学、摄影作品1500篇。2005年成功举办了铜仁地区首届十次老年书画联展、2006年举办了“特区辉煌40年、艺术名家万山行”等规模宏大的系列文艺活动，2011年顺利举办了铜仁地区二届十次老年书画联展，吸引了周边地市县及特区200多名艺术家参与，共展出399件精品佳作。

第六节　残疾人联合会

万山特区残疾人联合会（以下简秤万山残联）成立于1990年9月，1998年从民政局单列出来属于参公管理单位，独立办公，内设机构有办公室、康复指导站。有工作人员6人，其中理事长1人、副理事长1人，办公室负责人1人，康复指导站站长1人，工勤人员1人。

万山特区残联是全特区各类别残疾人的统一合法组织，及残疾人事业的专门工作机构。具有“代表、服务、管理”职能：代表残疾人共同利益，维护残疾人的合法权益；开展各项业务活动，直接为残疾人服务；承担政府委托的部分行政职能，发展和管理残疾人事业。承担政府残疾人工作委员会的日常工作，做好综合、组织、协调和服务；指导和管理残疾人群众组织；承担政府交办的其他工作。

一、代表大会

万山特区残疾人联合会第一次代表大会于1990年9月7—8日在万山特区粮食局会议室召开。出席会议代表58人，其中残疾人代表32人，代表全特区3248名残疾人员。民政局局长杨培元代表筹备组作题为《坚持改革，艰苦奋斗，为发展我区残疾人事业而努力》的工作报告。制定了会章和实施细则，大会选举主席团成员23人，许伟忠为主席，杨培元、杨琼（残疾人）、徐勇（残疾人）、姚本元（残疾人）为副主席，杨琼为执行理事会理事长。1996年7月任命杨汉丰为执行理事会副理事长，1998年4月任命张著贵为理事长。2000年11月27日召开万山特区残疾人联合会第二次代表大会，出席本次会议代表55人，特邀代表37人。张著贵代表上届理事会作题为《抓机遇、迎挑战、勤工作，为我区残疾事业的持续发展而奋斗》的工作报告。大会选举石敦富为联合会主席团主席，张著贵、吴泽军为副主席，张著贵为第二届执行理事会理事长。2001年10月调姚清任副理事长，2005年8月调杨仁兴任理事长。

二、残疾工作

残疾人统计与残疾证发放，1991年统计全特区有各类残疾人3248人。2005年有4221人：其中肢残2459人；语言残疾317人；精神残疾124人；视力残疾2521人；听力残疾111人；智力残疾131人；多重残疾621人。1991—2005年共办理残疾人证927人；残疾人个体营业21个。

2006—2011年，万山特区残联着重做好残疾人康复、就业、教育、宣传文体、扶贫解困和残疾人维权等工作。

康复工作　1991—2005年，采用人工晶体植入术实施白内障复明手术265例，先后选送14名聋儿及其家长参加聋儿康复培训，为贫困残疾人免费取型安装假肢15人。发放残疾人助残康复用品651件，为部分残疾人解除了生活不便的痛苦。2006—2011年，万山特区残联把残疾人康复工作作为残联工作的重中之重来抓。广泛开展白内障筛查工作，先后共有白内障患者423名，进行术前筛选，为143名实施了复明手术，为91名提供了免费手术，为43名减免了部分手术费，完成低视力患者配用助视器9名；为9名贫困患者配用了助听器，2名聋儿得到聋儿听力语言康复训练，聋儿家长培训了5名；肢体残疾康复训练了4名，收到了良好效果；盲人定向行走训练了6名；完智力儿童康复训练3名，家长一名；供应残疾人用品用具117件，矫形器装配2件，装配假肢2例，辅助器具配发24例。

就业工作　1990—2005年以集中和分散的形式共安排258名残疾人就业，35名残疾人在残联的指导和帮助下自谋到合适自已的职业。2000年6月建立万山特区残疾人福利高能活性煤厂，接受3名残疾人到该厂工作。2004年由残联联系推荐一名语言残疾人到福建莆田一包装厂就业。2006—2011年，万山特区残联注重推动残疾人就业的多元化和多样化，帮助更多有劳动能力和有就业愿望的残疾人实现就业。共开展了6次残疾人创业就业相关培训，培训1468人次，帮助残疾人就业92人。实现残疾人相对集中就业，至2011年，已累计建立残疾人扶贫基地5个，集中安置了14名残疾人就业。

教育工作　2011年年底万山残联对适龄残疾儿童少年入学情况进行调查统计，调查出适龄入学人数36人，其中已入学27人，入学率达到75%，未入学9人均为重度残疾，比例为25%，年内10名重度残疾儿童开展送教上门服务。参加高考残疾考生2人，1名考生大专院校录取。

宣传文体　市级刊物共刊发残疾人工作新闻报道7篇，电视台播发新闻报道1条，制作专题片1部。认真组织开展了“爱耳日”“全国助残日”等活动。

扶贫解困　万山特区有相当部分残疾人分布于农村边远山区，温饱问题尚未解决。残联针对这种状况制定了残疾人扶贫规划，采取有的放矢，帮助落实贷款，发展养殖业、种植业，收到了良好的效果，到2005年年底有312户残疾人家庭脱贫致富。2006—2011年，万山残联共走访慰问贫困残疾人67户，并送上了相应慰问金和慰问品；完成低保残疾人生活救助金的发放工作，为59人发放生活救助金；实施农村贫困残疾人安居工程，改善贫困残疾人居住条件，共完成83户危房改造；帮助20名残疾人入学，发放书本费和部分生活费；扶持26户残疾人创业发展。

第七节　工商业联合会

一、组织机构

1992年4月24日万山特区工商联成立时，明确挂靠统战部，核定事业编制2人，其中主任委员或副主任委员1人，秘书长1人。2001年12月机构改革，明确为行政编制，定编2人，其中主任委员1人，秘书长1名。工商联工作机构建立后，1994年5月制定了万山特区同业公会、行业协会章程，决定建立乡镇工商联分会和同业公会，与此同时组建了万山特区运输同业公会，同年11月19日，下溪乡工商联分会成立，有会员34人。12月3日，高楼坪乡工商联分会成立，有会员47人，12月6日万山特区朱砂水银行业分会成立，1995年10月20日万山镇工商联分会成立，同时组建了敖寨乡、黄道乡工商联分会班子，开展非公有制经济联系工作，到2001年10月20日、22日才分别召开会员代表大会，标志黄道、敖寨两个乡工商联分会正式成立。至2005年年底，全特区有乡镇工商联分会5个，同业公会3个，会员225人。

2006年6月，在省工商联的支持下，成立了贵州省汞行业商会；2011年7月，成立了四坑街道商会，探索街道商会管理模式；在各乡镇先后成立了下溪、高搂坪、万山镇、敖寨、黄道基层商会，实现了基层商会全覆盖。

二、代表大会

1992年4月24日，在万山特区政府会议室召开万山特区工商业联合会第一届会员代表大会，参会代表60名，大会选举产生第一届执委会委员23名，常务委员9名，主任委员（会长）周勇，副会长刘元龙、刘爱秀、禹济南、康瑞华，秘书长吴华。

1997年5月16—17日，在万山特区行政中心7楼一会议室，召开万山特区工商业联合会第二届会员代表大会，参会代表50名，曾东升代表第一届执行委员会作题为《积极发挥优势，切实履行职能，为促进我区非公有制经济发展服务》的工作报告。大会选举产生第二届执委会委员21名，刘元龙等9人为常务委员，曾东升主任委员，吴泽云为副主任委员，吴志明为秘书长；吴泽云为商会会长，曾东升等5人为副会长。

2001年11月9日在万山行政中心七搂一会议室召开万山特区工商业联合会（商会）第三次代表大会，参会代表53人。周勇代表上届工商联（商会）作工作报告。大会选举工商联（商会）第三届执行委员会委员21人，常务委员9人。周勇为主任委员（会长），刘元龙、刘爱秀、禹济南、康瑞华为副会长，吴华为秘书长。2004年9月10日工商联常委会研究，对三届执委会委员、常务委员、副会长进行调整，6人不再担任委员，两人不再担任常务委员，一人不再担任副会长。增补委员6名、常务委员2名，增补蒲元光、吴泽云、吴斌为副会长。2005年3月25日，建立万山特区工商联（商会）会员维权委员会，周勇为主任委员。同年8月党委决定，免去周勇工商联（商会）主任委员（会长）职务，任命禹丽华（女）为主任委员（会长）。

2006年7月31日，在万山特区行政中心7楼一会议室，召开万山特区工商业联合会（商会）第四届代表大会，参会代表55名，大会选举产生第四届工商联（商会）执委会委员35名，执委会常委17名，主任委员（会长）禹丽华（女）、副主任委员刘双源、副会长万素玉（女）、刘双源、刘琰、吴泽云、沈忠德、康瑞华、蒲元光，秘书长吴华。

2011年9月28日，在万山特区行政中心7楼一会议室，召开万山特区工商业联合会（商会）第五届代表大会，参会代表70名，大会选举产生第五届工商联（商会）执委会委员39名，执委会常委19名，主席（会长）禹丽华（女）、副主席刘琰；副会长王永尚、张炜军、刘琰、吴泽云、沈忠德、杨军、蒲元光、朱集帅、腾德意、熊加山、黄平、吴斌，秘书长刘琰。

三、工商联工作

工商联是党委联系非公有制经济的桥梁和政府管理非公有制经济的助手，赋有团结、帮助、引导和教育广大会员爱国、敬业、守法，切实维护他们合法权益的职责。

非公有制经济发展，1992年8月12日，组织召开发展非公有制经济研讨座谈会，非公有制经济代表人士提出，政府在发展非公有制经济方面，要解放思想，放宽政策，多给出路，多开绿灯，发挥国营、集体、私营各自优势，推进全特区非公有制经济发展。1993年4月16日一届三次执委会决定建立健全非公有制经济人士联系制度，同年8月配合特区政协对非公有制经济的发展和各种税费负担情况进行调研，向党委、政府如实报告了非公有制经济负担过重的问题。随后特区政府根据调研报告出台了《关于加快我区个体私营经济发展的意见》有力促进非公有制经济发展。1995年1月20日，特区党委在四楼会议室召开全特区第一次非公有制表彰大会，表彰了万山特区矿产公司等5个非公有制经济先进集体和龙凤云等15名非公制经济先进个人。1996年对特区个体私营经济税费情况进行调查，并将调查情况向党委、政府作了汇报。同年10月协助康瑞华论证和筹建助剂化工厂。1997年，省政府授予龙凤云“先进个体劳动者”称号。1998年制定了《1998—2000年非公有制发展规划》。1999年副会长刘元龙撰写的《当前非公有制经济经营者与管理者存在的问题与解决措施》调查报告被地区非公办评为三等奖，并参加了地区在印江召开的非公有制经济理论研讨会。2000年3月商会会长吴泽云随同特区考察团到湖南、山东等地考察非公有制经济发展情况，提出了如何为发展非公有制经济服务问题，之后特区政府作出了《关于进一步优化投资环境，做好招商引资工作，促进特区经济发展的若干规定》。2001年6月对全特区非公有制经济发展现状进行一次调查研究，8月对助剂化工厂进行调研，拟写了《外拓市场、内抓管理》的调研报告。2002年组织会员企业法人代表赴武汉、上海等地参加“1.15” 经贸洽谈活动。2003年，帮助剂化工厂申报“全国汞产品定点生产企业” ，协调汞进口配额指标50吨。2004年牵头抓了汞化工基地建设和汞业管理委员会的组建工作，完成汞业管理委员会规章制度建设。同年2月10日，特区助剂化工厂厂长万素玉、恒兴铁合金厂厂长谭少波、兄弟酒家经理何跃被地委统战部、地区工商联授予2003年度“优秀中国特色社会主义事业建设者” 荣誉称号。

万山非公有制经济1993年统计个体工商户1008户，从业人员1388人，注册资金156.95万元；私营企业6户，从业人员52人，注册资金44万元，上缴税金44.8万元。2005年有个体工商户1088户，注册资金1700万元，从业人员1304人；私营企业61户，注册资金4690万元，从业人816人，上缴税金3480万元。2011年有个体工商户1979户，从业人员2511人，注册资金6092万元，私营企业78户，从业人员830人，注册资金26043元。

维护合法权益　维护个体工商户和私营企业合法权益是工商联的工作职责。1994年10月17日，三轮摩托车驾驶员集体反映收费过重的问题，工商联及时与相关部门协商，降低了收费标准。1996年5月仿古家具厂，因内部经营发生矛盾，反映到法院而被封存。工商联既向法院提出申诉，使得法院无条件解除封存。1999年协调解决三轮摩托车车主集体上访事件，把每辆三轮摩托车年交费800元降至200元。2000年2月个体工商户吴某反映工商局收费不合理问题，即办证收取工本费50元、ＩＣ卡150元、书报费38元、贴花4元、会员证5元、资料费1元，共计248元。经核实工商局收费标准，确实属于多收，超出规定标准部分，责令退还个体户。同年5月工商联主委与纠风办到肉联厂了解经营情况时，接到反映工商局等部门经常以种种原因罚款，并且不开发票，不打条子。事后纠风办及时进行调查处理。2004年接待会员和非公有制经济人士来访85人次，受理侵权投诉案件8件，处理8件。协调解决黄道乡工商联分会反映的税务代理收费、供电收费不合理问题，处理集体上访事件一起。

推动光彩事业　1993年11月，非公有制经济人士（商会会员）吴泽云捐资2000元给高楼坪长坳村50多户农户购买种子，发展10亩药材种植示范地。1995年5月成立光彩事业推动委员会，工商联主委及吴泽云列为推动委员会成员。当年7月万山遭受洪灾，非公有制经济人士筹集募捐1084元交特区募捐办支援受灾群众，同时高楼坪乡工商联分会与朱砂水银同业公会会员募捐1350元支援下溪工商联分会9户受灾会员。1997年光彩事业统计，参与抗洪赈灾活动会员252人，捐款2261元，并决定筹集资金1万元解决一名贫困学生从初中到中专毕业的学费问题。2002年光彩事业捐款捐物折币5000元用于贫困地区教育和农村公益事业建设。2003年商会光彩事业累计捐款1.43万元，其中向“灾区献爱心”捐资4300元，用于其他公益性事业建设5000元。2005年恒兴铁合金厂谭少波、矿产公司吴泽云荣获贵州省铜仁地区光彩事业“优秀奖”。2007年万山特区慈善总会成立，企业家为公益基金捐款33万元；2008年企业家为汶川地震灾区捐款22万元、为凝冻灾捐款20万元；2010年和泰茶业有限公司、矿产公司、银星汞业固废回收公司、红晶汞业有限公司、商会为全省“9.15” 旅发大会活动赞助30万元；2011年和泰茶业有限公司为“爱心午餐”项目赞助7万元。据不完全统计，自1992—2011年各类捐资达500余万元，彰显了非公人士致富思源，回馈社会的大爱情怀。

第八节　计划生育协会

一、组织机构

万山特区计划生育协会成立于1991年11月13日，是在特区党委、政府领导下，地区计划生育协会指导下，为计划生育事业服务，促进社会主义现代化建设的全特区性群众团体。挂靠在特区人口计生业务主管部门。2008年7月，明确万山特区计划生育协会单列为正科级单位，为中共万山特区委领导下的群众团体组织，由万山特区人口和计划生育局党组代管；内设办公室、综合股；总编制4人，其中领导职数2名，常务副会长1名（正科级），副会长1名。2009年8月，规范万山特区计划生育协会领导职务秤谓为执行副会长1名（正科级），专职副会长1名（副科级）；2010年1月，计生协会列入参照公务员法管理范围。1991年，万山特区下辖5个乡（镇）及贵州汞矿计划生育协会相继成立。1995年，各村级计划生育协会相继成立，由特区计生协会进行规范化管理。协会任职人员由协会代表大会产生，必要时由党委进行适当调整任命。

二、主要职责：

贯彻落实国家人口与计划生育政策、法律法规，动员和组织广大群众自觉实行计划生育；协助党委、政府做好计划生育工作，监督政府及其工作人员依法行政，维护群众利益，密切政府与人民群众的联系；反映群众在计划生育、生殖健康等方面的诉求，履行民主参与、民主监督职能，举报违法违纪行为，维护妇女和儿童的权益；参与计划生育村（居）民自治工作，带动广大群众实行自我教育、自我管理、自我服务、自我监督，弘扬社会主义先进婚育文化；落实计划生育优生优惠政策，开展计划生育贫困家庭救助活动，搞好计划生育“三结合”帮扶工作；深入开展计划生育“五关怀”和“生育关怀行动”，倡导有利于女孩健康成长和妇女发展的社会经济政策，参与综合治理出生人口性别比偏高工作；向广大群众尤其是青少年提供性与生殖健康、预防性病、艾滋病等知识和服务，普及避孕节育、优生优育知识，推广健康文明的生活方式；承担人口计生领域的区内、省内、国内和国际交流与合作，积极与省内外开展经验交流，不断提高自身建设等。

万山特区计划生育协会成立以来，紧紧围绕稳定低生育水平、统筹解决人口问题这个中心任务，坚持贴近中心工作、贴近群众需求、贴近工作实际，充分发挥“带头、宣传、服务、监督、交流”等职能作用，全力推进生育关怀、宣传教育、村（居）民自治、计生困难家庭救助等工作，主动参与社会公共服务，自觉维护社会和谐稳定。

三、代表大会

1991年11月13日，万山特区计划生育协会成立大会召开，大会选举产生了万山特区计划生育协会第一届理事会和常务理事会；审议通过协会章程。第一届理事会成员45人、常务理事会成员18人，张进国担任万山特区计划生育协会第一届理事会会长，黄玉素、李勇祥、肖老告、朱振清、李杰、吴先燕、刘治河任副会长，肖老告任秘书长。

1997年9月23日，中国共产党万山特区委员会调整充实了万山特区计划生育协会，调整后有常务理事3名，理事14人，刘治权任会长，张进国、李勇祥、潘进、肖老告任副会长，罗世能任秘书长。

2003年7月6日，中国共产党万山特区委调整特区计划生育协会理事会成员，调整后有常务理事12名，理事24人，谭克冬任会长，罗锦建、王慧英、冯世刚、肖丽琴任副会长，肖老告任秘书长。

2004年5月12日，特区计划生育协会对矿区计生协会重新进行了整建，成立了矿区社区计生协会联合会。经过整建，全特区共建各级计生协会61个，有会长61人、副会长68人、常务理事200人、理事407人。

2007年5月22日，中共万山特区委办公室行文调整充实万山特区计划生育协会理事会成员，调整后有常务理事14人，理事19人，阳运福任会长，王慧英、罗锦建、冯世刚、肖丽琴任副会长，肖老告任秘书长。

2009年8月28日，万山特区计划生育协会第二次会员代表大会在特区行政中心七楼一会议室召开。大会审议通过了《第一届理事会工作报告》和《万山特区计划生育协会章程（草案）》，并采取无记名投票方式选举产生了万山特区计划生育协会第二届理事会成员54名，常务理事会成员23名，刘洪堂担任万山特区计划生育协会第二届理事会会长，王慧英任常务副会长，刘五星、肖丽琴任副会长，周廷勇任执行副会长，杨正飞任专职副会长兼秘书长。109名会员代表出席了会议。

2010年7月2日，召开了万山特区计划生育协会二届二次常务理事会暨2010年度工作会议。大会审议了《工作报告》，与乡（镇）计生协会签订了2010年度计生协会目标责任书。

四、协会工作

1994年3月，万山特区计生协会紧密联系区情，认真贯彻实行计划生育宣传教育为主、避孕为主、经常工作为主的“三为主”方针，并积极推行“三结合”（即：计生工作与发展农村经济相结合，与帮助群众勤劳致富奔小康相结合，与建设文明幸福家庭相结合），充分发挥计生协会作用。1995年9月在贵州省计划生育协会座谈会上做了经验交流。

2006年，利用“5.29”“7.11”“12.1”等节日开展“禁毒、防艾、计生法规、关爱女孩、义诊”等宣传活动10次。开展“生育关怀行动”，对年度生育对象实行“一周母婴快车行动”，对符合政策生育一孩的351户新生对象上门慰问，每户给予20元慰问金，共7020元。对符合政策生育的二女结扎户，术后给予50元/户的慰问品。开展“送温暖、献爱心”捐赠活动，积极组织社会各界力量，慰问计生困难家庭6户，慰问金1300；慰问父母双亡的在校孤女1人，慰问金1000元；慰问办理农村独生子女证的计生困难家庭，送防寒衣物22件。

2007年，开展“生育关怀行动会员活动周”暨“生育关怀、爱心伴我行”募捐活动，期间开展宣传活动6次，获捐款7355元、衣物120件，物资建立专帐，专门用于帮助计生户脱贫致富。2008年“5.29”会员活动日期间号召广大会员向四川灾区捐款捐物，获得捐款2600元，由红十字会转交灾区。是年争取到省、地和特区扶贫项目资金204万元用于帮扶计生贫困户，共计帮扶1040户。

2009年12月，指导各乡镇计生协会陆续完成换届选举工作，审议并通过了《乡镇计划生育协会章程》和《理事会工作报告》，选举产生了新一届乡（镇）计生协会会长、副会长、秘书长共计16人。常务理事104人，理事182人。是年11月30日，中共万山特区委党委会议纪要研究审定我区乡镇计生协会机构领导职数的有关问题，同意选聘5名万山籍大学本科生作为乡镇计生协会的专职秘书长，专职从事乡镇计生协会工作。是年5—11月，按照《贵州省计划生育协会会员（个人）进行重新登记的通知》要求，抓好了会员重新登记工作，共完成会员重新登记2408人。劝退会员39人，颁发会员证1740本。

2010年4月，全面完成村级计生协会换届工作，产生了新一届理事会成员135人，会长、副会长、秘书长各25人。5月31日，开展农村部分计划生育家庭生产扶助首发仪式暨“5.29”会员活动日宣传活动，全特区104户计生家庭领取了6.24万元生产扶助金。2011年开展“晚婚晚育、从我做起”宣传服务活动，对辖区范围内15—19周岁女青年及15—21周岁男青年进行摸查并造册建档，与在家的摸查对象签订“晚婚晚育”诚信协议，签订率95%以上。

2006—2010年开展“计生工作与发展农村经济相结合、与帮助群众勤劳致富奔小康相结合、与建设文明幸福家庭相结合”的计生“三结合”工作，5年间共计完成帮扶2166户，脱贫1399户。2009—2011年，万山特区计生协会开展建立计生协会文艺宣传队和会员之家的“双建双汇”活动，三年共建立村级计生协会文艺宣传队21支，会员之家29个。

2010—2011年，开展“扶助万名计划生育家庭子女成才，帮助千户计划生育特困家庭脱贫致富”的“万千才富行动”，两年资助7名计生贫困家庭子女上学；帮扶特困计生家庭62户，帮扶资金1.905万元。开展“生育关怀献爱心”活动，两年向符合政策生育的新生婴儿家庭送“宝宝装”共计2417套。开展人口计生基层群众自治“三级联创”活动，两年里万山镇张家湾社区及土坪社区先后获国家级人口和计划生育基层群众自治示范村（居）称号。

第十二篇　政权　政协

1990年6月—2005年12月，万山特区人民代表大会及其常委会、人民政府、人民政协共历经四届未满。其间，人大常委会组织召开人民代表大会19次，听取和审议人大常委会、“一府两院”和计划发展、财政预决算等报告。在正确行使监督管理权力过程中，认真听取政府及司法部门一些专题汇报，提出审议意见，督促检查议案办理情况，组织代表视察，开展调查研究，对执行国家法律法规情况提出监督意见和建议，有效促进了社会主义民主与法制建设。特区政府坚持以经济建设为中心，以实施西部开发为契机，以“强工兴区、优农稳区、旅游活区”和“城镇建设、招商引资、大项目带动”战略为重点，组织带领全特区广大干部和各族人民群众自强不息、自力更生、奋力拼搏、排难而进，积极争取世界粮食援助项目，加强农业基础设施建设，加大城镇建设步伐，不断改善招商引资环境，努力发展地方农业，为万山经济建设和社会发展作出了不懈努力。特区政协认真履行“政治协商、民主监督、参政议政”职能，积极开展委员视察调研，协商提案办理，团结各界群众建言献策，为万山“两个文明”建设作出积极贡献。

2006—2011年，在特区人大、政协的监督和支持下，万山特区政府团结和带领全特区人民，坚持以科学发展观为统领，以经济建设为中心，沉着应对金融危机，成功战胜雪凝灾害和连年干旱，着力推动转型发展，完成了万山特区第九届人民代表大会确定的各项目标任务，实现了“十二五”规划的良好开局，保持了本区经济社会全面快速协调发展。

一是始终坚持科学发展作为第一要务，全特区经济保持较快增长，经济总量不断扩大。二是始终坚持转变经济发展方式，经济结构调整力度加大，项目建设和招商引资成效显著。三是始终坚持统筹城乡发展，城乡面貌明显改观，着力完善城乡服务功能。四是始终坚持民生，人民生活水平稳步提升，城乡居民工资性收入增加。五是坚持社会事业全面发展，各项工作成效显著。

第一章　人民代表大会

第一节　特区人民代表大会

第五届人民代表大会

万山特区第五届人民代表大会第一次会议于1990年6月12—16日在万山特区电影院召开，出席本次会议代表118人，特直机关负责人及政协委员141人列席会议。大会听取和审议了许伟忠作的政府工作报告，付华荣作1989年国民经济计划执行情况及1990年国民经济和社会发展计划草案报告，杨代岩作1989年财政决算和1990年财政预算草案报告，田兴文作人大常委会工作报告，易俊环作法院工作报告，陈尚庆作检察院工作报告。并作出了通过六个报告的决议。16日大会以无记名投票方式选举产生第五届人大常委会委员11名，田兴文当选为主任，刘洪堂、冉志敏、李勇祥为副主任，许伟忠为政府区长，谢伯诚、姚琳玉（女）、杨友昌为副区长，易俊环为法院院长，陈尚庆为检察院检察长。

本届任期三年，其间召开了4次代表大会，第二次、第三次按常规分别于1991年4月9—12日、1992年3月25—28日在特区电影院召开，大会听取和审议"一府两院"，人大常委会、财政、计划、六个年度工作报告，作出批准六个报告的决议。1992年11月20—21日在民族宾馆召开第四次代表大会，出席会议代表111名，特区领导和有关单位负责人18人列席，上级安排的省人大代表候选人陈谨之参加会议。大会主要议程是选举贵州省第八届人民代表大会代表，本次会议经过候选人提名，经过充分酝酿，依法选举陈谨之、刘洪堂、李明秀、田宁生4人为贵州省第八届人民代表大会代表。

第六届人民代表大会

万山特区第六届人民代表大会第一次会议于1993年3月23—28日在特区电影院召开。出席本次会议代表114名，政协委员及特直机关负责人163人列席会议。大会听取饶正海作政府工作报告，陈祥和作1992年国民经济社会发展执行情况和1993年计划草案报告，杨代岩作1992年财政预算执行情况及1993年财政预算草案报告，田兴文作人大常委会工作报告，易俊环作法院工作报告，陈尚庆作检察院工作报告。审议作出批准六个报告的决议。27日大会选举第六届人大常委会委员8名，刘洪堂为主任，李勇祥、冉志敏为副主任，饶正海为政府区长，谢伯诚、杨友昌为副区长，伍承清为法院院长，陈尚庆为检察院检察长。

本届任期由三年改为五年，其间共召开6次代表大会。第二次于1994年4月12—14日召开，第三次于1995年4月11—15日召开，第四次于1996年4月28—30日召开，第五次于1997年4月8—10日召开。大会分别听取政府、计划局、财政局、人大常委会、法院、检察院所作的工作报告，并作出批准各项报告的决议。1997年11月27—28日召开第六次代表大会，出席会议代表112名，特区党委常委、组织部有关人员共12人列席会议，上级安排的省人大代表候选人谢晓、范福平参加会议。这次会议经过候选人提名，充分酝酿讨论，依法选举谢晓、范福平、罗荣志、刘洪堂、杨克金、杨秀群6人为贵州省第九届人民代表大会代表。

第七届人民代表大会

万山特区第七届人民代表大会第一次会议于1998年3月15—20日在特区电影院举行。出席以会议代表134名。大会听取饶正海作政府工作报告，刘本强作1997年国民经济社会发展执行情况和1998年计划草案报告，陈祥和作1997年财政预算执行情况及1998年财政预算草案报告，刘洪堂作人大常委会工作报告，王亮海作法院工作报告，肖亚作检察院工作报告。经过大会审议，作出批准六个报告的决议。19日大会选举人大常委会委员8名，刘洪堂为主任，李勇祥、潘进（女），杨通来、张社芬（女）为副主任，饶正海为政府区长，杨频、阳运福、刘婕（女）、姚亚宇为副区长，王亮海为法院院长，肖亚为检察院检察长。

第七届人民代表大会共召开6次代表会议，第二次1999年3月30—4月1日召开、第三次于2000年1月20—22日召开，第四次于2001年2月10—12日召开，第五次于2002年3月14—16日在特区电影院召开。大会听取和审议了政府工作报告、检察院工作报告，并作出批准这些报告的决议。2002年12月3—4日，召开第六次代表大会，出席会议代表125名，主要议程时选举贵州省第十届人民代表大会代表。大会经过候选人提名，充分酝酿，依法选举谢晓（省下派候选人）、时晓军、刘洪堂、张林华4人为贵州省第十届人民代表大会代表。

第八届人民代表大会

万山特区第八届人民代表大会第一次会议于2003年3月22—25日在特区电影院召开。出席本次大会代表136人，特直机关单位负责人、政协委员共141人列席大会。大会听取王开禄作政府工作报告，杨政权作2002年国民经济社会发展执行情况和2003年计划草案报告，陈祥和作2002年财政预算执行情况及2003年财政预算草案报告，刘洪堂作人大常委会工作报告，李强作法院工作报告，任玉华作检察院工作报告。以上报告经过审议，作出批准各项报告的决议。3月25日大会选举万山特区第八届人大常委会委员10名，刘洪堂为主任，田景明、张社芬（女）、罗锦建、何祥猛为副主任，王开禄为政府区长，阳运福、杨同光、王慧英（女）、吴泽军为副区长，李强为法院院长，任玉华为检察院检察长。

第八届人民代表大会至2005年12月共召开3次代表会议，第二次分别于2004年3月29—31日召开，第三次于2005年3月29—31日召开。大会听取和审议了“一府两院”及人大常委会、计划发展、财政预决算工作报告，并作出了批准6个报告的决议。

第九届人民代表大会

万山特区第九届人民代表大会第一次会议于2007年1月7—11日在行政中心一会议室召开，出席本次会议代表136名，特直机关负责人及政协委员列席会议。大会听取和审议了向晖作的政府工作报告，向国珍作2006年财政预算执行情况及2007年财政预算草案报告，田景明作人大会常委会工作报告，陈波作法院工作报告，任玉华作检察院工作报告。并作出了通过报告的决议。10日和11日大会以无记名投票方式选举产生第九届人大常委会委员，田景明当选为主任，罗锦建、何祥猛、杨泽武、张林华当选为副主任；王世俊、刘忠、刘元蛟、吴华、吴玲、张伶俐、张祥恩、陈黎、罗绍军、罗洪来、彭秀平、雷国平当选为委员；向晖当选为区长；陈波当选为法院院长；任玉华当选为检察院检察长。

万山特区第五届至第九届人大常委会主任、副主任名录

(1990年6月—2011年12月)

表12-1

届次	职务	姓名	性别	民族	籍贯	任职起止时间
第五届	主任	田兴文	男	土家	贵州印江	1990年6月—1993年3月
	副主任	刘洪堂	男	侗	贵州万山	1990年6月—1993年3月
		冉志敏	男	汉	四川酉阳	1990年6月—1993年3月
		李勇祥	男	汉	贵州三穗	1990年6月—1993年3月
第六届	主任	刘洪堂	男	侗	贵州万山	1993年3月—1998年3月
	副主任	李勇祥	男	汉	贵州三穗	1993年3月—1998年3月
		冉志敏	男	汉	四川酉阳	1993年3月—1998年3月
第七届	主任	刘洪堂	男	侗	贵州万山	1998年3月—2003年3月
	副主任	李勇祥	男	汉	贵州三穗	1998年3月—2003年3月
		潘进	女	苗	贵州三穗	1998年3月—2003年3月
		杨通来	男	土家	贵州铜仁	1998年3月—2003年3月
		张社芬	女	侗	贵州江口	1998年3月—2003年3月
第八届	主任	刘洪堂	男	侗	贵州万山	2003年3月—2005年12月
	副主任	田景明	男	苗	贵州松桃	2003年3月—2005年12月
		张社芬	女	侗	贵州江口	2003年3月—2005年12月
		罗锦建	男	侗	贵州玉屏	2003年3月—2005年12月
		何祥猛	男	侗	贵州松桃	2003年3月—2005年12月
第九届	主任	田景明	男	苗	贵州松桃	2007年1月—2011年12月
	副主任	罗锦建	男	侗	贵州玉屏	2007年1月—2011年12月
		何祥猛	男		贵州松桃	2007年1月—2011年12月
		杨泽武	男	侗	贵州万山	2007年1月—2011年12月
		张林华	女	侗	贵州万山	2007年1月—2011年12月

第二节　人大常委会

人大常委会

五届人大常委会议　第五届人大常委会议按常规每两个月召开一次，其间共召开16次人大常委会议。一是新一届人大常委选举产生后，组织学习《宪法》《地方各级人民代表大会和地方各级人民政府组织法》《全国人民代表大会议事规则》《贵州省人民代表大会常务委员会议事规则》《贵州省乡镇人大主席团工作条例》和《民族区域自治法》。二是先后听取贯彻落实《中华人民公布共和国行政诉讼法》情况，关于实施五年普法规划情况，1991年财政预算安排情况，造林绿化规划工作，国民经济和社会发展十年规划及“八五”计划纲要（草案），关于在公民中开展法制教育的第二个五年规划，义务教育实施情况，治理“三乱”工作情况，社会救济工作情况，1991年民族经费安排使用情况，企业二轮承包工作和生产情况，开展反贪污贿赂和法纪检察工作情况，办理议案批评意见和建议情况，财政预算执行情况，劳动就业开展情况和合同制工人保险金收缴使用情况，各乡镇1989—1990年罚没款收支情况，关于“两烟”（烤烟、晒烟）生产情况，生产救灾情况，五届人大第四次代表大会筹备情况，六届人大代表选举情况等报告。作出决议19项次，作出决定5项次，批准事项1项，提请代表大会审议4项。三是决定任免政府代理区长、副区长3人次，任免政府组成人员32人次，法院副院长、庭长、审判员21人次，检察院副检察长、检查员17人次，人大办公室主任、科长、代表联络组组长7人次。

第六届人大常委会议　第六届人民代表大会期间，共召开38次常委会议。先后听取关于“两烟”生产进展情况，敖寨水毁工程恢复建设情况，1992年财政决算情况，社会治安、反腐斗争情况，公安工作、检察工作、审判工作情况，计划生育条例执行情况，国民经济和社会发展情况，财政收支预算执行情况、预算外收支清理情况，公检法关于人大代表评议整改落实情况，春耕生产情况，非公有制经济发展情况，议案、意见、建议办理情况，工业生产情况，《义务教育法》和《教师法》贯彻实施情况，住房制度改革情况，平稳物价工作情况，环境保护工作情况，社会治安综合治理达标活动自查情况，贯彻《妇女权益保障法》情况，贯彻《反不正当竞争法》《消费者权益保护法》情况，乡镇企业发展情况，抗灾救灾工作情况，《农业法》和《农业技术推广法》贯彻实施情况，行政监察工作情况，乡镇公安派出所评议情况，《婚姻法》《母婴保健法》贯彻实施情况，“三五”普法宣传教育工作安排情况，实施《人民警察法》《检察官法》和改革完善审判方式、发展健全社会主义民主与法制情况，审计预算执行情况，贯彻执行《行政处罚法》情况，贯彻执行《贵州省行政事业性收费管理条例》情况，5181项目工程实施情况等报告。作出相应决议35项次，提出审议意见31项次，决定提请代表大会审议13项次，作出决定8项次，审议通过《人大常委会议事规则》《万山特区人大常委贵人事任免暂行办法》《人大常委会组成人员守则》等事项6项，审议批准《1991至1995年万山特区初级卫生保健规划》和《1996年至2000年万山特区森林采伐限额规划》。决定人面政府副区长8人次，主任、局长56人次，人大工作机构负责人8人次，法院副院长、代理院长、庭长、审判员23人次，检察院副检察长、代理检察长、检查员14人次。

第七届人大常委会议　第七届人民代表大会期间，共召开37次常委会议。先后听取1997年坡改梯工作情况，下溪、敖寨水段公路治理情况，贯彻《教育法》、《教师法》、《教师条例》情况，1998年春耕生产情况，社会治安综合治理情况，“三五”普法情况，议案办理情况，贯彻《行政处罚法》、《国家赔偿法》情况，5181工程实施情况，环境保护工作情况，贯彻实施《计划生育条例》情况，特困企业职工基本生活安排情况，村居委会换届选举情况，预算外资金管理情况，贯彻执行《法官法》、《检察官法》情况，医药管理工作情况，保护消费者合法权益工作情况，卫生防疫工作情况，《老年人权益保障法》贯彻实施情况，二轮土地延包情况，实施《残疾人保障法》情况，《村民委员会组织法》贯彻实施情况，《人民警察法》贯彻实施情况，《环境保护法》贯彻执行情况，劳动保障工作情况，乡镇企业工作情况，审计工作情况，非公有制经济发展情况，体育事业发展情况，国有土地管理情况，西部开发项目实施情况，人大代表视察情况，《律师法》贯彻情况，广播电视事业发展情况，农业产业结构调整情况，城市居民最低生活保障金发放情况，扶贫开发工作情况，《森林法》贯彻执行情况，城镇职工基本医疗保险制度改革事实情况等报告。提出审议意见51项次，作出决议14项次，决定13项次，审议通过事项10项次，提请代表大会审议4项次，批准了《老山口新区总体规划》。决定任免代理区长、庭长、审判员47人次，检察院副检察长、检查员25人次。

第八届人大常委会议　第八届人大常委会至2005年12月底共召开17次常委会议。先后听取决定、建议、批评、意见办理情况，农村经济工作情况，招商引资工作情况，义务教育巩固情况，禁毒工作情况，国民经济和社会发展计划执行情况，财政预算执行情况，城市总体规划情况，实施“城镇建设”带动战略情况，实施《招标投标法》和《贵州省招标投标条例》情况，农村卫生工作情况，环境保护情况，计划生育工作情况，办理反贪案件情况，民事案件办理情况，实施“强工兴区”战略工作情况，“四五”普法工作情况，中小学危房改造情况，贯彻执行《安全生产法》情况，退耕还林工作情况，下岗失业人员再就业工作情况，城镇医疗保险工作情况，贯彻实施《依法行政实施纲要》情况等报告。提出审议意见27项次，作出决议3项次，作出决定2项次，提请代表大会审议4项次，通过事项1项。任免政府副区长3人次，政府组成人员24人次，人大科室负责人4人次，法院副院长、庭长、审判员23人次，检察院副检察长、检查员3人次。

第九届人大常委会议　2011年2月24日，万山特区召开最后一次人民代表大会，12月17日，随着铜仁市万山特区人民代表大会一届一次会议的召开，宣告万山特区完成历史使命，万山全面转型拉开序幕。万山特区人大常委会履行职责，完成了万山特区人民代表大会第六次会议召开工作。完成了万山特区人民代表大会一届一次会议召开的准备工作。万山特区人大常委会履行职权，听取“一府两院”工作报告10个，并作出审议意见跟踪落实督办；审议批准了谢桥新区土地整治工作方案，备案审查万山特区殡葬管理暂行办法，对“十大民生”工程、招商引资工作开展了一次调研活动，对广播电视“村村通”工程开展了一次视察活动，审议人事任免案6件，任免职务13人次，审议测评4名领导干部2010年度履职报告，万山特区人大常委会认真履行职责和职权，促进了万山“加速发展、加快转型”工作的开展。

人大常委会工作机构

1991年3月，根据《中华人民共和国地方各级人民代表大会和地方各级人民政府组织法》的规定，特区人大常委会决定撤销法制科、财经科、文教卫生科和代表联络组，改设法治民族、财经、教科文卫和代表工作4个委员会。至2005年有4个工作委员和1个办公室。1996年机构改革，核定行政编制11人，事业编制1人。2011年12月调整核定行政编制10人，正、副主任8人，内设5个工作机构，行政编制5人，机关后勤服务事业编制5人。

第三节　乡镇人民代表大会

万山特区所辖的四乡一镇从1990年4月至2011年5月，共召开8次代表大会，先后选举产生8届人大主席团及乡镇人民政府。1990年5月，根据贵州省人民代表大会常务委员会通过的《贵州省乡镇人民代表大会主席团工作条例》，在四乡一镇设置乡镇人民代表大会主席团，行政编制及主席团主席或副主席1人。主席团由乡镇人民代表大会选举产生。主席团在特区人大常委会的指导和同级党委的指导下，依照宪法和法律赋予的职责开展人大工作。

万山镇人民代表大会万山镇先后于1990年5月14—15日、1993年3月8日－9日、1996年3月10—11日、1999年4月8日—9日、2002年3月13－14日、2005年4月18－19日、2008年4月20—21日、2011年4月26—27日召开了第五届、第六届、第七届、第八届、第九届、第十届、第十一届、第十二届人民代表大会，选举产生万山镇第五届至第十二届镇人民政府和主席团。

高楼坪人民代表大会高楼坪侗族乡先后于1990年5月8—9日、1993年2月27－3月1日、1996年1月24—25日、1999年1月16—17日、2002年1月8—9日、2005年3月2—3日、2008年2月20—21日、2011年3月16－17日召开了第七届、第八届、第九届、第十届、第十一届、第十二届、第十三届、第十四届人民代表大会，选举产生高楼坪侗族乡第七届至第十四届人民政府和主席团。

黄道乡人民代表大会黄道侗族乡先后于1990年4月29－20日、1993年3月1—3日、1996年1月24—25日、1999年1月7－8日、2002年1月9—10日、2005年1月16—17日、2008年1月23—24日、2011年1月28—29日召开第八届、第九届、第十届、第十一届、第十二届、第十三届、第十四届、第十五届人民代表大会，选举产生黄道侗族乡第八届至第十五届人民政府和主席团。

敖寨乡人民代表大会敖寨侗族乡先后于1990年5月19—20日、1993年3月28－29日、1996年1月24—25日、1999年1月15－16日、2002年1月10—11日、2005年1月16—17日、2008年1月22—23日、2011年1月26—27日召开第八届、第九届、第十届、第十一届、第十二届、第十三届、第十四届、第十五届人民代表大会，选举产生敖寨侗族乡第八届至第十五届人民政府和主席团。

下溪乡人民代表大会下溪侗族乡先后于1990年4月29—30日、1993年2月25—27日、1996年1月28—29日、1999年1月9－10日、2002年1月9—10日、2005年1月23—24日、2008年1月18—19日、2011年12月7—8日召开第八届、第九届、第十届、第十一届、第十二届、第十三届、第十四届、第十五届人民代表大会，选举产生下溪侗族乡第八届至第十五届人民政府和主席团。

第四节　人大常委会工作

代表选举

万山特区人民代表大会代表选举工作，按照《选举法》《地方组织法》和《贵州省县、乡两级人民代表大会选举实施细则》的规定，在每次换届选举前，成立换届选举委员会，组织实施代表选举工作。首先是培训选举代表工作骨干，宣传选举工作意义、目的、方法、步骤和要求，指导选区开展选民登记。然后提出代表候选人初步人选，交选民反复酝酿协商，确定正式代表候选人名单，交选民正式选举。代表名额确定由省人大常委会按照县级人民代表大会代表100名为基数（1998年基数为120名），在以每5000人增加1名代表和集中居住的少数民族必须有一名代表的原则确定。

万山特区第五届人民代表大会代表118名，其中党员84名，占代表总数的71.2%，非党34名，占28.8%；妇女19名，占16.1%，少数民族68名，占57.6%；工人13名，占11%，农民44名，占37.3%，干部59名，占50%；知识分子30名，占25.4%，军人2名，占1.7%。

万山特区第六届人民代表大会代表选举工作于1992年12月10只1993年3月10日进行。选出代表114名，其中党员74名，占代表总数的65%；非党40名，占35%；妇女22名，占18.6%；工人12名，占10.1%；农民44名，占37.3%；干部60名，占52.6%；知识分子41名，占36.0%；军人2名，占1.7%。

万山特区第七届人民代表大会代表选举工作于1998年1月1日开始至3月15日结束。选出代表134名。其中党员87名，占代表总数的65%，非党47，占35%；工人18名，占13.4%，农民73名，占54，5%，干部22名，占16.4%；妇女35名，占26.1%，其他21名，占15.7%。

万山特区第八届人民代表大会代表选举工作于2003年1月10日开始至3月10日结束。选出代表137名。其中，非党50名，占代表总数的36.5%；少数民族112名，占81.8%；妇女38名，占27.7%。

万山特区第九届人民代表大会代表选举工作于2011年2月24日召开。选出代表129名。其中，非党49名，占代表总数的35%；少数民族112名，占81.8%；妇女38名，占27.7%。

乡镇人民代表大会代表的选举，在特区人大常委会指导下进行。代表名额的确定由特区人大常委会按照乡镇人口的多少30—50名不等。1990年4月至2005年，4乡1镇先后五次选举乡镇人大代表。代表构成日趋合理，代表政治素质逐步提高，参政议政能力逐步增强，基本能代表广大人民群众的意愿，在乡镇人大各次会议上提出涉及群众利益的议案和建设性的建议、批评和意见。2011年，4乡1镇选举乡镇人大代表。代表构成日趋合理，代表政治素质逐步提高，参政议政能力逐步增强，在乡镇人大各次会议上提出涉及群众利益的议案和建设性的建议、批评和意见。

议案办理

万山特区地区届人民代表大会以来，对人大代表10人以上联名提出的议案和建议、批评、意见，由特区人大常委会代表工作委员会，进行归纳整理，转“一府两院”办理。属特区政府办理的，由特区政府召开专题会议，提出要求，分解任务，分别送有关职能部门办理，办理完毕后，逐一书面答复代表，同时将办理情况向政府报告，再由政府向人大常委会报告办理结果。少数议案中特定问题，如撤销谢伯诚副区长职务，由人大常委会主席团研究，组织特定问题调查委员会进行调查处理。第五届人大期间，人大代表共提出议案75件，建议、批评和意见44件；第六届人大期间提出议案136件，建议、批评和意见60件；第七届人大期间提出议案175件，建议批评和意见44件；第八届人大至2005年12月三次会议期间，提出议案156件，建议、批评和意见104件。这些议案和建议涉及农业、工业、交通、文教卫生、城镇建设、社会保障等内容，基本做到了件件有答复，事事有交代。在督促议案办理的同时，把人民群众来信来访以及申诉意见作为尊重人民民主权利，接受人民监督，反映民情民意的一件大事来抓。第五届人大以来至2005年12月，共收到人大代表和人民群众来信1218件，接待来访1406人次，其中集体上访86人。重要的信访案件，由常委会领导亲自阅批和接待，有的问题还提交主任会议或人大常委会议研究处理，一般的来访案件由办公室签转有关部门办理，在法律和政策允许的范围内，尽可能解决人民群众要求解决的问题，努力维护人民群众的合法权益。2006—2011年，共收到人大代表和人民群众来信1115

件，接待来访1506人次，一般的来访案件由办公室签转有关部门办理，尽可能解决人民群众要求解决的问题。2011年特区人大常委会接待人民群众的信访反映主要有土地征用补偿有意见、拖欠工程款、行政司法执法不公不理解、原贵州汞矿遗留问题、廉租房搬迁问题、特区国营集体企业职工待遇问题。信访室对反映均做好登记记录，提出处理意见送分管副主任阅批，按批示转““一府两院”签收处理。并跟踪监督，做好答复、说服、解释工作。

代表视察

特区第五届人大常委会选举产生以来，组织代表视察成了人大常委会的常规工作，每年进行两次视察活动。一是特区人大常委会组织人大代表及常委会组成人员开展视察，二是组织特区人大代表参与省人大代表深入基层视察。乡镇人大主席团每年至少组织一次代表视察。视察内容根据各个时期工作重点和群众反映强烈的问题而定，并根据实际情况，采取不同的形式和方法。视察过程中，坚持实事求是、全面、客观、公正原则，提出整改的建议和意见。视察结束，请“一府两院”及相关部门负责人参加，直接听取人大代表视察结果提出的建议和意见，并要求相关部门将建议的办理和意见的整改情况报人大常委会。2011年10月15—20日，特区人大常委会组织驻万山的省人大代表，特区人大代表共15人对万山特区政府实施广播电视“村村通”工程进行了集中视察，视察后人大常委会建议：从政策、体制、投入等方面向上反映具体情况，争取上级扶持，要进一步建立长效机制，使该工程长通优通；要进一步加强联队伍建设，提高服务水平。

民主评议

为了推动区乡依法行政，公正司法工作，充分发挥人大监督职能作用，特区人大常委会组织部分人大代表对“一府两院”工作进行评议。1994年对公检法执行《民法》、《民事诉讼法》、《刑法》、《刑事诉讼法》、《治安管理处罚条例》和干警作风进行了评议，制定了评议工作实施方案，召开评议工作动员大会，组织评议代表及工作人员深入被评单位和社区、部门调查了解情况，查阅有关资料，召开群众座谈会收集意见和建议，对收集的问题和意见进行归纳，提出18个问题在评议会上进行公开评议。评议时，讲成绩客观实在，摆问题严肃认真，提建议有的放矢。通过评议有效促进了公检法机关工作作风的转变。1995年对公安系统的工作进行评议。自此以后每年选择1—3个行政局长进行述职评议。为使评议工作形成制度化，2001年特区人大制定了《述职评议工作实施办法》，2004年又拟定《述职评议实施方案》。至2005年对教育局、计划局、水利局、人事劳动和社会保障局、建设局等局局长和特区政府一副区长进行述职评议。述职评议方法跟部门工作评议一样，既肯定成绩，又指出个人存在的问题，并指出整改的意见。述职评议结果有两人评为优秀，其余均为称职。2011年特区九届人大常委会听取了特区政府副区长杨克金、交通运输局局长杨再司、特区法院副院长杨勇斌、特区检察院副检察长韩再军四位同志2010年度的个人履职情况报告，测评结果均为满意通过。

第二章　人民政府

第一节　特区人民政府

一、各届政府领导的选举与变更

1990年6月16日，万山特区第五届人大代表大会第一次会议，选举许伟忠为万山特区第五届人民政府区长，谢伯诚、姚琳玉、杨友昌为副区长。1992年9月省委派袁惠民挂职任科技副区长。本届政府任期为3年。

1993年3月27日，万山特区第六届人民代表大会第一次会议，选举饶正海为万山特区第六届人民政府区长，谢伯诚、杨友昌为副区长。从本届政府起任期由3年改为5年。中途由于人事变动，第六届人大常委会分别于1994年7月、1996年11月、1997年9月、10月召开会议，增补顾明杰、杨频、阳运福、刘婕为第六届人民政府副区长。1995年4月省委下派殷明俊挂职副区长。

1998年3月19日，万山特区第七届人民代表大会第一次会议，选举饶正海为万山特区第七届人民政府区长，杨频、阳运福、刘婕、姚亚宇为副区长，2000年3月增补石敦福为副区长，2001年3月增补杨同光为副区长。

2003年3月25日，万山特区第八届人民代表大会第一次会议选举王开禄为万山特区第八届人民政府区长，阳运福、杨同光、王慧英、吴泽军为副区长。同年11月省委下派杨世强挂职副区长，12月特区人大常委会任命向晖为副区长。

2011年2月24日，万山特区召开最后一次人民代表大会，12月17日，随着铜仁市万山特区人民代表大会一届一次会议的召开，会议选举张吉刚为万山特区第九届人民政府区长，同时宣告万山特区完成历史使命，万山全面转型拉开序幕。

万山特区（五—九届）政府领导名录

表12-2

届次	职务	姓名	性别	民族	籍贯	任职起止时间	备注
第五届	区长	许伟忠	男	汉	河南偃师	1990年6月—1992年12月	
	代理区长	饶正海	男	侗	贵州石阡	1992年12月—1993年3月	
	副区长	谢伯诚	男	汉	湖南怀化	1990年6月—1993年3月	
		姚琳玉	女	汉	湖南新晃	1990年6月—1993年3月	
		杨友昌	男	侗	贵州万山	1990年6月—1993年3月	
		袁惠民	男	汉	山东曲阜	1992年9月—1993年3月	挂职

续表12-2

届次	职务	姓名	性别	民族	籍贯	任职起止时间	备注
第六届	区长	饶正海	男	侗	贵州石阡	1993年3月—1998年3月	
	副区长	谢伯诚	男	汉	湖南怀化	1993年3月—1994年7月	
		杨友昌	男	侗	贵州万山	1993年3月—1996年11月	
		袁惠民	男	汉	山东曲阜	1993年3月—1995年4月	挂职
		顾明杰	男	土家	贵州印江	1994年7月—1996年10月	
		殷明俊	男	布依	贵州贵阳	1995年4月—1997年12月	挂职
		杨频	男	汉	贵州松桃	1996年11月—1998年3月	
		阳运福	男	汉	四川彭县	1997年9月—1998年3月	
		刘婕	女	满	贵州万山	1997年9月—1998年3月	
第七届	区长	饶正海	男	侗	贵州石阡	1998年3月—2002年11月	
	代理区长	王开禄	男	汉	贵州余庆	2002年12月—2003年3月	
	副区长	杨频	男	汉	贵州松桃	1998年3月—2001年12月	
		阳运福	男	汉	四川彭县	1998年3月—2003年3月	
		刘婕	女	满	贵州万山	1998年3月—2002年12月	
		姚亚宇	男	侗	贵州万山	1998年3月—2003年3月	
		石敦富	男	汉	贵州思南	2000年3月—2003年2月	
		杨同光	男	侗	贵州兴义	2001年3月—2003年3月	
第八届（未满届）	区长	王开禄	男	汉	贵州余庆	2003年3月—2005年12月	
	副区长	阳运福	男	汉	四川彭县	2003年3月—2005年12月	
		杨同光	男	侗	贵州兴义	2003年3月—2005年8月	
		王慧英	女	汉	安徽亳州	2003年3月—2005年12月	
		吴泽军	男	侗	贵州万山	2003年3月—2005年12月	
		杨世强	男	汉	四川威远	2003年11月—2005年10月	挂职
		向晖	男	土家	重庆市	2003年12月—2005年12月	
第九届	区长	向晖	男	土家	重庆市	2007年1月—2008年1月	
	代理区长	何贵祥	男		贵州德江	2008年1月—2008年3月	
	区长	何贵祥	男		贵州德江	2008年3月—2010年3月	
	代理区长	张吉刚	男	苗	贵州松桃	2010年3月—2010年5月	
	区长	张吉刚	男	苗	贵州松桃	2010年5月—2011年12月	

续表12-2

届次	职务	姓名	性别	民族	籍贯	任职起止时间	备注
第九届	副区长	吴泽军	男	侗	贵州万山	2007年1月—2011年3月	
		王慧英	女	汉	安徽亳州	2007年1月—2011年10月	
		刘五星	女	土家		2007年1月—2011年12月	
		杨克金	男		贵州玉屏	2007年1月—2011年12月	
		石重友	男			2007年3月—2008年5月	科技
		张成勇	男			2007年3月—2008年3月	挂职
		饶治华	男			2010年7月—2011年12月	科技
		黄勇	男			2010年4月—2011年12月	科技
		龙成林	男	苗	贵州松桃	2010年7月—2011年10月	挂职
		詹凤华	男			2011年5月—2011年12月	挂职
		李彦军	男			2010年8月—2011年12月	挂职

二、政府重大决策与施政纪略

万山特区是一个为汞工业生产服务的服务型特区。在20世纪90年代初期，由于汞矿资源的枯竭，岩屋坪、冷风硐、黑硐子几个坑口相继闭坑，汞业生产直线下滑，特区财政经济因失去汞业生产这一主要经济支柱而步入困境。特区政府为了寻求新的经济增长点，培育新的税源，决定大力发展“两烟”（烤烟、晒烟）生产。1993年3月特区政府在特区六届人大一次会议的报告中指出：发展“两烟”生产是富民富区的一项重大措施，也是摆脱目前经济困难的重要途径。为此特区党委、政府多次召开“两烟”生产专题会议，明确特区机关各工作部门与4乡1镇个行政村联系落实“两烟”任务生产。由于受气候条件的影响，加上烘烤技术不过关，导致烟叶的产量和质量上不去，农民种烟的积极性受到很大影响。整个“两烟”成生产效不明显。

在实施“两烟”生产的同时，特区政府为提高全特区农业生产综合能力，积极争取联合国粮食计划署《中国贵州武陵山区农业综合开发项目》，经过联合国粮食计划署项目官员和农业部项目主管实地考察评估后，于1995年10月得以正式立项，获得援助粮食15826吨，折成变价工程款1836万元。此项目的实施，使农业基础设施得到明显增强，农业生产综合能力得到明显提高，农民生产生活条件得到明显改善。

1995年特区党委、政府把特区经济增长的着力点放在发展非公有制经济方面，做出了《关于加快全特区个体私营经济发展的意见》，有力推动了全特区非公有制经济发展。1998年制定了《万山特区1998—2000年非公有制经济发展规划》，随后又作出《关于进一步优化投资环境，做好招商引资工作，促进全特区经济发展的若干规定》，是全特区非公有制经济呈现一个好的发展势头，到2000年非公有制实现特区财政收入三分天下有其一的成绩。2002年又根据地区提出的以“强工兴区、优农稳区、旅游活区”和“城镇建设、招商引资、大项目带动”战略为重点，发展地方经济。一是不断改善投资环境，采取“走出来，请进来”的办法，成功引进一些客商到完善投资办厂，发展地方工厂，初步形成以铁合金、汞化工、电解锰为主的三大支柱产业。二是编修城镇建设规划，加强城镇基础设施建设，实施采空区移民搬迁工程、城镇居民集资建房和城区道路改造，人居环境得到明显改善。三是积极开展旅游景区景点、人文景观的调研评估和申报工作，先后成功申报夜郎谷为省级风景名胜区、老山口为省级森林公园、贵州汞矿遗址为全国重点文物保护单位和国家矿山公园，为发展旅游业奠定了基础。

2003—2006年，万山特区人民政府大力实施“三个重点、三个带动”发展战略，着力调整经济结构和转变增长方式，着力促进社会发展和解决民生问题，经济社会迈上了又好又快的发展轨道，实现了从“服务型”特区向“发展型”特区的历史性转变，概括起来主要呈现以下四个特点：

其一，发展思路清晰、工作重点突出。

2003年初，特区新一届党政领导班子组建后，面对由于汞资源枯竭、贵州汞矿政策性关闭破产后地方经济步入低谷、社会各项事业百废待兴的实际，通过对区情的再认识，认为万山的希望在工业、发展在工业、崛起靠工业，明确了“一切为了工业，一切服从和服务于工业、优先发展工业”的思路，提出了“强工兴区、优农稳区、旅游活区”发展战略和“招商引资、城镇经济、项目”带动战略，重点实现“六个突破”，建好“四个工业小区”，狠抓招商引资；认真落实科学发展观，调整优化经济结构，坚持以改革促发展、以开放促开发、以发展保稳定，进一步深化经济政治体制改革，不断扩大对内对外开放，推动了经济又好又快的发展。

其二，经济发展快、质量和效益好，经济总量跃上新台阶。

全特区生产总值由2002年的1.5亿元增加到2006年的3.13亿元，年均增长16.4%；财政总收入和地方财政收入分别由2002年的1334万元、823万元增加到2006年的4326万元和2366万元，年均分别增长34.2%、30.2%；社会消费品零售总额从2002年的4406万元增加到2006年的6530万元，年均增长10.3%；主要表现在以下几个方面：

1.工业发展势头旺盛。依托优势办工业，围绕资源办工业，围绕市场办工业，创造条件办工业，成功引进了恒兴、万泰、和泰等一批外资企业，培育和扶持了汞化厂、银河化工厂、红晶、红菱厂等一批地方企业，规划了“四个工业小区”，初步形成了以铁合金冶炼、汞化工、锰加工、茶叶加工为主的四大工业支柱，工业已成为推动全特区经济快速增长的主要动力。2006年，工业总产值完成5.97亿元，是2002年的4.98倍，其中规模以上工业产值完成5.7亿元，是2002年的6.39倍；工业增加值由2002年的3605万元增加到2006年的1.4亿元，年均增长38.7%；工业对全特区经济增长的贡献率为71.4%。

2.农村经济稳步发展。把解决好“三农”问题作为工作的重中之重，把粮食稳定增产和农民持续增收作为工作核心，用工业思维谋划农业，积极调整农业产业结构，大力实施农业产业化经营，推动了农村经济的稳步发展。2002—2006年，粮食生产实现持续增长，粮食总产量从2002年的1.66万吨增加到2006年的1.85万吨，年均增长2.7%，生态畜牧业稳步推进。生态环境建设积极推进，完成退耕还林4000亩，完成造林任务3.5万亩；完成农村沼气池建设3270余口。水利建设取得新成效，4年共修建防洪堤3.84千米，完成渠道防渗改造58.4千米，维修山塘水库26座，建小水池200口，水土保持治理面积达49平方公里，解决了1.4万人和1.57万头大牲畜饮水困难。农业总产值由2002年的0.9亿元增加到2006年的1.27亿元，年均增长4.1%；农民人均纯收入由2002年的1217元增加到2006年的1605元，年均增长7.2%。

3.旅游事业蓬勃发展。完成了《万山特区旅游发展总体规划》及《夜郎谷省级风景名胜区规划》的编制，建立了以国家矿山公园为龙头、以中国汞都文化品牌为依托的项目规划。重点旅游项目申报获得成功。“贵州汞矿遗址”被列为国家级文物保护单位，夜郎谷已成功申报为省级风景名胜区，国家矿山公园已获通过，老山口省级森林公园已经批准，“鼟锣”艺术已成为省级非物质文化遗产代表作名录，高楼坪刘氏宗祠被列为省级文物保护单位。重点旅游项目开发加快，总投资80万元的夜郎谷旅游公路已完工，投入了150余万元用于改善夜郎谷景区内的相关配套设施。加强了旅游资源的宣传推介和旅游行业管理，提高了万山的知名度和接待工作水平。

4.基础设施日新月异。加大了项目争取和实施力度，4年中，共争取和实施大小项目240余个，累计完成全社会固定资产投资3.34亿元，是2002年的5.4倍，年均增长15.3%。加强了以交通为重点的基础设施建设，建成了万麻公路，已开工建设城区过境油路和万下油路改造工程，实现了村村通公路，初步形成了通达城乡的公路交通网络；成功争取到汞渣综合治理项目，已到位资金2400万元，目前正在动工建设。信息化建设取得新成绩，实现了村村通广播电视，移动通讯信号覆盖全特区各村。按照“夯实基础、改善环境、重点整治、规范管理、创新机制、突出长效”的城镇发展思路，加强城镇建设和管理，市政功能日趋完善，人居环境不断改善，城镇化水平不断提高，有力地促进了城镇经济的发展。

5.各项改革有新突破。经济体制改革稳步推进，完成粮食购销企业改革和农村信用社改革，不断深化农村税费体制改革，加强了部门预算、财政国库和政府采购管理，扎实推进“乡财区管”和“村财乡管”，行政审批、教育、卫生、人事、劳动保障、殡葬等各项改革取得阶段性成效。

其三，坚持以人为本、干部群众得到更多实惠。

始终坚持把关心群众生产生活、维护广大人民群众的根本利益，作为全部工作的出发点和落脚点，决不以牺牲群众的利益为代价来换取经济的一时发展。全面落实各项支农惠农政策，提前全部免除农业税，大幅增加对农业的投入，农民人均纯收入年均增长100元左右；扎实推进新阶段扶贫开发，解决了4600农村贫困人口温饱和8000农村低收入人口生活困难；着力解决群众最关心的就业、社会保障、教育、环保、安全等问题，城乡低保实现应保尽保，四年共实现城镇失业人员及下岗失业人员再就业4400余人，开发公益性岗位92个，安置人员92人，着力解决社区实际问题，切实办好社区“十件实事”，已安置了采空区居民240余户850余人，改善了社区居民生产生活条件；每年坚持办好与群众生产生活密切相关的“十件实事”。

其四，社会各项事业全面协调发展。

1.科教文卫事业蓬勃发展。科技教育改革与发展取得新成绩，先进技术得到推广应用，“两基”复查和“普实”验收顺利通过，“两免一补”政策得到有效实施，“三制一管理”改革取得阶段性成果；文化广播电视事业得到较快发展，文物保护工作不断加强，群众文化体育活动不断得到丰富；新一轮农村初级卫生保健工作已经省验收合格，全面启动了农村新型合作医疗试点工作，疾病防控、医疗救助、食品药品安全监管和卫生监督体系建设得到加强。

2.人口资源环境协调发展。把人口资源环境工作放在突出的位置来抓，统筹做好发展经济与控制人口、节约资源、防治污染工作。计生综合改革不断推进，人口自然增长率始终控制在8‰以内，抓好土地、矿产、森林、水利等资源科学合理开发。

3.安全维稳工作扎实有效。始终坚持一手抓发展、一手保稳定，以发展保稳定，建立和完善了县级领导干部联系社区、部门联系居民小组、干部职工联系居民户的维稳工作机制；不断完善群体性事件处置预案，建立了县级领导干部信访接待日制度，加大社会治安综合治理力度，严厉打击各类违法犯罪行为，保持了区政治社会的稳定.

4.民主法制建设稳步推进。认真执行特区人大及其常委会的决议、决定。定期向特区人大及其常委会报告工作，自觉接受人大的法律监督、工作监督和政协的民主监督；高度重视并认真办理人大代表、政协委员议提案。4年中，共办理人大代表议案建议292件和政协委员提案174件，办结率均为100%，满意率不断提高。

2007—2011年，是万山特区应对挑战、经受考验、探索万山转型发展、经济社会全面进步、人民安居乐业的5年。5年中，以经济建设为中心，沉着应对金融危机，成功战胜雪凝灾害和连年干旱，着力推动转型发展，实现了“十二五”规划的良好开局，保持了全特区经济社会全面快速协调发展。主要体现在以下6个方面：

其一，国民经济保持较快增长。

生产总值由2006年的3.6亿元增加到2011年有9.5亿元，年均增长17.1%；人均生产总值由2006年的5322元增加到17925元，年均增长27.5%；财政总收入由2006年的1.51亿元增长到4.06亿元，年均增长28.2%、27.3%；年末金融机构各项存、贷款余额分别由2006年的2.84亿元、1.06亿元增加到13.4亿元和3.5亿元，年均分别增长36 %、27 %；全社会固定资产投资由2006年的1.08亿元增加到11.1亿元，年均增长59.5%；社会消费品零售总额由2006年的6542万元增加到1.5亿元，年均增长18.1%。

其二，项目建设和招商引资成效显著。

2007—2011年，累计争取国家投资项目142个5.73亿元，完成项目建设103个，投资3.28亿元；五年累计签约招商引资项目99个，总投资193.03亿元，实际到位资金由2006年的7547万元预计增加到2011年的15.2亿元，年均增长82.3%。

一是工业经济快速发展。始终坚持优先发展工业，投入资金6.59亿元，完成了转型工业园区征地1350亩、场地平整900亩，入驻企业达到51户。规模以上工业企业总产值由2006年的5.59亿元预计增加到2011年的16.5亿元，年均增长24.2 %；单位万元能耗从2006年的2.33下降为2011年的1.94，年均下降3.6%。二是培育壮大特色农业规模。完成了7776亩油茶、6730亩枣子、7500亩商品蔬菜、2000亩中药材和1000亩楠竹种植，形成以油茶、枣子、蔬菜等为主的优势特色种植业；不断扩大生猪、野猪、竹鼠、大鲵、绿壳蛋鸡等特色养殖业；培育壮大以和泰、龙辉、海洋科技、牧业为重点的农业龙头企业，实现了由“以粮为主”向“粮、畜、菜、果”等多元化结构的转变，农林牧渔业总产值由2006年的1.26亿元预计增加到2011年的2.25亿元，三是文化旅游事业稳步发展。成功举办了万山国家矿山公园揭碑开园仪式和首届“中国汞都·清凉万山”鼟锣文化艺术节等大型活动。

其三，坚持统筹城乡发展，城乡面貌明显改观。

投入资金6900万元，完成了中心广场、麻音塘休闲广场、体育馆、供水管网改造、污水处理系统、城区主干道“白改黑”以及城市中心敬老院主体工程等老城区公共设施工程。5年中投入资金3.6亿元，新建和改造通乡公路46.9公里、通村公路257.3千米，实现了村村通公路、乡乡通油路；完成了铜大高速公路万山连接线路基建设，万麻公路、万下油路改造等工程相继建成通车，完成了4乡客车站建设和高楼坪乡农村公路“建管养运”一体化试点工作，城乡居民出行条件得到进一步改善。建成报溪110千伏变电站、城关和下溪2座35千伏变电站，变电总容量达142兆瓦，电力保障能力得到全面提升。实施了龙江小（一）型水库除险加固、农村人饮安全、铜东灌区改造等水利工程建设，新增、恢复和改善农田灌面4.42万亩；以“三小”工程建设为契机，建成农村人饮安全115处，解决农村居民2.9万人饮水困难问题，农村居民生活条件得到明显改善。

其四，坚持改善民生，人民生活水平稳步提升。

一是实施了公务员“阳光工资”和事业单位绩效工资制度，提高了村干部报酬标准，建立了村干部养老保险制度，兑现了职工住房增量补贴。制定出台了促进就业和原贵州汞矿困难人员的相关扶持政策，扩宽就业渠道，城镇新增就业2905人次，城镇居民可支配收入由2006年的7079元预计增加到2011年的12870元，年均增长12.7%；农民人均纯收入从2006年的1609元预计增加到2011年的3780元，年均增长18.6%。二是认真兑现惠民政策。建立健全了社会救助体系，五年累计发放各类救助资金1.06亿元，其中兑现城乡低保资金9399.5万元，惠及1.72万人，实现了城乡低保动态管理下的“应保尽保、应退则退”。大力实施保障性安居住房建设，五年累计完成采空危险区搬迁923户，农村危房改造6183户，异地扶贫搬迁2117户，经济适用住房268套，廉租住房2512套。进一步完善了城乡社会保障体系，实施了新型农村合作医疗保险、城镇居民基本医疗保险等制度，实现了城乡居民基本医疗保险全覆盖，报销各类医疗保险费用6052万元，惠及4万余人。认真落实家电汽车下乡、良种补贴、退耕还林补贴等强农惠农政策，率先在全地区免除了农业税。

其五，坚持社会事业全面协调发展。

一是投入资金3930万元，大力实施“两基”攻坚工程，顺利通过了国家、省、地验收。积极筹措资金1970万元，探索实施了农村寄宿制小学建设，完成了高楼坪乡、敖寨乡、黄道乡寄宿制小学建设，启动了学前教育3年行动计划，开工建设高楼坪中心幼儿园。二是文化事业不断发展。完成了4个侗族乡综合文化站建设和20户以上广播电视“村村通”工程9093座，有线电视数字化改造、城区广播电视无线全覆盖等工程相继竣工。建成了17个农民体育健身工程，实现了万山汞矿工业遗产博物馆国家级免费开放。三是加强医疗卫生服务体系建设。完成了四乡一镇卫生院和40个村卫生室的业务用房建设，为各乡卫生院配置了救护车。大力实施了覆盖城乡的医疗卫生均等化服务，深化医疗卫生体制改革，实现了基本药物零差率销售，初步建成区乡村三级医疗卫生一体化管理体系。

2009年3月，万山特区被国务院列为全国第二批资源枯竭型城市，尤其是2010年国家发改委、省人民政府相继批准转型规划后，转型工作初见成效。一是发展空间不断拓宽。随着铜仁地区“撤地设市”战略的实施，完成了谢桥街道办事处和茶店镇、鱼塘乡、大坪乡的平稳过渡，全特区面积由原来的338平方公里扩大到现在的842平方公里，总人口由原来的6.55万人增加到15.78万人。二是产业就地转型初见成效。着力壮大汞化工、铁合金、锰系加工等传统工业产业和农业农头企业，大力培育铝材加工、镍多金属合金、新型催化剂、钾矿开发利用等接续产业，形成多种工业产业齐头并进的良好格局，实现了经济从单一的矿产开采向多元化工业集聚的蜕变。全特区规模以上工业企业完成税收由2006年的2554万元预计增加到2011年的4800万元，年均增长13.4%。三是城市异地转型扎实推进。完成谢桥新区征地1500亩，完成梵净山大道（二期）3千米、铜大高速公路南互通连接线3.1千米的路基建设，楚溪大道、万山大道已完成设计征地放线、地勘等前期工作；向上争取和引进了基础设施、产业经济项目20余个；完成了9个拆迁安置区的规划工作，已正式启动2个安置区建设；1568套廉租住房正在进行主体工程建设，完成谢桥新区绿化、美化、亮化、净化工程，基本完成规范化医院、示范性高中等项目征地拆迁工作。

第二节　特区政府工作机构

政府办公室

政府办公室系政府协调管理的一个综合职能部门。1991年有行政编制18人，其中正副区长4人，正副主任3人，秘书5人，内设战备办、综合办。1996年机构改革，明确行政编制23人，事业编制4人，内设秘书科、信息督查科、行政科、法制科、综合科，建立机关后勤服区中心，为办公室下属事业单位，核定事业编制10名。

1999年核定行政编23人，事业编制4人；2001年12月机构改革，法制科更名为法制办，明确为副科级；信息督查科分设为信息中心和督查科，信息中心为副科级机构。2002年国防教育办由宣传部划入政府办，为正科级。2004年法制办升格为正科级机构，明确行政编制1名，事业编制3名，挂靠政府办；信访办由党委办划入政府办更名为信访局，明确为正科级，核定事业编制4名。政府办内设常务科、文书科、督查科、综合科、行政科。至2005年实在编行政人员16人，工勤人员14人。2007年7月设置区政府应急管理办公室；2008年3月区政府办公室督查科更名为区政府办公室督查室，并升格为副科级机构。2008年12月区政府办公室督查室更名为区政府督查室。2011年7月原信息管理中心更名为电子政务信息管理办公室。

2010年11月机构改革，明确行政编制17名（含国教办1名），事业编制17人，其中：区长1名，副区长4名；主任（兼任应急办主任）1名，副主任4名，应急办专职副主任1名，督查室主任1名；科长4名；机关后勤事业编制17名。办公室内设常务科、文书科、综合科、行政科、法制办公室、国防教育办公室、政府应急管理办公室、政府督查室、信息管理中心。实有人数38人。

发展改革与经济贸易局（计划经济委员会、计划与经济贸易局）

1991年计划经济委员会，核有行政编制9人，实在编8人，内设对外经济协作办公室、计划股、企业管理股，承担经济体制改革职能。1992年以工代赈办公室设在计经委，负责全特区以工代赈的组织协调，监督管理。1994年对外经济协作职能划入政府办。1996年机构改革，撤销计划经济委员会、轻工业局，组建计划与经济贸易局。内设办公室、综合股、企业管理股，经济体制改革职能划入政府办。2001年更名为发展计划与经济贸易局，承担乡镇企业管理体制和招商引资职能，挂乡镇企业局、招商引资局牌子；划入安全生产管理、对外经济协作职能，其相应人员一同并入，人员编制增至14名，其中事业编制3人。内设办公室、发展计划股、项目办、经济贸易管理股、安全生产监督管理股。2004年更名为发展改革与经济贸易局，划出安全生产管理职能，内设办公室、发展改革股、项目办、企业管理股、招商引资办、核减行政编制3人。2005年实有在编人员9人。

2011年，万山特区发展和改革局内设办公室、固定资产与投资股、社会发展与基础产业股、物价管理股共5个股室，均为行政正股级单位，下设重大项目办、价格认证中心、煤炭检查站。行政编制8名，事业编制11名，机关工勤编制3名，2011年在职干部职工18名。

财政局

1991年有编制17人，其中事业编制6人。内设办公室、预算股、行财股、预算外管理股、农财股、企财股、“三查”办。1996年7月机构改革，确定行政编制16人、事业编制2人。内设办公室、预算行财股、农财股、综财股、企财股、“三查”办、国有资产管理股。2001年12月对内设机构和人员编制进行调整，内设办公室、预算行财股、农税农财股、综合财务股、财政监督股、国有资产企财股，核定行政编制12名、事业编制3名。2002年5月成立会计管理局，明确为财政局下属副科级事业单位，核定事业编制14名，内设会计业务股、会计核算中心，同时在乡镇设置会计核算中心，定编2人。2003年成立政府采购办由财政局承担该项职能。至2005年财政局实有在编人员15人，会计局实有在编人员15人。

2011年，铜仁市万山特区财政局内设股级机构10个，分别为办公室、预算股、国库股、行财社保股、企业管理股[经济建设股、外经股]、综合计划股（会计股）、国有资产管理股、农业股[农业开发办公室]、财政监督检查股[政府采购管理办公室]、绩效评价及投资评审股，设二级机构三个（国库集中支付局，基层财政管理局，非税收入管理局），总编制46名，现有人员42人。

公安局

公安局系维护社会治安、侦察打击各类刑事犯罪得行政机关。1991年内设政保股、人秘股、治安股、预审股、内保股、看守所、交警队，下辖万山镇、高楼坪、黄道、下溪、敖寨五个基层派出所。贵州汞矿、有色地质一队设公安科，受地区公安处和万山公安局双重领导（1992年有色地质一队迁离万山，公安科随之消失）。1996年机构改革，公安局设办公室、政治保卫股、经济文化保卫股、治安警察大队（基础工作股、户政管理股、治安股）、禁毒工作股、预审股、后勤财政股、政工股、审计股。核定行政编制57人（含乡镇派出所20人）。交警大队单列行政编制10人。汞矿公安机关科经济民警中队人员编制由82人缩减为56人，守卫点由13个减为9个，下属3个分队，3个直属小队。2001年贵州汞矿关闭，经济民警中队纳入地方公安机关建制序列，改称万山特区公安局土坪派出所，为正科级，定编35人。2001年12月，政府批复公安局“三定”方案，内设办公室、政工科、国内安全保卫大队、经济犯罪侦察大队、治安警察大队、刑事侦查大队、科技股、公安信息网络安全监察大队、监所管理大队、法制股、警务监察大队，行政编制57名（含乡镇派出所，2004年增加到60名），交警大队单列编制8人。至2005年年底公安局是在编83人，交警大队在编8人。

2005—2011年，万山特区公安局机构及人员编制于2004年、2008年、2010年发生了3次变化：

2004年9月，万山特区人民政府办公室（万府办通〔2004〕123号）批复：万山特区公安局设12个职能股（室），即：办公室（指挥中心）、政工科、国内安全保卫大队、经济犯罪侦察大队、治安警察大队、刑事侦查大队、科技股、公共信息网络安全监察大队、监所管理大队、禁毒工作大队、法制股、警务督察大队。行政编制60名（含四乡一镇派出所）。其中，局长1名，政委1名，副局长3名，政工科长1名，纪委书记1名，正、副股长（主任、所长）30名。另设交通警察大队、土坪派出所（正科级单位）、四乡一镇各设派出所1个。

2008年8月，万山特区机构编制委员会（万机编〔2008〕15号）批复，万山特区公安局设8个执法勤务机构（副科级规格），即指挥中心（加挂办公室牌子）、国内安全保卫大队、刑事侦查大队、治安管理大队（加挂出入境管理大队牌子）、交通警察大队（加挂公路巡逻警察大队牌子）、禁毒大队（加挂特区禁毒委员会办公室牌子）、巡逻特警大队、监管大队；设3个综合管理机构（副科级规格），即：政工监督室、法制室、警务保障室；设5个派出所（副科级规格），即：万山派出所、高楼坪派出所、黄道派出所、敖寨派出所、下溪派出所，另，保留土坪派出所（正科级规格）；设看守所、拘留所、强制戒毒所

(加挂劳动康复中心牌子)，均为副科级规格。

2010年11月，万山特区人民政府办公室（万府办发〔2010〕180号）批复：万山特区公安局设12个职能队（室）(均为副科级建制)，即：指挥中心（办公室）、国内安全保卫大队、刑事侦查大队、治安管理大队（出入境管理大队）、禁毒大队（万山特区禁毒委员会办公室）、巡逻特警大队、监管大队、网络安全监察大队、政工室、监督室（监察室、督察大队）、法制室、警务保障室。行政编制105名。其中，局长1名、政委1名、副局长2名、纪委书记1名，主任（队长、教导员）20名，副主任（副队长）18名，中队长9名。

另设万山特区交通警察大队（公路巡逻警察大队）、土坪派出所（正科级单位)、万山派出所、高楼坪派出所、黄道派出所、敖寨派出所、下溪派出所；看守所、拘留所、强制隔离戒毒所（劳动康复中心)。

人事劳动和社会保障局（人事劳动局）

1991年内设办公室、仲裁股、计调股、劳资股、安全股、社保股、退休干部工作股。下属单位有劳动就业办公室。1994年10月成立技术工人技术等级考评办公室，1995年3月建立劳动监察室。1996年机构改革，核定编制14人，其中事业1人。内设机构调整为办公室、计划调配股（含专业技术管理)、工资福利股（含退休、技工考评)、仲裁股（含劳动监察)、安全股。同时成立“社会保险事业管理局”为人事劳动局下属副科级事业机构，定编4人。2000年增设社会保险股，增加行政编制2人；社会保障事业局核定事业编制14人，内设办公室、养老保险股、医疗保险股、财务股、社会保险基金征缴股。2001年2月增设劳动保障监察大队，增加事业编制4人。同年12月人事劳动局更名为“人事劳动和社会保障局”，核定行政编制11名、事业编制1名。2003年3月在乡镇、矿区社区建立劳动保障事务所。至2005年，内设机构有办公室、计划调配股（含军转干部安置)、工资福利与退休股、仲裁股（含劳动监察)、社会保险基金监督股。在编人员10人。

2010年9月，万山特区人事劳动和社会保障局改名为万山特区人力资源和社会保障局；2011年10月，万山特区人力资源和社会保障局更名为铜仁市万山特区人力资源和社会保障局。

人力资源和社会保障局内没办公室、计划调配股、工资福利与退休股、职称股、资金基金监督股共5个股室，下设社会保险事业局（副科级)、就业局（副科级)、劳动保障监察大队、人事劳动争议仲裁院4个副科级事业单位，人才交流中心1个股级事业单位。2011年年末，全局在职职工总数为38人，其中，局机关（含劳动保障监察大队、人事劳动争议仲裁院、人才交流中心）17人，社保局14人，就业局（含小额贷款担保中心）7人。

民政局

1991年有行政编制6人，1996年机构改革增加事业编制1人，内设办公室、优抚安置股、救灾救济股、社会行政管理股。下属农村社会养老保险管理所，核定事业编制3人。残疾人联合会（1999年3月分开独立)，明确行政编制2人名、事业编制2名。2001年划出农村社会养老保险职能，明确老龄委与之合署办公，内设办公室、城乡居民最低生活保障办公室、救灾救济股、优抚安置股、社会行政事务管理股。定编10名，其中事业编制2名，老龄委单列事业编制1人。2002年低保工作办公室增加事业编制2名。2005年成立城乡社会救助管理局，核定事业编制10人。至2005年底民政局实在编20人。

2006—2011年，万山特区民政局机构没有多大变化，机构设置主要有：办公室、优抚安置股、救灾减灾股、基层政权股、社会事务股5个职能股室。下设殡葬管理所、救助管理站、慈善总会办公室、城市中心敬老院、婚姻登记处等5个事业股室。下设1个二级单位万山特区城乡社会救助管理局。区老龄办挂靠区民政局。民政局行政编制10名（其中，机关后勤事业编制2名），事业编制31名，现有在职干部职工25人。

民宗局（民族事务委员会）

1991年有行政编制5名。1996年机构改革更名为民族宗教事务局，编制不变，内设办公室、经济建设股、宗教股。2001年对人员编制进行调整，明确行政编制4名、事业编制1人，内设办公室、综合股。2005年11月再次更名为“民族事务局”加挂“宗教事务局”牌子。在编人员5人。

2006—2011年，万山特区民族和宗教事务局机构没有多大变化，内设3个职能股（办公室、民族股、宗教股），行政编制6名，其中局长一名，副局长2名，股长（主任）3名，机关后勤人员1名。设立宗教事务执法大队，为民族事务局所属副科级事业单位，核定事业编制3名。

统计局

1991年有统计干部6人，1996年机构改革定编7人，内设综合股、计算股。2001年调整，增设普查中心，编制增加至9人，其中事业编制5人。2005年实在编8人。

2006—2011年，万山特区统计局机构没有多大变化，内设办公室、业务股两个股室以及一个正科级二级事业法人单位乡镇统计管理办公室和两个副科级二级事业法人机构是普查中心、执法大队。核定总编制数为26人，其中行政编制4名、机关行政于勤1名，事业编制21名。

审计局

1991年有行政编制10人，1996年机构改革减为9人，内设办公室、财政金融审计股、企业审计股、行政事业审计股。2001年12月调整，核定行政编制7名、事业编制2名，增设经济责任审计室。2005年实在编8人。

2006—2011年，万山特区审计局机构没有变化，万山特区审计局属万山特区人民政府正科级行政工作部门，负责实施全县审计监督工作，截至2011年12月底，核定人员编制16名，实有职工14人，其中：本科学历5人，大专学历9人，具有中级职称2人，初级职称5人。内设办公室，财政金融审计股，行政事业审计股，经贸审计股，经济责任审计室。下辖固定资产投资审计评审中心，审计咨询服务中心。

监察局

1991年有编制10人，实在编8人，内设办公室、监察股、审理股、信访股。1993年6月与纪委合署办公，其编制与内设机构间纪委工作机构。

1994—2011年，特区监察局仍属于政府序列，内设办公室（干部室）、监察综合室、宣教研究室、党风廉政建设室、（特区委反腐倡廉领导小组办公室）、执法监察室、（行政效能监察室）、纪检监察室、案件审理室、信访室、纠正部门和行业不正之风室。

万山特区纪委机关、监察局行政编制为14名，其中：书记1名，副书记2名，监察局长1名，（由一名副书记兼任），监察局副局长2名，（其中非中共党员副局长1名），主任9名，机关后勤服务人员编制2名。

乡镇企业局

1991年有行政编制8人，1996年机构改革减编2人，内设办公室、生产安全股、财会统计股。2001年并入发展计划与经济贸易局。

技术监督局（计量局、质量技术监督局）

1991年有行政编制2人，计量检测所事业编制3人。1995年8月成立水表检测所，1996年5月建立产品质量检测所，同年7月并入工商局，1999年7月技术监督局从工商局分离出来，成立质量技术监督局，同时划为省垂直管理单位。至2005年局、所在编人员共5人。

2006—2011年，万山特区质量技术监督局机构略有变化，局内设办公室、业务股2个股室，1个直属副科级事业单位，1个正股事业单位，另有1个区直副科级事业单位（万山特区汞产品检测中心，与万山特区质量技术监督检测所合署办公），2011年在职职工10人。

工商行政管理局

1991年有编制25人，其中事业3人。内设办公室、合同商标广告股、企业个体经济管理股、经检队、市管股、政教股，下辖四乡一镇工商所。1995年下溪、敖寨合并为下敖工商所，黄道、高楼坪合并为高黄工商所。1996年机构改革，计量、物价并入工商，定编22人，其中事业1人，内设办公室、政治教育股、法制股、经济监督检查股、企业登记管理股、个体经济监督管理股、价格管理股、计量监督股。1999年4月工商、物价、技术监督分设，同年7月工商行政管理局划属省垂直管理体制。2001年撤销乡镇工商所，成立万山工商所，在编14人。至2005年内设机构有办公室、监察室、执法监督股、政策法规股、注册登记股、消费者协会、机关服务中心。实在编18人。

2006—2011年，万山特区工商行政管理局机构略有变化，万山特区工商局位于万山镇地磅旁，内设办公室、监察室、政策法规股、执法监督股、注册登记股、12315投诉中心、消费者协会、信息中心8个股室。派出机构为万山工商所，2011年，全局共有在职干部职工27名。

物价局

1991年有行政编制3人，物价检查所事业编制4人。1996年机构改革并入工商局，1999年4月从工商局分离出来。2001年12月明确行政编制2名，后勤事业编制1名，保留物价监督所，与物价局合署办公，一个机构两个牌子，核定在编人员6人，其中参公3人，工勤1人。

2006—2011年，万山特区工商行政管理局机构略有变化，2010年，物价局合并到发展和改革局，机构名称为发展和改革局（物价局）。2011年，万山特区发展和改革局内设办公室、固定资产与投资股、规划发展股、社会发展与基础产业股、物价管理股共5个股室，均为行政股级单位，下设重大项目办、价格认证中心、煤炭检查站，行政编制8名，事业编制11名，机关工勤编制3名，2011年在职干部职工18名。

商业局（商业贸易开发中心）

1991年有行政编制3人，事业编制11人，内设人秘股、财会审计股、统计物价股、业务储运股、保卫股、工会。1996年机构改革更名为商业贸易总公司，1997年10月又改称商业贸易开发中心，明确事业编制8人，内设办公室、流通股、财会统计股。至2005年实在编3人。2010年，根据机构改革的有关精神，商业局合到工业贸易局。

物资股（物资供销公司）

1991年有行政编制1人，管理计划物资调运销售。1996年机构改革，更名为物资供销公司，退出政府工作机构序列。

粮食局（粮油贸易公司）

1991年有行政编制3人、事业编制22人，内设人秘股、保卫股、工业股、业务股、储运股、统计股、财会股、工会。1996年7月机构改革与粮油贸易总公司合并，实行一个工作机构，核定事业编制20人，内设办公室、购销股、工业储运股、财会统计股、经贸股。1999年政企分开，粮食局明确行政编制6名。2001年核定行政编制4人，机关后勤服务事业编制3人，内设办公室、业务股。2005年有在编人员6人。2010年，根据机构改革的有关精神，粮食局合到工业贸易局。

国土资源局（土地管理局）

1991年有行政编制3人，事业编制13人，内设办公室、法规监察股、地籍管理股、土地管理执法股、建设用地管理股。1996年机构改革划入矿产资源管理职能，更名为国土资源局，核定编制10人、其中事业1人，内设办公室、地籍矿产管理股、建设用地管理股、法规监察股。2001年12月对人员编制和内设机构进行调整，明确行政编制6人、事业编制1人，内设办公室、用地管理股、地籍管理股、综合管理股。2004年调整，撤销综合管理股，增设资源环境与矿权管理股、法规监察股、规划股，增加事业编制1名。至2005年实在编7人。

2006—2011年，万山特区国土资源局机构发生较大变化。2011年，万山特区国土资源局在职干部职工共58人。局编制26名，乡镇所编制28名，领导职数：局长1名，副局长2名。国土资源局内设6个职能股（室）；办公室、田地管理股、地籍管理股（万山特区测绘管理办公室）、地质矿产管理股、法规监察股、规划股。5个事业单位、国土资源执法监察大队（副科级）、土地矿权储备中心（副科级）、信息中心、土地资源勘测规划所、地质灾害综合防治办公室。派出机构9个乡（镇、办事处）国土资源管理所。分别是万山镇国土资源所、高楼坪侗族乡国土资源所、黄道侗族乡国土资源所、敖寨侗族乡国土资源所、下溪侗族乡国土资源所，2011年l—11月，原铜仁地区撤地建市后，将铜仁市碧江区谢桥街道办事处同土资源局所、茶店镇国土资源局所、鱼塘侗族苗族乡国土资源局所、大坪侗族土家族苗族乡国土资源局所划转万山管辖。

矿产资源管理办公室（矿产资源管理局）

1991年称矿产资源管理局，同年11月更名为矿产资源管理办公室，有行政编制3人。1996年7月机构改革，撤销并入国土资源局。

轻工业局

1991年有行政编制7人，1996年7月机构改革撤销并入计划与经济贸易局。

交通局

1991年有行政编制6人，事业编制15人。内设办公室，下辖交管站（后称运管所，1997年上划地区管理）、养征站（上级管理），群养工区（后更名为公路管理所）、路政管理所、汽车站（企业）。1996年机构改革，明确局行政编制6人、事业编制1人。内设办公室、技术安全股。2004年增设公路勘测设计室，增加事业编制5名。至2005年局机关在编9人。

2006—2011年，万山特区交通运输局机构基本情况是：局内设行政机构3个，（办公室、综合计划股、建设管理股）及3个副科级站所（运管所、客管所、公路所）共有编制16人。

建设局（城建环保局）

1991年年初有行政编制3人，事业编制32人，内设办公室、规划设计室、环境监测站、施工管理站、建设设计室、房产管理所（1998年成立房产事业局划出）、城管监察大队（2005年更名为城管局，为二级局）。同年3月撤销城建环保局，成立建设局、环保局，明确建设局行政编制2人、事业编制25人。1996年机构改革增加行政编制1人。2001年核定局机关行政编制3人、事业编制1人。2005年内设机构办公室，规划设计、建设设计、施工管理、工程质量监督、劳动技能鉴定及村镇建设管理六个站股室。在编人员48人。下辖环卫和自来水公司。

2006—2011年，万山特区住房和城乡建设局机构发生较大变化。2010年8月28日，政府机构改革由原建设局、房产局、城管局3个局组合成立为万山特区住房和城乡规划建设局，2011年10月22日铜仁撤地建市后，2011年12月23日更名为铜仁市万山特区住房和城乡建设局。现有股室机构7个：办公室、住房改革与发展保障股、房地产监管与房产管理股、城乡规划管理股、建筑业与节能管理股、招投标与造价管理股、法规监察股。实有在职干部职工60人，临聘人员28人，环卫工人190人（含公益性安置人员），共计278人。

环保局

1991年3月建立，其中事业编制7人。1996年机构改革核定行政编制3人。2001年更名为环境保护事业局，核定事业编制5名，内设办公室、业务股。2005年实在编4人。

房产事业局

1998年3月建立，核定事业编制6人。2001年机构改革，编制不变，内设办公室、综合业务股、住房资金管理办公室。保留住房制度改革领导小组办公室，安居工程建设发展中心更名为经济实用住房发展中心。2005年实在编5人。2011年合并到住房和城乡建设局。

供销合作联社

供销合作联社是本级联社理事会办事机构，又是乡镇供销和城镇社办企业的管理机关，管理人员编制6—8人，内设办公室、财会股、统计股、资产管理股、安全股、审计股。经费来源由下属的基层供销社和农资土产公司、日杂废旧公司、供销贸易公司提交。1995年供销合作联社退出政府行政机构序列。2001年机构改革列入政府事业单位，核定事业编制5人，内设办公室、财务统计股、业务股。2004年1月起，经费来源列入政府财政预算管理。2005年实在编3人。

2006—2011年，万山特区供销合作社机构基本情况是：基层社、公司等集体企业6个、在册职工106人，其中离退休人员47人；企业总资产1880万元，2005—2011年在为农业生产农民生活服务中，实现农资农产品及农村日用品销售1627.7万元。为“三农”提供优质服务，始终是供销合作社的办社宗旨。

司法局

1991年有编制15人，内设办公室、人秘股、宣传股、业务股。下属机构有法律顾问处（律师事务所）、公证处。1992年增设基层工作管理股，同时在城区和高楼坪成立法律服务所。1996年机构改革核定行政编制18人（含公证处及乡镇司法助理员），内设办公室、法制宣传股、基层工作股。1997年4月乡镇建立司法所，1999年成立法律援助中心。2001年内设机构调整，增设政工科、律师公证工作管理股，增加事业编制2名。2005年在编人员15人（含乡镇司法助理员）。

2006—2011年，铜仁市万山特区司法局内设政工科、办公室、基层股、律师公证工作管理股，法律援助中心，法制宣传股6个职能科室。下设新大陆律师事务所铜仁万山特区公证处2个事业机构和万山镇、高楼坪乡、黄道乡、敖寨乡、下溪乡5个司法所。总编制33名，其中政法专项编制31名，事业编制3名，工勤编制2名。有司法干警26名。

安监局（安委办）

1991年称安委办，定编2人，其中事业编制1人，与劳动人事局合署办公。2001年机构改革，安监职能划归计划发展与经济贸易局。2004年8月，安监职能和人员划出，成立安全生产监督管理局。核定事业编制9人。内设办公室、安监股、法制教育培训股。2005年实在编5人。

2006—2011年，万山特区安全生产监督管理局（以下简称区安监局）略有变化，本局成立于2004年8月，时为特区政府直属事业单位（参公管理），2010年11月政府机构改革为政府组成部门，与特区安全生产委员会办公室合署办公，安监局各类人员编制25名，内设和管理的机构有办公室、安监股、危化股、职健股、宣教培训股、应急协调股、执法大队、尾矿库管理中心、安全生产培训中心，现有工作人员16人。

农业办（农经委）

1991年农经委与农工部一套人员，定编10人，其中事业编制2人。内设计划统计股、科技开发股、农研生产股。1996年更名为农业办，核定编制7人，其中事业编制1人，内设农经股、扶贫开发股。2001年机构改革，明确事业编制10人，内设办公室、扶贫股、农建办，2003年增编1人。2005年实在编11人。

农业局（农业技术开发服务中心）

1991年定编33人，其中行政编制2人。内设办公室、种子公司、农村能源办、土肥站、水产站、植保站、农经站、农推站。1996年7月机构改革与畜牧局合并，更名为农业局技术开发服务中心，内设办公室、业务股、法制股。2001年科技局并入农业局，划入农机管理和农业区划职能，建立农业机械服务中心和农业资源区划研究中心，为农业局的副科级事业单位，核定事业编制7名，明确局机关行政编制4名，机关后勤服务事业编制1人，内设有办公室。2004年划出科学技术局职能。2005年局机关实在编6人，其中事业2人。

畜牧局（畜牧水产技术开发服务中心）

1991年有编制15人，其中行政2人。内设办公室、兽防站、品改站、草地站、药政站、饲料监测站。1996年7月机构改革，撤销并入农业技术开发服区中心。1997年9月农牧分社，建立畜牧水产技术开发服务中心，2001年更名为畜牧水产事业局，核定事业编制6名，内设办公室、业务股。2005年实在编6人。

2010年，万山特区政府机构改革，撤销万山特区畜牧局兽医局，与农业局、科技局、组成农牧科技局。农牧科技局是特区行政管理机构，其中畜牧兽医部门5个（畜牧水产动物卫生监督所、动物疫病预防控制中心、畜牧技术推广站、水产渔政站、药政站）。

农业区划办（农业资源区划办公室）

1991年有事业编制3人，1996年12月更名为农业资源区划办公室。2001年机构改革归并农业局。

旅游事业局

2003年10月建立，核定事业编制6名，内设办公室、业务股。2005年实有2人。

2010年，万山特区政府机构改革，撤销万山特区旅游局，成立文化体育广播电视旅游局，下设办公室等股室6个，编制人数44人，6个乡镇设综合文化站。

农机局（农业机械事业局）

1991年有编制14人，其中行政编制2人，内设办公室、农机监理站、农机管理站。1996年机构改革，更名为农业机械事业局，核编4人，内设办公室，农机管理站。2001年归并农业局。

林业局（林业技术开发服务中心）

1991年有行政编制3人，事业编制42人。内设办公室、营林股、林政股、科教股、林业派出所、苗圃场。1996年更名为林业技术开发服务中心，核定事业编制20人，内设办公室、林政资源管理股、营林股、林业产业股、林业派出所。2001年机构改革，恢复林业局名称，明确局机关行政编制4人，后勤服务事业编制1人，内设办公室、林政管理所（林政管理股）、保留苗林管理站（苗林股）。增设林业技术推广中心，核定事业编制4人。至2005年实在编6人。

2006—2011年，铜仁市万山林业局内设办公室、产业办、防火办、林业公安派出甩、苗种站、林政所、检疫站、营林站、木材检查站、科技推广中心、羁圃场等11个机构，下辖开天国有林场、全局现有职工28人。

水利局（水利电力技术开发服务中心）

1991年有编制31人，其中行政编制3人。内设办公室、管理股、机电股、保卫股、设计队。1996年7月更名为水利电力技术开发服务中心，内设机构调整为办公室、水政资源办、设计股、机电管理股、保卫股。2001年恢复水利局，局机关只设办公室，核定行政编制4人、后勤服务事业编制1人。防汛抗旱指挥部办公室单列编制2人。下设水土保持站、水利建设站、水政水资源监察所、水利管理所，核定事业编制14人。至2005年局机关实在编6人，其中事业3人。

2010年，万山特区政府机构改革，由“多龙管水”转变为“一龙管水”，进一步建立健全水务理机构，将水利、供水、排水三大行业的相关职能归并，组建起水资源和相关涉水事务统一管理的水务局。为推进城乡水资源统一管理，完善水利工程建后管理的管理体系，2011年共新成立农村用水协会7个。

文化局（文化广播电视局）

1991年有行政编制3人，事业编制14人（文化馆8人、图书馆6人、新华书店上级管理）。1996年机构改革，与广播电视局合并成文化广播电视局。内设办公室、文化管理股、广播电视管理股。2001年职能调整，更名为文化体育广播电视事业局。核定局机关事业编制8名。内设办公室、文化管理股、广播电视管理股、体育管理股、新闻出版管理股。下辖图书馆、文化馆、新华书店、电视台、有线电视站、四乡文化站。截至2005年局机关实在编9人。

2010年，万山特区政府机构改革，设立文化体育广播电视旅游，局下设办公室等股室6个，编制人数44人，6个乡镇设有综合文化站。主要职责是挖掘整理、推荐全特区优秀的民族文化、贯彻实施《全民健身计划纲要》，依法整治文化、体育、广播电视市场，抓好电视新闻宣传，村村通广播电视工程等工作。

广播电视局

1991年有事业编制8人，内设办公室、广播站、电视台、服务部。1996年机构改革归并文化局。

体委（体育事业局）

1991年有事业编制5人，1996年机构改革更名为体育事业局，定编3人。2001年归并文化广播电视局。

地方志编纂委员会办公室（史志合一）

1991年有事业编制5人，与党史研究室一套人员，两块牌子。1996年、2001年两次机构改革，人员编制和工作职能均未变。2005年实有在编的共3人。

2010年，万山特区政府机构改革，万山特区档案局[档案馆]与地方志编纂委员会办公室合并。

档案局（档案馆）

1991年机构改革，更名为档案事业局，内设办公室、档案管理股，核定事业编制6人。2001年调整核定事业编制5名，内设办公室、业务股、管理股。2005年实在编3人。

2010年，万山特区政府机构改革，万山特区档案局[档案馆与地方志编纂委员会办公室]合并，2011

年，档案局（档案馆、方志办）内设4个职能股室，分别是办公室、法规股、档案管理股、方志股，事业编制8名，其中，局长（馆长、主任）1名，副局长（副馆长、副主任）2名，股长（主任）4名：工勤事业编制1名，纳入财政全额预算管理。2011年，实有在编人员有5人，内设4个股，缺编4人。

教育局

1991年有行政编制3人，事业编制571人（含学校教师），内设办公室、人秘股、财会股、招生办、教育股、教育工会、教研室、函授站。1996年机构改革明确行政编制11人（1997年增加3人），事业编制1人。内设人秘股、计财股、招生办、教育股、督导室。2001年调整增设办公室，核定行政编制9人，后勤服务事业编制4名。至2005年局机关在编13人。2011年，教育局机关行政编制9名，机关后勤服务人员编制4名。内设机构有：办公室、人事股、计财股、教育股、万山特区人民政府教育督导室。

科技局（科委）

1991年有行政编制4人，事业编制2人（科技情报室）。1996年更名为科技局，核定行政编制3人。2001年机构改革归并农业局，2004年6月从农业局划出与科学技术协会合署办公，实行一个机构两块牌子，核定事业编制5名，内设办公室。业务股。2005年实在编5人。

2010年，万山特区政府机构改革，撤销万山特区畜牧局兽医局、科技局，与农业局合并，组成农牧科技局。

科学技术协会

2011年，万山特区科学技术协会内设办公室。设行政编制3名，其中，主席1名，副主席1名，办公室主任1名，列入国家参照试行国家公务员制度范围。2004年8月，万山特区科学技术协会与万山特区科学技术局合署办公，实行一个机构两块牌子。2010年11月，万山特区科学技术协会独立办公。

卫生局

1991年有行政编制3人，事业编制16人，内设办公室、业务股。下属有药检所、妇保站。1996年机构改革，爱委会办公室划入，核定行政编制8人，事业编制1人。下属增加环卫队（后划入建设局的城管大队管理）、防疫站（2002年1月分设为卫生监督所、疾病预防控制中心）。2001年职能调整，内设办公室、规划财务股、业务股、爱国卫生运动办公室，核定局机关行政编制6名，后勤服务事业编制1人，红十字会单列事业编制1名。2005年12月成立农村合作医疗管理事业局，归口卫生局，核定事业编制7名。至2005年卫生局机关实在编9人。

2006—2011年，卫生部门发生较大变化，负责对全特区各级各类医院、卫生防疫（疾病控制）、卫生监督、妇幼保健、农村合作医疗、乡镇卫生院、社区卫生服务中心、村卫生室等医疗卫生机构的监督管理工作。

2010年9月特区机构改革，卫生局与食品药品监督管理局合并，组建万山特区卫生和食品药品监督管理局，局机关下设：办公室、规划财务股、基层卫生股、医政与科技教育股、药品监督股、爱卫办。干部职工12人。所辖单位为特区医院、卫生监督所、疾控中心、妇幼保健站、合作医疗管理局、高楼评、黄道、敖寨、下溪乡卫生院9个单位。同时，红会办从卫生局分出单独成立万山特区红十字会，为特区正科级群团组织。2011年5月成立万山特区社区卫生服务中心，隶属万山特区卫生和食品药品监督管理局领导，其主要职责为万山镇居民提供基本医疗和基本公共卫生服务。

爱国卫生运动委员会办公室

1991年有事业编制16人（办公室3人、环卫队13人）。1996年机构改革并入卫生局。

计划生育局（计生办）

1991年有行政编制2人、事业编制11人，内设办公室、宣传指导站。1996年更名为计划生育局，确定行政编制6人、事业编制1人，内设办公室、宣传教育股。2001年调整为办公室、业务股、科技股。2004年6月更名为人口与计划生育局，同时成立计划生育协会，核定事业编制1人。2005年实在编9人。

2011年，人口和计划生育局共的编制7名，其中领导3名，非领导3名（办公室1名、科技股1名业务股1名）和后勤编制1名，其下所属事业单位有区计妇中心、(副科级、编制为25人—和特区流动人口计划生育管理办公室（股级、编制为2人）。

政务服务中心（行政控诉中心、招商引资局）

2005年12月建立，核定事业编制7名（含后勤服务编制1名），内设办公室（控诉股）、招商引资股。

万山特区人民政府行政服务中心于2007年8月挂牌运行，与招商引资局、行政投诉中心实行一套人马、三块牌于合署办公。2010年8月机构改革，万山特区行政服务中心（行政投诉中心）单设，属政府管理的正科级单位。中心内设办公室、政务公开股、投诉股、采购中心，核定事业编制10名（中心7名，采购中心3名）。现有干部职工7人，其中，主任1人，工作人员6人；设有8个窗口，进驻中心窗口的部门有工商局、质监局、国土局、环保局、卫生局、房产局、林业局、建设局，有窗口工作人员8人，纳入中心办理的行政审批和公众服务事项39项。

矿区社区服务管理局

2001年12月贵州汞矿关闭后，地区编委行文成立矿区社区管理局，为特区政府管理的副县级事业单位，下设矿区离退休人员服务管理中心和矿区托管服务中心，为正科级事业单位，核定事业编制39名，其领导从原汞矿党政班子中选拔任用，工作人员从原汞矿职工中招考录用。职能是管理实施统筹项目外养老金发放和离退休人员的社会化服务，负责组织过渡性安置人员的技能培训，促进其再就业，指导辖区内土平、三角岩、官山、冲脚、张家湾、杉木董、滑石坡、岩屋坪8个居委会工作，承担社会治安综合治理，计划生育、环境卫生、物业管理等，组织社区文化、体育、娱乐等活动，促进社区精神文明建设。至2005年底全局在编38人。

2008年4月，根据市、区文件要求，对矿区社区服务管理局职能、内设机构和人员编制重新确定：撤消两中心和其它内设机构，划出相应职能及人员编制，重新核定工作职能，设大“办公室”及“离退休人员管理科”两个内设机构，整合后的社管局核定编制数为10名。其中：领导职数5名，管理人员编制3名，工勤人员编制2名。

万山转型工业园区

2011年5月，万山转型工业园区正式成立。2011年8月10日，园区临时管理机构万山特区转型工业园区管理委员会正式组建，并成立了领导小组，特区政府区长张吉刚任组长，特区委常委政府副区长黄勇、人大常委会副主任何祥猛、副区长饶治华、政协副主席杨德胜为副组长；工作人员从各单位临时抽调，共23人。万山特区转型工业园区管理委员会下设“四部一公司”，即：综合部、企业服务部、规划建设部、征地拆迁矛盾调处部和投融资开发公司；办公室设在万山特区工贸局。2011年11月4日，铜仁地区编制委员会办公室下发了铜仁地区编制委员会办公室关于设立万山特区转型工业园区管委会的批复》，万山特区转型工业园区管委会由政府临时机构正式转变为政府常设机构，为正科级。

2011年11月，经国务院批准铜仁撤地设市，万山作为市辖区撤销万山特区，成立铜仁市万山特区，万山融入铜仁城市经济圈和玉铜松产业带。

贸易投资局

贸易投资局于2011年5月从万山特区人民政府行政中心（万山特区招商局）中单列，为正科级参公事业单位，局内设办公室、项目股、招商股、对外经济协作股、投资服务与督查股，局设书记1名，局长1名，副局长3名。

主要工作职责是研究拟定招商引资和经济协作的政策措施、改善投资环境、筛选储备项目、负责对外开放、招商引资的组织设施。组织协调和承办特区参与国际国内重大招商引资活动，东西部合作区域经济协作重大项目洽谈签约，跟踪落实，督促检查和服务等。

以下为特区政府与上级双重管理机构：

税务局

1991年内设人教股（办公室）、税政股、征管股、征收股、稽查队、税检室、计征股。1994年分设为国税局、地税局。

国税局

1994年9月建立，内设人教股、计财股、综合业务股。下属有稽查分局、直属征收管理分局、信息中心及四乡一镇税务所。2001年撤销四乡一镇税务所，2003年12月撤销直属分局，成立万山税务分局，设综合业务股、计征股。至2005年内设机构有办公室（人秘股）、计征股、稽查局、信息中心、万山税务分局。实在编人员27人。

2006—2011年，国税局在职职工28人，内设5个科室：办公室、人教科、征收管理科、税源管理科、收入核算科、1个事业单位、信息中心、1个分局、万山税务分局。

地税局

1994年9月成立，内设人秘股、会计征收股、税收股、征收管理股、稽查队，下属有四乡一镇税务所。1996年6月设立直属征收分局与万山镇税务所合署办公。1999年设立监察室。2001年12月撤销四乡一镇税务所，设置万山中心税务所和高楼坪中心税务所。至2005年，内设机构有税政法规股、计财股、征收管理股、人事教育股（办公室）、监察室，直属机构有征收分局、稽查局，下属有万山、高楼坪中心税务所。实在编人员16人。

2006—2011年间，万山特区地税局内设办公室、计划财务股、人事教育股、征收管理股、税政法规股、监察室、信息中心共7个股室，下辖1个直属征收分局，1个派出机构即：万山镇中心税务所，在编人员18人。

邮电局

1991年有支局1处，邮电局5处，在职职工66人，其中农话13人。1998年10月邮政电信分营，成立邮政局和电信局。

邮政局

1998年10月建立时，有在职职工27人，内设综合办公室、经营服务部、财务部，生产单位有营储班、发投班。下设三角岩支局、解放街储蓄所、省溪储蓄所及四乡邮政所。至2005年有在职职工18人。

2006—2011年间，万邮政局位于万山特区区府路，内设综合办公室、市场部、邮务部、储汇业务部、速递物流部、营投部、机要室、报刊发行室、业务档案室、护卫队；分支机构有中国邮政储蓄银行有限责任公司万山特区区府路营业所、中国邮政储蓄银行股份有限公司万山特区解放街营业所、三角岩支局（中国邮政储蓄银行有限责任公司万山特区三角岩路营业所）、下溪支局（中国邮政储蓄银行有限责任公司万山特区下溪侗族乡营业所）、高楼坪邮政所、黄道邮政所、敖寨邮政所等7个支局（所），在职干部职工39名。

电信局

1998年10月成立，内设办公室、市场营销部、建设维护部，时有职工21人。1999年7月移动与电信分营。部分职工划入移动公司，至2005年电信实有职工16人。

2006—2011年间，中国电信股份有限公司万山分公司内设综合办、营销部、维护安装部、农村支局。其中，营销部下设政企客户组、商务客户组、公众客户组、营业班、维护安装部下设VIP维护组、末梢维护班，公司现有合同制员工26人。

移动公司

1999年7月建立，从电信分出职工5人，营业厅两个。至2005年有正式职工4人。

2006—2011年间，中国移动通信集团贵州有限公司万山分公司有员人39人，其中大专及以上学历占61%，有各类营业厅及代理点21家，移动通信基站112个，网络覆盖率达99%。年底有移动用户4万余户。

联通公司

2005年12月成立，设置综合部、运维部、市场部，营业厅1个，有员工7人。

烟草专卖局（烟草公司）

1991年有在职员工15人，内设办公室、财会股、专卖股、销售股。2005年增设物流中心，同年底有在职员工18人。

2006—2011年间，万山特区烟草专卖局（公司）专卖股配备人员5人；办公室配备人员3人；营销中心、配备人员3人；领导职数1人。共有在编人员12人。2011年万山特区烟草专卖局（公司）专卖股配备人员6人；办公室、配备人员3人；营销中心、配备人员5人；领导职数2人。共有在编人员16人。

食品药品安全监督局

2005年12月成立，核定行政编制5人、事业编制1人。内设办公室、药品股、食品股，配备人员3名。

中国人民银行万山特区支行

1991年内设人秘股、会计国库股、货币发行股、综合计划股、稽核金管股、保卫股。1998年撤销，财务移交地区人行和玉屏人行，人员分流到玉屏和江口人行。

中国工商银行万山特区支行

1991年内设机构有人秘股、储蓄股、计划股、农金股、稽核股、会计股、出纳股、保卫股、监察股、储蓄事后监督室、住房信贷部。1996年机构改革，内设机构整合为办公室、营业部和保卫股。随后撤销岩屋坪、土坪分理处和二厂储蓄所。1999年11月支行更名为分理处。2004年1月恢复支行规格，同年9月撤销三角岩储蓄所。2005年6月实行股份制改革，称中国工商银行股份有限公司万山特区支行，内设办公室、营业部、事后监督股，年末在册职工22人。2006—2011年间，中国工商银行股份有限公司万山支支内设机构有办公室、营业部、下辖万山特区新区谢桥支行，现有在职职工22人。设领导职数3名，一正两副。

建设银行

1991年内设业务股、会计股、储蓄股、保卫股，下设三角岩储蓄所（1995年撤销）。1999年9月建设银行合并到工商银行，其9名员工一同转入重新安置。

信用联社

1996年11月撤销万山镇信用社，成立信用联社，管理四乡农村信用社。内设办公室、营业部，有员工20人（含四乡信用社）。1998年6月撤销降格为万山农村信用合作社，同时将四乡信用社一并移交玉屏信用联社管理。2003年10月万山农村信用社独立营业，分社高楼坪分社，下辖黄道、敖寨、下溪三个信用社。2005年9月恢复万山特区农村信用合作联社，内设办公室、财务信息部、业务发展部、稽核审计部、监察保卫部、风险管理部。营业网点有联社营业部和四乡信用社，实在在册员工36人。

2006—2011年间，万山特区农村信用合作联社内设办公室、纪检监察室、业务发展部、财务信息部、风险管理部、稽核审计部。安全保卫部，对外设立联社营业部、汞都信用社、高楼坪信用社、黄道信用社、敖寨信用社、下溪唁用社、新城分社7个金融服务营业网点：主要以服务“三农”、服务社区、支持中小企业和区域经济为主的地方性银行业金融机构。

保险公司

1991年公司有职工5人，人保与财保混营，成立中国人寿保险有限公司万山特区办事处，中国财产保险有限公司万山支公司。

财产保险公司

1996年建立，有员工3人，2003年更名为中国人民财产保险有限公司万山支公司。至2005年年底有职工1人。

2006—2011年间，中国人民财产保险股份有限公司万山支公司内设经理室、综合部、业务部、理赔分部、营销部。

人寿保险公司

1996年建立，称中国人寿保险有限公司万山特区办事处，时有员工2人，1999年改称中国人寿保险股份有限公司万山特区支公司、至2005年年底有职工4人。

气象局

1991年万山特区气象局内设有办公室、业务股、气象科技服务股、人工影响天气办、农经网中心、防雷减灾办、气象避雷安全检测站。至2005年年底有在职职工5人。

2006—2011年间，万山特区气象局现有职工8人，主要开展大气探测、防雷减灾、农经网、气象科技服务等基本气象服务工作。“一局两办一网”的新型气象事业格局基本形成。

供电局

1995年6月建立，由铜仁供电局代管。贵州汞矿供电所2001年10月由于汞矿宣布关闭破产，移交铜仁供电局代管，2004年4月归并到特区供电局。内设办公室、政工科、财务办、营销策划办、统计室、客户服务中心，新组建四乡一镇供电所。至2005年年底全局所有员工62人。

2004年4月原万山供电局和矿区供电所合并，成立新的万山供电局。2009年9月26日上划贵州电网公司直管。全局设办公室、党群工作部、生产技术部、市场营销部、财务部、安全监察部、计划建设部、监察审计部等8个职能管理部门，电力调度控制中心、输电管理所（3个乡镇供电所：客户服务中心、高楼坪供电所、下溪供电所〈含黄道服务站、敖寨服务站〉）等5个生产经营部门。现有职工126人，机关管理人员66人，基层站所60人；拥有35千伏及以上变电站7座，总容量148.3兆伏安；拥有35千伏及以上输电线路10条共76.969千米，10千伏线路共711.679千米；配电变压器883台，总容量85915千伏安，供电范围辖2个镇、6个乡，70个行政村、14个社区居委会，972个村（居）民组，供电面积842平方千米，总用电户数37000余户；固定资产原值1514万元，净值1081万元。

第三节　乡（镇）人民政府

万山镇人民政府

万山镇在1990年5月至2011年期间共召开6次人民代表大会，选举产生了第六届至第十届镇人民政府，每届任期三年。1991年镇政府设科教文卫办公室、民政办、计划生育办、街道管理办，属特区政府科局管理的由公安派出所、财政所、税务所、工商所、信用社等，辖老街、土坪两个村委会（2005年改为居委会）一个居委会。2001年机构改革，明确党政群团机构行政编制18名，后勤服务事业编制2人。内设社会事务办公室、计划生育办公室、经济发展办公室。至2011年党政群团实有在编21人。其他站所有派出所、财政所、农经站、国土所、林业站、畜牧兽医站、计生服务站、劳动保障所。

高楼坪侗族乡人民政府

1990年5月至2011年共召开6次人民代表大会，选举产生第七届至第十二届乡人民政府。选举产生的乡人民政府负责执行本届人民代表大会的决议和特区政府的指示决定，管理行政事务和农村经济社会发展工作。下辖高楼坪、郭家长坳、大坪、琴门、新庄、黄家寨、关庄、羊尾舟、水眼坪、龙田、猴冲、铺前、张家山、鸡公田15个村委会（2005年撤并村，合并新建为1青年湖、老山口、夜郎、小湾、大树林、赶场坝6个村委会）和高楼坪一个居委会。2001年机构改革，核定党政机关行政编制23名、事业编制2名。乡政府内设社会事务办公室、计划生育办公室、经济发展办公室。其他站所设有派出所、财政所、司法所、农推站、兽医站、教办、林业站、国土所、计划生育服务站、劳动保障所、医院、学校、敬老院。驻乡企业有信用社、粮站、供电所、邮政所。2011年乡党政机关实有编制24人。

黄道侗族乡人民政府

1990年4月至2011年共召开6次乡人民代表大会，选举产生第八届至十三届乡人民政府。下辖黄道、阳桥、锁溪、长坳、马黄、黄溪、瓦寨、白屋场、力坳、大榜、田坪、青溪12个村委会（2005年撤并村合并新建为龙江、红星、丹阳、临湘、长兴5个村）和一个黄道居委会。2001年机构改革，核定乡党政机关行政编制21名、后勤事业编制2名。政府内设社会事务办公室、计划生育办公室、经济发展办公室。至2011年党政机关实有在编24人。其他服务机构有派出所、财政所、司法所、兽医站、林业站、国土所、计生服务站、文化站、劳动保障所、卫生院、学校。企业单位有粮站、供电局、信用社、邮政所。

敖寨侗族乡人民政府

1990年5月至2011年共召开6次乡人民代表大会，选举产生第八届至十三届乡人民政府。2001年机构改革核定乡党政机关行政编制19名、事业编制2名。内设社会事务办公室、计划生育办公室、经济发展办公室。下辖敖寨。金家场、杨家寨、易家寨、深冲、洋世界、瓮背7个村委会（2005年撤并村合并新建为中华山、两河口、滕龙山3个村）和敖寨居委会。其他机构有派出所、财政所、国土所、教办、司法所、乡企站、计生服务站、广播站、农推站、畜牧站、农经站、林业站、水产站、卫生院、学校，驻乡企业单位有供电所、粮站、信用社、邮政所。2011年乡党政机关实有在编20人。

下溪侗族乡人民政府

1990年4月至2011年共召开6次人民代表大会，选举产生第八届至十三二届乡人民政府。2001年机构改革核定乡党政机关行政编制18名、事业编制2名。乡政府内设社会事务办公室，计划生育办公司、经济发展办公室。下辖下溪、青龙、报溪、洋保田、田龙、铁门、瓦田、官田8个村委会（2005年撤并村合并新建为米贡山、兴隆、桂花3个村）和一个居委会，至2011年党政机关实有在编20人。其他服务机构有派出所、财政所、国土所、劳动保障所、司法所、企业站、计生服务站、广播站、农推站、畜牧站、农经站、林业站、水产站、卫生院、学校，驻乡企业单位有供电所、粮站、信用社。邮政所。

第三章　人民政协

第一节　政协会议

政协万山特区二届委员会第二次会议

政协万山特区第二届委员会第二次会议于1991年4月8—11日在特区总工会召开。本届委员89名。委员的产生根据中共中央统战部、组织部《关于县级政协换届中一些具体意见》的精神，本着基本稳定、完善结构、统筹兼顾、全面安排的方针和缺什么补什么的原则。采取自下而上、上下结合的方法，在广泛听取各方面意见和建议的基础上，开展民主推荐，反复协商，提交前届政协常委会研究，报特区党委审定。本届委员由党群、农林水系统、经济管理、科技教育、卫生、体育、宗教等人士构成。其中：中共党员34名、占委员总数38.2%，非党人士55名，占61.8%；妇女20名，占22.7%，少数民族44名，占49.43%；大专以上学历24名，占26.97%，中专高中30名，占33.71%，初中及其以下35名，占39.32%。平均年龄45.55岁，比上届下降两岁。

本次大会，出席委员79名，列席人员66名。特区党委、人大、政府领导和特区法院、检察院、人武部主要负责人及铜仁地区政协联络处等领导应邀出席会议。大会听取和审议上届政协常委会工作报告及提案工作报告，列席万山特区第五届人民代表大会第一次会议，协商讨论"一府两院"及发展计划与财政预决算报告，选举产生政协万山特区第二届委员会常务委员11名，何芝茂为主席，刘治全、黄玉素(女)、王其伦、邹永宜为副主席，陈湘保为秘书长。在此期间召开全委会3次。

第三次会议于1992年3月25—27日在特区法院会议室召开。主要听取和审议政协年度工作报告和提案工作情况汇报，协商讨论"一府两院"和特区计划发展及财政预决算报告。

第三届政协会议

政协万山特区第三届委员会第一次会议于1993年3月22—25日在万山特区法院大礼堂召开。本届政协委员，按照政协万山特区第三届委员组成方案，委员的协商推荐注重政治素养和参政议政能力，特别是把工作实绩突出、有一定社会影响力、为群众所拥护的干部和各族各界人士作为推荐对象。经过民主协商，反复酝酿，提交上届政协常委会议审定，报特区党委批准正式确定委员93名。其中中共党员35名，占委员总数37.62%，非党人士58名，占委员总数62.38%：妇女10名，占委员总数10.75%，少数民族50名，占委员总数53.76%；大专以上学历28名，占委员总数30.1%，中专高中38名，占委员总数40.9%，初中及其以下27名，占委员总数29%。平均年龄42.66岁，比上届年轻2.89岁。

出席本次会议委员75人，列席32人。特区党委、人大、政府领导及特区法院、检察院、人武部、贵州汞矿主要负责人应邀出席会议，铜仁地区换届选举工作组地委秘书长吴有海、地区人大工委副主任何振坤参加指导会议。会议听取了政协二届常委会工作报告及提案工作报告，学习中共十四大精神和《中国人民政治协商会议章程》，选举刘治全为第三届政协主席，陈湘保、姚琳玉（女）、潘进（女）、邹永宜为副主席，罗锦建为秘书长，常务委员11名。审议通过二届常委会工作报告和提案报告的决议。与会委员列席万山特区第六届人民代表大会第一次会议，认真听取和讨论政府工作报告，对有关钾矿资源开发、教育事业的发展、市场秩序整顿、绿色产业发展及社会治安等方面提出一些较好的意见和建议。

本届委员会任期由三年改为五年。任期内共召开了5次全委会。后4次全委会先后于1994年4月12—14日、1995年4月10—13日、1996年4月27—29日、1997年4月7—9日在万山特区法院大礼堂召开。4次全委会除分别听取和审议政协常委会年度工作报告和提案工作报告，列席人代会听取和讨论“一府两院”工作报告外，二次全会增补曾东升为第三届政协常务委员，税务局、银行、纪委部门负责人分别就税制体制、金融体制改革问题和反腐败工作在会上作了专题发言。三次全委会认真组织学习全国政协主席李瑞环在全国政协八届三次全委会上和省政协主席龙志毅在省七届三次全委会上的重要讲话及《政协全国委员会关于政治协商、民主监督、参政议政的规定》。四次全委会听取和讨论万山特区人民政府《实施“八五”计划的完成情况及“九五”计划及2010年远景目标纲要》，提出万山经济要实现跨越式发展，必须进一步加大经济体制改革的力度，强化两个经济增长方式的转变，实施好开放带动、科技兴万战略，切实加强农业基础地位，深化国有企业改革，放手发展非公有制经济，深入开展反腐败斗争，营造良好的社会秩序和发展环境，加强精神文明建设、民主法制建设、勤政廉政建设，努力实现万山经济又快又好发展。

第四届政协会议

政协万山特区第四届委员会第一次会议于1998年3月15—18日在特区法院大礼堂召开。本次大会应到委员93名，实到85人。本届委员会委员是按照中共贵州省委和铜仁地委要求及《政协章程》的规定结合万山实际，在总结经验的基础上，拟定政协万山特区第四届委员会组建方案，对委员界别、职数、人选的确定，严格坚持民主协商推荐程序，注重先进性和代表性的统一，由统战部门和组织部门综合审定，提交政协三届常委会协商确定，报特区党委批准决定。93名委员中：其中中共党员33名，占委员总数35.5%，非党人士60名，占委员总数64.5%；妇女23名，占委员总数24.7%，少数民族74名，占委员总数79.6%；大专以上文化31名，占委员总数33.3%，中专高中44名，占委员总数47.2%，初中及其以下18名，占委员总数19.5%。平均年龄42.2岁，比上届下降1.46岁。

本次大会，特区党政领导、法院、检察院、人武部、贵州汞矿负责人及政协历届离退休老领导应邀出席会议。地委副书记刘东平、地区政协工委副主任、地委统战部部长邓应明、地纪委书记郝桂华、地委组织部副部长陈康亲临大会指导。大会听取和审议上届政协常委工作报告和提案工作报告，选举张进国为政协万山特区第四届委员会主席，焦健、杨同光、刘亚平为副主席，罗锦建为秘书长，常务委员9名。表决通过了会议的有关决议。按规定列席了万山特区第七届人民代表大会第一次会议，听取和讨论特区政府、计划、财政、法院、检察院工作报告。会议要求广大政协委员，要紧紧围绕特区党委、政府的工作中心和经济、社会发展大局，认真履行政协职能，提高参政议政水平，广泛开展调查研究，积极建言献策，为实现跨世纪宏伟目标努力奋斗。

政协万山特区第四届委员会期间，共召开6次全委会。第一次会议，1999年3月29—31日；第二次会议，2000年1月19—1月21日；第三次会议，2001年2月9—11日；第四次会议，2002年3月13—14日；第五次会议，2002年7月26—27日。

先后于1999年3月29—31日、2000年1月19—21日、2001年2月9—11日、2002年3月13—14日、2002年7月26—27日在万山召开。第二次至第五次全委会随特区人代会召开，主要任务是听取和审议本届政协常委工作报告和提案工作报告，列席人代会协商讨论政府工作报告。二次、三次、五次会议上政协委员，针对特区非公有制经济、教育与人才、农业产业结构调整与科学技术普及、工业、旅游资源开发、增加农民收入等作了专题发言，提出了中肯意见和建议。第四次会议上还对四届一次会以来评出的6个提案承办单位和7个优秀提案先进个人进行表彰。第六次会议主要任务是增选杨均成为政协四届委员会副主席。会上政府副区长向大会通报了2002年上半年特区各项经济指标完成情况及各项工作的运行情况。

第五届政协会议

政协万山特区第五届委员会第一次会议于2003年3月21—23日，在特区法院礼堂召开。本次会议应出席委员96人，实到会89人，列席38名。特区党政领导及特区法院、检察院、人武部、社区管理局主要负责人、历届政协离退休老领导应邀出席会议，地委副书记邓成庆、地委组织部副部长韩新光亲临指导。

本届委员会委员基本按前届推荐办法和界别构成要求确定，最后报特区党委审定，产生委员96名。其中中共党员39名，占委员总数的40%，非党人士57名，占委员总数60%；妇女25名，占委员总数25.7%，少数民族64名，占委员总数66%；大专以上文化54名，占委员总数56.2%，中专高中31名，占委员总数33.1%，初中及其以下11名，占委员总数11.4%，文化知识结构比上届有所提高。

与会委员听取和审议了四届政协常委会工作报告和提案工作报告，列席万山特区第八届人民代表大会第一次会议，协商讨论政府工作报告及法院、检察院、财政、计划工作报告。会议在充分肯定四届委员会所做工作的基础上，提出了五届委员会的工作目标和任务，要求高举邓小平理论伟大旗帜，全面贯彻“三个代表”重要思想，按照党的十六大全面建设小康社会的总体部署，解放思想，实事求是，与时俱进，开拓创新，为全面实施特区党委、政府提出的“强工兴区、优农稳区、旅游活区”和“招商引资、城镇建设、项目带动”战略，积极建言献策，为实现全特区经济社会跨越式发展作出贡献。大会选举谭克冬为政协万山特区第五届委员会主席，焦健、周勇、冯世刚为副主席，姬平阳为秘书长，常务委员13名。本届委员会至2005年年底，共召开全委会3次。

后两次全委会先后于2004年3月28—30日、2005年3月28—30日在法院礼堂召开。这两次会议除按常规听取和审议政协常委会工作报告及提案工作报告和列席人代会协商讨论政府、财政、计划、法院、检察院几个工作报告外，先后有15位政协委员围绕全特区工业经济发展、旅游业开发、绿色通道建设、汞资源综合利用、教育资源整合、城镇建设、维护社会稳定、扶贫开发、社会保障、国企改革、卫生事业发展在会议上作了专题发言，提出了许多好的意见和建议，发挥了政协委员参政议政、建言献策的重要作用。

第六届政协会议

政协万山特区第六届委员会第一次会议于2007年1月7—11日在万山特区行政中心七楼一会议室召开。本次大会应出席105人，实到98人。特区党政领导及特区法院、检察院、人武部主要负责人、历届政协离退休老领导应邀出席会议，地委领导叶明瑞、李仕江亲临指导。

本届政协委员按照“统筹兼顾、全面安排”的方针，坚持党管干部的原则，通过民主协商程序，注重先进性和代表性的统一，拟定政协万山特区第六届委员会组建方案，党内、党外政协委员分别由组织部、统战部提名与部门反复酝酿协商推荐产生，并经特区委审定，政协党组讨论，最后提交政协党委会审议通过，产生委员105名。其中中共党员41名，占委员总数39.1%；非中共人士64名，占委员总数60.9%；妇女30名，占委员总数28.6%；少数民族82名，占委员总数78.1%；大专以上文化82名，占委员总数78.1%；中专及高中16名，占委员总数15.2%；初中及初中以下7名，占委员总数6.7%；30岁以下14名，占委员总数13.3%；31-45岁78名，占委员总数74.3%；46岁以上13名，占委员总数12.4%；最大年龄55岁，最小年龄23岁，平均年龄38.4岁，比上届小1.1岁。

大会听取和审议上届政协常委会工作报告和提案工作报告，列席万山特区第九届人民代表大会第一次会议，听取并讨论政府工作报告及其他有关报告。会议认为特区五届政协任期内，紧紧围绕特区委、政府提出的“三个重点、三个带动”发展战略，切实履行了政协职能。大会选举阳运福为政协万山特区第六届委员会主席，韩向阳、张社芬（女）、周勇、冯世刚为副主席，姬平阳为秘书长，常务委员13名。

本届委员会任期内共召开了5次全委会。后四次先后于2008年3月11—13日、2009年2月25—27日、2010年5月5—7日、2011年2月23—25日在万山特区行政中心七楼一会议室召开，这四次会议除按常规听取和审议政协常委会工作报告及提案工作报告、列席人代会协商其他有关报告外，第二次会议补选政协万山特区第六届委员会秘书长。第三次会议对万山特区政协六届一次会议以来优秀提案及提案承办先进单位进行了表彰。第五次会议选举吴泽军为政协主席、杨德胜为政协副主席。

第二节　政协常委会议主席会议

第二届常委会议主席会议

本届召开常委会8次、主席会13次，研究第二届政协主席、副主席、秘书长及驻会常委的工作分工问题和政协工作机构的人事任免，讨论制定《提案工作委员会工作实施细则》，审议常委会工作报告，听取党委、政府的工作情况通报和工作安排意见，讨论《万山特区“八五”计划和十年规划草案》，协商党委提交协商的万山特区五届人大、政府、法院、检察院领导候选人名单，传达学习中央重要指示决定和省、地工作会议精神，研究召开政协会议时间、议程，布置安排政协日常工作和处理有关事项。

第三届常委会议主席会议

本届召开常委会18次、主席会10次。一是协商讨论特区党委提交协商六届人大、政府、法院、检察院领导班子候选人名单，研究协商政协工作机构的干部任免，讨论增补政协三届委员会委员、常务委员；二是协商讨论四届政协委员组成名单和界别；三是听取特区工商局关于万山特区非公有制经济发展情况的介绍；四是讨论修改政协常委年度工作报告，研究布置政协下一步工作；五是研究部署四届政协会议筹备和换届选举有关事宜。

第四届常委会议主席会议

四届政协期间，召开常委会21次、主席会30次。一是审议通过政协万山特区委员会关于《政治协商、民主监督、参政议政实施办法》及《常务委员会工作规则》；二是研究决定政协工作机构人事任免及协商讨论政府职能部门干部提拔推荐人选名单；三是听取政府领导关于特区经济工作运行情况通报；四是听取政协领导人到湖南、山东部分地区经济考察的情况介绍和关于对特区环境保护、民营经济发展、农村电网建设、中药材发展、农村中小学教育现状等专题调研汇报；五是审议政协常委会工作报告和提案工作报告，研究每次全委会召开的时间、主要议程；六是研究政协年度工作或阶段性工作计划和任务。

第五届常委会议主席会议

政协五届一次全委会至2005年年底共召开常委会12次、主席会12次，主要讨论制定和审议政协万山特区委员会《关于加强领导班子自身建设的决定》《关于进一步加强乡镇政协工委工作的意见》《常委会议事规则》《例会制度》《学习制度》；研究政协委员的增补人选和政协工作机构的人事任免；讨论审议政协常委会年度工作报告和提案工作报告；听取政协领导外出学习考察汇报，研究确定调研课题，开展调查研究；讨论通过了“强工兴区”“民营经济发展法制环境”两个专题调研报告。讨论政协主席因工作变动提出辞职申请，通过协商票决同意辞职。

第六届常委会议主席会议

政协六届一次全委会至2011年底共召开常委会28次、主席会35次，主要协商对万山特区第五届政协优秀提案及提案先进承办单位进行表彰的决定；研究在全特区政协委员中开展“学习型、服务型、创新型、和谐型、廉洁型”机关和组织开展“五个一”（参加一次政协活动、撰写一份提案、反映一件神情民意、为群众做一件好事实事、向社会贡献一份爱心）活动的决定；讨论审议政协常委会年度工作报告和提案工作报告；研究政协委员的增补人选和政协工作机构的人事任免，讨论政协主席因工作变动提出辞职申请，通过协商票决同意辞职，增补主席和副主席职位。听取人口和计划生育、教育、公安、环保、卫生等工作报告。协商讨论将提高公费医疗大病补贴比例及最高限额、全特区干部职工健康检查纳入重要制度化管理和修建外环公路危险路段安全防护设施的建议纳入重要提案决定；协商研讨联系社区维护社会稳定和社会经济发展工作；研究抗雪救灾文史资料整理工作；协商讨论主席、副主席开展对加强清理部门长期拖欠个体工商户款物，保护万山城区井水资源的督办落实工作；开展以对非公有制经济发展为主题的主席约谈制。

第三节　工作机构

政协工作机构是政协履行职能、联系委员与社会各方面的桥梁和窗口，是政协组织的重要组成部分。其机构设置根据《政协章程》和上级政协的有关要求，结合实际工作需要，经主席会议协商，政协党组研究，由常务委员会决定，报特区党委审批。

政协机关工作机构

1990年11月7日，特区政协党组根据政协铜仁地区工委要求，对原设置的“四委”（学习委员会、提案委员会、文史资料委员会、工作组委员会）“两办”（政协办公室、智力支边办公室）工作机构作了适当调整，并以政协党组的名义向特区党委呈报关于调整充实政协二级机构的请示，同意将原设置的“四委两办”调整为“六委两办”，即：学习委员会、提案法制委员会、文史资料委员会、经济科技委员会、文教医卫体委员会（含计划生育专题组）、社会联谊委员会（含祖国统一、妇女、青年、民族、宗教工作）、政协办公室、智力支边办公室（属政府事业单位、挂靠政协）。人员编制维持18人不变。政协办公室由秘书长负责，其余专门委员会和智力支边办公室主任由主席或副主席兼任。

1996年特区政协根据中共贵州省委和特区党委要求，按照“精简、统一、效能”的原则，参照铜仁地区政协工委实施“三定”方案的要求，对政协机关工作机构的设置和人员配置重新拟定了编制方案，经万山特区机构改革领导小组办公室审核和领导小组审定，并报请特区党委批准，政协内设机构由原来的“六委两办”合并成“三委两办”，即学习提案法制委员会、文教医卫体联谊委员会、经济科技委员会、政协办公室、智力支边办公室。确定行政编制9个、事业编制3个。办公室行政编制2个、事业编制1个，职位设置秘书长1名、秘书1名、驾驶员1名（事业编制）；学习提案法制委员会主任1名；文教医卫体社会联谊委员主任1名；经济科技委员会主任1名；智力支边办公室事业编制2个，主任1名、副主任科员1名。至2005年机构编制保持不变，实在编12人。

2007年3月，将“三委二办”调整为“五委二办”，即：教科文卫体委员会、文史民族宗教委员会、经济委员会、人口资源环境委员会、提案法制委员会和智力支边办公室、政协办公室。

乡镇政协联络组（工委）

乡镇政协联络组系特区政协的派驻机构。为了充分发挥基层政协委员的作用，更好地履行政协职能，不断强化自身建设和有利政协各项工作的顺利开展，1999年11月经政协万山特区第四届委员会第十次主席会议研究，第六次常委会议协商决定，报经特区党委审批同意，成立万山特区万山镇、高楼坪侗族乡、黄道侗族乡、敖寨侗族乡、下溪侗族乡政协工作联络组，为正科级规格。同时明确乡镇政协联络组在乡镇党委及特区政协常委会和主席会的领导下，为组织本届政协委员、各界人士就本乡镇的政治、经济、文化教育、卫生、科技、社会生活与统一战线方面开展经常性活动的工作机构。其主要职能是政治协商、民主监督和参政议政。为此，各乡镇先后明确了政协联络组组长或副组长。

2002年7月根据上级政协的要求，为理顺基层政协工作关系，充分发挥其职能作用，不断提高政协履行职能的能力和水平，切实加强乡镇政协的建设，更好地适应新形势的发展需要，经四届政协第18次主席会议研究，提交政协常委会决定，将“乡（镇）政协联络组”更名为“乡（镇）政协工作委员会”。联络组组长或副组长改称工作委员会主任或副主任。

2011年乡镇建立政协工作联络委员会，委员会主任由乡镇党委副书记或党委委员兼任。

第四节　政协主要工作

视察与调研

人民政协的视察与调查研究，是委员深入实际，联系群众，了解党和国家方针、政策落实情况，收集和反映社情民意的重要途径和方法，是政协发挥优势、履行事能的必要准备和重要基础性工作。为此，特区政协积极围绕特区经济社会发展和人民群众普遍关心的热点、难点问题，以及党政所思、社会所需的问题，深入开展了调查研究，为特区党委、政府决策科学化、民主化提供依据。

第二届政协委员会，开展专题视察和调研11次，就高楼坪乡粮食生产、特区冶炼厂、粮食局体制、特区车队等进行专题调研和视察。并分专题撰写了调研报告，提出了21个方面的意见和建议。

第三届委员会期间，开展调研视察活动6次。分别就万山特区非公有制经济发展、商业系统税赋情况、供销联社体制改革、自来水厂建设等进行视察和调研。在非公有制经济发展情况的专题调研中，提出了阻碍和制约特区非公有制经济发展的7个问题和解决问题的5条建议，得到特区党委、政府的高度重视。特区党委制发了《关于加快我区个体私营经济发展的意见》，从而有力地促进了万山非公有制经济的发展，使全特区非公有制经济完成税收由1992年的30万元上升至1997年的150万元。

第六届政协委员会，开展专题调研和视察30次，主要对特区经济社会发展状况开展调研和视察。六届一次会议期间，主要对非公经济、农村义务教育、农村合作医疗、矿区社区整合及“三个救助办法”进行调研；二次会议期间，主要对水利工程和第三期采空区搬迁工程建设进行视察；三次会议期间，主要对城镇低保工作进行调研，对特区林业局进行了民主评议；四次会议期间，主要对农村危房改造工作和新型工业化进程若干问题进行调研，视察了特区土地开发利用工作情况；随着“产业原地转型、城市异地转型”战略的实施，特区政协专门对工业园区建设和谢桥新区建设工作进行视察。六届政协委员会期间，编写《社情民意》13期。

提案工作

提案是政协委员和政协参加单位、党派、人民团体和政协专委会向政协全体会议提出的，经提案审查委员会或提案委员会审查立案后，按所涉及的内容事项，转交有关单位办理或答复的一种书面意见或建议。政协委员提案是人民政协行使政治协商、民主监督、参政议政职能的一个重要方面，是政协委员行使民主权利对政府及其各工作部门提出意见和建议的一种方式。也是党委、政府联系群众，听取各族各界人士意见和要求的一条重要渠道。

政协万山特区第二届委员会第一次会议以来至2005年12月，共召开17次全委会，收到委员提案695件，经提案委员会整理分类，提交提案审查委员会审理立案645件，占收到提案总数的92.8%。其中：经济建设方面69件，占立案总数的10.7%；教科文卫体方面128件，占20%；农林水方面109件，占16.19%；统战、人事、政法方面116件，占18%；交通及市政建设方面138件，占21%；不予立案的50

件，占提案总数7.2%，对于这部分提案，经研究作为委员来信来访处理。立案提案分类归纳整理后打印成册，召开提案交办会，请特区党委、政府领导参加，由党委、政府交具体部门办理。重要提案由主席会议督办，做到事事有交代，件件有答复。委员提案的办复率达100%，满意率达90%以上。一些重要提案得到党委、政府高度重视。

政协四届二次全委会委员提出《关于提高老山口新区招商引资合理政策的透明度》的提案，得到特区党委、政府采纳，制发了《关于开发老山口新区的若干规定》，引起省内外客商的关注，2000年特区政府又下发了《关于老山口新区招商引资优惠政策的通知》。

政协四届三次全委会政协委员提出《制止“三乱”维护个体私营经济和外来客商的合法权利》提案，政协根据提案所反映的问题和建议，认真地进行专访和了解，拟写了民营经济发展状况调研报告，特区党委根据调研报告提出的问题和建议，制发了《关于优化经济环境做好招商引资工作，促进特区经济发展若干规定》。

政协四届四次全体会议期间、提案委员会根据部分委员联合提出的《关于加强万山旅游资源开发利用》的提案，主席会议决定组织政协委员对万山旅游资源现状进行一次认真调查，认为万山具有旅游产业开发潜力，提交政府落实承办。特区政府及时组织力量，邀请有关专家对全特区旅游资源进行一次详查论证。决定成立万山特区旅游事业局，将夜郎谷漂流申报为省级风景名胜区。

五届一次会议，委员们提出的《原贵州汞矿移交职工住房已破烂不堪急需维修和采空区住房及时搬迁》与《关于落实特区城镇建设总体布局规划》的提案。特区党委、政府一是把原汞矿居民住房维修和搬迁工程当着民心工程来抓，加快了居民住房维修和搬迁工程进展；二是提出以加强旧城改造为主，增强路网集中布局，完善功能，逐步向老山口新区发展的城镇建设思路，使老城区建设步伐加快。

政协六届委员会第一次会议以来，提案工作以“三个代表”重要思想为指导，认真贯彻落实科学发展观，紧紧围绕发展第一要务，广泛发动政协委员围绕“加速发展、加快转型、推动跨越”建言献策。本届共收到提案283件，经提案委员会审查立案256件，占提案总数的90.5%；合并立案23件，占提案总数的8.1%；转作委员来信处理4件，占提案总数的1.4%。提案办复率为100%，96%的委员对提案的办理和落实情况表示满意和理解。

文史工作

文史工作是研究地方历史，是巩固和扩大爱国统一战线，进行爱国主义教育和革命传统教育，推动社会主义精神文明建设的一项重要工作，具有存史、资政、教化育人的作用，是有益当代、惠及后世的社会主义文化建设事业。

万山特区政协自第二届委员会以来，以挖掘近代历史为重点，广征博集，搜集整理一些具有存史价值的历史资料。1994年12月编辑出版《万山特区文史资料》第四辑，重点介绍万山私营商业发展历程和金融事业、道路交通发展概况。1999年10月出版《万山特区文史资料》第五辑，主要反映红军与省溪纵队在万山的斗争历史和民国时期的保甲制度。2002年12月出版《万山旅游文史专辑》，以“汞都”文化为主体，较为全面、系统、形象地反映万山旅游资源概况。在记述史实和景观的同时，还采用散文，诗歌相结合体裁方式，多层次多角度地展示万山这个黔东高原的侗乡人文景观、民族风情和秀丽多姿的自然风光。为特区党委、政府提出的实施“旅游活区”战略目标，加快旅游资源开发发挥了积极的作用。2004年4月出版《政协调研选编》，重点收集整理了特区历届政协组织开展的有关调查研究文章，全书共筛选了20篇有代表性的调研视察报告。目的是保存资料，总结提高调研工作经验，为党委、政府科学决策提供有利用价值的参考依据。编辑出版《雪凝战歌》、《回顾万山剿匪》《中国汞都·蠹罗之乡》3辑文史资料、计30余万字、120余幅图片。完成政协地工委布置的《我与人民政协》《铜仁改革开放三十年》《铜仁旅游文化集萃》《中国梵净山佛教文化文物研究》等文史资料的收集、整理和撰稿工作。2011年7月，特区的“文史资料工作大有作为”在铜仁地区文史工作会议上作交流发言。

智力支边

万山特区智力支边办公室属政府的事业单位，挂靠政协。智力支边办公室在特区智力支边领导小组领导下开展工作。政协万山特区第二届委员会以来至2011年11月，一是抓了农村农业生产技术、医疗及教育培训，举办各类实用技术培训班45期，培训各类技术人员10268人次，成立科技研究中心，传授食用菌栽培生产技术，配合农口科技部门引进湖南高山葡萄分别在黄道、敖寨栽植120亩，种植中药材800余亩，引进86－21红薯新品种在黄道试种成功，并在全特区大面积推广。协助畜牧局、农办抓了“四良四改、三提高”，办起生猪品改点5个，山羊品改点两个，引进三元杂交种猪1300头、白约克30头、黑山羊110只，有力地推动了全特区畜牧业发展。二是帮助郭家村发展养殖业、村办企业和农田基本建设，使郭家村被省政府命名为小康村。同时抓了高楼坪乡龙田村的党建扶贫，多方协调争取资金5万余元，帮助该村新建人畜饮水工程两处和养鱼基地一个。三是开发万山钾矿资源，先后邀请湖南长沙矿山化工设计院、华南师大和俄罗斯专家到万山对钾矿资源开发进行可行性考察论证。四是开展金银花种植等科普技术培训三期，发放科普资料3100份、图片资料405幅。

附表：《政协万山特区委员会第二届至第六届领导人名录》

政协万山特区委员会第二届至第六届领导人名录

1990年6月—2011年11月

表12-3

<table>
<tr><th>届次</th><th>职务</th><th>姓　名</th><th>性别</th><th>民族</th><th>文化</th><th>籍贯</th><th>任职起止时间</th></tr>
<tr><td rowspan="7">第二届</td><td>主　席</td><td>何芝茂</td><td>男</td><td>汉</td><td>初中</td><td>贵州沿河</td><td>1990年6月—1993年3月</td></tr>
<tr><td rowspan="6">副主席</td><td>刘治全</td><td>男</td><td>汉</td><td>高中</td><td>贵州德江</td><td>1990年6月—1993年3月</td></tr>
<tr><td>黄玉素</td><td>女</td><td>苗</td><td>中师</td><td>贵州松桃</td><td>1990年6月—1993年3月</td></tr>
<tr><td>王其伦</td><td>男</td><td>汉</td><td>高中</td><td>四川合川</td><td>1990年6月—1993年3月</td></tr>
<tr><td>邹永宜</td><td>男</td><td>汉</td><td>大专</td><td>湖南石门</td><td>1990年6月—1993年3月</td></tr>
<tr><td rowspan="2">陈湘保</td><td rowspan="2">男</td><td rowspan="2">汉</td><td rowspan="2">初中</td><td rowspan="2">湖南邵阳</td><td>1991年8月—1993年3月</td></tr>
<tr><td>(1990年6月—1993年3月任秘书长)</td></tr>
<tr><td rowspan="4">第三届</td><td>主　席</td><td>刘治全</td><td>男</td><td>汉</td><td>高中</td><td>贵州德江</td><td>1993年3月—1998年3月</td></tr>
<tr><td rowspan="3">副主席</td><td>陈湘保</td><td>男</td><td>汉</td><td>初中</td><td>湖南邵阳</td><td>1993年3月—1998年3月</td></tr>
<tr><td>姚琳玉</td><td>女</td><td>汉</td><td>高小</td><td>湖南新晃</td><td>1993年3月一1998年3月</td></tr>
<tr><td>潘进</td><td>女</td><td>苗</td><td>中专</td><td>贵州松桃</td><td>1993年3月—1998年3月</td></tr>
</table>

续表12-3

届次	职务	姓　名	性别	民族	文化	籍贯	任职起止时间
第三届	副主席	邹永宜	男	汉	大专	湖南石门	1993年3月—1998年3月
	秘书长	罗锦建	男	侗	大专	贵州玉屏	1993年3月—1998年3月
第四届	主席	张进国	男	侗	大专	贵州玉屏	1998年3月—2003年3月
	副主席	焦健	男	汉	大学	河南洛阳	1998年3月—2003年3月
		杨同光	男	汉	大学	贵州兴仁	1998年3月—2003年3月
		刘亚平	男	侗	高中	贵州玉屏	1998年3月—2000年11月
		杨均成	男	侗	中专	贵州松桃	2002年7月—2003年3月
	秘书长	罗锦建	男	侗	大专	贵州玉屏	1998年3月—2003年3月
第五届	主席	谭克冬	男	汉	大学	湖南隆回	2003年3月—2005年9月
	副主席	焦健	男	汉	大学	河南洛阳	2003年3月—2006年12月
							（2003年3月—2004年3月兼秘书长）
		周勇	男	汉	大学	贵州松桃	2003年3月—2006年12月
		冯世刚	男	侗	大专	贵州万山	2003年3月—2006年12月
	秘书长	姬平阳	男	汉	大专	河南上蔡	2004年3月—2006年12月
第六届	主席	阳运福	男	汉	大专	四川彭县	2007年1月—2011年2月
		吴泽军	男	侗	大学	贵州万山	2011年2月—2011年10月
		阳运福	男	汉	大专	四川彭县	2011年2月—2011年8月
	调研员	吴庚寅	男	侗	初中	贵州玉屏	2008年3月—2010年7月
	副主席	张社芬	女	侗	大专	贵州江口	2007年1月—2011年10月
		杨德胜	男	侗	研究生	贵州万山	2011年2月—2011年10月
		韩向阳	男	汉	研究生	重庆涪陵	2007年1月—2007年8月
		周勇	男	汉	大学	贵州松桃	2007年1月—2011年10月
		冯世刚	男	侗	大专	贵州万山	2007年1月—2011年10月
	秘书长	姬平阳	男	汉	大专	河南上蔡	2007年1月—2007年3月
		谢黔俊	男	汉	大学	四川成都	2007年3月—2011年10月

第十三篇　综合政务

第一章　民　政

万山特区位于北纬27° 24′ 29″ —27° 43′ 38″ ，东经108° 50′ 10″ —109° 23′ 12″ 。地处贵州东部，湖南怀化市西部，东南与湖南芷江，新晃两县接壤，西到贵州玉屏、岑巩，北与铜仁市碧江区相连。特区人民政府驻万山镇。电话区号0856，邮政编码554200，距铜仁市区31千米，距省政府贵阳390千米。2011年年末辖万山镇、高楼坪侗族乡、黄道侗族乡、下溪侗族乡、敖寨侗族乡、和谢桥办事处6个乡镇办事处；10个居民委员会56个村民委员会；下设56个居民小组，601个村民小组。2011年末，辖区总人口8.27万人；总面积443平方千米。人口密度为每平方千米186.7人。

第一节　社会事务管理

1966年1月8日，贵州省人民政府和冶金部提请国务院审批，成立万山矿区人民政府，同年2月22日，中共中央、国务院批准设万山特区。1968年9月，贵州省革命委员会行文撤销万山特区。1970年8月，国务院行文恢复万山特区，先后从玉屏县划出万山、高楼坪、黄道、下溪，从铜仁县划出敖寨、瓮背等区域归万山特区管辖。万山特区辖万山镇和高楼坪、黄道、敖寨、下溪4个侗族乡。2011年3月，贵州省政府行文，将铜仁市的谢桥办事处划归万山特区管辖，同年10月国务院批准铜仁撤地建市，同时撤销万山特区，建立万山特区。2011年末辖万山镇、高楼坪侗族乡、黄道侗族乡、下溪侗族乡、敖寨侗族乡和谢桥办事处4个乡1镇1办事处；10个居民委员会56个村民委员会；492个自然寨，601个村民小组。

一、基层自治组织

1991年万山特区四乡一镇共43个村民委员会451个村民小组。2005年7月，万山特区开展村党支部书记和村委会主任“一人兼”、村支部委员和村委会委员交叉任职的改革，在全特区范围内开展撤并村工作。是年8月底，全面完成了撤并村工作，将原44个（1993年下溪官田村青龙分出建立青龙村）村民委员会撤并为17个村民委员会和2个居民委员会，具体撤并情况是：

1. 高楼坪侗族乡原来的15个村撤并成6个村；
2. 撤并原来的猴冲、龙田、铺前3个村，建立夜郎村；

3. 撤并原来的高楼坪、张家山2个村，建立大树林村；
4. 撤并原来的大坪、琴门2个村建立老山口村；
5. 撤并原来的长坳、新庄2个村，建立赶场坝村；
6. 撤并原来的郭家、黄家寨、关庄3个村，建立青年湖村；
7. 撤并原来的羊尾舟、鸡公田、水眼坪3个村，建立小湾村。
8. 敖寨侗族乡原来的7个村撤并为3个村；
9. 撤并原来的敖寨、金家场、杨家寨3个村，建立中华山村；
10. 撤并原来的瓮背、洋世界2个村，建立腾龙山村；
11. 撤并原来的深冲、易家寨2个村，建立两河口村；
12. 黄道侗族乡的12个村撤并成5个村；
13. 撤并原来的青溪、阳桥2个村，建立龙江村；
14. 撤并原来的白屋场、田坪2个村，建立红星村；
15. 撤并原来的力坳、大榜2个村，建立临湘村；
16. 撤并原来的马黄、长坳、锁溪3个村，建立长兴村；
17. 撤并原来的黄道、瓦寨、黄溪3个村，建立丹阳村；
18. 下溪侗族乡原来的8个村撤并成3个村；
19. 撤并原来的官田、瓦田2个村，建立米贡山村；
20. 撤并原来的下溪、青龙2个村，建立兴隆村；
21. 撤并原来的报溪、洋保田、田龙、铁门4个村，建立桂花村；
22. 万山镇两个村改为居委会；将老街村民委员会、土坪村民委员会分别改成老街居民委员会和新街居民委员会。至此，万山特区共有17个村民委员会、8个矿区社区居民委员会和7个乡镇街道居民委员会。

二、地界管理

1. 湘黔边界线

万山与芷江县边界线，湖南省芷江侗族自治县与贵州省万山特区行政区域界线全长22.3千米，共埋设1块界碑，为青石双面桩，位于芷江县上坪乡仲黄坪村与黄道乡大榜村湖广桥公路坎上两县交界点处。

万山与新晃县边界线，1997年8月，万山与新晃签订了联合勘定行政区域界线协议书，起点位于黄道侗族乡大榜村与芷江县上坪乡仲黄坪村、新晃县波洲镇小竹溪村的三县交会处；西止高楼坪乡铺前村与玉屏县田坪镇白果村、新晃县方家屯乡小洪溪村的三县交汇处。全线总长26千米，分布在总参谋部测绘局1977年出版的1∶50000，7-49-15-丙，7-49-15-丁共两幅图上。东起点坐标：北纬27° 25′ 32″，东经109° 17′ 40″，小地名：油菜湾山顶；西止点坐标：东经109° 8′ 46″，北纬27° 26′ 54″，小地名：白岩壁隧洞出口处。依次骑跨黄道乡大榜村、力坳村、小田坪村、白屋场村、高楼坪乡羊尾舟村、龙田村、猴冲村、铺前村共两乡八村；新晃县波洲镇小竹溪村、花草溪村、炉冲村，大湾罗乡中段村、向家地村，方家屯乡何家田村、洞坡村、小洪溪村共三乡八村。2010年启动了湘黔平安边界创建工作，于湖南芷江县签订了湘黔友好协议书。

2. 省内交界线

1992年6月15日，成立了万山特区地名委员会。当年，补查和更新了237个地名资料，会同有关单位处理边界纠纷2起。1993年调处边界争议2起。

1997年11月1日，在铜仁东方红饭店进行协商，形成了《万山特区与玉屏侗族自治县行政区域界线协议纪要》；是年11月11日，万山特区与铜仁市、玉屏侗族自治县勘界领导小组达成了《县级行政区域界线三交点认定协议书》，形成《万山特区、玉屏侗族自治县、铜仁市三县交点协议纪要》《万山特区人民政府与玉屏侗族自治县人民政府联合勘定的行政区域界线测绘成果资料检查报告》。次日（11月12日），经万山特区、玉屏侗族自治县勘界工作领导小组讨论，制定《联合勘定万山特区与玉屏侗族自治县行政区域界线实施方案》。当年还完成了省界47千米、县界59千米的核界工作，根据方案，并于1998年对勘定的界线立桩。1999年7月30日，分别就铜仁—万山、玉屏—万山、湖南芷江—万山、湖南新晃—万山于1998年设立的4个界桩进行了登记，其中：220122232230号（三面）界桩位于铜仁市茶店镇白岩村、万山特区高楼坪乡大坪村（现为老山口村）与玉屏侗族自治县亚鱼乡亚鱼村的交界处，22012230001号（双面）界桩位于铜仁市六龙乡甘溪坪村与万山特区敖寨乡杨家寨村（现为中华山村）的交界处，433027522201522230号（三面）界桩位于湖南省芷江县大树坳村、贵州省铜仁市瓦屋乡上坪村与万山特区下溪乡瓦田村（现为米贡山村）的交界处，433026522223522230号（三面）界桩位于湖南省新晃侗族自治县、贵州省玉屏侗族自治县田坪镇桃家冲村、万山特区高楼坪乡铺前村（现为夜郎村）交界处。2000年8月13日，在铜仁市签订了《万山特区人民政府与玉屏县人民政府联合勘定的行政区域界线协议书》及1：50000协议书附图。是年出台了《万山特区地名管理实施办法》。2001年建立万山特区城市设置标准地名标志工作领导小组，完成了《地名大词典》和行政区域统计的上报工作。2002年特区政府在万山城区解放街设置8块街名牌，2005年为万山镇设订了乡镇地名标志。

2011年根据《省人民政府关于同意将铜仁市谢桥街道行政区域划归万山特区管辖的批复》的内容，并于当年10月，由民政局牵头与铜仁、玉屏两市（县）民政局，就两个界桩（两面桩、三面桩各一个）及其方位物变化及界桩的维护情况进行联合检查，并签订《贵州省铜仁市与玉屏侗族自治县勘界办联合检查两市县行政区域界线协议》，界线总长度约31.89千米。2011年，铜仁撤地并市，完成了把“万山特区”更名为“万山特区”的地名冠名及地名数据库录入工作，将原属铜仁市谢桥街道的谢桥、唐家寨、楚溪、龙门坳、石竹、瓦屋坪6个村和谢桥社区居委会划入万山特区管辖，铜仁市、万山特区行政区域界线做相应变更。

三、街名管理

万山特区在2006年之前，城区一直未进行科学规划，仅有一条街——解放街，真正是“一根肠子通到底”。即使是万山最辉煌的时期，也仅仅是针对老街（解放街）而言，未增设新街名。2006年4月，万山特区派人赴东北三省城进行地名公共服务考察后，根据万山实际情况，结合国家标准化地名命名有关原则，在城区设置汞都路、解放路、官山路、辰砂路、区府路、滑石坡路、土坪路、三角岩路、张家湾路、环城路10条路。2007年特区民政局制定《万山特区城市路地名规划方案》并对4乡1镇设置标准标志牌。

四、社团社区管理

1.社团管理。对万山特区境内社会团体（学会）的成立和活动状况进行审批、登记注册和发证等管理工作由万山特区民政局负责管理。1991年11月，批准成立万山特区消费者协会、万山特区个体劳动者协会、万山特区计划生育协会、万山特区文学戏剧协会、万山特区文学艺术协会、万山特区商会。1999年1月，批准成立万山特区客运车安全协会，2003年11月5日，批准成立黄道侗族乡长坳村红薯绿色食品加工协会，是年12月18日.批准成守万山特区工商行政管理局私营企业协会。

2007年，批准成立万山特区慈善总会，2008年，批准成立了万山特区龙田水库灌区农民用水户协会、万山特区马路岗水库灌区农民用水户协会、万山特区龙塘水库灌区农民用水户协会、万山特区塘家田水库灌区农民用水户协会、万山特区猫垅水库灌区农民用水户协会，2009年3月，批准成立万山特区三轮车协会，同年11月，批准成立万山特区农村沼气后续服务协会。2010年，万山特区开展社团“小金库”专项治理工作，通过深入自查和抽查，全特区11各社团财务管理均按照国家有关财经法规行，对收入、支出全部纳入本社团财务部门法定账目统一核算，未侵占国家和单位收入，没有设任何形式的“小金库”。同年10月，批准成立了万山朱砂奇石协会和万山特区侗学研究会。2011年批准成立万山特区警察协会和万山特区志愿者联合会。及时下发了社会团体年检通知，通过开展宣传动员，完成了全特区社会团体年检工作。

2.社区管理建设。社区建设指的是一种社区工作，是指在党和政府的领导下，依靠社会力量，利用社会资源，强化社区功能，完善社区服务，解决社区问题，促进社区政治、经济、文化、环境协调和健康发展，不断提高社区成员的生活水平和生活质量的过程。

贵州汞矿于2001年9月实施政策性破产关闭后，次年成立了万山特区矿区社区管理局（副县级单位），隶属万山特区人民政府管理。矿区各社区居民委员会移交特区政府管理后，于2003年6月，在杉木董、土坪、三角岩、万山司、张家湾等社区居民委员会成立了警务工作室：当月，特区党委办公室和政府办公室颁发了《关于做好全特区城市社区建设的意见》。2004年，结合社区居民委员会进行整合，将冲脚居委会与万山司居委会、冒水窿居委会与土坪居委会分别合并，使社区的10个居委会整合成8个。2004年，为各社会居委会修缮了办公用房和增置了办公设备，配置电脑和打印机。兴建了解放街、土坪、东门等3所“星光老年之家”。2005年还援建了2个社区图书室。

2006年，由特区民政局组织开展了第三期万家社区图书室援建和万家社区读书活动，援建2个社区图书室。2007年开展了示范社区创建活动，狠抓了三角岩社区示范建设。并开展了社区整合调研，向特区委、政府写出了整合的专题调查报告。2008年将原11个社区整合成6个社区，并选出新的社区领导班子。2009年加大上跑力度，加快农村社区建设工作，投入经费8万元加大农村社区爱心慈善超市试点建设，为困难群众提供及时、必要、有效帮助，促进社区邻里和谐，实现社区居民共同富裕。2010年在地局的大力关心支持下，全特区农村社区建设工作成效明显，受到省地的高度赞扬，被确定为“全省首批农村社区建设实验县”，正式成为全省农村社区建设的第一批“实验县”之一。于同年向社区投入8万元经费，分别在分别在万山镇的犀牛井社区、黄道乡的临湘村、高楼坪乡的夜郎村、敖寨乡的两河口村挂牌建立了4个爱心慈善超市，为困难群众提供临时救助，促进社区和谐。2011年，在上级民政部门的大力关心支持下，全面完成高楼坪侗族乡青年湖社区和黄道侗族乡大榜社区建设，农村社区样板建设已初步形成。投入15万元经费，分别在万山镇的犀牛井社区、黄道乡的临湘村、下溪乡的兴隆村、高楼坪乡青年湖村等地建立便民服务大厅和爱心慈善超市，为困难群众提供临时救助平台，促进社区和谐。

五、婚姻登记管理

婚姻登记涉及每个家庭和婚姻当事人的切身利益，是一项神圣严肃的工作，做好婚姻登记工作是政府为民服务，切实维护婚姻当事人切身利益的具体体现。1991—2004年6月，乡（镇）人民政府负责办理公民之间的结婚、离婚和复婚的登记手续。2004年6月30日，全特区婚姻登记机关调整为特区民政局婚姻登记处、黄道乡政府民政办公室、敖寨乡政府民政办公室、下溪乡政府民政办公室等四个，其中，民政局婚姻登记处为万山镇、矿区社区和高楼坪乡服务，敖寨、下溪、黄道三乡民政办公室分别为本乡婚姻登记服务。婚姻登记严格依照新《婚姻法》《婚姻登记办法》及《贵州省婚姻登记管理暂行条例》等法律法规进行。坚持婚姻自主、恋爱自由，一夫一妻、男女平等的婚姻制度，严格禁止包办、买卖婚姻，制止早婚、重婚，提倡晚婚。办理婚姻登记需男女双方当事人亲自在场，手续齐全。经人民政府办理婚姻登记，并领取了结婚证、离婚证或复婚证的婚姻受国家法律保护。自新《婚姻法》贯彻实施以后，公民法律观念增强，婚姻登记工作走上正轨。但在部分农村，还存在早婚、近亲结婚、拐卖妇女违法婚姻等违法现象。

2006年9月，全特区按照贵州省婚姻登记规范化建设的要求，对全特区婚姻登记机关进行统一调整，取消各乡镇办理婚姻登记的资格，由万山特区进行统一办证，婚姻登记严格依照新《婚姻法》《婚姻登记办法》及《贵州省婚姻登记管理暂行条例》等法律法规进行。坚持婚姻自主，自由恋爱，一夫一妻，男女平等的婚姻制度，严格禁止包办、买卖婚姻，制止早婚、重婚、提倡晚婚。办理婚姻登记需男女双方当事人亲自在场，手续齐全。经区民政局婚姻登记办办理婚姻登记，并领取了结婚证、离婚证或复婚证的婚姻受国家法律保护。2008年加强了对婚姻登记员的培训学习，婚姻登记实行微机管理。2009年投入5万余元，为婚姻登记处配置了电脑2台、照相机1台、小型复印机1台，出证机2台，装修了颁证大厅、结婚登记室、离婚登记室候登室及档案室。于8月初实现了集中婚姻登记规范化管理。2011年，全特区推行婚姻登记信息的电子化管理，并对前几年的婚姻登记信息进行逐条补录。

1991—2011年万山特区办理婚姻登记统计表

表13-1

年度	办理结婚(对)	办理离婚(对)	备　注
1991	850	39	
1992	568	27	
1993	613	37	
1994	450	38	
1995	570	28	涉港、澳婚姻4对
1996	507	48	涉港、澳婚姻3对
1997	603	33	涉港、澳婚姻3对
1998	573	36	
1999	615	46	
2000	613	46	
2001	645	34	

表13-1

年度	办理结婚(对)	办理离婚(对)	备　注
2002	624	43	
2003	586	32	
2004	393	72	
2005	408	90	实行微机台账管理
2006	383	51	
2007	434	93	
2008	487	88	
2009	624	113	
2010	557	101	
2011	695	148	

六、殡葬管理

土葬死者遗体，请“阴阳先生”相地定山向、择风水地，同姓宗族死者遗体安葬同一块祖坟地，是万山特区境内农村侗乡从古至今所沿袭的民族习俗。但在万山城区，由于行政机关、团体、企事业单位人员来自五湖四海，结构复杂，丧葬习俗异于农村，由政府有关部门划定一定区域的荒坡地，不分姓氏集中安葬。

20世纪80年代后，境内城乡墓地日趋紧张，“死人与活人争地”之矛盾逐步凸现。改革土葬，积极推行火葬，节约土地资源，保护生态环境，加强殡葬管理，树立厚养薄葬观念，规范丧葬活动，促进社会主义物质文明、精神文明等势在必行。特区政府在贯彻执行《国务院殡葬管理条例》和《贵州省殡葬管理暂行办法》的同时，于2001年3月30日颁布了《万山特区殡葬管理办法》,《办法》提倡万山城区及高楼坪侗族乡境内的行政机关、人民团体和企事业单位工作人员死亡后实行火葬。为了适应社会发展的要求，特区政府于2004年6月20日重新颁布修订了《万山特区殡葬管理办法》，新《办法》规定特区境内各乡镇及矿区社区各居民委员会全部为殡葬火化区，一切行政机关、人民团体、企事业单位干部、职工死亡，除回、维吾尔、哈萨克等10个少数民族遗体外一律实行火葬。并凭遗体火葬证明书领取丧葬补助费、一次性抚恤金和遗属困难补助费等费用，禁止在城区公路主干道线两侧200米内修建坟墓。对万山城区的治丧活动和丧葬服务管理，特区政府根据万山的实际情况作了具体的规。2005年10月修建了万山特区殡仪服务中心，作为万山城区遗体停放和治丧场所。城区范围内禁止搭建临时灵棚停尸治丧，以免影响市容、阻塞交通。由于土葬是人们根深蒂固的传统观念，推行殡葬改革，实行火葬，少部分亡者亲属在改革的初始阶段不愿遵行，宁可舍弃丧葬补助费、一次性抚恤金及遗属困难补助等应享受的待遇，但执意坚持土葬者有之。

2006年全特区制定出台《万山特区殡葬改革工作实施方案》，代政府向行署起草《关于火化区域划定的请示》，并向特区政府报送了关于成立殡葬管理所和殡葬执法队的请示，落实了殡葬管理所人员编制4人，到位2人。2007年投资12万元左右，修建特区殡仪服务中心，深化殡葬改革，彻底清理殡葬用品市场，配备殡葬运尸专用车1辆，建立农村公益性公墓点5个。2008年出资5000元制作16幅永久性殡葬法规宣传标语，加大殡葬改革宣传力度，加强对殡改办工作人员的培训，有力地助推殡葬改革工作。2010年殡葬改革工作稳步发展。在认真开展全特区清明节文明祭扫活动的同时，加大对全特区清明节扫墓安全防范工作，确保全特区清明期间无火灾事故发生。并投入15万元资金用于维修殡仪服务站，进一步规范集中治丧行为。2011年殡葬改革工作稳步推进。加大殡葬改革大力宣传力度，开展形式多样的殡葬宣传，让文明的丧葬理念做到家喻户晓。并投入20余万元资金用于维修殡仪服务站心开展集中治丧工作。1990—2000万山特区共火化246遗体，其中处理11具无名尸体；2001—2011年共炎化505具遗体。

七、优抚安置

根据1988年6月14日特区人民政府批转民政局《关于解决义务兵家属享受群众优待的报告》文件精神，仍执行全民负担、统一兑现的办法，即农民各户应承担的负担纳入土地承包合同，每年由村或乡统一提取，再兑现给优待的对象，优待标准逐年增加。1991—1995年农村义务兵家属每年优待200元/人，城镇义务兵家属优待100元/人。

2000年后，由群众优待逐步转向国家政府优抚为主。万山特区境内的中国人民解放军和中国人民武装警察现役军人（以下简称现役军人）、服现役或者退出现役的残疾军人以及复员军人、退伍军人、烈士遗属、因公牺牲军人遗属、病故军人遗属、现役军人家属是《中华人民共和国军人抚恤优待条例》规定的抚恤优待对象，在各个不同的时期采取不同的方法多方面给予照顾。

2005年全特区烈属共12人，因公牺牲军人家属1人，其中：享受定期抚恤10人。全年享受定期补助的在乡退伍军人共171人，其中，在乡复员军人168人，带病回乡退伍军人3人。革命残疾军人及国家机关伤残人员22人。完成上级下达各项抚恤事业费33.84元，地方安排20万元。新中国成立前入伍和孤老复员军人定补标准由去年的1404元提高到1920元；建国后在乡复员军人定补标准由2004年1200元提高到1740元。今年有7名优抚对象除享受复员定补外，还享受了农村特困救助；有4人享受了城市低保。所有享受定补的优抚对象均被纳入医疗保障范畴。完成22名残疾军人的换证工作。

2006年全特区重点优抚对象共196人，其中：烈属12人（享受定补的有10人）；享受定期补助的在乡复员军人158人；享受定期补助的带病回乡退伍军人3人;革命残疾军人及国家机关伤残人员23人。全特区对重点优抚对象196人定期足额发放各类人员抚恤金46.7万元。一是对6名孤老复员军人及家属纳入特困救助，并将老复员军人的遗属全部纳入农村低保。二是多渠道缓解重点优抚对象治病医疗难问题，为他们缴纳合作医疗保障金1700元，并为7名患重病的重点优抚对象报销医药费3500元。三是完成了特区新增优抚对象和复员退伍军数据库档案信息录入工作。同时，做好安置改革宣传工作，深化安置改革力度。全特区接收退役士兵共23人，符合政策安置的城镇退役士兵6人（含残疾军人1人），农村籍退役士兵17人。特区监察局、人事劳动与社会保障局、民政局等部门联合命题对全特区6名符合安置条件的城镇退役士兵进行文化考试和档案考核，并将考核成绩进行公示，接受群众监督。2007年全特区重点优抚对象共349人，其中：烈属10人，享受定期补助的在乡复员军人148人，享受定期补助的带病回乡退伍军人3人，革命残疾军人22人，参战退役人员166人。全特区建立了优抚对象抚恤补助标准自然增长机制，提高了181名优抚对象抚恤补助金标准，新中国成立前的老复员军人标准由2006年的每人每年1920元提高到现在的每人每年2760元;新中国成立后的老复员军人标准由2006年的每人每年1740元提高到现在的每人每年2580元；义务兵家属优待金由2006年1482元提高到现在每年1610元。烈属、伤残军人抚恤金严格按照上级标准发放。同时，设立了优抚对象医疗定点窗口，将全特区优抚对象纳入农村新型合作医疗和农村医疗救助体系，医药费按规定比例给予报销。

2008年全特区重点优抚对象共517人，其中：烈属10人，享受定期补助的在乡复员军人141人，享受定期补助的带病回乡退伍军人3人，革命残疾军人23人，参战退役人员195人，企业复员军人145人。全年发放优抚对象抚恤补助金共计101.8万元，为优抚对象372人报销医药费7.5万元，在春节、“八一”及中秋节期间安排走访慰问金共19万元。接收退伍士兵18人，开展了技能培训，完成了城镇退役士兵安置工作，其中安置在行政、事业单位的有2人，自谋职业2人。2009年全特区重点优抚对象共512人，其中：烈属10人，在乡复员军人141人，带病回乡退伍军人3人，伤残人员23人，参战退役人员197人，企业复员军人138人。全年发放各类抚恤补助金共计120.65万元，在服务窗口单位设立了优抚对象优先服务窗口，优抚对象医药费报销376人次，支出医疗费11.3万元，投入资金8万元对受损的革命烈士陵园进行了维修，并硬化了通向陵园的道路，在元旦、春节、“八一”期间，走访慰问优抚对象496人次，安排慰问经费20万元。

2010年全特区重点优抚对象共555人，其中：烈属17人，在乡复员军人163人，带病回乡退伍军人11人，伤残人员29人，参战退役人员197人，企业复员军人138人。全年共发放各类抚恤补助金共计179.2万元，兑现了64户军烈属优待金10.2万元，在服务窗口单位设立了优抚对象优先服务窗口，优抚对象医药费报销443人次，支出医疗费35万余元，在元旦、春节、“八一”期间，走访慰问优抚对象496人次，安排慰问经费24万元。

2011年全特区辖6乡1镇2街道办事处，全特区重点优抚对象共1059（含茶店、大坪、鱼塘518人），其中：烈属22人，在乡复员军人472人，带病回乡退伍军人88人，伤残人员52人，参战退役人员424人，“三红”1人。调整了优抚对象抚恤生活补助标准，共发放各类抚恤补助金198.4万元（不含茶店镇、大坪乡、鱼塘乡发放资金），特区民政局与移动公司签订了优抚对象一站式服务协议，优抚对象医药费报销463人次，支出医疗费42万余元。在元旦、春节、八一期间，走访慰问优抚对象516人次，安排慰问经费80万元。同时，完成了全特区60周岁以上共计520名农村籍退役士兵相关信采集统计工作，完成了烈士纪念设施普查工作。

1996—2011年优抚标准表

表13-2

年度	义务兵家属	复员军人定补	烈士家属抚恤(元)	
			农村	城镇
	元/年·人	元/年·人	元/年·人	元/年·人
1996	350	300	150	150
1997	400	430	150	150
1998	450	450	150	150
1999	790	600	120	150
2000	790	720	120	130

续表13-2

年度	义务兵家属	复员军人定补	烈士家属抚恤(元)	
			农村	城镇
	元/年·人	元/年·人	元/年·人	元/年·人
2001	1150	720	120	130
2002	1160	960	165	190
2003	1170	1200	165	190
2004	1170	1200	165	190
2005	1740	1200	165	190
2006	1000	1920	265	290
2007	1200	2520	365	390
2008	1500	3120	465	490
2009	2000	3720	565	590
2010	2500	4320	670	700
2011	3000	4920	780	810

八、复员退伍军人安置

万山特区人民政府复员退伍军人安置领导小组负责对全特区复员退伍军的接待和安置工作。1991—2005年，共接收复退军人429人，其中城镇148人，农村281人，安置到机关工矿企事业单位162人，回农村261人，退铜仁市1人，转福泉县1人，自谋职业4人。

2006年，深化安置改革力度，加强安置改革工作。是年全特区接收退役士兵共23人，符合政策安置的城镇退役士兵6人（含残疾军人1人），农村籍退役士兵17人。特区监察局、人事劳动与社会保障局、民政局等部门联合命题对全特区6名符合安置条件的城镇退役士兵进行文化考试和档案考核，并将考核成绩进行公示，接受群众监督。按照安置政策，把前3名士兵安置在特区行政事业单位，对后3名士兵作自谋职业安置，由政府拨出专项经费，共发放一次性补助金6.9万元。对17名农村籍退役士兵每人发放补助金100元，发放补助金共1700元。并对农村籍退役士兵开展了形式多样的技能培训。2007年对城镇退役士兵严格坚持“五公开、一监督”（即安置政策公开、安置对象公开、安置任务公开、考试考核成绩公开，接受单位公开、接受社会监督）的原则，做到廉洁安置。于当年安置退役士兵15名，农村兵10人自谋职业，农村兵退伍报到登记时，政府每人补助100元，共发放补助金1000元。城镇兵5人全部安置，经过“双考”后，有2名安排在特直机关上班，有3名实行自谋职业有偿安置，共发放一次性安置费66720万元。

2008年全特区接收退伍士兵27人，举办退伍军人培训班2期，参加培训人员115人。同时，召开退伍军人安置座谈会，传达学习安置政策，并对符合政策安置的城镇退役士兵“双考”后，按40%的比例进行安置。2010年全年接收退伍士兵34人，举办技能培训班2期，参训人员86人次，完成今年5名退役城镇士兵的“双考”工作，有3名退役士兵安置到行政事业单位工作，对2名未考取的实行自谋职业有偿安置，补助安置经费5.8万元。2011年全特区全年接收退伍士兵29人，完成7名城镇退役士兵“双考”安置工作。

第二节　救　济

一、灾害救助

灾害救助是国家或社会对因遭遇各种灾害而陷入生活困境的灾民进行抢救和援助的一项社会救助制度，其目的是通过救助，使灾民摆脱生存危机，同时使灾区的生产、生活等各方面尽快恢复正常秩序。

从1991—2005年，由于气候逐年反常，多数年份发生旱、涝、风雹、凝冻、病虫等自然灾害，其中造成农作物减产的有11年，灾情最重的有4年。

1995年4月起，区内先后连续遭冰雹、暴雨、特大暴雨和旱灾。4月13日12时30分左右，特大风暴、雷雨、冰雹突然袭击，持续30分钟以上，风力7—8级，短时10—11级，冰雹直径40—60毫米，最大直径100毫米，下溪、敖寨、高楼坪三个乡遭雹灾，农作物成灾985公顷，直接经济损失114万元。是年5月下旬至7月初，全特区44个行政村470个村民组先后3次不同程度地遭暴雨和特大暴雨的袭击，其中29个行政村308个村民组受重灾，受灾8351户35490人，农作物受灾1589公顷（不能恢复耕种的达209公顷）；倒塌民房79间，滑坡损坏民房473间；毁坏通信设施4处，公路43千米，桥梁28座；因灾死亡?人，伤102人，死亡大牲畜86头，经济损失计6728万元。继7月1日特大暴雨和洪灾之后，又出现持续干旱，农作物受灾面积达1054公顷，成灾943公顷，干涸水井31口，24条溪水断流，造成人畜饮水困难，经济损失计622万元。当年特区人民政府发放救灾款20.8万元，帮助93户402人重建家园；发放救灾粮36吨、返销粮15吨，救济6549人次。

1996年5月24日和7月16日，两次特大洪灾，使全特区44个行政村478个村民组受灾，其中特重灾村19个，重灾村15个，轻灾村10个；受灾农户8112户32358人，占区内农业人口的70.85%；毁坏耕地258.9公顷，占耕地总面积的10.6%，不能恢复耕种的160.5公顷：农作物受灾面积1080.6公顷，占耕地面积的44%；成灾面积736.1公顷，占耕地面积的30.8%；绝收面积281.9公顷，占耕地面积的11.5%，造成粮食作物减产3890吨，经济作物减产74吨；冲毁民房397间计7255公顷，受灾125户549人，其中倒塌89间计1183公顷，26户115人无家可归，冲走大牲畜46头。当年特区人民政府发放救灾款25.3万元，帮助236户998人重建房屋100间、修复房屋201间，发放救灾粮209吨，救济了709户2998人。接受红十字会、贵州省电大捐款共2.8万元，接受青岛捐赠物资折款29.8万元。

2003年7—8月，特区境内持续一个多月旱情，高温天气达28天，最低气温33度，平均气温36度。全特区44个行政村462个村民组，11374户34000人受灾。灾情特别严重的有高楼坪侗族乡羊尾舟、水眼坪、龙田、黄家寨，敖寨侗族乡的深冲、敖寨，下溪侗族乡的田龙、铁门，黄道侗族乡的长坳、白屋场，万山镇的老街、土坪等13个村。1座水库、36口山塘、200多口水井干涸，50条溪沟断流，直接影响农田灌溉和两万余人饮水。稻田脱水642公顷，开裂281公顷，绝收68公顷，受灾面积占播种面积的67%；经济作物受灾124公顷，占播种面积的26%，成灾56公顷，绝收的3.3公顷，经济作物减收2879吨，直接经济损失457万元：是年10月下旬，黄道阳桥、下溪官田两村分别先后发生重大火灾，涉及22

户83人，烧毁房屋15栋89间，损毁6间，烧毁稻谷60吨，烧死生猪9头，直接经济损失30多万元。当年特区人民政府下拨救济款21.13万元。2004年12月—2005年2月22日两个多月中，全特区一直处于降雪和凝冻天气，造成罕见的凝冻自然灾害，损失巨大。全特区44个行政村289个村民组5918户23080人受灾，农作物成灾1779.2公顷，直接经济损失达1670万元。是年6月1日，全特区连续降暴雨达6小时，致使部分山体滑坡，全特区16个村215户581人受灾，毁坏民房7栋17间，田埂塌方60多处，直接经济损失22万余元。是年6月30日以来，连续30天无雨，造成长期高温，平均气温达36度左右，部分山塘干涸，大型水库存水量仅有35%。截至是年7月8日，全特区受灾水稻种植面积达593公顷，玉米受灾286公顷，红苕受灾141公顷，其他农作物受灾184公顷，受灾面积占总播种面积的49%，造成农业经济损失52万元。当年，特区人民政府下拨救灾款45.7万元，救灾棉被30床，衣服2100件，投入19.2万元购买救济粮110吨，帮助恢复倒塌、损坏的民房36户计144间，共救济灾区2612户9780人。2005年全特区遭受了凝冻、风雹、洪涝、干旱等自然灾害。全特区因灾经济损失达1688万元，其中农业直接经济损失570万元。农作物受灾面积1123公顷，粮食减少843吨。灾情发生后，一是地区、特区两级党政主要领导和各部门负责人亲临灾区查看灾情，慰问安抚灾民，及时安排救灾款物；二是凝冻期间，根据《万山特区自然灾害应急预案》要求，启动《自然灾害应急预案》，各部门、各单位按照各自职责组织人员抢险救灾，帮助灾区恢复生产，重建家园。三是民政部门及时查灾核灾，调运救灾物资支援灾区，解决他们的燃眉之急，确保灾区有饭吃、有衣穿、有房住。四是在政府的统一领导下，各职能部门及时向上级汇报灾情，并进行登记造册。全年发放救灾款45.7万元、救灾棉被30床、衣服2100件，投入资金19.2万元购救济粮110吨；恢复倒塌、损坏民房36户144间，共救济了灾区2612户9780人，确保了灾区社会稳定。认真开展“慈善一日捐”活动。全年共接收“慈善一日捐”款16850.50元，救灾捐款5600元、衣服2400件。

2006年全特区发生了特大风雹、洪涝、泥石流等自然灾害，全特区7167户25980人，不同程度受灾，农作物受灾面积508公顷，损坏民房312间（其中，倒塌民房3栋18间，3户13人），造成直接经济损失673.5万元。灾情发生，特区委、政府高度重视，召开专题会议，研究部署救灾救济工作，特区领导亲临现场，调动各级、各部门及民政局领导干部及时深入灾区，查灾、核灾、抢险救灾，排查灾情隐患，帮助灾区恢复生产，重建家园，及时拨出救灾款3万元，发放棉被49床，衣服40件，解决了82户311名重灾户住房及生活问题，使灾民有房住、有衣穿，确保了灾区稳定。后续共投入资金10万元为12户灾区群众修建了住房，解决了40名灾民住房难问题。春荒期间。全特区为灾民发放棉被340床，棉衣2000件。发放春荒救灾款14万元，其中，粮差款2万元，救灾粮12.5吨，发放临时救助卡1563张，帮助全特区1563户5579人困难群众渡过了难关。并将接收宁波市捐赠棉被420床，棉衣2500件，接收本区社会捐赠衣服300件，如实如数发放到灾区群众手中。接收“慈善一日捐”赠款共6.3万元。2007年遭受旱灾和洪涝灾害的面积达1683公顷，涉及22813人，农业经济损失526万元。全特区及时发放救灾救济款20多万元、救助困难群众2.3万多人次。为有效实施灾害应急救助，制定《万山特区自然灾害应急预案》，建立科学完备的减灾领导管理体制、救灾协调机制和灾情会商机制，工作规程完善。

2008年1月11至2月17日，全特区遭遇罕见的雪凝自然灾害，持续30多天，涉及4乡1镇、17个行政村、482个村民组、9个社区、6个居委会。室外最低温度零下13摄氏度，降雪13厘米，树枝、电线结冰直径达6—10厘米，地面、屋面、河水结冰厚达20—30厘米。全特区停水1个多月；停电、道路中断达半个多月，居民家庭下水管、卫生间堵塞。全特区受灾人口6.2万人，占总人口的92%。因灾伤病人口

351人，被困人口15450人，饮水困难人口14515人；因灾长期滞留人员8人，累计转移滞留人员398人次；农作物受灾面积1375公顷，农作物绝收面积601公顷；因灾冻死大小牲畜6844头，家禽4383只；全特区因灾倒损房屋513户1795人1098间（其中倒塌民房48户95间，损坏民房465户1003间）。供水、供电、通信、林业等均遭受严重损失，造成全特区直接经济损失1.88亿元（其中农作物经济损失1209.59万元）。

万山灾情的发生牵动着党和国家及胡锦涛总书记的心。2008年1月31日，中共中央政治局常委、书记处书记习近平受胡锦涛总书记委托，带着党中央、国务院的亲切关怀、带着对贵州人民的深情厚谊，率中央政策研究室副主任何毅亭、民政部副部长姜力、铁道部副部长彭开宙、交通部副部长冯正霖、电监会首席工程师顾峻源等一行，乘火车、转汽车，行程400多千米，到贵州受灾最严重的铜仁地区万山特区实地查看灾情。习近平在省委书记、省人大常委会主任石宗源，省委副书记、省长林树森等陪同下，顶风冒雪，深入基层，进社区走村寨慰问群众，一线实地考察指导抗灾救灾工作。一是到万山特区老山口110千伏受灾输电线抢修现场，慰问广大抢修工人，并详细询问了当地供电线路受损情况。二是到万山特区冲脚社区和高楼坪乡大树林村，看望受灾居民杨通保、李来娣和村民唐召维等，仔细询问和查看了有多少存粮、衣被够不够，左邻右舍有什么困难，详细了解受灾群众的衣食住行情况。同时，在灾情发生后，特区委、政府高度重视，召开紧急协商会，成立抢险应急指挥部，下设七个抢险应急小组按照各部门职责投入抢险救灾工作。为了做好凝冻灾害应急救助工作，把雪凝自然灾情损失减少到最低限度，民政局按照Ⅱ级自然灾害应急响应预案要求，成立凝冻灾害应急救助工作领导小组，并采取以下具体措施：一是局班子成员分工联系乡镇，深入一线查灾核灾，督察护送民政资金的发放。二是坚持24小时值班制。受凝冻灾害的影响，全特区供电中断，为了随时了解和掌握灾情情况，民政干部晚上坚持点着蜡烛值班。三是坚持每日向特区政府和上级业务部门报告灾情，为党委政府决策当好参谋。四是民政局党组派出专人给地方偏远、交通堵塞的困难群众送去低保金和救灾款物。五是设立临时救助站。在玉铜高等级公路旁特区民政局用帐篷搭建了一个临时救助站，向过往的行人无偿提供茶水和烤火，解决湖北、思南、松桃等地方的滞留人员的食宿，为返乡人员提供临时救助。六是配合特区领导深入矿区社区居委会，各乡村慰问受灾群众，发放慰问资金29.5万元，并为5所敬老院送水送菜、铲雪除冰，切实解决因灾造成的临时困难。七是宣传救灾减灾工作，转移安置因灾造成的危房群众，排除险情，降低损失，使抢险救灾工作有序进行。与此同时，及时开展救灾减灾，做好民政资金及捐赠物资的分配和发放工作。一是全特区一季度共投入低保金342.414万元。城市低保对象3189户6622人，共发放低保资金375.7万元（含提高补助29.799万元，临时生活补贴59.598万元，雪凝生活补贴39.732万元）；农村低保对象1871户4316人，共发放低保金66.714万元（含提高补助12.948万元，临时生活补贴19.422万元）。二是为了确保各项民政资金发放到位。由民政局领导联系乡镇，乡镇领导联系到村，村干部和党员联系到户实行上门发放。三是接受成都军区支援、地区民政局和慈善总会捐赠价值50余万元的物资，全部发放到每个受灾户家中。四是接受郑州自来水公司捐赠洒水车一辆，已交城管局管理使用。五是雪凝期间上级下拨资金149万元，已补助灾后民房重建资金149万元（其中：定向捐赠给第二完全小学50万元）。

2009年2月26至3月6日，全特区受雨雪天气影响，造成农作物受灾200公顷，受灾人口达13568人，直接经济损失380万元。因受持续降雨影响，造成黄道乡龙江村、长兴村、临湘村和下溪乡的米贡山村山体滑坡较为严重，使34户132人生命财产受到严重影响，同时万山镇解放街和三角岩两社区居民住处塌陷，造成18户57人急需转移安置。因电路老化等原因，全特区先后发生13起不同程度火灾，致使29

户114人的财产被毁，因灾损失46万余元。为解决特困群众的生产生活难题，特区民政局全年共下拨自然灾害救济款32万元，救济了1031户3764人，确保了人心安定和社会稳定。同时，开展农村危房改造工作。一是恢复重建了8户因灾倒损房屋，共建房8栋21间，并均已入住；在29户损房户中，有8户受地质灾害户已搬迁，其余均已进行修缮，共投入资金17.7万元。二是安排资金29.9万元（其中散建6.8万元），完成了30户农村五保户的危房改造工程。2010年全特区先后遭受旱灾、洪涝、病虫等自然灾害，特别是去冬今春，因降雨量锐减，降水仅有往年的一半，造成部分山塘水库严重脱水、小溪断流、水井干涸，致使全特区部分农作物受灾，部分群众特别是居住在边远高山区的群众饮水困难。经特区民政局组织人员进村入户调查核实，全特区受灾人口为19748人；农作物受灾面积2460公顷，成灾面积1187公顷；因灾死亡大牲畜274头/只。直接经济损失达10451万元。为应对各种灾害，全特区成立了以政府区长为组长，特区民政、监察、财政、农办、农业、水利、统计、粮食、应急办等部门和各乡镇主要负责人为成员的领导小组，领导全特区上下开展救灾抗灾工作。民政局在灾情发生后的第一时间，及时组织人员调查核实灾情的同时，把各种救灾款物送到灾区群众手中，全年发放救济资金70余万元，帮助遭受滑坡灾害的群众恢复重建45间房屋，共救济3068户10769人，维护了社会稳定。

2011年全特区遭受了严重的凝冻灾和旱灾，全特区受灾人口达7.63万人，农作物受灾面积4867公顷，成灾面积2066公顷，绝收面积445公顷。直接经济损失达7985.2万元。灾情发生后，民政局在及时调查核实灾情的同时，第一时间把各种救灾款物送到灾区群众手中，共发放救济资金189万元、救灾（捐赠）衣被3200余件（床），粮食245吨，救济了7856户29077人，维护了全特区社会的稳定。

二、社会救助

社会救助是指国家和其他社会主体对于遭受自然灾害、失去劳动能力或者其他低收入公民给予物质帮助或精神救助，以维持其基本生活需求，保障其最低生活水平的各种措施。它对于调整资源配置，实现社会公平，维护社会稳定有非常重要的作用。

1991年以来，特区坚持对孤寡老人实行保吃、保穿、保住、保医、保葬的“五保”制度，采取以居家分散为主和送敬老院集中的两种形式供养。散居的“五保”户供养资金列入农业税附加开支，统一由特区财政局按月或季，比照当时当地中等生活水平发给生活费，居委会、村委会亦组织群众帮助解决用水、用电、烧柴等具体困难。

1990年黄道乡率先建立敬老院，设置床位13张，首次接收孤寡老人12人到敬老院实行集中供养：1991年、1992年先后建立敖寨乡、高楼坪乡敬老院，设置床位32张，接收孤寡老人30人进行集中供养，供养人员生活开支和护理人员工资由特区民政社会救济经费解决，同时发给被供养人员一定的零用钱。2000年投入经费15万元对三个乡敬老院进行维修改造，购置40床席梦思床和彩电等日用品，敬老院的基础设施和生活环境得到较大程度改善。2003年建成万山城市中心敬老院，接收城镇孤寡老人、丧失劳动力无人供养的残疾人和孤儿到敬老院进行集中供养。同时也接收子女不在身边的老人入院供养，但其供养人要向院里缴交基本生活费；至2005年全特区有“五保”户196户225人，其中集中供养64人。实行“五保”制度，充分体现了社会主义制度的优越性，也体现了党和国家对社会弱势群体“五保”户和孤儿们的关心和关怀。

2005年全特区健全和完善农村社会救助机制，出台了《特困群众救助政策措施》。按照贵州省厅黔民发〔2005〕12号、14号文件要求，认真开展了农村社会救助和五保人员复查核实工作。经核实，全特区有农村特困救助对象337户659人，五保户对象196人，为制定方案和规范化管理提供了可靠的依据。全年发放农村特困救助证337个、五保供养证196个，超标准兑现资金50.2万元。一是全面实施农村医疗救助，解决困难群众治病难问题。经调查摸底，全特区符合特困医疗救助对象共1135人（其中：特困户659人、五保户225人、优抚及其他贫困对象251人）。并在此基础上，成立了以分管副区长为组长的医疗救助领导小组，出台了《万山特区农村特困医疗救助实施细则》。全特区实施农村医疗救助对象168人，兑现资金7.2万元，其中地方财政匹配5万元。二是探索城市医疗救助，争取纳入地区试点县。为搞好试点启动工作，特区民政局成立了领导机构，明确分管领导负责，及时组织人员深入社区进行调查摸底，为制定方案提供了依据。

2006年，特区政府出台了《关于建立城市医疗救助制度试点工作意见》，全特区共救助119人，发放医疗救助金8.5万元，地方财政安排救助金10万元，保障了特困群众治病难问题。2007年，全特区开展了农村五保对象、低保对象和优抚对象参加新型农村合作医疗工作，每年为其交纳合作医疗基金0.85余万元，兑现大病医疗救助金 10万余元。对患重大疾病的医疗救助对象，医疗费在2000元以上按45%的比例实施救助，并为困难群众报销医疗费16万元。同时，全特区率先在铜仁地区启动了教育救助，由政府出台制定了《特困学生助学基金管理办法》，出台了《特困群众救助资金管理办法》，救助特困学生72名，投入资金6.42万元，保障了全特区困难学生入学问题。并针对全特区“三无”对象、优抚对象以及计生户等特困对象进行临时救助，救助特困群众21人，投入资金1.36万元，解决了特困群众的临时困难，维护了全特区社会稳定。2008年，特区政府在财政困难的情况下，每年安排30万元临时救助资金，用于医疗、特困救助、教育救助工作。共救助各类大病人员1085人，兑现大病医疗救助金40余万元；救助特困学生121名，发放资金10.21万元，保障了全特区困难学生入学困难问题；救助“三无”对象、优抚对象以及计生户等特困对象515人，共计36万元，解决了特困群众的临时困难问题。

2009年深入开展“三个救助”工作。一是特区民政局联合卫生局启动了医前救助管理办法，对845名特殊人员实施了医前救助，加大了大病医疗救助力度，提高了救助标准；二是加大了特困临时救助面。特区委、政府从财政安排经费，对63女工、40%救济人员、抚恤对象等实施了临时救助。全年救助各类对象2164人，发放救助金72.31余万元，兑现医疗、特困救助金61.31万元。代特区政府修改完善了助学、医疗、特困三个救助管理办法（万府办发〔2009〕43号）。同时，为抓好特区经济工作，促进经济转型，实现地委、行署两圈两带规划。根据特区委、政府安排，切实抓好失地农民救助工作，经过区民政开展调查研究，代政府草拟了《失地农民生活救助管理办法》，落实了失地农民救助人员219户754人，全年发放救助资金113.1万元，确保了全特区城镇建设的顺利进行和地方社会稳定。

2010年，代政府修改完善了临时救助制度、医疗救助制度和助学救助制度，政府出台了《万山特区临时救助实施细则》和《医疗救助实施方案》；对1116名特殊人员实施了医前救助，加大了大病医疗救助力度，提高了救助标准；由特区政府从财政安排经费，对63女工、40%救济人员、抚恤对象等实施了临时救助，全年救助各类对象1737人次，发放救助金154万元。2011年，区民政对3679名患病人员实施了医疗救助，加大了大病医疗救助力度，提高了救助标准；经政府从财政安排经费，对63女工、40%救济人员、抚恤对象等实施了临时救助，救助各类对象3200余人次，发放救助金322.8万元。

三、养老院工作

敬老院是老人的乐园，做好敬老院的服务管理工作，是民政部门的本职工作。1991—2005年，全特区共有敬老院4所，其中：城市中心敬老院1所、农村敬老院3所，有床位80个，院民57人（含孤儿5人），护理人员9人，入住率达75%。特区党政领导高度重视，一是把城市中心敬老院划为民政局内设正股级事业单位，定编3人，工资由财政统一发放。二是将院民生活费、护理员工资纳入年初预算，实行按月拨款，保证了院民生活稳定。三是特区民政局党组高度重视敬老院建设，在先进性教育活动中，挤出资金2.3万元，给万山镇城市中心敬老院改建了6间院民居室，并配建了6个卫生间，还把院内所有阳沟铺上了钢筋，确保了院民的安全；修复了高楼坪乡敬老院因凝冻损坏的砖柱，购置了窗帘和衣柜；为黄道乡敬老院添置了1台冰柜。敬老院护理员坚持视院内老人如父母、孤儿如弟妹的管理理念，高度负责，时刻保持院容整洁，院民衣服干净，精神状态很好，保证了院民生活安康，吸引了部分有儿有女老人入院，并赢得社会各界和省、地领导的高度评价，塑造了社会福利事业新形象。2006年万山特区敬老院开工建设，有床位40个，护理员9人，院民增至31人，床位利用率78%。硬件上，在城市中心敬老院和高楼坪示范敬老院安装了健身器材，硬化了高楼坪敬老院活动场地和敖寨敬老院人行道路870米，维修绿化了敬老院内外场所和入住环境；软件上，建立健全18项管理制度，制定护理员轮流值班制度，消防安全制度，院民奖励制度，院民生活标准为150元/人/月。2007年黄道乡养老院进行改扩建，下溪乡敬老院投入使用，可接纳10—20人入院。2008年特区受到严重雪凝灾害，对敖寨敬老院选址新建，内设床位30个，同时设有餐厅、卫生间、娱乐室、保管室、值班室。并设置“抗冰雪献真情春暖家园慈善援建项目”永久性纪念碑。院民生活费增至170元/人/月。2009年对下溪乡、敖寨乡敬老院厨房、大门、凉亭、柴房进行修建，全特区养老院设置床位130张，院民增至116人，床位利用率达89%，院民生活费增至200元/人/月，并将院民的医疗纳入新农合、城乡医疗救助范畴。2010年高楼坪乡敬老院扩建项目完成验收，于11月底院民入住，万山镇城市中心敬老院原地修建综合福利中心工程在12月底开工，同年，新增2名护理员，24名院民，至此，全特区共有护理人员14名，床位140张，入住院民124人。2011年，全特区共8所敬老院，设床位200个，入住院民增至178人，床位利用率达89%。

第三节　城乡居民最低生活保障

一、城镇最低生活保障

城镇最低生活保障标准是国家为救济社会成员收入难以维持其基本生活需求的人口而制定的一种社会救济标准。按照当地维持城市居民基本生活所必需的衣、食、住费用，并适当考虑水电燃煤（燃气）费用以及未成年人的义务教育费用确定。万山特区根据国务院《城乡居民最低生活保障条例》，结合万山实际情况，本着“以人为本，为民解困，为民服务”的目标，严格审核、审批程序，坚持三级公示，认真抓好全特区城镇最低生活保障工作。

1998年4月，万山特区根据国务院《城乡居民最低生活保障条例》，抽调140多人深入厂矿、街道、乡镇、村组开展摸底调查，并结合万山实际，制定了《万山特区实施城乡居民最低生活保障暂行办法（试行）》，确定城乡居民最低生活保障标准，城镇人均70元／月，农村40元／月。当年的城镇低保对象95户285人，每人每月补差30元。1999年9月10日在高楼坪乡召开城乡居民最低生活保障金兑现首发式大会，兑现城乡居民最低生活保障金。当年发放城乡居民最低生活保障金96066元。2001年1月城镇居民最低生活保障标准调为110元／月，2003年1月，城镇居民补差标准调为每人每月50元。2005年7月城镇居民补差调为每人每月60元，10月调为70元。

2005年，由区民政局牵头，通过严格的调查、审核、审批程序，基本实现了应保尽保。全特区纳入特困救助对象2554户5501人，发放救助金458万元，人均月补差65—72元，保证了资金及时足额发放到位。主要做法有：一是按照动态管理原则，适时组织人员深入乡镇、社区逐户排查核实，注销了67户190人，新增30户98人；二是将低保对象中有严重残疾、大病、重病及子女上学困难等特困家庭按文件纳入了“分类施保”范畴，其保障标准略高一般家庭。实施这类低保对象共387户1334人，发放资金125万元。三是严格操作程序，对低保工作中出现的疑难问题，召开研讨会，结合实际，制定出台了《万山特区城市低保操作方案》。

2006年，全特区纳入城市低保对象3020户6356人，新增557户1214人，注销94户369人，按政策发放生活补助费394人。实行社会化发放低保金686.3万元，按照150元/月的保障标准，人均月补差90元，保证了低保金及时足额发放到位，实现了动态管理下的应保尽保，维护了社会稳定。2007年全特区共投入低保金944.7万元，保障城市低保对象3142户6536人，新增197户399人，注销75户219人，人均月补差为109.4元，全年发放城市居民最低生活保障金858.4万元。

2008年全特区共投入低保金1315.14万元，保障城市低保对象3183户6619人，其中注销74户175人，新增115户258人，每人每月最低生活保障标准上调至160元，全年共发放城市低保金1221.8万元（含两节生活补助、临时补助和雪凝自然灾害补助）。2009年全特区累计到位城市低保金1365.475万元，全年保障城市低保对象3241户6707人，其中注销412人，新增490人，生活保障金每人每月最高225元，最低每人每月140元，全年共发放城市低保资金1357.03万元。2010年全年共保障城市低保对象3252户6701人，其中注销171人，新增165人，占城市居民总人口的30%，年发放城市低保资金1273.597万元，生活保障金最高每人每月300元，最低每人每月170元。2011年全特区共保障城市低保对象3351户6850人，全年注销273人，新增422人，共发放城市低保资金1871.207万元，最高每人每月340元，最低每人每月200元。

1999—2005年城乡居民最低生活保障金发放统计表

表13-3

年度	城　镇		农　村	
	保障户／人	保障金(万元)	保障户／人	保障金(万元)
1999	95户／285人	8.5678	101户／151人	1.0388
2000	870户／1106人	28.33	116户／169人	2.6
2001	3891户／8209人	208.5	122户／177人	5.2
2002	1823户／3921人	195.02	125户／205人	4.92
2003	2606户／5936人	326.00	265户／348人	9.2
2004	2608户／5731人	366.04	309户／404人	12.1
2005	2554户／5501人	458.00	337户／659人	31.6

2006—2011年城乡居民最低生活保障金发放统计表

表14-4

年度	新增保障（人）	取消保障（人）	保障总数（户/人）	保障金（万元）
2006年	1214	369	3020户/6356人	686.3
2007年	399	219	3142户/6536人	858.4
2008年	258	175	3183户/6719人	1221.8
2009年	490	412	3241户/6707人	1357.03
2010年	165	171	3252户/6701人	1273.597
2011年	422	273	3351户/6850人	1871.207

二、农村最低生活保障

农村最低生活保障指由地方政府为家庭人均纯收入低于当地最低生活保障标准的农村贫困群众，按最低生活保障标准，提供维持其基本生活的物质帮助。

1998年，根据深入农村调查的结果，农村低保对象101户151人，一人户每月补差15元，两人以上户每人每月补差10元。1999年9月10日在高楼坪乡召开城乡居民最低生活保障金兑现首发式大会，兑现城乡居民最低生活保障金。2000年1月起，农村低保补差标准调整为每人每月15元。农村居民补差标准提高为每人每月20元。2003年，农村居民补差标准调为每人每月30元。2005年农村居民补差调为每人每月38元。

2006年，万山特区于七月份全面启动实施农村居民最低保障试点工作，出台了《农村居民最低生活保障暂行办法》和《农村居民低保暂行办法实施意见》。按照规定，通过严格调查、审核、审批、张榜公布程序，全特区共纳入农村低保对象432户795人纳入保障，以40元/月保障标准给予定期救助，实行社会化发放低保金共34.8万元，基本实现了应保尽保。

2007年万山特区全面实行农村低保工作，将全特区年人均收入693元以下的家庭纳入保障范围，政策性扩保后，全特区1825户4316人享受农村低保救助，一类一档保障对象273户328人，二类二档292户789人，三类三档493户1284人，四类四档432户945人，五类五档335户970人，做到应保尽保和按标施保。全年共计发放农村保障金86.3万元。

2008年，将全特区年人均收入800元以下的农村困难群众家庭纳入保障范围。年初，共有1825户4316人纳入保障范围，2008年第三季度进一步扩大保障面，年人均收入在820元以下家庭享受农村低保，至此，保障人数达2256户5000人。其中一类一档251户328人，二类二档536户1302人，三类三档589户1352人，四类四档469户1014人，五类五档411户1004人，全年共计发放农村保障资金257.3万元。

2009年共有2662户5000人纳入农村最低生活保障，其中一类一档267户328人，二类二档342户539人，三类三档752户1471人，四类四档759户1482人，五类五档542户1180人。全年共计发放农村保障资金336.6万元。

2010年完成了全特区农村困难家庭入户调查、调标补差、动态排查、健全制度、规范档案微机录入等工作，实行农村低保微机管理、社会化发放的阳光操作程序。组织了17个入户调查组进村入户核实情况，取消不符合条件的保障户，实现了动态管理下的应保尽保。确定了特区农村低保标准为每年每人1200元，将符合农村低保政策的困难群众4807户8173人纳入农村低保保障待遇。全年共计发放农村低保资金524.9万元。

2011年，铜仁撤地设市，将谢桥、茶店街道办事处，大坪、鱼塘乡划入万山特区管辖。出台了《万山特区农村低保季节性缺粮户粮食救助制度》，并抽调人员组成5个工作小组，乡镇、办事处组成了43个入户核查小组，对全特区5829户10464名农村低保对象开展入户调查核实摸底，通过村组群众评议、乡镇审核把关、民政部门审批，全特区农村低保缺粮户共有1170户1909人，兑现粮食救助52吨。同时对全特区城市低保对象实行"红、黄、绿"三卡分类管理，一户一档，确保规范化管理。

第二章　信访与法制

信访工作是党的群众工作的重要组成部分。信访工作对于解决群众合理诉求、密切党群干群关系、缓和社会矛盾有着举足轻重的作用。1991—2011年，万山特区信访工作以党中央的路线方针政策为指导，以贯彻落实国务院《信访条例》为主线，严格按照中央、省、安排部署，不断畅通群众诉求表达渠道，努力解决群众合理诉求、引导群众依法逐级走访，为党和政府建言献策，为万山特区社会的和谐稳定大局贡献了应有的力量。

第一节　信　访

一、信访制度

20世纪90年代，万山特区制定了《万山特区群众逐级上访制度试行办法》《关于完善特区党政领导接待群众来访制度》等制度。主要做法：一是进一步完善了领导接待日制度，明确了接访领导、接访时间和地点，公布了电话。二是报请政府为信访局设立综合接待室，请求批准成立"区长信箱"。三是调整充实了联席会议办公室、信访领导小组、稳控工作领导小组和政策法规领导小组组成人员。四是明确要求各机关事业单位应当明确专人办理信访事项，并公开信访工作制度，畅通信访渠道，认真处理来信、接待来访、倾听人民群众的意见、建议和要求，接受人民群众的监督，努力为人民群众服务。五是建立矛盾超前联动排查调处机制。经常性排查和重大时期排查相结合、地毯式排查和重点区域相结合，早发现、早介入、早处理，力争把问题解决在基层、化解在萌芽状态。六是建立矛盾合力化解机制。成立复查复核机构，加强与政府法制机构的协作，对群众不服基层处理及复查意见而申请复查复核的，认真做出复查或终结处理。七是认真落实党中央、国务院《关于进一步加强新时期信访工作的意见》，紧紧围绕特区工作大局，始终将加强信访机关干部自身建设作为一件头等大事抓紧抓实。八是进一步完善信访工作制度，健全明确信访责任主体和问责机制、公开办案机制、法律援助机制，完善"双向承诺制度”、重大疑难信访问题听证会，复杂信访问题和要案“会诊”制度。九是将信访工作和年终的目标考核直接挂钩，把信访工作的领导责任落实情况作为考核干部政绩的一个硬标准，列入干部政绩考核体系的范围。十是加大调研督办力度，由单纯交办向交办和督办并重，扭转忽视督办、重访轻信、避实就虚等不良作风。十一是把信访工作的重点放在乡镇（街道）、村（居）委员会和企业、学校，延伸区、乡、村三级信访工作网络，扩大横向延伸，真正做到基层信访工作有人抓，有人管。十二是积极尝试召开信访听证会，做到开：法律政策及事实公开，处理过程公开：处理结果公保障和维护信访人知情权、申诉权。

2006年，根据《信访条例》和《关于完善特区党政领导接待群众来访制度》的有关规定。一是进一步完善了领导接待日制度，明确了接访领导、接访时间和地点，公布了电话。二是报请政府为信访局设立综合接待室，请求批准成立“区长信箱”。三是调整充实了联席会议办公室、信访领导小组、稳控工作领导小组和政策法规领导小组组成人员。2007年，一是《万山特区机关事业单位信访工作细则》，明确要求各机关事业单位应当明确专人办理信访事项，并公开信访工作制度，畅通信访渠道，认真处理来信、接待来访、倾听人民群众的意见、建议和要求，接受人民群众的监督，努力为人民群众服务。二是建立矛盾超前联动排查调处机制。经常性排查和重大时期排查相结合、地毯式排查和重点区域相结合，早发现、早介入、早处理，力争把问题解决在基层、化解在萌芽状态。三是建立矛盾合力化解机制。成立复查复核机构，加强与政府法制机构的协作，对群众不服基层处理及复查意见而申请复查复核的，认真做出复查或终结处理。四是认真落实党中央、国务院《关于进一步加强新时期信访工作的意见》精神，紧紧围绕特区工作大局，始终将加强信访机关干部自身建设作为一件头等大事抓紧抓实。2008年，一是进一步完善信访工作制度，健全明确信访责任主体和问责机制、公开办案机制、法律援助机制，完善“双向承诺制度”、重大疑难信访问题听证会，复杂信访问题和要案“会诊”制度。二是将信访工作和年终的目标考核直接挂钩，把信访工作的领导责任落实情况作为考核干部政绩的一个硬标准，列入干部政绩考核体系的范围。三是加大调研督办力度，由单纯交办向交办和督办并重，扭转忽视督办、重访轻信、避实就虚等不良作风。2009年，一是及时办理政协委员郭瑞华的提案《关于进一步抓好万山特区维稳工作的建议》。二是把信访工作的重点放在乡镇（街道）、村（居）委员会和企业、学校，延伸区、乡、村三级信访工作网络，扩大横向延伸，真正做到基层信访工作有人抓，有人管。三是积极尝试召开信访听证会，做到三公开：法律政策及事实公开，处理过程公开；处理结果公开，保障和维护信访人知情权、申诉权。

2010年，根据财政部印发的《解决特殊疑难信访问题专项资金管理暂行办法》和《铜仁地区信访局关于上报“解决特殊疑难信访问题”有关情况的通知》，区信访局向区人民政府《请求将处理信访事项的业务经费和劝返工作专项基金列入财政预算的请示》，根据《关于组织观看影片《潘作良》，组织全特区各相关部门观看影片，影片再现了潘作良的感人事迹，讴歌了潘作良为党分忧、为民解难的崇高精神，全特区掀起学习潘作良优秀事迹热潮

2011年，特区委第12次常委会议同意将信访工作经费25万元纳入2011年特区财政预算，由特区财政根据工作开展情况据实拨付。第九届全国少数民族传统体育运动会在贵阳召开期间，以高度负责的精神，组织全特区各级各相关部门全力做好期间的信访维稳工作。向万山特区上呈成立投诉受理和信访信息中心的请示。

二、接访工作

1991—2005年，共收到群众来信390件，化解390件，化解率100%；接待群众来访2236批3762人次，化解2236件次，化解率1 00%。从来信来访的内容来看，涉及农村山林、土地、城镇医疗卫生、民政、教育和集体所有制企业职工要求纳入社会保障统筹范围问题较为突出，占75%，涉及司法方面的占15%，涉及政策待遇方面的占10%。

2006年，共收到来信57件，接待群众来访86批217人次，1人进京非访。创建学习型机关，特区成立40周年庆典即将到来之际，先后到万山镇、四个侗族乡和矿区社区管理服务局就可能存在非正常上访苗头和可能影响社会稳定大局的情况进行排查。

在《信访条例》实施一周年活动之际，开展专项宣传，大力宣传《信访条例》，营造宣传舆论范围。活动期间，万山特区共书写宣传标语175条，组织宣传车巡回宣传8次，举办培训班8次，培训各类人员208人次。开展信访条例宣传日活动，共展示图片87幅，送发资料1115份，接受政策和法规咨询102人次，接待来访27人，来信4件。活动期间各级各部门报送信息28期。2007年，共收到来信20件（其中省、地转办件4件），接待来访群众75批次115人次，分别比2006年同期下降10%和4%。从来信来访的内容来看，涉及农村山林、土地、城镇医疗卫生、民政和集体所有制企业职工要求纳入社会保障统筹范围等方面的50件，占75%；涉及司法方面的6件，占15%；涉及政策待遇方面的4件，占10%。合理诉求率达98.8%。2008年，全面贯彻落实《关于进一步加强新时期信访工作的意见》，以“迎奥运、保稳定”为核心，以开展特区委书记大接访活动为契机，采取有力措施，加大工作力度。在北京奥运会和残奥会期间，以及十七届三中全会期间无群众赴省进京上访和群体性事件发生。2008年以来，信访局共报送各类信访信息88篇，信访简报48篇，信访信息专报28期，信访形势通报12期。通过开展重信重访专项治理活动，一批复杂疑难老案、重信重访和久拖不决的突出信访问题案结事了。2009年，特区共受理接待群众信、访、电150批件973人次（其中到特区5人以上集体访47批801人次），其中，受理热线电话10件，直接答复10件，提供服务8件，电话交办2件；区长信箱回复20件，回复率为100%。全年已办结信访件142件，办结率100%；全年共排查各类矛盾纠纷58件，成功调处56件，成功率97%。从受理数量分析，信、访、电的热点问题主要有：土地纠纷、劳动社保、民政低保、房屋拆迁补偿、环境污染、住房安置、涉法涉诉、拖欠民工工资等问题。

2010年，信访局共受理群众来信来访58批件620人次（其中到特区5人以上集体访24批510人次），较2009年相比略有下降。排查矛盾纠纷52件，化解46件，化解率88.4%。

2011年，特区信访形势总体平稳。但与2010年相比，特别是万山接管谢桥后，越级上访和集体上访均有所上升，信访总量高位运行，信访形势较为严峻。2011年，全年共接待群众来信来访130批798人次，其中，受理群众来信来访89批635人次，答复（含部门答复、直接答复）65件，答复率75%。在接待群众来信来访中，到特区5人以上集体访12批395人次。收到省长信箱转办件1件，回复1件；书记、区长信箱及网上信访39件，回复39件，回复率100%；排查矛盾纠纷56件，化解48件，化解率85.7%。

1991—2011年人民来信来访统计表

表13-5

年度	上级交办	本级收信	来信性质			处理情况		接待上访(人)
			控告	申诉	其他	已处理	待处理	
1991	2	8	1	7	0	10	0	8
1992	1	12	2	9	1	13	0	9
1993	3	15	1	13	1	18	0	16
1994	3	19	3	12	4	22	0	20
1995	1	24	2	20	2	25	0	18
1996	3	7	1	5	1	10	0	24
1997	1	13	2	6	5	14	0	20
1998	5	18	2	15	1	23	0	58
1999	4	15	1	14	0	19	0	75
2000	3	8	1	6	1	11	0	86
2001	4	12	2	9	1	16	0	92
2002	3	14	1	12	1	17	0	96
2003	2	11	1	9	1	13	0	101
2004	3	15	2	11	2	18	0	108
2005	4	20	3	17	0	24	0	122
2006	0	57	7	48	2	62	0	217
2007	4	20	2	17	1	24	0	115
2008	6	24	3	20	1	30	0	186
2009	12	20	1	18	1	32	0	973
2010	10	18	1	15	2	28	0	620
2011	6	40	3	36	1	46	0	798
合计	80	390	42	319	29	475	0	3762

第二节　法制工作

一、法制办工作机构

万山特区人民政府法制办公室的前身为贵州省万山特区人民政府办公室法制科，法制科成立于1996年，股级单位，为当时万山特区人民政府办公室的内设机构。2001年机构改革，法制科更名为法制办，明确为副科级机构；2004年法制办升格为正科级机构，明确行政编制1名，事业编制3名，挂靠万山特区特区人民政府办公室。至2011年机构不变。

二、法制办主要工作

万山特区人民政府法制办公室自成立以来所做的主要工作是：积极为区委、区政府当好参谋助手，负责政府文件适应法律、法规、政策的审核、把关；负责起草、审核清理政府规范性文件，组织、指导、协调行政执法监督工作，会同有关部门组织实施行政执法责任制和过错责任追究制，组织开展、协调行政执法监督检查。负责对行政执法人员持证执法情况监督管理，协调解决行政执法中出现的问题；办理特区人民政府行政复议、行政确权、行政应诉、行政赔偿工作，指导、监督政府各部门和乡镇政府的法制工作；研究行政处罚、行政许可、行政收费、行政执行以及行政执法中带有普遍性的问题，向特区政府提出解决问题的意见和建议；开展法制宣传和政府法制理论研究，组织对全特区政府系统法制工作人员、行政复议人员、实施行政许可人员、行政执法和行政执法监督人员进行培训。

第三章　政务服务

政务服务中心是区委、区政府为推进政务公开和行政审批制度改革，优化经济发展环境，方便企业、群众办事而设立的集中办理行政审批及其行政服务事项的便民利民服务场所。服务宗旨是:高效、便民、规范、廉洁；服务理念是：真诚服务，便民服务。

第一节　机构设置

2005年12月，万山特区机构编制委员会批准成立万山特区人民政府政务服务中心，为特区人民政府直属正科级事业单位。同时，在特区人民政府政务服务中心加挂万山特区行政投诉中心牌子。万山特区招商引资局及其职能从特区发展改革局与经济贸易局划出，与万山特区人民政府政务服务中心实行三块牌子一套人员管理体制。其主要职能是受政府委托，组织、协调、监督政府有关部门在政务服务中心办理审批事项和服务事项的各项工作，受理特区行政投诉和案件的查处，负责特区招商引资、对外经济协作工作。机关事业编制6名，工勤人员1名，人员列入参照国家公务员法制度管理，内设两个职能室：办公室（投诉股），招商引资股）。

2010年8月，特区机构改革，万山特区招商引资局及其职能划入万山特区发展改革局，2011年，万山特区政府采购中心作为副科级二级机构从万山特区财政局划归特区政务服务中心管理，事业编制3名。领导职数：主任1名。

第二节　制度建设

政务服务中心于2006年8月建成并正式对外挂牌办公。为确保中心高效运转，先后制定和出台了一系列规章和文件。2006—2011年均按下列制度执行。

一、中心工作人员守则

1. 亮证上岗，礼貌待人；规范办件，接受监督；
2. 忠于职守，爱岗敬业；规范办件，接受监督；
3. 遵纪守法，依法行政；自尊自重，清正廉洁；
4. 团结友爱，相互配合；尽职尽责，服从安排；
5. 穿戴整齐，讲究卫生；防火防盗，安全保障；
6. 努力学习，提高素质；开拓进取，争创佳绩。

二、中心办件规则

1. 凡申请在中心办理的行政服务项目，分为即办件、承诺件、答复件、联办件、报批件五类。根据实际情况，急事急办，特事特办。
2. 需转报、上报审批的办件申请，受理窗口应主动与上级主管部门联系，跟踪督办。
3. 凡发现未按要求办理的，服务对象有权向投诉中心投诉。

三、中心考勤规则

1. 中心实行“早九晚五”作息时间。即：早上九点至中午12点，午后1点半至下午5点。
2. 中心实行上下班指纹打卡和严格请销假制度。
3. 对服务窗口及其窗口工作人员实行严格的绩效考核。

第三节　窗口服务

2006年建立窗口至2011年，万山特区人民政府政务服务中心常驻单位6个，服务窗口6个，分别是：住建局、国土局、林业局、质监局、卫生局、工商局窗口，进驻事项32项；万山特区人民政府政务服务中心坚持“高效、便民、规范、廉洁”的服务宗旨，通过采取上门服务、延时服务、预约服务为群众和客商服务，受到了办事群众的好评。

第四章　万山矿区社区服务管理

第一节　机构设置

为确保《贵州汞矿关闭破产实施方案》的平稳实施，接续贵州汞矿政策性关闭破产后离退休人员和托管人员的社会化管理职能，依据中办发（2000）11号文件和全国企业兼并破产与职工再就业领导小组有关文件精神以及省委、省政府的有关规定要求和[2001]25号地委会议纪要精神批准设立的一局两中心机构，定编39人，为万山特区人民政府直属副县级事业单位。万山矿区社区服务管理局办公地点，设在原贵州汞矿文化中心大楼，由关闭破产清算组移交社管局管理使用。该大楼建筑面积941.7公顷。

2001年10月19日，经特区党委批准成立中共万山矿区社区服务管理局委员会。2001年12月13日，设立万山矿区社区服务管理局，为万山特区人民政府直属副县级事业单位，定编10名，其中局长1名，副局长2名。所需人员从原贵州汞矿职工中考核挑选，其经费开支渠道按有关规定由省财政予以解决。

2001年12月20日，设立万山矿区社区离退休人员服务管理中心和万山矿区社区托管服务管理中心，（正科级）事业单位，其经费开支渠道，由省财政解决。机构人员编制为：①万山矿区社区离退休人员服务管理中心核定事业编制23名，其中：主任1名，副主任2名。②万山矿区社区托管服务管理中心核定事业编制6名，其中：主任1名，副主任2名。

2002年4月份，社保局核定移交原贵州汞矿离退休人员2995名（其中：干部29人），抚恤供养人员共有731名（其中离休遗孀遗属12人），过渡性安置人员47名，提前退养262名，原贵州汞矿20世纪60年代初期精简女工328名，共管理五类人员4363名。关闭破产时有工伤（职业病）人员1051人，其中：汞中毒135人，矽肺415人，工伤501人。

2002年2月至2004年6月，经批准万山矿区社区服务管理局分别设立6个内设副科级机构，领导职数各1名，人员编制内部调剂，经费开支渠道不变。

1. 社会保险统筹办公室：其主要工作职责是：负责矿区社会保险统筹工作、生活费的运转、发放工作。

2. 工会委员会：其主要工作职责是：认真履行工会四项职能，配合各级党组织抓好职工及离退休人员和群众的职业道德、公民道德素质教育；依法开展工会工作，维护职工合法权益；听取和反映职工的意见和要求，帮助职工解决困难；协助搞好社区群众文化体育活动，推进社区精神文明建设。

3. 保卫科：其主要工作职责是：协助公安机关查破刑事案件；依法对判处管制、剥夺政治权利、缓刑、假释、监外执行的罪犯和被监视居住、取保候审的被告人，实行监督、观察；做好“四防”工作；加强社区治安管理，严密各项防范措施，保卫要害部门安全，参与调查重大事故；协助有关部门做好保密工作，同盗窃、出卖党和国家机密的行为作斗争；做好法制宣传教育。

4. 纪律检查委员会：其主要工作职责是：履行党风监督职能，协助社管局党委加强党风教育：检查党的路线、方针、政策和决议执行情况：对党员进行遵守纪律的教育，作出维护党纪的决定；检查和处理党的组织和党员违反党的章程和其他党内法规的案件，决定或取消对这些案件中的党员的处分；管理党员的控告和申诉。

5. 武装部：其主要工作职责是：负责社区年度民兵组织整顿、兵役登记、预备役核对和国防潜力调做好优抚慰问，组织民兵参加军事训练；协助民政部门做好退伍军人安置。

6. 人口与计划生育办公室：其主要工作职责是：负责矿区居民的人口与计划生育工作职能和社会功能管理工作实和协助上级人口与计划生育各项指标任务的完成。

2008年4月起，根据铜地办《关于调整万山矿区社区服务管理局职能的批复》和《关于万山矿区社区服务管理局职能整合方案的批复》以及《万山矿区社区服务管理局职能整合方案》文件精神，在特区委、政府的领导下，经过精心准备、宣传发动等大量的工作，社区整合从2008年4月10日开始，至5月13日万山镇城区6个新社区居委会选举结束后整体移交万山镇政府管理，5月16—18口，选举产生了6个新一届社区党支部。6个社区分别是：土坪社区、三角岩社区、麻音塘社区、解放街社区、张家湾社区、犀牛井社区。岩屋坪社区居委会移交敖寨乡政府管理，同步开展换届选举。因此，万山矿区社区服务管理局管理职能也进行调整。

根据万机编（2008）8号文件规定，对万山矿区社区服务管理局职能、内设机构和人员编制重新确定：撤消两中心，增设办公室、离退休人员管理科，整合后的社管局核定编制数为10名。

第二节　管理工作

万山社管局成后，紧紧围绕稳定、服务和管理三大职能，着重开展以下工作：

一、建立健全组织机构，为开展各项工作打下基础，拧紧《城市居民组织法》和原企业职工家属居住区域依法选举组建矿区社区居委会，并实现一个社区一个党支部的设置，使原企业的党员纳入组织程序，步入规范化管理。成立之初为8个社区，2005年调整为8个社区，2008年5月平稳过渡移交给万山镇管理。

二、加大对社区办公设施和基础设施投入，提高社区整体服务水平。居委会的所有资产都是原贵州汞矿破产后移交的资产，因年久失修，大多数已经毁损严重，社管局从下拨的经费中挤出并通过多渠道筹集资金100多万元用于改善社区办公条件和公共基础设施，新建办公用房四栋530公顷，维修办公用房2200公顷，维修社区党建、计生、居民娱乐活动用房面积1740公顷，并为各社区居委会购置电脑、音响设施共10套。办公设施及基础设施的改善，提高了办公效率和矿区社区服务整体形象。至2008年社区整合止，共投入社区活动室报刊杂志费用9.2万元，文体活动费用15.53万元，追加居委会办公费用50余万元。

三、积极向上反映，着力解决好原贵州汞矿遗留的有关问题，为维护矿区社会稳定奠定基础。2008年完成了原贵州汞矿遗留的伤残职业病人员工伤鉴定及其少数伤残严重人员的复查工作，并为他们发放伤残补助金69.804万元，使伤残职业病人员反映强烈的这一问题得到妥善处理；清理了20世纪60年代初精简女工原始资料，经核实解决了生活困难补助金；为下岗失业人员办理了社会保险续接手续；积极向上级政府和有关部门反映，将原贵州汞矿离退休人员纳入社会医疗保障体系。这些问题的妥善解决，为关闭后的原企业离退休人员的医疗提供了保障。解决了原贵州汞矿多年未解决的问题，矿区的社会秩序稳定得到改观。

四、加强同省、地有关部门联系，理顺了原企业离退休人员统筹内养老金和供养人员生活费按省级统筹资金渠道开支，并落实了原企业离退休人员统筹外养老金统筹外供养人员生活费。20世纪60年代初精简女工生活费，过渡性安置人员基本生活费及本局工作人员经费等纳入省级财政预决算，确保离退休等各项按时足额发放不受影响。

五、切实解决居民的实际困难。在关闭破产工作期间，为解决矿区居民供电线路老化影响生活用电和群众长期用水困难，社管局多次向贵州汞矿破产清算组反映，通过积极努力争取，分别争取矿区民用供电线路改造资金300余万元和居民用水管网改造资金230万元，基本解决了矿区供电线老化、电压不稳定而存在的严重火灾隐患和群众吃水困难的问题。同时，尽最大努力改善人居环境，至2008年社区整合止，共投入房屋应急维修费用32.00万元，道路硬化3.18万平米、资金58.92万元，公厕维修11个、资金26.78万元，建垃圾箱（池）、创卫清运垃圾、路灯安装等共30.98万元。特别是在2008年抗凝冻灾害期间，向政府申报30万元用于社区住房捡瓦、防漏等应急维修。

六、认真按照中央和省、地、特区有关做好再就业工作的文件精神，与属地政府再就业部门衔接，积极开展适应劳动力市场需求的就业培训，举办再就业技能培训班4期，培训失业人员560余人。努力开辟多就业渠道，使483名下岗失业人员实现再就业（其中有360名自谋职业）。并大力倡导自主择业，为1238名失业人员办理《再就业优惠证》，帮助125人申请了小额贷款，他们通过从事种植、养殖、修理、饮食服务等途径实现自主择业。

七、切实关心矿区离退休老同志和困难群众，建立离退休老同志“五必访”制度和帮助弱势群众的救助机构。10多年来，共看望走访离退休老同志2100余人次，帮助住万山片区去世的离退休人员办理后事。分别于2004年、2006年、2008年、2011年组织开展走访居住在外地的离退休老同志和抚恤人员等的验证工作，同时为他们送去组织的关怀，帮助他们解决住房、看病和生活方面的困难。为使矿区困难群体得到救助，自2003年1月以来，社管局通过向省直部门和各级党委、政府、工会争取到一定的困难补助金补助困难群众，共发放困难补助资金143万元。同时，在属地党委、政府的关怀帮助下，社区42%居民纳入城镇低保，使矿区困难群众的基本生活有了一定的保障。

八、保持矿区正常秩序，加强信访工作，维护社会稳定，将社会不安定因素消除在萌芽状态。加强信访工作的领导，10多年来使大量不稳定因素得到及时化解，消除在萌芽状态，为确保社区稳定做了大量实质性工作。社管局共接访群访、个访16500多人次，调解了570多起矛盾纠纷，处理信函1600余件次，召开维稳工作专题协调会240余次，上报各类信息材料260余件次。

坚持每月下社区开展调研，收集信息，每年都疏理写出《关于原贵州汞矿政策性关闭破产以来遗留等问题的情况报告》的报告，报送特区党委、政府主要领导和分管领导。针对矿区部分一次性安置人员、抚恤人员和退休人员分别到省、地和特区群体上访、静座的行为，在区委、政府的正确领导下，积极采取应对措施，到现场做说服教育工作，和上访骨干人员促膝谈心，控制了事态发展，妥善处理了3次大的群体上访事件。

九、克服各种困难，积极同万山特区社保局、万山工商支行配合，完成1767名离退休人员医保卡的发放开通任务，并对430多名未办理或办理不成功的离退休人员提供政策宣传服务。完成区人力资源和社会保障局开展的《社会保险信息系统上线工作》任务，对矿区2168名离退休人员和本单位干部职工的二十余项个人信息进行登记输录及后续认证工作。审核并出具矿区集体企业人员养老保险相关手续证明391

份。按照区委、区政府及《关于印发万山特区原贵州汞矿困难人员困难补助等问题的暂行管理办法的通知》的要求，社管局克服重重困难，在区政府和分管领导的支持和协调下，与邮政局、特区社保局通力协作，在短短的一周内，完成了4165人困补金的造册审核发放准备工作。截止到目前为止，已累计发放了金额922.62万元。

十、根据劳动部《企业职工工伤保险试行办法》和特区党委、政府相关文件精神，落实办理了对原贵州汞矿一次性安置人员中，经鉴定因工致残达七至十级工伤（职业病）人员41人一次性伤残就业补助金的申报、审核、发放工作，共发放金额14.39万元。

十一、与区政府办、教育局等有关部门协作，完成了贵州省国资委等四部门联合下发的《关于做好妥善解决国有企业职教幼教退休教师待遇问题有关工作的通知》落实办理，经复杂的宣传、登记、查档等多个程序工作，上级部门审核认定了23名退休教师资格待遇。

十二、广泛开展喜闻乐见群众性活动，丰富了居民群众的文化生活，推进了矿区社区精神文明建设。为了广泛开展全民健身活动，共自筹资金3万元，修建了室外健身场所一个，维修篮球场四个。10多年来，社管局共投入社区居民文体活动费用23.71万元，社管区呈现出全民健身的活动氛围，增强了居民的身体素质，丰富了群众的文化生活。结合矿区社区实际，组织开展送戏、送电影到社区到乡镇活动，举办各种文化体育活动和专题演出活动200多场次，送电影送戏到社区到村寨活动26次，为居（村）民送去健康的精神食粮，既活跃了矿区社区（村寨）文化生活，又提高了矿区群众科学、文明、健康的生活质量。

第十四篇　人事劳动与机构编制

1991—2011年期间，随着人事劳动制度的不断改革和机构设置人员编制管理的制度化、规范化设置，人员录用、聘用和干部调配等人才流动机制逐步完善。科学设置机构，合理控制人员编制，引进专业技术人才，整合人力资源，按政策规定提升职工工资和落实福利待遇，为维护社会稳定，推动各项事业发展发挥了重要作用。

第一章　人事管理

第一节　干部队伍概况

1991年全特区有各类干部1078人，其中妇女干部307人，少数民族干部684人，大专及其以上文化210人，中专407人，高中及其以下461人，分布于党政机关321人，财贸工交系统225人，农业系统81人，文教卫生449人，其他2人。1991—998年（1998年的毕业生推迟到2001年安排）分配安排大中专毕业353人到党政机关及事业单位工作。随着人事制度改革，1998年以后的大中专毕业生不予统一安排分配，机构和事业单位编制缺编需要进人，采取向社会公开招考招聘或引进。1999—2005年，向社会公开招聘专业技术人员17人，招聘工作人员5次49人，其中本科1人、大专19人、中专29人：引进大学毕业生3次51人；招考公务员7次录用61人；办理“以工代干”人员转干手续353人。干部队伍得以相应扩大，文化素质得以相应提高，年龄结构得到进一步改善。至2005年全特区有各类干部1559人，其中妇女干部585人、少数民族1286人、中共党员659人；研究所学历5人、本科229人、专科830人、中专398人、高中及其一下666人、36—45岁590人、44—55岁258人、56岁及其以上26人；分布于行政机关513人，事业单位1046人（其中管理人员287人、专业技术人员759人、高级职称25人、中级188人）、企业单位9人。

2011年12月止，全特区有各类干部2243人，其中妇女干部702人，少数民族干部1392人，中共党员840人，研究生17人，本科学历352人，专科学历926人，中专学历456人，高中以下492人。在年龄结构方面是：35岁及其以下775人，36—40岁492人，41—45岁297人，46—50岁227人，51—55岁137人，55岁以上28人。

万山特区1991—2011年干部基本情况统计表

表14-1

年度	总数	女	少数民族	中共党员	学历					年龄（岁）					
					研究生	本科	专科	中专	高中以下	35以下	36至40	41至45	46至50	51至55	55以上
1991	1078	307	684	379	0	58	152	407	461	537	170	137	105	70	59
1992	1097	310	663	409	0	65	174	454	401	545	161	127	115	76	73
1993	1086	304	673	451	0	78	189	450	368	550	168	119	113	74	62
1994	1080	312	685	430	0	80	190	460	350	565	175	111	100	80	49
1995	1120	320	699	438	0	78	240	470	332	574	185	120	112	75	54
1996	1145	334	734	458	0	81	362	475	263	590	200	132	105	70	48
1997	1170	362	811	465	0	75	396	481	218	585	248	161	90	61	25
1998	1103		887	468	0	70	407	482	137	419	299	199	82	78	26
1999	1154	476	924	496		62	525	419	148	432	321	218	89	67	27
2000	1197	487	944	513	0	66	595	410	126	470	342	227	97	36	25
2001	1235	497	995	557	0	88	596	409	142	489	347	230	L01	50	18
2002	1312	511	1145	584	0	110	654	394	154	493	349	234	143	48	45
2003	1387	537	1265	603	0	137	792	40K	140	431	357	247	172	61	19
2004	1474	564	1357	637	3	178	788	394	111	604	363	251	170	77	9
2005	1559	585	1286	659	5	229	830	398	97	666	354	236	164	94	26
2006	1817	602	1293	683	7	253	842	209	406	682	376	242	172	102	20
2007	1039	630	1302	704	9	269	866	367	328	696	392	251	186	113	17
2008	]863	643	1138	926	11	284	887	396	285	704	413	263	199	139	22
2009	1882	672	1352	753	13	296	896	407	270	726	436	271	200	152	20
2010	1904	690	1373	786	15	312	904	429	244	754	477	283	213	123	39
2011	2243	702	1392	840	17	352	926	456	492	775	492	297	227	137	28

第二节　制度建设与管理

一、干部考核

随着公务员制度的推行，为了正确评价党政机关及其事业单位工作人员德、能、勤、绩，为事业单位的工作人员的奖惩、辞退、培训及职务调整和工作提升提供依据，为了调动工作人员的积极性和创造性，做好与公务员制度的衔接，根据《国家公务员考核暂行规定》和《中共贵州省委组织部，省人事厅关于对全省机关、事业单位工作人员进行一九九四年度考核的通知》精神，于1995年首次对1994年党政机关、事业单位工作人员进行考核。考核内容为德、能、勤、绩四个方面，考核结果为优秀，称职、不称职三个等次。连续三年优秀者可晋升一个级别工资（事业晋升档次工资）；不称职者不得晋升档次工资，同时调整岗位或离职培训。从此以后年度考核形成制度化。2001年12月，贵州省人事厅出台了《贵州省事业单位工作人员考核暂行办法》，中共贵州省委组织部、省人事厅联合下发了《贵州省国家公务员考核实施暂行办法》，两个考核暂行办法对考核内容、考核方式、考核结果作了修改和完善。考核结果改为优秀、称职、基本称职、不称职四个档次。2001—2011年全特区党政机关、事业单位在职工作人员均按上述两个暂行办法进行年度考核。

二、干部调配

1991年，根据贵州省委组织部、省人事厅的规定，干部调动按照编制、职数和人员结构进行有计划的调配，同时结合落实干部政策，解决干部夫妻两地分居等困难，调整调动了一部分干部的工作。至2005年共办理干部调动手续140人次，其中调出特区112人，调入28人。2006—2011年调入132人，调出418人。

三、转干转正

1994年根据贵州省委组织部、省人事厅通知。凡是党政群机关中“以工代干”的国家正式职工，1994年以前在干部岗位上工作满一年以上，并按干部管理权限，在县直单位经批准已担任副股长以上职务的；曾获得省地级授予劳动模范、先进生产（工作）者、优秀共产党员、“五一劳动奖章”、“三八”红旗手、新长征突击手的；获地级及其以上科技成果奖的；已取得大专及其以上学历（县级以下单位“以工代干”人员，凡在1994年年底以前在干部岗位上工作满两年以上并且具有中专、高中学历）的；曾在企事业单位经考试考核获得助理工程师以上专业技术职务的，可以办理录（聘）干手续。根据省人事厅规定，在机关、事业单位中不符合免试条件的“以工代干”人员，须参加省里组织的统一考试，合格者可办理录（聘）干手续。到1995年通过考核考试，共办理“以工代干”人员转干手续353人。1991年后的干部转正根据省人事厅规定，凡是毕业生分配、公务员招考、事业单位公开招聘和引进人才等新参加工作的人员，必须实行试用期一年，试用期满考核合格后，方才正式录用或聘用。2006—2011年行政单位转正录用288人，事业单位聘用185人。

四、退休退养

1991—2011年，万山特区按照上级有关政策规定：行政机关、企事业单位干部工作年限满10年，男年满60周岁，女年满55周岁的必须办理退休手续；因工致残或参加工作年限满10年，男年满55周岁，女年满50周岁，工作年限满20年以上，可申请提前退休。1998年领导干部（主要是科局级领导干部）年满55周岁不满60岁，实行离岗休养，工资待遇和在职干部一样，到60岁在办理退休手续。到2005年全特区事业单位有退休干部1054人。2011年退休干部9人。

五、离退休职工待遇

1991—2005年，万山特区均是按照国家有关离退休的文件精神执行。离休干部离职休养后，其工资福利和在职干部一样，医药费实报实销，另外还有特需费、护理费等。退休干部基础工资和工龄工资按原标准全额计发，职务工资和级别工资按规定比例计发，机关退休工人、技术工人以岗位工资、技术等级工资和奖金三项之和为基数；普通工人以岗位工资和奖金两项之和为基数；事业单位专业技术人员、管理人员以职务工资和津贴两项之和为基数；技术工人以技术等级工资与津贴之和为基数；普通工人以等级工资与津贴之和为基数按规定比例计发退休工资。1952年底前参加工作的，工作年限满30年以上的按100%计发，不满30年的按95%；1953年1月1日以后参加工作的，工作年限满30年以上的按95%计发，满20年不满30年的按90%计发，满10年不满20年的按70%计发，教师教龄满30年的按100%计发，获省部级以上机关表彰的"劳动模范"先进生产（工作）者、独生子女者加发5%，总退休工资不超过100%。因病提前退休的，按本人基本工资的80%计发，并不能享受各项津贴补贴，在达到规定退休年龄后，再按正常退休计发退休工资。在国家工作人员增加工资的同时，也给退休人员相应增加退休费。企业退休职工在社保局领取养老金。

2006年工资改革，离退休后按本人退休前职务工资和级别工资之和的一定比例计发：工作年限满35年按90%计发；工作30年不满35年按85%计发；工作年限满20年不满30年的按80%计发；工作年限满10年不满20年的按70%计发；工作年限满不满10的，按50%（此条政策限公务员）计发。2006年6月30日前已办理离退休手续或达到离退休年龄未办理离退休手续的人员，从2006年7月1日起增加离退费。其中，离休行政管理人员增加离休费标准为：正县处级670元，副县处级490元，乡科级及以下350元；离休专业技术人员增加的离休费标准为：教授及相当职务990元，副教授及相当职务540元，讲师及以下相当职务350元；未明确待遇的离休人员每月增加离休费350元；退休行政管理人员增加退休费标准为：厅局级750元，县处级450元，乡科级275元，科员及办事员180元；退休专业技术人员增加退休费标准为：教授及职务70元，副教授及相当职务400元，讲师及相当职务275元，助教（含相当职务）及以下职工180元；退休工人增加退休费标准为：技师275元、高级工以下（含高级工）及普工180元。

第二章　劳动管理

第一节　职工队伍概况

1991年年初，全特区有全民所有制单位职工6606人。其中女工2434人，固定工5466人，合同工1140人；汞矿4781人，有色地质一队625人，地方企业、行政机关、事业单位1200人。集体所有制单位工人1127人，其中女性646人，合同制工人169人。分布于工业560人，建筑业290人，交通邮电业9人，商业供销241人，社会福利业7人，金融保险业18人。1992年有色地质一队迁贵阳清镇，其职工全部迁往贵阳。贵州汞矿随着汞矿资源枯竭，经过改革，不但没有招工，而且分流下岗一批富余人员。至

2000年关闭破产前，有在岗工人1269人，退休工人2801人，下岗工人988人，待业青年2860人。2001年关闭破产时（含大龙氯镁场）办理提前退休手续334人，退养436人，一次性安置（按工龄补安置费）1854人，资产重组安置218人，过渡性安置47人。社会职能部门职工317人（学校148人、医院70人、公安30人、幼儿园13人、房管所11人、供水15人、供电30人）移交地方管理。全特区在岗工人数量大幅度减少，至2005年全特区有在岗工人495人，其中行政事业单位工勤人员132人，商业系统52人，粮食系统81人，邮政通信45人、交通27人、供水、供电104人，金融系统65人，烟草供销24人，环卫65人。地方工业企业都属于私营企业，用工由企业自主招收临时工、季节工，工人数量时增时减，难以统计。

2011年12月，全特区人才资源总量2218人，其中专业技术人才1231人，占人才总量的55.5%。35岁以下的806人，占人才总数的36.33%；36—50岁的1239人，占55.86%；50岁以上的173人，占7.80%。全特区人才队伍中有研究生学历的14人，占人才总量的0.63%；本科590人，占26.6%；专科1128人，占50.85%；中专及以下学历486人，占21.9%。在专业技术人才中，高级职称33人，占总量的2.68%；中级职称245人，占19. 9%；初级职称716人，占总量的58.1%。从人才分布看，在党政机关的602人，占人才总数的27.14%；事业单位的1231人，占55.5%；乡土人才385人，占17.35%。

第二节　就业安置

1991年万山特区劳动就业与职业介绍所，为特区城镇失业人员、下岗失业人员、农村富余劳动力提供求职登记、职业指导、职业介绍、就业培训、鉴定申请等就业服务。以开发就业岗位，促进就业为优化细化、催化就业工作为首要任务，通过“单位自主用人，个人竞争就业，市场基础配置，政府引导就业”的市场竞争机制，深挖就业潜能，千方百计扩大就业。在大力发展第三产业，继续拓展商贸、餐饮等传统服务业领域的就业渠道的基础上，重点开发面向机关、企事业单位后勤保障和社区清洁、绿化等公益性就业岗位。截至2005年，累计实现城镇就业安置2752人。其中城镇失业人员1669人，下岗再就业1083人（公益性岗位68人），城镇失业率降至4.48%；安置复员退伍军人431人，安置到农村285人，机关厂矿企事业单位146人。与各类职业技术学校联合开展计算机、美容、汽车驾驶、中式烹饪等再就业技能培训班14期，培训城镇失业人员217人，下岗失业人员259人，有244人获得相关国家职业资格证书。为缓解城乡就业压力，拓宽就业渠道，加强与沿海发达省份及本省份联系，进行劳务输出。历年来发布各类有用信息86条，为246名城镇失业人员及1200名农村富余劳动力提供免费职业指导、职业介绍服务。至2005年，全特区累计实现劳动输出11297人，其中通过劳动就业机关联系组织劳动输出1100人。

2006—2011年，共开发公益性岗位555个，安置就业困难人员555人。2006—2011年间，共实现城镇新增就业3963人（其中：下岗失业人员就业1279人，就业困难人员就业115人）；实现农村劳动转移就业6505人；组织职业技能培训5192人；税务、工商、卫生、疾控中心等部门为下岗失业人员实施税费减免3293人次，共计63.445万元；年均城镇登记失业率控制在4.414%，有效控制在地区下达的控制指标4.5%以内。2011年，特区正式启动就业小额担保贷款，共受理城乡各类创业人员申请就业小额担保贷款申请31人次，符合就业小额担保贷款25人，共计发放就业小额担保贷款125万元，实现创业带动就业125人。

第三节　工资福利

一、工资

1991年机关行政人员和事业单位专业技术人员实行基础工资、职务工资、工龄津贴、奖励工资四个部分构成的结构工资制。中小学教师和医院护士加发基础工资、职务工资两项之和的10%工资。企业实行工资总额与经济效益挂钩或实行工资总额包干管理。由成本列支的基本工资实行指导性工资计划指标包干使用，其项目包括标准性工作、粮贴、副食品价格补贴、加班工资和按国家规定经批准的标准和范围发放的津贴补贴；由奖励基金开支的效益工资，根据企业经济效益提取奖励基金进行具体核定，其项目包括各种奖金、浮动工资、浮动升级、知识分子补贴、书报费和企业自定的津补贴。1993年10月工资制度改革，机关行政人员和参公管理人员实行职务级别工资制，由职务工资、级别工资、基础工资（90元）、工龄工资（一年一元）四个部分构成。机关工人分技术工人和普通工人两种，技术工人实行技术等级（职务）工资，由岗位工资、技术等级工资和奖金三个部分构成；普通工人实行岗位工资和奖金两部分构成，室友单位工作人员分为管理人员、专业技术人员和工人三类，管理人员实行职务等级工资制，由职务工资和岗位目标管理津贴两部分构成；专业技术人员根据事业单位工作特点，分别实行专业技术职务等级工资制，岗位工资制、技术结构工资制、体育津贴、奖金制和行员等级工资制五种不同类型的工资制度，工资由（岗位、等级）工资和津贴两部分构成。事业单位工作人员分技术工人和普通工人两种，技术工人实行技术等级工资制，工资由等级工资和津贴两部分构成。普通工人实行工资等级制，工资由等级工资和津贴两部分构成，津贴在工资中的比例构成，全额拨款单位为30%，差额拨款单位为40%，自收自支单位为50%。

从1995年起，建立正常的工资晋升制度。凡年度考核连续两年为称职（合格）以上等次的机关、事业单位工作人员，正常晋升一档职务（等级）工资；凡年度考核连续三年优秀或五年称职（合格）并实行职级工资制的国家公务员（含参公管理并执行职级工资制的事业单位工作人员）可晋升一级别级别工资；事业人员年度考核连续两年合格可晋升一档职务工资，连续三年优秀并做出突出贡献的专业技术人员、管理人员按照一定比例提前晋升或越级晋升档资工资。在正常晋升级别、档次工资过程中，于1997年7月、1999年7月、2001年1月三次调整行政机关人员和参公管理人员的基础工资标准，由90元调至110元、180元、230元，同时也相应提高机关工人和事业人员工资标准。企业从1994年开始，职工工资由等级工资制转换为岗位技能工资制，国家对企业工资实行宏观调控，对有经济效益、单位有承受能力的，每年都可适当安排增资指标，给企业职工晋升工资。

2006年，根据《国务院关于改革公务员工资制度的通知》和人事部、财政部《关于印发<公务员工资制度改革实施办法>的通知》规定，原万山特区对机关事业单位进行了工资改革，此次工资改革重新制定了机关事业工作人员工资套改、正常晋升工资、离退休费计发办法，并对基本工资的标准进行了调整。

2008年1月1日起，统一规范机关公务员（含参公管理事业单位）在职人员和离退休人员津贴补贴项目、标准。取消现行违规发放的各类津贴补贴，并对取消违规津贴补贴后的津贴补贴进行归并。2009年1月1日起，原万山特区义务教育学校实施绩效工资。绩效工资总量按义务教育学校工作人员上年度12月份基本工资额度（含教师基本工资标准提高10%部分）和规范后的津贴补贴水平核定。绩效工资的分配以绩效考核结果为主要依据，并坚持向骨干教师和做出突出成绩的教师倾斜。2009年10月1日起，原万山特区公共卫生与基层医疗卫生事业单位实施绩效工资，实施单位包括疾控中心、妇保站、计生指导站、乡镇卫生院、乡镇计生服务站。2010年1月1日起，原万山特区其他事业单位实施绩效工资。绩效工资分为基础性绩效和奖励性绩效两部分：基础性绩效工资主要体现地区经济发展水平、物价水平和岗位职责等因素；奖励性绩效工资主要体现工作量和实际贡献等因素，由单位按照绩效考核结果进行分配。

2011年7月1日起，按人社部发〔2011〕75号文件精神，以二类区标准对全特区机关事业单位在职和离退休人员的艰苦边远地区津贴标准进行了调整。调整后的艰苦边远地区津贴标准如下：1.县处级（含五级至七级专业技术岗位、五级至六级管理岗位）：由2006年的90元调至260元。2.乡科级（含八至十级专业技术岗位、七至八级管理、一级技术工岗位）：由2006年的75元调至225元。3.科员以下：（含高级工以下、十一级以下专业技术岗位、九至十级管理岗位、三级及以下技术工和普通工岗位）由2006年的65元调至195元。

二、福利费津贴补贴奖金　福利费

1991年特区机关及事业单位工作人员执行的津贴补贴有：粮贴（1979年10月以前参加工作的，标准为2.5—3元，矿区补贴（6元），知识分子补贴（6—20元），教龄护龄津贴（3—10元）班主任津贴（按班级学生数规定），法医津贴（30元），财税审计津贴（90元），武装津贴（基本工资15%）。

1992年执行司法助理员岗位津贴，工作一天0.6元，（2010年调整为10年以下每人每月150元，10年以上的在岗工作年限每增加1年，津贴标准增加10元，最多不超过300元）。

1993年实行高龄补贴（70岁以上20—30元），1994年执行环卫津贴（6元），手语翻译津贴（基本工资15%）。

1996年执行警衔津贴（按警衔级别确定金额，先后在2000年、2002年、2003年、2007年调整了警衔津贴）。

1997年执行了纪检津贴每人每天2元，（2011年调整为每人每月220元）。1997年执行档案津贴（按库存档案卷数7—40元）。

2004年实行信访津贴（100元）和机要津贴（2010年调整为每人每月235元），是年执行菜篮子补贴（30元）、岗位职务补贴（按职务确定。除此之外还有一些单位（民政、工会、工商等）参照上级主管部门发放津补贴。

是年实行年终奖金（标准为当年12月份基本工资）。福利费从1991年以来，除按职工工资总额一定比例提取福利费外，还执行发放“三费”（交通费30元、洗理费10元、书报费12元，1994年因特区财政困难而停发，少数经费稍微好一点的单位或部门自发，2004年恢复），独生子女费（2.5—3元）。

是年实行信访津贴，每人每月100元，2004年执行密码工作岗位津贴（按工作年限确定金额），工作不满10年每人每月80元，工作满10年不满20年每人每月100元，2011年调整为工作不满10年每人每月200元，工作满10年不满20年的每人每月400元，工作满20年以上的每人每月600元。

2005年发放通信费（按职务有80元、100元、150元、200元、250元、300元），还有一些部门自发烤火费、降温费等。

2007年执行检察官检察津贴和法官审判津贴。

三、困难补助与丧葬抚恤

1. 困难补助。国家机关、事业单位工作人员死亡以后，遗属生活有困难的，死者生前所在单位可以根据“困难大的多补助，困难小的少补助，不困难的不补助”的原则，给予定期或临时补助。遗属生活困难补助费标准，一般以能维持当地群众生活水平为原则。万山特区随着生活水平的不断提高，遗属生活困难标准也随之不断提高。在1983—1994年间，居住在地、州、市的由每人每月补助12—15元提高到50—55元；居住在县以下的由8—12元提高到45—50元；并补充居住地在农村的每人每月补助40—45元；工龄未满5年的工作人员死亡后，其遗属生活补助按上述标准最低额发给。建国前参加革命工作的干部遗属，以及在保护、抢救国家财产或在对敌斗争中牺牲的工作人员的遗属，不分居住地域，一律按每人每月75元发给，其中，副厅级以上离休干部的遗属，不分居住地域，一律按每人每月90元发给，红军干部的遗属，不分居住地域，一律按每月每人100元发给。死者配偶有固定收入的，在其收入中扣除150元作为本人生活费外，余下部分作为其遗属生活费，如已达到补助标准的，不再补助，达不到的给予补足。1996年开始，遗属补贴标准由按居住地享受调整为按身份类别享受。1996—2007年，一般工作人员由每人每月70—90元的标准调整为每人每月280—310元；建国前参加革命工作，在保护、抢救国家及人民生活财产或对敌斗争中牺牲的工作人员的遗属，不分居住地域，由1996年每人每月100元调整为每人每月390元；建国前参加革命工作和副厅级以上干部的遗属，由每人每月110元调整为410元；老红军和副省级以上干部的遗属，由每人每月180元调整为570元。2007年以后无变化。

2. 丧葬补助。工作人员死亡后，不分职务级别的高低，由国家负担一定数额费用，交给死者家属包干使用，节余归家属。丧葬费为一次性费用。根据贵州省人民政府黔府（1983）50号文件批转贵州省财政厅《关于修订贵州省国家机关工作人员死亡丧葬费开支标准的报告》规定，丧葬费开支标准：不分职务级别，有火葬条件的在300元内报销，没有火葬条件的在400元内报销。1999—2011年，对有火葬条件的实行丧葬补助，标准是离休干部2000元，其他工作人员1600元。

3. 一次性抚恤金。抚恤金是工作人员去世后，国家对其家属进行安慰并给予物质帮助，是一次性的。一次性抚恤金按工作人员生前最后一个月工资标准执行，批准为革命烈士的为本人生前40个月工资，因公死亡的，为本人生前20个月工资，病故的，为本人生前10个月工资。1986年规定抚恤金计算不能超过3000元，1994年取消这个规定。自2004年10月1日起，一次性抚恤金发放标准调整为:烈士为本人生前80个月基本工资或基本离退休费，因公牺牲为本人生前40个月基本工资或基本离退休费，病故为本人生前20个月基本工资或基本离退休费。自2011年8月1日起，一次性抚恤金发放标准调整为:烈士和因公牺牲的，为上一年度全国城镇居民人均可支配收入的20倍加本人生前40个月基本工资或基本离退休费；病故的，为上一年度全国城镇居民人均可支配收入的2倍加本人生前40个月基本工资或基本离退休费。

第四节　社会保障

1991—2011年，特区坚持以人为本的思想理念，以提高人民生活水平为目标，以维护社会安定团结为目的，从加强社会事务管理，建立和逐步完善各项社会保障制度入手，加大各种自然灾害赈灾和贫困人口扶贫救助力度，拓宽扶贫救助渠道和范围，贫困人口温饱问题基本解决，孤寡老人及孤儿有了生活保障，人民的生活水平和生活质量得以逐步提高，民族团结社会安定的政治局面得到进一步巩固和发展。

随着经济政治体制改革的不断深入发展，社会各项保障制度得以逐步建立和完善。万山特区1983年11月在人事劳动局设置社保股，先后开展实施养老保险、失业保险、医疗保险、工伤保险、生育保险等社会保险。

社会保险基金的管理，按照《财政部、劳动和社会保障部关于印发《社会保险基金财务制度的通知》的有关规定，各项社会保险基金均按要求在国有商业银行设立财政专户（基金收入户和基金支出户），实行收支两条线管理，并定期接受同级财政、劳动保障、审计等部门的监督和上级业务部门不定期对基金的检查。

一、养老保险

1986年随着劳动制度改革，开始收缴合同制工人养老金，收缴比例单位15%，个人3%，参保单位17个，参保合同制工人328人。收缴养老基金1.67万元。1988年开始实行企业固定职工养老保险社会统筹，参保单位38个，参保人数1371人，其中固定工471人，合同制工人761人，退休人员139人。收缴合同制工人养老金12.16万元，固定工统筹金13.12万元，支付退休费12.286万元。1991年12月开始实行企业固定职工个人缴费制度，个人缴费3%，单位缴费26%，企业离退休人员缴费按离退休费65%计提。全民统筹单位34个，在册固定职工494人，退休151人；全民合同制缴费单位57个，合同制工人867人；收缴统筹基金15.4万元，合同制工人缴费5.994万元，支付退休费15.35万元。2004年全特区统筹企业42个，职工人数2209人，其中企业596人，其他人员1352人，离退休人员261人，收缴基金160万元，支付养老金140万元。1986—2005年累计收缴基金1355.9万元，支出1114.6万元，结余241.3万元。2006—2011年，万山特区养老保险的人数逐年增加，见下表：

2006—2011年万山特区养老保险参保情况一览表

表14-2

年　份	参保数(人)	征缴金额(万元)	支出金额(万元)
2006年	2088	276	215
2007年	2582	479	253
2008年	2751	617	1620
2009年	2983	1225	404.9
2010年	3265	1821	2465.4
2011年	3388	1163	849

二、失业保险

1986年特区启动企业单位失业保险，缴金比例为1%。基金由特区人事劳动局的就业办实施管理和运作。1999年根据铜仁地区《关于事业单位必须参加失业保险缴纳失业保险费的有关问题的通知》精神，万山特区人民政府于1999年1月在全特区企业、事业单位正式启动失业保险。2001年失业保险管理职能划入社会保险事业局。2001年参保人数1315人，收失业保险金10.8万元，支付失业金3.5万元。2003年参保单位111个，参保人数1670人，应收254万元，实收12.5万元，发放失业金1.48万元。2004年参保人数1755人，应收32.6万元，清欠9万元，支付失业金2.9万元。截至2005年，参保单位83个，参保人数1762人，收缴保险费104.1万元，支出69.8万元，累计结余34.3万元。失业保险的人数逐年增加，2011年，全特区参加失业保险单位68户，参保人数1650人，失业保险费征缴60万元，失业金支出6.3万元。

2006—2011年全特区参加失业保险情况一览表

表14-3

年　份	参保数（人）	征缴金额（万元）	支出金额（万元）
2006年	3000	24.28	22.3
2007年	1547	51.8	1
2008年	1578	36.71	173.8
2009年	1552	37	1
2010年	1590	38	38.24
2011年	1650	56.6	42.13

三、医疗保险

2001年万山特区人民政府印发了《万山特区职工医疗保险实施细则》，从2002年1月1日起实行职工医疗保险，废除了过去延续几十年的公费医疗管理制度。当年特区参保人数2085人，其中在职职工1711人，退休374人。同年5月贵州汞矿破产关闭移交属地管理，3038名退休职工正式参加特区职工医疗保险，另移交医疗特殊人员29人，其中离休人员28人，革命残废军人1人。2003年全特区参加医疗保险4750人，保险费收入275.7万元，支出医疗保险费155.7万元。截至2005年共收入基本医疗保险金1433.3万元，支出1131.6万元，累计结余301.7万元。2005年6月根据特区政府《关于万山特区离休人员医疗费管理实施意见》，将特区30名医疗特殊人员移交特区社会保险事业局统一管理。其中离休人员24人，革命残废军人6人。当年支付离休人员医疗金75万元。2009年万山特区正式启动城镇居民医疗保险，具体情况是：2009年参保人数是3468人，征缴金额6.5万元，支出金额为10.85万元；2010年参保人数是5197人，征缴金额52万元，支出金额为121.09万元；2011年参保人数是6475人，征缴金额50.05万元，支出金额为85.165万元。2006—2011年，万山特区城镇职工医疗保险的人数逐年增加。如下表：

2006—2011年万山特区城镇职工医疗保险参保情况一览表

表14-4

年　份	参保数（人）	征缴金额（万元）	支出金额（万元）
2006年	401	3	2.1
2007年	1002	5	1.1
2008年	821	15.8	20.7
2009年	1672	40.9	69.1

续表 14-4

年　份	参保数(人)	征缴金额(万元)	支出金额(万元)
2010年	1827	50	15.1
2011年	4018	121.5	96.32

四、工伤保险

2002年5月贵州汞矿关闭后，其工伤、职业病人员944人，移交特区社会保险事业局管理，每年度由上级拨人工伤保险费110万元。2005年5月，万山特区人民政府转发《铜仁地区（工伤保险条例）实施意见》，于2005年1月1日起正式启动企业工伤保险。至年底特区企业参保单位4家，参保人数46人。缴工伤保险费0.6万元，特区财政拨铺垫资金10万元。截至2005年，有工伤参保人数855人，工伤保险收入466.6万元，支出389.6万元，累计结余77万元。根据国务院新修订的《工伤保险条例》及省、地相关文件精神，经区政府2011年第十六次常务会议研究决定，同意本区事业单位工作人员参加职工工伤保险，参保费用由特区财政足额预算、拨付。至9月底，已将全特区65个事业单位的1369名工作人员全部纳入工伤保险，共收缴工伤保险费6.46万元。2006—2011年，万山特区工伤保险人数农年增加，见下表：

2006—2011年万山特区工伤保险参保情况一览表

表 14-5

年　份	参保数(人)	征缴金额(万元)	支出金额(万元)
2006年	5130	285	254
2007年	5352	665	378.1
2008年	5468	,529	523
2009年	5566	445	452
2010年	5513	1018	769
2011年	6089	681.5	858.44

五、生育保险

2005年6月，万山特区人民政府批转万山特区人事劳动和社会保障局《万山特区职工生育保险暂行办法》，当年参保828人，生育保险基金收入3.6万元，支付生育保险待遇1.8万元，结余基金1.8万元。2006—2011年，生育保险参保人数逐年增多，见下表：

2006—2011年生育保险参保情况一览表

表 14-6

年　份	参保数(人)	征缴金额(万元)	支出金额(万元)
2006年	828	6	5.3

续表14-6

年　份	参保数（人）	征缴金额（万元）	支出金额（万元）
2007年	918	6.8	2.3
2008年	1118	8	3.2
2009年	1234	8	3.2
2010年	1331	8	4
2011年	1460	10	6

第五节　劳动保障与生产安全监察

一、建立劳动保障安全制度

1993年建立劳动监察制度，随着经济体制改革，特别是劳动保障制度改革的不断深入，劳动保障制度不断完善，劳动保障监察的范围不断扩大。劳动保障监察内容涉及劳动用工工资管理、培训、就业和社会保险等方面。劳动保障监察工作的开展，对于贯彻实施《劳动法》，劳动保障法律、法规，规范劳动市场等程序，制止和纠正违法行为，维护劳动者合法权益，促进劳动关系的和谐与社会稳定发挥重要作用。1997年以来为了维护广大劳动者的合法权益，依法制止和纠正劳动保障违法行为，针对劳动用工管理中存在的不签订劳动合同、超时加班加点、不依法缴纳社会保险费等现象，开展劳动监察执法检查36次，涉及企业360户，涉及企业职工18500人。每年“两节”（元旦、春节）期间，重点专门组织对拖欠农民工工资问题进行检查，涉及农民工5876人，为农民工追讨工资10余万元。在开展劳动保障监察检查的同时，根据国务院和省政府先后出台的《国营企业劳动争议处理暂行规定》《关于处理私营企业劳动争议问题的通知》《国营企业辞退违纪职工暂行规定》《国营企业实行劳动合同制暂行规定》《贵州省劳动争议仲裁工作规定》《国营企业劳动争议调解委员会工作规定》等一系列法律法规，开展劳动争议仲裁工作。仅2000—2005年受理劳动争议案件50余起，调处结案45起，办结率为90%。

2006—2011年，为应对各种安全事故的发生，拟定了《万山特区突发公共事件总体应急预案》《万山特区安全生产事故灾难应急预案》《万山特区矿山事故应急预案》《万山特区危险化学品事故应急预案》《万山特区大水溪尾矿库事故应急预案》。建立健全各项安全生产监管制度，实行安全生产许可证制，定期开展安全生产检查，发现各种不安全隐患及时进行整改。近几年来在每年的“安全生产月”活动时，组织宣传车巡回乡镇宣传有关安全生产的法律法规和安全生产知识，利用广播、电视、张贴标语、制作安全事故展板、播放安全事故警示教育片，广泛宣传安全生产的重要意义。

二、加强安全生产监察

1991年后，以非煤矿山、爆竹生产、建筑施工、锅炉使用等行业安全监管为重点，以尽量减少安全生产伤亡事故为目标，加强安全生产宣传教育和一线工人安全规程培训，增强安全生产意识。对安全生产监管重点企业负责人和从业人员进行安全生产教育和安全生产技能培训。培训锅炉工318人、电工91人，办理厂长经理安全资格证41人，办理非煤矿山行业安全生产许可证33家，其中，露天采石场27家，井下采矿5家，烟花爆竹生产1家。2002年贵州汞矿关闭后，为了防止非法进硐采矿发生安全事故，对70多个硐口进行了封闭处理。虽然安全生产从宣传教育、监督检查到事故发生的应急处置，形成一定的监管机制，但仍有一些企业管理人员和施工人员安全生产意识淡薄，导致安全生产事故时有发生。1990—2005年共发生各类安全事故14起，造成人员伤亡19人，其中死亡17人、伤2人。1990年5月30日，黄家寨汞矿因绞车打滑，打死矿工2人；1995年9月16日拆除交通局旧房时不慎打死2人；2001年7月19日，郭家变电站一施工人员在电杆上作业触电身亡；同年9月17日银河花炮厂发生爆炸当场炸死1人；2004年5月6日，万泰锰业有限责任公司化合车间一技术员违规操作，不幸掉入化合池死亡，同年8月14日，下溪锰矿石竹溪坑探2组在洞内放炮发生误炮当场炸死1人、伤2人；2005年8月10日，高楼坪张家山石灰窑厂，两名工人在窑内因一氧化碳中毒而死亡；同年10月3日郭家岩场一工人在石壁上撬松岩不慎坠落摔死。

2006—2011年期间，万山特区深入贯彻实施《劳动合同法》《就业促进法》《劳动争议调解仲裁法》和《劳动合同法实施条例》《就业促进法实施条例》，大力开展劳动执法工作，维护劳动者合法权益。其间共对全特区139户次用人单位进行劳动用工执法检查，涉及劳动者2900人次，督促签订劳动合同3170份（人）；受理举报、投诉案件169件，结案率为100%；开展劳动用工年检，审查用人单位117户次；健全和完善农民工工资保证金制度，大力开展农民工维权工作，全特区为农民工追讨工资2189.66万元，督促建筑施工企业为农民工缴纳工资保证金共计950余万元；受理工伤认定申请案件65起，认定工伤64起，劳动能力鉴定102人，评定伤残等级102人。全特区规模以上企业劳动合同签订率达90.5%，农民工劳动合同签订率达74.3%；全特区劳动用工备案单位达89户；全特区受理劳动争议案件83件，结案83件，结案率100%，其中调解劳动争议纠纷41件。2006年制定出台《关于建立万山特区建筑企业务工人员工资支付保障金制度的实施意见》。

2011年，在特区范围内集中开展了“春暖行动”。专项检查中，共检查各类用人单位61户，涉及农民工443人。通过检查，督促4户用人单位与235名农民工签订劳动合同，13户用人单位为82名农民工参加了工伤保险，查处违法案件4起，涉及农民工73人，促使全特区农民工劳动合同签订率由70.5%提高到89.7%。

第三章　机构设置与人员编制

第一节　机构设置

1991年特区编制委员会根据省、地机构设置要求先后审定批准设乡（镇）林业站、文化稽查队、人才交流中心，同意将矿产管理局更名为矿产资源管理办公室。1992年批准成立特区工商业联合会、教育督导室，将标准计量局更名为技术监督局。1994年决定撤销万山镇工商所和集贸市场管理所，成立万山工商所；同年9月税制改革，成立万山特区地方税务局，并在乡镇设立地税所；11月明确公证处和律师事务所为副局级机构。1996年机构改革，按照政企职责分开和精简、统一效能的原则，切实转变政府职能，理顺工作关系，将一些职能相近、交叉、重叠的进行撤销和合并。党委工作机构保留办公室、组织部、宣传部、统战部、政法委员会、老干部工作局（挂靠组织部）、直属机关党委、机构编制委员会办公室（挂靠人事劳动局）和纪律检查委员会（与监察局合署办公）。政府工作机构有办公室、计划与经济贸易局、统计局、农业办、教育局、科学技术局、工商行政管理局、审计局、财政局、地税局、公安局、监察局、民政局、人事劳动局、卫生局、计划生育局、民宗局、国土局、建设局、司法局、交通局、文化广播电视局、乡镇企业局、环保局。农业局、林业局、水利局改名为技术开发服务中心。直属事业机构有档案局、农业机械事业局、体育事业局，商业局更名为商业贸易总公司，物资局更名为物资供销总公司，粮食局与粮油贸易总公司实行一个工作机构两块牌子、两种职能两条线运行。群团组织有总工会、团委、妇联、科协、工商联、老龄委、文联、残联。人大、政协、法院、检察院不变。改革结果被合并机构11个，改为企业性质的3个，改为事业的6个。2001年实行“三定”（定机构、定职能、定编制）对一些机构作了调整：撤销老干局独立建制，挂靠组织部，机关党委设在组织部，编委办独立设置列为党委工作部门。农林水技术开发服务中心恢复为农业局、林业局、水利局，撤销科技局挂靠农业局，农机局划入农业局，老龄委设在民政局。2004年批准成立安全生产监督管理局，科技局从农业局划出与科协合署办公，组建信访局，挂靠政府办。

2005—2011年，全特区党政机构设置与2004年8月机构改革时一致。2004年8月党政机构改革坚持政企分开、所有权与经营权分离，精简、统一和效能，依法行政，实事求是、因地制宜的原则，推进党政机构改革。特区党委设置工作机构7个，分别是纪委（监察局）、党委办（机要、保密、信访）、组织部（直属机关党委、老干）、宣传部、统战部、政法委、机构编制委员会办公室（事业单位登记管理局）。特区人民政府设置工作部门20个，分别是政府办，发展计划与经济贸易局（挂特区乡镇企业局、招商引资局牌子）、教育局、民族宗教事务局、公安局、监察局（与纪委合署办公，不占机构限额）、民政局、司法局、财政局、人事劳动和社会保障局、国土资源局、建设局、交通局、水利局、农业局、林业局、卫生局、人口与计划生育局、审计局、粮食局、统计局。议事协调机构的常设办事机构1个，农业办公室（农业综合开发办公室、扶贫开发办公室）群团机关7个，分别是总工会、团委、妇女联合会、科学技术协会、文学艺术界联合会、工商业联合会、残疾人联合会。受政府委托行使部分行政管理职能的事业单位8个，分别是档案局、房产事业局、供销合作联社、环境保护事业局、文体广播电视事业局、畜牧水产事业局，安全生产监督管理局、旅游事业局。

2010年8月党政机构改革围绕深化行政管理体制改革的总体目标，以转变政府职能为核心，按照精简、统一、效能的原则，理顺职责关系，明确和强化责任，优化政府组织结构，完善体制机制，推进依法行政，提高行政效能。结合万山实际，推进万山特区人民政府机构改革。特区党委设置工作机构7个，分别是纪委（监察局）[（第一纪检监察组）（第二纪检监察组）（第三纪检监察组）（第四纪检监察组）]，党委办、组织部<离退休干部工作局>、宣传部（文联）、统战部、政法委、机构编制委员会办公室（事业单位登记管理局）。特区人民政府设置工作部门22个，分别是政府办公室、发展改革工业贸易局[挂物价局牌子]、教育局、民族和宗教事务局、监察局（与纪委合署办公，不占机构限额）、公安局、司法局、财政局、民政局、人力资源和社会保障局、国土资源局、环境保护局、住房和城乡规划建设局、交通运输局、农牧科技局（挂扶贫开发办公室牌子）、林业局、水务局、文化体育广播电视旅游局、卫生和食品药品监督管理局、人口和计划生育局、审计局、统计局、安全生产监督管理局。政府直属事业单位1个，档案局（档案馆、地方志编纂委员会办公室）。其他机构1个，供销合作联社。群团机关9个，分别是总工会、团委、妇女联合会、科学技术协会、工商业联合会、残疾人联合会、文学艺术界联合会、计划生育协会（2008年7月成立）、红十字会（2008年12月成立）。

第二节　人员编制

1996年机构改革时，特区党政机关各科局有行政编制308名（不含公、检、法、司及上划部门），实际分配284名，留有机动24名，机关工勤编制31名，实分配28名。乡镇有行政编制134名，实际分配120名，留作机动14名，实在编97人。2001年机构改革，党政群机关有行政编制280名，实分配274名，留有机动6名，实有行政人员255人，工勤人员22人。公检法司138名，乡镇行政编制113名，事业编制578名，实在编436名。2005年全特区党政机关（含乡镇）有编制782人，在编669人，其中行政编制502人，在编467人，参公编制176人，在编124人，工勤编制104名，在编78人。机关事业单位（不含中小学校）96个，实有编制595名，实在编436人，其中管理人员编制178名，实在编120人，专业人员编制368名，实在编267人；工勤编制32名，在编29人，生产人员编制17名，在编20人。乡镇事业单位52个，有编制189名，在编126人，其中管理人员编制51名，在编38人；专业技术人员编制138名，在编88人。中小学校30所，有编制628名，实在编545人，其中教师编制591名，在编545人，工勤编制6名，在编5人，教育督导编制31名，在编25人。在编制管理上根据机构单位工作职能和工作量大小核定编制，在人员配备上，一般不按编制配满，留有一定余地，以便调整或特殊人才需要安排。凡需进人增编必须经编委会审定批准。编委会与人事部门还定期和不定期对机关单位人员编制进行检查清理，凡超编或单位自行接受的人员一律予以清退。

2005年1月全特区总编制数2121名，其中：党政群机关705名；事业单位737名；中小学597名。实有人数1809名，其中：党政群机关595名，事业单位564名；中小学650名。空编312名。2010年12月全特区总编制数2453名，其中：党政群机关779名；事业单位1077名；中小学597名。在编在岗1887人，其中：党政群机关658；事业单位670人；中小学559人。空编制数566名。

2011年12月，全特区党政机构设置与2010年机构改革时一致。全特区总编制数4107名（编制数的大幅度增加主要是因为铜仁地区撤地设市，原属县级铜仁市的谢桥街道、茶店镇、大坪乡、鱼塘乡划入万山特区），其中：党政群机关952名；事业单位1676名；中小学1479名。在编在岗3040人，其中：党政群机关811人；事业单位1049人；中小学1180人。空编制数1067名。

第三节　事业单位登记管理

2000年11月成立事业单位登记局，开始进行事业单位登记管理业务。一是加强对事业单位法人的监督管理，维护事业单位法人的合法权益。根据国务院令第411号《事业单位登记管理暂行条例》和《贵州省事业单位登记管理实施细则》的规定，开展全特区已登记事业单位年度审查工作，分别是2005年152个，2010年158个，2011年177个。二是创新事业单位登记管理制度，减少办事流程，提高工作效率，降低运行成本，转变监管方式，提高登记管理机关的审查效率，促进事业单位加强自律，激发事业单位的活力，强化事业单位的主体责任和诚信及守法意识。

第十五篇　军事　政法

万山特区军事机关主要有中国人民解放军万山特区人民武装部、中国人民武装警察部队铜仁支队万山特区中队、中国人民武装警察部队万山特区消防大队。1991—2011年，中国人民解放军及武警、消防部队在维护万山社会稳定和国家安全，积极参建参治，组织军民抗灾救灾、拥政爱民、军民共建方面做了大量工作，为万山经济建设和社会发展做出了突出贡献。

司法部门严格依法办事，以事实为依据，以法律为准绳。检察院、法院独立行使检察权和审判权，检察院还对公安、法院、监狱等机关的活动是否合法进行监督。坚持有法必依，执法必严，违法必究。律师、公证、人民调解和法制宣传等工作，都积极为健全社会主义民主与法制服务。1991—2011全国人大常委会制定了一系列法律规定，万山特区司法机关干警认真研读，深刻领会，为正确运用法律打下了良好的基础。20年中，万山特区司法机关严厉打击各种刑事犯罪和经济犯罪活动，为维护一方平安和经济建设保驾护航，作出了显著贡献。

第一章　军　事

第一节　军事机构与驻军

一、万山特区人民武装部

1986年6月，中国人民解放军万山特区人民武装部改属地方建制，更名为万山特区人民武装部，为特区政府的兵役机关。内设办公室、军事科、政工科、后勤科，下辖万山镇、高楼坪、黄道、敖寨、下溪、贵州汞矿、有色地质一队7个基层武装部。1991年，特区、乡镇（街道）每年都成立征兵工作领导小组，由党、政、军主要领导担任组长和副组长，下设征兵办公室，抽调党政军相关人员组成，下设宣传、政治审核、体检、纪检、运输等组织机构。1992年有色地质一队迁驻贵阳清镇，其武装部随之迁离万山。

1996年4月，根据中共中央、国务院、中央军委《关于县（市、区）人民武装部收归军队建制的通知》，有色地质一队武装部即取消，万山特区人民武装部收归军队建制，恢复中国人民解放军万山特区人民武装部名称，隶属铜仁军分区，明确为正团级机构，实行军队和地方双重领导，特区党委书记兼人武部党委第一书记。设部长、政治委员、副部长兼军事科长，内设军事科、政工科、后勤科，配备政工、后勤科长各1人，参谋1人，助理员1人。2001年贵州汞矿实施政策性关闭破产，贵州汞矿武装部随之取消。2004年10月，万山特区人民武装部进行编制调整改革，设部长、政治委员、副部长兼军事科长，配政工、后勤科长各1名，参谋1名，干事1名，士官1人，隶属关系不变。干部工资、行政事业经费及装备维修经费由军队供应，职员工资、民兵训练、征兵、基础设施建设由地方财政解决。主要负责民兵组织建设、军事训练、兵役工作，开展“双拥共建”，组织民兵参加地方经济建设和抗灾救灾，维护社会稳定等急难险重任务。2011年3月，谢桥街道武装部从铜仁市（县级）转划万山特区，同年12月底，万山特区人武部有6个乡镇（街道）人武部。

二、武警万山特区消防大队

万山特区消防组织有万山特区公安消防科，消防官兵为部队编制，隶属万山特区公安局领导。1997年7月，根据贵州省公安厅《关于组建全省县市公安消防大队的命令》，将万山特区公安消防科组建成万山特区公安消防大队，为正营职。内称中国人民武装警察部队万山特区消防大队。隶属铜仁地区公安消防支队领导。明确编制4人，配大队长、副大队长、教导员、武警各1名。主要任务是负责全特区防火宣传教育和灭火工作，必要时协助维护社会治安参加完成急难险重任务。2011年，铜仁撤地建市后，武警万山特区消防大队改为武警铜仁市消防支队万山特区大队（铜仁市万山特区公安消防大队）。

1995—2011年，大队官兵以实际行动忠实履行“有险必抢、有灾必救、牢记宗旨、服务社会”的宗旨理念，赢得了“汞都卫士”的美誉。仅2008年，大队就因“抗凝冻、保民生”工作突出，2人被省公安厅荣记二等功，1人被省消防总队荣记二等功。2008年5月，被公安部荣记集体一等功。2011年年底，万山特区公安消防大队万山中队按议定日程将于2011年12月22日正式驻兵。

三、万山特区武警中队

1983年3月，原万山特区公安局人民武装警察中队改编为中国人民武装警察部队万山特区中队，隶属于武警铜仁地区支队，2011年11月，铜仁地区改为铜仁市，万山特区改为万山特区隶属铜仁市管辖，遂中队更名为武警万山特区中队，中队隶属于武警铜仁市支队和区公安局双重领导，主要担负万山特区看守所外围武装警戒任务，维护社会稳定，保障人民群众安居乐业以及参加抗洪抢险、扑灭山火等急难险重任务。

自中队组建以来，为万山特区人民的生命财产安全和经济发展、社会稳定做出了突出贡献，先后参加完成了滑石处突、田坪处突、三穗处突、2008年抗凝救灾、万山锰矿坍塌、抗洪抢险救援等急难险重任务20余起，2007年被贵州省委省政府表彰为“拥政爱民模范单位”，2008年被省委省政府授予集体一等功，被总队授予集体二等功，先后10次被总队表彰为“基层建设先单位”，30余次受到支队和万山特区党委、特区政府的表彰奖励，涌现出火场谱写英雄曲的“二等功臣”宋俊等先进典型。

在军事工作方面，武警万山特区中队始终坚持执勤工作的中心地位不偏移，狠抓军事训练，以实现“两个确保”（确保部队安全稳定，确保目标绝对安全）为目标，综合运用各种载体，根据制度抓规范，按照规定抓落实。

一是加强执勤战备工作力度，确保中心任务圆满完成。武警中队加强对勤务工作的组织领导，积极协商用兵单位继续完善抓好“五防”（人防、物防、技防、犬防、联防）一体化建设，认真落实支部议勤制度，坚持对执勤形势定期议、重大问题专题议、上级指示和形势任务及时议，深挖执勤隐患，及时完善措施，堵塞和解决存在的问题。围绕业务抓训练，锻造执勤本领。武警中队从实际出发，始终把提高官兵的执勤能力作为中心任务的重要环节，本着“缺什么补什么、什么弱训什么”的原则，深入开展专勤专训、专哨专训，掌握执勤理论、熟悉哨兵情况处置步骤，熟练掌握使用警用器材，提高哨兵一枪毙敌、一招制敌的能力。针对哨兵雨雾雪等恶劣天气条件下看不清、听不到的问题，积极探索运用警笛、手电、电话等声光电辅助手段搞好执勤小革新，提高哨兵及时发现、准确判断、果断处置的能力。建立有效的激励机制，促进落实勤务制度——将执勤工作与“三优”（优秀哨兵、优秀网络查勤员、优秀领班员）评比、“夺红旗、争红星”活动挂钩，严格落实勤务工作一票否决制度。中队每月召开军人大会，表彰执勤工作表现突出的战士，并给予相应的物质奖励。全年中队共出动兵力300余人次，完成了万山特区重大活动安保、敏感时期武装巡逻和临时性押解等勤务30多起。

二是严密组织，探索新方式，确保完成军事训练任务。首先是按纲施训，中队严格按照年初制订的计划进行训练，做到教员有分工，课目有教案、教学笔记，器材、设施齐全配套并适时维修。其次是按程序施训，不走过场，不搞形式，做到内容训全不漏项，全员参加不缺训，时间训足不少时。以训练配套设施建设为重点，在规范秩序上用劲；以训练促管为重点，做到训管一致。2006—2011年，在支队的军事比武竞赛中，取得4个第一，2个第二，1个第三的好成绩。其三是在支队作风与技术结合施训，结合三大条令（内务、队列、纪律条令），加大技能训练，也加大队列训练，将作风与练技能训练相结合，在提高官兵技能的同时也促进部队管理能力的提高另外，还常规性的落实训练安全工作，开展相关的安全教育、安全活动让官兵头脑中牢固树立安全意识。

在政治工作方面，武警万山特区中队以培养“四有”（有灵魂、有本事、有血性、有品德）军人为目标，坚持习主席提出的“强军目标”为统领，深入开展新条令条例学习教育、勤务教育和“学习践行强军目标，做新一代革命军人”教育，适时进行心理健康教育、密切内部关系教育和正确对待分工、建立纯洁的同志关系等教育。每月组织官兵收看《人生警戒线》，剖析违法违纪的典型案例，用反面教材教育警示官兵，确保官兵政治信念坚定，思想道德纯洁。

一是做好经常性的政治思想工作，确保部队稳定。新兵进入中队，中队就及时健全组织，调整“三互”（互帮、互教、互学）小组，改选武警委员会和团支部委员会，充实思想骨干队伍。建立《官兵思想档案》，开展谈心和思想互助活动，使干部对士兵的家庭情况、社会交往、思想动态了如指掌，增强工作的有效性和实效性。

二是开展丰富健康向上的文体活动，活跃部队文化生活。针对中队各项任务较重，工作节奏较快，官兵压力较大的实际，中队广泛开展“广播响起来、板报办起来、球类玩起来、棋子下起来、书报读起来、演讲赛起来、歌曲唱起来、锣鼓敲起来、舞蹈跳起来、网络用起来”的十项文化活动。按照文化活动“四有”（队列集会有歌声、周末假日有活动、重大节日有晚会、每月体育有比赛）要求，坚持班排每周组织小活动、中队每月开展小竞赛、重大节日举办小联欢，让官兵在丰富的文化大餐中找到自己的兴趣点。

三是做好拥政爱民工作，积极投身地方建设。中队始终继承和发扬部队光荣传统，把驻地当故乡，视人民为父母，开展警民共建活动，为驻地群众排忧解难。参加义务献血约40000毫升，参加义务植树造林约300余课，参加驻地卫生清扫40余次。地方政府和群众，节假日主动到武警中队慰问，筑牢官兵们扎根警营安心服役思想，激发了官兵们为第二故乡奉献青春的热情，警政警民关系十分和谐。

在后勤工作方面，保障工作做得十分到位，给官兵们带来了很好的生活环境。

一是突出后勤建设管理工作。中队始终坚持支部当家，集体理财，在大项经费开支上按照支部研究、上报审批、开支购买的程序进行，严格落实“双主官签字”制度，建立起有效的监督制约机制。中队圆满完成后勤各项工作，进一步提高了后勤建设层次。

二是突出抓好伙食管理。充分发挥经济民主组在伙食管理中的作用，坚持每周制定一次食谱，每半月征求官兵对伙食改善的意见，每月检查一次伙食账目，杜绝“跑、冒、滴、漏”问题的发生，严格落实每日“五菜一汤”要求，让官兵吃到标准、吃得满意。三是积极做好营区美化工作。中队积极利用有限资源和空地，大力开展营区美化，购买许多花草树木进行栽植，营造舒适、温馨的营区环境。

四、驻军

1995年5月，中国人民解放军14集团军40师118团进驻万山，承建万山至老山口、郭家至将军岩段通信光缆工程，同年7月完工撤离万山。1996—2011年，万山未有临时驻军。

第二节 兵 役

兵役制度是国家关于公民参加武装组织，或在武装组织之外接受军事训练、承担军事任务的制度。主要包括公民在军队中服现役，在军队外服预备役，在校学生接受军事训练等方面的规定。它是加强国家武装力量建设，建立战时动员基础的一项重要军事制度。根据《中华人民共和国兵役法》的规定，实行义务兵役制和义务兵与志愿兵相结合、民兵与预备役相结合的兵役制度。

一、义务兵

1991—2011年，特区政府和人武部每年冬季都要根据上级征兵命令开展一次征兵工作，根据贵州省人民政府、省军区司令部、政治部1991年11月22日下发的《关于印发贵州省县（市）征兵工作法律化、制度化和廉政建设标准的通知》精神，万山特区征兵工作采取自愿报名，逐级审查，坚持政治、身体、年龄三条件，符合者最后由特区征兵办批准入伍。年龄规定18—19岁，应届毕业或女生可降至17岁，在职职工可放宽到20岁。文化程度：城镇需高中及其以上，农村至少初中文化方可报名应征。服役年限一般3年。1998年12月29日，九届全国人大常委会第六次会议审议通过了《关于修改<中华人民共和国兵役法>的决定》，当日国家主席江泽民签署命令予以公布，将陆、海、空三军义务兵服现役期限一律改为两年。超期服役者可自愿申请转为志愿兵。征兵工作要求做到接兵部队、送兵单位、应征青年和家长“四满意”。1996年因征兵工作中的政审、体检把关不严被责任退兵1名。1991—2011年，按照上级有关要求每年都完成输送新兵任务。

二、预备役

按照《兵役法》规定，一是退出现役的士兵由部队确定是否服预备役，服预备役的退伍士兵在回到本人驻地30日内到特区人武部办理预备役登记手续。年龄在28岁以下的服一类预备役，19—35岁的服二类预备役。二是应征没有入伍而身体合格的青年服二类预备役。同时将预备役兵员和民兵统一编为基干民兵和普通民兵。对18—20岁的男性青年进行兵役登记，并从登记的青年中确定预征对象，为下年征兵提前进行预审预检，待征兵命令下达后，立即进行复检复审。

1998—2011年，万山特区按照1998年12月修改的《中华人民共和国兵役法》规定执行，第一类士兵预备役包括经过登记服士兵预备役的35岁以下的退出现役的士兵、经过登记服士兵预备役的35岁以下的地方与军事专业对口的技术人员、其他编入预备役部队和预编到现役部队的28岁以下的预备役士兵；第二类士兵预备役包括除服第一类士兵预备役的人员外，编入民兵组织的人员和其他经过登记服士兵预备役的35岁以下的男性公民。

第三节　民　兵

一、民兵组织

1991—2011年，每年都要进行一次民兵整组。民兵组织建设定的编组方式是：农村基干民兵数在200人以上的乡、镇建基干民兵营，50—200人以下的乡、镇建基干民兵连，50人以下的乡、镇建基干民兵独立排。建基干民兵营的乡、镇，以原乡镇所辖地域为基础，划片编连，行政村编排或班，基干民兵不足5人的跨村民组编班；民兵中专业技术人员就近连片编组，并列入本乡镇基干民兵建制序列。在厂矿企业，一般以分厂或车间为单位编组。辅助车间和一般岗位多编，关键车间和重要岗位少编，普通工种和保障人员多编，专业技术程度高的少编。专业技术结合企业生产性质、技术构成相对集中编组，尽可能使民兵建制与生产组织保持一致。女民兵以县为单位控制在基干民兵总数的10%。

1992年12月10日，铜仁地区行政公署、铜仁军分区研究出台了《铜仁地区“八五”期间民兵预备役工作规划》，《规划》从加强民兵规范化训练、加强民兵武器装备管理、搞好民兵和退伍军人预备役登记工作、发动和组织民兵预备役人员积极参加两个文明建设等五个方面进行规划部署。《规划》安排，万山“八五”期间，年度基干民兵训练数为80名。按照《兵役法》《民兵工作条例》的有关规定和便于执行任务的编组原则，万山特区在民兵组织中，采取赋予任务的方法编组50名的民兵应急分队。1998年4月10日，成都军区发布《民兵应急分队建设规定》。《规定》对民兵应急分队的任务、组织、训练、管理、使用等进行分队建设规定》。《规定》对民兵应急分队的任务、组织、训练、管理、使用等进行规定和明确。《规定》的制定和实施，对民兵应急分队建设起到了很强的指导作用。1999年5月，为加快特区民兵预备役建设步伐，促进民兵各项工作落实，特区党委、政府、人武部制定了《关于我区民兵工作调整改革方案》，对万山特区“九五”期间民兵组织、训练、教育、管理、使用等进行了全面规划。2006—2011年，每年都按照兵役工作规划，有组织地完成训练目标任务。

二、军政训练

万山特区民兵组织根据“以劳为主、劳武结合”的原则，采取小型、就地、分散的方法，每年进行一次为期20—30天的基干民兵和民兵干部军政训练。军事训练主要是按《民兵军事训练大纲》规定的内容：进行射击（高机、重机、八二、六O炮等）、投弹、刺杀、爆破、通信、战术等科目的基础技术训练。

1998年后，民兵训练，按照上级要求，民兵应急分队训练除完成规定步兵分队训练的内容外，重点抓好执行应急任务的技能训练，并结合预案进行演练，训练时间为15天。由特区人武部按照先基础、后应用，先技术、后战术，先分业、后协同的方法组织实施进行。1991—211年，万山特区按照军分区下达的训练任务，共训练民兵2117人次，其中重点训练民兵应急分队640人次、专业技术分队274人次。

万山特区在进行民兵军事训练的同时，安排一定时间上政治课进行政治教育，其教育的内容根据各时期形势确定：主要有民兵性质、职责任务和党的路线、方针、政策教育。20世纪90年代主要突出邓小平理论、社会主义初级阶段的基本路线和基本纲领教育，加深广大民兵对改革开放取得的伟大成就的了解，坚定广大民兵建设有中国特色社会主义的信心和决心;突出毛泽东、邓小平、江泽民三代领导人关于国防后备力量建设的论述的教育，加深广大民兵以“实行精干的常备军与强大的后备军相结合，建设现代化的国防”方针的理解，突出高技术条件下的人民战争教育，坚定广大民兵在高技术条件下运用人民战争克敌制胜的信心；突出政策、纪律教育，使广大民兵了解和掌握在维护社会稳定中的有关政策和要求，正确履行好职能；突出革命英雄主义教育，培养广大民兵勇于献身的崇高品质、坚贞不屈的革命气节、不畏艰难的坚强意志和英勇顽强的战斗作风。进入21世纪后，突出“三个代表”重要思想的学习教育和保持共产党员先进性教育，坚持落实科学发展观，推动民兵工作的创新发展，运用科学发展观指导新时期的民兵建设，通过多种形式的宣讲教育活动进一步打牢广大民兵的思想基础，增强了爱党、信党、跟党走的决心。

三、参建参治

民兵在社会主义建设时期，不管是农村还是厂矿企业，为国家和地方建设，都发挥了主力军作用。在农业生产建设方面，主要自筹资金，投工投劳，修建通村通组道路、架设输电线路、架接自来水、实施坡改梯和植树造林，为改变农村生产、生活条件发挥了主力军作用；在抗洪救灾方面，20世纪90年代初期，出动民兵达2000人次，扑灭山火两处，参加抗洪保苗2750亩，修防洪堤390米。

1992年为矿山护矿执勤和维护治安，共出动民兵3852人次，抓获犯罪分子12人，制止打架斗殴15起，缴获赃款赃物价值3万余元。1995年遭受洪灾时，出动民兵8784人次，救出灾区群众71人，帮助转移重灾户18户，救出大牲畜169头。2002年贵州汞矿关闭破产后，为了防止部分农民冒险进硐采矿，以免造成生命财产安全事故，民兵应急分队随时听从人武部的指挥调遣，协同公安日夜守护硐口执勤巡逻和追捕盗窃犯罪分子。2003年出动民兵60余人次，扑灭山火两起；2003年出动民兵60余人次，扑灭山火2起。2006年9月中旬，人武部组织敖寨乡民兵巡逻护矿，查获非法盗矿民工36人，搜获炸药80千克，凿岩风钻机3台，砂石500千克；2008年万山特区遭受50年以来最严重的特大雪凝灾害万山特区人武部出动干部职工和民兵3万余人次全身心投入“抗凝冻、保民生”和灾后重建工作，人武部被成都军区表彰为“抗灾救灾先进单位”，省委、省政府记集体一等功。

2010年年初，万山特区人武部针对万山特区旱情持续加重的实际，先后组织民兵500余人次投入到以送水解喝、打洞取水、抽水灌溉、浇水保苗为主要内容的抗旱救灾工作中，连续3个月时间，深入到高楼坪赶场坝村汤家屯组、黄道乡长兴村排坡组、下溪乡果贡山村麦禾溪组等灾情较重的乡镇开展抗旱救灾，累计送水150余吨，解决了400余群众的生活饮水问题，协调农业部门开展科技抗旱，抽水灌溉油菜等农作物260余亩，喷洒抗旱剂115亩。同时，抽调8名农业技术骨干组成“抗旱救灾技术服务队”，深入乡村开展“信息送到家、技术教到手”活动，指导15户种植专业户运用土壤过滤消毒、肥球培植移栽等方法，完成了辣椒基地22亩、西瓜基地15亩，并向广大村民传授两段秧、湿润秧水稻育苗方法和玉米肥球培植技术，推广Q优6号、中优169等水稻优良品种和玉米杂交耐旱品种，提高良种作物覆盖率，确保大旱之年不减产。

第四节　国防教育

万山特区国防教育委员会确定从1991年起，每年8月为“国防教育活动月”，决定在国防教育活动月期间，开展拥军优属、拥政爱民活动，进行革命传统教育。通过送电影下乡、文艺演出、举办国防知识竞赛等活动，进一步增强全民国防意识。同年参加地区举办的国防知识竞赛获第一名。2001年以学习贯彻《国防教育法》《贵州省国防教育工作条例》为主要内容，利用学校军训、党校干部培训，宣讲《国防教育法》，举行军旅卡拉OK大奖赛、军事日送电影下乡、建军节军民联欢晚会等，宣传国防教育知识。同年“七一”参加地区文艺汇演，万山特区人武部选送的声乐节目《我的祖国妈妈》获第一名。2003年为抓好《国防教育法》的贯彻和实施，举办国防知识抢答赛，请专家作国防形势讲座、国家安全报告，举行军旅演唱大赛，邀请军人干部参加“军事日”座谈会，组织学生观看爱国主义影片，开展军事夏令营等活动，使广大人民群众普遍接受到国防知识教育。2007年为庆祝建军80周年，7月30日，特区“四大班子”主要领导及国动委和国教委成员共61人参加“八一”军事日活动，在青年湖民兵训练基地组织56式半自动步枪实弹射击。8月1日，特区人武部组织开展纪念建军80周年老干部座谈会，10名曾在军队工作的离退休老干部回军营“讲传统、话使命”，并参观烈士陵园，敬献花圈。2011年万山特区人武部参加特区委组织的“建党90周年红歌大赛”系列活动，开展“学唱红色歌曲，宣讲红色故事”等活动。同时特区人武部还组织干部职工细读《党史》《长征》《苦难的辉煌》，使干部职工和民兵骨干在走进历史、追寻根源、解读传统中牢固树立高举旗帜、听党指挥、履行使命的政治信念。每年由特区人武部、教育局、施训学校组成学生军事训练队，对学生有计划地实施军事训练，训练内容包括国防法规、《中国人民解放军内务条例》《中国人民解放军纪律条例》《中国人民解放军队列条例》、武器常识、队列训练、战术动作和教唱军歌等，训练时间均为1—2周。从1991—2011年，特区人武部共完成学生军训任务7000余人次。

第五节　后勤保障

1991年以来万山特区人武部一是利用农副业生产基地种菜、种粮、养猪创收供给食堂改善官兵生活，1994年利用民兵训练基地创办养殖场养羊69只，当年创收5000余元。2001年又在万山镇苔窖洞建经果林基地100亩，已成林挂果初见成效。二是加强后勤管理基础设施建设，1991年在原有基础上，扩修武器装备库154公顷，新修食堂110公顷，小车库26.5公顷，维修训练场保坎、围墙180米，硬化操场1238公顷。1998年3月特区政府拨款12万元，分区匹配12万元，共24万元，对武器装备库按现代化管理要求进行维修改造，同年10月特区政府又拨3万元，解决武器装备管理配套设施问题。2003年特区政府拿出34万元用于人武部指挥自动化系统安装和营区正规化建设。营区管理设施，干部职工工作、生活条件得到进一步改善。2007年7月23日位于万山镇张家坪的特区人武部新营区建设正式开工建设，新营区建设按照“部队提需求、政府搞承建”的方式组织实施。人武部新营区占地面积60亩，总投资900余万元，集办公楼（含兵器室、车炮库）、民兵训练基地、公寓房（含食堂）、篮球场、射击场、沼气池、养殖场为一体，实现了长远规划、科学布局、设施配套、功能齐全的目标。于2008年12月一期工程正式竣工，2009年1月18日，万山特区人武部新营区建设完成整体搬迁。2010年，人武部投入5万元在财务室、保密室安装了红外报警器，更换了营区4个监控摄像头。投入7万元在办公楼武器库、机房、电视会议系统控制室以及干部公寓楼安装了避雷系统。同时完成营区公路、游泳池等9个配套项目区的配套设施建设。

2011年，落实成都军区和贵州省军区《营门卫兵执勤规定（试行）》投入经费5万余元，在人武部大门安装监控和报警设施，添置了头盔、盾牌、警棍等警勤装备，完善了机关办公楼防盗设施。

第二章　公　安

第一节　机　构

1991年，万山特区公安局内设政保股、人秘股、治安股、预审股、内保股、看守所、交警队，下辖万山镇、高楼坪、黄道、下溪、敖寨五个基层派出所。贵州汞矿、有色地质一队设公安科，受地区公安处和万山公安局双重领导（1992年有色地质一队迁离万山，公安科于2000年更名为土坪派出所）。1996年机构改革，公安局设办公室、政治保卫股、经济文化保卫股、治安警察大队（基础工作股、户政管理股、治安股、巡警队、行拘所）、刑事侦查大队（刑事侦查股、刑事技术股、综合股）、禁毒工作股、预审股、法制股、后勤财务股、政工股、审计股。核定行政编制57人（含乡镇派出所20人）。交警大队单列行政编制10人。汞矿公安科经济民警中队人员编制由82人缩减为56人，守卫点由13个减为9个，下属3个分队，3个直属小队。2001年贵州汞矿关闭，经济民警中队纳入地方公安机关建制序列，改称万山特区公安局土坪派出所，为正科级，定编35人。2001年12月，政府批复公安局“三定”方案，内设办公室、政工科、国内安全保卫大队、经济犯罪侦查大队、治安警察大队、刑事侦查大队、科技股、公安信息网络安全监察大队、监所管理大队、法制股、警务监察大队，行政编制57名（含乡镇派出所）。

2005—2011年，万山特区公安局机构及人员编制于2004年、2008年、2010年发生了3次变化。2004年9月，万山特区人民政府办公室（万府办通〔2004〕123号）批复：万山特区公安局设12个职能股（室），即：办公室（指挥中心）、政工科、国内安全保卫大队、经济犯罪侦察大队、治安警察大队、刑事侦察大队、科技股、公共信息网络安全监察大队、监所管理大队、禁毒工作大队、法制股、警务督察大队。行政编制60名（含4乡1镇派出所）。另设交通警察大队、土坪派出所（正科级单位）、4乡1镇各设派出所1个。2008年8月，万山特区机构编制委员会（万机编〔2008〕15号）批复：万山特区公安局设8个执法勤务机构（副科级规格），即：指挥中心（加挂办公室牌子）、国内安全保卫大队、刑事侦查大队、治安管理大队（加挂出入境管理大队牌子）、交通警察大队（加挂公路巡逻警察大队牌子）、禁毒大队（加挂特区禁毒委员会办公室牌子）、巡逻特警大队、监管大队；设3个综合管理机构（副科级规格），即：政工监督室、法制室、警务保障室；设5个派出所（副科级规格），即：万山派出所、高楼坪派出所、黄道派出所、敖寨派出所、下溪派出所，另，保留土坪派出所（正科级规格）；设看守所、拘留所、强制戒毒所（加挂劳动康复中心牌子），均为副科级规格。2010年11月，万山特区人民政府办公室（万府办发〔2010〕180号）批复：万山特区公安局设12个职能队（室）（均为副科级建制），即：指挥中心（办公室）、国内安全保卫大队、刑事侦查大队、治安管理大队（出入境管理大队）、禁毒大队（万山特区禁毒委员会办公室）、巡逻特警大队、监管大队、网络安全监察大队、政工室、监督室（监察室、督察大队）、法制室、警务保障室。行政编制105名。其中，局长1名、政委1名、副局长2名、纪委书记1名，主任（队长、教导员）20名，副主任（副队长）18名，中队长9名。另设万山特区交通警察大队（公路巡逻警察大队）、土坪派出所（正科级单位）、万山派出所、高楼坪派出所、黄道派出所、敖寨派出所、下溪派出所：看守所、拘留所、强制隔离戒毒所（劳动康复中心）。

第二节　政治保卫与治安管理

一、政治保卫

1991—1993年，主要开展了混入民主党派几种人员、宗教团体、“两非”组织、自发社团、帮派残余分子的专门调查。侦破反革命案件2起，搜集反革命嫌疑线条1条，发生内保案件8起，查处7起。1994年开展对反动“会道门”人员活动进行摸底调查，对散住台胞及部分人员底数、返乡次数调查，对境外临时到黔人员进行登记。自此以后，一是为了维护万山社会稳定，定期搜集和处理贵州汞矿关闭破产前后一些退休职工、下岗工人要求解决按时发放养老金和生活费等问题多次集会、上访、静座的事件。对领头制造混乱的重点人员，实行重点盯防，获取情报信息100余条，拟写《贵州汞矿所面临的治安情况分析及应采取的对策》，使90余次群体事件得以控制在萌芽状态。二是贯彻中共中央关于取缔“法轮功”邪教组织的决定。1999年对147名邪教“法轮功”练习者进行教育挽救和规劝，收缴非法书籍301本，横联8幅，图像26幅，李洪志个人图片15张，练功录像带71盒，录音磁带307盒。2000年对“法轮功”邪教组织活跃人员实行单位领导包人负责，盯死看牢，与邪教“法轮功”练习者所在单位和居（村）委会签订《看管“法轮功”邪教组织人员责任书》100余份，制定了《关于控制、查堵、处置“法轮功”邪教组织顽固分子聚集滋事的行动方案》。依法对“法轮功”邪教组织顽固分子张某及印刷“法轮功”邪教组织材料者周某进行处理。同时对“911”中功练习者和基督教非法传教活动进行专项调查。搜缴“中功”书籍288本，基督教非法传教书籍59本，笔记本6本，非法传单400余份，拟写了《关于对“911”中功及基督教非法传教动态分析》。2001年对万山“门徒会”活动进行调查；搜缴“门徒会”邪教宣传品20余份，查清“门徒会”成员10名，建立境外人员管理登记簿10余种；办理出境手续36人次。土坪派出所被贵州省公安厅授予全省国保基层基础工作优秀派出所，公安局被评为全省出入境基层基础工作先进单位。2002年8月，开展为期一个月的查找失控邪教组织“法轮功”人员工作，摸清116名邪教组织“法轮功”练习者活动情况，同年9月将负案在逃的邪教组织“法轮功”顽固分子刘某、黄某夫妇4人抓获归案，将刘、黄二人送劳动教养，其余2人进行治案处罚。办理出国出境手续40人次，登记临时到黔境外人员5人次、查处涉外案件1起；2004年对冒用宗教名义进行邪教活动开展调查，搜缴“门徒会”邪教宣传品7本，手抄材料438页，笔记本16个，白布“红十字架”14幅，复读机3台，磁带15盒。抓获邪教组织“法轮功”在逃人员1名，查处其他邪教人员2名；登记临时来黔住宿境外人员15人次，办理因私出国

（境）手续41人次。

2005年，国保部门大力加强国保基础工作，以防控体系建设为重点，确立以“情报信息为中心”的维护稳定工作导向。对万山危困企业、农村邪教活动情况、城镇建设中的搬迁户和搬迁人员的突出问题、原贵汞政策性破产关闭后的遗留问题等不稳定因素进行了全面调查，特别是在万山发生“9·27”群体性事件期间，国保部门搜集了深层次，内幕性的情报信息，为当地党委政府的决策提供了情报信息支撑，为妥善处置群体性事件奠定了坚实的情报基础。是年，在开展打击“法轮功”邪教组织的专项活动中，查破邪教案件2起，治安处罚3人。2005年，国保工作在万山特区公安局执法质量考核中成绩突出，被评为先进集体。

2006年，国保部门认真落实中央、公安部、省委和省公安厅《关于防范和处理邪教问题》的指示精神和工作部署，达到有效防止邪教组织和人员蔓延造成危害的工作目标，开展了系列专项工作，收缴邪教宣传材料942份，宣传小册49本，红十字旗41幅。同时开展了《反邪教及宗教领域的基础调查工作》专项活动，收缴传单400份，收缴邪教宣传品214页，红十字旗1 3幅。搜集反邪教情报信息15条，其中第34期引起省公安厅领导的高度重视，并作出重要批示。在此一年中，由于各项工作出色，先后被地区公安局授予全特区国保工作一等奖，被省公安厅授予2006年度全省公安机关优秀国保大队。2007年，进一步提高维护社会稳定工作的能力。建立情报信息研判机制，争取对敌斗争主动权。以情报信息为中心，以派出所信息员、联络员为基础，以国保情报部门为主体，建立全局情报信息收集、报送、研判的决策机制。全年共获取各类情报信息70余条，重要信息30余条，制定了《关于对省政府答复原贵州汞矿有关问题后可能发生突发事件的处置预案》《关于收集和上报“6·27”社区不稳定因素情报信息的工作方案》等预警性工作意见，为当地党委政府和上级公安机关正确、果断地分析维护稳定的工作形势，制定对策，预防和处置突发性事件提供了可靠的情报信息支撑，使两起群体性事件得到及时、妥善地化解，对参与该事件的15名为首分子依法进行了处理。维护了全特区的社会政治稳定，在中国共产党第十七次全国代表大会召开期间实现了零上访的工作目标。强化对邪教组织的防范工作，针对邪教组织在全特区的活动情况，国保部门狠抓防范控制工作，采取有力措施，加大对邪教组织及可疑人员的防范控制，严防邪教活动的反弹滋事。同时开展宗教领域的侦察保卫工作，严防境内外宗教敌对势力的捣乱破坏活动在万山出现，进一步加大防邪反邪的警示教育工作，发放警示教育宣传资料1300份，增强了群众识别，抵御邪教的能力，铲除了邪教组织和人员在万山滋生的土壤。

2008年，开展了防范和打击邪教组织利用人民币进行反宣活动的专项工作，搜缴邪教宣传品200余份。查破邪教案件1起，治安拘留1人。受理其他邪教线索2条，经营一起邪教专案，收集情报信息22期，其中《奥运安保专报第十九期》引起了铜仁地委、行署和地区公安局党委的高度重视，为当地党委政府果断处置大规模的群体性事件提供了可靠的情报信息，从而挫败了一起在奥运会期间可能发生的群体性事件，确保了万山特区在奥运会期间的社会稳定。加强出入境管理工作，登记临时到黔住宿人员5人，办理申请香港定居人员3人次，回函11人次。

2009年，在重大特殊时期利用赶集日配合工商部门积极开展查清和收缴“六四”宣传品文化衫活动，共查扣文化衫12件。配合特区统战部门开展了对藏传佛教的专项调查活动，切实掌握了万山特区佛教人员的活动情况。对工作中发现的邪教线索按规定及时核查，收缴散发、张贴零星邪教宣传品60余份，查破张贴反标积案一起，彻底消除积压多年的政治隐患。2010年，对万山特区境外非政府组织活动情况开展了基础调查。通过调查，掌握了2006年至2010年间，先后有香港慈恩基金会有限公司等9个社团对万山中小学教学楼的修建及贫困学生进行过捐助。深化反邪教专项行动。搜缴非法气功组织《玉历宝抄》书1本，光碟1张。搜缴“全能神”手抄本材料1页；记录有“全能神”内容的工作笔记本2本，共60页。由于工作出色，2010年，国保大队被铜仁地委防范办和处理邪教问题领导小组办公室和地区人力资源保障部授予集体三等功；国保民警甘桐被授予个人三等功。

2011年，开展了打击“主神教”和“茉莉花”革命的专项行动，行动中查处网上传播“茉莉花革命”信息1人，同时，还查破了湖南省芷江县田某某、陈某某等5名“主神教”人员在万山特区从事邪教活动，收款收据1张、笔5支、笔记本12本、信笺纸4本、手抄内容信纸24页、祷告表7页及手电筒1把。2011年，国保工作在万山特区公安局目标考核中荣获三等奖。

二、治安管理

治安联防　1991年，万山特区成立治安巡逻队和开展“110”报警服务，节假日实行夜间巡逻，机关各工作部门和企事业单位安排人员昼夜值班，按时报告值班情况，重大活动派出干警现场执勤。社区居委会、村委会建立治安联防组织6个49人，护楼护院组织11个59人，护厂护校组织17个97人，护村护寨组织80个492人。1998年按属地管理原则，划定责任区16个，实行一区一警责任制，创建安全文明社区8个，安全文明村寨20个。2005—2011年，共出动巡警248人次，协助抓获犯罪嫌疑人32人次，其中矿硐巡查240人次，消除隐患12处，抓获盗矿人员30人次，缴获朱砂200余千克。

特种行业管理　对宾馆、旅店、影院、歌舞厅、茶棋室、网吧、印刷、复印业、刻制业、废旧物资收购、车辆修理业等实行登记办证营业管理。定期进行监督检查，严禁利用上述场所从事赌博、播放黄色录像、卖淫嫖娼、刻制假证件、销赃等非法活动，同时对经营者合法权益予以保护。1998年查处卖淫嫖娼两起，出租黄色录像影碟2起。2005年开展黄、赌、毒专项治理，查处聚众赌博两起，行政处罚12人，查处卖淫嫖娼1起，行政处罚4人。对行业场所进行线索摸排，摸清了全特区行业场所底数，并认真开展安全检查，着力解决安全隐患和突出治安问题，使全特区行业场所管理规范有序。举力、特行、公共场所培训班2期，参训人员55人。2011年，辖区内的1 3家旅店均已安装闭路监控及安全检查设备。

枪支和管制刀具管理　1992年根据《中华人民共和国枪支管理办法》的规定，对民用枪支（火药枪、猎枪、小口径步枪、气枪、运动射击枪）实行登记办证管理，对其他非军用枪支、管制刀具一经发现予以搜缴。1991—1996年共搜缴非军用枪支109支，子弹44发，管制刀具40把。1993年破获非法制造枪支案2起，1995年9月1日破获一起贩卖枪支特大案件，缴获仿五四式手枪2支，子弹2发，抓获犯罪嫌疑人6人。1999年摧毁制枪窝点1个。2001年开展治暴缉枪专项行动，搜缴各种枪支985支（火枪947支，小口径步枪5支，其他33支）。2002年搜缴各种民用枪支1013支，民间、社会的各种民用枪支基本清缴完。万山特区公安局被铜仁地区授予治暴缉枪专项行动先进集体。2008年，对涉及持有枪弹的单位进行检查5次，完成了对公务用枪库的改造工作，按要求改造安装防爆灯，重新安装双锁防盗门，枪支、弹药实现分柜、分库存放，全年报废五四式手枪10支，各种杂弹70发。2009—2011年，境内未开展此项工作。

爆炸物资管理　1991年，万山特区按照《中华人民共和国民用爆炸物品管理条例》，严格爆炸物品使用、审批、运输和储存规章制度，制定安全生产措施，与使用爆炸物品的责任人签订安全责任书，对使用爆炸物品的单位、厂、场、点进行经常性监督检查，清理非法使用爆炸物品。1991—1993年搜缴炸药40千克，雷管709枚，导火索52米。2000年4月3日，高楼坪新庄村滕某与姚某有仇，滕持3包炸药放入姚的住宅，引爆炸毁姚的住房，姚妻双下肢骨折，滕被依法刑事拘留。自此以后，对爆炸物资和爆破人员管理更加严格。2001—2005年培训爆破人员329人次。2003年8月，组建万山特区民用爆炸物品管理服务站，民用爆炸物品的购买、运输、储存统一由民用爆炸物品管理服务站组织实施。

2005—2011年举办爆破员培训班13期，参训人员328人次。严格爆炸物品和剧毒化学品管理，2005年审核准购、准运剧毒化学物品323.35千克，审核购买、销售炸药12.864万千克，雷管17.26万枚，导火线23.04万米。2007年，开展民爆物品专项治理工作2次，发现隐患32起，下发整改通知书4份，提出整改意见17条，按规定审批规范建立民爆储存库2家。2010年，在全特区范围内开展了民用爆破器材仓库安全专项整治行动，共检查出安全隐患9处，下达整改意见9条。

治安案件查处与民事纠纷调解　1991—2005年共发生治安案件1971起，查处1777起，调解民事纠纷849起。在治安案件查处中，还注重行政复议和法制监督工作。1991年复议派出所裁决案件3起，要求送上级公安机关复议6起，1992年，不服基层所处罚，复议4起4人，维持两起，撤销两起；不服公安机关裁决，上诉法院，出庭应诉两起，胜诉1起，败诉1起。2005年审核行政案件96件，行政处罚102人（行政拘留49人），强制戒毒35人；审核复吸毒品送劳教20案20人，批准18案18人；受理申诉案件4起，办结案4起。

2005—2011年共受理治安行政案件1103起，查处1008起，查处违法人员1219人，调解民事纠纷94.3起。认真开展黄、赌、毒专项治理工作。2008年1月，对全特区进行扫黄打非检查，共查处3起非法出售、出租淫秽光碟案件，收缴光碟96张，打击处理违法人员3人，其中治安拘留3人并处罚款。2011年，查处聚众赌博案件1起。

监所管理　1991年，万山特区看守所、刑拘所、戒毒所均设在武警中队处，在押人犯由武警中队看守，刑拘和戒毒人员由看守所公安干警看管，并接受检察机关监督，严禁虐待和打骂人犯，同时加强对各类人犯政治思想教育，帮助他们悔过自新。1991—1995年，共收押各类人犯1275人次，其中女人犯69人次，接收强制戒毒人员660人次，其中女94人次。监所人犯和戒毒人员没有打架斗殴和上吊自杀事件发生。但由于看管干警看守不严，在押人犯在劳动和送医院检查身体过程中，发生4次人犯逃跑，逃脱8人。1992年11月11日一次逃脱5人。强制戒毒人员逃脱5次19人。每次逃脱事件，看守干警直接责任人都受到行政处分。1995年后，监所管理工作划归劳改部门管理。

第三节　户籍管理

1991年万山特区公安局开展建立“八簿四档”（常住人口登记簿、暂住人口登记簿、出生人口登记簿、死亡人口登记簿、迁入人口登记簿、迁出人口登记簿、重点人口登记簿、违法青少年帮教登记簿、暂住人口档案、房屋租住档案、重点人口档案、违法青少年帮教档案）和实施“两个取代”（一人一卡取代一户一卡、新户口簿取代老户口簿）工作。1991年全特区常住人口统计总户数16454户，总人口62564人，其中男32803人，女29761人，非农人口17417人，农业人口45147人。办理暂住人口暂住证159人，建立重点人口档案卡片499人。1992年户口核对时办理33名弃婴儿入户手续，10名农业户口转菜农户口。1997年完成四乡一镇一户一簿、一户一牌、一人一卡、一村一图的“四个一”工作。2002年根据国务院关于农转非文件精神，凡夫妻子女、父母一方为城镇居民户口的、进城经商、购房定居、聘干等均可申请办理农转非户口，当年办理农转非238户367人，2004年办理土地被国家征用农户农转非115户211人。至2005年共办理暂住人口暂住证4003人次，边境通行证2038人次，身份证11321人，临时身份证3788人次。2005年全特区常住人口统计总户数18508户62092人，其中男33191人，女28901人，非农业人口16286人，农业人口45806人，暂住人口490人。2005年11月，开始启动“二代证”换发工作。

2007年登记暂住人口445人，外流人口13280人，建立了法定不准出境人员报备机制，启动公民出入境按需申领证照工作。2008年，全特区5个派出所申请注册开通了“二代证”绿色通道办理业务，3—11月共受理绿色通道二代证1 375证。2009年，解决无户口人员的落户问题209人，规范派基系统微机录入户信息20515户，人口信息67093人，单位场所163个，房屋20490栋。2010年，根据地区公安局《关于印发铜仁地区<第六次人口普查户口整顿工作方案>的通知》要求，成立了万山特区公安局第六次人口普查户口整顿领导小组，7月中旬，在辖区内开展了广泛的宣传发动工作，共张贴宣传标语6幅，发放告居民一封信1万余份，使广大群众充分理解和支持户口整顿入户核对工作，确保了特区户口整顿工作顺利完成。2007—2011年，全特区共办理二代证67285证。截至2011年12月31日，万山特区总户数为22529户，总人口数为65657人，其中，非农业人口18638人，农业人口47019人，男性34975人，女性30682人。年内出生11 06人、死亡430人、迁入759人、迁出693人。

第四节　交通管理

1991年以来，交通监理以开展创建“安全文明大道”“平安大道”活动和实施“畅通工程”为契机，交通巡警定期和不定期上路巡查违章行驶车辆，处理交通障碍和交通事故。定期召集驾驶员进行交通规则培训和行车安全教育。逐年开展辖区内机动车辆上户、验证、检审工作。1993年上路查车887人次，检查过往车辆16432台次。2004年出动巡警1435人次，检查过往车辆25217辆，纠正违章车辆6358台次，处理交通违章3881起，培训驾驶员385人次，办理机动车辆落户手续212辆。2005年上路查车6800人次，检查过往车辆12300台次，查处交通违章行为151起，罚款9.18万元。办理机动车辆上户手续546辆，处理报废车18辆。

1991—2005年中共发生交通事故91起，死亡44人，其中重大交通事故3起，死亡17人。1991年发生交通事故20起，其中一起重大事故死亡4人，即6月16日，铜仁茶店车队姚某驾驶的08—00465客车在万山特区境内的岩屋坪13公里+200米处，因操作不当翻车死亡4人，伤22人。1996年6月1日14时20分，万山黄道乡小田坪村大路冲村民罗小红驾驶贵D20099盘式小四轮拖拉机，装货2500千克，违章载客25人，从湖南新晃波洲赶集返回黄道途中，行驶至黄道大榜横坡（万黄线22千米+600米处）路段时，从里向外冲出路面，翻下坎高33.7米的河沟里，造成当场死亡5人，重伤12人，轻伤8人，在医院抢救过程中死亡2人，共死亡7人。经交警现场勘察认定此重大事故因驾驶员违章所致。2000年11月5日7时40分，敖寨村田波无证驾驶无牌“金娃”牌农用三轮摩托车载21人，从榨桑坪驶往岩屋坪赶集，行驶至谢桥一岩屋坪3千米+300米处，因驾驶员采取措施不当，使车翻后坠下公路右侧18米高坎下，造成唐仙花等6人死亡，杨通生等15人受伤。交警现场勘察认定此事故责任因违章行车造成。

2005—2011年，在特区委、政府、公安局和市交警支队的坚强领导下，万山特区交警大队以科学发展观为统领，以开展道路交通安全系列专项整治为抓手，深入开展隐患排查治理、秩序调研整治、交通安全宣传，全面落实各项交管措施，强化客运源头管理，扎实推进事故预防工作，道路交通违法行为得到有效遏制，道路交通秩序明显好转，实现了“保安全、保畅通、降事故”的总目标，为全特区社会稳定和经济发展做出了贡献。一是道路交通事故控制方面。全特区共发生统计内一般程序道路交通事故4 3起，死亡1 3人，受伤66人，直接经济损失236952元；简易程序道路交通事故614起，受轻微伤66人，直接经济损失213100元。二是交通秩序管理方面。共查处各类交通违法行为为18051起，其中无证驾驶298起，未悬挂机动车号牌25起，货车违法载人276起，故意污损机动车号牌23起，准驾不符16起，客车超员21起，机动车未检验97起，其他违法行为17295起。三是驾驶人及机动车管理方面。机动车驾驶人管理：办理各类驾驶人管理业务2149人，其中，受理驾驶证申领1 310人，增驾申领83人，补证换证651本，满分学习49人，注销驾驶证52人。四是车辆管理方面：办理各类车辆业务1918件，其中，机动车注册登记411辆，转移登记24辆，注销登记987辆，车辆年检451辆，其他业务45件。五是交通安全宣传方面。交警大队以“文明交通行动计划”为契机，紧扣“保安全畅通必先加强宣传教育”主题，以安全行车注意事项为重点，精心策划开展“五进”宣传、“安全生产月”等系列主题宣传活动，大力倡导文明交通，努力营造交通安全人人参与的浓厚氛围。尤其是在2008年，万山交警大队在抗凝冻期间，荣获贵州省“抗凝冻，保民生”工作集体一等功，2009—2011年，进一步加强了交通安全宣传活动，共进单位企业150余个次，学校200余所次，村寨、社区100个次，家庭140余户，开展大型宣传活动16次，发放各种交通安全宣传资料8万余份。

第五节　刑事侦查

1991—2005年，万山特区共发生各类刑事案件1525起，破获1016起，破案率为66.7%。其中特大案件18起，破获16起，占89%；重大案件202起，破获167起，占82.6%；解救被拐卖妇女儿童36人。

1991年后，万山公安部门把坚持经常性打击惩治犯罪与开展专项斗争相结合。1991年5月26日，万山第一起制作、传播淫秽物品的犯罪分子王某被公安机关抓获依法提请批准逮捕。1992年1月7日，玉屏县田坪镇熊志平伙同吴配先、黄昌彬、韩登木携带火药枪、杀猪刀，驾驶一辆吉普车窜至万山特区计经委宿舍王国祥家，以有水银出售为名，将王骗至高楼坪茶场（现铁合金厂）下面，熊用火药枪将王打死，后驱车返回万山利民商店楼上王的岳父罗安兰家将罗杀死，抢走现金3万元。案发后，吴配先、黄昌彬、韩登木先后被抓获归案，熊志平逃往江苏无锡，通缉令发出后，被江苏警方抓获。熊、吴被判处死刑，黄、韩被判处有期徒刑。是月16日，敖寨乡金家场村张长水（21岁）无故将二哥张长河、二嫂杨金钗和8个月的侄儿杀死，事后服毒放火烧毁房屋跳崖自杀。当年专项斗争摧毁犯罪团伙12个45人，其中盗窃团伙10个38人。缴获赃款赃物折款6.5万元，剧毒物品2250克，解救被拐卖妇女儿童14人。1993年9月18日，万山镇二坑杨小川用刀杀死二厂叶争广。1994年7月15日，黄道乡肖维清用杀猪刀杀死黄道乡税务所负责人刘勇。2起杀人案，两凶手逃离万山，至今未抓获归案。

1997年开展以“破大案、追逃犯、打团伙、抓现行”为工作重点，把集中打击、开展专项斗争与经常性“严打”结合起来，科学适时地组织开展专项斗争和集中打击行动，有力打击了各类刑事犯罪。破获各类刑事案件43起，重大案件15起，抓获“三逃犯”18人。摧毁犯罪团伙2个，抓获团伙成员7人。依法惩处各类犯罪分子40人，缴获枪支5支，海洛因11.7克，赃款及赃物折款共5.115万元。2000年5月

6日，下溪乡信用社保险柜内4.939万元现金被盗，5月8日侦破，将犯罪嫌疑人吴小华、吴长海、张良抓获归案，挽回经济损失4万余元。2002年4月开展反盗窃专项斗争，破获各类刑事案件34起，其中重大案件7起，抓获犯罪嫌疑人45人，其中网上在逃人员10人，依法刑事拘留21人，提请批准逮捕11人，起诉6案14人，转治安处罚14人，摧毁盗窃团伙5个21人，追回、返还摩托车7辆，电脑5套，影碟功放机1套，耕牛6头，夏利车1辆。缴获矿石1000千克，炸药11棒，仿制手枪1支，挽回经济损失11万余元。2003年5月28日，黄道乡大榜村将军坡组杨绍建与同组杨某有仇，杨绍建用杀猪刀将杨某3个小孩杨林（11岁）、杨沙（7岁）杀死，杨松云（3岁）杀伤，场景十分惨烈。凶手杨绍建被政法机关绳之以法。2004年10月23日，高楼坪堰上村民组冯俊将其女友邹芳清勒死在高楼坪粮站，随即侦破将冯提请批准逮捕法办。

2005年，先后破获了杨胜龙、杨子龙团伙盗窃通信电信电缆和交通设施案、肖忠前破坏移动基站通信设备案、彭南芹团伙盗窃变压器案等团伙案件11起，摧毁犯罪团伙5个，抓获作案成员16人，缴获赃物18件，折合人民币3.5万元。2006年，捣毁以姚灯红、姚灯飚为首的盗窃犯罪团伙12个，抓获团伙成员64人，破团伙作案36起，收缴赃款赃物折款人民币5万余元，追回被盗损失折合人民币32万余元。2008年5月，成功侦破黔湘两省特大盗窃破坏“三电”设施系列案件，破案60余起，抓获涉案人员10人，缴获作案汽车3辆，涉案价值60余万元。2009年11月，捣毁盗窃移动通信基站蓄电池犯罪团伙1个，抓获犯罪嫌疑人5名，收缴赃物蓄电池45个。2010年3月，借鉴“大走访”成功经验，以深入排查化解矛盾纠纷为重点的“警民和谐关系建设”活动为契机，成功规劝潜逃12年故意伤害致死案网上逃犯杨再平到公安机关投案自首。2011年，破获了“5·1”万山特区兴隆电解锰厂被盗案、“7·26”诈骗案、“8·28”杀人抛尸案等一系列社会影响恶劣案件，打掉以潘建华为首的盗窃摩托车犯罪团伙，从根本上扭转了万山特区的社会治安形势。

第六节　禁毒

禁毒工作坚持“禁贩、禁吸、禁种”三禁并举，堵源截流，标本兼治的方针，重点打击贩毒，严禁种植罂粟植物，控制吸毒。1991—2005年，共破获贩毒、涉毒案件121起，缴获海洛因252.7克和61个零包，铲除种植罂粟植物6943株，缴获罂粟种子150克，强制戒毒660人次。

1992年2月21日，黄道乡青溪村苗冲组刘某某种植罂粟6754株被公安机关铲除，同时搜缴罂粟种150克，刘被拘留审查。1995年7月20日破获一起贩毒案件，缴获海洛因7.2克和24个零包，犯罪嫌疑人李某、陈某被抓获。2000年侦破贩毒涉毒案件41起，缴获海洛因30.9克和12零包，抓获犯罪嫌疑人12人，依法提请批准逮捕10人。2005年破获涉毒案15起，缴获海洛因8.8克，抓获毒贩6人，查处吸食毒品人员40人。在打击毒品犯罪的同时，加强禁毒宣传教育，特区机关、乡镇、厂矿、企业、学校成立禁毒工作领导小组，制订禁毒工作计划，利用“6·26”禁毒日，张贴《禁毒条例》，举行“万人拒毒签字”仪式。深入机关、学校宣讲毒品对人的身体健康和社会的危害性，教育广大青少年珍爱生命远离毒品。利用赶场日开展“珍爱生命、拒绝毒品、向往健康、共创未来”图片展和“禁毒工作人人有责”法制咨询。在机关、企事业单位，签订禁毒工作目标责任状，开展创建无毒单位，无毒社区活动。至2001年创建无毒单位76个，无毒社区8个，签订各类责任书1087份，落实帮教吸毒人员组织55个，帮教人员229

人，帮教对象174人。

2006年，为贯彻落实全省公安局长会议精神，全面推进公安工作和公安队伍建设，集中有限的警力、设备和资源，提高公安机关侦查部门整体作战能力，对刑侦、经侦、禁毒三个部门实行了警力整合。整合后，存在案件类别的特殊性，民警在侦查中顾此失彼等问题，很大程度上阻碍侦查工作的顺利进行。

2006年，在禁毒预防、禁吸戒毒、堵源截流、禁毒严打、禁毒严管“五大战役”方面取得了较好的成绩，共破获各类毒品案件48起，打击处理违法犯罪人员48人次，其中破获毒品刑事案件15起，行政吸毒案33起，强制戒毒24人次，缴获毒品海洛因73.2克，有力地打击了犯罪分子的嚣张气焰。2006年8月，《全国吸毒人员动态管控系统》启用，网上录入吸毒人员信息66人。2008年6月1日，《中华人民共和国禁毒法》颁布实施，确定了自愿戒毒、社区戒毒、强制隔离戒毒、社区康复四种戒毒形式，社区戒毒成为戒毒的主阵地。

2006—2011年，公安机关禁毒部门严厉打击毒品违法活动，以“五大战役”“毒”等专项行动为契机，加强对吸毒人员大排查、大收戒、严管控工作。在此期间，共侦破毒品刑事案件124起，打击处理151人次，缴获各类毒品1056.3克。办理吸毒案件276起，抓获吸毒人员276人次，强制戒毒80人次，强制隔离戒毒76人次，社区戒毒88人次，限期戒毒1 7人次，劳动教养23人次。办理非法种植毒品原植物案1起，查处非法种植毒品原植物1人，铲除罂粟苗106株，有力打击毒品违法犯罪活动。

第七节　消防安全

一、消防工作

1991—2000年，万山特区消防安全工作坚持“以防为主、消防结合”的方针，落实消防安全责任制，重点部位实行24小时值班制度，经常检查火灾隐患，及时提出整改意见。明确消防重点保护单位，确定二级重点保护单位12个，农村50户村寨4个，三级重点保护单位20个。加强消防安全宣传教育，利用广播、电视宣传消防法规《贵州省消防条例》消防技术知识，进行消防演练，不断提高人民群众防火意识和增强自防自救能力。对公共娱乐场所，易燃易爆物品重地，50户村寨实行专项治理整顿，帮助建立健全消防安全责任制。对辖区内新建、改建、扩建、内部装修工程，严格执行《建筑防火设计规范》，实行分级审核管理，及时查处火灾事故责任。

2006—2011年10月，据统计相关火灾数据情况：一是发生火灾情况：万山特区共查询到火灾起数27起，死亡2人，受伤4人，直接财产损失533354元，过火面积；503720.3公顷，受灾户数35户，受灾人数110人；二是接警出动情况：万山特区消防大队共查询到97起，接警出动记录，出动车辆119辆，出动警力389人，抢救被困人员11人，疏散被困人员49人，抢救财产价值431.50万元。参战人员死亡0人，受伤0人；三是消防监督检查情况：监督检查出动警力1773人次，检查单位873家次，投入使用营业前安全检查9个次，复查313个次；发现火灾隐患401处，促整改火灾隐患401处，下发责令改正通知书375份，下发重大火灾隐患整改通知书2份，下发行政处罚决定书8份，下发临时查封决定书7份，罚款单位2家、个人3人、警告2人，罚款金额7700元。

二、重大火灾事故

1991—2005年共发生火灾事故50起，死亡7人，直接经济损失69.5万元，其中重大火灾事故5起，死亡7人，直接经济损失40余万元。1992年1月3日下午四时，黄道乡阳桥半坡村民组刘泽冲家因电火箱起火烧死1人，直接经济损失3000余元。2000年3月28日中午，高楼坪乡张家山村黄家村民组因照明线路老化，绝缘体脱落，电流短路引起一场特大火灾，17户农户房屋毁于一旦，直接经济损失20余万元。2003年3月20日晚，解放街杨序桥家因睡觉前未关电火箱而起火，造成其妻子、女儿、儿子被烧死的惨案，直接经济损失4000余元。2006—2011年，境内未发生重特大火灾。

第八节　网络信息管理

一、信息网络制度建设

2001年，万山特区公安局根据省、地公安机关统一安排，内设网监股，负责微机网络信息管理。2003年10月，经万山特区机构编制委员会批复，由原特区公安局的“网监股”升格为万山特区公安局公共信息网络安全监察大队，为公安局内设机构，核定人员编制3人，设大队长、副大队长、内勤人员各1人，公安局内部调整解决编制，实到职大队长、内勤人员共2人。

公共信息网络监察大队的主要职能是：负责对特区境内互联网信息网络安全监察；通过网上监控，发现网上重点人员，依照有关法律法规的规定，对互联网上的特定对象和目标实施侦察；指导督促有关单位建立健全互联网安全管理的各项规章制度，检查监督各项安全技术、防范措施的执行和落实；建立重点网站和重点单位基础台账，适时开展网络安全检测，及时发现、整改网络安全隐患，查处各种违法行为；加强基础工作，在网吧和联网单位构建特情并建立相关台账。

自2003年成立以来，全大队民警尽职尽责，在公安局党委及上级业务部门的领导下，积极做好全局公安金盾网及互联网的接入、安装、调试、维护，全局民警的信息化培训，特区9家网吧安全审计管理，互联网有害信息处置，网上违法犯罪的侦办，350M集群通信系统畅通等工作，成为推动全局科技强警的排头兵。

2007年，在全国公安机关“三基建设”中，特区公安局落实机构改革，网络安全监察大队作为一个独立机构被归并到治安部门，网络安全管理机构职能被弱化。随着信息化发展，网安工作已成为公安工作的重要组成部分，其地位和重要性凸显，引起公安局党委的高度重视。为加强网络安全工作，2011年6月，公安局结合实际，抓住万山城市转型有利时机，机构重组，将网络安全机构从治安部门分离出来，组建网络安全监察大队。

二、网络信息管理

万山特区公安局公共信息网络安全监察大队依照全国人大常委会《关于维护互联网安全的规定》《中华人民共和国计算机信息系统安全保护条例》《计算机信息网络国际联网安全保护管理办法》《计算机病毒防治管理办法》《互联网服务营业场所管理条例》以及国家其他法律法规，大力实施对特区境内公共信息网络安全的管理，根据特区公安局的要求，在地局网监科的具体指导下，以全特区网监工作为主线，推进网监工作全面展开。针对可能引起社会连锁反应和网上炒作的事件，实行严密监控，发现有关信息及时综合情况上报，由地局网监科予以封堵和删除；在每年各重大节假日期间，加强值班，搜索网上的不稳定信息，做好处置工作，有效地发挥网络安全防范作用。组织开展了对计算机使用重点安全保护单位进行安全保密专项检查，共检查重点单位16家。按照“依法管理，加强监控，预防为主，及时查处，保障安全”的工作方针，抓好辖区内互联网信息安全监察工作，加强网上情报信息搜集和反馈，加大打击淫秽色情犯罪和及时处理有害信息力度；根据上级要求，组织开展对本地互联网基础调查工作和进一步清理整顿互联网站的工作；为预防计算机网络违法犯罪，履行计算机网络安全管理职能，在特区党委、政府高度重视和有关部门密切配合与支持下，于2005年9月举办了万山特区首期计算机网络安全培训，全特区45个计算机联网单位的计算机管理人员参加了培训。有力地加强和维护了全特区互联网管理秩序，网络安全得到了保障。及时提供有力的情报信息，协助刑侦部门破获全特区首例利用计算机盗用“互联星空”账户案件1起；协助外省公安机关抓获犯罪嫌疑人1起；配合侦查案件3起，抓获犯罪嫌疑人2人。历年来，网监大队开展网吧专项整治活动，从区域网络状况的实际出发，高度重视网吧管理，年初召开全特区网吧业主会议，表扬管理好的，批评存在问题较多的网吧，加强对网吧的检查督促和处罚，使安装率、上线率和登记率总体保持良好。按照在涉网服务场所安装安全管理软硬件的要求，有计划地推进此项工作。结合基础情况调查，尽量多走访涉网企事业单位，实地检查与指导网络管理安全措施的落实，清除漏洞和隐患。积极配合有关部门做好“黑网吧”的取缔工作。历年共检查网吧260多家次，查处“黑网吧”6家，出动警力180多人次，严格按规定新办网吧11家次，办理安全审核（年审）30家次，撰写简报20余期，有效地规范了区内网吧管理。

万山特区保密局参与对党政涉网单位的信息网络实施管理，制定了《计算机使用和管理制度》《计算机国际互联网保密制度》《计算机网络信息系统安全管理制度》《计算机信息系统硬件设备管理制度》，加强涉密计算机信息系统要害部门部位、涉密载体、涉密场所等方面的保密管理。

2006—2011年，加强了辖区互联网社会面安全监察管理工作。一是加强网站的管理。指导辖区网站安全管理工作，逐一签订信息网络安全承诺书，签约率达到100%。每年对重点网站进行安全漏洞检测一至两次，确保不发生网络安全事件。二是加强网吧安全管理。2006年完成全特区9家网吧安装网吧安全审计系统建设。2010年完成全特区网吧视频监控系统建设。2011年完成万山城市转型网络安全管理维护稳定工作，全特区16家网吧全部落实实名管理系统和视频监控系统管理工作。通过加强辖区内网吧实名制落实情况，加大对辖区无照经营网吧的整治，做到每月对辖区内网吧进行一次检查，确保网吧每月实名在线率达到95%以上，视频使用率95%以上。三是加强互联网基础数据采集。对辖区内的互联网基础数据进一步采集，纠错，入库，确保互联网基础数据库的数据适时更新，数据准确。四是认真开展辖区宾馆、学校等非经营场所安装安全审计系统工作。五是计算机信息系统等级保护（简称等保）工作。对未采集的等保系统进一步采集，并做好等保的档案整理工作，完成率达到70%以上。六是加强同刑侦、治安等部门的联系，做到重大案件同步上案，积极多破案，破大案。

第三章 检 察

第一节 检察机关

1991年，万山特区人民检察院增编2人，总编制27人，实有人员25人。1997年，特区党委办批准《万山特区人民检察院机构改革方案》，共设10个科、室、局职能部门，具体是：办公室、政工科、审查批捕科、审查起诉科、反贪污贿赂局（税务检察室）、法纪检察科、监所检察科、民事行政检察科、控告申诉检察科（举报中心、刑事赔偿）、检察技术科。至2005年年底，人员编制28人，其中行政编制27人，事业编制1人，实有19人，其中行政人员18人，事业人员1人。2005年6月26日由原办公地点（有色地质一总队职工医院）迁往万山镇汞都大道旁的观音塘新办公大楼办公。2011年11月，撤销铜仁地区设立地级铜仁市，同时也撤销万山特区，设立万山特区的同时，设立万山特区人民检察院。是年，万山特区人民检察院有编制35人（其中政法专项编制31人，机关工勤编制4人），实有28人（其中政法干警25人，工勤人员3人）。设有纪检组（监察室）、政工科、办公室（下设计财科）、反贪污贿赂局（下设侦查科、综合科）、反渎职侵权局（下设侦查科、综合科）、职务犯罪预防科、控告申诉检察科、民事行政检察科、监所检察科、侦查监督科、公诉科（下设未成年人刑事检察办公室）、检察技术科共12个内设机构。

第二节 刑事检察

万山特区检察院刑事检察有着明确的分工：受理刑事犯罪案件（包括直接受理侦察的经济犯罪、法纪犯罪案件）的审查批捕和决定逮捕，依法对本院直接受理案件侦查工作的内部制约，由审查批捕科负责。刑事犯罪案件的审查起诉、出庭公诉和抗诉，开展侦察监督、审判监督活动依法对检察院决定需要直接受理的案件进行立案侦查等工作，由审查起诉科负责。此外，万山特区检察院还参与社会治安综合治理、开展未成年人犯罪检察和未成年受害人权利保护工作，掌握分析研究社会治安动态等活动。

一、侦查监督

1991—2002年，共受理公安机关提请批捕案件338件569人，经审查批准逮捕502人，不予逮捕80人。共受理公安机关及检察院自侦部门移送起诉408件630人，经审查后决定起诉287件444人，免予起诉99件154人。 2003年，共受理公安机关提请批捕案件25件47人，经审查、审结25件48人（含增捕1人），其中，批准逮捕22件44人，不予逮捕3件4人，提前介入公安机关侦查15件（次）。受理公安机关和检察院自侦部门移送起诉的各类刑事案件35件65人（含2002年退查重报的3件3人），其中：故意杀人1件1人，交通肇事1件1人，贪污1件8人，投放毒害性物质1件1人，强奸2件2人，贩毒3件3人，持毒贩毒1件2人，抢劫4件7人，故意伤害4件4人，故意伤害、抢劫1件5人，盗窃9件20人，销赃、抢劫1件1人，盗窃、包庇1件3人，盗窃、收购、转移赃物2件7人。审查后，起诉24件39人（含追诉1人），移送分院2件2人，转送铜仁市检察院1件1人，不起诉5件15人，退查3件9人。另对去年撤回起诉不诉1件1人。全年共出庭28次，依法对判决裁定审查30件次。提出抗诉2件，其中铜仁分院支持抗诉1件，不支持抗诉1件。

2004年，共受理公安机关提请批捕案件36件66人，批准逮捕29件54人，不予逮捕6件11人（不含自侦部门的1件1人），提前介入公安机关侦查25件次，建议公安机关立案1件1人。受理起诉案45件73人（含2003年退查重报的3件5人），其中抢劫1件1人，交通肇事1件1人，强奸（含绑架）2件2人，故意伤害6件6人，容留他人吸毒1件1人，非法储存运输爆炸物1件2人，贩毒（含运输毒品）6件7人，盗窃（含销赃、包庇）21件47人，挪用公款2件2人，玩忽职守1件2人，贪污1件1人，受贿1件1人，故意杀人1件1人。审查后，起诉35件45人，不起诉5件14人，移送分院2件2人，退查3件12人。2005年，共受理公安机关提请批准逮捕的各类刑事案件32件67人，审查批准逮捕30件56人，不批准逮捕2件11人。受理公安机关及检察院自侦部门移送审查起诉案件39件63人，起诉32件55人，其中以危险方法危害公共安全案3件15人，破坏公共电信设施案2件5人，诬告陷害案1件1人，玩忽职守案1件1人，贩毒案3件3人，故意伤害案2件2人，强奸案2件2人，盗窃案17件24人，交通肇事案2件2人。不起诉4件6人，其中故意伤害案2件4人，交通肇事案1件1人，敲诈勒索案1件1人。送分院审查起诉2件2人（贪污案、非法行医案各1件1人）。撤回起诉4件14人，改变定性重新起诉3件13人，作不起诉1件1人。审结率达100%，案件受理后及时换押，无超期羁押案。纠正漏诉（遗漏犯罪事实）2件2人；口头向法院纠正违法1次；向相关部门发检察建议书4份。全年共出庭34次，均依法对判决裁定作出审查，无抗诉案件。

2006年全年共受理公安机关提请审查逮捕的各类刑事案件32件76人，经审查，作出批准逮捕决定29件69人（其中盗窃11件24人，破坏电力设备2件16人，危害公共安全2件9人，贩卖毒品9件10人，强奸1件1人，非法运输、储存爆炸物品1件4人，销赃1件2人，故意伤害2件3人）。不予批准逮捕3件7人（其中盗窃2件4人，破坏电力设备2人，贩卖毒品1件1人）。无错捕漏捕和捕后不诉案件。案件审结率为100%。

2007年，共受理提请审查逮捕各类刑事案件45件80人，其中公安机关提请审查逮捕的案件42件77人，经审查后作出批准逮捕决定39件68人（其中盗窃14件24人，破坏公用电信设备2件7人，危害公共安全3件10人，贩卖毒品12件15人，强奸1件2人，脱逃1件1人，交通肇事1件1人，滥伐林木1件3人，非法运输、储存爆炸物品3件4人，故意伤害1件3人）；万山特区人民检察院职务犯罪侦查部门提请审查逮捕3件3人，经审查后作出批准逮捕决定3件3人（其中贪污受贿1件1人，挪用公款1件1人，徇私枉法1件1人）。不予批准逮捕3件8人（其中危害公共安全1件3人，贩卖毒品2件2人，盗窃1人，收购赃物1人，故意伤害1人）。无错捕漏捕和捕后不诉案件。

2008—2011年，全年共受理提请审查逮捕各类刑事犯罪案件154件284人。其中公安机关提请审查逮捕的案件44件93人，经审查后作出批准逮捕决定145件284人；不予批准逮捕4件9人。万山特区人民检察院职务犯罪侦查部门移送审查逮捕2件2人，经审查后作出批准逮捕决定2件2人。案件准确率、审结率均为为100%，无超期审结案件。

二、公诉工作

1991—2004年，公诉内容包含在侦查监督（批捕）内容中。2005年，公诉工作才有单独的数据。是年，公诉部门共受理移送审查起诉的各类刑事案件39件63人，经审查后提起公诉32件55人（其中以危险方法危害公共安全3件15人，破坏公共电信设施2件5人，诬告陷害1件1人，玩忽职守1件1人，贩毒3件3人，故意伤害2件2人，强奸2件2人，盗窃17件24人，交通肇事2件2人）；作出不起诉决定4件6人（其中故意伤害2件4人，交通肇事1件1人，敲诈勒索1件1人）；移送铜仁地区检察分院审查起诉2件2人。撤回起诉4件14人（改变定性重新起诉3件13人，不起诉1件1人）。审结率达100%，无超期羁押案。纠正漏诉（指遗漏犯罪事实）2件2人；口头向法院纠正违法1次，发出检察建议书4份；检察长参与和指导办案10起。公诉人员全年共出庭支持公诉34次。依法对所有判决裁定作出审查，无抗诉案件。

2006年，全年共受理移送审查起诉各类刑事案件41件87人，经审查后提起公诉34件75人[其中抢劫1件2人，以“危险方法危害公共安全”3件7人，破坏公共电力设备、盗窃1件18人，贩毒10件10人，故意伤害3件3人，抢夺1件1人，非法运输爆炸物1件5人（其中1人作有罪不诉），盗窃12件28人，受贿1件1人，贪污1件1人]。作出不起诉决定6件11人（其中盗窃2件4人，玩忽职守1件1人，挪用资金1件1人，贪污1件1人，收购、销售赃物1件3人，非法运输爆炸物1人）：退回公安机关补充侦查1件1人。审结率为100%。无超期羁押案。发出检察建议书3份。检察长参与和指导办案1起。全年公诉人员共出庭支持公诉45次（其中检察长出庭一次）。2007年共受理各类移送审查起诉的刑事案件51件88人（其中并案1件1人，2件2人系铜仁地区检察分院交办并转处理）。经审查后提起公诉47件68人（其中盗窃17件29人（含收购赃物2人），贩毒8件9人，以危险方法危害公共安全4件10人，强奸1件1人，交通肇事6件6人，纵火1件1人，脱逃1件1人，非法储存爆炸物品2件3人，贪污、受贿2件2人，挪用公款1件1人，滥伐林木1件2人，故意伤害2件2人，妨碍公务1件1人）；对构成犯罪但情节轻微在1件2人依法作出不起诉决定；退回公安机关补充侦查2件16人。无附带民事诉讼案件。检察长参与和指导办案1起，公诉人员出庭支持公诉30次（其中检察长出庭1次），无抗诉案件。

2008—2011年，受理提请审查起诉的刑事案件261件424人，经审查提起公诉251件351人（适用简易程序19件22人）。作出不起诉决定11件18人，退回公安机关补充侦查45件95人，移送反渎职侵权局办理15人。（注：2008年，有黄某等三人徇私枉法、杨某某等3人犯罪所得收益、袁某某等7人妨害公务案件，各自分几案起诉至法院，致使结案总数超过受案总数）。4年中，案件审结率为100%，无超时限办案、无冤假错案。

第三节　反贪污贿赂检察

1991—1997年，万山特区人民检察院内设的贪污贿赂检察科负责经济检察工作。1997年机构改革时成立了反贪污贿赂局（含税务检查室），负责对贪污、贿赂、挪用公款、巨额财产来源不明、境外存款隐瞒不报等经济犯罪案件进行侦查，研究、分析贪污贿赂经济犯罪情况趋势及预防对策、措施，贯彻上级人民检察院制定的反贪污贿赂检察业务工作细则和规定。对偷税、抗税、骗税等涉税案件进行侦查，研究、分析税务犯罪情况趋势和对策。

1991—2005年，共受理反映贪污受贿案件线索160条，立案83件，其中贪污罪案31件38人，行贿受贿罪案12件12人，偷税抗税罪案11件（单位1件）10人，挪用公款罪案14件14人，其他经济犯罪案15件。侦查终结77件84人，追回赃款44.07万元，挽回经济损失214.71万元，移送起诉21件。1998年查获粮食局三领导共同贪污公款15500元，构成贪污罪，但数额不大，故作出不予起诉的决定，建议给予政纪处分。2002年查获林业局领导及会计、出纳等5人采取虚报形式，共同侵吞国家退耕还林专项资金50400元。构成贪污罪，对出纳、会计作出向人民法院起诉决定，对三名局领导作出不予起诉建议给予政纪处分的决定。2004年2月接到群众举报，查获万山镇居委会主任冒领和克扣低保对象低保金共计20680元，构成贪污罪，被依法向人民法院作出起诉的决定。

2006—2009年，共受理案件线索9件，初查案件线索9件5人，初查后立案9件9人，其中大案1件，均于当年侦查终结移送起诉。为国家挽回直接经济损失115万余元。

2010年，万山特区人民检察院在铜仁地区检察分院的领导下，先后查处了万山特区房产局、建设局、经贸局、安监局、畜牧局等原主要领导干部贪污、贿赂的腐败案件；查处了为谋取不正当利益拉拢、引诱、腐蚀国家干部的房产开发商冯某、个体户田某、覃某等行贿案件。在查处这些案件的同时，还掌握了两件要案线索并及时移送上级检察院，并协助铜仁地区检察分院反贪局查处了万山特区原区长何某和原特区党委书记向某受贿案件。全年共查处了10件10人，协助铜仁分院查处要案2件2人。由于办案力量薄弱，除自行立案侦查3件3人以外，其余案件（7件7人）均由铜仁地区检察分院指定其他县区检察院办理。2011年，立案查处贪污贿赂案件3件3人，其中行贿案2件2人，贪污案1件1人。全部于当年侦查终结并移送审查起诉，法院均作了有罪判决。为国家挽回直接经济损失70余万元。

第四节　反渎职侵权检察

对国家工作人员渎职犯罪和国家机关工作人员利用职务实施的非法拘禁、刑讯逼供、报复陷害、非法搜查，侵犯公民人身权利及侵犯公民民主权利犯罪案件实施侦查，研究分析法纪犯罪情况、趋势和对策；贯彻上级人民检察院制定的法纪检察业务工作细则、规定。

1991—2005年，受理法纪案件线索87件，初查61件68人，立案23件30人。1993年9月10日铜仁市茶店镇白岩村陈太新到高楼坪乡派出所报案，声称被高楼坪乡鸭林寨村民姚奎等人骗走800元现金。高楼坪乡派出所负责人彭某即带本所工作人员及乡干部将姚奎抓至派出所进行审讯，因姚矢口否认骗钱事实，彭某等人便对其进行殴打，被害人姚奎在护痛用手遮挡时，被彭用电警棍猛击，至左侧尺骨完全性骨折（医治后经法医鉴定为轻伤）。被害人姚奎在忍痛求情无望时，被迫编造了与铜仁市茶店镇谭水源等人骗钱的事实。次日凌晨，彭某又带人将谭水源抓至派出所进行审讯时实施殴打。万山公安局获悉情况后，便派员进行过问制止，防止了刑讯逼供行为的继续进行。彭某滥用职权非法拘禁，刑讯逼供他人，其行为对他人造成危害，触犯了《中华人民共和国刑法》第一百三十六条的规定，构成刑讯逼供罪，为严肃国家法律，保护公民的人身权利免遭非法侵犯，对其被告彭某本应依法追究刑事责任，但鉴于其动机和积极医治被害人等情节，根据《中华人民共和国刑事诉讼法》第一百零一条的规定，审结时作出免于起诉，建议给予行政处分的决定。

2006—2009年，万山特区人民检察院反渎职侵权局主动寻找案源，发现案件线索4起，受理6件9人，初查6件9人，初查率为100%。初查后立案1件1人，突破了多年来反渎职侵权工作立案率为零的被动局面。并配合其他院协查渎职类案件1件。2009年，立案查办涉嫌徇私枉法犯罪1件3人，侦查终结后由万山特区人民检察院公诉科审查并提起公诉，人民法院作出了有罪判决。

2010—2011年，立案查处渎职侵权案件2件3人，2009年查处原公安巡逻队员徇私枉法窝案的基础上，深挖犯罪、立案查处了原公安巡逻队尹某、罗某二人的徇私枉法案，起诉后人民法院作出了有罪判决。该窝案共计查办了6件12人。有效遏制了贵州汞矿关闭后护矿人员、公安巡逻队员与盗矿人员相互勾结，非法进硐盗矿从中谋取私利的徇私枉法犯罪。

第五节　控申检察

主要接待公民的来信、来访，受理涉及刑事问题的控告、申诉和自首；受理贪污、贿赂、渎职、侵权等涉嫌犯罪的举报，分析举报线索，依法查处属于控告申诉检察管辖的案件；反馈来信来访和举报情况，办理刑事赔偿案件；办理领导督办和上级交办的案件。

1991—2005年，共受理接待群众来信来访854件，其中受理来信445件，接待来访409件，给予直接答复的350件，转办的269件，其他方式处理的235件。

2006—2009年，共受理来信来访54件次，其中来信来访11件次，来人访31件次；举报13件次、申诉12件次、咨询9件次、控告4件次、不服法院判决5件次。对咨询全部作了当场答复，3件举报转反贪局初查，转政府相关部门办理8件，转调解组织调解3件，自行调解达到罢访4件。无涉检信访案件。

2010—2011年，共受理来信来访18件，其中接待群众来访4件，均当场答复来访人；6件转本院自侦部门处理，3件由控申科初查后作出了不立案决定。受理群众举报线索11件（1件是重复举报）。检察长接待来访6件次，均当面答复了来访人。2年间，做到件件有答复、事事有回音。

第六节　监所检察

监所检察是对刑事案件的判决、裁定的执行和看守所的活动是否合法进行监督；受理被监管改造人员的控告、申诉工作；办理发生在监所的案件，贯彻上级人民检察院制定的监所检察业务工作细则、规定。1991—2005年，共驻所检察3078天，与人犯谈话942人次，上法制课166次，生活卫生检查173次，安全防范检查175次。2000年8月15日下午5点拘留所服刑犯周传红出所劳动时，便以外出洗澡为名向一当班民警请假，该民警在手续不齐的情况下准了假，随后该民警外出买烟路过洗澡堂时未发现周传红在澡堂洗澡，该民警没有引起警觉及时寻找，也没有及时向领导汇报，直到晚上11点才开始寻找，而周却赢得充分时间，借钱外逃至上海。该民警不认真履行监管职责，造成犯人逃脱，已触犯刑律，构成失职罪。只因犯人在上海被及时抓获，未造成社会危害，检察机关作出有罪不予起诉的决定。但以此为戒，向公安局发出对该民警给予行政处理和加强看守所整改的检察建议，自此以后，监所管理再也没有类似案件发生。

2006—2008年，开展日常检查94次，开展节前安全检查34次，为在押人员上法制课21次，约谈在押人员136人次，有效维护了正常的监管秩序；清理核查留所服刑人员13人，严防违法留所服刑；分管副检察长深入监区检查12次，核查异地执行监外执行罪犯30人，无超期羁押和监管安全事故。认真执行羁押期限届满告知制度，无超期羁押情况发生。加强监督，依法督促监管部门加强对8名脱管、漏管监外执行人员的管教，有效维护法律的严肃性和权威。

2009—2011年，以开展看守所监管执法专项检查活动为着力点，强化常规检查和专门检查，有力维护了正常的监管秩序。加强派驻检察机构规范化建设，为驻所检察室配备专用警车1辆、专用摄像机1台、数码相机1台、传真机1台，夯实了驻所检察工作的硬件基础。2009—2011年，成功创建二级规范化检察室。共深入监区检查163次，开展节前安全检查11次，出宣传墙报5期，约谈在押人员82人次，为在押人员上法制课11次，核查保外就医2人次，向看守所提出口头纠正意见11件次。看守所全部及时进行了纠正。加强对已决犯的清理核查，坚决防止违法留所服刑，确保依法监管。其间，无超期羁押和安全事故发生。

第七节　民事行政检察

民事行政检察是对同级人民法院已经发生法律效力，确有错误的民事、行政判决和裁定，提请检察分院向中级人民法院提出抗诉，对不服同级人民法院判决生效的民事、经济、行政申诉案件进行审查。依法对司法人员在民事、行政案件活动中的违法犯罪案件立案侦查；对人民法院在民事、行政案件审判活动中的违法行为提出纠正意见；贯彻上级人民检察院制定的民事、行政监督业务工作细则、规定。

1991—2005年，共受理公民、法人申诉不服人民法院已生效的判决裁定案62件，立案审查39件，向上级检察院提请抗诉15件，作息诉处理的案件8件。

1997年3月27日申诉人徐志林将其所有的贵D20180号夏利车在万山保险公司投保。投保单载明投保险种（车辆损失险、第三者责任险、车上人员责任险、车辆停驶损失险）及赔偿金额，同时在特别约定栏内约定，必须徐志林本人驾驶，否则中保财产保险公司不负赔偿责任。同年12月27日，投保人徐志林将这辆夏利车交由具有驾驶资格的驾驶员邓万均驾驶。途中由于超速行驶出事造成车上人员一死二重伤一轻伤，车辆损坏。经铜仁市交警大队处理后，投保人徐志林向万山保险公司提出理赔，保险公司以违反特别约定“必须徐志林本人驾驶”为由拒绝赔偿。由此投保人向人民法院提起诉讼，一二审法院以徐志林与保险公司签订的机动车辆保险合同是双方真实意思表示，并不违反法律，应为有效，而驳回徐志林的诉讼请求。投保人对判决不服，向铜仁检察分院提出申诉，分院将该案移交万山检察院办理。万山检察院经过审查，认为投保人徐志林与保险公司签订的车辆保险合同中的特别约定应视为无效，一二审法院对本案判决适用法律错误，建议分院向省高级人民法院抗诉。

1999年万山特区化工厂诉万山特区人民政府行政侵权一案，不服铜仁地区中级人民法院行政判决，于2003年向铜仁地区检察分院提出申诉，分院将此案交由万山检察院办理。申诉方认为，1998年万山特区人民政府根据党委、政府联席会议纪要和政府专题会议纪要，作出将万山特区化工总公司下属的化工厂和自来水公司（两厂）分设的决定，将化工厂租赁承包给他人，侵害了化工厂的利益，向一二审法院提起诉讼。万山特区化工厂为国有企业自来水公司兼并原集体企业万山特区建材厂更名而来。一二审法院认为集体企业被国有企业兼并后所有制性质发生了变化，特区政府有权作出机构分设的行政行为。因而驳回申诉人的诉讼请求。经万山特区检察院审查，认为认定化工厂为国有企业性质事实的主要证据不足。建议检察分院向省高级人民法院提出抗诉。检察分院认为化工厂是集体性质的理由不能成立，因而作出不予提请抗诉的决定。

2006—2008年，受理民事申诉案件15件，经审查立案4件，其中1件由贵州省高级人民法院审理，另外1件因当事人撤诉，作终止审查处理。加强对行政执法活动的监督，走访工商、药监、文化烟草等行政执法部门37次，查阅行政执法卷宗34件36卷，以实际行动推进依法行政。

2009—2011年，民事行政检察部门以抗诉和再审检察建议工作为重点，坚决依法纠正裁判不公等侵害当事人合法权益的司法行为。共接待民事行政案件当事人来访22件次，受理10件，审查后，立案2件，1件转政府有关部门和法院办理；另外1件通过释法说理和做思想工作，成功使当事人息诉。其他经审查不符合抗诉条件，均作不予立案处理。

第四章　法　院

第一节　审判机关

1991年，万山特区人民法院的内设机构为：刑事审判庭、民事审判庭、办公室、接待室、经济庭、行政庭、执行庭、政工科、告诉申诉审判庭。人员编制为31人，办公地点由土坪搬迁至解放街新建的办公大楼办公。1997年，进行机构改革，下设办公室、研究室、政工科、刑庭、少年刑事审判庭、民庭、经济庭、行政庭、法警大队、立案庭、审判监督庭和执行庭，人员编制为37人。2001年下半年机构改革，法院的职能配置确定为：办公室、政工科、立案庭、刑庭、民一庭、民二庭、行政庭、审监庭、执行局（庭）、研究室、书记室、法警大队和监察室13个内设机构，人员编制28人。1991年，万山法院下属法庭有敖寨乡人民法庭、万山法庭。1998年4月22日，设立敖寨人民法庭下溪审判点并举行挂牌仪式。1999年6月21日，贵州省高院批复，同意撤销万山法院敖寨法庭，并入万山法庭。2000年省高院批复，同意撤销万山法庭。2005年，万山特区人民法院的内设机构有办公室、政工科、立案庭、刑事审判庭、民事审判第一庭、民事审判第二庭、行政审判庭、审判监督庭、执行工作局（执行庭）、研究室、书记官室、法警大队、监察室。人员编制为28人。其中，院长1名，副院长3名，政工科长1名，执行工作局局长1名。院长按同级政府副职级干部配备；政工科长、执行工作局局长按副院长级干部配备。正、副科级审判员按法律有关政策规定执行，内设机构领导职数11名。2007年办公地点由解放街迁至犀牛井新建的办公大楼办公。2011年底共有行政在职人数29人。

第二节　审判制度

1991—2011年，万山特区人民法院依法独立行使审判权。主要职责是组织、管理全特区人民法庭的审判工作，对特区人民代表大会及其常务委员会负责并报告工作。依法审判由基层人民法院管理的刑事、民事、行政等第一审案件；审理中级人民法院指令再审的案件、已发生效力的判决、裁定提起的再审案件等。

一是公开审判制度。人民法院受理案件和宣告判决，除法律另有规定，一律公开进行。依照法律规定，下列案件不公开审理：涉及国家机密的案件；涉及个人隐私的案件；未成年人犯罪的案件；离婚当事人和涉及商业秘密案件的当事人申请不公开审理的，可以不公开审理。对于不公开审理的案件。应当当庭宣布不公开审理的理由，但判决仍然应当公开宣告。二是辩护制度。任何刑事被告人都有权获得辩护。被告人除自己行使辩护权以外，还可以委托辩护人，或者由人民法院指定辩护人为他辩护。在整个刑事诉讼过程中，被告人都有权为自己辩护。三是回避制度。回避制度，是指为了保证案件的公正审判，而要求与案件有一定的利害关系的审判人员或其他有关人员，不得参与本案的审理活动或诉讼活动的审判制度。四是合议制度。根据《宪法》和《中华人民共和国法院组织法》的规定，“由审判组成合议庭或者由审判员和人民陪审员组成合议庭”进行案件审理。遇重大、复杂、疑难案件由合议庭提交审判委员会讨论定案。五是两审终审制度。人民法院第一审案件的判决和裁定，当事人可以按照法律规定的程序向上一级人民法院上诉，人民检察院可以按照法律规定的程序向上一级人民法院抗诉。经过二审的判决或裁定，即发生法律效力。地方各级人民法院第一审案件的判决和裁定，如果在上诉期限内当事人不上诉、人民检察院不抗诉，就是发生法律效力的判决和裁定。

基层人民法院审判第一审案件，除简单的民事案件和轻微的刑事案件，可由审判员1人独任审判外，其余均由审判员组成合议庭或者由审判员和人民陪审员组成合议庭进行，上诉和抗诉案件移交中级人民法院审判。《中华人民共和国刑事诉讼法》颁布实施后，恢复人民陪审员制度。审判案件时，实行回避、合议、辩护制度。人民法院审理一审案件时，根据《中华人民共和国法院组织法》的规定，“由审判员组成合议庭或者由审判员和人民陪审员组成合议庭”进行案件审理。遇重大、复杂、疑难案件由合议庭提交审判委员会讨论定案。在案件审理时，除涉及国家机密、个人隐私和未成年人犯罪外，一律公开审理，司法人员对处理与自己有利害关系或其他关系的案件，一律实行回避。审判案件实行两审终结制，刑事案件判决有误者，公诉机关可以提出抗诉，案件当事人对判决不服的，可以上诉到上一级人民法院，上一级人民法院经过审理作出发回重审、改判或维持原判的终审判决。对终审判决不服的，可向同级检察机关申诉。

第三节　刑事审判

刑事审判工作，始终坚持“严打”的高压态势，严格执行新刑法、新刑事诉讼法和相关的法律法规。在案件审理过程中，坚持以事实为依据，法律为准绳，依法严厉打击各种刑事犯罪，维护社会的和谐稳定和人民生命财产安全。1991—2005年，共审理各类刑事案件458起，其中：盗窃156起，伤害104起（杀人案1起，过失伤害致死1起），涉毒36起，强奸31起，抢劫29起，贪污挪用公款17起，拐卖人口13起，流氓犯罪7起，交通肇事7起，渎职6起，涉枪案5起，受贿5起，施暴4起，破坏电力设备4起，重婚4起，诈骗3起，投毒2起，危害公共安全2起，滥砍滥伐2起，作伪证2起，纵火、妨碍公务、诬陷、偷税抗税、猥亵儿童、寻衅滋事等20起。审结453件，判处有期徒刑413人（其中缓刑78人），免除刑事处分12人，管制5人，拘役11人，处罚金19人，无罪释放4人，撤诉3件3人，被告死亡不负刑事责任2人，自诉人放弃追究刑事责任3件3人。2005年上诉5件，维护3件，发回重审1件，改为民事审判

1件。代表高级人民法院宣判执行死刑3人。

1994年，遵照最高人民法院的“严打要打出声威，大案、要案要抓出成效”的指示，大案要案领导亲自上案，保证案件快审快结。在定性量刑时严格区分罪与非罪的界限，此罪与彼罪的界限。如梁平三次翻墙盗窃贵州汞矿冶炼厂触煤，价值1.7万元，情节特别严重，被依法从重判处有期徒刑11年。柳某某在担任贵州汞矿氯碱镁工程指挥部设备科长时，利用职务之便，为他人谋取利益，从中受贿1.92万元及物资，构成受贿案被依法判处有期徒刑5年。1995年，盗窃案居高不下，偷牛犯罪活动猖獗，为了维护社会稳定，严厉打击盗窃犯罪活动，对杨政启、蒋德同、杨光喜3人拐卖人口、盗窃耕牛的犯罪行为予以严惩，杨政启被依法从重判处有期徒刑14年，并处罚金2000元，蒋德同被判处有期徒刑5年，杨光喜被判处有期徒刑4年。

2001年万山特区人民检察院指控，被告人罗永远、罗仁仲于2001年5月15日21时许，携带应急灯、平口凿等作案工具窜至黄道侗族乡白屋场村委办公室，撬窗入室，盗走炸药10棒（1.5千克），雷管167枚和导火索130米。后被公安机关追回。两被告人的行为已触犯《中华人民共和国刑法》第一百二十七条第一款的规定，构成盗窃爆炸物罪。被告人罗永远、罗仁仲对起诉书指控的事实均无异议，仅要求从宽处理。法院认为：被告人罗永远、罗仁仲以非法占有为目的，秘密窃取爆炸物，其行为已触犯《中华人民共和国刑法》第一百二十七条第一款以及《最高人民法院关于审理非法制造、买卖、运输枪支、弹药、爆炸物等刑事案件具体应用法律若干问题的解释》第四条第一款第四项的规定，属情节严重。鉴于2被告人系初犯，认罪态度较好，盗窃的爆炸物已被全部追缴未给社会造成实际危害等因素，对其可酌情从宽处罚。

法院判决如下：（1）被告人罗永远犯盗窃爆炸物罪，判处有期徒刑10年零6个月，剥夺政治权利两年。（2）被告人罗仁仲犯盗窃爆炸物罪，判处有期徒刑10年，剥夺政治权利1年。（3）作案工具平口凿1把，予以没收。

2005—2011年，审判工作继续保持“严打”高压态势，一是坚持“宽严相济”的刑事司法政策，依法做到“该宽则宽，当严则严，宽严有度”。二是围绕“什么案件突出，就重点打击什么犯罪”的方针。三是深入开展“打黑除恶”专项活动，依法严惩各种严重危害社会稳定的刑事犯罪。四是大量适用简易程序和普通程序简化审理，提高办案效率。五是注重刑事附带民事案件的调解工作。依法惩处刑事犯罪，维护国家和社会稳定。在刑事审判工作中，特别是针对未成年人犯罪，坚持“教育、感化、挽救”的方针，多措并举实施帮教。2010年，审结的4名未成年人犯罪案中，其中2人被判处缓刑，有2人重返家园后走上了自谋生活的道路。

尤其是在2006年，审结了本区建院以来涉案人数最多，案件最复杂的杨启胜、姚灯红等16名被告人以危险方法危害公共安全罪、破坏电力设施罪、非法制造枪支罪、盗窃罪、转移、窝藏、销售赃物一案，因上述16人犯数罪，依照《刑法》第六十九条的规定，对其应实行数罪并罚，分别被判处19年到1年不等的有期徒刑。

2006—2011年，共审理各类刑事案件405起712人，其中：贩卖毒品57起，盗窃50起，故意伤害32起，交通肇事24起，以危险方法危害公共安全24起，强奸11起，贪污7起，破坏电力设施4起，抢劫4起，抢夺2起，玩忽职守、职务侵占、受贿、放火、妨害公务、敲诈勒索、危险驾驶等190起。

第四节　民商事审判

1991—2011年，万山特区人民法院所受理的民商事案件占各类案件总数的60%以上，涉及政治、经济和社会生活各个领域，面临不少新的情况和问题，直接关系到公民民主权利、人身权利和财产权利的合法保护。民事审判工作认真贯彻《民法通则》《民事诉讼法》等民事法律、政策，坚持把维护广大人民群众根本利益作为出发点和落脚点，理顺工作思路，多调少判，及时化解矛盾，息止纠纷，努力实现庭审效能最大化。通过审判活动，有力地制裁了违约失信行为，促进了社会诚信体系的建立，有效地化解了人民内部矛盾，减少和预防了恶性事件发生，维护了当事人合法权益，营造了公开、公正、诚信、平等的市场环境，促进了辖区社会稳定。为了维护安定团结的局面，对当事人告诉的诉讼案或易激化的民事纠纷，做到不拖不摆，及时审理，防止矛盾激化。如1995年原告杨树昌诉蒲召文借用手表一案，万山法庭受案后发觉原告情绪异常激动，便及时开庭审理，庭审中原被告均提不出证据，决定休庭，要求双方在15日内举证后再审。休庭刚过1个小时，原告之母就跑到法庭哭，说原告不听劝告，在磨杀猪刀马上要与被告拼命。法庭干警立即赶到原告家，令原告放下刀子，指出其行为的严重性，原告叫喊："你们走开，谁阻拦我就杀死谁!"干警一边稳住原告，一边上前将其凶器缴下，控制了即将激化的矛盾。为了彻底消除隐患，法庭快速搜集证据，及时审结此案，避免了转化为刑事案件的可能性。再如1997年刘木盛诉刘元银等人强行收割稻谷案，因原告承包原妻的责任田，遭该组村民反对，原告强行耕种。秋收时，被告邀约22人，将原告耕种的稻谷强行收割。原告多次向乡党政领导反映请求解决未果，在房兄等15人的支持下到被告家，意欲强行挑回被割的稻谷，双方摆开阵势，准备一场恶战。法庭知悉后，迅速赶到被告家，稳住事态，说服教育了解情况，及时进行调处，当场达成履行了由被告等退回所强收稻谷的协议。从而避免了一起群体事件的发生。

1991—2005年共受理民事案件2305件，审结2297件，其中婚姻关系1044件，债权债务585件，赔偿方面308件，买卖纠纷132件，不动产103件，房屋纠纷33件，继承方面18件，人身权侵害26件，租赁10件，其他28件。

2006年，随着万山转型发展，征地补偿费分配纠纷案件的上升幅度最大。民商事审判中离婚纠纷和合同纠纷案件占的比重次之。审判机关不断强化审限意识，努力实现快立、快审、快执行。90%以上的案件做到了当日立案，民商事案件的平均审理期限缩短至60天左右，比普通程序法定审理期限提前了4个月。例如：在2006年发生在黄道乡马黄村枞木湾组的一起土地侵权纠纷案件，当事双方矛盾由来已久，积怨颇深，已多次发生争吵，矛盾严重激化，加上双方都邀有亲朋好友助阵，随时都可能发生群体性械斗事件。获知情况后，法院办案法官主动出击，及时深入到矛盾突出的现场调处，经过多次组织双方调解，双方最终达成和解协议，避免了一场群体性械斗和流血事件的发生。

尤其是2007—2008年加大司法救助力度，连续两年对辖区农业人口和城镇享受低保的居民一律免收诉讼费。为方便群众诉讼，在黄道、敖寨、下溪、高楼坪四乡设立诉讼接待点；农忙时节深入田间地头巡回办案；对涉及残疾人、孤寡老人的案件实行就地办案。2008年，建立法院专网，成立"环境与资源保护合议庭"，2009年，建设了数字化科技法庭。2011年起，对所有民商事案件均实行风险评估。2006—2011年，万山特区共受理民商事案件1092件，年度结案率均保持在96%以上。

第五节　经济审判

随着经济体制改革和社会主义市场经济体制的建立，各种经济纠纷时常发生，1991—2001年（2002年经济庭合并到民庭）万山特区人民法院经济审判庭，共受理各类经济纠纷案件253件，审结253件。其中借款纠纷案166件，购销合同纠纷27件，加工承揽合同纠纷14件，企业承包合同纠纷11件，工程建设合同纠纷7件，劳务纠纷案3件，企业破产3件，交通运输纠纷3件，租赁合同纠纷1件，其他经济纠纷18件。

较为突出的案例主要有：一是1994年把为企业服务和农村经济发展作为重点，帮助市场主体排忧解难，依法调节市场经济关系，正确引导市场经济行为，在审理特区乡镇企业局与特区瑞宝稀乙金铁厂租赁经营合同拖欠租赁费一案中，迅速采取财产保全措施，将已外运至湖南新晃即将装车皮转运的37吨硅铁保全运回万山。二是2002年原告河南长葛宇新活性炭厂诉被告万山特区银河化工总厂购销合同纠纷一案，经万山特区法院2002年2月5日作出民事判决，原告不服上诉于铜仁地区中级人民法院。2002年7月9日铜仁中级人民法院民事裁定发回重审，特区法院依法另行组成合议庭，于2002年10月11日公开开庭对本案进行了审理。原告诉称：1998年11月8日，被告与原告签订购买活性炭合同，共订购活性炭500吨，单价为4600元／吨，总价值230万元。付款为货到一次付清。之后原告两次共送货107.32吨，总货款49.37万元。被告付款1万元，以货款抵货款10.5万元，累计付款11.5万元，尚欠原告37.8672万元。原告出具被告于1999年11月6日《关于拖欠河南宇新活性炭厂活性炭款的还款计划》，承诺1999年春节前付款10万元。2000年6月底付清，但还款期限已过，被告仍拒绝付款。为此特向人民法院起诉，请求判令被告立即偿还拖欠的货款37.86万元及承担原告赴万山追索货款的差旅费用。被告认为，原被告签订的购销合同约定原告应向被告供货500吨，货到一次付清货款，应理解为500吨活性炭到后一次付清货款，自己不承担违约的责任。

法院经审理认为：被告出具的还款保证，承诺2000年6月底前付清货款，应视为对购销合同付款方式、期限的补充，被告的辩解理由不成立。

法院判决如下：（1）原告河南长葛宇新活性炭厂与被告万山特区银河化工总厂签订工矿产品订货合同属有效合同。（2）被告偿还原告货款37.86万元及原告追索货款差旅费7544元，两项合计38.62万元，在本判决生效后30日内付清。案件受理费8690元，调查费4500元，二审案件受理费8690元，合计2.18万元，由被告承担。2002后，经济案件归属于民商事案件部类。

第六节　行政审判

《行政诉讼法》是一部新颁布实施的“民告官”的法律，在开始实施过程中，由于受“官本位”思想影响，曾遇到过不少干扰和阻力，究其原因有以下三种情况：一是民告官，“官官相护，难以公正”这种观念没有从老百姓心目中根本清除；二是行政机关的执法意识、政策水平、法制观念淡薄，怕当被告，便在处理问题的过程中“和稀泥”；三是少数被告对生效的法律诉讼明确的义务有抵触情绪，使原告的合法利益难以得到保护，造成执行难，不了了之，致使原告不愿起诉或不敢起诉。通过15年来行政法规的实施，行政机关及执法人员的政策水平、法制观念也有所增强，行政执法水平逐渐提高。特区法院在实施行政审判时，积极主动向党委、人大汇报，争取得到他们的支持，排除了各种干扰，使行政审判达到既保护公民、法人和其他组织的合法权益，又维护和监督行政机关依法行政的双重目标。1991—2005年共受理各类行政案件58件，审结57件，其中不服土地行政确认的15件，不服土地纠纷处理的14件，非诉讼执法7件，不服行政裁决5件，不服公安行政处罚5件，不服国土部门行政处罚的3件，不服林业行政处罚的3件，不服治安处罚的2件，不服技术监督处罚的1件，其他处罚的2件。1995年行政诉讼案件中，判决维持行政机关处理决定的4件，撤销行政机关处理决定的1件，驳回起诉1件，撤诉3件。2001年所受理的4件行政案件，审理结果，撤销行政机关决定2件，维持1件，撤诉1件。

原告杨吉顺诉被告敖寨侗族乡人民政府关于对敖寨村坪头组农户杨吉顺与杨细明土地承包纠纷的《处理决定》一案。原告于2001年5月17日向特区法院提起行政诉讼。法院受理后，依法组成合议庭。于2001年7月9日公开开庭审理此案。原告诉称：1983年，家里承包了2.4亩责任田，1986年妻子及3个儿女随母“农转非”。1989年，村民组从本人承包的责任田里调出0.36亩给第三人杨细明耕种。1997年铜仁地区中级人民法院民事判决书确认调给第三人的0.36亩责任田是原告合法承包的责任田，原告享有耕管使用的权利。1998年土地承包时，原告继续承包这0.36亩责任田（有承包证为证），第三人的承包证上也填有这0.36亩责任田。2000年11月30日，敖寨乡政府处理决定明确1989年原告已交给同组农户杨细明耕管的一个“农转非”人口承包的责任田，由杨细明继续耕管，享有土地承包经营权。故请求撤销敖寨乡政府的决定，责令被告变更和撤销杨细明的第二个承包证，归还原告合法承包的0.36亩责任田。

被告敖寨侗族乡人民政府于2001年7月9日向法院当庭提交了答辩状，法院认为：被告敖寨侗族乡人民政府在收到起诉状副本之日至本案开庭之日未向法院提供作出具体行政行为的事实依据和法律依据。既没有为了国家的重大利益而延误举证，也没有因不可抗力的意外事件而延误举证。

法院判决如下：一、撤销被告敖寨侗族乡人民政府关于对敖寨村坪头组农户杨吉顺与杨细明土地承包纠纷的《处理决定》。二、驳回原告杨吉顺要求变更和撤销杨细明的第二个延包证的诉讼请求。案件受理费200元，案件调查费、勘验费各200元，共计600元，由被告敖寨侗族乡人民政府承担。

为稳定行政审判队伍，2005年建立行政审判合议庭和行政理赔工作领导小组；优化行政审判内部司法行为，建立《行政审判“一把手工程”制》、禁止法院干警参与任何形式的联合执法。2011年制定《万山特区人民法院关于加强计生非诉行政案件执行的实施方案》，明确各部门职责，从案件受理、审查、执行、结案等方面作出具体规定，确保非诉行政案件顺利执行。

万山特区法院经常到行政机关开展讲座，指出审判案件中发现的问题，帮助提高行政执法水平。对影响重大、群众关注的案件积极主动向党委、人大汇报，争取党委、人大支持，营造良好的环境。加强与行政机关的沟通和协调，注重保护行政相对人的合法权益。2011年受理的2起行政案件，通过沟通协调，原告均撤回起诉。2006—2011年，全特区共受理行政案件17件，实现年度全结案。

第七节 判决执行

1991—2005年共受理申请执行生效的法律文书案件623件，执行612件，其中民事416件，行政47件，金钱给付24件，经济纠纷15件，财产权属4件，自然资源权属4件，刑事附带民事4件，财物归还2

件，其他96件。

1998年，随着各类案件的上升和法制的不断健全、完善，法院受理当事人申请执行生效的法律文书案件明显增多，是年收案数达130件，执行任务越来越重。

针对案件判决后执行难的问题，万山特区人民法院于2005年5月8日制定出台了《加强执行案件运行管理的规定》，共十三条。其中第四条规定："被执行人在执行通知书指定的期限内转移、隐匿、变卖、损毁财产的，应当立即采取执行措施。"已掌握被执行人可能转移、隐匿、变更、损毁财产的，必要时在送达执行通知书的同时，亦可以采取执行措施。"第五条规定："被执行人的财产被查封、扣押后，人民法院应当在3个月内开始公开评估、拍卖、变更或者以被查封、扣押的财产以物抵债。"同时还制定了《限制被执行人高消费通知》，规定被执行人在法律文书确定的义务未履行完毕前，不得进行高消费。

1.一次性购买非生活、生产必需品超过人民币500元以上，视为高消费，超过2000元的视为拒不执行，情节严重的行为依法予以罚款、拘留，直至追究刑事责任。

2.进入娱乐场所一次性消费人民币300元以上的，视为高消费，超过1000元的，视为拒不执行、情节严重的行为、依法予以罚款、拘留，直至追究刑事责任。

3.进入饭店一次性消费人民币500元以上的视为高消费，超过人民币1000元的，视为拒不执行、情节严重的行为，依法予以罚款、拘留，直至追究刑事责任。

4.其他生活、生产、经营一次性消费人民币300元以上的，视为高消费，超过人民币1000元的，视为拒不执行、情节严重的行为，依法予以罚款、拘留，直至追究刑事责任。

推行"五制五化"阳光执行规则，（"五制"，即机构分权制、执行程序透明制、财产申报制、处置标的物公开制、限制消费制。"五化"，即执行和解化、权利义务明示化、实行制度公开化、反应机制快捷化、"阳光执行"严格化。）通过大胆探索，更新观念，改进措施，严格纪律，依法文明执法，充分体现法律的严肃性和权威性，使执行案件落到实处。

2005—2011年，执行工作不断加大执行力度，创新执行机制，强化执行措施。共受理执行案件303件，执结296件，结案率97.69%。2008年清理出执行积案40件，执结标的11.8万元。通过查存款、查房产、查公司、查车辆和依法搜查被执行人等措施，查找被执行人的财产线索，通过查封、扣押、冻结、拘留等措施，促使被执行人自动履行。对有能力履行，而拒不履行的被执行人，依法强制执行。做好执行和解工作，把握时机，及时化解矛盾纠纷，执行和解、自动履行案件占执行结案数的比例均在55%以上。

建立执行联动机制。建立了疑难案件向党委、人大汇报制度，出台了《万山特区执行工作多部门联动联席会议制度》《万山特区执行工作威慑机制》等制度，建立了"党委政法委组织协调、人民法院主办、有关部门联动、社会各界参与"的执行工作长效机制。依法发放司法救助金。2007年，对华泰、万鑫两厂进行了整体拍卖、执行和款项分配。两厂涉及的执行案件达31件，执行标的额为700万元，涉及6家法院、50余名当事人。款项分配全程公平公开公正，权利人均表示服从。2008年，设立执行救助金，对生效债权无法兑现且生活确有困难的权利人予以救济。2009年被铜仁中院记集体三等功。2009—2010年，共对14案14人进行救助，发放求助金4.1万元。2010—2011年，非诉行政案件共收案53件，结案53件，执结标的额27.5万元。

第五章　司法行政

第一节　司法机构

1991年有编制15人，内设办公室、人秘股、宣传股、业务股。下属机构有法律顾问处（律师事务所）、公证处。1992年增设基层工作管理股，同时在城区和高楼坪成立法律服务所。1996年机构改革核定行政编制18人（含公证处及乡镇司法助理员），内设办公室、法制宣传股、基层工作股。1997年4月乡镇建立司法所，1999年成立法律援助中心。2001内设机构调整，增设政工科、律师公证工作管理股，增加事业编制2名。2005年在编人员15人（含乡镇司法助理员）。

截至2011年，铜仁市万山特区司法局内设政工科、办公室、基层股、律师公证工作管理股，法律援助中心，法制宣传股6个职能科室。下设新大陆律师事务所铜仁万山特区公证处2个事业机构和万山镇、高楼坪乡、黄道乡、敖寨乡、下溪乡5个司法所。总编制33名，其中政法专项编制31名，事业编制3名，工勤编制2名。有司法干警26名。

第二节　法制宣传

万山特区普法依法治理工作领导小组办公室在万山特区依法治区工作领导小组领导下，利用多种途径和形式，开展法制宣传教育和依法治理工作。

一、法制宣传

1991—1995年，在特区开展“二五”普法期间，共上法制课228次，受教育干部职工和群众共2.88万余人。办法制专栏300期，出动宣传车200多次，印发法制宣传材料5万余份，有线广播340余次，利用赶集、纪念日等在城乡开展法律咨询活动140多次，举办法制培训班9期，印制和转发法制教育资料2万余份，发放和赠送法律法规书籍5000余册。

1996—2000年“三五”普法期间，共上法制课38次，受教育干部职工和群众4万余人，办法制专栏105期，出动宣传车65次，印发法制宣传材料5000余份，有线广播400次，利用赶集、纪念日等在城乡开展法律咨询活动32场次，举办法制培训班12期，发放和赠送法律法规书籍4800册，发放法制宣传稿36篇，简报48期，撰写法制调研文章20余篇。

2001—2005年“四五”普法其间，确定了各级领导干部、青少年、企业经营管理人员三个重点教育对象。2001—2002年，在全特区广泛开展《干部法律知识读本》的学习。2002年，为配合中国加入世贸组织，在全特区范围内开展了“WTO”知识等法律法规宣传。2003年《中华人民共和国行政许可法》和《宪法修正案》颁布后，全特区各级各部门随即深入开展学习和宣传。“四五”普法期间，共举办各类法制讲座、法律知识有奖竞赛、学习班等活动，受教育干部职工和群众4.8万人，办法制专栏200期，展出图片1255幅，利用法律法规颁布纪念日、城乡赶集日等开展法制宣传、法律咨询和维权宣传等活动58次，发放法制宣传资料50万份，向《普法依法治理》《铜仁报》等新闻机构投稿3篇，出法制宣传简报17期，撰写调研文章26篇。

2005—2011年，组织和参与各类法制宣传教育活动120余次，发放《农民学法用法读本》《领导干部学法用法读本》等宣传资料和宣传画30000余册（份），到学校上法制课30余次。具体措施是：一是重视领导干部法制宣传教育。对外开展法制宣传教育工作，司法行政机关干部特别是领导干部带头学法。二是加强对社会各类主要群体开展法制宣传教育。开展送法下乡活动，为广大农民送去《农民学法用法读本》1000余本；组织全特区政法干警到各中小学开展法进校园法制宣传教育活动，使全特区青少年"法制宣传教育活动有序开展。

二、依法治理

"四五"普法以来，为带动和推进"四五"普法的整体工程，开展了"四五"普法依法治理示范点工程建设，以期达到树立典型、总结经验、指导全局的效果。全特区共创建普法依法治理示范点14个，农村"依法治家"示范点11个。在示范点的典型带动下，全特区先后有5个乡（镇）开展依法治乡（镇），62个科局开展依法治局，52个村（社区）开展依法治村工作，17所中小学校开展依法治校工作。2004年，全特区农村广泛开展"民主法制示范村"创建活动，各乡镇普遍结合"村民自治""换届选举""文明村寨""村规民约"等开展农村依法治理活动。2005—2011年，进入"五五普法"阶段，主要开展在公民学法、用法、提高法律素质的基础上，着力培养法治观念和法治自觉性，在全社会形成崇尚法治的价值观和良好法治社会氛围，不断提高各级政府乃至全社会的法治化管理水平，推进依法治国进程。"五五"普法目标的确定应当区分不同层次，对不同层次的人员提出不同的要求，在总目标的前提下具有一定的层次性。如对领导干部与对一般干部群众的要求要有所不同，城市与农村的要求应当有所不同，经济社会发展较发达地区与相对落后地区的要求应有所不同。在提高全民崇尚法治意识这一总体目标的指引下，对领导干部、城镇居民、农民群众、企业经营管理人员、学校青少年以及外来流动人口分别提出具体的普法目标任务。

第三节　公　证

公证机构的业务范围是办理以下公证事项：（1）合同；（2）继承；（3）委托、声明、赠与、遗嘱；（4）财产分割；（5）招标投标、拍卖；（6）婚姻状况、亲属关系、收养关系；（7）出生、生存、死亡、身份、经历、学历、学位、职务、职称、有无违法犯罪记录；（8）公司章程；（9）保全证据；（10）文书上的签名、印鉴、日期、文书副本、影印本与原本相符；（11）法律、行政法规规定由公证机构登记的事务；（12）提存；（13）保管遗嘱、遗产或者其他与公证事项有关的财产物品、文书；（14）代写与公证事项有关的法律事务文书；（15）提供公证法律咨询。2005年年底万山特区公证处有公证员2名（注册公证员1名，指导办证公证员1名）。

1991—2005年共办理国内公证12397件，公正经济合同10648件，其中：建筑工程承包150件，加工承揽30件，渔业承包25件，农业生产承包4998件，林业承包4890件，贷款合同80件，企业承包40件，企业租赁30件，招标投标15件，劳动合同20件，山塘拍卖30件，农副产品购销10件，企业产权出证1件，股权证明3件，公司创业大会公证1件，土地使用权出让5件，其他公证320件。公证民事合同1749件，其中：计生合同1420件，赠与18件，收养35件，委托书8件，赡养协议12件，遗嘱5件，亲属关系7件，现场监督3件，房屋买卖30件，宅基地使用权5件，继承权3件，签名印鉴属实15件，拆迁协议5件，产权10件，遗赠抚养协议8件，声明书11件，交通事故赔偿协议5件，其他民事协议150件。

2006—2011年，充分发挥公证作用。认真开展“公证质量建设年”活动，提高公证公信力与力、证质量；规范公证管理工作制度，保证公证工作质量，提升工作效率。共力理公证354件，充分发挥律师作用。为当事人提供良好的律师服务，为政府当好法律顾问。解答群众法律咨询4200人次，为区政府出庭参加行政诉讼证28件参与调解疑难案件98件，共办理各类案件852件。

第四节　律师事务与法律服务

万山特区有律师事务所1家，前身是万山特区法律顾问处，1991年更名为万山特区律师事务所，1996年经司法厅和司法部审批，更名为新大陆律师事务所，1991—1992年有从业人员3人，其中律师2人，律师助理1人；1993—1996年4月从业人员2人，其中律师1人，律师助理1人；1997年年底从业人员3人，其中律师2人，律师助理1人；1998—1999年从业人员2人。其中律师2人；2000—2005年有律师1人。

1991—2005年，共办理刑事辩护案件187件，其中11件为法律援助案件，办理民事代理案件520件，办理行政案件20件，代写法律文书800份，解答法律咨询1400人次，接待群众来信来访3000人次，担任法律顾问20家，为单位和个人挽回经济损失2000多万元。

1993年成立城区法律服务所和高楼坪乡法律服务所，1994年成立下溪乡法律服务所，因业务及经费原因，1999年除城区法律服务所正常注册开展法律服务业务外，其余3个所因未注册停止业务。

据统计，1995—2000年共代理案件113件，代理非诉讼案件43件，调解纠纷201件，代写法律事务文书92份，担任法律顾问6家，2001—2005年共代理案件27件，代理非诉讼案件1件，代写法律文书19份，担任法律顾问11家。

万山特区法律援助中心成立于1999年，有法律援助工作者3人，法律援助经费纳入财政预算。2000—2005年办理法律援助案件67件，其中刑事案件5件。民事案件17件，其他法律援助案件45件。1998—2005年共有刑满释放人员231名，解除劳动教养人员18人，特区成立刑释解教人员安置帮教协调小组，各乡镇设有工作站，负责刑满释放人员的接待、安置和帮教。

2006—2011年，着力树立良好的单位窗口服务形象。抓好法律援助工作，为全特区广大弱势群体提供优质的法律服务。具体措施是：一是督促律师、公证员、法律援助工作者学习政治理论和法律业务知识，增强秉公力、案的责任意识，提高办案水平。二是抓好法律援助监督管理，要求公证、律师法律援助工作者依法办案，不收取当事人任何费用。三是抓好法律援助的宣传工作。大力宣传《法律援助条例》，共发放法律援助宣传资料2万余份，当场解答法律咨询500余人次。6年中司法局共受理各类法律援助案件226件，其中刑事案件36件，民事案件190件，办理未成年人案件26件；妇女维权12件）代写法律文书402份。

第五节　民事调解

2005年年初，全特区有各类调解委员会62个，其中村调委会44个，居委会调委会13个。乡镇调委会5个，因特区于2005年年底将44个村合并为17个村，调委会设置相应调整：各级调解委员会积极调解纠纷，防止事态扩大，把矛盾解决在基层，为维护社会稳定做了大量工作。1991—1995年调解纠纷1561件，成功1408件，平均成功率90.2%；1996—2000年调解纠纷1452件，成功1396件，平均成功率6%；2001—2005年调解纠纷863件，成功817件，平均成功率95%。2004年10月24—26日铜仁地区召开的人民调解工作经验交流表彰会，万山特区有1个先进集体和2个先进个人受表彰。

2006—2011年，加强人民调解工作力度，多措并举化解社会矛盾纠纷，促进全特区社会和谐稳定。采取的主要措施有：一是加强调解组织建设。完善全特区各乡镇各级人民调解委员会，全特区人民调解员增加到158名。二是认真开展重大节假日矛盾纠纷排查化解工作，制定《矛盾纠纷大排查、大调解活动实施方案》，做好矛盾纠纷“大排查、大调解”专项活动。三是进一步加强人民调解员培训工作，共组织开展人民调解员培训25次。截至2011年12月，全特区各级人民调解委员会共调各类矛盾纠纷1325件，调处成功1296件，其中山林土地权属纠纷137件，邻里纠纷25件，婚姻家庭纠纷21件，赔偿纠纷损害34件，合同纠纷3件，劳动争议4起，其他纠纷25起，调处率达100%。通过排查调解疏通源头，及时有效化解矛盾纠纷，充分发挥人民调解第一道防线的功能。

第十六篇　文化　广电　旅游

随着社会的不断发展，万山特区文化事业得到相应发展。2000年创办《万山红文学季刊，为文学艺术爱好者提供了一个良好的创作平台。一些小说、诗歌、散文、楹联、戏剧、音乐、舞蹈、美术、书法、摄影、摄像等文艺作品在地区、省级刊物上发表。黄道侗族乡民间堕锣艺术以舞蹈形式首次亮相第五届中国梵净山国际旅游节，获得国内外专家的好评。其他文化事业也有较大发展，史志编研工作取得丰硕成果，公开出版了《万山特区志》《汞都——万山工人运动史》等10余部部门专业志出版问世；特区档案馆及一些单位档案室开展了档案达标升级活动，档案工作步入规范化管理；广播电视进入千家万户，文化生活丰富多彩。

第一章　文学艺术

第一节　文学

一、著述刊物

著述文学方面编印出版的书籍有《中国民间文学三套集成贵州省铜仁地区万山特区卷》《古矿迎春》《丹砂》《宝石花》，收录有万山民间故事、歌谣、诗词、散文、曲艺等作品百余篇。1999年刘泽坤撰写的报告文学《点燃希望之火—中国汞都由辉煌走向衰落之后》入编《闪光的足迹》。

刊物 2000年，《万山红》文学季刊创刊，并出版创刊号，用于内部免费交流。特区委宣传部长罗洪信任刊物主编，文联副主席刘泽坤任执行主编，兼设计与美编：创刊号封面题字为刘泽坤，2002年改写并沿用至今。《万山红》为大16开本，64个页码，封面封底彩印，由宣传部、文联联合主办，设有《报告文学》《小说长廊》《散文天地》《旅游开发》《校园文学》《乡镇风采》《民间故事》《方言话》《诗苑》等栏目，每期刊发区内书画摄影爱好者艺术作品1—4件，或刊发个人专版，印数为500册，分发特区领导、特直部门、乡镇村组、省地相关部门和周边县市宣传部、文联、报社和被采用文章作者。

2002年春，《万山红》增设《汞都漫步》《发展策划》《编读之间》栏目。2004年1月，《万山红》改版为综合性双月刊，增设《特区信息》《侗家风情》《汞都夜话》《书画苑》《大事记》栏目。4个版面彩色印刷，中插黑白，内容丰富，贴近生活。至2005年末，共编印发行《万山红》19期。刊发小说、诗歌、散文、戏剧、摄影、书画、音乐等各类作品1200件（篇、首）270多万字。

2006—2011年，充分调动广大专、业余文艺工作者从事文艺创作，共创作出曲艺、小品、歌曲、书画等文艺作品百余件。如国画《江山如此多娇》《山花烂漫》《杜鹃生谷里清香一期风》《秋菊》《怒放》《呼唤大地》《莲塘交响》；歌曲《因为冰雪》《汞都之恋》《美丽的家园》《万山欢迎您》《我爱你，万山》《夜郎情》《万山情》；小品《坳上情歌》《三天科长》《下岗农民》《法网柔情》；电视剧本《大万山》；长篇小说《黄道剿匪》、《在忏悔中呼唤》；长诗《春哥与红羊的传说》等一系列优秀作品。这些作品充分展示了本区的经济、社会发展取得的成就，深受业内人士的好评。其中国画《山花烂漫》荣获全特区民族“团结杯”书法美术作品一等奖；国画《秋情》在贵州省广播电视系统首届职工摄影、书法、绘画比赛中和第三届政府文学艺术奖中分别荣获绘画组一等奖和书法、美术、摄影类三等奖；歌曲《因为冰雪》在参加全省“抗凝冻、抓重建、保民生”歌曲创作大赛中获二等奖；小品《坳上情歌》在铜仁地区纪念改革开放30周年戏剧小品大赛获得了第二名，并被收录进《贵州省纪念改革开放优秀戏剧小品集》，小品《三天科长》《法网柔情》《坳上情歌》已在《贵州剧作》发表；长篇叙事诗《春哥与红羊的传说》已在地级刊物上发表。

二、小说诗歌散文楹联

小说 1991年欧骁创作的小说《族长》在《民族文学》第七期发表。1999年6—8月，黄隆高在《铜仁日报》连续发表《两票》《倩倩》等五篇短篇小说。2001—2003年，高楼坪中学教师杨再树创作的小说《酸石头》《山猫崽》《第四种结局》在《梵净山》发表，2005年创作的《苍茫》在《乌江文学》发表。2004年8月小品《归队》荣获万山特区“爱中华、奔小康、强国防”国防教育征文活动中荣获一等奖；2005年6月小说《关于两千多年的那场悲剧》荣获全国教师文学作品大赛三等奖；2007年5月11日被中共万山特区政府评为文艺创作先进个人；2008年9月22日曲艺作品《俏皮说廉政》荣获万山特区纪念改革开放30周年廉政文艺作品创作大赛一等奖；2008年10月13日散文《谁说学生没感情》荣获全国《德育报》发表奖；2008年12月散文《有一种映照民族灵魂的精神光芒》荣获全国“走向鲁迅”大型有奖征文大赛二等奖；2011年1月17日小说《我们失去了土地》荣获铜仁地区2011年度文学奖（梵净山首届文学奖）。

诗歌 1991年欧骁的散文诗《倾斜的恋情》和《陌生的世界》，在《民族文学》第七期发表。1997年刘泽坤创作的诗歌《孤独》在《铜仁日报·梵净山周末》刊发。1999年，创作的诗歌《华夏曲》在《乌江文学》第四期发表。2000年，贵州汞矿干部朱晓东创作的《开山工》在《花溪》文学月刊第8期发表，《大漠印象》在《梵净山》刊发，2001年5月17日，《母亲》在《贵州民族报》发表，12月8日，《美丽的陷阱》在《铜仁日报》发表，2002年2月14日，《世纪春光》在《贵州民族报》发表。2003年9月，诗歌《父亲》获铜仁地区“爱我铜仁”诗歌朗诵大赛创作三等奖。2004年，3月8日，《走进春天的街口》在《贵州民族报》发表。2002年，刘泽坤的《秋（外一首）》在《铜仁日报·梵净山周末》刊发。2006—2011年，长篇叙事诗《春哥与戏羊的传说》在地级刊物上发表。

散文 1999年11月19日，朱晓东的《汞都“朱砂王”》在《贵州日报》发表，11月23日，《天生一个仙人洞》在《铜仁日报》发表。1999年，黄隆高的散文《海南飞鸿》在《梵净山》第3期杂志上发表。2000年2月21日，《寻幽中华山》在《铜仁日报》发表，2月26日，《风光奇绝，万山竞秀》在《贵州民族报》发表，4月16日，《春天的情愫》在《贵州民族报》发表，《读诗札记》在《梵净山》第4期发表，4月18日，《汞都沧桑》在《中国矿业报》发表，5月15日，《三岩夕照》在《铜仁日报》发表。2002年2月23日，散文专辑在《铜仁日报》《二十一世纪黔东文学之星（7）》发表。2000年6月，刘华云的《无题》《不如归去》和王安民的《火乌鸦》在《梵净山》刊发。2001—2011年，先后有刘泽坤的《愿望今日》在《铜仁日报》“同题散文擂台”刊发，同年，《雪花树》在《铜仁日报》发表。刘泽坤的《水眼坪探奇》在《梵净山》第五期发表；杨再树的《做老师，我无怨无悔》在《贵州教育》发表。

楹联　2001—2011年，先后有刘泽坤集录的黄道刘氏宗祠联（三副）、徐昌登集录的万山特区志联（一副）入编《中国对联集成·贵州卷》。刘泽坤自撰并书“梵山染丹霞，锦水藏紫烟”入编铜仁市书画作品集。

第二节　艺　术

一、戏　剧

1991年2月，欧骁创作的相声《诗人》荣获贵州省首届群众文化艺术曲艺类一等奖：1999年黄钊创作的小品《未了情》参加铜仁地区民族文艺调演，获创作一等奖表演三等奖。　　2002年9月4日，文化局杨胜庆在铜仁地区文化局举办的湘鄂渝黔四省市边区“移动杯”戏剧小品大赛活动中，小品《好事巧说》获三等奖，被评为优秀演员。2008年，万山特区组织编排戏剧小品《坳上情歌》参加铜仁地区纪念改革开放30周年戏剧小品大赛获二等奖。还有电视剧本《大万山》、小品《三天科长》《下岗农民》《法网柔情》等剧作品产生了一定的影响。

二、音乐舞蹈

1991年1月，杨通武荣获铜仁地区“红五月之歌”文艺汇演独唱一等奖，6月，参加贵州省职工庆祝建党七十周年文艺调演荣获声乐优秀表演奖，10月，获湘鄂川黔边区工会联谊第三届年会职工业余歌手选拔赛民族组最佳歌手。1992年4月.杨通武获贵州省职工《中华大家唱（卡拉OK）曲库》歌唱比赛民族组演唱优秀奖、铜仁地区首次《中华大家唱（卡拉OK）曲库》“电力杯”大奖赛民族唱法一等奖。1992年，肖宗和参加了央视和贵州卫视联合摄制的专题片《傩之魂》的拍摄。1996年6月，杨胜庆荣获全特区青年民族歌手大奖赛优胜奖。1999年8月，在参加全特区新中国成立50周年民族文艺调演中《喊一声战友》获作曲二等奖，《喊一声战友、心儿放声唱》获演唱一等奖。2002年10月，实施黄道侗族乡民间鼟锣艺术开发工作，挖掘整理黄道鼟锣艺术。以舞蹈形式登台亮相第五届中国梵净山国际旅游节暨经贸洽谈会，2003年8月，万山特区鼟锣艺术《鼟锣闹春》参加中国梵净山傩文化德江研讨会和中国城市节庆铜仁研讨会开幕式文艺演出，受到国际、国内专家和省、地领导好评；2004年7月，鼟锣艺术作为铜仁地区民族特色代表节目参加了第七届中国梵净山国际登山节暨资源推介会开幕式文艺演出。2005年。彭钟亮创作了歌颂万山的《汞都之恋》、反映地方民族风情的《湾里的妹崽逗人爱》两首歌曲。2008年彭钟亮荣获铜仁地区纪念改革开放30周年“梵天净土·桃园铜仁·汞都万山”戏剧小品大赛创作二等奖。是年，他创作的歌曲作品《因为冰雪》在贵州省“抓重建、保民生、送英雄”系列演展活动中荣获二等奖。是年李超2008年获多彩贵州歌唱大赛铜仁赛区声组二等奖。2009年，成朝儒创作歌曲《教师之歌》获万山特区教育系统最佳作曲奖。2010年肖宗和参加了铜仁地区的“多彩贵州”舞蹈大赛，编排的原生态舞蹈《琴童八郎》荣获三等奖；在万山特区第一届鼟锣艺术节节目选送中，其中编排的节目《坳上情歌》列入万山特区优秀节目保存。2011年，成朝儒创作的校园歌曲《雏鹰天堂》（作词作曲）、《理想从这里起航》（作曲）获铜仁地区教育系统校歌创作大赛一等奖。是年，万山特区文化局承办的万山特区庆祝中国共产党成立90周年“唱红歌·诵经典·赞家乡”歌唱诵读大赛，本局在此次比赛中荣获歌唱赛二等奖、诵读赛第二名。

三、美术书法摄影摄像

美术 1994年，杨柳青在特区中学创办美术培训班，先后培养和输送一批美术爱好者到大专院校艺术专业学习。1997年参加香港回归暨第三届“梵净山杯”铜仁地区青少年书画大赛，其中两幅作品获二等奖、两幅作品获三等奖，三幅作品获优秀奖。1998年3月，陈暹国画入展铜仁地区首届老年书画展。

2001年7月8日，廖云丽工笔《荷雨惊梦》《春之歌》入选浙江、贵州跨世纪群众美术、摄影、书法精品展。杨炜写意《师生情》荣获铜仁地区教职工书画展三等奖。10月，杨通林、张进国、徐勇（聋哑残疾）、陈暹、田菁菁美术作品入选《黔东现代书画家精品集》。12月杨柳青写意《葡萄》获中国梵净山国际书画大展三等奖。2002年4月，张进国写意《山水》3幅、《花鸟画》2幅入编玉屏书画作品选集第三专版，11月，写意《梅花》获中日邦交正常化30周年国际书画展优秀奖，12月，廖云丽工笔《百里杜鹃》获“中国梵净山国际书画大展”美术组一等奖，张进国获荣誉奖，陈暹、徐勇获中国梵净山国际书画大展优秀奖，并入编作品集。2003年，杨柳青被评为“贵州省中小学艺术教育先进工作者”，4月17日，写意《葡萄》在《梵净山》第2期发表。张进国中国画在《中国老年书画艺术》第4、8、12期发表，6月，写意《山水》获中国发扬传统奔小康书画展铜奖，并收入精品集，写意《花鸟》入编巨型画册《毛泽东颂》精品集，获全国首届医药书画艺术展银奖。获铜仁地区老年书画院高级画师等艺术职称，为贵州省美术家协会会员、贵州省书法家协会会员、铜仁地区美术家协会理事。杨炜工笔《吊脚楼》在《贵州教育》第10期发表，徐勇油画《决战SARS》获“白衣卫士杯”全国中老年诗词书画国际互联网大展优秀奖。2004年6月，廖云丽工笔《杜鹃声声》获全国第十三届群星奖选拔赛铜仁地区美术组一等奖，7月8日，美术作品《先放东风一束花》获首届铜仁地区新世纪美术作品展美术组三等奖，并被省地刊物采用。冯小华创作的油画《静物》荣获“全国第十三届群星奖铜仁地区选拔赛”三等奖。7月，张进国、杨柳青、徐勇、杨炜作品人编《中国梵净山名家书画作品集》。

2005年6月，张进国、刘泽坤、杨柳青3人举办了个人书画展，展出作品100余件，参观人数达3000余人。在铜仁地区首届老年书画联展总结表彰大会中，万山特区荣获先进集体，张进国、刘泽坤、陈暹3人荣获先进个人荣誉称号。7月，杨炜国画《红色长征路》入展第三届梵净山国际书画展，并入编作品集。2006年，廖云丽创作的美术作品《山花烂漫》参加铜仁地区“民族团结杯”书画大展，荣获一等奖。2007年美术作品《秋情》参加“贵州省广播电视系统摄影、书法、绘画比赛”中荣获一等奖。2008年美术作品《秋情》荣获“铜仁地区第三届政府文学文艺奖”三等奖。2010年美术作品《细雨无声》参加“贵州省第二届美术专业比赛”荣获优秀奖。2011年美术作品《荷韵》在庆祝中国共产党成立90周年贵州省首届群文干部美术、书法、摄影作品展中荣获三等奖。2011年美术作品《细雨无声》入选贵州省第三届中国精品展。

书法 在20世纪90年代，文联举办少儿书法学习班、成人书法学习班等，培训学员100余名。陈启荣、尹大模、陈暹、任彪、陈孟福、罗世栋、杨德玉等一些书法爱好者，时有作品在省地书法活动中获奖。书法爱好者们在春节开展为群众义务写春联活动，深得群众欢迎。

1997年7月，陈启荣、陈暹、杨德玉、刘泽坤等书法入编铜仁地区《迎香港回归书画作品集》。1999年10月，刘泽坤硬笔书法参加“全国‘通州杯’书法大赛”获“佳作奖”，并成为全国硬笔书协会会员，12月，行书《古诗二首》在《铜仁日报》周末版发表。2000年，宋元时代的杨纯昌书中华山观音阁山门匾额“中华山”入编《黔东历代名人书画选集》。4月，刘泽坤行书对联在《贵州日报·新闻写作》发表。2000年9月20日，杨胜庆被评为《黔东历代名人书画选集》资料收集先进工作者。2001年4月，刘泽坤、任彪行草编《黔东现代书画家精品集》；5月19日，《铜仁日报》周末版首次刊发刘泽坤8件《古今诗文》书法作品专版，10月，硬笔作品获“全国第八届硬笔书法大赛”优秀奖，并入编作品集；12月，硬笔行草《岳阳楼记》获第四届全国青少年银河杯书法赛优秀奖。2002年8月，特区中学教师杨柳青被评为铜仁地区首届“青旅杯全特区中小学生书画大赛”优秀指导教师；行书《千字文》获铜仁地区第二届教职工书画展二等奖；10月，刘泽坤硬笔书法获“文化杯”全国硬笔书法大赛楷书七段、行草六段优胜奖，行草《古诗》获“唐宋杯”全国书画大展银奖。11月，行书《兰亭集序》获西部省区党政军干部书画创作三等奖，并入编该作品集。12月，杨柳青、任彪、杨泽勋书法作品获“中国梵净山国际书画大展”优秀奖，刘泽坤获荣誉奖，并入编作品集。2002年，张进国的书画作品获中国梵净山国际书画大展优秀奖。是年又获中日邦交正常化30周年国际书画大展优秀奖。2003年6月，张进国获全国发扬传统奔小康书画展铜奖。是年，杨柳青被评为“贵州省中小学艺术教育先进工作者”，刘泽坤5件“梵净山”报头书法被《铜仁日报》周末采用；9月8日，聋哑残疾人徐勇行楷《墨趣》获湖南省文联“走进桃源”全国书画大展入选奖，行书《神韵》获“走进桃源”全国书画大展优秀奖。2004年6月，刘泽坤、杨德胜、朱晓东、吴克柱、杨柳青参加中国书协在印江举办的书法培训班。7月，刘泽坤、陈暹、任彪、李永锡、杨胜祥、葛明万、吴克柱、朱晓东、田宁生、吴长远、杨胜球、张应芳作品入编《中国梵净山名家书画作品集》；8月，刘泽坤行书《古诗三首》获“全国群星奖”铜仁选拔赛二等奖、贵州省选拔赛优秀奖。张进国又获全国首届中国医药书画艺术展（二件）获银奖、全国白衣卫士杯书画大展铜奖。

2005—2011年，刘泽坤、杨柳青、杨德胜、朱晓东、张进国加入贵州省书法家协会。2006年，杨柳青作品获铜仁地区民族团结杯书法优秀奖。2007年获贵州省第二届楹联书法大赛优秀奖。张进国获全国第十三届群星奖铜仁地区赛区二等奖。2008年铜仁地区第三届政府文艺美术三等奖。是年他创作的四十米山水画长卷获万山特区人民政府特别奖，并在香港画院、江都画院展出及收藏。2008年获贵州省首届百里杜鹃杯书法大赛优秀奖。2009年获星力杯贵州省首届硬笔书法大赛优秀突。2011年，张进国获铜仁地区锦江春潮书画赛二次二等奖。吴克柱作品在在铜仁地区二届十次老年书画联展中，荣获书法作品一等奖。

摄影　2001—2011年，先后有聋哑残疾人徐勇摄影作品《同乐》获铜仁地区青少年“五爱教育”书画摄影展三等奖；摄影作品《春到山寨》获铜仁地区首届文艺三等奖；摄影作品《蛟龙戏水》获贵州省摄影家协会摄影艺术月赛三等奖；摄影作品《雪的记忆》获全国诗词书画摄影二等奖；摄影作品《过年》、《龙灯之前》获尼康《春节》贵州电视台“光影再现”摄影电视比赛入选奖；摄影作品《陶醉》获铜仁地区书法、美术、摄影全国第十三届“群星奖”选拔赛入选奖；摄影作品《人体》获首届“文苑杯”中国书法美术摄影作品大赛三等奖。刘文飞作品 摄影作品《残荷》参加中韩文化交流展，油画作品《盼》参加中国画院举办的“以心接物”展，2010年参加中央民族大学美术学院毕业创作展获优秀毕业创作，被编入《中央民族大学优秀毕业创作集》，2010年10月参加“多彩贵州交通杯”书画大赛获优秀奖，2011年参加“锦江春潮”书画大赛获三等奖。

摄像　1991—2011年，万山较早的影像资料是万山特区文联与贵州省文联联合摄制的《开拓奋进的万山》。1991年，特区有线电视站建立之初，购置有摄像设备。1996年，随着有线电视自办节目的创建，摄像成了电视台的主要工作。到2005年，拥有摄像机的单位不少，重大活动都通过摄像来保存活动记录。个别家庭和个人为居家旅行、婚丧、嫁娶、相聚庆贺都用摄像方式留存记录。

四、剪纸刺绣雕刻工艺制作

1991—2011年，剪纸、刺绣、雕刻、工艺制作等技艺都由民间自由组织发起，时起时落。剪纸刺绣在民间流传较为广泛，取材很有创意，花卉人物、鱼虫龙凤、山水鸟兽、十字绣等群众无不喜爱。主要用于婚丧嫁娶、喜庆节日，也有将其作为艺术进行研究，加以珍藏。雕刻工艺制作主要以木、竹、石等为材料，民间广泛用于房屋建筑、傩戏面具、碑文墓志等。万山有竹雕工艺厂1个，珠宝工艺店（商）近10家。品种多样，美观大方，深受消费者青睐。万山竹雕以敖寨侗族乡的楠竹为原材料，采用人工精雕细刻的方法，雕刻各种名人古诗、伟人的仿真手迹和各种面具、傩戏具、生属相具、侗苗服装、茶碗及各种生活用品等，产品多达90余种。朱砂首饰采用水晶石与朱砂混合加工，生产各种耳环、手链、项链等首饰商品，产品白里透红，光彩夺目。传说朱砂有避邪驱鬼之功能，中国香港、澳门和东南亚地区广信佛教，朱砂商品在上述地区被视为保护神。产品价格在50—10000元之间，适合不同层次人群的消费。在泰国部分地区朱砂已接近黄金的价格。

第二章　图书档案

第一节　图　书

一、万山特区图书馆

万山特区图书馆，馆舍面积500公顷，其中书库97公顷，阅览室216公顷，阅览室座位100个。至2005年年底，藏书量12962册，其中社会科学850册，自然科学3500册，杂志602册，其他8010册。2004—2005年，省送书下乡工程办公室送给特区图书馆各类书籍2463册，种类有农业实用技术、文学艺术、医疗卫生、教育、政治、名人传记等。特区图书馆每年接待读者3200人次，图书借阅720人次。政府每年拨款8000元左右给特区图书馆，用于订阅报纸和杂志。2006—2011年，万山特区图书馆几经扩展，2011年图书馆共有800余公顷，参加第五次全国图书馆评估，被评为三级图书馆。2011年年底万山特区图书馆文献总量61000册。其中，图书40910册，视听文献152件，电子文献2100册，期刊、报纸13760册，地方文献4078册。现采用“图书馆自动化集成系统ILASS（扩展版）”软件，实现了自动化管理。2006—2011年，图书借阅量达78755册，接待人数达233820人次。

二、乡村级图书室

2000—2005年，全特区建有乡级图书室3个，即高楼坪、黄道、下溪文化站图书室；建有村级图书室4个，即高楼坪侗族乡龙田村图书室、郭家村图书室、水眼坪村图书室，黄道侗族乡长坳村图书室。乡、村文化站图书室共有图书及杂志2777册，特区图书馆每年为乡村图书室周转书籍2000册。2006—2011年，万山特区各乡镇、村相继办起了农家书屋共计42个，乡、镇文化站派有专职人员管理，村办的农家书屋也派有管理员，每个农村书屋均开通宽带互联网，方便很多读者查阅。

三、图书发行

图书发行工作主要由万山特区新华书店实施，20世纪80年代以后，随着图书发行政策的放开，允许个体经营图书，但中小学生课本及教师教学用书等仍由新华书店经营。

万山特区农家书屋建设情况一览表

表16-1

序号	县	乡镇	农家书屋所在行政村名称	书屋面积（平方米）	书屋是否开通宽带互联网
1	万山特区	高楼坪乡	青年湖村	30	是
2	万山特区	高楼坪乡	黄家寨组	50	是
3	万山特区	高楼坪乡	高楼坪村	50	是
4	万山特区	高楼坪乡	大树林村	30	是
5	万山特区	高楼坪乡	夜郎村村	30	是
6	万山特区	高楼坪乡	兴中村	30	是
7	万山特区	高楼坪乡	小湾村	30	是
8	万山特区	高楼坪乡	羊尾舟	30	是
9	万山特区	高楼坪乡	关庄村	30	是
10	万山特区	高楼坪乡	赶场坝村	20	是
11	万山特区	高楼坪乡	新庄村	30	是
12	万山特区	高楼坪乡	林海村	30	是
13	万山特区	高楼坪乡	老山口居委会	20	是
14	万山特区	高楼坪乡	中心完小	150	是
15	万山特区	敖寨乡	中华山村	40	是
16	万山特区	敖寨乡	两河口村	40	是
17	万山特区	敖寨乡	洋世界村	40	是
18	万山特区	敖寨乡	瓮背村	40	是

续表16-1

序号	县	乡镇	农家书屋所在行政村名称	书屋面积（平方米）	书屋是否开通宽带互联网
19	万山特区	敖寨乡	杨家寨村	40	是
20	万山特区	敖寨乡	岩屋坪居委会	48	是
21	万山特区	敖寨乡	敖寨中心完小	50	是
22	万山特区	黄道乡	丹阳村	30	是
23	万山特区	黄道乡	龙江村	30	是
24	万山特区	黄道乡	锁溪村	30	是
25	万山特区	黄道乡	长坳村	30	是
26	万山特区	黄道乡	白屋场	30	是
27	万山特区	黄道乡	田坪	30	是
28	万山特区	黄道乡	大榜	30	是
29	万山特区	黄道乡	马黄	30	是
30	万山特区	万山镇	万山镇	80	是
31	万山特区	万山镇	张家湾社区	40	是
32	万山特区	万山镇	解放街社区	15	是
33	万山特区	万山镇	麻音塘社区	16	是
34	万山特区	万山镇	山角岩社区	60	是
35	万山特区	万山镇	土坪社区	20	是
36	万山特区	万山镇	犀牛井社区	40	是
37	万山特区	下溪乡	瓦田村	40	是
38	万山特区	下溪乡	报溪村	40	是
39	万山特区	下溪乡	官田村	40	是
40	万山特区	下溪乡	青龙村	40	是
41	万山特区	下溪乡	铁门村	40	是
42	万山特区	下溪乡	桂花村	40	是
43	万山特区	下溪乡	兴隆村	40	是

第二节 档 案

一、档案馆藏

1992年以前，借用政府80公顷的老会议室作档案馆，墙体开裂，屋顶漏雨，对档案保护极为不利。为改善档案库存条件，1992年开始着手新建档案馆，省、地先后拨款共14万元，特区自筹6.4万元，建成档案库及办公、宿舍三位一体的综合楼共625公顷，办公及档案库存条件得到较大改善。2005年应特区城区规划及省、地档案馆建设规范的要求，拟在原址重建1000公顷的新馆。

万山特区档案馆现有档案柜97个，密集架一组4立方米，密集底图柜一组17立方米，120个抽屉，能满足全特区各部门及原贵州汞矿档案进馆使用。另配有电脑2台、复印机1台、打印机2台、去湿机2台、收录机1台、消毒冰柜1台、电扇4台、照相机1台、灭火器6个。因地方财政困难，暂未配备防火防盗自动报警装置。

特区档案馆现藏有民国时期（1912—1941年）档案、前苏联专家在万山的资料、原贵州汞矿科技档案等珍贵重要档案。截至到2005年年底，共有档案资料18371卷（册），其中文书档案12790卷，照片523张。另有印章437枚。原贵州汞矿2万余卷档案正在清理入库。

2006年6月1日，万山特区档案馆撤除，并在原址重新修建800公顷的档案馆，由贵州省发改委投50万元，特区自筹15万元，于2007年12月完工，2008年5月新馆正式开馆启用办公。

2006—2011年，万山特区档案馆共有密集架柜16立方米，底图密集柜17立方米，档案柜26个，能满足全特区未来20年档案馆藏量。另配电脑6台、复印1台、打印4台、去湿机4台、消毒柜、电扇8台、照相机1台、扫描仪5台、录音笔5支、灭火器8个、空调3台、消防水泵一个。未配备防火防盗监控设备。2006—2011馆藏档案48928卷（册），新25885卷（册），其中新增文书21000卷（册）、相片2000张，印章90枚，科技档案4467卷，重点档案3000卷（册）。

二、档案管理

1991—2005年档案管理工作：一是开展特区机关及企事业单位档案室档案管理达标升级指导，先后有石油公司、税务局、粮食局、建设银行、人民银行、公安局、法院、检察院、审计局等单位档案室达县直机关一级标准。万山特区工商银行、供电局、计生局、卫生局、林业局档案经验收达到县直机关三级标准，民宗局档案经验收达到县直机关目标管理二级标准，万山镇派出所、下溪乡派出所档案达到三级标准。二是对原进馆不规范的档案返回原单位重新整理，同时对馆内档案进行整理、抢救，共整理死亡档案2062卷，印章343枚，图书957册，照片489张，报刊226册，裱复2260页，复制291580页。三是完成了全特区各乡镇税改文件材料的归档工作，并顺利通过验收。

2006年年底全特区17个村已经建立村级档案。2006年，档案局把建设社会主义新农村放到本局工作重要位置，根据地局工作安排和本局年初工作计划，按照《铜仁地区村级档案管理试行办法》的要求，对全特区村级档案进行整理立卷归档工作。万山特区组织部门制定了《关于加强村级档案的通知》，下发到各村，本局专门抽一人负责此项工作。2006年5月24—25日，对各村主任及村委委员进行了培训，宣传《档案法》，给每一村无偿发送档案盒，分别对上级文件、本村文件、新农村建设文件进行归类整理。2006年年底，17个村100%都建立了村级档案。共计整理档案56盒即576件，时间从1998—2006年，青年湖村和老山口村在新农村建设的各项工作通过省组织部验收，得到了好评。

2004—2011年万山特区档案局加强了档案信息化建设。先后购置了两台电脑和统一规范的档案系统管理软件。现馆藏的民国、党委、政府、贵汞等全宗已进入档案目录数据库，共计有38009条。万山特区档案馆信息化建设正在有序地发展中。与此同时还加强了重点档案抢救整理工作。2006—2011年获国家重点档案抢救与保护项目经费20万元，区财政补助经费10万元，共抢救重点档案3000余卷。对重点项目档案进行登记，据统计：2006—2011年共登记全特区重点项目档案40个。

档案查阅利用

1991—2011年档案利用情况统计表

表16-2

年度	人次	卷数
1991	16	86
1992	21	124
1993	23	109
1994	28	244
1995	21	106
1996	27	84
1997	29	82
1998	34	145
1999	47	297
2000	38	204
2001	36	321
2002	167	3336
2003	62	2680
2004	76	450
2005	78	437
2006	79	1210
2007	53	569
2008	88	1710
2009	156	3100
2010	159	3600
2011	228	6600

三、档案执法

坚持不定期进行档案执法检查，分别对不同内容实行专项检查。在各机关单位普遍自查自纠的基础上，由档案局组织抽查。重点对一些不够重视档案工作的不能按时归档的单位进行督促，发现问题限期改正，并请兼职档案管理人员到档案局跟班学习，提高档案管理的水平。2000年，国土局、水电局、疾病控制中心、林业局、农办、人大办等十多家单位人员到档案局跟班学习，2001年，对特区检察院、法院、公安局、审计局、政府办、党委办等部门进行了档案执法检查。2002年万山镇、高楼坪乡、下溪乡、黄道乡、敖寨乡档案管理人员到档案馆进行档案管理跟班学习。2003年，对17个社区进行了档案管理指导工作，经铜仁地区档案执法检查，达到社区档案规范化管理标准。2004年，地区人大工委副主任胡良带队到万山检查档案行政执法工作，特区人民医院、供电局、四乡一镇的财政所、计生局、卫生监督所、教育局等单位达到标准。2005年，对财政局、发改局、统计局、物价局、商业局、林业局、环保局进行了档案行政执法检查，其中财政局被列为铜仁地区档案行政执法主要受检单位。2006—2011年万山特区档案局加强档案执法检查工作。对本区的区委、区政府、财政、消防大队、统战部、组织部、人事局、畜牧局、交通局、妇联、旅游局、烟草局、信用联社、地税局、国税局等112个部门进行档案行政执法检查，没有一个单位出现档案管理违规现象。

第三章　史志编研

第一节　党史研究

1991年党史研究室在征集编写完成第一卷《中共万山特区组织史资料》(1949—1987)之后，开始征集编写《中共万山特区历史大事记》(1949—1995)，1997年出版。接着根据贵州省委党史研究室和铜仁地委党史研究室《关于开展革命老区申报工作的通知》要求，对红军和地下党在万山开展革命活动的历史资料作深入调查和挖掘。特区党史研究室组织人员到省、地档案馆和玉屏县档案馆查阅搜集大量历史资料，先后又下到乡村找一些老人调查了解情况。征集到了中国工农红军红三军、红二六军团民国23年(1934年)、民国25年(1936年)两次到万山和贵阳地下党龚永明到万山开展革命活动的情况，还出乎意料征集到民国20年(1931年)万山曾经建立有省溪县苏维埃政府和省溪县纵队红色武装组织的宝贵资料。为了完整保存这些历史资料和反映这段光荣历史，将其资料整理编写成《万山革命风云》党史资料丛书。1998年又着手征集编写第二卷《中共万山特区组织史资料》(1988—1998)，1999年出版。2001年上述党史书籍送贵州省委党研室参评，《中共万山特区组织史资料》一二卷，《中共万山特区历史大事记》获贵州省党史系统首届科研成果特别奖，《万山革命风云》获优秀奖。

2002年协同地委党研室采编《黔东人物》一二卷人物资料45人，采编《南下西进支队》一书人物资料10人。2003年根据地委党研室“十五”规划，下达给万山编写工人运动史的课题任务，开展了万山工人运动史资料搜集和编写工作，至2005年9月送贵州人民出版社出版，书名为《汞都——万山工人运动史》。是年还启动了《中国共产党万山特区历史》第一卷编写工作。2009年12月由贵州人民出版社印刷出版。根据省委、市委党史研究室安排部署，2010年完成万山革命遗址普查工作，万山特区革命遗址共3处，分别为敖寨乡中华山、万山镇绣球董和敖寨乡杨家祠堂。完成社会主义新农村带头人口述历史资料收集整理工作，黄道乡大榜村和高楼坪乡夜郎村分别作为省市新农村示范点，被载入史册。2011年启动《中国共产党万山特区历史大事记》（1996—2011）编写工作。

第二节　地方志工作

《万山特区志》首卷（下限至1990年）编撰，1991年进入评审修改补充阶段，1992年9月报贵州省地方志编纂委员会审定后，送贵州人民出版社出版。全书共13个部分，17篇68章239节80余万字，该志全面客观地反映了万山的历史发展和现状，1993年荣获全国新编地方志三等奖。它的出版面世，填补了万山史无方志的空白。

《万山特区志》首卷出版发行后，主要开展读志用志活动和利用志书所记载的信息资料为经济建设服务工作。特区四大班子（党委、人大、政府、政协）成员及各科局分别赠送志书一册，中央、省、地领导或新闻媒体到万山考察、调研、采访，主动送上一本志书，让其了解万山的历史与现状，为万山申报项目、招商引资和宣传万山发挥了重要作用。

2003年，根据省、地关于启动第二轮修志工作的统一部署，开始作了一些二轮修志的准备工作。先后讨论制定出二轮修志工作规划、实施方案、续志篇目设置大纲和拟写各部门、单位资料长篇编写提纲。2004年成立万山特区第二届地方志编纂委员会，同年10月召开了全特区二轮修志工作动员大会，并将需要提供资料的单位和部门资料长篇编写人员70余人召集起来进行为期半天的业务培训。培训会上，将各单位、部门编写长篇资料的编写提纲分发给编写人员，并提出要在2006年3月底前务必交稿的要求。2005年方志办全体人员应邀分头到民宗局、工商局、矿区社区管理局等单位指导长篇资料编写工作。

在抓好地方志编纂工作的同时，还承担《贵州年鉴》（1991—2005）和《铜仁年鉴》（1998—2005）的撰稿组稿工作，共撰稿10余万字，其中《铜仁年鉴》撰稿组稿质量、交稿时间、发行任务纳入目标考核，万山特区方志办1998—2005年先后获得一、二、三等奖。

2006年，地方志工作主要是组织指导各部门搜集编写《万山特区志（续志）》的长篇资料。

一是地方志办公室对部门交来资料是否按照方志办发给的编写提纲要求编写进行审阅，不符合要求的返回重新整理编写。二是对各单位资料长篇编写进行督促指导。对未交稿的单位进行督促；有时亲自上门指导，具体帮助交通局、工商局、妇联、保密局、民宗局编写资料。三是在单位资料未搜齐的情况下，为了不影响分纂编写进度，地方志办公室按续志编纂纲目，分工负责对教育、科技、交通、政权、政协、邮政、通信等篇章及人物方面的资料进行了编写。四是组织全室人员对国务院颁布的《地方志工作条例》认真学习，并制作宣传标语横幅一条，悬挂街上进行宣传。五是应民族事务局的请求。趁庆祝万山特区成立40周年之际，充分反映民族地区改革开放以来经济社会发展取得的巨大成就，要求在原来已搜集部分资料的基础上，帮助编写出版《万山特区民族志》。地方志办公室与民宗局、政协文史委到各乡镇村寨搜集各姓氏族谱，查阅资料，前后花了近半年时间，完成了编写任务。全书20余万字，于2006年11月份出版发行。

2007年，万山特区二级班子换届后，调整充实了编纂委员会成员，组建了编纂班子，进入了篇章节的分纂。

是年，万山特区政府分管领导高度重视，对编写长编资料工作滞后的少数单位进行督促，召集未交稿的单位主要领导召开会议，并限期在6月底交稿，在政府办牵头进行督查下，未交稿单位积极组织编写人员，迅速进行部门长篇资料编写，进展迅速，达到了2007年年底拿出初稿的目标。

2008—2009年，一是遵照铜仁地区行署办及地志办关于做好省、地年鉴撰稿组稿工作要求，每年5月底，按时完成《贵州年鉴》《铜仁年鉴》撰稿组稿任务。二是宣传学习《地方志工作条例》。组织干部职工认真学习《条例》。在街道上悬挂标语进行宣传。制作专题新闻在有线电视上播出，宣传方志工作取得的巨大成就。为展现多年来方志工作成果及对社会所起的作用，精心制作展板一幅，参加地区方志办在铜仁锦江广场举办的纪念《地方志工作条例》颁布2周年纪念活动。三是根据省、地方志部门的要求，深刻认识做好地方志工作的重要意义，从战略全局高度重视和加强地方志工作，将其作为文化建设的一项重要基础性工作来抓，按照地方志事业发展规划纲要的要求，坚持质量第一的原则，扎实推进第二轮修志，精心编纂综合年鉴，注重方志文献资源开发利用，不断推动地方志事业繁荣发展，为万山转型，迈上新台阶提供历史借鉴和智力支持。

2010—2011年，方志工作取得较好的成绩。一是完成万山特区地方志编纂委员会办公室与万山特区档案局的合并工作。二是完成《万山特区志（续志）》出版发行工作。三是完成《万山特区工业志》目录编写，资料收集，志稿编写、审定及校对工作。同时，完成万山特区《工业图志》500册出版工作。尤其是《万山年鉴》编写出版的经费有了可靠的保障。万山特区政府常务会议纪要第九项通过，从2011年起，启动由万山特区政府主持、万山特区地方志办公室编写的综合性的《万山年鉴》编纂工作，作为区方志每年工作中的一项日常性工作，编纂所需经费20万元纳入财政预算。

第四章　广播　电视　电影　音像

第一节　广　播

1991年，万山特区广播站调频广播信号，覆盖4乡1镇。城区用有线传输调频节目信号，安装高音喇叭2只，低音喇叭15只，农村运用无线接收特区广播节目信号进行有线传输节目。调频广播每日播出3次，星期日、节假日播出两次，时间分别是：6：30—8：00、12：00—12：30、17：30—20：30。早、中、晚播音开始后，先播放15分钟万山自办新闻，播音主要内容是本地《综合新闻》《致富信息》《科技知识》《法制生活》《卫生与健康》栏目，后转播中央人民广播电台和贵州人民广播电台节目。1997年由于特区调频发射机损坏，城区及四乡一镇广播停播。2002年2月2日，特区城区广播恢复开通，安装高音喇叭2只在特区政府后山上，低音喇叭10只安装在街道上。2003年1月后停播。

第二节 电 视

一、有线电视

1991年万山特区有线电视站建立，开通卫星接收有线电视节目10套。有电视用户500余户，1996年开通厂中央电视台第3、5、6、8套加密电视节目，转播电视节目达28套。1998年贷款集资70余万元，对城区干网实行升级改造，改造成主干光纤、支干电缆的光纤混合网络，架设光缆4.8千米，新建标准机房50公顷，开通电视节日32套，并开播《万山新闻》《点歌台》《影视剧场》栏目。主要设备有广播电视中心播报万山新闻编辑机1台、字幕机1台、松下300摄像机1台、索尼900E摄像机1台、录像机、影碟机各一台，有线用户增至3500户。同年实现与高楼坪乡HFC联网。2003年，开通卫星接收有线电视节目37套。地区电视台节目2套，自采自编心用地区电视台公共频道，每天播放《万山新闻》。电视覆盖率达94.2%。2005年12月20日，万山特区有线电视与地区有线电视并网，由地区提供有线电视节目信号，有线电视节目增至40套，广播节目1套。

2008年以前，万山特区广播电视台尚未组建，2008年12月，万山特区机构编制委员会下发了《关于印发万山特区广播电视台机构编制方案的通知》，通知中明确规定，决定在万山特区广电技术部、万山特区广播电视专题部和万山特区新闻部基础上组建万山特区广播电视台。为万山特区文体广播电视事业局所属副科级事业机构。核定万山特区广播电视台事业编制为19名，其中：配台长一名，副台长一名（正股级)，内设机构领导职数3名。纳入财政全额预算管理。万山特区广播电视台所需人员编制分别从原特区广电技术部、特区广播电视专题部、特区新闻部和特区有线电视站划入。保留万山特区电视差转台为特区文体广播电视事业局管理的股级事业机构，核定事业编制3名，配台长1名，纳入财政预算管理，所需人员编制由万山特区广播电视台19名事业编制中调剂解决。

2009年3月，根据万机编办下发《关于明确万山特区广播电视台编制结构的通知》，决定将万山特区广播电视台现有16名事业编制进行明确。

为整合资源，充分发挥部门的职能作用，2009年7月，特区把外宣办、《万山红》杂志，政府网站、广播电视台进行合署办公，成立了“万山特区新闻传媒中心”；2010年9月，传媒中心运行一年解体，直到2011年，万山广播电视台重新规划为万山特区文体广播电旅游局的二级局。

2010年，电视台搭建了“铜仁地区新闻荟萃节目”宣传平台，实现地方广播电视信息与宣传平台在万山特区覆盖。万山特区广播电视台成立后，开办了万山电视新闻、调频广播节目。其中，万山电视新闻于周一、周三和周五晚上19：40分首播，中午12：30分重播；调频广播播出时间为每天上午6：30—8：00，中午12：00—12：30，晚上17：30—19：30。同时还转播中央广播电台1套节目、贵州广播电台1套节目。取得了很好的收视效果，丰富了特区群众的精神文化生活。

农村有线电视有了长足发展，截至2005年年底，高楼坪乡为587户，黄道乡为300户，敖寨乡200户，下溪乡为200户。2006—2011年，是万山特区有线电视快速发展的阶段，按照企业化发展的模式和要求步入了全面快速发展的正轨，实现了城乡一体化的发展。网络技术设备设施不仅实现了数字化升级改造和县乡联网数字化覆盖。并实现了由模拟到数字，由标清到高清的快速跨越变化。

1991—2011城乡有线电视用户及收费情况表

表16-3

年限＼项目	节目数量（套）	用户（户）	收费标准（元/月）	年收费额（元）
1991—1992	6	500	3	16000
1993—1995	8	1000	5	55000
1996—1997	12	2000	8	180000
1998—2000	28	2600	10	300000
2001—2003	32	3400	13	500000
2004—2005	36	4500	14	620000
2006	42	4750		
2007	46	4911		
2008—2011	73	7313		

二、电视差转和卫星接收站

1991年，万山特区电视转播台有电视差转机两套，调频广播一套。淳安产HG-10四频道电子管10瓦电视差转机转播中央电视台一套节目，覆盖人口1.8万人，北广产八频道50瓦差转机转播贵州台一套节目，覆盖人口3.2万人。为了检验转播质量，选定了三个电视监测点，每月到各监测点收取监测表，听取意见。

1997年7月，电视转播台购置了一台北广产四频道50瓦电视发射机，使中央一台播出的电视质量和覆盖率都有很大提高。原10瓦电视差转机作备机使用。同年又购置了一台BT-10扫频仪取代了B-3扫频仪。万山电视转播台严格按照“预防为主、防治结合”的方针，搞好技术维护管理，1991、1992年度在县级小台评比中获奖。1998年通过国家实施广播电视“村村通”工程以来，在高楼坪、黄道、敖寨、下溪四个侗族乡完成了25座卫星地面接收器的安装、调试，惠及边远山区群众1100余人。在偏僻的农村，农民自费购买卫星地面接收器（俗称“天锅”），据统计，四个侗族乡共安装地面接收器3119口，全特区电视覆盖率达95%以上。2006—2011年，完成了广播电视“村村通”9093户的工程建设任务，总投入330万元。覆盖了全特区5个乡镇各个行政村。同时完成有线电视企业改制工作，成立了万山特区有线电视网络公司，推动了本区有线电视传输工作顺利发展。截至2011年，万山特区广播电视已全面覆盖全境，有效地改善了辖区内广大边远山区广播电视收视状况，对于宣传贯彻党的路线、方针、政策，普及科普知识，丰富广大山区群众的文化生活，起到了立竿见影的效果。

三、新闻报道

1992年年底万山特区电视台每周开始不定期地播出万山新闻、文艺演出录像，每晚7：40分准时播出，时长6分钟左右。1996年后开办互动点歌业务，以每首20元的收费标准，面对社会观众开展服务，每晚的时长都在1小时左右。同年对《万山新闻》节目作了相应的规范，每周必播三期（每周一三五），时长10分钟，仍是每晚7：40分播出，内容为：特区党委、政府的决策，百姓关注的社会问题，特直、乡镇各部门工作动态等。同时，根据工作需要开办各类专题栏目，制作各类专题片，节目的收视创下了新高。1998至2000年连续三年获铜仁地区广播电视系统宣传一等奖，2003年获二等奖，2004、2005年获铜仁地区广播电视
系统宣传工作一等奖。

文广局干部杨晓敏先后采写的新闻稿《廉洁奉公是他的座右铭》《扶贫医生》《铸就平安》《大山深处党旗红》《大山作证》获得贵州省广播电视二、三等奖。

2006—2011年，广播电视新闻工作有新突破。2008年在中央电视台播出电视新闻5条次，特别是《万山乡村食盐告急、军警雪地传情》《雪凝大地上的女婴》在全国引起了巨大反响，万山电力工人王村等应邀参加了中央电视台的访谈节目。6年共制作播出新闻6720条，制作专题65部，被地级以上媒体播出稿件2160条，牢牢把握了正确的舆论导向。

第三节　电　影

20世纪90年代，彩色电视进入普通百姓家，对电影业是一大冲击。进入21世纪后，有线电视节目多达40多套，能满足观众对文化生活的多方面需要，观众选择节目余地大，电影业逐渐萧条。1991年后，特区电影院和贵州汞矿电影院月放映次数明显减少。特区电影院只是在特区党代会、人代会期间放映给乡下代表观看，偶尔也由特区纪委、宣传部安排一些反腐倡廉内容的影片给机关干部、党员观看。特区在组织开展“送电影下乡”活动时，带领放映人员下乡放映农业科技方面的科教片和革命故事片，进行农业技术培训和革命传统教育。至2005年年末，营业性电影放映基本停止。2006—2011年，有计划地完成了农村公益电影放映工作任务，此后间接性地开展广场电影放映，以满足全特区人民群众享用公共文化服务需求。

第四节　音像管理

从20世纪90年代至21世纪初的二十几年的时间里，音像管理工作主要是以打击非法音像制品经营为重点，开展对音像市场的治理整顿。深入开展反盗版专项整治行动，结合全国开展的“反盗版百日行动”“打击盗版、弘扬正版”音像制品法制宣传周”和加强著作权法等宣传活动，集中开展行动，严厉打击顶风作案的经营单位和个人。加强对辖区音像制品经营业户的日常监督检查，重点对小商品批发市场和音像店等场所，实行巡回检查，通过明察暗访和群众举报等方法，查处销售侵权盗版的音像制品窝点。据统计，2006—2011年，收缴非法音像制品1560多张，严厉打击了非法经营活动。

第五章　文化管理

第一节　文化馆站建设

万山特区文化馆，有馆舍面积420公顷，配有电子琴、风琴、长短号、打击乐等器材和摄影、音响设备。基本能满足一些文艺节目的编排和举办一些书画、美术、音乐、舞蹈培训班的需要。全特区有乡村文化站、室7个，其中乡级3个（高楼坪侗族乡文化站、黄道侗族乡文化站、下溪侗族乡文化站），村级4个（高楼坪侗族乡龙田村文化室、郭家村文化室、水银坪村文化室、黄道侗族乡长坳村文化室）。2003年，乡文化站与乡广播电视站合并为乡文化广播电视站，每个乡人员编制2—3人，属特区文化广播电视事业局管理。2005年，明确为各乡政府管理。

2011年万山特区区文化馆承担着全特区群众文化活动的组织辅导、非物质文化遗产的保护传承和公共文化服务工作。有职工10人，馆舍面积4026.53公顷，设有办公室、群文工作室、非遗办公室、美术书法摄影室、器乐室、音乐、舞蹈、戏剧室等10个工作室。2000年以来先后成立银海艺术团、鼟锣艺术团、万山红合唱团三个艺术团队。

2006年以来，文化馆紧紧围绕区委、区政府的中心工作，坚持以党的十八大精神为指导，牢固树立科学发展观，以服务和谐社会为己任，以丰富广大群众精神生活为职能，先后组织开展了“丹缘杯”万山好声音歌唱大赛、元宵节民间文艺展演、“清凉万山中国汞都”开幕式文艺晚会、贵州省孔学堂艺术团文化惠民暨文艺三下乡演出、“清凉万山中国汞都”书画摄影展、国庆文艺晚会、迎新春群众文艺会演等较大型群众文化艺术活动50场次，极大地丰富和活跃了全特区群众的业余文化生活；建立了万山特区非物质文化遗产保护工作室，撰写了一批万山特区非物质文化遗产调查名录。“万山特区黄道乡鼟锣”“万山特区竹编”两个项目成功申报为省市级非物质文化遗产项目。2名艺人被省市公布为代表性传承人，享受政府津贴。同时，充分发挥文化馆自身优势，举办文学艺术讲座、美术书法培训、书画摄影展览、学术交流活动。深入社区、深入农村、深入企事业单位开展文化下乡、下基层活动，得到广大群众的一致好评。

2006—2011年，文化基础设施建设得到较快发展，城乡公共文化服务网络初步形成。万山特区文化部门坚持把乡镇社区文化工作作为工作重点来抓。全特区新建文化信息资源共享工程县级支中心1个，投入设备经费　68万元；新建乡镇综合文化站4个，投资134万元。新建农家书屋28个，投入设备经费近60万元，用50万元购买了原万山镇办公楼作为文化馆，并已维修完毕。同时加强了对基层文化工作的指导和辅导，乡镇、社区文体活动蓬勃开展，文艺队伍十分活跃。图书馆除做好日常工作外，还围绕“三下乡”“六进村”活动开展送书下乡活动，几年来共赠送各类书籍杂志2000余册。2011年万山特区文化馆被中华人民共和国文化部批准为三级馆。

第二节 文化市场管理

1991年，万山特区文化稽查队成立，编制数为2人，属事业编制，参照公务员管理，文化稽查人员通过参加省、地文化稽查培训，取得了行政执法资格。

文化稽查队每年都要联合有关部门进行一次“扫黄打非”集中行动。1997年，共检查了城区内四家卡拉OK厅、一家舞厅、五家音像制品租赁点、三家打印复印室、一家印刷厂，收缴非法录音带362盒，录像带218盒，明信片、贺年卡400套，游戏卡一个，麦克风两个，处罚了两家临时售画摊点和四家违法经营的文化经营户。在迎香港回归和党的十五大召开的前夕，为净化文化市场，对城区内20家书报刊及音像租赁点进行了检查，取缔非法音像制品点3个，暂扣VCD盘171张，3家违法音像制品经营户受到处罚。2001年，共审查音像租赁点26户，书刊租赁点6家，检查歌舞厅1家，卡拉OK厅两家，电子游戏室7家，网吧两家。收缴盗版影碟700余张，涉黄光碟35张，非法出版画册700余册，盗版书刊83本，封建迷信活动工具30余件。2002年查缴非法录音磁带490盒，盗版光碟517张，游戏卡14盘，非法书刊、教辅读物5023册，取缔不符合消防安全要求的电子游戏机室3家，收缴游戏光盘223张。2003年共收缴了非法VCD碟片213张，带淫秽内容的光盘5张。非法录音带233盒，暂扣VCD碟75盘。稽查队对辖区内的4家网吧进行突击检查，对两家有接纳未成年人行为的网吧给予丁警告。2004年，共收缴无证经营盗版光碟257张，非法盗版教育磁带44盒，黄色光碟3盘。整顿校园周边环境及书刊市场，共收缴各类非法出版物496册，取缔非法销售挂历摊点6家，收缴有害青少年身心健康的卡通画册187本，非法盗版《新华字典》11本，《现代汉语词典》两本。根据群众举报，在邮电局查封非法盗版教辅读物及试卷41件，共534册，试卷750套，总价值2.5万元。稽查队对经营性网吧进行了突击检查，取缔厂黑网吧两家。对有未成年人上网的网吧责令其停业整顿，收到了明显的社会效果。2005年，查缴非法记录碟、烫码碟、无码碟共4820张，非法教育音像带500盒。查封了6家黑网吧，暂扣交换机4台，计算机主机4台，MODEM4个。停业整顿1家，关门1家。聘请了20名义务监督员对网吧进行义务监督，有效地遏制了网吧接纳未成年人现象。对两家超时营业的网吧进行了整顿。

文化市场管理除每年进行突击检查外，文化稽查队还不定期地开展日常检查，加强管理，与经营不同项目的经营户分别签订责任状，责任落实到人，办齐各种证照，实行亮证经营。

2006年，加大文化市场的监管力度，共出动执法人员12人次，查处传播封建迷信“口代本”12本、不良游戏软件1件，盗版光盘200个，盗版磁带50盒，及其它非法出版物（杂志）206册。2007年，积极配合公安、文化等部门开展二次集中统一行动，共出动执法人员57人次，查处传播封建迷信“口袋本”22本、不良游戏软件1件，盗版光盘200个，盗版磁带110盒，及其它非法出版物（杂志）171册。2008年，出动执法人员47人次，查堵《名人暗面、污点名人》《自由之路》《莱蒙湖畔望春回》《西藏之歌》等14种反动非法出版物，收缴盗版光碟500余张，不良游戏软件1件，非法出版物（杂志）90册。

2009—2011年，万山特区文化市场管理得到加强，建立健全文化市场长效管理机制。全特区文化经营单位有39家，其中：歌舞娱乐场所5家、电子游戏机室2家；图书、音像制品销售5家；网吧经营场所9家；印刷企业1家、复印打字店7家；民间演出团体10个。逐步形成了以网络文化、歌舞娱乐、电子游艺、图书音像制品销售、印刷等项目为主体，包括艺术培训、电影、民族民间工艺品制作等项目的综合性文化市场。

第六章　文化活动

第一节　群众文化活动

一、职工文化活动

1991年，特区组建了一支电声小乐队，利用业余时间，排练了20多首曲子，10多个节目，除在春节联欢晚会上为各界人士演出以外，还为特区粮食系统歌咏比赛，特区党群机关工会、政府机关工会、妇联、团委等部门组织的节假日活动，周末舞会伴奏。为热烈庆祝中国共产党诞生70周年，特区组织了文艺演出队，抽调演员20人、乐队6人排练节目，在“铜仁地区纪念建党70周年职工文艺调演”的演出中，参赛的舞蹈《侗家浣纱女》和女声二重唱《请到梵净山走一回》，获得此次调演的最高奖“优秀节目演出奖”，唐银珍、罗银仙获得优秀演员奖。6月27日，特区文化广播电视局、直属机关工委、特区团委、妇联联合举办了特直机关建党70周年歌咏比赛。参赛单位有22个，代表队最少的有10人，最多的达97人，演唱了《没有共产党就没有新中国》《社会主义好》《歌唱祖国》等革命歌曲。6月28日，文化广播电视局、粮食局、工商局、林业局联合举办了纪念建中国共产党70周年文艺晚会，观众达1000多人。

1996年，在“七一”文艺演出中，共演出23个节目，其中舞蹈10个，独唱6个，大合唱7个，演员359人，观众1100余人。1998年8月，为庆祝万山特区“四个侗族乡”成立10周年，各侗族乡分别举行文艺活动和文娱晚会。当晚，文化广播电视局组织外地来宾举行联欢舞会，其中穿插演出了部分文艺节目，宾客共舞，气氛十分热烈。1999年，特区精心组织文艺人才，经过两个多月的紧张排练，创作编排了1个小品、两个舞蹈、一个独唱节目参加铜仁地区民族文艺调演，特区代表队获组织奖。9月底，特区隆重举办了“庆祝中华人民共和国建国50周年”大型文艺晚会，20多个单位的37个节目500余名职工参加演出，有合唱、独唱、舞蹈、快板等节目，演出时间2小时45分钟，观众达2000余人；同年，特区组织了“送戏下乡文艺小分队”，共有演员60余人，节目30余个，到四乡演出41场次观众达2万余人，深受农民朋友喜爱；2000年10月。队特区机关、学校、企业等单位抽调了30余人组成“送戏下乡宣传演出团”，共编排了以宣传计划生育、人口普查、征兵及交通安全知识的文艺节目13个，其中创作节目有小品《选择》，相声《交通安全人人有责》、歌曲《原谅我妈妈》、舞蹈《大姑娘美、大姑娘浪》、诗歌《咒魔》等，到4乡1镇演出5场，观众达4800余人。

2001年，为“庆祝中国共产党建党80周年”，特区举办了文艺会演，分别于6月28日、29日和7月1日在特区电影院演出。参演单位35个，群众演员1500余人，演出节目73个，节目有独唱、合唱、舞蹈等，演出时间为9小时45分钟，观众达1.2万人次。在特区电影院演出的同时，又分别安排不同文艺节目在法院球场进行了“广场文艺演出”。2002年，为隆重庆祝中国共产党建党81周年，举办了“辉煌颂”卡拉OK大赛，广大职工积极参与，共有98人参加演出。7月12日，首次组织优秀节目赴万山矿区社区慰问演出。11月7日，万山举办迎十六大召开“文艺晚会”，共有85名群众演员参演，表演了24个节目，演出获得圆满成功。9月，特区编排的小品《好事巧说》，参加了在铜仁举行的湘黔鄂渝四省市“移动杯”戏剧小品大赛，荣获三等奖。

2004年，为进一步丰富广大群众的文化生活，特区组织演职人员，精心排练精彩纷呈的文艺节目，在举办“纪念邓小平同志诞辰100周年文艺晚会”、“中华人民共和国建国55周年文艺晚会”等大型活动中演出，为特区创建省级文明卫生县城营造了良好的氛围。2005年，先后举办了“信合杯”卡拉OK赛、“盛夏七月万山红”“广场文艺汇演”“多彩贵州”万山选拔赛等文艺活动。

2006—2011年，万山特区文化部门组织开展一系列的文化活动。坚持重大节庆活动与日常活动相结合，专业文艺队伍与业余文艺队伍演出相结合，多形式地举办各种深受群众欢迎的文艺活动。如2007年举行的铜仁地区梵净圣山歌唱大赛万山特区“万泰锰业”杯选拔赛、万山特区纪念建党86周年香港回归10周年歌唱晚会、纪念建军80周年“长城颂”合唱大赛、万山特区喜迎建国60周年“爱国歌曲大家唱”歌咏晚会“首届中国汞都·万山国家矿山公园鼟锣文化艺术节”、万山特区庆祝中国共产党成立90周年“唱红歌·诵经典·赞家乡”歌唱诵读大赛。同时每年还开展了“三下乡”活动，极大丰富了广大群众的文化生活。

二、农村文化活动

改革开放以后，农村文化活动不断地丰富起来。每年农历正月，各侗族乡群众自发组织“鼟锣”活动，每乡少则2—3队，多则3—5队，走村串寨，锣鼓喧天，烘托春节气氛。“鼟锣”活动每年从正月初四开始，至正月十五日结束。近年来，高楼坪侗族乡组织了3支腰鼓队，在喜庆节日表演节目，有的农历正月玩龙灯、跳采茶。所扎龙灯除“龙”而外，还有众多的“鱼”、“虾”、“蚌壳”等水中动物相伴。“跳采茶”由两名男子（其中一人）男扮女装手拿花扇，相对起舞，边唱边跳，趣味无穷。平时农民在家收看电视新闻、天气预报、电视剧等节目，多数家庭还购有VCD、DVD，选择喜爱的电视连续剧光盘或其他光盘放映。农闲之余，农民以娱乐为主，喜欢用扑克闷“金花”“斗地主”“拱猪”，打字牌、玩“点点红”“刮撮”和下棋等活动。

进入21世纪以后，党和政府关心农村文化活动。每年都要开展送文化下乡活动。农村的文化活动内容不仅是沿袭前人流传下来的文化活动内容，还增加了与新时期相适应的文化活动内容。2006年，万山特区文化部门共开展送书下乡5次，送去了各类科技书报杂志千余册。2008年万山特区文化部门开展送书下乡活动5次，共送去各类书报杂志余870册;组织完成了19个农家书屋建设工程的申报工作，广大农民群众看书难的问题将切实得到解决。2011年，万山特区文化部门开展5次送书下乡活动，送去的书籍近千册。广大农村青年在闲暇时间有的在农家书屋里看书读报上网，学习各种科技文化知识，扩宽了他们文化娱乐的空间。

三、青少年文化活动

1991年以来，特区各中小学校根据青少年的特点，在每年的元旦节、“五一”劳动节、“五四”青年节、“六一”儿童节、“十一”国庆节均要开展丰富多彩的文化娱乐活动。以大合唱、诗朗诵、舞蹈等形式欢庆节日。

1998年，为纪念改革开放20周年，讴歌20年来各行各业取得的巨大成就，举办“万山特区纪念改革开放10周年青年、少儿歌手大赛”。共有参赛歌手72名，其中青年歌手30名，少儿歌手42名，最小的年仅4

岁。经过三天的角逐，分别评出了青年组、少儿组一、二、三等奖和优秀奖。2008年，万山特区组织选送了9幅美术、书法作品参加地区文化局组织的贵州省第八届少儿艺术节，被地区选中3幅送省文化厅参赛。

第二节　文化交流活动

1991年，杨通林创作的版画作品《洪流》入选贵州省纪念建党70周年美术展。1996年初，特区举办“迎春书画展”，共展出书画作品68件，举办“七一”书画展，共展出作品60件，其中书法作品24件，美术作品36件。

2005年5月30日，张进国、刘泽坤代表铜仁地区书画界参加在黔南都匀举办的贵州省第三届五次老年书画联展。2005年6月28日，铜仁地区首届十次老年书画联展暨研讨会在万山召开，铜仁地区兄弟县市及湖南凤凰、新晃、芷江等共17个代表团132人参加。共展出作品313件，其中书法作品160件，国画作品150件，篆刻2件，山东省齐鲁书画院院长、原文联常务副主席范云安（特邀）书画作品30件，省地领导、嘉宾作品12件，地直机关9件，湖南凤凰县6件，新晃县8件，芷江县10件，铜仁地区石阡县13件，印江县10件，思南县15件，德江县22件，沿河县15件，万山44件。书画联展活动中，各地书法家与爱好者们共同切磋技艺，是铜仁地区历次活动中规模最大、影响最好、质量最高的一次盛会。2007年万山特区组织排《鼟锣》节目参加了渝怀铁路铜仁地区客货运开通庆典仪式演出，廖云丽创作的国画《秋情》在贵州省广播电视系统首届职工摄影、书法、绘画比赛中荣获绘画组一等奖。协办了铜仁地区纪念改革开放３０周年戏剧小品大赛。2008年万山特区协办了铜仁地区纪念改革开放30周年戏剧小品大赛。万山特区组织的参赛节目《坳上情歌》获得了第二名的好成绩。

2009年，万山特区组织鼟锣队伍参加组织了“桃源铜仁·龙腾锦江”大型情景歌舞演出活动和为祖国喝彩、多彩贵州、桃源铜仁央视直播大型文艺演出。还参加了2009年贵州梵净山文艺旅游节“欢乐中国行、魅力梵净山”和“魅力梵净山、桃源铜仁美”等演出活动。2010年组团参与了“第五届贵州省旅游发展大会暨武陵山民族文化节”闭幕式文艺演出。2011年，万山特区组队参加了铜仁地区庆祝中国共产党成立90周年《红色黔东·桃源铜仁》万人红歌文艺演出；选送区内原生态打击乐《迎奉曲》参加贵州省专业艺术第二届器乐暨原生态器乐演奏赛。廖云丽创作的《荷花图》在贵州省首届群文干部庆祝中国共产党成立90周年美术、书法、摄影作品展中荣获三等奖，《秋韵》在铜仁地区二届十次老年书画联展中荣获书画组二等奖。

第七章　方　言

万山特区汉语方言大部分属北方方言区的西南官话。自古以来，万山与湖南湘西一带的晃县、芷江县接壤、与本地区的铜仁市、玉屏自治县一带相连，因此万山特区境内说话含有较重的湘赣方言成分。尤其是在20世纪的50—80年代，万山汞矿的兴旺发达，全国各地的工人、技术人员、知识分子汇聚于万山特区，长期以来，各民族之间互相交往，互相影响，故使万山特区的语言形成了多种地方特色的地方语言。根据地方语音特点，将万山特区方言分为3个片区。即与铜仁接壤的万山城镇和敖寨一带民众讲的话，称为“万山话”。与湖南省的晃县、芷江县、本省的玉屏自治县接壤的高楼坪乡、黄道乡一带民众讲的话，简称为“黄道话”；与湖南麻阳接壤的下溪一带民众讲的话，称为“下溪话”。

铜仁话具有西南官话的一般特点：声母方面，平翘不分，无翘舌音；韵母方面，无后鼻韵母Ing、eng、ueng。声调方面，分为阴平、阳平、上声、去声四个声调。古入声归于阳平。黄道话f、h不分，“会”的声母读成“飞”（fei）。下溪话语音与汉语有明显的区别。如“鱼”读作恶（ŋ），“病”读作piang。在词汇语法方面，词汇系统多与西南官话相同，但构词法、形容词程度表示法却很有特点，形成了与西南官话中所没有的具有浓厚的地方特色的语言特色。随着国家政治、经济、教育、文化的日益发展和普通话的不断推广与普及，城乡方言的语言差异正在逐步缩小。

第一节　语　音

记音采用国际音标符号记音，在用普通话与方言对比说明时，普通话用汉语拼音注音，方言用国际音标记音。为方便读者，将声母、韵母用汉语拼音和国际音标对应标出，方括号内为国际音标。

一、万山话

1. 万山话声母有19个，包括零声母在内。

b　p　m　f　d　t　l　z　c　s　r　j　q　x　g　kn　h　y

铜仁话声母与普通话声母比较，有以下特点：

一是万山话N与声母的分布互补，N不与齐齿呼、合口呼、撮口呼相并，只出现在开口呼前。二是万山话无舌尖后音，普通话的n都同读l，形成“南、兰”同读lan，“囊、朗”同读lang，zh、ch、sh三个声母都变成了舌尖前音的z、c、s。

2. 万山话韵母有36个（用拼音字母写）：

I　i　u　y　e　ie　uo　ue　ye　io　er　iu　a　ia　ua　ai　uai

ei　uei　ao　iao　ou　iou　iu　an　ian　uan　yan　en　in yn　ong　iong　ang　iang　uang

万山话在韵母读声方面较普通话方面略有些变化，如：万山话读e时，白读时有的读a，如“耳、二、儿”，有的读“o”如“二、儿、耳”，文读则一律读er。

3. 万山话声调

万山话方言共有4个声调，古入声字大部分归入阳平。本文采用数字表示声调符号。

阴平55　阳平　35　上声214　去声51

万山话与普通话调值的区别

普通话：妈ma55　麻ma35　马ma 214　骂 ma51

万山话：妈ma55　骂ma 35　麻ma 214　马ma 51

例如下列汉字以铜仁话调值分类，读音与普通话大不相同。

阴平55　高天开初专张精心军招

阳平35　盖抗岸近妇奋放告社送

上声214　陈床才除竹石色说热直

去声51　党短古展纸口本忍把早

二、黄道话

1. 黄道话声母

黄道话声母与铜仁话声母基本一致，有声母19个。即：

b　p　m　f　d　t　l　z　c　s　r　j　q　x　g　k　n　h　y

黄道话的声母特点除与铜仁话特点相同外，黄道话在f、x、s几个声母方面读法不同，一般是“x”读“f“，如：“会”读“费”，“h”读“F”如：“荒”读“方”，“s”读“x”如：“水”读“许”。

2. 黄道话韵母有37个：

i　a　o　e　ai　ei　ao　ou　i　ia　io　ie　iao　iou　u　ua　ue　uai　uei　ü y　ya　üe　yai　yei　an　en　ang ian　in iang　uan　uang　ong　üng　iong

黄道话的韵母与普通话有些区别，其特点一是方言中没有卷舌音，故特殊元音 i，只含 i 音。二是普通话卷舌音“e”自成音节时，黄道话为“o”。如“鹅、恶、饿”等。三是合口呼为零声母或“u”自成音节时，“u”发音为唇齿半元音“u”。如乌、挖、温、玩、汪等。四是普通话合口呼的韵母，方言中大部分为有转呼，如：

方言词语醋素杜土路租

普通话　cu　su　du　tu　lu　zu

黄道话　cou　sou　dou　tou　lou　zou

五是鼻韵母减少，普通话有前、后韵母 7 对，其中方言中只有“ n ”无“g”。如：

方言词语根耕盆彭

普通话　gen　geng　pen　peng

黄道话　gen　gen　pen　pen

3. 黄道话声调

黄道话没有高平调。将普通话中的阴平调即“高平调55”变成了阴平的中升调24。其他3个声调与普通话声调一样。如：

阴平24　妈巴坡眯夫低梯拉知

阳平35　麻八泼复敌踢各甲物恶

上声214　马把颇米爷底体果苦

去声45　骂坝破谜父那次绪务唱

三、下溪话

1. 下溪话声母共有声母22个。

b　p　m　f　d　t　n　l　g　k　h　j　q　x　z　c　s　r　y　ŋw　Ø。

2. 下溪话韵母共有韵母35个。

1　i　y　u　e　ie　ue　ye　er　a　ia　ua　o　io　ai　uai　ei　uei　ao　iao　ou　iou　an　ian uan yan en in ue yn ang iang uang ong iong

3. 下溪话的声调

阴平 55 诗梯方高初专猪低边安衣

阳平 212 时曹识田才穷冻昧人龙神

上声 42 古展纸走短比米草五口女

去声 24 近柱是厚社似共病害岸妇

下溪话声调与万山特区其他乡镇话声调的区别在文读与白读。文读时相同。白读时差异较大。下溪话白读时古入声字清音声母归阴平，全浊声母属阳平，次浊声母隶属去声（万山特区话古入声字一律归阳平），但受万山话影响，规律正日渐被打破，出现无规律的混乱现象。下溪话白读时，次浊声母去声字与其他去声字有差别，调值为35。这里不另立为一类。

如下溪话的文读（普通话）与异读（下溪话）主要有两个方面的差异：一是声母差异，二是韵母差异。

其一，声母差异：

发音部位不同，如：

文读 江（jiang55） 讲（jiang212） 人（ren24） 减（jian212）

白读 江（gang55） 讲（gajng42） 人（nin212） 减（gan42）

其二，发音方法不同：

主要是一些占全浊声母字，文读为不送气清音，白读为送气清音。同时声调也有变化：去声变阳平，入声变去声，也有一些例外。

文读 动（dong42） 弟（di42） 净（jin42） 走（zou212）

白读 动（dong24） 弟（di24） 净（jin24） 走（zou42）

其三，有无声母的差异：

普通话 眼（yian212） 牙（ya24） 鱼（yu） 圆（yuan24）

下溪话 眼（ŋan42） 牙（ŋa212） 鱼（ŋe） 圆（nuan212）

万山话除与下溪有一定的语言差异外，在万山特区内还有“老派”与“新派”之别。老派一般是指还在讲因语言习惯传承下来的地方话的老一辈，老派在白读（口头语）与文读（书面语）时有些语言差异。白读时地方话比较突出。新派一般指经过专业学校出来的老、中、青年人。新派在文读与白读时，以文读为主，大多数按文读语言交流。如：

老派：育（you42） 解（gai42） 学（xio212） 爱（ŋai24） 安（ŋan55）

新派：育（yu212） 解（jie212） 学（xue24） 爱（ai42） 安（an55）

第二节 方言词汇

本志收集的词汇分天文、地理、时令、农事、植物，动物、器物、人品、亲属称谓、身体器官、医病、服饰、饮食、婚丧、日常生活、商业、文教、动作、形容词、方位词、代词、副词、介词、量词、数词等项，列出境内方言常用的基本词汇。

本志词汇一般以通用汉字记录，分普通话、万山特区方言2个部类记述，一般不再注音，少数异读字需要注明读音的，用汉语拼音注明，无法用汉语拼音注音的用国际音标注音，声调用阿拉伯数字55、35、214、42分别表示阴平、阳平、上声、去声。

一、万山特区方言常用词汇分类

1. 天文类

普通话	万山特区方言
太阳	日头、热头
太阳处	太阳坝、太阳照到的廊场。
荫凉处	凉快处抄
日晕	太阳打伞
日蚀	天狗吞日
月亮	月亮光光、月亮公公
月晕	月亮打伞、月亮戴帽、月亮戴斗篷
月蚀	天狗吞月、西狗契（qi）月
星	星星、星子
流星	星子屙屎
慧星	扫把星
北斗星	七姊妹星
银河	天河、黄河
浓云	菩萨云、棉花云
刮风	动风、起风
微风	小风、细风
旋风	旋头风、鬼旋风、旋涡风
雷	雷公、雷公公
打雷	响雷、劈雷、炸雷
闪电	霍闪、火闪、打闪、扯火闪、打火闪
下雨	落雨、飘雨
小雨	牛毛雨、细雨、毛毛雨
大雨	瓢泼大雨、倾盆大雨
连阴雨	绵绵雨、霉雨
下雪	落雪、落铺雪、下鹅毛雪
结冰	下凌、凌起了、结凌构子
冰化了	化凌了、凌融了
冰雹	雪雹子
露水	打露水、扯露水
霜	白头霜、水霜

雾	雾罩、罩子
虹	“杠”
霞	红云、彩霞、早霞、晚霞、火烧云
天气	天色
晴天	太阳天
阴天	阴阴天
天旱	天干
水涝	涨洪水了、水淹了、水漫了、水打了

2. 地理类

普通话	万山特区方言
平地	平坝坝、坝子、平处、平处场
洼地	坑坑、窝窝、坑坑荡荡、坑坑洼洼、窝凼凼
山坡	山坡坡、山膀膀、山脚、坡脚、坡底下
山涧	山沟沟
河岸	河边、河坎、河坎上
河心	河中间、河当中
河滩	河沙坝、滩滩上
河堤	堤坝、河坎
水坑	水塘塘、水凼凼
空地	空坝坝、空廊场
山腰	半山腰、半坡、山中间、半坡上

3. 时令类

普通话	万山特区方言
今年	今年头、今年子
明年	明年头、明年子
往年	往年成、往年子
正月	正月里、正月间
冬天	冬天里、冬天家
春天	春天家
除夕	三十夜、大年三十
年初一	大年初一、初一
元宵节	大年十五、大年、十五
大后天	外后天
大半天	老半天、好半天
傍晚	擦黑、麻麻黑、打麻察
星期日	星期天、礼拜天
整夜	一晚到亮、连更宵夜

现在	这“港”哉、这哈
以往	以前、从前、原先、原来、往天、过去
一会儿	港港哉、等一哈

4. 农事类

普通话	万山特区方言
下地	到田头去、到土头去
耕地	犁土、挖土
打田	犁田、耙田
锄地	薅草薅苞谷
胶轮车	板板车、手推车
车轮	车轮子、车滚子
粪池	粪坑、茅厕坑
上肥	浇粪、泼粪、淋粪
收割稻谷	打谷子
链枷	链街
钉耙	搭耙
晒席	晒天
牛肩	牛［ŋa55］
割谷刀	发镰
挞斗	戽桶
箩筐绳	箩筐索、箩筐系
牛鞭子	牛刷条
牛嘴套	牛嘴箩
犁圆绳	牛揽子

5. 植物类

普通话	万山特区方言
大麦	老麦
小麦	酱麦
麦芒	麦须须
麦穗	麦线线
麦杆	麦秆秆、麦稿稿
稻惠	谷线线
稻秆	稻草
玉米	包谷
玉米秸	包谷秆
花生	落花生、花生米
红薯	白苕、红苕

土豆	洋芋洋芋个个
甘蔗	广广甘蔗杆
地瓜	地萝卜
南瓜	葫瓜
香椿	椿芽、春尖
西红柿	洋辣子、番茄
卷心菜	莲花白、卷心白
向日葵	朝阳花、葵花籽、瓜子
栗子	板栗毛板栗、油板栗
树枝	树丫、树丫丫、树杈杈
树梢	树巅巅
柏树	香树
樟树	香樟树、猴樟木

6. 动物类

普通话	万山特区方言
牲口	畜生、马牛羊统称
牛犊	牛崽、小牛、小牛崽
公牛	黄牯、水牯
水母牛	沙牛水沙、稚牛
公羊	羊牯牯
公狗	牙狗
母狗	草狗
孵小鸡	抱鸡崽
狗发情	狗走草
母猪	草猪、结猪、猪娘
公猪	牙猪郎猪
母猪发情	母猪打圈
小猪	猪崽
公鸡	鸡公
老鼠	耗子
喜鹊	鸦鹊
杜鹃	贵贵阳、阳雀
麻雀	麻雀子
翡翠鸟	打鱼郎
布谷鸟	包谷雀
啄木鸟	啄木官
蝙蝠	檐老鼠

蚯蚓	曲蟮、地龙
蝼蛄	土狗崽土狗
蟋蟀	蛐蛐、灶鸡子
蝗虫	蚂蚱、抓猫子
蝈蝈	纺车娘
蝉	催米虫
蟑螂	偷油婆
螳螂	香猴子
臭大姐	打屁虫
蜻蜓	丁丁虫、雀娘台
青蛙	客妈青客妈
屎壳郎	拱屎虫、滚屎虫
蟾蜍	癞蛤蟆、癞客宝
蝉	催迷虫

7. 器物类

普通话	万山特区方言
床单	被单、垫单、坝单
温瓶	暖水瓶、温水瓶、热水瓶、保温瓶
脸盆	洗脸盆、洋瓷盆
凳子	板凳、四脚凳、长板凳、高板凳、矮板凳、杀猪凳
椅子	靠椅、太师椅
自行车	单车、脚踏车
石块	石头、岩头、岩老壳
鹅卵石	岩巴蛋岩骨锤
灰尘	灰灰阳尘
水泥	洋灰、洋石灰
开水	耐水、热水、滚开水
块煤	砣砣煤、块块煤
煤末	粉粉煤、面面煤、沙沙煤
煤油	洋油

8. 人品

普通话	万山特区方言
男人	男的、男人、男生、男子、汉子、外前的
女人	女的女人、妇人、屋头的、婆婆客、婆娘
男孩子	男娃娃、娃娃崽
女孩子	女孩子、女生、女娃娃、小姑娘、妹妹崽
老头儿	老头子、老者者、老汉

商人	生意人、做生意的、做买卖的、找钱的、老板
教师	老师、教书的、先生
医生	看病的、水师、药师
接生员	接生婆、捡生婆
杂技演员	玩把戏的、耍杂的
泥水匠	瓦匠、泥瓦匠、泥水工
货郎	赶场的、卖杂货的、赶转转场的
再嫁的妇女	二婚嫂、过婚嫂、过房的、过堂的
乞丐	讨饭的、叫花子、告花子
小偷	强盗、孤路子、三只手、扒手
相貌	样子、长相
提亲	问好事

9. 亲属称谓类

普通话	万山特区方言
父亲	爸爸、爹、老者、老大人、伢
母亲	妈妈、妈、老妈、老娘
伯父	伯伯、大伯、伯
伯母	伯妈、妈妈、
叔父	大叔、二叔、满叔、满满、大爷、二爷、满爷
叔母	大娘、二娘、满娘、大婶、二婶、满婶
姑姑	姑妈、嬢
姑父	姑爹、姑爷
姨	姨妈、姨嬢
姨父	姨爹、姨爷
祖父	爷爷、公
祖母	奶奶、婆
外祖父	外公、“嘎”［ga55］公
外祖母	外婆、“嘎”［ga55 ］婆
岳父	亲爷、亲爹、丈人老
岳母	亲娘、亲妈、丈母娘
儿媳	媳妇、儿媳妇
孙子	孙孙、孙崽、孙儿
孙女	孙女崽、孙姑娘
外甥	外侄、外外
小男娃	小［ŋa214］崽、娃娃崽
小姑娘	妹妹崽
哥	哥哥、泰老、大老

弟弟	兄弟、毛弟、、老弟、满弟
丈夫	男人、男的、老公、当家的、外前的
妻子	爱人、老婆、婆娘、屋里人、屋头的
丈夫的哥哥	伯、大伯
丈夫的弟弟	叔、小叔
妻子的哥哥	大舅子、大舅佬
妻子的弟弟	小舅子、小舅佬
婆母	婆婆妈、婆婆、妈
公公	公爹、老公公、爸

10. **身体器官类**

普通话	万山特区方言
身体	体子、体格、身子、身板
头	脑壳、脑袋、脑袋瓜
脖子	将根
额	脑门、脑门心
囟门	气门
脸	脸包、脸皮
睫毛	眼眨毛
鼻涕	鼻腻、清鼻腻、黄鼻腻
眼泪	眼泪水、眼流水
肘	手倒拐、倒拐子
胳膊	手杆、手膀子、膀子
手掌	巴掌、手板、耳巴
拳头	手锤子、毛锤子、手“定”子
手指	手指崽、手指头、手指拇
小拇指	小手指、满手指、满给给［gei55］
肋骨	肋肢骨、肋条骨、肋巴骨
乳房	奶、奶子、奶包
肚脐	肚脐眼、肚子眼
男孩生殖器	鸡鸡、奶奶雀雀（儿童语）
大腿	大腿膀、大脚杆
小腿	穷脚杆
膝盖	客星头、客星脑、客星波
脚腕子	螺丝骨、螺丝波、螺丝拐

11. **卫生健康类**

普通话	万山特区方言
病了	害病了、得病了、着毛病了、没好过

医治病人	杀添病人
泻肚	拉肚子、屙肚子、屙肚皮、拉稀、拉痢
伤风	着凉了、感冒
积食	隔食、隔倒了
发疟疾	打摆子
羊角风	羊痫风、母猪风
肺病	痨病、干痨病
结巴	夹舌子、大舌子、拉子
哑巴	[ŋa51] 子
瘸子	跛子、“拜”[bai55] 子
傻子	呆子、傻巴、傻瓜
秃头	光波、光脑壳
驼背	驼子、稍箕背
耳聋	耳背、聋子
毒药	毒药、闹药
抽风	扯筋、抽筋
病轻了	松活了
病危了	病重了、恼火了、起亏了

12. **服饰类**

普通话	万山特区方言
衣服	衣裳、衣料
内衣	汗衣、汗衫
外衣	罩衣、外套
棉袄	棉衣、棉袍
衣兜	荷包、衣口袋
短裤	内裤、“摇”裤
背心	褂褂、汗褂
手巾	手帕、帕子
补丁	补疤、疤疤
耳环	耳坠、耳坠子
手镯	圈子、手圈、手箍子
雨鞋	胶鞋、统统鞋
活扣	活疙瘩、活闹套

13. **饮食类**

普通话	万山特区方言
粉条、面条	梭梭面
油炸粑	油粑粑、马泡

油条	油饺
调料	香料、着料、佐料
宴席	酒席、客席
早餐	过早、早饭
中餐	晌午饭
晚餐	夜饭
锅巴	捞粑
加工糕粑	舂粑、挼粑、打粑
加工米粉	推粉、烫粉、“浪”［nang51］粉
面疙瘩	灰面粑粑
糕饼	发糕、发粑、糕粑
嫩豆腐	豆腐崽、豆腐脑
豆腐渣	渣豆腐
小吃	零食、零粹
点心	糕点、糖果
酱油	卤油
粽子	粽粑、羊角粽

14. 婚、丧类

普通话	万山特区方言
婚事	喜事、红事、好事
说媒	做媒、提亲、介绍、讲婆婆家
媒人	媒婆、介绍人
相亲	相亲、见面、认识
定婚	定亲、装香、讨八字、讨生庚
结婚	完婚、办喜事、接媳妇、接亲
出嫁	出阁、出门
新郎	新郎官、新姑爷
新娘	新娘子、新媳妇、新人
再嫁	改嫁、过房
续弦	再讲一个女人、再讨一个屋头的、再讨个老婆
丧事	白事、当大事
死了	过世了、没在世了、不在了

15. 日常生活类

普通话	万山特区方言
起床	爬起来、达下床、跳下床
刷牙	漱口、刷牙齿
洗脸	抹脸

梳头	梳头发、梳脑壳
理发	剃头发、剃脑壳、剪头发
洗澡	冲澡、改凉
肥皂	洋碱
煤油	洋油
手电	电筒、电棒
做饭	煮饭、弄饭、整饭
吃饭	“契”［qi214］饭、呷饭
喝酒	“契”酒
吃肉	契“嘎”［ga42］、契场合
吃饱了	契够了、契胀了、契有了
吸烟	抽烟、点烟、卷烟、“扁”［bia51］烟
大便	解大溲、屙屎、屙“巴”［ba42］
小便	解小溲、撒尿、屙尿
打瞌睡	“抓”［zua214］瞌睡
打鼾	打扑鼾、扯扑鼾
睡觉	睡瞌睡、睡眼闭、困瞌睡
应酬	应付、招呼、招待
宿舍	屋头、房里面、家里头
送礼	送人情、送礼信、吃酒
款待	招待、接待、招呼
闲谈	摆龙门阵、吹牛、扯白、聊天、讲白话。
背黑锅	着冤枉、受冤枉气
讥笑	挖苦、讽刺
插嘴	打岔、多嘴
戏弄	戏毛、须毛
丢人	丢丑、丢面子、出丑
吵架	吵嘴、吵场合、闹矛盾

16. 商业类

普通话	万山特区方言
商店	铺子、店子、店、货铺
做买卖	做生意
开张	开业、剪彩
价格高	贵、价钱高
价格低	贱、便宜
钱	票子、根子、银子、数数
单据	发票、条子、条条、单单

走运	运气好、点子高、点子正、行桃花运
欠账	该账、赊账
赔钱	蚀本、贴本、赔本
饭店	馆子、饭馆、餐馆、旅社

17. 文教类

普通话	万山特区方言
学校	学堂、校衙门
上学	读书、上学堂
放学	下课、放学
考卷	卷子
复习	温习
别字	白字
打稿	打草稿
板书	写黑板字
板擦	黑板刷
零分	鸭蛋、寡蛋
回读	复读、重读

18. 动作类

普通话	万山特区方言
抬头	抬起脑壳、昂起脑壳、伸起脑壳、“夯”［hang51］起脑壳
低头	勾起脑壳、埋起脑壳、“抓”［zua214］起脑壳
撅嘴	翘嘴篓嘴
拍手	拍巴掌、拍手板
叉腰	叉起腰杆
搓	擦、揉、挼
提水	［tia55］水、［diang55］水
扔	丢、甩、抛
收拾	打整、收捡、“杀”［sa214 ］“添”［tian55］
分腿	［qua55］起脚、把脚再［qua55］宽点。
请医生看病	请药师杀添
躺下	睡起、睡倒
蹲下	“姑”［gu55］起
堆起	码起、垛起、重起
抬杠	顶嘴、扳嘴劲、抵嘴
拍马屁	讨好、捧抛、巴求
骂人	“卷”［juan42］人、日决人、吼人
骗人	哄人、“罗”［no51］人

犹豫	拿不定、莫疑两可、三心二意
挂念	挂牵、牵你了
忘记	记不倒、没记倒、搞忘了
眼红	心红、眼皮浅
讨厌	讨嫌、厌烦、烦人、逗人恨
生气	冒火、发气、不高兴
愿意	肯、同意、情愿
打扮	收拾、整理
侍奉	服侍、侍候
遇见	撞倒、遇倒、碰倒、见倒
娇惯	贯侍
合伙吃饭	打牙祭、打平伙
玩、耍	做玩
解闷	懒“亮”[niag35]
懂了	晓得、知道、会了

19. 形容词类

普通话	万山特区方言
好	要得、高级
坏	烂、差火
美	好看、漂亮、乖巧
干净	干干净净、清爽
丑	难看、没好看
肮脏	邋遢、“啊”[ŋa55]渣、邋糊
肥、胖	“忙”[mang55]
瘦	精干、瘦精精、瘦精烂“港”[gang214]
笨	憨、傻、呆、“甩”[suai214]包
精灵	灵便、狡猾、精狡
糊涂	黄里黄昏、“昂”[ŋang35]头[ŋang35]脑。恍里恍糊
吝啬	抠、夹壳、小气、兔得很
大方	舍得、大开、大手大脚
顽皮	调皮、带厌、讨嫌
难受	难得过、不好过
腼腆	害羞、没好意思、害臊、脸皮薄、不出众
多	好多、蛮多
少	点点子、可可崽
粗	大、蛮实
细软	小、“帕”[pa55]、“壤”[rang55]、焦苗

热	烫、耐、滚耐
闲	空、空闲、无聊、没得事
兴盛	红火、兴隆、发得快
坚固	牢实、扎实、结实
坚硬	硬、硬帮
黑	黑秋秋的、黑固固的、黑麻秋“港”［gang214］
白	白蒙蒙的、白生生的
轻	捞轻、轻飘飘的、轻丝丝的
重	罕重、重砣砣的

20. 方位词类

普通话	万山特区方言
上头	上边、上面、顶头上
下头	下边、下面、脚底下
左边	左面、左手边
右边	右面右手边
外边	外面、外前、
前边	前面、前头
后边	后面、后头
旁边	侧边、过边
跟前	当门、面前
东边	东面、东方
西边	西面、西方
南边	南面、南方
北边	北面、北方
四下里	周围团转、到处、上下、普遍
墙上	板壁上、壁头上、墙壁上
门外	门外面、门外前
院子里	院子头、寨子头
什么地方	哪点、哪地、哪个廊场、哪王崽。

21. 代词类

普通话	万山特区方言
我	自己、各人
怎样	咋个、咋样、啷“个”
这样	啷个、啷强、啷个样子
那样	耐样、那个样子
什么	哪样、做哪样
这么样	这样子、啷个样子

那么样	那样子
这时	这时候、这“港”［gang51］崽
那时	那时候那“港”［gang51］崽

22. **副词类**

普通话	万山特区方言
刚才	“江”［jiang55］才、才［jiang55］“江”
刚刚好	“江江”［jiang55］好、正好、恰恰好
马上	立即、很快、立马、
差点儿	差一点、差点点子、差可可崽、差颗米
常常	经常、老是、朝日、扯常
永远	一直、一辈子、一生
渐渐	慢慢、看倒看倒的、试倒试倒的
顿时	一下子、一发势、立马
再三	一再、多次、反复
一向	向来、一根生、一路来
很	好、蛮、太
着实	确实、硬是、真的
格外	额外、特别
相继	接倒、跟倒
悄悄	阴倒、阴悄悄、背倒背倒的
赶紧	赶快、快点、放麻溜点
全部	全是、全都、完全
不	没、莫
恐怕	生怕、唯恐
压根	根本、从来、一路来、本来
偏偏	偏生
可能	恐怕、怕
大概	大致、好像
说不定	说不准、不一定
幸亏	幸好、全得、亏得
不用	不消、用不着

23. **介词类**

普通话	万山特区方言
跟	和、同
为	替、代、帮
按照	依照、照例、比倒起、照倒起
根据	按照、凭着

自	从、齐
从	齐、打
往	朝、从
沿着	顺倒、跟倒
顺着	顺倒、依倒
向着	向倒、朝倒、朝着
趁	趁倒将就倒
替	为、代、帮

24. **量词类**

普通话	万山特区方言
把	张、根，一把椅子
笔	个，一笔账
服	副、包，一服药
双	对、副，一双筷子
条	根、块，一条毛巾
只	只，一只鞋
头	只、条，一头猪
顿	餐、次，一顿饭
趟	回、次，走一趟
阵	股、港，一港风，用力，用劲阵出来

二、境内方言词类用语

本志收录的地方特色词语，是万山方言中具有一定方言特色的动词、形容词和短语。万山特区方言内部，各片的特色词语不尽一致。本志收录的特色词语，基本上或大部分通行于全特区或大部分地区。

本条目排列，按语音的声母、韵母、声调表的顺序。各条目一般不注音，少数必须注音说明的，一般按万山话语音注音。

词语的释义，如是多义词语，分别用①、②……注明其各个义项。释义后的举例用“:”号引出；如遇本条目，用“~”号代表。

多音字用汉语拼音注明本地读音，其注音适用于后边接着出现的该字；如再注音，表示其为该字的另一读音，也适用于其后的该字。

1. **B声字头**

万山方言词语	方言用语例句
巴 1	①粘连：饭~锅了。②粘贴：把这张画~在墙上。
巴 2	名词后缀：泥~、煤~、盐~、哑~。
巴身	形容衣服的尺寸很合身：这件衣服好~。
巴家	顾家：现在女娃比男娃~。
巴谱	说话切题：说了半天还不~。又说成“巴边”。

巴壳	蛋放久后蛋黄黏附于内壳上。
巴心不得	迫切希望：~早点下雪。又说成“巴宁不得”。
巴心巴意	一心一意，多指对人：人家~的帮你干。
疤疤	①伤痕。②喻指衣服上的补丁。①义可说成“疤子”。
粑	将食物碾成细粉揉成饼状食物：包谷~、糍~。
八大碗	境内许多地方请客的主菜为八个，故以此代表筵席。
把把	量词“把”的重叠，言其多：现在大学生多得起~。
把稳	稳当，可靠：就找他去，他做事~。
坝子	山间小盆地或较大块平地。
罢脚	收获或贩卖剩余的东西：柚子早打过了，只剩几个~的。
罢意	特地：~来找你。
跛［pai］	瘸：脚~了走不快。
摆	①说：他们在~闲话。②搁置：把东西~倒，等搞清了再拿。
摆龙门阵	讲故事。
摆样	放着不用，做个表面样子给人看的：他的书都是~的。
摆饭	将饭菜置上餐桌上准备开饭。有时也可说成“摆桌子”。
拜继	使自己的孩子认无血缘关系的人作干父干母
般配	达配，常用于配偶间：他两个还~
班辈	辈分：他们~不合，不大往来。
扳	①扭：那颗螺丝~不动。②翻本：输多了，~不回来了。 ③挣扎：他痛得在床上~去~来的。
“扁”［bian］	反复拨弄：不要把电子琴~坏了。
苞谷嘴	喻指牙向前突出的嘴形。
报喜	指农村地区出嫁的女子生育后，女婿到妻子娘家报信。
白日青天	~的他敢抢人。
背时	倒运：这一段最~，做哪样都不利。
背篼	用竹篾编的背负的运输工具。
背光	光线不能直射，影响视觉。这点~背光，换一个地方。
蹩手蹩脚	指伸展不开。他家太窄，住起~的。
蹩脚货	质量差的产品。这种~怕卖不出去。
病壳壳	多病的人：他是个~,。药罐罐。
不犯着	不值得：这种事~给他说。又说成“不犯于”飞“犯不着”。
不关事	没有问题，不受影响：擦破点皮。
不起止	不止：这挑菜~100斤。
不关风	牙齿漏风，说话不明：他牙齿~。
不对头	有意外，有问题：我看有些~。
不信邪教	不信邪，不肯就范：他硬是~，偏要去试下。

不消　①不必，用不着：~用大锤了，拿块石头敲两下就行。
②用不着，再抱希望：总分才考200分，~了。
不好　生病身体不适：我有点~，请个假。
不警不觉　不留意：~又是一个月。
不警过　不小心，非有意的：对不起，我是~碰倒你的。
不管钱　不值钱：今年大米~。
不进油盐　喻指听不进任何批评和警告：他是“困”kun3茄子，~。
不在了　①丢失了：钥匙~。②“死”的讳语：老人已经~。
布壳子　用破布等粘糊成的厚布片，旧时用来作鞋帮的内里。
扁［bia51］　①瘪，饿~了。②吸，他坐那里~烟。③表形状，你把我的包包坐~了。
扁人　①小孩使性子，折腾母亲或保姆。②开玩笑，调戏人，他爱~。
包口包嘴　口里听吃的东西多，两腮鼓起来。你看他吃得~的。
包隆包实　衣服穿得多，不整洁，他穿得~的。
爆火子　急性人，遇到不顺眼的事就发脾气，他是个~。

2. p声字头

万山方言词语　方言用语例句
炟［Pa55］　①熟软：豆豆煮~了。②无力：脚~手软。
炟耳朵　怕老婆，对老婆言听计从的男人。
炟和　①软和：这张沙发~。②软弱：不要以为我~好欺。③便宜：又检倒个~。
④容易：就这样放过了他，没有这么~。
帕子　①毛巾、手绢。正有些地方又说成“帕帕”。②裹头的布：头上包根~。
“排”［pai51］　①两臂伸直后的长度：肩担只有~把长。②两臂展开，把手~开。
盘　①缠绕：老蛇~在丫枝上。②搬运：把东西~回家。
③经营：~点黄果到乡下去卖。④折腾：豆腐~成肉价钱。
⑤抚育：好不容易不把娃儿~大。⑥种植：今年这块土只~白菜。
⑦随意摆谈：那我们就~下家事。⑧仔细查问：不要颠去倒来的~我。
盘　动量词，次回：我再打一~乒乓球。
皮面　表面、上面：衣服就放在箱子的~
痞赖　不承认许诺：要不就硬气点，不许~
偏厦　①主建筑两侧的辅助建筑，侧边搭个~。②喻指婚外情人。
膘皮　①肤浅：知晓得一点。②大概，大略：不必跟他讲得太详细，~讲点就行。
膘　略略地一看：他进来~了一眼就走了。
撇脱　①办事爽快：你找他签字，~得很，二话不说就签了。
②容易：不交足钱，你想把货提走，起得~
破相　面部受到伤害而留下的伤痕：十几岁的小姑娘就~了，好可怜。
铺笼帐被　泛指床上用品：他家嫁姑娘，赔嫁的~都办好了。
匍爬　跌跤：路好滑啊，出门就摔了一个~。

痞子赖毛	小孩使性子到底。

3. M声字头

万山方言词语	方言用语例句
麻利	敏捷、利索：大家～点不然今天做不完。又就成麻溜。
麻敷	欺骗：这件事你～不了我。
麻杂	复杂、不清楚：这件事太～了，不好办。
马1	①占住：不要～茅厕不屙屎。
	②欺压，以势强行某事：哪样事他都敢～倒起干。
马2	拉长脸：两话不对头，就把脸一～。转身就走。
码	整齐堆放：你把砖头～好。
码倒吃	以势压人占便宜：不要码倒人吃。
马马肩	小孩骑到大人肩上。
木楚楚的	反应迟钝：他站在那里～的，都不去帮一下。
蛮头蛮脑	①粗壮不精细：这根锄把～。
	②指人身体粗壮而不会用头脑，这人～，干不了细活。
“芒”［mag55］	胖：他家娃从小长得～，所以叫他～子。
“芒”［mag35］	小儿语：饭：娃娃要吃～～了。赶快拿～来。
猫翁屎	喻指做事敷衍，只求表面：他做事都猫翁屎。
毛毛汗	微汗。今天有点热，我已出了点～。
毛焦火辣	焦急烦躁：今天是怎么搞的，他心头是～。
毛手毛脚	做事粗枝大叶。
满	排行最小的：～儿子。～舅。～叔。
默倒	认为：你～我不知道你搞些什么名堂。
媒子	生意上佯装顾客诱骗他人购物的人。他那里挤了好多人在买东西，其实有些人是扎媒子的。
霉死烂港	一副倒霉相：他今天打麻将，手气～的。
绵扯扯	①有韧性。②不干脆：他做什么事都是～的。
面面	粉末碎屑：锯木～。药面面。
苗	不通情理，脾气倔犟，执拗：这人性格有点～。
瞄	瞟：～一眼就走了，都不肯多看一下。
谜	①谜语。②不让物主知道，将东西拿走，有“偷”的意思，多指价位不高的东西：我在朋友那里～了一本书。
抹和	混着白占的便宜：几个人一起吃饭，他从不开线，专门吃别个的～。
“蒙”［mog55］	蒙皮　液体上长的白膜。泡菜上面长～了。捂，用布或纸盖住。
面面客	内心想表面却推辞。
麻溜	做事熟练，干净利索。他做事很～
麻路路	血脉致肌肉麻木。我的腿蹲得～的。

4. **F声字头**

万山方言词语	方言用语例句
发体	①发胖。②青春期身体迅速成熟。
发毛	发怒，生气。
发式	动量词，相当于“下”一～不可收拾。
发鸡爪疯	①手痉挛。②神经过敏，行动过于紧张、忙乱。
发人来疯	多指小孩在客人面前故意耍脾气。一到客人面前，他就要～。
肥胴胴	很乳的样子：这砣肉，～的。
肥哜哜	肥得肉相迭的样子。这娃娃一身～的。
肥秋秋	多指牲畜，很肥的样子。那些小猪崽～的。
肥滚滚	肉多圆而饱满。他家那头猪喂得～子的。
风光	体面，有光彩。他家老人过生，办了几十桌，显得很～。
翻经	翻小话：这人爱～，有话不能对他说。
妨	扫面子：他最爱～人了。
负累	表示感谢语：谢谢。～你了。

5. **d声字头**

万山方言词语	方言用语例句
打1	①冲击：木桥被水～了。②切：拿刀～一点豆腐在汤里。③缝织：～一件毛衣穿，④榨：～油。⑤用容器提取，用桶～水。⑥买：我去～斤酒。⑦特指整批地卖。我的货全部～摊了。
打2	①插在重叠的单音节形容词之间，表示强调：明～明地给你说，我不同意选他。②插在重叠的数量结构之间，（前一数量结构不用量词），表示强调：都十～十年了，他还是老样子。
打本	只按本钱（出卖）：这些货～卖给人家。
打整	①收拾，整理：把房子～干净。②整治：他着［tsau2］人家～了还不晓得。
打眼	惹人注意：这件衣服好～哦。
打齐	高度上达到：他好矮噢，才～我的肩膀。
打“屯”［ten35］	①说话、念书中途停顿。②犹豫，中途想改变主意：他有点～。
打比	假如，假定：～你是他家妈，你肯不肯放他去那点玩嘛?
打湿	弄湿：把伞打好点，不要～衣服。
打镖枪	①泻肚：这些黑心钱，吃了～。②喻指从口中吐出唾味、食物：吃饭少讲笑话，警防～。
打早	你明天～来找他，他在屋头的。
打圆场	从中调停使矛盾平息：不是我～，他两个要打起来了。也可单说“圆场”。
打脱	逃脱：我刚才钓到一条鱼，还没拖上岸就～了。
打住	暂时住下：接外婆过来～几天。
打狗	闹矛盾：他两家～以后，就没有往来了。

打山势	辨别方向，看望周围的山体及方位。
歹毒	阴险狠毒：这家伙最～，惹不起。
带厌	讨厌：这娃娃～，不听打招呼。
当不倒	比不上，他劳力好，随便叫个人是当不倒他的
当顿	作正餐：几个红苕就～了？
刀头	祭祀用的整个猪头或成正方形的猪肉。
倒毛	逆其意愿、情绪而使其产生逆反行为：这个人不能～，只能顺着。
得脸	得寸进尺：咦！你这人～喽，我给你这么多，你还想要。
滴汤流水	①汤汁一类的东西滴下来：他吃起饭来～。
	②喻指办事情拖泥带水，不干脆：他做事～，换一个人去。
抵嘴	顶嘴：那小姑娘最爱～。
点黄	有意点出别人的毛病使其出丑。
点水	秘密告发：不是有人～，他肯定不会被抓。
电棒	手电筒。
多的不是	有的是：你还要跑到外头去借钉子，我那箱箱头～。
逗起闹	明知不能如此，故意造成纠纷。他们喊我当头头，这不是～。
斗篷	斗笠，斗读“董”［dong52］蓬，竹编雨具。
读望天书	会念书但不会认字：老师常给学生说，要看书，不要～
端飞碗	老婆被夺走：不看紧点，小心老婆被～。
到哪王哉	问语，到什么地方？
敌倒起	急忙、赶快。他听说出事了，～跑起去看。
敌不住	忍受不了。他痛得～了，才跑到医院去的。

6. t声字头

万山方言词语	方言用语例句
沓	迭：一～钞票。好厚一～书。
“胎”［tai55］	①托衬衣领太薄，拿块皮子～在里面。②垫：拿张纸～在底下。
	③托住：拿手把盘子～倒。

7. L声字头

万山方言词语	方言用语例句
拉稀	腹泻。
邋糊	邋遢。
癞疙癞疤	粗糙，不光滑：这块石头～的。
啷［lang35］	“哪样”的合音：～都不会。
老辈子	长辈。
老木	棺材。
老衣	死人穿的衣服。
老鞋	死人穿的鞋子。

恼火	①厉害，严重：这几天病～了。
	②复杂，不易解决，对付：这人好～。跟你说了半天还是油盐不进。
捞斗	舀鱼的工具。
冷火瞅烟	冷寂：怎么搞得～的，你家的人呢？又说“冷皮秋烟”。
黏［lia55］	①黏性强：这瓶糨糊最～。②粘贴：把画～在墙壁上。
	③亲昵、妖媚：～声～气的。④小孩与长亲热：这娃最～他妈。
拈阄	抓阄：不好分就～。
脸厚	不知羞耻。
凌［lin35］毛	冻雨。
凌构子	冰、冰柱等的总称。
绺［1iu35］	条：把布撕成几～做拖把。
牛肉干巴	干牛肉。
牛打滚	食品：用糯米粉做成球形，煮熟后裹以黄豆面。
牛滚函	牛洗澡的泥水坑。
流话	下流粗俗的话。
留后手	给自己留条后路：办事总得～。
罗罗转	①形容旋转的形态：着风吹得～转。
	②被人吹捧、哄骗而忘乎所以的状态：着哄得～。
浪	①随便洗：用水把菜～干净。②晃动使米浆均匀：～粉。
偻馊	穷酸的样子：这条街上就算他穿得～。
浪［lang55］奖瓜	指葫芦瓜。
浪［lang55］个多	这么多
楼枕	楼板的横梁。
龙头	①自行车的把手。②自来水管上用的出水闸阀。
路路	细长条的痕迹。好好的桌子，划得到处是～。
露白	暴露钱财：你的钱～了容易被小偷摸走。
擂	①敲击：把鼓再～响点。②用拳头打人：～他一顿。
擂钵	用以捣碎食品及药物的器皿。
捞窜	趔趄：脚杆不得力，走路打～。
利巴	健康：对老人的问候语。
亮	炫耀：不过是件新毛衣嘛，～过哪样？
笼［long52］笼	指孔洞。木板上有个～。衣服被火子烧起个～。
笼	①阴谋、哄骗：你着～了。②圈套：你上他的～～了。
练［lian35］牛粪	帮别人劳累而收获。
搂	①抱：把门外的柴～进屋来。②偷：他家的东西着人家～了。
	③贪婪地吃：人都还没齐，你先把菜～完了。

8. G声字头

万山方言词语	方言用语例句
嘎"［ga42］	①猪肉：买点～来给娃娃吃。②戏指人胖肉多。那女人一身都是～～。 ③［ga214］咬、叼，野猫～鸡。有块肉被狗～起跑了。
该	欠：该账要还。我～他五块钱
街面	街道两旁：～尽是卖杂货的。
阶檐坎	屋檐下的台阶。
改天	过些日子：～再来。
解	专指用锯子剖开圆木：～板子。
解锯	指用来解剖开圆木的大锯。
解溲	解大便或小便。
干	①未付出任何代价（而得到）：～得五十元钱。 ②少的，没有附加的：一个月就是这点～工资。 ③经济拮据：这几天～得很，街都不敢上。 ④徒然，无意义、无作用：～讲一阵，没有人听。
干煸	①一种烹调法，将食品放在无油的锅中炒焙。 ②用一种毫无意义的方式混完某一过程：政治学习就拿本文件来～。
干菜	指不带水分的菜，如黄花、木耳粉条之类。
干扯	毫无意义：说来开会，坐起还不是～。
干稍	干燥：要楼上才～。
干巴	物体失去水分后收缩而变小：牛肉～。
干净	①完：把这杯面吃～。②全部：～到我家来开会。
干沙沙	形容缺乏水分而成沙粒状：～的面包，吃都吃不下。
干筋筋	指人干瘦的样子：看他～的，手头还有劲嘞。
赶	①驱赶：把鸡些～出去。②用筷子拨东西，～一点菜在碗头。
赶转转场	指做小买卖的人依场期，不断地从这个场赶那个场。
赶先	①趁早：拾柴要～。②早先：～我给你，你记不倒了？
赶脚	指小孩子坚持跟大人一起上街：我家娃娃不～。有的地方说"跟脚"
赶忙	急忙、赶快：事情多，～做。
钢火	指刀刃的钢质好而锋利：这把刀～好。
刚刚	恰好：～装满。
杠杠	①木杠。②横线：书上划的尽是红～。
搞干	①社交能力、本事：牢头没得～就吃不开。 ②经营，钻营：他真有～，他儿子进了电视台。③收益：开车～大。
裹绞	①（言语、行动上）不干脆、不爽快：不要紧到～，要买就买起。 ②各种上问题交错一起，使情况不清：这个问题好～。
过场	表面上印付一下：上面来检查，都是走～。
勾扯	牵连、瓜葛：他们两个的事有点～不清。

够得	得花很大的精力或很多时间去做：这篇稿子～看。
估	①估计、猜测：我估他有30岁。
古	①执拗：他的脾气越来越～了。②以执拗相对：你要～我不是?③欺压：你不要～人嘛!
古倒	①坚持：他～要走，留都留不住。②强迫：他～我干的。
鼓胀	腹部肿大，多为一些病的晚期现象。他的肚子～得厉害，为期不远了。
鼓	瞪大眼睛，表示不满或威胁对方：你不要～起睛睛看我，吓不倒我的。
鼓鼓眼	特别圆大的眼睛，又说成“牛鼓眼”。
刮	①捞取；他不拿钱回来不说，还倒～家头。②训斥；～他一顿。
刮胡子	喻指训斥。他上班迟到了，又着老板～了。
刮毒	阴险狠毒：老王做事太～。
寡	①缺少油水：清汤～水。②因长久缺少油水而想吃肉的感觉;一个星期没得吃肉，肠胃～倒了。③只：～会说，不会做。④很：汤～淡。
寡婆子	寡妇。跟“鳏夫”相对。常有人用来形容很酸程度，～酸出崽。
寡崽	①孤儿。②大人有时用来骂淘气的小孩子。这个～尽干蠢事。
寡道	不讲情义：他做事～。
寡酒	无佐食的喝酒法。
寡蛋	①孵小鸡孵坏的而变了质的蛋。②零分：他的英语考了个大～。
挂	记：这桩事要～在心头。
挂欠	挂念：出门才几天就～家头。
挂相	记住相貌：他着公安局～了。
挂角亲	较远的亲戚关系：我和他是～。
挂清	清明节前后上坟，在坟头挂上奠祭死者的坟飘纸一类的东西。
褂褂	①背心。②旧式短单衣。
乖	①乖巧、可爱；娃儿都长得～。②依顺、听话：我家娃儿最～。他学～了，喊干哪样就干哪样。
光［gang24］	①涂抹油漆等使光亮：把打好的桌子～下，②摩擦使（刀）快：菜刀在缸钵上～下。滑：路～得很。
光波	刮光的头。
光板	①平滑光亮的木板。②喻指考试得了零分。他数学又得了个～。
光油	无色、使器具生光的油漆。
皈依佛法	守规矩，受约束：他老者～来，他就～了。
归归一一	完完整整，圆满无缺：人家做事，硬是做得～的。
归屋	回家：一天在外头玩不～。有的地方也说“归家”
归拢	①收捡聚集：把东西～过来。②总结：经验～起来就是两条。
鬼火戳	心中气恼，想发怒：心中～。也可说成“鬼火冒”。
跪搓衣板	家庭内体罚方式之一：特指惧内的男人受妻子的惩罚。

滚滚　轮子：常见儿童对车轮形玩具的称呼。
港港［gang42］哉　一会儿，你等我～，我就来了。
给［gei55］给子　多指小孩。有时也指很小的东西。把小指称为满给［gei55］给。
孤掳子　指小偷。

9. K声字头

万山方言词语	方言用语例句
旮旮角角	每个角落：～都找遍了，找不倒。
卡壳	进展遇阻：事情还没进行到一半就～了。
开先	起初：～他们不熟。
开顶	头顶掉头发：才30岁就～了。
开黄腔	①说外行话：不懂不要～。②说脏话：一开口就～。
开交	应付：现在你不学，将来怎么～。
开洋荤	初次得到享受：住300元一晚上的房间，我算是～。
看白	把（人或事）看透了，看得一钱不值：别把他看～了。
坑坑洼洼	形容道路凹凸不平；这条路～的。
肯	容易：小猪吃熟食～长些。
科派	乱收费：农民最怕～。
困	①整个、囫囵：他把那颗李子打～吞下去了。
	②园、饱满：他家猪长得肥～了。
壳子	爱吹牛的人：老王是个～，不要信他的。
瞌睡虫	瞌睡多爱睡觉：他就是～。
空手空脚	（拜访人）手上不带东西：～的，不好去他家。
空话	空洞无用的话：说了半天都是些～。
眍眉凹眼	眼窝深陷，有贬义，常指人相貌难看。你看那人～的。
口水话	口头上啰唆多余、不合实义的言语。
箍	从物体中部用竹条捆扎：～水桶。拦腰抱住：你把他～紧点。不然他跑了。

10. ŋ声字头

万山方言词语	方言用语例句
挨［ŋai55］	①碰，摸：他家娃儿～不得。②靠近：姑娘～倒妈睡。
挨边	①差不多，接近：他们来了～十个人。
	②接近话题、事物等，他说的话一点都不～。有的地方说成“巴边。
挨拢	靠近：～点才看得清。
傲国公	傲气十足而又十分固执的人：他个～，哪个的话他都听不进。
呆［ŋai 214 ］	①呆板：他的脑筋～得很。②确定不变的：她考第一是～的
碍口实羞	腼腆，欲说不说的样子：有话就说嘛，不要～的。
碍难	为难：看倒办，实在～就算了。
爱人	使人喜爱：今年庄稼长得好～啊!

爱好　　注意整洁：他家姑娘～，一天都穿得干干净净的。
安　　放置：把桌子～稳点。2设置：你家～电话了吗？
安山　　在山上安装猎具捕捉野兽：走，～去。
严［ŋan214］丝严缝　闭合十分紧密：他家家具做工细，～的。
昂［ŋang35］头昂脑　因年或生病致头脑不灵活。
谙［ŋan214］　①估计：你～我不来是不是?②想；我～下再答复你。③估量着、有节制地：你～倒给他点生活费，此义常有重叠成“谙倒谙倒的”加强语义。④估量着时间：三点钟开会，你～倒时间去，去早了不好。

11. H声字头

万山方言词语　　方言用语例句
哈　　①声音沙哑：喉咙都喊～了。②抓、处理：他在那里一直没～开堂。③刨：鸡把园子里的菜都～烂了。④裂缝：水桶被晒～了，装水就漏。
哈喉　　肉变味：腊肉放的时间长了要～。
哈声哈气　　声音嘶哑：～的，还唱那样歌噢!
哈数　　比喻礼节，他是那种不讲～的人，别理他。
憨　　傻：过于老实：我家的娃娃～得很。
憨包　　傻子。
憨吃哑胀　　无节制地大吃：～要坏肚子。
憨不拢耸　　傻乎乎的样子。你坐在这里，动都不动一下，～的。
合手　　（工具）好使：这把刀～。
活甩甩　　①不牢靠的样子：这些东西拴得～的。②不可靠的样子：他做事～的。③动摇不定的样子：要说就说死，不要～的。
河坝　　河边平地，涨水时成为河道一部分。
和和嗨［hai55］　指性情温顺，不争强好胜，合群随流的好好先生：他是个～。
火子　　未烧尽的通红的余火块：小心～烫倒。
伙子　　长相（一般指男性)：他长得还有点～。
回　　①久晴转阴：天回下来了。②脆而变软：花生～了，不好吃。
红扯扯　　形容红得不正常：这块肉～的。
红蛋　　鸡蛋煮熟后上红色，生孩子的人家用来送亲友，表示喜庆。
红黑　　反正，总是，无论如何：他～不开口，拿他没办法。
喉咙管　　咽喉：这几天～有点痛。
猴抓舞抓　　杂乱无序乱搞一气的样子：一天～的，一样都搞不好。
黑麻秋港　　①夜间很黑，没有光亮。②指人的面容他长得～的憨普憨普的①不爱讲多话的人。②水不凉，这水喝起～的。

12. J声字头

万山方言词语　　方言用语例句
鸡皮疙瘩　　因受惊或受冷等皮肤形成的小疙瘩。不舒服，我听他唱歌，身上就起～了。鸡公车独

	轮手推车。
鸡朦眼	夜盲症。又说“鸡摸眼”。
夹生饭	①未煮熟透的饭。②喻指未办妥并使其更不好办的事：这件事搞成～了。
假茶叶	假的、伪劣的，有名无实的或名不符实的。买200元的手机，恐怕是～。
尖脑壳	喻指好钻营的人。
奸狡	耍小聪明、好计较的：～的人有时还是要吃亏的。
捡爬［pa55］和	轻易得到好处：这次评职称，他又～了。
贱皮子	①贱骨头，指不自尊和不知好歹的人。
	②不计较得失的人：我是个～，着人骂了还来帮他做事。
将就	迎和，迁就：①我不要哪个来～我。②勉强接受：菜不好，～吃。
	③顺便：你上街～给我带点菜来。
嚼牙巴骨	搬弄是非，乱说：他这个人就爱在背后～。
筋筋吊吊	形容衣物、肉块不成形的样子。前20年他穿得～的。你砍的这块肉～的，我不要。
久不久	间或：～他要来一趟。
扃扃	阴谋、圈套：这个人～多，不要相信他的。
脚脚	①某种物体的下部：坡脚、床脚、桌子脚。②残剩的东西：酱油～不要吃了。
减慢	宀节及生活款待不周。
讲雀话	指说的下流话。
惊渣	抓鸡毛蒜皮小事反复计较。
嚼牙巴骨	指讲冤枉话。

13. Q**声字头**

万山方言词语	方言用语例句
欺头	便宜：你着别人占～了。
齐展	整齐：木料放得～。
七七八八	形容多而杂：～的事搞得我晕头转向的。
七搞八搞	东弄西弄：他～的，还把这台收音机修好了。
起1	①向上挖出：～点土来栽花。②建造：～房子。
起2	表持续状态的助词；看～容易做～难。
起3	形成某种状态：现在高中生多得～堆堆。
起心	存心，有心：你～学就会学倒。
起眼	值得一顾（多用于否定句）：这点钱不～。
起夜	入睡后（多为半夜）起来大小便。他爱～。
气气	①气：高压锅冒～了。②生命：还有点～，快送医院抢救。
气鼓气胀	①肠胃气胀：我肚子头～的，一点东西都不想吃。
	②生气的样子：一天到黑～的。
气粗	因财大势大而言辞强硬傲慢：讲话不要～，哪个怕哪个。
千翻	①主意多，花样多：这姑娘～得很，买了皮鞋，又要买裤子。

牵扯	牵连，涉及：那件事～倒好多人。
欠	想念，挂念：好久不见，心头～你得很。
强盗肉	指表面看不出，实则长得结实的肌肉：小二一身～。
抢水饭	本指鬼抢人们所泼的水饭，喻指慌忙急迫的行动：你忙哪样，忙去～啦。
欺行霸市	①抢行夺市：你这人要～不是？这点又不是你买的，不准我摆摊摊。
清口水	因饥饿等冒出来的唾液：饿得～直流。

14. X声字头

万山方言词语	方言用语例句
稀罕	①少有、难得的：娃娃鱼，在北方来说是很～的。②瞧不起、不要：你别以为你有那么多东西，不肯分给我一点，其实我比你还多，我才不～你的。
稀烂烂	①过分熟烂：萝卜炖得～。②稀烂不堪：一伙人跑来，把他的摊子打得～。
稀泥烂浆	形容道路泥泞。下雨天，这一路都是～的。希里呼噜形容动作快：他～地眨眼工夫就刨完了一碗饭。
稀恒	礼貌语，对久不相见的人的问候：你今天来啦，真～呵。
下	动词，摘、打：柚子熟了，该～得了。板栗老了，可以～了。
下饭	菜食可口开胃，可使多吃饭：霉豆腐～。有的地方说“送饭”。）
下饭菜	①佐食之菜。②喻指对手（只用于否定句）：下围棋么，他不是我的～。
下地	①出生：娃娃一就要吃。②幼儿开始学步，他家娃儿都～了。
下细	①仔细：～点，不要搞错。②俭省：他过日子一得很，舍得吃合不得穿。
下杂	家畜宰杀后出售的内脏。我上街去买点～。
先人板板	祖先牌位：把他惹火了，他去把他家的～都打烂了。
现	清楚：把字写～点。
现过现	①立马兑现：现在人们做事都要～，不是打虚飘就行。②现金支付：这批货要～。
相因	便宜：这一阵鸡蛋～得很。
响皮	油炸干猪皮。
向火	烤火。
消	水位降下：今天水才～下去。
消坑	田野中深凹的泥坑，渗水，多通地下溶洞。又叫“消水洞”。
消夜	①临睡前吃东西：他不～睡不着。②临近深夜吃的东西：今晚加班，给他们准备点～的。

15. Z声字头

万山方言词语	方言用语例句
咋拉子	说话高声大气的人：那个女人是个～。
扎实	①结实：这根绳子～。②狠狠地：这回我要～地说他一顿。
扎媒子	暗中串通做假合伙骗人：他们～来整人。
酢包	参加宴席后带回包好的糖果等：奶奶给小孙孙带点～来。
笮秤	指物体比重大：腿子肉～些。

揸	押：~十块钱作抵，最后看谁赢。
攒劲	①使劲用力：要~才学得好。②情绪高，有劲头，他办这种事~得很。一会就做完了。
造孽	可怜；他家娃娃好~噢!
侧边人	旁边人：让他两个说，~不许多嘴：
折耳根	鱼腥草，一种野菜，又可入药。现可人工栽种。
争	①欠：他~我一百块钱。②差：只~一颗米，我就跑第一了。
真资格	①名副其实：他是~的会计。②真的，不含糊的：说~的我明天要来。
针鼻子	针穿线的有孔的一头。
整	①搞、弄：不要~些墨水在书上②修理：锅坏了，该~下了。③整治、迫害：他专门~人。
正儿八经	正经的，严肃的：~来写几个大字。
指手画脚	说话骂人时用手指指点点：要说就好好就，不要~的。
作料	指葱、蒜、姜、酱油、醋等一类的烹调配料。
坐力	往后推的力：打土枪，~大得很，要小心。
走子	指睾丸游动于腹腔下部。
总成	成全：我的对象是王师傅~的。
皱皮拉垮	②皮肉松散：才40出头就~的了。②衣物起皱，这件衣服~的，怎么穿得出去。
做生	给人过生日，一般指给老人。又说成“做寿”。
爪	①吃，到你家去~一顿。②踢，我被他~一脚。③缝，到街上~了二套衣服。④昆虫名，~帽子，蚂蚱。
扎实	很严重，他病得很~。

16. C**声字头**

万山方言词语	方言用语例句
差火	①差劲，不够标准：那种手机质量大~。②人品不好：这个人太~，一点道理都不讲。
差颗米	相差一点点：~他就老上重点大学了。
差可可崽	相差一点点：我~就和你一样高了。
抄起手	袖手不管：别人忙得不可开交，你却~到看。
槽头肉	猪脖子部位边的肉。
槽槽	两边高中间低的沟状器物或自然物：挖个~。
扯 1	①拉：你~着我，从这里走过去。②不合作：他们又在~。
扯 2	吸收水分：我家的泡菜罐~水得好。
扯 3	闲谈：非正式讨论：开会之前，你们几个先~一下。
扯伸	①拉直：把这根铁丝拉直。②说清楚：把这件事~起。
扯钻	木工用来钻孔的工具。
扯露水	后半夜空气中水汽凝结成的露水。

扯火	火炉里通风，火力旺，这口灶～得好。
扯故	借故：他～不来了。
扯扑鼾	睡着时打呼噜。
扯板筋	小孩大声哭，这娃娃爱哭，一天都是到～。
扯谈	海阔天空地说，令人难以置信。他爱～。
吃呵皮	白吃：（俗语）输钱只为赢钱起，吃烟只为～。

17. S声字头

万山方言词语	方言用语例句
沙声沙气	声音沙哑的样子：我～的，不能参加合唱队了。
沙虫	喂金鱼的小虫。田里水毒：这田头有～
沙锅	用沙、煤灰和陶土作原料烧制而成的锅。
煞黑	天将黑时，一般说“擦黑”。
晒坝	晒粮食的平地。
山旮旮	偏僻山区。又说“山沟沟”。
山不转水转	喻指要给自己留有余地：不要得罪人，～，说不定哪天还要求人家。
三脚猫	喻指喜欢东路西跑，不爱在家或单位久留的人：你找不倒他，他是个～。
三病两痛	指时常有病：他～的，就不要找他写这篇稿子了。
三天两头	经常：他～的请假，干不了什么事。
尝新	吃上刚上市的新米或蔬菜。
上把位	乡村指靠近堂屋神龛下的位子，又称上把位。
上坎	完成任务：你的娃娃都大了，总算～了。
烧香	①给佛神～。②行贿：你不肯～就办不成事。
少保的	多得很：要说红薯嘛，农村～，由你要。
损	未完全破裂，但有了裂痕：这个盘子有点～了，要注意端。
石蚌	生长于山间溪流中的一种黑色青蛙，个大，可食。
时不时	时常：他～来我家。
四眼婆	喻指怀孕的妇女。
四脚蛇	蜥蜴。
四眼落眍	人消瘦后眼睛深陷在眼眶的样子：他这次病得～了。
手气	赌博等方面的运气：今天～不好，输了几十块钱。
手痒	骂小娃娃的话：不听大人话，要乱摸、拨弄物品。
松和	①轻松：这活路～。②病人病情减轻：他吃药后，～多了。
松口	①放开咬紧的牙齿。②不坚持原来的意见：关于调动的事，头头还没松口。

18. R声字头

万山方言词语	方言用语例句
瓤	①软而不结实：这种布有点～。②虚弱、无精神：他刚出院，身有点～。
瓤瓤	一些物体内柔软的东西：丝瓜～、冬瓜～、西瓜～。

热和	①暖和：太阳坝下面很～。②不感兴趣：打麻将我不～。
认人	只与熟人亲近：他不要你抱，这娃娃～得很。
认生	怕见生人：这个娃娃一点不认生。又说不打生。
日妈捣娘	用下流骂这骂那：一天都在～的，像那个得罪了他一样。
日鼓鼓	生气不与交流的样子；他一天～的，可能有什么想不通的事。
日诀	骂：不要动不动就～人。

19. er声字头

方言词语	方言用语例句
耳巴	耳光：那小孩爱骂人，着大人打了两～。
二昏二昏	一般指喝酒喝得昏昏乎乎的样子。他今天又喝得～的。
二贩手	搞转手倒买的人：又说二贩子。
二婚嫂	再嫁的妇女。

20. O声字头

方言词语	方言用语例句
屙痢	①痢疾腹泻。骂得厉害，他被老婆骂得～背时。②吃（贬义）：又在～，不知饱足。
恶鸡婆	指凶横的女人。
腭子	肿大的淋巴结。骂人时说，喉咙生～啦，半天不说一句话。
饿疤背	形容饥饿的样子。

21. Y声字头

方言词语	方言用语例句
牙巴骨	颌骨，牙床。骂人时说：你莫乱在那里嚼～。
牙齿不关风	①缺门牙而说话某些音不清。②藏不住话，易张扬秘密：你是～不是?才跟你说的你就漏出去了。
押倒	强制着；这些娃娃读书要有人～点才行。
哑子子	①未爆响的子弹、爆竹等。②没有爆开的（苞谷）爆米花。
烟锅巴	烟蒂，又叫“烟屁股”。
蔫	枯萎：瓶子头的花～了。
蔫托蔫托的	指精神不振，情绪低落。
眼力	指认识的能力：～好，一见面就认出我来了。
眼泪巴沙	形容眼泪多的样子：才批评你几句，就～了。
眼屎巴沙	眼屎还留在眼睛上的样子。
檐老鼠	蝙蝠。
央	①央求：～他给个工作。②迁就：～倒他点，二天还要找他办事。③维持住：～倒场合。④调护；把身体～好了再去上班。
洋	①旧时对国外传入的事物所冠的形容词：洋火（火柴）、洋灰（水泥）、洋碱（肥皂）、洋马马（自行车）、洋码字（阿拉伯数字）。②有西洋风格的，时髦的：那姑娘穿得好～的。

要不得　　①不能用：这种磁带～了。②不行、过分，不能为人接受：你这样刮人，～。背后贬人，最～的。

要不要　　有时，偶尔：～去趟贵阳。

夜猫子　　指睡得晚，夜深了还在活动的人。

一下　　一会儿：你等～我就来。

一根生　　从来，一直：他～是个急性子。

一发式　　突然一下：他走倒走倒的，就～倒在地下了。

一家伙　　一鼓作气：不要拖了，我们～把他干完就休息了。一次：我一～就把他放倒了。

倚老卖踹　　依仗年老而无理取闹。

阴倒　　①沉默不言：～点，少说为好。②不公开，暗中背着活动：～整人。

阴包谷　　煮熟后晒干的玉米。

咬牙必剥　　咬牙切齿。

油　　油滑：这个人太～

油光水滑　　形容毛色、面容等光滑润泽：这马长得油光水滑。

圆泛　　圆满周全：人家考虑问题就是～。

圆不溜秋　　形容圆的形状：他把头发剃光了，脑壳是～的。

圆噜噜　　圆溜溜的样子。

22. W声字头

方言词语　　方言用语例句

凹眉凹眼　　形容眼眶深陷的样子：她～不好看。

外快　　从事第二职业的收入或正式薪金以外的收入。

玩江湖　　耍花招欺骗：又着人家～了。

玩朋友　　谈恋爱：小王今晚～去了。

玩意儿　　开朗、好言动：他是个～人。

卫护　　袒护：你～他也没用。

瓦　　用瓢、缸用力往下掏：扎实～它一瓢。

网脚　　①绳织的网子脚，②喻指错综复杂的社会关系。他的～宽。

望天书　　读书不用心的样子：他还不是在读～。

望天田　　靠天下雨才能有收成的水田。他家分的几亩田都是～。

围点水　　炒菜稍加点水用火煮：再～煮一下，芋头就熟了。

第三节　语　法

万山特区方言在语法方面从总体上看，与普通话差异不大，具有普通话的一般特点。但也有一些在普通话中没有的特点。本节从民众日常生活的语言交流中，选录一些具有特色的常用语句，主要从词语构成和语句构成两个方面作简要记述。

一、词语构成形式

（一）名词构词形式类型：

1. AA式。这种构词方式分四种

（1）名词词素重叠

①桌桌　凳凳　板板　车车　刀刀　杆杆　盆盆　皮皮

这类名词重叠后，常用于口语，不重叠的单说式除用于口语外，还用于书面语。加词缀的“子”尾式用于正式的口语。如“桌子、凳子、板子”等。

②坡坡　坎坎　沟沟　洞洞　水水　灰灰　汤汤　虫虫

这类名词重叠后，表示物体“小”或“少”，“坡坡，沟沟”表示坡不高，沟不宽，不在意下。“灰灰、汤汤”表示少。常用于口语。

③丝丝　圈圈　箩箩　兜兜　网网　线线　须须　把把　瓶瓶　背背　口口　边边　齿齿　面面　壳壳　筒筒

这类名词重叠后，常用于口语，没有相应同义的单说式和子尾式，这种重叠式的词语较多。

④爸爸　妈妈　叔叔　舅舅　姐姐　弟弟　妹妹　哥哥　姐姐

这类名词重叠后，用在书面语上，显得对亲属的称谓更加亲切随和。一般在口语中都用单说式。小孩在口语上用得较多。还有一种是大人对小儿用语，与小儿有关的名词可随意重叠讲。如：糖糖水水奶奶（乳）饼饼衣衣裤裤（睡）觉觉

（2）动词词素重叠

撬撬　铲铲　刷刷　盖盖　筛筛　套套　夹夹　轮轮　刮刮　撮撮　抓抓　拐拐　锤锤　印印

这类动素重叠后的名词，与普通话动词重叠是词的形态变化，表示短暂、尝试的语法意义是完全不同的。

（3）形容词词素重叠

尖尖　园园　团团　凹凹　皱皱　偏偏　香香　乖乖

这类名词没有“子尾式”，属于典型的口语。书面语用得极少。

（4）量词词素重叠

块块　片片　本本　个个　串串　节节　颗颗　张张

量素重叠构构的名词较少，但较多地出现在一定的语词搭配中，如“划块块”，“切片片”，“数个个”“起串串”，“砍颗颗”。

2. ABB式

光溜溜　老者者　凌毛毛　方块块　长条条　犟拐拐

3. AAB式

转转场　丁丁虫　颗颗糖　长长脸　板板车　尖尖脚

4. AABB式

肠肠肚肚　脚脚手手　旮旮角角　弯弯拐拐　坑坑洼洼

根根底底　条条款款　针针线线　盆盆碗碗　棍棍棒棒

上述AABB式，意义较复杂，既有泛指意义，又含有逐一之意。如“条条款款”既有各种条款之义，

又有每一条，每一款之义。

（二）动词重叠形式

动词重叠形式主要有以下几种类型：

1.“一A一A的”，表示连续自动状态。如：（鱼）一动一动的（那人）一跳一跳的（走路）一歪一歪的（嘴）一扯一扯的（灯光）一晃一晃的（红旗）一飘一飘的

2.“A啊A的”，表示连续动态。如：他摇啊摇的睡着了。看啊看的看出问题来了。他走啊走的就倒下去了。他唱啊唱的声音就斯了。

3.“要A要A的”，表示将发生，将进行的状态。如：水烧得要要开要开的就停电了。她钱包丢了要哭要哭的。这条路前面要跨要跨的。老鼠吃了毒药在那里要死要死的。

4.“想A想A的”，表示欲发生、欲进行的状态。如：想睡想睡的　想走想走的　想要想要的　想停想停的　想吐想吐的　想拿想拿的　想搞想搞的　想摸想摸的

5.“A倒A倒的”，表示强调作为方式的行为。如：看倒看倒的　试倒试倒的　匀倒匀倒的　争倒争倒的　讲倒讲倒的　笑倒笑倒的　喊倒喊倒的　做倒做倒的

6.“干A干A的”，表示对其动作行为有轻蔑或低贬之义。如：干叫干叫的　干吼干吼的　干闹干闹的　干扯干扯的　干痞干痞的　干跳干跳的　干讲干讲的　干笑干笑的

7. 倒A不A的，表示似动非动的。如：倒像不像的　倒开不开的　倒看不看的　倒想不想的　倒成不成的　倒要不要的　倒说不说的　倒学不学的

（三）形容词重叠形式

万山特区方言的形容词重叠具特色的部分。它除了具备普通话西南官话的所有重叠形式外，还有自己的特殊形式。主要有如下几种：

1.“AA的”式。如：好好的　丑丑的　乖乖的　慢慢的　远远的　早早的　糯糯的　静静的　软软的　轻轻的　胖胖的　黑黑的

2.“ABB的”式。如：雄蹦蹦的　唱嗷嗷的　慢吞吞的　肥嘟嘟的　硬邦邦的　静悄悄的　懒洋洋的　笑嘻嘻的　甜蜜蜜的　酸溜溜的

3.“AABB的”式。如：舒舒服服的　冷冷清清的　清清爽爽的　白白胖胖的　高高大大的　快快乐乐的　矮矮小小的

4.“A里AB的”式。如：神里神气的　土里土气的　流里流气的　糊里糊涂的　哆里哆嗦的　洋里洋气的　怪里怪气的　鼓里鼓气的

5.“A头A脑的”式。描摹精神、性格、神态和行动方式方面的形容词生动形态。如：笨头笨脑的　怪头怪脑的　神头神脑的　缩头缩脑的

6.“A眉B眼的”式

描摹神态、长相的，有的抽象行为方式的形容词生动形态。如：烂眉实眼的　透眉实眼的　怪眉实眼的　细眉实眼的

万山特区方言的单音形容词除具有上述全部特点外，还有自己的一套构形和层级形式。文读时，一般用西南官话和普通话的共有形式。平日交流时多用另一种形式。从构形的角度看，西南官话的“AA的”式在境内方言里演化出“AA子的”的附加式。如：

臭臭子的　酸酸子的　绵绵子的　甜甜子的　肥肥子的　慢慢子的　冲冲子的　痒痒子的

蔫蔫子的　矮矮子的　秃秃子的　滑滑子的　辣辣子的　胖胖子的　光光子的

西南官话的“ABB的”式在境内方言里演化出“ABB子的”的后缀附加式。

如：甜蜜蜜子的　苦兮兮子的　酸溜溜子的　肥秋秋子的　胖嘟嘟子的

冲兮兮子的　硬帮帮子的　暖烘烘子的　灰溜溜子的　醉醺醺子的

乱糟糟子的　黑秋秋子的　白生生子的　香喷喷子的　亮晶晶子的

油叽叽子的

从程度的深浅看，“AA子的”程度较浅，属于适中程度。如“酸酸子的”表示既可以感觉出酸味，又不太酸，正合口味。“ABB子的”表示较深程度，但未到极限。“酸溜溜子的”比“酸酸子的”更酸，更诱人吃，但不像“酸酸子的”可以不停地吃，吃吃停停才受得了。所以，“AA子的”式“ABB子的”式侧重的是合适性。至于更深程度，万山特区方言有另外的表现形式：

“A登了”相当于西南官话的“A死了”，普通话的“A极了”，程度比“AA子的”、“ABB子的”深，表示快到极限了。

如：熟登了　红登了　痒登了　臭登了　霉登了　饿登了　甜登了　凉快登了

舒服登了　好玩登了　热闹登了　闷热登了

二、句子表现形式

万山特区铜仁方言在句法方面与西南官话相同是主要的。但也有自己的特点。主要表现在：

（一）“着”及被动句

万山特区方言的被动表示法与其他西南官话一致，文读时，用“被”“受”表示，这与普通话相同。如：被老师批评了一顿。被上级领导看中了。被打死了。被公安局抓了。受到上级部门的表彰。受人欺凌。

白读时，主要用“着”“得”来表示被动。“得”表示好事，“着”用于表示坏事或被叙述的对象不情愿、不得已的事。表示好事中的“得”实际上是“获得”“得到”之义：得老师表扬了。得选为三好学生了。得宠了。得当人大代表了。

“着”表示被动，除不用于好事外，其他与普通话相同。其后既可跟施事者，也可省略施事者。有的还可以省略动词。如：我着我家老妈扎实吼了一顿。书着她撕烂了。今年的庄稼着水淹了。锅着烧红了。饭着我煮糊了。鞋子着人家捡起走了。“着”还可以表示主语被迫干什么或被用来干什么事情：着罚款了。着坐笼子了。钱着拿去还账了。

（二）“得”字句

万山物区方言“得”字意义、用法与其他西南官话相同。除作动词，表示“获得”“得到”之义外，一是用在动词后，表示“能”“能够”或“可以”“应该”之义。二是放在形容词之前，表示“享受”“获得”之义。三是用在动词后作助动词，强调动作行为结果。现将后三项分述于后：

1.“得”+动词

得看　得打　得坐　得喝　得当　得上　得讲　得看书　得吃饭　得打牌　得坐车　得喝酒　得当官。这种结构表示的是“获得”之义。若“得”字后的动词带的宾语时，可说成：得书看　得饭吃　得牌打　得车坐　得酒喝　得官当　得课上

2.“得”+形容词

得空　得赢　得便宜　得安逸　得清静　得清闲　得舒服。这种结构形式表示的是“获得”、“享受”之义。

3. 动词+“得”

“得”用在动词之后，分为两种情况：一是表示“能”、“能够”、“可以”。二是表示“应该”“可以”的意义。表示“能”、“能够”、“可以”、“得”，一般只用于叙述句中，其后可跟补语“得很”。如：

睡得　逛得　等得　玩得　干得　拖得　写得　煮得　做得

契得苦　契得亏　契得饭　读得书　喝得酒。

表示“应该”、“可以”之义的“得”后面常跟句尾语气词“了”。主要用于祈使句及少数叙述句中：

走得了　去得了　洗得了　做得了　散得会了　上得学了

4.“得”作助动词

“得”用在动词之后作助动词，强调动作行为的结果：他钓得两条鱼。我赚得十块钱。他称得几斤肉。

（三）“倒”字句

“倒”是境内方言中一个非常活跃的词，使用频率极高。除作动词外，一是用在动词后，表示动作行为的可能性或结果。二是用在动词后作助动词，表示动作行为的状态或方式。

1. 动词+“倒”+“了”

找倒了　问倒了　碰倒了　抓倒了　买倒了　打倒了　看倒了

这种结构强调的是动作行为的结果，“倒”相当于“到”，也可以读作“到”。有无“倒”字，意义不同。没有“倒”字，就不一定有结果。如：“找了”强调的是动作行为，也许有结果，也许没有结果。强调结果的“倒”字结构有两种否定形式：

没找倒　没问倒　没碰倒　没抓倒　没买倒　没打倒　没看倒

这种形式强调的是现在的结果。动词后可以加进“得”字。另一种形式既包含现在，也包含对动作行为的最终结果进行的推断：

找不倒了　问不倒了　碰不倒了　抓不倒了　买不倒了

2. 动词+“得”+“倒”

听得倒　看得倒　达得倒　坐得倒　想得倒　问得倒。这种结构形式是对动作行为的结果或目的的可能性进行推断，它的否定形式是将“得”字换成“不”字。其中的“倒”字，有的可以换成“到”，如“想”“听”“看”等动词。有的不能换。如：“喝得倒”既表示有机会喝，又表示喝得下。后一义显然不能用“到”字来表示。

3.“倒”作助动词

作助动词的“倒”相当于普通话的“着”。主要形式有：

①动词+“倒”

坐倒　站倒　拿倒　看倒　等倒　拦倒　注意倒　先用倒

这种结构中的“倒”表示的是动作行为的进行，主要用于祈使句中，可用“着”来替换。“倒”后面还可以跟“的”字，意义虽没有变化，可说话的对象发生变化，用于叙述句。如：甲：“你注意倒!”乙：“我注意倒的。”

此有形容词加+“倒”如：“闲倒、空倒、忙倒、辛苦倒”等。

②动词+“倒”+动词

坐倒看　站倒等　看倒讲　接倒说　比倒画

这种结构表示的是后一个动作行为的方式或状态。

（四）“起”字句

“起”跟“倒”的用法很相近。一是用在动词后，表示动作行为的结果或可能性。二是作助动词，表示动作行为方式、状态或趋向。

1. 动词+“起”+“了”

安起了　考起了　做起了　泡起了　装起了

这种结构强调的是动作行为的结果，其中的“起”大都可以用“好”字替代。但“考起了”只能用“上”或“中”字替代。该形式的否定式同“倒”的相应结构一样，也具有两种形式，作用也相同：

没安起　没考起　没做起　没泡起　没装起　没修起　没买起

安不起了　考不起了　做不起了　装不起了　修不起了　买不起了

2. 动词+“得”+“起”

承得起　受得起　输得起　做得起　养得起　修得起　扛得起

这种结构强调动作行为的施事者具备实力去完成这一动作行为。其否定形式是将“得”字换成“不”字。作用也与“倒”的相同结构相同。

3.“起”作助动词，分三类

①动词+“起”

炉子上炖起一锅肉　屋里坐起好多人　手头抱起个娃娃崽

纸纸到处甩起　门大大地敞起　在床上摊起

这种结构表示的是状态，相当于普通话的“着”。

②动词+“起”+动词

坐起看　站起等　抱起走　挤起坐　看起讲　问起走　坐起等。该结构形式与“倒”的相应形式意义、功能都相同，表示后一动作行为的方式。

③动词+“起”+趋向性动词+“了”

走起下采了　跑起过去了　爬起上去了　查起过来了

这种结构表示的是动作行为的趋向，其中的“起”有的可以省略，如：“走下来了、跑过去了、查过来了”等。有的不能省略，如：“说起去了”是“说下去了”的意思，其中的“起”就不能省略。

（五）“过”字句

1.“过”+动词

过打　过咬　过煮　过抄　过掐　过喊　过跑。该形式表示的是动作行为所采用的方式。

2. 动词+“过”

写过　煮过　炒过　做过　问过　买过　来过　洗过。该形式主要用于祈使句中，表示“重新”“另外”的意思。动词前可以加“重新、另外、格外等词。

第四节　谚　语

谚语，它是经过高度提炼出来的艺术珍品，既有形象性又有哲理性，它以短小的文学形式，流传于世代人民的日常生活中，并成为世代人民经验的宝库。本节收集部分常用谚语分类记述如下：

一、气象

东北风不换，阴雨连不断。

太阳出得早，天气晴不了。

天上云斑斑，罩子下河天要干。

早雾日头，晒破石头。

火烧乌云盖，大雨来得快。

太阳起晕涨大水，月亮起晕草头枯。

山罩有雨河罩晴，罩子爬岸大雨淋。

早晨有白霜，午后有太阳。

早雨不过午，午雨到关门，夜雨下不停。

雨夹雪，半个月。

风大雨不长，无风绵洋洋。

有雨山戴帽，无雨山坐轿。

雷公先唱歌，有雨也不多。

雷公虫爬墙，大雨有一场。

冬前不下凌，冬后冷死人。

冬来冷肉，春来冷骨。

晚上下雨白天晴，一人做来养十人。

老屋基回潮，洪水滔滔。

雾大雾收霜，霜大有太阳。

雾罩散得快，快把谷子晒。

麻雀洗澡，有雨不小。

青蛙满田叫，大雨快来到。

斑鸠咕咕叫，晴天就来到。

蚂蚁搬家蛇过道，虹穿裙子山戴帽。

蛐蟮滚沙，必有雨下。

蛐蟮出来裹干灰，蚂蚁出来大水推。

狗打喷嚏天要晴，鸡晒翅膀天要雨。

虹高日头低，赶快披蓑衣。

斑鸠咕咕叫，晴天就来到。

二、时令物候

立春栽柳，插起就有。

立春雨淋淋，阴阴湿湿到清明：

二月初一晴，树叶发两层（返春）。

清明雨淋头，黄豆贵如油。

重阳无雨看十三，十三无雨一冬干。

十月十一牛滚泥，下雨要到阳雀啼。

惊蛰冷得狗向火，荞麦不用簸。

惊蛰点瓜，不开空花。

惊蛰有雨早下秧，惊蛰无雨不要忙。

清明前后，种瓜种豆。

清明断雪，谷雨断霜。

清明要明，谷雨要淋。

清明不明烂早种，谷雨不雨烂早秧。

三月初三刮大风，十根果树九根空。

立夏不下，犁耙高挂。

立夏打田不坐水，夏至栽秧少一腿。

吃了羊角粽，才把寒衣送。

立秋晒得苦，二十四个“秋老虎”。

八月打雷谷堆堆，九月打雷大雪飞，十月打雷黄土堆。

八月十五云遮月，正月十五雪打灯。

七月蜂，八月蛇，九月黄蜂惹不得。

八月大，白菜萝卜当肉价；八月小，白菜萝卜当猪草。

重阳不打伞，胡豆光杆杆。

十月无霜，碓头无糠。

十月打大霜，五谷堆满仓。

白露不勾头，割来喂老牛。（水稻）

白露过一天，蚊子死三千。

白露逢单，翻了又翻；白露逢双，干谷进仓。

寒露种高山，霜降种平川。

寒露雨一场，等到霜降见太阳。

寒露胡豆霜降麦，立春油菜绵不得。

霜降打湿脚，胡豆结成索。

立冬晴，一冬明；立冬雨，湿到底。

五九六九，隔河看柳。

七九六十三，路上行人把衣单。

九九八十一，庄稼老汉把田犁。

三、农事

深栽洋芋浅栽姜。
娘壮儿肥，种好秧壮。
山顶开荒，山下遭殃。
栽秧烤火，谷不用簸。
正月栽竹，二月栽木。
绿肥管三年，瘦田变肥田。
红苕丢把灰，挖时起堆堆。
宁叫田等秧，莫要秧等田。
养猪不赚钱，屙屎肥坝田。
辣子要栽花，茄子栽芽芽。
阳春薅得嫩，抵得泼道粪。
栽烟不打芽，收个光夹夹。
同是一块天，旱粮不旱烟。
春天坐一坐，冬天三顿饿。
千壅万壅，抵不得犁田炕冬。
不施肥，收一半；不治虫，光眼看。
种田无粪，等于瞎子没得棍。
七月葱，八月蒜。

四、生活哲理

人无志不立，马无力不行
平生不受混来财，碗大银子踢开。
塘大好养鱼，量大好容人。
在世不孝爹和娘，死后何必哭短长。
手板手背都是肉，是儿是女都一样。
不染烟和酒，活到九十九。
吃人口软，得人手短。
笑脏不笑补。
湿柴怕猛火。
有麝自然香。
蚂蟥两头吃。
家不合，外人欺。
听人劝，得一半。
吃得亏，打得堆。

包谷粑，自家夸。
不怕慢，只怕站。
哪点黑，哪点歇。
轻轻说话不费力。
天晴砍柴落雨烧。
篱笆不烂狗不钻。
蓑衣怕火人怕褰。
塘中无鱼虾也贵。
槽中无食猪拱猪。
猫翻甑子帮狗忙。
天亮才见马牙霜。
当家三年鸡狗恨。
水中淹死会水人。
扯开萝卜地皮宽。
麻绳尽从细处断。
久走夜路要闯鬼。
死要面子活受罪。
铜盆烂了斤两在。
鸭子死了嘴壳硬。
公鸡屙屎头节硬。
黄牛过河各顾各
豆腐盘成肉价钱。
秧鸡顾头不顾尾。
雷公不打吃饭人。
盐多菜苦，儿多母苦。
大姐做鞋，二姐学样。
从小看大，三岁看老。
手不摸黑，黑不染手。
人要人扶，纸要糨糊。
耗子咬索，各咬各脱。
一竹竿扫完一船人。
旧的不去，新的不来。
得人钱财，与人消灾。
虱多不痒，债多不愁。
心急吃不得热糍粑。
前头作揖，后头弯腰。
爱跳的蚂蚱没得肉。

脸上无肉，做事刮毒。
吹糠见米，开门见山。
烟锅巴劲大，苦人命大。
三十夜的火，十五的灯。
小洞不补，大洞一尺五。
人是三节草，不知哪节好。
酒醉心明白，脸红正吃得。
人心隔肚皮，饭甑隔筲箕。
官有十条路，九条人不知。
人勤地生宝，人懒地生草。
饭少多吃菜，衣少多捆带。
寒从脚上起，病从口中入。
晚上洗过脚，当得吃副药。
要得伙计长，天天算口粮。
喊破嗓子，不如做个样子。
行客拜坐客，不拜不晓得。
人有小九九，天有大算盘。
人与人不同，花有几样红。
人怕老来穷，谷怕午时风。
人穷发奋起，刀钝石上磨。
人老经验多，姜老味道辣。
三天不吃酸，走路打捞窜。
没得豆豉颗，照样炒油渣。
老人不管事，老刀不砍刺。
老骨头硬，越老越展劲。
不嫌你糠粗，反嫌我米糙。
自己不孝老，莫怪崽不好。
龙多不下雨，鸡多不下蛋：
塘大好养鱼，量大好容人。
话讲在实处，药敷在痛处。
猪多无好糠，人多无好汤。
井边打水，有个先来后到。
庄稼人吃粪，生意人吃秤。
宁穿朋友衣，不夺朋友妻。
勤人跑三遭，懒人压断腰。
一天省一把，十年买匹马。
出门看天色，进门看脸色。

山山出鹞子，处处有能人。

蚂蟥听水响，蚊子听巴掌。

皇帝爱长子，百姓爱幺儿。

三十晚洗脚，出门有吃喝。

石匠无好墙，木匠无好房。

骂的风吹过，打的下下着。

一行服一行，豆腐服酸汤。

不捉鱼手不腥，不做贼心不惊。

为人不学艺，挑断箩篼系。

好心不得好报，黄泥巴搭烂灶。

坛子口大好封，人的嘴小难封。

冷菜冷饭能吃，冷言冷语难受。

卖豆腐靠卖水，卖膏药靠卖嘴。

脚正不怕鞋歪，心正不怕雷打。

蛇咬人有药医，人咬人无药医。

第五节　歇后语

歇后语是广泛流传于民众中的口头语，富于想象、幽默风趣、意味深长的特点，深为民众喜闻乐道。本节收录人们在日常生活中常用的歇后语若干条，每条按第一字的笔划数为序排列。

一画字头

一颗老鼠屎——搞脏一锅粥。

一回着蛇咬——十年不钻草。

一箩鸡蛋滚下坡——没有一个是好的。

一脑壳的头发落完了——聪明绝顶。

一条道路走到底——死不悔改。

一层布做的夹袄——反正都是理（里）

一张纸画个鼻子——好大的脸面

一张篾筛子——尽是缺点

一肚子加减乘除——心中有数

二画字头

八十岁学吹鼓手——难上难

八十岁老人学吹打——上气不接下气

八十年不下雨——太多晴（情）了

八十老汉吹喇叭——老调
八个麻雀抬轿——担当不起
八月里的黄瓜棚——空架子
八月的石榴——满脑袋的红点子
八仙过海——各显神通
八字还没有一撇——早着呢
十二只轮船出海——四通八达

三画字头

丈二的和尚——摸不着头脑
丈八高的台灯——照远不照近
三九天不戴帽子——好动（冻）脑筋
三九天穿裙子——美丽动（冻）人
三九天掉进冰窟窿——凉透心
三十晚上走路——没影子
三十晚上的案板——不得空
三十晚上盼月亮——没指望
三十晚上看皇历——没时间了
三十晚上催年猪——来不及了
三十斤的羊子四斤尾巴——大甩甩的。
三十夜生的——靠不着。
三十夜的磨子——没得推的。
三丈竿子爬到梢——到顶了
三个指头拾田螺——稳拿
三岁孩子看戏——凑热闹
三年不刷牙——一张臭嘴
三亩竹园出一根笋——独一无二
三更半夜生的——亥时（害死）人
土地爷放屁——神气
土地爷的肚子——石心肠
土地爷洗脸——失（湿）面子了。
土地爷喊城隍——神乎（呼）其神
土地庙长草——荒神
土豆儿搬家——滚蛋
大丫头抱孩子——人家的
大水冲了龙王庙——自家人不认自家人
大风地里吃炒面——有口难开

大年初一翻日历——头一回
大佛殿的罗汉——一肚子泥
大肚子踩钢丝——铤而走险
大姑娘上轿——头一回
大姑娘不要婆家——假话
大姑娘说媒——难开口
小鸡啄蛋壳——自找出路
小卒子过河——顶车用
山坡上向火——就地取材（柴）
山间里的竹笋——节节高
山间里的竹笋——嘴尖皮厚腹中空
山头上唱歌——高调
干河滩撒网——瞎张罗
干菜拌豆腐——有盐（言）在先
千钧一发——危险

四画字头

乌龟撞石板——硬碰硬
乌鸦吃了萤火虫——自己肚里明
乌鸦骑在猪背上——只见别人一身黑
乌鸦插上孔雀毛——掩不住黑心肠
书生打架——为笔（未必）
书店失火——字燃（自然）
五月的石榴——越开越红火
五更天赶路——越走越亮堂
开会请假——没出息（席）
开了闸的水库——滔滔不绝
开了弓的箭——永不回头
井水坎上的人——信冲
井水里放糖——甜头大家尝
井里蛤蟆——没见过碗大的天
井底雕花——深刻
天干赖井水，人穷赖屋基——光怪别人
天要下雨娘要嫁——没办法
天上掉馅饼——不可能
从门缝里看人——把人看扁了
六十岁尿床——老毛病

六月天下大雨——就那么一阵子
六月天——说变就变
六月天借扇子——不识时务
六月里的云——捉摸不定
孔夫书房——大有文章
孔雀开屏——炫耀自己
孔雀遇到凤凰——自愧不如
开了花的竹子——命不长
开了闸的水库——滔滔不绝
开盐店的老板——爱管咸（闲）事
心口上挂钥匙——开心
心口上挂漏勺——捞（劳）心
心字头上一把刀——忍了
文火炖蹄膀——慢慢来
无蜂的蜂窝——空洞
无水不行船——事出有因
云雾山中做生意——云里来雾里去
云彩里盖大厦——空中楼阁
木偶上戏台——背后有人
木头人下河——摸不着底
火烧芭蕉——心不死
火烧房子还瞧唱本——沉得住气
火烧眉毛——且顾眼前
火烧猴屁股——团团转
火烧额头——迫在眉睫
牛角上抹油——又尖又滑
牛身上拔根毛——无伤大体
牛栏里关猫崽——出进由你
王八钻进瓮里——走投无路
王八掉进灰堆里——憋气又窝火
王八掉进烂泥塘——翻不过身来
王八掉眼泪——鳖（别）伤心
王母娘娘害喜——怀鬼胎
王灵官的脸——红妥妥的。
王婆卖瓜——自卖自夸

五画字头

东吴招亲——弄假成真
丝瓜烧豆腐——青青白白
冬天卖醋——寒酸
冬瓜皮当帽子——霉到头了
冬瓜牵到豆棚上——纠缠不清
冬天里讲话——冷言冷语
出土笋子逢春雨——节节高
出芽的蒜头——多个心
出洞的老鼠——东张西望
北极的冰川——顽固不化
半天云里跑马——露了马脚
半边铃铛——响不起来
半夜开窗户——星（心）在外头
半夜里吃柿子——拣软的捏
半空中的气球——悬着呢
半空里翻跟斗——不着实地
号筒里塞棉花——吹不响
四个兽医抬只羊——没治了
四大金刚上天——悬空八只脚
圣人门前卖字画——献丑
圣人喝卤水——明白人办糊涂事
外公死儿——没舅（救）了
外甥打灯笼——照舅（旧）
头顶长疮，脚底流脓——坏透了
头顶灯草——轻巧
头顶灯笼——脑（恼）火
头顶磨盘——不知轻重
头发上巴膏药——毛病
对牛弹琴——白费心思
对着月亮攀谈——说空话
母子俩打牌——妈和（马虎）
生成的豆芽——长不成树
生虫的拐杖——靠不住
生锈的铁锁——打不开
用手做枕头——置之脑后

用米荡洗澡——尽办糊涂事
电风扇的脑袋——专吹凉风
电灯上吃纸烟——其实不燃（然）
电线杆上晒衣服——好大的架子
电线杆上插土豆——大小是个头
电线杆子当火柴棍儿——大材小用
电线杆当筷子——大材小用
白毛狐狸戴礼帽——有了道行
白蚁蛀观音——自身难保
出洞的老鼠——东张西望
出洞狐狸——贼头贼脑
丝瓜烧豆腐——清清（青青）白白

六画字头

关公卖豆腐——人硬货不硬
关公面前耍大刀——自不量力
冰糖调黄瓜——甘（干）脆
冲着窗户吹喇叭——鸣（名）声在外
刘姥姥坐席——出洋相
刘姥姥进大观园——看得出神了
刘姥姥进大观园——眼花缭乱
刚过门的小媳妇——扭扭捏捏
吃的盐多了——净管咸（闲）事
吃咸鱼蘸酱油——多此一举
吃着生姜喝着醋——从酸辣中过来的
刚长出来的马桑木——嫩苔苔
刚出山的太阳——满面红光
灯草当拐杖——拄不得
爷爷棉衣孙子穿——老一套
爷俩看见马打架——大惊小怪
竹竿伸进鸡窝里——捣蛋
竹竿捅星星——想高点子
米汤盆里洗澡——糊里糊涂
红蓝铅笔——两头挨削
老寿星返童——面目全非
老和尚吹管子——不懂笛
老和尚念经——老一套

老巫婆搽粉——招人看
老和尚的木鱼——不敲不响
老和尚的木鱼——生来就是挨敲
老和尚剃头——一扫光
老和尚打伞——无发（法）无天
老虎下山——谁敢挡
老虎不吃人——恶名在外
老虎挂佛珠——假装善人
老虎挂素珠——假慈悲
老虎借羊——有借无还
老鼠跌进米缸里——半是快乐，半是忧
老鼠舔猫鼻子——送死
老鼠盘崽——白给猫盘
老牛屙屎——稀稀拉拉
肉包子打狗——有去无回
肉汤洗脸——荤（昏）头荤脑
自行车追汽车——望尘莫及
舌头长刺——出口伤人
舌头打结——难缠
舌头伸到人家嘴里——帮腔
舌头碰牙齿——免不了
芝麻开花——节节高
死人的眼睛——定向了
夹尾巴的狗——不出众
成熟的藕节——心眼多
此地无银三百两——不打自招
尖尖屁股坐碓窝——正好

七画字头

两个哑巴见了面——没说的
两个哑巴打望——是非难分
两个哑巴睡一床——无话可说
两个琵琶一个调——弹（谈）到一起了
两口子打架——临时讲起
两口子打架——常事
两口子上法院——离婚
医生打架——真（针）来

佛像的眼球——动不得
冷水浇头——凉了半截
判官吃黑豆——鬼嚼（叫）
判官的肚子——鬼心肠
床底下放风筝——飞不高
张飞穿针——大眼瞪小眼
抵门杠做牙签——插不进嘴
报晓的公鸡——不用催
扳着指头算账——心中有数
把脸埋进裤裆里——见不得人
把妖精当菩萨——善恶不分
汽车按喇叭——靠边站
沙窝里行船——进退两难
沙滩上盖楼房——不牢靠
沟边大树——见湿（识）多
沟边放牛——两边吃
没弦的琵琶——无从弹（谈）起
没骨头的伞——支撑不开
没框的算盘珠——全散啦
驴子推磨牛耕田——各走各的路
驼子睡楼板——翘（瞧）的
鸡上架——蹲在老地方
鸡飞蛋打——一场空
鸡毛做毽子——闹着玩的
花轿后面的老和尚——算哪门子亲
花上的苍蝇——装疯（蜂）
花果山的猴子——无法无天
花生地里开花——落地生根
花心萝卜充人参——冒牌货
苍蝇进花园——装疯（蜂）
苍蝇叮大粪——臭味相投
芭蕉的秆秆——粗枝大叶
芭蕉秆做桩——经不起打
巫婆看病——妖言惑众

八画字头

兔子拉犁——不讲套路

刮大风吃炒面——张不开嘴

卒子过河——难回头

卖鱼的不带秤——抓虾

卖布不带尺子——存心不良（量）

青械木雕菩萨——光硬不灵

青光岩进石灰窑——黑进白出

垃圾堆上骂人——满口脏话

拉着胡子上船——牵须（谦虚）过渡（度）

拉着手走路——你行我也行

拉子吵架——张口结舌

板壁上钉钉子——一锤子的买卖

打壁上挂二胡——瞎扯

反壁上挂团鱼——四脚无靠

板壁上睡觉——翻不得身

周瑜打黄盖——一个愿打，一个愿挨

和尚手中的木鱼——挨敲的货

浅滩上放木排——一拖再拖

浅碟子盛水——一眼看透

狗咬耗子——多管闲事

狗咬月亮——不知高低

狗咬主人——忘恩负义

狗改不了吃屎——本性难移

瓮中捉鳖——手到擒来

盲人的喇叭——瞎吹

盲人剥蒜——瞎扯皮

盲人骑瞎马——乱闯

盲人熄灯——瞎吹

九画字头

咸菜烧肉——有盐（言）在先

咸菜烧豆腐——有盐（言）在先

哈巴狗上桥——不识抬举

哈哈镜照人——走了形

哑巴见了妈——说不出的亲热

哑巴吃饺子——心里有数

哑巴看戏——心里明白

哑巴吃黄连——有苦说不出

哑巴作报告——指手画脚
哑巴进庙门——多磕头少说话
哑巴拾黄金——说不出的高兴
城隍娘娘坐月子——养神
姜太公钓鱼——愿者上钩
姜太公算卦——好准啊
孩子没娘——说来话长
客厅里挂狗皮——那像什么画
拽着胡子过渡——谦（牵）虚（须）
指东骂西——借题发挥
拽着嘴唇说话——讲歪理
按着葫芦浮起瓢——顾此失彼
秋后的蚂蚱——没几天蹦魃的
秋后的莲藕——满心是丝
秋后的蚊子——没几天嗡嗡头:
穿冬衣戴夏帽——不知春秋
穿钉鞋走泥路——步步落实
穿钉鞋拄拐棍——把稳行事
穿着汗衫戴棉帽——不相称
穿着坎肩作揖——露两手儿
穿着蓑衣救火——引火烧身
穿着靴子搔痒痒——木滋滋的
耍大刀的唱小生——改行了
背手上鸡窝——不捡（简）蛋（单）
背着米讨饭——装穷
茶馆搬家——另起炉灶
院坝里种菜——无缘（园）

十画字头

赶牛下岩坎——往死路上逼
捏起鼻子吃冲菜——说不出口
荷花塘里着火——偶（藕）然（燃）
恶人先告状——反咬一口
恶狗见棍棒——又恨又怕
恶婆婆碰到横媳妇——对手来了
鸭子开会——无稽（鸡）之谈
鸭子走路——左右摇摆

鸭子下卤缸——嘴壳硬
鸭子吃蟥蟮——吞吞吐吐
鸭子下汤锅——就嘴硬
鸭子下河滩——呱呱叫
蚊子叮鸡蛋——无孔不入
借票子做衣裳穿——浑身是债
借钱买裤子——一屁股的债
错米下锅——家中无粮
破了鞋帮——漏了底
破茶壶——没嘴儿
破草帽——无边无沿（缘）
秤砣掉到鸡窝里——蛋打鸡飞
笋子变竹——节节空
绣花枕头——一肚子荞麦皮
绣花枕头——外面光
缺牙巴念文章——含糊其辞
蚊子叮菩萨——不认得真人
蚊子叮菩萨——找错了对象
铁匠的砧子——经得起敲打
铁豆子下锅——油盐不进
铁匠做买卖——都是硬货
铁匠铺卖豆腐——软硬兼施
铁匠改行学弹花——拈轻怕重
脑门上挂钥匙——开眼界

十一画字头

做梦掉下井——虚惊一场
唱戏的没主角——胡闹台
唱戏的转圈圈——走过场
唱戏的胡子——假的
啄木鸟找食——全凭嘴
啄木鸟治树——全仗着嘴硬
猪八戒吃人参果——全不知滋味
猪八戒相亲——怕露嘴脸
猪八戒过河——倒打一耙
猪八戒的脊梁——悟能之背、
猪八戒照相——自找难看

猪八戒照镜子——里外不是人
猪八戒演讲——大嘴说大话
猪鼻孔里插大葱——装象
脸盆里抓鱼——稳拿
船头上烧纸钱——为河（何）
船头上跑马——走投无路
菩萨脑壳——八面不通风
菩萨打架——神出鬼没
野马上了笼头——服服帖帖
野猪刨红薯——全仗着嘴硬
野鸡钻刺蓬——顾头不顾尾
阎王不戴帽——鬼头鬼脑
阎王奶奶害喜——心怀鬼胎
阎王爷出的计——鬼主意
阎王爷讲故事——鬼话连篇
阎王爷作报告——鬼话连篇
阎王爷拉家常——尽是鬼话
阎王爷贴告示——鬼话连篇

十二画字头

厨子解围裙——不干了
塔尖上吹喇叭——唱高调
塔尖上亮相——高姿态
塔顶上开天窗——好高的眼眶
塔顶上迈步——无路可走
塔顶上迈步——没前途
斑鸠打老鸹——吓死天
斑鸠长胡子——老雀雀
属狗的——记吃不记打
属狗的——翻脸不认人
棉花店挂弓——不弹（谈）
棒子面做蛋糕——不是那料
棒槌打锣——响当当
棺材里伸手——死要钱
棺材里伸出头——死要脸
榔头敲钢板——叮当响
湿手捏干面——摔也摔不开

煮熟的鸭子——飞不了

十三画字头

搬着梯子上天——难上难

搬起石头打天——没用

摸着石头过河——稳当

摆香案请观音——一片虔诚

新郎官揭盖头——真相大白

新郎官戴孝——悲喜交集

新媳妇见公婆——败（拜）了

解了毛驴扫磨膛——抬杠

跳上岸的虾公——慌了手脚

跳到秤盘里——拿自己来量别人

锤子打钎——响在一个点上

十四画字头

墙上画的饼——好看不中吃

墙上的芦苇——风吹两边倒

墙上挂日历——一天变个样

墙头草——两边倒

嫩竹子做扁担——挑不了重担

酸汤点豆腐——一行服一行

蜘蛛牵网——自私（丝）自利

劁猪匠出门——斩草除根

劁猪匠出门——尽干断子绝孙事

鼻梁骨上推小车——走头（投）无路

鼻子上巴膏药——扯气

懒牛懒马——屎尿多

瘟猪被杀——　　经不开口

十五画字头

瞎子上楼梯——不知高低

瞎子吃汤圆——心中有数

瞎子过河——不知深浅

瞎子过桥——提心吊胆

瞎子拄拐杖——点点戳戳

瞎子戴眼镜——多余

瞎子坐飞机——不知高低
瞎婆娘缝被子——胡扯
稻草人救火——自身难保
稿子写到边——不够格
额头上放鞭炮——响头不低
憨鸡公啄米——哈吃哈胀

十六画字头

懒婆娘的裹脚——又长又臭
懒婆娘煎豆腐——又得一块
壁虎捉蚊子——出其不意
擀面杖吹火——不通
瘸子打猎——坐着喊
磨眼里放碗片——推迟（瓷）
磨子上睡觉——想转了

十七画以上字头

螳螂掉到油锅里——全身都酥了
螳臂挡车——自不量力
霜打的荞麦——垂下了头
癞子头上的虱子——明摆着的
癞子脑壳——没发（法）
癞蛤蟆上樱桃树——想高口味

第八章　文　物

第一节　文物普查工作

万山特区历史文化悠久，尤其是朱砂开采有2000余年的历史，因此，在朱砂开采方面留下了许多历史遗迹和有关方面的文物资料。

2006年。万山特区加强文化遗产保护和合理利用工作，认真学习宣传《文物保护法》，积极组织开展“第三次全国文物普查工作”，全国重点文物保护单位“四有”工作基本完成，省级以上文物保护单位制定了相应的保护措施，需要修缮的文物保护单位做了前期调研论证工作，适时推动本区民族村寨保护和可持续利用工作。同时非物质文化遗产保护工作得到加强。

2007年，万山特区派出专业人员参加全省非物质文化遗产普查与申报培训，及时启动普查工作。2007—2011年，万山特区按照国家第三次文物普查的要求，开展了翔实的文物普查工作。2011年截至，万山特区共有45个不可多动文物点，其中，国保单位1个（万山汞矿遗址），省保单位1个（高楼坪刘氏宗祠），县保单位3个（中华山寺庙遗址、黄道刘家祠堂、绣球董烈士陵园）。

已列入省级非物质文化遗产保护名录2项、地区级非物质文化遗产保护名录20项；省级非物质文化遗产传承人2人，授徒传艺68人，教学培训798人次。共排摸普查线索400条，正式确认普查项目59项，涵盖10个门类，20项。其中有较高文化、历史、科学价值的重点项目30项。初步摸清了全特区非物质文化遗产的种类、数量与分布。三是黄道侗族乡被国家文化部命名为“中国民间文化艺术之乡”。侗族文化奇葩——“鼟锣”已被列入省级非物质文化名录，并得到了深入挖掘、包装，打造了《万山鼟锣迎宾曲》。

通过开展文物普查，准确划定文物保护范围，完善文物档案管理，促进文物保护机构建设，提高文物保护管理整体水平；有利于发掘、整合文物资源，充分发挥文物在建设社会主义先进文化，促进经济社会全面、协调、可持续发展中的重要作用；有利于培养锻炼文物保护队伍，增强全民文化遗产保护意识。此次普查的范围包括万山特区境内地上、地下、水下的不可移动文物。普查的内容以调查、登录新发现的不可移动文物为重点，同时对已登记的不可移动文物进行复查。全面掌握不可移动文物的数量、分布、特征、保存现状、环境状况等基本情况，为准确判断文物保护形势、科学制定文物保护政策和规划提供依据。

第二节　不可移动重点文物简介

一、古遗址

1. **中华山寺庙遗址**　位于贵州省铜仁地区万山特区敖寨侗族乡中华山村金家场村民组东北3千米中华山，始建于元朝，明、清时数次维修扩建，原有山门、中华寺、玉皇阁、观音阁、金顶等建筑，现存石碑、山门、后厅遗址、残墙、金顶遗址、踏步遗址等。遗址占地面积3000余公顷，建筑面积800多公顷。山门坐西朝东，山门上方横书“中华山”三字。1955年、1960年相继拆毁。中华山寺庙曾是万山及周边地区佛教信众朝拜中心和圣地，是研究万山宗教史和寺庙建筑的珍贵实物材料。石碑包括：重建真武殿碑记（清代），青石质。方首，高1.6米，宽0.7米，厚0.15米。记“广建堂殿，满刻诸佛……新修祖龛，重换金身”事。立于清同治四年（1865年）；重修金顶碑记（清代）青石质，高1.58米，宽0.7米，厚0.16米。记“僧于甲戌秋募化，遐迩鸠工，越数寒暑，殿值落成”事。立于光绪元年（1875年）。2011年，列为地、县级文物保护单位。

2. **青龙瓦窑遗址**　位于贵州省铜仁地区万山特区下溪侗族乡兴隆村青友村民组青龙电站大坝东侧110米，于2006年因洪水冲刷显露后被村民发现，初步推测为明代瓦窑遗址。遗址坐东向西，位于一个宽5米，长25米，距离河滩4.5米的土台边沿。窑址总平面呈“吕”字形，窑口面向西边河滩，分布面积104公顷，遗址面积60.21米。两座窑址间距3.5米，窑口直径约1.5米。窑址破坏严重。窑址为万山首次发现的古窑址，为万山历史研究提供了新材料。

3. **石墩遗址**　位于贵州省铜仁地区万山特区高楼坪侗族乡小湾村水眼坪村民组西1千米处，为水眼坪吴氏祖先吴光荣、吴光华建于清康熙四年（1665年）。遗址位于凤凰坡山顶，总平面呈椭圆形，占地面积1463公顷，遗址四周石围墙围彻，最高处7米，最低处3.4米，宽1.8—2.5米。遗址内原建有房屋和水井等，1950年后逐渐毁坏。现存围墙、房屋、水井遗址。1950年前，万山多匪患，凤凰坡为水眼坪民众躲避匪患场所，白天出囤下山做工务农，晚上上山进囤避匪。凤凰坡石囤是1950年以前万山农村动荡时期社会生活的重要见证，是研究万山历史的重要材料。

4. 万山汞矿遗址（黑洞子）　万山汞矿遗址（黑洞子）位于四官塘西100米山谷，洞口向东北，呈葫芦形，洞口高70米，宽90米，绝壁上开凿有86个洞口，数百米深，27条巷道，2—5层不等，矿柱68根。洞内有石梯、隧道、刻槽、标记、等遗迹。历史上为了争夺矿源，湘黔矿霸凭借权势云集与此，争夺矿场。清末外国势力侵入万山，开设英法水银公司，掠夺矿产，后矿源枯竭，荒废弃用。遗址整体保存完好，无大损坏。2009年万山特区政府开始在此铺设道路，建立观光景点，供游人观赏。据考证，万山汞矿遗址（黑洞子）始于秦汉时期，是国内现存开采时间最早、历史最长、规模最大的汞矿重要遗址，是研究中国汞矿史的珍贵实物资料。2011年列为全国重点文物保护单位。

5. 万山汞矿遗址（仙人洞）　位于贵州省铜仁地区万山特区万山镇土坪村四官塘东1千米处悬崖绝壁上，洞口向北，分上、中、下三层，岔口甚多，数千米隧道，明永乐十三年（1415年），万山建立大万山苏葛长官司，建立了大万山汞办局，从事朱砂的开采，此洞即为当时的采矿场。在绝壁上开凿有35个洞口，数百米深，15条巷道，2—7层不等，洞内有石梯、隧道、刻槽、炮眼、标记、矿柱等遗迹，1950年废弃。2009年开始修筑道路、观光设施，供游人观赏。万山汞矿遗址（仙人硐）是国内现存开采时间最早、历史最长、规模最大的汞矿重要遗址，是研究中国汞矿史的珍贵实物资料。2011年列为全国重点文物保护单位。

6. 万山汞矿遗址（云南梯）　位于贵州省万山特区万山镇解放街社区烈士陵园绣球董北悬崖上，洞口向北，开采始于元末明初。由马姓云南人雇岩丁在岩壁上凿出63级踏步而得名。有洞口3个，主洞高22米，宽28米，前有一弧形矿柱，形似大象鼻子，绝壁上开凿有21个洞口，数百米深，24条巷道，1—3层，洞内残留有数十根矿柱，隧道、刻槽、标记、巷道等遗迹。遗址整体保存完好，无大损坏，但时有风化碎石滑落。万山汞矿遗址（云南梯）是国内现存开采时间最早、历史最长、规模最大的汞矿重要遗址，是研究中国汞矿史的珍贵实物资料。

7. 麻音塘遗址　位于贵州省铜仁地区万山特区万山镇麻音塘社区万山民族宾馆东，始建于明代，具体年代不详。为当时民众以土石夯筑蓄水而成，以供周边民众生产生活取水之用，后渐废弃。塘总平面呈长方形，长156米，宽78米。2007年特区政府铺砌石质坝面，并在塘中央小岛上树“汞都新韵”碑一通。东、南面水面建曲桥直达岛上，供人游赏；东岸建有甬道、游廊供人休憩。现已成为地标性建筑和休闲场所，是研究万山城镇建设和历史的重要资料。

8. 大熊猫化石出土点　位于贵州省铜仁地区万山特区敖寨侗族乡中华山村敖寨村民组轿子顶西岩崖半腰山洞，2004年被当地群众发现。山洞分上下2个洞口，洞口均向西。上层洞口直径为0.5米，下层洞口仅能容人通过，上层与中层为一体，下层单独成洞，上下2个洞口位于同一垂直线上，2个洞口相约30米，竖洞高15米，洞深17米，洞壁有钟乳石，洞内分布面积达500公顷，发现大量动物化石，有盆骨、牙齿、肋骨，下洞高4米，宽0.8米，长12米，此洞内有盆骨、肋骨等化石，据初步测定，化石分别为大熊猫、剑齿象、野牛、野猫、野羊等，地质时代为更新世，属广义华南大熊猫——剑齿象动物群。大熊猫化石出土点为研究万山地质学、动物学、植物学提供了新材料。

9. **本庵堂遗址** 位于贵州省铜仁地区万山特区黄道侗族乡丹阳村篷溪村民组鳌山向家董北120米处，唐天宝年间（742—756年）僧通惠释在山麓建“本庵堂”，清康熙年间重修。遗址坐东向西，总平面呈长方形，南北长53米，东西宽34米，占面积1802公顷，建筑面积1500公顷，原有山门、厢房、正殿等，，山门额书“般若招提寺”。全部建筑毁于1952年土改及1958年大跃进时期。现存和尚墓6座，碑6通。本奄堂是万山地区最早的寺庙建筑之一，是研究万山宗教历史的珍贵资料。

二、古宗祠

1. **黄道刘氏宗祠** 位于贵州省铜仁地区万山特区黄道侗族乡丹阳村街上村民组原乡政府大楼北2米处，系黄道溪世袭第四任长官刘泽首建于明洪武三十一年（1398年），其后屡有修葺，清同治年间重修。宗祠总平面呈长方形，坐北向南，南北长45.43米，东西宽18.84米。现存建筑有戏楼、正厅、东西厢房、后花园、水井、功德碑等。黄道刘氏宗祠是万山地区迄今保存最为完整的祠堂建筑，是研究万山黄道刘氏家族历史和祠堂建筑的珍贵材料。2011年列为地、县级文物保护单位。

2. **杨氏宗祠** 位于贵州省铜仁地区万山特区下溪侗族乡桂花村报溪村民组茗窖董杨昌喜家西侧3米。据《杨氏族谱》记载，宗祠为杨氏祖先杨元泽建于清光绪十五年（1889年），历为报溪杨氏家祠。坐北朝南，总平面呈长方形，南北长27米，东西宽17米，占地面积459平米，建筑面积500公顷。由大门、戏楼、正殿、厢房组成四合院，四周封火围墙围护。现存大门、戏楼、正殿、东厢房和山墙等。大门为牌楼式山门，大门两侧及上方塑十八罗汉，龙凤等砖雕图案。戏楼为两层，翼角起翘。正殿面阔三间，进深四间。围墙内侧绘有花卉图案。宗祠于1950年为农会占用，1963年为人民群众公社公共食堂，后又为当地小学占用，小学于2000年搬出，2007年杨氏家族集资维修。杨氏宗祠既为家祠，又为多种用途的公共场所，是研究杨氏家族和万山历史的重要资料。

3. **吴氏宗祠** 位于贵州省铜仁地区万山特区高楼坪侗族乡小湾村鸡公田村民组吴泽清宅北3米处，据吴氏族谱记载，宗祠为吴政文建于清雍正十一年至清嘉庆五年（1733—1800年），后屡有修葺。宗祠坐南向北，总平面呈长方形，南北长36.6米，东西宽19.3米，占地面积890公顷，建筑面积617公顷。原有戏楼、正殿、两侧厢房、围墙等，现仅存戏楼、正殿、山墙等。解放后，宗祠先后曾为鸡公田管理处办公场所、鸡公田乡、蔡家坪公社办公场所，“大跃进”时期为公社公共食堂，“文化大革命”时期为知青点，后为当地小学校舍，现舍弃不用。鸡公田吴氏宗祠是万山地区重要的祠堂建筑，是万山20世纪许多重要历史阶段的重要见证，是研究万山寺庙建筑和历史的实物资料。

4. **高楼坪刘氏宗祠** 位于贵州省铜仁地区万山特区高楼坪侗族乡大树林村老院子村民组南10米，始建于明朝，清朝同治年间、光绪年间曾大修。宗祠为二进院落，中轴对称，坐东向西，总平面呈繁体“亚”字形，占地面积1120公顷，建筑面积834公顷，有牌楼大门、戏楼、正厅、前厢房、后厢房、后厅、后花园、石碑、太平缸、青石缸等。四周高封火围墙围护。牌楼式大门，大门上部额书“刘氏宗祠”四字。戏楼二层，翼角起翘。正厅为木结构穿斗式小青专瓦顶，面阔三间，进深四间。刘氏宗祠20世纪40—80年代曾为高楼坪乡小学，现已迁出。刘氏宗祠是万山地区最为重要的祠堂建筑之一，是研究万山高楼坪刘氏家族历史、万山教育史和祠堂建筑的珍贵材料。2011年列为省级文物保护单位。

三、古民宅建筑

1. **肖乃聘宅** 为四合院式建筑，当地俗称印子屋。位于贵州省铜仁地区万山特区黄道侗族乡丹阳村新屋场村民组肖宗尧家南2米，为肖乃聘于民国11年至民国14年（1922—1925年）间修建，坐北向南，略呈正方形，南北长20米，东西长21米，占地面积388公顷，建筑面积348公顷。现有正殿、东厢房、西厢房、围墙建筑等。肖乃聘宅是万山地区极为罕见的“四合院”式乡村建筑，是研究万山乡村建筑的宝贵资料。

2. **肖维宏宅**　位于贵州省铜仁地区万山特区黄道侗族乡丹阳村新屋场村民组营盘田肖维荣家东侧。据《肖氏族谱》记载，该建筑为肖家世祖肖秉仁、肖秉义建于清代，具体时间不详。居住至今已有15代子孙。房屋坐北向南，总平面呈长方形，东西长20米，南北宽8米，占地面积105公顷，建筑面积89公顷，木质结构，有堂屋1间，厢房2间。堂屋及两厢房的格扇门、格扇窗均有木雕图案，堂屋格扇门上方悬挂“钦赐孝廉方正”匾。民居充分表现了万山侗族建筑特点，是万山侗族民居的典范。

3. **肖宗尧宅**　当地人又称“兰陵第”，位于贵州省铜仁地区万山特区黄道侗族乡丹阳村新屋场村民组新屋场肖维宏宅北侧，为肖乃第于民国11年至14年（1922—1925年）建造，坐北向南，总平面呈长方形，东西长19米，南北宽13米，占地面积247公顷，建筑面积877公顷，由正屋、对厅和厢房组成四合院，四周围墙围护。正屋大门、厢房、门窗上均雕刻有花卉、人物图案，正屋为木结构穿斗式小青瓦顶。大门上方横书“兰陵第”三字，围墙内侧绘有花卉图案。肖宗尧宅是万山地区极为罕见的“四合院”式乡村建筑，是研究万山乡村建筑的宝贵资料。

4. **吴培书宅**　吴培书宅1栋，位于位于高楼坪侗族乡水眼坪古村院落中，为万山特区文化、经济较为发达乡镇之一，物产丰富，人口基本上为元末明初由外省外地迁徙而来，属民族杂居区，有人口340余人。文化以侗族文化为主，信奉佛教、道教、基督教者甚众。农业经济为主要经济形式，乡镇企业较发达，手工业和传统养殖业较丰富，水眼坪生产豆腐，亨誉万山。寨前乡村公路直通高楼坪各村寨。

5. **吴培守宅**　位于贵州省铜仁地区万山特区高楼坪侗族乡小湾村水眼坪村民组凤凰坡东1千米处水眼坪古村落吴培书宅西面，始建于清康熙四年（1665年）。房屋坐北朝南，为木结构穿斗式小青瓦顶，面阔三间，进深二间。水眼坪古村落是万山特区最古老的村寨之一，也是最具建筑特色的村寨，布局既独特又和谐，与自然地理和自然景观融为一体，且具有防火、防盗、防匪功能，已300余年无事。水眼坪古村落充分体现了人与自然和谐相处的理念，是乡村建筑的典范。

水眼坪古村落民宅是一个古建筑群。这里民宅建筑年代都是清康熙四年（1665年）。民宅形式及规模尺寸全部是一样的。根据万山特区文物管理局按照第三次全国文物普查不可移动文物登记表一样记载的还有16栋，分别是：吴培超宅、吴培平宅、吴培印宅、吴培玉宅、吴培关宅、吴培考宅、吴从春宅、吴德金宅、吴德银宅、吴培昆宅、吴德宽宅、吴春良宅、吴德亮宅、吴培俊宅、吴兴舟宅、吴德树宅。

四、公共建筑与工业专用房旧址

1. **贵州汞矿工业建筑群**　位于贵州省铜仁地区万山特区万山镇土坪社区原贵州汞矿矿部。占地面积8.35平方千米。由科研所、医院、苏联专家楼、湘黔汞矿公司旧址、公安科、小学、幼儿园、科学文化中心、大礼堂、生活服务公司、职工食堂大楼、职工宿舍楼、汞矿销售经营部、汞矿“7·21”工人大学旧址组成，修建于20世纪50—80年代。既有仿“苏”建筑，又有传统建筑；既有木质结构、砖木结构、石木结构，又有砖混结构、框架结构；既有生产、试验建筑，又有办公、生活建筑等，是形式多样、风格迥异、功能齐全的现代工业建筑群，建筑内保存有勘、采、选、冶的技术资料、设施、设备及生活设施，是研究我国近现代工业建筑、工业社会结构的实物见证和重要资料。

2. **万山特区百货商店大楼** 位于贵州省铜仁地区万山特区万山镇土坪社区新雀街原工商银行南侧3米，建于1966年5月，为砖混结构三层，坐西向东，占地面积690公顷，建筑面积1275公顷。底层为门市部，2层、3层为办公室。2层外墙上横书“为人民服务”“万山特区百货商店”等字。万山特区百货商店是为方便矿区职工和群众的生产和生活而专门设立的。1950年10月，为万山百货分销店，1953年，更名为中国百货公司贵州省万山分公司，1958年5月，更名为万山商店，1966年5月，更名为中国百货公司贵州省万山特区商店并迁于此。经营百货、棉布、针织、五金、交电、化工原料、文化用品、医药、石油等300余种商品。2002年汞矿政策性关闭后，商店经营逐渐衰落，现在商店大楼租赁给私人经营和居住。万山特区百货商店是研究我国近现代工业建筑、工业社会结构的实物见证和重要资料。

3. **土坪粮店旧址** 位于贵州省铜仁地区万山特区万山镇土坪社区汞矿幼儿园北侧40米，建于1956年2月，后屡有修葺。坐西向东，占地面积1500公顷，建筑面积683公顷，均砖木结构，门市部1栋为2层楼房，仓库2栋为平房，内有油罐、漏斗、通风、防潮等设施设备。土坪粮店是为方便矿区职工和群众的生活而专门设立的，专门为土坪、一坑、三角岩、红卫山、五坑、冒水窿、梅子溪的2万多汞矿职工家属供应大米、面粉、食油及粮食加工品。2002年汞矿政策性关闭后，粮店经营逐渐衰落，现在门市部及仓库租赁给私人经营和使用。土坪粮店是研究我国近现代工业建筑、工业社会结构的实物见证和重要资料。

4. **贵州汞矿技工学校教学大楼旧址** 位于贵州省铜仁地区万山特区万山镇三角岩社区三角岩山脚北侧，坐西北向东南，砖混结构建筑1栋，共两层，占地面积1305公顷，建筑面积1900多公顷。1956年建校，校名为湘黔汞矿公司技术工人培训学校，学制一年半。1958年改名为贵州省汞矿技工学较，1959年停办，1978年恢复，校名更改为贵州汞矿技工学较，学制二年，设师资、采矿、机修、化工、电气、选矿、地质、测量、井建、仪表、冶炼等12个专业以及文化基础课程。学生毕业后由万山汞矿与贵州省冶金局分配。自建校到1998年停办，共为万山汞矿、贵州省冶金系统培养出2300多名技术工人。汞矿技工学校教学大楼是研究我国近现代工业建筑、工业社会结构的实物见证和重要资料。

5. **下溪粮站旧址** 位于贵州省铜仁地区万山特区下溪侗族乡兴隆村曾家垅村民组南56米处，粮站坐南向北，总平面呈长方形，南北长35米，东西宽28米，占地面积1200公顷，建筑面积587公顷，有仓库、办公房和职工宿舍和1栋，均为砖木结构平房。下溪粮站曾经是下溪乡农民交纳公、余粮，购买返销粮，领取救济粮，机关干部购买定量粮油的重要场所，是下溪乡计划经济时期重要的粮食收购、销售机构。下溪粮站是下溪历史及万山商贸历史和粮食收购、销售历史重要的实物材料。

6. **贵州汞矿300吨/日机选厂旧址** 位于高楼坪侗族乡青年湖村黄家寨村民组核桃树矿区公路西侧15米，坐东北向西南，砖混结构建筑2栋，占地面积6356.8公顷，建筑面积3780公顷。1978年5月开工建设，1981年8月竣工，9月投入使用，总投资661万元。采用两级一闭路浮选工艺流程，日选矿能力300吨，年产朱砂127吨，汞精矿1000吨以上。汞矿关闭后，设备拆除，厂房现租赁给吉昌锰业公司。汞矿300吨机选厂是研究我国近现代工业建筑、工业社会结构的实物见证和重要资料。

7. **贵州汞矿冶炼厂冶炼炉车间旧址** 位于贵州省铜仁地区万山特区万山镇张家湾社区万—芷公路东侧30米。1953年始建，后屡经改扩建，砖混结构建筑，坐北向南，占地面积2035公顷，建筑面积765公顷。汞矿关闭后停止生产，现租赁给红菱公司使用。万山汞矿近现代冶炼工艺经历了高炉、沸腾炉、蒸馏炉三个阶段，其中，蒸馏炉工艺居世界先进水平。三种冶炼炉均安装在冶炼炉车间。汞矿冶炼厂冶炼炉车间是研究我国近现代工业建筑、工业社会结构的实物见证和重要资料。

8. **贵州汞矿炸药仓库旧址** 位于贵州省铜仁地区万山特区黄道侗族乡龙江村猴栏村民组火爆岩万—

芷公路东侧50米，1956年建，坐西向东，占地面积1.8平方千米，建筑面积2367公顷，共7栋建筑，其中砖木结构建筑2栋，砖混结构建筑5栋。是万山汞矿研制、生产炸药、导火索的生产车间与储存雷管、炸药、导火索仓库。从1956年至万山汞矿关闭共为万山汞矿生产炸药近3000吨。汞矿炸药仓库是研究中国近现代工业建筑、工业社会结构的实物见证和重要资料。

五、民用古井

1. **老背冲古井**　位于贵州省铜仁地区万山特区黄道侗族乡丹阳村瓦寨片区下院子9组南800米老背冲山凹处，古井始于明代，具体时间不详。1998年修建水泥穹顶井盖。坐北向南，占地面积26公顷，总平面呈正方形，4×3.5米，井壁用青石垒砌，井深0.6米，东西角为出水口。古井历为下院子40多户，200多村民主要生活水源，20世纪90年代后农村自来水逐渐普及，古井现主要用于农田灌溉。古井反映了当地水资源状况和当地居民的居住环境及用水习俗，是研究当地地理、历史和人文状况的实物资料。

2. **长坳古井**　位于贵州省铜仁地区万山特区黄道侗族乡长兴村长坳村民组南180米黄下公路坎下20米处，始建于明代，具体年代不详。分为上、下两井，井口均面西，两井相距11米。上井位于公路坎下，穹顶，宽0.9米，高1.2米。东、南、北三面井壁及井底均为青石块，泉水自井底冒出，西侧留有取水槽，穹顶为20世纪80年代用水泥修建，上井比下井古老。下井位于上井东侧，其大小、规格、材料均与上井相同，但建造较为粗糙。古井历来为长坳村90余户人家，300余口人的饮用水源，20世纪90年代家家户户安装自来水后被废弃，现干涸。此古井反映了当地水资源状况和当地居民的居住环境及居住习俗，是研究当地水文、地理、历史和人文状况的实物资料。

3. **瓮背古井**　位于贵州省铜仁地区万山特区敖寨侗族乡腾龙山村瓮背村民组杨胜权家东150米处，始建于明代，具体年代不详。井口呈正方形，边长1.1米，水井深度0.75米，井壁及井底均为青石块，泉水自井底冒出，井沿北留有井台及取水槽。古井历来为瓮背村民的饮用水源，20世纪90年代家家户户安装自来水后被废弃，现井水被用于灌溉农田。此古井反映了当地水资源状况和当地居民的居住环境及居住习俗，是研究当地水文、地理、历史和人文状况的实物资料。

4. **官田古井**　位于贵州省铜仁地区万山特区下溪侗族乡米公山村官田村民组南杨顺启家东5米处，始建于明代，具体年代不详。此井为向天井，井口呈梯形，上底长1.7米，下底长1.8米深，腰长1.1米，井深0.75米，井壁及井底均为青石板，泉水自井底冒出，井围为20世纪80年代用水泥砌建，井上底有一水泥预制板井盖，井下底留有井台及取水槽。古井历来官田村42户人家，370余人的饮用水源，20世纪90年代家家户户安装自来水后被废弃。此古井反映了当地水资源状况和当地居民的居住环境及居住习俗，是研究当地水文、地理、历史和人文状况的实物资料。

5. **老木冲古井**　位于贵州省铜仁地区万山特区敖寨侗族乡两河口村老木冲村民组杨光来家南2米处，始建于明代，具体年代不详。分为南、北井，井口均坐西向东，两井相距1.2米。南井顶部为穹顶，总平面呈长方形，长1.3米，宽0.7米，高1.2米，井深0.6米，西面井壁用岩石垒砌，东、南、北三面井壁及井底均为青石板，泉水自井底冒出，东面有井台、取水槽，穹顶为20世纪80年代用水泥修建，南井比北井古老，出水量、蓄水量亦大。北井呈长方形，长1.1米，宽0.65米，井深0.5米。其规格、井壁材料均与南井相同，但建造较为粗糙。井盖为一方青石质墓碑。古井历来为老木冲村民的饮用水源，20世纪90年代家家户户安装自来水后被废弃，现干涸。此古井反映了当地水资源状况和当地居民的居住环境及居住习俗，是研究当地水文、地理、历史和人文状况的实物资料。

6. **枪木塘古井** 位于贵州省铜仁地区万山特区高楼坪侗族乡林海村枪木塘村民组南230米万老公路下5米处，始建于明代，具体年代不详。古井坐东向西，井台青石质铺彻，总平面呈长方形，东西长17米，南北宽2.7米。从东向西依次有饮水井、洗菜池、洗衣池、牲畜饮水池，饮水井长1.3，宽1.2米，深0.9米；洗菜池长2.2米，宽1.7，深0.8米；洗衣池长2.3米，宽2.5米，深8.7米；牲畜饮水池长1.7米，宽1.8米，深0.6米。井与池取水槽相连。古井历来为枪木塘村民的饮用水源，20世纪90年代家家户户安装自来水后渐废，现井水被用于灌溉农田。此古井反映了当地水资源状况和当地居民的居住环境及用水习俗，是研究当地水文、地理、历史和人文状况的实物资料。

7. **西牛井** 位于贵州省铜仁地区万山特区万山镇西牛井社区汞都大道875米西侧，原名犀牛井，民间传说清末一犀牛被洋人猎捕追逐，犀牛逃入岩缝，洋人奋力拽尾，尾断泉出，故得名。此井为间歇泉，间隔时间约15—30分钟，一次涌泉15左右立方米，水质甘洌，远近闻名。总平面呈长方形，原有取水池、洗菜池、洗衣池，均用青石垒砌，占地面积52公顷，现洗衣池已毁。西牛井曾为1955年后全国各地支援万山汞矿开采工人居住地主要水源之一。现仍然是当地居民主要饮用水源。西牛井反映了当地水资源状况和当地居民的居住环境及居住习俗，是研究当地水文、地理、历史和人文状况的实物资料。

六、古石桥

1. **六花园石拱桥** 位于高楼坪赶场坝村六花园村民组南100米处。据当地老百姓介绍及根据古桥结构推测其建筑代年代为明。该桥为单孔拱石拱桥，东西向，横跨赶场坝河，长7米，宽3米，矢高2.9米，净跨5米。至今仍使用。该桥是万山地区重要的古建筑，是研究万山交通历史的重要资料。

2. **远鹰桥** 位于贵州省铜仁地区万山特区高楼坪侗族乡夜郎村伍家田村民组老屋北20米，据当地老百姓介绍，该桥为水眼坪民众集资建于清末，具体年代不详。为单孔石拱桥，南北向，横跨小湾河，桥长13.1米，宽4.1米，矢高4.3米，净跨7.55米，是高楼坪通往湖南新晃交通要道，后因通往新晃的道路改道，行人渐少，又因缺乏维修，逐渐荒废停用。远鹰桥是中国古代桥梁建造艺术的实证，是研究万山地区交通史的重要资料。

3. **老院子石拱桥** 位于贵州省铜仁地区万山特区高楼坪侗族乡大树林村老院子村民组北147米处，由当地士绅及民众工匠集资建于明代，具体年代不详。该桥为单跨石拱桥，南北向，横跨高搂坪河，桥长6.1米，宽2.5米，矢高3.7米，净跨2.8米。用料讲究，造型大方美观，是古代造桥艺术的又一实证。

4. **上院子石拱桥** 位于贵州省铜仁地区万山特区黄道侗族乡丹阳村瓦寨片区上院子北1公里处，始建于明代，具体年代不详。为单孔石拱桥，南北向，跨瓦寨河，桥长20米，宽3米，矢高5.3米，净跨8.7米。至今仍为鸡卜田至瓦寨的主要通道。古桥拱用不规则、未经修凿的乱石垒砌，造型大方美观，是古代造桥艺术的又一实物证明。

七、革命纪念建筑物

绣球董烈士陵园 位于贵州省万山特区万山镇解放街医药公司东绣球董，陵园始建于1974年，1999年重修凉亭及广场、护栏、石梯等。陵园坐北向南，占地面积3200公顷，建筑面积2500公顷，有方柱形纪念碑，高10米，凉亭2座，烈士墓6座，墓前有墓碑，记载烈士姓名。陵园保存完好，2002年开辟为万山特区爱国主义教育基地。

第三节　可移动文物

2009年，万山文物管理部门在完成不可移动文物普查工作后，开始对万山汞矿遗留的可移动物品进行了普查登记，可移动文物分两个地方收藏管理，一个是万山特区馆藏部分文物；一个是万山博物馆展览厅收藏文物部分。这些文物几乎全是20世纪50年代至80年代万山汞矿移交下来的各类物品。有办公方面的，有基础设施方面的，有生产工具方面的，有文化用具方面的，有奖品纪念方面的等等。据统计，万山馆藏文物有234件，万山博物馆展览厅管理文物共有325件。这些可移动文物资料已上报上级有关部门，对于文物等次、级别有待上级文物部门的确定和审批，在2011年年底，还未得到上级有关部门的正式批复。

第四节　文物保护工作

一、文物保护机构

20世纪八九十年代，万山特区文物保护工作未有得到一定程度的重视，文物保护机构不健全。随着文物工作发展的需要，2010年万山特区文化体育广播电视旅游局文物管理所与万山汞矿博物馆合并，组建万山特区文物管理局，为万山特区文化体育广播电视旅游局的二级副科级单位。编制7人，目前在岗4人。

二、文物保护情况

1985年，万山特区人民政府公布仙人洞、黄道刘氏宗祠、高楼坪刘氏宗祠、烈士陵园为首批县级文物保护单位。20世纪90年代初，万山特区人民政府又公布始建于明洪武三十一年（1398年）的黄道刘氏宗祠、规模宏大的高楼坪刘氏宗祠、佛教名山中华山、万山镇绣球董烈士陵园为县级文物保护单位。万山明清时期朱砂主要采场、水银冶炼遗址之一的仙人洞列为省级文物保护单位。1999年万山特区明确仙人洞保护范围及建设控制地带，2000年在高楼坪刘氏宗祠、黄道刘氏宗柯建立保护标志。2003年、2005年省文物局先后两次共拨款7万元维修高楼坪刘氏宗祠，明确保护范围及建设控制地带。2005年特区政府拨款0.3万元对黄道刘氏宗祠进行维修，使之保存完好。2006年，“万山汞矿遗址”被列入第六批国家重点文物保护单位。

三、万山国家矿山公园建设

万山国家矿山公园是国土资源部2005年批准成立的首批28个矿山公园之一。万山国家矿山公园博物馆位于“国保”单位万山汞矿遗址的核心保护区域，它的建成对于万山汞矿遗址的保护利用发挥了极其重要的作用。2009年国土资源部投资2460万元，第一期工程开工建设，它依托全国重点文物保护单位“万山汞矿遗址”黑硐子遗址和仙人硐遗址，修建了黑硐子仙人硐核景区，万山国家矿山公园博物馆。

四、高楼坪刘氏宗祠修缮保护

高楼坪刘氏宗祠修缮工程一期工程已竣工并通过验收，修复了戏楼主体构架和北厢房主体构架。今年全面完成修缮工作。万山汞矿遗址的保护工作，一直得到国家文物局及省、市文物部门及区委、区政府的重视和支持，2006年6月“万山汞矿遗址”被列入第六批“全国重点文物保护单位”，随后，“万山汞矿遗址”被列入中国申报世界文化遗产预备名录。截止2011年，万山特区汞矿遗址前期勘察及保护工程、贵汞电影院修缮工程、黑硐子遗址抢险加固保护工程和万山汞矿遗址勘测、病害评估及保护方案编制工程共获得国家重点文物保护专项补助资金856万元。2009—2011年，为做好“申遗”的前期准备工作，万山特区进一步加大汞矿遗址保护工作的力度：一是加强遗产本体的保护。省文物局已将贵州汞矿建筑中保存较为完整、具有代表性的机选厂、冶炼厂、科研所、苏联专家楼等21栋建筑列入申报第七批全国重点文物保护单位名单。二是编制保护规划。完成《全国重点文物保护单位万山汞矿遗址保护规划》编制，并通过省级专家评审。完成汞矿遗址核心区规划。三是加强资料信息库建设。邀请汞矿遗址保护相关专家学者实地察看指导，主动收集、整理各行业专家意见。开展老工人口述历史摄录和实物征集工作，共征集到各类文物300余件，对原贵州汞矿老工人进行了口历史现场摄录，对征集到的文物进行维护和编目登记管理。四是加强宣传。充分利用“世界博物馆日”和“世界文化遗产日”、流动博物馆、电视专题片、发放宣传资料等形式，有效宣传汞矿遗址保护的重要性和自觉性。五是突出重点，分步实施。完成苏联专家楼、汞矿电影院、湘黔水银公司房屋外观修复及内部维修。建成万山汞工业文化的广场主题雕塑。完成万山汞矿工业遗产博物馆改扩建工程，博物馆陈列布展工程已完成设计和招标投，2011年施工队伍已经进场施工，年底完工。启动了万山汞矿遗址勘测、病害评估及保护方案编制工作。完成了万山汞矿黑硐子遗址抢险加固保护工程施工设计方案。

第九章　旅　游

第一节　人文景观

中国汞都，万山国家矿山公园在万山镇境内，是2005年国土资源部批准的首批国家矿山公园之一。汞都国家矿山公园主要以万山城区的汞矿矿业遗迹为核心，景区面积约5平方千米。在48面石壁上开有矿洞498个，新旧矿洞内巷道犬牙交错、重重叠叠，总长978千米，是神秘的地下坑道奇观，是一首展现人间丹砂工业文明的宏大历史叙事诗。国家矿山公园属国家授牌的AAAA级景区。主要包括矿山博物馆、苏联专家楼、老砂坑、仙人洞、黑硐子、云南洞等旅游景点。

一、矿山公园

（一）概况

2001年10月18日万山贵州汞矿政策性关闭破产后，经万山特区国土资源管理局申报，中华人民共和国国土资源部于2005年7月批准贵州汞矿开采遗迹范围为《中国汞都·贵州万山国家矿山公园》。2009年10月28日上午8时58分揭碑开园。万山国家矿山公园面积105.4平方千米，地理坐标为东经109° 07′ 42″，北纬27° 24′ 15″，东面和南面与湖南芷江县、新晃侗族自治县为邻，西与玉屏侗族自治县接壤，北与铜仁市（今碧江区）毗邻。

（二）矿山公园管理

1、管理机构

2005年7月至2012年5月，万山矿山国家地质公园的管理及建设工作，由万山特区国土资源局具体操作，2012年5月11日，为了更好地保护矿山公园产业遗迹和开发矿山的旅游资源，铜仁市人民政府新设立了万山矿山国家地质公园管理局，按铜党办发〔2012〕63号文件规定，万山矿山国家地质公园管理局为市国土资源局所属财政全额预算管理的副县级事业单位，局长：彭健；副局长：龙胜平、肖硕。局下设4个科室，即：综合科，副科长：杨力；规划保护科，科长：娄振东；建设管理科，科长：成庭芳；旅游开发与营销中心办公室主任刘华。配编20人，实际13人。

2、管理工作

矿山公园在国内是一个新的概念，对如何管理还没有明确的法律规定，万山本着“保护与开发”的原则，正在寻求适应本地方的管理体制。从2005年万山国家矿山公园获批以来，得到上级国土部门的项目资金2.1亿元，对采矿破坏的地质环境进行治理以及修建矿山公园的基础设施。经2009年揭碑开园以来的大力建设，采矿遗留的三废得到了全面处理，修通景区各景点的循环通道，完善景区游客观光人行栈道1200米，其中68.67米为玻璃栈道。新建两个大型游客集散广场，拉通贯穿景区的主干道720米，种植了180亩（12公顷）的樱花景点。利用国家项目资金，矿山公园管理局重点打造了汞都博物馆、苏联专家楼、仙人洞、黑硐子、玻璃栈道等旅游景点，使矿山公园的神韵得到很好的展现。2015年随着矿山公园管理局实施的2.1亿元环境治理项目的完工，矿山公园内的基础设施已经能够满足接待万人/日左右游客的需求，达到了对外营业的各项条件。

二、人工千年开凿的洞穴奇观

（一）老砂坑　原名老崖井，座落在土坪矿机关大楼西南1千米处，即黑硐子前已去掉的半壁岩山，相传在殷商时期，境内土民在打猎为生过程中，发现山顶岩石上有露头丹砂，他们在烧食野兽过程中，意外发现烧热的石头被大雨淋湿就爆裂的现象，从而受到启示，发明了“火烧水淋破石法”，即后来人们称之的“爆火法”，土民世世代代因袭此法，层层烧爆破石取丹，直把黑硐子前的半座含丹岩山变成了今天的空场地，将丹砂取出进贡朝廷或销往全国或世界各地，将废石抛入大崖谷底，形成一个从上到下约70米，直径约60米的大坑，明代前称“老崖井”。古代从上到下掘地取水的坑叫井，而这里是碎石取丹的坑，而且开启的年代又有数千年的历史，故而宋代以后人们习惯地称之为“老砂坑”。原来137445立方米的含丹岩山不见了，但“老砂坑”的名字却流传了下来，它的边缘，即黑硐子前面岩壁上的数十个爆火窿子呈蜂窝状，十分壮观，是古代万山劳动人民用爆火法铸就的杰作，至今犹存。

老砂坑的东南面是一个深约200余米，宽约300米，长约数千米的狭长峡谷，谷底称大水溪。至正二十二年（1362年），镇远知州田茂安，据其地以献大夏明玉珍（建都重庆），创立思南道都元帅府，思州田仁厚仍为思州宣抚使，至此，古思州分为思州、思南两部。大万山军民长官司属思南，施溪司和黄道蛮夷长官司属思州，思州、思南以悬崖为界，崖顶（当地人称坡盖上）属思南，崖下属思州。老砂坑是丹砂最富集的地方，是两司交界之地，两司百姓在此争夺采场激烈，经常发生斗殴，至明永乐年间，两司从百姓互相“拯宝子”（你生产出来我抢，我生产出来你抢的意思）经常打死人发展到两司用兵械斗残杀，造成大规模流血事件，为此朝廷屡禁不止而震怒，即派兵5万驻镇远，形成大兵压境之势。永乐十一年（1413年）二月初二日（3月3日），朝廷派捕快潜入两司，将其思州、思南二宣慰司的宣慰使逮捕送京法办，并撤去两司，设立八府，建贵州布政司辖之，贵州从此改土归流，万山老砂坑的丹砂开采直接由朝廷派内侍刘福、关显忠来领导，派御史陈斌监之，设税课大使一员往来收采。从此老砂坑正式纳入国家开采。

（二）黑硐子 位于万山土坪矿机关西南1千米处，洞口向东，是继老砂坑形成之后，使用火药爆破，在老砂坑底部向西南部开凿的洞穴。洞穴上方为一绝壁，高约70米，宽90米，绝壁上残留着数十个爆火窿子，是国内规模最大和最完整的利用热胀冷缩原理裂石法的采矿遗址。绝壁下有洞口数个，27条巷道，2—5层不等，数百米深，洞内修有石梯、隧道、刻槽、标记、矿柱遗迹。黑硐子因矿石含丹比例高，晶体质量好，引起各地把头云集如此，为争夺采丹格斗残杀，不断造成流血事件，打死的、累死的、饿死的不少人就被甩入一个无底深坑，人称“万人坑”，此坑至今犹在，人们望而生畏。光绪二十四年至光绪三十三年（1898 —1907年）英法水银公司想强租黑窿子未遂的情况下，就从大泥峭打通黑窿子进行抢夺矿石，引起万山人民的强烈不满，并组织了一场有名的反英武装暴动。2006年，黑窿子被列为国家重点文物保护单位。

（三）仙人硐 位于铜仁市万山特区万山镇解放街北1500米的山崖间，三个洞口，分上中下三层，洞内岔道较多，坑道长数百米，相传西周时，有一梵将军（梵女）身佩宝剑，手挽强弓，骑着高头大马，为追赶一只火红的山羊，从西羌奔驰而来。一天，红羊跑到了万山绣球董，当它回头偷望时，只见梵将军搭箭在弦向它瞄准待发，红羊一急，就四蹄腾飞越过眼前宽百米，深千尺的沟壑，一头碰到对面石壁上，发出万千火红星点散落在刀切斧劈的石壁上成了晶莹的丹砂。附近土民闻讯赶来，只见梵女用手中宝剑在石缝中挑取。梵女将丹砂献给周武王，武王服后。心不慌、头不昏、颜面红润、体力倍增、智慧超人，在高兴之余，立封产丹之山为大万寿山。从此万山因丹得名。不久，梵女带着很多青铜小尖到万山组织当地土民敲凿石壁取丹，将丹砂运去巴方换回食盐，人称盐巴。久敲久凿，石壁上有了洞穴，土民用洞中丹砂到外面换回很多生活必需品，日子越过越好，土民对梵女很尊重和崇拜。几年以后，梵女突然不见了，只见洞口有尊石柱与风姿绰约的梵女相似，人们以为梵女成仙上天了，这尊石头是她的化身，对其顶礼膜拜。说也奇怪，人们有何难处，只要到洞前焚香化纸，便有求必应，传其非常灵验。为此，人们称此石为仙女石，称此洞为仙人洞。千百年来，好奇者、求福、求子、求财、求平安、求良缘者络绎不绝，不少善男信女常常万里迢迢，慕名而来祈福纳祥。《铜仁府志》载：“传说神女飞自梵天”。民间传说：秦始皇曾派方士徐福在此炼丹作长生不老药未果，带了很多丹砂去了日本。此外，还有传说是七仙女下凡教民取丹，后化石升天等很多传奇故事。2006年，仙人洞被列为国家重点文物保护单位。

（四）云南洞 位于万山烈士陵园——绣球董北面悬崖中部，洞口向北，与仙人洞隔峡谷遥遥相望，开采始于元代后期，由云南人马世龙老板雇岩丁数十人凿石梯79级，总长73米，梯宽1.5米，为通道至露头丹砂处，开洞口3个。主洞高22米，宽28米，前留有一弧形矿柱，形似大象鼻子，十分壮观。相传马老板雇的岩丁（矿工）打了数月，丹砂越打越少，心中非常着急。一天，他对岩丁说：“我没本钱了，工资也没钱付你们，现在只剩下一些铁锤、钢钎、火药，你们拿去卖了做回家的路费吧。”说完，回头就走了。忠厚老实的岩丁们还是不愿离开，仍然利用剩下的工具打了一些炮眼，用火药放了一排炮，谁知这一排炮之后，只见矿石上镶嵌着、地上洒落着很多很多的闪着红光的丹砂，岩丁们一阵高兴的欢笑后，立即派人追回马老板，请他继续雇用岩丁开采。从此，越打越红火，由洞前横过100米处，有一块晒席宽的石板用来晒丹砂，这块石板被染红了，人们称之为晒宝石，历经多年风吹雨打，仍然还是红色的。马老板发了大财，岩丁们也有了收入，给万山的市场也增添了繁荣。洪武元年（1368年），朝廷在万山设立大崖、土黄坑朱砂水银场局，严禁私人开采。马老板被迫关闭洞口离开万山，临行前，要岩丁们把打红的硐口封了，并用乌鸡血和狗血淋洒，说是："要想此洞开，必须等我云南人来"。此话一直在万山民间流传。因此硐是云南人开，此梯是云南人凿，人们就习惯地称之为云南硐、云南梯。2006年，被列为国家重点文物保护单位。

（五）岩鹰窝　万山的古矿硐名，坐落在万山镇土坪矿硐机关东南侧距苏联专家楼100米左右，硐口向东南，硐尾朝西南，硐长200米左右。皆为古代人开凿，硐前、硐尾出口处皆为悬崖，崖边峡谷深切数百米，令人惊心动魄，一般人不敢站在硐前硐尾俯瞰，经过现代人打造，硐前硐尾有栈道1000余米绕悬崖而过，并有玻璃栈道60米，栈道直联通黑硐子前和仙人洞后洞，人在栈道上有惊无险，即可练人胆量，又是一道独特的风景线。硐内有独特的灯光布景，人在此处，觉得是到了一个高度发达的外星世界，美轮美奂，无与伦比。

顾名思义，岩鹰窝是岩鹰栖息的地方。

相传在远古时代，万山一家有两个儿子，大的叫冉文，二儿子叫冉武。这两人是万山最出类拔萃的青年。在一个阳光灿烂的中午，他们趁老鹰外出之机，就带着硕大的麻绳到岩鹰窝上端崖边，两兄弟商定：由弟弟冉武腰系绳索，身披蓑衣，头戴面罩，去捕捉小鹰，冉文在上面将绳索挽在一棵大树上缓缓而放，当冉武到达窝边时，只见窝边石壁上有一大片熠熠生辉的丹砂，便立即向大哥呼喊："丹砂，一大片，丹砂！""拿些上来"大哥说。不料未飞远的老鹰听到人声立即飞回，为保护幼儿，就一口一口地把系在冉武身上的绳索啄断了，冉武掉下了万丈崖底死了，但那里有大量丹砂的信息却为冉文知晓。冉文带着众乡亲采用爆火法从上一层一层的烧爆剥取石头，一直烧到岩鹰窝，岩鹰被迫迁居它处，这里就成了人们世代开凿取丹的地方。人们为了纪念冒险捉鹰而意外发现丹砂的冉武，便以岩鹰窝作为矿硐的名称，突显历代矿工的智慧和敢于斗争不怕牺牲的精神。如今这里成了人们旅游洞穴的入口。

三、多姿多彩的房屋建筑

（一）苏联专家楼　位于万山特区万山镇土坪村，是1956年万山贵州汞矿为苏联专家费多尔丘克等帮助指导地质勘探找矿而修建的"苏式"办公、住宅楼房。苏式楼房坐东北向西南，占地面积1423.8公顷，建筑面积738.1公顷，为"三合院"式，主楼两层，两厢一层，砖木结构，每层内有0.6米的防潮层，为庑殿顶，小青瓦屋面，院内配有花园。1959年苏联专家撤走后，曾先后为汞矿招待所和汞矿职工所用。至今楼房保存良好，2006年开始列为中国汞都——贵州万山国家矿山公园陈列馆。

（二）高楼坪刘氏宗祠　位于万山镇西五千米处的高楼坪乡老院子村民组，为元代平岳溪长官司刘氏族人所建，清同治元年（1862年）冬维修，总面积约940公顷，外围为合子青砖封固，开有五门，前有大门，前院、后院各有2耳门、门为木质、门的上下左右皆为巨石板材。外观48翘檐非常雄伟壮观。祠内神龛、厅殿、耳房、戏楼皆木质瓦面，配楹联、匾额、壁画、诗词，木柱雕有飞龙抱柱，或雄狮含珠，戏楼前台三面雕有各色花草，祠前墙面有人物雕塑等。祠前石梯，石门上下左右皆用巨大青石为料，至今相当完好，只有雕刻、壁画、神龛等在"文化大革命"中被毁，是特区较完好的古建筑，属省级文物保护单位。

（三）黄道刘氏宗祠　位于黄道乡街上，始建于明洪武三十一年（1398年），为木质瓦面结构，占地总面积约880公顷，建筑面积约120公顷。清同治年间扩建，民国七年（1918年）维修改为砖木瓦面结构，有一厅、一殿、一楼、四个厢房、戏台、神龛、三个天井，院内有“水眼”水井二口，终年不枯，至今犹存。雕梁画栋、壁画、楹联等相映生辉，十分美观，可惜在“文化大革命”中以破除迷信被毁。其框架建筑尚在，但已破损。

四、丹砂文化遗存

（一）丹砂开采遗存

万山丹砂开采历史悠久，如果以原始社会末期，人们在淘沙溪河床中发现和利用丹砂算起，有近万年的历史；如果从发明“火爆法”取丹算起，大约有五千年的历史；如果从敲凿法算起有三千余年的历史；如果从秦始皇派徐福到万山炼丹（长生不老药）学会制造火药，并用火药爆破时算起，有两千多年的历史。据20世纪五十年代贵州汞矿组织专人调查，1949年前夕，万山有古矿洞237个，硐深150千米。矿区地表面积2.5平方千米，遗址采掘面积3.2万公顷。除了列为国家重点文物保护的黑硐子、仙人硐、云南硐之外，稍有名气的硐口还有：岩鹰窝、大硐、小硐、山羊硐、扁口硐、大硐、小硐、狗爬岩硐、苕窖硐、干硐子、马鬃岑硐、金鸡尾硐、马脑壳硐、油菜冲硐、白城根硐、狮子口硐、麻栗山硐、大泥峭硐、老牛坪硐、三角岩硐、大坨硐、小坨硐、水路硐、张家湾硐、大岩硐、猪槽窿硐、野苗叫硐、硐塆硐、高粱塆硐、渣罐塆硐、颤子桥硐、甘东坳硐、腊树塆硐、大坳硐、冲脚硐、杉木董硐、老槽门硐、气眼硐、岩壁喇硐、烟冲硐、天桥硐……。1949年后，经贵州汞矿大规模开采，万山新老矿硐有478个，硐中巷道总长达978千米。硐内有保安矿柱、石梯、隧道、刻槽、巷道标记、斜井、竖井、平巷，1—5层不等，有的采场高数十米、宽数十米，顶部岩石平整如居室盖板，而有的则参差不齐，裂缝很大，流水如注，悬石欲坠；有的巷道宽畅，矿车往来各行其轨，人可直着腰昂着头，挺着胸阔步前行，而有的古矿硐则要拱着背、弯着腰，甚至要像蛇一样弯曲爬行。有的矿硐层层叠叠，地井很多，一不小心掉下去则有生命危险。有的巷道如犬牙交错，难分东西南北，尤似地下密室，很难找到出口。无论是地面或地道，经过万山劳动人民几千年的打造，处处都有千奇百怪的人文景观和引人入胜的自然景观。

注：黑硐子、仙人硐、云南硐等硐穴遗存已载入本志第二篇第五章资源一章中。

（二）丹砂工业机关遗址

1、古代遗址

苏葛棒朱砂场局遗址——苏棚　至元十四年（1277年）建，驻今敖寨苏棚，首任长官杨正植，后为田谷。敖寨河、苏棚及岩屋坪一带朱砂开采属其管辖经营。明永乐十一年（1413年），设敖寨苏葛棒坑朱砂场局如此，朝廷另行派官负责经营，田谷调任平头著可长官司长官。相传在明正统年间，朱砂开采欠佳，砂丁逃亡，朱砂场局被迫撤销。场址转为民用。今为苏棚村民驻地。

大万山军民长官司遗址——万山司　明洪武元年（1368年）建大万山军民长官司，驻万山城西五里（2500米）狮山山麓下。第一任诰封五品承直郎大万山军民长官司长官杨正华。至光绪六年（1880年）止，杨氏袭职15任。今为杨氏后裔驻地。《明史·食货志》载：“太祖时……唯贵州大万山长官司有水银朱砂场局”。

大崖土黄朱砂水银场局　场局所在地元时为思勒舍（洞）长官司遗址——土皇冲，万山城西南山麓，相传在元代为鞑靼族任土司，土司非常凶恶，砂丁劳动所得全归土司，辖区所有女人稍有姿色者皆为其所用，当地劳动人民稍有不服者，就要被灭其九族，人们对其恨之入骨，称其土司为土皇帝，称其住地为土皇冲，后来人们相约于九月九日将鞑子一块杀死，迎接明军到来。明洪武元年（1368年），在其原土司驻地土皇冲建大崖土黄（皇改成了黄）坑朱砂水银场局，该局先属大万山长官司管辖。永乐十二年（1414年）三月初三日（3月22日），敖寨苏葛棒坑朱砂场局和大崖土黄坑水银朱砂场局改属铜仁府。由朝廷直接派员管辖。宣德元年（1426年），大崖土黄坑水银朱砂场局复隶大万山军民长官司。直至正统三年（1438年）九月十四日（10月2日），以其官多民少、地瘠课重而被撤销。今为万山职业学校驻地。

濮人冉氏兄弟淘砂炼汞遗址——淘砂溪　《黔记》载："府东北百四五十里有黄道司，司北五里有淘砂溪，土人于此，淘洗砂石，以煎水银"。民间相传原始社会末期，有濮人冉氏兄弟在今黄道淘砂溪捕鱼捞虾过程中发现朱砂，后来又学会以朱砂冶炼水银，逐步向上游追溯至大土大崖，世代沿袭开采并以此为业。《万历铜仁府志》引（旧志）在风俗篇中记载："万山专採砂汞，居人籍为生业。"淘砂溪是中国丹砂的最早发现地，是万山先人寻找丹砂，开采汞工业的始发地。淘砂溪至大土一带溪河中的丹砂在明代已经采完，但淘砂溪的名称未变，如今已成为黄道侗族乡阳桥村村民的农业生产用地。

朝廷命官往来行宫——官舍　《明史.食货志》载："太祖时（1368—1398年），唯贵州大万山有水银朱砂场局。朝廷为了加强对大万山朱砂水银生产的管理，便在黑洞子西800米处建官舍，供朝廷命官往来住宿之用。副使陰子淑在此写有诗云："东风与我共驱驰，今向荒庭惜别离，莫怪多情底相恋，也知重会隔年期。"由于朝廷剥削惨重，工人十分贫穷，巡抚沈庠宿大万山感而诗云："驻节万山中，庭空彻夜风，凄凄声括耳，好似诉人穷。"正统三年（1438年）九月十四日（10月2日），朝廷以其"官多民少，场瘠课重"，撤除大万山水银朱砂场局，万山汞矿转为民间开采，其官舍变卖给私营老板。此后，一直归陈姓世代所住，现还有残石废墙等遗迹所存。

英法水银公司遗址　坐落在万山犀牛井至芭蕉湾一带，光绪二十五年（1899年），英法水银公司第一任总办亨利·比利和第二任总办勃来烈总督工柏勒德率外国管班（英国8人、法国1人、美国1人）和10名翻译在铜仁总兵林觉派兵二棚（24人）护送来到万山，以400两银子从财主华龙山手中购得滑石坡一带坡地，建了红砖白铁瓦洋房20间作公司住所，同时在矿山6000公顷范围内，巧取豪夺大硐、小硐、黑岩坨、大泥峭、张家湾、茗窖洞、大坨等矿洞，开采10年夺走水银700吨，清廷除预缴所得3万两银圆外，其它一无所获。清光绪三十四年（1908年）英法水银公司把房产卖给铜仁经费局及铜仁太守贺昌期后离去。人们将英法水银公司驻地称为洋行，如今地面建筑发生变化、地貌已大不相同，但人们还习惯地称之为洋行。洋人在此残酷剥削、压迫毒打工人的恶劣行为和工人仇恨的反抗精神被编成一首："洋鬼子，真凶狠，皮鞭一挥就打人。狗通事，奴才性，'也司''也司'声连声。刁管班，没良心，伙同鬼子抽我身。矿工苦，矿工恨，有朝一日宰儿们"的歌谣还在民间流传。

2、现代建筑遗址

现代遗址，主要指1949年后贵州汞矿、贵州冶金地质一勘队、贵州冶金建设工程公司、贵州冶金第十九井巷工程公司的遗存遗址。这些遗存遗址主要分布在万山镇、敖寨侗族乡和岩屋坪社区。

汞矿300吨/日机选厂　位于万山镇杉木董，坐西向东，砖混结构建筑2栋，占地面积6356.8公顷，建筑面积3780公顷。1978年5月开工建设，1981年8月竣工，9月投入使用，总投资661万元。采用两级一闭路浮选工艺流程，日选矿能力300吨，年产朱砂127吨，汞精矿1000吨以上。汞矿关闭后，设备拆除，厂房租赁给吉昌锰业公司，现已废弃。

汞矿冶炼厂冶炼炉车间 位于万山镇张家湾，坐南向北，砖混结构建筑一栋，1953年始建，后屡经改扩建，占地面积2035公顷，建筑面积765公顷。万山汞矿近现代冶炼工艺经历了高炉、沸腾炉、蒸馏炉三个阶段，其中蒸馏炉工艺居世界先进水平。现为红菱公司租赁。

汞矿炸药仓库 位于万山镇张家湾，坐西向东，1956年建，占地面积1.8平方千米，建筑面积2367公顷，共建7栋房屋。是万山汞矿研制、生产炸药、导火索的生产车间与储存雷管、炸药、导火索仓库。从1956年起至万山汞矿关闭时，共为万山汞矿生产炸药近3000吨。现为金盛公司租赁。

汞矿科研所 位于万山特区万山镇土坪村，始建于1982年，坐南向北，占地面积4800公顷，建筑面积780公顷。有办公楼、实验室等建筑。均为砖混结构，二层楼房。汞矿科研所前身为1956年成立的贵州汞矿科学研究所。其主要任务为研究汞矿生产设备、产品质量以及开发汞新产品。曾研制出一系列走在全国前列具有世界先进水平的采、选、冶的生产设备及汞系列产品，如“红菱牌”省优朱砂产品，“银河牌”国优水银产品。还研制出钛汞合金，氧化汞，氯化汞触媒、汞齐锌粉、红色氧化汞等合格产品，2001年汞矿政策性关闭后废弃。现为金鑫汞业公司租赁。

湘黔汞矿公司旧址 湘黔汞矿公司成立于1956年1月，为贵州汞矿前身，旧址位于万山特区万山镇土坪村，建于1954年，坐北向南，砖木结构，共二层，庑殿顶，小青瓦屋面，仿苏式建筑，占地面积638公顷，建筑面积580公顷，一层在建筑中部修建过道，过道两侧为房间，楼房明间前檐正中有面宽5米进深3.3米的建筑，一层为进出大门过道，二层装木质栏杆，始建之初作为办公之用，1966年2月—1968年初为万山特区人民政府办公用房，1980—1990年，为汞矿新婚职工宿舍，故又称“鸳鸯楼”。旧址保存较好，为矿区社管局管理使用。目前这18栋房已经作为第七批全国重点文物保护单位进行申报。

解放军四连驻地 1949年11月，根据政务院周恩来总理的指示，中国人民解放军2野5兵团命令警卫2团第4连“进驻万山，保护汞矿、恢复生产”。4连战士住在土坪印子屋。1949年12月23日，4连战士外出征粮和宣传群众组织武装、维护万山治安活动未归，只有炊事班的两名战士在家，匪首杨政国带领了数百名土匪向四连驻地猖狂进攻，妄图消灭四连夺取矿山，抢走财物。由于炊事班的两名战士顽强抵抗，外出战士听到枪声迅速赶回与匪激战两小时，土匪伤亡惨重，溃不成军，向大水溪森山老林逃窜。四连维护矿山的英雄事迹广为流传，后来撤走后，这里成为汞矿公安科驻地，建立万山特区后，又成了万山特区公安局驻地。1979年11月1日万山政企分家后，又是汞矿公安科驻地。现为土坪社区居民委员会驻地。

三角岩 原名仙人岩，相传在远古时期，万山居住着三个民族，濮系住黄道河一带；苗族住敖寨河一带；羌族住高楼坪河一带。他们在围猎、捕鱼、拾砂（丹）过程中，经常发生冲突，为了合理解决矛盾，三个族人的首领约定三天一次按时在这个山凸议事，使矛盾得到合理解决。由于三个首领光明正大，睿智过人，谋略远大，经过他们的共同努力，能使三个民族长期和谐相处，一天，正当三人在一起屈膝谈心之际，忽然一阵雷鸣，三人不见了，只留下三个挺立的石头，人们以为他们得道成仙上天了，便将这三个石头称颂为仙人岩。对此顶礼膜拜，随着时代变换、人口迁徙，原来的故事流传渐渐远去，按其形态，人们将其仙人岩，称为三角岩了。

1956年，贵州汞矿为集中解决工人住宅问题，在三角岩的东南一带地上建木柱瓦面竹编泥封石灰抹面的平房数十间，后又增建木柱瓦面楼房三幢，作坑口办公室用。80年代又新建青砖或水泥空心砖砌筑的平顶楼房若干幢，形成较漂亮的一条街，先后建设占地16900公顷。由于人口密度大，贵汞还在三角岩建立了医疗站、中医门诊部、电影院、食堂等，还有商店和买卖肉食蔬菜的百货市场。因三角岩住宅屋基下多为汞矿采空区域，万山特区政府于2003年在万山司至犀牛井一带划拨土地26公顷，修建采空区移民搬迁新住宅。目前三角岩采空区居民大部分已搬迁。房屋遗存遗迹完整。

土坪建筑群遗址　土坪位于万山城北2500米处，新中国成立前是益民公司驻地，除经理杨政国住的印子屋外，只有破烂不堪的3幢10余间木柱瓦屋15间，中华人民共和国成立后，为贵州汞矿机关驻地。1952—1977年先后建造了机关办公大楼、大礼堂、电影院、干部职工住宅、医院、招待所、苏联专家楼、粮店、科研所、铅印室等，仅职工宿舍就有39221.9公顷。20世纪80年代又新建矿机关办公大楼，矿机关办公大楼高五层，建筑面积约3400公顷，办公楼前为广场，四周皆矮小楼房、平顶房，相形之下，办公楼显得十分壮观。整个土坪建筑群后靠大山，前为十里沟壑绝壁，在清晨远眺土坪全景，它在雾霭中时隐时现，似仙山琼阁。在落日余晖下的黄昏时刻，看青瓦白墙，高矮排列有序，房山相依，显得十分和谐美丽。

杉木董竖井　建于20世纪70年代，坐落在杉木董工区。80年代后，贵州汞矿采运点主要是在杉木董、张家湾、冲脚3个工区，3个工区的坑道矿体相连，皆用机械采掘，为了缩短运输线，提高工效，采用矿石装车后，运至竖井用卷扬机、提升架，将海拔675、681、703、741、759、810米等6个区位的矿石提升至海拔833米的杉木董矿区，再用电机车牵引至300吨/日机选厂，实现采掘、装运全过程的机械作业。现保存完好。

第二节　自然景观

一、夜郎谷

即夜郎峡谷，位于高楼坪侗族乡与湖南省新晃侗族自治县方家屯乡接壤的风景区内，谷长15千米，山谷直接切割深度200—250米，谷底平均宽度不足30米。悬崖峭壁，犹如砖砌，形状奇异，三步有景，百步藏险，蔚为奇观。河谷水流清澈见底，时急时缓，在此漂流，有惊无险，魅力无穷，终生难忘。夜郎谷是二十世纪末在万山景区内发现的诸多奇峰异水中独领风骚的神秘之谷，从高处往下看，似人在九天，云汉低矮，幽谷狭长，好像是被巨人将地球撕开的一道深不可测的裂缝。一入谷底，只见飞鹰断崖，水鸟破烟，风轻林静。从下往上看，一线天空，白云空远，危崖耸立，云飞山动，令人惊心动魄。且高崖之上，悬洞之中，吐出20多条瀑布，竞相抛珠撒玉，投空而来。三十里幽谷，三十里画廊，三十里几乎与世隔绝。千万年来，除传说中的夜郎王子围猎到此以外，从无人间烟火。夜郎谷幽静，堪称天下一绝。2003年被贵州省人民政府批准为省级风景名胜区。

二、老山口省级森林公园

位于万山城西9千米处，与玉铜高等级公路隔峡谷相望，在黄土覆盖下的喀斯特地貌地貌上，有13000多万公顷的茫茫林海，起伏于海拔700—750米之间，由东北向西南绵延4千余米，属六龙山尾。远眺：林海浩瀚，十分壮观，在西北部的悬崖间，多被灌木草丛掩盖，偶有黑黑的洞穴裸露；北端山势有栩栩如生的“象鼻吸虹”“狮子滚绣球”“娘娘岩”等，在清晨的云海雾霭中隐隐约约，象在动、狮在动、娘娘在动，将游客引入梦幻仙境中，美极了，神秘极了，给人以遥遥无边的遐想。近看，杉、松挺拔、枝叶婆娑，林中四季有花开，有鸟鸣。山花灿烂得像撒满一地的各色宝石，唯春兰香味沁人心肺；

百鸟飞舞，各具声色，唯黄鹂歌声清脆悦耳，锦鸡羽毛多彩醒目；还偶见野兔、野羊、野猪在林间觅食、穿梭。这里夏秋同季，气温在14摄氏度—24摄氏度之间。烈日下：林海上青烟袅袅，生机盎然；林海下轻风徐徐、凉爽宜人。秋末冬初，各种果实成熟，杉树果、板栗子、尖栗子、茶籽落得满地皆是，糖罐罐（金樱子）已成熟甜蜜可口，金色的野菊花虽以怒放却紧抱枝头，救兵娘红子满身，还有很多的映山红……。隆冬时，树梢上偶被白雪覆盖，呈北国风光，但林中却仍是春天景色。即使是雨淞来临，其边沿树杆、林海上端树梢成冰肌玉骨，在西风中摇摇摆摆、嘎嘎作响。三五日，太阳出，冰雪消溺，林中又是鸟语花香。这里是天然氧吧，人与树为伴、与花为伴、与鸟为伴、与各种小动物为伴，一切自然和谐，处处充满着诗情画意。来客至此，无不心旷神怡，流连忘返。

三、中华山

古称“和尚岩”，是佛教名山，位于万山古城北10千米处，属敖寨今中华山村境域。海拔高858米，山围3千米，山峦雄伟壮观，四周悬崖峭壁，有石径一条盘旋而上山顶，山上古木参天，怪石嶙峋，清泉长流，双峰挺翠，高20余米，险不可攀。前山建“正殿”、“玉皇阁”“金顶”“观音阁”，后山建文武诸殿。正殿左侧有“天地门”，有小径通峭壁洞穴，穴中有石乳，貌若观音，称此洞为观音洞，经洞前小道再行几十步的悬崖上高高耸立着一樽巨石，貌若和尚参禅，故称和尚岩。从中华山村的一条大道转角处远眺这樽巨石，又与毛泽东主席在检阅雄兵的形象惟妙惟肖，当地人都说“那是毛主席，是万山兴旺之兆”。和尚岩顶部有一小宫殿，有独木桥与天地门相通，桥下万丈深渊，常人莫过，号“生死桥”。正殿后是中天门，过此门登金顶远眺，可见东方数十里开外的“米贡山”，向西可望云海雾霭中隐隐约约的梵净山和凤凰山。如果是在久晴的下午望去，可见梵净金顶闪耀着的五彩光环。俯瞰山麓近景，西北一方边缘无际，青山起伏，状如海洋蓝色波涛；东南绝壁下，是辽阔的田野由东南向西北一方延展，雾洞中与泸家洞溪流汇集成敖寨河后闪着银光在田野中逶迤东去；依山傍水的村寨有鸡有犬，却不闻其声，只见穿村过寨的大小车辆往来如梭；眼下时而轻云漫卷，时而清风拂面，时闻山花幽香，时听画眉啼鸣，一切赏心悦目，大有身在琼霄之感。正如《中华山碑记》载：“其殿巍峨，梁栋辉煌，双峰挺翠，二水兰迤，当亦心旷神怡，叹仙境之不与凡境同也。”

“中华山”得名于何时？建庵于何时？有两种说法。

一说中华山观音阁旁有一石碑载“元时，粤有卜水一人染疾，夜梦观音显应，来山觅谢，归愈。续而传扬四方，灵感无休，始建草庵”，后有佛教高僧云游至此，见此山奇特，树木森森，泉水淙淙，百草斗艳，怪石峥嵘，感觉山有灵气，定是神仙居住之地。便募捐钱粮，请能工巧匠修建寺庙殿宇，又因此山位于江南中部，原名和尚岩本是神仙化身，呼之不雅，便更名为“中华山”。

二说：唐武则天登基称帝时，杀人无数，不少冤魂找她索命，夜不能寐。垂拱二年（1686年），道士将万山产锦州贡的丹砂置于她的寝宫，夜间丹砂熠熠生辉，所有鬼魂望而生畏则远遁，武皇帝万分高兴，连称“救我者，光明砂也！”并测定吉日，微服亲临产丹之山祭谢，当她目及此山，精神为之一振。她觉得此山非同凡响，格外峥嵘，山峦拔地而起，高耸于群山之上，悬崖壁立，雄伟壮观、正气秀美。移驾山上，又见古树参天，轻风扫地，甘泉长流，双峰挺翠，怪石嶙峋，丹山依偎；山羊蹦跳，百鸟啼鸣，蝶儿横飞……武皇帝叹曰：真乃我大唐中华仙山，恨相见太晚。便敕封此山为“中华山”。传旨当地豪绅杨员外筹建寺宇。经历代高僧募捐和挑选能工巧匠造建，至明洪武年间已落成“正殿”“副殿”“玉皇阁”及文武诸殿。可惜在戊子兵变时（1648年），尽毁于战火。清乾隆时，僧人知参。次桂主持募捐重修“正殿”，同治四年至光绪六年（1865—1880年），僧人法亮、比丘等重修佛阁、禅堂、金顶，雕塑各具形态的菩萨数十樽，山上又出现“堂殿满刊诸佛均灿烂金容”，“钟楼”、“金顶”及文武诸殿金碧辉煌，皆尽善尽美，敖寨杨员外后人杨纯昌为此山建山门，石门上刻武皇帝所题“中华山”三字，让后人敬仰。此后，每年三月十九、六月十九、九月十九，湖南衡山、四川峨眉、云南西山、贵州天柱、梵净等山高僧聚集中华山研讨佛学经书，是时金顶灯火辉煌，大小钟鼓齐鸣，佛歌弘扬，朝山男女，熙熙攘攘，热闹非凡。至民国末年，和尚逐一还俗。解放后，破除迷信，木雕泥塑菩萨被毁，1958年，殿堂被撤，木料被运入公社食堂当燃料。至今虽仅剩断壁残墙、碑刻，但山上的奇丽自然风光看之不尽。山势正气、雄伟峥嵘，意境奥妙、书画难描，仍然吸引着无数诗人骚客，善男信女接踵而至。

四、米贡山

位于下溪乡瓦田村湘黔边界处，海拔1149米，山势雄伟，植被繁茂，自然风光绮丽，登上山顶环顾四周，东边历史名城芷江，西边国家汞都万山，南面舞水，北面锦江，山下城乡建设，秀丽山川，尽收眼底。唐朝在山上始建草庵“弥勒寺”，明、清建佛堂“大雄殿”“诸天阁”“太和殿”“玄武殿”等，成为佛教圣地。嘉庆年间增建贵州庵、湖南庵。寺院后面有一石穴，名葫芦岩，清泉长流。传说在山上只有一个和尚的时候，葫芦岩窝有大米流出，早晚各一次，有客人到山上时，客多就多出米，客少则少出米，无客时出一次米仅够和尚一个人吃一餐，米贡山因而得名。后因和尚贪心，欲多出米，令人凿大洞口，不料洞口凿大后，米再也不流出。山上生长各种树木花草药材。1958年，因山林野火，山上所有殿阁俱焚，仅存遗址，荒坡200万公顷。八十年代初，经飞机播种，如今山上又呈现一片绿色生机。

二十世纪九十年代以来，又有佛教信徒在山上建庵供佛，天天暮鼓晨钟，香火不断。山前有一小庙，烧香后，香烟会跟随你直至始建弥勒寺后散去。山腰有两口四方井，清凉甘甜，可供游人饮用解渴，若要洗手，手会抽筋；若想泡脚，脚未接触水面，就会像被电击一样自然缩回。

五、鳌山般若招提寺

鳌山位于黄道侗族乡蓬溪村北，海拔800余米，属黄道八仙坡之一。唐天宝年间，僧惠释在山上建“本堂庵”，雕有佛像，清又扩建寺宇，有正殿、厢房等。山前修山门，上书“般若招提寺”。1958年，山上古寺被拆，仅存遗址和佛教徒墓，留有僧人诗一首：

脱离丹家到黔东，天作巢穴地作笼。
立志决非聚荆棘，存心定是栖梧桐。
时来落得青云路，远去逸马黄道中。
出世不同凡鸟伍，抬头仰望向天空。

1994年1月，黄道各寨群众集资在遗址处建庵，修有瓦房四间，佛像八座，2008年又增雕六座，由信徒供奉香火。因此山形象丹凤朝阳，便将此山改成“朝阳庵”，并刻石立碑记载其建庵始末等。

六、挞扒洞湿地公园

位于万山特区谢桥办事处的挞扒洞水库上游的一个自然村落，距城约15千米。全村现有村民800余人，以蒋绪松老人最为年长，已有105岁高龄。而自新中国成立以来，该村已先后出了17个百岁老人。2000年10月31日，该村经国家老龄委批准挂牌为铜仁市第一个“长寿村”。

万山特区谢桥办事处挞扒洞长寿村四面环山，森林覆盖率高，空气清新，造就了当地平均每立方米高达2000到5000个的负氧离子。同时，这里的河水和泉水，多数经过数千米的伏流露出地面，融入了不同地层中所富含的硒、锶等有益健康的微量元素，身体吸收后，对调节生理机能、延年益寿，有着特别重要的作用。这里风景如画，空气清新，水质优良、阳光灿烂、民风淳朴，真乃长寿之秘。游客至此四围馨香的村子里，可品尝"长寿村"的农家饭，可畅饮"长寿村"的清泉水，可探讨"长寿村"老寿星的奥秘，可享受人与社会、自然的各种和谐，可唤起来者去努力创造一个山清水秀、社会和谐的美好天地。

第三节　传统艺术

鼟锣　万山鼟锣艺术文化起源于元末明初春节期间，一是以不出本寨子的敲锣打鼓为烘托喜庆气氛，称"闹年锣"，各侗族寨子以打锣闹年为盛事，二是事先邀约几寨的打鼓好手带上锣鼓与另一寨或几寨进行打锣比赛，俗称"鼟锣"。其规模有几十面锣直至上百面锣。鼟锣分为两种，一为鼟大锣，二为鼟小锣。大锣只使用一面鼓，锣则不限，锣由鼓指挥，有"锣听鼓音"之说，鼟锣时，双方轮流敲打，比锣声洪亮，鼓的曲牌多，当势均力敌时，昼夜不息。当鼟锣达到数百面时，声震四野，气势磅礴，地动山摇。鼟小锣用两副小钵、一个班锣（合称"小行头"）三人对打、配合默契。双方分别轮流打"小行头"，每方每种曲牌只能使用一次，智者曲牌多达无数，变化无穷，一般难分胜负。往往初学、不知通变，或配合不好而出现差错一方为负。

1994年，黄道乡被贵州省文化厅命名为"鼟锣艺术之乡"，2005年12月25日黄道侗族乡"鼟锣"艺术表演被省人民政府列入"贵州省第一批非物质文化遗产代表作名录"。

第四节　旅游规划与景区建设

旅游规划

《万山特区旅游发展总体规划》（2004—2020年），是以《中国旅游发展"十五"计划和2010—2020年远景目标纲要》《旅游规划通则》（GB/T18971-2003）《中共贵州省委、省人民政府关于加快贵州旅游业发展的意见》《贵州省旅游发展总体规划》《贵州省风景名胜区体系规划》及其他有关法规政策为依据进行编制。受万山特区人民政府的委托，贵州省旅游规划中心组织有关专家，在对万山旅游资源和发展条件进行深入调查研究的基础上，以市场为导向，以旅游要素优化组合和产业发展为主线，精心编制而成。

主要内容是：

1. 以休闲旅游和特色旅游为中心，打造成为全国闻名的"中国汞都"及铜仁周边地区休闲度假旅游目的地之一；把旅游业作为万山未来的新的经济增长点和新兴产业加以重视和培育，使旅游业成为万山国民经济的先导产业和主要财税来源之一，逐步成为后续支柱产业。通过发展旅游业，构建万山新的就业机会和渠道，有效吸纳劳动力，解决不断增加的人口就业压力。

2. 力争到2010年旅游总收入达到2780万元以上，其中国内旅游收入2700万元以上。创汇10万美元；国内旅游达到9万人次，日入境游客达到500人；游客平均停留时间将提高到1.8—2.0天；旅游总收入占GDP比重将达到9%以上；收入对财政的贡献达到270万元左右；力争旅游业就业和带动相关行业1300人以上。力争到2020年旅游总收入达到12200万元，其中国内旅游收入11650万元，创外汇69万美元；年游客总量达到23万人次以上其中入境游客的比重提高到15%；旅游收入对财政的贡献达到1160万元以上；旅游业就业和辐射带动相关行业就业达到3700人以上。

3. 力争国家支持建设万山国家矿山公园，加快开发建设老山口——夜郎谷景区，力争建成第一批AAAA级景区及若干AAA级景区。

4. 力争到2010年，全特区生态环境得到较大的改善，环境污染得到基本控制，城市环境质量达到国家规定的指标要求；2015年生态环境进一步趋向良好，建成旅游秩序良好的旅游区；到2020年建成生态环境优良的旅游区。

5. 实施重点突破与精品带动战略，加快把旅游资源优势转化为产业优势和经济优势的步伐，找准突破口，高起点规划的建设，选择一批重点项目集中投入，实施重点突破，加快形成一批有竞争力、有规模的旅游产品，积极参与更大范围的旅游市场竞争。大力开发以汞文化、民族文化为重点的旅游精品，实录“中国汞都”和“鼟锣艺术之乡”品牌形象，争取在开发夜郎谷省级风景名胜区、建设国家矿山公园、发展休闲度假旅游和特色民族文化旅游、万山基础设施和配套设施等方面取得重大突破，加快形成一批精品旅游产品和精品线路，实现万山旅游产业的跨越式发展。

6. 规划分期战略步骤，完善旅游发展实施“三步走”的战略步骤，即：2004—2007年为规划建设期，重点是在认真做好旅游发展总体规划及景区开发建设详细规划的同时，加快开发建设步伐，初步形成规模。2008—2010年为重点开发期，重点是全面进行景区开发建设，逐步配套完善基础设施和配套设施，万山旅游产品，形成重点景区比较完善，一般景区与重点景区相连接，点、线、面相互配合，空间结构合理的旅游发展格局。2011—2020年为进一步完善和提高的重要时期，重点是进一步完善旅游功能，全面提升服务质量，大力开发国内国外市场和提高知名度，建立稳定客源市场，实现规划战略目标。各景区旅游产品的开发时序安排为：近期以夜郎谷水上漂流与生态观赏景区、老山口自然生态与休闲度假景区开发建设为重点；近中期以仙人洞“中国汞都”遗址与“十里悬崖百丈冰”景区、水眼坪特色民居与历史古堡景区、黄道“鼟锣”文化景区的开发建设为重点；中远期在完善提高上述景区的同时逐步开发建设独立景点中的来阳坪生态田园、猫坡回族文化村、下溪米贡山、黄道八仙坡、敖寨中华山宗教文化景区等。

景区开发建设

地处湘黔边界的万山高楼坪猴冲起至湖南新晃方家屯处有一天然深谷，称“夜郎谷”，全长15千米水深适宜，水流有急有缓，风光旖旎，景色奇特，是开发漂流的理想之处；2000年高楼坪、方家屯两乡政府本着资源共享、共同投资的原则，联合投资100万元，修蓄水坝和购置漂流设施，搞起了漂流，把“夜郎谷”建成了旅游景区。当年接待北京、武汉、广州、长沙及周边县市游客3500余人，实现营业收入30余万元。2002年特区政府投资70万元，修通张家山（郭家至将军岩7千米+500米处）经大拱桥、铺前、坪家坡（夜郎谷入口）公路，全长2.5千米，2003年10月竣工。2003年夜郎谷风景区被贵州省政府批准为“省级风景名胜区”。2004年通过招商引资引进广东客商投资80余万元，对景区道路护栏等安全设施进行维修改造，夏秋两季可接纳一些游客到此漂流避暑。其他景区景点均已作出规划，有待开发建设。

2006—2011年，万山特区旅游部门为提高万山知名度采取了一系列措施。一是成立了旅游产业发展工作领导小组，实现了旅游专项资金100万元纳入财政预算；投入3万元制作了万山旅游宣传片，并在贵州卫视3台进行了为期二个月的滚动播放；积极参加了省地旅游等部门组织的对外宣传推介活动；协助完成旅游咨询服务网站建设，并与地区旅游网站联网。二是加快景区建设，打造旅游精品，加强旅游基础及服务设施建设，投入180万元资金改善了矿山公园电路、标识标牌，整治了仙人洞等地质灾害隐患，绿化了周边部分环境；投入570万元资金对青年湖村黄家寨村乡村旅游示范点进行全方位打造，全特区新建乡村旅舍5家，新增床位178铺，有力推动了乡村旅游快速发展。三是完善项目库建设，推动招商引资进程，建立了旅游产业发展项目库，完成了4个旅游项目建议书的编制，即万山国家矿山公园旅游项目、万山夜郎谷水上漂流生态观赏特色景区项目、万山丹缘朱砂工艺品有限公司朱砂系列产品生产线技术改造项目和万山谢桥挞扒洞旅游开发项目。四是搞好A级景区创建工作。成功申报了万山国家矿山公园建成国家AAA级旅游景区；同时加强旅游人才培训，共培训乡村旅游从业人员426人次，各类车辆驾驶员415人次；实现了旅游招商引资，意向签约资金3亿元。

第十七篇　教育　科技

20世纪90年代，教育部门紧紧围绕“面向现代化，面向世界，面向未来”，加快教育和教学改革步伐。1998年，中小学普遍进行教法改革，完善课程设置，积极推进素质教育，重视实验教学，争创“双优文明”学校。认真贯彻执行《义务教育法》，全特区实现小学生免试进入初中学习，积极开展基本普及九年义务教育和基本扫除文盲工作，1999年“两基”通过了省人民政府验收，2003年“两基”和“普实”（普及实验教学）工作通过了省人民政府复查验收。全面推行“三制一管理”（即校长负责制、教师聘任制、岗位责任制和校长任期目标管理），坚持“公平、公正、择优”的原则竞争上岗，教育教学质量显著提高。至2005年，适龄儿童入学率达99.9%、巩固率98.9%、毕业率100%、普及率99.3%。1998—2011年，教育基础设施建设突飞猛进，先后投入1877.1万元实施“国家贫困地区义务教育工程”学校17所，“危房改造工程”学校21所，“农村寄宿制工程”学校2所，“邵逸夫工程”学校1所。教育“硬件”设施得到根本改变。科技工作采取培训、宣传、咨询等方法大力推广农业实用技术，杂交水稻、杂交玉米栽培技术已广泛被农民掌握，为农村农业发展作出了贡献。

第一章　基础教育

第一节　幼儿教育

1991年，有贵州汞矿幼儿园、万山特区幼儿园。贵州汞矿幼儿园主要招收贵州汞矿干部职工的幼儿入园，同时也招收部分特直机关干部职工子女和万山镇土坪村农民的子女入园。上述两所幼儿园均属公办幼儿园。2001年贵州汞矿实施政策性关闭后，贵州汞矿幼儿园于2002年5月将人、财、物整体移交万山特区教育局管理，更名为万山特区第二幼儿园。2005年8月，实施教育资源整合，优化教师队伍，第二幼儿园与特区幼儿园合并，园址仍在第二幼儿园（土坪原汞矿公安科对面）。特区幼儿园原址在老街村田坝队，受办园条件限制，与第二幼儿园合并后迁至土坪。

2001年贵州汞矿投资43万元，建成一栋一楼一底砖混结构的幼儿园综合楼，建筑面积900公顷。至2005年年底，特区幼儿园占地面积3350公顷，园舍建筑面积2520公顷，课外活动场地1000公顷，固定资产120万元。有图书室、音乐室、舞蹈室、保健室、微机室等辅助教室。有幼儿图书1500册，教学图片、教参、业务报刊6种，有录音机、电视机、放像机及配套的音响等电教设备，有自制玩具800件，大型教学玩具7件。消毒柜、冰柜、冰箱、洗衣机等生活设施齐全，接送幼儿的专用中巴车两台。

本着“一切为了孩子，为了孩子的一切”的办园宗旨，保证幼儿教育健康发展，认真贯彻《幼儿教育纲要》，对幼儿进行体、智、德、美全面发展的教育。按贵州省统编教材，开设语言、计算、音乐、体育、常识、美工六门课程。在教学中注意启发诱导，贯穿趣味性、故事性，经常开展丰富多彩、适合幼儿兴趣的课外活动，根据幼儿特点和各自的兴趣爱好，组织音乐、舞蹈、美工、武术、体操等兴趣小组和开展模拟种植、模拟英雄人物、做好人好事等活动，培养幼儿全面发展。

定期组织教职工学习政治理论和业务知识，经常开展保教人员互相听课，听优质课，召开专题讨论会、经验交流会等。近十年来，共选派30人次到省内外先进幼儿园参观学习取经，绝大多数教师掌握了说、弹、跳、唱、写、画、创作七项技巧。特区幼儿园制定了园长、教师、工勤等各类人员的《岗位责任制》，以及卫生、体检、奖惩、交接班等各种专项工作制度。全园按《量化管理细则》实行目标管理。2005年，特区幼儿园共有在岗教职工23人，其中幼儿高级教师6人，高级技术工人6人。大专学历5人，中专学历11人，高中学历7人。全园设大、中、小班各2个，在园幼儿245人。

2009年，万山特区教育局批准设立民办性质的小太阳幼儿园开园，当年招生开班，在园幼儿178人，开设5个班，7名教师。2010年，同办性质的的小精灵幼儿园，经万山特区教育局批准开园，当年招收幼儿入园，开两个班，在园幼儿54人，3名教师；2011年，民办的育苗幼儿园经万山特区教育局同意开办，当年招收幼儿入园，开6个班，在园幼儿224人，9名教师。

2011年万山特区共有36个幼儿班，在园幼儿1443人，在岗教师34人，其中本科学历1人，大专学历28人，中专学历5人。

万山特区幼儿园简介

1981年9月，由万山特区妇联牵头，建立万山特区直属机关托儿所，当时采取民办公助的方式办托儿所，园址先设于万山特区医院内，1982年搬到老街村田坝队进行扩建，主要招收特区机关幼儿入托。1989年，该所升级为万山特区幼儿园，由教育局管理。2001年，贵州汞矿实施政策性关闭后，贵州汞矿幼儿园于2002年5月将该园的人、财、物整体移交万山特区教育局管理，更名为万山特区第二幼儿园；2005年8月，教育资源进行整合，第二幼儿园与特区幼儿园合并。2011年，全园共有教职工21人，其中幼儿高级教师13人，高级技术工4人，初级教师4人，教师学历合格率为100%；开设6个教学班，在园幼儿324人，学前一年入园率达84%，在前三年入园率达90.82%。

全园占地面积3350公顷，园舍建筑面积2520公顷，课外活动场地1000公顷。拥有两台接送幼儿的校车，各班活动室配备彩电、DVD、电子琴、录音机等，有教学图片、教参、业务报刊等，还有玩具、数码照相机、电脑、打印机、复印机等设备；又有消毒柜、冰柜、冰箱、洗衣机等生活设施。

万山特区幼儿园秉承“爱心导航、智慧启迪”的办园宗旨，始终贯穿以“让幼儿在生活中学习，在游戏中学习，在快乐中学习”为办园理念，对幼儿进行体、智、德、美全面发展的教育。在教学中，除安排组织好幼儿的一日活动外，还组织形式多样的活动。如节日主题活动、游戏比赛等等。每年“六一”儿童节举行大型文艺会演或者“家园同乐”运动会，体操表演等，面向全体幼儿，邀请幼儿家长参与，让家长了解自己的孩子在园学习和活动情况。

加大教师培训的力度，进一步更新教师的观念。定期组织教职工学习政治理论和业务知识，经常开展保教人员互相听课，听优质课，召开专题讨论会，经验交流会等等。多年以来，选派优秀幼儿教师到外地参观学习取经，把外地幼儿先进经验带回来，结合实际教学工作，让它生根、开花、结果。近几年来，万山特区幼儿园越只越好，多次受到万山特区党委、政府的表彰，2009年通过贵州省二类幼儿园的评估验收。

第二节　义务教育

一、小学教育

小学教育阶段，学制6年。1991年，在万山特区普及了初等义务教育之后，继续夯实基础教育，巩固“四率”（即入学率、巩固率、毕业率、普及率）。对在校小学生着重抓巩固率，对因家庭经济困难而辍学的，千方百计动员到校复读，学校减免部分费用。至1999年，万山特区各项指标基本达到贵州省“两基”要求，同年11月，经省人民政府评估验收，万山特区“两基”工作基本合格。1995—1999年，全特区小学教师进行第一阶段继续教育培训学习。经过4年多的努力，小学教师教学水平有了显著提高，自身素质不断增强。1999年6月，小学教师第一阶段继续教育工作，经铜仁地区教育局验收合格。2000—2002年，全特区小学开展“两基”巩固、提高工作。2003年12月，“两基”工作经省人民政府复查为合格，普及实验教学工作验收为基本合格，接着又实施第二阶段小学教师继续教育工程。

1998—2000年，万山特区实施“国家贫困地区义务教育工程”，小学实施义教工程项目学校16所。2002年5月，由于矿山资源枯竭，国家对贵州汞矿实施政策性关闭，贵州汞矿子弟小学、张家湾小学、冲脚小学移交地方管理，分别被更名为万山特区第二完全小学、万山特区张家湾小学、万山特区冲脚小学。

2002—2004年，全特区小学实施危房改造工程21所。2005年8月撤销张家湾小学，学生分别入万山镇小学和冲脚小学学习。2005年年底，全特区有小学39所，教职工335人，在校学生5010人。适龄儿童入学率达99.9%，巩固率98.9%，毕业率100%，普及率99.3%。

2006—2011年，一是教师队伍不断发展壮大。全特区小学教师具有专科及以上学历的教师有236人，占全特区小学总教师的65.4%，到2010年年底，全特区小学教师具有专科以上学历的教师294人，占全特区小学总教师的82%，提高了17.5%。全特区小学教师学历合格率为100%。二是开展师德教育活动。2007年9月至2008年12月，万山特区各小学开展了为期半年的“弘扬高尚师德，力塑教师形象”为主题的师德教育活动。2008年11月，全特区小学教师参加了《新时期师德修养》的全省统考，参考率、合格率均为100%。三是认真抓好“两基”迎“国检”工作。2007—2008年，抓好“两基”迎“国检”工作。确保“国检”工作顺利过关。教育局召开动员大会，成立了“迎国检”工作领导小组，制定了迎检工作方案和迎检工作时间安排表，建立迎检工作责任制，层层落实目标任务；明确局领导联系乡（镇），明确迎检工作目标任务，工作重点和难点，对各乡（镇）校进行迎国检业务培训会。各校完成了“两基”簿、表、卡、册等资料建设工作和各种佐证材料的搜集工作。于2009年，万山特区各项指标达到了国家“两基”的要求，顺利通过了国家教育督导团的评估验收。四是狠抓控辍保学工作。教育局制定了“控辍保学”工作的一系列文件，认真做好进城务工子女和流动人口的子女就学工作，实行控辍保学“双线”目标管理责任制，层层签订目标责任书。2008—2009学年度第一学前小学新生毛入学率达108.3%，小学辍学率为0.02%；2011年，全年小学适龄儿童入学率为100%，辍学率为0。五是试办敖寨乡中心完小寄宿制小学。2009年，教育局试办敖寨乡中心完小寄宿制小学，投入64万元完善校园周边附属设施、新建食堂、购置炊具、床铺等设施设备，该校住宿学生99人。六是启动“营养午餐”工程。2011年，率先启动“营养午餐”工程。全面完成农村小学食堂建设计划，并配备了相关的餐具、餐桌，制定了《营养午餐实施方案》。

万山镇完全小学简介

万山镇完全小学地处万山镇东郊水塘坳，从1908年建校至今，已有103余年办学历史。初名为“省溪吏目官立小学”，后相继易名为“万山小学”“解放街小学”“万山镇完全小学”。校园占地面积10970公顷，其中绿化面积500公顷。校舍建筑面积1800公顷。有教室、少先队活动室、实验室、仪器保管室、电脑室、党员活动室和工会活动室等。

2005年，全校有教师28人，其中小学高级教师13人，一级教师15人，中共党员10人。有12个教学班，在校学生521人。1998—2005年，学校服务范围内的适龄儿童入学率为100%，，在校学生巩固率为100%，学校文明养成率、体育达标率、双科合格率均在90%以上。2003年，学校少先大队被团省委、省教育厅评为“红旗大队”。

2006—2010年，学校服务范围内的适龄儿童入学率为100%，在校学生巩固率为100%，学校文明养成率、体育达标率、双科合格率均在90%以上。2011年，全校有教师29人，其中小学高级教师16人，一级教师13人，中共党员10人。有12个教学班，在校学生482人。

万山特区第二小学简介

万山特区第二小学地处万山镇北郊三角岩，前身为贵州汞矿子弟小学，2000年贵州汞矿拨款60万元，拆除危房2栋，新建教室1300公顷，占地面积13530公顷。

2002年5月，因贵州汞矿实施政策性关闭，学校移交地方管理，更名为万山特区第二小学。2005年，有14个班，学生617人，教职工43人，其中小学高级教师24人，一级教师13人。学校对学生思想品德教育贯穿于教学与各项活动之中，做到教书育人，管理育人，服务于人。形成党政工团与少先队齐抓共管的育人网络。1992年被省教育委员会评为“全省中小学德育工作先进学校”。学校坚持以教学为中心，严格实施国家规定的课程和教学目标，优化课堂教学。同时注重开展各项活动，培养学生读、写、画、唱的能力。1995年12月，学生张伟参加全国奥林匹克自然竞赛，荣获第三名。1991—2011年，教师受省级表彰15人次，在各种竞赛中，获国家级教师指导奖7人次。

高楼坪侗族乡民族中心完小简介

高楼坪侗族乡民族中心完全小学位于高楼坪侗族乡人民政府东北方向，距离乡政府大约150米。始建于1926年，原址在高楼坪侗族乡刘家祠堂内，初期名为“义教学堂”。随着社会的发展，历史的变迁，学校逐渐扩建，学校随着不断地发展变化，先后更名为“国民小学”“玉屏第二中心完小”“东方红小学”“高楼坪中心完小”“高楼坪侗族乡民族中心完小”。有教学楼3栋，占地面积500公顷，教师宿舍1栋，占地面积约200公顷，在此期间有教职工约20人，学生约500人，学生大部分来源于小湾村、高楼坪村、青年湖村等。高楼坪乡中心完小新校区修建好以后，于2010年6月迁到新校区，现新校区占地面积大约22600公顷，其中建筑面积约8000公顷，建筑有主教学楼两栋，综合教学楼一栋，内设专用实验教室一间，图书室一间，内有图书20000多册、阅览室一间，电脑室、梦想课堂、音乐室、舞蹈室各一间；学生食堂一栋，学生宿舍一栋，可容纳寄宿生600人左右。

2005——2011年特区小学与各教学点一览表

表17-1

乡镇名称	完全小学	初级小学	教学点
万山镇	一小、二小、冲脚		
高楼坪侗族乡	高楼坪、郭家、大坪、梓木坪、寄马冲	新庄、长坳、铺前、关庄	琴门、龙田
黄道侗族乡	黄道、田坪、大榜、锁溪、阳桥、马黄、清溪	长坳、黄溪、白屋场	
敖寨侗族乡	敖寨、金家场、深冲、瓮背、洋世界、杨家寨		
下溪侗族乡	下溪、报溪、官田、柳木	洋保田、瓦田、铁门	大水溪、田龙

1991—2005年小学“四率”统计表

表17-2

年度	学龄儿童入学率(%)	在校学生巩固率(%)	毕业率(%)	普及率(%)
1991	97.8	98	97.7	98.9
1992	98.7	99.2	98.1	99.2
1993	97	98.7	96.4	98.8
1994	98.5	98.5	98.9	99.2
1995	99.2	99	98.7	99.4
1996	99.8	99.2	99.5	100
1997	99.8	99.8	100	98.9
1998	99	99.4	99.7	97.7
1999	99.3	99.6	98.3	97.9
2000	99.6	99.4	98.6	98.6
2001	99.4	99.4	99	99.7
2002	99.8	99.8	99.7	99.2
2003	99.7	99.8	100	99.4
2004	99.8	99.8	100	98.3
2005	99.9	99.9	100	99.3
2006	99.9	99.8	100	100
2007	99.9	99.9	100	100
2008	99.9	100	100	100
2009	99.9	100	100	100

表17-2

年度	学龄儿童入学率(%)	在校学生巩固率(%)	毕业率(%)	普及率(%)
2010	99.9	100	100	100
2011	99.9	100	100	100

1991—2011万山特区小学基本情况一览表

表17-3

年度	学校数	在校学生数	班级数	教师数
1991	57	6919	249	510
1992	56	6243	258	501
1993	51	6144	253	193
1994	54	6288	251	505
1995	53	6120	277	453
1996	55	6638	257	466
1997	55	6738	292	487
1998	51	6752	282	491
1999	53	6505	280	469
2000	50	6341	277	352
2001	47	6083	267	339
2002	43	5538	245	447
2003	42	5155	224	426
2004	41	5087	221	385
2005	39	5010	215	335
2006	33	5115	212	328
2007	32	5210	211	321
2008	29	4952	195	320
2009	27	5008	186	307
2010	31	4835	182	303
2011	31	4693	211	298

第三节　中学教育

一、初中教育

初中教育阶段学制是3年。1991年以来，特区所属的四个侗族乡各设有一所独立初中，万山特区中学、贵州汞矿子弟中学设有初中部。1994年3月21日，经万山特区人民政府批准，高楼坪中学更名为高楼坪民族中学；黄道中学更名为黄道民族中学；敖寨中学更名为敖寨民族中学；下溪中学更名为下溪民族中学。1996年秋，贵州汞矿所属张家湾小学附设的初中班和冲脚小学附设的初中班撤销，初中学生进入贵州汞矿子弟中学学习，师资也作相应地调整。2005年年底，全特区有初级中学4所，完中一所，在校初中学生2645人，专任教师160人。

2006—2011年，一是在教师队伍中开展师德教育活动。2008年11月至2009年4月在全特区各中学先后开展了“以讲师德、学规范、正行风、树形象”为主题的师德教育活动；2010年5—7月，在全特区各中学开展了为期三个月的“弘扬高尚师德、力行师德规范，做人民满意的教师”为主题的师德教育活动。二是教师队伍文化素质不断提高。2006年，全特区初中具有本科学历的教师为46人，占全特区初中教师的28.6%，2010年，全特区具有本科学历的教师为60人，占全特区初中教师的40.2%，提高了11.6%；2006—2010年初中教师学历合格率分别为：97%、97%、98%、99%、99.6%。三是做好控辍保学工作，巩固“两基”成果。依法控辍保学，做好辍学学生的劝返工作。2009年，初中辍学率1.72%；2010年，初中学生学年内辍学率为1.7%。四是依法治教，规范办学行为。各初级中学建立健全学校规章制度，严格执行校务公开制，学校不得开设重点班和补习班，严格执行“一费制”收费标准。五是按照“能者上，庸者下”的原则，结合实际建立健全“人员能进能出，职务能上能下”的用人机制，实行岗位目标管理制。2007年，教育局对全特区初级中学、中学校长进行重新聘任。

1991—2011年万山特区初级中学基本情况一览表

表17-5

年度	学校数	班级数	在校学生数	教师数
1991	7	60	2692	124
1992	6	83	2512	121
1993	6	33	2027	117
1994	6	33	2050	121
1995	6	34	1797	114
1996	6	41	1794	106
1997	6	43	1880	110
1998	6	44	1908	113
1999	6	47	1981	117

续表17-5

年度	学校数	班级数	在校学生数	教师数
2000	6	49	2239	138
2001	6	33	2511	148
2002	6	54	2741	162
2003	6	57	2942	174
2004	6	54	2814	178
2005	5	55	2645	160
2006	5	50	2377	225
2007	5	47	2319	229
2008	5	49	2161	216
2009	5	47	2128	210
2010	5	47	2187	204
2011	5	65	2286	202

二、高中教育

高中教育阶段学制为3年，1991年，有色地质一总队学校由万山迁往清镇，高中部也随之撤销。高中学生大部分随父母迁往清镇，留守万山的一总队部分职工子女转到贵州汞矿子弟中学、万山特区中学就读。1992—2002年，万山只有贵州汞矿子弟中学和万山特区中学两所完全中学。2002年8月，贵州汞矿因矿源枯竭，实施政策性关闭破产后，贵州汞矿子弟中学连人带资产移交万山特区管理，同时被更名为万山特区第二中学，2005年8月与万山特区民族中学合并，名称仍用万山特区民族中学。校址以原贵州汞矿子弟中学校园（官山）为基础进行扩建和改建教学大楼、实验大楼和办公大楼。在原汞矿供销科处新建男、女生宿舍楼，2005年，在学校改扩建期间，学生分别在原特区民族中学（水塘坳）和农职中（土黄冲）上课。2003—2005年，全特区高中毕业生考取本科147名、专科328人。2005年9月，高中在校生968人，高中专任教师69人。

2007年，狠抓“平安和谐校园”创建活动，确保师生生命安全。教育局调整充实安全工作领导小组，明确专人负责抓安全工作，层层签订安全工作目标责任书；其次定期或者不定期对万山特区民族中学的安全隐患进行检查，并对存在的安全隐患限期整改。

2010年，万山特区教育局根据国家教育部门有关文件精神，启动高中新课程改革实验，制定了《万山特区普通高中课程改革实验方案》，成立了万山特区普通高中课程改革实验工作领导小组，要求特区民族中学按照省、地、特区有关文件精神，结合万山实际，在教学工作中贯彻执行。2011年，高一年级实现了“班班通”，教师的课堂教学水平明显提高。

2006—2010年，万山特区高中教师学历合格率逐年提高，5年中分别为71.2%、75%、76%、82.9%、89.6%。2010年具有研究生学历的教师为1.3%。2011年有23人学历得到提升。

1994年—2011年万山特区高级中学基本情况一览表

表17-6

年度	学校数	班级数	在校学生数	教师数
1994	2	12	396	24
1995	2	12	369	24
1996	2	16	322	19
1997	2	9	295	18
1998	2	9	275	17
1999	2	9	345	23
2000	2	9	384	23
2001	2	11	452	40
2002	2	12	577	34
2003	2	17	745	44
2004	2	19	849	63
2005	1	18	968	69
2006	1	21	911	67
2007	1	16	819	65
2008	1	15	733	62
2009	1	15	721	61
2010	1	15	711	59
2011	1	15	736	63

万山特区民族中学简介

该校前身是高楼坪初级中学、万山特区万山镇中学，创建于1956年，1983年8月由高楼坪搬迁至万山镇水塘坳名为万山特区中学，1993年9月，更名为万山特区民族中学。2002年8月，移至原农职中（土黄冲）上课。2005年8月，万山特区第二中学（原贵州汞矿子弟中学）与万山特区民族中学合并组建成新的万山特区民族中学，同时特区政府决定在特区二中校址的基础上进行改扩建，作为新的万山特区民族中学的新校址。至2005年年底，已开工建设教学大楼（邵逸夫工程）。根据规划，将建设学生宿舍楼及其他附属设施7000公顷，学校占地面积达4万公顷。

2003—2005年，该校先后被评为“省级实验示范学校”“贵州省百所禁毒示范学校”“省网络教育应用示范学校”“铜仁地区计算机先进单位”。学校以“团结、勤奋、成才、创新”为校训，以“好学、活学、博学、学以致用”为学风，以“乐教、善教、严教、教书育人”为教风，以“高尚品德为美、勤奋学习为荣、增强体质为本、劳动实践为乐”为校风进行教育管理。学校各种（物理、化学、生物）实验室、微机室、图书室、阅览室教学活动配套设施齐全。开办有书画美术班、音乐舞蹈班、体育训练班。2005年，学校有12个初中教学班，18个高中教学班，共有学生1500人，有119名教职工，其中高级教师24人，一级教师43人，中共党员40名。

2006—2011年，本校办学条件得到改善，在原二中校址上，按“园林式校园”建设的要求，新建了3000余学生校园规模的新校园，新建的逸夫教学楼、容纳1800余人的男女生宿舍、阶梯教室等。新特中已是一所功能齐全、设施配套、高标准的现代化学校，同时，也是学生学习、生活的理想校园。学校本着“以人为本，全面发展”的育人原则，坚持“一切为了学生的成长”办学理念，不断巩固“两基”和“普实”的成果，强化以教研促教改，以教改促教研，加强对教师的培养，促使教育教学质量稳步提高。

高楼坪民族中学简介

高楼坪民族中学是一所乡镇初级中学，地处万山特区高楼坪乡政府所在地，历经多次更名。1956年，万山隶属玉屏，玉屏在高楼坪设立高楼坪初级中学，分别在高楼坪和万山老街各设一个初中班，最初，有教师4名。1957年更名为玉屏县第二中学，万山初中班搬到高楼坪校部，招收万山、田坪、亚鱼等片区小学毕业生入学。1958—1961年称万山公社初级中学，1962年改称玉屏县中学万山分校，1963年又改称高楼坪初级中学。1966年划属万山特区，改为万山特区中学。1968年该中学下放公社管理，称东方红公社中学。1970年夏又称为万山特区中学，开始设高中班，高中和初中每年招两个班新生入学。1983年8月，万山特区中学从高楼坪迁至万山镇水塘坳与万山镇中学合并，高楼坪中学仅保留初中部，并将寄马冲中学和赶场坝中学合并到高楼坪中学。1994年，经万山特区人民政府批准并报省民委批复，高楼坪中学正式更名为高楼坪民族中学。

2011年，该校现有教学班级12个，在校学生600余人；在编教师38人，其中中学高级教师6人，中学一级教师21人，中学二级教师11人；本科学历4人；专科学历33人，中专学历1人。

该校占地面积40余亩，校园建筑面积达到7000多公顷。1999年投资99.75万元实施了“国家贫困地区义务教育工程”项目；2006年投资100万元实施了“农村薄弱学校改造工程”项目，投资76.5万元实施了“农村寄宿制建设工程”项目；2008年投资186.45万元实施了“初中校舍改造工程”项目（修教学楼）；2009年投资117.35万元实施了“初中校舍改造工程”项目（修食堂）；2011年投资96.6万元实施“教师周转房工程”项目。学校拥有图书室、阅览室、现代化实验室、微机室、多功能教室；学校藏书量达13000多册，学校可容纳住宿学生500人。

多年来，学校坚持贯彻党和国家的教育方针，以人为本，注重学生综合素质的培养，积极推进素质教育。坚持以德育人，以德治校，实现了校风、教风、学风的根本好转。学校领导班子立足农村学校实际，从建立健全学校管理制度入手，以创地级示范性乡镇学校为目标，内抓管理，外树形象，积极探索教育教学改革新路子，加大教师培养培训力度，教育教学质量稳步提高。

由于工作成绩突出，学校曾多次受到上级有关部门表彰。2003年9月，该校实行校长竞聘上岗，试点推行“三制一管理”改革；同年被铜仁地区教育局授予“双优文明学校”称号。2004年被省重点中学——铜仁一中授予“优秀生源学校”称号。2006年被地区关工委评为“关心下一代先进集体”；2007年被地委行署评为“全特区教育系统先进集体”；2008年获铜仁地区教育局“铜仁地区文明班级”称号；2009年被万山特区禁毒委员会评为“小手拉大手，共筑禁毒长城”活动组织奖；2010年被万山特区人民政府教育督导室、教育局评为“学校安全工作考核二等奖”；2011年被铜仁地区妇联、教育局评为“铜仁地区关爱农村留守流动儿童优秀家长学校”。

第二章　职业教育与成人教育

第一节　职业教育

20世纪90年代初，万山特区的职业教育主要是贵州汞矿技工学校来进行职业教育工作。1991—1992年开始，每年招收2个班80名学员，1993—1994年为赫章、务川委托培训技术工人70人。1994年后，每年招收一个班40人，开设了机电、机修等专业。1998年停止招生。从1991至1998年，共培养技术工人390名。

除贵州汞矿技工学校外，万山特区农职业中学根据人才市场需求和家长要求，开展了不同类型的职业教育。1990年开办了家电维修班，招收了25名学生；1991年开办2个财会班，招收了90名学生；1992年开办了师范班，招收了28名学生，同时开办了农业技术培训班，招收了14名学生；1993年开办了机械维修驾驶班，招收了22名学生。各专业班学制均为3年。学生毕业后不进行分配，自谋职业，享受高中毕业生同等待遇。

1995年万山特区职业中学停止招生。1996—2006年，每年由万山特区民族中学高中部统一招生，从高一新生中划出几十名学生作为职业教育的学生，并开设职业教育的课程。

2007年秋，万山特区党委、政府根据国务院《关于大力发展职业教育的决定》和教育部《关于进一步加强中等职业教育的意见》，决定恢复万山特区农职业中学，更名为万山特区中等职业技术学校，校址在万山镇土皇冲。学校占地面积3600多公顷，校舍建筑面积3065公顷，在职教师11人，其中专业教师9人，双师型教师2人。开设汽车修理与驾驶、服装设计、美容美发、工程机械应用与维修、电子、电工5个专业，在校学生261人。2007级外出12名学生返校就读，在外省职校就读19人；培训农村劳动力2010人；培训高、初中毕业生400人，培训合格率80%，就业190人，就业率为50%。2008年秋季，万山特区中等职业学校招收188名新生。2009年将开设汽车修理与驾驶调整为汽车运用与修理，服装设计调整为服装设计与工艺。

2010年，万山特区中等职业学校168名在校生享受国家助学金12万元；秋季290名在校生享受国家助学金21.75万元，根据上级要求，从2010年3月起，中职生国家助学金实行逐月审核与发放，3月168人享受助学金，发放金额25200元（150元/生），4月176人享受助学金，发放金额26400元，5—9月，有172人享受助学金，发放金额77400元。

2010年秋，万山特区中等职业技术学校更名为万山特区中等职业学校。2011年，万山特区中等职业学校在岗教职工25人。双师型教师5人，开设专业有汽车修理与驾驶、服装设计与工艺、美容美发、工程机械应用与维修、电子、电工专业，在校学生363人。万山特区中等职业学校与铜仁职院联合办学开设幼儿教师教育和卫生护理两个专业。

第二节　成人教育

一、函授教育

贵州中师函授广播学校万山特区中师函授站，主要招收小学民办教师、代课教师为学员。学员在假期或星期六到函授站授课学习。1991—1995年，共招收小学民办、代课教师157人，毕业157人。学习课程为政治、语文、数学、物理、化学、生物、音乐、美术8科，1997年停办。

二、广播电视大学教育

1994年4月成立贵州广播电视大学铜仁分校万山电工作大站，隶属于万山特区教育局统一管理，整个招生、授课由教育局派专人组织实施。先后设立汉语言文学教育专业（专科）、法学专业（专科）、行政管理专业（专科）。1994—2005年，共招生258人，毕业254人。

2006—2011年，贵州广播电视大学于2004年更改为中央广播电视大学（开放教育）铜仁分校万山特区电大工作站，隶属于万山特区教育局统一管理，招生、授课由教育局专人组织实施。其先后设立专业：教育管理、建筑施工与管理、小学教育、学前教育、法学、行政管理、会计学；本科专业：行政管理、汉语言文学、数学与应用数学、法学、小学教育、学前教育；每年春、秋两季招生；2006—2011年，专、本科共招生178人，毕业152人。

三、扫盲教育

1991年开始，万山特区开始对1949年10月1日以后出生的未读完小学的青壮年文盲实施扫除文盲教育。实行逐村逐户登记建立文化户口簿，摸清文盲底数，各行政村建立扫盲班，开办夜校，组织教师动员文盲半文盲参加识字学习。对于偏僻边远的学员则由公办小学教师负责到人，上门辅导，包教包会。通过识字学习，能读写1500个常用汉字的学员才算脱盲。1999年万山特区通过了省人民政府组织的“两基”验收。2000—2003年，为了巩固“两基”成果，迎接省政府的“两基”复查，全特区城镇和农村青壮年脱盲率分别从1999验收年的99.8%和98.4%提高到99.9%和99.8%，4年共脱盲386人，脱盲巩固率为100%。至此扫盲工作停止。

第三章　教　学

第一节　课程设置

九年义务教育课程

小学与初级中学课程：1991年，万山特区执行国家教委颁发的小学教学计划，开设语文、数学、历史、地理、自然常识、音乐、体育、劳动、班会等课程。从1994年秋季开学起，特区城区小学和部分条件较好的乡（镇）中心小学，执行国家教委《实行工时制对全日制小学、初级中学课程（教学）计划进行调整的意见》。

1994年九年义务教育小学阶段课程调整安排表（1）

表17-7

年　级		一	二	三	四	五	六	课时
国家规定学科课程	语文	9	9	9	8	7	7	1666
	数学	4	5	5	5	5	5	986
	社会				2	2	2	204
	自然	1	1	1	1	2	2	272
	体育	2	2	3	3	3	3	544
	音乐	2	2	2	2	2	2	408
	美术	2	2	2	2	2	2	408
	劳动			1	1	1	1	136
	思想品德	1	1	1	1	1	1	204
	周学科课时	21	22	24	25	25	25	4828

九年义务教育小学阶段课程调整安排表（2）

表17-8

科目 \ 周课时数 \ 年级		一	二	三	四	五	六	总课时
学科	思想品德	1	1	1	1	1	1	204
	语文	10	10	9	8	7	7	1668
	数学	5	5	5	5	5	5	1020
	社会				2	2	2	204
	自然	1	1	1	1	2	2	272
	体育	2	2	2	2	2	2	408
	音乐	2	2	2	2	2	2	408
	美术	1	1	1	1	1	1	204
	学科课时			1	1	1	1	136
	总计	22	22	22	23	23	23	4590
活动	每天 10 分钟							
	班队	1	1	1	1	1	1	204
	科技文体	3	3	3	2	2	2	510
	周活动课时	4	4	4	3	3	3	714
	周总课时	27	27	27	27	27	27	5508

不具备执行上述条件的农村全日制小学则按表（二）执行。这次课程设置，增加了思想品德、社会、劳动、活动等课程。

为适应基础教育课程改革，教育部下发了《基础教育课程改革九年一贯义务教育课程设置实施意见》，万山特区于2004年开始执行《基础教育课程改革九年一贯义务教育课程实施意见》。如下表：

基础教育课程改革九年一贯义务教育课程设置一览表

表17-9

年级		一	二	三	四	五	六	七	八	九	总课时数	课时比例
品德	品德与活	3	3								210	9.1%
	品德与会			3	3	3	3				420	
	思想品德							3	2	2	241	
语文		8	8	7	6	6	6	5	5	5	1950	20.5%

续表17-9

年级		一	二	三	四	五	六	七	八	九	总课时数	课时比例
数学		4	4	4	5	5	5	5	5	5	1460	15.3%
外语				2	2	2	2	4	4	4	629	7.3%
历史与课学	历史							2	2	1	173	3.6%
	地理							2	2	1	173	
科学	科学			2	2	2	2				280	7.2%
	生物							2	2		140	
	物理								2	3	169	
	化学									3	99	
体育与健康		3	3	3	3	3	3	3	3	3	939	9.9%
艺术	音乐	2	2	2	2	2	2	1	1	1	523	11%
	美术	2	2	2	2	2	2	1	1	1	523	
综合实践活动				3	3	3	3	3	2	2	729	16.1%
地方课程与学校课程		4	4	2	2	2	2	2	2	2	801	
周总课时		26	26	30	30	30	30	34	34	34	274	
学年总课时		910	910	1050	1050	1050	1050	1190	1190	1122	9522	

贵州省教育厅于2009年3月23日下发了《贵州省基础教育课程改革义务教育课程计划（修订）》，万山特区于2011年秋季执行《贵州省基础教育课程改革义务教育课程计划（修订）》，如下表：

贵州省基础教育课程改革义务教育课程计划一览表（修订）

表17-10

年级		一	二	三	四	五	六	七	八	九	总课时数	课时比例
品德	品德与活	3	3								210	9.2%
	品德与会			3	3	3	3				420	
	思想品德							3	2	2	245	
语文		8	8	7	6	6	6	5	5	5	1960	20.6%
数学		4	4	4	5	5	5	5	5	5	1470	15.4%
外语				2	2	2	2	4	4	4	700	7.3%
历史与科学	历史							2	2	2	210	3.5%
	地理							2	2		140	
科学				2	2	2	2				280	2.9%

续表 17-10

年　级		一	二	三	四	五	六	七	八	九	总课时数	课时比例
生物								2	2		140	1.5%
物理									2	3	175	1.7%
化学										3	105	1.1%
体育与健康		4	4	3	3	3	3	3	3	3	1015	10.6%
艺术	音乐	2	2	2	2	2	2	1	1	1	525	11%
	美术	2	2	2	2	2	2	1	1	1	525	
综合实践活动				3	3	3	3	3	3	3	735	15.3%
地方课程与学校课程		3	3	2	2	2	2	3	2	2	735	
周总课时		26	26	30	30	30	30	34	34	34	274	
学年总课时		910	910	1050	1050	1050	1050	1190	1190	1122	9522	

中学课程

初中和高中一年级执行省教育厅根据教育部颁发的《全日制六年制中学教学计划（试行草案）》制定的《贵州省全日制六年制中学分科性选修教学计划（试行草案）。开设课程有：政治、语文、数学、外语、物理、化学、历史、地理、生物、生理卫生、体育、美术13门，文理科各侧重。下面是《分科选修教学计划（试行草案）》的具体内容。

初中、高中课程设置一览表

表 17-11

年级 / 周课时 / 学科	初中			高中					上课总时数	
	一	二	三	一	二		三		(1)	(2)
					(1)	(2)	(1)	(2)		
政治	2	2	2	2	2	2	2	2	384	384
语文	6	6	6	5	8	5	8	5	1240	1060
数学	6	6	6	5	4	6	4	6	1000	1120
外语	5	5	5	5	5	5	5	5	960	960
物理		3	4			5		5	292	292
化学			3	3	3	4		4	288	528
历史	3	2		3			3		350	266
地理	3	2			2	2	3		318	234

续表17-11

学科＼课时＼周＼年级	初中			高中					上课总时数	
	一	二	三	一	二		三		（1）	（2）
					（1）	（2）	（1）	（2）		
生物	2	2				2		2	200	234
生理卫生			2						64	64
体育	2	2	2	2	2	2	2	2	384	384
音乐	1	1	1						100	100
美术	1	1	1						100	100
每周上课时数	31	31	31	29	28	31	27	31	5680	5984
劳动技术	二周			四周					576	576

注：（1）为侧重文科选修，（2）为侧重理科选修

1991年，国家教委颁发调整普通高中教学计划后，万山特区各完中高中部为了适应高等学校招生考试的需要，分了文科和理科。在执行此教学计划时，各校按照实际情况，文科不开物理、化学、生物，将这几科的教学时数增加到语文、历史、地理课中；理科不开历史、地理，将这两科的教学时数增加到物理、化学课中。

1995年4月，国务院发布双休日新工时制，国家教委立即调整了中小学课程教学计划。贵州省教委及时转发了国家教委《关于印发〈实行每周40学时标准工作制后调整全日制中小学课程（教学）计划的意见的通知》，并提出了贯彻意见，强调指出，这次省教委不再对课程计划提出新的调整意见，要求各级行政部门和中小学必须执行国家教委制定的新课程计划。

新教学计划普通高中课程安排表

表17-12

科目＼年级	高一	高二	高三	授课总时数
政治	2	2	2	184
语文	4	4	5／4	380
数学	4	4	5	392
外语	5／4	4		289
物理	3	3／2		187
化学	3／2	3		187
生物		3		102
历史	2	2		136

续表17-12

年级 科目	高一	高二	高三	授课总时数
地理	3			102
体育	2	2	2	184
艺术	1	1		68
劳动技术	每年4周	每年4周	每年4周	432
社会实践活动	每学年安排2周,在劳动技术课或学科活动时间内进行。			

1995年9月初，万山特区教育局全文转发了贵州省教委《关于初级中学开设健康教育课的意见》，同时要求各中学抓紧时间妥善安排，组织好征订教材等工作。

为适应普及九年义务教育的需要，国家教委于1996年10月公布了《关于义务教育全日制小学初级中学教学计划（初稿）》分“五四制”和“六三制”两类，万山特区执行的“六三制”，初中三年的教学计划如下表：

义务教育“六三”制初级中学教学计划表

表17-13

年级 科目	初一	初二	初三	授课总时数
思想政治	2		2	200
语文	6		6	566
数学	6	2	5	334
外语	5	5　4	4	434
历史	2	5 2	2	200
地理	2／3	2		153
物理		2	2	132
化学			3	96
生物	2	3		170
体育	3	3	2	268
音乐	1	1	1	100
美术	1	1	1	100
劳动技术	1	2	2	166
总开科目	11	12	11	
时事政治班团队活动	1	1	1	100

续表17-13

年级 科目	初一	初二	初三	授课总时数
课外活动	3	2	2	324
活动总量	35 / 36	35	33	3453

1997年12月，万山特区教育局转发了国家教委颁发的《中小学计算机课程指导纲要修订稿》，要求各中小学搞好规划，做到有计划、分层次地实施中小学计算机教学。至2005年年底，全特区五所中学，以及各乡镇民族中心完小、二小均配备了电脑，开设了计算机课程。此外，各校还适时进行了国防教育、时事教育、环保教育和安全教育。万山特区从1995年9月1日（新学期）起至2011年，全部按照上述意见贯彻执行。

第二节　素质教育

1991—2011年，万山特区教育部门按照《中共中央国务院关于深化教育改革全面推进素质教育的决定》（以下简称决定）、《中共贵州省委、贵州人民政府深入贯彻<决定>的意见》，万山特区各级各类学校根据各自教育的对象和不同年龄的青少年的特点，围绕素质教育的总目标，科学地制订改革方案。

一、幼儿素质教育

全面分析幼儿教育的现状，从幼儿教育发展的实际出发，找出影响幼儿素质提高的因素，把幼儿在园一日活动作为突破口。从情感入手，最大限度地挖掘和培养幼儿潜力和兴趣爱好，教育幼儿形成良好的品行。

在教育过程中充分尊重幼儿，正面引导幼儿，鼓励幼儿。重视幼儿个性特征发展，细致分析、认真观察、因人施教，让每一个幼儿愉快、主动地学习生活和游戏。组织幼儿参加社会公益活动，如园内植树、参观武警中队和“采空区搬迁工程”、为灾区捐款、清明节为革命烈士敬献花圈等。充分利用现有条件，为幼儿创建良好的学习环境和生活环境，力争做到美化、儿童化、教化相统一。如在室内外墙壁上绘制富有儿童情趣的大幅壁画，在户外活动场所配备秋千、滑梯、攀登架、海洋球池等玩具外，还为幼儿设立美工区、角色游戏区、语言角、计算角等活动区域。让幼儿在活动中学习，在活动中成长。

二、小学素质教育

由应试教育向素质教育转轨主要是课堂教学的改革。教研组有计划、有步骤地安排教师交流，每个教师每学期至少上一节研究课，研究课有专门的教案，课后有小结，自我评估，教研组对教师进行评议。学校按照研究课标准，肯定成绩，指出不足和提出改进意见。采取请进来、走出去的方法，提高教师综合素质。只有教师素质提高了，素质教育才能落在实处。2004年，选派教师参加国家级培训160人次，参加省地级培训80人次，邀请湘版教材专家和北京师范大学成功素质教育课题组专家作“成功素质教育”专题报告，全特区小学教师全部参加听课。2005年6月，选派6名小学骨干教师到铜仁地区培训。

至2005年底，全特区中小学校共有32所配备了远程教育设备，教学工作走上信息化、现代化轨道。

抓“养成教育”，一是抓预习习惯的养成，教师布置预习任务，检查预习效果，这是学会学习的基础。二是抓学生养成专心的习惯，从提高教师的教学艺术吸引学生专心，提高教师的知识面丰富从而带动、感染学生专心学习，特别是对低年级学生加强培养训练，养成专心的习惯尤为重要。三是及时复习，巩固知识，发现问题，及时解决。以少先队为阵地，以活动课为依托，以“五爱”（爱祖国、爱人民、爱劳动、爱科学、爱社会主义）为基本内容，以集体主义为核心，以良好的行为习惯和礼仪常规为重点，以培养人格为中心的德育工作，每周一次班队会及每月一次品德评价和重大节日开展丰富多彩的教育活动。各完全小学分别成立了音乐、舞蹈、美术、书法、仪仗队、腰鼓队等兴趣小组，学生在各种活动中都得到锻炼，能力得到培养，特长得到发挥，学习得到提高。

始终把德育工作放在首位，以《小学生守则》《小学生日常行为规范》《小学德育纲要》为主要内容，经常性地开展爱国主义、集体主义、社会主义教育，中华民族优秀文化传统和革命传统教育，理想伦理道德以及文明习惯养成教育，中国近现代史、基本国情、国内外形势教育和民主法制教育。

2006—2011年的清明节，万山镇小、万山二小、冲脚小学组织学生到万山烈士陵园敬献花圈，开展“缅怀革命先烈学习革命先烈精神”弘扬民族精神活动，两名少先队员擎着花圈带领学生们向烈士碑，敬献花圈、鞠躬、默默祈祷，并向革命先烈进行宣誓。2009年，铜仁地区开展中小学生艺术展演活动，万山特区小学甲组获优秀表演奖；艺术参赛作品：小学甲组绘画获两个三等奖；现场书画比赛：小学甲组获一个三等奖，两个优秀奖。

三、中学素质教育

对中学生实施素质教育是以培养创新精神和实践能力为重点，使受教育者达到“四个统一”（学习科学文化与加强思想修养的统一，学习书本知识与投身社会实践的统一，实现自身价值与服务祖国人民的统一，树立远大理想与进行艰苦奋斗的统一）为基本特征的教育。建设高素质的教师队伍，是全面推进素质教育的根本保证。对教师培训分为职业道德培训和专业知识技能培训。2000—2005年专业知识技能培训开展了普通话培训、信息技术培训、校本教研培训。具体做法是选派教师参加上级组织的培训、对教学骨干的培训、请省级示范性学校教师上公开课等。职业道德培训主要是通过每周政治学习时间学习党的路线、方针、政策和《教师法》。常抓师德师风教育、爱岗敬业教育。严格执行国家课程计划，开齐、开足课程课时。开展“校本教研”活动，“把脉问诊”“对症下药”。教研活动具有针对性、实效性。着眼于培养学生兴趣爱好，发挥学生特长。

在抓中学生的思想道德素质教育中，着重抓八种教育，即理想前途教育、社会公德教育、自律自理教育、爱国主义教育、健康心理教育、校纪国法教育、时事政治教育、传统文化教育。

2009年，中学甲组参加铜仁地区第三届中小学艺术展演活动，获集中表演三等奖、优秀表演奖；艺术参赛作品：中学甲组绘画三等奖，书法获二等奖；现场书画比赛：中学甲组获三等奖、优秀奖。同年，中学生代表队参加地区第十四届“三好杯”篮球赛，女子组获得第四名，男子组获“体育道德风尚奖”。同年，组织中学生参加铜仁地区开展“祖国好·家乡美”中学生讲故事，中学生诗歌散文朗诵比赛，特中吴小玲获中学组第二名。

2011年，特区民族中学参加地区校园歌曲创作演唱比赛和“唱红歌、感党恩”合唱比赛，荣获中学组二等奖。选派区民族中学参加铜仁地区教育局组织的“首届合唱艺术节”获得二等奖。

第三节　教研活动

万山特区教育局下设教研室，教研活动内容包括深入课堂听课、研讨教材教法、进行教改实验、开展学科竞赛等方面。1998年全特区初中、小学一年级进行目标教学，1999年在黄道民族中学开展了英语“三位一体”（字母、音素、音标一体）教学实验，2002年对小学自然进行了“引探教学法”教改实验，同年还进行了小学自然、中学数学、物理、英语优质课观摩活动，带领教师参加铜仁地区教育局教研室组织的优质课竞赛活动。教研成果显著，2000—2005年，获全国中学生英语能力竞赛奖的55人，获全国小学生英语能力竞赛奖的有18人；获国家级物理竞赛奖的有5人，获省一等奖的有10人，二等奖的有12人，三等奖的16人；中学数学竞赛获国家级奖的有8人，获省级奖的有15人；教研员、教师撰写学术论文，获国家级奖的有20人，获省级奖的10人，获地区级奖的有17人，获县级奖的有35人。

从2007年8月开始，全特区各中小学开展了“决战课堂、新教材大练兵”活动。各中小学开展了教学比武和教学案例评比活动。2008年9月，特区教育局评审组对各校选送的92篇教学案例及38节新课程课堂教学竞赛录像课进行了评选，共评选出教学案例一等奖10篇，二等奖20篇，三等奖62篇；课堂教学竞赛小学语文一等奖2名，二等奖2名，三等奖8名；小学数学一等奖2名，三等奖6名；中学语文一等奖3名，二等奖1名；中学数学一等奖1名，三等奖1名。

2009年，教育局组织全特区中小学语文教师116人次赴铜仁参加余映潮先生中小学语文教学艺术观摩研讨会。教育局组织万山特区3名教学能手赴下溪中学、中心完小举行教学观摩活动，全特区参与本次活动的教师共计85人次；教育局组织全特区中小学教师、学生教具制作竞赛，共征集不同类型的教具39件，其中黄道田坪小学教师肖宗林自制的教具《摩擦力演示器》，荣获省级一等奖，国家级三等奖；组织中小学16名英语教师参加2009年全国中小学教师教学技能大赛初赛、复赛，10名教师获得地级一等奖，5名教师获地级二等奖；组织小学语文、数学、思想品德（高、中、低年级）录像课评比活动，9名教师的作品选送到地区参评，3人获一等奖，4人获二等奖。

2010—2011年，全特区65名中小学教师参加县级“教学能手”评选活动，评选出13名县级“教学能手”，并颁发了证书；教研室向省级教科所报送教师论文100篇，8名教师的论文获一等奖，24名教师的论文获二等奖，60名教师的论文获三等奖。

第四章　教　师

第一节　教师队伍

幼儿教师　2002年5月前，特区幼儿园有教师9人，贵州汞矿幼儿园有教师17人。2002年5月1日，贵州汞矿幼儿园移交地方管理，移交教师8人，工人5人，更名为万山特区第二幼儿园。2005年9月，特区第二幼儿与特区幼儿园合并，共有教职工26人，其中专任教师18人，保育员4人，正副园长2人，工作人员2人。2011年，幼儿教师16名，工人5人，大专学历11人，中专学历10人；中级职称5人（未聘4人），未评职称1人。

小学教师 贵州汞矿关闭破产后，所属小学矿小、冲脚小学、张家湾小学和94名教师一并移交地方管理，2001年全特区有小学专任教师399人，2003年增加到426人。2005年，调整学校布局，优化教育资源配置，小学专任教师为355人。

学历合格率达100%，大专以上学历占教师总数的41.6%。

2011年，全特区小学专任教师321人，本科学历18人，大专学历223人。中专学历82人；职员3人。工人2人，代课教师28人。小学教师合格率达100%

2005年万山特区小学教师专业技术职称、年龄结构情况表

表17-14

	合计	其中女	25岁及以下	26—30岁	31—35岁	36—40岁	41—45岁	46—50岁	51—55岁	56—60岁
合计	355	194	68	61	50	65	41	38	25	7
小学高级	107	67	1		11	24	25	24	18	4
小学一级	168	78	3	46	39	40	16	14	7	3
小学二级	63	37	49	13		1				
未评职称	17	12	15	2						

2009年万山特区小学教师基本情况表

表17-15

学校名称	本科	大专	中专	小教高级	初级职称	未评职称	代课教师	专业教师合计
万山镇小	2	17	6	9	15		1	25
万山二小	4	24		12	16			28
冲脚小学	6	5	7	4	13			17
高楼坪乡小学	1	52	19	15	55	2		72
黄道乡小学	3	56	14	18	54	1		73
敖寨乡小学	1	40	13	13	33	4	10	54
下溪乡小学	1	34	17	11	37	4		52
合 计	18	228	76	82	223	11	11	321

2011年万山特区小学专任教师专业技术职称年龄结构情况表

表17-16

	合计	其中女	35岁及以下	36-40岁	41-45岁	46-50岁	51-55岁	56-60岁
合计	426	222	164	68	83	69	30	12
小学高级	218	101	30	47	62	47	24	8
小学一级	202	98	128	21	21	22	6	4
小学二级								
未评职称	6	3	6					

中学教师　2001年，全特区有初中教师174人，其中专科学历以上的160人，中专学历的14人，合格率为91.9%；高中教师40人，其中本科学历以上的16人，专科学历的14人，合格率40%。2005年年底，有初中教师160人，其中本科学历24人，专科学历132人，中专学历4人，合格率为97.5%；高中教师69人，其中本科学历40人，专科28人，合格率为58%。原贵州汞矿破产后，其子弟中学54名教职员工移交地方管理。2005年1月，移交地方管理的教师工资按地方标准套改，实现了同职同酬，调动了工作积极性。

2006年，全特区有专任教师158人，其中大专以上学历150人，中专8人，合格率94.9%。高中教师68人，其中本科学历40人，大专学历28人，合格率为58.8%。2011年，初中教职工达到212人，专任教师205人，学历合格率为100%；高中教师61人，本科学历43人，学历合格率为70.5%。

2009年万山特区普通中学教师基本情况表

表17-17

学校名称	本科	大专	中专	中教高级	中级一级	未评职称	专任教师
万山民族中学	62	28	6	13	32	6	96
高楼坪中学	5	36	1	6	11		42
黄道中学	12	22			7		34
敖寨中学	6	17	1		6		24
下溪中学	7	11	1		5	1	19

2011年万山特区普通中学专任教师专业技术职称、年龄结构表

表17-18

职称类别	合计	女	35岁以下	36-40岁	41-45岁	46-50岁	51-55岁	56-50岁
初中	212	94	78	69	38	16	3	8
中学高级	34	8		5	12	10	2	5
中学一级	88	7	28	30	20	6	1	3

续表17-18

中学二级	90		50	34	6			
未评职称								
高中	61	23	18	8	18	8	8	1
中学高级	12	1		2	3	2	4	1
中学一级	23	8	5	2	6	6	4	
中学二级	26	14	13	4	9			

职校教师 1990年贵州汞矿技工学校有教师29人，由专职和兼职教师组成。随着汞矿矿产资源的日渐枯竭和其他驻万企业的搬迁，到1995年，停止招生。教师除正常退休外，部分教师提前退休，部分教师停薪留职。

万山特区农职业中学1990年9月从高楼坪侗族乡赶场坝迁到原一勘队学校处（土黄冲）。1994年9月，有教职工17人，其中专任教师15人，工勤、职员各1人。在专任教师中，中学高级1人，中学一级5人，中学二级5人，小学一级3人，未评职称3人。因学生毕业后就业不畅，1996年停止招生。教师分流到中学和特区直属机关。

2007年，根据中共万山特区委、万山特区人民政府常务会议纪要〔2007〕14号文件精神，万山特区中等职业技术学校恢复办学，特区政府划拨25万元，作为启动资金，保证特区中等职业技术学校如期开学和正常运转。2007年教职工11名，其中正式职工6名，代课5名；2011年，教职工23人，其中专任教师18名，工勤人员2名，校长1名，副校长2名。

万山特区教育部门副高以上职称人员名录

表17-19

姓　名	性别	技术职称	授予时间	工作单位	备注
黄　维	男	中学高级	2005年12月	万山特区民族中学	在职
杨再启	男	中学高级	2006年12月	万山特区民族中学	在职
吴培平	男	中学高级	2006年12月	万山特区民族中学	在职
彭建平	男	中学高级	2006年12月	万山特区民族中学	在职
杨小峰	男	中学高级	2006年12月	万山特区民族中学	在职
刘泽勇	男	中学高级	2006年12月	万山特区民族中学	在职
葛明万	男	中学高级	2006年12月	万山特区民族中学	在职
卞章平	男	中学高级	2007年12月	万山特区民族中学	在职
田金秀	女	中学高级	2008年12月	万山特区民族中学	在职
吴新平	男	中学高级	2009年12月	万山特区民族中学	在职
杨金花	女	中学高级	2009年12月	万山特区民族中学	在职

续表17-19

姓　名	性别	技术职称	授予时间	工作单位	备注
冯新华	女	中学高级	2009年12月	万山特区民族中学	在职
曾跃军	男	中学高级	2009年12月	万山特区民族中学	在职
罗洪来	男	中学高级	2001年12月	万山特区中等职业学校	在职
罗仁佳	男	中学高级	2005年12月	万山特区中等职业学校	在职
杨翠华	女	中学高级	2006年12月	万山特区中等职业学校	在职
刘凤仙	女	中学高级	2009年12月	万山特区中等职业学校	在职
杨东华	男	中学高级	2001年12月	万山特区教育局	在职
杨胜豪	男	中学高级	2001年12月	万山特区教育局	在职
杨　旭	男	中学高级	2009年12月	万山特区教育局	在职
杨竹秀	女	中学高级	2009年12月	万山特区教育局	在职
刘开行	男	中学高级	2009年12月	万山特区下溪中学	在职
刘喜菊	女	中学高级	2009年12月	万山特区下溪中学	在职
刘开洪	男	中学高级	2009年12月	万山特区黄道中学	在职
张金堂	男	中学高级	2009年12月	万山特区黄道中学	在职
杨秀明	男	中学高级	2009年12月	万山特区敖寨中学	在职
罗泽忠	男	中学高级	2008年12月	万山特区高楼坪中学	在职
杨天乾	男	中学高级	2009年12月	万山特区民族中学	在职
王　瑛	女	中学高级	2009年12月	万山特区民族中学	在职
梁巨燕	男	中学高级	2009年12月	万山特区高楼坪中学	在职
罗洪青	男	中学高级	2009年12月	万山特区民族中学	在职
杨　红	女	中学高级	2009年12月	万山特区民族中学	在职
何永华	男	中学高级	2004年12月	万山特区民族中学	在职
姚本国	男	中学高级	2011年12月	万山特区敖寨中学	在职
李云超	男	中学高级	2011年12月	万山特区中等职业学校	在职
卢发清	男	中学高级	2011年12月	万山特区下溪中学	在职
蒲光春	男	中学高级	2011年12月	万山特区下溪中学	在职

第二节　教师任用

高等、中等师范毕业生任用

1991—1997年，高等、中等师范毕业生全部分配任教。1999—2002年，师范类毕业生不再统一分配安排工作。教师因外调、改行、退休等原因减员需要补充的，经考核、考试、试讲合格，先后聘用93名师范类毕业生到校任教，其待遇按本科、专科、中专文化程度分别每人每月发给200元、190元、180元生活费。

由于“两基”复查和“普实”工作需要，2003年聘用40名大中专师范毕业生充实到中小学任教，2004—2005年，共引进大学本科、专科毕业生17名，全部安排在普通中学任教。教师任教须取得“教师资格证”，任职资格分为初级、中级、和高级三种，取得“任职资格证”后，要根据学校（或单位）所设岗位，如有空缺，才能聘任。教师取得“聘任证”，才可以与工资挂钩，获得与职称相对应的工资报酬。至2005年年底，全特区有571名教师评聘了各种技术职称。

民办教师转为公办教师从1993年起，地区下达特区民办教师转为公办教师的名额逐渐扩大，1997年9月，根据国务院办公厅《关于解决民办教师问题的通知》，至2000年，全特区146名中小学民办教师全部转为公办教师，党中央、国务院确定的“本世纪末基本解决民办教师问题”的目标在万山顺利实现。

教师管理

按照干部管理权限，教师在特区内学校间调动，可由教育行政主管部门直接行文，但由乡下调往城区学校的教师，须经政府分管教育的领导同意后，教育局方可行文调动；教师改行或调出特区的，由特区劳动人事局行文。完全中学校长（乡科级正职）、副校长（乡科级副职）由特区人民政府行文；各乡民族中学校长（正股级）、副校长（副股级）、四乡一镇中心完小校长（正股级）、四乡教育办公室主任（正股级）的任职由教育行政主管部门与人事劳动部门共同考查，由人事劳动部门行文；村级完小校长、初级小学负责人、教学点负责人由教育行政主管部门任命。

2006—2011年，全特区中小学教师，幼儿园教师实行聘任制。学校教师跟教育局签订劳动合同，双方履行劳动合同。根据教学工作的需要，补充中小学教师、幼儿园教师，坚持凡进必考的原则，招聘中小学教师、幼儿园教师。招聘教师工作由组织部、人社局，组织大专院校的毕业生持毕业证、教师资格证报名，组织人事部门审查后，发给准考证。根据考生考试成绩确定面试人员，组织人事部门面试；面试合格的，体检、政审，最后人事部门行文。根据教学工作的需要，对于紧缺学科的教师，采用引进的办法。由组织、人事、教育部门组织人员到外地引进教师，发出引进教师的公文，高校毕业生持有关证件报名，面试，面试合格者签订协议书，之后，体检、政审、然后行文。2006—2011年万山特区教育系统共招聘教师47名。

第三节　教师培训

离职进修　1990年起，输送中小学教师到大专院校脱产学习，至2005年，大学本科毕业8人，专科毕业10人。

函授学习　1990年起，中小学教师参加各种函授学习，至2005年，成人中师函授招生103人，毕业103人；成人专科函授招生253人，毕业229人。2006—2011年，成人专科函授招生46人，毕业46人；成人本科函授招生33人，毕业33人。

外出进修培训　组织骨干教师、学科带头人外出进修培训。2004年在推行新课程改革工作的同时，选派教师参加国家级培训193人次，参加省级培训108人次，参加县级40余人次，还有30名中小学校（园）长参加省级提高培训。2005年6月，选派10名中小学骨干教师到铜仁地区培训。1998—2000年，“义教工程”学校有3名校长到山东省青岛市挂职学习半年，其余“义教工程”学校校长与骨干教师分别到贵州教育学院和铜仁师范学校培训，培训时间一个月。

2007年，教育局选派35名中小学学科骨干教师及班主任参加省级培训，36名中小学教师参加铜仁地区中小学教材培训；全特区中心完小以上校长及财务人员到贵阳参加全省农村义务教育经费保障机制预算管理培训；2008年暑期，教育局选派59名中小学教师参加省、地举办的高中、初中、小学新课标教材培训班；2008年，教育局选派2名农村中小学教师到外地挂职学习。2010年，教育局选派高中教师参加高考培训；2011年，13名小学数学教师到贵阳参加全省优质课观摩学习；30名初中语文教师到凯里参加全国优质课观摩学习；27名骨干教师参加“国培计划”短期集中培训。

聘请专家讲学及培训　2004年12月邀请湘版教材专家到万山讲学，邀请亚美文化服务社美籍教学专家开展英语教学交流活动。2005年4月邀请北京师范大学成功素质教育课题组专家作《成功素质教育》专题报告，邀请铜仁一中教师进行示范课教学，全特区中小学教师全部参加听课。

2008年，教育局邀请民进省委4位专家和松桃2位优秀校长对各中小学校长进行业务培训。对新教师实行“先培训，后上岗”制度。2006—2008年全特区有初中新教师参加培训有20人，他们参加地区组织的新教师上岗培训，培训合格后取得合格证。

2009年，教育局招录7名新教师，对其进行上岗培训，经过培训及考核，7名新教师到合格标准，发给上岗合格证。

2011年，实施教师“教材教法”过关考试，教育局组织全特区小学、幼儿教师“教材教法”过关考试。考试科目：语文、数学、英语、社会、思品、音乐、体育、美术，全特区334名小学、幼儿教师参加“教材教法”过关考试，合格率为97%。

第五章　教育管理

第一节　学校管理

一、教育局管理学校概况

教育局直接管理的学校有：万山特区民族中学、高楼坪民族中学（初级中学）、黄道民族中学（初级中学）、敖寨民族中学（初级中学）、下溪民族中学（初级中学）、万山镇小学（初级小学）、特区幼儿园。1991—2002年，贵州汞矿所属各中小学由汞矿教育科办公室管理，特区教育局只对教学业务和招生工作进行管理。2002年5月贵州汞矿政策性关闭破产后，原所属学校移交特区管理（移交固定资产329万元，土地56558公顷）。2002—2005年，特区教育局对二小（原汞矿子弟小学）、二中（原汞矿子弟中学）、冲脚小学和第二幼儿园（原汞矿幼儿园）进行管理。各乡教育办公室负责所在乡完全小学、村级完小，初级小学和教学点的常规管理工作。

2001年4月，根据贵州省人民政府办公厅《关于中小学布局结构调整意见的通知》精神，结合万山校（点）多，生均班额严重不足，师生比例严重失调的情况，撤点并校，撤销张家山、黄家寨、老山口、羊尾舟、青龙、上深冲、屯冲、黄岩冲8个教学点。所撤教学点学生就近进入村小就读。

2005年8月，根据《省人民政府办公厅关于印发农村中小学布局结构调整和优化农村中小学教师队伍的意见的通知》，对中小学布局又进行一次调整。将特区幼儿园并于第二幼儿园；撤张家湾小学并入万山镇小学和冲脚小学；特区民族中学和二中合并组建新的万山特区民族中学。

2006—2011年，万山特区民族中学、万山职校、万山镇完全小学、特区幼儿园、万山二小、冲脚小学由特区教育局直接管理。各乡教育办公室负责所在乡中学、乡完全小学、村级完小、初级小学和教学点的常规管理王作。

二、教育管理体制改革

为建立充满生机活力的教育教学竞争激励机制，优化教育资源配置，全面推进素质教育，提高教育教学质量。1996年，教育局在高楼坪民族中学试行班主任组阁制，具体方法是：校长任命班主任，再由班主任选择各科任课教师，未被班主任选中的教师，自然落聘，由教育局调剂安排到其他学校。2002年8月，在万山特区民族中学和万山镇小学试行“三制一管理”(即校长负责制、教师聘任制、岗位责任和教育教学目标管理)。2003年6月，特区组织部、人事劳动和社会保障局、教育局共同制定“三制一管理”实施方案，经特区党委、政府批准后，2003年8月，全特区教育系统推行“三制一管理”，坚持“公平、公正、竞争、择优”的原则，选拔任用中小学校（园）长99名。全特区所有教职工参加应聘，竞争上岗。34名落聘人员得到妥善安排。2005年8月，二小、二中、第二幼儿园和冲脚小学积极稳妥实施“三制一管理”。147名教职工参加竞聘，33名提前退休。全特区实施“三制一管理”后，调动了教职工的工作积极性，增强了教师的事业心、责任感、紧迫感和危机感。2009—2011年，特区政府撤销各乡教育办公室，区教育局直接管理各乡中学，各乡中心完小、万山特区民族中学、万山职校、万山镇完全小学、万山二小、冲脚小学、特区幼儿园，各中心完小管理村级小学及教学点。

第二节 学校建设

1991—1997年，是万山财政十分困难的时期，政府除保教师的“裸体”工资发放外，无力对学校危房改造、基础设施和教学仪器配备拨付所需资金。连黄道、高楼坪两所民族中心完小也无水泥球场，全特区教育设施相对滞后，影响实施素质教育对硬件的基本要求。1998—2005年，万山特区先后实施“国家贫困地区义务教育工程”“危房改造工程”“农村寄宿制工程”“邵逸夫工程”等项目。四个工程项目总投资1877.1万元，是建立特区以来对教育投入最多、建设规模最大的时期。

一、国家贫困地区义务教育工程

1998—2000年，实施“国家贫困地区义务教育工程”项目覆盖小学16所，初中1所。总投资805.5万元，其中中央补助专款293万元，地区匹配146.5万元，特区匹配205.1万元，乡镇匹配84.9万元，征收教育税费60万元，勤工俭学补助项目支出9万元，社会捐集资及其他4万元。在总投资805.5万元中，土建（含购置课桌凳）682.55万元，占总投资的84.8%，图书、仪器和师资培训占15.2%。

1998—2000年万山特区义务教育工程实施一览表

表17-20

项目学校	面积(平方米)	总投资(万元)	实施时间(年)
万山镇小学	1500	52.5	1998
高楼坪乡中心小学	1300	45.5	1998
郭家村完小学	800	28	1998
大坪完小学	1200	42	1999
寄马冲联校	700	24.5	1999
梓木坪完小	900	31.5	2000
黄道乡中心完小	1200	42	1998
锁溪完小	700	24.5	2000
田坪完小	700	24.5	1999
大榜完小	800	28	2000
敖寨乡中心完小	1100	38.5	1998
金家场完小	700	24.5	1999
深冲完小	700	24.5	2000

续表17-20

项目学校	面积(平方米)	总投资(万元)	实施时间(年)
下溪乡中心完小	1200	42	1998
柳木塘完小	900	31.5	2000
报溪完小	900	31.5	1999
高楼坪民族中学	2850	99.75	1999

二、危房改造工程

2002—2005年开始实施中小学危房改造工程，小学危改项目学校21所，其中国债资金项目学校4所，中央危改资金项目学校17所，改造危房总面积14371公顷，投入总资金658.6万元，其中专项资金473万元，地方匹配资金185.6万元。

2002—2005年万山特区危改项目实施情况表

表17-21

危改项目学校	危改面积(平方米)	总投资(万元)	实施时间(年)	备注
万山特区民族中学	860	30	2004	
黄道民族中学	860	30	2002	
敖寨民族中学	860	30	2002	
高楼坪乡新庄小学	350	12.3	2002	
黄道乡马黄小学	580	20.3	2002	
下溪乡报溪小学	320	11.2	2002	
敖寨乡杨家寨小学	540	25	2002	国债
高楼坪长坳小学	350	18	2002	国债
黄道乡阳桥小学	500	24	2003	国债
下溪瓦田小学	480	23	2003	国债
万山特区二小	1453	72.5	2003	
下溪乡铁门小学	430	22	2004	
敖寨乡洋世界小学	392	20	2004	
张家湾小学	768	38.6	2005	
冲脚小学	1299	64.8	2005	
高楼坪乡琴门小学	260	13	2005	
高楼坪乡关庄小学	348	17.4	2005	
黄道乡青溪小学	450	22.5	2005	

续表17-21

危改项目学校	危改面积(平方米)	总投资(万元)	实施时间(年)	备注
黄道乡白屋场小学	476	24.1	2005	
万山特区民族中学	1635	82	2005	
下溪民族中学	1160	57.7	2005	
合计(21所)	14371	658.6		

2006—2009年，实施“初中校舍改造工程”项目覆盖3所中学，总建筑面积6617公顷，总投入资金382.1万元。

2006—2011年初中校舍改造工程情况表

表17-22

项目学校	面积(平方米)	总投资(万元)	实施时间
万山特区民族中学食堂	1180	46. 14	2006
下溪民举中学综合楼	702	32. 16	2007
高楼坪中学教学楼	3390	186. 45	2008
高楼坪中学食堂	1345	117. 35	2009

三、农村寄宿制学校建设

农村寄宿制学校建设工程主要敖寨乡民族中学、下溪乡民族中学实施，两地总投资213万元，其中：国家投资193元，地方匹配资金20万元，建筑面积3541公顷。

2006—2011年，实施农村寄宿制学校建设，总面积50403公顷，总投资1663.1万元。

2006—2011年万山特区农村寄宿制建设工程实施情况表

表17-23

学校名称	面积(平方米)	总投资(万元)	实施时间
万山镇中学	2320	104.4	2006
高楼坪民族中学	1700	76.5	2006
黄道民族中学	2205	99.5	2007
下溪民族中学	19525	470	2008
高楼坪寄宿制小学	20833	520	2009
敖寨中心小学	2200	220	2010
下溪中心小学	1620	173	2011

四、教师周转房建设工程

2010—2011年，教师周转房建设工程，项目学校10所，建筑面积5522公顷，总投资521万元。

2010—2011年万山特区教师周转房工程实施情况表

表17-24

学校名称	面积(平方米)	总投资(万元)	实施时间
高楼坪乡民族中心完小	385	73	2010
黄道乡民族中心完小	315	58	2010
敖寨乡民族中心完小	455	48	2010
下溪乡民族中心完小	355	48	2010
敖寨乡瓮背小学	140	16.8	2011
敖寨乡杨家寨小学	140	16.8	2011
黄道乡锁溪小学	140	16.8	2011
高楼坪乡民族中学	805	96.6	2011
黄道乡民族中学	805	96.6	2011
敖寨乡民族中学	420	50.4	2011

五、农村薄弱学校改造工程

2006—2011年，农村薄弱改造工程覆盖24所学校，建筑面积22850.23公顷，总投入资金1562万元。

2006—2011年万山特区农村薄弱学校改造工程实施情况表

表17-25

学校名称	面积(平方米)	总投资(万元)	实施时间
万山特区民族中学	2236	123	2006
高楼坪乡民族中学	2000	100	2006
黄道乡青溪小学	800	40	2006
黄道乡马黄完小	700	35	2006
下溪乡民族中学	700	35	2006
敖寨乡深冲完小	500	25	2006
特中邵逸夫教学楼	3840.13	230	2006
黄道乡阳桥小学	288	26	2007
下溪乡报溪小学	500	28	2007

续表17-25

学校名称	面积(平方米)	总投资(万元)	实施时间
黄道乡锁溪小学	400	24	2007
敖寨乡中心完小	500	28	2007
高楼坪乡梓木坪小学	400	23	2007
万山冲脚小学	792	40	2007
万山二小	308	17	2007
黄道乡民族中学	400	23	2007
敖寨乡洋世界小学	500	33	2007
下溪乡中心小学	500	28	2007
高楼坪乡新庄小学	500	35	2008
敖寨乡瓮背小学	510	37	2008
高楼坪乡郭家完小	556	35	2008
黄道中心完小	528	36	2009
敖寨乡杨家寨完小	450	34	2009
黄道乡中心完小	2880	335	2010
下溪乡中心完小	1680	192	2010

六、“邵逸夫”项目工程

2003—2005年，“邵逸夫”项目工程在万山特区民族中学实施，总投资200万元，其中外资50万元，地方匹配资金150万元，建筑面积3590.4公顷。

第三节　教学设备与经费管理

一、教学设备

2000—2005年，特区政府拨出专款100多万元，为全特区中小学购置实验教学仪器和设备；教育局投入8.64万元，用于加强部分学校实验教学的附属设施建设；各中小学自筹资金，共投入150多万元购置信息化电教设备，基本上保证了教学工作的需求。截至2005年，全特区小学有实验室1269公顷，图书室943公顷，微机室720公顷，语音室130公顷，体育运动场40293公顷，图书63760册，固定资产1132.4万元。体育运动场面积达标4所，体育器械配备达标6所，音乐器械配备达标5所，美术器械配备达标3所，数学自然实验仪器达标17所。全特区普通中学实验室1008公顷，图书室323公顷，微机室584公顷，语音室70公顷。音乐器械配备达标1所，理科实验仪器达标4所，建立校园网学校一所。体育运动场面积13668公顷，图书23900册，固定资产1207万元。开展计算机教育的学校达31所，共有计算机460

台，电子图书180册。

2006—2009年“两基”攻坚期间，特区投入300余万元，配置图书、音体美器材，投入280余万元为31所中小学配置了远程教育设备，中心完小以上学校建立了微机室，截至2011年全特区实验室面积增加524公顷，图书室面积增加1230公顷，微机室面积增加324公顷，图书186164册；全特区普通中学实验室面积增加810公顷，图书室面积增加430公顷，微机室面积增加270公顷，图书140992册。

二、经费管理

国家“九五”计划开始后，上级教育补助专款逐渐增多。“国家贫困地区义务教育工程”，危房改造工程、农村寄宿制学校建设等款项实行专户管理，专款专用。政府拨款投资教育，是教育资金来源的主渠道。政府每年把教育经费列入财政预算，定期拨付。保证教职工工资的发放和各项教育工作的顺利实施。

1998—2005年上级补助专款情况表

表17-26

年份	金额(万元)	实施项目	年份	金额(万元)	实施项目
1998	248．5	义教工程	2004	367	危房改造
1999	246．75	义教工程	2005	297．36	危房改造、农村寄宿制学校
2000	141．9	义教工程			
2001	237．85	危房改造			
2002	181．68	危房改造			
2003	64	危房改造			

1991—2005年教育经费支出情况表

表17-27

年份	支出	年份	支出	年份	支出
1991	206.6	1996	244.9	2001	679
1992	212.7	1997	287	2002	788
1993	221.6	1998	344	2003	846
1994	274.4	1999	493	2004	1303
1995	343.4	2000	489	2005	1555

2006年继续落实农村义务教育经费保障机制，2007年，特区政府对农村中小学生及享受低保的城镇家庭子女全部实行“两免一补”。2007年春季，万山特区享受免教科书中央经费102490.99元；受助学生5248人；免除农村中小学杂费32.12万元，受助学生7159人；寄宿贫困生补助6.24万元，受助学生624人。特区划拨84万元解决全特区中小学生的书本费、教辅资料费。

2008年，共免除义务教育阶段书本费87.4万元，春季惠及学生7501人，金额为44.3万元，秋季惠及学生7192人，金额为41.1万元；拨付2008年中小学生均公用经费219.97万元，惠及学生700人。

2009年生均公用经费按照上级文件要求，按小学每学年度300元/生，初中生每学年度500/生的标准，全年下拨生均公用经费260.28万元，对困难寄宿生实行生活补助，按照初中生每年750元标准执行，2009年共计下拨生活补助经费36.6万元。

2010年，拨付2010年农村义务教育阶段生均公用经费中央资金257.97万元，地方资金51.4万元，寄宿生生活费补助92.52万元。2006—2011年，教育经费财政支出共计25612万元。

2006—2011年上级补助专款情况表

表17-28　　单位：万元

年度	小计	项目经费	义务教育公用经费	学生资助经费	其他	备　注
2006年	849.82	753.6	77.92	14.5	3.8	义务教育公用经费中包含免学杂费64.35
2007年	671.671	489	84.32	39.411	58.94	义务教育公用经费中包含免学杂费64.24
2008年	1582.08	1194	266.74	83.34	38	
2009年	1079.38	702	260.28	76.6	40.5	
2010年	1078.44	568	340.19	110.25	60	
2011年	4131.34	3490	416	178.99	46.35	
合计	9392.731	7196.6	1445.45	503.091	247.59	

第四节　招生工作

万山特区招生委员会下设招生办公室，设主任1名，负责全特区招生组织领导工作。2004年，为了加大对招生过程的监督力度，成立了招生监察办公室，设兼职主任1名，成员1名。

一、幼儿园、学前班招生

幼儿园、学前班属于学前教育，不纳入招生计划，但入学年龄按国家有关规定，大班为5--6岁，中班为4周岁小班为3周岁。学前班招生，仅限于学校服务半径内的幼儿。2006—2011年仍按上述有关规定执行。

二、小学招生

只要达到规定年龄（一般为7周岁）均可报名，学校无条件地注册编班，根据《义务教育法》的规定，学校各年级还可以招收8—15周岁的插班生。2006—2011年仍按上述有关规定执行。

三、普通中学招生

初中招生从1991年9月至1996年9月均实行计划招生，每年由特区计委和特区教育局下达各中学初中招生计划，小学毕业生均应参加升学考试，招生学校按上级下达的招生计划，从高分到低分录取，录满计划数为止。1997年9月，全特区实行免试入学，小学毕业生可就近进入初中学习。在计划招生时期，小学毕业生报考初中需考语文、算术（数学）两科，考场可设在乡（镇），每考场50人，评卷工作由县级教育行政部门或乡教办组织进行。1991—2005年，初中招生命题由地区负责，统一考试时间。录取工作由招生学校或教办共同负责。贵州汞矿子弟中学、贵州地质一总队子弟学校初中招生由贵州汞矿、贵州地质一总队负责。2009年，初中毕业生实行网上报名、网上填报志愿，省级示范性高中录取由市教育局组织实施，普通高中录取由区（县）自行录取。

高中招生由地区统一命题，特区组织报名、考试、阅卷、录取。2002年前，考政治、语文、数学、物理、化学、英语6科，每考场30人，单人单桌。2002年后，考生必考语文、数学、英语，选考文科综合或理科综合。从1997年起，报考普通高中的考生，加试体育。录取学生从高分到低分，按招生计划录满为止。铜仁一中（省属重点中学）从初中毕业生中招收优秀生，由地区统一命题，报考考生

须通过初中所在学校的预选考试，方可报名，以县为单位组织考试，地区教育局统一组织阅卷，由铜仁一中签发录取通知书。考试科目与普通高中相同。2000年起，重点高中考场必须设在县级城市，普通考场可根据实际情况，设置考场，实行单人单桌，每个考场30人，监考教师2名（男、女各1人），各考点要设置备考场。

四、中等专业学校招生

1991年后报考中等专业学校必须参加预选考试，预选考试名额由教育行政部门根据前一年考取人数和毕业生总数按比例下达各学校。各学校报考中专、中师、重高人数之和不能突破预选名额。从1998—2005年，取消预选考试，学生可选报中等专业学校。中等专业学校招生考试由特区招生办组织实施，命题、评卷由地区招生办负责，录取由地区招生办和中等专业学校共同负责。在政审、体检合格的前提下，从高分到低分，择优录取。考试科目与普通高中招生相同。2006—2011年，报考中职学校的考生必须网上报名，网上填报志愿，招生任务数由市教育局划分到各县，录取统一由市教育局组织实施。

五、高等学校招生

1991—2005年由全国统一命题，由特区组织考试，考完后送省招生办公室组织评卷，录取工作由省招生办和录取学校共同负责。高考时间为每年的7月7日、8日和9日，2003年改为每年的6月7—8日，考试分文、理科，分数线以省划线。在政审、体检合格的前提下，从高分到低分，按照考生自愿，参照相关成绩，择优录取。

《贵州省2005年普通高等学校招生工作规定》中对可享受加分照顾、降分录取、优先录取的考生作了明确而具体的规定。但也指出，同一考生如符合多项增加或降低分数条件，只取其中最高分值，加分或降分都不超过20分。

2008—2011年，考生实行网上报名，网上填报志愿；2009年起，高校实行网上录取，录取分提前批，第一批本科院校、第二批本科院校、第三批本科院校、高职专科录取。

考点必须设置在县级城市，座位号、准考证号统一由省考试院编排，每个考场监考教师男女各1人，对学生进行安检、设置试卷专用通道、备用考场等。2008年，由招生委员会各成员单位推荐优秀干部作为考务人员报区招委，经区招委组织监察局、人社局和招生考试中心进行资格审查，资格审查合格后交

区招生委员会审后聘用，并层层签订责任书，考前对考务人员进行业务培训，坚持“不合格、不上岗”的原则。2011年考场必须设置标准化考场，考试实行全程录像，所有考生、考务人员在监控范围内。

第五节 教育督导

万山特区1991年建立教育督导室，配备了督学1名，负责督导室的日常工作。按照国家教委1991年4月26日发布的《教育督导暂行规定》，特区教育督导室的任务是：对教育行政部门的工作进行监督、检查、评估和指导，保证国家有关教育的方针、政策、法规的贯彻执行和教育目标的实施。

1991年，特区成立中小学德育工作评估领导小组。当年对4所初级中学、1所完全中学、1所农职中学、5所乡镇小学开展德育教育工作情况进行了评估，表彰了德育工作先进单位和个人，对存在的问题提出了整改意见。1991年5—8月，特区人大常委会、特区政府、特区政协、特区教育局4个单位联合对全特区实施《义务教育法》进行检查，督导室负责拟定检查工作安排意见、工作要点及有关问题说明。此次检查，参检人员8人，检查了10个单位，对贯彻《义务教育法》较好的单位给予肯定，对实施较差的查明原因，提出改进意见。1998—2000年，教育督导室检查全特区17所“国家贫困地区义务教育”工程实施情况。对建筑材料、施工工艺、安全生产、房屋质量进行了检查，对不符合操作规程的行为予以制止，并提出整改意见。

1994年9月，特区教育督导室下发了《万山特区中小学双优文明学校评估办法》。各中小学对照要求，积极查缺补漏，对校风校纪、学风、师德师风、校园环境进行全面整顿。1996年12月，贵州汞矿子弟小学被地区教育局评为“双优文明学校”，成为特区首次获得“双优文明学校”荣誉称号的学校。1997—2005年，先后有高楼坪民族中心完小、高楼坪民族中学获得“双优文明学校”称号。

特区教育督导将中小学教育“五项”（即教育经费增长政策和教师经济待遇落实情况，中小学校舍危房改造情况，中小学生流失的制止情况，乱收费现象纠正情况，《中共中央关于改进和加强中学德育工作的通知》初步贯彻情况）督导检查作为常规性工作，每年对相关职能部门、中小学进行督导评估。

2006年，万山特区普及实验教学通过贵州省验收合格，特区民族中学等两所中学受到省政府表彰。2006年9月特区政府对“普实”先进集体特区民族中学、万山镇小学等8所学校和“普实”先进个人杨东华、郑贵松等12名教师进行表彰。是年，特区教育督导室、特区教育局对特区民族中学、特区二完小等7所学校进行办学水平督导评估。特区民族中学、特区二完小等7所学校被特区教育督导室、特区教育局授予“办学水平合格学校”称号；2007年，特区教育督导室、特区教育局对下溪中学、下溪中心完小、黄道中心完小、万山镇小学、冲脚小学5所学校进行办学水平督导评估，定为“办学水平合格学校”。高楼坪中学、黄道中心完小获得地区级“双优文明学校”称号。

2006—2010是国家第五个普法之年，区教育督导室开展普法教育活动，组织全特区各校学习宪法、义务教育法、未成年人保护法等等，各校依法行政，依法治校；同时全特区中小学配备了法制副校长，法制辅导员。区教育督导室、区教育局贯彻执行重点督查“八个严格”

“八个制度”“八个突破”贯彻执行情况。通过普查，全特区各校较好地贯彻执行了省教育厅《坚决规范中小学办学行为切实减轻学生过重课业负担全面提高教学质量的意见》文件精神。

第六章 科 技

第一节 科技管理

一、科技管理机构

1991年科技局（科委）有行政编制4人，事业编制2人（科技情报室）。1996更名为科技局，核定行政编制3人。2001年机构改革归并农业局，与农业局合署办公。2004年6月从农业局划出与科学技术协会合署办公，实行一个机构两块牌子，核定事业编制5名，内设办公室、业务股。2011年实有编制5人。

二、科技团体

1991年，万山特区设科学技术协会，从事科技宣传等相关工作。特区内农民群众建立各类学会、协会，建立健全万山农业产业化发展的基层组织网络。2005年新成立了万山特区养猪产业协会。2007年成立了高楼坪乡蜜枣产业协会；完成特区林学会、教育学会、水利学会、医学分会、农学会、电力学会、土木建筑工程学会及青少年科技辅导员协会的换届选举工作。2008年成立了万山特区农村沼气后续服务协会。

三、科技经费投入情况

1991年起，万山特区按总人口每人0.2元列入财政预算，2006年，科普经费为人均0.30元；2007年，万山特区被省科协列为全国公民科学素质调查重点县，区政府批准科普经费2万元；2008年，科协争取省地灾后培训经费1万元，同时举办灾后重建培训10期，共培训人员1000余人次。2009年特区财政将人均0.30元科普经费列入财政预算；2011年全特区总人口人均0.50元列入财政预算。

第二节 科技队伍

万山特区自实行专业技术职称评定以后，1991年特区有各类专业技术人员564人，汞矿682人，有色地质一队186人。随着有色地质一队迁出万山和贵州汞矿关闭破产，一些专业技术人员相继外调或退休，至2005年年底全特区有各类专业技术人员922人（不包括离退休人员），其中高级24人，中级234人，初级664人，分布：教育615人，卫生161人，工程技术76人，农业53人，其他17人。特区中学余代华、刘洪婵在教学研究中，发表了一些研究论文，被贵州省政府授予特级教师。贵州汞矿高级工程师唐德保、李怀铸、付绍康在地质勘探、采矿选冶、汞系列产品开发研究上取得不少研究成果，作出突出贡献，享受国务院特殊津贴。

万山特区自实行专业技术职称评定后，科技队伍不断发展壮大。2011年万山特区有各类专业技术人员1223人（不包括离退休人员），其中（副）高级95人，中级724人，初级404人。科技人员主要分布在以下几个方面：教育958人，卫生132人，农业68人，工程系统65人。汞开采、冶炼、深加工方面有高级工程师32人，工程师106人。

第三节　科技普及和运用

一、科技宣传培训

1991年以来，以“科学技术是第一生产力”的思想为指导，积极开展科技宣传工作。一是在宣传周活动期间，利用媒体进行保护知识产权的宣传活动，利用有线电视、科普橱窗张贴保护知识产权宣传画，向广大人民群众宣传知识产权的法律法规，会同特区“扫黄办”、公安局、工商局、质监局、文化局等部门，利用赶场天，发放保护知识产权宣传资料1600余份，特区知识产权局与工商联、统战部等部门走访了规模以上企业，与企业负责人座谈，宣传在技术创新和企业运用知识产权保护方面的典型人物、典型案例，增强企业的知识产权保护意识。二是积极组织开展科技周活动，在活动期间，利用4乡1镇的赶场日进行科技“三下乡”活动，发放种植业、养殖业等实用技术资料50余种15万余份，接待群众科技咨询13万多人次，展出科普宣传挂图2套22幅，为群众解答技术难题2000余条，为群众义诊3000余人次，赠送科技书籍4000余册，为农民群众义务演出文艺节目21场，播放适用技术录像56场。

1991—2004年，累计开展各种实用技术培训达1300余次，培训人数7.8万余人次，发放技术资料1.3万余份。培训的主要内容有《林业科普知识》《烤烟栽培技术》《快速养猪法》《樱桃谷鸭饲料技术简介》《平菇栽培技术》《果树高产栽培技术》《病虫害防治》《稻田养鱼》《蜜枣栽培技术》《黑豆芽栽培》《双杂栽培技术》《斗鸡饲养管理》《养鸡入门》等。印发科技简报135期1350余份。收集整理科技信息资料，在万山资源信息网上更新发布各类科技信息270余条。培训的方法是：聘请技术人员或专家讲课、现场实习、操作表演、组织参观、印发资料等形式。

2005年，在四乡一镇举办科技、文化、卫生“三下乡”活动。发放种植业、养殖业、生活小常识与实用技术资料3500余份，展出科普挂图100余幅；编印《科普知识丛书》3000册；利用科普橱窗宣传科技知识，全年共举办科普图片展览12期，展出科普图片200余幅。是年5月13日邀请团中央《知心姐姐》关注未成年人心理健康教育巡讲团严德成教授一行5人到万山特区讲学，全特区1000多名学生家长在特区电影院参加了这次讲学。2006年，开展科技、文化、卫生“三下乡”和科普日活动，发放科普资料、图书11种、1.5万份，为群众义诊1500人次，发放药品价值1000元。2007年，邀请了地区科协、地区畜牧学会、林学会、食用菌协会有关专家到万山讲学，同时进村入户为农户提供生猪养殖，果树栽培，食用菌栽培技术指导。5月25日，组织农学会、医学会等单位在下溪乡开展科技、文化、卫生三下乡活动，免费为群众义诊、赠送药品价值1500元，张贴挂图、发放科普资料。开展“4·26”知识产权保护，“节能减排”等科普活动。7月13—15日，邀请省“九三学社”专家到万山讲学，全特区近70名医生会员参加学习。2008年，6月12日召开了全特区“全民科学素质暨全特区科技工作会议”，大会对在科技工作中做出突出贡献的20名学会会员、4个先进集体进行了表彰和奖励，并对科技兴万作了安排部署，制定落实了“万山特区全民科学素质行动纲要”实施方案，对全特区落实全民科学素质奠定了基础。9月15日，组织畜牧学会、农学会、水利学会、医学会30余人到高楼坪乡开展“科技、文化、卫生三下乡”活动，张贴合理膳食、科学健身、食品安全、绿色消费、环境保护、预防疾病、科学生活、节约能源等科普挂图200余张，发放各类宣传资料2000余份。组织畜牧局的技术员到万山特区牧业产业协会进行实地技术指导。畜牧局的专家们和养猪协会的30余名会员进行了一场热烈的座谈会。畜牧局的专家们着重介绍了生猪养殖规模养殖的组织形式、饲料的配制与科学饲养、能量的需要等方面的知识。同时，针对会员们提出的疾病防治、繁育配种方面的问题进行了解答。9月18日，组织了特区农业局、特区林业局的技术人员到高楼坪乡夜郎村蜜枣种植协会，帮助该村农民解决蜜枣栽培技术难题。技术人员介绍了蜜枣优质高效标准化栽培技术和枣树病虫害防治以及针对本村的实际特点，讲解如何合理利用水资源，科学施肥，最大程度的提高蜜枣产量的问题。9月18—19日联合特区宣传部，在休闲广场放映科普影片两场，利用科普橱窗张贴科普挂图一周。是年，特区高楼坪乡蜜枣种植大户乡罗康金引进日本番茄“钢石308”“井岸寿海”，试种35亩，获得成功，同年被评为国家“农村科普带头人”。2009年，万山特区养猪产业协会申报中国科协、财政部“科普惠农兴村计划”并立项获得20万元经费资助。根据全特区调整农村产业结构重点项目进行技术培训，先后举办了《枣树栽培管理及病虫害防治技术》《夏秋反季节莴笋无公害栽培技术》《无公害蔬菜栽培技术》《生猪育肥技术》《枣树育苗管理技术》等培训班，共培训550余人次。5月15日，特区科协组织相关学会和单位在高楼坪乡开展科技、文化、卫生三下乡暨科技活动周活动，发放畜牧兽医实用手册、妇女健康保健手册、沼气用户手册，枣树栽培等科普图书、资料25种，5000份，接收群众咨询500余人次，特区医院还组织医务人员为群众义诊，赠送药品，增强了活动效果。9月23日在黄道乡开展了以“节约能源资源、保护生态环境、保障安全健康”为主题科普活动，参加这次活动的单位有特区科协、科技局、农学会、医学会、气象学会、妇联、团委、政法委、支边办等13个单位，在活动中张贴了《科学食用蔬菜》《预防手足口病》《话说高血压》等内容科普挂图，发放《身边的科学知识普及丛书》《万山特区蔬菜栽培技术手册》《地震常识手册》等科普书籍1500余册资料3000余份。利用科普橱窗宣传阵地10期。2010年，6月7日，邀请贵州大学化工学院、农学院、生命科学院，省科技厅的领导和资深专家一行10人到特区对含钾岩石分布、贮量进行考察，并采集样品进行化验分析研究。为万山特区含钾岩石综合开发利用做好前期调研工作，并提供含钾岩石开发提供技术支撑。12月11—12日，邀请民革省委社会服务处副调研员吴小卿和贵州大学农学院教授、博士潘学军等领导和专家一行四人到特区开展智力支边扶贫活动，向125户果农传授果树管理及病虫害防治技术。利用科普橱窗张贴《全民科学素质行动计划》全文及图片，通过广播、电视等新闻媒体向公众宣传实施《全民科学素质技术纲要》重要性和必要性，提高公众知晓率。组织《全民科学素质技术纲要》成员单位120人次进农村、社区开展科普宣传活动4次，发放科普资料宣传资料12000余份，接收咨询300余人次，组织中小学生学习《全民科学素质技术纲要》《中华人民共和国环境保护法》，科协邀请司法、卫生等部门到各校作“珍爱生命、远离毒品”中小学生健康教育专题讲座。以全特区农村思想建设“六进村”活动为载体，开展了“科技普及进村”活动，成立了“科技普及进村”活动领导小组，农村科技服务队，充实基层科普组织网络，在特区建立了7个科普惠农服务站，建立7个远程教育学用转化科普示范基地。编印并发放《农民实用技术光碟》200碟，举办农民技术培训班18期，培训2500人次，培训村（居）支书（上任）暨大学生“村干部”80人次。2011年，6月29日，组织开展了全特区“百万公众网络学习工程”活动，成立了领导小组和制定《万山特区“百万公众网络学习工程”活动实施方案》，组织全特区各级各部门参加“百万公众网络学习工程”活动。全特区参加学习人数近3.5万人次，用于网上学习电脑3800台，全特区设立“百万公众网络学习工程”免费阅读站6个，免费阅读点21个，并组织全特区公众参加“百万公众网络学习工程”在线答题活动大赛，据统计，万山特区一二期共有23人获奖，获奖人数居全地区第一。9月23日，在特区中心广场举办“万山特区全国科普日”宣传活动，特区农牧学会、中医学会等20家单位开展咨询、义诊、计生用品和发放宣传资料等服务，发放资料近5000余份以及2000余元的药品。

二、青少年科技活动

1991—2000年，青少年科技辅导员协会在各中小学校组织开展一系列适合青少年特点的科技活动。特区民族中学开展智力竞赛和无线电、航模、车模的研制活动，贵州汞矿子弟小学、万山镇小学通过组织学生采集动植物标本和抢救大熊猫募捐活动，激发了青少年学科学、爱科学的热情。特区组队参加铜仁地区环保知识竞赛，获组织奖、环保知识抢答赛一等奖、万红燕获小论文答辩二等奖，其中两名学生代表铜仁地区参加贵州省环保知识竞赛。2009年6月5日，举办了万山特区青少年科技创新大赛，通过竞赛，择优推荐优秀创新成果竞赛项目、科技实践活动、少年儿童科幻绘画、科技辅导员科技创新成果和优秀辅导员参加铜仁地区竞争，经地科协组织专家评选，是年万山特区有2件作品获奖。2011年6月29日，万山特区举行“青少年科技创新大赛”活动，本次大赛在全特区23所中小学的积极参与和共同努力下，共征集参赛作品133项，评出获奖座屏78项，其中一等奖4项，二等奖8项，三等奖12项，优秀奖14项。鼓励奖35项，评出优秀科技辅导员3名，优秀组织单位2个。

第四节　科技成果及应用

20世纪八九十年代，万山特区科学技术成果主要体现在汞工业方面。1983年，贵汞科研所研制的钛汞，获省级优秀品奖。在1984年万山特区科技成果评奖中，彭养廉、付绍康、刘秀忠的“两相双层沸腾焙烧炼炉”，黄家柱、肖余万等人的“钒钼调查报告”，黄鸿飞、付绍康的“硫酸汞净化电热蒸馏炉炼汞尾气中的汞”等3个项目获一等奖，另有2个项目获二等奖，7个项目获三等奖，2个项目获鼓励奖，唐德保、陈远心、黄鸿飞、付绍康撰写的论文获一等奖，另有10篇获二等奖。1985年，贵汞科研所的科研课题有3项获得成功。（1）电浮课题试氧化汞质量攻关，达国家CP级（化学纯）标准。（2）完成30吨锌汞齐工艺设计，并利用小试设备试产出汞齐粉，获得鉴定证明书。（3）对三都铅锌矿和榕江锑矿石的可选性试验，为三都、榕江经营开发矿业提供了依据。1986—1990年研究的多个项目获成功：（1）W-I型氯化汞触媒于1987年通过省级鉴定获省优秀产品称号。（2）在W-I型氯化汞触媒基础上研制出W-Ⅱ型氯化汞触媒，于1990年8月在贵阳通过省级“新产品、新工艺”鉴定，被誉为“国内首创”，并已形成年产350—400吨的合格产品的生产能力。（3）汞精矿悬浮电解试验，1986年通过省级鉴定，为湿法生产AR级氧化汞开辟新途径，产品经部分厂家使用，质量达家要求。（4）1987年完成锌汞齐（即汞齐锌粉）的扩大试验，产出产品2吨投放市场，受广东、陕西等地电池厂家的好评。（5）高纯汞试产成功，形成年产1.5—2吨的批量生产能力，1986年产品始投放市。（6）完成CP级及AR级红（黄）氧化汞小试、中试，形成6—8吨的月产能力。（7）进行溶浸法试产颗粒朱砂工业性试验，获得较满意的各种粒级朱砂，同时，用朱砂制作盆景出售，获利8万元。（8）完成岩山坝汞一砂难选矿室的选矿试验，选矿回收率达83.37%（自然回收率69.1%）。8个项目中，I型、Ⅱ型氯化汞两项产品开发分别于1988、1990年投入正式生产，大批量投放市场，形成600吨以上的年生产能力。其余6个项目为技术储存，增加贵州汞矿对市场的应变能力。随着汞矿资源逐渐枯竭，从1995年起停止了汞系列新产品的研究。

地质一总队在万山地质勘探方面也取得了较多的科技成果。据资料统计，1956—1990年，地质一总队在万山找到特大型汞矿床1个，大型汞矿床4个，中、小型汞矿床24个，累计提交汞金属储量26664吨。此外，在万山境内还探出钾、锰、硅、磷、硒等20种矿产资源。在1984年万山特区科技成果评比中，付良佐的“贵州万山汞矿的发展史和成就”项目获一等奖，另有2个项目获二等奖，1个项目获三等奖。在中国有色金属工业总公司及贵州地质局举办的1987—1990年地质找矿、地质报告、科研成果评比中，该队在万山南区汞矿深部找矿、万山汞矿成矿规律及盲矿预测研究、金矿普查、铝土勘探等项目获全省一等奖，万山南区汞矿深部找矿、铝土勘探获国家银质奖。1990年，该队工程勘察公司有9项目获省冶金厅及有色总公司优秀成果奖。同年，有色金属工业总公司授予贵州有色地质一总队功勋地质队称号，奖金10万元。

2005—2011年，共实施国家级科技计划项目3项，其中科技型中小企业创新基金计划2项，科技富民强县专项行动计划项目1项；实施省级科技攻关计划项目3项（其中农业2项，工业1项），星火计划项目5项，火炬计划项目1项，科技型中小企业创新基金计划1项；实施地区科技计划项目7项。其中，《氯氧化法再生氯化汞触媒及尾气的综合利用产业化研究》经国家科技部批准，已按报批计划进度实施，项目总投资500万元，此项目采用清洁能源电能替代燃煤彻底消除了燃煤烟气的污染隐患。此项技术已经运用于全特区5家汞化工企业进行含汞废气治理。通过《氯氧化法再生氯化汞触媒及尾气的综合利用产业化研究》，实现产值1056万元和利税310万元。解决了燃煤烟气的污染隐患。贵州远盛钾业科技有限公司的《氟硅酸循环法低温分解含钾页岩工艺技术》，2011年6月结合山东科技大学“钾长石低温湿法分解制钾肥”高新技术进行中试。“钾长石低温湿法分解制钾肥”生产线可在低温、常压条件下实现分解提取率大于99%，同时副产出具有较高的工业价值白炭黑和氢氧化铝等，并实现了助剂的循环使用，缓解我国钾肥依赖进口的压力。

在畜牧科技方面，万山特区人民政府实施《万山特区生猪良种繁育体系建设与产业化发展》项目，在5个乡镇有生猪养殖户2000户，年生猪出栏34000头，每年带动3900户发展玉米种植1万亩以上，带动2000余户农户饲养生猪，户均年增收1.2万元，人均增收幅度为4160元，提供了520个就业岗位。2010年提供税费近498万元。2003—2005年，特区实施优质禽（鹅）基地建设项目，且在敖寨乡、黄道乡推广优质肉鹅2万羽，通过基地的建设，改善全特区肉鹅品种和品质，实现肉鹅杂交品种在特区逐渐兴起。2006—2009年，在全特区推广生猪优良品种，期间共向5个乡镇推广“二元母猪”5028头，改善了特区生猪养殖品种，使生猪的生产性能有所提高。2011年特区实施《绿壳蛋鸡生态规模养殖综合技术》，获铜仁市科学技术进步三等奖，通过课题实施应用后绿壳蛋鸡产蛋率达85.8%、孵化出雏率达93%、育雏成活率达95%，分别提高1.2%、4.18%、5.13%，实现产值331.61万元，新增产值16.69万元，户均增收1.5万元，应用后效果明显。

在知识产权方面，知识产权保护力度不断加大。完善了有关知识产权工作方面的制度，加强专利执法工作，认真受理、调解专利纠纷投诉，有效地维护了专利权人的合法权益。每年定期与区工商、公安、文体、质量技术监督局等单位开展了以“保护知识产权”为主要内容的联合清查行动，几年来，共查处盗版书籍200余册，盗版影碟近500余盘，维护了正常的市场秩序。

1991—2011年，万山特区向国家申请的专利不断增多，主要有：谢元明2002年发明授权的发明专利《碳素保护环》；2003年刘中华申请的专利《高头缝纫机工作台（518型）》；尹湘隆2003年申请的发明专利《用板栗树皮提取物制作的治疗虫牙的药物以及口腔用品》；授权4件，李琳燕2005年发明授权的专利《治疗骨折的外用药水》；肖宗铁2006年申请的专利《灯笼（招财金鱼）》；万山特区红晶汞业有限公司《综合利用氯化汞触媒生产中尾气的方法》和《氯氧化法再生氯化汞触媒的方法》；胡正勇2009年申请的实用新型专利《一种镂空雕刻朱砂填充上彩的工艺品》；杨旭辉2009年申请的发明专利《一种治疗痛风的口服液及其制备方法》和蒋亚东2011年申请的实用新型专利《可即时增高和降低的鞋类增高装置》等。

第五节　农业技术推广

1991年以来，杂交水稻实行“两段育苗，大田移栽”新技术，杂交玉米采用“肥球育苗法”，增加了科技含量，粮食产量大幅提高。全特区粮食总产量从1990年的13558吨猛增到2005年的17724吨，增加4166吨，增长30.7%。农民人均生产粮食从1990年的300千克上升到2005年的408千克，人均增加108千克，增长36%。

成功推广和应用“小型高效省柴节能”技术，改传统的炉灶为省柴节煤灶，节约了能源，保护了森林资源，净化了环境，森林植被得到了恢复。1995—2005年，在全特区推广应用沼气池灶技术，改善了农村环境卫生，节省了大量劳动力，使农村富余劳动力转移到二三产业，增加了农民的经济收入。据统计，仅2004年全特区农民从事二三产业的就有10960人，占当年劳动力总数的38.4%，农民从事二三产业收入达到3401万元，占农村经济总收入的41.31%，农民人均纯收入显著上升。1990年，农民人均纯收入只有444元，到2005年，全特区农民人均纯收入达到1482元，人均增加1038元，是1990年的3.34倍。

199—2005年，先后引进试种和推广粮、菜、饲三用作物品种“美国籽粒苋”，亩产鲜饲料达1万千克，亩收种子300多千克，嫩叶可作蔬菜；引进糯稻新品种“滇瑞三〇六”，在下溪、敖寨试种，亩产达600—650千克；从省农科院引进的新香优63优质稻米品种在高楼坪试种喜获成功，亩产达550千克以上；引进樱桃谷鸭良种试养推广；引进中科院育成的821油菜良种，在敖寨试种收效良好；推广“快速养猪法”和复合饲料添加剂配套技术，生猪饲养量上了一个新台阶；推广多种食用菌栽培技术并得到普及应用，缓解了市场对食用菌的需求；引进埃及胡子鲶、牛蛙等试养成功；在推广杂交水稻、杂交油菜、烤烟栽培、玉米育苗移栽、稻田养鱼等项新技术应用上做了大量工作，产生了一定的经济效益。

2006—2011年，万山特区的科技推广主要体现农业机械、动物疫病防控、动物疫病监测、农业企业生产加工方面。

一是农业机械技术。2006—2011年全特区各类农机具达到了4424台，农机总动力达5.5万千瓦。其中：拖拉机（含变型拖拉机）341台，耕作机械618台，联合收割机3台，机动脱粒机676台，插秧机2台，抗旱机械841台，粮食加工机械760台，饲料粉碎加工机械750台，其他农业机械433台。完成机耕面积0.51万亩、机械插秧80亩、机械收割4.1万亩，机灌面积0.21万亩、机防面积900亩。

二是动物疫病防控。2006—2011年全特区对动物疫病防控进行拉网式疫情排查、养殖区域的环境消毒、紧急免疫注射、蹲点疫情观测和春秋两防等有效手段防止了重大动物疫病的发生。在注射口蹄疫苗方面，猪115165头，牛23506头，羊15422只，防疫密度分别为应免数的100%、100%、100%。在注射禽流感苗方面，鸡256989羽，鸭50690羽，鹅1914羽，防疫密度均为应免数的100%。注射猪瘟苗113009头，密度为95.7%。注射高致病性猪蓝耳苗113009头，密度为应免数的100%，免疫注射新城疫

217554羽，密度为应免数的100%。注射猪肺疫苗39923头。注射猪丹毒苗37935头，仔猪副伤寒苗30860头，炭疽1016头，牛出败9958头，山羊痘2765只；鸭瘟3488羽，禽霍乱14617羽，狂犬疫苗1754只。

三是动物疫病监测。2006—2011年狠抓动物死亡定点调查、初级畜产品检疫和市场监管，确保了全特区疫情形势稳定。建疫病监测点15个，配备疫病观察员17名，到2011年开展产地检疫生猪3.4473万头，牛0.858万头，羊0.5552万只，禽5.207万羽，屠宰检疫生猪1.0954万头，无害化处理生猪2头，处理家禽1万余羽，车辆消毒785台次，审核办理动物防疫条件合格证1起，换证1起。建立动物疫病血清监测点10个，完成高致病性禽流感血清学监测1000份，口蹄疫血清学监测猪血清300份，牛血清150头份，羊血清150只份，猪瘟等动物疫病监测400份。同时严格要求养殖大户做好养殖档案，所采购饲料、添加剂、兽药和兽用生物制品等必须具备检验登记证、生产许可证和质量标准“三证”，并定期开展抽样送检工作。

四是农业企业发展情况。2006—2011年万山特区积极抓基地建设、生产加工，充分利用企业的科技人才的力量加快万山特区农业业技术的推广运用，通过招商引资，现已落户万山的有海洋农业开发有限公司、贵州鼎翔宇农业开发有限公司、葡萄酒厂、秸秆能源厂、万福农业综合开发有限公司，发展到2011年，新增地级龙头企业2家，新增县级龙头企业1家，新引进农产品加工企业6家，涉农企业达到了4家，新发展专业合作社5家，专业合作社已发展到17个，以龙头企业推动产业发展，促进农业产业经营健康发展。

第十八篇　卫生　体育

万山特区和各乡镇医院、卫生防疫、妇幼保健、村卫生室等医疗卫生机构健全，20多年来，医疗设施、就医条件有了很大程度改善，医疗技术水平也有所提高，各种疾病得到有效防治，人均寿命逐年提高。农村合作医疗工作2005年年初正式启动，是年11月，万山特区纳入贵州省第二批启动垢农村合作医疗试点（县），当年参合人数45070人，参合率达到80.40%。2011年参合人数47992人，参合率达97.8%以上。

体育工作进入稳定发展时期，学校体育按《国家体育锻炼标准》和教学大纲组织教学，硬件设施得到明显改善，学生体质明显增强。群众体育活动丰富多彩，1991—2011年，参加地级比赛获7个团体冠军，29枚单项金牌。

第一章　卫　生

第一节　医疗机构

1991—2005年6月，万山特区设有县级医院2所，集体所有制医疗机构1所，乡卫生院4所，村卫生室40个，个体诊所10个。

贵州汞矿职工医院

贵州汞矿职工医院曾是境内医疗设备较为完备和医疗水平较高的县级综合医院。2001年，贵州汞矿政策性关闭破产，医院移交地方管理，移交土地面积19883公顷，移交固定资产原值114.59万元，净值83.94万元，移交流动资产24.48万元，移交人员70人，移交补助费462.97万元。改称为万山特区第二人民医院，2005年6月，第二人民医院撤销，与万山特区人民医院合并。

原贵州汞矿职工医院内设，内儿科、妇外科、传染科、中医科、药剂科、检验科、理疗室、麻醉科、手术室、心电图等19个科室和3个坑口保健站。

万山特区人民医院

万山特区人民医院是一所集医疗、预防、保健、康复等为一体的县级公立医院，2005年4月以前有医疗业务用房面积3600公顷，设有西医门诊、住院部、挂号室、中药房、西药房、财务室、办公室、手术室、B超室、化验室、X光室、中医门诊。2005年5月与万山特区第二人民医院（原贵州汞矿职工医院）合并，重新组建为万山特区人民医院。同年8月由中央预算内专项补助80万元，新建了特区标准化传染科业务用房1100公顷。内设业务科、外科、内儿科、精神病科、急诊科、麻醉科、妇产科、传染科、医技科、药剂科、综合门诊；行政职能科室有：院办公室、医务科、护理部、财务科、总务科、保卫科。病床120张，医务人员编制128名，配置救护车4辆。

2009—2011年由于国家拉动内需，加大了对县级医院基础设施建设投入力度，通过中央预算内补助150万元，自筹资金420万元，新建了3900公顷的万山特区人民医院门诊住院综合大楼，医疗业务用房总面积达7600公顷。设置病床120张，医务人员编制128名，有综合住院部2200公顷。

中医联合医院

是万山特区成立较早的唯一一家集体所有制医院，设综合门诊、药房，有常用的小型医疗器械。医务人员8人，床位4个。由于经营不善和受市场经济的冲击，于2005年11月停业。

乡卫生院

1995—1998年，国家加大厂对医疗卫生“三项建设”（乡镇卫生院、防疫站、妇幼保健站建设）投入力度，共争取到“三项建设”专项补助经费30万元，先后对高楼坪、黄道、下溪、敖寨四乡卫生院进行了全面改造，新建或改扩建卫生院业务用房面积1040公顷。其中高楼坪异地新建220公顷，黄道易地新建202公顷，敖寨原地改建240公顷，下溪原址改扩建380公顷。卫生院业务用房条件得到了改善。各乡卫生院设综合门诊、病房、药房、照光室、防疫保健室等。共有医务人员36人，病床20张。

2006年国家又一次加大了对农村卫生基础设施建设力度，投入国债资金150多万元扩建了高楼坪、敖寨、下溪三乡卫生院业务用房。其中：高楼坪680公顷，敖寨520公顷，下溪520公顷。2009—2011年，国家拉动内需又为四乡镇卫生院配备了X光机、小型B超、显微镜、半自动生化分析仪、血液分析仪、无影手术灯、手术床、产床、高压灭菌消毒锅等医疗设备。

村卫生室

1991—2008年，全特区村卫生室配有常用的医疗器械，部分甲级村卫生室设有观察床为患者输液使用。2008年，全特区有村卫生室38个，村卫生人员97人，其中：村医48人，村妇幼保健员47人。2008—2009年国家加大对农村卫生工作的支持，全特区先后争取到40个村卫生室建设任务，在各乡镇党委、政府支持下，万山特区于2009年全部完成了40个村卫生室建设任务，建成每个村60公顷，面积2400公顷，总投资190余万元的村卫生室建设工作任务。2011年，每个村卫生室配备了0.7万元设备，配置的设备有：办公桌椅、资料柜、器械柜、药柜、检查床、体重秤、血压计、听诊器、简易手术缝合器械等医疗设备。

第二节　医疗队伍

1991—1995年全特区有卫生技术人员142人。其中：执业（含助理）医师73人，注册护士58人，其他卫生专业技术人员11人，村卫生人员94人。2005年全特区卫生技术人员123人。其中：执业（含助理）医师55人，注册护士42人，其他卫生专业技术人员26人，村卫生人员94人。卫生技术人员中有中级职称33人，无高级职称。

2011年全特区卫生技术人员178人。其中：执业（含助理）医师82人，注册护士59人，其他卫生专业技术人员37人，村卫生人员122人。卫生技术人员中具有高级职称1人，中级职称36人。核定编制床位120张，编制人数128人，实际开放床位150张。

万山特区1991—2005年卫生技术人员统计表

表18-1

年份	医师（含药、中药、技、检）			执业护士	乡村卫生人员	
	执业医师	助理执业医师	合计		村医	接生员
1991			53	51	44	55
1993			56	55	44	55
1995	50	23	73	58	46	48
1998	42	23	65	51	46	48
2000	35	24	59	44	46	48
2003	30	25	55	40	46	48
2005	29	26	55	42	46	48
2006	58	32	90	66	46	48
2009	64	21	86	94	74	48
2011	65	21	86	94	74	48

第三节　医疗设备

1991—2011年，万山特区各医院的医疗设备得到很大改善，各医院为了提高相应的医疗水平，不同程度地购进一批新的医疗设备，使全特区的医疗条件得到一定的改善。特区医院和第二人民医院（原贵州汞矿职工医院）在2005年合并前，特区人民医院有：单道心电图机、监护仪、电动洗胃机、动态无创血压监护仪、便携式肺功能仪、数字式单道心电图机、婴儿辐射保暖台、新生儿黄疸治疗箱、多参数监护仪、麻醉机、麻气体检测仪、数字式单道心电图、多参数监护仪、麻醉机、麻气体检测仪、数字式单道心电图、熏蒸床、中频治疗仪、牙科综合治疗仪、血液分析仪、生化分析仪、微电脑注射泵、多参数心电监护仪、呼吸机等、B超，X光机等设备。特区第二人民医院（原贵州汞矿职工医院）有：B超、奥林巴斯电子胃镜，鼻咽镜、煎药机、熏蒸床、中频治疗仪、牙科综合治疗仪、微电脑注射泵、多参数心电监护仪、呼吸机、、裂隙灯显微镜、电解质分析仪、根管测量仪、12导心电图机、注射泵、微电脑注射泵、黄疸仪、多参数监护仪等设备。

2009年以来国家加大对医疗卫生的投入力度，2010年特区人民医院引进CT、C臂、DR、彩色B超、心脏除颤仪、高频电离子治疗仪等大型医疗设备。

乡镇卫生院在2008以前基本靠一般简易设备开展医疗服务，2009年以来国家拉动内需为高楼坪、黄道2个中心乡卫生院配备了X光机、小型B超、显微镜、半自动生化分析仪、血液分析仪、无影手术灯、手术床、产床、高压灭菌消毒锅等20万元医疗设备，为敖寨、下溪一般乡卫生院配备了小型B超、显微镜、半自动生化分析仪、血液分析仪、无影手术灯、手术床、产床、高压灭菌消毒锅等8万元医疗设备。

村卫生室在2009年以前仅靠体温计、血压计、听诊器等“老三件”为村民开展医疗卫生服务。2009年以后国家为每个村卫生室配备了0.7万元设备，配置的设备有：办公桌椅、资料柜、器械柜、药柜、检查床、体重秤、血压计、听诊器、简易手术缝合器械等医疗设备，医疗服务水平和能力得到大幅度提升。

第四节　医疗技术

1991—2000年，贵州汞矿职工医院和万山特区人民医院都能开展常见病、多发病门诊诊治，外科能开展上腹部、颅脑（贵州汞矿医院）、剖宫产、骨伤等手术，检验科能作血尿、痰、生化、细菌、免疫学、血清学、卫生学等项目的检测。贵州汞矿医院每年收治患者4000—6000人次，医疗收入在150万元—180万元；万山特区人民医院每年收治患者5000—8000人次，医疗收入在130万元—150万元之间。

中医联合医院主要只能把脉问诊，开一些中西药处方，每年诊治病人500—1000人次，业务收入5万元至8万元。

乡卫生院只能进行三大常规检验和常见病诊治，每年接治患者1.5万—1.8万人次，医疗收入70万元—80万元。

村卫生室主要是常见病诊治，每年接诊患者1.5万—2万人次，业务收入在30万元左右。

2005—2011年，万山特区人民医院和第二人民医院的外科能开展上腹部、骨伤等手术，妇产科能开展剖宫产、子宫次切术；检验科能作血尿、痰、生化、细菌、免疫学、血清学、卫生学等项目检测。2010年5月医院新建的综合门诊大楼投入使用，医院引进CT、C臂、DR、彩色B超等大型医疗设备投入使用，开展了CT、C臂、DR、彩色B超等检查诊断新技术。2005年医院年门诊9260人次，住院2753人次，业务收入480万元。2011年门诊16427人次，住院3399人次，业务收入667.05万元。

中医联合医院开展一般把脉问诊，开一些中西药处方，2005年6月以后因经营不善，机构解散停业。

乡镇卫生院2008年以前开展一般常见病诊治，2008年国家加大对农村卫生工作支持，配备了X光机、小型B超、显微镜、半自动生化分析仪、血液分析仪、无影手术灯、手术床、产床、高压灭菌消毒锅等医疗设备，能开展三大常规，X光、B超检查，下溪乡能开展平产接生工作。

村卫生室主要承担公共卫生、预防保健服务，2006年农村合作医疗实施以来，国家投入资金为每个村修建了卫生室，主要开展一般的门诊基本医疗。

第二章　医疗卫生管理

第一节　管理机构

万山特区卫生局是全特区医疗卫生机构的行政主管部门，主要负责对全特区各级各类医院、卫生防疫（疾病控制）、卫生监督、妇幼保健、农村合作医疗、乡镇卫生院、社区卫生服务中心、村卫生室个体诊所等医疗卫生机构的监督管理工作。

2004年4月卫生局与计生局一道投资在万山镇解放街新建办公楼，其中：卫生局投资88.7万元，计生局投资23.5万元，共同新建办公楼1416公顷，各分房面积708公顷。同年10月，卫生局投资5万元，为局机关各股室、局领导办公室共配备计算机9台，摄影机1部、照相机1部、电视机2台，饮水机6台，电话机4部及办公、会议桌椅、沙发、文件柜等34件（套），新购公务车一辆。

2010年9月特区机构改革，卫生局与食品药品监督管理局合并，组建万山特区卫生和食品药品监督管理局，局机关下设：办公室、规划财务股、基层卫生股、医政与科技教育股、药品监督股、爱卫办。干部职工12人。所辖单位为特区医院、卫生监督所、疾控中心、妇幼保健站、合作医疗管理局、高楼评、黄道、敖寨、下溪乡卫生院9个单位。同时，红会办从卫生局分出单独成立万山特区红十字会，为特区正科级群团组织。2011年5月成立万山特区社区卫生服务中心，隶属万山特区卫生和食品药品监督管理局领导，其主要职责为万山镇居民提供基本医疗和基本公共卫生服务。

第二节　农村合作医疗

万山特区新型农村合作医疗管理局成立于2005年11月，隶属特区卫生局领导的副科级事业单位，主要职责:为农村合作医疗管理提供服务。成立初期只设办公室、业务股、计财股三个科室，2008年新增稽查股，在不增加人员编制情况下与业务股合署办公。2010年全局实有干部职工7人，局长1人，正股级2人，专业技术人员3人，工勤人员1名；办公地点设在万山特区万山镇解放街。

2005年11月成立时，全特区共有新农合定点医疗机构49个。其中：区（县）医院1个，乡卫生院4个；村卫生室44个。2007年3月经特区合管委同意将民营医疗机构（药店）纳入新农合管理。2010年2月，万山特区正式启动县乡两级新农合网络平台；2010年8月村级网络平台建立。

2006年个人筹资10元，2011年增加到30元。参合率由2006年的80.39%增加到2011年的97.77%。2011年，万山特区首次建立重特大疾病保障机制，10万元以上受益的3人，6万元以上受益的1人，个人负担医疗费用比例分别只占23.12%、15.1%、12.51%、16.04%，低于国际30%的个人自付水平。

2006—2011年新农合基金筹集使用情况统计表

表18-2

年度	参合率%	参合人数（人）	标准（元）	金额（万元）	个人（元）	补助人次（人）	补充金额(万元)	资金使用率%
2006	80.39	45070	45	215.01	10	10066	66.44	37
2007	85.49	48940	50	224.14	10	29305	203.51	79
2008	95.34	52393	90	464.94	10	44607	393.13	84
2009	96.27	52720	100	543.08	20	81321	513.44	94
2010	96.6	48314	140	676.53	20	104881	596.87	88
2011	97.77	47992	230	1103.57	30	138414	969.93	88

第三节　城市公共卫生

公共卫生管理机构

1990年2月，成立万山特区爱国卫生运动委员会办公室，主要负责城市街道清洁卫生、垃圾清运，除四害“灭鼠、灭蝇、灭蟑、灭蚊”，宣传普及卫生防病知识等工作。1996年6月万山特区爱国卫生运动委员会办公室撤销，职能划归特区卫生局管理，隶属卫生局一个独立股室。2008年特区开展创“卫生城市”，大力开展卫生健康教育，组织多种形式的爱国卫生教育宣传活动。认真落实卫生责任制，实行门前三包，门内达标制度。同时大力开展爱国卫生月活动，实现以月促年目标，使创卫工作向纵深发展。多年来通过多种形式向辖区群众广泛宣传卫生防病知识，养成良好的卫生行为习惯，美化、亮化了城市，城市卫生工作取得了明显成效。

第四节　公共卫生监督

2001年11月疾病预防与卫生监督体制改革，特区卫生防疫站撤销，新组建万山特区卫生监督所，为同级卫生行政部门直属正科级财政全额拨款参照公务员管理。2001—2011年，特区卫生监督所受卫生局委托依法开展各项卫生监督工作。共检查餐饮及食品经营单位12460户次，医疗卫生机构4860户次，公共场所卫生1780户次，学校卫生2820户次，生活饮用水卫生240户次，化妆品480户次，消毒产品及涉水产品350户次，开展重点职业危害卫生监督1120户次，职业卫生宣传26次，开展公共突发事件调查处理12起，开展重大活动卫生监督52次，开展卫生法制宣传培训60余次，查处各类卫生违法行为1520余起，其中立案28起，罚款78060元，没收并销毁各类违法产品折合人民币共计80070元（包括违法食品、饮料、医疗用品、医疗器械、药品、消毒产品、化妆品等）。

一、食品卫生

1991—2001年，万山特区防疫站每年对从事食品生产经营的单位和个人核发“饮食卫生许可证”和《食品生产经营人员健康体检合格证》，取得合法资格证后方可上岗营业。

2001年，完成从业人员体检430人，体检率为93.89%；检出“五病”（伤寒、结核、痢疾、甲肝或乙肝、化脓性或渗出性皮肤病）2人（调离食品生产岗位）；发放卫生许可证、健康证，发放率100%；完成食品监测49份，合格率100%份，餐具监测177份，合格138份，合格率77.96%。每户均监督4次以上，季度监督覆盖率100%。2004年，开展了食品卫生监督量化分级管理试点工作，完成量化分级管理评估申报22户，其中B级11户，C级11户。2011年检查食品生产经营单位563户次。

二、公共场所卫生

2008年特区开展创“卫生城市”以来，进一步加强了对公共场所经常性卫生监督检查。重点对宾馆、文化娱乐场所、理发美发店等进行经常性巡回监督检查，2011年共检查162户次，监督覆盖率为100%，对不符合卫生要求的2家单位提出书面整改意见。

三、学校卫生

1991—2002年主要对乡级以上中小学校学生开展健康体检工作，建立健全了学校卫生健康管理档案，学校开设健康教育课，把健康教育纳入教学任务，实行年度考核。2003年非典时期到2011年，特区各中小学、幼儿园建立了晨检、食品卫生、传染病报告等相关制度，加强了对学校食品卫生、生活饮用水、环境、传染病防治等监督检查工作，把学校食堂纳入了食品卫生监督量化分级管理，学校卫生安全工作得到了进一步规范。2010年检查学校、幼儿园50户次，2011年检查62户次。

四、生活饮用水卫生监督

2011年对辖区供水单位进行卫生监督，共抽检22份，合格22份。同时还每月按时对城镇居民饮用水进行卫生监测，每月监测5份样，合格率均达98%以上。

五、职业卫生、放射卫生

认真贯彻执行《职业病防治法》，进一步开展职业病预防工作，定期举办了有职业病危害单位负责人参加职业卫生培训班，提高对职业病危害的认识和遵守《职业病防治法》的意识。2010年对12家用人单位进行监督检查，向他们宣传健康维权行动内容。2011年监督检查全特区放射源使用医用x光电离辐射单位3家，均提出整改意见，限期进行整改。

六、打击非法行医专项整治

2010年检查户次274次，立案查处3起，罚款1000元，责令限期整改1家；2011年检查户次236次，立案查处2起，罚款4600元，责令限期整改1家。

七、食物中毒

自2004年敖寨乡金家场发生食物中毒死亡3人以来，万山特区加强了食品安全监管力度，自此无中毒事件发生。

万山特区2006—2011年卫生监督执法情况统计表

表18-3

年份	食品卫生			公共场所卫生			学校卫生			医疗卫生机构			生活饮用水卫生		
	检查户次	立案例数	处罚金额	检查次数	立案例数	处罚金额	检查次数	立案例数	处罚金额	检查户次	立案例数	处罚金额	检查户次	立案例数	处罚金额
2006	1567	0	0	110	0	0	78	0	0	222	0	0	4	0	0
2007	1482	0	0	107	0	0	82	0	0	237	0	0	10	0	0
2008	1478	0	0	121	0	0	94	0	0	178	0	0	12	0	0
2009	1217	0	0	127	0	0	92	0	0	250	0	0	9	0	0
2010	348	0	0	125	0	0	50	0	0	274	3	1000	8	0	0
2011	563	0	0	162	0	0	62	0	0		2	4600	22	0	0

第五节　医政药政管理

一、医政管理

1991年万山特区有卫生局批准设立的唯一一个个体性质的医疗机构蒋锡铭中医诊所。到1995年，万山特区民营医疗机构发展至16户，其中：万山镇11户，黄道2户，下溪1户，敖寨1户，高楼坪1户。1993年以来，国家先后颁发了《医疗机构管理条例》《执业医师法》《护士管理办法》等法律法规。医政管理进入了法制化轨道。管理的重点是对医疗机构及其从业人员的执业准入进行严格监督。1994年8月，对符合要求的各级医疗机构核发全国统一制式的"医疗机构执业许可证"共60户，其中：区级医疗机构2户，乡镇卫生院4户，村卫生室38户，个体诊所16户。10月全特区施行护士资格证管理制度，达到规定注册护士要求89人，登记注册89人。1998年6月，国家颁发《医师法》后，各医疗单位医（药、技）师均实行资格证制度，通过考试取得执业医师（或助理）资格证后方可上岗。2005年全特区登记注册的执业医师29人，执业助理医师26人。2011年全特区共有注册执业（助理）医师82人，注册护士59人。开展专项整治8次，2011年检查户次236次，立案查处2起，罚款4600元，责令限期整改1家。

二、药政管理

万山特区药品检验所担负着全特区药品的监督管理工作。为正股级事业单位，核定事业编制3人，隶属特区卫生局管理，2002年，国家药品监督体制改革，县级药品检验机构执行撤销，药品监督管理体制实行省以下垂直管理，特区药检所上划地区药监局管理，药检所工作人员由铜仁地区药监局统筹安排，

2005年12月，根据工作需要，经万山特区人民政府批准，成立了万山特区食品药品监督管理局，为正科级行政机构，核定行政编制6名，由铜仁地区食品药品监督管理局直接管理。2010年9月特区机构改革，卫生局与食品药品监督管理局合并，组建万山特区卫生和食品药品监督管理局，2011年全特区有药品经营单位12家，全年检查药品经营单位12家，对违法违规经营和经营假、冒、伪、劣药品经营 2户进行了严肃查处。

第六节　卫生经费及公费医疗管理

一、卫生经费

1998年以前，特区医院和乡镇卫生院实行差额预算管理，卫生防疫站、妇幼保健站、药检所实行全额预算管理。1998年以后乡镇卫生院纳入财政全额预算管理，工资全部由财政预算安排。村卫生人员补助2003年以前每人每月5元。2003年“非典”后提高到每人每月50元，2007年再一次提高到每人每月100元，2011年提高到每人每月200元。

万山特区1991—2011年卫生经费情况

表18-4　　单位:万元

年份	财政补助	上级补助	业务收入	合计
1991	195.8	2.4	67.5	265.7
1995	263.6	4.5	168.17	436.27
2000	526	13.5	312.82	852.32
2005	687	22	319.30	1028.3
2010	1035	78	342.5	1437.5
2011	1562	120.5	1272.8	2955.3

二、公费医疗管理

1996—2001年公费医疗由特区卫生局管理。干部职工看病就医，凭发票到卫生局按规定比例报销。

2002年，国家实行行政事业单位职工医疗保险制度，一般干部职工的医疗保险由卫生局移交特区社保局归口管理，按照财政和个人合理负担的原则，建立统一的职工医疗保险基金。门诊费根据个人工龄长短、工资收入高低按比例（2%）缴纳医保金。财政给予一定补助（7%）。门诊看病由本人持“医疗证”到定点医疗机构和药店就诊开药，住院病人医药费按比例报销；住院医药费在300元以下的职工自理（称为“门槛费”），301—1000元，报销80%，1001—3000元，报销85%，3001—5000元，报销90%，5001元以上报销95%，残疾军人和离休老干医药费仍由卫生局管理，实行实报实销。

2005年4月，残疾军人和离休老干部公费医疗工作由卫生局移交给特区社保局归口管理。

第三章　疾病防治与妇幼保健

第一节　疾病防治

一、防疫机构

万山特区卫生防疫站（疾病预防控制中心）始建于1972年，位于万山特区万山镇麻音塘。2001年疾病预防与卫生监督体制改革，撤销卫生防疫站，组建万山特区疾病预防控制中心。隶属于特区卫生局管理的财政全额预算管理的正科级事业单位，下设四科一室，办公室、流放科、慢病科、艾滋病防治科、监测检验科。核定编制17名。其中：管理人员4名、专业技术人员12名、工勤人员1名。1991年有业务用房面积852公顷，2003年“非典”后国家加大对疾病预防控制投入，投资50万元在万山镇犀牛井新建特区疾病预防控制中心，业务用房880平方米。2005年9月迁至新址办公，同年，启动实施全球基金艾滋病防治项目。主要设备有：200毫安X机、71型分光光度计、1／万分析天平、显微镜、电视机、电冰箱、低温冰箱、培养箱、照相机、投影仪、摄影机、计算机等办公和监测设备，并配有工作用车。2006年为控制艾滋病感染蔓延趋势，新建了艾滋病初筛实验室，2008年12月建立美沙酮维持治疗门诊，开诊当日即有4名吸毒人员参加维持治疗，累计入组23人，2010年11月底通过实验室计量论证。

二、传染病控制及疫情管理

疟疾　1998—2005年，对流动人口血检1395人，检出疟原虫17人，阳性率为1.25%；2006年以后未发现阳性比例。

痢疾　2006年共发病43例，2011年发病15例，发病率较以前年份大为降低。

伤寒　2001—2003年，高楼坪和黄道乡发生较大疫情，共发病547例，死亡2例，其余全部痊愈。除2008年未发生，其余年份均未散在发病。

流感　2004—2005年高楼坪、敖寨乡等中小学发生流感，在校学生共发病876人，因及时服药治疗，全部痊愈。2006年以后，由于本区加强A群流脑和AC流脑疫苗接种，均未发生。

麻风病　2005年，高楼坪乡琴门村新发病1人，经治疗已痊愈。

肝炎　2005年1月，高楼坪侗族乡中小学发生甲型肝炎爆发流行，师生先后发病103人，由于疫情处理不及时，致使疫情扩散蔓延数月，造成了一定的不良影响。占当年全特区传染病发病总数约7%-10%。2006年以后，由于本区加强了卫生防病知识宣传、对易感人群采取甲乙肝疫苗接种，甲乙肝发病得到有效控制，只是散在发生，均未造成大面积流行。

肺结核　2002年，万山特区实施肺结核综合防治项目，对176例肺结核病人给予免费治疗，完成治疗疗程35人，治愈24人。2011年肺结核新涂阳病人10例，发现率70%；新涂阳病人14例，治愈13例，治愈率92.86%。

其他传染病感染性腹泻、破伤风、结膜炎、腮腺炎、乙型脑膜炎、流行性脑膜炎、钩体病、狂犬病、脊髓灰质炎、麻疹、白喉、百日咳、淋病、布鲁斯病等，经过多年预防和治疗，得到有效控制，发病率均在万分之一以下，部分传染病多年来未发生。

1991—2011年万山特区传染病发生情况统计表

表18-5

年份	合计		甲肝	乙肝	丙肝	肝炎（未分型）	麻疹	狂犬病	乙脑	痢疾	肺结核	伤寒+副伤寒	布病	淋病	梅毒	HIV
	发病数	发病率(/10万)														
1991	743	1231.38	74				2		1			6				
1992	468	748.03	16	15								4				
1993	289	499.33	48	11								85				
1994	186	306.55	14									11		3		
1995	216	349.25	4	3			1					73		1		
1996	622	1028.03	5	7			17				56	193				
1997	205	354.69	12	9							56	4				
1998	328	494.5	51						2		43	83				
1999	163	266.03	3	5						80	68	6				
2000	193	313.77	12	16					1	80	81	3				
2001	394	621.75	17	21			88			60	120	78		2		
2002	178	283.59	16	7					0	49	85	6		4		1
2003	222	257.99	37	15						102	62	1		4		27
2004	278	448.29	405	46		1	1			60	118	6		5	1	25
2005	323	577.88	103	25	3	5	2			44	138			2	1	37
2006	151	449.34	1	54	4	0	0	1	0	43	141	3	0	2	2	34
2007	241	431.64	2	53	6	3	1	0	1	30	129	2	0	8	2	25
2008	268	483.17	0	50	6	1	1	1	0	33	156	1	0	3	14	11
2009	274	494.04	0	43	9	2	1	0	0	28	180	0	0	0	8	14
2010	127	230.54	1	11	0	2	0	0	0	16	83	1	0	1	11	6
2011	195	305.95	4	19	20	4	0	0	0	15	79	3	2	8	40	13

三、地方病防治

1991—2005年，特区防疫站（疾控中心）对特区盐业公司库盐、零售店食盐、居民户生活用盐等抽样检测3221份，合格3172份，合格率为98.48%。

2009年根据《贵州省实现消除碘缺乏病目标县级考评实施细则》通知要求，特区疾控中心于9月份对全特区四乡一镇的五所小学8—10岁100名学生尿样进行了采集，送地区疾控中心慢病科进行尿碘检测，经检测100名学生尿碘最低是39.8μg/mL，最高875.8μg/mL，并对五所小学开展五年级学生健康问卷调查。同年完成地区下达的30份碘盐监测工作任务，全特区共采集300份盐样，经检测全部属于合格碘盐，合格率为100%。

1991—2011年万山特区陈盐、零售店食盐、居民户用盐检测统计表

表18-6

年份	检测数量(份)	合格率(%)
1991	850	100%
1995	980	100%
2005	1350	100%
2006	300	100%
2007	360	100%
2008	300	100%
2009	300	100%
2010	300	100%
2011	500	100%

四、免疫规划

1991—2011年，全特区各种生物制品（卡介苗、脊髓灰质炎疫苗、百白破疫苗、麻疹疫苗、甲肝疫苗、乙肝疫苗、乙脑疫苗、伤害疫苗）计划免疫接种率以乡镇为单位均达到90%以上。

万山特区1991—2011年免疫规划情况统计表

表18-7

年份	卡介苗			脊灰			百白破			麻苗			甲肝			乙肝			乙脑			A群流脑			A+C流脑疫苗		
	应种数	实种数	接种率%	应种数	实种数	接种率%	应种数	实种数	接种率%	应种数	实种数	接种率%	应种数	实种数	接种率%	应种数	实种数	接种率%	应种数	实种数	接种率%	应种数	实种数	接种率%	应种数	实种数	接种率%
1991	1370	1260	91.97%	3965	3738	94.27%	3869	3669	94.83%	1299	1244	94.23%															
1995	834	832	99.76%	835	835	100.00%	827	824	99.64%	816	814	99.75%															
2000	1048	1037	98.95%	12236	12004	98.10%	5425	5299	97.68%	1048	1038	99.05%				603	603	100.00%									
2005	678	646	95.28%	2989	2876	96.22%	3189	3062	96.02%	1678	1527	91.00%				2134	2012	94.28%									
2006	637	633	99.37%	2768	2744	99.13%	2305	2303	99.91%	2462	2445	99.31%	0	0	0.00%	2018	2008	99.50%	0	0	0.00%	0	0	0.00%	0	0	0.00%
2007	662	640	96.68%	2070	2016	97.39%	2400	2281	95.04%	687	646	94.03%	0	0	0.00%	2306	2245	97.35%	0	0	0.00%	0	0	0.00%	0	0	0.00%
2008	1042	1010	96.93%	5936	5789	97.52%	4089	3903	95.45%	5060	4842	95.69%	498	491	98.59%	3530	3400	96.32%	985	948	96.24%	2477	2252	90.92%	1023	1001	97.85%
2009	804	783	97.39%	3939	3856	97.89%	3588	3477	96.91%	2807	2786	99.25%	961	939	97.71%	2552	2515	98.55%	2657	2458	92.51%	2240	2189	97.72%	1711	1692	98.89%
2010	742	738	99.46%	3420	3409	99.68%	3506	3496	99.71%	2470	2466	99.84%	1156	1156	100%	2388	2383	99.79%	1969	1965	99.80%	1810	1807	99.83%	1574	1570	99.75%
2011	1176	1175	99.91%	4335	4332	99.93%	4047	4043	99.90%	2223	2223	100%	837	837	100%	3243	3242	99.97%	1606	1604	99.88%	1599	1596	99.81%	1961	1960	99.95%

五、疾病监测

万山特区卫生防疫站（疾控中心）2005年以前，每年开展疾病监测和死亡原因调查分析，死亡率在10%以下，死于呼吸系统疾病比例较高，其次是心脑血管疾病和肿瘤。男女平均寿命由1991年的57.65和58.14岁提高到2005年的64.76和65.76岁，平均提高了7岁。

第二节　妇幼保健

一、保健机构

万山特区妇幼保健机构是妇幼保健站始建于1973年，位于万山特区万山镇麻音塘，隶属于特区卫生局管理的财政全额预算管理的正股级事业单位，1997年进行扩建，在岗工作人员6人。2006年3月，妇幼保健站拆迁，租用开发商一门面进行办公，同年9月搬至万山镇张家坪村卫生室办公，2010年9月起整合于万山特区计划生育技术服务宣传指导站，组建为万山特区计划生育和妇幼保健服务中心。

二、保健设备

20世纪90年代，保健设备简陋，1997年后，业务用房不断扩大。1998年有业务用房756公顷，内设科室有：妇产科、妇保门诊、儿保门诊、手术室、化验室、照光室、治疗室、男女婚检室、药房、病房。设备有：200毫安X光机1台、1／万分析天平1台、电热恒温箱1台、分光光度计1台、九孔无影灯1台、简易手术床2台、水浴锅1台、产床取暖器1台、推车式氧气瓶1个、高压消毒锅2台、显微镜1台、脚踏吸引器2台、专用接生包4个、婴儿体检称1台、计算机1台。实有工作人员6人。2006年3月妇幼保健站业务用房拆迁，租用开发商一间门面进行办公，9月搬至万山镇张家坪万山镇老街村卫生室办公。2010年9月于特区计划生育宣传技术指导站合并，组建为万山特区计划生育和妇幼保健技术服务中心，办公地点设在万山镇犀牛井。

三、妇女保健

1991—2005年特区妇保站及特区医院只开展常规的孕产妇保健、妇科病门诊检查和治疗工作，2004年以前开展妇女病查治工作。2006年3月妇幼保健站业务用房拆迁，租用开发商一间门面进行办公，9月搬至万山镇张家坪万山镇老街村卫生室办公，2009年万山特区启动实施“降消项目”（提高孕产妇住院分娩率、降低孕产妇死亡率、消除新生儿破伤风工作。期间只开展妇幼保健人员培训，下基层随访和检查指导工作，其余工作由于受房屋条件限制未开展。2010年9月于特区计划生育宣传技术指导站合并，组建为万山特区计划生育和妇幼保健技术服务中心。孕产妇建卡率由1991年57.65%上升到2011年的98.42%，孕产妇住院分娩率大幅提升，2011年达95%以上。

万山特区1991—2011年孕产妇保健情况统计表

表18-8

年份	孕产妇建卡率(%)	孕前检查率(%)	产后访视率(%)	新法接收率(%)	孕产妇住院分娩率(%)	孕产妇死亡率(1/100万)
1991	57.65	99.77	99.53	97.18		
1992	57.21	99.06	98.52	99.19		
1993	88.29	95.04	97.59	100		
1994	95.47	100	99.69	99.84		
1995	83.78	100	98.72	98.72	32.14	
1996	99.74	100	99.87	99.35		
1997	99.69	99.07	98.15	100		
1998	96.63	96.63	97.03	100	30.56	
1999	96.52	96.52	96.52	100		
2000	100	100	98.9	99.85		
2001	99.73	100	99.73	99.85		121
2002	86.85	100	99.82	100		
2003	98.91	99.32	99.32	99.35		
2004	100	100	99.16	99.66		
2005	100	100	99.82	100		
2006	98.02	98.12	98.12	80.29		
2007	98.14	98.63	98.63	78.28	65.75	
2008	98.08	98.08	99.36	70.54	87.23	
2009	98.47	98.42	98.27	99.84	79.65	
2010	96.91	96.32	96.73	99.04	85.85	
2011	98.35	92.42	91.32	99.55	95.80	

四、儿童保健

万山特区妇幼保健站儿童保健工作主要是对辖区内7岁以下儿童进行体格的检查，了解掌握儿童的生长发育、营养、心理行为、教养等情况，并作出健康评价，经过多年努力，万山特区儿童保健取得了显著成效。儿童系统管理率由1991年的52.38%上升至2011年的66%，5岁以下儿童死亡率明显降低。

万山特区1991—2011年儿童系统监测情况统计表

表18-9

年份	5岁以下儿童死亡率(%)			儿童生长发育监测数	系统管理数	体检数	体检数（X-2SD）
	婴儿	新生儿	1-4岁				
1991	42.3	29.35	39.22	6	313	709	355
1992	41.08	25.4	40.33	17	444	801	195
1993	39.3	25.10	38.15	44	475	670	366
1994	38.6	23.10	37.26	70	300	776	103
1995	42.32	22.55	33.77	168	578	692	124
1996	39.47	19.32	35.15	未开展	571	1295	177
1997	38.76	18.47	36.23	未开展	417	1039	146
1998	39.23	29.33	36.29	未开展	875	1222	122
1999	40.31	22.67	37.28	103	885	1480	98
2000	39.26	28.52	33.15	112	944	1650	717
2001	39.78	22.31	31.22	201	1652	1766	72
2002	39.33	19.29	15.39	285	1188	1680	65
2003	39.45	20.34	18.55	298	1696	1895	81
2004	39.25	21.55	19.33	315	2076	2117	75
2005	37.52	14.52	20.34	未开展	1005	3423	12
2006	36.33	19.82	21.22	未开展	1982	3682	28
2007	38.46	25.08	8.36	未开展	358	424	12
2008	23.88	12.74	31.84	未开展	1168	1171	16
2009	9.46	3.16	17.35	未开展	382	480	10
2010	19.05	12.24	27.21	未开展	887	1090	42
2011	5.40	4.05	12.15	未开展	756	985	52

万山特区199—2011年妇女病查治情况统计表

表18-10

年份	实查人数	患病人数	患病率(%)	治疗人数	治疗率(%)
1991	835	236	28.26	214	91
1995	696	240	34.48	240	100

续表18-10

年份	实查人数	患病人数	患病率（%）	治疗人数	治疗率（%）
1997—1998	未开展				
1999	170	30	17.64	30	100
2000—2011	未开展				

第三节　万山特区红十字会

万山特区红十字会于2008年12月作为群众团体机构单设，正科级建制，核定事业编制4名（参公管理）。万山特区红十字会是从事人道主义工作的社会救助团体，其主要工作职责是宣传、贯彻《中华人民共和国红十字会法》及有关法律、法规；开展经常性的救灾准备工作、社会募捐和筹措救灾款物；在自然灾害和突发事件中，对伤病人员和其他需要帮助的人员进行救助；普及卫生救护和防病治病知识，开展初级卫生救护培训，组织群众参加现场救护；参与输血献血工作，推动无偿献血；开展造血干细胞（骨髓）、器官、遗体自愿捐献的宣传、动员和有关资料数据的储存、检索工作；对青少年进行人道主义及健康知识的宣传教育，开展红十字青少年活动；组织红十字医疗机构开展义诊、卫生救护等活动；组织会员、志愿工作者开展社区服务活动和其他人道主义工作；完成同级人民政府和上级红十字会委托的其他事宜。

2010年9月，调入常务副会长1名，2011年年初，特区党委、政府拨款10万元，作为区红十字会的开办资金，并通过特区政府办、特区卫生局协调了办公场所，2011年7月配备副会长1名，2011年11月公务员招录工作人员1名，财务工作由区党委办公室代管。

万山特区红十字会积极传播人道主义精神和红十字运动知识，普及无偿献血知识，完善了红十字会应急预案及救灾救助工作制度。2008年“凝冻”灾害后，得到中国红十字会总会45万元灾后重建项目支持，援助万山特区高楼坪乡、黄道乡建农村“博爱新居”30户。开展“情系灾区募捐活动”，发动全特区各界人士为四川汶川地震灾区捐款32.34万元，为青海玉树地震灾区捐款3.9万元，募集到的善款全部汇往灾区。2011年，募集到大米5.5吨，棉被50床，奶粉20件，食用油100桶，价值54500元，全年共救助贫困群众310户次，发放救灾救助物资价值4.万元。2011年，开展了“5·8红十字博爱周”活动，现场为30名孤寡老人和特困户发放了大米和食用油；与万山特区慈善总会为谢桥办事处瓦屋坪村陆必冲组火灾户联合发起救灾募捐倡议，收到善款4.85万元，全部用于火灾户救助和灾后重建；为陆必冲组和腾架山等22户火灾户送去大米和食用油，与特区卫生和食品药品监督管理局合作开展无偿献血工作，共143人无偿献血3.7万毫升。

第四章　体　育

第一节　机构及设施

一、机构

1991年万山特区设体委，有事业局编制8人，1996年机构改革更名为体育事业局，定编3人，2001年归并文化广播电视局。2006—2011年，体育机构设置未变。

二、体育设施

学校体育设施　1991—2011年随着社会经济的不断发展，学校体育设施得到不断改善，特别是1998年以后，特区实施“国家贫困地区义务教育工程”和“危房改造工程”，学校体育设施建设工作也随之展开，各中学、中心完小、村级完小和部分初级小学有了硬化的篮球场。截至2005年年底，特区各学校共有水泥球场32个，200米田径场3个，160米田径场1个，垫子6块，乒乓球桌12付。各中学均配有单双杠、跑表、篮球、排球、拔河绳、铅球、部分棋类等。

群众体育设施　2005年，特区现有两个门球场，分别在特区粮食局和矿区社区服务管理局，有篮球场6个。2000年国家体育总局捐赠了价值5万元的健身器材，安装在特区广播电视局健身场。2002年省体育局和省民政局分别捐赠价值5万元（合计10万元）的健身器材，安装在特区老年大学和矿区社会服务管理局。2005年国家体育总局和贵州省体育局在万山实施“雪炭计划”，投资200万元（国家160万，省40万），特区自筹433万元，修建3582公顷的体育馆，有室内篮球场一个，可容纳2000名观众。

2006年，体育局加强对全特区体育场地状况的调研，特别是对原贵州汞矿遗留场地情况进行调查，并撰写调研报告，上报省体育局，得到省体育局20多万元的维修经费。2007年，为认真贯彻中央政治局2007年4月23日会议精神和《体育法》《国家学生体质健康标准》《有效实施全特区业余训练和高水平后备人才培养计划》，万山特区体育部门经过考察，在万山特区高楼坪中学建立一个田径业余训练点，并同高楼坪中学签订《承担业余训练布局工作协议书》。2008年，完成体育馆主体工程验收，工程审计即将结束。新修篮球场1个，维修篮球场1个。

2009年，体育馆附属工程完成了围墙座椅、PU地板和隔音墙等工程。体育广场修建了第三个篮球场及室外球场灯光的安装。完成5个农民健身工程。2011年，完成高楼坪侗族乡老山口社区居委会、黄道侗族乡白屋场村、敖寨侗族乡岩屋坪社区居委会、下溪侗族乡青龙村、谢桥街道办事处牙溪村、茶店镇大山村民组等6个村级农体工程建设；万山镇土坪社区居委会、高楼坪侗族乡青年湖村等2个全民健身路径工程建设。完成高楼坪侗族乡老山口社区居委会、黄道侗族乡白屋场村、敖寨侗族乡岩屋坪社区居委会、下溪侗族乡青龙村、谢桥街道办事处牙溪村、茶店镇大山村民组等6个村级农体工程建设；万山镇土坪社区居委会、高楼坪侗族乡青年湖村等2个全民健身路径工程建设。是年还完成社会体育基础数据调查摸底工作，新修体育馆室内羽毛球场地1个，维修室外门球场1个。

第二节　学校体育

一、完善体育的保障机制

1. 完善组织保障体系

1991—2011年，万山特区教育局和各中小学非常重视体育工作，以“完善人格，首在体育”为办学宗旨，把学校体育工作作为一件大事来抓。特区教育局成立了学校体育工作领导，局长任领导小组组长，分管领导任副组长，相关股室负责人任领导小组成员，并明确了分工与责任。万山特区民族中学、高楼坪中学、万山镇小学等中小学也成立了学校体育工作领导，由学校校长担任组长，分管校长、教务处、政教处、体育组、班主任为成员，并明确其工作职责，专人负责，规范体育工作。

2. 制定体育工作计划

1991—2011年，根据国家教育教学大纲的要求，万山特区各中小学将学校体育工作纳入学校整体工作当中，每学期制定学校体育工作计划，不定期进行检查，每学期对体育工作做出总结，并在学校工作中制定出了工作目标和措施，定期召开体育工作会议部署，总结体育工作情况。

3. 完善师资保障体系

1991—2011年，万山特区教育局按照教育部的要求，配齐各校体育教师，同时依法保障体育教师的合法权益，落实体育教师的待遇。特区教育局非常重视体育教师的继续教育工作，支持中小学体育教师参加各级体育教研培训活动。2010年选送了3名农村体育教师分别参加“农村体育骨干教师培训”和“西部健美培训”，以提高体育老师的素质。

4. 按照标准配备硬件设施

1991—2011年万山特区教育局按照省、地的要求配足配齐体育设施、器材。2010年特区政府下拨10万元经费解决体育测试器材的不够的问题。学校体育场地、设施、器材实行专人负责管理。各中小学的体育设施、器材，基本能满足体育教学及学校体育活动开展的需要。

5. 完善安全保障体系

1991—2011年，万山特区各中小学加强对师生的安全教育，对体育教师安全方面的培训和对学生的校园安全教育常抓不懈。对于体育设施的配备质量，学校制定安全措施，做好防范工作；各中小学还制定校园意外伤害事件应急处置预案，完善相关机制，为学生购买意外伤害保险，确保学生安全。

6. 建立学校体育经费的保障机制

1991—2011年，各中小学年度体育工作经费按上级文件规定的比例用于学校体育工作经费，做到专款专用。

二、切实抓好体育教学工作

1. 1991—2011年，以新课标为准则，规范开齐开足体育课，小学1—2年级每周4节体育课，3—6年级每周3节体育课，中学每周3节体育课，并按体育教学要求规范上好体育课。学校不以任何理由挤占、挪用体育课时间，体育课的开足率达100%。教学中，加强体育教学研究与改革，提高教学效果，促进教师专业成长。

2. 1991—2011年，各中小学都将学校体育活动纳入学校工作计划，每年都要举行篮球运动会和田径运动会。体育课按教学大纲要求，每班每周为二课时，纳入课时计划。1991年以后，初中学生毕业参加中等专业学校或重点高中、普通高中招生考试，体育成绩按30%计入总分。这一措施对于要求学生参加体育锻炼发挥了积极作用。学校体育活动以做眼保健操、广播体操、篮球、排球、羽毛球、乒乓球、象棋、围棋、军棋、跳棋、跳绳、拔河、跳高、跳远、单杠、双杠、跳马、短跑、中长跑、投掷等活动为主。1999年5月，万山特区举办首届小学生自行车比赛，冲脚小学、万山镇小、贵州汞矿子弟小学、张家湾小学分别夺得低年级女子组1000米、男子组1600米、高年级女子组1600米、男子组2000米冠军。

各中小学校在课程表落实“两操、两活动”。广播操、眼保健操、课外活动长期坚持。2008年，特区教育局对7所中心完小、5所中学体育教师进行了“校园集体舞”培训，为下一步推广工作打下基础。推行中小学生系列广播体操和校园集体舞，并严格要求专课专用，不许占课，教务处随机抽查。每星期的体育课是快乐体育的主渠道。体育教师钻研教材，精心备课，让学生全面掌握新课程所规定的各项健康常识及体育技能。

开展“阳光体育”运动，落实每天一小时体育活动，万山特区民族中学、高楼坪中学除了开足体育课以外，还在学生休息时间进行篮球、乒乓球等学生喜闻乐见的比赛，以达到锻炼学生身体和增强学生集体荣誉的目的。

定期组织综合性或专项性的学生体育运动会，各中小学每年举行两次大型的体育运动会。一次是在春季举行一次校内运动会，另一次是在秋季举行一次全校性的运动会。2009年秋季，万山特区高楼坪民族中学举行第十四届运动会，其内容：篮球比赛、广播操比赛、跳长绳比赛等。

各中小学成立了体育兴趣小组。万山特区民族中学成立长跑兴趣小组、乒乓球兴趣小组；高楼坪中学成立了篮球兴趣小组。

三、学校体育工作的成绩

1991—2011年，各校举行一些体育竞赛活动。2008年，特区教育局举行全特区中小学“校园集体舞”比赛，分别设高中组、初中组、小学组，全特区中小学组织13支队伍参赛。高中组、初中组、小学组获得一等奖，参加了地区组织的“校园集体舞”录像比赛，万山镇小学荣获地区三等奖。

2009年7月9日—7月13日，铜仁地区第十四届“三好杯”篮球赛在印江举行。特区派出中学生男、女球队参加比赛。女子组荣获第四名，男子组荣获“体育道德风尚”奖。

2010年，铜仁地区教育局举行小学生乒乓球比赛，特区派出小学生男、女队参赛。小学生女队荣获“道德风尚”奖。是年，铜仁地区举行体育教师录像课比赛，万山特区选送中小学体育教师8节录像课参赛，小学组一名教师获得二等奖，小学组一名教师获得三等奖，初中组的三名教师获三等奖。2010年，万山特区民族中学学生刘明旺考入北京体育大学，学生刘文辉升入武汉体育大学；2011年，万山特区民族中学学生蒲磊被北京体育大学录取。

第三节 群众体育

群众体育活动有篮球、跑步、拱猪、门球、乒乓球、钓鱼、象棋、围棋、健身操、太极拳、太极剑以及一些趣味性的健身活动。1991年7月举办了特区直属机关职工篮球赛，税务局和粮食局代表队分别获得男子、女子第一名。8月，举办了万山特区首届农民“丰收杯”篮球赛，男子第一名、女子第一名均被黄道队夺得。10月在万山特区第五届老年人运动会上，特区混合队夺得门球第一名。1998年10月举行万山侗乡“开放杯”篮球运动会，国税局和贵州汞矿杉木董代表队分获男、女队冠军。1999年3月，万山举行“三八”拔河比赛，贵州汞矿土坪居委会荣获第一名。

2000年10月，万山举办“民族杯”篮球运动会，国税局代表队夺得冠军。2001年8月，万山举办“国税杯”民族篮球运动会，国税局和矿区社区服务管理局张家湾居委会代表队分别夺得男子、女子第一名。2002年5月，特区举行第二届“青春杯”登山比赛，高楼坪民族中学获团体第一名。

2003年9月，特区举办“水利防汛杯”民族篮球赛，特直机关代表队获得男子第一名，黄道侗族乡女子代表队获得第一名。2004年，特区举办“国税杯”拔河比赛，万泰锰业队夺得第一名。2005年10月，特区举办“优农杯”睦邻友好乡镇、社区民族篮球邀请赛，黄道侗族乡代表队荣获第一名。2006年，群众体育活动蓬勃开展，万山特区体育局先后主持举办了“春节游园”活动；“三八”国际劳动妇女节拔河比赛；钓鱼比赛；全特区老年人门球比赛。第二届“打三棋”比赛，此次赛事不但有黄道乡的农民朋友参加，还吸引了邻乡的即湖南省上坪乡的农民朋友前来参加比赛；特区的下溪乡和敖寨乡还举办了篮球运动会。

2007年，万山特区在民族体育馆举办了丰富多彩的文体活动，分别为擂台赛和游园活动（擂台赛设有台球、乒乓球擂台赛；游园活动的项目有投飞镖、拍皮球和跳绳），此次活动主要以娱乐为主，不计名次，男女老少、青少年儿童均可参加，擂台赛设男女各年龄的组别，只要胜擂主者，均可获得奖品，并取代擂主坐擂。参加此次活动的人数达千余人次，极大地丰富了全特区广大干部群众的春节文体生活。

是年，为庆祝“三八”国际劳动妇女节，体育局与妇联联合举办了以“庆‘三八’全民健身迎奥运”为主题的系列活动，此次活动共有三个项目：一是击球活动（共有3 7个队参加此项活动）；二是为迎奥运而举办的长跑比赛，此项比赛按老中青分为男女别进行，共有800余人参加了这次长跑活动；三是家庭趣味游戏（共41个）。这次活动声势浩大，影响极大，不但激发了广大干部参加全民健身的热情，也为举办奥运会营造了良好的氛围。是年，为进一步增强和提高全特区广大老年人的身心健康，让他们老有所乐。在5月中旬，举办了全特区老年人门球比赛，比赛项目有团体赛、双人赛、个人赛。是年7月31日，体育局与特区委宣传部、特区人武部联合举办了庆“八一”革命传统接力赛，此次比赛共有十七支男队、十支女队近120人参赛。是年8月8日，举办万山特区“百万老人迎奥运健步走北京奥运会”启动仪式，全特区各单位、各部门和各行业组成16个方阵共3000余人参加仪式，为迎接2008年奥运会和推动全民健身工作营造了良好的舆论氛围。

第四节　体育赛事

一、体育队伍

特区没有专业运动队伍。参加上级举办的各项比赛，都是体育部门临时到学校或部门单位选拔运动员参加比赛，教练员由学校体育教师和体育部门专职干部担任。参加上级举办的老年人运动会也是临时选拔。2005年底特区有国家二级篮球裁判员8人，国家三级篮球裁判员15人；国家二级田径裁判员3人，国家三级田径裁判员7人；国家二级门球裁判员2人，国家三级门球裁判员5人。特区各中学、中心完小均配备专职体育教师，村小及初级小学配有兼职体育教师。2011年年底有国家二级篮球裁判员15人，国家三级篮球裁判员20人；国家二级田径裁判员7人，国家三级田径裁判员12人；国家二级门球裁判员3人，国家三级门球裁判员7人；国家一级社会体育指导员6人，国家二级社会体育指导员12人。

二、体育竞赛

1991年，特区组队参加铜仁地区少年田径运动会，分别获得女子甲组800米、1500米、3000米，男子甲组400米、800米，男子乙组200米、3000米，女子乙组800米，男子甲组铅球，男子初中组200米，少年男子乙组3000米共十一项第一名。1992年，在首届省、地传统校“达标通讯赛”上，贵州汞矿子弟小学获小学组团体总分第一名，另获得76年组男子400米、800米、女子1500米、3000米四项冠军。同年，万山还获得铜仁地区少年儿童男子乙组围棋个人冠军。1994年6月在铜仁地区东片区第七届老年人运动会上，万山门球队荣获门球赛第一名，简贤顺获中国象棋比赛第一名；同年10月获得铜仁地区第十届老年人运动会门球赛冠军。1998年4月，特区组队参加铜仁地区第七届中学生“三好杯”田径运动会，获得女子组团体总分第一名；姚秋云、刘艳、刘江分别夺得女子甲组400米、5000米、女子乙组800米冠军；刘芳同时夺得女子乙组3000米和5000米冠军。同月，万山队获得铜仁地区东片区第十一届老年人运动会门球、台球第一名。1999年5月，万山选手唐作礼荣获铜仁地区第十五届老年人运动会中国象棋第一名。2000年4月刘西兰参加铜仁地区第八届中学生“三好杯”田径运动会，荣获女子甲组1500米第一名。

2001年6月，在铜仁地区东片区第十四届老年人运动会上，唐作礼夺得中国象棋第一名。7月，在铜仁地区钓鱼比赛中，万山选手杨胜华夺得第一名。2002年5月组队参加铜仁地区第九届中学生“三好杯”田径运动会，特区中学的杨杜婷获女子乙组1500米和3000米两个项目第一名。2003年9月，特区代表队荣获铜仁地区东片区第十五届老年人运动会团体总分第一名。

2007年8月，万山特区组织两支代表队参加了铜仁地区第十三届钓鱼比赛，通过全体队员的努力，万山特区代表二队取得了团体第一名、一队团体第二名和个人第一名、第二名、第五名的好成绩。

是年9月26—29日，万山特区组织老年人代表队参加在松桃县举行的铜仁地区东片区第二十届老年人运动会，在这次比赛中，运动员充分发挥自己的水平，分别取得了男子太极拳、太极剑和女子乒乓球第一名，中国象棋第二名，女子台球第三名的好成绩，同时老年人门球队还被评为精神文明运动队。

是年10月21—23日，万山特区组织的老年人代表队参加在铜仁市举行的铜仁地区第二十三届老年人运动会，万山特区代表队分别取得了门球、中国象棋取得了第一名和乒乓球、台球第四名的好成绩。是年，根据地区老体协和特区人民政府的安排，铜仁地区第十三届钓鱼比赛在万山特区举办，此次运动会共有来自各县、市、特区及地直的十四支代表队近100人参加比赛，通过体育局干部职工的努力，圆满举办了这届运动会。

2008年4月17—19日，组织门球队代表铜仁地区参加了“全民健身与奥运同行”2008年贵州省老年人门球比赛。此次比赛万山特区代表队取得团体优秀组织奖和单打第一名的好成绩。是年5月9—11日，万山特区中学生田径代表队参加了铜仁地区中学生“三好杯”田径运动会，取得了女子初中甲组3000米第一名，男子初中乙组100米第三名，男子高中组5000米第五名的好成绩。是年5月26—29日，万山特区老年人代表队参加了在江口县举办的铜仁地区东片区第二十一届老年人运动会，取得了门球团体第一名，乒乓球团体第三名，同时在个人项目中，获得太极剑第一名、太极拳第三名，中国象棋第一名，男子乒乓球单打第三名，第四名，女子乒乓球单打第三名的好成绩。是年7月万山特区组织中国象棋代表队代表地区参加了在贵阳市举行的全省首届农民运动会。11月26—28日万山特区组织的老年人代表队参加了在铜仁地区举行的全特区老年人运动会，取得了太极拳第二名和太极剑第二名的好成绩。

2009年，5月11—14日，万山特区组织柔力球队参加了在玉屏县举办了2010年贵州省“科特林”杯中老年人柔力球比赛，在这次比赛中荣获农村组“优秀表演奖”。其中黄云仙、李从贵获双人比赛第六名的好成绩。是年5月14—17日，万山特区组织中学生田径代表队参加了铜仁地区第十三届中学生“三好杯”田径运动会，共获12个名次。

2009年5月18—20日，万山特区组织代表队参加了铜仁地区东片区老年人运动会，取得了门球、太极拳和太极剑第二名的好成绩。6月19—20日组队参加了在思南举办了铜仁地区钓鱼比赛，万山特区代表队获得个人第四名。

2010年5月、6月，万山特区组队参加了铜仁地区东片区第二十三届老年人运动会和铜仁地区第二十五届老年人运动会，获三个银奖、二个铜奖。是年7月9—10日，万山特区组队参加了铜仁地区在印江县举办的第十六届钓鱼比赛，派出的两支代表队取得了团体总分第一名、个人赛第二名、第十名的好成绩。

2000年7月，万山特区组队参加了铜仁地区中学生“三好杯”篮球比赛，特区女子代表队获第四名，男子代表队被评为体育道德风尚队。8月25日组队参加了铜仁地区秧歌大赛，万山特区代表队的黄云仙被选入地区队参加了全国在江西省举办的秧歌大赛，地区队获第一名。

2011年，万山特区配合铜仁地区老年体协成功承办了贵州省第六届老年人运动会钓鱼比赛，分别组队5次120多人参加“湖南武陵城杯”十省、市、区乒乓球邀请赛、贵州省第六届老年人运动会桥牌比赛、铜仁地区东片区第二十四届老年人运动会、铜仁地区第二十六届老年人运动会和铜仁地区第一届青少年跆拳道锦标赛等赛事。

第十九篇　民族　宗教　人口

第一章　民族成份及分布

第一节　民族成份

万山是一个以侗族为主的少数民族地区。据史料记载，秦以前就有人类在万山生息繁衍。由于历史上对少数民族的歧视和压迫，直到中华人民共和国成立前的1949年，居住境内的少数民族大部分隐讳了自己的族称。中华人民共和国成立后，各民族政治上一律平等的民族政策深得人心，要求恢复民族成份的呼声日益高涨。1982年，特区为落实少数民族政策，开展了民族识别工作，恢复和更正了一些民族成分。1984年12月，贵州省政府批准建立下溪、敖寨、高楼坪、黄道4个侗族乡，1985年4月批复同意万山特区享受少数民族自治县财政待遇。2011年1月，贵州省政府批复将铜仁市（县级）谢桥街道办事处划归万山特区管辖。2011年10月22日，将县级铜仁市茶店镇、鱼塘乡、大坪乡划归万山区管辖，该辖区的村民主要以土家族、侗族、苗族为主。到2011年年末，全特区有侗、苗、土家、回、布依、壮、彝、满、白、水、纳西、土、羌、瑶、藏、仡佬、蒙古共17个少数民族，和汉族共18个民族。其中侗、汉、苗、土家、回5个民族为土著民族，分布于各乡镇。

第二节　民族分布

通过深入侗乡苗寨收集族谱，了解姓氏分布及各姓氏的源流、迁徙情况，侗、汉、苗、土家、回5个民族为万山特区的土著民族，分布于万山特区的乡、镇、街道办事处。万山侗族的主要姓氏有：杨、吴、姚、刘、张、蒲、袁、徐、陈、龙、郑、钟12个姓氏。而繁衍生息于万山最早的姓氏，又数杨、吴、姚三姓。汉族姓氏有：罗、肖、冯、华、向、周、万、廖、彭、梁、赵、邓、欧、聂、李、时、贾、陆、覃、毛、艾、蔡。苗族姓氏有：田、吴、彭、杨。土家族姓氏有：黄、王、吴、张。回族姓氏只有苏姓。

万山特区2011年各民族人口统计表

表19-1

单位	人口数	其中		少数民族占总人口%	侗族	苗族	回族	土家族	仡佬族	布依族	壮族	彝族	白族	满族	羌族	纳西族	土族	毛难族	水族	瑶族
		汉族	少数民族																	
万山镇	16634	10803	5831	35.1	3739	875	40	920	20	54	20	46	4	32	1	8	6	6	11	43
高楼坪侗族乡	15710	5028	10682	68.0	9499	956	62	152			2									
黄道侗族乡	14008	4903	9105	65.0	8823	197		66		14	2									
敖寨侗族乡	9914	2307	9607	76.7	7079	225		295												
下溪侗族乡	8716	959	7757	88.0	7636	64		42				15								
谢桥办事处	15951	3120	12831	80.4	5208	3110	103	4117					231							62
合计	80933	27120	53813	66.5	41984	5427	205	5592	20	68	24	61	235	32	1	8	6	6	11	125

第二章　民族源流

第一节　侗　族

侗族是由古代“骆越”、“于越”的一支系繁衍而来。古代越人，居于南方，秦汉时称“蛮”或“南蛮”（包含侗、苗、瑶、土家等民族）。汉代以后，越人与沅江一带的“武陵蛮”融合，便演变成为历史上所称的“僚人”。《宋史》载：“辰、沅江一带所居之洞民亦僚人也。”《晃县厅志》载：古越人长期蔓延发展在晃州之西，即今玉屏、万山、岑巩等地。

明朝时，杨再思的十二世孙杨天应和吴世万、姚君赞、谢天辉、龙地盛结为契友，共同经营沅西一带，披荆斩棘，开拓创业，成为湘西芷盈、晃州一带的旺族。永乐年间，子孙后裔相继繁衍于万山。主要姓氏有：杨、吴、姚、刘、张、蒲、袁、徐、陈、龙、郑、钟12个姓氏，而繁衍生息于万山最早的姓氏又数杨、吴、姚三姓。

杨姓

祖籍陕西华阴，杨通赛（再思十七世孙）于明洪武七年（1373年）由江口省溪司，迁居敖寨，为千户总管，后裔繁衍于敖寨新寨湾、扫溪（苏棚）、石头寨、瓮背、洋世界、豹溪、黄木冲、石榴山等地。

明朝永乐十一年（1413年），铜仁置府，万山司隶铜仁府。铜仁县治移江口，江口省溪司治置大万山苏葛办以杨政华（再思十六世孙）为正长官。从此大万山司改称省溪司。杨政华子孙袭职，传至九代杨昌绅于清朝定鼎时废司。其后裔繁衍于万山司、高楼坪、野牛山、甘塘、老山口、岩家坪、龙田、老屋场、小湾、三马冲、洞头等地。杨天应后裔通达，由湖南靖县中寨于清康熙五年（1666年）徙黔繁衍于下溪、黄土冲、官田、油榨冲、杨家坡等地。

吴姓

属吴世万后裔，祖籍江西南昌丰城，元至正年间从湖南会同远口徙居辰州，后移至晃县。其后裔再禄公由晃县迁居下溪的楼店坪、石竹溪，黄道的黄茶、马黄、炭山，高楼坪鸡公田、龙田等地。另一支由晃县梅溪迁入，分居于高楼坪的羊尾舟、赶场坝、新庄、黄水屯、羊木桥等地。

姚姓

嘉庆《姚氏族谱》记载，明永乐十四年（1416年）其祖姚君赞由江西迁于湖南辰州，宣德八年（1433年）后裔良珊、良能、良德由辰州迁沅州。后其一部分迁居高楼坪的黄舍田、滚子冲、来羊坪、塘家田、赶场坝、徐家垅、鸭林寨、新庄、龙田、上寨、姚家冲，敖寨的易家寨、金家场、雾路冲、许家坡、苏棚，下溪的董上、瓦田、庄屋，万山镇的大坪、大水溪，黄道的锁溪、侯栏等地。

刘姓

属刘贵的后裔。刘贵祖籍江西吉安府吉水县。元末从征入黔，奉诏参加平定夜郎、水西之乱。明洪武五年（1372年），以功授思州宣抚司同知，明洪武八年（1375年）升副使，其子道传于明洪武八年

（1375年）授黄道司正长官兼理平溪卫；次子刘道忠于洪武五年授施溪司正长官。刘氏后裔繁衍于黄道、阳桥、田坪、大榜、深冲、力坳、苗冲、清溪、马黄及高楼坪的黄家寨、上寨等地。另一支于明朝永乐年间从湖南麻阳龙门迁徙高楼坪老院子、大小克寨、铺前、贾溪龙、猫坡、蔡家坪、文家屋场。还有一支由贵州岑巩迁徙铜仁瓦屋、万山特区下溪的烂泥龙、猴冲口、铁门、老寨塘、河坎上、黄木坪等地。

张姓

始祖尚谷至德赛，住天柱赖洞，岑巩良塘，传十世兴保之子仁柏、仁晚迁思州府属地，仁柏迁思州府高楼坪的糖冲弯、寄马冲、毕家弯、张家山、伍家田，万山镇的张家湾、张家坪及下溪侗族乡的杉木溪等地。另一支由湖南麻阳的羊牯脑迁徙高楼坪的郭家（张家）、毛笔山、客楼寨、鸡冠岩等。

蒲姓

蒲姓是蒲天统的后裔。北宋太宗时（约976—984年），蒲天统为湖广武昌知府，统辖辰沅道时，置庄西晃山与贵州的米公山、六龙山等处，其后裔繁衍于下溪的柳木塘，敖寨的洋世界，黄道的黄茶等地。

徐姓

徐姓族谱记载，祖籍江西丰城徐祖伯益后裔，世守姑苏，后徙豫，传八世永文公出仕汉，继而迁徙辰州至沅州、芷江、晃县。贵州各地散居。二十八世浩元公之子长武、长六于乾隆二十九年（1764年）由湖南新晃贡溪岑堂迁思州府属地平岳里（高楼坪）的刘铁寨、元家龙、寒棚及万山镇的大坡脑（现住麻音塘、张家坪）。

陈姓

祖籍江西丰城，尔公生子四，秀一徙黔邑清水塘，秀二、秀三于明永乐二年徙天柱，其后裔徙居万山镇的四官塘、大水溪，及敖寨的岩山坝、鸡公洞。另一支由湖南新晃龙门洞迁高楼坪的野牛山、黄道新屋场，还有一支于清朝末年由铜仁白岩迁高楼坪黄舍田。

袁姓

袁世兴的后裔袁秀英（住天柱），因年荒，于清雍正（1732年）迁住下溪的漾塘，繁衍分居于秧田坡、白果田、麦禾溪、河坎上、庄屋、上黄茶、田垅等地。

龙姓

祖籍江西吉安永新，据《龙氏族谱》记载，鼻祖旺公后裔于明永乐（1403年）徙沅州芷江大龙及新晃泗水岩松圃，祖美公于永乐二十二年（1424年）由泗水迁徙万山高楼坪坡脚、田脚、屯平、万山镇的三角岩及敖寨的清水江等地。

郑姓

祖籍河南，郑氏太乙公一支迁徙湖南沅州芷江，其后裔绪继迁天柱邦洞上高野村，其十二世必彪、必升迁入万山高楼坪长引溪、三马冲。

钟姓

祖籍江西，钟氏后裔由江西迁新晃贡溪，后徙玉屏田坪孙家园，解放时迁万山詹家屯及敖寨钟家坡。

第二节　苗　族

苗族，是一个历史悠久的古老民族，他的族属和远古时代的“九黎”“三苗”“南蛮”有着密切的关系，到春秋战国时期，包括其他少数民族在内，统称“武陵蛮”。唐宋以后，苗族随社会经济的发展和人口的繁盛，遂从若干少数民族混称的“蛮”中脱离出来，作为一个民族的族称。万山特区境内的苗族先祖，是唐、宋之际由洞庭湖一带沿着沅江进入湖南城步、武岗等地，再溯舞阳河散布晃州、靖州，进入万山。明代万山一带苗族曾遭官府围剿，一些苗族人口被迫外迁。现仅田、吴、彭、杨四姓。总人口五千人左右。

田　姓

一支祖籍陕西蓝田，隋开皇二年（582年）徙居贵州务川。据《思州府志》记载，田宗显第十四世孙田佑恭为苗族首领，入黔未归。为黔始祖卜居思州。宗显二十八世孙田儒名于元至正十年（1350年）任大万山司长官。其次子茂武于洪武五年（1372年）由铜仁谢桥石竹迁居高楼坪上大坪。另一支祖籍浙江余姚，始祖元至正年间迁湖南麻阳，其后裔志安公洪武年间由麻阳迁万山，分居于高楼坪的下大坪，黄道的鸭泥冲，敖寨的榨桑坪等地。

吴　姓

祖籍江西，同为吴世万后裔。居住在高楼坪雷打坡，蚊子冲的吴姓为赶苗拓业幸存的老户。一支从湖南远口到松桃，嘉靖五年（1526年）又由松桃迁入高楼坪下大坪。

彭　姓

清初从湖南晃县步头阵、黄阳迁居黄道的细溪。

杨　姓

解放前夕从铜仁的龙鱼迁居高楼坪张家山。

第三节　土家族　回族

土家族

自称“毕兹卡”（意即本地人），土家族的先民与古代巴人有着密切的源流关系。公元前200多年以前，古代巴人的一支流入五溪流域，一部分沿辰水进入黔东地域定居。现定居于万山的土家族有黄、王、卢、张等四姓。

黄姓

祖籍江西，一支从湖南麻阳迁来分居于高楼坪的野牛山、大琴门，万山镇的张家湾及黄道的清溪。另一支由铜仁瓮慢迁入敖寨。

王姓

无族谱可查，据王姓年长老人口述，由铜仁谢桥鸭溪迁居敖寨的深冲、下深冲、新屋等地，已八代人。

卢姓

由铜仁瓮慢迁入高楼坪的琴门及敖寨的卢家塆。

张姓

由湖南麻阳迁入万山，分居于高楼坪独王坳，敖寨的杨家寨及下溪的瓦田等地。

回　族

回族是少数民族分布最广的民族，他是由国内和国外迁来的一些信仰伊斯兰教的多种民族成分，在长期历史发展中融合而形成的民族。他的族源，可上溯到唐代，一些信仰伊斯兰教的波斯人和阿拉伯商人，来到中华大地，长期与其他民族交往融合，互通婚姻，繁衍生息，被称为“番客”。到12世纪初叶，蒙古族成吉思汗西征，强迫亚细亚信仰伊斯兰教的回民随同西进，与原来的波斯、阿拉伯商人融合，被称为“回回番客”。到明朝朱元璋的移民大迁徙，民族大融合，逐步形成单独信仰伊斯兰教的回族。

万山回族苏姓祖先，于清康熙年间，由湖南邵阳迁入铜仁谢桥定居，其后裔苏明良，以石匠工艺被招聘修筑万山高楼坪张家山永兴石拱桥时，与刘姓通婚而留居猫坡。现人口发展到百余人。

第四节　汉　族

汉族，早在秦汉时期就有汉人进入万山一带。元代，从中原和江西进驻思州的汉族军民逐渐增多，因随征有功，分配得到土地，与当地少数民族通婚，有的因被封为世袭土司而落籍。明洪武至永乐年间，朝廷实行“调北征南”和“卫　所屯田”政策，并于洪武初在大万山苏葛办等处军民长官司境内设朱砂水银场局，大批汉族军民迁入万山一带定居。后随着汞工业的不断发展，又不断有汉人到万山置产安业，开采汞矿。其主要姓氏有：罗、肖、冯、华、向、周、万、廖、成、彭、梁、赵、邓、欧、聂、李、时、贾、陆、覃、毛、艾、蔡等23个姓氏。

罗姓

祖籍江西吉安。据黄道《罗氏族谱》记载，洪武年间，文受公随营领兵，扫平苗蛮，徙居黎平南洞数年，于洪武十七年（1384年）迁徙黄道司，分居仓前、瓦寨、大榜、长坳、黄溪、白屋场等地。另一支罗氏后裔胜锦公由铜仁牛场坡迁入高楼坪分居于汤家屯、三背、同木奄、张家山等地。

肖姓

祖籍江西泰和，洪武年初，始祖肖诚奉旨平蛮由湘入黔。经沅陵、辰溪、芷江，攻击六龙山时诚公阵亡，传子可德袭父职，德公之子珀公徙居岑巩，屿公迁四川，瑛、躤二公定居黄道，分布于铺里、孙家园、老院子、新屋场、长冲坳、茄子冲、下塘边、禾梨冲、平茶、蜡溪、又冲、岩前、蓑衣塘、马黄廖、锁溪、黄茶等地。

冯姓

祖籍江西，据《冯氏族谱》记载，洪武三年（1370年）经湖北孝感迁居湖南卢阳（现麻阳）冯家垄定居，后裔宗泳公徙迁贵州思州平岳里（现高楼坪），分居于高楼坪的堰上、官庄及黄道的阳桥。

华姓

祖籍江西，元末明初，鼻祖兹祥公由赣徒至湖南衡阳，其后裔友巩于乾隆五年（1740年）迁居万山，分居于万山镇的解放街、三角岩、张家坪等地。

向姓

祖籍江西丰城，明洪武十一年（1378年）始祖宗彦徙迁湖南沅陵莲花池定居，其后裔永年、永遗迁居万山高楼坪的小龙、黑岩湾等地。

周姓

祖籍江西高安，据族谱记载，康熙四十六年（1707年）周氏宗族三世祖伯徽公经商由湖南行至四川巫罗（贵州边境）定居数年，后又徙迁万山，现分居于高楼坪的梓木坪、雷公井、羊木桥及黄道的岩前等地。

万姓

祖籍陕西，始祖后裔徙迁铜仁道坳上，嘉庆十五年（1810年）容苍公又迁万山定居，现分布于敖寨的金家场、竹林苗等地。

廖姓

祖籍江西吉安，始祖雍正五年（1727年）徒居湖南麻阳岩寨，后裔庆荣公迁铜仁尤鱼铺，再迁万山敖寨的深冲定居。

成姓

祖籍江西，由铜仁谢桥鸭溪迁居万山大坪背后湾，至今二十代左右。

彭姓

祖籍江西泰和，鼻祖才智公徙居湖南隆回石塘，其后裔路下迴公于明朝万历二十五年（1597年）迁万山大水溪，后定居黄道的锁溪、岩前、炭山。

梁姓

祖籍河南，始祖延继公八世孙景登徙居湖南会同，其四子惠珍由会同于元季（1368年）迁入贵州思州府属现高楼坪的羊尾舟梁家湾定居。

赵姓

祖籍湖南双峰，由铜仁上板山迁敖寨金家场，至今已八代人。

邓姓

自南阳开宗，江西发源。乾隆三十年（1765年）邓氏后裔学儒公由麻阳官村徙迁敖寨邓家湾定居。

欧姓

祖籍湖南麻阳，始祖欧兴培于道光年间迁居下溪烂泥龙。

聂姓

祖籍湖南，光绪年间，由麻阳迁敖寨的盖上坡、榨桑坪定居。

李姓

祖籍江西，咸丰年间，由湖南麻阳迁入敖寨，分居于榨桑坪、石榴山、苏棚、梅子溪等地。另一支是明末、清初由江西迁入谢桥瓦屋坪村，已有300多年历史。李姓村寨现已有300余人。

时姓

祖籍江苏常州，祖公继典于洪武年间平苗徙迁湖南麻阳，其后裔再迁入下溪瓦田。

贾姓

贾氏池农、池义由湖南麻阳迁徙至下溪的报溪，后再迁至瓦田定居。

陆姓

祖籍江西抚州，由湖南麻阳坳斗坪徙迁高楼坪郭家及敖寨竹林苗等地。

覃姓

民国初由湖南晃县岸家寨迁入高楼坪寒棚、铺前等地。

毛姓

由湖南芷江迁入敖寨定居。现已10代人。

艾姓

由湖南邵阳井田垮迁入高楼坪的老山口、岩家坪。

蔡姓

来至岑巩，现居住高楼坪的羊尾舟。还有很早就居住在万山境内的其他姓氏（万山镇的李姓、伍姓、周姓，高楼坪的郭姓、蒋姓，黄道的李姓、敖寨的丁姓、熊姓、洪姓、朱姓等）因人口较少，而且又无家谱可查，故其来历无考。

第三章　民族工作

第一节　民族干部

进入20世纪80年代后，随着改革开放政策的不断深入城乡民族地区，民族政策不断得到落实。万山特区十分重视培养和选拔少数民族干部，通过多种渠道，采取各种有效方法，加强民族干部和人才的培养深造，不断提高其政治素质和科学文化水平。据统计，1991—2005年年底，全特区共有副科级以上干部258名，其中少数民族为204名，占总数的79.1%；在29名正、副县（处）级领导干部中，少数民族占85%以上；各侗族乡的乡长均为本地的主体民族担任。在特区八届人大137名代表中，少数民族代表112人，占代表总数的81.8%；在特区八届政协96名委员中，少数民族委员为64名，占委员总数的66%。2011年底，特区各侗族乡的乡长均为本地的主体民族担任。在159名人大代表中，少数民族代表140人，占代表总数的88%；在政协141名政协委员中，少数民族委员为105名，占委员总数的75%。

第二节　民族文化工作

1991年以来，积极开展民族调研，围绕民族习俗、民族风情、宗教信仰，开展民间资料征集、整理。一是与体委、文化部门配合搜集民间传统体育、民间口头文学、民族民间文明健康的知识读物。经整理，已编印了《民族传统体育》一书，对民间流行的14种棋类和28个项目的游戏竞赛规则，已由万山特区民间文学集成办公室汇编成册入《三套集成》，约十万字。成立了铜仁地区侗学会万山分会，收集和整理万山侗乡民间传统的史料，挖掘万山侗乡的民族文化，为铜仁地区侗学会收编出版侗族书刊提供了许多素材资料。编辑出版了《万山特区民族志》，为社会各界研究万山民族文化提供了系统资料。

第三节　民族经费与基础设施建设

据统计，1991—2005年，共投入民族经费430.43万元，主要用于改善贫困乡、村的基础设施建设。一是投入39.41万元，用于乡村公路和桥梁建设，修通了22处村寨公路，新增乡村公路里程80千米，新建便民桥20座。受益人达2万人；使村寨农民和学生上学解决了春夏天受洪水困扰和冬天过河难的问题。二是积极支持民族村寨的新农村建设，共投入30万元用于黄道乡的瓦寨、下溪乡的铁门、抱溪等村寨的沼气建设，建成沼气池350口，为农村节能、净化、美化环境卫生，实现文明村寨建设发挥积极的作用。三是帮助贫困村寨解决人畜饮水困难和边远学校师生饮水困难，共投入19.23万元，解决了12个自然村寨2000人口的人畜饮水困难和2所边远小学的饮水困难。四是支持高楼坪、万山镇等乡镇水利建设资金10.8万元。五是共投入四个民族乡建设资金24.76万元，主要用于乡政府办公楼的改扩建和乡镇街道建设。六是帮助一些因智因灾的困难群众建房，结束了民族乡村群众住毛草棚的历史。共投入贫困户住房改造经费35.925万元，扶持229户贫困户改善住房条件，其中因贫建房211户，因灾建房18户。七是总投资107.2万元（包括附属设施），建成建筑面积2556公顷的万山特区民族宾馆、办公综合大楼，改善了办公条件。

2006—2011年，万山特区民族经费与基础设施建设情况：一是改善边远少数民族基础设施，总投入122万元，主要是通过修建通村公路和人行便桥及公路桥等，解决了边远少数民族困难群众过河难、过河不安全以及车难行人难走的问题，极大限度上改善了村民群众的生产生活条件。二是努力向省市民委争取少数民族困难群众建房补助资金，总投入23万元，于2007年、2009年、2010年分别投入了8万元、10万元以及5万元，帮助46户少数民族困难群众维修危房，改善了民生，改善了少数民族困难群众的住房条件。三是积极争取民族教育、民族文化专项资金，总投入19.7万元，帮助少数民族学校改善办学条件、开展民族文化进校园活动、开展“百优助学”活动以及修建黄道乡、敖寨乡综合文化站，改善了少数民族学生们的就学环境，帮助少数民族困难学生解决上学问题。四是向省市民委积极争取计生三结合帮扶资金，总投入6.5万元，帮助少数民族困难计生户共96户发展春耕生产。五是争取资金发展民族村寨，共投入16万元发展民族特色村寨，包括改善民族村寨小学如高楼坪郭家村民族小学的办学条件，维修高楼坪青年湖通组道路以及维修黄道乡小田坪村危桥，在小田坪村修建2座人行便桥，在敖寨乡中华山梅子溪维修通组公路等。

第四节　宗教事务

一、宗教组织

万山特区内佛教、道教、伊斯兰教、基督教四教并存，信徒城乡皆有，以佛教信徒为主。佛教信徒分散在全特区各乡镇，主要集中在农村，大部分为文盲或者小学文化，年龄以中老年人最多；伊斯兰教信徒（穆斯林）集中在高楼坪侗族乡猫坡回族村民组；基督教信徒（基督徒）主要分布在黄道侗族乡、高楼坪侗族乡及万山镇的部分村（居）；道教信徒主要指民间从事丧事等祭祀活动职业的道师等有关人员。全特区有大小宗教场所40余处，大部分为散落在各乡镇的民间信仰点，2008年经民宗部门登记备案，合法开放固定活动处所4个，其中3个为佛教场所：敖寨侗族乡辖区内的中华山寺，万山镇辖区内的仙人洞藏宝寺和云盘山彩云寺；1个为伊斯兰教场所：高楼坪侗族乡辖区内的猫坡清真寺。合法宗教场所均成立管理组织，分工明确，内部管理规范，学习、消防、食品卫生、财务管理等各项制度健全且上墙，各宗教场所爱国办教，宗教领域和谐稳定。

二、宗教活动

20世纪80年代，由于宗教活动场所各种软硬件设施有限，举办大型宗教活动达不到相关审批条件，所以各场所所有宗教活动均为自发性质，在活动规模及影响力上都不大。

万山侗、汉、苗族的宗教信仰，主要是佛教。敖寨中华山、下溪的米公山都曾是佛教名山。中华民国中后期，曾盛极一时，一年从头到尾，上山求神拜佛者从未间断，万山及周边县的善男信女，成千上万上中华山拜佛，山上灯火彻夜通明，暮鼓晨钟响彻云天。因民国末年战争匪横，寺僧逐一还俗，现仅剩古刹残迹。2000年后，一些信奉佛教的本地教徒，到处化缘，筹集了部分钱款，于高楼坪的坡董上、万山镇的云盘山和仙人洞修起子简易寺庙，云盘山和仙人洞还有尼姑“坐堂”，时有区内外香客到此烧香拜佛、求签还愿。特别是在每年的农历二月十九、六月十九及九月十九，说是观音菩萨生日，从早到晚前来敬香拜佛的人，络绎不绝。

2001—2011年，万山特区宗教活动主要是佛教活动、伊斯兰教活动、基督教活动、道教活动。一是佛教活动。主要是在每年农历二月十九、六月十九、九月十九（民间传说中观世音菩萨的生日、成道日、出家日）这三天统称“会期”，各场所（包括民间信仰点）做好各方面的准备工作，迎接八方信徒，进行烧香拜佛、求神许（还）愿、占卜吃斋等活动，这几天是各宗教场所一年内最为热闹，最为隆重的日子。此外，有些宗教场所还在农历每个月的初一、十五内部举行小规模的礼佛活动。二是伊斯兰教活动。高楼坪侗族乡猫坡回族村民虽信仰伊斯兰教，但由于先祖所建清真寺毁于匪祸及年久失修，没有举行活动的场所，也没有阿訇主持教务，平时的礼拜仪式只能在各自家中进行。但每逢伊斯兰教“宰牲节”、“开斋节”等重大节日，他们都派出代表前往邻近的湖南新晃或铜仁参加节日活动。三是基督教活动。万山特区基督教徒人数不多，由于没有教堂，基督徒的活动也仅局限于家庭聚会，没有固定的聚会地点，一般一周聚会一次，在基督徒家中轮流进行，在聚会中进行读经、祷告及唱诗歌等活动。同时，基督徒自行在家中进行一天数次的祷告仪式。四是道教活动。万山特区没有道教场所（道观），但道家理念和“丹砂王国”有着千丝万缕的关系，被民间称为道公师（或道师）的这一职业有着他们存在价值和现实需要，他们主宰着丧事办理、许神还愿、屋场风水等民间信仰方面的活动和仪式。

第五节　宗教管理

一、认真加强宗教管理

2005年万山特区境内，有信奉佛教的侗、汉、苗、土家族等群众3700余人，伊斯兰教52人，基督教4人，佛教皈衣居士教徒51人。有佛教活动场所17处，在民宗部门备案2处（云盘山、仙人洞），其中万山镇的云盘山、仙人洞有教徒常年轮流住庙接待香客，仙人洞还有尼姑坐庙念经。高楼坪的坡董上只有在农历二月十九、六月十九和九月十九这天有教徒上庙接待香客求神拜佛。

为了加强对宗教活动场所的管理，防止一些不法人员利用宗教活动和活动场所从事各种非法活动，宗教事务管理机构对从事宗教活动教徒及活动场所，进行登记造册，并向其宣传国家关于宗教活动的法律法规。对外来住庙和尚、尼姑进行严格审查，对外地主持、和尚、尼姑到万山化缘者进行盘查和询问。严格禁止从事宗教活动人员利用宗教活动场所进行非法集会或邪教“法轮功”宣传，严格禁止借用修建寺庙强行摊派化缘进行诈骗活动，也不允许利用算命、占卜敲诈香客钱财。一经发现，立即制止。

2006—2011年，万山特区区委、特区政府将宗教工作放在事关全特区社会和谐稳定、事关发展大局的高度，统筹安排部署，每年召开全特区性宗教工作会议，认真分析研判宗教工作形势。认真落实宗教政策。2008年，根据形势发展需要，民宗主管部门对全特区4个宗教活动场所进行登记备案，对外开放，分别是：仙人洞藏宝寺、云盘山彩云寺、中华山寺、猫坡清镇寺。对宗教进行工作目标责任管理。一是建立区、乡镇、村（居）三级宗教工作网络，明确各乡镇、村（居）宗教工作信息联络员，加强宗教信息联络沟通。二是认真开展日常监督管理，每季度排查一次宗教领域不稳定因素，及时处理发现的问题；落实宗教场所专项安全检查制度，每年在农历的二月十九、六月十九和九月十九深入佛教场所进行安全、消防、食品卫生及防邪教渗透检查。落实宗教场所外来人员、寄入物品登记制度。三是加强宗教政策宣传教育工作，认真贯彻党的宗教政策，每年组织开展“宗教政策法规学习月”活动。

二、抓协调服务促进宗教和谐

一是指导宗教场所建立完善组织机构、财务、会议、学习、食品安全、安全保卫、档案等制度。二是引领宗教活动场所及宗教界人士学习宗教政策、法律法规，提高信教群众信仰的纯洁性，增强信教群众爱国爱教的自觉性。三是深入宗教活动场所及信教群众，了解宗教活动场所的合理诉求，力所能及地为他们办实事解难事。

第四章　人　口

第一节　人口变动

1990年年平均人口数为62284人，1991年为62197人，比1990年减少87人；1992年为61395人，比1991年减少802人；1993年为61980人，比1990年减少304人。1990年人口普查数为64048人，2000年人口普查数是54674人。2000年的普查人口数比1990年的普查人口数减少了9374人。平均每年减少907人，年平均下降为1.57%。其主要原因是：一、冶金地质一总队从1988年开始陆续迁往贵阳清镇，1992年年底基本迁完；二、贵州汞矿矿老山空，矿源日趋枯竭，职工和家属相继外迁；三、农村富余劳动力外出铜仁、贵阳、珠江三角洲、长江三角洲以及浙江、福建等地打工。县外、省外到万山务工、经商人员年仅300人左右；四、节育率较高，10年中有5年在90.58%—94.54%之间，有3年在87.6%以上，有2年在84%以上。1995年到2008年间，人口自然增长率控制在3.21‰到5.17‰之间。其中的2005年控制在1.81‰，2004年和2006年人口控制在2.07‰、2.51‰.1991年到2011年的21年间，总人口（户籍人口）只增加4724人，年均增加225人，年均自然增长率在3.5‰左右。

1991—2011年人口变动一览表

表19-2　　单位:人

年度	总人口	出生人口	死亡人口	人口自然增长人数	自然增长率‰
1991	62197	871	441	430	6.91
1992	61395	818	386	432	7.04
1993	61980	820	424	396	6.39

表19-2

年度	总人口	出生人口	死亡人口	人口自然增长人数	自然增长率‰
1994	62600	716	316	400	6.39
1995	62055	679	444	235	3.79
1996	61971	669	456	213	3.44
1997	62127	735	432	303	4.88
1998	62103	710	432	278	4.48
1999	63361	740	429	311	4.91
2000	63346	748	434	314	4.96
2001	64913	710	432	278	4.28
2002	64750	774	439	335	5.17
2003	64213	673	447	226	3.52
2004	64355	581	448	133	2.07
2005	63858	507	462	45	1.81
2006	64143	614	453	161	2.51
2007	64147	613	407	206	3.21
2008	64633	683	430	253	3.91
2009	65717	748	384	364	5.54
2010	66265	732	424	308	4.65
2011	66921	891	464	427	6.38

第二节　人口分布及密度

1990年7月全国第四次人口普查时，万山特区常住人口64048人，人口密度（以平方千米为单位，以下同）为189人。其中：万山镇19755人，人口密度1317人；高楼坪侗族乡13690人，人口密度183人；黄道侗族乡12569人，人口密度137人；敖寨侗族乡10245人，人口密度112人；下溪侗族乡7789人，人口密度120人。

2000年1月1日零时为全国第五次人口普查标准时点，万山特区常住人口54674人，人口密度162人；其中：万山镇14376人，人口密度958人；高楼坪侗族乡13205人，人口密度176人；黄道侗族乡11707人，人口密度127人；敖寨侗族乡8389人，人口密度92人；下溪侗族乡6997人，人口密度108人。

2010年11月1日零时为标准时点的第六次全国人口普查，万山特区普查时点常住人口为47818人，人口密度142人，其中：万山镇14437人，人口密度为962人；高楼坪侗族乡11957人，人口密度176人；黄道侗族乡9232人，人口密度100人；敖寨侗族乡6074人，人口密度66.7人；下溪侗族乡6118人，人口密度94人。

1991—2011年户籍人口分布一览表

表19-3

年度	总人口			万山镇			高楼坪乡			黄道乡			敖寨乡			下溪乡		
	合计	男	女	合计	男	女	合计	男	女	合计	男	女	合计	男	女	合计	男	女
1991	62197	32647	29550	18797	9249	9548	15931	8680	7251	12159	6488	5671	8055	4284	3771	7255	3946	3309
1992	61395	32229	29166	18617	9143	9474	15781	8601	7180	11999	6406	5593	7895	4217	3678	7103	3862	3241
1993	61980	32516	29464	18802	9260	9542	15881	8631	7250	12099	6456	5643	7995	4257	3738	7203	3912	3291
1994	62600	32844	29756	19012	9370	9642	15983	8673	7310	12203	6518	5685	8097	4319	3778	7305	3964	3341
1995	62055	32563	29492	18777	9257	9520	15931	8646	7285	12129	6471	5658	7995	4282	3713	7223	3907	3316
1996	61971	32539	29432	18958	9355	9603	15865	8611	7254	12062	6443	5619	7933	4252	3681	7153	3878	3275
1997	62127	32620	29507	19015	9389	9626	15889	8621	7268	12086	6453	5633	7958	4264	3694	7179	3893	3286
1998	62103	32604	29499	19009	9384	9625	15883	8617	7266	12082	6452	5630	7952	4259	3693	7177	3892	3285
1999	63361	33189	30172	19308	9524	9784	16183	8767	7416	12282	6562	5720	8172	4360	3812	7416	3976	3440
2000	63346	33196	30150	19290	9514	9776	16178	8768	7410	12283	6564	5719	8175	4372	3803	7420	3978	3442
2001	64913	34071	30842	19658	9764	9894	16512	8966	7546	12571	6700	5871	8399	4490	3909	7773	4151	3622
2002	64750	33969	30781	19618	9741	9877	16515	8967	7548	12521	6668	5853	8374	4464	3910	7722	4129	3593
2003	64213	33688	30525	19356	9616	9740	16393	8890	7503	12479	6659	5820	8377	4471	3906	7608	4052	3556
2004	64355	33768	30587	19369	9632	9737	16416	8899	7517	12523	6664	5859	8392	4483	3909	7655	4090	3565
2005	63858	33495	30363	19221	9554	9667	16365	8887	7478	12423	6614	5809	8292	4428	3864	7557	4012	3545
2006	64143	33542	30601	19358	9642	9716	16399	8800	7599	12473	6621	5852	8316	4440	3876	7597	4039	3558
2007	64147	33599	30548	19237	9583	9654	16506	8899	7607	12480	6623	5857	8317	4444	3873	7607	4050	3557
2008	64633	33848	30785	19287	9601	9686	16618	8968	7650	12564	6678	5886	8409	4487	3922	7755	4114	3641
2009	65717	34404	31313	19401	9655	9746	16864	9067	7797	12814	6821	5993	8627	4597	4030	8011	4264	3747
2010	66265	34690	31575	19550	9785	9765	16964	9093	7871	12917	6867	6050	8730	4637	4093	8104	4308	3796
2011	66921	35000	31921	19592	9809	9783	17128	9172	7956	13045	6918	6127	8894	4715	4179	8262	4386	3876

户籍人口密度一览表

表19-4　　单位:人/平方千米

年度	万山特区		
	总人口	面积	人口密度
1991	62197	338	184
1992	61395	338	182
1993	61980	338	183
1994	62600	338	185
1995	62055	338	184
1996	61971	338	183
1997	62127	338	184
1998	62103	338	184
1999	63361	338	187
2000	63346	338	187
2001	64913	338	192
2002	64750	338	192
2003	64213	338	190
2004	64355	338	190
2005	63858	338	189
2006	64143	338	190
2007	64147	338	190
2008	64633	338	191
2009	65717	338	194
2010	66265	338	196
2011	66921	338	198

注:此表未含新划入的谢桥办事处人口数

第三节　人口结构

一、性别结构

1991—2011年的20年间，万山特区户籍人口中，男性始终多于女性，男女性别悬殊最低年为1993

年，男女性别比为107：100，最高年为2002年，男女性别比为131.74：100。

2000年1月1日零时为第五次全国人口普查标准时点，万山特区在普查标准时点总人口是54674人，其中：男性29108人，占总人口的53.24%，比1990年普查时的52.51%增加了0.73个百分点；女性人口25566人，占总人口的46.76%，比1990年普查时点的47.49%下降0.73个百分点。每百名女性人口相对的男性人口数为113.85。

2010年1月1日零点为全国第六次人口普查标准时点，万山特区在标准时点的总人口是47818人，其中：男性25111人，占总人口的52.51%，女性22707人，占47.49%，男女性别比为110.6：100。与2000年比较，男性人口下降1.16个百分点，女性下降1.12个百分点。

万山特区1991—2011年户籍人口性别结构一览表

表19-5

年度	总人口	其中		出生人口	其中		男女性别比（女为100）
		男	女		男	女	
1991	62197	32647	29550	871	462	409	112.96
1992	61395	32229	29166	818	431	387	111.37
1993	61980	32516	29464	820	424	396	107.07
1994	62600	32844	29756	716	378	338	111.83
1995	62055	32563	29492	679	348	331	105.14
1996	61971	32539	29432	669	371	298	124.50
1997	62127	32620	29507	735	384	351	109.40
1998	62103	32604	29499	710	381	329	115.81
1999	63361	33189	30172	740	406	334	121.56
2000	63346	33196	30150	748	418	330	126.67
2001	64913	34071	30842	710	393	317	123.97
2002	64750	33969	30781	774	440	334	131.74
2003	64213	33688	30525	673	353	320	110.31
2004	64355	33768	30587	581	319	262	121.76
2005	63858	33495	30363	507	278	229	121.40
2006	64143	33542	30601	614	339	275	123.27
2007	64147	33599	30548	613	348	265	131.32
2008	64633	33848	30785	683	381	302	126.16
2009	65717	34404	31313	748	399	349	114.33
2010	66265	34690	31575	732	395	337	117.21
2011	66921	35000	31921	891	491	400	122.75

2000年全国第五次人口普查时点万山特区人口（分年龄、乡镇）性别一览表

表19-6　　单位:人

年龄 乡镇名称	人口数			性别结构%		性别比 女%
	合计	男	女	男	女	
总计	54674	29108	25566	53.24	46.76	113.85
0-14	14059	7766	6293	55.24	44.76	123.41
15-29	10472	5657	4815	54.02	45.98	117.49
30-49	16140	8403	7737	52.06	47.94	108.61
50-64	8812	4509	4303	51.17	48.83	104.79
65岁及以上	5191	2773	2418	53.42	46.58	114.68
万山镇	14376	7336	7040	51.03	48.97	104.20
高楼坪乡	13205	7117	6088	53.90	46.10	116.90
黄道乡	11707	6337	5370	54.13	45.87	118.01
敖寨乡	8389	4496	3893	53.59	46.41	115.49
下溪乡	6997	3822	3175	54.62	45.38	120.38

2010年全国第六次人口普查时点万山特区（分乡镇、年龄）人口性别一览表

表19-7　　单位：人

年龄段	万山特区			万山镇			高楼坪乡			黄道乡			敖寨乡			下溪乡		
	合计	男	女	合计	男	女	合计	男	女	合计	男	女	合计	男	女	合计	男	女
	47818	25111	22707	14437	7228	7209	11957	6434	5523	9232	4884	4348	6074	3213	2861	6118	3352	2766
0岁	783	431	352	121	64	57	227	109	118	217	126	91	95	60	35	123	72	51
1～4岁	2728	1571	1157	576	320	256	816	496	320	630	364	266	340	182	158	366	209	157
5～9岁	3352	1855	1497	863	455	408	926	528	398	733	405	328	408	239	169	422	228	194
10～14岁	3642	1985	1657	964	506	448	934	537	397	766	401	365	491	276	215	497	265	232
15～19岁	2903	1562	1341	1153	600	553	536	318	218	517	283	234	344	178	166	353	183	170
20～24岁	2366	1221	1145	620	327	293	732	365	367	418	195	223	262	133	129	334	201	133
25～29岁	2072	1005	1067	675	297	378	570	309	261	371	171	200	215	109	106	241	119	122
30～34岁	2627	1289	1338	981	444	537	646	321	325	422	216	206	269	137	132	309	171	138
35～39岁	4140	2260	1880	1417	760	657	1030	570	460	682	368	314	439	237	202	572	325	247
40～44岁	4467	2467	3000	1558	835	723	1143	640	503	731	401	330	503	285	218	532	306	226
45～49岁	3838	2029	1809	1270	656	614	925	472	453	653	360	293	504	262	242	486	279	207
50～54岁	2508	1280	1228	751	388	363	553	279	274	551	271	280	340	163	177	313	179	134
55～59岁	3083	1461	1622	764	333	431	752	353	399	677	321	356	492	246	246	398	208	190
60～64岁	2802	1370	1432	724	323	401	690	341	349	612	305	307	417	211	206	359	190	169
65～69岁	2083	1064	1019	601	263	338	499	277	222	408	238	170	311	151	160	264	135	129
70～74岁	2048	1053	995	691	300	391	405	235	170	390	213	177	297	167	130	265	138	127
75～79岁	1387	715	672	436	211	225	319	166	153	274	152	122	198	102	96	160	84	76
80～84岁	707	369	338	201	111	90	169	82	87	133	70	63	115	65	50	89	41	48
85～89岁	228	101	127	66	29	37	65	27	38	38	19	19	30	10	20	29	16	13
90～94岁	45	20	25	13	5	8	18	8	10	6	4	2	2		2	6	3	3
95～99岁	8	3	5	2	1	1	1	1		3	1	2	2		2			
100岁以上	1		1				1		1									

二、年龄结构

全国第四次人口普查标准时点时（1990年7月1日零时），万山特区总人口64048人，其中0—29岁人口37762人，占总人口的59%；30—49岁共14545人，占总人口的22.7%；50—69岁的9878人，占总人口的15.4%；70岁以上的1864人，占总人口的0.03%。

全国第五次人口普查标准时点时（2000年1月1日零时），万山特区总人口54647人，其中0—29岁的24531人，占总人口的44.9%；30—49岁的16140人，占总人口的29.5%；50—69岁的11091人，占总人口的20.3%；70岁以上的2912人，占总人口的5.3%。

全国第六次人口普查标准时点时（2010年11月1日零时），万山常住人口47818人，其中0—29岁人口为17846人，占总人口的37.3%；30—49岁人口为15072人，占总人口的31.52%；50—69岁人口10476人，占总人口的21.91%；70岁以上人口4424人，占总人口的9.25%。

从以上数据看出万山特区人口老龄化程度越来越大。

万山特区人口“四普”“五普”“六普”年龄结构一览表

表19-8

年龄 年份	合计	0-4岁	5-9岁	10-14岁	15-19岁	20-24岁	25-29岁	30-34岁	35-39岁	40-44岁	45-49岁	50-54岁	55-59岁	60-64岁	65-69岁	70-74岁	75-79岁	80-84岁	85-89岁	90-94岁	95-99岁	100岁以上
四普1990年	64048	5606	4577	5812	8275	7916	5576	3767	4092	3606	3080	3489	2989	2144	1256	827	605	284	123	19	2	3
五普2000年	54674	4266	4440	5353	2878	2821	4773	5302	4395	2908	3535	3285	2620	2907	2279	1586	775	338	165	39	8	1
六普2010年	47818	3511	3352	3642	2903	2366	2072	2627	4140	4467	3838	2508	3083	2802	2083	2048	1387	707	228	45	8	1

备注:数据来源人口普查

三、文化结构

1999年，经省人民政府验收，万山“两基”（基本扫除青壮年文盲、基本普及九年义务教育）工作基本合格，是全省第二批普及九年义务教育的县级单位之一，也是铜仁地区第二个“普九”县份。第五次全国人口普查表明，万山特区6岁及6岁以上人口受教育程度为：未上过学的6311人（其中大部分是1949年10月1日前出生的），参加扫盲班学习的1579人；小学文化程度的22856人；初中文化程度的13300人，高中文化程度的2976人；中等专业文化程度的1593人；大学专科文化程度的913人；大学本科文化程度的134人。1999年后，随着高中和全国各高校逐渐扩大招生规模，进入普通高中及高等院校学习的青年逐渐增多，高中及高中以上文化程度的人口比例逐渐加大。

2010年11月1日零时为标准时点进行了第六次全国人口普查，万山特区6岁及6岁以上人口共43692人，其中：男22770人，女20922人；小学文化17454人，其中：男8754人，女8700人；初中文化15379人，其中：男8766人，女6613人；高中文化4387人，其中：男2489人，女1898人；大学专科1905人，其中：男1121人，女784人；大学专科621人，其中：男412人，女209人；研究生20人，其中：男19人，女1人。全特区20人研究生中万山镇15人，黄道乡1人，敖寨乡1人，下溪乡3人。

2010年万山特区在“六普”时点人口文化结构分布一览表

表19-9　　单位：人

乡(镇)名		全区合计	万山镇	高楼坪乡	黄道乡	敖寨乡	下溪乡
六岁以上人口数		43692	13594	10734	8260	5551	5553
其中	男	22770	6762	5728	4324	2922	3034
	女	20922	6832	5006	3936	2629	2519
未上过学		3926	667	701	1053	684	821
其中	男	1209	150	226	389	220	254
	女	2714	517	475	694	464	567
小学文化		17454	3712	4678	4058	2388	2618
其中	男	8754	1693	2333	2092	1262	1374
	女	8700	2019	2345	1966	1126	1244
初中文化		15379	4615	4454	2646	2072	1592
其中	男	8766	2382	2560	1586	1190	1048
	女	6613	2233	1894	1060	882	544
高　　中		4387	2778	651	343	261	354
其中	男	2489	1452	436	197	160	244
	女	1898	1326	215	146	101	110
大学专科		1905	1333	203	125	119	127

续表19-9

乡(镇)名		全区合计	万山镇	高楼坪乡	黄道乡	敖寨乡	下溪乡
其中	男	1121	759	140	66	70	86
	女	784	574	63	57	49	41
大学本科		621	474	47	36	26	38
其中	男	412	312	33	23	19	25
	女	209	162	14	13	7	13
研究生		20	15		1	1	3
其中	男	19	14		1	1	3
	女	1	1				

全国“四普”“五普”“六普”时点万山特区人口文化结构一览表

表19-10

文化层次 年份	合计	文盲、半文盲	小学	初中	高中	中专	大学专科	大学本科	研究生
四普 1990年	57575	13824	24533	13028	4363	1110	523	194	
五普 2000年	49562	7890	22856	13300	2976	1593	813	134	
六普 2010年	43692	3926	17454	15379	4387		1905	621	20

注:数据来源人口普查

四、职业结构

1991年，万山特区全部从业人员3.11万人，按产业分，第一产业1.97万人，占63.3%；从事第二产业0.73万人，占23.5%；从事第三产业0.41万人，占13.2%。按经济类型分，国有经济单位0.81万人，占26.05%；城镇集体经济单位0.10万人，占3.2%；城镇私营企业0.06万人，占1.93%；农村从业人员2.14万人，占68.81%。

1995年，全部从业人员3.11万人，按产业分，其中第一产业1.96万人，占63%；第二产业0.43万人，占13.8%；第三产业0.72万人，占23.15%。按经济类型分，国有经济单位0.59万人，占19%；城镇集体经济单位0.03万人，占0.96%；城镇私营企业和个体从业人员0.07万人，占2.3%；农村从业人员2.42万人，占77.8%。

1999年，从业人员共3.1万人，按产业分，其中第一产业1.77万人，占57.1%；第二产业0.23万人，占7.42%；第三产业1.09万人，占35.2%。按经济类型分，国有经济单位0.35万人，占11.3%；城镇集体经济单位0.02万人，占0.65%；城镇私营企业和个体从业人员0.07万人，占2.26%；农村从业人员2.66万人，占85.8%。

2000年起，从业人员不按“三产”统计，而按国有单位、城镇集体单位、其它单位，农村按调查户均整、半劳动力统计。

1991—1999年从业人员按“三产”分组一览表

表19-11 单位：万人

年度	从业人员合计	第一产业	第二产业	第三产业
1991	3.11	1.97	0.73	0.11
1992	3.13	2.10	0.58	0.45
1993	3.09	2.05	0.48	0.56
1994	3.11	2.01	0.47	0.63
1995	3.11	1.96	0.43	0.72
1996	3.11	1.89	0.40	0.82
1997	3.09	1.71	0.35	1.03
1998	3.00	1.73	0.23	1.04
1999	2.86	1.77	0.24	1.09

2000—2011年各代表年度从业人员及年均报酬一览表

表19-12 单位：人、元

	2000年		2005年		2011年	
	从业人员	年均报酬	从业人员	年均报酬	从业人员	年均报酬
总计	3537	6370	2712	10611	4074	32752
一、国有单位合计	3340	6537	2311	10834	3209	32665
（一）按隶属关系分组						
1、中央	1367	5377	42	23642	53	34415
2、省	100	9130	60	14433	43	46233
3、地区	26	3500	10	6600	193	44047
4、县及县以下	1840	7298	2209	10520	2911	31712
5、其他					9	21444
（二）按企事业机关分组						
1、企业	1668	5143	276	9315	221	37009

续表19-12

	2000年		2005年		2011年	
	从业人员	年均报酬	从业人员	年均报酬	从业人员	年均报酬
2、事业	825	7213	1119	10248	1892	30577
3、机关	847	8625	916	12008	1087	35509
4、其他					9	21444
(三)按国民经济行业分组						
1、农、林、牧、渔业	60	6466	58	10224		
2、制造业	1284	4955	28	21179	8	45750
3、电力燃气及水生产供应	57	8052	146	9432	171	41222
4、交通运输仓储和邮政业	78	9872	20	10800	13	8154
5、信息运输、计算机服务和软件			23	7957		
6、批发零售	172	5069	86	10628	20	20700
7、住宿和餐饮业			10	4500	3	6666
8、金融业	48	4229	28	9000		
9、租赁和商务服务业			6	10500	8	28375
10、科研、技术服务、地质勘查业	6	9169	6	13333	154	34058
11、居民服务和其他服务业	33	3060			10	41900
12、教育	597	6858	683	10173	998	32039
13、卫生、社会保障、社会福利	132	8143	306	10235	265	33411
14、文化体育、媒体业			6	3833	18	32167
15、公共管理和社会组织			839	12019	1541	32166
二、城镇集体单位	197	1132	401	9327	125	60352
三、其他单位	11	11272			740	28468
四、农村整、半劳动力			37416		42649	

五、城镇化状况

万山在历史上属朱砂产业区，人口随着朱砂时兴时辍而时多时少。1985年，全特区总人口64238人，城镇人口20795人，占32%。上世纪80年代后，朱砂资源日趋枯竭、矿区人口外调、城镇人口亦日趋减少。1991至2011年的20年间，除2005年和2006年城内两个蔬菜队（农业队）人口转为城镇居民而导致城镇人口占总人口的30.3%外，其余各年度皆徘徊在25%至29%之间。

1991—2011年人口城镇化状况一览表

表19-13　　单位：万人

年度	年末总人口	城镇人口	乡村人口	城镇化率
1991	6.26	1.75	4.51	28%
1992	6.22	1.72	4.50	27.7%
1993	6.20	1.68	4.52	27.1%
1994	6.18	1.67	4.51	27%
1995	6.08	1.62	4.46	26.6%
1996	6.07	1.60	4.47	26.4%
1997	6.12	1.61	4.51	26.3%
1998	6.12	1.61	4.51	26.3%
1999	6.15	1.61	4.54	26.2%
2000	6.24	1.58	4.66	25.3%
2001	6.54	1.66	4.88	25.4%
2002	6.25	1.61	4.64	25.8%
2003	6.20	1.59	4.61	25.7%
2004	6.22	1.6	4.62	25.7%
2005	6.22	1.89	4.33	30.4%
2006	6.31	1.91	4.40	30.3%
2007	6.34	1.89	4.45	29.8%
2008	6.36	1.81	4.55	28.5%
2009	6.42	1.83	4.59	28.5%
2010	6.49	1.84	4.65	28.4%
2011	6.57	1.87	4.70	28.5%

六、民族结构

1990年7月1日零时为全国第四次人口普查标准时点，万山特区总人口为64048人，其中：男33656人，女30392人；共有17个民族，汉族19324人，少数民族44724人。汉族占总人口的30.2%，少数民族占69.8%。

2000年1月1日零时为全国第五次人口普查标准时点，万山特区登记总人口54674人。其中：汉族人口10019人，占总人口18.32%；少数民族44669人，占总人口的81.68%。

2010年11月1日零时为全国第六次人口普查标准时点，万山共有常住人口47818人，共有民族24

个，其中：汉族8280人（男3998人、女4282人）；蒙古族9人（男7人、女2人）；回族88人（男49人、女39人）；藏族1人，为男性；苗族2126人（男1153人、女973人）；彝族14人（男4人、女10人）；壮族34人（男20人、女14人）；布依族65人（男28人、女37人）；朝鲜族2人（男1人、女1人）；满族5人（男3人、女2人）；侗族35725人（男19133人、女16592人）；瑶族，男2人；白族4人（男1人、女3人）；土家族1313人（男646人、女667人）；黎族7人（男4人、女3人）；佤族15人（男5人、女10人）；畲族女性1人；水族31人（男18人、女13人）；仫佬族2人为女性；羌族2人为男性；毛南族2人为女性；仡佬族38人（男19人、女19人）；塔塔尔族1人为男性；未识别民族1人为女性。以侗族为最多，占常住人口47818人的75%；汉族次之，占常住人口的17.3%；其余22个民族只占7.7%。侗族和其他少数民族共39538人，占总人口的82.7%。与第五次人口相比，汉族人口下降了1.02%，少数民族增长了1.02%。

第四节　人口控制

一、计划生育政策

按国家、省、地计划生育政策规定，控制人口增长，就是实行计划生育政策。1991年至1998年计划生育政策仍按1987年省六届人大常委会通过的《贵州省计划生育试行条例》规定执行。条例主要内容是：提倡和鼓励晚婚晚育，提倡和推行一对夫妻只生育一个孩子，严禁计划外生育。夫妻双方或一方是国家工作人员、企事业单位职工、城镇居民符合下列情况之一的允许生育第二个孩子：即第一个孩子为非遗传性残疾，不能成为正常劳动力的；夫妻双方均为独生子女的；夫妻双方均为少数民族的，夫妻双方结婚五年以上，因患不孕症，已收养一个孩子，经治愈要求生育的；一方或双方是再婚夫妻，一方生育过孩子，另一方未生育过孩子的。夫妻双方是农民符合上述条件之一或有下列情况之一的允许生育第二个孩子：即男到独生女无儿家结婚落户成为女方家庭成员的；夫妻一方是少数民族的。夫妻双方都是少数民族的农民，两个孩子中有一个为非遗传性残疾，不能成为正常劳动力的，允许再生育一个孩子。符合上述规定条件的夫妻，经本人申请，县级计划生育委员会批准，生育间隔四年以上，方可安排生育。

夫妻生育孩子后，凡有生育能力的，必须采取节育措施，即生育一孩上环避孕，生育二孩必须结扎。计划外怀孕要刮宫引产。一切手术药具由国家免费提供，结扎、引产、刮宫的可享受一定的休假。

生育一孩并办理独生子女证的国家工作人员及企事业单位职工，可享受每月5元独生子女津贴，退休时加5%的退休工资。

1998年颁布的《贵州省计划生育条例》，取消了国家工作人员及企事业单位职工夫妻双方是少数民族可生育二孩的规定。提倡一孩，控制二孩，杜绝三孩。

2006年坚持推行人口计生综合改革和巩固创建计划生育优质服务合格县活动，加强治理出生人口性别比和流动人口专项治理工作，建立和完善计划生育奖励扶助工作制度，实施“关爱女孩”，打击“两非”活动。明确规定了一票否决的量化指标。

2007年贯彻落实党的十六届六中全会精神和《中共中央国务院关于全面加强人口和计划生育工作统筹解决人口问题的决定》精神，稳定低生育水平，统筹解决人口问题，促进人口的全面发展，继续提高符合政策生育率，突出优质服务、村（居）民自治、流动人口管理，落实农村实行计划生育的独生子女户、二女结扎户资格确认及享受生产扶助对象：1.夫妻双方户籍在本行政区域内的农村部分实行计划生育的家庭，子女满14周岁。2.已办理独生子女证或二女结扎户，从持证次月起享受生产扶助资金（子女年满14周岁）。3.符合规定条件的计划生育夫妻，按每户每年享受600元生产扶助金直至对接国家奖励扶助政策。

2008年—2009年度，全面落实党的十七届三中全会和《中共中央国务院关于全面加强人口和计划生育工作统筹解决人口问题的决定》精神，稳定低生育水平，促进人口的全面发展，坚持提高符合政策生育率，完成主体指标，突出优质服务、村（居）民自治、性别比治理、流动人口管理，抓好长效避孕节育措施、跟踪监控责任、社会抚养费的落实。

2010年继续稳定低生育水平，围绕创建全国计划生育优质服务先进区工作目标，创新工作机制，强化全程管理，打造计生品牌（优质服务、依法行政、人口早期教育）。

2011年计划生育工作坚持党政一把手亲自抓，负总责，进一步完善区乡两级人口计生工作领导小组工作机制，严格执行目标管理责任制，继续贯彻《贵州省人口与计划生育工作条例》，落实和完善人口及计划生育工作管理，严厉打击违法行为，依法做好社会抚养费征收工作，加大人民法院“非诉”案件强制执行力度，建立完善社会抚养费征收文书，组织开展计划生育政策法规宣传和违法生育人群的清理清查工作。

二、计生宣传

1991年是第三次人口生育高峰的峰值年份，是控制人口增长的关键时期。万山特区人民政府办公室作出了《关于1991年我区计划生育工作的决定》，成立了人口基础知识教育领导小组，建立了五个乡镇人口学校、44个村人口分校和六所中学为人基教育基地。在人口与计划生育基础知识教育方面，以特区党校、党训班、各种会议、中学毕业班面授人口与计划生育基础知识为主，利用有线广播电视宣传党的计生方针、政策和法律法规知识为辅，教育覆盖率达90%。举办已婚育龄妇女学习班、村级党员干部培训班，在各中学、村人口学校开展计生教育共达2万人次。21年来，特区计划生育宣传教育以“人口与耕地”，“环境保护与人民生活”，“早恋、早婚、早育的危害”，“多孩的家庭负担与社会负担”以及“生男生女都一样”等诸方面宣传计划生育的重要性和必要性为主要内容，从而促使青年一代改变生育观念，为计划生育工作营造良好的舆论氛围。1998年7月24日《贵州省计划生育条例》正式颁布后，特区开展了大规模的计划生育宣传活动，书写张贴宣传标语90份；悬挂宣传横幅20条在城镇街道显著位置；组装“控制人口增长宣传车”，利用赶集日深入各乡镇行政村宣传《贵州省计划生育条例》；编排文艺节目到乡、村、村民组演出；各行政村开辟宣传计生政策专栏；重点对育龄群众宣传避孕节育、优生优育等方面的知识。印制《计生须知》3000份、《计划生育知识读本》3000本。订阅《人口与计划生育》、《贵州人口报》、《人生》等报刊共422份，发放到育龄群众中，使党的计划生育政策家喻户晓。

2001年至2006年，贯彻落实《人口与计划生育法》（2001年12月29日主席令第63号发布）、《贵州省人口与计划生育条例》（2002年9月29日颁发），具体做法是：利用春节流动人口返乡之际集中召开抓好流动人口返乡管理工作会议，由区人口计生局组织相关部门以及全特区乡镇计生工作人员20余人，分别到特区车站、黄道乡设立流动人口集中服务工作点，此次活动，为外出和返乡人员、重管对象宣传发放《人口与计划生育法》、《贵州省人口与计划生育条例》共1000册。发放《流动人口相关知识告知书》1500份；流动人口须知宣传资料2000余份；《纪念人口计生三十年先进事迹推进会》影碟500张，《关爱女孩文艺汇演》影碟300张，免费发放避孕药具300人份，接受群众有关法律法规咨询112人次（含计生指导站和乡镇服务站接受咨询登记）。

利用新闻媒体、书写宣传标语、培训讲座、电视专项栏目开展宣传活动。2006年被《铜仁日报》采用计生文章1篇；被贵州省电台采用1篇；被地区广播电台采用25篇，地区电视台采用8条；被省人口信息中心评为理论文章1篇并获全省人口新闻奖；被《黔东人口》采用3篇，地区计生协会采用3篇；特区电视台利用计生专题栏目每周播放一次计生专题新闻采用36条。全特区乡镇利用橱窗栏宣传人口与计划生育法律法规知识24期，书写永久性宣传标语40余条，利用“5·12”母亲节、“5·29”计生协会会员活动日、“7·11”世界人口日、“9·11”《人口与计划生育法》颁布日、“12·11”世界艾滋病日等宣传活动发放各种宣传资料3万余份。

宣传贯彻《计划生育技术服务管理条例》，全特区各乡镇建立计划生育技术服务机构6个（其中乡镇站5个，县站1个），规范乡站4个，一级县站1个。有医学专业技术人员31人，县站11人，乡镇站20人，有大学大专学历15人，执业医师3人，各乡镇服务站有优生及出生缺陷管理技术人员1名，县站2名，县站设置有优生试验室。全特区6个技术服务机构都建立门诊咨询室。2006年各乡镇站服务室工作人员利用赶集日开展4次为老百姓免费义务问诊、听诊达100余人，政策咨询50余人，积极参与全特区组织的科技“三下乡”宣传活动年5次，免费发放避孕药品药具1000余份。

2007年，万山是创建“省级优质服务先进县”达标的县份，重点宣传尊重妇女、男女平等、关爱女孩、邻里和睦良好社会风尚。特区在老山口、车站、广场等人流量较大的公共场所设立大型公益宣传画5幅，投入经费2万元，永久性标语牌20余条，投入经费5000余元。9月29日至10月3日，区人口计生局组织局（站）计生工作人员一行8人，到各乡镇开展“关爱女孩”和对农村奖励扶助政策的宣传，发放综合治理出生人口性别比宣传资料、关注妇女、抗击艾滋、禁毒知识、婴儿保健以及全国关爱女孩行动《百题问答》知识等宣传资料共5000份。免费发放避孕药具265份，政策咨询24人次，其中：咨询农村合作医疗内容18人次。区财政部门负责对“关爱女孩行动”优惠政策的兑现拨给必须经费，支持奖扶人口。计生部门负责关爱女孩行动综合治理，出生人口性别比偏高问题的组织、协调、指导、监督工作，收集、整理、分析关爱女孩行动，综合治理出生人口性别比偏高问题的相关信息。抓好计划生育和生殖保健优质服务以及孕情检查和孕情跟踪随访工作，加强对本系统使用B超操作、诊断和手术技术人员的职业道德教育。教育部门在中学和小学以适应的方式宣传男女平等，宣传人口国情和计划生育政策以及性别平衡对社会发展的重要性；并对家庭经济困难的计划生育独生子女户、两女户的子女在接受义务教育，缴纳学费等方面给予一定照顾，同等条件下优先录取。人口计生部门设立一对一科普知识宣传服务台，开展为前来咨询的广大群众讲解有关计生相关法律法规和免费发放宣传品。通过一系列宣传活动的开展，群众的生育观念有了明显转变，农村放弃二孩生育和终生只生一个孩子主动到计生部门办领独生子女证的夫妇为29对。

2008年，宣传、贯彻中共中央国务院《关于全面加强人口和计划生育工作统筹解决人口问题的决定》（以下简称中央《决定》）的新高潮。开展入户宣传。将中央《决定》、“婚育新风”，人口和计划生育法律法规有关内容印在围裙、茶杯、手帕等生活日用品上，发给广大育龄人群，计生局按照宣传活动的要求，及时印制围裙、茶杯、手帕1万条（份），开展实物阵地宣传。全特区充分发挥计划生育技术服务县站、乡所、村室和人口学校阵地优势，结合孕环检工作，定期组织广大育龄妇女学习中央《决定》和计划生育政策法规。各乡镇通过举办育龄妇女积极分子演讲会，好婆婆、好媳妇评比和座谈会，计划生育政策及法律知识有奖竞赛等，使广大人群在自我宣传教育的氛围中受到国策熏陶。开展媒体宣传，组织各乡镇计生宣传力量，向《铜仁日报》、贵州《人口与家庭》、贵州广播电台、铜仁广播电台等有关新闻单位投稿，当年9月13日统计被采用计生文章20余篇。开展“关爱妇女健康、预防艾滋病”宣传。发放宣传资料2000余份。5月29日，区人口计生局与万山镇鸿远大药房联合开展“关爱女孩送医药”宣传活动，发放各类计生宣传品5000余份，咨询服务400余人次。计划生育技术服务机构充分利用“5·29”会员活动日的服务资源和能力，设置义诊台，特别是针对新婚期避孕常识、孕产期、手术后、妇科病患者和更年期等重点人群，提供相关的健康咨询以及免费妇科病普查普治等多项优质服务项目，并为她们送药送诊，免费接受服务的育龄妇女达1500余人，为育龄妇女解答妇科病常识250余人次，免费发放鸡内金、妇炎洁、抗生素等妇科用药折价1420元，育龄妇女咨询153人次；发放制作宣传围裙、茶杯、手帕共2000余（份）。

2009年，制定了《万山特区人口和计划生育关于开展法制宣传教育第五个五年规划》和2009年普法工作计划，开展以宪法为核心的法制宣传教育工作，认真执行了《中华人民共和国人口与计划生育法》、《中华人民共和国行政许可法》、《中华人民共和国保密法》的规定。开展干部职工学习会议6次，举办法制培训班2次，制作宣传标语15幅；召开会议研究普法工作共4次。特区于2009年12月18日组织开展了《流动人口计划生育工作条例》《贵州省人口与计划生育条例》知识竞赛活动，各部门、各乡镇精心组建了10支参赛队，共200余人。取一等奖3名，奖金各600元；组织奖4名，奖金各200元；最佳选手奖3名，奖金各100元。各代表队通过激烈的角逐，决出计生局代表队获得一等奖；下溪乡、高楼坪乡代表队获得二等奖；黄道乡、万山镇、财政局获得三等奖；敖寨乡、组织部、教育局分别获得组织奖；最后，代妮娜、沈海琳、严达林获得最佳选手奖，并将推荐到铜仁地区参赛。是年2月20日分别对乡科级干部和村干部进行人口理论知识培训。举办培训班5期，培训育龄群众327人。财政拨付专项宣传经费10万元制作内容精、品位高、实用性强的各种宣传手册进村入户。为营造浓厚的人口舆论氛围和宣传环境，投资1.2万元统一制作了100块宣传栏，在汞都大道制作100个灯箱，建立了计划生育宣传一条街。

2010年，全特区紧紧围绕“稳定低生育水平，提高出生人口素质”两大目标，政府投入22万元资金用于宣传教育工作。党委抽调一名工作人员到计生局办公，专门负责，同时聘请8名业余通讯员，计生局与特区电视台签订计划生育节目播出合同。每月播出中央《决定》2次，《万山红》报刊开辟专栏专题刊载4期，相关主题宣传活动共8次，悬挂标语300余条，还出动宣传车，巡回开展宣传、咨询服务活动；充分利用“三下乡”“7·11”世界人口日等节日，把科学、文明、进步的婚育观念送进千家万户。集中开展大型活动15次，发放宣传资料3万份，避孕药具5000余盒，新设置大型宣传牌1个，新制作固定标语100余幅，宣传横幅300余幅，刷写永久性标语100余条，开辟宣传栏31个，为全特区人口与计生工作的开展营造良好的舆论氛围；利用春节、中秋、国庆等节日，向流动人口宣传计生法律法规，全特区流动人口计生知识知晓率达95%；将制作的内容精、品位高、实用性强的围裙、口杯、手提袋、扑克等日常用品入户发放共1万余份，其中围裙5000条；开展生殖健康知识“三进”活动。7月至9月在全特区范围内开展了以生殖健康知识进校园、进企业、进社区为主题的“三进”活动共20余次，举办专题讲座3次，开展义诊义询10余次，发放宣传资料3000余份；利用现代通讯的便利，开通万山特区计划生育QQ群，定期、不定期发送计划生育知识共150余条，各领导干部加入QQ群，共发送消息1万余条，与移动公司联合开通万山特区计划生育短信平台，发送短信5万余条；加强外宣工作，据不完全统计，在《贵州日报》刊登计生文章3篇、《中国人口报》1篇、《省人民政务公报》1篇、《铜仁日报》20篇、《今日铜仁》1篇、铜仁电台1条、铜仁综合门户网10条，《人口与家庭》8篇、《贵州人口墙报》1篇、《万山红》报刊35篇，万山特区电台播出20余条。同时按照创建“国优”的要求，各乡（镇）采取集中培训、会议学习、知识竞赛、专家讲座等多种形式，组织育龄妇女集中学习50余次，培训人员1万余人，全特区干部培训面达100%，育龄群众培训面达90%以上，对计生基本知识人口知晓率达95%以上。对全特区领导、干部进行计划生育应知会知识测试，参加测试的领导干部共1000名，通过测试80分以上达90%，合格率达100%。

2011年，全特区以巩固“全国计划生育优质服务先进区”为主线，以实现降低人口出生率和自然增长率为目标，坚持党政一把手亲自抓、负总责，完善区乡两级人口计生工作领导小组工作机制，严格执行目标管理责任制，着力打造阳光、诚信计生新品牌，投资20万元对计妇中心、高楼坪乡、谢桥街道办事处服务机构的保护对象个人隐私和服务环境进行改造，引领人口计生工作方式方法的转型升级。一是大力推行免费为新婚健康检查，其中查出有病2841人次，患病率36.74%。其中治疗2281人次，治疗率80.28%。二是进一步完善计划生育利益导向机制，全面落实国家法定及特区近几年出台的计划生育奖励优惠政策。截至9月30日止，全特区共发放独生子女保健费702户4.6万元，完成对25户农村独生子女户“少生快富”家庭50人，“特别扶助”107人、农村计划生育奖励扶助和184户农村生产扶助人口的审查。减免583户1667人农村新型合作医疗费5.001万元。三是开展基层“阳光、诚信计生”行动，打造“四个形象窗口”，即在万山镇打造“便民服务一站式形象窗口”，在谢桥街道办事处谢桥村、石竹村打造“村（居）民自治形象窗口”，在高楼坪乡黄家寨村打造“婚育新风进万家形象窗口”，在计妇中心打造“优质服务及保护个人隐私形象窗口”，开通“123565542阳光、诚信计生”行动免费服务热线，树立人口计生部门的良好形象。四是深入开展“婚育新风进万家”活动，进一步推动计划生育宣传品进村入户工作，提升宣传工作整体水平。利用广播电视、报刊、网络等大众媒体和生育文化建设阵地开展创新生育文明建设活动。

三、计生管理

1. **持证生育**　1991年10月，万山特区计划生育委员会制发了《关于全特区实行持证生育通知》，规定农村农民生育年龄女方为21周岁，城镇居民女方为23周岁，根据生育夫妇的申请，可安排生育第一孩。农村人口生育二孩必须待一孩满4周岁以上，方可生育二孩，新生儿凭证入户。

2. **定期妇检**　1992年11月20日，万山特区人民政府制发了《关于对已婚妇女进行定期妇检的通告》，凡不按时组织妇检，年妇检率达不到90%的乡镇要追究其主要领导责任。一年四季四次妇检，杜绝早孕和无证怀孕。

3. **建计生“合格村”**　1995年，特区党委作出了《关于各级党政一把手对计划生育亲自抓、负总责的具体要求的决定》，明确了村党支部书记、村委会主任为计划生育工作第一责任人，实行“一票否决”。党委和政府把计生工作重心下移到村组。

4. **坚持“三为主”，实行“三结合”**　1996年，特区坚持以宣传教育、避孕节育、经常工作等“三为主”，推行计划生育工作与发展农村经济相结合，计划生育工作与帮助农民勤劳致富奔小康相结合，计划生育工作与建设文明幸福家庭相结合，层层签订计划生育责任状，建立起群众自我管理、自我服务、自我约束机制。全特区各村民组的妇检、上环、结扎等计生工作由中心户长去动员完成。

5. **坚持7个不准**　1997年，特区严格执行“七个不准”制度，即：一不准非法关押、殴打、侮辱违反计划生育规定的人员及其家属；二不准毁坏违反计划生育规定的人员家庭的财产、庄稼、房屋；三不准不经法定程序将违反计划生育规定的财物抵缴计划生育费；四不准滥设收费项目、乱罚款；五不准因当事人违反计划生育规定而株连其亲友、邻居及其他群众，不准对其揭发、举报的群众打击报复；六不准以完成人口计划为由，而不允许合法生育；七不准组织对未婚女青年进行妇检。人口与计生管理方式由过去以行政管理为主向依法管理为主转变，逐步实现了从人治到法治的转变。1999年，按铜仁地区统一部署，对特区1990年至1998年人口出生进行彻底清查。共清查出漏报715人，漏报率为9.20%。

6. **“一孩上环、二孩结扎、超怀补救”** 2000年至2011年间，一直坚持了“一孩上环、二孩结扎、超怀补救”的节育措施。实施“关爱女孩”，认真研究落实人口和计划生育工作新机制建设，仅2007年就先后派出计生干部522人次下乡进行调研和对基层乡村进行计生监督和业务指导，对乡镇有规模的督查24人次，将督查结果向全特区通报，还写有业务形势报告4篇，在有关报刊发表，对出生人口性别比失衡工作进行了62人次的专项调研，针对女婴死亡比例较高的问题，对基层提出跟踪管理要求，建立规范档案。每年都由计生局组织干部对乡村人口统计报表、村级人口出生信息统计及相关的资料、表、卡、册数据进行检查验收，保证其准确性。

7. **严格考核，兑现奖惩** 2011年制定乡村两级例会记录样本，特区委下发了《万山特区2011年度计划生育全程管理服务工作“月检查、季考核”绩效目标考核细则》，进一步明确了各级领导和相关计划生育职责，细化责任，严格考核步骤和方式，全年对乡镇4次季度考核，兑现奖惩。

四、计生帮扶

从1996年起，开展“三结合”帮扶工作，对计划生育户、两女结扎户、独生子女户进行帮扶，解决一些实际困难。1996年在财力极为有限的情况下，仍帮扶487户，共投入资金21360元。项目分别为种植、养殖业、加工业。1999年，全特区应帮扶2313户，已帮扶2235户，其中独生子女户111户，两女结扎户92户，一般计生户2032户，帮扶率达96.6%，帮扶人口10189人，当年办理独生子女证12户，推迟二孩生育31对，放弃二孩生育24对，推迟婚期49对。

2003年，特区扶贫办拨给8万元资金，重点帮扶农村独生子女户和两女结扎户，每年帮扶40户，滚动式发展使用。2004年，万山特区人民政府下发了《关于建立农村独生子女户、两女结扎户养老保障制度的实施意见》，规定从2004年全面建立农村“两户”（独生子女户、两女结扎户）养老保障制度，明确了农村“两户”社会保障基金的主要渠道来源：1.从特区财政每年的总收入中提取0.5%；2.从当年征收的社会抚养费总额中提取15%；3.从地区每年拨给的计划生育事业经费中提取0.5%；4.从当年中央财政转移支付，用于计划生育的总额中提取5%；5.每年各级国家机关、事业单位干部职工要积极给予捐助；6.接受社会团体和各界人士的捐助。农村“两户”养老金的补助对象、范围和条件是：1.农村独生子女户的夫妇，男满60周岁，女满55周岁；2.农村两女结扎户的夫妇男满60周岁，女满55周岁；3.农村独生子女发生意外伤残或死亡的；4.农村两女结扎的夫妇小孩发生意外伤残或死亡。凡符合条件的发给“农村‘两户’养老保障金领取证”。发放标准为：凡属“农村‘两户’养老保障金领取证”的夫妇，达到上述年龄后，每人每月领取养老保障金40元，以后每5年每人每月增加生活费10元；对未成年独生子女发生意外伤残、重大疾病、死亡的家庭分别给予不低于1500元、不低于1000元的一次性补助；对两女结扎术后死亡一孩的，给予不低于1000元的一次性补助。

2006年开展“送温暖、献爱心、关爱女孩”活动，落实对农村独生子女的女孩给予加10分的政策，教育部门开展了“两免一补”活动，2005年共减免书费、杂费22.2679万元，补助贫困学生生活费3万元。特区对农村计划生育两女结扎户和独生子女户实行合作医疗补助，按每人每年10元的标准补助，做到应保尽保。特区民族宗教事务局在开展生育关怀行动中，在万山镇、高楼坪乡和黄道乡分别给予各计生女孩户，每户300元购买农用物资，建房补助200元，特区计生局为下溪乡洋保田村父母双亡的独生子女吴萍送去慰问金1000元，为联系村困难户解决生活费用2000元，开展“温暖他人，奉献爱心”活动，为滑石坡居委会和社区6户居民捐款共5700元，解决了他们工作经费困难和生活困难问题。

2007年全特区共有92人享受奖励扶助，严格按照政策规定完成资格确认、审核、建立专档、登录国家奖励扶助网站，全特区共发放奖励扶助资金55200元，另有24人享受特殊家庭救助发放23040元。

2008年加大帮扶力度，积极开展生育关怀行动。年初，全特区遭受历史罕见的雪凝灾害，特区委、特区政府高度重视，再次建立部门联系制度，每个计生综合部门联系10户以上计生困难家庭，走访慰问计生贫困户、两女结扎户和独生子女户317户，发放慰问金54150元；帮助群众恢复生活、生产的计生家庭56户，发放家用化肥25包、玉米种子20千克、书包35个、衣服255件、生活用煤2750千克、大米20袋（200千克）、食用油20桶（50千克），价值15800元。二是制订帮扶规划，开展生育关怀行动与计划生育“三结合”、“新农村”建设、“三新”建设和开展优质服务相结合。期内完成帮扶计生家庭585户（独生子女179户、两女结扎户245户、一般计生户161户；温饱户58户，贫困户337户、极贫户186户），累计脱贫483户，脱贫人数达4137人，人均钱粮增加37.4元，全特区共投入59.8万元（其中省级投入7.8万元，地区级投入19万元，县级投入31万元，乡（镇）级投入2.5万元）。

2009年对全特区农村计划生育家庭生产扶助对象104户，其中独子户58户，独女户13户，两女户33户，共扶助资金62400元。开展了留守子女关怀关爱工作，对计生家庭困难户128户进行慰问，发放慰问金及物质折合人民币30120元。

2010年，各乡各部门期内完成帮扶计生家庭83户，（独生子女26户，两女结扎户37户，一般计生户20户），累计脱贫88户（低收入57户，极贫26户），脱贫人数达256人，投入帮扶资金4.1万元（其中省级投入1万元，地级投入0.5万元，区级投入1.8万元，乡级投入0.8万元）。一是计生综合部门走访慰问计生贫困户、两女结扎户和独生子女户23户，发放慰问金4800元；二是帮助恢复生活、生产计生家庭16户，发放农用化肥16包，大米8袋（80千克）、食用油16桶（40千克）折价3000元；三是扶贫办和畜牧局落实项目资金3.3万元，帮扶40户计生对象发展生猪，投放三元仔猪80头；枣子产业发展8户，发展枣子2万公顷；无偿发送农业生产良种30户100余千克，工商局出台了独生子女户、二女结扎户个体经营办理手续，免工本费，简化办事程序；农办在实施“整村推进”村扶贫项目时，把计划生育贫困户列入重点帮扶对象。

2011年全面兑现计划生育优惠及奖励扶助政策，引导群众少生、优生、快富、奔小康。全特区兑现奖励扶助101户，扶助资金72720元，特殊家庭救助46户资金53200元，“少生快富”147户资金23600元，发放生产扶助金的家庭共104户资金6.24万元，对农村实施复通吻合手术15人减免手术费1.5万元，对独生子女户、两女结扎户5677人次代缴农村合作医疗保险参合资金78810元，走访慰问计生贫困户、两女结扎户、独生子女户317户，发放慰问金54110元。积极开展对留守子女关怀关爱工作，对128户计生困难家庭进行慰问，发放慰问金及物资折合人民币30120元，帮扶计生家庭621户，投入资金588万元，累计脱贫人数1537人，帮助他们上了短、平、快的致富项目。通过对奖励优先优惠政策的落实和兑现，全特区共1529对夫妇推迟二孩生育，383对夫妇放弃二孩生育，有效转变了群众的生育观念。

万山特区1991—2011年女性初婚等情况表

表19-14　　　　单位:人

年份＼项目	女性初婚人数 总数	其中19岁及以下	其中19-23岁	其中23岁及以上	办理独生子女证
1991	584	0	182	402	112
1992	327	0	123	204	184
1993	444	0	120	324	29
1994	408	0	148	260	32
1995	475	1	178	296	46
1996	450	1	183	266	7
1997	456	0	213	243	
1998	111	0	62	49	19
1999	394	0	183	211	21
2000	338	0	139	199	57
2001	293	1	141	151	28
2002	340	0	133	207	47
2003	238	0	76	162	3
2004	194	0	94	100	
2005	187	0	103	84	106
2006	452	0	782	168	87
2007	433	0	207	226	104
2008	453	0	198	255	99
2009	555	0	304	251	111
2010	552	0	226	326	95
2011	548	0	252	296	83

万山特区1991—2011年计划生育节育统计表

表19-15　　　　单位:人

年份＼项目	已婚育龄妇女数	节育手术	节育率%
1991	10742	9876	91.93

表19-15

年份＼项目	已婚育龄妇女数	节育手术	节育率%
1992	10741	10101	94.04
1993	11446	10100	88.24
1994	11343	10275	90.58
1995	11488	10861	94.54
1996	10896	9208	84.5
1997	11631	10893	93.65
1998	12078	10412	86.14
1999	12121	10681	88.11
2000	12312	10786	87.6
2001	12329	10728	87.01
2002	12619	11149	88.35
2003	12634	11153	88.27
2004	11774	10708	90.94
2005	11566	10438	90.24
2006	9155	7341	80.19
2007	9775	7928	81.10
2008	10442	8515	81.55
2009	8602	7284	84.68
2010	9061	7352	81.14
2011	9041	7217	79.83

五、计划生育荣誉

万山特区人口与计划生育工作21年来名列铜仁地区前茅，1995年受到铜仁地委、地区行署表彰为“八五”期间计划生育工作先进集体，1996、1997、2001年均获铜仁地区计划生育工作第一名，1998、1999、2000、2003、2006、2007、2008、2009年均获铜仁地区“完成人口与计划生育目标管理”一等奖；2002年获铜仁地区“完成人口计划奖”，2004年获“铜仁地区人口和计划生育三十年、计生协会工作二十年先进集体奖”，2005年获铜仁地区“人口和计划生育综合目标考核”一等奖，2010年获铜仁地区人口计生绩效目标管理考核业务一等奖；铜仁地区人口计生绩效目标管理考核党政线一等奖，2011年，获中共铜仁市委、铜仁市人民政府颁发的“人口和计划生育目标考核业务线”一等奖；“人口和计划生育目标考核党政线”一等奖。同时受省部级以上领导单位多次表彰，如：

1、2007年12月，贵州省人口和计划生育委员会、贵州省人事厅、贵州省民政厅授予万山特区计生局为“贵州省争做育龄群众贴心人活动先进单位”称号。

2、2008年3月，贵州省计划生育协会授发万山特区计生局“二零零七年度计划生育协会工作村（居）民自治奖”。

3、2008年2月25日，贵州省人口和计划生育委员会表彰万山特区为“全省人口和计划生育优质服务先进区”。

4、2010年12月，中华人民共和国国家人口和计划生育委员会表彰万山特区计划生育局为“全国计划生育优质服务先进单位”。

5、2011年4月，中华人民共和国国家人口和计划生育委员会、中华人民共和国人力资源和社会保障部表彰万山特区计生局为“全国人口和计划生育系统先进单位”。

第二十篇　人　物

第一章　人物传略

（以卒年为序）

第一节　政军界

鲁义权

鲁义权（1917——1993年），男，湖南常德人，民国25年（1936年）毕业于湖南私立楚怡工业学校。先后在湖南省桃园冷家溪金矿局、临时炼铜厂、常安、德化金矿公司、大庸铜矿、平江黄金洞金矿从事技术工作。解放后，在湖南平江黄金洞金矿、晃县汞矿任工程师、生产科科长、计划科科长，1956年至1958年在湘黔汞矿公司任计划科长，1958年至1964年在贵州汞矿任生产副矿长、总工程师。他积极推广高炉群、发动全矿职工努力增产，使汞矿成为当时实现利润最高的企业。1965年至1982年调贵州务川汞矿任工程师、生产副矿长、总工程师，1982年12月调贵州省冶金设计研究院任总工程师，1985年7月离休。

彭晓甫

彭晓甫（1908——1997年）男，汉族，万山特区黄道侗族乡锁溪村人。生于清光绪三十四年（1908年）12月，少时在家乡读私塾、高小及务农，民国17年（1928年）考入湖南沅沣中学，继升入南京文化学院学习，民国23年（1934年）赴日本东京东亚大学和中央大学留学，主修国际法。民国25年（1936年）春季回国，回到家乡后，他热心于地方建设，希望改变家乡贫穷落后面貌，积极向铜仁专员公署陶蒙臻专员建议修筑铜仁至玉屏的公路。回到省溪县（今万山特区）又和县长王三晋商量，修筑田坪至万山至黄道公路来接通铜仁至玉屏的公路。后赴贵阳，又向有关部门建议，修筑铜仁至思南的公路。这些建议均得到了当局的认可，工程于民国25年（1936年）下半年先后开工。

在贵阳，他应贵阳民生报社之约写了《日本印象记》，在报上连载，内容是介绍日本城市与乡村交通情况。不久，《贵阳晨报》报道，铜仁至玉屏公路即将开工，并说明是彭晓甫建议修筑的，他因此受到家乡各界人士赞扬。

民国25年（1936年）秋季，彭晓甫任贵州省贵定县政府第三科科长，主管全县教育建设。民国26年（1937年）创办“贵定中学”兼任校长，民国28年（1939年）7月调任独山专员公署一等视察。

民国29年（1940年）10月—民国32年（1943年）2月，任剑河县县长，兼国民兵团团长，田赋管理处处长。在任期中，他创办了剑河中学并自兼校长。主持开工修筑剑河到三穗的公路。民国31年（1942年）“黔东事变”后，国民党省政府追究其“擅离职守”不慎“苗判”之罪，将其撤职查办并关押8个月。获释后，闲居贵阳数月。此间，因向往民主进步，几欲前往延安，但因故未能成行。后赴重庆，得师友邵力子的帮助谒识屈武，经其介绍参加“中苏文化协会”，后在国民政府新成立的兵役部任简任三阶（相当于上校衔级）科长，兼任中央训练团指导员。民国33年（1944年），与宋庆龄、郭沫若等人参加“苏联十月社会主义革命”就视会。

民国34年（1945年）抗日战争胜利后，兵役部撤销，彭晓甫回贵阳担任贵州省政府设计考核委员会委员兼秘书主任，协助管理全省民政、财政、教育、建设等方面的工作。

民国36年（1947年）当选国大代表。民国37年（1948年）3月在南京参加国民代表大会，被聘为宪政督导委员会委员，曾任大会筹备委员会主席团执行主席。

在召开国民代表大会期间，曾提“反对官僚资本主义，平均地权，节制资本，实行耕者有其田”的提案并获通过。

民国37年（1948年）离开南京回贵州，回到家乡后，前往湖南晃县、贵州玉屏、万山、贵定等地秘密宣传民主进步思想，联系有觉悟的乡亲。

民国38年（1949年）上半年赴贵阳，被贵州省政府聘为省政府顾问（名义职务，无薪酬），此间，曾在国民党《中央日报》（贵州版）上发表题为《反对官僚主义、政治民主化、经济社会化》的文章。后为生活所迫，去香港欲从事朱砂经营活动。

在香港期间，见《大公报》刊登新中国即将成立的喜讯，并得知贵州即将解放，即于10月上旬乘民航机飞回贵阳迎接解放。回贵阳后，立即加入了有卢涛、张彭年（贵阳市临时治安委员会主任委员）等各界人士成立的临时治安委员会，参加维持地方治安工作。11月15日同张彭年等各界人士前往南门外纪念塔欢迎中国人民解放军入城，庆祝贵阳解放。贵州省政府新政权成立时，参加中共贵州省委统战部组织的学习班学习，任学习组长。继后参加贵州省保卫和平分会、抗美援朝分会，联系各界人士参加两个分会的活动，接着参加“三反”“五反”“镇压反革命”“土地改革”等运动。

1952年，经省委统战部推荐由省人事部门安排到贵州省交通部门工作，先后任国营联运公司办公室秘书兼公司中苏友好协会总干事、贵州省国营汽车二场秘书股长、交通运输局基建办公室主任、贵州省汽车大修厂基建办公室负责人等职。

1957年加入中国国民党革命委员会，任贵州省民革社科联工作委员会副主任。

“文化大革命”中，彭晓甫受到冲击，被关进“牛棚”两月之久。1974年交通厅批准其退休。

中共十一届三中全会以后，彭晓甫衷心拥护中国共产党的各项方针、政策，积极参加各项社会活动，关心贵阳及家乡的各项建设工作，并积极创作诗词歌赋，歌颂社会主义建设事业取得的伟大成就，还尽力撰写文史资料。

1987年被聘为贵州省文史研究馆终身馆员，贵阳市第五、六届政协委员。

彭晓甫一生清廉，他虽然解放前在国民政府任过一些职务，却从不贪赃枉法，仅靠工资养家，没有什么家产和积蓄，以至于解放前夕还得靠亲友资助维持生活。他一贯追求科教兴国，一辈子热衷于办学校、修公路。到了晚年，他仍然十分关心家乡建设，为修建万山至芷江公路，他不顾年迈且重病在身，经常到省交通厅等部门去反映情况，说明修建这条公路的重要性，最后促成此公路的建成。1982年他回万山老家，宣传办教育、修公路等工作的重要意义，给万山特区的领导留下深刻印象。

陈永安

陈永安（1915——1999年），汉族，生于2月，贵州沿河人。民国23年（1934年）5月参加中国工农红军，民国24年（1935年）9月加入中国共产党，后跟随部队长征。先后在第二方面军新兵三支队、军卫部运输排、五师卫生部运输班、教导师卫生处运输班当战士、班长。民国27年（1938年）8月在中国医科大学任通讯员、生产员、上士，民国35年（1946年）2月调张家口军区卫生部招待所任事务长，后任东北中国医科大学管理员、归建三大队供给股长。1950年4月转业到松桃县粮食局任副局长。1950年10月调万山汞矿任供销科长。1955年1月进入贵州省干部文化学校学习。干校毕业后，任矿总支书记。炸药库主任、岩屋坪分矿总支书记。1959年1月调任贵州汞矿监委副书记，1962年1月提任监委书记。1965年离职休养。

王恩涛

王恩涛（1919——2010年），汉族，山东省郓城县人，享年91岁。王恩涛于民国26年（1937年）1月在山东郓城参加抗日中队，民国27年（1938年）5月参加八路军，历任八路军教导三旅黄河支队二团三营九连连长、指导员；后调任八路军115师教导大队任大队长。在抗日战争期间，王恩涛同志浴血奋战、奋勇杀敌，特别是在天宝山战役中对日本侵略者英勇战斗，身负七处枪伤未下战场，天宝山战役后又调任山东郓城敌工站站长、区武装部长等职，带领区游击队对日作战，在8年抗日战争中王恩涛机智勇敢、英勇顽强，曾获得战斗英雄称号，为中华民族驱逐日寇做出了卓越贡献。

王恩涛民国32年（1943年）5月加入中国共产党，民国37年（1948年）随“二野”挥师南下，在渡江（长江）战役、解放江西上饶、贵州遵义等战斗中参加先头部队作战，多次得到部队领导的表彰。1949年12月王恩涛同志调任贵州绥阳县第一任社会部部长兼公安局局长，1952—1963年调铜仁贵州汞矿（原湘黔汞矿公司）历任人事主任、副经理、党委副书记、党委书记等职。他到万山工作10年，对万山工人的生产、生活和发展十分关心，深得广大职工的爱戴，他团结和支持全矿科技工作者和工人开展技术革新运动，尊重工人群众的首创精神，使汞矿的生产和建设实现了大发展、大变化。1956年以来井下实现电灯化，结束了千百年来桐油灯照明的历史，推动了有机械凿岩，机械选矿、机械破岩、高炉冶炼等工艺，改变了千百年来手工操作的原始面貌，使汞产量大幅度逐年递增。尤其是1959年苏联领导人背约，撤走专家，趁中国遭受严重自然灾害的困难之际，逼迫中国还债。此时的党委书记王恩涛，主持召开各种会议，宣传教育全矿职工要为国分忧，为国争光，努力生产，多做贡献，使汞产量在1959年至1962年的4年间年年超千吨，创历史最高记录，为中国偿还外债，向苏联出口汞5000多吨，立下了汗马功劳。

后调贵州铝厂，先后担任第二铝矿矿长、行政处长等职务；1983年6月离职休养，享受副厅级待遇。

第二节　科技界

李朝宝

李朝宝（1935—-1991年），毕业于贵州工学院，1962年调入贵州汞矿，一直从事矿山地质工作。总工程师。他工作起来不计时间，不怕苦不怕累，深入坑口井下生产一线，两次在工作中晕倒，都不肯休息。

他努力钻研业务，有较高的业务工作能力，每年的地质勘探设计及勘探报告都得到上级的好评。所撰写的学术论文有两篇被科学技术学会评为优秀论文。

由于他工作业绩突出，多次被评为“先进生产工作者”、“五好职工”、“标兵”，1985年还被评为全国有色系统劳动模范，参加全国劳模大会。

樊隆晖

樊隆晖（1913——2005年），男，重庆市长寿县人，民国27年（1938年）毕业于四川省立重庆高级工业职业学校化工科；民国30年（1941年）考入贵州大学矿冶工程系，民国34年（1945年）毕业后，曾任贵州大学附设工业职业学校教员、教务主任、代校长、校长职务。

中华人民共和国建立后，于1950年9月参加工作，先后任贵州省工商厅助理工程师，贵州汞矿冶炼工程师、高级工程师、贵州省环保评定委员会副主任、贵州重金属学会理事，1981年当选为贵州省第六届人大代表。1951年他制订出适合矿山第一期基建工程计划，改变千百年矿井下桐油灯照明、竹筒排水、人工背篓运输、手锤破碎等原始落后面貌，于1953年在一坑扁口洞取得了日处理10顿矿石的马釜炉高炉冶炼汞试验成功，并直接投入生产。马釜炉用于汞浮选精矿处理，金属汞直收率达到97.46%；用于汞炱处理，金属汞回收率达96.9%。1954年年初，又一次性建成日处理4—5顿矿石的高炉4座，冶炼总能力相当于40座改良灶的生产。

1957年，先后完成了日处理矿石20吨、30吨、40吨、50吨高炉设计图纸，以适应汞业生产发展的需要。1958年，贵州汞矿按照图纸设计先后在杉木董、黑硐子、18坑、4坑、岩屋坪、路腊共建成冶汞高炉20座，其中50顿/日高炉8座，29吨/日高炉9座。1961年设计出具“司柯梯”（scott）炉型特点的双直井24顿/日炉的大型瓦片炉，并亲自指导和主持架设3座瓦片炉的施工和生产试验，各项技术经济指标和生产能力都达到国际同类型瓦片炉水平。瓦片炉可以全部处理井下采出的矿石，是冶汞技术中一项重要成果，获冶金部表扬。

1962年2月，樊隆晖自行设计了第一个螺旋汞炱机在一坑建成，7月又在一坑、二坑、四坑先后建了4台，并在1964年贵州省金属学会上发表了《螺旋汞炱机》论文。螺旋汞炱机的建成，实现了密封负压下的操作，避免了汞蒸气外泄，以及加料卸料皆实现机械化操作，不仅降低了工人劳动强度，并且能连续作业。汞炱机的应用，使车间空气含汞浓度与原来采用锅焙法的含汞浓度降低了570倍。此后他又研制了湿法旋流汞炱机，具有更佳效果。

1963年10月份，樊隆晖出席冶金部在京召开全国冶金系统总工程师冶金工作会议，在怀仁堂受到国家领导人刘少奇、周恩来、朱德、邓小平等接见并合影留念。

1965年3月樊隆晖在贵汞4.5立方米小高炉上进行鼓风焙烧试验，取得了成功。随后在全矿推行强化冶炼、强化收尘、强化冷凝、废气净化工艺。使炼炉处理能力提高65.7%，回收率达92.5%，废气量减少23%。

1973年樊隆晖在贵汞四坑首次采用交错斜置木栅板的焦炭填料塔及间歇喷洒多硫化钠药液对高炉炼汞废气进行净化，废气净化能力为3000—4000立方米/小时，净化效率可达80%以上，对高炉、沸腾焙烧炉废气工业性试验效率分别为85%和90%，排出废气含汞浓度由40毫克/立方米下降到5毫克/立方米。

1976年10月，樊隆晖在贵汞四坑设计建成一套含汞废水净化回收工业设施，日处理含汞废水1000立方米，废水经该设施处理后含汞浓度由20毫克/立方米下降到排放标准-0.05毫克/立方米以下，每年回收汞约半吨，回收汞的价值可以抵消设施运转费及设备折旧费，并略有盈余。这项成果完善了汞的三废治理，其广泛应用后，使万山各冶炼厂含汞废水排放达到了国家标准。

樊隆晖在贵州汞矿工作期间著有《螺旋汞炱机》《汞炱中提取硒》《贵州汞矿冶炼现状及其展望》《强化高炉炼汞》《焦炭填塔用于高炉炼汞废气的净化实践》《炼汞废气的净化试验》《炼汞尾气的净化试验》《解决粉碎矿处理问题和取消土炉引用直井瓦片炉初步扩大设计报告》《直井瓦片炉炼汞工业性试验报告》《小型瓦片炉生产试验总结》《贵州汞矿高炉处理粉碎矿的试验总结》《四坑7#炉尾气净化焦炭填料塔及其试验报告》《2.5沸腾焙烧炉炼汞废气净化冲击式—焦炭填料塔半工业性试验小结》《2.5沸腾焙烧炉炼汞废气净化试验报告》《炼汞尾气净化实验研究报告》《炼汞尾气净化实验研究》等理论文章和指导汞冶炼，防治汞污染的学术报告。

1979年10月，樊隆晖调贵州省环保局工作，负责全省工矿企业环保投资建设“三同时”（同时设计、同时施工、同时投入使用）的审批，1985年以71岁高龄退休。退休后，又受聘在“贵阳地采冶技术咨询服务部”和“资源设计事务所”任总工程师。

唐德保

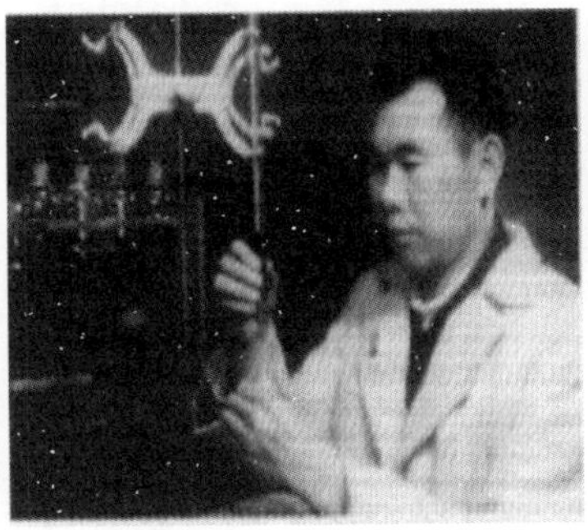

唐德保（1934——2005年），男，汉族，湖南宁远人。大学学历，国务院特殊津贴获得者。19 50年12月至1952年9月在湖南零陵军分区服役，1952年9月至1954年7月在湖南宁远一中读高中，1954年9月至1958年8月在湖南师范学院读书，1958年9月毕业分配到贵州省冶金工业学校教书。1961年8月调贵州汞矿工作，先后任化验助理工程师、工程师、高级工程师、主任工程师等职。多次被评为贵州汞矿先进工作者，1991年12月被中国有色金属总公司授予矿山先进工作者称号。所著论文《钛汞合金中游离汞的测定》《用冷原子吸收法测定钛汞合金中的微量游离汞》《高纯汞的测定》《汞标准液的保存法》《钛汞合金中钛汞的连续测定》《用磺铁矿或磁磺铁矿净化含汞废水的研究》《净化液中游离硫酸的测定》《用氯离子选择电极指示终点连续电位滴定汞精矿矿浆悬浮电解中氯离子、次氯酸根离子和氯酸根离子的研究》《汞精矿矿浆悬浮电解液中钙镁络合的探讨》等分别在《化学世界》《分析化学》《分析试验室》《理化检验化学分析》《冶金安全》等全国性刊物上发表。

1993年10月因科研工作有突出贡献，享受国务院特殊津贴待遇。

第三节　文教卫生界

姚茂连

姚茂连（1919——2003年）曾用艺名姚连成、姚小青，男，侗族。贵州万山高楼坪人，高小文化。

姚茂连13岁开始跟着私人戏班学花灯、傩堂戏，17岁上高台唱主角，扮演青衣（旦角），也兼唱小生。曾到湖南芷江、新晃一带，贵州天柱、三穗、铜仁等地唱过汉戏（高腔）湘剧。

民国31年（1942年）到铜仁民声戏院六个月。1951年至1954年任高楼坪第四村村长。1958年到玉屏县湘剧团任团长，1959年回万山组织成立湘剧团并任团长。1961年冬剧团解体，便组织几个爱好者唱戏，1981年又组织剧团，两年后再次解体。后来，姚茂连又在黄道组织了花鼓剧团。

姚茂连是个多才多艺的民间艺人。特别是擅长花灯和湘剧、傩堂戏，其他如小调、小歌等也很在行。他除了演唱传统的歌词外，还自编了不少与时代步伐相一致的新词，深受广大花灯爱好者及群众的欢迎。

除唱戏外，还擅长草医。使不少临危病人起死回生。

刘洪婵

刘洪婵（1955年8月——2009年4月），男，侗族，中共党员，万山黄道人，中学特级教师。

1979年玉屏师范毕业后，先后在阳桥小学、黄道中学、万山特区中学、万山特区第二中学执教。历任特区中学教导主任、副校长、第二中学校长、党支部书记、教育督导室督学。其间先后在铜仁教育学院、贵州省教育学院中文专业进修学习。1985年被评为先进教师受到特区政府表彰，1987年评为先进教师，受到地区表彰，1993年被评为全国优秀教师，受国家人事部、国家教委表彰。2005年贵州省政府授予“特级教师”称号。

在从事教学工作期间，参加编写《中学语文作文写作技巧》，为贵州省中学语文研究会会员、理事、中国教育教学丛书编委会特约编辑。创作的诗歌《园丁》在中国当代文学新作评奖会上评为二等奖，并发表于《人民文学》杂志，撰写的论文《素质教育与分好差班》在1999年度“三老杯”中学语文教师论文大赛中获三等奖，并作为优秀文章选入北京师范大学出版的《校长管理经典》一书，《漫谈临场应考经验》一文发表于学苑出版社出版的《中国当代教育文集》，《含蓄幽默风趣 令人回味无穷》一文发表于《二十一世纪中国教育改革论坛》一书，并获一等奖。

第四节　劳　模

杨辉顺

杨辉顺（1921年——1996年），男，四川省涪陵县太坪乡人，中共党员，贵州汞矿工人，贵州省劳动模范。

杨辉顺于1949年8月参加工作，1953年加入中国共产党。1953年在湖南锡矿山纠察队工作期间荣立二等功，又获技术革新奖金100元。1958年调湘黔汞矿任设备组长，后任贵州汞矿的锻钎工，他利用一些废钻头，断钢钎重新加工成新钻头。在没有氧气镶接钻头的情况下，利用煤油喷灯进行多次试验，并取得成功。1972—1977年间，共修复废钻头1315个，废钢钎1500千克，每年为国家节省资金万余元，多次被评为先进生产者，1980年11月被贵州省人民政府授予劳动模范称号，1966年10月1日参加北京国庆观礼，受到毛主席的亲切接见。于1979年退休。

第二章　人物简介

（以生年为序）

第一节　军政界

杨崇德

杨崇德，民国34年（1945年）9月生，男，汉族，广西容县人。1965年6月贵州汞矿职工子弟中学高中毕业，同年8月至1970年7月在贵州大学物理系读书。1970年8月分配到贵州省万山特区中学任教师。1971年3月调万山特区广播站工作，后任广播站负责人。1973年8月加入中国共产党，同年调中共万山特区委员会宣传部工作，1980年任副部长，1981年任部长，1982年6月任中共万山特区委员会常委。1982年8月—1983年10月，中共铜仁地委选送进入中共贵州省委党校第一期中青年干部培训班学习，期间，在《贵州日报》发表学习中共十二大精神的理论文章《实现宏伟目标　要有必胜信心》。1983年11月任中共万山特区委员会副书记，万山特区人民政府代理区长。1984年8月—1987年7月任中共万山特区委员会书记，期间，兼任中国人民解放军贵州省万山特区人民武装部第一政治委员。1987年8月—1990年3月任中共万山特区委员会副书记、万山特区人民政府区长。1990年3月—1992年4月任中共铜仁地区广播电视局党组书记。1992年4月调广西壮族自治区广播电视厅（后更名广西壮族自治区广播电视总局、广西壮族自治区广播电影电视局）工作，历任机关党委书记，办公室（法规处、外事办）主任，兼任机关服务中心主任，2001年1月任局助理巡视员，2005年7月退休。退休后，受局返聘工作，2008年—2010年任广西广播电视学会副会长，主持学会工作，参加《广西大百科全书》、《广西广播电影电视志》编纂工作。

刘洪堂

刘洪堂，侗族，民国36年（1947年）7月出生，贵州万山人，1969年2月参加工作，1970年8月加入中国共产党，大专学历。

1969年2月至1974年3月，任中国人民解放军铁七师三十三团一营五连战士，给养员，班长；1974年9月至1977年11月，在北京航空学院航空材料系金属材料及热处理专业学习；1977年12月至1981年

12月，任航空工业部西安430厂技术员，助理工程师；1982年1月至1983年10月先后在万山特区人事局、万山特区人民政府办公室任科员、秘书；1983年11月至1987年7月，任中共万山特区委委员、常委（其间：1984年3月至1984年7月，在中央农业管理干部学院西农分院学习）；1983年11月至1990年6月，任万山特区人民政府副区长（其间：1988年3月至1988年6月，在中央农业管理干部学院西农大分院学习）；1990年7月至1993年2月，任万山特区人大常委会副主任，党组副书记；1993年3月至2007年1月，任万山特区第六届、第七届、第八届人大常委会主任，党组书记；2007年2月至2009年11月，任万山特区人大常委会调研员。是中共万山特区第三、六、七、八次代表大会代表；二届、三届、六届、七届、八届特区委委员；贵州省第八、九、十届人大代表；万山特区第三、四、五、六、七、八届人大代表。2009年12月退休，退休后：2009年8月至今，任万山特区计划生育协会会长；2010年6月至今，任万山特区关心下一代工作委员会主任。

吴庚寅

吴庚寅，男，侗族，生于1950年3月，贵州玉屏县田坪镇人，初中文化，1966年1月参加工作，政工师，1970年5月加入中国共产主义青年团，1972年11月加入中国共产党。

1966年至2001年，先后在贵州汞矿试验车间、冶炼厂、六坑、二坑、机选厂、杉木董分矿、矿机关工作，先后担任过指导员、党支部书记、党总支副书记、党总支书记、分矿副矿长、分矿矿长、中共贵州汞矿党委委员、贵州汞矿工会主席、贵州汞矿党委书记。

在贵州汞矿工作期间，因工作积极，表现突出，曾多次被评为五好职工、先进生产（工作）者、优秀民兵干部、精神文明先进个人、优秀共产党员、优秀党务工作者、被有色贵阳公司党组授予优秀思想政治工作者，当选为万山特区第二届、第六届、第八届人民代表大会代表，当选为中共万山特区第二次、第五次、第七次、第八次、第九次党代会代表，并在中共万山特区第七次、第八次、第九次代表大会上当选为特区党委委员。

2001年—2008年7月贵州汞矿因资源枯竭政策性关闭后，在万山矿区社区服务管理局工作，任局党委书记，并当选为中国共产党贵州省第九次代表大会代表和出席大会。2008年7月至2010年6月，在万山特区政协工作，任调研员。2010年4月退休。

杨菊花

杨菊花，女，侗族，生于1952年8月，初中文化，中共党员，贵州万山黄道人。1970年7月黄道中学毕业后回乡务农。先后任大榜村妇女主任、村委会主任，万山特区第五届、第六届人大代表，1993年2月当选为第八届全国人大代表。

20世纪80年代初期，实行家庭联产承包责任制后，为了脱贫致富，杨菊花到湖南芷江学习柑橘、西瓜栽植技术，率先在自家的责任地上栽起柑橘，几年之内，成为大榜村的富裕户。担任村干部后，为带领村民与贫困挑战，从调整产业结构、发展村域经济、加强基础设施建设入手。组织村民集资投劳修建钢筋混凝土人行桥一座，通组公路10余千米，创办柑橘基地500亩，发展西瓜种植业200余户，养殖业100余户，个体经销业20余户。村域经济得到快速发展，全村人均纯收入由过去的500元上升到1400元，初步改变了大榜村贫困面貌，成为万山有名的文明富裕村。在当选为特区人大代表和全国人大代表期间，不负人民众望，积极协同特区人大开展代表视察和调查研究活动，为发展农村经济、减轻农民负担等问题作出了较大贡献。

鲁政新

鲁政新，汉族，云南镇雄人，大专文化，政工师，生于1953年11月24日，1972年12月参加工作，1972年7月加入中国共产主义青年团，1982年4月加入中国共产党。

1972—2001年，在贵州汞矿大龙电厂、矿工会、冷风硐坑口、地质队、杉木董分矿、岩屋坪分矿工作（期间1991年至1993年在北京有色金属管理干部学院学习，并参加学院业余党校学习，被评为优秀学员），先后担任过党支部书记、党总支副书记、党总支书记、分矿矿长等职。

在贵州汞矿工作期间，因工作表现突出，曾多次被评为先进生产（工作）者、优秀共产党员、优秀党务工作者，被有色贵阳公司党组授予优秀思想政治工作者，并当选为万山特区第六届、第七届、第八届人民代表大会代表。

2001—2008年7月贵州汞矿因资源枯竭政策性关闭后，在万山矿区社区服务管理局工作，任岩屋坪社区党支部书记、居委会主任。由于大胆创新社区工作，被中共万山特区党委树为先进，并制作电视片《大山作证》，作为开展保持共产党员先进性教育活动的典范，当选为万山特区第九届人民代表大会代表，被中共铜仁地委表彰为优秀党务工作者。2008—8月至2013年，在万山特区城市管理局工作。2013年12月退休。

刘　强

刘强，男，汉族，1955年5月出生于四川西昌，1956年随父迁居万山（贵州汞矿），就读矿小、矿中。1974年10月至1977年3月期间，作为知青，下放万山特区东方红（高楼坪）公社劳动锻炼。1977年3月至1980年1月到贵阳医学院医学专业学习。1980年1月至1984年11月任贵州医学院教师、党委办公室副主任；1984年11月至1989年9月任贵州省委组织部干教办副主任、宣传干部处副处长；1989年9月至1993年9月任中外合资贵州饭店工会主席、副总经理、党委副书记；1993年9月至1996年12月任贵州省计划生育委员会党组成员、副主任；1996年12月至2007年11月，任贵州省档案局党组书记、局长；2007年11月至2008年4月任贵州残疾人联合会党组书记，省人大选举任免联络委员会委员。

欧家涛

欧家涛，1959年10月出生，男，中共党员，本科文化，贵州省万山特区下溪侗族乡人，现在山西省太原市通泽区统战部工作。

1966年至1978年10月在下溪中学读书。1978年10月应征入伍，在昆明军区42师125团二连当战士。在参加对越自卫还击战中，荣立二等功一次。1979年9月被选送到北京军区陆军学院学习，1981年6月从陆军学院毕业后分到山西省军区独立一团二连工作，担任排长，副连长（副政指）连长（政指）。

1990年9月从部队转到陕西省太原市通泽区（原南城区）工作。1990年9月至1998年6月在区纪律检查委员会担任干事，专职检查员，检查室主任等职（正科级）。1998年6月从区纪委调任到区民政局，担任局长兼双拥办主任。2009年6月由区民政局调任区委统战部，担任常务副部长兼工高党组书记（副县级）至今。2012年调动为太原市通泽区总高会会长至今。

工作期间由于工作出色曾被中央电视台12频道报道。

刘永贤

刘永贤，女，汉族，原籍湖南新化，1959年3月出生于贵州万山特区，1980年7月毕业于贵州铜仁师范专科学校数学专业。

1978年7月—1980年7月在贵州省铜仁师范专科学校数学专业学习；1980年8月—1986年6月任贵州省冶金汽车修配厂子弟学校教师、教务主任、副校长；1986年7月—1987年6月任贵阳市白云一中教师、工会主席、党支部书记、政教主任；1987年6月—1991年5月任共青团白云区委员会书记；1991年5月—1998年11月白云区委宣传部副部长、区文明办主任（兼）（其间：1992年9月—1994年9月在贵州省委党校经济管理专业学习；1998年4月—1998年11月任白云区创卫指挥部常务副主任）；1998年11月—2000年10月任白云区大山洞街道办事处党委书记；2000年10月—2003年1月任白云区麦架镇党委书记；2003年1月—2003年2月白云区委常委、麦架镇党委书记；2003年2月—2003年3月白云区委常委、宣传部部长、麦架镇党委书记；2003年3月—2006年9月白云区委常委、宣传部部长；2006年9月，任南明区委常委、宣传部部长。

文　武

文武，男，汉族，原籍四川乐至，1959年8月出生于贵州万山，中共党员。

1977年在万山特区贵州冶金地质一队子校高中毕业；下乡在万山特区黄道公社锁溪大队务农，其间任黄道中学代课教师；1978年10月至1980年8月考入贵州汞矿技校读书；1980年8月至1984年3月在贵州汞矿技校任教，兼校团委书记；1984年3月至1985年9月在贵州汞矿团委任宣传干事；1985年9月至1987年9月考入贵州广播电视大学中文秘书班学习，1987年9月至1991年贵州汞矿团委书记；1991年3月至1993年3月任贵州汞矿党委办公室主任；1993年3月至1997年4月任贵阳市白云新兴城市信用社信贷员，办公室主任，党支部书记、主任（法人代表）；1997年4月至2008年6月任贵阳市商业银行白云支行行长、党支部书记；2008年6月至2012年1月任贵阳银行毕节分行行长、党支部书记；（其间：2002年至2012年，连续当选为贵阳市第十一届、第十二届人大代表。）

1997——2011年多次荣获上级表彰。如1997年荣获贵阳市白云区“优秀党务工作者”称号；1997年荣获贵州省公关协会“贵州省首届公关优秀企业家”称号；2007年1月被中华全国总工会评为“争做知识型职工”先进个人；2009年3月被贵州省银行业协会表彰为全省优秀支行行长。

龙永常

龙永常，侗族，1966年3月出生于贵州省万山特区高楼坪乡黄家寨村。先后在万山特区高楼坪乡黄家寨小学、万山特区中学读小学、中学。1992年5月加入中国共产党。现为贵州省机构编制委员会办公室事业单位登记管理处（局）处（局1）长。主要经历：1982年9月—1986年7月，在贵州师范大学历史系历史专业学习；1986年7月—1992年9月在贵州省万山特区中学教书，（其中1990年8月—1992年9月，在贵州省委党校科学社会主义专业研究生班学习）；1992年9月—1994年8月，在贵州省万山特区委办公室任秘书；1994年8月—1998年6月在贵州省机构编制委员会办公室任副主任科员；1998年6月—2000年12月，在贵州省机构编制委员会办公室任主任科员；2000年12月—2010年3月，在贵州省机构编制委员会办公室事业单位登记管理处（局）任副处（局）长，（其中2003年9月—2003年11月，在贵州省直属机关党校学习，2006年6月—2007年2月，在贵州省安龙县党建扶贫）。2010年3月至今，在贵州省机构编制委员会办公室事业单位登记管理处（局）任处（局）长。

牟进亮

牟进亮，土家族，1969年5月出生，贵州万山人。1987年11月入伍，任武警广西总队二支队七中队战士、副班长；1990年3月任武警广西总队四支队八中队班长；1990年9月任武警南宁指挥学校学员；1992年1月入党，1992年7月任武警广西总队四支队八中队排长；1994年8月任武警广西总队四支队政治处宣传股干事；1996年12月任武警广西总队四支队政治处干部股副股长；1998年9月任武警广西总队政治部干部处干事；2004年6月任武警广西总队政治部干部处副处长；2008年1月任武警广西总队政治部秘书群联处处长；2011年3月任武警广西总队河池市支队政委　武警上校警衔；2014年10月任广西壮族自治区测绘地理信息局机关党委调研员；现任广西壮族自治区测绘地理信息局机关党委调研员。

1992年11月、1994年5月、2001年12月、2013年12月先后四次荣立三等功。

袁　华

袁华，1975年8月出生于万山特区，侗族，大学本科毕业。1995年8月2日任中共万山特区委秘书，2001年10月6日至2008年8月10日任中共万山特区委办公室副主任。2008年8月10日至2009年6月1日任万山特区政策研究室主任。2009年6月1日至2012年5月1日任贵州省安顺市平坝区委办公室主任、区委宣传部常务副部长。2012年5月1日到2013年5月6日任贵州省安顺市委组织部部务委员。2013年5月6日至2015年3月7日任贵州省安顺市委组织部副部长。2015年3月7日开始任贵州省安顺市普定县委副书记。

杨再华

杨再华，侗族，1965年8月出生于贵州省万山特区高楼坪侗族乡高楼坪村老院子，双研究生学历，中共党员，曾任中共铝业股份有限公司广西分公司党委委员、党建工作部（党委组织部）部长、高级政工师，中国铝业公司政工系列高级职称专家评审委员会委员。

1977年9月至1982年7月在贵州省万山特区中学读书，1982年9月至1985年7月在贵州省铜仁师范专科学校英语系学习。1985年8月至1991年8月先后在贵州省万山特区黄道中学、万山特区中学任英语教

师。1991年9月至1993年7月在中共贵州省委党校科学社会主义专业攻读硕士研究生。1993年9月调平果铝业公司外事处工作，任翻译，1994年5月至1997年12月在平果铝业公司动力厂工作，先后任政工科副科长、科长兼厂办主任，1997年12月至2004年2月在平果铝业公司党委办公室、公司办公室任副主任（主持工作）。期间，2002年9月至2004年7月在职参加南京大学工程管理学院企业管理研究生班学习。2004年借调到北京中国铝业公司总部工作，2006年3月回平果铝业公司任党委组织部部长、党委办公室主任。机关党委副书记。2008年5月至2011年3月任中国铝业广西分公司党群工作部部长（党委组织部部长）；2011年3月至2013年12月任中国铝业广西分公司党委委员、党委工作部主任（党委组织部部长）；2013年12月至2016年6月任公司党委委员、平果医院党委书记兼副院长。长期在企业从事思想政治工作和企业管理及基础经济理论研究与实践工作，自1992年以来先后有20余篇论文在国家级和省部级理论刊物上刊登或大型理论研讨会上交流。主持编著了《思想政治工作也出生产力》（平果铝业思想政治工作优秀成果专著，22万字，中国大百科出版社出版发行）、《民族经济发展论纲》（经济学专著，15万字，与社科院研究人员联合编撰，中国物价出版社出版）、《中国铝业有限公司广西分公司对党群工作标准化体系文件汇编》（21万字）、《中国铝业股份有限公司关系分公司学习实践科学发展观成果汇报》（42万字）等理论专著和大型学习教育活动成果汇编。先后多次荣获中国铝业公司及本企业的先进生产者、优秀共产党员和优秀党务工作者荣誉称号，其学术成果及工作业绩先后被收录于《世界优秀华人词典》《中国专家学者词典》等书中。

第二节　科技界

刘存敏

刘存敏，民国13年（1924年）生，1952年毕业于沈阳地质专科学校。1957年从吉林夹皮沟金矿调入湘黔汞矿公司，先后任汞矿地测科科长、地质工程师、总工程师室主任、副总工程师、省冶金地质职称评定委员会副主任。

在汞矿27年的矿山地质工作，主要是沿袭苏联矿山地质工作的经验，每年为矿山搞地质储量和三级矿量的计算，为的是保证矿山的生产，同时也为合理开采利用资源和安全生产做监督工作。

在长期矿山地质工作中，为找矿、保证矿山生产作出了贡献。“如1957年与同事李朝保经过工作研究，在冷风洞找到较大的富矿体，使五坑由原来月产量2—3吨跃为20—30吨”。1960年4月出席省工交系统先进生产（工作）者大会，被授予“贵州省工交系统先进生产者”光荣称号。1984年11月，从贵州汞矿离休，享受地厅级干部待遇，住浙江温州。

付绍康

付绍康，汉族，民国19年（1930年）8月出生，中共党员，湖南桃江县人。国务院特殊津贴获得者。1949年12月毕业于湖南长沙高等专科学校，1950年1月受聘到沈阳东北人民政府化工局工作，先后在401厂（辽宁葫芦岛锌厂）任技术员、工段长、工程师、车间团支部书记。1964年2月由冶金部抽调支

黔到贵州汞矿642工作组参加炼汞流程改造试验工作，先后在试验车间、生产科、冶炼厂工作，1981年任汞矿科研所所长，1983年任汞矿总工程室副总工程师，分管冶炼业务，后任总工程师办公室主任，1989年晋升高级工程师，任贵州汞矿氯碱镁工程指挥部总工程师、副指挥长。1990年当选为特区五届人大代表、第二届政协委员。1992年12月虽然办理了退休手续，但到1994年7月才离岗休息。

参加工作以来，在401厂参与的沸腾焙烧炉高温氧化焙烧锌精矿试验，被列为1964年中华人民共和国科学技术委员会发明记录，并在全国火法炼锌厂普遍运用。两相内溢流双层沸腾焙烧炉炼汞试验成果，经1968年工业性投产，并不断改进完善，形成有两大特点炼汞流程：一是国内外独有的沸腾炉型，二是目前处理低品位矿最好的炼汞流程。在科研所、总工办期间参与主持组织汞系列产品的调研、研制、设计、施工、投产等多项工作，成功生产钛汞合金、锌汞齐、钠汞齐、氧化汞、氯化汞、氯化汞触媒等产品。多次被评为五好职工、五好标兵、先进工作者，受到贵州省人民委员会、有色金属总公司贵阳公司、贵州汞矿表彰。所撰写的《有色金属进展》《硫酸汞净化电热蒸馏炉炼汞尾气中的汞》《两相双层沸腾炼汞》《汞科技调研》《如何发挥贵州省汞业优势》《电热蒸馏炉炼汞尾气中汞的净化回收》等论文，先后获中国有色金属工业总公司、贵州省政府、贵州省科协科技成果二、三等奖。1992年10月国务院为了表彰其为发展我国工程技术事业作出的突出贡献，决定发给付绍康政府特殊津贴。

王其伦

王其伦，汉族，民国20年（1931年11月5日）出生于四川合川渠嘉乡，高中学历，地质高级工程师。1981年5月18日被选为万山特区万山镇第二届人民代表，1984年9月4日当选为万山特区三届一次人代会人民代表；1984年9月24日为中共万山特区委第三届代表大会特邀代表；1986年12月18日当选为政协万山特区首届委员会第一次全委会委员、常委副主席；1987年9月17日为中共万山特区第四届党代表大会特邀代表；1987年10月6日当选为万山特区第四届一次人代会代表；1990年6月11日，当选为政协万山特区第二届一次全委会委员、常委、副主席；1990年6月12日，当选为万山特区第五届一次人民代表大会代表；1988年8月20日，当选为万山特区技术经济开发顾问团顾问、副团长。

1951年1月至1952年4月在西南步兵学校川东教导团任学员兵班长，1952年4至10月在重庆北碚川东工业厅技干学校学机械，1952年10月至1953年12月在西南地勘干校地质科学习，1954年1月至1954年3月任西钢地质处712队大罗坝铁矿普查组组长，1954年3月至1955年5月任贵州工业厅干训班地质教师，1955年5月至1955年11月任602队铁矿普查组地质组长，1955年11月至1990年10月任贵州有色地质一总队（原602队、驻万山）地质技术员、区段地质师、工人、地质工程师等，1956年3月至1958年期间曾与苏联专家克莫日阿、贝波契金等专家对地质技术进行过共同探讨。1957年10月至1959年7月在苏联专家费多尔丘克指导下搞汞矿储量计算和勘探网度研究。主要参加和主持计算编制了杉木董—冲脚、尖坡—蓑衣坑、川岩陇—核桃树、岩屋坪王家山、张家湾等汞矿床的储量报告。1981年5月21日由贵州省冶金工业局授予地质工程师技术职称。1986年任一队地质工程公司技术负责人，1988年起任地质工程公司经营开发科主任工程师，1992年8月8日，中国有色金属工业总公司贵州地质勘查局授予高级工程师的任职资格。1992年退休，任职资格未与工资挂钩。

1987年7月27日费多尔丘克专程到万山访问时，王其伦与之进行半天技术交流及陪访活动。王对工作认真负责，曾多次被评为年度先进工作者。退休后住四川省绵阳市。

李怀铸

李怀铸，汉族，中共党员，民国24年（1935年）5月生，四川隆昌县人。国务院特殊津贴获得者。

1951年9月在重庆西南工业专科学校学习，1952年9月至1953年9月在重庆大学预科班学习，1953年9月至1954年8月在中国人民解放军测绘学院学习，1954年9月进入北京钢铁学院学习。1959年9月毕业分配到贵州省冶金厅矿山处工作，1962年6月调贵州汞矿二坑工作，先后任测量员、地质员、生产技术组组长，1980年晋升为地质工程师。1982年3月任杉木董分矿生产科长，1984年晋升为主任工程师，1987年6月当选为万山特区首届政协常务委员。1989年任地质专业高级工程师，杉木董分矿生产副矿长。在繁忙的工作之余，努力钻研科学技术，先后撰写《探索挖矿地质特征控制矿山贫化率》《万山汞矿地质特征及其找矿意义》《地质特征对贵州汞矿开采的影响》《合理利用资源　稳定矿山生产》《万山汞矿田成矿规律与地质勘探》《丹寨型汞—金—砷矿床的地质特征及其找矿意义》《万山矿田空场采矿法的研究与实践》《地质特征对贵州汞矿开采的影响》等论文，在自然科学杂志上发表，并获第四届汞学术会优秀论文奖、贵州省首届自然科学优秀论文三等奖。1993年10月国务院为了表彰为发展我国工程技术事业作出的突出贡献，决定发给李怀铸政府特殊津贴。1995年退休。

谢洪武

谢洪武　民国25年（1936年）12月，出生于鱼塘乡牛场坡村下岩龙村民组。因家里贫困，读了4年书就辍学务农。1954年，茶店区成立兽医协会，谢参加协会任会计，并拜同村人谢维福为师学习兽医。1955年，又拜大坪乡周福海为师学习医马技术。1956年，抽调到茶店兽医诊所工作，负责全特区牲畜疾病的预防和治疗。1957年2月，从茶店兽医诊所调铜仁兽医站门诊部工作。1958年，谢到广西南宁进行培训，系统的学习了兽医知识。1964年2月，省兽科院在铜仁举办培训班，授课的白技师告诉他："牲口治病，你先看症状，然后翻书下药，每治好一例，都要做好笔记进行总结。"此后，谢还先后订阅了《中国兽医学》《兽医临床必备手册》《牛病防治》《中兽医诊治经验》等书籍，自学兽医治疗技术。1976年，在白水"五、七"大学任教，那时学校没有课本，谢自编教材给学生授课。1978年，德胜屯王家坡村寨一头水牛脚有肿块，牛不停地用舌头舔肿块，多名兽医医治都未治好，村民便进城找谢去治医。第二天，他仔细观察牛后，采用五虎丹拌甜酒捣烂敷上，牛马上不舔肿块，三天后牛脚就好了。谢爱看书，善于钻研凝难病症，特别是医马医牛技术高超。1980年4月，鱿鱼铺几十头牛发生炭疽病，病情迅速蔓延，情况十分危急，当地兽医治不好，就打电话请谢去医治，他医治半个月不仅一头牛未死，而且感染的牛也全部治好了。一位乡村医生说："老五，会讲话的人我治不好，不会讲话的牛你能治好，你真了不起！"1985年，八里岗30多头牛感染炭疽病，捕杀了26头，只剩下12头，村民毛光恒找到谢医治，他注射安痛酊、青霉素、长抗等药，三天时间就治好这12头牛。2009年，谢才离开门诊部回家休息。

李平修

李平修，民国26年（1937年）9月1日出生于云南省楚雄地区大姚县赵家店区打左基乡，1955年毕业于昆明冶金工业学校后，由国家统一分配至贵州汞矿，任坑口井下采矿技术员。1959年调贵州汞矿（当时称湘黔汞矿公司）炸药总库工作，先后任炸药库技术员、工程师、炸药生产车间主任、副厂长、厂长等职务。

1983年当选为中国共产党贵州省第五次代表大会代表。1962年苏联停止向中国出售梯恩梯，造成矿山爆破材料短缺困难。汞矿所需炸药全靠汽车从江西、山东、四川、贵阳等地运入，路途遥远、交通不便、价格昂贵，而且储存期过长，受恶劣气候影响容易变质，仅一次就因质变浪费80吨。李平修为了降低成本，提高炸药质量，确保井下爆破需要，决心自制新型炸药。1964年7月14日，他正准备销毁检验不合格的80多枚雷管时，这些雷管意外地发生了爆炸，右手被炸得血肉模糊，全部下牙被炸掉、碎片击中了眉间，9块铜片穿过头骨留在颅腔内无法取出，全身被83块碎片击中。经全力抢救脱险，吊了17天盐水，不待伤势痊愈，他就悄悄离开医院回到生产车间，他经常强忍疼痛，想尽办法寻找原材料，研制炸药配方，经过艰苦努力，终于找到和利用某医药制药厂生产某些药品的废料为原材料，经过千百次试验，终于成功生产出一种适应矿山岩石物理机械性能爆破的1#铵梯邻、2#铵梯邻炸药，质量超过国家二号岩石炸药爆破标准。铵梯邻炸药不仅爆破威力大，防水性能好，而且成本低。单是成本一项，每年为汞矿节约38万余元。

李平修于1958—1959年先后被评为先进生产（工作）者，受到湘黔汞矿公司、贵州省汞矿、铜仁专员公署、贵州省人民委员会的表彰。1972—1978年多次被评为先进生产（工作）者受到贵州汞矿、万山特区革命委员会和中共贵州汞矿委员会表彰。1977年获省冶金工业局表彰，名登冶金工业部光荣册。1978年获贵州科学大会表彰，冶金工业局授予他产品质量先进个人光荣称号，同时获中华人民共和国冶金工业部表彰。1980年度被评为贵州汞矿劳动模范、冶金工业部授予劳动模范称号；1981年以完成高威力爆破成果，荣获全省科学技术成果奖励大会三等奖，贵州省人民政府授予荣誉证书；1981至1982年被评为贵州汞矿优秀共产党员；1983年，贵州省冶金工业局授予五好标兵称号，贵州省人民政府授予省劳动模范称号，同时当选为出席中国共产党贵州省第五次代表大会代表，获国家民委、国家劳动人事部、中国科学技术协会联合表彰，并授予荣誉证书。1997年退休回原籍居住。

黄鸿飞

黄鸿飞，民国26年（1937年）生，湖南新邵人，1963年毕业于贵州工学院冶金系有色冶金专业，12月分配到贵州汞矿，先后在二坑、矿生产科、基建科、环保科任实习生、技术员、助理工程师、工程师、科长。1988年调氯碱镁工程指挥部，先后任高级工程师、总工程师、副指挥长。

黄鸿飞长期从事汞冶炼生产和汞污染治理工作，先后参加高炉技术改造、新建和大修，推广高炉鼓风强化冶炼和机械下渣，参与高炉尾气净化试验。试验出硫酸汞净化电热蒸馏炉炼汞尾气工艺，属国内首创，获贵州省科技成果三等奖。组织的贵州汞矿开发和冶炼对环境的影响及污染控制对策研究，获国家环保局的认可；撰写的《汞冶炼防毒技术措施报告》、《三年防治汞毒规划》和《汞业尘毒防护及管理规程》分别获有色总公司科技成果三等奖、四等奖。参与氯碱镁工程立项、论证、方案设计、实施全过程，并修改设计节约投资近100万元。

花永丰

花永丰，白族，云南省洱源县茈碧公社五充街人，民国27年（1938年）12月生，是享受国务院津贴的高级工程师，贵州有色金属和核工业地质勘查局地质研究所所长。

1963年9月在昆明工学院地质系毕业，全国统一分配到贵州冶金勘探公司地质一队地质科任科员，1968年为贵冶地质一队二分队地质技术负责人，1973至1975年任地质一队地质科科员，1975至1981年为地质科副科长，总队技术负责人。1983至1985年任地质一总队研究室副主任；1986至1987年任贵州地质勘查局地质处处员；1988至1989年任地质处副主任工程师；1989至1990年任地质处副处长、主任工程师；1991年开始任局地质研究所副所长（主持工作）。他著有《万山南区汞矿规律及盲矿预测研究》（此文于1993年12月30日获贵州省人民政府授予的三等奖）；《万山地区风化环境中汞的活动行为探讨》（获贵州省科学协会优秀论文证书，经中华知名人物丛书编委会选送经各位资深专家评审，在评审中获特等奖；1999年12月被载入《中华魂、中国百业领导英才大典》，称其“为中华民族昌盛和人类社会文明进步做出了突出业绩”；《隐伏矿产资源勘查—地学战略制高点》于2006年6月在首届中国百科专家经典论著征文活动中被评为优秀成果特等奖，2007年6月编入《中国百科专家经典文库》一书。此外，还著有《中国汞矿成因及其找矿预测》、《贵州万山汞矿》、《汞的地质地球化学》，这些专著先后由贵州人民出版社、地质出版社、中国有色金属工业总公司地质勘查局出版。1997年12月退休，住贵阳油榨街。

许致喻

许致喻，女，民国27年（1938年）7月23日出生于四川省古蔺县。曾先后获贵州省有色地质勘测局一总队绘图助理技术员、助理工程师、绘图工程师等技术职称，并担任绘图组组长等职务。

许高中毕业后于1956年3月考入重庆地质勘探公司，分到西南地质局测绘训练班学习半年，主要学习地形、地质绘图、氨熏图、调色、着色及有关绘图方面的普通地质、地形测量等。1956年9月分配到贵州省有色地质勘查局一总队绘图室搞绘图工作。1959年参加绘制万山汞矿区大坪及杉木董特大型汞矿床储量报告图件，协助苏联专家费多尔丘克绘制插图。此后又陆续绘制了张家湾、红山、冷风洞、岩山坝、山羊洞、文家屋场、猫坡、田坝等大、中、小型汞矿储量报告和历年上交的各类地质报告图70多个。

1975年，许在绘图室推广使用了牛胶多色一次印图技术，1976至1978年组织绘图室共同研究试验成功琼脂多色一次印色法，改变了传统的手工逐一上色的落后状况，提高功效25—30倍以上。1978年10月写出琼脂印色的文章参加全国冶金地质、测绘制印经验现场交流会，并在大会上作了交流。同时学习了尼龙网膜印图、晒印图、铬胶翻版、光学缩放，铅字盖印，牛胶印色、多色清绘等。

许一生擅长绘地形图、地质图、挂图、图册、亦能绘机械图、土建图和各种工程图及直接用于制版印刷的各类节刊插图等。在她工作的三十多年中，她所清绘的图件达千余张，其中比较复杂的小比例图件有100万／1贵州省地质图、50万／1的成矿预测图和万山汞矿区5万／1区域地质图等。

1979—1981年期间，在有色地质勘探公司技工学校，教绘图专业课兼班主任老师，培养学生50名，他的学生在后来的绘图岗位上大部分成了生产中的骨干。1981年许被评为贵州省技工学校先进教师。参加在昆明召开的技工学校教师经验交流会。

许在党的培养教育下，工作勤勤恳恳，刻苦耐劳，他学习掌握地形绘图测量绘图、普通地质、地形测量等。1985年被选为绘图组组长后，她采取"测绘生产定额"管理方法，打破了长期在绘图工作中吃"大锅饭"和平均分配问题，推动了绘图工作的顺利前进。

此外，她在1992年退休后，还帮助铜仁地区万山、玉屏、铜仁、江口等四县绘制了地质、地形、地貌、交通等各种图件，为争取获得世界粮食计划署的粮援补助项目（5181项目）作出了较大贡献。

樊一帆

樊一帆，民国37年（1948年）生，1951年随父母住万山贵州汞矿，1967年，矿中高中毕业，1968年上山下乡铜仁地区松桃县盘塘大队，后抽至松桃县农机大修厂工作；1982年大学本科毕业于贵州工学院自动化专业，分至贵州省环境监测站工作，任工程师；1991年调深圳任商检局（出入境检验检疫局）工程师、高级工程师；深圳市专家工作联合会专家库成员。樊一帆与其胞妹樊静帆在万山生活多年，了解万山，热爱万山，兄妹俩不辞辛劳和繁琐，千里迢迢叩户于故旧，采录旧闻，寇集矿山人事物资料，著就了《万山千秋》一书，为结束千年名矿生命的万山贵州汞矿留下了一份珍贵的历史写照。

伍新凤

伍新凤，男，苗族，1958年出生于湖南凤凰，长于贵州，为贵州汞矿四坑职工子弟。毕业于贵州大学艺术学院美术系。天海规划设计公司创始人、董事长、总经理；首席策划、规划、设计师；北京联合大学师范学院客座教授；中国建筑装饰协会学术委员会委员；中国景观设计专业委员会副主任；中国国际空间环境艺术设计大赛评委；国际ICAD注册A级职业景观设计师。

2006年5月以作品"贵州博物馆"荣膺全国环境艺术设计大赛最高奖项；2008年荣获中国规划建筑行业年度"规划建筑金牌设计师"称号；先后获得贵州省"有突出贡献的美术家"、贵阳"城市新锐榜风尚人物""贵州都市年度人物奖"等殊荣。2010年8月，伍新凤编著的《变城记—城市规划改造篇》《筑魂记—原创建筑篇》《梦游记—旅游规划篇》《造景记—原创景观篇》四部专著已由中国建筑工业出版社出版发行，并于2012年再版，收到业界的广泛好评与重视；理论专著《走出迷雾》得到两院院士、原中国建设部副部长周干峙先生的充分肯定和认同，并为其专著书写了前言。

伍新凤的设计坚持"民族现代化，现代民族化"的创新理念，在规划设计行业操作模式上推陈出新，在实践中实现了规划设计行业程序一体化服务的理想，致力于城市核心价值与人文精神的挖掘和升华。几年来已完成五十多项重大的城市改造和景区规划设计项目，为推进城镇化建设事业作出了突出的贡献。

第三节 文教卫生艺术界

杨福昌

杨福昌，侗族，民国18年（1929年）5月出生于万山特区敖寨侗族乡石头寨，诗词创作爱好者。

解放前读过私塾，高小学历，在家务农。解放后积极参加反封建斗争。曾先后任农会村长，乡镇委员，信用社主任，乡党支部书记、副区长、区长、县财政科科长。1956年抽调省干部学校学习。1958年8月学习期满，调贵州农学院林学系工作，任党总支组织委员，1959年元月任党总支副书记。1962年6月为加强基层下放回铜仁县委组织部工作，1966年任茶店区委书记，“文化大革命”期间曾遭到冲击。1981年10月任铜仁地区老年大学文学班学习。现为省、地诗词楹联学会会员。

杨福昌爱好书法，平时读了诗人李白、杜甫、陆游和毛泽东的诗词，常写些诗词、楹联，抒发人生感悟。特别是退休后，参加老年大学学习，得到老师、教授的指点，作诗、楹联的兴趣更浓。正如他一首诗“七秩将近何所求，诗书伴我度春秋，唱吟只觉时空小，发白心红志不休”。到1999年将其所写诗词256首整理成《奋蹄集》献给读者，其中近百首诗词得以在各种刊物上发表。

尹大模

尹大模，土家族，中共党员，生于民国23年（1934年）2月，贵州印江人，社科副研究员。

1950年秋参加工作，历任德江县党训班副主任，德江县委党校副校长、校长，县委办公室秘书、主任，县革委办公室主任，1976年12月任县革委副主任，1977年5月任县委副书记、革委副主任。1980年2月到贵州省委党校学习半年。1983年11月调任万山特区党委副书记，1984年5月调整到特区农村工作部工作。1986年7月后任万山特区地方志办公室副主任、主任。1993年9月任万山特区直属机关党委书记、兼任党研室主任，同时评聘为社科副研究员。1997年4月退休。主编的《万山特区志》1993年获中国地方志指导小组首批新编地方志优秀成果三等奖，主编的《中共万山特区组织史资料》第一卷，获省党史编研优秀成果奖。在《中国县市改革纵横》《党建理论文库》、贵州《史志林》等刊物发表《万山特区改革管理体制 增强经济活力》《“三个代表”是力量之源》《黔东革命根据地的历史贡献》等文章，所撰写的《德江县消灭丝虫病经验》在中央第三次血防工作会议上交流。还发表一些诗词、书法作品。3次被评为铜仁地区党史系统先进工作者，1991年特区党委、政府授予“专业技术优秀人才”称号。

李 杰

李杰，笔名江枫、戈飞，中共党员，民国25年（1936年）5月出生于浙江省温州瑞安市，1955年由浙江杭州分配万山矿山工作，先任化学分析技术员，后较长时期担任贵州汞矿宣传科科长和《贵州汞矿报》编辑职务。1984年12月至1990年1月任中共贵州汞矿党委副书记，1990年至1992年任贵州汞矿副矿长，1992年退休回老家瑞安定居。

李杰多才多艺，业余爱好摄影和写作。1983年为贵州省科普协会会员；1984年为贵州省冶金系统文

学艺术协会常务理事；1985年被聘为中国有色金属报社记者，又参加中国摄影家协会贵州分会为会员，贵州省《冶金文艺》副主编；1988年成为中国有色金属学会会员，1989年5月入选《中国摄影家大辞典》；1989年被聘为《贵州之最》一书编纂顾问；1990年为贵州省写作学会会员。摄影作品曾参加西南四省联展及贵州省《可爱的贵州》影展。2012年10月16日，他将自己长期拍摄的、能反映贵州汞矿各时期工人生产的工具、产品、场景，矿山建设发展状况，以及外国专家赠送的五十年代在万山的照片、底片、录像带等等，连同他1955年私人购置用作装载照片、底片的小皮箱一并无偿捐赠给铜仁市万山区档案局，为后人研究万山汞矿采、选、冶发展历史留下宝贵资料。

李杰在《冶金报》《中国冶金史料》《金属世界》《贵州日报》《贵州文史丛刊》《贵州地方志通讯》等省内外报纸、杂志上发表通讯报道、文史、科普、文学、摄影等许多作品，曾受中国有色金属工业总公司委托，编写《新中国有色金属・汞工业》一书，于1986年在北京出版。还先后参加了《当代中国的有色金属》《当代中国的贵州》《万山特区志》《贵州省志・贵州有色金属工业志》等书的编撰工作。编著的《贵州文史资料专辑・贵州汞矿史料》已于2012年由贵州省政协文史办交云南人民出版社付梓出版。

姚茂义

姚茂义，民国30年（1941年）生，侗族，万山赶场坝人，中共党员。1960年高中辍学后在家务农，先后担任生产队会计、武装民兵排长、副连长、团支部书记、公社业余政治辅导员、青年联合会主席。1964年11月考入铜仁地区速师班学习，1966年8月结业后分至长坳小学、大坪完小任教，并任大坪完小负责人。1971年11月至1972年8月调铜仁地区中师培训班学习，一年后，分至梓木坪戴帽初中班、高楼坪完小、赶场坝中学、大坪学校任教，并担任大坪学校革委主任。1977年11月至1979年12月调万山特区教育局教研室任教研员。1980年1月至1981年2月调中共贵州省委党校学习。1982年3月调中共万山特区委党校任理论教员，1984年元月至1988年4月任党校副校长。1988年5月调中共万山特区党史研究室和万山特区地方志办任副主任，1993年6月后任主任，经考试并评聘为中科助理研究员，2001年退休。

工作后，曾多次以姚飞、长江的笔名写的文章，得在铜仁农民报、梵净文学、解放军报、贵州党史通讯、政协文史等报纸、杂志刊登。参与编纂的《万山特区志》获全国首批新编地方志优秀成果三等奖，主编的《万山革命风云》获贵州省党史系统首届科研成果优秀奖，主编的《中共万山特区历史大事记》获贵州省党史系统首届科研成果特别奖。《万山革命风云》真实地反映了万山红色政权在民国时期的存在，为革命牺牲的烈士正了名，为万山革命老区的确立提供了强有力的基础材料。

退休后，为铜仁地志办聘为《铜仁地区通志》编辑，负责铜仁地区"农业经济""民族起源、迁徙、风俗""人口与计划生育"等篇的编纂，并担任了对"黔东特区"铜仁地区军事、文教、卫生、体育、行政建置、铜仁汞矿等汇编资料的修改。

2011年应万山特区档案局聘请为《万山特区工业志》《万山特区汞工业文化遗存图志》《万山特区志》（修订本）的执行主编。《万山特区工业志》《万山特区汞工业文化遗存图志》出版发行后，深受读者好评，普遍反映这两本书科研价值较高。2015年被评选为贵州魅力老人。

余代华

余代华，土家族，大专文化，民国34年（1945年）7月生，湖南芷江岩桥乡人，中学特级教师。

1963年7月芷江一中毕业留校任教当实验员，1964年7月下放到岩桥乡牛型村劳动，1966年7月在该村任民办教师，1967年8月转为岩桥乡中学正式教员。1970年8月调芷江一中教化学，1980年9月考入湖南省教育学院进修化学，1981年7月毕业安排到芷江三中任教。1985年8月应聘到万山特区中学任教。为政协万山特区第四届委员会常务委员。在长期的中学化学教学中，积累了丰富的教学经验，教学业务精湛，师德高尚，深受学生尊敬。撰写的《利用离子进行计算》《变换思维 逆向配平》《酯化反应种种》《化合价顺口溜》等文章得以在《湖南教育》《中学化学报》发表。应邀为“中学生丛书”编委，参与《高中化学解题规律、方法、技巧》《高考辅导与能力训练》《高考热点剖析与模拟训练》《化学中考冲刺训练》《化学解题方法》丛书的编写。所撰写的《有机物氧化-还原反应》获铜仁地区论文三等奖。1995年评为全国优秀教师受到教育部表彰，1996年贵州省政府授予特级教师，2000年铜仁地委、行署授予“专业技术拔尖人才”称号。

田必涛

田必涛，侗族，1950年5月生，中共党员，大学学历，万山特区高楼坪人。高级讲师，全国优秀教育工作者，铜仁地区教育局局长、党组书记，职业技术学院党委书记。

1972年7月加入中国共产党。1974年7月铜仁师范专科班数学专业毕业，分配到铜仁地区教师进修学校任教，1976年到地区“五七”干校劳动锻炼1年。1977年1月调地区教育局工作，先后任政工科副科长、科长。1983年9月考入贵州省教育学院教育行政管理专业学习，1985年6月毕业。1986年调任铜仁民族师范学校党委副书记、副校长，1990年12月任校长、党委书记。1993年被聘为高级讲师。1999年5月调铜仁地区教育局任局长、党组副书记，兼任铜仁民族师范学校校长到年底。2001年10月任铜仁地区教育局局长、党组书记，1993年被教育部、人事部授予“全国优秀教育工作者”称号，1998年获地委、行署“科技兴铜一等奖”，后任铜仁职业技术学校党委书记（副地级）。2001年中共贵州省委授予“党风廉政建设先进个人”称号。发表论文10余篇。是中共贵州省第九次代表大会代表。

吴培军

吴培军，侗族，1952年8月出生，中专文化，中共党员，贵州万山高楼坪人。

1972年高中毕业回乡当赤脚医生，1975年秋被推荐到铜仁卫校医士专业班学习。1977年毕业回村务农，1978年秋应聘到高楼坪卫生院工作，1979年2月应征入伍，在部队仍搞医疗卫生工作。两次受到部队嘉奖。1982年春退伍回家。自筹资金办起村卫室、计生室，并自费到铜仁地区医院进修学习。三十多年的村医生涯，风里来，雨里去，起早摸黑，练就了一个朴实好学的人生性格。对病患者，不管有钱无钱，总是有求必应，随喊随到。对五保户、残疾人、特困户、独生子女户、两女结扎户、复退军人实行

减免医治，共计减免医疗费用3万余元，同时向社会助学工程、敬老院捐资2000余元。在从事医疗过程中，注重知识积累，总结医疗经验，写出医学论文7篇发表在医学杂志上，其中《中西医结合治疗中风的体会》发表于《中国乡村医药杂志》，获优秀论文奖，"五消冲剂"配方获国家科技专利成果。1999年应邀到湖北襄阳、南皮、贵州德江等县交流讲课。所负责的村卫生室、计生室工作受到省表彰一次，地区表彰两次。1998年5月被国家卫生部医政司、妇幼卫生司、国家医药管理局、中国农村卫生协会、健康报社授予"全国模范乡村医生"称号，1999年12月经世界传统卫生组织学术委员会评审，吴培军为基础传统医学事业作出突出贡献，授予其WTHO圣塔莫尼卡明星人才基层杰出医生奖。

徐昌登

徐昌登，侗族，生于1954年12月，中共党员，高楼坪人，贵州省地方志先进工作者。

1979年7月铜仁师专毕业后，分配到万山特区中学任教，任办主任、理化教研组长。1983年初调离教学岗位，先后到特区委组织部、教育局、档案局、史志办工作，历任特区党委组织员、组织部副部长、教育局长、档案局长、史志办主任等职。其间到贵州师大参加高中化学教师培训和省委党校参加组织干部培训。

工作期间，先后担任《万山特区志·续志》主编、执行主编，《万山革命风云》的副主编，《万山特区民族志》《汞都——万山工人运动史》（贵州人民出版社出本）主编，独立完成《中共万山特区组织史资料》第二卷、《万山特区政权志》（初稿）、《万山特区军事志》等书编写任务，其中《万山革命风云》《万山特区组织史资料》获贵州省党史编研优秀成果奖，《汞都——万山工人运动史》获铜仁地区社科成果专著二等奖。为《贵州年鉴》《铜仁年鉴》1998至2007年卷撰稿人之一，撰稿6万余字。先后被评为地区先进档案工作者，2005年被评为全省地方志系统先进工作者，受到贵州省地方志编纂委员会、省人事厅表彰，2007年被贵州省委党史研究室授予2001至2006年全省党史系统先进工作者。2011年被评为全国地方志先进工作者。先后撰写《续志要与时俱进 突出时代特色》、《万山工人阶级的产生与早起的反帝斗争》等文章得以在《史志林》《贵州党史》等刊物上发表。

杨昭斌

杨昭斌，侗族，1955年5月生，高楼坪龙田人，大专学历，精通民间根雕艺术。

1972年进入贵州省化工学校学习，1975年毕业分配到贵州省化学工业厅工作，先后任化学工业厅秘书、贵州化肥厂办公室副主任、宣传部长。1982年到南京大学进修化工企业管理专业。1991年调国家重点工程瓮福矿肥基地工程指挥部任工程质量监督站副站长。爱好文体，喜欢摆弄花卉盆景、收集奇状异石，特别是在根雕艺术创作上取得不少成果。所创作的根椅、根桌、根沙发、根屏风、根壁灯被很多国家和地区收藏者收藏，1999年中国民间文艺家协会根雕艺术委员会、云南省民间文艺协会根雕艺术委员会在云南举办的根艺大展会上，他的根雕作品《浩气冲天》和《天下第一椅》分别获99中国昆明根艺大展金奖和银奖，成为中国使用根雕艺术创始人之一，贵州根雕艺术界知名人士。1999年从单位停薪留职后，把全身心都投入到根雕艺术创作之中，曾赴上海开办起根雕艺术公司，北京、大连等地的一些商家都积极代销他的作品。中央美术学院教授、著名雕塑家刘勇称之为"古朴苍劲，粗犷高远，振翅欲飞，展示出黔派根雕非凡的技法”。中国根艺美术大师、中国根艺美术学会主席马骥对其根艺作品更是赞不绝口，说“在贵州能出现这样雄浑大气、独具个人风格特色的根雕作品实属少见，它预示着黔派根雕已在中国根雕艺术界占有一席之地”。

冯游洪

冯游洪，汉族，1962年3月出生，贵州省万山特区高楼坪人，大学本科学历，中学英语高级教师，中学特级教师，广东省级骨干教师，现在玉屏民族中学执教。

1982年7月毕业于贵州省铜仁师范高等专科学校英语系，毕业后，在万山特区中学担任英语教师10年，1992年9月，考入华中师范大学英语系脱产进修攻读本科，于1994年6月顺利完成学业并获得学士学位。1994年8月至2007年8月，在广东省连州市第二中学担任高中英语教师，1995年7月获中学一级教师职称，1999年12月晋升为英语高级教师，2006年12月广东省政府授予中学“特级教师”称号。2007年9月，饮水思源，千里不忘故土，回到贵州老家的玉屏民族中学从事英语教学工作。

从教28年，桃李满天下，有较高的理论水平和丰富的教学经验，在省级以上刊物发表教学理论研讨文章多篇。工作兢兢业业，任劳任怨，关心和爱护学生，对学生不仅管教而且管导，教学能力强，教学成绩显著，多次受到省、地、县各级政府表彰。

龙永田

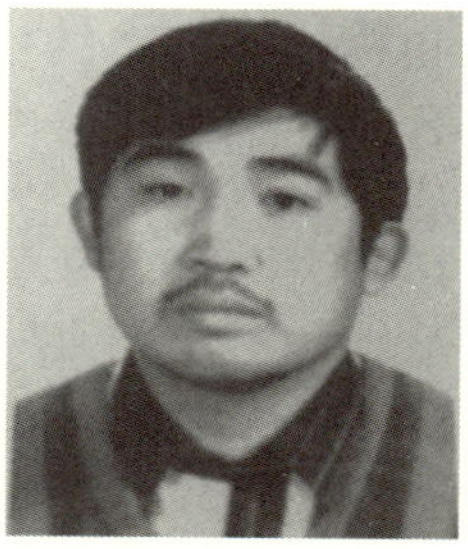

龙永田，侗族，生于1964年7月，中共党员，大学学历，高楼坪人，中学特级教师。

1982年9月考入贵阳师范学院外语系学习，1986年7月毕业分配到铜仁一中工作。1986年7月加入中国共产党，1999年1月被评为中学英语高级教师。系中国教育学会外语专业委员会委员、贵州省中小学外语教育学会理事、铜仁地区中学英语高级教师评委。1996年参加国家教委基教司与西南师范大学外语系联合举行的高中英语教材调研活动，1998年代表铜仁地区参加首届全省英语优质课竞赛获三等奖，1999年所带高三（7）班高考录取率居全特区之首，2002年经考核选拔为贵州省首届省级骨干教师培训班成员。辅导学生参加英语奥林匹克赛曾获贵州省特等奖。论文《SEFC教材课堂教学的优化与激活》《少数民族地区高中英语教学体会》获贵州省外语教育科学科研优秀论文二三等奖。2001年获全国英语教师“园丁奖”，2004年经考核以贵州省第二名成绩被国家选拔到英国墨丁大学留学进修，2007年被评为全国优秀教师，2008年贵州省政府授予“特级教师”称号。

姚胜祥

姚胜祥，1967年生于贵州铜仁市万山特区，侗族。现居贵阳，中共党员，大学文化，也用午赫、东篱、来阳平等笔名码字撰稿。任省政协《文史天地》编辑部主任，省政协港澳文化联络员，贵阳市作家协会副主席，贵州大学、贵州民族大学客座教授，贵州十大都市人物，贵州教育出版社特聘出版策划人。

著有：畅销历史散文《疯狂魏晋的牛人》（万卷出版社.2011年）；专著《魏晋原来这么疯狂》（台湾文

经阁出版社2012年）；报告文学《阻击黑暗》（贵州人民出版社，2008年与王华、南鸥合著）；历史随笔《职场古谭》（完稿，与天津百花文艺出版社出版合同已签）；40集工业题材电视连续剧《丹心》（创作中。已与央视和贵州电视台签约）。

作品散见《收获》《山花》《诗歌报月刊》《中华散文》《延河》《美文》《雨花》等杂志；散文入选07、06等年选及《中国西部散文30年精选》等选本。

曾获全国散文大赛一等奖，全国“天涯散文.散文天下擂台”第二名，贵州省首届金贵文学奖等。

杨 林

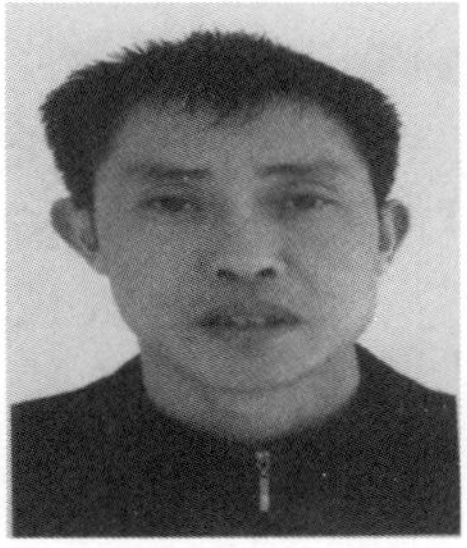

杨林，侗族，生于1969年9月，中共党员，黄道人。现任临湘村村委会委员、大榜片区支部书记。全国卫生系统先进工作者。

1992年开始从事村医工作，2001年3月担任大榜村计生专干，2005年被评为全国优秀乡村医生，受卫生部表彰。1991年杨林高考落榜后，立志要当一名乡村医生，就到玉屏卫生职业学校学习三年，后又到湖南新晃中医院学习半年，学成回乡到大榜村做村医工作。杨林为了用自己的医术和爱心让乡亲们少受病痛的折磨，在从事村医工作中，除热情接待患者上门看病外，总是有求必应，不管是白天黑夜，还是风霜雪雨，随叫随到，经常上门为患者服务，不管是有钱无钱都尽力医治。每年接诊病人达2000人次。为了使村民少发疾病，他率先在大榜村开展定点接种免疫工作，计划免疫接种率达100%。其从事农村卫生医疗工作先进事迹于2007年4月5日在中央电视1台《新闻联播》栏目播出，并当选为中共贵州省第十次代表大会代表。2008年1月，人事部、卫生部、中医药管理局授予其“全国卫生系统先进工作者”称号。

第四节 企业界

吴泽云

吴泽云，侗族，1952年6月生，高楼坪乡赶场坝人，1969年初中毕业在家务农，曾担任过生产队队长职务。1989年开始经商做朱砂、水银生意。1993年创办万山特区矿产公司，历任公司经理、总经理、董事长职务。1993年当选为万山特区第三届政协委员，是年3月任万山特区工商联第一届副主任、商会副会长、商会会长，贵州省工商联商会执委，铜仁地区商会常委；1998年3月被推荐为万山特区第四届政协常委；1998—2003年被推荐为贵州省政协铜仁地区工委委员；2002年12月被推荐为贵州省第九届政协委员；2003年任贵州省乡镇企业协会理事、铜仁地区乡镇企业协会副会长；2004年任铜仁地区光彩事业促进会一届一次理事会常务理事；2006年3月任第三届万山特区商会副会长，7月任贵州省工商联合会汞行业商会会长、万山特区工商联合会第四届商会副会长，9月任铜仁地区商会副会长。学术职称：高级经济师。

吴泽云创办的矿产公司，长期坚持“研拓创优，诚博持辉”的经营理念，坚持“质量是生命，科技是动力，信誉是保证，用户是上帝”的经营方针，使公司开拓的产品由多元复合氯化汞触媒、氯化汞粉状触媒、氯化汞等发展到生产氯化亚汞、试剂汞、硝酸亚汞、碘化汞、氯化氨基汞、辰砂等，市场也越来越广阔，除了国内东西部地区各商家争先购买外，还远销东南亚各国。生意越搞越红火，资本由几万元发展到几百万、几千万元，2012年公司总产值达到2..8亿元，对国家的贡献亦由万元增加到几万元、几十万元、几百万元，2011年创税1100万元。

矿产公司的发展，先后解决农村剩余劳动力560人次、下岗职工260人次、大中专毕业生60人次的就业问题，先后拿200多万元帮助乡邻乡亲买种子、耕牛、化肥、农药，为贫困农民的孩子入学提供学费，帮助8个贫困学生圆了大学梦，捐资支援农村修路、抗灾、安装自来水等公益事业，深受群众的夸赞。吴泽云对国家、对人民的贡献卓著，1994年被万山特区党委、政府授予“尊师重教先进个人”称号；1996年荣获铜仁地区第三届“科技兴铜三等奖”；1998年4月被评为“全国政协先进个人”；1997年被评为“安全生产先进工作者”；1998年9月被贵州省委、省政府评为“第四届乡镇企业先进经理”，并授予银质奖章一枚。同时被铜仁地区行署评为“工业生产任务完成突出奖”；1999年荣获贵州省省委、省政府授予的“全省先进经理（厂长）称号”；2004年获“贵州省铜仁地区光彩事业优秀奖”，被万山特区委、政府评为“科技兴万”一等奖；2006年获“优秀中国特色社会主义建设者”荣誉称号；2008年，贵州省工商联合会、贵州省商会授予抗凝冻、抗震救灾先进个人称号；2010年6月获“贵州省第四届创业之星”称号。

2009年，经贵州省工商联推荐随国家政协主席贾庆林出席在菲律宾举行的第十届世界华商大会。2011年随国家政协副主席、工商联主席黄孟复出席在新加坡举行的十一届世界华商大会。2014年贵州省国税局、地税局为其颁发“纳税信用二级企业”荣誉证书。

瞿向东

瞿向东，汉族，1954年6月出生于贵州省万山特区，大学，工学学士，中共党员。曾任中国铝业股份有限公司总经理（正厅级），高级工程师。

1972年7月毕业于贵州汞矿子弟中学高中部，童年12月参加工作，在贵州汞矿大龙电厂任钳工。1978年2月考入北京钢铁学院机械系学习，获得工学学士学位。1982年2月分配到贵州铝厂氧化铝分厂工作，历任技术员、工程师、副科长、科长、副厂长。1992年4月调广西平果铝业公司工作，先后任机动处、外事处处长，公司副总经理。2002年任中国铝业公司广西分公司副总经理，2005年11月任总经理，1993年获机械高级工程师资格，2000年12月被聘为成绩优异的高级工程师（教授级高级工程师）。1997年11月至12月在美国南加州大学进修工商管理，2003年4月在国家行政学院参加工商管理培训。担任中国有色金属学会冶金设备学委会历史、中南工业大学客座教授、广西大学硕士研究生导师、长沙矿山研究院高级科学顾问、广西科技评估咨询专家。由于业绩突出，先后荣获“全国设备管理杰出贡献奖”、广西壮族自治区劳动模范等多项荣誉称号。

田亚梅

田亚梅，女，万山特区高楼坪人，1956年生，万山特区金鑫汞业有限责任公司董事长兼总经理，万山特区第九届政协委员。2008年北京奥运会火炬手，全国第八届“创业之星”，贵州省优秀企业家，208年贵州省“三八”红旗手，贵州省慈善事业总会副会长。

2004年，万山不少残疾人无事做，无钱用，生活疾苦，受人歧视。田亚梅看在眼里，痛在心里，她决心办一个福利企业，解决残疾人的就业，使其能自食其力，减轻社会负担。经她努力，2005年9月贵州省民政厅正式批准她成立社会福利企业。她充分利用原贵州汞矿科研所下岗职工的技术力量和市场份额，通过资源整合，改扩建生产设施，加大资金投入，把公司办得红红火火。2011年年底，公司拥有固定资产1200万元。流动资金1100万元，在职员工125人，其中：大中专毕业生12人，残疾人110人，残疾人占员工总人数的88%，公司生产以低汞触媒为主，兼营氯化汞、精汞、高纯汞等系列产品、编织袋生产、商品猪等，充分发挥残疾人的作用，生产率不断提高，2011年企业总产值达到9000万元，固定资产由原来的几万元增加到7000多万元。工人的工资由2005年每月300—400元，提高到2011年3000—4000元，企业收入与工人工资同步增长。同时还给每位职工买医保、寿保、工伤保险、失业保险，每年每人1万多元，1年100多万元。

第五节　英　模

程国林

程国林1958年11月25日生，原籍贵阳，5岁时随父住万山贵州汞矿，贵州汞矿高中毕业后参加工作，中共党员。

1978年2月，程国林参加中国人民解放军，编入昆明军区35215部队，步兵一二六团一营炮连任副班长。1978年8月，程国林被抽调到军部训练，他的实弹射击投弹训练屡获师、团部嘉奖。1979年2月17日凌晨，南疆保卫战全线打响，程国林所在的42师126团一炮连3排奉命攻打班老地区一地势险隘的无名高地。3月6日，程国林所在部队深插到落美地带，整夜潜伏在作战阵地前沿距敌280米处密林中。3月7日拂晓时分，战斗打响了。越军凭借地势险要顽固阻击，如雨般的子弹猛泻向我军阵地，我军伤亡较大，战情危急，离主力部队发起总攻时间越来越近了，这时，杨连长语气坚定地命令程国林必须在两分钟内无论如何端掉敌人那个吐着猛烈火舌的一个暗堡，军令如山，来不及再作他想，程国林一把推开协助发射的那个战士，卸掉炮座支架，用肩扛着，急速瞄视。敌人的子弹嗖嗖地在他的耳边穿过，刺耳的炮弹在他的身旁频频爆炸，冲锋在前的步兵战友们一个个壮烈地倒在敌人的弹雨下，身边作战的战友们也在不断减少，敌人的一梭重机枪子弹掠过程国林的头顶，将他的军帽打飞了，幸好只伤及一点皮。这时程国林顶着敌人炮弹掀起的阵阵热浪，机智沉着地向敌人暗堡发射出一颗炮弹，准确无误地击中目标，敌人的暗堡被炸飞了，他为全军发起总攻扫除了最大的障碍，也为我军打下27、29、30、31高地铺平了道路。

在随后异常激烈的28天16场大小战斗中程国林肩扛炮筒，顶着震耳欲聋炮声，发射了56发炮弹，打掉5个高地上的5个暗堡。他因作战英勇，战绩突出，获军委授予“一等功臣”勋章。也是42师唯一受奖的炮兵战士，光荣地成为全军英模巡回报告团成员之一。

1981年程国林退伍，分回贵州汞矿工作。他的英雄事迹曾在《解放军报》和《铜仁日报》刊登。岁月流逝，已是不惑之年的程中林，在物欲横流的今天，他依然保持着一个共产党员英雄战士的淳朴胸襟，从不居功自傲。如今他的右耳有点失聪，就是在那场战争中被炮声震坏的。

第三章　人物名录表

第一节　万山特区正县（处）级领导人物名录表

中共万山特区委书记名录表

表20-1

姓名	性别	籍贯	民族	任职时间
李凝坤	男	湖南靖县		1987年6月—1992年12月
邓应明	男	贵州印江	土家	1992年12月—1997年9月
饶正海	男	贵州石阡	侗	1998年3月—2002年12月
时晓军	男	山东单县	汉	2002年12月—2006年4月
王开禄	男	贵州余庆		2006年11月—2007年
向　晖	男	重庆		2007年—2009年4月被捕
汤志平	男	贵州思南		2009年6月—2014年12月

万山特区政府区长名录表

表20-2

姓名	性别	籍贯	民族	职务	任职时间
许伟忠	男	河南偃师	汉	区长	1990年3月—1992年12月
饶正海	男	贵州石阡	侗	区长	1992年12月—2002年11月
王开禄	男	贵州余庆	汉	代区长	2002年12月—2003年3月
王开禄	男	贵州余庆	汉	区长	2003年3月—2006年5月
向　晖	男	四川重庆	土家	代区长	2006年5月—2007年1月
向　晖	男	四川重庆	土家	区长	2007年1月—2008年1月
何贵祥	男	贵州德江		代区长	2007年1月—2008年3月
何贵祥	男	贵州德江		区长	2008年3月—2010年3月被捕
张吉刚	男	贵州松桃	苗	代区长	2010年3月—2010年5月
张吉刚	男	贵州松桃	苗	区长	2010年5月—

万山特区人大常委会主任名录表

表20-3

姓　名	性别	籍贯	民族	任职时间
秦立岳	男	山东聊城	汉	1981年5月—1982年8月
马如菊	男	山东高清	汉	1982年8月—1984年8月
田兴文	男	贵州印江	土家	1984年8月—1993年3月
刘洪堂	男	贵州万山	侗	1993年3月—2007年1月
田景明	男	贵州万山		2007年1月—2011年12月
李孟辉	男	山东聊城		2011年12月—

中国人民政治协商会议万山特区政协主席名录表

表20-4

姓名	性别	民族	籍贯	任职时间
何芝茂	男	贵州沿河	汉	1986年12月—1993年3月
刘治全	男	贵州德江	汉	1993年3月—1998年3月
张进国	男	贵州玉屏	侗	1998年3月—2003年3月
谭克冬	男	湖南隆回	汉	2003年3月—2005年10月
阳运福	男	四川彭县		2007年1月—2011年2月
吴泽军	男	贵州万山	侗	2011年2月—

中共贵州汞矿委员会书记名录表

表20-5

姓名	性别	民族	籍贯	职务	任职时间
杨桂升	男			书记	1984年12月—1996年2月
宋龙顺	男			书记(代)	1996年2月—1997年3月
吴庚寅	男			书记	1997年3月—2001年10月

贵州汞矿行政领导名录表

表20-5

姓名	性别	籍贯	职务	任职时间
李保全	男		矿长	1984年12月—1992年2月
孟世成	男		矿长	1983年—1984年12月

续表20-5

姓名	性别	籍贯	职务	任职时间
王阴椽	男		矿长	1984年12月—1992年2月
黄成林	男		矿长	1992年2月—1996年2月
杨家庆	男		矿长	1996年3月—1997年3月
宋龙顺	男		矿长	1997年3月—2001年10月

第二节　万山特区在外籍工作的副县（处）级人员名录表

副县（处）级以上领导干部名录表（万山籍在外工作的）

表20-6

姓　名	性别	籍贯	学历	职务	工作单位
彭　钢	男	黄道	大学	主任	贵州省志办
田必涛	男	高楼坪	大学	书记	铜仁地区职院党委
陆成群	男	高楼坪	大学	调研员	贵州省委党史研究室
龙永常	男	高楼坪	大学	局长	贵州省事业单位登记管理局
杨胜发	男	万山镇	大学	主任	贵州省建设银行办公室
瞿向东	男	万山镇	大学	总经理	中国铝业公司广西分公司
杨宗泽	男	下溪		书记	贵阳市财经学校（退休）（团政委）
田儒栋	男	高楼坪		团职	贵州省军区（退休）
吴克荣	男	黄道		主任	贵州省劳动厅办公室（退休）
徐昌玉	男	高楼坪	大学	处长	贵州省国安厅
田晓锋	男	高楼坪	大专	政委	玉屏县人武部
杨再华	男	高楼坪	大学	部长	广西平果铝厂组织部
田柯昌	男	高楼坪	大学	厂长	广西平果铝厂分厂
姚元居	男	黄道	大学	副校长	铜仁师范学校
陈通海	男	黄道		处级	铜仁地区公安局
刘　婕	女	黄道		副专员级	铜仁地区文广局 铜仁市委宣传部
杨友昌	男	敖寨		主任	铜仁地区农业局区划办
杨德选	男	高楼坪		组长	铜仁地区国安局纪检组（退休）
徐明均	男	高楼坪		书记、段长	凯里车务段党委（退休）
刘泽燕	男	黄道		校长	贵州省银行学校（退休）

续表20-6

姓　名	性别	籍贯	学历	职务	工作单位
刘洪天	男	高楼坪		部长	天柱县人武部(退休)
杨政国	男	万山镇		处级	广西水利局
陆洪军	男	高楼坪		处级	山东蓬莱市
刘洪德	男	高楼坪		处级	六枝公安局
吴益昌	男	高楼坪		局长	河北
罗　强	男	万山镇		处长	贵州省武警总队审计处
刘泽礼	男	黄道	大学	党委书记	安顺地区卫校
吴树元	男	高楼坪	大学	主任	贵州大学信访办
刘　敏	男	黄道	研究生	副总经理	中国航空工业集团财务公司
吴炳亮	男	下溪	小学	站长	铜仁地区大龙粮食转运站站长
袁　华	男	抱溪		副书记(正县级)	普定县县委副书记
姚胜祥	男	来羊坪	大学	主 任	省政协文史天地办公室

第三节　受省部级以上领导机关表彰人物名录

一、贵州汞矿获省级以上表彰的先进模范人物名录

张强华　1993年中国有色金属总公司授予劳动模范称号。
田茂才　2002年全国总工会授予“送温暖”先进个人称号。
陈国林　1979年对越自卫反击战中立一等功。
鲁政新　1999年中国有色金属总公司授予“优秀思想政治工作者”称号。
吴庚寅　1999年中国有色金属总公司授予“优秀思想政治工作者”称号。
田景义　1999年中国有色金属总公司授予“优秀思想政治工作者”称号。

二、万山特区各系统受省部级表彰的先进模范人物名录

谭士春　1991年4月省政府授予严打先进个人称号。
石新生　1991年被省委授予优秀党员称号。
吴松友　1992年被省政府授予先进个人称号。
刘洪婵　1993年被国家教委、人事部授予全国优秀教师称号。
杨昌弟　1994年被省委、省政府授予民族团结进步先进个人称号。
余代华　1995年被国家教委、人事部授予全国优秀教师称号。
吴宗全　1995年被省政府授予劳动模范称号。

杨光权　　1996年被公安部授予优秀党务工作者称号。

邓应明　　1996年被省委授予优秀党务工作者称号。

田昌由　　1996年被省政府授予优秀村委会主任称号。

潘　进　　1997年被省政协授予政协工作先进个人称号。

吴培军　　1998年被卫生部医政司、妇幼卫生司、国家医药管理局授予全国模范乡村医生称号。

吴泽云　　1998年4月被评为“全国政协先进个人”，1999年荣获中共贵州省委、省人民政府授予的“全省先进经理（厂长）”称号。2010年获贵州省第四届“创业之星”称号。

肖老告　　2000年被省政府授予先进工作者称号

卢爱萍　　2000年被省政府授予劳动模范称号。

杨政普　　2000年被省政府授予劳动模范称号。

饶正海　　2001年被省委授予优秀共产党员称号。

莫定芳　　2003年被省委、省政府授予民族团结进步先进个人称号。

王永尚　　2005年被全国经济普查领导小组授予经济普查先进个人称号。

刘洪堂　　2005年被省委、省政府授予计划生育先进个人称号。

刘建武　　2007年被公安部授予2005-2006年度全国优秀人民警察称号。

徐昌灯　　2010年中国地方志指导小组授予全国方志系统个人先进工作者称号。

张亚雄　　2010年4月国务院授予全国劳动模范称号。

谭　猛　　2010年全国总工会授予第十一届全国职工职业道德建设先进个人称号。

第四节　副高以上职称人物表

万山特区副高以上技术职称人物表

（同一单位同一行业按职称授予时间先后顺序排列）

表20-7

姓　名	性别	技术职称	授予时间	工作单位	备注
韩顺成	男	内科副主任医师	1988年8月	贵州汞矿	退休
林忠泰	男	放射科副主任医师	1989年8月	贵州汞矿	退休
刘兆林	男	中医副主任医师	1989年8月	贵州汞矿	退休
赵　文	男	外科副主任医师	1989年8月	贵州汞矿	离休
徐文长	男	副主任药剂师	1989年8月	贵州汞矿	离休
姚本烈	男	内科副主任医师	1994年9月	贵州汞矿	退休
刘冀俊	男	采矿高级工程师	1988年4月	贵州汞矿	退休
李德尧	男	采矿高级工程师	1988年4月	贵州汞矿	退休
胡文祥	男	采矿高级工程师	1988年4月	贵州汞矿	退休
刘荣森	男	采矿高级工程师	1988年4月	贵州汞矿	退休

续表20-7

姓　名	性别	技术职称	授予时间	工作单位	备注
王阴橡	男	采矿高级工程师	1988年4月	贵州汞矿	退休
梁海波	男	采矿高级工程师	1988年7月	贵州汞矿	退休
李怀铸	男	采矿高级工程师	1988年7月	贵州汞矿	退休
李天一	男	采矿高级工程师	1992年5月	贵州汞矿	退休
刘永洋	男	采矿高级工程师	1988年4月	贵州汞矿	退休
付绍康	男	采矿高级工程师	1988年4月	贵州汞矿	退休
严清湖	男	采矿高级工程师	1988年4月	贵州汞矿	退休
张建兴	男	采矿高级工程师	1988年4月	贵州汞矿	退休
邹德清	男	采矿高级工程师	1988年12月	贵州汞矿	退休
邹永宜	男	采矿高级工程师	1992年5月	贵州汞矿	退休
徐泽棣	男	采矿高级工程师	1992年5月	贵州汞矿	退休
代佰亮	男	采矿高级工程师	1992年5月	贵州汞矿	退休
徐大喜	男	采矿高级工程师	1992年5月	贵州汞矿	退休
杨家庆	男	采矿高级工程师	1994年9月	贵州汞矿	退休
王昌迪	男	机电高级工程师	1988年7月	贵州汞矿	退休
陈文旌	男	机电高级工程师	1988年7月	贵州汞矿	退休
曾云富	男	选矿高级工程师	1988年7月	贵州汞矿	退休
杨荣光	男	测量高级工程师	1988年7月	贵州汞矿	退休
张振超	男	地质高级工程师	1988年7月	贵州汞矿	退休
陆　伟	男	地质高级工程师	1994年11月	贵州汞矿	买断
柳兆坤	男	机械高级工程师	1992年5月	贵州汞矿	退休
张亚雄	男	化验高级工程师	2000年12月	贵州汞矿	买断
杨再裕	男	高级政工师	1991年3月	贵州汞矿	退休
田水桥	男	高级政工师	1991年12月	贵州汞矿	退休
胡长久	男	高级政工师	1991年12月	贵州汞矿	退休
黄尤强	男	高级政工师	1993年11月	贵州汞矿	退休
王碧勋	男	高级经济师	1992年7月	贵州汞矿	退休
唐作礼	男	中学高级教师	1988年5月	贵州汞矿	退休
杨家信	男	中学高级教师	1988年8月	贵州汞矿	退休
杨泽勋	男	中学高级教师	1992年9月	贵州汞矿	退休

续表20-7

姓　名	性别	技术职称	授予时间	工作单位	备注
邓星同	男	中学高级教师	1992年9月	贵州汞矿	退休
杨昌礼	男	中学高级教师	1992年9月	贵州汞矿	退休
龙新政	男	中学高级教师	1994年9月	贵州汞矿	退休
蔡祖贵	男	中学高级教师	1995年7月	贵州汞矿	退休
陈平文	男	中学高级教师	1988年5月	万山特区民族中学	退休
田代卓	男	中学高级教师	1988年5月	万山特区民族中学	退休
杨福华	男	中学高级教师	1988年5月	万山特区民族中学	退休
万贤臣	男	中学高级教师	1988年5月	万山特区民族中学	退休
葛维翰	男	中学高级教师	1991年12月	万山特区民族中学	退休
刘湘屏	男	中学高级教师	1994年9月	万山特区民族中学	退休
谭木森	男	中学高级教师	1994年9月	万山特区民族中学	退休
余代华	男	中学高级教师	1995年10月	万山特区民族中学	退休
杨木昌	男	中学高级教师	1996年1月	万山特区民族中学	在职
刘天赐	男	中学高级教师	1998年10月	万山特区民族中学	退休
董建奕	男	中学高级教师	1999年5月	万山特区民族中学	退休
刘远明	男	中学高级教师	1999年12月	万山特区民族中学	在职
袁友香	女	中学高级教师	1999年12月	万山特区民族中学	在职
刘泽和	男	中学高级教师	1999年12月	万山特区民族中学	退休
姚祖灿	男	中学高级教师	2000年12月	万山特区民族中学	退休
滕桃花	女	中学高级教师	2000年12月	万山特区民族中学	退休
成文学	男	中学高级教师	2000年12月	万山特区民族中学	退休
文书娣	男	中学高级教师	2000年12月	万山特区民族中学	退休
廖志凌	女	中学高级教师	2000年12月	万山特区民族中学	退休
吴德普	男	中学高级教师	2000年12月	万山特区民族中学	在职
杨汉祥	男	中学高级教师	2000年12月	万山特区民族中学	在职
自荣先	男	中学高级教师	2000年12月	万山特区民族中学	在职
陈敏芳	女	中学高级教师	2000年12月	万山特区民族中学	在职
曾宪萍	女	中学高级教师	2000年12月	万山特区民族中学	在职
刘凤仙	女	中学高级教师	2001年12月	万山特区民族中学	退休
蒋建三	女	中学高级教师	2001年12月	万山特区民族中学	退休

续表20-7

姓　名	性别	技术职称	授予时间	工作单位	备注
李美霞	女	中学高级教师	2001年12月	万山特区民族中学	在职
吴绪巫	男	中学高级教师	2003年12月	万山特区民族中学	在职
彭再洪	男	中学高级教师	2003年12月	万山特区民族中学	在职
何永华	男	中学高级教师	2004年12月	万山特区民族中学	在职
陈敬荣	女	中学高级教师	2004年12月	万山特区民族中学	在职
曾照凡	男	中学高级教师	2004年12月	万山特区民族中学	在职
杨秀华	男	中学高级教师	2005年12月	万山特区民族中学	在职
黄　维	男	中学高级教师	2005年12月	万山特区民族中学	待聘
杨再启	男	中学高级教师	2006年12月	万山特区民族中学	待聘
吴培平	男	中学高级教师	2006年12月	万山特区民族中学	待聘
彭建平	男	中学高级教师	2006年12月	万山特区民族中学	待聘
杨小峰	男	中学高级教师	2006年12月	万山特区民族中学	待聘
刘泽勇	男	中学高级教师	2006年12月	万山特区民族中学	待聘
葛明万	男	中学高级教师	2006年12月	万山特区民族中学	待聘
卞章平	男	中学高级教师	2007年12月	万山特区民族中学	待聘
杨代平	男	中学高级教师	2001年12月	高楼坪民族中学	在职
张文福	男	中学高级教师	2001年12月	高楼坪民族中学	在职
刘兴琼	女	中学高级教师	2001年12月	高楼坪民族中学	在职
吴万进	男	中学高级教师	2002年12月	高楼坪民族中学	在职
张先清	男	中学高级教师	2003年12月	高楼坪民族中学	在职
杨再树	男	中学高级教师	2003年12月	高楼坪民族中学	在职
罗仁佳	男	中学高级教师	2005年12月	高楼坪民族中学	在职
杨翠花	女	中学高级教师	2006年12月	高楼坪民族中学	待聘
杨胜贵	男	中学高级教师	2006年12月	高楼坪民族中学	待聘
廖　玉	女	中学高级教师	2007年12月	高楼坪民族中学	待聘
尹大模	男	党史副研究员	1993年9月	特区党史研究室	退休

第五节　万山籍在外地工作副高以上职称人物表

表20-8

姓　名	性别	籍贯	学历	职务	工作单位
杨胜坤	男	下溪	大学	副教授	东北工学院
徐元树	男	高楼坪	大学	高级工程师	成都飞机制造厂
杨建华	男	敖寨	大学	副总工程师	贵州省化工设计院
杨谦生	男	敖寨	大学	副主任医师	贵州省交通厅(退休)
蒲召文	男	下溪	大学	高级工程师	贵州送变电工程公司
刘祖月	男	高楼坪	大学	高级工程师	贵州赤天化集团公司
徐元堂	男	高楼坪	大专	高级工程师	新晃建筑工程公司
田茂富	男	高楼坪	大专	高级工程师	铜仁市建筑设计院
田银屏	女	高楼坪	大学	高级教师	铜仁农校
刘　撤	男	黄道	大学	高级教师	贵阳白云二中
冯油鸿	男	高楼坪	大学	高级教师	玉屏县中学
冯泽富	男	高楼坪	大学	高级工程师	铜仁供电局
龙永田	男	高楼坪	大学	高级教师	铜仁一中
刘泽文	男	黄道	大学	高级教师	广东中源纪念中学
刘远明	男	下溪	大学	副教授	贵州大学
姚胜祥	男	高楼坪	大学	主编	省政协文史天地办公室

附　录

一、文　告

中共中央文件

中发〔1966〕119号

中共中央、国务院关于贵州省设市和特区问题的批复

贵州省委、人委、煤炭部、化工部、冶金部党委并西南局，中央国家机关各部门：

贵州省于1965年先后提出的都匀、安顺设市、遵义市扩大郊区和设六枝、盘县、水城、开阳、万山五个特区等问题，现答复如下

一、同意在都匀、安顺两个县的城关区（镇），分别设立都匀、安顺市，望即进行工作，待国务院全体会议通过后，再行公布。

二、同意设立六枝、盘县、水城、开阳、万山五个特区人民委员会，进行政企合一的试点。

六枝、盘县、水城三个特区人民委员会，受煤炭工业部和省人民委员会的双重领导，有关企业工作以部领导为主，有关地方工作，以省领导为主。特区党的工作，实行以部党委领导为主、省委领导为辅的双重领导制度。

开阳特区人民委员会，受化学工业部和贵阳市的双重领导，有关企业工作以部领导为主，有关地方工作以市领导为主。特区党的工作，实行以部党委领导为主、贵阳市领导为辅的双重领导制度。

万山特区人民委员会，受冶金工业部和铜仁专署的双重领导，有关企业工作以部领导为主，有关地方工作以专署领导为主。特区党的工作，实行以部党委领导为主，铜仁地委领导为辅的双重领导制度。

以上五个特区政府的管辖范围，请贵州省人民委员会同有关部门商定，并报内务部备案。

三、同意将遵义县桃溪区所辖的八个公社划归遵义市领导。

四、同意将六枝县的县名恢复为郎岱县。

都匀、安顺设市，主要是为了对周围地区分散建设的工矿点进行跨区领导，促进工业建设。市的机构设置要力求精干，面向基层，切实为工农业生产建设服务。新设市和特区的建设，必须贯彻执行“工农结合、城乡结合、有利生产、方便生活”的方针，发扬延安作风，学习大庆的革命精神，一律不搞大

城市、大马路、楼馆堂所和高标准的民用建筑。设置政企合一的特区政府，是一个新问题，希望你们在实践中总结经验。

中共中央

国 务 院

一九六六年二月二十二日

贵州省人民委员会文件

〔1966〕省民字第172号

贵州省人民委员会关于万山、开阳行政区划和交接工作的通知

安顺、铜仁专署、贵阳市、开阳、玉屏、铜仁县、万山、开阳特区人民委员会：

我省万山、开阳两个特区，已经中共中央、国务院于1966年2月22日批准成立，现将有关行政区划和交接工作通知如下：

一、行政区划

开阳特区行政区划（略）

万山特区行政区划为现属于玉屏县万山特区的高楼坪、黄道、新庄三个公社和现属铜仁县漾头区的敖寨公社。

二、有关交接工作

1.开阳特区的交接（略）

万山特区的交接，请铜仁专署专员房建平同志主持，会同玉屏、铜仁和万山特区人委办理。省粮食、商业、供销、税务等有关部门，亦请分别派员参加两个特区的交接工作。

2.凡划归特区领导的公社，其干部全部移交特区，区公所干部，按划出公社比例移交。

财贸、邮电等服务单位，原为矿区服务的，原则上全部移交，既为矿区又为农村服务的，根据便利生产，便利群众，经济合理的原则，有的可以移交，有的可以不移交，有的可以划分适当比例进行移交。

3.在交接过程中，对公共财产必须妥为保护，交接清楚，不准化公为私，不准隐瞒分散，不准浪费损失。

4.交接中的其他问题，由主持人会同交接双方协商处理。

三、在交接工作中，必须加强对干部和群众的政治思想教育，本着从全局出发，从有利于发展生产，有利于加强团结出发，互让互谅，互相支援，共同协商的精神，保证把交接工作做好。在交接之后，特区人民委员会更要加强对所属人民公社和生产队的领导，领导好当前以抗旱为中心的春耕生产运动，夺取今年农业丰收。厂矿企业应以积极主动的精神，做好支援农业生产工作。

四、全部交接工作必须在四月底以前完成，特区人民委员会从5月1日起正式办公。完成交接之后，请特区人民委员会将总人口（其中农业人口若干），土地面积连同行政区划图4份报省，以便转报国务院。

贵州省人民委员会

1966年4月9日

2009年3月5日国务院批准（发改东北〔2009〕588号）文件，即：万山为全国第二批资源枯竭型城市的文件

发改东北〔2009〕588号

国家发展改革委 国土资源部 财政部关于印发第二批资源枯竭城市名单的通知

河北省、山西省、内蒙古自治区、辽宁省、吉林省、黑龙江省、安徽省、江西省、山东省、河南省、湖北省、湖南省、广西壮族自治区、重庆市、四川省、贵州省、云南省、陕西省、甘肃省人民政府：

国家发展改革委、国土资源部、财政部《关于报送第二批资源枯竭城市名单的请示》（发改东北[2009]227号）已经国务院批准，现将第二批资源枯竭城市名单印发给你们。

《国务院关于促进资源型城市可持续发展的若干意见》（国发[2007]38号）明确指出，资源型城市的可持续发展工作由省级人民政府负总责。请你们切实加强对资源型城市可持续发展工作的领导和支持。第二批资源枯竭城市要抓紧制定、完善转型规划，提出转型和可持续发展工作的具体方案，进一步明确转型思路和发展重点，切实做好相关工作，用好中央财力性转移支付资金。中央财力性转移支付具体方案另行下达。

附件：第二批资源枯竭城市名单

国家发展改革委
国土资源部
财　政　部
二〇〇九年三月二日

主题词：资源　枯竭　城市　名单　通知

附件：

第二批资源枯竭城市名单

一、地级市9个：山东省枣庄市、湖北省黄石市、安徽省淮北市、安徽省铜陵市、黑龙江省七台河市、重庆市万盛区（当作地级市对待）、辽宁省抚顺市、陕西省铜川市、江西省景德镇市。

二、县级市17个：贵州省铜仁地区万山特区、甘肃省玉门市、湖北省潜江市、河南省灵宝市、广西壮族自治区合山市、湖南省耒阳市、湖南省冷水江市、辽宁省北票市、吉林省舒兰市、四川省华蓥市、吉林省九台市、湖南省资兴市、湖北省钟祥市、山西省孝义市、黑龙江省五大连池市（森工）、内蒙古自治区阿尔山市（森工）、吉林省敦化市（森工）。

三、市辖区6个：辽宁省葫芦岛市杨家杖子开发区、河北省承德市鹰手营子矿区、辽宁省葫芦岛市南票区、云南省昆明市东川区、辽宁省辽阳市弓长岭区、河北省张家口市下花园区。

2011年10月,国务院撤销万山特区建立铜仁市万山特区的文件:中华人民共和国国务院

国函〔2011〕131号

国务院关于同意贵州省撤销铜仁地区设立地级铜仁市的批复

贵州省人民政府:

你省《关于撤销铜仁地区设立地级铜仁市的请示》(黔府呈〔2011〕26号)收悉。现批复如下:

一、同意撤销铜仁地区和县级铜仁市、万山特区,设立地级铜仁市,市人民政府驻新设立的碧江区花果山中路20号。

二、铜仁市设立碧江区。以原县级铜仁市(不含茶店镇、鱼塘乡、大坪乡)的行政区域为碧江区的行政区域。区人民政府驻市中街道环西路93号。

三、铜仁市设立万山特区。以原万山特区和原县级铜仁市的茶店镇、鱼塘乡、大坪乡的行政区域为万山特区的行政区域。区人民政府驻万山镇。

四、铜仁市辖江口县、石阡县、思南县、德江县、玉屏侗族自治县、印江土家族苗族自治县、沿河土家族自治县、松桃苗族自治县和新设立的碧江区、万山特区。

上述行政区划调整涉及的各类机构要按照"精简、统一、效能"的原则设置,涉及的行政区域界线要按规定及时勘定,所需人员编制和经费由你省自行解决。要严格执行中央关于厉行节约的规定和国家土地管理法规政策,加大区域资源整合力度,优化总体布局,促进区域经济社会协调健康发展。

中华人民共和国国务院

二0一一年十月二十二日

全国企业兼并破产和职工再就业工作领导小组文件

〔2000〕7号

关于下达部分资源枯竭矿山破产项目的通知

各省、自治区、直辖市企业兼并破产和再就业工作协调小组,国防科工委、国家煤炭局、国家有色金属局、新疆生产建设兵团;

煤炭、有色金属、核工业三个行业资源矿山共68户企业破产项目,经国务院同意,现予下达。请接本通知后,做好破产前期准备工作,按照成熟一个,审批一个,实施一个的原则,待全国领导小组办公室审核认可后,再向法院提出申请,进入破产程序。

附件:二000年全国企业兼并破产项目表

序号31 破产企业名称 贵州汞矿 企业类型 大型 所属行业 有色 隶属关系 中央 所在省区 贵州省 所在

城市 铜仁市 企业人数6985人（在职3799人，离退休3186人） 企业占地1990000公顷 资产总额26723万元 负债总额26765万元（其中银行贷款本息余额15370万元） 资产负债率100.16% 1999年亏损额985万元 累计亏额7980万元 进入再就业服务中心人数1756人 拟核销银行呆账帐准备金数额15371万元（工行13450万元，中行52万元，农行1869万元）

全国企业兼并破产和职工再就业工作领导小组（章）

二〇〇〇年二月三日

贵州省有色金属行业管理办公室文件

贵色行〔2001〕91号

关于同意贵州汞矿（含贵州有色冶金汽车修配厂、大龙氯碱镁厂）关闭破产申请的批复

贵州汞矿：

你矿贵汞办字〔2001〕24号文“贵州汞矿关于申请关闭破产的报告”收悉。经对你矿关闭破产前期各项准备工作审核后，同意你矿（含贵州有色冶金汽车修配厂、大龙氯碱镁厂）关闭破产，待省企业兼并破产领导小组批准启动后再向法院申请受理。请你矿按有关政策规定做好企业内部各项工作，维持稳定。

特此批复

二00一年九月五日

贵州汞矿关于宣告关闭破产的申请

受理机关：铜仁地区中级人民法院

申请单位：贵州汞矿

地　址：万山特区万山镇土坪路

法定代表人：宋龙顺（贵州汞矿矿长）

申请事项：根据贵州汞矿资源已枯竭的现状和国家实行产业结构调整的需要，裁定宣告贵州汞矿关闭破产。

按照全国企业兼并矿产和职工再就业工作领导小组〔2000〕7号文件，我矿被列为资源枯竭矿山关闭破产项目，最近，贵州有色行业管理办公室以贵色行〔2001〕91号《关于同意贵州汞矿（含贵州有色冶金汽车修配厂、大龙氯碱镁厂）关闭破产申请的批复》，正式批准我矿关闭破产申请。

贵州汞矿已有600多年的开采历史，一九五二年五月国家接管正式建矿，截至二000年12月底，全矿共有职工6618人，其中在职职工3438人，负债总额35036万元，负债率143%，扣出不良资产后，负债率

为358%，其中银行负债16327万元。

贵州汞矿自国家接管建矿以来，累计探明储量为31720吨。截至今年五月已开采31000余吨，为国家创造了很大的财富，特别是在上世纪国民经济困难时期的一九五九至一九六二年的四年间，在生活困难，生产条件极差的情况下，全矿职工为国分忧，平均每年产汞1137吨、朱砂75吨，成为当时全国唯一的稀有金属年产汞超千吨的企业，为国家偿还前苏联债务，度过困难时期作出了重要贡献，被称为“汞都”，享誉国内外。

但是，由于贵州汞矿开采历史长，矿产资源不可再生，上世纪六十年代初期前后，超常规强化开采和大批接受地方下马厂矿职工调入，缩短了矿山服务年限，加重了企业负担。从上世纪八十年代末开始，矿山资源逐渐枯竭，产量骤减，背上了沉重的债务包袱，陷入严重亏损的困境，加之历史原因形成的企业办社会，使矿山不堪重负。在经济体制转向市场经济之后，因资源枯竭的客观存在及各种深层次矛盾的制约，虽然几经努力，生产经营仍难以为继，每年靠国家政策性亏损补贴，艰难度日，困难状况日趋严重，扭亏无望，逐渐走入绝境。为此，经批准并根据《中华人民共和国破产法（试行）》第八条和《中华人民共和国民事诉讼法》第一百九十九条之规定，请铜仁地区中级人民法院审查，依法裁定宣告贵州汞矿关闭破产。我矿现有职工队伍中夫妻同在矿山工作和一家只有一个职工工作的所占比例较大，还有相当大部分是“献了青春献终身，献了终身献子孙”的两代、三代共同工作在矿山的，为矿山的建设和发展做出了很大的贡献。受企业十余年亏损的影响，职工生活非常困难，生存条件极为艰难。请依据法律，立即对企业财产进行司法保护，最大限度的保护国有资产不流失和职工的利益不受损，促进国有企业深化改革顺利实施，维护社会稳定。

此致

铜仁地区中级人民法院

二00一年九月十日

贵州省铜仁地区中级人民法院
公　　告

〔2001〕铜中经破字第1–3号

贵州汞矿自一九五二年国家正式建矿以来，累计探明汞矿储量为31720吨，几十年共开采了3万余吨，为国家建设作出了巨大贡献。从上世纪八十年代末，由于矿产资源逐渐枯竭，产量锐减，造成严重亏损。截至二000年十二月底，该矿总资产共计24493万元，负债总额为35036万元，负债率为143%，扣除不良资产后，负债率358%，严重亏损，已资不抵债，无力清偿到期债务。贵州汞矿（含贵州有色冶金汽车修配厂、大龙氯碱镁厂）破产申请已经其上级主管部门贵州省有色金属行业管理办公室同意，并得到了全国企业兼并再就业工作领导小组的批准，纳入了二00一年度全国企业兼并破产预备项目计划。

根据贵州汞矿（含贵州有色冶金汽车修配厂、大龙氯碱镁厂）的破产申请，本院于二00一年十月十五日正式受理了该案。并于同年十月十八日依照《中华人民共和国企业破产法（试行）》第三条第一款、第二十三条第一项之规定，作出（2001）铜中经破字第1-2裁定：宣告贵州汞矿（含贵州有色冶金汽车修配厂、大龙氯碱镁厂）破产。现将有关事项公告如下：

一、贵州汞矿、贵州有色冶金汽车修配厂、大龙氯碱镁厂的所有财产及银行存款，本院已于二00一年十月十六日裁定查封。

二、贵州汞矿、贵州有色冶金汽车修配厂、大龙氯碱镁厂应对企业的所有账册、文书、资料和印章妥善保管，清算成立后，一并移交。

特此公告

贵州省铜仁地区中级人民法院（章）

二00一年十月十八日

贵州省铜仁地区中级人民法院
公 告

〔2001〕年铜中民破字第1-4号

贵州汞矿（含两厂）破产一案，本院于2001年10月18日裁定宣告该企业进入破产还债程序。现该企破产清算工作已结束，财产分配方案已获债权人会议通过。经破产清算组清算，破产财产在支付了破产费用后，尚不足以支付破产企业所欠的职工工资、劳动保险费用，无财产可供分配。本院根据该企业清算组的申请，于二00二年四月十六日依法裁定终结程序，未得到清偿的债权不再清偿。

特此公告

贵州省铜仁地区中级人民法院（章）

二00二年四月二十二日

铜仁地区行政公署专题会议纪要

铜署专议〔2002〕10号

关于贵州汞矿关闭破产有关社会职能移交的会议纪要

2002年4月22日，行署副专员肖继辉在万山特区民族宾馆三楼会议室主持召开会议，专题研究贵州汞矿关闭破产后有关供电、供水、学校、医院、房产管理等社会职能移交地方管理问题。地区劳动和社会保障局、铜仁供电局、省清算组及万山特区、玉屏侗族自治县人民政府和万山、玉屏有关职能部门负责人参加了会议（参会人员名单附后）。会议认为，在省委、省政府的正确领导下，通过工作组、清算组深入细致的工作，贵州汞矿（含大龙氯碱镁厂、贵州有色冶金汽车修配厂）关闭破产工作进展顺利，破产的法律程序即将结束，原贵州汞矿的有关社会职能必须尽快移交地方管理。会议议定：

一、整个社会职能移交工作必须于4月30日前结束，从5月1日起，除原贵州汞矿的供电需向省、地供电部门协调移交外，供水、学校、医院和房产管理分别由万山特区、玉屏侗族自治县纳入地方管理。

二、社会职能移交涉及的有关问题（人员、经费、资产等）分别由省清算组与万山特区、玉屏侗族自治县人民政府在移交协议中予以明确。

三、随同社会职能移交的社会统筹、养老保险、失业保险、医疗保险由劳动和社会保障部门办好接续工作。

四、社会职能移交所需行政编制由地区编委办向省编委办专题报告；事业编制由地区编委办核定后分别批给玉屏侗族自治县、万山特区并上报省编委办备案。

五、社会职能移交的五年经费一次性移交地区财政局，由地区财政局分别核发给万山特区、玉屏侗族自治县。

六、鉴于原贵州汞矿的学校、医院存在危房较多、硬件不达标的问题，移交后还需较大投入，请清组予以考虑解决。

附：参会人员名单

省清算组周华谨、宋龙顺、孙惠民、蒙锡频、熊文新、陈容坚、地区劳动和社会保障局黄永章，铜仁供电局黄勇，万山特区人民政府刘婕、杨同光，万山特区卫生局罗彩兰，万山特区建设局张群，万山特区房产局刘亚平，万山特区供电局夏志让，万山特区人事劳动保障局杨再清、梁海欧、姚平，玉屏侗族自治县人民政府郭华，玉屏侗族自治县人事劳动和社会保障局张运福。

铜仁地区行政公署办公室
2002年4月23日

中共贵州省委办公厅文件

黔委厅字〔2016〕64号

中共贵州省委办公厅 贵州省人民政府办公厅
关于划定黄平县、镇远县、凯里市、万山特区为革命老区的通知

中共黔东南州委、黔东南州人民政府，中共铜仁市委、铜仁市人民政府：

经省委、省政府研究，同意划定黄平县、镇远县、凯里市及万山特区为革命老区。其中：黄平县辖革命老区乡（镇）11个：新州镇、旧州镇、谷陇镇、重安镇、平溪镇、野洞河镇、上塘镇、浪洞镇、纸房乡、翁坪乡、一碗水乡；镇远县辖革命老区乡（镇）12个：羊坪镇、青溪镇、蕉溪镇、报京乡、金堡镇、湧溪乡、 阳镇、羊场镇、大地乡、都坪镇、尚寨土家族乡、江古镇；凯里市辖革命老区乡（镇、街道）18个：大十字街道、湾溪街道、西门街道、城西街道、洗马河街道、鸭塘街道、开怀街道、三棵树镇、旁海镇、凯棠镇、万潮镇、炉山镇、大风洞镇、舟溪镇、龙场镇、湾水镇、碧波镇、下司镇。万

山特区辖革命老区乡（镇、街道）10个：万山镇、高楼坪乡、黄道乡、下溪乡、敖寨乡、谢桥街道、茶店镇、大坪乡、鱼塘乡、仁山街道。

中共贵州省委办公厅
贵州省人民政府办公厅
2016年10月12日

二、资 料

贵州汞矿（含大龙氯碱镁厂、贵州有色冶金汽车修配厂）关闭破产职工安置宣传手册

经全国企业兼并破产和职工再就业工作领导小组[2000]7号文件批准，铜仁地区中级人民法院于2001年10月16日正式公告贵州汞矿（含大龙氯碱镁厂、贵州有色冶金汽车修配厂）实施政策性关闭破产。为了使全体职工了解实施关闭破产的目的、意义以及如何安置职工等相关政策，特编写本手册，供全体职工掌握，并依据政策对自己下步的去向作出选择。

一、为什么要对贵州汞矿（含两厂）实施关闭破产？关闭破产的目的意义是什么？

贵州汞矿（含两厂）实施关闭破产，主要是由以下几个方面的原因：一是矿山资源枯竭，两厂生产经营难以为继，截至2000年底累计亏损17770.33万元；二是债务负担沉重，负债总额35036万元（其中银行贷款本息余额16389万元），资产负债率达143%；三是人员多，社会负担重，全矿现有职工和离退休人中6979人，企业供水、供电、医院、学校、公安和公用服务部门等社会职能机构的运行举步维艰。

实施政策性关闭破产是党中央、国务院对资源枯竭矿山企业职工的关怀和爱护，是国民经济战略调整的需要。从企业的角度看，实施关闭破产可以甩掉沉重的包袱和债务；资产重组后，新组建的企业可以轻装上阵，按照新的机制运转。从职工的角度看，一方面是享受关闭破产的政策性优惠，根据各自不同的情况分别得到安置；另一方面是和原有企业解除劳动关系，经过“双向选择、竞争上岗”，重新就业。从国家的角度看，通过实施政策性关闭破产消灭亏损源，能有效地保护和利用闲置的国有资产，解决或缓解破产企业职工的生活困难。

因此，关闭破产对职工、企业和国家都是一件好事，每一位共产党员、每一位职工以及每一位家属都应该认真领会有关政策精神，积极支持实施关闭破产。

二、关闭破产如何实施？

按照“统一领导、确保稳定、规范操作、妥善安置职工”的原则，贵州汞矿关闭破产工作在省人民政府成立的贵州汞矿关闭破产领导小组的领导下进行（领导小组办公室设在省经贸委，财政、劳动保障、工商、税务、工会等有关部门和单位参加），由铜仁地区中级人民法院依法成立清算组，接管贵州汞

矿（含两厂），根据上级批准的实施方案操作。职工安置按照“五个一批”安置办法进行，发放《职工安置双向选择表》，由职工选择适合自己的安置渠道；建立社区服务管理局、离退休人员服务管理中心和托管服务管理中心；将企业的学校、医院、幼儿园、公安、供水和公用服务等社会职能部门和单位，成建制移交地方，供电部门移交给电力公司；做好重组项目职工安置工作；组织实施安全隐患治理、环境污染治理和职工生活设施改造以及采空区危房迁建工作。

三、人员安置的指导思想和原则是什么？

认真贯彻党和国家方针政策，通过政府扶持，鼓励职工自谋职业，拓宽就业门路，采取各种措施促进职工实现再就业，使职工都能得到妥善安置，保证改革的顺利进行，维护矿区稳定。应该坚持的原则是：

（一）依法安置的原则。人员安置过程中，要严格执行国家关闭破产的有关法律法规和政策。

（二）分类指导、统筹安排的原则。针对职工不同情况，实行不同的安置办法和政策。

（三）鼓励职工自谋职业的原则。在国家政策的扶持下，鼓励职工自谋职业。

（四）共同负责的原则。地方政府及有关部门都应负起安置破产企业职工的相关责任。

四、什么是“五个一批”的安置办法？

“五个一批”是指在职职工按照“社会职能移交地方安置一批；按政策提前退休退养安置一批；资产重组分流安置一批；鼓励解除劳动关系一次性安置一批；建立托管服务管理中心过渡性安置一批”的安置办法进行安置。

五、企业关闭破产后，离退休人员的社会化服务管理工作如何开展？

企业关闭破产后，成立“离退休人员服务管理中心”，负责离退休人员养老金的发放，开展离退休人员社会化服务管理工作。离退休人员的基本养老金，由社会保险机构确保按时足额发放；离退休人员统筹项目外养老金由“离退休人员服务管理中心”负责发放，资金由省解决。企业关闭破产后，离退休人员的养老金待遇不会降低。

原贵州汞矿（含两厂）2001年3月对1993年以前退休人员实行的月人均30元的企业补贴，属统筹外项目，在企业关闭破产后继续发放，经费由省解决，今后国家出台退休职工基本养老金调整政策时不再予以冲销。

六、企业所办社会职能职工如何移交？

原在贵州汞矿（含两厂）所办的学校、医院、公安、供水、幼儿园和公用服务等社会职能部门和单位，其设施和人员成建制移交地方。供电部门设施和职工移交给电力公司管理。移交人员由破产清算组与当地政府和电力公司协调，一次性办理移交调转手续，中央财政安排的移交设施补助费用一并划拨给地方政府。

七、哪些职工可以提前退休，基本养老金如何计发？

全民所有制职工（含劳动合同制职工）提前5年（男55周岁，女干部50周岁，女工人45周岁）退休。其中，；从事井下、高温、高空、特别繁重体力劳动和其他有害健康特殊工种的职工，按男50周岁，女40周岁退休。具体条件为：从事井下、高温、高空、特别繁重体力劳动工作累计满10年以上；从事井下、高温工作累计满9年以上从事其他有害健康工作累计满8年以上。

对于按照政策提前5年退休的职工，每提前一年，其基本养老金减2%（不含个人账户养老金），最多不超过10%，计算退休时间以法院公告破产之日为准。

提前退休人员达到退休年龄后，其基本养老金不再重新计算。

八、对于实行劳动合同制以前参加工作，从事井下、有毒、有害等特殊工种，且距提前退休年龄5年（男45周岁、女35周岁）以内的全民所有制职工怎么安置？

这类人员与企业解除劳动关系后，实行退养安置，由离退休人员服务管理中心比照下岗职工基本生活费保障标准发放208元/人·月基本生活费（含26元门诊医疗费），并代缴养老、失业保险费109.42元/人·月，待其达到提前退休年龄（男50周岁、女40周岁）时可以办理提前退休手续，其基本养老金要减发10%（不含个人账户养老金），达到法定退休年龄后，其基本养老金不再重新计算。

达到退养安置条件的人员不再享受其他安置政策。

九、对实行劳动合同制以前参加工作的全民所有制职工和实行劳动合同制以后参加工作的固定工，达不到提前退休年龄和退养条件，解除劳动关系后，选择领取一次性安置费的，其一次性安置费如何计算？

一次性安置费标准为企业所在地上年平均工资的3倍，领取一次性安置费后不再享受失业保险。按照中办发[2000]11号文件规定，一次性安置费每人平均不足2万元的，可按2万元标准安排。铜仁地区职工平均工资的3倍不足2万元（铜仁地区2000年平均工资为6312元），为落实文件精神，将3年工资总额按2万元计算，平均每年为6667元，作为安置费发放基数，具体发放时要体现工龄差别。计算公式为：

$a=b+2bx/y$

式中：a为一次性安置费数额（元）

b=6667元（安置费发放基数）

x为实际工作年限，不足一年按一年计算。

y为实行劳动合同制以前参加工作的全民所有制职工和实行劳动合同制以后参加工作的全民固定工的平均工龄，贵州汞矿（含两厂）为19年。

具体到个人为：$a=6667+702x$

十、对全民固定工和合同制职工，达不到提前退休年龄和退休条件的，解除劳动关系后，选择领取经济补偿金和失业保险金的，其经济补偿金和失业保险金如何计发？

（一）经济补偿金：按每满一年工龄发给一个月本人工资的标准计发。计发经济补偿金的工资标准，按照企业破产前上年职工本人月平均工资计算。职工本人月平均工资低于企业职工月平均工资的[贵州汞矿（含两厂）为446元]，按企业月平均工资计算；最低不低于企业所在地的最低工资标准。计发年限按职工本人的实际工作年限计算，不足一年的按一年计算。计算公式：

个人领取经济补偿金数额=职工本人上年月平均工资×职工本人实际工作年限

（二）失业保险金：按《贵州省失业保险办法》的规定领取失业保险金。失业保险金标准，按企业所在县（特区）最低工资标准的70%计算。

十一、什么是再就业培训补助费，如何计发？

解除劳动关系（包括全民固定工和合同制职工）分别领取一次性安置费或经济补偿金的职工，为了提高他们再就业的能力，发给其一定数额的再就业培训补助费，具体发放时要体现工龄差别。

再就业培训补助费=220元/年×实际工作年限

实际工作年限不足一年的按一年计算。

十二、什么是就业补助费，如何计发？

为鼓励职工在企业关闭破产后自谋职业，对解除劳动关系后领取一次性安置费或经济补偿金的人员，增发一次性就业补助费，具体发放要体现工龄差别。

算式为：$d=e+fx$

d为就业补助费发放数额（元）

e=12000元（就业补助费基数）

f=（15000元-12000元）/14.4年（在职职工平均工龄数）=208元/年

x为职工实际工作年限，不满一年按一年计算。

具体到个人为：$d=12000+208x$

十三、领取一次性安置费或经济补偿金及就业补助费、再就业培训补助费，与原企业解除劳动关系的人员，能否在重组企业竞争上岗？

不能。按照国家政策规定，重组项目只能录用选择参加资产重组安置和过渡性安置的人员。

十四、在重组企业竞争上岗的职工是否享受其他安置待遇？

在重组企业竞争上岗就业的职工，即为安置，不再发放安置费或经济补偿金、就业补助费以及再就业培训补助费。这部分职工按规定继续参加社会保险，其养老保险缴费年限与原企业缴费年限（含视同缴费年限）合并计算，达到法定退休年龄，按规定办理退休手续。

十五、对达不到提前退休和退养条件，又不愿意领取一次性安置费或经济补偿金、就业补助费以及再就业培训补助费的全民所有制职工和不愿意领取经济补偿金、就业补助费以及再就业培训补助费的合同制职工怎样安置？

对这类人员实行过渡性安置，由“托管服务管理中心”负责管理。进入托管中心实行过渡性安置的人员，在过渡期内，按月发放基本生活费208元（含26元门诊医疗费），同时由托管中心代缴社会保险费，争取1–2年内采取多种措施、多种渠道实现再就业，脱离中心。在过渡期内，对家庭月人均收入低于当地城市居民最低生活保障标准的困难人员，经核实认定后，按规定享受当地城市居民最低生活保障。

十六、混岗集体工如何安置？

混岗集体工是指国有矿山企业1992年以前在国家劳动计划外，以集体所有制指标招收或以集体所有制名义录用，并安排在本企业顶岗使用的人员（矿山所属集体所有制企业职工不属混岗集体工范围）。

属于城市居民的混岗集体工，比照合同制职工的安置政策发给经济补偿金、就业补助费、再就业培训补助费，不再实行其他安置。属于农村人口的混岗集体工，只发给经济补偿金，不再享受城市居民最低生活保障。

对于比照合同制职工政策安置的混岗集体工，在计算发放经济补偿金年限时，按其实际混岗工作时间计算，不足一年的部分按一年计算。

十七、与原企业解除劳动关系后的人员养老保险关系如何接续？

与原企业解除劳动关系后的人员，其养老保险关系仍然保留。被其他单位或重组单位招用的，由用人单位和个人按规定继续缴纳养老保险费；社会职能移交人员，其养老保险关系转移到当地社会保险机构，继续参加当地社会养老保险统筹；退养人员和过渡性安置人员分别由“离退休人员服务管理中心”、“托管服务管理中心”代缴社会保险费；其余人员个人自愿参加养老保险的，参保办法比照个体劳动者执行。继续参加养老保险的人员，其安置前的养老保险缴费年限（含视同缴费年限）与安置后的缴费年限合并计发养老金。异地就业的，养老保险关系可以转移，“不管你在哪里干，养老保险接着算”。在达到国家法定退休条件时，可以办理退休手续，按规定领取养老金。

如果安置后不再缴费的，达到退休条件时，按以下办法享受基本养老保险待遇：

（一）1998年10月1日及以后参加工作的，其个人账户储存额一次性支付给本人，同时终止养老保险关系；

（二）1998年9月30日及以前参加工作的职工，缴费年限（含视同缴费年限）累计满15年的，达到退休年龄时，按其停止缴费前一年的当地职工平均工资标准和缴费情况作为计发基本养老金的依据，按月领取基本养老金；缴费年限满10年不满15年的，也可按月领取基本养老金，但其标准按规定相应降低；缴费年限不满10年的，其基本养老保个人账户储存额一次性支付给本人，同时终止养老保险关系。

十八、企业关闭破产后离休人员、退养人员和在托管服务管理中心过渡性安置的人员医疗问题怎样解决？

离退休人员和退养人员医疗费，在医疗保险启动前，由“离退休人员服务管理中心”制定具体管理办法负责发放，费用从中央财政拨付的基本医疗保险费中解决；医疗保险启动后，按当地的规定参加基本医疗保险社会统筹。

医疗保险启动前，托管人员医疗参保费由“托管服务管理中心”制定具体办法负责发放，费用从中央财政拨付的基本医疗保险费中解决；医疗保险启动后，按当地的规定参加基本医疗保险社会统筹。

十九、工伤工残人员、抚恤人员待遇及60年代初精简下放女工的困难以及企业欠发的有关费用等问题如何处理？

（一）在职1–6级工伤、工残以及达到相应等级的职业病人员，由社会保险机构按规定发给费用；7–10级工伤工残以及达到相应等级的职业病人员，除发给一次性伤残补助金外，同时享受企业的安置政策。

（二）原企业抚恤人员按规定享受抚恤待遇。

（三）对于60年代初期精简下放的女工，中共中央、国务院中发[1979]43号文件已明确规定不能复工。考虑到这批原由贵州汞矿（含两厂）精简下放的女工家庭生活都比较困难的实际情况，对2001年10月16日公告破产时户籍在贵州汞矿（含两厂）所在地的这部分精简下放女工，自破产终结之日起由社区服务管理局负责发放每人每月120元困难补助，补助后家庭人月均收入达不到当地城市居民最低生活保障标准的享受当地城市居民最低生活保障。

（四）对企业拖欠的抚恤金、伤残补助金、丧葬费、医疗费，由省给予一定补助。

二十、企业关闭破产后，职工住房和供水、供电设施维护问题怎样解决？

（一）对居住在采空区上的职工住房进行拆除，逐步就近搬迁。

（二）对2001年10月16日破产公告前的无房户，考虑工龄和级别适当发给购房补助费，自行解决住房问题。采空区职工住房和无房户要逐户核实，对弄虚作假的要严肃处理。

（三）改造供水、供电设施并对非采空区上确需维修的职工住房进行维修。

以上工作由当地人民政府组织实施，根据规划、预算和施工进度由省拨付资金。

二十一、企业关闭破产后，原由企业管理的社会职能交由什么部门负责？

企业关闭破产后，成立隶属于当地政府的“社区服务管理局”。主要职责是：管理“离退休人员服务管理中心”，为实施统筹项目外养老金发放和离退休人员的社会化管理服务；管理“托管服务管理中心”，负责组织过渡性安置人员的技能培训，促进其再就业；指导辖区居委会的工作，承担社会治安综合治理、计划生育、物业管理、环境卫生等社会职能；组织社区文化、体育、娱乐等活动，促进社区精神文明建设；探索和完善社区管理方式。

社区管理机构要按照《中国共产党章程》的规定，根据其所管理人员中党员的人数报经上级党委批准设立党的组织机构，以加强党组织对社区管理工作的领导。

二十二、社区服务管理局、离退休人员服务管理中心、托管服务管理中心怎样组建？

社区服务管理局、离退休人员服务管理中心、托管服务管理中心工作人员，由铜仁地区人事局、万山特区人事局和玉屏县人事局会同工作组，在贵州汞矿（含两厂）在职职工中通过公开招考，择优录用。领导班子成员的任命，分别由铜仁地委组织部和万山特区党委组织部、玉屏县委组织部会同工作组临时党委考察，按干部管理权限审批任命。

报考社区管理机构的人员如未能录用，仍按《职工安置选择表》审查的意见予以安置。

二十三、本《宣传手册》未涉及的问题如何解决？

本《宣传手册》中未涉及的问题，如居委会等，下一步专题研究后妥善解决。

注：贵州汞矿关闭破产有一个《实施方案》，经省政府批准后，但没有公开，由清算组内部掌握。清算组根据《实施方案》编了这本《宣传手册》发给广大职工，贵州汞矿关闭破产职工安置和社会职能部门移交，就是按本《宣传手册》实施的。

关于原贵州汞矿公安、医院、学校（幼儿园）房产管理等社会职能单位移交协议书

甲方（接收单位）：万山特区人民政府

乙方（移交单位）：贵州汞矿（含两厂）破产清算组

以下简称甲方、乙方

鉴于贵州汞矿关闭破产业已终结，根据中共中央办公厅国务院办公厅《关于进一步做好资源枯竭矿山关闭破产工作的通知》（中办发[2000]11号）和全国企业兼并破产和职工再就业工作领导小组[2000]33号文件关于关闭破产企业所办的社会职能单位其设施和职工成建制移交给地方政府管理的精神，按照省人民政府批准的《贵州汞矿关闭破产实施方案》（2001年10月12日省委常委会议同意，八届[2001]第60号纪要）和中共铜仁地委2002年4月17日扩大会议精神，贵州汞矿（含两厂）破产清算组与万山特区人民政府商得一致，将原贵州汞矿公安、医院、学校（幼儿园）、房产管理等社会职能单位移交给万山特区人民政府管理。现就有关事宜，双方达成以下协议：

一、自二00二年五月一日起，乙方将原贵州汞矿下列社会职能单位的全部固定资产和在册职工，成建制移交给万山特区人民政府管理

（一）原贵州汞矿公安科现有全部固定资产281765.51元（详见资产清单）、土地面积2285公顷，在册职工30人（详见职工花名册）；

（二）原贵州汞矿职工医院现有全部固定资产1084233.3元，以及下设各保健站用房（详见资产清单）、土地面积12883公顷，在册职工70人（详见职工花名册）；

（三）原贵州汞矿职工子弟学校现有全部固定资产3288946.49元（详见资产清单）、土地面积56558公顷，在册职工161人（详见职工花名册），其中：

1、矿子弟小学固定资产699447.91元，土地面积13530公顷，在册职工50人；

2、张家湾小学固定资产871490.08元，土地面积16590公顷，在册职工22人；

3、冲脚小学固定资产172686.29元，土地面积6013公顷，在册职工22人；

4、矿子弟中学固定资产973461.74元，土地面积17075公顷，在册职工54人；

5、矿幼儿园固定资571860.47元，土地面积3350公顷，在册职工13人。

（四）原贵州汞矿房产管理部门现有全部固定资产19838252.65元（详见资产清单），土地面积398282.2公顷，职工住房建筑面积161082.1公顷，职工住宅3350套，房产管理部门在册职工11人。

二、根据国家关闭破产有关政策和经省政府批准的贵州汞矿关闭破产实施方案，乙方将移交设施补助费（按五年计算）18947500.00元，扣除2002年1—4月实际发生费用820752.57元后为18126747.43元，一次性拨付给铜仁地区财政局。五年后经费确有困难的，根据中办发[2000]11号文件精神，由中央财政给予补助，不足部分，由省政府调剂解决。

其中：

（一）公安移交补助费2160000.00元，扣除2002年1—4月费用140458.88元后为2019541.31元；

（二）医院移交设施补助费4830000.00元，扣除2002年1—4月费用200247.69元后为4629752.31元；

（三）学校（含幼儿园）移交设施补助费11270000.00元，扣除2002年1—4月费用449798.46后为10820201.54元；

（四）房产管理部门移交设施补助费687500.00元，扣除2002年1—4月费用30247.54元后为657252.46元。

三、上述单位移交后，职工的人事关系、社会保险关系及职工档案、单位的固定资产由万山人民政府指定其相关的职能部门分别负责办理接转手续。

四、上述单位移交后，公安列入行政机关编制管理；其余列入事业编制管理，由铜仁地委编办负责下达事业编制。万山特区人民政府及其相关职能部门按照国家劳动人事的有关政策对移交单位的职工进行管理。移交后职工的工资待遇暂按移交前的标准执行，移交前后工资待遇的衔接问题，待上级有关部门作出明确规定后，按规定执行。若遇地方调整工资，移交的职工按照上级政府制定的调资政策参加调资。

五、其他

（一）本协议未尽事宜，由甲乙双方根据中办发〔2000〕11号文件精神和省政府批准贵州汞矿关闭破产实施方案，协商解决。协商不成的，报省人民政府协调解决。

（二）本协议自签字之日起生效。

（三）本协议一式玖份，甲乙双方各执一份。其余报贵州省企业兼并破产职工再就业工作协调小组、贵州省财政厅、贵州省编委办、铜仁地区行署、铜仁地区财政局、铜仁地委编办、铜仁地区中级人民法院各一份。

甲方：万山特区人民政府　　　　乙方：贵州汞矿（含两厂）破产清算组

（章）　　　　（章）

代表：刘婕　　　　代表：周华谨

二00二年四月二十九日

拾　遗

一、万山红色政权和革命武装组织

（一）红色政权的建立

1、时代背景

民国2年（1913年）8月，万山设省溪县，治今万山解放街，先后直属贵州省政府、贵州省镇远行政督察公署、铜仁行政督察公署管辖。省溪县纵36千米，东抵湖南麻阳、芷江县，南接湖南新晃县，西与玉屏县、岑巩县毗邻，北界铜仁县、湖南凤凰县，共6265户4.23万人，由汉、侗、苗、土家、回、布依、仡佬、彝族、水、满、蒙、白、纳西、毛南、壮、瑶、羌等民族构成。境内山峦起伏，沟壑纵横，森林遮天蔽日，交通闭塞。全县耕地不足3万亩，民以凿洞打砂炼汞为生。汞是当时军火生产的重要物资，为统治者所重视。清光绪二十五年至光绪三十四年（1899—1908年），英法帝国主义曾掠夺万山汞资源达十年之久。洋人的强取豪夺，并对矿工进行残酷的盘剥、欺辱，激起万山民众的无比愤慨。

清光绪三十四年（1908年），中国政府收回万山矿产后，长期民营，进行无政府主义的自由生产，分散开采时间近30年。在此期间，万山矿厂先后有五大私营砂厂：即黑窿子德镒和砂厂、张家湾兴永发砂厂、冷风硐双益公砂厂、岩屋坪砂厂、大硐喇砂厂。开矿老板残酷剥削破产农民出身的工人，不断激起工人的反抗。既沿边又恶劣的地理环境，复杂而又多民族的人口结构，又时值贵州军阀长期混战条件下的无政府主义生产方式，国民党中央的统治又鞭长莫及，为苏维埃省溪县政府的建立和中国工农红军黔东省溪纵队开展革命活动提供了得天独厚的社会环境条件。

2、苏维埃省溪县政府的建立

民国13年（1924年）9月4日，贺龙率刘燮纵队到万山，其部下分别驻省溪县城（今万山特区解放街）的上馆、下馆，张家坪祠堂、黄道祠堂、下溪祠堂、报溪祠堂、高楼坪祠堂、蔡家坪祠堂、亚鱼祠堂、大坪祠堂和敖寨、漾头、马岩等地。中区黄舍田组姚玉清、姚元贵参加了革命军，赶场坝组姚元勋发动群众100余人，四官塘陈年松发动群众30余人参加了革命军，贺龙委任姚元勋为连长、陈年松为排长，姚玉清、姚元贵为警卫，后追随革命军于1926年5月从铜仁入湘北伐，并参加了“八一”南昌武装起义。

民国20年（1931年）3月在红军驻地——湖北长阳枝拓坪，贺龙军长命令追随多年的姚玉清回原籍万山筹建革命根据地，姚玉清于5月回到万山，混入德镒和砂厂，后当管班，暗中交豪杰、聚勇士、联民众、帮穷苦，于是年9月26日（农历八月十五日）在家中召开秘密会议，会议决定：成立苏维埃省溪县政府和黔东省溪纵队，由姚玉清任苏维埃省溪县政府主席兼黔东省溪纵队队长；刘元兆任副主席。下设4个区，其领导人员是：

苏维埃中区政府主席：姚祖龙（高楼坪乡赶场坝人）

苏维埃中区政府副主席：姚祖跃（高楼坪乡赶场坝人）

苏维埃东区政府主席：罗殿清（黄道乡瓦寨人）

苏维埃西区政府主席：田先耕（高楼坪乡上大坪人）

苏维埃西区政府副主席：田应贤（高楼坪乡上大坪人）

苏维埃南区政府主席：张麟书（高楼坪乡张家山人）

（二）中国工农红军黔东省溪纵队

在苏维埃省溪县政府成立的同时，建立了中国工农红军黔东省溪纵队，并下设5个支队，使苏维埃省溪县政府拥有自己的武装，秘密开展武装斗争。

中国工农红军黔东省溪纵队领导人名录

[民国20年（1931年）9月26日成立]

黔东省溪纵队队长：姚玉清（高楼坪乡黄舍田人）

警 卫 排 长：姚元贵（高楼坪乡黄舍田人）

纵 队 第一支队长：姚林芝（高楼坪乡来阳坪人）

纵队第二支队长：罗殿清（黄道乡瓦寨人）

纵队第三支队长：杨柏光（敖寨乡易家寨人）

纵队第四支队长：田兴治（高楼坪乡上大坪人）

纵队第五支队长：杨光贤（下溪乡报溪人）

纵 队 政 委：龚永明（化名陈文星，中共地下党员，松桃县人）

（三）革命活动

1、配合红军打土豪

民国20年（1931年）1月，以王明为代表的“左”倾冒险主义在共产国际代表的支持下，取得了中共中央的领导地位，开始推行“左”倾冒险主义的方针政策，使党的白区组织几乎丧失了百分之百，红军和革命根据地损失了百分之九十，直接导致了中央红军第五次反“围剿”的失败而被迫进行战略转移，离开中央革命根据地江西瑞金开始长征。民国23年（1934年）7月23日，中共中央命令红六军团作为中央红军长征的先遣部队，离开湘赣苏区，转移至湖南中部去开展广大的游击战争和创立新的苏区并取得与红三军的可靠联系，以造成江西、四川、贵州苏区的紧密联结。

民国23年（1934年）8月7日，红六军团根据中共中央指示，在军政委员会主席任弼时，军团长萧克、政委王震的领导下，组成十七、十八两个师，由江西遂川县横石出发开始西征，准备与黔东革命根据地的红三军会师，组成红二方面军。他们神速地攻占新田县，翻越阳明山，摆脱三十多万湘、桂军包围，胜利渡过潇水，在湘桂边境永安县击败湘、桂敌军3个师后进入广西，又迅速甩掉桂军，经全县、灌阳、进入湖南湘西占领通道县城。在新厂一战，击溃何健部队，使湘敌不敢轻易尾追，从容不迫地进入了贵州，从锦屏、黎平、剑河、台拱之间通过，渡清水江，经邛水、施秉、黄平，再往余庆、瓮安，进抵乌江南岸。湘、桂、黔敌为阻止红六军团与红三军会合，在三穗、镇远、石阡、思南一线设防，共投入24个团的兵力，妄想将红六军团夹击消灭于乌江南岸。此时，中央军委并未掌握这一实情，再三电令红六军团向省溪、铜仁、江口三县前进，在这种不利的情况下，红六军团掉头向石阡县疾进，而闯入了敌军的层层包围。

民国23年（1934年）5月，由贺龙、夏曦、关向应率领的中国工农红军第三军进入黔东。6月，中共湘鄂西中央分局在枫香溪召开会议，作出了创建黔东革命根据地的决定，派徐雄辉到省溪县联络省溪纵队之后，徐雄辉又前往湖南晃县龙溪口侦察敌情，为创建石镇黄根据地作前期准备。是年7月，遭敌抓捕，就义于晃县。

是年10月上旬，在黔东革命根据地活动的红三军为了早日实现与红六军团会师，贺龙派出战士100余人以迅雷不及掩耳之势，由松桃县经凤凰县境进入省溪县的云场坪、漾头、瓮慢、深冲后，兵分两路向省溪县城挺进，一路由金星场、梅子溪、来阳坪、洋行进入县城。另一路由官田、下溪、六田坪、报溪、大水溪，上云南梯进入省溪县城。省溪县县长刘樵斌闻讯逃离县城，由秘书科长代理县长职务。由黔东省溪纵队第二支队长罗殿清（当时罗殿清的公开身份是省溪县政府公安大队长）设宴接待，欢迎红军到来。席间，红军战士赠送省溪纵队第二支队长枪8枝，手枪2枝。

正在万山黑洞子当管班的苏维埃省溪县政府主席姚玉清，抓住红军到来之机，立即指挥中区苏维埃政府主席姚祖龙带领红军抄了当地大土豪、德镒和砂厂厂主陈万顺的家，将其财物分给衣不蔽体、食不果腹的工人和农民。黔东省溪纵队第一支队长姚林芝带领来阳坪组群众给红军送米、送菜、送柴，新庄组吴天赐、吴隆愿、吴黑子等人也纷纷送粮食给红军，积极支援红军。赶场坝组姚本长、吴代禄、张家坪组杨老培，这次参加了红军。红三军到省溪县的主要任务是寻找和接应红六军团。由于红三军不知红六军团去向，只好由原路返回松桃。

此时，红六军团正在石阡与敌鏖战。10月7日，红六军团参谋长李达率领前卫部队在甘溪遭桂敌廖磊部主力袭击，被迫仓促应战。8日由包溪进至路腊，遭桂敌阻击，当晚至高山对峙。9日转战施秉、余庆之紫金关一带。10日，由王震率红十八师，任弼时、萧克率红十七师，分两路行动，与敌周旋。12日，红六军团主力击溃常练民团，进占本庄，计划从河闪渡过乌江，因黔军第八师在江北防阻未果。13日，红军进至思南县境的瓮溪以及 都斯坝、川岩坝一带。14日，因湘敌在板桥、茅坝阻击，红六军团主力遂由白沙向甘溪方向转移。17日，红十八师师长龙云率五十二团冲出重围，准备经川岩坝在思南境内强渡乌江，途中遭湘、桂、黔敌军合围袭击，红军战士，临险不惧，与敌浴血奋战，顽强抵抗，后终因敌众我寡，许多战士在弹尽之时，集体跳崖，壮烈牺牲。部队首长带领战士分别突出重围，转战于石阡、江口、岑巩边境。

10月18日红十八师战士100余人冲出敌人的包围圈，出其不意地翻越岑巩与江口之间的崇山峻岭星夜赶到省溪县属之亚鱼会馆。正如贵州省政府通令所说："帷查共匪飘忽无常，避实就虚，化整为零乃其惯技，并运用游击方法，远离本队数十百里"。

苏维埃省溪县政府主席姚玉清立即派西区苏维埃政府主席田先耕率队前去迎接，黔东省溪纵队第四支队长田兴治主动配合红军战士将土豪劣绅用以躲避的“屯”紧紧围困，并带领红军战士抄了大土豪、伪联保主任田兴孝的家，将他家的衣物和80多担谷子分给缺吃少穿的穷苦大众。不久，红军开赴印江、四川酉阳一带，但他们用石灰、石膏、糯米稀饭调制写成的标语口号，即“打倒国民党反动派”！“红军是穷人的子弟兵”！“打倒土豪劣绅，穷人起来分田地”等口号，和在会馆墙上写下的记文，即“……盖有非常之人，必立非常之策，有非常之策，必成非常之事”和一副“时至鱼龙皆变化、春来桃李尽芬菲”的对联却永远的留存下来，伪联保主任田兴孝见了后恨之入骨，即派人用凿子将字凿下来，因字做得很结实，难以凿掉，就决定将亚鱼会馆拆至上大坪组修碉堡，经亚鱼民众拼死斗争，才未拆成。

民国23年（1934年）10月，省溪县县长刘樵斌、李明忠，听说省溪县城有红军活动，就悄悄逃走了，由秘书科长代理县长职务。新任省溪县县长雷辅清也迟迟不敢上任。黔东省溪纵队第一、二、四、五支队约500余人接替红军进占省溪县城，宣传红军“打倒土豪劣绅、打倒国民党，建立苏维埃政府”的政治主张，开展打土豪、分财物活动，极大地鼓舞了穷人起来闹翻身的决心和信心。黔东省溪纵队占领省溪县城时间先后长达三个月，他们的革命活动使反动派叫苦不迭，新任县长王公治在民国24年6月27日向贵州省民政厅呈报说：“窃查属县县城，屡属匪区，所有卷宗，屡被匪焚，加之历任县长，大都不谙公事手续，以致存档各卷，异常残缺，此种特殊情形，未敢盲目接收”。由于贵州军阀王家烈部驻铜仁第四团的疯狂进攻，省溪纵队才被迫撤出省溪县城，分散于敖寨金星场、垢溪和高楼坪的独王坳、毛笔山、琴门、大坪、赶场坝、新庄、鸭林寨、来阳坪以及黄道的新屋场、瓦寨、鸡婆田、烟子冲等地开展游击活动。

2、支持和策应红军长征

民国25年（1936年）1月，红二、六军团长征过境后有敌李觉纵队尾追，左右两翼遭敌陶广纵队、樊嵩甫纵队、郭汝栋纵队侧击，前有敌蒋再珍师之李昌荣团驻防省溪县阻击。红军便衣侦察战士由麻阳进入省溪县漾头、瓦屋、敖寨、金星场与黔东省溪纵队会合后，立即做出有攻打省溪县城和铜仁的态势，使敌蒋再珍师主力不敢离开铜仁，敌李昌荣团也不敢离开省溪县城，故派往田坪堵截红军的第一营、第三营被红军消灭300余人。民国25年（1936年）1月13日，红二、红六军团主力到达江口、闵家场，先头部队已抵达松桃甘龙口，刘建绪由芷江电令：“蒋再珍师、郭汝栋师派少数部队固守省（今万山特区）、铜（铜仁），肃清附近散匪，以主力迅速出铜仁西北，右与樊纵队联络，向西北截剿”。是年1月25日，红军进入黔西以后，苏维埃省溪县政府主席和省溪县纵队队长姚玉清在完成支持策应红军主力长征过境后，即带领省溪纵队一个营的人离开省溪去寻找红军，当行至德江坳时，被国民党军袭击，他带领军需官吴玉成（新庄村人）杀开血路冲出敌包围圈，手下几百人亦被打散。他们回到省溪原籍后，仍频频开展革命斗争。为了给被压迫被剥削的工人出口气，一次杀死冷风硐矿警10余人，没收了矿主的朱砂、水银千余斤、枪10余支。以后，又到麻阳乌油厂赶走护厂卫兵，没收了厂主剥削工人的数万银元，他们的活动使国民党反动政府十分恐慌。

3、奔赴抗日前线

民国25年（1936年）秋，中共贵阳地下党领导人秦天真介绍入党的中共贵阳地下党党员龚永明化名陈文星到省溪县田坝坪开茶馆，不久与姚玉清结为手足，并发展姚玉清为中共地下党党员，姚玉清请龚永明出任黔东省溪纵队政委，共同领导万山工人、农民同国民党反动派继续进行隐蔽的和半公开的斗争，使万山的革命斗争一浪高过一浪。

民国26年（1937年），黔东省溪纵队组织成员两次参加抗日战争，支持前线。是年8月，省溪纵队刘洪权带领省溪纵队组成一个营奔赴抗日前线，全部阵亡于上海保卫战中。随后，在杨宠光华顺铭的带领下，又派出省溪纵队300多健儿编入国民党19路军万世炯团，同全体贵州健儿拼死阻击日寇，守卫南京，于民国27年（1938年）1月13日乘船退至南京浦口时，遭日机轰炸，除杨某一人生还外，其余全体官兵船毁人亡，以身殉国。

4、惩恶拟邪　为民除害

民国26年（1937年）初，根据黔东省溪纵队队长姚玉清和政委龚永明的指示，作恶乡里的省溪县西区区长杨光灿在高楼坪乡长坳村杉木坳处，被省溪纵队第四支队袭击，当场中弹身亡，群众拍手称快。

民国28年（1939年）7月15日，经请示苏维埃省溪县政府主席兼黔东省溪纵队队长姚玉清和政委龚永明同意，由省溪纵队第五支队成员黄银舟、杨毛、朱老法、刘开生、杨光见、杨海光、刘山友等人摸进岩屋坪汞矿总管班金忠荣住所，将任意毒打工人，作恶多端的金忠荣颈项一刀，身首异处，替矿工出了一口恶气。工人们不知是谁干的，他们当时画了漫画，编了顺口溜暗中张贴，称杀死金忠荣的人为无名英雄。至今还有两幅漫画保存于湖南省长沙档案馆。

民国30年（1941年）2月，省溪县撤销，万山汞矿矿务局改组为汞业管理处。行政区划的变更，并没有给老百姓带来什么好处，反动统治者仍然极尽压迫和剥削人民之能事，想尽办法剥削工人农民。岩屋坪分矿厂主任王正修是个工程师，他最会出一些榨取工人血汗的点子，在他所谓竞赛、奖金等牌子的欺骗下，工人每天要劳动20个小时，才能得到买几升米的工资，不到两个月，工人又累又饿已瘦得不成人样。工会主席刘双臣代表工人向王正修提出要求改善工资待遇。王威胁说："枪打出头鸟，我要把你抓来关起！"在苏维埃省溪县政府和地下党员龚永明的暗中支持和领导下，工人举行了全面大罢工，万山、大硐喇等矿区工人和农民给予积极支持和声援。工人代表提出：（一）工人工资不要法币，每场要发一斗米；（二）取消土刑罚，不准吊打工人；（三）取消对工人出入洞时搜身的做法。并说不达目的，誓不罢休。工人罢工半月之久，汞业管理处为此惊恐万状，只好同意工人提出的三项条件。工人罢工取得了一定胜利。

民国31年（1942年）8月28日，苏维埃省溪县政府副主席刘元兆，东区苏维埃政府主席兼省溪纵队第二支队长罗殿清，第一支队长姚林芝，第五支队长杨光贤组织武装600余人在黄道乡鸡婆田祭旗起事，准备攻取黄道和万山乡政府，试图武装夺取政权，建立革命根据地。因内部泄密，遭万山乡乡长刘元藻和铜仁独立团率队围剿，惨遭失败。

民国33年（1944年），万山冷风硐总管班蒋寿昌与矿警人员常常任意侮辱女工，采用酷刑打死打伤不少工人，激起公愤。黔东省溪纵队第三支队长杨柏光在地下党的指挥下，带领数十名工人5月30日凌晨潜入冷风硐碉堡内，将蒋寿昌和作恶多端的矿警孙云鹏、陈占武、张汝连、王荣跃、监工王湘杰、李明山等人乱刀砍死，给工人出了一口恶气。

民国33年（1944年）6月26日，万山民众妇孺老幼数百人背着砂背箩高呼"我们要饭吃，我们要生活"的口号，列队经过老街（今万山特区解放街）至张家湾捡废矿石，伪汞业管理处立即出动矿警鸣枪威胁，民众毫不畏惧，矿警队长刘忠南在矿主任李兆霖的指示下，立即下令开枪镇压，一时血弹横飞，当场打死8人，打伤30余人。万山人民群情激奋，在地下共产党龚永明的领导下，一面积极上书国民党中央政府和贵州省政府，控告汞业管理处滥杀无辜，一面书写张贴标语口号，揭露反动派的罪行，组织数千工人农民进城游行示威，工人举行罢工，汞业管理处于民国35年（1946年）被迫宣布倒闭。国民党反动派惊呼："工人中一定有共匪"，提出"要抓共党分子"。

在中国工农红军的影响下，在万山地下共产党员龚永明的暗中组织下，省溪县人民同国民党反动派以及地主豪绅的斗争此起彼伏，连绵不断，时间长达10余年。

（四）反动派的残酷镇压和军事围剿

1、苏维埃省溪县政府和黔东省溪纵队领导被先后杀害

民国25年（1936年）3月，红军北上继续长征后，中区苏维埃政府主席姚祖龙、副主席姚祖跃被反动派抓捕杀害于亚鱼富家湾。是年7月，又将西区苏维埃政府主席田先耕、副主席田应贤杀害。田先耕在湖南晃县被反动政府派人捉拿，行至高楼坪乡马路岗处被刽子手杀害，其头被割下来悬挂在省溪县城西门城楼上示众。

2、黔东省溪纵队各支队惨遭军事围剿

民国25年（1936年）1月27日，国民党即命令原驻防铜仁的蒋再珍师归入郭汝栋纵队参加追剿红军，电令陶广纵队一部驻防铜仁、松桃、秀山一线。在此期间，由于敌强我弱，敌蒋再珍师和陶广纵队派独立团对苏维埃省溪县政府成员和黔东省溪纵队进行大肆抓捕屠杀。民国25年（1936年）3月，省溪纵队第四支队骨干田见狗、田景兵、田福生、田福林、田景昌、田幼生等人被反动武装围困在省溪县的马脚岩黄腊洞，敌用烟火熏死了田景贤和田福生，其他人勇敢地杀出一条血路，暂时得以脱身。之后，田福林、田见狗又被敌抓住杀害。在行刑的路上，田见狗大骂反动派“你们疯狂不了好久，红军来了要砍你们的脑壳”！反动派穷凶极恶，气势汹汹地把他的舌头割了。黔东省溪纵队四、五支队大部牺牲，部分人退出敖寨向米公山和湘黔边境的崇山密林中分散隐蔽。

今高楼坪乡新庄村在省溪县时期，进步青年较多，对红军支持较大，反动派恨之入骨。民国25年（1936年）3月，红军离境继续长征后，国民党反动派先到新庄抓捕吴龙盘等8人到亚鱼场杀害，后又抓了吴新年、吴大庆、吴树先、吴佩谈、吴龙乾、吴华生、吴贵生、吴有生、吴文金、吴良才、吴良志、吴海青、吴七林、吴隆早等10余人到省溪县城（万山）杀害。省溪县县长王三晋又派陈营长带领部队（又称清乡队）到新庄开剿，将新庄上到六花园、下至杉木园拱桥近2千米长的村寨房屋全部烧光，未离开村寨的中青年男人全部杀光，惨不忍睹！

民国31年（1942年）8月19日，铜仁李楚藩电示玉屏县长李世家：“据报玉、晃、铜边境失意之败类勾结土匪捣乱后方，蛊惑人心，······黄道罗殿清、刘元兆，田坪黄纯武、杨汉云，张家寨黄德益，报溪杨光贤······共约五六百人潜伏于玉晃边境雾程东坡、乾沟坪、小黄溪、向家地、黄岩冲、横坡、鸡婆田烟子冲一带，以上列地点为根据地，有进犯晃县和万山之企图，特电转饬所属严密防范并相机进剿，以遏乱萌······”。24日，玉屏县匪情日报称罗殿清、杨光贤、姚林芝为奸伪团长，正在作武力准备。称刘元兆、吴必定、黄荣清、姚本仲等人为“奸伪逆党匪徒”。黄道乡乡长刘元藻上报他们煽惑各保壮丁，随时可集中数百人，有向晃县之谋劫。同时，刘元藻向玉屏县长李世家报告称：“杨光贤、杨载明、姚林芝等有鼓动地方民众准备即日举行暴动，进犯万山，·····请即派兵镇压，否则无法收拾矣”。为此，反动政府派铜仁独立团进剿，使这次轰轰烈烈的武装斗争惨遭失败，省溪县苏维埃政府副主席刘元兆，第一支队长姚林芝，第五支队长杨光贤被反动政府偷袭杀害，中区苏维埃政府主席兼第二支队长罗殿清死于玉屏抚溪江白水洞，第一支队、第二支队和第五支队参加起事人员受到大肆追捕、大部分被

关押杀害。

民国33年（1944年），黔东省溪纵队第三支队长杨柏光组织人员对作恶多端、草菅人命的冷风洞总管班蒋寿昌等人用乱刀砍死，替广大工人出了一口恶气。但国民党反动派恨之入骨，派出独立团捉拿纵队成员。用计与敖寨土匪杨毛铁勾结将杨柏光诱捕杀害，对纵队其他成员也先后进行暗杀。

3、省溪纵队政委龚永明被迫害

民国35年（1946年）9月，万山乡乡长刘元藻病逝后，地下共产党员龚永明被选为万山乡乡长。他同情农民，上任不久，就把万山乡里的积谷借给饥民，后因有2000多斤粮食灾民还不起，龚永明被县政府以贪污的罪名捉送至铜仁关押，于民国36年（1947年）7月出狱，赴重庆向上级领导刘茂隆汇报后回到老家过年得病，送铜仁医治无效，于民国37年（1948年）病逝。

（五）民国档案对民国政府军围追红二·六军团过境实录

民国23年（1934年）10月13日江口县长郑铸成呈报共军过境

查赤炎嚣张，为祸黔省。职当贺匪入边之时，先后通令所属区乡，严密组织铲共义勇队。三月以来，努力工作，罔敢懈怠。此次肖匪西窜骚扰剑、穗，职秉承层峰意旨，调集团壮分途死守，不意本月十日上午十二时，突有共匪三百余人，由石阡属之殿山奔至张家寨（属省溪县），罗家屯，将居民财务掳掠一空。职县第五区铲共义勇大队长张兰轩，率领团壮百余前往罗家屯围剿，常备队长张少山率领该队前往红石梁堵击，闵市驻军洪用斌连，向张家寨方向兜剿，匪不支，逃往六区之茶寨、苗旺一带。是设计擒获共匪两名，并得汉阳枪一枝。其实，六区团壮因防堵印江属于木黄之贺匪，未能顾及各方，至将茶寨镇长汪长松、苗旺六区梅昌泽区长捉去，并在苗旺场尾杀毙，并将区所公物、款米及沿途妇女、牲畜一并掳去。查此股共匪、多操湘、广口音，行动异常迅速，总计枪支约在两百左右。嗣因五区团壮跟踪追击，当即向顺溪、洋溪及梵净山掳掠而去，缘此理合将共匪窜扰江境，掳掠屠杀各情备文呈报。

摘自贵州省旧政权档案史料选编23—24页。

注：张家寨当时属省溪县（万山）辖。

杨其昌向吴忠信的报告

民国25年（1936年）1月9日，杨其昌向贵州省主席吴忠信报称："······（湖南晃县）波洲，（贵州）省溪、黄道司、田心坪一带枪声甚密，闻铜仁谢桥迹有匪发现，除四路多派侦察及游击队四处游击，阻匪迟滞前进外，谨报。"

摘自贵州省旧政权档案史料选编236页

蒋再珍向吴忠信的报告

民国25年（1936年）1月13日，蒋再珍向贵州省主席吴忠信报称："据李旅长电报，股匪杨玉华等勾结共匪之游击队，在省溪金星场，垢溪等处抢劫滋扰，已由该派队前往剿中。"

摘自贵州省旧政权档案史料选编237页

注：蒋再珍为当时国民党反动派驻铜仁独立师师长。
省溪金星场属今万山敖寨乡。

蒋再珍向吴忠信的报告

民国25年（1936年）2月1日，蒋再珍向贵州省主席吴忠信报称："田坪之役，伪五师师长贺明炎右背（臂）受重伤，现已锯断。伪十一团团长及十三团参谋长均经田心坪阵亡。"

摘自贵州省旧政权档案史料选编238页

注：田坪又称田坝坪，属省溪（今万山）

刘建绪电告吴忠信

民国25年（1936年）1月13日，刘建绪电告贵州省主席吴忠信："郭汝栋之二十六师文日抵铜仁，已令指挥蒋、郭两师，派少数部队固守省、铜、肃清附近散匪，以主力迅出铜仁西北，右与樊纵队联络，向西北截剿。"

摘自贵州省旧政权档案史料选编250页

陶懋榛电薛岳、吴忠信

民国25年（1936年）1月5日，铜仁专员陶懋榛电呈绥靖主任薛省主席吴、民政厅长曹、保安处长冯："省溪王县长报，冬末匪便衣队向田坪前进，一股由便水、新店坪向黄道司前进，有包围驻军势。"

摘自贵州省旧政权档案史料选编439页

王三晋电呈吴忠信

民国25年（1936年）1月3日，省溪县长王三晋电呈贵州省主席吴忠信：职县近数月来，四乡多匪，交通梗阻，且无电局。……共匪已到田坪，分两路向老山口、楼坪方向前进。

摘自贵州省旧政权档案史料选编440页

江口失陷函件

民国25年（1936年）6月20日，贵州省保安处官员梅克实收到江口失陷情形函件一则："此次江邑不幸，惨遭肖、贺劫杀。于1月9日晨，肖匪大部由铁线坪（田坝坪）经茶殿场、清水塘、龙宿、望城坡进陷江城；贺匪大部则由牛场坡经羊桥、马鞍山、狗牙会师江口……"。

摘自贵州省旧政权档案史料选编455页

（六）民国政府《日报表》

民国25年（1936年）1月5日，陈光中电报萧贺共军有向省溪方向逃窜之模样

贵阳吴主席礼公：贵密。宥、艳两密一电均敬悉。萧贺两股经托口、江西街窜抵龙溪口后，曾向省溪方向逃窜之模样。师现正蹑匪追剿中。谨闻。陈光中叩，傲戌参机印。

摘自贵州省旧政权档案史料选编240页。

民国25年（1936年）1月5日，何健电告军各纵队“截剿”路线

邵阳发，贵阳薛主任、吴主席：支亥、支申电承视匪情及贵军堵剿部署各节均敬悉。本路军陶、李两纵队该追至便水，米贝之线，已令其跟匪穷追。樊纵队到达溆浦、枞樵铺，已令其经凤凰、雅位营向松、铜间截剿。部指挥官所部已令其经漾头司向省、铜间截剿。陈渠（珍）师集结永绥、茶洞堵剿。敬闻。弟何健。微酉作邵印。

摘自贵州省旧政权档案史料选编240页。

民国25年（1936年）1月7日，刘建绪电告便水之役战况

黔阳发。贵阳主席吴、薛总指挥：宅密。（一）萧贺所部之伪四、六及十六、十七四个师，歌晨由晃县方面向芷江回窜，申刻与我李纵队李、章两师遭遇于上坪、新店坪一带，激战至鱼酉，毙匪2千余人，获枪百余支。我军伤亡营长3员，连排长30余员，士兵700余名。虞晨，残匪分行，大部经马路坡向黄道司逃窜。我李纵队虞未已追至马路坡，正接战中；小部经波洲向晃县龙溪口逃窜。虞午我陶纵队绕道至晃县堵截中。特闻，刘建绪。阳申参印。

摘自贵州省旧政权档案史料选编241—242页。

民国25年（1936年）1月7日，陈光中电报便水之役战况

吴主席礼公：贵密，肖贺两股已由龙溪口赓续西逃，忽折向东窜，于歌申与我十六师遭遇于新店坪以西牛屎垄、良田湾、大坡界之线。敝师与十九师深夜赶到策应，激战至本（阳）辰，匪已死亡太多，仍纷向龙溪口、黄道司方面溃窜。是役匪受创极巨，而本纵队则以十六师伤亡为最多也。谨闻。陈光中。阳酉参机印。

摘自贵州省旧政权档案史料选编243页。

民国25年（1936年）1月7日，刘建绪电告便水战后“协歼”萧贺共军之部署

黔阳发。贵阳主席吴。鱼秘一电敬悉。微酉，萧贺以伪四、伪六、伪十六、伪十七四个师（伪五师

在龙溪口未动），由龙溪口、波洲回窜，埋伏便水西岸良田湾附近，希乘我李纵队章师半渡伏截，经我痛击一昼夜，受创甚重；已于阳申电达尊处。现贺匪率残部由马路坡、黄道司向省溪逃窜。我李纵队追至马路坡，正在接战中。肖匪经波洲向龙溪口逃窜，本午闻该方面枪炮声极密，想系与我陶纵队对战。已令该两纵队各扫荡当面之匪，蹑匪穷追，期与贵省各友军协歼该匪于湘黔边境。我樊纵队已令迅出鸦拉营、大兴场，向西南觅匪截剿。郭汝栋师因尊令点验，暂在麻阳、漾头司之线待命。省、玉、铜方面情况如何，敬请赐告。刘建绪。虞酉参印。

摘自贵州省旧政权档案史料选编242页。

民国25年(1936年)1月8日，刘建绪电告便水战斗被俘共军"供词"

黔阳发。贵阳吴主席：据章师长亮基阳申电称，据何旅团第七连解送贺龙投城之马弁目鲁秉钧供称：（一）澧州人，二十岁，于十二岁时随贺龙，已六年余。（二）歌日匪探悉，国军约一师向波洲前进，萧克部率所两师潜伏门楼坳、上坪一带；贺龙率两师又一部，从龙溪口附近亦赶来，拟趁国军到达宿营之际，一鼓围歼。（三）激战时贺龙担任匪正面及左翼指挥；萧指挥并各派一部向便水迂回抄击。（四）昨战斗中，匪部阵亡伪军第四师参谋长金诚钟、伪十团团长刘克先、伪十一团团长秦耀楚。战至鱼甲，贺龙接萧克电话云，伪六军团肖部伤官兵已达五、六百，不能再支等语，是时贺龙部伤亡无数，团、营、连长更多，始决定撤退。（五）又闻电话中，萧克曾表示不愿经黔境。（六）伪十八师原留桑植，已开至贵州之南腰界。等语，特闻。弟刘建绪。齐参战印。

摘自贵州省旧政权档案史料选编244页。

民国25年(1936年)1月8日刘建绪电告老晃城一带仍在对战

黔阳发，贵阳主席吴：宅密。鱼午，虞午两电均奉悉。数部虞酉电计达。我陶纵队先头师，阳日追抵老晃城、龙溪口，与匪隔河对战；我李纵队已过黄道司，分向省溪、龙溪口尾匪追剿。……刘建绪。

摘自贵州省旧政权档案史料选编243—244页。

民国25年(1936年)1月9日杨其昌向省主席吴忠信的报告

省主席吴钧鉴……据报，波洲、省溪、黄道司、田心坪一带枪声甚密，闻铜仁属谢家桥亦有匪发现。谨报。职杨其昌叩。佳巳穗印。

摘自贵州省旧政权档案史料选编236页。

民国25年(1936年)1月10日刘建绪电告共军入黔之军情

芷江发。贵阳主席吴、薛总指挥：宅密。综合情报：（一）我李、陶纵队在上坪、新店坪、龙溪口一带击溃之匪，阳午有一部在亚鱼场、尤鱼铺互近与蒋师李团激战，大部庚辰分经田心坪、朱家场，向江口闵家场急窜，玉屏仅到有匪游击队，省溪并未失陷。（二）我李纵队佳酉抵龙溪口、大鱼塘、鲇鱼铺、转移绥、保；樊纵队先头齐日抵鸦拉营、大兴场；郭纵队正向铜仁急进，分途堵截。（三）绪蒸未抵芷江。刘建绪蒸酉参战中。

摘自贵州省旧政权档案史料选编247页。

民国25年（1936年）1月13日刘建绪电告共军主力军在江口及纵队追击位置

芷江发。贵阳主席吴：（一）据郭指挥官文戎电节称：匪主力窜水口、闵家场，后尾尚在大坪场及铜西宋家寨、卜口场、嘴上、木弄一带，其先头约2000余名已窜抵松桃之甘龙口、平洞口、洞口之战。蒋师三团分驻铜仁附近，铜西龙塘、黄坪、省溪一带，向匪方警戒。（二）据樊指挥文亥电称：孔师长令恂率孔、邹两师（附陈师之段旅及李团），元日向寨英截击；自率陈、董两师经漾头司向铜仁西北续进策应，等语。已令迅速向西横截，并饬傅师联络李纵队，向闵家场追剿。（三）郭纵队之二十六师文日抵铜仁。已令指挥蒋、郭两师，派少数部队固守省、铜，肃清附近散匪；以主力迅出铜仁西北，右与樊纵队联络，向西北截剿。（四）已令李纵队兼程向江口、闵家场之匪追剿。（五）陶纵队先头钟师文日到达从打田；纵队部及王师抵麻阳洋田、扎牛坪之线，已令星夜向保靖，永绥前进。在未到达前，以陈渠珍师并指挥罗启疆旅，位于永绥、茶洞、中寨、石耶司之线与驻秀许师衔接，筑碉堵匪东北窜。（六）职寒日拟经枞树坪、江口、岩门向凤凰前进。上六项。职刘建绪。元未参印。

摘自贵州省旧政权档案史料选编250页。

民国25年（1936年）2月1日蒋再珍电报萧、贺共军内情

贵阳省主席吴：匪部医生申健康，原系职部刘团军医，前沿河之役被贺匪围去，现于石阡逃出。据称：（一）匪中有着国军服标记者百余人随行。（二）贺兰英死后其子约十二三岁，常乘骡与贺同行。（三）肖贺连襟，肖妇蹇先超约十八岁，贺妇蹇先闺约二十岁。（四）田心坪之役，伪五师长贺明炎右背（臂）受重伤，现已锯断。伪十一团团长及十三团参谋长均经田心坪阵亡。（五）匪中携行木梯多架，附有洋油桶，系架渡河浮桥之用。各等语，谨陈。职蒋再珍。

摘自贵州省旧政权档案史料选编238页

国民党玉屏县县长李世家密电

万山刘大队附灿、洪乡长以朴同密鉴······速将万山六保村寨姚本仲、刘华生（刘元兆）等二人捕捉送府。尚有抵抗，可作必要处置。县长李世家未。

摘自玉屏县档案馆第七号全宗1号目录34卷。

民国31年

省溪县县长王公治向省民政厅的报告

民国24年6月27日，省溪县县长王公治向贵州省民政厅呈报：窃查属县县城，屡属匪区，所有卷

宗，屡被匪焚，加之历任县长，大都不谙公事手续，以致存档各卷，异常残缺，此种特殊情形，未敢盲目接收，拟请自本年6月24日於职接任日起，负届新县政责任，所有旧管残缺卷宗，除饬科分别保存外，请赐俯允免予负责，是否有当，理合呈请钧应鉴核备案伏乞转呈主席核示祇遵实为公便。

摘自贵州省旧政权档案全宗1案卷4411号。

镇远行营电令

民国23年（1934年）镇远行营电令：玉屏徐县长，并分别飞转青溪陈县长，岑巩李县长，省溪李县长钧鉴，肖匪于十一时由大地方附近之单灌强窜，向江、闵逃去，但查该匪惯就虚避实，恐石、思、江口方向堵截严密，该匪急迫折回南窜，仰各该县长立即调集区团严守要隘，忽使南窜，倘若疏虞，一旦窜入，即为各该县长负责，此令。10月18日。

摘自贵州省旧政权档案史料选编62—63页。

保三中队长毛雨森给省溪县李代县长的报告及李代县长的批复

代县长李钧鉴：边区土匪容有政治作用，匪首姓名如次：杨和尚，敖寨八保人；陆成交、滕连长，敖寨乡六保人；黄大臣，敖寨七保人；王治和，敖寨八保人；杨继岩，敖寨九保人；黄营长等率匪捌拾余名，重机枪壹挺，轻机枪肆挺，步枪柒拾壹枝，手枪壹枝，职经函商鄰县乡镇公所会剿及各地兵力布置有当，该匪向米贡山及偏岩方向窜逃中，各处兵力已纷纷进行进击，惟弹药缺乏，於即日进行购买。

保三中队长毛雨森午支叩於下溪。

李县长批复如下：

电饬准发子弹千粒，由府派兵薄解，取拨收核。

饬仍随时派人侦查，将所得情形电呈。

李代（盖章）7月5日

县收到的时间签署为367编号为2305.此件摘自玉屏县档案局旧政权档案全宗戌，目录3，卷9。

刘灿、刘元藻、洪以朴向国民党玉屏县长的报告

玉屏县长李钧鉴：顷据密报铜属敖寨及报溪与老砂坑之失意人员杨光贤、杨载明、姚林芝、杨焕章等有鼓动地方民众准备即日大举暴动进犯万山，现万山保警队捍（少）调往玉屏，请即日派兵前来万山镇压，并祈采积极手段处置，否则无法收拾矣，祈覆职刘灿、刘元藻、洪以朴叩养印。

民国31年

摘自玉屏档案馆档案全宗第七号目录1号第24卷。

驻黔绥靖公署参谋处第二科汇制　民国25年1月5日第四〇七号

区别	来电机关	匪情摘要	判断
湘黔边境	蒋再珍支未、冬戌两电傅仲芳支戌电杨其昌江西、支西两电傅仲芳微电	1.冬日肖贺股匪分三股由便水一带西窜,一向玉屏,一向龙溪口,一向省溪。 2.江日午后二点,匪约三千进占龙溪口。 3.支未有便衣匪约二百余,在龙溪口、大鱼塘一带征伐给养。 4.支日午后四时,匪一股陷我玉屏,人枪数不详。 5.江日龙溪口之匪一路由高楼坪向省溪县城进逼,一路经田心坪向我取包围之势,我蒋师李团现在老山口。 6.现我蒋师死守省溪、铜仁;杨旅死守三穗、青溪;傅师集结镇远策应;郝师到偏刀水监视乌江北段渡河点。 7.据报匪先头已达距青溪二十五里之羊坪。	

驻黔绥靖公署参谋处第二科汇制　民国25年1月10第四〇八号

区别	来电机关	匪情摘要	判断
湘黔边境	蒋再珍电五件 杨其昌电四件 傅仲芳电八件 华 洸电六件 刘建绪电四件 何芸樵电二件 邹 洪电一件 樊崧甫电一件 王东原电二件 陈光中电一件	1.微日窜羊坪之匪被民兵截堵,匪又以便衣队扰我青溪城,均被民团击退。羊坪之匪相持至阳日,均撤回玉屏。 2.我蒋师驻省溪之李团,鱼日派兵一营向田心坪游击,当在该处与匪激战,李团长闻讯即率兵一营前往增加,激战至阳辰,踞玉屏之伪五师赶至加入,因寡众悬殊,李团遂绕道撤回,固守省溪城。是役毙匪四、五百,我李团第一营亦伤亡官兵二百余名,第三营伤亡官兵百余,并阵亡团部副官谢孝一员。 3.阳晚玉屏王县长率团队二百余收复玉屏县城。 4.微午在晃县、龙溪口一带之匪回窜芷江,在上坪一带与追剿军李纵队之李、王两师遭遇,激战甚烈,至阳日午前匪不支,始向龙溪口、田心坪、大鱼塘退去。是役俘毙匪二千余,获枪百余支。我军亦阵亡营长三员,连、排长三十余员,士兵数百名。故玉屏、青溪、岑巩方面,阳日以来仅有少数匪向我方警戒。 5.齐日我追剿军李纵队收复晃县。我省溪之李团以一部固守县城,亲率余部向龙溪口、田心坪策应追剿,并侧击该匪在田心坪。匪以一部向我抗战,一部向朱家场一带窜去,更有匪便衣队三四百,绕我省溪后方之金家场。 6.据报,齐晚追剿军收复龙溪口。现大鱼塘河北岸至朱家场、田心坪一带满驻匪军,截至佳亥以前尚未得该匪移动情报。	
西南	陈劲节庚西电	我军现因雪厚,未得进攻,情况如前。	

二、丹砂史料

（一）丹砂的最早发现和利用

《黔记》载："府东北百四五十里，有黄道溪，溪北五里有淘沙溪，土人在此淘砂煎汞"。民间传说当人们才学会用树叶、树皮遮羞、用兽皮防寒的渔猎社会时期，在沅水支流——黄道河北面五里地方，有条小溪，溪河两岸居住着濮人冉氏家族，热天他们嬉戏河中捞食鱼虾；冬天，他们上山围猎食兽，身居天然穴洞以避寒。在一次捞食鱼虾活动中，发现河床上有一枚红色美丽的石子，用这枚红色的石子磨水如血，涂抹伤口能消炎杀菌，服之能定惊安神，染之永不变色。当时人们在围猎野生动物过程中，常常划破皮肤、折断手足，伤口因感染腐烂而危及生命，自从有了这种红色的石子涂抹伤口后，伤口就不再腐烂，人们认为它就是拯救生命的神物，对此顶礼膜拜，因这种红色的石子不仅外表红，里面也全红，人们就将其命名为"心红"。因其有拯救生命的特效，很快传扬开去，四面八方的人们不远千里迢迢牵着牛、羊、狗、猪带到远离淘沙溪三十里开外的大坝子地方去交换，这块坝子被后人称着赶场坝。从此，濮人冉氏家族就靠在河床中由下游到上游掏拾"心红"换物度日，世代承业。

（二）丹砂的最早开采

相传在夏代（公元前2070–前1600年），境内濮人、苗民，分别从黄道河和下溪河逆流而上淘洗寻觅丹砂至万山大崖各处，只见大崖石头上镶嵌着无数丹粒，大家都无法把丹砂从岩石中取出来，又只好靠打猎为生。一天，他们饿了就打来野兔、野羊并找来干柴放在一些含丹石头上烧烤，正当食物烤熟、岩头烤热之时，忽然天降大雨，烤热的石头被大雨一淋，嘭的一声石头就爆裂了，丹粒也从爆裂的石头中分裂出来，人们受此启示，发明了火烧水淋之法，称"爆火法"，人们世袭此法从大崖山顶向下烧爆、层层剥取，至春秋战国时，就剥去半壁岩山，形成了一个大坑，人们当初称之为老崖井，《天工开物》记着老雅井，后称之为老砂坑，如今在老砂坑、黑窿（硐）子外面石壁上还留有古代爆火法取丹的数十个爆火窿子，是世界上唯一用火爆法取丹留下的文化遗存。

附：《天工开物》载："锦州界佶僚矿老雅井，其井深广数十丈，先聚薪于此满则纵火焚之"。《溪蛮丛矣》载："砂分土井、崖井、万山之崖为最，伶老以火攻取"。

（三）朱砂水银的名称及作用

1.朱砂

（1）名称演变

原始社会末期，万山濮人冉氏兄弟在淘沙溪拾到的朱砂称"心红"，因为当时的人把朱砂敲碎后，里面全是红的，像人的心脏一样的红，故称“心红”。黄帝得知是在河床里挖的砂坑中拾得的，就取名丹砂，丹乃石名，字从井中一点，像丹在井中之形，丹又是红色，故名。《广黄帝本行记》载：“帝遂炼九鼎之丹服之，以丹法传于玄子，重盟而付之”。后来拾得的丹砂，大都细小如粟，故又称“丹粟”，由于丹砂有杀菌、防止人们伤口腐烂，从而拯救生命和定惊安神之功效，有着像太阳、火对人们生存一样的重要，故又称其为“日精”“太阳”。

在众多红色的石子中，由于丹砂的作用最大、功效最高，是石中之王，故又将其称为赤帝、帝精、赤帝髓；又因它是红色的石子，红为赤，故又称为“赤石”“赤丹”；周初，封禀君于今重庆一带建立巴子国，万山产丹砂流入巴国市场后，被称之为巴砂；隋开皇九年（589年）置辰州，治沅陵，万山隶属辰州，万山所产丹砂上缴辰州治，由辰州进贡朝廷或外销各地，朝廷和商家称其名曰：“辰砂”，即辰州的丹砂。唐垂拱二年（686年）锦州贡万山大小二硐丹砂（丹砂大红晶莹剔透，折射好），传其武则天登基前后杀人无数，不少冤魂野鬼夜夜前去索命，武则天夜不能寝，道士将其万山所产丹砂置于她的寝宫，晚上，丹砂熠熠生辉，所有冤魂野鬼望而生畏，慌忙远循，武皇帝大喜，连称“救我者，光明砂也！”从此万山产丹砂又得一个“光明砂”的雅号。宋代，朱辅《溪蛮丛笑》一书载：“丹砂，皆颗块、佳者为箭镞、结不实者为肺砂、碎者有�逗，末者有药砂。砂分土井、崖井，以万山之崖为最。”为此，人们又根据其形状称其为箭镞砂、肺砂、趢逗砂、药砂等。明永乐十一年（1413年），朝廷罢免思州、思南两宣慰司，设铜仁、思南、石阡、乌罗、思州、镇远、黎平、新化等八府，建贵州布政司辖之，朝廷直接派流官治理，并将万山朱砂矿收归国家所有，派内侍刘福、关显忠领导开采，派御史陈斌监督，派税课大使往来收采，不管派谁来开采，“万方珍宝入皇家”，皇帝姓朱，将丹砂改称朱砂，从此把所有权和产品颜色巧妙地结合在一起了，从明代开始，“朱砂”这一名称至今未变。

此外，在梅彪《道藏》一书中还有“丹砂、一名日精、一名真珠、一名仙砂、一名汞砂、一名赤帝、一名太阳、一名朱砂、一名朱鸟、一名降宫朱儿、一名赤帝精、一名赤帝髓、一名朱雀”等。通过加工制作后的丹砂还有一些称谓，如：飞朱砂、水飞朱砂、片砂、劈砂、镜面砂、朱宝砂、洋尖砂、泽光砂、银珠、灵砂、神砂、马牙砂。1953年前夕，万山丹砂划为八等，其称谓是：高装朱宝、中装朱宝、顶红片砂、血红大片、青红大片、红云片、青云片、细砂等。1981年，贵州汞矿定出九种特型及特级砂、宝砂、豆砂、米砂、一级砂、二级砂等。每颗为200克以上为特型砂，151—200克为二等特型砂，121—150克的为三等特型砂，81—120克的为四等特型砂，51—80克的为五等特型砂，31—50克的为六等特型砂，21—30克的为七等特型砂，11—20克的为八等特型砂，6—10克的为九等特型砂，6克以下的称宝砂，4克以下为豆砂，2.5克以下为米砂。1979年以来，万山贵州汞矿生产的红菱牌朱砂获贵州省优良产品证书，1989年被选入中国名优产品。

（2）作用

万山最早发现和利用丹砂消毒、杀菌、防治伤口感染的是居住在淘沙溪一带的濮人。据《广黄帝本行记》“帝炼九鼎之丹服之，以丹法传于玄子，重盟而付之”的记载，说明炎黄时期已开始入药炼丹。中国的仰韶文化、龙山文化层里发现的涂朱，夏商甲骨文卜辞刻槽里的涂料、湖北盘龙城遗迹棺椁外壁绘画图案颜料，四川广汉三星堆文化层二号祭祀坑出土的各式青铜人头像的耳孔、鼻孔、口缝、眼睛的涂朱，公元210年，中国最早的地形图上的山川海泽的绘制颜料，历代帝王御用墨宝、印泥等皆丹砂所制。朱砂除了用于各种物品的涂料外，更广泛地用于医药，特别是万山产的丹砂质量最好，是古代炼制丹药的地道药材，在临床应用上有：用于心神不宁、心悸、失眠。朱砂甘寒质重专入心经，寒能清热、重能镇怯，与黄连、莲子心合用能清心安神，最适心火亢盛之心神不宁，烦躁不安；同当归、生地黄配伍、治气血两虚；与酸枣仁、柏子仁、当归配伍、治阴血虚；将丹砂纳入猪心蒸服或炖服，可治惊恐或心气虚、心神不宁；惊风、癫痫、疮伤肿毒、咽喉肿痛、口舌生疮，丹砂是最好的药材；与牛黄、麝香等开窍，息风药同用，可治高热神昏、惊厥。如安宫牛黄丸；与牛黄、全蝎、钩藤等配伍，如牛黄散，可治小儿急惊风；与磁石同用，可治癫痫卒昏抽搐；与雄黄、大戟、山慈菇配伍治疮疡肿毒，如紫金锭；与冰片、硼砂配伍，治咽喉肿痛，口舌生疮，如冰硼散等。

下列文献记载：

《珍珠囊》：心热非此不能除。

李杲：纳浮溜之火而安神明。

《医学入门》：痘疮将出，服之解毒，令出少。治心热烦躁，润肺止渴、清肝明目，兼闭邪恶瘟疫，破症瘕、下死胎。

《纲目》：治惊厥、解胎毒、驱邪、能发汗。

《本草从新》：定癫狂，止牙痛。

《纲目》：丹砂同远志，龙骨之类则养心气；同当归、丹参之类则养心血，同枸杞、地黄之类则养肾；同厚朴、川椒之类则养脾；同南星、川乌之类则祛风，可以明目，可以定胎，可以解毒，可以发汗，随佐使而建功，无所往而不可。

《本草经疏》：丹砂，味甘微寒而无毒，盖指生砂而言也。

《药性论》：丹砂君，清镇少阴君火之药。安定神明，则精气自固。火不妄炎，则金木得平，而魂魄自定，气力自倍。五脏皆安，则精华上发，故明目。心主血脉，心火宁谧，则阴分无热、血脉自通，犯满自止，消渴自除矣。丹砂体中含汞，汞本辛，故能杀虫，宜乎。

《药性论》：谓其有大毒，若经伏水及一切蒸炼，则毒等砒、硇，服之必毙。

《本草正》：朱砂，入心可安神而走血脉，入肺可以降气而走皮毛，入脾可逐痰而走肌肉，入肝可行血滞而走筋膜，入肾可逐水邪而走骨髓，或上或下，无处不到，故可镇心逐痰、祛邪降火，治惊痫、杀虫毒，祛中恶及疮疡疥癣之属。但其体重性急，善走善降，变化莫测，用治有余，乃其所长。若同参、芪、归、术兼朱砂以治小儿，亦可取效，此必其中挟实者乃宜之，否则不可概用。

丹砂在宗教运用上，普遍认为有四个方面作用：一是镇宅辟邪，将已经开光的朱砂安放在家中，可令家运好转、好运加强，赶走邪气，有镇宅之功效，成为家中的守护神，保护家庭平安；二是能招财、旺财；三是从古至今在丧葬习俗中皆有使用朱砂的习惯，死者入棺前，需以朱砂点其脑门心，背膛心、胸膛心窝、左右手板心、脚板心等七窍连同耳、鼻、口诸穴，以封三魂七魄，埋葬时，请道士在墓底画八卦以镇龙脉；四是儒、释、佛、道各家皆公认丹砂为日精、帝精，是至高无上的神物，可以增强智慧，可以弘扬正气，拟压百邪，故南海观世音菩萨、各位佛祖皆用丹砂点眉间，让其熠熠生辉。民间巫师、道师所画各种符咒、印泥、冠带、袈裟、印牌皆含丹砂成分，方才灵验等。当代，人们普遍喜爱朱砂饰品。朱砂饰品各式各样上千万种，大的朱砂奇石有几百千克，多为富翁、宾馆、博物馆等镇宅、装饰用。小的朱砂佩件只有两三克重，便于男女佩戴作避邪和增添人体靓丽之用。

2.水银

（1）名称演变　古代的水银称作澒。西汉《淮南子・万毕术》中提到“丹砂为澒”。东汉赵骅《吴越春秋》载：“阖闾墓中，澒池广六丈”。说明公元前494年吴国（今江苏）已大量使用水银，但称为澒。西汉司马迁《史记》载："秦始皇本纪"中有段文字"（秦皇陵中）以水银为百川、江河、大海、相机灌输"。说明西汉时，已把澒称着水银。三国魏人吴晋述、孙星衍、孙冯翼编辑的《神农本草经》载："丹砂能化为汞"。但三国时还有人提到"白澒"之名。之后在中国沿袭下来的名称只有水银和汞的称谓。

汞的化学分子式是HgS，是已知86种金属元素中唯一在常温下呈液态的金属，因此公元前350年古希腊哲人亚里士多德直接称它为液态的银。在门捷列夫的元素周期表上，汞的原子序为80，是1760年才正式被肯定为金属的。汞的溶点为-38.87℃，沸点为356.58℃，在常温下能挥发为蒸汽。汞的原子量为200.61，它有15个同位素，即原子量为191—205之间的原子汞，其中稳定的只有6个，即：Hg196、Hg198、Hg200、Hg201、Hg202、Hg204。它们的一般比重为13.59546，表面张力为470达因/厘米。虽比重较大，但仍保持球形。由于汞在常温下为银白色小球，在-39℃时成等轴晶系之八面体，在350℃挥发为气体等因，故有以下异名：《淮南子》中称"白澒"，《参同契》中称"姹女"，《别录》中称"汞"，《石药尔雅》中称"铅精、流珠、赤汞、砂汞"；《纲目》中称"灵液"，《药材资料汇编》中称"活宝"。

汞产于辰砂脉的氧化带，常成小珠球存在于矿脉及岩石的洞隙内和浮土中，如万山敖寨梅子溪汞矿床（五坑）常发现的自然汞。而大量的汞则是从朱砂矿石中冶炼出来的，也就是说把朱砂HgS通过冶炼，使Hg和S分离开来就得出了纯汞（Hg）。汞以银白色、光亮、流动灵活、在纸面上流过处无痕迹者为佳。不溶于水、乙醇、盐酸。但溶于硝酸、热浓硫酸中，形成汞盐。加白垩或脂肪可研制极细。能与多种金属形成合金，同脂肪研成细粉或油膏用。

（2）作用　在古代主要用于保存尸体，相传战国时，将军战死疆场后，用水银灌入体内和外涂全身，可防腐送回原籍老家而不腐。吴王阖闾墓和秦始皇墓多用之。古人魏伯阳讲：卒得金华，转而相亲，化为白液，凝而至坚。南北朝的陶弘景说：水银，能消化金银使成泥，人以镀物也。刘安的《淮南子·天文训》载："明镜要粉之以玄锡"。玄锡就是铅汞齐。唐人《太清石壁记》载："造水银霜法"，水银霜就是升汞或氯化亚汞。宋人《诸家神品丹法》中的"化庚粉法"，就是利用金汞剂制造金粉的方法。表明古代人已能用水银提取金银和制作各种合金。对水银的药用有下列文献记载：

（《圣惠方》水银膏）：治疥癣疮，经年不差。处方：水银一两、白矾一两、蛇床子一两、雄黄一两，闾茹末一两，上药，入炼子猪脂半斤，都研候水银星尽，便用敷之，日三两上。

《肘后方》：治燥癣，水银、胡粉，研令调以涂之。

《近效方》：治热疮疡癣，痒痛不可忍者，用水银、芜夷，酥而涂之。

《纲目》：治杨梅疮，用水银、黑铅各一钱（结砂）、黄丹一钱、乳香、没药各五分，为末，以纸卷作小拈，染油点灯，日照（熏）疮三次。

《梅师集验方》：治痔，谷道中虫痒不止，用水银、枣膏各二两，同研相和，拈如枣形状、薄棉片裹，纳下部。若痛者，加粉三两作丸。

《雷公炮炙论》：在朱砂中产出者，其水银色如红，收得后，用葫芦盛之，免至遗失。若先以紫背天葵并夜交藤自然汁二味同煮一伏时，其毒自退。若修十两，只用煎二味汁各七镒，和合煮足为度。

《本经》：味辛、寒。

《别录》：有毒。

《玉揪药解》：入手少阴心、足少阴肾经。

《本草再新》：入肝、肾二经。

《本经》：主治疥、瘘、痂、白秃、杀皮肤中虱，堕胎，除热、杀金、银、铜、锡毒。

《本草拾遗》：利水道，去热毒。

《日华子本草》：治天行热痰，催生，下死胎；治恶疮，除风，安神，镇心。

《本草衍义》：治小儿惊热，涎潮。

《本草蒙筌》：和大枫子研末，则杀疮虫，佐黄芩为丸，则绝胎孕。

《纲目》：镇坠痰逆、呕吐，反胃。

《千金方》：治白癜风，用水银拭之令热即消，数拭之，差乃止。

《千金方》：治腋下狐臭，用水银、胡粉，以面脂研和涂之。

《本草经集注》：畏慈石。

《药对》：畏砒霜。

《本草拾遗》：人患疮疥，多以水银涂之，性滑重，直入肉，宜慎之。

《本草经疏》：头疮切不可用，恐入筋络，必缓筋骨，惟宜外敷，不宜内服。

现代，汞和汞的化合物广泛地用在工业、农业、国防和科学技术等方面，如：

电器器材及仪表制造（包括工业仪表和药用仪表）。温度计、真空管、日光灯、水银灯、标准电极、气压计、比重计、血压计、流量计、整流器、扩散泵、X射线管球、电水银锅炉、精密铸造、回转导航指向仪、自动开关、恒温器、汞灯、石英灯等都有汞原料。

手工业方面：用硝酸汞处理兽毛。

冶金工业方面：用混汞法提炼金银等贵金属。

镀金制镜方面：用汞合金进行金属镀金，用汞锡合金制镜。

防腐：用硝酸汞作毛绒织物的防腐剂，用乙基三氯本酸汞作造纸黏液的杀菌、杀毒，用雷汞、砷酸汞、乙基硝酸汞作皮草、木材和植物的防腐剂，用汞和铜的合剂作各类船、监航标、灯塔、海底各类管线及海上工程的防腐和防止海中动物吸附的防护涂料。

石化工业：在生产乙醛、氯乙烯1.8—蒽醌双磺酸笨汞等化工生产中，用汞的化合物作催化剂。在电镀工业中，汞制作标准电池和参比电极。

国防技术：在钚反映中用汞作载热剂，用汞作电子轰击式电火箭的电子源，雷汞作起爆炸药。

农业方面：用砒霜、藜芦、汞剂杀死害虫。

医药方面：用汞的化合物红汞、升汞、氯化汞、醋酸汞、水杨酸汞、氰化汞、汞撒剂等作人类医药品或用试剂作农用杀虫剂。为人类治疥疮、燥癣、杨梅毒疮、痔、白癜风、狐臭等。

（四）老砂坑之战

至正二十三年（1362年）思州镇远府军民同知田茂安，不屑堂侄田仁厚管辖，割其原思州的水德江（原水特姜洪武五年改水德江）、蛮夷（今德江）、沿河祐溪、思印江、朗溪、镇远溪洞金容金答、施秉、偏桥、邛水十五洞、团乐、得民、晓爱、陂带、邛水五长官司、臻剖六洞横陂等处，铜仁、省溪、提溪、大万山、乌罗、平头著可、溶江芝子坪等17长官司地献大厦明玉珍，创立思南道都元帅府，以田茂安为思南宣慰使。以其子田仁智授镇远同知，田仁政授龙泉坪宣抚使，田仁美授统兵元帅。至此，原思州分为思州、思南两宣慰司。原思州宣慰使田仁厚岔恨，率兵攻破龙泉坪，杀死田茂安的两个儿子田仁政、田仁美，田茂安抱病身亡，田仁智袭职。从此，两司仇杀不断。

至正二十五年六月初二日（1365年6月21日）思南宣慰使田仁智归附朱元璋，仍授思南宣慰使，辖地不变。是年七月七日（1365年7月29日），元授思州宣慰使兼湖广行省左丞田仁厚归附朱元璋，授思州镇西等处宣慰司使。

洪武五年（1372年），思州宣慰司辖地施溪司治迁平地寨，改为施溪漾头司，隶湖广沅州卫，属辰州府，洪武六年（1373年）又复归思州宣慰司辖。洪武五年，婺川县改隶镇远州，洪武二十三年（1390年），拨隶思南宣慰司。

万山大崖老砂坑从隋唐以来，先后隶辰州、锦州、沅州、元代才改隶思州，与辰州有深厚的历史渊源，所产朱砂多由辰水运出或因地属辰州而称辰砂。万山大崖老砂坑是贵州乃至全中国朱砂矿最富集的地方，位于大崖中部，是古人由崖顶用“火爆法”层层烧爆剥取而形成的。崖顶（黄道司人称坡盖上）属思南宣慰司大万山军民长官司辖地，崖底属思州宣慰司领域施溪漾头司地域。老砂坑位于大崖中部，为两思边界，与辰州也有些瓜葛。辰州知府黄禧原系思南宣慰司副使，因与思南宣慰使田宗鼎（田仁智之子）有怨结仇，才改任辰州知府的，于是黄禧怀着复仇夺利的心里与思州宣慰司使田琛（田仁厚之子）相勾结，企图夺取老砂坑。于是田琛在黄禧的鼓动和支持下与思南宣慰司争斗不休。先是鼓动边民“拯宝子”（争夺朱砂矿石），死了不少人，死的人都被抛进“万人坑”。由“拯宝子”发展到两司派兵械斗，规模不断升级，两司对朝廷调解明听暗斗，于是在永乐十一年（1413年），朝廷令镇远驻军将领顾成以兵五万，将田琛、黄禧、田宗鼎捉拿送京问罪，遂分其两司之地建思州、思南、铜仁、石阡、乌罗、镇远、黎平、新化等八府，派流官任职，设贵州布政司辖之。大万山长官司并敖寨苏葛办坑朱砂场局、大崖土黄坑水银朱砂场局划归铜仁府，争夺砂坑之事平息。万山民间歌谣曰：“爆火千年出砂坑，坑产辰砂价连城。两司率兵‘拯宝子’，死人无数甩消坑。朝廷震怒派顾成，捉去头目上磔刑！撤司建府流官上，争砂争出贵州省。”

万山砂坑之战拉开了贵州建省的序幕，从此结束了唐末以来长期的羁縻州制。

（五）丹砂王国的启迪者冉心红

相传在远古时期，今万山黄道淘砂溪河两岸居住着被后人称之为濮系民族的人们，他们没名没姓，热天靠打鱼捞虾、冬天靠围猎食兽生活着。其中一人身高丈二，手长过膝、额宽脸长、眉粗眼大、口阔齿白、蓬发大耳、身缠兽皮或树叶遮羞，他每餐能吃一只野山羊；他力大无穷，二十年的大树能连根拔起；他健步如飞，野马羚羊没他跑得快；他勇猛异常，能上山擒虎豹，下河捉蛟龙；他曾先后打死几十只狼救下几十个小孩；他智慧超人，能用石头撞击取火，教身边人群用棍棒石头击落树上果实和打击野兽：他关心族群，常自己挨着饿，把食物让给老者、病者、小孩吃；人们都把他当着是自己的保护神和生活的希望；他善于探索和实践，在一次打鱼捞虾活动中，他发现河床上有一块熠熠生辉的红色石子，用着磨水如血，饮之能定惊安神，染之久不褪色，涂抹伤口能杀菌消炎，防止溃烂，从而成了能拯救生命的唯一神药。此物的作用迅速传遍万国九州，人们不远千里迢迢牵着猪狗牛羊来交换。从此，万山人世袭拣拾开采红色石子换物度日为生计，生活越来越美好。因为这种红色石子不仅外表红，里面也是红的，人们就将其命名为“心红”。

民间传闻：蚩尤食心红力大无穷，行走如飞；炎帝食心红，面红如火，智慧超人；黄帝食心红，文韬武略，盖世无双。公孙轩辕在以心红为原料炼制九鼎神丹时，突然想起心红的最早发现者，为了表彰其人，就赐此人姓冉、名心红，曰冉心红。将物名“心红”改称“丹”。随着社会发展，历史演变，丹在后来又被称着“日精”“帝髓”“赤帝”“巴砂”“辰砂”“朱砂”……等数十个称谓。

冉心红在他120岁时去世了，但他生前为人类做出的奉献却永不磨灭。俗话说：做好事的人死了可成仙升天当菩萨，做坏事的人死了要下十八层地狱变成禽兽。冉心红是好人，死后一定成仙升天当菩萨。万山人请来高超的雕匠，以红木为材质雕塑他的金身，供奉在大崖山顶，即民国时期的三星镇，今万山矿山公园黑硐子前右侧坳上铁门入口处。相传春秋时的楚国苦县厉乡曲里人、中国古代的哲学家、思想家、道家学派的创始人——老子，又名李耳，曾来祭奠过，秦代方士徐福、三国马援、晋代葛洪、唐武则天、明代内侍刘福、关显忠、清光绪年间外国人亨利·比利、勃来列等都先后去祭奠过，历朝历代往来大小官吏、外乡寻宝者、当地矿工等为求取平安和寻得丹宝、打得好“遇口”（朱砂好而多的场所），都事先到宝（保）王菩萨面前焚香化纸求其护祐。凡穷人、良心好的人有求必应，坏人求取干坏事者其结果都受惩罚，传其十分灵验！

1949年冬月初六日（12月25日），原民国政府黄道乡乡长、自卫队长、县保警大队分队长、土匪头子杨政国与益民公司头目相勾结，在三星镇埋伏土匪两百余人，以敬保（宝）王菩萨为名，宴请万山人民政府领导和中国人民解放军四连官兵，企图一举杀害之。但人民政府领导和中国人民解放军官兵纪律严明不去赴宴，杨政国阴谋破败，他便把工人聚集在保王（宝王）菩萨殿前说：共产党要共产共妻，以后你们不会有好日子过，现在我已祭奠了保王（宝王）菩萨，你们跟我上山可以大碗地喝酒、大口地吃肉，一切都平安无事。工人当中有个叫刘勾基的人说：在保王菩萨面前，押着工人跟你上山为匪，你不怕宝王菩萨惩罚你吗？杨政国掏出手枪丧心病狂地连开数枪，当场打死了刘勾基，打伤数名工人，并放火烧了保王菩萨后，带着暗藏埋伏的二百土匪落荒而去，人们都骂他不得好死！1951年1月2日上午10时，作恶多端的匪首杨政国在石竹乡二村荒田冲破屋中顽抗，被中国人民解放军16军46师直属警卫2连副班长、敖寨剿匪飞虎队队长张世新用捷克冲锋抢扫射毙命，得到了报应。

冉心红死了数千年，他的木雕金身也被烧了近70年，但他善待和保护群体行为的故事却在万山人民之中广为流传，他那“丹砂王国”启迪者的高大形象却亘古千秋地矗立在万山人民心中，人们都把他当着自己心中的神！

三、地名溯源

（一）特区及乡镇名称来历

1. 万山特区

万山特区为行政名称，源于贵州汞矿和玉屏县的万山特区为其行政区域。万山是地名，历史悠久，相传西周时，有一梵女将万山产丹砂献给武王，武王服之，不仅治好了他经常头昏脑涨、心悸不宁之病患，而且颜面红润、精力倍增、智慧超人，一高兴就敕封产丹之山为“大万寿山”，后因服丹不能“万寿”，就渐渐去掉了“寿”字，元至元十四年（公元1277年），在境内设“大万山苏葛棒（办）等处军民长官司”，以“大万山”见于史籍。明代《万历·铜仁府志》在风俗篇中称：“万山专拣砂汞、居人藉为生业”，从此“大万山”又简称为“万山”了。1966年2月22日，中共中央、国务院为了“工农结合，城乡结合、有利生产、方便生活”，批准将贵州汞矿和玉屏县的万山特区合并一起，设立“万山特区”（县级行政区），受贵州冶金局和铜仁地区双重领导，直至2011年10月22日，国务院以国函〔2011〕131号文件撤销铜仁地区和县级铜仁市、万山特区，建地级铜仁市和市辖碧江区、万山特区。万山特区以原万山特区和原县级铜仁市的谢桥办事处（除大坳村）、茶店镇、大坪乡、鱼塘乡的行政区域为万山特区的行政区域。

2. 乡镇

（1）万山镇

万山镇，行政名称，其行政区域原仅为县城，现含6个居民委员会。元初置大万山苏葛棒（办）等处军民长官司、和思勒洞长官司，明代设大万山军民长官司，光绪六年（1880年）移省溪司（今江口县）吏目驻大万山，遂易名省溪。民国2年（1913年）置省溪县，属省溪县。民国21年（1932年）设万山镇。民国31年（1942年）设万山乡，1949年11月万山解放，属玉屏县。1958年12月划属铜仁县，建万山公社。1961年8月，又划属玉屏县恢复万山特区。1966年2月22日，经国务院批准，设立万山特区，隶属铜仁地区。1968年9月24日，贵州省革命委员会批准，撤销万山特区，建立万山镇，直属铜仁地区。1970年8月8日，国务院批准，恢复万山特区，仍属万山特区。2011年11月铜仁地区撤地建市，万山镇隶属于铜仁市万山特区。

（2）谢桥办事处

谢桥因姓得名，在唐宋年间，以谢氏头人为首组织筹措资金，在寨前河上修了一座桥，旧称谢家桥（民间传说杨六郎曾在此卸甲宿营，故又名“卸甲桥”），是一个古代市场，逢农历二、七赶集。明代分别属铜仁长官司及撤司后的铜仁县扣答乡地和省溪长官司六家洞地。清代分别属铜仁县扣答乡和省溪长官司六家洞地，清末移县治后属铜仁府直辖。民国2年（1913年）撤府后属铜仁县。民国19年（1930年）曾设进化（谢桥）、竹园、石笏等乡。民国24年（1935年）为第一区的谢桥、竹园联保。民国30年（1941年）设谢桥、竹园（次年改名石竹）等乡。1953年，谢桥乡分为谢桥、楚溪、桐梓巷等乡，石竹乡分为石竹、柑子冲（7月更名寨桂）、牙溪等乡。1956年，谢桥并入城关镇。1958年，建立红旗人民公社。1961年，设谢桥区，下辖谢桥、锦 江、石竹、寨 桂、卜口等人民公社。1984年改人民公社为侗族土家族苗族乡。1992年撤销谢桥、寨桂、石竹等侗族、土家族、苗族乡，合并建谢桥街道办事处。办事处驻地谢桥，隶属铜仁市人民政府。2011年2月28日贵州省行文谢桥街道办事处划归万山特区管辖。

（3）高楼坪侗族乡

高楼坪有条溪河，古称平岳溪，宋元时期于溪河边上老院子处设长官司治所，故称为平岳溪长官司。明洪武二十五年（1392年），并入黄道溪蛮夷长官司，司治武陵坪（今黄道街上）。平岳溪长官司地改编为平岳里，隶属思州府。雍正八年（1731年），奉旨划界，平岳里随黄道司隶玉屏县。民国2年（1913年）划属省溪县西区。民国21年（1932年）改称高明镇，民国27年（1938年）为第二区第三联保。民国30年（1941年）撤销省溪县，划属玉屏县万山乡管辖（改高明镇为高楼坪）。1949年11月，万山解放，高楼坪属玉屏县第二区，1953年建立高楼坪乡，1958年为高楼坪人民公社。10月划入万山人民公社，建先锋管理区，此后，又先后更名为东方红人民公社，高楼坪人民公社。1966年万山特区成立，高楼坪隶属万山特区。1984年撤社建乡，乡治高楼坪，故称高楼坪侗族乡至今。

（4）黄道侗族乡

相传轩辕黄帝路过淘沙溪时，接受濮人冉氏在溪河中拾得的一大枚丹砂，因丹砂是消炎杀菌、拯救生命的神物，黄帝得以神物，认为是非常吉祥之事，非常高兴，便敕封产丹溪边的道路为黄道。后来人们为了沾光，便把黄道这条道路名引申为概括方圆数里地的地名。唐代曾在产丹之南的黄道设丹阳县。明洪武五年（1372年）以务程、龙鳌、平岳溪、都坪峨异溪等蛮夷长官司并入黄道溪长官司、治武陵坪（黄道街上）。四长官司合并后，黄道溪长官司二世长官黄文聪（一世黄源铭）和平岳溪长官司三世长官刘弼（一世刘贵、二世刘道傅）同任黄道司正长官，两个长官都颁有印信，轮流掌管任事。刘氏从刘弼起世袭19世，黄氏从黄文聪起任14世。民国2年（1913年），万山改置省溪县，黄道属省溪县南区。民国30年（1941年）撤销省溪县，黄道改设乡，隶属玉屏县。1949年11月万山解放，黄道属玉屏第二区，1958年建立黄道人民公社。1966年成立万山特区时，划属万山特区管辖，1984年建立黄道侗族乡人民政府至今。

（5）下溪侗族乡

下溪古称施溪，唐置丹川县，元置施溪司，属思州。明洪武五年（1372年），与漾头长官司合并为施溪漾头长官司，迁治平地寨，隶沅州卫，属辰州府。明洪武六年（1373年）改属思州宣慰司，永乐十二年（1414年）属思州府，刘氏从刘道忠起袭任长官23世，一官一印任事。民国2年（1913年）置省溪县，划属省溪县北区。民国30年（1941年）撤省溪县，漾头划归铜仁县，施溪改称下溪划属玉屏县黄道乡。1952年建下溪乡人民政府。1958年先建下溪人民公社，年底合并入万山人民公社。1961年下溪建管理区，后改称五一公社、下溪人民公社。1966年万山特区成立时，下溪划归铜仁县漾头区管辖。1968年至1969年又归属玉屏县，1970年划属万山特区。1984年，改下溪人民公社为下溪侗族乡至今。

（6）敖寨侗族乡

明代，敖寨属省溪司（江口）。光绪九年（1883年），撤省溪司，铜仁县移治江口，原属省溪司的敖寨、瓮背、陆家等洞划拨铜仁府辖。民国2年（1913年），万山设置省溪县，敖寨、瓮背、陆家划归省溪县。民国30年（1941年）撤省溪县，敖寨等地划归铜仁县辖。敖寨传说在很久以前，敖寨河上游约1000米处，有一条堰沟叫“白马堰”，有一条很大的鳌鱼经常在此地出现，因此得名“鳌寨”。后人们为便入书写，把“鳌寨”写成“敖寨”。1952年在敖寨建立乡人民政府，1958年改为人民公社。1966年万山特区成立，划属万山特区管理，1984年批准建立敖寨侗族乡人民政府至今。

（二）村寨（社区）名称来历

1. 万山镇社区（居委会）

（1）解放街

解放街始建于清光绪六年（1880年），筑石墙三华里半（1750米），光绪九年（1883年）建成，省溪吏目署设城内上街。民国2年（1913年）为省溪县治所。民国30年（1941年）撤省溪县，建万山乡公所于城内。之前，因一直为县政治中心和物资交易场所，当地人称城内为老街。1949年11月16日万山解放，为纪念这一翻天覆地变化，将老街更名为解放街。1949年后，先后为玉屏县第六区、第二区人民政府、万山特区公所、土坪乡人民政府、土坪乡第一村农协会、解放街生产大队部、万山人民公社、万山镇人民政府、万山特区人民政府驻地。20世纪80年代初，建解放街机关居委会，辖及老街村、土坪村两个农业村。2008年，解放街北门组划归麻音塘社区，同时将原汞矿滑石坡居委会大部分，按属地管理划归现在的解放街社区居委会。

（2）张家湾

因古代张姓人多而得名，后因地产朱砂，为贵州汞矿的一个矿区，故而改称张家湾矿区（六坑）。

2002年初，随着贵州汞矿政策性关闭破产，而改称张家湾社区，社区当时的总人口为1400余人，党员92人，辖区面积2平方千米，居民居住集中，社区内设有学校、医院、商店和企业。下岗失业和无业人员除按政策享受最低生活保障外，主要以外出务工和进企业务工谋生。社区建有各项制度，组织机构和办公设施，为整个区域服务，以满足社区居民的各种需要，当时的社区由矿区社区服务管理局管理。

（3）麻音塘

相传古代开屋基时，挖出一大窝马银子（蚂蚁，当地俗称马银子），意为吉利，故名。久之，语言走样，又因前有一塘，故称为麻音塘了。原属解放街村北门队，后来又改建为老街居委会北门组，2008年5月根据原中共万山特区委、万山特区人民政府《关于开展社区整合工作的实施意见》将原万山镇老街居委会的北门组、麻音塘组合并组成。

（4）犀牛井

在万山城区境内的汞都大道公路侧下约3米处，有一口水井，名叫“犀牛井”。

相传古代时，万山犀牛颇多，后因气候变化，犀牛大部分南迁，但到清代仍然稀有，清光绪二十五年（1899年），英国人、法国人、奥地利人进入万山建“英法水银公司”，在滑石坡修洋行，这些洋人发现了犀牛，他们就拼命的追杀，被追杀的犀牛一头向土石山中撞去，待洋人赶到时，犀牛已钻进了坡里，洋人累得气喘呼呼，叹息不止。犀牛在山中水池里泡着约5分钟左右翻一个身，水池的水就从石缝中溢出来一次，水味甘甜清凉可口，人们称此井为犀牛井。据1988年主要泉水名称调查登记，犀牛井属岩溶多潮泉，流量为每秒2.5升。时流时停是岩溶多潮泉的一大特征。

21世纪初，万山特区在此地建了数十栋房子，贵州汞矿采空区居民数千人入住，政府建居民委员会管辖，故称犀牛井居委会。

（5）三角岩

相传远古时期有濮系民族、苗族、百越民族寻宝来到万山，常为争夺丹砂而发生武斗，为平息争斗纠纷，三个民族各自推选出一个德高望重的首领到一个山头议事，共同合理地开发万山，由于三个民族首领智慧超人，且又大公无私，使三个民族和谐相处，亲如一家。上帝知道后，就把他们三个接到天上去协调神仙之间的矛盾，将他们的凡胎人体化着三尊石头玉立于原议事山头，即得名三仙岩，由于当代人认为“三仙岩”带有迷信色彩，为破除迷信，又因三个大石头恰是置放鼎罐的山脚，故称之为三脚岩。千百年来，这里一直住着採砂和种田的人们。人们居住的村寨或居委会就以三角岩命名。

（6）土坪

万山是一个山峦起伏、沟壑纵横的地方，远古时期就有濮人用“爆火法”在大崖破石取丹，到秦汉时期，开采量越来越大，人口亦越来越多，发了财的人们就沿着大崖老砂坑向东北面走500米发现一块土多且稍平整的地方，人们便称之为土坪。解放前夕，玉屏益民股份公司在土坪建四合院办公和住宿，1949年11月16日万山解放，为中国人民解放军5兵团警卫二团第4连驻地。第4连撤离后，为公私合营万山汞矿公司驻地。1952年5月1日，为贵州汞矿厂驻地。此后，根据生产发展需要，又先后在土坪一带新建湘黔汞矿公司办公楼、贵州汞矿办公楼、土坪百货大楼、土坪粮店、土坪综合服务商店、土坪医院、苏联专家楼、贵州汞矿招待所、贵州汞矿电影院、贵州汞矿职工宿舍、贵州汞矿综合办公楼。2001年前一直为贵州汞矿机关驻地。2009年，中华人民共和国批准为“中国汞都·贵州万山国家矿山公园”。2001年以来，政府在此设立基层行政机关管理这一带居民，称土坪居民委员会。

2. 高楼坪乡社区（居委会）村名来历

（1）高楼坪（社区）

高楼坪古为平岳溪（又名平岳里），为平岳溪长官司治所。明洪武二十五年（1392年），并入黄道溪蛮夷长官司，隶属思州府。民国2年（1913年），万山改置省溪县，高楼坪为省溪县西区，民国21年（1932年）设高明镇。民国30年（1941年）撤销省溪县，高楼坪划属玉屏县管理。1949年11月，万山解放，高楼坪属玉屏第二区，1953年建立高楼坪乡，1958年为高楼坪人民公社。1966年万山特区成立，高楼坪隶属万山特区。1984年撤社建乡，建立高楼坪侗族乡。2008年5月，乡政府所在地居民人口增多，便建立居委会以便管理，称高楼坪乡社区居委会。

（2）老山口

古为深山老林沟谷之口，故名。明清以来为铜仁府至镇远府之交通要道，设有店铺，常遭匪劫不兴。建国初属田坪区亚鱼乡大坪村，1954年划归万山特区高楼坪乡，曾设立老山口大队，后编入大坪村，2007年与琴门村合并为林海村。后因老山口组是玉铜高速公路必经之地，又是新老城区的承接地，已纳入社区管理，故而于2009年改建为老山口社区居委会。

（3）小湾村

由羊尾舟村分出，与鸡公田村、水眼坪村等合并，因中间一处为小湾组，故与组名同称小湾村。

（4）羊尾舟村

因该村姓梁人数居多，旧时称为梁美州，解放初，土改干部记载为羊尾舟村。

（5）兴中村

新中国建立前，称猴冲，1958年改称兴中大队，后大队改村，以振兴中华之意取名兴中村，2007年将兴中村、龙田村、夜郎村一起合称夜郎村，2009年拆分后，复称兴中村。

（6）大树林村

原名野牛山，因旧时常有野牛出没，故名。1958年为红旗大队，后改名张家山村，又因该处黄家组、杨家组有上百棵百年大树，故更名大树林村。

（7）关庄村

原名官庄，是明代驻军开发的，属官家庄园，故名。后因朝代更迭，官田转为民田，官改为关，以村为行政建置后，即得关庄村之名。

（8）夜郎村

秦汉时期属夜郎国领域，传夜郎王子常来此地围猎，到谷底观瀑布，人们把这里的一条深谷称为夜郎谷。明代此为黄道司至思州府要道，在此设邮铺，夜郎谷在铺前，故改名铺前。后来人们思念夜郎王子，故又改称夜郎村。

（9）龙田村

该村委会位于龙田组，龙田组有一坵田弯弯曲曲似龙形，故而命名为龙田村。

（10）青年湖村

2007年，万山特区基层行政机构改革，将关庄村、郭家村、黄家寨合并为一个村，因有一湖名：青年湖较著名，故命名为青年湖村，2008年关庄村析出。

（11）赶场坝村

唐代设渭阳县，是古代丹砂与牛羊猪狗交易市场，后因县城毁于火而撤销县治，但因坝子大仍然赶场交易，故称赶场坝。后来市场渐废，但名称留存。

（12）新庄村

新庄村委会位于新庄组，故而命名为新庄村。

（13）林海村

原属老山口村，后分出⅔与琴门村、大坪村等合并，因该处有一片风吹绿浪翻滚的森林，似蓝色的大海，故取名林海村。

3. 黄道乡村（社区）名来历

（1）黄道乡居委会

是2011年新成立的管辖居住在黄道侗族乡居民户口的一个居民组织。

（2）丹阳村

因唐朝整个黄道地区为丹阳县，在2010年，撤并村时，原黄道村与瓦寨村合并，根据高龄老人的口述，经村支两委及征求群众意见，村民基本上都认同“丹阳”这个村名，故而取名为丹阳村。

（3）黄溪村

旧时有两户人家，一户靠坡而坐，坡势狭长长得像黄瓜一样，取名为黄瓜冲，一户傍溪水而建，取名蓬溪，随着时间的推移，人口的发展，两地合为一个村取名为黄溪村。

（4）白屋场村

在很早以前，有一个名叫罗景的人来到此地，罗景见该地环境及地形都非常好，适宜人居住，就这样选择在一颗白果树下面用土筑墙，毛草盖顶，挖土开田，种粮生活。年复一年，他居住在白果树下的土墙屋，经雪雨风霜逐渐变为白色，故名“白屋场”，后来设府就叫白屋场村。

（5）大榜村

大榜村位于湘黔两省交界的山梁地段，与湖南省怀化市芷江县、新晃县相邻，当地人俗称山梁为榜，故由一位老前辈罗洪元起名为大榜村。

（6）力坳村

力坳村在50年代时属于田坪公社所辖，60年代合并为黄道公社，为力坳大队，80年代黄道公社更名为黄道乡政府，力坳大队亦名为力坳村。力坳，意思是当地群众居住的地方不平整，都是坳上坳下的；还有就是力坳是本村的一个小组名，坐落在本村的东大门，因为村委会办公点设在力坳组，为方便称呼，就叫力坳村。

（7）马黄村

远古时代，马黄村境内居住着一户马姓人家，一户黄姓人家。由于时代的变迁，马、黄两姓早已迁走，为纪念马、黄两姓开山劈土之功绩，因此取名叫马黄村。

（8）长坳村

因山形地貌，从丹阳村新屋场寨子经长弯口翻坳，名叫长冲坳，故名长坳村。

（9）锁溪村

锁溪之名，源于上锁溪溪水进出口左右各有一山，像一只公母金鸡从高处飞下河沟之状，其头各构成一个大回湾型。其中部溪流蜿蜒十八个弯，到下锁溪河沟出水处有一条似银蛇脑壳的山脉伸向右侧一只青蛙，形象逼真。在河沟外50米处河中心有一块像铜锁的大石头。好像把溪沟锁住一样，故有“上有金鸡守龙头，下有银蛇锁溪口”之美称，因而故名。村委会设锁溪，故称锁溪村。

（10）龙江村

在2010年撤并村时，原阳桥村与青溪村合并，因龙江水库坐落在本村境内，故以水库为名而取名龙江村。

（11）田坪村

祖上由远处而来，看见此处四周是山，唯独中间地势平坦，适合耕种，故取名为田坪，后来村委会设田坪，故称田坪村。

4. 下溪乡村（社区）名来历

（1）下溪村

下溪古称施溪，后因地处大水溪下游，故得名“下溪”。因村委会设下溪，故称下溪村。

（2）兴隆村

兴隆村之名可追溯到明末清初，当时下溪集镇原名狮子口，因集镇尾庙堂河老坎有一天然岩洞，恰是狮子张开大口对着下溪集镇，周边（包括湖南新店坪镇）商贾云集，呈现欣欣向荣、生意兴隆的繁荣市场景象，货物流动量大，老百姓戏称为“饿场”，当时的集镇中心在现在的董上，故名：兴隆坳。兴隆村由此得名。

（3）报溪村

相传在朱元璋开发贵州赶苗拓业时，把苗族人民追到此地，当时报溪是森山老林，藏有豺狼虎豹，野兽中“豹子”比其它野兽较多，两山坡陡，中间是长长的溪流，故名为“豹溪”。解放后把“豹”字，错写成“抱”，八十年代前报溪的公章“抱溪大队”（原隶属万山镇）后隶属下溪人民公社管理，“抱”字又改为“报”了，后因错就错，一直写着报溪村。

（4）官田村

官田村，相传清朝年间曾有五位官员到此地，在一坵田立柱建房，占地200公顷，宣布附近田地为官田，据为己有而故名。现官田村就在柳木组相邻有10个村民小组即：官田、油菜湾、桥冲、懒坳，黄木坪、界上、庄屋、柳木、马头山、田坪组。

（5）瓦田村

相传有一丘田用于烧瓦，后来命名为瓦田，瓦田村毗邻有十二寨子，瓦田寨子坐落在这些寨子中心，所以这十二寨子的每寨为一个村民组。以十二个组的中心为领导中心机关所在地，故名 “瓦田村”。

（6）桂花村

桂花村，由原来的四村合并而成，四村中心地点有一棵古老的桂花树，所以规划村的名字时，干部群众都同意以这棵桂花树来命名。

（7）青龙村

青龙村在解放前叫烂泥龙，解放后与官田合为东风大队，烂泥龙为青龙片区，1993年正式改为青龙村，2005年与下溪村合并为兴隆村， 2011年析出，恢复青龙村。

（8）铁门村

原名铁门，因地形故名。过去那里有两座山峰似门字形，有一山脉依地横插门字形山间形成一个好像“闩”字，于是祖辈将这个地方称作铁门，一九七二年农业学大寨时，铁门下组全体村民将“闩”字挖开成田，“闩”字地形消失，只见铁门，故名。

5. 敖寨乡村（社区）名来历

（1）敖寨

传说在很久以前，敖寨河上游约1000米处，有一条堰沟叫“白马堰”，有一条很大的鳌鱼经常在堰中出现，因此得名“鳌寨”。后人们为便入书写，把“鳌寨”写成“敖寨”。

（2）岩屋坪

相传此地在古代，荒无人烟；秦汉以后，有人来到这里寻到矿石，并在此开采；他们长期以天然岩石洞穴为房屋居住，慢慢形成村落，故名岩屋坪。

（3）中华山村

在敖寨乡境内，有一座山，俊俏挺拔，气势雄伟。相传，唐垂拱二年（686年），武则天到江南巡视路过此地，见其一山直插云霄，其山形山貌酷像中国汉字的“中”字，武皇惊叹不已，钦赐此山为中华山，并欣然挥笔写下“中华山”三个刚劲大字题于山门之上，从此中华山享誉中国大地。其山脚下，风光旖旎，水流潺潺，置身其中，豁然开朗，犹入世外桃源，如诗如画。然而，在这幅山水画里，相思湖点缀其间，湖下的敖寨河逶迤东去，永久滋润着世代生活在这里的所有居民。原先，这里分布着敖寨、金家场和东风三个村落。2005年，为便于民主管理，充分发挥基层组织的战斗堡垒作用，决定将敖寨、金家场和东风三个村合并为一个行政村。因中华山位于敖寨、金家场和东风三个村落中央，故将合并之后的行政村命名为中华山村。

（4）两河口村

2004年年底，易家寨和深冲分属于两个行政村，沿相思河两岸延伸。2005年，经上级批准，易家寨村和深冲村正式合并。村委会设在相思河与黑溪河交汇处，故命名为两河口村。

（5）羊子盖村

明清时期，一批杨氏家族奉旨移民到此处，顿感地形开阔，山清水秀，自然条件极其优越，就定居下来，认为这是杨氏日后开拓发展最好世界，于是就取名杨氏界。由于这里野羊很多，常常进出寨中，后人又把杨氏界误称羊子盖了。1987年万山特区志办公室把“羊子盖”的称谓写进“地名录”一书中，从此就固定下来。

（6）瓮背村

以前，在敖寨有一杨姓族人，老太公有四个儿子，长大后，各自成了家，重新划分了居住土地。大儿子分居在苏棚，二儿子分居在新寨湾，三儿子分居在石头寨。由于小儿子非常懒惰，好吃懒做，老太公决定将其送到较为偏远的地方去。那时，小儿子不愿远离父母的怀抱，居住家中迟迟仍未离去。老太公见其还未动身，便叫了三五人，强行硬背去了那个偏远地带。当时，那里还无人居住，也没有地名。小儿子居住下来后，将住地取名硬背，因为当地方言鼻音较重，把“硬”念成了“瓮”，“硬背”便成了“瓮背”。

（7）杨家寨村

旧时，因杨姓人口最多，故名。1972年农业学大寨时，更名为东风大队，1984年大队改村。2005年，敖寨、金家场和东风三个村合并为一个行政村，叫“中华山村”。东风村析出，恢复其原名——杨家寨村。

6. 谢桥办事处村（居）名来历

（1）谢桥社区

得名谢桥村，后改居委会，2004年改建谢桥社区。

（2）挞扒洞村

此处石山壁立，雄险水滨，流水泻瀑，似奏天籁之音于空谷。在挞扒洞村前，有一座50年代由苏联专家设计建成的一、二级电站，电站坝高约10米，水从坝上翻下，形成10米高的瀑布。在瀑布下有一洞穴，洞口大小直径2米。看不出奇特之处。但考其洞名，却有一番趣味：一说是流水击石“滴答”作响，连绵不绝，谐其音故名“挞扒洞”；另传说当年猪八戒在水中被蜘蛛精戏弄，怒而用九齿扒打去，不料打在悬崖处，以致流水分出数股，状若“挞扒齿”，因而名之。1996年，正式确定为挞扒洞行政村。

（3）石竹村

民国19年（1930年）之前为竹园乡，民国20年（1931年）后改为石竹。因此地多“石竹花”，故名石竹。1996年正式确定为石竹行政村。

（4）瓦屋坪村

原名为苏家沟，相传古代此地有一条龙，位于瓦屋坪组对面悬崖之上，不停向对面移动，想把中间的沟壑填平，后来出现一位能人，把龙钉死在悬崖壁上，阻止了变化，后改名瓦屋坪，取向往地面平坦之意。1996年正式确定为瓦屋坪行政村。

（5）谢桥村

谢桥因姓和桥得名，旧称谢家桥。民间传说杨六郎曾在此卸甲宿营，故亦名“卸甲桥”。1996年，正式确定为谢桥行政村。

（6）龙门坳村

因地形得名。龙门坳村东边有石竹河，西边有龙洞河，中间山坳突起，故取“鲤鱼跃龙门”吉祥含义，名龙门坳。1996年正式确定为龙门坳行政村。

（7）牙溪村

因河得名。三条小溪翻滚着白浪在一寨前汇合，状如门牙，故得名牙溪寨、牙溪河，后来寨改村，故名牙溪村。1996年正式确定为牙溪行政村。

（8）唐家寨村

据说因唐姓人在此最先居住，且人口较多，故取名为唐家寨。1996年，正式确定为唐家寨行政村。

（9）楚溪村

传说在战国时期，楚国军队在此溪河畔安营扎寨，楚王将此河流取名楚溪河，而后，在此居住的人越来越多，形成了一个村寨，故取名为楚溪村。1996年，正式确定为楚溪行政村。

四、人物补遗

（一）人物传略

杨柏光

杨柏光（1913——1944年），绰号“长脚杆”，敖寨乡瓮背村辽冲组人。少年丧父，跟随母亲到冷风硐当童工，民国20年（1931年）8月，中国工农红军黔东省溪纵队秘密成立时，任省溪纵队第三支队长。

杨柏光随母在冷风硐当童工时，经常见到矿警、管班、监工捆绑打工人，搜妇女身侮辱妇女，他看在眼里，恨在心里。到十七八岁时，一次他十分饥饿，在井下偷藏了一块矿石到硐口换块粑粑吃，不幸被监工发现，矿警立刻把他抓来毒打，搞“鸭子凫水”，造成重伤一个多月不能上工，使他对资本家残酷压榨工人极为不满，开始萌发投身革命推翻反动统治的念头。民国20年（1931年）农历八月十五日黔东省溪纵队秘密成立时，杨伯光毅然带领一伙思想进步的年轻工人参加了省溪纵队，并任北区支队长。受命以矿工身份在工人中开展革命活动。一天杨伯光和龙腊苟、杨名盛等十来人进硐运矿，一伙带枪的人进硐强行抢砂，他们没有报告，事后监工说他们勾结土匪进硐抢砂，被抓进硐堡吊打，杨名盛被活活打死，杨伯光被砍掉了一个手指头，开除矿籍。杨伯光决心报仇，请示省溪纵队领导陈文星、姚玉清，陈指示要侍机行动。杨伯光和支队成员研究了行动计划，联通好守门，民国33年（1944年）5月30日凌晨一时许，天空一片漆黑，伸手不见五指。杨伯光带领支队成员首先截断冷风硐通向汞业管理处总部的电话线，分三路进入硐堡内，把管班蒋寿昌及矿警、监工十余人围起来，用马刀向他们砍杀过去，当即将蒋寿昌砍死，一个姓彭的监工跳窗逃脱，矿警孙云鹏、陈占武、张汝连、王荣跃、监工王湘杰、李明山被乱刀砍死。接着点燃存放桐油的油桶，一时火光冲天，火药的爆炸发出雷鸣般巨响，冷风硐一切设施被毁坏，房屋化为灰烬。工人们拍手称快！

第二天，汞业管理处派矿警乱抓乱捕，不少男工的被关押，女工被吊打，严刑逼供，弄得人心惶惶，四处奔逃，铜仁专署还下令独立团营长黄伟文缉拿火烧冷风硐的主要人物杨柏光。黄叫敖寨乡乡长杨和清串通杨毛铁，设下“鸿门宴”。年轻的杨柏光不知是计，毫无防备，单身赴会，被独立团捉住杀害，年仅31岁。

龚永明

龚永明（1904——1948年），化名陈文星，中共地下党员，松桃孟溪区寨石乡矮寨村豹子湾人。

龚永明民国20年（1931年）上贵阳读高中后进入贵阳男子师范学校学习。在此参加了中共地下党组织的读书会及社会科学研究会，结识一些地下党员和进步人士，受到进步思想影响，激发了革命热情。在读书会积极进行革命宣传活动。民国24年（1935年）春，经贵阳地下党负责人秦天真（解放后曾任贵州省副省长）介绍加入中国共产党。同年7月19日贵阳部分地下党组织遭到破坏，十余名地下党人被捕。龚永明得到李长青的密告，便离开贵阳，星夜赶回松桃，继由松桃到南京找代独明（松桃人，黄埔军校第四期毕业生、地下党员）联系，在老乡唐必恭家住了两个月。后因代在汉口被捕入狱与之失去联系，龚返回贵州，到凯里与地下党取得联系，进行革命活动。民国25年（1936年）初龚永明化名陈文星来到省溪县田心坪（现玉屏县田坪镇）以开茶馆为名暗中进行革命活动。民国25年（1936年）秋，陈与省溪县苏维埃政府主席、省溪纵队长姚玉清结识，因两人同庚，志同道合，情同手足，来往甚密。陈发展姚为地下共产党员，姚请陈出任省溪纵队政委。民国27年（1938年）陈文星得知原贵阳一中同学石温瑶被释放出狱，到重庆读书，就去重庆，并在重庆市抚恤委员会工作一段时间。不久又回到田坪小学教书，同时兼任田坪乡公所师爷（文书），在此期间，陈积极宣传抗日主张，发动群众，成立接待站，输送安置由沦陷区逃来的难民。民国31年（1942年）为了配合姚玉清在万山开展工人运动，来到万山乡任民政干事。民国34年（1945年）7月任万山乡副乡长，民国35年（1946年）9月任万山乡乡长。

陈文星来到万山后，与省溪纵队领导人姚玉清秘密领导工人运动。民国38年（1939年）2月指挥了刀砍金委员的斗争，震动了万山、岩屋坪、大硐喇，为矿工出了一口气。民国31年（1942年）6月组织工人进行长达半月之久的罢工斗争。迫使汞业管理处答应工人提出的三项要求，罢工取得胜利。民国33年（1944年）初，指挥了刀砍为虎作伥的管班蒋寿昌和矿警孙云鹏、陈占武、张汝连、王荣跃和监工王湘杰、李明山等并火烧冷风洞的工人运动。同年6月，抗日战争正处关键时刻，工人农民生活又极其困难，要求到张家湾拣野砂以求一线生机，矿警队长刘复宁带人威胁镇压拣砂农民，当场打死一人，打伤数人，激起了民众共愤。陈文星指示姚玉清，尽快组织武装力量，准备战斗。6月26日，万山民众妇孺老幼数百名，背着砂背篓，高呼“我们要吃饭，我们要生活” 的口号，列队经老街到张家湾去拣野砂。汞业管理处立即下令，出动武装矿警开枪扫射，一时血弹横飞，死伤30多人，陆选举、陆选国、罗泽霖、刘昌富、刘文祥、刘元友、梁藻潘、杨元秀等人被打死。拣砂农民四处乱奔，矿警队为掩盖事件真相，掩尸抬伤员收藏。姚的武装无法施展。陈文星说：“无法施展，就同他们打官司”。陈以万山乡政府名义，起草上诉到国民党中央政府、省政府、铜仁专署和法院，连夜书写张贴标语口号。要求严惩矿主任李兆霖、矿警队刘忠南、张复宁，控诉他们镇压工人农民，扰乱后方，破坏抗日的滔天罪行。并组织田坪、万山、黄道、下溪、敖寨和岩屋坪、大洞喇工人农民进行示威游行。这场斗争一直持续到民国35年（1946年）9月汞业管理处垮台。

民国35年（1946年9月），万山乡乡长刘元藻病逝，陈文星接任乡长。由于当年万山闹饥荒，人民生活十分困难，陈决定将乡政府两千多斤积谷以借的名义发给农民。后积谷不能全部收回，陈回松桃打算拿家里的谷子来抵，结果其父不同意而未拿成，陈又扯谎说万山猪肉好卖，叫家里杀两头猪请人挑到万山卖了，打发挑夫一点路费回家，卖肉的钱被陈用来补了部分未收回积谷之款。后来有人（杨权光）告他贪污积谷使其被撤职、关押。姚玉清去狱探望陈时，陈指示姚暂不要接近他，注意隐蔽，叫张昌文（保长）保他出狱即可。后经张昌文、刘洪森等人出面证明陈确实没有贪污，才被担保出狱。陈出狱后，即到姚玉清家中，说他要到重庆去一趟，指示姚要坚持地方工作。姚送陈50块大洋作去重庆的路费。陈民国36年（1947年）冬去重庆向地下党组织汇报工作后，经秀山返回老家过年，刚过完年陈得病吐血，在家医治五个月时间，病情不见好转，后送铜仁治疗无效，于民国37年（1948年）农历七月初一病逝于铜仁，时年45岁。

杨崑源

杨崑源（1896年8月——1951年1月），男，侗族，出生于万山敖寨一个农民家，9岁余，父亲去世，母亲邓氏拉扯他长大。杨崑源5岁读私塾，先生怜孤，不收学费。稍大便早晚帮助家里作些农活，母亲为杨崑源安心读书，织布供其学费，使杨崑源能读完小学至中学，18岁中学毕业后，在省溪县志办做事两年，因冒犯当时的县长，民国9年（1920年）只身到四川，因生活所迫去当兵。在杨春芳部队当兵第二年，升为上士，进该部军事讲习所。黄埔军校校本部五期学员。民国18年（1929年）任中校团副，是年秋，20军副军长向成杰率部队出川驻湖北公安、石首一带，国民党认为向成杰有共党嫌疑，将该部整编为新编第七旅，杨崑源降任营长。民国22年（1933年）任独立35旅704团团长，参加庐山军官训练团训练1个月。民国25年（1936年），到南京高级教育班受训10个月，民国26年（1937年）6月毕业。回到部队，“七七”事变发生，杨崑源率704团调赴上海抵抗日军入侵。部队伤亡惨重，退回后方整补，部队扩编为193师，杨崑源仍任团长（因杨崑源率部参加上海保卫战，上海曾设崑源路，后改为铜仁路）。补训尚未结束，即参加武汉外围保卫战。193师担任田家镇对面半壁山当慈口线的防御，左翼是16师，右翼形势甚紧，请求增援，上级派杨崑源率部增援该部，天将拂晓，到达阵地，接收火线未毕，日军攻势甚猛，右翼部队撤退，杨崑源率部与日军浴血奋战，苦苦坚持到下午，全团只剩下200多人了。右翼部队因擅自撤退的责任难于推卸，反告杨崑源临阵脱逃，得193师师长证明，请求上级派人调查，才明了事实真相。16师师长李芳卸不能掩饰其罪就逃跑了，杨崑源才得免予祸。193师受汤恩伯指挥，与日军多次作战，该师已经七零八落，武汉失守后，剩余的几万官兵调到湖南宁乡，杨崑源在汤恩伯的马励武部任副旅长，派到南岳游击干训班服务，得与叶剑英将军、邓子恢等八路军将领经常见面。当时，杨崑源想转到革命队伍，但终缺乏勇气。那时叶剑英也不便表示态度。部队随汤恩伯到河南后，又调杨崑源到汤恩伯总部当部附。在汤部几年，杨崑源一时办学，一时办杂务。民国31年（1942年），日军已侵占开封，为防日军渡过黄河，派任杨崑源为挺进第二纵队司令，到黄汎区一年多，又调回来，同暂编第27师合编，杨崑源部队完全编垮，并调任该师副师长。是年，中原会战，该师防守于中牢县的河沿，日军正由此渡河，以装甲兵团强渡，经一昼夜苦战，部队已伤亡四分之三，战斗结束后，部队番号取消。时汤恩伯调贵州，杨崑源留在十八集团军陈大庆部任高参。接近日军投降的前两月，暂编第33师师长洪显成请假，派杨崑源代理少将师长。抗战胜利后，全国部队整编，在蒋介石所谓新部队、新人物的口号下，杨崑源知趣，请求退役。民国34年（1945年）在南京中央训练团参加训练，是年12月正式退役，民国35年（1946年）4月回到铜仁县敖寨老家。

回到老家敖寨后至解放，杨崑源主动捐资建学校办教育，组织群众开荒种地，发展生产。因杨崑源家住敖寨，地近六龙山，常有匪惊，专署以杨崑源是本地人，常以剿匪任务责于杨崑源，随同保安团到六龙山、敖寨、瓦屋等地指挥民团剿匪，土匪消灭后，任务也随即停止。铜仁解放后几天，杨崑源即进城，并将所有武器共6枝步枪上缴县人民政府。1950年2月初，铜仁县人民政府成立剿匪指挥部，杨崑源为副指挥长，主要是做争取土匪投诚工作。2月底，民联络组织政治工作委员会，杨崑源等10人为委员，正式开了三次会议，明确争取土匪投诚的工作方针，并落实委员会成员分头负责写信争取土匪进城向人民政府报到。李汤丞、杨崑源负责争取杨政国、杨保、李建群等土匪进城向人民政府投诚，当时，各方信件稿件均先送到联络会议核议，并由全体委员盖章，分头觅人将信送走。

杨崑源，作为全程参加八年抗战的国民党军师长，在华东、华中、华北留下了抗日斗争的足迹，并在大别山抗日斗争中结识了八路军杨勇将军，两人关系很好。抗日战争快结束时，共产党曾经派人做过杨崑源的工作，要其跟共产党走。抗战刚结束，蒋介石就命令他攻打杨勇的部队。杨崑源反对内战，与杨勇将军又是好朋友，便暗中派人通知杨勇，要其尽快撤离驻地。杨崑源命令部队虚放几炮，以掩人耳目。嗣后，杨崑源对妻子徐若华说："国民党又要打内战了，我是军人，也是中国人，我要回家务农、办学，改变穷山区。"随即向国民党政府写了辞呈。回到家乡，为地方文化、经济发展作了一些有益事情，解放后，在中国共产党和人民政府领导下，杨崑源等人为分化瓦解、争取土匪投诚作了许多有益的工作。不料，1951年1月24日，李汤丞、杨崑源等10人作为"匪特案"成员，以"纵匪、支匪"、"阴谋攻城祸害人民"和"秘密破坏活动"等罪名被处以极刑。2000年8月27日，贵州省高级人民法院宣告李汤丞无罪。杨崑源至今未平反昭雪，其子杨谦生还在申诉之中。

注：资料源于铜仁市军事志。

附：

原广州军区司令员王猛给万山特区志编纂委员会办公室回信

万山特区志编纂委员会办公室：

四月十日来信，已于五月二十三日收到。所询杨崑源被镇压情况，僅能回忆起的说明如下：

一、杨崑源原任过中央军师长，在我军接管铜仁后，是统战中的朋友，与我军剿匪中合作，作过好事。我因工作关系同他有若干接触。

二、杨崑源不属于在镇反运动中被镇压，是以李汤承为首的案件中被镇压的。这个案件详细材料因年久遗忘。大体印象是专署公安局指控他们一伙通匪，制造叛乱。其事实在当时我记得也无具体铁证材料，只是说他们都是国民党员，有反动历史，通匪完全可能。

三、今天看来，此案当时处理不稳妥，这与当时政策思想偏"左"有关。对此案需改变结论时，应查阅研究原始档案方能得出实事求是的公正结论。杨崑源在统战朋友中表现是好的，曾提出过好的意见，在此案件中，指控他什么罪状，实在想不起了。

此覆，祝好

王猛　［之王印猛］

1989年5月23日上午于广州

杨　保

杨保（？——1951年）。原名杨再华，别号鼓眼八。省溪县东区石竹乡人，土匪头目。

民国21年（1932年），杨保投军于石竹地方武装头目杨玉和部，当勤务兵。民国23年（1934年），杨保与杨玉和、杨金华内讧，得枪80余支，于六龙山落草为寇。民国24年（1935年），铜仁城防司令独立团团长黄尚明招安杨保，任其为营长。民国26年（1937年），杨保叛逃回六龙山，烧杀抢夺于六龙山界。民国31年（1942年）国民党第九十二师围剿杨保，兵败。杨保乘势窜入铜仁龙塘，掠走商人财物四百余担，往湖南凤凰而去。次年返回六龙山。民国37年（1948年）6月11日，铜仁县政府复派官兵围剿，杨保逃至六龙山甘溪坪龙塘，杀害当地李姓10余人，将一个5岁的小孩绑在树上当活靶。无奈之下，铜仁第六行政督察专署专员陈世贤招安杨保，杨保归顺，却暗地指使部下在漾头一带抢劫船商。

1949年11月中旬铜仁解放，解放军继续南下。松桃千余土匪乘机攻城。杨保应“社会治安维持会”之请，率20余人枪参加守城，击退众匪。11月30日，中国人民解放军正式接管铜仁。杨保拒绝归降，纠集土匪杨政国、萧宗淮及湘西邻县土匪成立“反共救国军”，自封“保安司令”。于六龙山川岩山洞里设立“司令部”，妄图阻止解放军进六龙山。1950年4月，“反共救国军”在瓦屋乡召开誓师大会，杨保扬言：“要与共军决一死战！”5月，杨保派刘家吾、李万东率300余土匪先后袭击瓦屋乡政府和六龙山区政府，杀害瓦屋乡乡长谢尚均和二区政府服务员刘爱娥。

1950年9月，解放军剿匪部队和武装民兵围攻六龙山，经过大小14场战斗，土匪大部被歼，杨保逃脱。1951年1月5日，杨保逃至石竹乡杨家坝一山洞里服毒自杀。

张麟书

张麟书（1895——1960年），高楼坪张家山人，从小读私塾，后肄业于民国初期的新学。在求学中常闻孙中山先生创著的《三民主义革命学说》，认识到清政府的腐败无能。面对帝国主义的欺凌和国内军阀混战、土匪猖獗，搞得人心惶惶，社会不宁，他深感不安。民国9年（1920年）推选为高楼坪乡团防局长时，他秉公正直，竭力维护社会安定，帮助群众发展生产。民国10年（1921年）饥荒严重，农民四处逃荒要饭，凡讨米要饭者，张都一一给饭送粮救济，并说服父亲借钱粮给贫寒者维持生计以渡难关，教育群众多种荞麦，发展生产解决来年春耕生活。本寨的杨德顺、张克香、张红承等人无家可归靠给人打工出卖劳力糊口，张麟书支助钱粮帮杨德顺修房子，帮张克香、张红承娶媳妇，给龙元林、张承有买耕牛，深得贫苦农民的尊崇。

民国20年（1931年）8月，省溪县苏维埃政府秘密成立时，张麟书毅然加入这个红色政权组织，担任南区苏维埃政府主席。民国25年（1936年）红军长征，部分红军由湖南龙溪口到高楼坪时，需军粮在急，张即慷慨从自已家中拿出四十担稻谷，叫堂弟张承顺、堂侄张远元和杨云周等七八个长工换班碾米，叫团防局刘永清亲自送给红军。

民国21年（1932年）张麟书改任乡治保调解主任时，六龙山区土匪猖獗，时来高楼坪境内抢劫烧杀，民无宁日，张为保护地方安定，与地方绅士商议，筹集稻谷成立自卫队，使境内治安得以好转，人民安居乐业。解放后，张麟书带头将枪支全部交给政府。张麟书作为乡调解主任，秉公执法，调解了很多民事纠纷，遏制一些恶性事件的发生，为稳定地方作出一定的贡献。民国28年（1939年），野狗坨杨玉珍误杀杨老后，造成命案找张和解，张即出面与当事人相商，弄清事由，查明是非，自掏六百吊铜圆安葬死者，解除了双方仇恨。杨玉成兄弟为砍伐树木闹成刀矛械斗，张又出面调解，并贴米一石二斗作所砍树木赔款，二人解除斗殴，息免成仇。民国31年（1942年）水眼坪和羊尾州吴、梁二姓为坟基纠纷，发生械斗打伤数人，事态有进一步升级扩大之势，张即出面调解，平息了势态。民国32年（1943年）瓮袍李姓与烂泥坳刘姓为盗匪嫌疑而结仇，刘姓被杀一人，李姓被杀二人，仇恨越结越深，难以了结。田坪乡乡长刘元贵怕事态扩大难以收场，急邀请张出面调解。张花了五天时间对双方进行耐心细致的说服劝解，使李、刘二姓心悦诚服，化解了仇恨，重归于好。

张麟书顾全大局，处处为群众着想。民国29年（1940年）贵州省和省溪县派夏克仁、李益三等人到高楼坪乡清查田亩，住张家近一年时间，张无私供给食宿并协助清查工作。其工作人员的车马费、草鞋费不向农民摊派，而自掏银圆20块交付打发出门。解放前夕，测定田坪至万山公路过境线时，首先确定由亚鱼场经垒子士、小龙到万山，此线占田多，涵洞多，路程远，工程量大，过境村寨少，沿途豪绅意见大。张即建议改线由田坪经六角寨、野牛山、高楼坪、郭家上万山。此线荒山多占田少，过境村寨多，花工少，有利于农村发展。此建议很快得到上级采纳。在测量中路经贫困户张妹菊的田时，张即要求改道占自己的田。使田坪至万山公路顺利建成。

张麟书不记旧仇，以德报怨。张家山同族张先华与苗族首领鲍谋先鏖战失败，被杀死在牛场坡，留下遗孤敖氏和独子张克治，敖氏带子外出谋生。辛亥革命后，克治在外任了总管告老还乡，地方官曾云秋给予安置。克治与曾结为干亲家，为虎作伥，敲诈勒索，收食民膏。一次克治与曾计谋，诬陷张麟书父子逼嫁其母，占其田地。要索还嫁款和历年田地籽利，张麟书父子在官僚的威逼下，含冤付了诈款。张麟书之祖父张廷栋，上诉到省政府，得以水落石出，明确了真伪昭彐冤害。克治无脸见人，便令其子承恩投郭占清部为匪，并扬言要踏平张家山。承恩不久在外被打死，张克治便削发出家，吃斋念佛，四处募化。不久眼睛瞎了，乞讨无路，生活无着，残喘孤泣。张麟书不念旧仇，将克治收养于家，待其寿终，安葬于山。所遗薄田土、山场授给贫苦农民张承有、张远生二人耕管。此事当地远近民众说张麟书赤诚为善，反仇为亲，博得当地民众好评。1950年玉屏县召开各界人民代表大会，张麟书应邀出席。众乡亲频言："为恶事短、积善事长。"解放时，张麟书被划为开明地主，首先将房屋、田地家产全部交给农会，主动接受政府和人民群众对他的监督改造，拥护共产党的领导，遵纪守法，诚实劳动。

杨再发

杨再发（1931年1月——1966年10月）男，侗族，中共党员，高楼坪万山司人，全国劳动模范。

1951年参加工作，在贵州汞矿当凿岩工。1960年5月任二坑副坑长，1961年5月任团总支副书记。1958至1961年为响应汞矿党委提出的"向千吨矿山进军"的号召，带领职工实干苦干加巧干，进行排炮技术改进。他根据不同岩石情况，改七眼掏心为五眼掏心或边掏心，由每槽炮21个眼减少为16至17个眼，提高工作效率20%，日创台班进尺5.7米，采矿232吨，探矿台效2.85米，完成计划200%的历史纪录。这一炮眼排列法被命名为"杨再发掘进队炮眼排列法"，向全矿推广，使全矿掘进效率得到迅速提高。1957年12月、1958年10月，被贵州省政府两次授予先进生产者称号，作为贵州省青年代表出席了全国青年积极分子代表大会，被团中央授予"社会主义积极分子"称号，1959年10月冶金部授予其劳动模范称号，国务院授予其先进生产者称号，并代表冶金公司出席全国青年代表大会。1960年12月贵州省人民政府授予其劳动模范称号。后由于劳累过度身体不好而退居二线搞党支部工作，35岁病逝。

田志清

田志清（又名田开进）（1897——1967年），男，汉族，黄道鸭泥冲人，民国24年（1935年）1月参加中国工农红军，民国25年（1936年）加入中国共产党。田志清年幼失去父亲，15岁就到万山水银朱砂矿厂当工人，因难以忍受资本家的剥削和压迫，民国24年（1935年）1月只身一人到湖南参加红军，到

红二军第四师政治部游击队任地方干事、队长等职。红二·六军团在黔东北会合后，跟随部队转战湘西、黔北、黔西、滇东和川南等地，参加过数十次大小战斗。民国25年（1936年）春，红軍突破金沙江天险后，在四川泸定以北爬过风雪交加的雪山。同年秋进入四川与甘肃交界的松潘草地。走出草地进入甘南时，参加著名的天险腊子口战役，10月底在将台堡与红一方面軍胜利会师。长征北上到达陕北后，任第四师政治部司务长。民国27年（1938年）调358旅75团政治部任财政科长，参加了绥远大青山反扫荡游击战，民国30年（1941年）在内蒙固阳县一次战斗中右大腿中弹骨折伤残。民国34年（1945年）调绥蒙軍区司令部任家属队长，部队进入山西时，在收复晋西北七县战役中做后勤保障工作。民国37年（1948年）部队南下兴县时，他因有伤残，组织决定将其转业到云中公司杏儿沟煤窑挖金湾矿任经理，1951年杏儿沟窑划归大同矿务局管理，仍做该矿的领导工作。1953年挖金湾矿关闭后，调大同矿务局附属医院任所长、党支部书记。其间，经常应邀到机关、学校作红军长征爬雪山过草地的革命传统教育报告。1967年病逝，享年70岁。

田兴治

田兴治（1893——1974年），外号鼎子客，省溪县（今万山特区）西区（今高楼坪侗族乡）大坪村上大坪村民组。幼时读私塾两年，8岁开始帮地主放牛，12岁开始学犁田种地，给地主打短工做长工，农闲到万山汞矿场给厂主打砂。艰苦的劳动锻炼使他身强体壮，地主和厂主残酷剥削使他嫉恶如仇。民国20年（1931年）5月，他结识了从贺龙身边回来的姚玉清，在姚玉清的影响下，他非常崇拜贺龙和贺龙领导下的红军。于是年农历八月十五日，他参加了姚玉清领导下的黔东省溪纵队，并担任了省溪纵队第四支队长职务，开始发展组织革命武装力量，拉起了四五百人的队伍，其中有很多骨干，如田景贤（任连副）、蒋云章（敖寨黄木冲人）、杨先林（敖寨人）、田昌普（麻阳人）、田建狗、田景兵、田福生、田福林、田景坤、田景昌、田幼生、张嗣轩等。民国23年（1934年）10月与西区苏维埃政府主席田先耕配合红军打土豪，把伪连保主任田兴孝家的财物分给了穷苦农民，并一度率队攻占省溪县成。

民国24年（1935年）农历腊月上旬，红二六军团长征路过省溪黄道、田坪等地时，田兴治率队配合红军便衣侦察在敖寨的金星场和现属铜仁市的构溪一带活动，使盘踞在铜仁城里的蒋再珍和驻防省溪县诚的新编第8师之李昌荣团不敢轻举妄动，有力地策应了红二六军团顺利长征。

民国25年（1936年）3月开始，第四支队惨遭国民党正规军陶广纵队由松桃调来独立团的军事围剿，由于支队人少武器差，在国民党的军事围剿中，大部分同志光荣牺牲，田兴治在人民群众的帮助下得以幸存。他没有被反动派的嚣张气焰所吓倒，继续坚持斗争，曾三次率队捉拿劣绅田兴孝，对其进行抗日救国教育，并罚款300大洋，以示惩戒。

民国33年（1944年），是抗日战争最关键时刻，为了安定后方，团结各界人士共同抗日，田兴治毅然回家务农。解放初，田兴治担任大坪农协会小组长，积极配合人民政府清匪反霸，年近花甲的田兴治在深感体力不支的情况下，又鼓励自己的儿子投身革命，在他的教育下，其儿田绍烈当了民兵，此后又先后担任民兵队长、乡自保主任、团总支书记、乡财粮干事、区青年干事、区团委书记、万山公社副社长等职务。1974年，田兴治病逝于老家大坪，享年81岁。

姚玉清

姚玉清（1904——1975年）男，高楼坪黄舍田人。少年时读私塾三年。民国14年（1925）九月初四，贺龙携刘夒纵队长带一团人马入驻省溪县时，他同本寨姚元贵、姚小毛、赶场坝姚元勋，四官塘陈年松投之，先后任贺龙的勤务员、警卫员。

民国15年（1926年）五月初，他随贺龙入湘北伐至澧州整修部队时，入贺龙所办讲习所学习。尔后随赴河南，大战北洋军阀。民国16年（1927年），部队赴南昌举行“八一”起义，后遭围剿失败。民国20年（1931年）2月，姚玉清同姚元贵到湖北长阳枝拓坪，找到贺龙军长，当时部队已改编为中国工农红军第三军。3月，贺龙让他回原籍扩军，建立黔东省溪纵队。姚玉清于农历五月回到省溪，他聚豪杰，交勇士，联民众，秘密筹建苏维埃省溪县政府和黔东省溪纵队。同年农历八月十五日正式秘密决定，省溪纵队、省溪县苏维埃政府正式成立。他自任省溪县苏维埃政府主席兼省溪纵队队长，刘元照为省溪县苏维埃政府副主席；并委任姚祖龙为中区苏维埃政府主席，姚祖耀为副主席；罗殿清为东区主席；田先耕为西区主席，田应贤为副主席；张麟书为南区主席。同时委任姚元贵为纵队警卫排长。纵队下设五个支队，第一支队长姚林芝，第二支队长罗殿清兼，第三支队长杨柏光，第四支队长田兴治，第五支队长杨光贤。民国23年（1934年）农历九月上旬，贺龙部下百余人，由松桃至省溪县各处迎接萧克未果。当时姚正在德益和矿场任管班，闻之即联系，由红军战士出面抄其厂主陈万顺家，将粮食与财物分给贫苦工人和农民。并动员赶场坝姚本长和张家坪的杨老培参加了红军，他留下继续建地方政权，组织武装力量。农历九月下旬，萧克部队百余人，由石阡到省溪，驻亚鱼会馆，闻之派省溪县西区苏维埃政府主席田先耕等人联系，领着红军到上大坪将劣绅田兴孝家粮食和衣物等分给农民。日后，红军由牛场坡、大坪场至江口去了。事后姚获知县政府将抓第四支队长田兴治的消息，姚即令他上山组织武装斗争，姚助吃用。

民国25年（1936年）秋，姚结识田心坪开茶馆的（中国共产党地下党党员）陈文星，陈生于光绪二十九年（1904年），他与之同庚，讲话投机，志同道合，结为手足。后来陈发展姚为中共地下党员，姚请陈出任省溪纵队政委，商议如何交志士仁人，助穷苦大众，等待时机发动武装暴动，推翻反动政权。陈与姚单线联系，陈嘱咐道：“卖客甚多，小心也。”民国28年（1939年），正月岩屋坪分矿中华苏维埃工会主席黄银舟请示道，总管班金忠荣恶劣，求杀之。姚即请示陈，陈答由工人自裁。7月，杨毛、杨光见、杨海光、刘山友、黄银舟、黄银满、刘开生等人暗中组织工人砍死金忠荣。民国31年〔1942〕6月，岩屋坪分矿中华苏维埃工会主席刘双臣向姚请示，要杀压迫工人的矿主任王正修，姚即请示陈文星，陈讲，现国共联合抗日时期，必保持地方安定，若王正修无血债，便免他一死，可组织工人罢工，逼他加工资，灭他威风。由于工人同心合力，坚持斗争，罢工月余，终获胜利。为深入组织工人斗争，姚请陈文星来万山任文书。

民国33年（1944年）5月，总管班蒋寿昌等9人诬矿工杨名盛见匪不报，将其活活打死，省溪纵队北区支队长杨柏光要求报仇，姚即请示陈文星，陈指示要待机行动。5月30日凌晨，时机成熟，杨柏光聚集几十名工人，送总管班蒋寿昌等9个十恶不赦的矿警上了西天，报了血仇。同年6月，抗日战争正处关键时刻，国家要求农民将下年公粮提前缴纳，捐款也多，然农民生活苦不堪言，一次到张家湾拣废矿，以求一线生机，却遭国民政府资源委员会矿务局矿警队长张复宁带人开枪威胁，并打伤数人，打死一人，激起民众共愤。陈文星令姚组织好武装力量做好战斗准备。6月26日，万山民众妇孺老幼数百名，背着砂背篓，高呼“我们要吃饭，我们要生活”的口号，列队经老街到张家湾去拣野砂。汞业管理处立即下令，出动武装矿警开枪扫射，一时血肉横飞，死伤30多人。陆选举、陆选国、罗泽霖、刘昌富、刘文祥、刘元友、梁藻潘、杨元秀等人被打死。拣砂农民四处乱奔，矿警队为掩盖事件真相，拖尸抬伤员收藏。姚的武装无法施展。事件之后，乡长刘元藻，副乡长陈文星愤然说道，要同他们打官司。后由陈文星起草，上诉国民党省政府、中央政府、铜仁行政公署和法院，连夜书写张贴标语口号，要求严惩矿主任李兆霖、矿警队长刘忠南，控诉他们镇压拣废矿工人，扰乱后方，破坏抗日的罪行。姚等组织发动田坪至万山、黄道、下溪、敖寨一带农民、工人游行示威。同时组织岩屋坪、大硐喇的工人来支持，这场斗争一直持续到民国35年（1943年）9月矿务局垮台。

民国35年（1946年）9月1日，刘元藻病逝，在乡民代表大会上陈文星被选为万山乡乡长，陈文星将积谷两千余斤分给受灾的饥民。然背后有人诬告他贪污积谷使其关押半月，陈出狱后，至姚家中，倾吐所有心里话，指示姚要坚持做好地方工作，自已要到重庆去一趟。姚赠送陈50块大洋，陈便匆匆而去。民国37年（1948年）7月1日，陈妻子杨素珍告诉姚说文星去世了，姚悲痛万分，茫然不知所措。而那些年月，姚领导的几个人，如：田先耕、杨光贤、姚祖耀、姚祖龙、杨柏光、姚林芝、陆选国、刘元照、罗殿清等人先后被国民政府杀害，没有了主张。但重庆方面曾派人来过，由于姚与之没有交情，为减少牺牲，故不暴露身份，而停止活动。个别原来较好的人渐渐违背初衷，步与人民为敌的道路。民国38年（1949年）农历九月二十六日，万山解放，区人民政府委任姚玉清为联防大队长，后解甲归田，从事农业生产。在土改中被划为地主时，自愿将财物交与农会。1975年病逝，终年71岁。

牛乃麒

牛乃麒（1916——1976年），男，云南丽江纳西族人，中共党员。民国32年（1943年）毕业于西南联大矿冶系，先后在鸟格煤矿、云锡公司从事测绘、采矿工作，任技术员、助理工程师等职。

1957—1958年间，参加国家组织的“矿山坑道考察团”赴苏联，对莫斯科地铁进行考察（为了修建北京地铁）。

1958年，被冶金部及国务院评为“有突出贡献的专家”。同年参加援越专家团并任团长。赴越南援建工程项目，受到周总理的接见。到越南后得到胡志明（共产党和越南北方国家主席）的姐姐的接见。

1963年年底，由于战事激烈，部分项目停建，被抽调回国，调至贵州汞矿，任总工程师，副矿长。

牛乃麒在工作中任劳任怨，长期从事第一线技术工作，埋头苦干，积累了丰富的实践经验，为国家建设作出了较突出的贡献。1972年，因公意外造成脑部受伤，曾在多家医院救治，终因伤势过重，于1976年8月2日在贵州汞矿逝世，享年60岁。

王持久

王持久（1919——1983年），男，河北省内邱县金堤店乡杓子屯村人。原名王超群，字英杰。民国15年至民国25年（1926—1936年），就读于内丘县城小学、高小、简师、师范等学校。民国26年（1937年）任内丘县五家屯小学教师，为藉表抗日决心，遂更名王持久。民国27年（1938年）4月参军，任冀西游击教导大队司号员；同年5月任冀西游击队教导大队长；6—11月，到冀中军区抗战学院学习，是年

11月—民国29年（1940年），任冀中军区保卫部干事。民国29年至民国31年（1940年—1942年）任冀中军区保卫部秘书。民国31年至民国32年（1942年—1943年）4月任冀中军区保卫部二科副科长。民国32年至民国33年（1943年—1944年）任晋察冀军区保卫部部员。民国33年至民国34年（1944—1945年）到北方分局党校学习。民国34年（1945年）12月至民国35年（1946年）任冀东十四军区通讯大队副政委。民国35年（1946年）至民国36年（1947年）任冀东十四军区顺义县大队副政委。民国36年（1947年）10月至民国37年（1948年）任冀东十四军分区独立十三团副政委。民国37年（1948年）至民国1950年任冀东十四军区独立十三团政委。民国1950年2月至1951年任国防210师3团副政委。率团参加抗美援朝，获朝鲜民主主义共和国二级国旗勋章和二级自由独立勋章。1951年至1953年任六十七军201师601团政委。1953年12月至1954年12月任六十九军201师政治部副主任。1954年12月至1956年任总政治部、组织部干事。1956至1957年任三十七军政治部副主任。1957年至1958年任济南军区独立26旅政委。1957年6月18日获中华人民共和国一级解放勋章和三级自由勋章。1958至1964年任济南军区26师政委。1964年6月至1966年4月任中共贵州汞矿党委书记。1966年5月1日至1967年任中共万山特区委常委、书记。1967年2月25日被万山特区群众组织“造反联合总部”夺权。1970年6月至1978年6月任铜仁地革委副主任、地委常委。其间：1970年10月7日至1971年兼任中共万山特区革命委员会核心领导小组组长。1971年4月25日至30日在中国共产党万山特区第一次党代表大会上当选为党委委员，在第一届第一次全委会上当选为党委常委、书记。1978年8月17日到1981年4月任铜仁地区行政公署副专员。1981年4月21日至1983年任中共铜仁地委纪委书记。1983年7月1日因病去世，享年65岁，骨灰置北京八宝山。

张钦泉

张钦泉（1935——1986年），广东兴宁人，中共党员。1962年8月，毕业于中南矿冶学院选矿系，同年10月，由冶金部统一分配至贵州汞矿工作。

张钦泉在贵州汞矿工作期间，曾任选矿技术员、选矿工程师、副坑长、坑长、厂长、党总支书记等职。

多次被评为贵州汞矿先进工作者、优秀共产党员，1978年被授予矿生产标兵，1979年被授予矿劳动模范称号，1981年记二等功一次。

长期在生产一线从事选矿工作，曾多次参与和组织汞矿选矿工艺流程的设计和改造。1973年4月组织安装调试800 * 1500选矿小摇床精选朱砂获得成功，提高朱砂产量，当年被贵州省冶金局授予“科技先进工作者”称号。1986年2月23日病逝，享年51岁。

（二）万山职官名录

1. 元、明时期大万山长官司长官人物表

大万山长官司正长官杨再植，原籍华阴。元朝时为大万山苏葛办长官司长官，明朝洪武初期归附，洪武五年（1372年）杨政华为大万山长官司正长官。后裔沿袭至清朝，后因缺嗣废革。

万山职官名录

姓　名	沿袭方式	承袭时间	备注
杨再植		元代末期	
田　谷		元代末期	
杨政华		明洪武五年	承袭叔父杨再植之职
杨通寿	政华之子	洪武二十三年	旧志作永乐年间
杨光庆	通寿之子	永乐九年	宣德七年子贡马
杨昌海	光庆之子	正统六年	旧志作弘治年间任职有误
杨胜祖	昌海之子	成化年间	因犯法、成化二十二年乞纳马赎罪。一作“显祖”
杨　熏	胜祖之子	不详	绝嗣
杨秀标	胜祖之子	嘉靖年间	顶袭弟杨熏职
杨再政	秀标之子	隆庆年间	《家谱》作“再振”
杨政邦	再政之子	万历年间	《家谱》作“政邦”
杨通文	政邦之子	万历年间	
杨昌伸	通文之子	不详	《家谱》记为“昌绅”父光国染病未袭
杨胜儒	昌伸之子	不详	
杨秀弼	胜儒之子	不详	
杨再兴	秀弼之子	清乾隆二十一年	
杨正超	再兴之子	乾隆四十五年	以后失载,道光四年前因绝嗣革袭

2. 黄道谿（溪）司正长官人物表

《黔》记载：“黄道谿司正长官二员，部颁印信，黄、刘二长官轮流掌管任事。

黄姓正长官人物表

姓　名	承袭关系	承袭时间
黄源铭		洪武三年带兵攻打黄莲溪狮子岩復
黄文聪		平古州八万等处有功,洪武五年受黄道溪正长官,世袭
黄子芳	文聪子	洪武二十八年承袭
黄　玉	子芳子	宣德元年承袭
黄受鼎	玉之子	正统十四年承袭
黄　清	受鼎子	成化十一年承袭

续表

姓　名	承袭关系	承袭时间
黄显昌	清之子	正德四年承袭
黄　蛟	显昌子	嘉靖二十四年承袭
黄天奇	蛟之子	隆庆三年承袭
黄　鸿	天奇子	万历十年承袭
黄大顺	鸿之子	万历二十四年承袭
黄　谐	大顺子	万历十五年承袭
黄金印	谐之子	戊子年承袭
黄恩荣	金印子	康熙三年承袭
黄　卷	恩荣子	康熙四十七年承袭

刘姓正长官人物表

姓　名	承袭关系	承袭时间
刘　贵		洪武五年授宣慰司同知,八年升副使
刘道傅	贵之子	洪武八年承袭擒剿黄腾隆有功授平岳溪长官司正长官,世袭
刘　弼	傅之子	洪武九年承袭
刘　泽	弼之子	洪武三十一年承袭,永乐十一年改授黄道溪长官司正长官。
刘　璲	泽之子	洪熙元年承袭
刘廷瓒	璲之子	正统八年承袭
刘福顺	廷瓒子	天顺元年承袭
刘　袭	福顺子	成化二十年承袭
刘　本	袭之子	正德五年承袭
刘一朝	本之子	嘉靖十三年承袭
刘怀烈	一朝子	隆庆三年承袭
刘时行	怀烈子	万历十八年承袭
刘师上	时行子	崇祯十六年承袭
刘士元	师上子	康熙二年承袭
刘祚昌	士元子	康熙二十五年承袭

3. 省溪县（万山）历任县长人物表

姓 名	职 务	籍 贯	任 期
姜 权	知事	四川省巴县	民国2年至4年
肖叔光	知事	四川省	民国5年
潘富文	知事	贵州省贞丰县	民国6年
杨景芳	知事	贵州省安顺	民国7—8年
蒋亦莹	知事	贵州省松桃县	民国9年
刘鸿涛	知事	湖南省宝庆	民国10年
吴学海	知事	贵州省铜仁县	民国10年
毛肇显	知事	贵州省余庆县	民国11年
徐德宽	知事	贵州省贵定县	民国12年
李允旃	县长	贵州省青溪县	民国13年至14年
刘道芳	县长	贵州省思南县	民国15年
牟运枢	代县长	贵州贵阳	民国16年
赵用章	代县长	贵州省桐梓县	民国17年
杨永锡	县长	贵州省铜仁县	民国18年
徐大泽	县长	四川	民国19年
杨仲谋	县长	贵州省省溪县	民国20年
王汝赞	县长		民国21年
吴世熙	县长		民国22年
刘樵斌	县长		民国23年
李明忠	县长	贵州省镇远	未到任
雷甫清	县长		未到任
王三晋	县长	湖南省邵阳县	民国24年至26年
廖兴序	县长	贵州省江口县	民国27年
屈义林	县长		民国28年
周继斌	县长	梓木坪	民国29年至30年

4. 苏维埃省溪县领导人物名录：

民国20年（1931年）农历八月十五日秘密成立

省溪县政府：主　席　姚玉清　　　　　高楼坪黄舍田人

副主席　刘元照（兆）　黄道街上人

（三）革命英雄烈士名录

1. 抗日阵亡将士名录

华勋铭，籍贯：贵州省溪；部队番号：103师618团2连；军衔：上尉营付；阵亡地点：南京；遗属：父（祖德）、母（林氏）、妻（周氏）、子（连举）。

梁志臣，籍贯：贵州省溪；部队番号：11师61团7连；军衔：上等兵；阵亡地点：宝山马桥；遗属：父（东城）、母（杨氏）。

刘汉初，籍贯：贵州省溪；部队番号：38师768团3连；军衔：中士；阵亡地点：浙江嘉善；遗属：父（世国）、母（曾氏）、妻（朱氏）、女（贵凤）。

刘洪裕，籍贯：贵州省溪；部队番号：82师488团5连；军衔：一等兵；阵亡地点：通城；遗属：父（文俊）、妻（汪氏）。

罗倖清，籍贯：贵州省溪；部队番号：103师613团迫炮连；军衔：中士班长；阵亡地点：南京；遗属：父（昌全）、母（滕氏）。

罗均武，籍贯：贵州省溪；部队番号：103师618团4连；军衔：中士班长；阵亡地点：南京；遗属：父（永科）、母（石氏）、妻（黎氏）。

罗正山，籍贯：贵州省溪；部队番号：陆军6师18团9连；军衔：上等兵；阵亡地点：湖北京山；遗属：母（石氏）。

毛洪才，籍贯：贵州省溪；部队番号：155师独立营1连；军衔：一等兵；阵亡地点：江西九江；遗属：弟（石求20岁）。

王家永，籍贯：贵州省溪；部队番号：128师768团5连；军衔：一等兵晋上等；阵亡地点：浙江嘉善；遗属：母（何氏）。

祝国清，籍贯：贵州省溪；部队番号：103师618团6连；军衔：中士班长；阵亡地点：南京；遗属：父（翰臣）、母（徐氏）。

张子文，籍贯：贵州省溪；部队番号：15师86团6连；军衔：一等兵；阵亡地点：江苏宝山；遗属：父（中权）、母（袁氏）、妻（杨氏）。

注：1.贵州省溪：即贵州万山。

2.原省溪县参加抗日青年有300多人，现查到的仅11人。

2. 在万山牺牲的外籍战士名录

张德发　男，汉族，江西省德安市人，曾任解放军某部通讯员，1950年9月牺牲于万山特区高楼坪侗族乡长坳凉风坳。

王志平　男，汉族，江西省淮阴县人，曾任中国人民解放军某部班长，1950年9月牺牲于万山特区高楼坪侗族乡长坳凉风坳。

此外，还有1936年1月，红二军团路过黄道栗坳时一负伤战士被反动派投入鸭崽塘中淹死，另一名红军战士被黄道仓前罗经叫等人杀害于大塆。还有一名解放军炊事员于1950年春在下溪剿匪中被土匪暗枪杀害。以上三人皆不知姓名。

3. 万山在其他战线牺牲的烈士名录

张平生　男，侗族，1968年5月生，贵州省万山特区人，1987年冬季入伍，昆明军区玉溪分队某连战士。1990年4月在支持云南玉溪地方建设中牺牲。

丁见知　男，汉族，1961年4月生，贵州省万山特区人，1980年1月入伍，中国人民解放军314部队344二连战士，1980年在贵州云马场施工中牺牲，被追认为烈士。

（四）贵州汞矿获省部级以上表彰的先进模范人物名录

陈文光　1954年11月，贵州省政府授予劳动模范称号。

李建武　1954年11月，贵州省政府授予劳动模范称号。

吴　强　1956年8月和1957年8月，湖南省政府两次授予先进生产者称号。1958年10月，贵州省政府授予先进生产者称号。

朱立堂　1957年3月，贵州省政府授予省先进生产者称号。

杨慧珍（女）1968年被评为省冶金系统先进工作者，出席当年国庆观礼，获毛泽东主席赠送芒果一枚。

胡纯武　1958年11月，贵州省政府授予省先进生产者称号。

刘存敏　1960年4月，贵州省政府授予省先进生产者称号。

刘亚钧　1960年4月，贵州省政府授予省先进生产者称号。

谭绍梅（女 1966年6月　国务院授予先进生产工作者。

侯秀莲（女）1987年12月，中国有色金属工业总公司授予先进教育工作者称号。

陈刘村　1978年，中国有色金属工业总公司授予先进教育工作者称号。

杨桂升　1989年12月，贵州省纪委授予“贵州省优秀职工干部” 称号。

后 记

2014年11月，铜仁市万山特区档案局（地方志办公室）为将2006—2011这段万山特区时期的自然、社会等各方面的发展变化历史完整地记载下来，向中共铜仁市万山特区委、区人民政府作了编纂（《万山特区志》2006—2011年）的报告，很快得到了批复。印发各科局讨论修改，根据各科局修改意见整理后，打印上报特区编委审定，根据特区志编委审查意见修改后报市局（市方志办）审批。市局领导认为万山经济社会发展有一定特殊性，为了有利将万山的汞文化申请为世界遗产保护，建议重修《万山特区志》，其内容既要典型突出，又要记载全面和贯通古今。为此，又重新调整篇目送省局审批。贵州省档案局（贵州省地方志编纂委员会办公室、贵州省档案馆）于2015年1月30日批复："……万山特区地方志编纂委员会办公室可以在第二轮《万山特区志》的基础上进行补修，书名定名为《万山特区志》（修订本），时限为1991年至2011年"。根据省局意见，万山特区档案局又一次调整篇目，同时提出万山历史悠久，历史上有很多鲜为人知的重要史迹是口头流传或野史记载下来的怎么办呢？经全局职工讨论，决定增加拾遗篇。在出版付印前，中国地方志指导小组又将贵州省原规定的志名更正为《万山特区志》（1991—2011年），使其更加符合国家修志规定和万山特区实际。

2015年5月，因原聘两个编辑系离岗待退领导干部、政策不容许搞第二职业，只好重新聘请两个退休干部任编纂人员，无疑延缓了编纂人员对修志业务的熟悉时间。

修志是一个浩繁的文化系统工程，需要各单位、各部门的紧密协作和支持，中共铜仁市万山区委、万山区人民政府领导极为重视，要求志办编纂人员在提高自身编纂水平外，还要编写修志关键的业务教材，指导科局资料员提高资料收集及资料长篇整理水平，并于2015年8月25日召开全特区编纂工作暨培训工作会议，党委副书记、政府区长张吉刚、副区长郭振亲自作动员报告，并对编纂工作作了具体的计划安排，组织专业人员上辅导课，使全特区各科局领导加深了对修志的思想认识，使全特区各科局的资料员基本掌握对资料收集和编写资料长篇的技能，为《万山特区志》的编纂打下了良好的基础。

《万山特区志》（修订本）的编纂人员于2015年6月下旬至9月先后到位，至2016年5月前主要抓指导、督促各科局资料员收集和编辑资料长篇，负责志办本身收集的人物篇和拾遗篇资料。至2016年5月底，大部分资料收集到位，从2016年6月1日起，正式进入汇编层序。

编纂人员四人姚茂义负责草拟篇目概述、大事记、第一篇境域 地名 人口 气候、第二篇资源、第三篇汞工业、第二十一篇人物、第二十二篇拾遗的编纂；鲁政新负责第四篇地方工业、第五篇农业 养殖业 林业 水利 农机、第六篇商业、第七篇交通、第八篇金融保险、第九篇城乡建设与环境保护的编纂；黄昌淮负责第十一篇经济管理、第十二篇政党 群团、第十三篇政权 政协、第十四篇综合服务、第十五篇人事劳动与机构编制的编纂；李云昌负责第十篇财政 税收、第十六篇军事 政法、第十七篇文化 广电、第十八篇

教育 科技、第十九篇卫生 体育、第二十篇民族 宗教的编纂。由于黄昌淮身体健康的原因，在完成初稿汇编后停止工作，其后的任务由姚茂义、李云昌分别完成。

本志资料来源于1991—2011年时限内的《万山特区志》、特直各部门、各单位提供的资料长篇，统计局提供的大量法定数据，知情人提供的大量典故，各级国家档案馆提供的档案材料等。

本志在编纂过程中得到市局领导、局长安婵娟，副局长滕继承，科长张军，原地区地方志办主任瞿政平、副局长唐锦和、科长陈觉云，省档案局领导等的关心、指导、帮助，得到《万山千秋》作者深圳市出入境检验检疫局高级工程师、深圳市专家工作联合会专家库成员樊一帆先生，中外比较文化研究生、中国红学会会员、上海市退休职工大学“形象提升与中外礼仪”课老师，贵州省高等院校美学会会员樊静帆女士的帮助。更主要的是得益于中国地方志指导小组办公室主任冀祥德同志的关心并亲自审改，得益于方志出版社于伟平、黄秀、刘建国等同志的全面修改，于2017年11月25日正式出版付印，这是中共铜仁市万山特区委、区人民政府正确领导，各部门单位干部职工共同努力、支持、协作结出的硕果，是中国地方志指导小组和省、市档案局、档案馆、方志办指导、关怀、帮助得出的文化结晶，在此，我们怀着无比激动的心情向关心、支持《万山特区志》的各位领导和为其提供具体资料的所有干部职工、社会各界人士表示诚挚的感谢并致以崇高的敬意！

由于编者水平有限，错误和重大疏漏难免，请读者见谅，并提出宝贵意见，以便勘误。

编　者

2017年12月20日